Accedi
ai **servizi riservati**

W0387400

COLLEGATI AL SITO **EDISES.IT**

ACCEDI AL **MATERIALE DIDATTICO**

SEGUI LE **ISTRUZIONI**

amazon

Se hai acquistato sul sito **amazon.it**, riceverai via mail il **codice personale** necessario per registrarti al sito **edises.it** e accedere ai **servizi** e **contenuti riservati**.

Attenzione! L'invio del codice personale avviene contestualmente all'acquisto. In caso di **mancata ricezione**, controlla le caselle di antispam e posta indesiderata o contatta il **servizio clienti** support@edises.it

L'**accesso ai servizi riservati** ha la durata di **un anno** dall'attivazione del codice e viene garantito esclusivamente sulle edizioni in corso.

Per attivare i **servizi riservati**, collegati al sito **edises.it** e segui queste semplici istruzioni

Se sei registrato al sito

- clicca su *Accedi al materiale didattico*
- inserisci email e password
- inserisci le ultime 4 cifre del codice ISBN: 0670
- inserisci il **codice personale** ricevuto via mail da Amazon per essere reindirizzato automaticamente all'area riservata

Se non sei già registrato al sito

- clicca su *Accedi al materiale didattico*
- registrati al sito o autenticati tramite facebook
- attendi l'email di conferma per perfezionare la registrazione
- torna sul sito **edises.it** e segui la procedura già descritta per *utenti registrati*

EdiSES
Professioni e Concorsi

Concorso

ACCADEMIE MILITARI

Esercito · Marina · Aeronautica

☑ TEORIA E TEST | Manuale di completamento delle prove concorsuali

EdiSES
Professioni & Concorsi

Concorso Accademie Militari – Esercito - Marina - Aeronautica – Teoria e test MD 1.1 – III Edizione - 2020

9 8 7 6 5 4 3 2 1 0
2024 2023 2022 2021 2020

Le cifre sulla destra indicano il numero e l'anno dell'ultima ristampa effettuata

A cura di:
Patrizia Nissolino

Grafica di copertina e redazione: curvilinee
Fotocomposizione: Oltrepagina – Verona
Stampato presso: Vulcanica S.r.l. – Nola (NA)
Per conto della EdiSES – Piazza Dante, 89 – Napoli

www.edises.it
info@edises.it

I curatori, l'editore e tutti coloro in qualche modo coinvolti nella preparazione o pubblicazione di quest'opera hanno posto il massimo impegno per garantire che le informazioni ivi contenute siano corrette, compatibilmente con le conoscenze disponibili al momento della stampa; essi, tuttavia, non possono essere ritenuti responsabili dei risultati dell'utilizzo di tali informazioni e restano a disposizione per integrare la citazione delle fonti, qualora incompleta o imprecisa.

Realizzare un libro è un'operazione complessa e nonostante la cura e l'attenzione poste dagli autori e da tutti gli addetti coinvolti nella lavorazione dei testi, l'esperienza ci insegna che è praticamente impossibile pubblicare un volume privo di imprecisioni. Saremo grati ai lettori che vorranno inviarci le loro segnalazioni e/o suggerimenti migliorativi all'indirizzo *redazione@edises.it*

Sommario

Parte Prima
Diventare Ufficiale nelle Forze Armate

Parte Seconda
Accertamenti psico-fisici-attitudinali e prova di efficienza fisica

Parte Terza
La prova scritta di composizione italiana

Parte Quarta
La prova orale di Matematica

Sezione II Matematica

Premessa

Il volume si rivolge a coloro che devono prepararsi a tutte le fasi successive a quella iniziale di selezione o preselezione per l'accesso ai corsi per Ufficiale delle tre Forze Armate, Accademia di Modena dell'Esercito Italiano, Accademia di Pozzuoli dell'Aeronautica Militare e Accademia Navale di Livorno della Marina Militare.
Il testo, infatti, tratta gli ***accertamenti psico-fisici e attitudinali***, le ***prove di efficienza fisica***, la ***prova scritta di composizione italiana*** e la ***prova orale di matematica*** delle Accademie Militari.
Il testo, nelle prime pagine, fornisce indicazioni sulle Forze Armate, sulle Accademie Militari, sulle prove che ciascun concorrente dovrà affrontare partecipando ai relativi concorsi per l'ammissione, sui corsi di studio e sugli sbocchi di carriera. Successivamente, il volume illustra gli **accertamenti psico-fisici-attitudinali** e la **prova di efficienza fisica** per ciascuna Forza Armata, proponendo, inoltre, una serie di test della personalità e intellettivi e la normativa di riferimento sulle direttive tecniche per l'accertamento delle imperfezioni e infermità che sono causa di non idoneità al servizio militare. In una terza parte, fornisce suggerimenti sulla **composizione di un elaborato di italiano** oltre a sviluppare alcuni temi di possibile interesse atti a far comprendere al candidato le modalità di elaborazione dello stesso e le parti che deve necessariamente contenere. Infine, la parte peculiare del volume è rappresentata dalla trattazione del **programma di matematica** (algebra, geometria e trigonometria) sviluppata argomento per argomento sulla base delle indicazioni del bando.
Il contenuto di questo volume è, quindi, completo e esaustivo per la preparazione alle fasi successive a quella iniziale di selezione o preselezione per l'accesso ai corsi per Ufficiale del ruolo normale delle tre Forze Armate.
Gli autori, infatti, si sono impegnati a sviluppare il programma d'esame nel modo più pertinente possibile alle richieste delle Amministrazioni e a presentarlo nelle forme più semplici per l'apprendimento; inoltre, hanno arricchito i contenuti inserendo delle rubriche che puntano direttamente alle nozioni che interessano i candidati.
L'obiettivo è quello di fornire, ai concorrenti che desiderano intraprendere una carriera in divisa, strumenti particolarmente efficaci per raggiungere una preparazione ottimale e poter affrontare le prove selettive di ciascun concorso con l'adeguata serenità, sicuri di aver studiato in modo incisivo gli specifici argomenti richiesti.

Il presente volume rappresenta il completamento dei volumi delle tre Forze Armate (**EI 1.1, AM 1.1 e MM 1.1**), predisposti per la preparazione alla prova di selezione o preselezione.

Indice

Parte Prima
Diventare Ufficiale nelle Forze Armate

Parte Seconda
Accertamenti psico-fisici-attitudinali e prova di efficienza fisica

Capitolo 2 - I test psico-attitudinali

Capitolo 3 - I test intellettivi

Parte Terza
La prova scritta di composizione italiana

Parte Quarta
La prova orale di Matematica

Sezione I - La prova orale

Sezione II - Matematica

Capitolo 5 - Equazioni algebriche

Capitolo 6 - Disequazioni algebriche

Capitolo 12 - Equazioni e disequazioni: con termini in valore assoluto e parametriche

Capitolo 13 - Goniometria

Capitolo 14 - Trigonometria

Appendice degli argomenti delle tesi

Parte Prima

Diventare Ufficiale nelle Forze Armate

SOMMARIO

Capitolo 1
Le Accademie Militari

1.1 Le Accademie

Frequentare un tradizionale corso universitario non è l'unica possibilità che si presenta a coloro che dopo il conseguimento del diploma desiderano proseguire i propri studi e acquisire ulteriori competenze spendibili nel mondo del lavoro. Le opportunità formative e lavorative che offrono oggi le Forze Armate rappresentano in questo senso un percorso interessante che conduce a una **solida preparazione culturale e professionale** fino al raggiungimento di traguardi d'eccellenza. Studiare in un'Accademia Militare, infatti, costituisce per i giovani neodiplomati di entrambi i sessi una valida alternativa grazie al riconoscimento civile degli studi effettuati presso gli Istituti militari per il quale viene rilasciato un titolo equipollente a quello universitario[1], e a un percorso formativo rigoroso che verte sullo studio teorico, sulla preparazione militare e su un'intensa attività sportiva.
Le Accademie Militari sono quattro e di norma vengono denominate con il nome della città che le ospita:
- Accademia Militare di Modena;
- Accademia Aeronautica di Pozzuoli;
- Accademia Navale di Livorno;
- Accademia Guardia di Finanza di Bergamo.

Tali istituti rappresentano la via principale per accedere alle più alte specializzazioni nelle diverse Forze Armate: **Esercito**, **Marina**, **Aeronautica**, **Arma dei Carabinieri** e **Guardia di Finanza**[2].
Gli ufficiali dei Carabinieri, del ruolo normale, frequentano i primi due anni presso l'Accademia Militare di Modena e al termine del biennio proseguono il ciclo di studi, per altri tre anni, presso la Scuola Ufficiali dell'Arma dei Carabinieri di Roma.
Le Accademie mirano alla formazione di base degli **Ufficiali in servizio permanente**, cui sono affidati incarichi operativi e di comando e aprono la strada verso una carriera prestigiosa, volta a ricoprire posizioni di responsabilità, fino ai gradi più alti di Colonnello e Generale. A tutto ciò si unisce anche una incentivazione economica sempre più adeguata alle competenze.

---

[1] Le Accademie Militari hanno adeguato i propri ordinamenti didattici alla riforma degli studi universitari, pertanto il percorso di studi è caratterizzato da un primo triennio, volto al conseguimento di una laurea, e da un secondo ciclo di 2 anni che conduce al raggiungimento della laurea magistrale.

[2] La Guardia di Finanza è uno speciale Corpo di Polizia organizzato secondo un assetto militare. Pur non essendo propriamente una delle Forze Armate dello Stato – essa infatti dipende dal Ministero dell'Economia e delle Finanze non dal Ministero della Difesa – ne è parte integrante.

1.2 La struttura organizzativa delle Forze Armate e il personale militare

L'organizzazione delle forze militari italiane è caratterizzata da una rigida struttura gerarchica al vertice della quale il Presidente della Repubblica ha il comando delle Forze Armate, come sancito dall'articolo 87 della Costituzione, ricoprendo esclusivamente un ruolo di garanzia e non di comando effettivo. Egli presiede il Consiglio Supremo di Difesa il cui compito è di fissare le direttive generali per l'organizzazione e il coordinamento delle attività che riguardano la difesa dello Stato.
L'indirizzo tecnico-operativo delle Forze Armate viene, però, dal **Ministero della Difesa** preposto all'amministrazione militare e civile della Difesa. Dal ministero dipende lo **Stato Maggiore della Difesa** (organizzato in Reparti/Uffici Generali, Uffici e Sezioni) con al vertice il **Capo di Stato Maggiore della Difesa** e il **Segretario Generale della Difesa** il quale risponde direttamente al Ministro della Difesa per le competenze amministrative e al Capo dello Stato Maggiore della Difesa per quelle tecnico-operative. Le responsabilità principali del Segretariato Generale della Difesa riguardano l'attuazione delle direttive impartite dal ministro in materia di alta amministrazione, la promozione e il coordinamento della ricerca tecnologica, l'approvvigionamento dei mezzi e dei materiali d'arma per le Forze Armate.
Il Capo di Stato Maggiore della Difesa ha alle sue dipendenze i capi di Stato Maggiore delle singole Forze Armate e il Comandante Generale dell'Arma dei Carabinieri; egli pianifica e organizza l'impiego delle Forze Armate in base alle direttive del ministero.

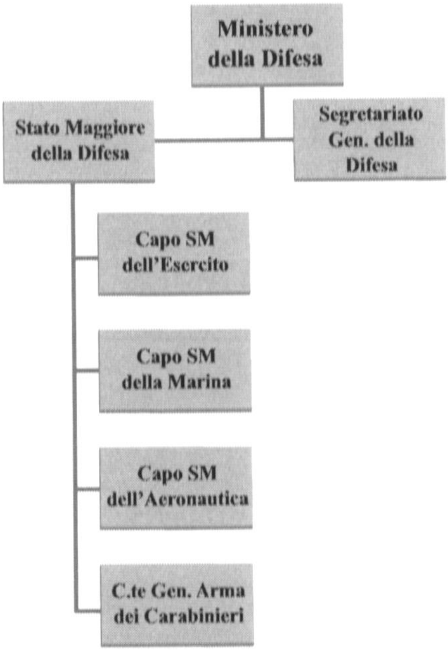

Gli organi di vertice delle Forze Armate

Con l'entrata in vigore del D.Lgs. 15 marzo 2010, n. 66, recante il Codice dell'ordinamento militare, il personale delle Forze Armate è stato suddiviso in quattro grandi categorie: gli **Ufficiali** (che svolgono funzioni di responsabilità), i **Sottufficiali**, comprendenti i ruoli dei Sergenti e dei Marescialli (che svolgono funzioni ausiliarie rispetto agli Ufficiali, quali il comando dei reparti di minore livello oppure compiti amministrativi o tecnici), i **Graduati** (categoria che comprende i Volontari in Servizio Permanente) e i **Militari di truppa** (di cui fanno parte i Militari di leva, i Volontari in Ferma Prefissata, gli Allievi Carabinieri, gli Allievi Finanzieri, gli Allievi delle scuole militari, gli Allievi Marescialli in ferma, gli Allievi Ufficiali in ferma prefissata e gli Allievi Ufficiali delle Accademie militari).
Possono far parte dello Stato Maggiore della Difesa e del Segretariato Generale della Difesa, e dunque ricoprire incarichi particolarmente importanti, soltanto gli *Ufficiali del Ruolo Normale*, categoria di ufficiali nella quale rientrano gli Ufficiali laureatisi in Accademia e i laureati arruolati dal mondo civile tramite concorsi a nomina diretta. Gli Ufficiali del Ruolo Normale possono ricoprire tutti i gradi in tutti i Corpi, mentre gli *Ufficiali del Ruolo Speciale*, reclutati tra i Sottufficiali e gli Ufficiali in Ferma Prefissata che al termine della ferma richiedono l'arruolamento in servizio permanente effettivo, hanno una progressione di carriera più limitata.

1.3 Le Forze Armate

1.3.1 L'Esercito Italiano

L'Esercito Italiano è una delle quattro componenti delle Forze Armate e dipende dal Ministero della Difesa attraverso lo Stato Maggiore dell'Esercito, che a sua volta dipende dallo Stato Maggiore della Difesa. Al pari della Marina e dell'Aeronautica, da strumento di guerra difensiva, si è andata evolvendo sino a raggiungere oggi, pur mantenendo ben saldi i principi di mantenimento della salvaguardia della sovranità dello Stato, le caratteristiche di una Forza rivolta alla sicurezza internazionale e al ruolo di promotrice d'iniziative atte a dare una maggiore stabilità sociale, politica ed economica, in quelle nazioni travagliate da conflitti interni.
Il principale obiettivo istituzionale è quello classico della difesa della sovranità nazionale a cui ultimamente si è aggiunto quello orientato alla stabilità interna del Paese, impiegando reparti in attività di controllo del territorio. Essa ha anche il compito di contribuire alle operazioni di assistenza e di soccorso alle popolazioni in occasioni di calamità naturali.

L'Esercito è costituito da sei **Armi** (*Fanteria, Cavalleria, Artiglieria, Genio, Trasmissioni, Trasporti e Materiali*) e tre **Corpi** (*Corpo Sanitario, Corpo di Commissariato, Corpo degli Ingegneri*).
A loro volta, Armi e Corpi si compongono di "**specialità**" che corrispondono al tipo di lotta che ciascun reparto è in grado di sostenere e per la quale viene strutturato e preparato.

L'Arma di Fanteria

L'attuale soldato di Fanteria è un combattente tecnologico, proiettato al futuro, supportato da sofisticati sistemi d'arma che lo rendono non più isolata pedina di una massa d'urto ma elemento prezioso di un sistema d'arma complesso.
Lo sviluppo di nuove forme di lotta hanno reso necessaria la creazione di speciali branche della fanteria, in grado di operare in piccoli nuclei leggeri, veloci ed insidiosi come i *Bersaglieri*, capaci di muovere e combattere in montagna come gli *Alpini*.

Altre specialità sono i *Paracadutisti*, esaltazione delle migliori caratteristiche del Fante, e i *Lagunari*, specializzati nelle operazioni in difesa e nell'attacco di aree costiere.

L'Arma di Cavalleria
È considerata l'Arma aristocratica per eccellenza per i suoi trascorsi. La Cavalleria è l'Arma ricca di tecnologia e qualità umane, capace di operare in piccoli nuclei per l'esplorazione e la ricerca di informazioni e con la massa e la potenza dei carri da battaglia, in grado di iniziare e concludere il combattimento. Annovera le Specialità: Cavalleria di Linea - *Dragoni*, Cavalleria di Linea - *Cavalleggeri*, Cavalleria di Linea - *Dragoni*, *Carristi*.

L'Arma di Artiglieria
Rappresenta il Supporto al Combattimento per eccellenza. I suoi sistemi d'arma, cannoni ed obici montati su affusti ruotati o mezzi cingolati, permettono di colpire le linee avversarie fino a 40 chilometri di distanza. L'impiego di questa Arma è sensibilmente variato nel tempo con l'acquisizione di materiali sempre più sofisticati ed efficienti. Annovera un'unità per la difesa Nucleare Batteriologica e Chimica.

L'Arma del Genio
È un'Arma dedicata al supporto al combattimento, rivestendo un'importanza ed un ruolo assolutamente unici. Capace di operare in prima linea, anche davanti alla Fanteria, per aprire varchi nelle opere difensive dell'avversario, può condurre demolizioni per ritardarne l'avanzata. Può, inoltre, gittare ponti di barche sui fiumi, costruire veri ponti sospesi o a più campate, ripristinare collegamenti ferroviari, aprire strade, costruire accampamenti.
La capacità tecnica e l'abnegazione, tipiche caratteristiche dei Genieri, hanno caratterizzato la storia dell'Arma, impegnata spesso in interventi a supporto della popolazione colpita da calamità naturali.

L'Arma delle Trasmissioni
Nata come specialità "Telegrafisti" dell'Arma del Genio, l'Arma delle Trasmissioni è una delle Armi a maggior valenza tecnologica della Forza Armata.
Chiamate ad un impegno sempre crescente di necessità di collegamenti sicuri, veloci e durevoli, le Trasmissioni hanno sviluppato enormi capacità professionali soprattutto dopo l'apertura della stagione delle missioni internazionali in ogni angolo del globo.

L'Arma dei Trasporti e Materiali
Assolve i compiti legati alla Logistica dell'Esercito e rappresenta la base della funzionalità di un'organizzazione militare. Missione essenziale dell'Arma è infatti la responsabilità sui materiali d'armamento ovvero di tutto il complesso di mezzi, apparati e sistemi d'arma indispensabili per il movimento ed il combattimento terrestri.
Nel contempo, la capacità e competenza del personale dell'Arma dei Trasporti e Materiali è fondamentale nello spiegamento dei contingenti nazionali nelle missioni fuori area.

Specialità Aviazione
Formata da personale altamente qualificato proveniente da qualsiasi Arma, specialità o Corpo dell'Esercito, l'Aviazione dell'Esercito è l'unica "specialità" di Forza Armata, non appartenente cioè ad alcuna Arma o Corpo dell'Esercito.

Il Corpo di Commissariato
Comprende Ufficiali provenienti dall'Accademia Militare laureati in *Scienze Strategiche* che seguono un piano di studi, sia militari che universitari, ad orientamento economico, inoltre sono immessi nel Corpo tramite concorsi specifici a "Nomina diretta", laureati in particolari discipline d'interesse per la Forza Armata.

Il Corpo Sanitario
Gli Ufficiali del Corpo Sanitario dell'Esercito, alla luce dei nuovi compiti umanitari assegnati alla Forza Armata, rivestono un'importanza basilare nella prevenzione sanitaria per i nostri contingenti dislocati in terre ad alto rischio epidemico. Parimenti, la loro opera è di grande importanza per la ricostruzione del tessuto connettivo sociale nelle aree poste sotto il controllo delle forze multinazionali.

Il Corpo degli Ingegneri
Costituito solamente da Ufficiali, risponde alla necessità della Forza Armata di studiare e condurre in proprio ricerche, test e valutazione sulle armi, il munizionamento, i veicoli e quant'altro ricada nella sfera d'interesse della Forza Armata. Altro compito è quello dello studio, la sperimentazione, la produzione e l'aggiornamento di cartografia analogica e digitale, di dati geodetici e telerilevati.

L'Esercito Militare, basato su **professionisti** (Truppa, Sottufficiali e Ufficiali), ha suddiviso la categoria degli Ufficiali nei seguenti ruoli.

- *Ufficiali Inferiori*, articolati nei seguenti gradi:
  - Sottotenente
  - Tenente
  - Capitano
- *Ufficiali Superiori,* articolati nei seguenti gradi:
  - Maggiore
  - Tenente Colonnello
  - Colonnello
- *Ufficiali Generali,* articolati nei seguenti gradi:

Per le Armi	**Per i Corpi**
• Generale di Brigata	Brigadier Generale
• Generale di Divisione	Maggior Generale
• Generale di Corpo d'Armata	Tenente Generale
• Generale (solo Capo di Stato Maggiore della Difesa)	

1.3.2 L'Aeronautica Militare
L'Aeronautica Militare è una delle quattro componenti delle Forze Armate e dipende dal Ministero della Difesa attraverso lo Stato Maggiore dell'Aeronautica, che a sua volta dipende dallo Stato Maggiore della Difesa. Al pari dell'Esercito e della Marina, da strumento di guerra difensiva, si è andata evolvendo sino a raggiungere oggi, pur mantenendo ben saldi i principi di mantenimento della salvaguardia della sovranità dello Stato, le caratteristiche di una Forza rivolta alla sicurezza internazionale e al ruolo di promotrice di iniziative atte a dare una maggiore stabilità sociale, politica ed economica, in quelle nazioni travagliate da conflitti interni.
Il principale obiettivo istituzionale è la difesa dello spazio aereo nazionale. Essa ha anche il compito di provvedere alla ricerca e al soccorso aereo di persone in difficoltà, di contribuire

alle operazioni di assistenza e di aiuto alle popolazioni in occasioni di calamità naturali, di elaborare e rendere note le informazioni relative alla situazione meteorologica.

L'Aeronautica è costituita da un'**Arma** e tre **Corpi**.

- L'***Arma Aeronautica*** è articolata in:
  - *Ruolo Naviganti* (AArn), piloti e navigatori, suddiviso in ruolo normale (AArnn), per gli Ufficiali provenienti dai corsi regolari dell'Accademia Aeronautica, e in ruolo speciale (AArns) per quelli provenienti, previo concorso interno, dal complemento al termine della ferma di dodici anni;
  - *Ruolo delle Armi* (AAra), suddiviso in normale (AAran) per gli Ufficiali dei corsi regolari dell'Accademia Aeronautica e per i laureati vincitori di specifico concorso, e ruolo speciale (AAras) per quelli provenienti dal complemento e dal ruolo dei Marescialli, previo concorso interno.
- Il ***Corpo del Genio Aeronautico*** è articolato in:
  - *Ruolo normale* (GArn), che comprende gli Ufficiali laureati in ingegneria, chimica, architettura, matematica, fisica o laurea equipollente;
  - *Ruolo speciale* (GArs), composto dagli Ufficiali tecnici, in possesso di diploma di scuola secondaria superiore in varie discipline tecniche.
- Il ***Corpo di Commissariato Aeronautico*** è articolato in:
  - *Ruolo normale* (CCrn), composto da Ufficiali laureati in discipline economiche, giuridiche o statistiche;
  - *Ruolo speciale* (CCrs), che comprende gli Ufficiali in possesso di diploma di scuola media superiore a indirizzo commerciale o linguistico.
- Il ***Corpo Sanitario Aeronautico*** è articolato in:
  - *Ruolo normale* (CSArn), per il personale in servizio permanente effettivo, formato da Ufficiali laureati in medicina e chirurgia e in possesso della prescritta abilitazione per l'esercizio della professione;
  - *Ruolo speciale* (CSArs) che, non ancora alimentato, sarà costituito a breve da Ufficiali laureati in medicina e chirurgia e in possesso della prescritta abilitazione per l'esercizio della professione.

L'Aeronautica Militare, basata su **professionisti** (Truppa, Sottufficiali e Ufficiali), ha suddiviso la categoria degli Ufficiali nei seguenti ruoli:

- *Ufficiali Inferiori*, articolati nei seguenti gradi:
  - Sottotenente
  - Tenente
  - Capitano
- *Ufficiali Superiori*, articolati nei seguenti gradi:
  - Maggiore
  - Tenente Colonnello
  - Colonnello
- *Ufficiali Generali*, articolati nei seguenti gradi:

Ruolo Naviganti	**Ruolo delle Armi**	**Corpi**
• Generale di Brigata Aerea	Generale di Brigata	Brigadiere Generale
• Generale di Divisione Aerea	Generale di Divisione	Generale Ispettore
• Generale di Squadra Aerea	Generale di Squadra	Generale Ispettore Capo

- Generale di Squadra Aerea con "incarichi speciali" (Capo di Stato Maggiore dell'Aeronautica)
- Generale (Capo di Stato Maggiore della Difesa)

1.3.3 La Marina Militare

La Marina Militare è una delle quattro componenti delle Forze Armate e dipende dal Ministero dalla Difesa attraverso lo Stato Maggiore della Difesa. Al pari dell'Esercito e dell'Aeronautica, da strumento di guerra difensiva, si è andata evolvendo sino a raggiungere oggi, pur mantenendo ben saldi i principi di mantenimento della salvaguardia della sovranità dello Stato, le caratteristiche di una Forza rivolta alla sicurezza internazionale e al ruolo di promotrice di iniziative atte a dare una maggiore stabilità sociale, politica ed economica, in quelle nazioni travagliate da conflitti interni.
Il principale obiettivo istituzionale della Marina risiede nella difesa degli spazi marittimi nazionali e nel controllo delle operazioni navali nelle acque territoriali e internazionali. Essa svolge anche attività di vigilanza della pesca, di ricerca e soccorso in mare, provvede al controllo delle rotte portuali e dei flussi migratori per prevenire l'immigrazione clandestina, è impegnata nella sorveglianza dei fondali per la prevenzione degli inquinamenti delle acque marine, interviene in soccorso delle popolazioni in difficoltà in caso di calamità naturali, si occupa di produrre e diffondere la documentazione nautica ufficiale nazionale – fondamentale per la sicurezza della navigazione – elaborata attraverso i rilievi condotti dalle navi dell'Istituto Idrografico di Genova.

Essa è costituita dai seguenti Corpi:
- **Corpo di Stato Maggiore**, che è costituito dall'organico dirigenziale della Marina;
- **Corpo di Commissariato Militare Marittimo**, che ha competenza nel settore della programmazione finanziaria, dell'amministrazione logistica, nel campo giuridico legale e in quello del coordinamento amministrativo di Forza Armata;
- **Corpo del Genio della Marina**, che è preposto al mantenimento e allo sviluppo del materiale navale della Marina (genio navale, armi navali, infrastrutture);
- **Corpo Sanitario Militare Marittimo**, che è il corpo di Sanità della Marina;
- **Corpo delle Capitanerie di Porto**, dipendente dal Ministero delle Infrastrutture e dei Trasporti e dal Ministero della Difesa che si occupa della sicurezza della navigazione, della ricerca e del soccorso in mare, della difesa dell'ambiente marino.
- **Corpo degli Equipaggi Militari Marittimi**, che è costituito dai sottufficiali, graduati e militari di truppa della Marina Militare (sono esclusi gli appartenenti alla Capitaneria di Porto).

La Marina Militare, basata su **professionisti** (Truppa, Sottufficiali e Ufficiali), ha suddiviso la categoria degli Ufficiali nei seguenti ruoli:
- *Ufficiali Inferiori*, articolati nei seguenti gradi:
  - Guardiamarina
  - Sottotenente di Vascello
  - Tenente di Vascello
- *Ufficiali Superiori*, articolati nei seguenti gradi:
  - Capitano di Corvetta
  - Capitano di Fregata
  - Capitano di Vascello

- *Ufficiali Generali*, articolati nei seguenti gradi:
  - Contrammiraglio
  - Ammiraglio di Divisione
  - Ammiraglio di Squadra
  - Ammiraglio – Capo di Stato Maggiore della Difesa

1.4 I corsi di studio, l'addestramento e gli sbocchi di carriera

1.4.1 L'Esercito Italiano

I concorrenti vincitori di concorso sono convocati presso l'Accademia dell'Esercito di Modena per frequentare il corso.
Gli allievi di alcune Armi e Corpi, dopo due anni di studio e di formazione militare, passano a Torino alla Scuola di Applicazione dove proseguono gli studi fino al conseguimento della laurea. Altri, prima di transitare a Torino, frequentano corsi triennali (Corpo degli Ingegneri).

Presso l'Accademia, gli allievi del Corpo Sanitario seguono i corsi di durata quinquennale o sessennale, rispettivamente, per il conseguimento della laurea in Veterinaria, Chimica e Tecnologie Farmaceutiche e per il conseguimento della laurea in Medicina e Chirurgia.

Presso l'Accademia, le materie di studio, le discipline applicative e quelle pratiche si sviluppano per blocchi tematici e sono finalizzate alla formazione di base e specialistica:

- **Etica Militare e Arte del Comando** tendono a far crescere e a render propri i valori che caratterizzano la condizione militare ispirando i corretti modelli di comportamento (attaccamento alle istituzioni, spirito di servizio, senso dell'onore ecc.) oltre che sviluppare le capacità indispensabili ad ogni comandante per gestire e amministrare al meglio le risorse umane, materiali e finanziarie disponibili.
- **Studi Universitari** per qualificare al massimo livello i Quadri delle Forze Armate mediante il conseguimento della:
  - Laurea in Scienze Strategiche per gli Ufficiali delle Varie armi, del Corpo di Commissariato e dell'Arma Trasporti e Materiali;
  - Laurea in Ingegneria per gli Ufficiali del Corpo degli Ingegneri dell'Esercito;
  - Laurea in Medicina e Chirurgia, in Chimica e Tecnologie Farmaceutiche, in Medicina Veterinaria per gli Ufficiali del Corpo di Sanità.
- **Studi Tecnico-Professionali** per la crescita formativa dei futuri Ufficiali in funzione degli specifici impieghi; comprendono: armi, topografia, arte militare, lingua Inglese e terminologia NATO (comuni a tutti gli indirizzi); topografia e cartografia, scienza politica, meccanica applicata alle macchine, fluidodinamica e ingegneria economico-gestionale (laurea in Scienze Strategiche).
- **Attività Ginnico-Sportive** per sviluppare capacità, forma fisica e carattere in discipline di base (ginnastica, difesa personale, nuoto, equitazione, tiro sportivo), cui si aggiungono alcune attività opzionali (pallacanestro, pallavolo, scherma, atletica leggera, boxe, judo, equitazione, tiro sportivo). I migliori elementi vengono selezionati per far parte del GRUPPO SPORTIVO dell'Accademia Militare.
- **Addestramento Militare**. Per quanto riguarda lo svolgimento degli studi, gli Allievi seguiranno uno dei corsi riportati nella tabella seguente, che avranno, di massima, inizio nella prima decade del mese di settembre, ripartiti in base alle esigenze prioritarie della Forza Armata.

ARMA/CORPO	LAUREA	LAUREA MAGISTRALE	INDIRIZZO
Armi Varie	scienze strategiche	scienze strategiche	politico organizzativo (1) - dei sistemi infrastrutturali (1) - delle comunicazioni (1)
Arma dei Trasporti e Materiali			- logistico
Corpo di Commissariato			- economico-amministrativo
Corpo degli Ingegneri	ingegneria	ingegneria	- ingegneria elettronica - ingegneria meccanica - ingegneria delle telecomunicazioni - ingegneria informatica - ingegneria civile
Corpo Sanitario	medicina e chirurgia (2)		
	medicina veterinaria (2)		
	chimica e tecnologie farmaceutiche (2)		

(1) in funzione dell'Arma che nel prosieguo dell'iter formativo verrà assegnata;
(2) laurea magistrale a ciclo unico.

Dopo due anni i giovani acquisiscono il grado di sottotenente; essi alternano allo studio teorico periodi di attività pratica presso le Scuole ed i Reparti operativi. La progressione di carriera è diversificata a seconda dell'appartenenza alle Armi o ai Corpi; il passaggio al successivo grado di Tenente è subordinato al conseguimento della Laurea.
I giovani ufficiali sono attesi da turni di impiego all'estero con i reparti con incarichi di comando o presso Organismi internazionali, da corsi di specializzazione che rappresentano le attività in cui si è chiamati nei primi anni di servizio a cui faranno seguito altri corsi di formazione come il "corso di Stato Maggiore", banco di prova per la carriera da "Ufficiale Superiore". Per la nomina a capitano si dovrà attendere dai sette ai nove anni, poi cinque per il grado di maggiore, quindi il grado di tenente colonnello; infine, per il prosieguo di carriera nel ruolo dei Generali dipenderà dalle capacità, dalla voglia di superare le prove che una carriera impegnativa porrà davanti.

1.4.2 L'Aeronuatica Militare

In Accademia, per i Ruoli normali si sviluppano i seguenti percorsi didattici:
- *laurea in Gestione dei sistemi aerospaziali per la Difesa* per gli allievi del ruolo Naviganti e del ruolo delle Armi;
- *laurea in Ingegneria Aerospaziale, Elettronica, Strutturale e Geotecnica o delle Telecomunicazioni* per gli allievi del Corpo del Genio Aeronautico;
- *laurea in Giurisprudenza* o *Economia e Commercio* per gli allievi del ruolo del Corpo di Commissariato Aeronautico;
- *laurea in Medicina e Chirurgia* per gli allievi del ruolo del Corpo Sanitario Aeronautico.

Formazione del ruolo Naviganti

L'iter di studi degli allievi del ruolo Naviganti normale (piloti e navigatori) prevede, nell'ambito della Facoltà di Scienze Politiche dell'Ateneo Federico II, un corso di *laurea triennale* in Scienze Aeronautiche.

L'Accademia Aeronautica e l'Istituto Scienze Militari Aeronautiche di Firenze consentiranno, poi, agli Ufficiali, anche se già assegnati ai reparti d'impiego, di conseguire la successiva *laurea specialistica* in Scienze Aeronautiche.

L'Aeronautica Militare cura la formazione del personale navigante attraverso una complessa fase selettiva, formativa e addestrativa, che comprende corsi accademici a terra e al simulatore e in volo. I programmi di selezione e addestrativi sono posti in essere attraverso strutture nazionali ed estere, queste ultime gestite tramite appositi MoU (Memorandum of Understanding).

L'Aeronautica Militare, inoltre, ritiene di fondamentale importanza l'addestramento effettuato presso i Reparti Operativi. L'iter addestrativo cui è sottoposto il personale navigante è un processo lungo e oneroso che ha inizio con l'assegnazione al Gruppo di Conversione Operativa, relativa alla linea d'impiego. Dopo la transizione sulla nuova macchina si accede a una seconda fase di conversione al sistema d'arma; alla fine si raggiunge la qualifica di *limited combat ready*. La piena *combat readiness* è conseguita una volta che il Navigante dimostra di saper impiegare il mezzo aereo in tutti gli eventi tattici propri della specialità d'appartenenza. Questo traguardo consente la partecipazione ad eventuali operazioni reali. Ad essa seguirà un'ulteriore attività addestrativa a seguito della quale i Naviganti conseguiranno una serie di qualifiche operative (capo coppia, capo formazione, *chase* ecc.).

L'Allievo Ufficiale pilota, al temine del periodo addestrativo presso le Scuole di volo, acquisisce il grado di **Tenente** e viene destinato al Reparto operativo. Allo scopo di mantenere alto il livello addestrativo, i Reparti Operativi dell'Aeronautica Militare, oltre alla normale attività di volo, partecipano periodicamente ad esercitazioni NATO o nazionali e ad attività su poligoni aria-aria, aria-suolo e guerra elettronica.

La ***formazione al volo*** degli Ufficiali naviganti dell'Aeronautica Militare viene svolta sia in Italia, presso il 70° Stormo di Latina, il 61° Stormo di Lecce, il 72° Stormo di Frosinone, sia all'estero presso alcune Scuole di Volo americane.

L'attività del 70° Stormo di Latina è finalizzata alla selezione degli allievi piloti dell'Aeronautica Militare e di altri corpi armati dello Stato, al conseguimento del brevetto di pilota d'aeroplano e allo svolgimento delle successive fasi Brevetto Iniziale Elica.

Attualmente l'attività di formazione e selezione al volo prevede assetti inusuali e attività acrobatica per poter valutare appieno la potenzialità dell'allievo a gestire la macchina in tutte le condizioni di volo. Inoltre, considerato che molti concorrenti hanno già un brevetto civile, si vuole verificare se le loro capacità si limitano alla condotta basica del velivolo, di cui sono già esperti o se, effettivamente, possiedono il potenziale necessario per diventare piloti militari.

Presso il 61° Stormo di Lecce viene conseguito il brevetto di pilota militare e svolto il corso pre-operativo destinato ai piloti della linea caccia.

A riguardo, il programma di addestramento è stato recentemente revisionato sulla base dei suggerimenti pervenuti dalle OCU (Operational Conversion Units), dai reparti d'impiego e dagli stessi istruttori, per dare maggior risalto all'addestramento operativo, principalmente formazioni tattiche, combattimento aereo e navigazioni a bassa quota.

La rivisitazione del programma per il conseguimento del Brevetto Pilota Militare (BPM) si pone peraltro lo scopo di ottimizzare e allineare i programmi istruzionali in vigore presso le Scuole di Volo, e inoltre di permettere l'eventuale introduzione del *dual-track*, cioè la suddivisione dell'iter istruzionale tra la linea aerotattica e la linea di supporto, utilizzando, per la linea di supporto, il *P-180* per il conseguimento del BPM. Tale soluzione potrebbe garantire un risparmio di risorse ottimizzando al contempo la formazione dei piloti della linea di supporto e anticipando, come veniva svolto in passato, l'addestramento con equipaggio multiplo.

Attualmente, la problematica è in via di approfondimento, su specifica indicazione del Capo di Stato Maggiore dell'Aeronautica.

Presso il 72° Stormo di Frosinone viene svolta tutta l'attività di formazione su ala rotante per il conseguimento dei relativi brevetti. Occorre specificare che presso le Scuole di Volo di Latina e Frosinone viene svolta un'intensa attività di formazione al volo rivolta al personale delle altre Forze Armate, dei Corpi Armati dello Stato e di altri dicasteri della pubblica amministrazione.

Per ciò che concerne la formazione all'estero, parte degli allievi piloti del ruolo normale e alcuni AUPC, al termine degli studi accademici e dei corsi Basici Iniziali Elica, sono inviati all'ENJJPT (Euro Nato Joint Jet Pilot Training) e al SUPT (Specialized Undergraduate Pilot Training) negli USA, dove si addestrano sui velivoli *T-37*e *T-38* conseguendo il BPM in circa 12 mesi.

Dal 2000, allievi dei corsi regolari sono inviati anche in Canada per la frequenza del corso NTFC (Nato Training Flying Canada), nell'ambito di un programma internazionale a cui l'Aeronautica Militare partecipa, a pieno titolo, fornendo anche tre istruttori di volo del Comando Scuole dell'Aeronautica Militare.

Particolare attenzione è stata dedicata anche alla formazione al volo dei navigatori militari che, come noto, sono destinati solo alla linea *Tornado*.

L'iter addestrativo, a partire dal 2001, è articolato in cinque fasi: la prima, che viene svolta presso il 70° Stormo di Latina, è dedicata alla selezione; la seconda e la terza, effettuate al termine del 1° e 2° anno accademico sul velivolo *MB-339*, sono finalizzate all'addestramento basico iniziale; la quarta, al termine degli studi accademici, ha una durata di dodici mesi e viene svolta presso la base della Marina USA di Pensacola. L'attività, effettuata su velivoli *T-34*, *T-39N* e *T-2C* e finalizzata al conseguimento del BNM (Brevetto di Navigatore Militare), prevede l'addestramento basico e avanzato; dopo il conseguimento del BNP i navigatori, prima di essere inviati presso le OCU per la transizione sulla linea *Tornado*, ritornano presso il 61° Stormo di Lecce dove svolgono un programma pre-operativo di volo, su *MB-339CD*.

Formazione del ruolo delle Armi

L'Iter di studi degli allievi del ruolo delle Armi normale ricalca quello del ruolo Naviganti ad eccezione dell'attività di volo, che è sostituita da attività di specializzazione tipiche del ruolo.

Gli Allievi del Ruolo Normale delle Armi, dopo il conseguimento della laurea, vengono promossi **Sottotenenti** e inviati presso i Reparti e gli Enti dell'Aeronautica Militare dove possono essere impiegati in molteplici settori di attività: difesa aerea, controllo traffico aereo, telecomunicazioni, informatica, logistica ecc.

Formazione del ruolo Ingegneri

L'iter di studi degli allievi del ruolo Ingegneri prevede il conseguimento della laurea magistrale in Ingegneria Civile, Ingegneria Strutturale e Geometrica (STREGA), Ingegneria Aerospaziale e astronautica, Ingegneria dei Sistemi idraulici e di trasporto, Ingegneria delle Telecomunicazioni, Ingegneria Informatica e Ingegneria Elettronica.

Il corso di laurea in Ingegneria è frequentato presso L'Accademia Aeronautica dagli allievi del Genio Aeronautico ruolo normale dei primi due anni della laurea triennale, mentre i successivi tre anni (terzo anno della laurea triennale e il biennio della laurea specialistica) sono svolti presso la facoltà di Ingegneria dell'Università degli Studi di Napoli "Federico II". Taluni insegnamenti e relativi esami del terzo anno della laurea e del biennio della laurea specialistica possono essere impartiti presso questo istituto.

I frequentatori di questo ruolo seguono, altresì, uno specifico corso di studi finalizzato all'acquisizione di nozioni giuridico-economiche e di cultura militare.
Assunto il grado di **Tenenti**, dopo la laurea, gli ingegneri vengono assegnati ai Reparti di Volo o di Manutenzione, dove svolgono funzioni direttive e successivamente dirigenziali, presso gli Enti preposti all'efficienza dei velivoli dei mezzi e delle infrastrutture aeronautiche.

Formazione del ruolo Commissari

L'iter di studi degli allievi del ruolo Commissari prevede il conseguimento della laurea magistrale in Giurisprudenza o Economia e Commercio.
Il corso di laurea è frequentato presso l'Istituto dagli allievi del Corpo di Commissariato Aeronautico e presso l'Università degli Studi di Napoli Federico II. Alcuni insegnamenti e relativi esami del terzo anno della laurea e del biennio della laurea specialistica possono essere impartiti anche presso l'Accademia.
Per fornire ai frequentatori di questo ruolo un'adeguata preparazione tecnico-professionale è previsto lo svolgimento di un corso tecnico-professionale volto a fornire nozioni fondamentali di cultura militare.
Al termine degli studi, gli Ufficiali vengono inviati presso i Reparti e gli Enti dell'Aeronautica Militare dove svolgono attività con funzioni direttive presso i Servizi amministrativi periferici. In seguito proseguono la carriera presso gli Enti Centrali con funzioni di gestione e controllo amministrativo e finanziario o consulenza giuridica.

Formazione del ruolo Sanità

L'iter di studi degli allievi del ruolo Sanità prevede il conseguimento della *laurea in Medicina e chirurgia*. Tale corso di laurea è frequentato presso L'Accademia Aeronautica dagli allievi del Corpo Sanitario ruolo normale dei primi due anni della laurea, mentre i successivi quattro anni sono svolti presso la facoltà di Medicina e chirurgia dell'Università degli Studi di Napoli Federico II. Alcuni insegnamenti e relativi esami successivi al biennio iniziale possono essere impartiti anche presso l'Accademia.
Per fornire ai frequentatori di questo ruolo un'adeguata preparazione tecnico-professionale è previsto lo svolgimento di un corso tecnico-professionale volto a fornire nozioni fondamentali di cultura militare; il corso presenta altri moduli formativi, distribuiti lungo l'intero corso di laurea, specificamente indirizzati all'acquisizione di nozioni di medicina aeronautica e spaziale, fondamentali per un impiego futuro.
Per il passaggio alla classe successiva dell'Accademia Aeronautica, tutti gli allievi devono superare, in prima o seconda sessione, tutti gli esami sulle discipline d'insegnamento previste dal piano degli studi.
La formazione degli allievi comprende anche altre attività, tra cui *attività sportiva* ed *esercitazioni militari*, studio intensivo della *lingua inglese*, visite istruzionali a Reparti Operativi dell'Aeronautica Militare e a industrie aeronautiche, corsi di sopravvivenza in mare e in montagna, corsi di volo a vela, corsi di vela.
La progressione di carriera degli Ufficiali del Ruolo Normale varia a seconda del profilo di studi scelto e dall'appartenenza all'Arma Aeronautica o ai Corpi, come indicato nella tabella riportata di seguito.

GLI AVANZAMENTI DI CARRIERA DEGLI UFFICIALI DEL RUOLO NORMALE	
RUOLO NAVIGANTI	La carriera degli allievi ufficiali del Ruolo Naviganti Normale inizia nel grado di Sottotenente e prosegue sino a quello di Generale di Squadra Aerea. A circa 29 anni si giunge alla promozione di Capitano; successivamente si assume l'incarico di Comandante di Squadriglia e si frequentano corsi di qualificazione professionale, alcuni dei quali propedeutici alla promozione a Maggiore. L'Ufficiale pilota a circa 40 anni assume il grado di Tenente Colonnello che consente di ricoprire incarichi direttivi (Comandante di Gruppo, Capo Ufficio Operazioni, Comandante di Corso in Accademia). L'iter di carriera prosegue nel grado di Colonnello (a circa 44 anni) con l'incarico di Comandante di Reparto Volo, e continua fino al grado di Generale (intorno ai 50 anni) e poi di Generale di Squadra Aerea. Soltanto chi raggiunge tale grado può essere nominato Capo di Stato Maggiore dell'Aeronautica, che corrisponde alla più alta carica dell'Aeronautica.
RUOLO DELLE ARMI	La carriera degli allievi ufficiali del Ruolo Normale delle Armi inizia nel grado di Sottotenente e prosegue sino a quello di Generale di Squadra. Il profilo di carriera, nel suo sviluppo ideale, prevede la promozione al grado di Capitano a circa 29 anni, quella al grado di Tenente Colonnello a circa 41 anni, quella al grado di Colonnello a 48 anni, per giungere al grado di Generale intorno ai 54 anni.
CORPO DEL GENIO AERONAUTICO	Il profilo ideale di carriera prevede la promozione al grado di Capitano a circa 29 anni, quella al grado di Colonnello a circa 48 anni, per giungere al grado di Brigadier Generale intorno ai 54 anni.
CORPO DI COMMISSARIATO AERONAUTICO	L'iter ideale di carriera prevede la promozione al grado di Capitano a circa 29 anni, quella al grado di Colonnello a circa 48 anni per giungere al grado di Brigadier Generale intorno ai 52 anni.
CORPO SANITARIO AERONAUTICO	A circa 29 anni gli ufficiali del Corpo Sanitario aeronautico raggiungono la promozione al grado di Capitano. Successivamente si assume il grado di Colonnello a circa 49 anni e il grado di Brigadier Generale intorno ai 55.

1.4.3 La Marina Militare

Gli allievi incorporati saranno tenuti a frequentare presso l'**Accademia Navale di Livorno**, Istituto Militare di Studi Superiori a carattere universitario, preposto alla formazione degli *Ufficiali in servizio permanente effettivo*, uno dei seguenti percorsi di studio:

- **Corpo di Stato Maggiore**: ciclo di studi comprendente insegnamenti a carattere professionale e marinaresco, finalizzato al conseguimento della laurea magistrale in Scienze marittime e navali;
- **Corpo del Genio Navale**: ciclo di studi comprendente insegnamenti a carattere professionale e tecnico-scientifico, finalizzato al conseguimento della laurea magistrale in Ingegneria navale o della laurea magistrale in Ingegneria delle telecomunicazioni o della laurea magistrale in Ingegneria civile e ambientale;
- **Corpo di Commissariato Militare Marittimo**: ciclo di studi comprendente insegnamenti a carattere professionale e marinaresco, con orientamento tecnico - giuridico - amministrativo, finalizzato al conseguimento della laurea magistrale a ciclo unico in Giurisprudenza;
- **Corpo delle Capitanerie di Porto**: ciclo di studi comprendente insegnamenti a carattere professionale e marinaresco, con orientamento tecnico - giuridico - amministrativo, fina-

lizzato al conseguimento della laurea magistrale in Scienze del governo e dell'amministrazione del mare;
- **Corpo Sanitario Militare Marittimo**: ciclo di studi comprendente insegnamenti a carattere professionale e marinaresco, finalizzato al conseguimento della laurea magistrale a ciclo unico in Medicina e Chirurgia.

L'anno accademico degli Allievi è diviso in due parti: la prima, denominata "***periodo a terra***", si svolge da ottobre a giugno, mentre la seconda parte si svolge sulle unità navali nei mesi di luglio-settembre.
Generalmente gli Allievi della prima classe effettuano durante il periodo estivo una "*Campagna d'Istruzione*" a bordo della nave scuola "***Amerigo Vespucci***", dedicata alle attività d'istruzione marinaresca e di formazione culturale; essi hanno in questo modo la possibilità di mettere in pratica le nozioni apprese nel corso degli studi accademici invernali. Gli Allievi della seconda classe partecipano anch'essi nello stesso periodo a una Campagna d'Istruzione su un'unità della Squadra Navale, vivendo la loro prima esperienza su una nave operativa.
Oltre alle materie prettamente universitarie, proprie dei diversi corsi di laurea, e alle discipline tipicamente militari, è importante sottolineare che grande spazio viene dato alla formazione etico militare degli Allievi e allo svolgimento di altre attività complementari: discipline sportive (vela, tennis, pallavolo, equitazione ecc.), esercitazioni, studio intensivo delle lingue straniere (i frequentatori devono infatti conseguire lo standard Nato per l'inglese e devono studiare, anche, una o più lingue comunitarie).
Agli allievi della 1ª e 2ª classe viene corrisposto un assegno mensile, invece, all'inizio della 3ª classe gli allievi sono promossi Aspiranti Guardiamarina ed è loro corrisposto il trattamento economico iniziale del Guardiamarina, grado con il quale frequentano, nel successivo anno accademico, il 4° anno. Alla fine del 4° anno viene conseguito il grado di Sottotenente di Vascello (S.T.V.).
Al conseguimento della laurea, gli Ufficiali continuano la loro formazione presso i vari Enti della Marina. In base al percorso di studi intrapreso e al corpo di appartenenza davanti ad essi si aprono diverse possibilità di carriera, come descritto nella tabella riportata nella pagina seguente. Per il giovane che aspira ad intraprendere una carriera militare in Marina è importante conoscere il percorso lavorativo prospettato da ciascun Corpo proprio per orientarsi nella scelta dello stesso.

CORPO DI STATO MAGGIORE	Gli ***Ufficiali del Corpo di Stato Maggiore***, o ***Ufficiali di Vascello***, al termine del ciclo di studi in Accademia Navale, assumono i primi incarichi di responsabilità a bordo delle unità navali e presso i reparti specialistici della Marina, a seconda dell'abilitazione/specializzazione conseguita presso i Centri di addestramento e i Comandi specialistici della Forza Armata. Essi seguono un iter formativo e di impiego che li porterà, nel giro di pochi anni dal termine dell'Accademia Navale, all'incarico di comando di Unità Navali/Sommergibili/Reparti specialistici; potranno poi assumere, durante la loro carriera, incarichi di alta responsabilità nella Forza Armata, a livello interforze ed internazionale. Gli incarichi di vertice raggiungibili sono quelli di Capo di Stato Maggiore della Marina, Capo di Stato Maggiore della Difesa o di Segretario Generale della Difesa. – l'**Ufficiale AS/T (Anti Sommergibili/Torpedini)** che sulle unità della Marina ricopre l'incarico di Capo Componente SONAR gestendo i sensori per la scoperta dei sommergibili (Sonar) con le relative armi associate (Siluri) ed il team di personale specializzato nella lotta anti-sommergibile; – l'**Ufficiale DT (Direttore del Tiro)** che sulle unità della Marina ricopre l'incarico di Capo Componente ART ed è addetto alla direzione dei sistemi d'arma missilistici e di artiglieria, con l'ausilio di personale specializzato nella difesa contro la minaccia portata da aerei ed altre unità navali;

(segue)

CORPO DI STATO MAGGIORE

- l'**Ufficiale TLC/IOC (addetto alle Telecomunicazioni /Informazioni Operative di Combattimento)** che sulle unità della Marina può ricoprire l'incarico di Capo Componente TLC o quello di Capo Componente RADAR. Nel primo caso si occupa della gestione operativa dei sistemi di comunicazione e della condotta della Componente CN-ME (Condotta Nave e Meteo), nel secondo, si occupa della gestione dei sistemi operativi di supporto al combattimento, con particolare riferimento ai sensori radar e di guerra elettronica;
- l'**Ufficiale IDO (specializzato idrografo) che è preposto alla condotta (nelle spedizioni idrografiche)** delle attività connesse alla raccolta di **dati geo-idro-oceanografici** necessari per l'aggiornamento della **documentazione nautica ufficiale** edita dall'Istituto Idrografico e finalizzate alle attività di studio nel settore geospaziale ed idro-oceanografico. Assolti gli obblighi di imbarco svolge incarichi previsti nel settore presso l'Istituto Idrografico della Marina, presso l'Accademia Navale in qualità di insegnante di nautica, presso gli Stati Maggiori;
- l'**Ufficiale MCM (Mine e Contromisure Mine)**, che si specializza durante la carriera, si imbarca sulle unità Cacciamine ed ha il compito di coordinare/dirigere/impiegare gli uomini ed i mezzi preposti alla scoperta, localizzazione, classificazione e neutralizzazione di mine navali;
- l'**Ufficiale SMG (Sommergibilista)** che svolge a bordo dei "sommergibili" tutti gli incarichi connessi alla condotta delle Unità Subacquee con responsabilità via via crescenti sino all'incarico di comando navale di Unità minore. Ultimati gli incarichi nella Componente, l'iter professionale del sommergibilista si armonizza nuovamente a quello dei colleghi di altre specialità svolgendo funzioni sia nel campo specialistico di appartenenza che in altri settori di Forza Armata, con la possibilità di assumere incarichi di Comando di Unità di superficie maggiori;
- l'**Ufficiale PIL (Pilota)** che conseguono il brevetto di pilota militare, di aero o di elicottero, ed iniziano il loro servizio a bordo delle unità navali o presso le basi aeree;
- l'**Ufficiale INC (Incursore)** che dopo un corso presso la Scuola Incursori del Raggruppamento Subacquei e Incursori di La Spezia entra nelle fila delle Forze Speciali della Marina Militare;
- l'**Ufficiale SUB (Palombari/Sommozzatori)** che svolgono la loro attività principalmente presso i Reparti Subacquei della Marina. Questi si distinguono in Reparti imbarcati e Reparti con sede a terra;
- l'**Ufficiale ANF (Abilitazione Anfibia)** che sarà preposto alla conduzione di reparti di fucilieri di Marina e dei mezzi ed armamenti in dotazione Forze da sbarco, in piena autonomia operativa e logistica.

CORPO DEL GENIO DELLA MARINA

Gli ***Ufficiali del Corpo del Genio della Marina*** al termine della formazione sono in grado di dirigere i servizi tecnici delle Unità Navali e dei Sommergibili (sistema di propulsione, impianti di piattaforma e servizio elettrico) e di gestire gli impianti di sicurezza della piattaforma, ovvero di operare nel settore delle infrastrutture sia nel campo della progettazione che in quello della gestione tecnica e amministrativa. Essi seguono un iter formativo e d'impiego mediante il quale, a pochi anni dal termine dell'Accademia Navale, giungono all'assunzione dell'incarico di Direttore di Macchina di Unità Navali/Sommergibili o di incarichi equipollenti; nel seguito, destinati presso gli Enti a terra, assicurano l'efficienza delle Unità Navali sia presso gli Arsenali Militari Marittimi che presso i Comandi Complessi ed assumono incarichi in ambito interforze ed internazionale; l'iter di carriera prevede infine l'assunzione di incarichi di Vicedirezione e Direzione di Uffici Tecnici, Stabilimenti di Lavoro o degli Arsenali Militari Marittimi. Tale iter d'impiego, caratterizzato dall'assunzione di incarichi di alta responsabilità, può portare, al ricoprimento delle cariche di vertice presso il Segretario Generale, dell'Ispettorato del Supporto Logistico e dei Fari, della Direzione degli Armamenti Navali, dalla Direzione Generale del Genio Militare o di Centri Tecnici di specializzazione sia di F.A. che Interforze. Gli ufficiali del Genio della Marina possono conseguire le Abilitazioni/Specializzazioni di seguito indicate.

(segue)

CORPO DEL GENIO DELLA MARINA

- l'**Ufficiale SMG del Genio della Marina (Sommergibilista)** che svolge tutti gli incarichi connessi alla manutenzione ed alla condotta degli impianti di bordo delle Unità Subacquee con responsabilità crescenti sino all'incarico di Direttore di Macchina. Ultimati gli incarichi nella Componente Sommergibilistica l'iter professionale può proseguire nel settore (presso i competenti Comandi/Reparti) o armonizzarsi con quello dei colleghi di estrazione navale svolgendo funzioni sia nel campo specialistico di appartenenza che in altri settori di Forza Armata;
- l'**Ufficiale TC/AER del Genio della Marina (Tecnico di Aeromobili)** che svolge tutti gli incarichi connessi alla manutenzione ed all'impiego degli aeromobili della M.M., delle relative armi ed apparecchiature con responsabilità crescenti fino all'incarico di Capo Servizio Tecnico. Ultimati gli incarichi nella Componente Aeromobili l'iter professionale può proseguire nel settore (presso i competenti Comandi/Reparti) o armonizzarsi con quello dei colleghi di estrazione Navale svolgendo funzioni sia nel campo specialistico di appartenenza che in altri settori di Forza Armata;
- l'**Ufficiale INFRA del Genio della Marina (Settore Infrastrutture)** che svolge tutti gli incarichi connessi alla progettazione e manutenzione delle infrastrutture della Marina Militare con responsabilità crescenti fino all'incarico di direttore di un ufficio del Genio Militare Marittimo. L'iter professionale prosegue nel Settore o presso gli Alti Comandi e presso i Reparti dello S.M. della Forza Armata e/o Interforze.

CORPO DI COMMISSARIATO M. MARITTIMO

Gli ***Ufficiali del Corpo di Commissariato***, al termine del ciclo di studi in Accademia Navale, vengono inviati per un periodo di circa 2 anni a bordo delle unità navali dove assumono l'incarico di Ufficiale addetto al Reparto Logistico/Servizio Amministrativo e poi presso i Comandi/Enti a terra – incluso lo Stato Maggiore della Marina – per ampliare ulteriormente il proprio bagaglio professionale e di esperienza, anche attraverso la frequentazione di numerosi corsi specialistici (tirocinio presso l'Avvocatura generale dello Stato, corsi di gestione delle scorte navali e per specialista di elicottero, etc.).
Conseguito il grado di Tenente di Vascello, sono inviati nuovamente a bordo per un periodo di circa 2 anni con l'incarico di Capo Servizio Logistico/Capo Servizio Amministrativo.
A **bordo delle unità navali** l'Ufficiale Commissario è investito di numerosi compiti e responsabilità in vari settori, tra cui la gestione amministrativa e finanziaria, l'approvvigionamento e la gestione dei materiali e delle apparecchiature per il mantenimento in efficienza della nave e della componente aerea imbarcata, la consulenza in materia legale e di giustizia e disciplina, nonché ogni altro incarico, anche in materia di relazioni esterne, specificamente affidatogli dal Comando di bordo.
Gli Ufficiali Commissari presso i **Comandi/Enti a terra** vengono impiegati in molteplici settori e con crescenti livelli di responsabilità (attività di gestione e controllo amministrativo/logistico; programmazione finanziaria in coordinamento con il Ministero dell'Economia e delle Finanze; attività di indirizzo in materia di gestione del personale e di giustizia e disciplina, etc.).
Con il passaggio ai gradi di Capitano di Corvetta e Capitano di Fregata, gli Ufficiali Commissari vengono avviati ai corsi (Normale e Superiore) di Stato Maggiore, che li preparano all'assunzione di **incarichi di alta responsabilità** e successivamente, nei gradi di Capitano di Vascello e di Ammiraglio, alla **dirigenza**. Agli Ufficiali del Corpo di Commissariato sono inoltre destinati alcuni **incarichi all'estero** in ambito Nato ed internazionale/interalleato.
Ai vertici della carriera, gli Ufficiali Commissari possono ricoprire anche gli incarichi di Comandante Logistico, di Capo dell'Ufficio Generale del Centro di Responsabilità Amministrativa, di Capo dell'Ufficio Generale Affari Legali e di Capo Reparto presso lo Stato Maggiore Marina, nonché quelli di Direttore Centrale presso gli Uffici Centrali del Ministero della Difesa.

CORPO DELLE CAPITANERIE DI PORTO

Gli Ufficiali del ***Corpo delle Capitanerie di Porto - Guardia Costiera*** al termine della formazione di base, frequentano numerose attività formative tra cui: Corso di Perfezionamento nel grado di S.T.V.; Corsi specialistici in materia di Sicurezza della Navigazione, Polizia Giudiziaria, Pesca Marittima, Ambiente Marino, Lingue estere, conduzione di mezzi aeronavali; Corso Pre-Comando nel grado di T.V.; Corso Normale di Stato Maggiore; Corso Superiore Interforze di Stato Maggiore; Seminario Pre-Comando per CC.FF./CC.VV..
Lo sviluppo della carriera porta l'Ufficiale CP a ricoprire l'incarico di "**Comandante di porto**" nelle sedi degli Uffici periferici dell'Amministrazione a cui esso è destinato in qualità di Comandante.
Gli ufficiali sono destinati ad assolvere numerose funzioni legate ai compiti istituzionali del Corpo, tra cui: *ricerca e soccorso in mare (Search and Rescue)*; *sicurezza della navigazione*; *protezione dell'ambiente marino*; *controllo sulla pesca marittima*; *controllo dei flussi migratori clandestini* (in concorso con il Ministro dell'Interno); *tutela delle aree marine di interesse archeologico* (in rapporto di dipendenza funzionale dal Ministero per i beni e le attività culturali); *gestione delle emergenze di protezione civile lungo le coste e in mare* (in rapporto di dipendenza funzionale dal Dipartimento della protezione civile); *amministrazione*; *polizia marittima*.
Al vertice della carriera, gli Ufficiali CP possono ricoprire l'incarico di Comandante Generale del Corpo delle Capitanerie di porto.

CORPO SANITARIO M. MARITTIMO

La durata del Corso di Laurea per gli Allievi del ***Corpo Sanitario*** dell'Accademia Navale è di un anno maggiore rispetto ai sei previsti a livello nazionale, poiché gli Allievi, oltre a frequentare le lezioni e sostenere gli esami, devono anche seguire tutte le attività formative previste dall'Istituto per gli Allievi Ufficiali dei Corsi Normali, inclusi i temporanei imbarchi a bordo delle Unità Navali e le Campagne Addestrative estive.
Ultimato il ciclo di studi e superato l'esame di Stato che conferisce l'Abilitazione all'esercizio della professione di Medico Chirurgo, gli Ufficiali seguono specifici corsi formativi propedeutici al loro effettivo impiego. Successivamente i giovani Ufficiali Medici sono avviati a bordo delle Unità Navali della Marina Militare Italiana, per ricoprire l'incarico di Capo Componente Sanitaria.
Al termine di questo primo periodo a bordo, gli Ufficiali Medici svolgono la loro attività presso gli Enti Sanitari terrestri e possono conseguire i diplomi di specializzazione utili ad acquisire le più specifiche competenze mediche, necessarie ad assolvere, con la massima professionalità, i compiti sanitari che saranno loro affidati nel proseguo della carriera.
Oggi il Corpo Sanitario è sempre più frequentemente proiettato nei moderni contesti operativi di peace keeping, peace-enforcing e soccorso umanitario nelle maxi-emergenze sanitarie nazionali ed internazionali.
Nei gradi di Capitano di Corvetta e Capitano di Fregata, gli Ufficiali Medici assolvono compiti di sempre crescente responsabilità, che li porteranno ad assumere, nei gradi di Capitano di Vascello ed Ammiraglio, le massime cariche dirigenziali.
Ai vertici della carriera, gli Ufficiali Medici possono ricoprire anche gli incarichi di Ispettore Capo della Sanità Militare Marittima e Capo dell'Ufficio Generale della Sanità Militare.

1.5 Il concorso e le prove di selezione

La pubblicazione del bando di concorso per l'ammissione alla 1ª Classe dei Corsi normali delle Accademie Militari di Modena, Pozzuoli e di Livorno avviene su Gazzetta Ufficiale della Repubblica italiana, 4ª serie speciale, di solito nei mesi di dicembre/gennaio di ogni anno.

1.5.1 Requisiti di partecipazione

Possono concorrere i giovani di **età** non inferiore ai ***diciassette anni*** e non superiore ai ***ventidue anni*** alla data indicata nel bando di concorso. Gli appartenenti ai ruoli Ispettori e Sovrintendenti dell'Arma dei Carabinieri non dovranno superare il ventottesimo anno di età. Il limite massimo di età è elevato di un periodo pari all'effettivo servizio militare prestato,

fino alla data di scadenza del termine di presentazione delle domande di partecipazione al concorso, comunque non superiore a tre anni, per coloro che prestino o abbiano prestato servizio militare nelle Forze armate. L'elevazione del limite di età non si applica ai concorrenti per i posti per il *ruolo naviganti normale* dell'Arma Aeronautica e al personale appartenente ai ruoli Ispettori e Sovrintendenti dell'Arma dei Carabinieri, partecipante al concorso Accademia dei Carabinieri. L'eventuale periodo trascorso in qualità di Allievo delle Scuole Militari non è considerato valido ai fini dell'elevazione del limite di età.
Il candidato deve essere riconosciuto in possesso dell'**idoneità psicofisica e attitudinale** al servizio incondizionato quale Ufficiale in servizio permanente e rientrare nei parametri fisici conformemente alla normativa vigente alla data di pubblicazione del bando nella Gazzetta Ufficiale della Repubblica Italiana. Tale requisito sarà verificato nell'ambito degli accertamenti psicofisici e attitudinali. Il D.P.R. 17 dicembre 2015, n. 207, *recante il regolamento in materia di parametri fisici per l'ammissione ai concorsi per il reclutamento nelle Forze armate, nelle Forze di polizia a ordinamento militare e civile e nel Corpo nazionale dei Vigili del fuoco, in attuazione della legge n. 2/2015*, ha introdotto per l'ammissione ai concorsi per il reclutamento/assunzione del personale del comparto difesa e sicurezza, in luogo del previgente requisito della statura minima (1,65 m per i candidati di sesso maschile, 1,61 m per i candidati di sesso femminile), i parametri fisici della ***composizione corporea***, della ***forza muscolare*** e della ***massa metabolicamente attiva***.
Inoltre, come ulteriore requisito di partecipazione, i concorrenti devono aver conseguito o essere in grado di conseguire al termine dell'anno scolastico indicato nel bando di concorso un ***diploma di istruzione secondaria di secondo grado*** di durata quinquennale o quadriennale integrato dal corso annuale, previsto per l'ammissione ai corsi universitari dall'art. 1 della legge n. 910/1969 e successive modifiche e integrazioni.

1.5.2 Iter concorsuale

Il concorso si articola su più fasi che si sviluppano in diversi momenti e luoghi:
- per l'**Esercito**, presso il Centro di Selezione e Reclutamento Nazionale dell'Esercito di Foligno (PG) e il Tirocinio presso l'Accademia di Modena;
- per l'**Aeronautica**, presso il Centro di Selezione dell'Aeronautica di Guidonia (RM), l'Istituto di Medicina Aerospaziale di Roma e l'Accademia Aeronautica di Pozzuoli (NA);
- per la **Marina**, presso il Centro di Selezione della Marina di Ancona e l'Accademia Navale a Livorno.

Il concorso per l'ammissione di Allievi al primo anno di corso dell'Accademia dell'**Esercito** prevede l'espletamento delle seguenti fasi, in ordine di elencazione:
a) prova scritta di preselezione;
b) prove di efficienza fisica;
c) accertamenti psicofisici;
d) accertamenti attitudinali;
e) prova scritta di composizione italiana;
f) prova di conoscenza della lingua inglese;
g) prova scritta di selezione culturale in biologia, chimica e fisica (per i soli concorrenti aspiranti ai posti per il Corpo Sanitario);
h) prova orale di matematica;
i) prova orale facoltativa di ulteriore lingua straniera;
l) tirocinio.

Il concorso per l'ammissione di Allievi alla prima classe dei corsi normali dell'Accademia dell'**Aeronautica** prevede l'espletamento delle seguenti fasi, in ordine di elencazione:

a) prova scritta di preselezione;
b) accertamenti psicofisici;
c) prova scritta di composizione italiana;
d) prova scritta di selezione culturale in biologia, chimica e fisica (per i soli concorrenti aspiranti ai posti per il Corpo Sanitario);
e) prove di efficienza fisica;
f) accertamenti attitudinali e comportamentali
g) prova di informatica;
h) prova di conoscenza della lingua inglese;
i) prova orale di matematica;
l) prova orale facoltativa di ulteriore lingua straniera.

Il concorso per l'ammissione di Allievi alla prima classe dei corsi normali dell'Accademia della **Marina** prevede l'espletamento delle seguenti fasi, in ordine di elencazione:

a) prova scritta di selezione culturale e prova di conoscenza della lingua inglese;
b) accertamenti psicofisici;
c) accertamenti attitudinali;
d) prova scritta di selezione culturale in biologia, chimica e fisica (per i soli concorrenti aspiranti ai posti per il Corpo Sanitario Militare Marittimo);
e) prove di efficienza fisica;
f) prova orale di matematica (per i concorrenti aspiranti ai posti per i Corpi Vari);
g) prova orale di biologia (per i concorrenti aspiranti ai posti per il Corpo Sanitario Militare Marittimo);
h) prova orale facoltativa di lingua straniera;
i) tirocinio.

Ciascuna graduatoria di merito viene formata secondo il punteggio risultante:

- per l'**Esercito**, dalla *somma* dei punti riportati nella *prova scritta di composizione italiana*, nella *prova di conoscenza della lingua inglese*, nella *prova orale di matematica*, nel *tirocinio* e dell'eventuale *punteggio incrementale conseguito nelle prove di efficienza fisica*, negli *accertamenti psicofisici* e nella *prova orale facoltativa di ulteriore lingua straniera*;
- per l'**Aeronautica**, dalla *somma* dei voti conseguiti dai concorrenti nella *prova scritta di composizione italiana* e nella *prova orale di matematica*, con l'aggiunta di un *terzo del voto* riportato nella *prova di conoscenza della lingua inglese*, del punteggio incrementale calcolato in relazione al voto riportato nella *prova di informatica* e dell'eventuale *punteggio incrementale calcolato in relazione al voto riportato nella prova orale facoltativa di ulteriore lingua straniera*;
- per la **Marina**, dalla *media* dei voti riportati nella *prova scritta di selezione culturale*, nella *prova di conoscenza della lingua inglese* e nella *prova orale*, cui sarà aggiunto l'eventuale *punteggio incrementale assegnato per la prova orale facoltativa di lingua straniera* e l'eventuale *punteggio conseguito nelle prove di efficienza fisica.*

Vengono dichiarati vincitori, nei limiti dei posti messi a concorso e ammessi alla frequenza dei corsi regolari, i concorrenti utilmente collocati nelle graduatorie di merito così formulate.

In ciascun volume specifico delle Accademie Militari – Esercito, Marina e Aeronautica – per la preparazione alla fase iniziale della preselezione o selezione culturale, sono stati ampiamente trattati i relativi contenuti e illustrate le modalità di svolgimento delle prove; nelle parti successive del presente volume, invece, saranno trattate tutte le prove e le fasi successive di selezione: accertamenti psico-fisici-attitudinali, prova di efficienza fisica, prova scritta di composizione italiana e prova orale di matematica.

Per l'anno accademico 2020/21, i concorsi per Allievi Ufficiali nelle Accademie Militari prevedono **sostanziali rimodulazioni degli iter concorsuali**.
Le modifiche alle procedure sono state attuate al fine di poter **effettuare le prove e gli accertamenti** nei tempi previsti e nel rispetto delle norme e delle misure di sicurezza volte a **ridurre il rischio di contagio da COVID-19**. Nella vostra area riservata online, è possibile consultare le modifiche al bando.

Registrandosi sul nostro sito secondo le modalità indicate a pag. I, è possibile consultare il bando completo con allegati e appendici relative a ciascuna delle tre Accademie. È possibile scaricare, inoltre, la normativa utile al candidato in caso di inidoneità alle varie fasi concorsuali.

Parte Seconda

Accertamenti psico-fisici-attitudinali e prova di efficienza fisica

SOMMARIO

Capitolo 1
Procedura di accertamento dei requisiti

1.1 Accertamenti psico-fisici

Nell'ambito di tutti i concorsi per le Accademie Militari, i concorrenti saranno sottoposti ad accertamenti volti al riconoscimento dell'**idoneità psicofisica** al servizio militare incondizionato quale **Ufficiale** in servizio permanente, tenendo conto del vigente elenco delle imperfezioni e delle infermità che sono causa di inidoneità al servizio militare e della direttiva tecnica sanitaria.
In questa parte del volume verranno illustrate le modalità di espletamento degli accertamenti psicofisici, la documentazione che i concorrenti dovranno portare al seguito all'atto della presentazione ai rispettivi Enti di Selezione e gli accertamenti a cui saranno sottoposti.
Andremo ad indicare i requisiti fisici che dovranno essere accertati ai concorrenti per il conseguimento dell'**idoneità**, nonché i ***profili sanitari minimi***.
Nell'ambito dell'accertamento dei requisiti fisici occorre citare il nuovo disposto dell'art. 635 del D.Lgs. 15 marzo 2010, n. 66 (Codice dell'Ordinamento Militare), così come novellato dalla L. n. 2/2015 e dal relativo regolamento di attuazione, il D.P.R. n. 207/2015. L'art. 635 del suddetto D. Lgs. n. 66/2010 dispone che per il reclutamento nelle Forze Armate, occorre *rientrare nei parametri fisici correlati alla composizione corporea, alla forza muscolare e alla massa metabolicamente attiva, secondo le tabelle stabilite dal regolamento*; pertanto, i candidati devono rientrare entro i valori limite di ciascuno dei seguenti **parametri fisici** (art. 3 del D.P.R. n. 207/2015):

a) ***composizione corporea***: percentuale di massa grassa nell'organismo non inferiore al 7% e non superiore al 22% per i candidati di sesso maschile, e non inferiore al 12% e non superiore al 30% per le candidate di sesso femminile;
b) ***forza muscolare***: non inferiore a 40 kg per i candidati di sesso maschile, e non inferiore a 20 kg per le candidate di sesso femminile;
c) ***massa metabolicamente attiva***: percentuale di massa magra teorica presente nell'organismo non inferiore al 40% per i candidati di sesso maschile, e non inferiore al 28% per le candidate di sesso femminile.

Tutti gli esami strumentali e di laboratorio chiesti ai candidati, a pena di esclusione, dovranno essere effettuati presso strutture sanitarie pubbliche, anche militari, o private accreditate con il Servizio Sanitario Nazionale.
I candidati, se ne sono già in possesso, dovranno consegnare esame radiografico del torace in due proiezioni, con relativo referto, altrimenti dichiarazione di consenso all'eventuale effettuazione degli esami radiologici, secondo il modello allegato al bando. Il concorrente ancora minorenne all'atto della presentazione agli accertamenti psicofisici avrà cura di portare al seguito la dichiarazione di consenso compilata e sottoscritta in conformità all'allegato al bando, per l'eventuale effettuazione del predetto esame radiografico. La mancata presentazione di detta dichiarazione determinerà l'impossibilità di sottoporre il concorrente agli esami radiologici. La commissione competente non esprimerà giudizio né definirà il profilo sanitario nei confronti di

quei candidati che, in sede di visita saranno riconosciuti affetti da malattie o lesioni acute di recente insorgenza e di presumibile breve durata, per le quali risulterà scientificamente probabile un'evoluzione migliorativa tale da lasciar prevedere il possibile recupero dei requisiti in tempi contenuti. La stessa fisserà il termine entro il quale sottoporrà detti concorrenti ai previsti accertamenti psicofisici, per verificare l'eventuale recupero dell'idoneità fisica.
Questi concorrenti riconvocati che risulteranno assenti al momento dell'inizio degli accertamenti psicofisici saranno considerati rinunciatari e, pertanto, esclusi dal concorso, quali che siano le ragioni dell'assenza, comprese quelle dovute a causa di forza maggiore.
La commissione competente non procederà agli accertamenti psicofisici e si asterrà dalla pronuncia del giudizio nei casi in cui i concorrenti di sesso femminile risulteranno **positivi ai test di gravidanza** in quanto lo stato di gravidanza costituisce temporaneo impedimento all'accertamento dell'idoneità al servizio militare. Pertanto esse saranno riconvocate dalla DGPM al predetto accertamento; se in occasione della seconda convocazione il temporaneo impedimento perdura, la preposta commissione escluderà il candidato dal concorso per l'impossibilità di procedere all'accertamento del possesso dei requisiti.
I concorrenti giudicati **inidonei** potranno inviare (tramite messaggio di posta elettronica (PE) o posta elettronica certificata (PEC), improrogabilmente entro il **decimo giorno** successivo alla data degli accertamenti psicofisici, specifica istanza di ulteriori accertamenti psicofisici assieme a copia per immagine, ovvero in formato PDF, di un valido documento di identità rilasciato da un'Amministrazione dello Stato e di idonea documentazione specialistica rilasciata dalle strutture sanitarie precedentemente menzionate. Tali istanze dovranno essere inviate agli indirizzi seguenti:

a) **Esercito**: uadaccamil@ceselna.esercito.difesa.it per la PE ovvero centro_selezione@postacert.difesa.it per la PEC;
b) **Aeronautica**: aeroaccademia.concorsi@am.difesa.it solo PE;
c) **Marina**: marinaccad.concorsi@marina.difesa.it solo PE.

In caso di accoglimento dell'istanza, il concorrente riceverà apposita comunicazione. In caso di mancato accoglimento dell'istanza, invece, il concorrente riceverà comunicazione che il giudizio di inidoneità riportato al termine degli accertamenti psicofisici deve intendersi confermato.
Nei confronti dei concorrenti cui la stessa è stata accolta, la commissione competente esprimerà un giudizio di idoneità psicofisica in base alla documentazione prodotta a corredo dell'istanza, ovvero, solo se lo riterrà necessario, a seguito di ulteriori accertamenti psicofisici disposti.
Il giudizio espresso dalla commissione competente è definitivo e per i concorrenti giudicati idonei la stessa provvederà a definire il profilo sanitario e, ove previsto, ad attribuire il relativo punteggio.

1.1.1 Esercito Italiano

I concorrenti utilmente collocati nelle graduatorie della prova scritte di preselezione saranno convocati presso il **Centro di Selezione e Reclutamento Nazionale dell'Esercito** di Foligno (PG) per sostenere le prove di efficienza fisica e, se idonei, gli accertamenti psico-fisici e attitudinali. Siffatte selezioni si svolgono di norma nel mese di marzo/aprile e hanno una durata di 3 giorni.
All'atto della presentazione agli accertamenti psicofisici essi dovranno presentare la seguente documentazione:

– certificato di idoneità ad attività sportiva agonistica per l'atletica leggera, in corso di validità, rilasciato da medici appartenenti alla Federazione medico-sportiva italiana ovvero da specialisti che operano presso strutture sanitarie pubbliche o private accreditate con il Servizio Sanitario Nazionale in qualità di medici specializzati in medicina dello sport;

- copia delle cartelle cliniche relative a eventuali interventi chirurgici o ricoveri in strutture sanitarie, che saranno acquisite agli atti quale parte integrante della cartella degli accertamenti psicofisici del concorrente;
- referto, rilasciato in data non anteriore a un mese antecedente la visita, del test per la ricerca dei cataboliti urinari delle seguenti sostanze: cocaina, oppiacei, cannabinoidi, amfetamina, metanfetamina, MDMA e metadone. Il Centro di Selezione procederà comunque, a campione, ad effettuare il predetto test.

I seguenti documenti dovranno essere rilasciati in data non anteriore a 60 giorni dalla data di presentazione:

- referto dei markers virali anti HAV, HbsAg, anti HBs, anti HBc e anti HCV;
- referto attestante l'esito del test per l'accertamento della positività per anticorpi per HIV;
- referto relativo al risultato dell'intradermoreazione di Mantoux e, per i positivi, esame radiografico del torace in due proiezioni;
- certificato rilasciato, in data non anteriore a 6 mesi, dal medico di fiducia secondo il modello indicato dal bando attestante lo stato di buona salute, la presenza/assenza di pregresse manifestazioni emolitiche, gravi manifestazioni immunoallergiche, gravi intolleranze e idiosincrasie a farmaci o alimenti.

I concorrenti di sesso femminile dovranno, inoltre, consegnare:

- referto attestante l'esito di test di gravidanza mediante analisi su sangue o urine effettuato entro i cinque giorni lavorativi precedenti la data di presentazione per lo svolgimento in piena sicurezza delle prove di efficienza fisica e per l'applicazione di quanto disposto dall'art. 580, comma 2 del decreto del Presidente della Repubblica 15 marzo 2010, n. 90, secondo il quale lo stato di gravidanza costituisce temporaneo impedimento all'accertamento dell'idoneità al servizio militare;
- referto di ecografia pelvica eseguita entro i 60 giorni precedenti la data degli accertamenti psicofisici.

La mancata presentazione anche di uno solo dei documenti chiesti determinerà l'esclusione del concorrente dagli accertamenti psicofisici, fatta eccezione per la copia delle cartelle cliniche relative a eventuali interventi chirurgici o ricoveri in strutture sanitarie.

I concorrenti già giudicati idonei agli accertamenti sanitari nei 365 giorni precedenti la data di presentazione presso il Centro di Selezione e Reclutamento Nazionale dell'Esercito nell'ambito di un concorso della Forza Armata dovranno, inoltre, consegnare il referto, rilasciato in data non anteriore a 60 giorni precedenti la visita, di analisi di laboratorio relative ai seguenti esami ematochimici: gamma GT, GOT, GPT e MCV.

La commissione, prima di eseguire la visita medica generale, disporrà per ciascuno dei concorrenti i seguenti accertamenti specialistici e di laboratorio:

- analisi completa delle urine con esame del sedimento;
- analisi del sangue concernente:
  - emocromo completo;
  - glicemia;
  - creatininemia;
  - transaminasemia (GOT e GPT);
  - bilirubinemia totale e frazionata;
  - trigliceridemia;
  - colesterolemia;
  - gamma GT;
  - dosaggio del G6PD;
- ogni ulteriore indagine ritenuta utile per consentire un'adeguata valutazione clinica e medico-legale.

La competente commissione procederà, inoltre, alla verifica dell'abuso abituale di alcool in base all'anamnesi, alla visita medica diretta e alla valutazione degli esami ematochimici (gamma GT, GOT, GPT e MCV). In caso di sospetto, il concorrente sarà rinviato ad altra data per consegnare il referto attestante l'esito del test della CDT (ricerca ematica della transferrina carboidrato carente) con eventuale test di conferma mediante HPLC in caso di positività, che il concorrente medesimo avrà cura di effettuare, in proprio, presso una struttura sanitaria pubblica, anche militare, o privata accreditata con il Servizio Sanitario Nazionale (I concorrenti già giudicati idonei agli accertamenti sanitari nel corso dell'anno solare nell'ambito di un concorso della Forza Armata sono soggetti al medesimo trattamento).
Tutti i concorrenti saranno, inoltre, sottoposti ai seguenti accertamenti specialistici:
- psicologico (ed eventualmente psichiatrico);
- cardiologico con E.C.G.;
- oculistico;
- otorinolaringoiatrico con esame audiometrico.

Ai fini dell'idoneità agli accertamenti psicofisici la competente commissione verificherà per ciascun concorrente il possesso del seguente specifico requisito: visus corretto non inferiore a 16/10 complessivi con lenti frontali ben tollerate (da portare al seguito) e non inferiore a 7/10 nell'occhio che vede di meno, raggiungibile con correzione non superiore alle tre diottrie anche in un solo occhio. Senso cromatico normale accertato alle tavole pseudoisocromatiche o in difetto alle matassine colorate. Sono ammessi gli esiti di intervento LASIK e gli esiti di fotocheratoablazione senza disturbi funzionali e con integrità del fondo oculare.
La commissione provvederà a definire il **profilo sanitario** secondo i criteri stabiliti dalla normativa vigente, sulla base delle risultanze della visita medica generale e degli accertamenti eseguiti.
Saranno **giudicati idonei** agli accertamenti psicofisici i concorrenti ai quali venga attribuito un **coefficiente 1 o 2** in ciascuna delle caratteristiche somato-funzionali di seguito indicate:
- psiche (PS);
- costituzione (CO);
- apparato cardiocircolatorio (AC);
- apparato respiratorio (AR);
- apparati vari (AV);
- apparato osteo-artro-muscolare superiore (LS);
- apparato osteo-artro-muscolare inferiore (LI);
- apparato visivo (VS); apparato uditivo (AU).

Per la caratteristica somato-funzionale AV, indipendentemente dal coefficiente assegnato, la carenza accertata, totale o parziale, dell'enzima G6PD non può essere motivo di esclusione, ai sensi dell'art. 1 della Legge n. 109/2010. Altresì, i concorrenti riconosciuti affetti dal predetto deficit di G6PD (coefficiente AV-EI compreso tra 2 e 4) dovranno rilasciare la dichiarazione di ricevuta informazione e di responsabilizzazione.
Ai concorrenti giudicati idonei, la commissione attribuirà un punteggio inteso a tenere conto delle caratteristiche somato-funzionali del profilo sanitario posseduto. A ogni coefficiente 2 di ciascuna delle predette caratteristiche somato-funzionali sarà attribuito un punteggio pari a 0 (zero). A ogni coefficiente 1 del profilo stesso sarà attribuito un punteggio pari a 0,5. Pertanto, il punteggio massimo conseguibile dai predetti concorrenti al termine degli accertamenti psicofisici sarà di punti 4,5.
L'esito della visita medica viene comunicato al concorrente seduta stante, sottoponendogli il verbale contenente uno dei seguenti giudizi, indicanti anche il profilo sanitario conseguito:
- ***idoneo*** all'ammissione all'Accademia Militare;
- ***inidoneo*** all'ammissione all'Accademia Militare, con indicazione del motivo.

Fermo restando quanto stabilito dal bando, saranno ***giudicati inidonei*** i concorrenti non risultati in possesso degli specifici requisiti fisici summenzionati e/o affetti da:

- imperfezioni e infermità previste dalla vigente normativa in materia di inabilità al servizio militare;
- imperfezioni e infermità per le quali le vigenti direttive per delineare il profilo sanitario stabiliscono l'attribuzione di coefficiente 3 o 4 nelle caratteristiche somato-funzionali (a eccezione della caratteristica somato-funzionale AV qualora l'attribuzione del coefficiente 3 o 4 sia determinata da carenza, totale o parziale, dell'enzima G6PD);
- disturbi della parola anche se in forma lieve (dislalia-disartria);
- positività agli accertamenti diagnostici per l'abuso di alcool, per l'uso, anche saltuario od occasionale, di sostanze stupefacenti, nonché per l'utilizzo di sostanze psicotrope a scopo non terapeutico;
- imperfezioni o infermità che, seppur non indicate nelle lettere precedenti, sono comunque incompatibili con la frequenza del corso e con il successivo impiego quale Ufficiale in servizio permanente;
- malattie o lesioni acute per il recupero dalle quali sono previsti tempi incompatibili con quelli indicati nel bando di concorso.

La commissione giudicherà altresì inidoneo il candidato che presenti tatuaggi:

- visibili indossando ogni uniforme (per il personale femminile anche nella versione con gonna e scarpe a decolté), compresa quella ginnica (pantaloncini e maglietta);
- posti anche in parti coperte dalle uniformi che, per dimensioni, contenuto o natura, siano deturpanti o contrari al decoro o di discredito per le Istituzioni ovvero siano possibile indice di personalità abnorme (in tal caso da accertare con visita psichiatrica e con appropriati test psicodiagnostici).

1.1.2 Aeronautica Militare

I concorrenti utilmente collocati nelle graduatorie della prova scritta di preselezione saranno convocati presso l'**Istituto di Medicina Aerospaziale** di Roma per sostenere gli **accertamenti psico-fisici** in un'unica giornata, presumibilmente nei mesi di marzo-aprile. Le prove attitudinali e di efficienza fisica, a differenza dell'Esercito, si sosterranno più avanti nel tempo, durante il Tirocinio psicoattitudinale e comportamentale.

All'atto della presentazione agli accertamenti psicofisici essi dovranno presentare la seguente documentazione:

- certificato di idoneità ad attività sportiva agonistica per l'atletica leggera e per il nuoto, in corso di validità, rilasciato da medici specializzati in medicina dello sport, iscritti alla Federazione medico-sportiva italiana ovvero da specialisti che operano presso strutture sanitarie pubbliche o private accreditate con il Servizio Sanitario Nazionale in qualità di medici specializzati in medicina dello sport;
- referto, rilasciato in data non anteriore a un mese antecedente la visita, di analisi delle urine per la ricerca dei seguenti cataboliti urinari di sostanze stupefacenti e/o psicotrope a scopo non terapeutico: amfetamine, cocaina, oppiacei, cannabinoidi e barbiturici;
- certificato rilasciato dal proprio medico di base e controfirmato dagli interessati, conforme al modello allegato al bando, che attesta lo stato di buona salute, la presenza/assenza di pregresse manifestazioni emolitiche, gravi manifestazioni immunoallergiche, gravi intolleranze e idiosincrasie a farmaci o alimenti. Tale certificato dovrà avere una data di rilascio non anteriore a sei mesi rispetto a quella di presentazione e una validità semestrale;
- referto degli esami di cui al sottostante elenco, effettuati in data non anteriore ai 60 giorni precedenti la visita:

- determinazione degli anticorpi HIV;
- markers virali: anti HAV, HBsAg, anti HBsAb e anti HCV;
- emocromo con formula, VES, glicemia, creatininemia, ALT, AST, GGT, bilirubina totale e frazionata, colesterolemia totale, trigliceridemia;
- esame delle urine.

I concorrenti di sesso femminile dovranno, inoltre, presentare:

– ecografia pelvica con relativo referto, eseguita, in data non anteriore ai tre mesi precedenti la visita;
– referto di test di gravidanza (sangue o urine) eseguito, in data non anteriore a cinque giorni lavorativi precedenti la data di presentazione.

I concorrenti per il ruolo naviganti normale dell'Arma Aeronautica, specialità pilota, in aggiunta, dovranno presentare:

– ecocardiogramma color doppler, comprensivo di referto e immagini effettuato entro i sei mesi precedenti la data della visita medica;
– esame radiografico del tratto lombo-sacrale in due proiezioni, qualora già in possesso, con relativo referto;
– tracciato elettroencefalografico standard, preferibilmente su supporto cartaceo, comprensivo di referto eseguito entro i tre mesi antecedenti la data della visita.

I concorrenti di entrambi i sessi dovranno, altresì, consegnare apposita dichiarazione di consenso informato all'effettuazione del protocollo diagnostico sopra specificato, nonché ulteriore dichiarazione di consenso informato al protocollo vaccinale secondo i modelli allegati al bando, che, ai sensi della normativa vigente, sarà loro praticato all'atto dell'ammissione alla frequenza della prima classe e periodicamente, a intervalli programmati, per conservare lo stato di immunizzazione.

La mancata presentazione anche di uno solo dei documenti sopra indicati determinerà l'esclusione dal concorso, fatta eccezione per gli esami radiografici del torace e del tratto lombo-sacrale.

I soli concorrenti per il ruolo naviganti normale, al fine dell'idoneità psicofisica al servizio quali Allievi dei corsi regolari dell'Accademia Aeronautica dovranno essere riconosciuti in possesso dei seguenti specifici requisiti fisici:

– avere una distanza vertice-gluteo non superiore a cm 98 e non inferiore a cm 85 e una distanza gluteo-ginocchio non superiore a cm 65 e non inferiore a cm 56;
– avere una distanza di presa funzionale non superiore a cm 90 e non inferiore a cm 74,5;
– requisiti visivi:
    - visus per lontano non inferiore a 10/10 per occhio, raggiungibile con correzione diottrica con visus naturale minimo di 8/10 per occhio;
    - è tollerato un deficit rifrattivo contenuto nei seguenti intervalli: ametropia sferica compresa tra -0.50 e +1.50 D sph; ametropia astigmatica compresa tra -0.75 e +1.0 D cyl; anisometropia inferiore a 1 D.

Il candidato per il quale emergesse una causa di inidoneità verrà, comunque, sottoposto a tutti gli accertamenti previsti dal protocollo diagnostico.

I concorrenti che durante la visita risulteranno privi anche di uno solo dei requisiti prescritti saranno giudicati inidonei ed esclusi dal concorso così come i candidati che presentino tatuaggi:

– visibili con ogni tipo di uniforme (per il personale femminile anche nella versione con gonna e scarpe a decolté), compresa quella ginnica (pantaloncini e canottiera);
– posti anche in parti coperte dalle uniformi che, per dimensioni, contenuto o natura, siano deturpanti o contrari al decoro o di discredito per le Istituzioni ovvero siano possibile in-

dice di personalità abnorme (in tal caso da accertare con visita psichiatrica e con appropriati test psicodiagnostici).

Saranno giudicati inidonei i concorrenti per il *ruolo normale delle Armi* dell'Arma Aeronautica, per il *ruolo normale del Corpo del Genio Aeronautico*, per il ruolo normale del *Corpo di Commissariato* Aeronautico e per il *ruolo normale del Corpo Sanitario Aeronautico* ai quali sia stato attribuito un profilo sanitario inferiore al seguente profilo minimo:

- psiche (PS) 1;
- costituzione (CO) 2;
- apparato cardiocircolatorio (AC) 2;
- apparato respiratorio (AR) 2;
- apparati vari (AV) 2;
- apparato osteo-artro-muscolare superiore (LS) 2;
- apparato osteo-artro-muscolare inferiore (LI) 2;
- apparato visivo (VS) 2;
- apparato uditivo (AU) 2.

Per la caratteristica somato-funzionale AV, indipendentemente dal coefficiente assegnato, la carenza accertata, totale o parziale, dell'enzima G6PD non può essere motivo di esclusione, ai sensi dell'art. 1 della L. n. 109/2010. Altresì, i concorrenti riconosciuti affetti dal predetto deficit di G6PD (coefficiente AV-EI compreso tra 2 e 4) dovranno rilasciare la dichiarazione di ricevuta informazione e di responsabilizzazione, rinvenibile negli Allegati al bando.
Saranno giudicati inidonei i concorrenti per il *ruolo naviganti* normale risultati affetti da imperfezioni e infermità previste dalla vigente normativa in materia di inidoneità ai servizi di navigazione aerea.
Il presidente della commissione per gli accertamenti psicofisici, seduta stante, comunicherà a ciascun concorrente l'esito degli accertamenti psicofisici, sottoponendogli il verbale contenente uno dei seguenti giudizi:

- ***idoneo*** all'ammissione all'Accademia Aeronautica;
- ***inidoneo*** all'ammissione all'Accademia Aeronautica, con indicazione del motivo;
- ***inidoneo*** all'ammissione all'Accademia Aeronautica per il ruolo naviganti normale dell'Arma Aeronautica, specialità pilota, per carenza accertata, totale o parziale, dell'enzima G6PD, ma idoneo all'ammissione all'Accademia Aeronautica per altro ruolo.

Per i soli concorrenti per il ruolo naviganti normale dell'Arma Aeronautica, specialità pilota, l'eventuale giudizio di idoneità verrà espresso con riserva di effettuazione di ulteriori indagini strumentali, cui i medesimi verranno sottoposti successivamente all'eventuale superamento delle prove orali, finalizzate a escludere la sussistenza delle imperfezioni e infermità che sono causa di inidoneità ai servizi di navigazione aerea secondo quanto previsto dall'art. 586 del Decreto del Presidente della Repubblica 15 marzo 2010, n. 90. In particolare, sarà indagata la presenza delle imperfezioni e infermità elencate alla lettera c) e alla lettera n) del predetto art. 586, recanti, rispettivamente, quelle riferite alla neurologia e all'apparato scheletrico e locomotore. Saranno causa di inidoneità, tra le principali:

- le malattie del sistema nervoso centrale e i loro esiti, ovvero malattie di natura genetica, malformativa, vascolare, neoplastica e altro;
- patologie dell'apparato scheletrico e locomotore e i loro esiti, ovvero malattie osteo distrofiche, esiti di fratture con mezzi di sintesi in situ, dismorfismi e paramorfismi del ra-

chide, scoliosi maggiori con un angolo di Lippman-Cobb superiore a 15 gradi, schisi di un arco vertebrale, esiti di trattamenti chirurgici della colonna vertebrale, ernie discali e i loro esiti chirurgici, protrusioni discali, anche senza segni clinici o elettromiografici di sofferenza radicolare.

Per tali finalità i predetti concorrenti saranno sottoposti – nella sede che verrà comunicata ai candidati mediante avviso pubblicato nel portale – alla risonanza magnetica nucleare del rachide in toto, a cura della commissione per gli accertamenti psicofisici.

In base al risultato dei predetti accertamenti, il presidente della commissione seduta stante, comunicherà a ciascun concorrente l'esito degli accertamenti psicofisici, sottoponendogli il verbale contenente uno dei seguenti giudizi:

- ***idoneo*** ai servizi di navigazione aerea e al pilotaggio militare;
- ***inidoneo*** ai servizi di navigazione aerea e al pilotaggio militare, con indicazione del motivo.

Tale giudizio è definitivo. I candidati giudicati inidonei non potranno avvalersi della facoltà di proporre istanza di ulteriori accertamenti psicofisici.

1.1.3 Marina Militare

I concorrenti utilmente collocati nelle graduatorie della prova scritta di selezione culturale saranno convocati presso il **Centro di Selezione della Marina Militare** di Piano S. Lazzaro, Via della Marina, 1 – Ancona, per sostenere gli **accertamenti psico-fisici** della durata di due giorni, presumibilmente, nei mesi di marzo-maggio. Le prove attitudinali e di efficienza fisica, a differenza dell'Esercito, si sosterranno successivamente (luglio/agosto).

All'atto della presentazione agli accertamenti psicofisici essi dovranno presentare la seguente documentazione:

- se ne sono già in possesso, esame radiografico del torace in due proiezioni, con relativo referto (solo se esiste dubbio diagnostico da parte della commissione medica, l'esame radiografico verrà effettuato presso il Centro di Selezione della Marina Militare di Ancona). Il concorrente maggiorenne da sottoporre a detto esame dovrà sottoscrivere apposita dichiarazione di consenso all'effettuazione dell'esame stesso, secondo il modello rinvenibile tra gli Allegati al bando. Il concorrente ancora minorenne all'atto della presentazione agli accertamenti psicofisici, invece, avrà cura di portare al seguito la dichiarazione di consenso compilata e sottoscritta in conformità al medesimo Allegato al bando, per l'eventuale effettuazione del predetto esame radiografico. La mancata presentazione di detta dichiarazione determinerà l'impossibilità di sottoporre il concorrente agli esami radiologici;
- referto degli esami di cui al sottostante elenco, effettuati (a eccezione di quello riguardante il gruppo sanguigno) in data non anteriore ai sei mesi precedenti la visita:
  - analisi completa delle urine con esame del sedimento;
  - emocromo completo;
  - VES;
  - glicemia;
  - creatininemia;
  - azotemia;
  - trigliceridemia;
  - colesterolemia totale e frazionata;
  - bilirubinemia diretta e indiretta;
  - gamma GT;
  - transaminasemia (GOT e GPT);

- markers virali: anti HAV, HbsAg, anti HBs, anti HBc e anti HCV;
- accertamento della positività per anticorpi per HIV;
- attestazione del gruppo sanguigno;

– referto di analisi completa delle urine con esame del sedimento eseguito in data non anteriore a un mese antecedente la data di presentazione;
– ai soli fini dell'eventuale successivo impiego, referto, rilasciato in data non anteriore a 60 giorni precedenti la visita, di analisi di laboratorio concernente il dosaggio quantitativo del glucosio 6-fosfatodeidrogenasi (G6PD), eseguito sulle emazie ed espresso in termini di percentuale enzimatica;
– certificato, conforme al modello riportato nell'allegato al bando, rilasciato dal proprio medico di base e controfirmato dagli interessati, che attesta lo stato di buona salute, la presenza/assenza di pregresse manifestazioni emolitiche, gravi manifestazioni immunoallergiche, gravi intolleranze e idiosincrasie a farmaci o alimenti. Tale certificato dovrà avere una data di rilascio non anteriore a sei mesi rispetto a quella di presentazione.

I concorrenti di sesso femminile dovranno, inoltre, presentare:

– ecografia pelvica con relativo referto, eseguita, in data non anteriore ai tre mesi precedenti la visita. Sarà altresì ritenuta valida in alternativa, copia del referto relativo all'esame effettuato, nei medesimi limiti temporali di cui sopra, in occasione di un precedente concorso presso una struttura sanitaria militare;
– referto di test di gravidanza (sangue o urine) eseguito entro i quattro giorni calendariali antecedenti alla data di presentazione.

Tutti i concorrenti dovranno, altresì, consegnare apposita dichiarazione di consenso informato all'effettuazione del protocollo diagnostico di cui agli Allegati al bando.

La mancata presentazione o l'incompletezza anche di uno solo dei documenti sopra indicati determinerà l'esclusione dal concorso, fatta eccezione dell'esame radiografico del torace, dell'attestazione del gruppo sanguigno e del referto di analisi di laboratorio concernente il dosaggio del G6PD. Questi ultimi due documenti dovranno comunque essere prodotti dai vincitori del concorso, all'atto della presentazione in Accademia Navale.

I concorrenti, al fine dell'idoneità psicofisica al servizio quali Allievi della prima classe dei corsi normali dell'Accademia Navale dovranno essere riconosciuti in possesso dei seguenti specifici requisiti fisici:

– apparato visivo: visus corretto non inferiore a 10/10 in ciascun occhio; con lenti ben tollerate, il vizio di rifrazione non dovrà superare 3 diottrie per la miopia e l'astigmatismo miopico composto, 3 diottrie per l'ipermetropia e l'astigmatismo ipermetropico composto, 2 diottrie per l'astigmatismo miopico e ipermetropico semplice, 1,5 diottrie per la componente cilindrica negli astigmatismi composti, 3 diottrie per l'astigmatismo misto o per l'anisometropia sferica e astigmatica, purché siano presenti la fusione e la visione binoculare. Senso cromatico normale alle matassine colorate. L'accertamento dello stato refrattivo, ove occorra, potrà essere eseguito con l'autorefrattometro o in cicloplegia o con il metodo dell'annebbiamento. Per l'assegnazione al Corpo di Stato Maggiore sarà richiesto il visus corretto 10/10 in ciascun occhio; con lenti ben tollerate, il vizio di rifrazione non dovrà superare 1,75 diottrie per la miopia, 2 diottrie per l'ipermetropia, 0,75 diottrie per l'astigmatismo di qualsiasi segno e asse. La correzione totale non dovrà comunque superare 1,75 diottrie per l'astigmatismo miopico composto e 2 diottrie per l'astigmatismo ipermetropico composto. Senso cromatico normale alle tavole pseudoisocromatiche. L'accertamento dello stato refrattivo, ove occorra, potrà essere eseguito con l'autorefrattometro o in cicloplegia o con il metodo dell'annebbiamento;

- dentatura: dovrà essere in buone condizioni; sarà consentita la mancanza di un massimo di otto denti non contrapposti, purché non associati a parodontopatia giovanile e non tutti dallo stesso lato e tra i quali non figurino più di un incisivo e di un canino; nel computo dei mancanti non dovranno essere conteggiati i terzi molari; gli elementi mancanti dovranno essere sostituiti con moderna protesi fissa che assicuri la completa funzionalità della masticazione; i denti cariati devono essere opportunamente curati.

La commissione competente disporrà, per tutti i concorrenti, i seguenti accertamenti specialistici e di laboratorio:

- cardiologico con ECG;
- oculistico;
- otorinolaringoiatrico con esame audiometrico;
- odontoiatrico;
- psichiatrico;
- valutazione dell'apparato locomotore;
- analisi delle urine per la ricerca dei cataboliti urinari di sostanze stupefacenti e/o psicotrope quali anfetamine, cocaina, oppiacei, cannabinoidi e barbiturici. In caso di positività, disporrà sul medesimo campione test di conferma (gascromatografia con spettrometria di massa);
- controllo dell'abuso sistematico di alcool;
- ogni ulteriore esame clinico specialistico, di laboratorio e/o strumentale, ritenuto utile per consentire adeguata valutazione clinica e medico-legale del concorrente, ivi compreso l'eventuale esame radiologico del torace in due proiezioni, in caso di dubbio diagnostico.

La commissione provvederà a definire il profilo sanitario di ciascun concorrente, secondo i criteri stabiliti dalla normativa e dalle direttive vigenti, in base alla documentazione sanitaria prodotta dagli interessati e agli accertamenti psicofisici effettuati e, seduta stante, comunicherà per iscritto al concorrente l'esito sottoponendogli il verbale contenente uno dei seguenti giudizi:

- ***idoneo*** all'ammissione all'Accademia Navale, con indicazione del profilo sanitario e della eventuale idoneità o inidoneità (con indicazione del motivo) per il Corpo di Stato Maggiore;
- ***inidoneo*** all'ammissione all'Accademia Navale, con indicazione del motivo.

Saranno giudicati idonei i concorrenti in possesso dei requisiti specifici summenzionati, cui sia stato attribuito il **coefficiente 1** o **2** in ciascuna delle caratteristiche somatofunzionali di seguito indicate:

- psiche (PS);
- costituzione (CO);
- apparato cardiocircolatorio (AC);
- apparato respiratorio (AR);
- apparati vari (AV);
- apparato osteo-artro-muscolare superiore (LS);
- apparato osteo-artro-muscolare inferiore (LI);
- apparato uditivo (AU);
- per l'apparato visivo (VS) valgono gli specifici requisiti sopra indicati.

Per quanto concerne gli apparati vari (AV), indipendentemente dal coefficiente assegnato, la carenza accertata, totale o parziale, dell'enzima G6PD non può essere motivo di esclusione, ai sensi dell'art. 1 della L. n. 109/2010. Altresì, i concorrenti riconosciuti affetti dal predetto deficit di G6PD (coefficiente AV-EI compreso tra 2 e 4) dovranno rilasciare la dichiarazione di ricevuta informazione e di responsabilizzazione, rinvenibile negli Allegati al bando. In caso di mancata presentazione del referto di analisi di laboratorio concernente il dosaggio del G6PD, ai fini della definizione della caratteristica somato-funzionale AV-EI, limitatamente alla carenza di predetto enzima, al coefficiente attribuito sarà aggiunta la dicitura "deficit di G6PD non definito".

Saranno giudicati inidonei i concorrenti risultati affetti da o che presentano:

- imperfezioni e infermità previste dalla vigente normativa in materia di inabilità al servizio militare;
- imperfezioni e infermità per le quali è prevista l'attribuzione del coefficiente uguale o superiore a 3 nelle caratteristiche somato-funzionali del profilo sanitario stabilito dalle vigenti direttive per delineare il profilo sanitario dei soggetti giudicati idonei al servizio militare, fermi restando gli specifici requisiti di ruolo;
- disturbi della parola tali da rendere l'eloquio non chiaramente e prontamente intellegibile;
- malattie o lesioni per le quali sono previsti tempi lunghi di recupero dello stato di salute e dei requisiti necessari per la frequenza del corso;
- tutte le malattie dell'occhio e degli annessi manifestamente croniche o di lunga durata o di incerta prognosi, la presenza di alterazioni dei mezzi diottrici o del fondo oculare che possono pregiudicare, anche nel tempo, la funzione visiva primaria o quelle collaterali, gli esiti di intervento per la correzione mono o bilaterale dei vizi di rifrazione, gli strabismi manifesti anche alternanti; gli esiti di cheratotomia radiale; gli esiti di laserterapia correttiva in presenza di alterazioni della corioretina o di evidenti lesioni corneali; gli esiti di trattamento LASIK e gli esiti di fotocheratoablazione con modesti disturbi funzionali e con integrità del fondo oculare;
- abuso di alcolici, positività agli accertamenti diagnostici per assunzione, anche saltuaria od occasionale, di sostanze stupefacenti, e per utilizzo saltuario od occasionale di sostanze psicoattive a scopo non terapeutico;
- tatuaggi, riscontrati all'atto della visita medica generale, quando per loro sede o natura siano deturpanti o contrari al decoro dell'uniforme o siano possibile indice di personalità abnorme.

1.2 Normativa

Registrandosi sul nostro sito secondo le modalità indicate a pag. I, è possibile consultare la Direttiva tecnica sull'accertamento delle imperfezioni e infermità che sono causa di non idoneità al servizio militare. G.U. n. 131 del 9 giugno 2014.

DPR 15 MARZO 2010, N. 90 E SUCCESSIVE MODIFICHE ED INTEGRAZIONI

(Omissis)

TITOLO II – RECLUTAMENTO
CAPO II – ACCERTAMENTI PSICO-FISICI
SEZIONE I – ACCERTAMENTO DELL'IDONEITÀ AL SERVIZIO MILITARE

ART. 578

Ambito di applicazione

1. Il presente capo si applica agli iscritti, arruolati e militari di leva e al personale maschile e femminile che ***partecipa ai concorsi per il reclutamento nelle Forze armate***.

ART. 579

Idoneità al servizio militare

1. Sono idonei al servizio militare i soggetti in possesso dell'efficienza psico-fisica che ne consente l'impiego negli incarichi relativi al grado, alla qualifica e al ruolo di appartenenza.
2. Per la partecipazione ai concorsi per il reclutamento nelle Forze armate possono essere richiesti, in relazione alle esigenze di impiego, specifici requisiti psico-fisici, da indicare nei bandi di concorso.
3. ***Non sono comunque idonei al servizio militare i soggetti affetti dalle imperfezioni e infermità previste dall'articolo 582***. Il giudizio di inidoneità permanente è emesso immediatamente per le imperfezioni gravi e le infermità croniche ovvero al termine del periodo massimo di inidoneità temporanea concedibile per quelle che, ritenute presumibilmente sanabili, permangono oltre tale periodo e altresì per le infermità suscettibili di aggravamento o di successioni morbose a causa dei disagi connessi con l'espletamento del servizio.

ART. 580

Accertamento dell'idoneità al servizio militare

1. L'accertamento dell'idoneità al servizio militare è effettuato mediante visite mediche generali e specialistiche e prove fisio-psico-attitudinali, esclusivamente a cura dei competenti organi sanitari militari.
2. Lo stato di gravidanza costituisce temporaneo impedimento all'accertamento.
3. L'accertamento nei riguardi dei candidati che partecipano ai concorsi per il reclutamento nelle Forze armate è effettuato entro il termine stabilito dal bando di concorso in relazione ai tempi necessari per la definizione della graduatoria.
4. Con decreto del Ministro della difesa sono adottate le direttive tecniche riguardanti l'accertamento delle imperfezioni e infermità di cui all'articolo 579, comma 3, e i criteri per delineare il profilo sanitario dei soggetti giudicati idonei al servizio militare, predisposti dallo Stato maggiore della difesa, sentita ciascuna Forza armata.

ART. 581

Aggiornamento dell'elenco delle imperfezioni e infermità

1. L'elenco delle imperfezioni e infermità di cui all'articolo 582, è aggiornato con decreto adottato dal Ministro della difesa, sentiti, per il personale femminile, il Ministro per le pari opportunità e la Commissione nazionale per le pari opportunità tra uomo e donna, e, per il personale del Corpo delle capitanerie di porto, il Ministro delle infrastrutture e dei trasporti.

ART. 582

Imperfezioni e infermità che sono causa di non idoneità al servizio militare

1. Sono causa di non idoneità al servizio militare le seguenti imperfezioni e infermità:
   a) Morfologia generale

Le disarmonie somatiche e le distrofie costituzionali di grado rilevante, trascorso, se occorre, il periodo di inabilità temporanea;

b) **Disendocrinie, dismetabolismi ed enzimopatie**
   1) i difetti del metabolismo glicidico, lipidico o protidico, trascorso, se occorre, il periodo di inabilità temporanea;
   2) la mucoviscidosi;
   3) le endocrinopatie, trascorso, se occorre, il periodo di inabilità temporanea;
   4) i difetti quantitativi o qualitativi degli enzimi, trascorso, se occorre, il periodo di inabilità temporanea;

c) **Malattie da agenti infettivi e da parassiti**
   Le malattie da agenti infettivi e da parassiti che sono causa di rilevanti limitazioni funzionali oppure sono accompagnate da grave e persistente compromissione delle condizioni generali o della crasi ematica o che hanno caratteristiche di cronicità o di evolutività, trascorso, se occorre, il periodo di inabilità temporanea;

d) **Ematologia**
   1) le malattie primitive del sangue e degli organi emopoietici;
   2) le malattie secondarie del sangue e degli organi emopoietici, trascorso, se occorre, il periodo di inabilità temporanea;

e) **Immunoallergologia**
   1) l'asma bronchiale allergica e le altre gravi allergie, anche in fase asintomatica, accertate con gli appropriati esami specialistico-strumentali, trascorso, se occorre, il periodo di inabilità temporanea;
   2) l'anafilassi, le reazioni allergiche/pseudoallergiche, le intolleranze a farmaci ed alimenti, con manifestazioni cliniche severe, anche in fase asintomatica, diagnosticate tramite valutazioni cliniche e procedure laboratoristiche appropriate, trascorso, se occorre, il periodo di inabilità temporanea;
   3) le sindromi da immunodeficienza, anche in fase asintomatica, accertate con gli appropriati esami specialistico-strumentali, trascorso, se occorre, il periodo di inabilità temporanea;
   4) le connettiviti e le vascoliti;

f) **Tossicologia**
   Lo stato di intossicazione cronica da piombo o da altri metalli, trascorso, se occorre, il periodo di inabilità temporanea;

g) **Neoplasie**
   1) i tumori maligni;
   2) i tumori benigni e i loro esiti quando per sede, volume, estensione o numero sono deturpanti o producono rilevanti alterazioni strutturali o funzionali;

h) **Cranio**
   1) le malformazioni craniche congenite con evidenti deformità o rilevanti disturbi funzionali;
   2) le alterazioni morfologiche acquisite delle ossa del cranio che determinano evidenti deformità o rilevanti disturbi funzionali o che interessano la teca interna.

i) **Complesso maxillo-facciale**
   1) le malformazioni e gli esiti di patologie o lesioni delle labbra, della lingua e dei tessuti molli della bocca che producano gravi disturbi funzionali, trascorso, se occorre, il periodo di inabilità temporanea;
   2) le malformazioni, gli esiti di lesioni o di interventi chirurgici correttivi, le patologie del complesso maxillo-facciale e le alterazioni dell'articolarità temporo-mandibolare causa di gravi alterazioni funzionali, trascorso, se occorre, il periodo di inabilità temporanea;
   3) le malformazioni e gli esiti di patologie dell'apparato masticatorio che determinano rilevanti disturbi funzionali, trascorso, se occorre, il periodo di inabilità temporanea;

l) **Apparato cardiovascolare**
   1) le malformazioni del cuore e dei grossi vasi;

2) le malattie dell'endocardio, del miocardio, dell'apparato valvolare, del pericardio, dei grossi vasi e i loro esiti, trascorso, se occorre, il periodo di inabilità temporanea;
3) le gravi turbe del ritmo cardiaco, le anomalie del sistema specifico di conduzione, le canalopatie, trascorso, se occorre, il periodo di inabilità temporanea;
4) l'ipertensione arteriosa persistente, trascorso, se occorre, il periodo di inabilità temporanea; dopo osservazione;
5) gli aneurismi, le angiodisplasie e le fistole arterovenose;
6) le patologie delle arterie e dei capillari con disturbi trofici o funzionali, trascorso, se occorre, il periodo di inabilità temporanea;
7) le ectasie venose estese con incontinenza valvolare e i disturbi del circolo venoso profondo;
8) le flebiti e le altre patologie del circolo venoso e i loro esiti con disturbi trofici e funzionali, trascorso, se occorre, il periodo di inabilità temporanea;
9) le patologie gravi dei vasi e dei gangli linfatici e i loro esiti, trascorso, se occorre, il periodo di inabilità temporanea;

m) **Apparato respiratorio**
1) le malattie croniche dei bronchi e dei polmoni, trascorso, se occorre, il periodo di inabilità temporanea;
2) le malattie delle pleure e i loro esiti rilevanti, trascorso, se occorre, il periodo di inabilità temporanea;
3) i dismorfismi della gabbia toracica con alterazioni funzionali respiratorie;

n) **Apparato digerente**
1) le malformazioni e le malattie croniche delle ghiandole e dei dotti salivari che producono gravi disturbi funzionali, trascorso, se occorre, il periodo di inabilità temporanea;
2) le malformazioni, le anomalie di posizione, le patologie o i loro esiti del tubo digerente, del fegato e vie biliari, del pancreas e del peritoneo che, per natura, sede e grado producano rilevanti disturbi funzionali, trascorso, se occorre, il periodo di inabilità temporanea;
3) le ernie viscerali;
4) gli esiti di intervento chirurgico con perdita totale o parziale di un viscere;

o) **Mammella**
Le patologie e i loro esiti della ghiandola mammaria che sono causa di rilevanti disturbi funzionali, trascorso, se occorre, il periodo di inabilità temporanea;

p) **Apparato urogenitale**
Le malformazioni, le malposizioni, le patologie del rene, della pelvi, dell'uretere, della vescica, dell'uretra e dell'apparato genitale maschile e femminile o i loro esiti che sono causa di rilevanti e permanenti alterazioni funzionali, trascorso se occorre, il periodo di inabilità temporanea;

q) **Neurologia**
1) le malattie del sistema nervoso centrale e i loro esiti che sono causa di rilevanti alterazioni funzionali, trascorso, se occorre, il periodo di inabilità temporanea;
2) le malattie del sistema nervoso periferico e i loro esiti che sono causa di rilevanti alterazioni funzionali, trascorso, se occorre, il periodo di inabilità temporanea;
3) le miopatie causa di rilevanti alterazioni funzionali, trascorso, se occorre, il periodo di inabilità temporanea;
4) le epilessie, trascorso, se occorre, il periodo di inabilità temporanea;
5) gli esiti di traumi encefalici e midollari con rilevanti limitazioni funzionali, trascorso, se occorre, il periodo di inabilità temporanea;

r) **Psichiatria**
1) il ritardo mentale, di qualsiasi livello, purchè tale da pregiudicare il rapporto di realtà o le capacità relazionali, trascorso, se occorre, il periodo di inabilità temporanea;
2) i disturbi del controllo degli impulsi, trascorso, se occorre, il periodo di inabilità temporanea;
3) i disturbi dell'adattamento, trascorso, se occorre, il periodo di inabilità temporanea;

4) le parafilie e i disturbi dell'identità di genere, trascorso, se occorre, il periodo di inabilità temporanea;
5) i disturbi della comunicazione, trascorso, se occorre, il periodo di inabilità temporanea;
6) i disturbi da tic, trascorso, se occorre, il periodo di inabilità temporanea;
7) i disturbi delle funzioni evacuative, trascorso, se occorre, il periodo di inabilità temporanea;
8) i disturbi del sonno, trascorso, se occorre, il periodo di inabilità temporanea;
9) i disturbi della condotta alimentare, trascorso, se occorre, il periodo di inabilità temporanea;
10) i disturbi correlati all'uso di sostanze psicoattive, trascorso, se occorre, il periodo di inabilità temporanea;
11) NUMERO ABROGATO DAL D.P.R. 24 FEBBRAIO 2012, N. 40;
12) i disturbi di personalità (paranoide, schizoide, schizotipico, antisociale, borderline, istrionico, narcisistico, evitante, dipendente, ossessivo compulsivo di personalità), trascorso, se occorre, il periodo di inabilità temporanea;
13) i disturbi nevrotici e reattivi, trascorso, se occorre, il periodo di inabilità temporanea;
14) i disturbi psicotici trascorso, se occorre, il periodo di inabilità temporanea;

s) **Oftalmologia**
1) le malformazioni, le disfunzioni, le patologie o gli esiti di lesioni delle palpebre e delle ciglia, anche se limitate a un solo occhio, quando sono causa di rilevanti disturbi funzionali, trascorso, se occorre, il periodo di inabilità temporanea;
2) le malformazioni, le malattie croniche e gli esiti di lesioni delle ghiandole e delle vie lacrimali, quando sono causa di rilevanti disturbi funzionali, trascorso, se occorre, il periodo di inabilità temporanea;
3) i disturbi della motilità del globo oculare, se sono causa di diplopia o deficit visivi previsti dalla lettera h) o producono alterazioni della visione binoculare (soppressione), trascorso, se occorre, il periodo di inabilità temporanea;
4) le gravi discromatopsie;
5) la anoftalmia, le malformazioni, le malattie croniche e gli esiti di lesioni dell'orbita, del bulbo oculare e degli annessi con rilevanti alterazioni anatomiche o funzionali, trascorso, se occorre, il periodo di inabilità temporanea;
6) il glaucoma e le disfunzioni dell'idrodinamica endoculare potenzialmente glaucomatogene, trascorso, se occorre, il periodo di inabilità temporanea;
7) i vizi di rifrazione che, corretti, comportano un visus inferiore agli 8/10 complessivi o inferiore ai 2/10 in un occhio;
8) i difetti del campo visivo, anche monoculari, che riducano sensibilmente la visione superiore o laterale o inferiore;
9) l'emeralopia;
10) la miopia o l'ipermetropia, senza o con astigmatismo, che superi in ciascun occhio, rispettivamente, le 8 e le 7 diottrie, anche in un solo meridiano;
11) l'astigmatismo misto in cui la somma tra i due meridiani, miopico e ipermetropico, superi in ciascun occhio le 5 diottrie;
12) le anisometropie in cui la differenza tra i meridiani più ametropi dei due occhi superi le 5 diottrie o che comportino alterazione della visione binoculare;

t) **Otorinolaringoiatria**
1) le malformazioni e alterazioni congenite e acquisite dell'orecchio esterno, dell'orecchio medio, dell'orecchio interno, quando sono deturpanti o causa di rilevanti disturbi funzionali, trascorso, se occorre, il periodo di inabilità temporanea;
2) le ipoacusie monolaterali con perdita uditiva, calcolata sulla media delle quattro frequenze fondamentali (500 - 1000 - 2000 - 3000 Hz), uguale o maggiore di 50dB**,** trascorso, se occorre, il periodo di inabilità temporanea;
3) le ipoacusie bilaterali con percentuale totale di perdita uditiva (P.P.T.) maggiore del 40%, trascorso, se occorre, il periodo di inabilità temporanea;

4) le malformazioni e le alterazioni acquisite del naso e dei seni paranasali, quando sono causa di rilevanti disturbi funzionali, trascorso, se occorre, il periodo di inabilità temporanea;
5) le malformazioni e le alterazioni acquisite della faringe, della laringe e della trachea, quando sono causa di rilevanti disturbi funzionali, trascorso, se occorre, il periodo di inabilità temporanea;

u) Dermatologia

Le alterazioni congenite e acquisite, croniche della cute e degli annessi, estese o gravi o che, per sede, determinino rilevanti alterazioni funzionali o fisiognomiche, trascorso, se occorre, il periodo di inabilità temporanea;

v) Apparato locomotore

1) le patologie e i loro esiti, anche di natura traumatica, dell'apparato scheletrico, dei muscoli, delle strutture capsulo-legamentose, tendinee, aponeurotiche e delle borse sinoviali causa di evidenti dismorfismi o di rilevanti limitazioni funzionali, trascorso, se occorre, il periodo di inabilità temporanea;
2) la mancanza anatomica o la perdita funzionale permanente almeno di:
   2.1 un dito della mano;
   2.2 falangi ungueali delle ultime quattro dita di una mano;
   2.3 falangi ungueali di cinque dita fra le due mani, escluse quelle dei pollici;
   2.4 un alluce;
   2.5 due dita di un piede;
3) le deformità gravi congenite e acquisite degli arti;

z) Altre cause di non idoneità

1) le imperfezioni o le infermità non specificate nell'elenco, ma che rendano il soggetto palesemente non idoneo al servizio militare, dopo osservazione;
2) il complesso di imperfezioni o infermità che, specificate o non nell'elenco, non raggiungono, considerate singolarmente, il grado richiesto per la riforma ma che, in concorso tra loro, rendano il soggetto palesemente non idoneo al servizio militare, dopo osservazione.

2. I disturbi e le infermità di cui al comma 1, lettera r), numeri da 1) a 9), devono essere tali da limitare significativamente il soggetto nell'assolvimento dei compiti previsti dal servizio militare.

LEGGE 12 LUGLIO 2010, N. 109

Disposizioni per l'ammissione dei soggetti fabici nelle Forze armate e di polizia.

ART. 1

1. La carenza accertata, parziale o totale, dell'enzima G6PDH (glucosio-6-fosfatodeidrogenasi) non può essere motivo di esclusione ai fini dell'arruolamento nelle Forze armate e nelle Forze di polizia.
2. Entro trenta giorni dalla data di entrata in vigore della presente legge, ciascun Ministero interessato adotta i provvedimenti di competenza al fine di adeguare la propria normativa al principio previsto dal comma 1.

1.3 La prova di efficienza fisica

I partecipanti ai concorsi, per esami, per l'ammissione di Allievi Ufficiali alla prima classe dei corsi normali delle Accademie Militare, Navale e Aeronautica, secondo la tempistica di ciascuna F.A. saranno chiamati alle prove di efficienza fisica.

Le prove di efficienza fisica potranno prevedere l'espletamento di **esercizi obbligatori** ovvero **facoltativi**; il mancato superamento degli esercizi facoltativi, a differenza di quelli obbligatori, non determinerà l'esclusione dal concorso.
I concorrenti regolarmente convocati dovranno presentarsi muniti della documentazione in originale o in copia resa conforme secondo le modalità stabilite dalla legge.
La mancata presentazione di detti documenti non consentirà l'ammissione della concorrente a sostenere le prove di efficienza fisica e determinerà l'esclusione dal concorso.
I concorrenti che lamentano postumi di infortuni precedentemente subiti potranno portare al seguito ed esibire, prima dell'inizio delle prove, idonea certificazione medica che sarà valutata dalla commissione per le prove di efficienza fisica e adotterà le conseguenti determinazioni, eventualmente autorizzando l'effettuazione delle prove in altra data.
Allo stesso modo, i concorrenti che prima dell'inizio delle prove accusano una indisposizione, o che si infortunano durante l'esecuzione di uno degli esercizi, dovranno immediatamente comunicarlo alla competente commissione la quale adotterà le conseguenti determinazioni eventualmente autorizzando l'effettuazione delle prove in altra data.
Non saranno prese in considerazione, invece, richieste di differimento o di ripetizione delle prove di efficienza fisica che perverranno da parte di concorrenti che le avranno portate comunque a compimento, anche se con esito negativo.

I concorrenti che avranno ottenuto l'autorizzazione al differimento dell'effettuazione di tutte o di parte delle prove di efficienza fisica saranno convocati per sostenere tali prove in altra data.

I concorrenti riconvocati ai sensi del presente comma che risulteranno assenti al momento dell'inizio delle prove di efficienza fisica, o che saranno impossibilitati a sostenere le prove a causa di indisposizione o infortunio, saranno considerati rinunciatari e, pertanto, esclusi dal concorso, quali che siano le ragioni dell'assenza, comprese quelle dovute a causa di forza maggiore. Non vengono previste ulteriori riconvocazioni.
L'esito delle prove di efficienza fisica è definitivo e viene comunicato seduta stante agli interessati tramite verbale di notifica.

1.3.1 Esercito Italiano

Come si è avuto modo di dire nella fase degli accertamenti psico-fisici le prove di efficienza fisica si svolgono presso il **Centro di Selezione e Reclutamento Nazionale dell'Esercito di Foligno (PG)** in concomitanza con gli accertamenti psico-fisici e gli accertamenti attitudinali, in genere nel mese di marzo/aprile e hanno una durata di 3 giorni.
Le prove di efficienza fisica consisteranno nell'esecuzione di esercizi obbligatori e di uno facoltativo. Occorre raggiungere i parametri di idoneità di seguito indicati; il mancato raggiungimento dei parametri, anche in uno solo degli esercizi obbligatori, determinerà il giudizio di inidoneità da parte della commissione competente e, di conseguenza, l'esclusione dal concorso.
Il mancato raggiungimento, invece, dei parametri di idoneità di seguito indicati nell'esercizio facoltativo non inciderà sulla già conseguita idoneità al termine degli esercizi obbligatori, ma sul punteggio. Infatti il superamento di tutti gli esercizi obbligatori ed eventualmente di quelli facoltativi determinerà il **giudizio di idoneità alle prove di efficienza fisica**, con attribuzione di un punteggio fino a un **massimo di 13,5 punti**.
Nella tabella che segue sono indicati gli esercizi (obbligatori e facoltativo) da effettuare in sequenza e i parametri (distinti per sesso) per il conseguimento dell'idoneità e per l'attribuzione dei punteggi incrementali.

ESERCIZI	PARAMETRI DI IDONEITÀ	PARAMETRI DI ATTRIBUZIONE PUNTEGGI INCREMENTALI	PUNTEGGIO MASSIMO
		UOMINI	
simulazione del sollevamento della bomba da mortaio da 120 mm (1)	minimo 6 alzate tempo massimo 60"	0,25 punti per ogni ulteriore alzata (fino a un massimo di 12 oltre al numero minimo)	3 punti
simulazione dell'armamento di una mitragliatrice 20 kg (1)	minimo 6 trazioni tempo massimo 60"	0,125 punti per ogni ulteriore trazione (fino a un massimo di 24 oltre al numero minimo)	3 punti
simulazione del trascinamento di un ferito (1)	tempo massimo 60" lungo un tragitto di m 20 e ritorno	0,075 punti per ogni secondo in meno (fino a un massimo di 40" in meno)	3 punti
corsa piana di metri 2000 (1)	tempo massimo 9'	0,025 punti per ogni secondo in meno (massimo 60") rispetto al tempo massimo	1,5 punti
salto in alto (1)	altezza minima m 1,20 (max 2 tentativi per ogni altezza)	altezza m 1,40 altezza m 1,30 altezza m 1,20	1,5 punti 1 punto 0,5 punti
salita alla fune di metri 4 (2)	tempo massimo 30"	fino a 10'00" da 10'01" a 20'00" da 20'01" a 30'00"	1,5 punti 1 punto 0,5 punti
		DONNE	
simulazione del sollevamento della bomba da mortaio da 120 mm (1)	minimo 4 alzate tempo massimo 80"	0,25 punti per ogni ulteriore alzata (fino a un massimo di 12 oltre al numero minimo)	3 punti
simulazione dell'armamento di una mitragliatrice 10 kg (1)	minimo 4 trazioni tempo massimo 80"	0,125 punti per ogni ulteriore trazione (fino a un massimo di 24 oltre al numero minimo)	3 punti
simulazione del trascinamento di un ferito (1)	tempo massimo 80" lungo un tragitto di m 20 e ritorno	0,1 punti per ogni secondo in meno (fino a un massimo di 30" in meno)	3 punti
corsa piana di metri 2000 (1)	tempo massimo 10'15"	0,025 punti per ogni secondo in meno (massimo 60") rispetto al tempo massimo	1,5 punti
salto in alto (1)	altezza minima m 1 (max 2 tentativi per ogni altezza)	altezza m 1,20 altezza m 1,10 altezza m 1,00	1,5 punti 1 punto 0,5 punti
salita alla fune di metri 4 (2)	tempo massimo 40"	fino a 20'00" da 20'01" a 30'00" da 30'01" a 40'00"	1,5 punti 1 punto 0,5 punti
(1) prova obbligatoria; (2) prova facoltativa.			

I concorrenti convocati alle prove di efficienza fisica dovranno presentarsi indossando la tenuta ginnica, muniti della documentazione di cui al bando, e dovranno svolgere ciascun esercizio con le seguenti modalità di svolgimento delle prove, che – oltre a essere visionabili in apposito filmato presente nel sito web www.esercito.difesa.it – saranno illustrate ai concorrenti, prima della loro effettuazione, da un membro della commissione per le prove di efficienza fisica.

Simulazione del sollevamento di una bomba da mortaio da 120 mm. Il concorrente dovrà iniziare la prova in posizione accosciata, impugnando il corpo del simulacro della bomba da mortaio da 120 mm, del peso di 18,860 kg, che troverà appoggiato a terra con l'apposito anello di sicurezza rivolto verso il basso, in corrispondenza della corona rigata. Al via, il candidato dovrà assumere la posizione eretta portando la bomba al petto e quindi sollevarla fino a distendere completamente le braccia verso l'alto, tenendola in posizione obliqua per il caricamento. Raggiunta tale posizione, il candidato dovrà ritornare alla posizione di partenza, effettuando i movimenti a ritroso e quindi ripetere l'intero esercizio. Per essere giudicato idoneo alla prova, il concorrente, alla ricezione dell'apposito segnale, che coinciderà con lo start del cronometro, dovrà eseguire, senza soluzione di continuità, un numero di sollevamenti:

- maggiore o uguale a 6 entro il tempo massimo di 60 secondi, se di sesso maschile;
- maggiore o uguale a 4 entro il tempo massimo di 80 secondi, se di sesso femminile.

Saranno conteggiati a voce alta i sollevamenti correttamente eseguiti dal concorrente, mentre non saranno conteggiati quelli eseguiti in maniera scorretta.

Al numero di sollevamenti eccedenti il parametro minimo per il conseguimento dell'idoneità, verrà applicato il previsto coefficiente per il calcolo del punteggio incrementale, differenziato tra uomini e donne, fino a un massimo di 3 punti, secondo quanto indicato nella tabella sopra riportata.

Simulazione dell'armamento di una mitragliatrice. Il concorrente dovrà iniziare la prova in posizione prona a tre appoggi:

- ginocchio sinistro (destro, se mancino) in appoggio su panca esattamente sotto la linea delle anche;
- piede destro (sinistro, se mancino) in appoggio a terra in linea con il ginocchio sinistro (destro, se mancino);
- mano sinistra (destra, se mancino) in appoggio su panca, in linea con la testa.

Dopo aver impugnato, con la mano libera, un manubrio sospeso da terra, con busto e spalle in atteggiamento neutro e paralleli al suolo, il candidato dovrà effettuare una serie di trazioni del braccio la cui mano impugna il manubrio, senza ruotare le anche e il busto. Una trazione sarà considerata completata nel momento in cui il manubrio verrà sollevato fino a toccare il costato, mantenendo le spalle parallele al suolo e tornando poi alla posizione di partenza.

Per essere giudicato idoneo alla prova, il concorrente, alla ricezione dell'apposito segnale, che coinciderà con lo start del cronometro, dovrà eseguire, senza soluzione di continuità, un numero di trazioni:

- maggiore o uguale a 6, con un manubrio del peso di 20 kg, entro il tempo massimo di 60 secondi, se di sesso maschile;
- maggiore o uguale a 4, con un manubrio del peso di 10 kg, entro il tempo massimo di 80 secondi, se di sesso femminile.

Saranno conteggiati a voce alta gli esercizi correttamente eseguiti dal concorrente, mentre non saranno conteggiati quelli eseguiti in maniera scorretta. Al numero di trazioni eccedenti il parametro minimo per il conseguimento dell'idoneità, verrà applicato il previsto coefficiente per il calcolo del punteggio incrementale, differenziato tra uomini e donne, fino a un massimo di 3 punti, secondo quanto indicato nella tabella sopra riportata.

Simulazione del trascinamento di un ferito. Il concorrente dovrà iniziare la prova in piedi dietro la linea di partenza con il carico di 70 kg già pronto al trasporto. Egli si porrà di fronte al lato corto del carico con quest'ultimo situato in corrispondenza dello spazio che intercorre tra le gambe quando sono poste con i talloni sotto le anche. Il candidato dovrà eseguire un'accosciata e afferrare con entrambe le mani la maniglia con cui solleverà la porzione del carico a lui vicina, mentre l'altra porzione resterà poggiata a terra. Al via, il candidato dovrà percorrere un itinerario rettilineo ben delineato sul terreno della lunghezza di 20 m, percorsi i quali dovrà effettuare un'inversione di 180° ritornando, sempre lungo il precedente itinerario, verso la linea del traguardo (che coincide con la linea di partenza), percorrendo un totale di 40 m. Per essere giudicato idoneo alla prova, il concorrente, alla ricezione dell'apposito segnale, che coinciderà con lo start del cronometro, dovrà percorrere l'intero itinerario di andata e ritorno fino al completo superamento della linea del traguardo con tutto il carico, entro il tempo massimo di:
- 60 secondi, se di sesso maschile;
- 80 secondi, se di sesso femminile.

In caso di tempo inferiore al massimo per il conseguimento dell'idoneità, al numero di secondi risparmiati verrà applicato il previsto coefficiente per il calcolo del punteggio incrementale, differenziato tra uomini e donne, fino a un massimo di 3 punti, secondo quanto indicato nella tabella sopra riportata.

Corsa piana 2.000 metri. Il concorrente dovrà eseguire una corsa della lunghezza di 2.000 metri su pista di atletica o in terra battuta o su terreno vario sostanzialmente pianeggiante. Sarà cronometrato il tempo impiegato. Per essere giudicato idoneo alla prova il concorrente, alla ricezione dell'apposito segnale, che coinciderà con lo start del cronometro, dovrà percorrere la distanza di 2.000 metri entro il tempo massimo di:
- 9', se di sesso maschile;
- 10'15", se di sesso femminile.

In caso di tempo inferiore al massimo per il conseguimento dell'idoneità, al numero di secondi risparmiati verrà applicato il previsto coefficiente per il calcolo del punteggio incrementale, differenziato tra uomini e donne, fino a un massimo di 1,5 punti, secondo quanto indicato nella tabella sopra riportata.

Salto in alto. È ammessa qualsiasi tecnica (superamento frontale, ventrale o dorsale) purché lo stacco venga effettuato su un solo piede d'appoggio. Sono consentiti massimo 2 tentativi.

Salita alla fune di metri 4. È ammessa qualsiasi tecnica di esecuzione (con o senza ausilio delle gambe). Il tempo di esecuzione è misurato dallo stacco dei piedi da terra al raggiungimento con almeno una mano del contrassegno dei 4 metri posto sulla fune. Sono consentiti massimo 2 tentativi.

I concorrenti potranno effettuare la prova facoltativa solo dopo aver superato tutte le prove obbligatorie. La commissione si potrà avvalere di personale del Centro di Selezione e Reclutamento Nazionale dell'Esercito per il cronometraggio delle prove stesse e il conteggio a voce alta degli esercizi eseguiti correttamente dai concorrenti.

Per ciascun concorrente verrà redatto un apposito verbale. Non saranno ammessi alla ripetizione delle prove coloro che, durante l'effettuazione delle stesse, le interromperanno per qualsiasi causa. Resta inteso che il giudizio conclusivo di inidoneità alle prove di efficienza fisica è espresso allorché il candidato non esegua il numero minimo richiesto di sollevamenti del simulacro della bomba da mortaio da 120 mm o di trazioni nella simulazione dell'armamento della mitragliatrice o non superi l'altezza minima richiesta per il superamento del salto in alto ovvero termini la simulazione del trascinamento di un ferito o la corsa piana 2.000 metri in un tempo superiore a quello massimo indicato.

1.3.2 Aeronautica Militare

Per la valutazione dell'efficienza fisica e dell'attitudine in ambito sportivo, necessaria allo svolgimento delle future attività addestrative previste nella carriera di Ufficiale, i concorrenti sosterranno le prove di efficienza fisica, secondo le modalità di seguito indicate:

a) **prove obbligatorie con sbarramento**:
- **nuoto**: metri 25 con partenza e stile a scelta del concorrente. Equipaggiamento previsto: costume, cuffia e occhialini (facoltativi);
- **corsa piana**: metri 1000, effettuata percorrendo tale distanza su una pista, senza l'uso di scarpe chiodate;

b) **prove obbligatorie senza sbarramento**:
- **corsa piana:** metri 100, posizione di partenza a scelta del concorrente, senza l'ausilio dei blocchi e di scarpe chiodate;
- **addominali**: posizione iniziale, stesi sulla schiena, con le mani incrociate dietro la nuca che toccano il piano di appoggio, gambe piegate, con i piedi comodamente distanziati e fermi (tenuti da altro elemento), sollevarsi in posizione di "seduto" e far toccare il gomito con il ginocchio della gamba opposta, quindi tornare nella posizione di partenza (cioè toccando con le mani la panca). Dovranno alternare a ogni successivo movimento la torsione del busto. Il tempo limite è 2 minuti;
- **piegamenti sulle braccia**: il concorrente dovrà iniziare la prova in posizione prona, con il palmo delle mani poggiato sul pavimento direttamente sotto il punto esterno delle spalle, le gambe unite e con la punta dei piedi in appoggio a terra, vestito con abbigliamento ginnico e scarpe da ginnastica. Il concorrente alla ricezione dell'apposito segnale prodotto (che coinciderà con lo start del cronometro), dovrà eseguire, senza soluzione di continuità, i piegamenti sulle braccia con le seguenti modalità:
  - sollevare da terra il corpo (capo - tronco - arti inferiori) in posizione allineata, estendendo completamente le braccia;
  - una volta raggiunta la posizione di massima estensione delle braccia, abbassare il corpo (capo - tronco - arti inferiori) in posizione allineata, piegando le braccia fino a sfiorare il pavimento con il petto o con il viso;
  - ripetere i piegamenti senza interruzioni o pause di riposo.

  Il tempo limite è 2 minuti.

Per tutto quanto non sopra precisato sarà fatto riferimento ai regolamenti tecnici delle relative Federazioni Sportive Italiane. Le prove saranno svolte secondo il calendario stabilito dalla commissione preposta e avranno una durata di circa due giorni. Ai concorrenti che verranno riconosciuti temporaneamente inidonei all'attività sportiva da parte dell'Infermeria di Corpo dell'Accademia Aeronautica verrà consentita la conclusione delle prove facoltative entro il quarto giorno dall'inizio delle prove stesse. Le precitate prove di efficienza fisica comporteranno l'attribuzione dei punteggi, per un massimo di 8 punti, secondo quanto indicato nei prospetti di seguito riportati. I tempi, quando rilevati al centesimo di secondo, saranno arrotondati al decimo, operando un'approssimazione per difetto.

Al concorrente che, durante lo svolgimento di una prova sportiva, incorrerà in un infortunio, accuserà malessere, cadrà o si fermerà non sarà consentita la ripetizione della prova che sarà ritenuta in ogni caso sostenuta, mentre se sarà manifestamente danneggiato a causa di altro concorrente durante lo svolgimento della prova di corsa piana o di nuoto sarà consentita la ripetizione della prova stessa comunque non oltre la data di prevista conclusione delle prove stabilita dal calendario fissato dalla commissione esaminatrice.

TABELLA DEI PUNTEGGI PER I CONCORRENTI DI SESSO MASCHILE			
punti/esito	corsa piana metri 1000	addominali tempo massimo 2'	nuoto metri 25
2	inferiore a 3' e 30,1"	oltre 85 ripetizioni	inferiore a 13,6"
1,6	da 3' e 30,1" a 3' e 40"	da 71 a 85 ripetizioni	da 13,6" a 15,5"
1,2	da 3' e 40,1" a 4'	da 56 a 70 ripetizioni	da 15,6" a 17,5"
0,8	da 4' e 0,1" a 4' e 10"	da 41 a 55 ripetizioni	da 17,6" a 21"
0,4	da 4' e 10,1" a 4' e 20"	da 30 a 40 ripetizioni	da 21,1" a 30"
0	///	meno di 30 ripetizioni	///
esito sfavorevole	superiore a 4' e 20"	///	maggiore di 30"
punti/esito	corsa piana metri 100	piegamenti sulle braccia tempo massimo 2'	
1	inferiore a 12,6"	oltre 50 ripetizioni	
0,8	da 12,6" a 13"	da 46 a 50 ripetizioni	
0,6	da 13,1" a 13,5"	da 40 a 45 ripetizioni	
0,4	da 13,6" a 14"	da 30 a 39 ripetizioni	
0,2	da 14,1" a 15,5"	da 20 a 29 ripetizioni	
0	maggiore di 15,5"	meno di 20 ripetizioni	

TABELLA DEI PUNTEGGI PER I CONCORRENTI DI SESSO FEMMINILE			
punti/esito	corsa piana metri 1000	addominali tempo massimo 2'	nuoto metri 25
2	inferiore a 4' e 0,1"	oltre 70 ripetizioni	inferiore a 18,6"
1,6	da 4' e 0,1" a 4' e 10"	da 56 a 70 ripetizioni	da 18,6" a 20,5"
1,2	da 4' e 10,1" a 4' e 20"	da 41 a 55 ripetizioni	da 20,6" a 24"
0,8	da 4' e 20,1" a 4' e 40"	da 31 a 40 ripetizioni	da 24,1" a 28"
0,4	da 4' e 40,1" a 5'	da 20 a 30 ripetizioni	da 28,1" a 35"
0	///	inferiore a 20 ripetizioni	///
esito sfavorevole	maggiore di 5'		maggiore di 35"
punti/esito	corsa piana metri 100	piegamenti sulle braccia tempo massimo 2'	
1	inferiore a 15,1"	oltre 35 ripetizioni	
0,8	da 15,1" a 16"	da 30 a 35 ripetizioni	
0,6	da 16,1" 17"	da 25 a 29 ripetizioni	
0,4	da 17,1" a 18"	da 20 a 24 ripetizioni	
0,2	da 18,1" a 19"	da 15 a 19 ripetizioni	
0	maggiore di 19"	meno di 15 ripetizioni	

1.3.3 Marina Militare

I concorrenti saranno convocati alle prove di efficienza fisica presso l'Accademia Navale di Livorno nel periodo di Luglio-Agosto. In questa fase, i concorrenti ammessi alle prove di efficienza fisica, se idonei, sosterranno le ulteriori prove previste dal concorso per una durata

presunta di otto giorni lavorativi. In tali giorni i concorrenti fruiranno di vitto e alloggio a carico dell'Amministrazione e dovranno attenersi alle norme disciplinari e di vita interna e indossare l'uniforme se militari in servizio.
I concorrenti dovranno presentarsi muniti di tuta da ginnastica, idonee scarpette ginniche, costume da bagno, accappatoio, ciabatte e cuffia da piscina (in gomma o altro materiale idoneo), occhialini da piscina (facoltativi).
Le prove di efficienza fisica consistono nell'esecuzione di esercizi obbligatori, il cui esito comporta un giudizio di idoneità o inidoneità.
Per i concorrenti di entrambi i sessi, le prove di efficienza fisica **obbligatorie** consisteranno nell'esecuzione dei seguenti esercizi, con le modalità e i parametri a fianco di ciascuno indicate.

ESERCIZI	PARAMETRI DI RIFERIMENTO MASCHI	PARAMETRI DI RIFERIMENTO FEMMINE	ESITO E PUNTEGGIO INCREMENTALE
Salto in alto (massimo tre tentativi)	< cm. 110	< cm. 100	Non idoneo
	≥ cm. 110	≥ cm. 100	Idoneo
	cm. 120	cm. 110	0,05
	cm. 130	cm. 120	0,15
	cm. 140	cm. 130	0,35
	cm. 150	cm. 140	0,50
Nuoto metri 50 (qualunque stile)	t > 55"	t > 60"	Non idoneo
	t ≤ 55"	t ≤ 60"	Idoneo
	45" ≤ t ≤ 50"	50" ≤ t ≤ 55"	0,1
	40" ≤ t ≤ 45"	45" ≤ t ≤ 50"	0,2
	35" ≤ t ≤ 40"	40" ≤ t ≤ 45"	0,4
	t < 35"	t < 40"	0,5
Piegamenti sulle braccia (tempo massimo 2' minuti)	n < 15	n < 12	Non idoneo
	n ≥ 15	n ≥ 12	Idoneo
	23 ≤ n ≤ 30	17 ≤ n ≤ 22	0,1
	31 ≤ n ≤ 40	23 ≤ n ≤ 30	0,2
	41 ≤ n ≤ 50	31 ≤ n ≤ 38	0,4
	n > 51	n > 39	0,5
Corsa piana metri 1.000	t > 4'20"	t > 5'00"	Non idoneo
	t ≤ 4'20"	t ≤ 5'00"	Idoneo
	3'30" ≤ t ≤ 3'40"	4'20" ≤ t ≤ 4'30"	0,1
	3'20" ≤ t ≤ 3'30"	4'10" ≤ t ≤ 4'20"	0,2
	3'10" ≤ t ≤ 3'20"	4'00" ≤ t ≤ 4'10"	0,35
	t < 3'10"	t < 4'00"	0,5

Di seguito, riportiamo le disposizioni specifiche per l'esecuzione di ciascun esercizio.
Salto in alto. Il concorrente potrà saltare con qualunque stile nel rispetto del regolamento previsto per la disciplina del salto in alto (vietato il salto a tuffo con due piedi di appoggio).

La prova si intenderà superata se il candidato riuscirà a superare l'asticella posta a un'altezza da terra superiore o uguale a quella indicata nella tabella di cui sopra, con un massimo di tre tentativi. Il singolo tentativo si intenderà fallito nei seguenti casi:
- lo stacco da terra avviene con due piedi;
- cade l'asticella;
- qualsiasi parte del corpo passa sotto l'asticella o lateralmente ai ritti.

È data facoltà di provare il salto prima dell'inizio della prova.
La commissione provvederà al conteggio dei tentativi esperiti nonché alla registrazione degli esiti delle singole prove.

Nuoto (m 50). Il concorrente dovrà aver mangiato in tempi e/o quantità tali da non ingenerare il rischio di congestione ed essere dotato di costume da bagno, cuffia e occhialini da piscina. Per essere giudicato idoneo alla prova il concorrente, alla ricezione dell'apposito segnale, che coinciderà con lo start del cronometro), dovrà iniziare la prova con partenza in vasca e stile a scelta del medesimo e senza ricorrere ad alcun appoggio sui galleggianti divisori di corsia eventualmente presenti (pena il giudizio di inidoneità alla prova) e ricoprire la distanza di m 50 entro un tempo inferiore o uguale a quello indicato nella tabella di cui sopra.

Piegamenti sulle braccia. Il partecipante dovrà iniziare la prova in posizione prona, con il palmo delle mani poggiato sul pavimento direttamente sotto il punto esterno delle spalle, le gambe unite e con la punta dei piedi in appoggio a terra, vestito con tuta da ginnastica e/o maglietta e scarpe da ginnastica.
Per essere giudicato idoneo alla prova il concorrente, alla ricezione dell'apposito segnale prodotto, che coinciderà con lo start del cronometro, dovrà eseguire, entro il limite massimo di 2 minuti e senza soluzione di continuità, un numero di piegamenti sulle braccia maggiore o uguale a quello indicato nella tabella di cui sopra, con le seguenti modalità:
- sollevare da terra il corpo (capo - tronco - arti inferiori) in posizione allineata, estendendo completamente le braccia;
- una volta raggiunta la posizione di massima estensione delle braccia, abbassare il corpo (capo - tronco - arti inferiori) in posizione allineata, piegando le braccia fino a sfiorare il pavimento con il petto o con il viso;
- ripetere i piegamenti senza interruzioni.

Un membro della commissione, osservatore dell'esercizio, provvederà al conteggio a voce alta degli esercizi correttamente eseguiti dal concorrente, non conteggiando quelli eseguiti in maniera scorretta e comunicando lo scadere del tempo disponibile per la prova.

Corsa piana (m 1000). Il concorrente dovrà eseguire la corsa piana di m 1000 in un tempo inferiore o uguale a quello indicato in tabella.

La commissione competente:
- verificherà la validità delle certificazioni prodotte dai concorrenti all'atto della presentazione in Accademia Navale;
- sottoporrà i concorrenti agli esercizi previsti, dopo illustrato le modalità di esecuzione degli stessi;
- autorizzerà, nei casi e con le modalità previste il differimento della data di effettuazione di tutti o parte degli esercizi, comunicandolo immediatamente all'Accademia Navale, Ufficio Concorsi;
- redigerà il verbale delle prove di efficienza fisica, attribuendo a ciascun concorrente il giudizio di idoneità o inidoneità per ciascuno dei 4 esercizi obbligatori previsti e il punteggio per ciascun eventuale esercizio facoltativo eseguito.

Saranno **considerati idonei** i concorrenti che avranno conseguito l'idoneità in tutti gli esercizi obbligatori previsti.
La somma dei punteggi ottenuti con il superamento degli esercizi obbligatori concorrerà, sino ad un **massimo di 2 punti**, alla formazione delle graduatorie finali.

1.4 Gli accertamenti attitudinali

I partecipanti ai concorsi nelle Accademie Militari, idonei alle prove di efficienza fisica, saranno sottoposti agli accertamenti attitudinali, a cura delle competenti commissioni. Tale idoneità attitudinale dei partecipanti al concorso per l'Accademia Aeronautica di Pozzuoli sarà valutata nell'ambito del tirocinio psicoattitudinale e comportamentale.
Gli accertamenti saranno finalizzati a valutare le **qualità attitudinali** e a valutare, rispetto alle distinte caratteristiche di impiego, il possesso delle capacità e dei requisiti necessari al fine di un positivo inserimento nelle Forze Armate.
La determinazione di indicatori attitudinali completamente misurabili, attraverso la somministrazione di specifici reattivi testologici, ha consentito alle Amministrazioni militari la quantificazione di caratteristiche personologiche e attitudinali necessarie per l'inserimento nella Forza Armata nonché una diversificazione dei profili attitudinali.
Siffatti profili individuati comprendono:

a) un ***profilo base*** che costituisce la base comune a tutti i ruoli e indica le caratteristiche fondamentali di un militare per l'inserimento in Forza Armata;
b) ***profili specifici*** per ogni ruolo professionale dove oltre a contenere quanto stabilito nel profilo base, individuano ulteriori requisiti attitudinali che si differenziano sulla base dell'età di reclutamento (*Corsi Normali* – arruolamento dai 18 ai 24 anni), della peculiarità dei percorsi formativi, dei profili d'impiego, delle mansioni e delle funzioni, previsti per i vari ruoli.

Esaminiamo le caratteristiche personologiche e attitudinali ricercate dalle Forze Armate di norma per il ruolo degli aspiranti ufficiali dei corsi normali.
Per l'arruolamento nelle Forze Armate gli aspetti comuni inerenti l'**area di pensiero** sono rappresentati dal possesso della capacità di valutare la realtà esterna e in generale le informazioni che provengono dall'ambiente, riuscendo a distinguere ciò che è necessario da ciò che è superfluo e della capacità di modificare in modo più o meno duraturo il proprio comportamento in base all'esperienza, essendo quindi capaci di apprendimento.
In relazione allo specifico ruolo di ufficiale del corso normale risulta importante sia l'orientamento ai dati che l'orientamento ai comportamenti; quest'ultima caratteristica deve proporzionalmente essere presente più della prima in quanto il futuro ufficiale è tenuto ad effettuare valutazioni di tipo tecnico, ma soprattutto viene agevolato nel suo lavoro, se è in grado di analizzare pensieri e comportamenti, e capire le persone che lo circondano. Ovviamente per i corpi tecnici l'orientamento ai dati risulta fondamentale.
Per quanto riguarda l'**approccio ai problemi** è importante che sia presente un atteggiamento di tipo conservativo/tradizionale laddove la professionalità richiede attenzione alle procedure e alle metodologie consolidate. Tuttavia è fondamentale un certa flessibilità di pensiero che permetta atteggiamenti di tipo più innovativo affinché possano essere prodotte nuove idee, cercate soluzioni alternative e possa essere possibile il miglior adattamento di fronte a situazioni nuove o cambiamenti.

Nella **modalità di strutturare il lavoro**, la pianificazione risulta la capacità prevalente: il futuro ufficiale deve essere in grado di porsi degli obiettivi e stabilire dei traguardi, di prevedere l'andamento delle situazioni e di prepararsi prima di fare le cose. Non deve inoltre mancare la coscienziosità e quindi il rispetto per le scadenze, la capacità di completare i lavori e di seguire regole operative.

In merito all'**area emozionale e relazionale** è fondamentale che il personale militare, indipendentemente dal ruolo ricoperto, abbia un adeguato livello di maturità affettiva e di autonomia, in relazione all'età anagrafica. Ciò prevede il possesso della capacità di mantenere un equilibrio tra aspetti affettivi ed aspetti formali o razionali, senza che sia un prevalere degli uni sugli altri che comporterebbe eccessiva rigidità da una parte o eccessiva permeabilità dall'altra.

Per quel che concerne il **rapporto con l'autorità** è indispensabile che il militare sia in grado di seguire norme e regole e di riconoscere il valore organizzativo e gestionale dell'autorità stessa. Il ruolo degli ufficiali è maggiormente caratterizzato dalla capacità di posporre i propri bisogni alle esigenze dell'ambiente, riuscendo a controllare sentimenti, emozioni e stati d'animo. Per far ciò è necessario un adeguato grado di differenziazione personologica che può perfezionarsi durante l'iter formativo in Accademia.

Altra caratteristica necessaria è la capacità di socializzare, di fare nuove conoscenze, di sentirsi a proprio agio nelle situazioni sociali nuove e con persone appena conosciute; questo perché lo stile di vita sia in formazione che nel periodo successivo, presuppone un contatto con altri. Da ciò deriva anche la capacità di lavorare in gruppo, producendo nuove idee, ma anche ascoltando quelle altrui.

Per quel che concerne il **lavoro**, tra le varie competenze deve emergere la capacità di essere collaborativi con gli altri e saper lavorare in team, ragionando in termini di obiettivi del gruppo, indipendentemente dal proprio specifico ruolo.

Al fine di raggiungere livelli di competenza sempre maggiori è necessario fare uso della propria predisposizione ed esperienza in modo critico piuttosto che ripropositivo.

Nello specifico, per quanto riguarda la **dimensione dell'energia** è necessario che questa venga gestita in modo equilibrato e che permetta un investimento sia sul piano puramente fisico, che su quello più intellettivo/culturale. Ciò favorisce una crescita personologica grazie anche alle diverse possibilità di incontro, confronto e messa in discussione che l'iter formativo e professionale rendono possibile.

Dato il tipo d'impegno richiesto dal ruolo ufficiali, anche in termini di responsabilità, il militare deve possedere la capacità di lavorare con assiduità e tenacia, mantenendo un livello costante nel tempo ed evitando dispersioni di energie.

La capacità di tollerare gli insuccessi e di gestire efficacemente le frustrazioni diventa essenziale per un'attività di responsabilità come quella in oggetto.

In ambito di competenze gestionali la persona deve essere capace di alti livelli di delega verso i collaboratori diretti.

La competizione diventa in questo ruolo molto importante, soprattutto se unita all'ambizione e se entrambe convergono verso il raggiungimento di una crescita personale. È fondamentale però che i livelli di competitività non favoriscano eccessivamente l'individualità, andando così a discapito del lavoro di team.

In **ambito motivazionale**, la professione di militare nella nostra Forza Armata è caratterizzata, tra le altre cose, da spostamenti continui e non sempre prevedibili o pianificabili, pertanto risulta fondamentale la predisposizione al cambiamento e la capacità di riorganizzarsi di fronte a situazioni nuove.

La persona deve inoltre essere motivata alla realizzazione di obiettivi per competenza e non all'assolvimento burocratico dei compiti, e deve anche avere la percezione di possedere qualità professionali almeno a livello di sufficienza e considerare il contesto lavorativo come il più adeguato a farle emergere.

Deve infine essere presente un'**elevata desiderabilità** dello specifico ruolo, affinché il processo di adattamento possa avvenire nel migliore dei modi e tutte le potenzialità dell'individuo possano emergere ed essere fonte di soddisfazione per la persona stessa, ma anche per il contesto in cui l'individuo si muove.

Per quanto finora detto risulta disfunzionale la presenza di motivazione al potere senza desiderio di successo o di autorealizzazione.

Il futuro ufficiale deve possedere una motivazione al successo e/o di tipo autorealizzativa.

Al termine degli accertamenti la commissione esprimerà, nei riguardi di ciascun concorrente, un giudizio sulla idoneità, senza attribuzione di alcun punteggio, definitivo e comunicato seduta stante attraverso verbale di notifica.

I concorrenti giudicati inidonei non saranno ammessi a sostenere le ulteriori prove concorsuali.

Analizziamo, per ciascuna specifica Forza Armata, in cosa consistono siffatti accertamenti.

1.4.1 Esercito Italiano

Gli accertamenti attitudinali, svolti a cura della competente commissione, prevedono lo svolgimento del **colloquio psicoattitudinale** integrato e di una **serie di prove** (*test* e *questionario informativo*) volti a valutare oggettivamente il possesso dei requisiti indispensabili ai fini di un proficuo inserimento nella Forza Armata quale Ufficiale del ruolo normale, secondo le direttive tecniche impartite dallo Stato Maggiore dell'Esercito.

Detta valutazione verterà sulle seguenti aree di indagine:
- **area di adattabilità al contesto militare**;
- **area emozionale** (dimensione intrapersonale);
- **area relazionale** (dimensione interpersonale);
- **area del lavoro** (dimensione produttiva/gestionale).

1.4.2 Aeronautica Militare

La selezione attitudinale è svolta al fine a far emergere caratteristiche o atteggiamenti tali da far ipotizzare un insoddisfacente inserimento nell'ambito dell'Accademia e della Forza Armata. Il processo di selezione attitudinale, infatti, mirerà ad accertare il possesso delle seguenti qualità:
- adattamento alla vita militare in termini d'integrazione e senso della disciplina;
- esposizione verbale;
- rapidità ed efficacia dei processi cognitivi;
- controllo emotivo;
- attitudine per le attività previste per l'impiego quale Ufficiale dell'Aeronautica Militare relativamente alle specialità a concorso;
- predisposizione all'apprendimento, allo studio e all'aggiornamento.

Le indagini previste saranno condotte dalla commissione competente che farà svolgere:
- **accertamenti psicoattitudinali**: comprenderanno la somministrazione di test intellettivi (valutativi) e di personalità (non valutativi), prove per la rilevazione di attitudini specifi-

che, prove collettive e colloqui individuali orientati alla valutazione delle qualità formali e delle caratteristiche psicologiche del candidato.
Per quanto attiene ai test intellettivi per i diversi specifici ruoli, le batterie testologiche somministrate saranno idonee alla valutazione di specifiche capacità correlate ai predetti ruoli. I test, somministrati dalla competente commissione secondo le modalità di dettaglio comunicate prima dell'inizio della prova, potranno anche essere informatizzati e includere quelli di tipo adattivo. Solo per il ruolo naviganti normale dell'Arma Aeronautica, specialità pilota, è prevista, inoltre, l'eventuale somministrazione di una prova automatizzata per la valutazione dell'attitudine al volo, superata con il raggiungimento di un punteggio minimo di 3/10. Tale punteggio non concorrerà alla formazione di quello finale utile per la valutazione complessiva del tirocinio, ma il mancato raggiungimento del predetto punteggio minimo sopra indicato determinerà l'esclusione dal prosieguo del concorso. I concorrenti che hanno già conseguito il brevetto di pilota di aeroplano presso la Scuola di volo dell'Aeronautica Militare di Latina non saranno sottoposti a tale valutazione;
- **accertamenti comportamentali**: includeranno tutte le attività generali (addestrative e istruzionali) svolte nel corso del tirocinio.

Le osservazioni e misurazioni effettuate nel corso degli accertamenti attitudinali e delle prove di efficienza fisica confluiranno nelle tre sotto specificate aree di valutazione:
- area di valutazione dell'efficienza fisica e attitudine in ambito sportivo e dell'efficienza intellettiva;
- area di valutazione psicoattitudinale e comportamentale.
- area di valutazione dell'attitudine al lavoro di gruppo.

La valutazione psicoattitudinale, comportamentale e dell'attitudine al lavoro di gruppo sarà elaborata sulla scorta del:
- giudizio psicoattitudinale espresso dal capo gruppo psicoattitudinale sulla base delle valutazioni derivanti dall'osservazione diretta del concorrente e sulla scorta degli elementi forniti dai propri collaboratori in esito alle prove di gruppo e ai colloqui individuali effettuati;
- giudizio comportamentale espresso sulla base delle valutazioni derivanti dall'osservazione diretta del concorrente perfezionata mediante un colloquio individuale, per il quale ci si può avvalere del supporto di un consulente psicologo.
  Nella definizione del giudizio complessivo si tiene conto delle valutazioni in esito all'osservazione comportamentale effettuata nel corso delle attività generali di tirocinio, nonché durante le prove psicoattitudinali di gruppo;
- giudizio sull'attitudine al lavoro di gruppo, che prevede l'assegnazione di un punteggio compreso tra 0 e 10 punti, si otterrà sommando i punteggi ottenuti come segue:

conferenza dei 3 minuti	da 0,2 a 2 punti
intervista di gruppo a ruoli liberi	da 0,4 a 4 punti
intervista di gruppo a ruoli assegnati	da 0,4 a 4 punti

In esito ai risultati conseguiti e alle valutazioni effettuate, per ciascun concorrente si esprimerà un giudizio di idoneità o di inidoneità. Per tutti i ruoli a concorso l'inidoneità sarà determinata dal verificarsi di uno o più casi riportati di seguito:

TIPOLOGIA DELLA PROVA	PUNTEGGIO MASSIMO ATTRIBUIBILE	PUNTEGGIO DETERMINANTE GIUDIZIO DI INIDONEITÀ	RUOLI INTERESSATI
Prove di efficienza fisica in ambito sportivo	8	inferiore a punti 2,4 nel totale delle cinque prove	tutti
Prove di efficienza intellettiva	10	inferiore a punti 3	tutti
Giudizio psicoattitudinale	10	inferiore a punti 6 o, comunque, inferiore a punti 2 anche in una soltanto dei due giudizi	tutti
Giudizio comportamentale	10	inferiore a punti 6 o, comunque, inferiore a punti 2 anche in una soltanto dei due giudizi	tutti
Giudizio sull'attitudine al lavoro di gruppo	10	inferiore a punti 3	tutti
Valutazione complessiva degli accertamenti attitudinali e comportamentali	40	inferiore a punti 20 ottenuto dalla somma dei punteggi delle prove di efficienza fisica, delle prove di efficienza intellettiva, del giudizio psicoattitudinale e comportamentale e del giudizio sull'attitudine al lavoro di gruppo	tutti
Prova automatizzata per la valutazione dell'attitudine al volo (eventuale)	10	inferiore a punti 3	solo specialità pilota

I concorrenti giudicati inidonei per il mancato superamento dei limiti minimi sopra indicati per le prove di efficienza fisica e/o per gli accertamenti attitudinali e comportamentali, o che comunque riporteranno un esito sfavorevole in almeno una delle prove di efficienza fisica obbligatorie saranno immediatamente esclusi dalla prosecuzione delle ulteriori prove.

1.4.3 Marina Militare

Durante il periodo di 8 giorni presso l'Accademia Navale di Livorno, agli accertamenti attitudinali saranno ammessi i candidati idonei alle prove di efficienza fisica.
Essi saranno svolti a cura della competente commissione e consisteranno nello svolgimento di una **serie di prove** (*test, questionari, prove di performance, colloquio individuale*) volte a valutare oggettivamente il possesso dei requisiti necessari per un positivo inserimento in Forza Armata e nello specifico ruolo. Tale valutazione, che sarà svolta con le modalità indicate nelle «Norme per la selezione attitudinale nel concorso prima classe dei corsi normali dell'Accademia Navale», e con riferimento alla direttiva tecnica «Profili attitudinali del personale della Marina Militare», entrambe emanate dal Comando (già Ispettorato) Scuole della Marina e vigenti all'atto dell'effettuazione degli accertamenti, si articolerà nelle seguenti aree d'indagine, a loro volta suddivise negli specifici indicatori attitudinali:

- **area "stile di pensiero"**: analisi predisposizione al cambiamento, struttura;
- **area "emozioni e relazioni"**: autonomia e adattabilità, controllo e imperturbabilità, autostima, socializzazione, lavoro di gruppo, rapporto con l'autorità;

- **area "produttività e competenze gestionali"**: livelli di energia e produttività, costanza nel rendimento, capacità di gestire ostacoli e insuccessi, approccio gestionale al lavoro, capacità di guida e uso della delega, spinta al miglioramento;
- **area "motivazionale"**: bisogni e aspettative connesse all'assunzione di ruolo, ambizione, autoefficacia.

A ciascuno dei sopra descritti indicatori attitudinali verrà attribuito un punteggio di livello, la cui assegnazione terrà conto della seguente scala di valori:

- punteggio 1: livello molto scarso dell'indice in esame;
- punteggio 2: livello scarso dell'indice in esame;
- punteggio 3: livello medio dell'indice in esame;
- punteggio 4: livello discreto dell'indice in esame;
- punteggio 5: livello buono/ottimo dell'indice in esame.

La commissione assegnerà il punteggio di livello attitudinale a ciascun concorrente sulla base delle risultanze delle prove di performance, delle valutazioni degli Ufficiali psicologi e di quelle degli Ufficiali colloquiatori; tale punteggio sarà diretta espressione degli elementi preponderanti emergenti dai diversi momenti valutativi.

Al termine degli accertamenti attitudinali la commissione esprimerà, nei riguardi di ciascun candidato, un giudizio di idoneità o di inidoneità. Il **giudizio di inidoneità** verrà espresso se il concorrente riporta un punteggio di livello attitudinale globale inferiore a quello minimo previsto dalla direttiva attitudinale vigente al momento dell'accertamento.

La commissione medesima, seduta stante, comunicherà a ciascun concorrente l'esito degli accertamenti attitudinali, sottoponendogli il verbale contenente uno dei seguenti giudizi:

- ***idoneo*** quale Allievo Ufficiale dei corsi normali della Marina Militare;
- ***inidoneo*** quale Allievo Ufficiale dei corsi normali della Marina Militare, con indicazione del motivo.

Il giudizio riportato negli accertamenti attitudinali è definitivo.

Fermo restando quanto riportato nel presente volume, è sempre opportuno leggere attentamente il bando di concorso, poiché, nel tempo, ciascuna Forza Armata può adottare procedure di valutazione e/o strumenti differenti.

Capitolo 2
I test psico-attitudinali

2.1 Introduzione

Esistono una serie di *caratteristiche* o *parametri qualitativi* sulla base dei quali viene effettuata la scelta dei candidati più adatti a svolgere una determinata professione. La presenza in misura maggiore o minore di tali caratteristiche è valutata mediante i cosiddetti **test di personalità**.

Il test è uno strumento psicologico che possiede caratteristiche comprovate di:
- **validità**, la capacità cioè di selezionare quel fattore o fattori che si intende misurare tra i molteplici esistenti, anche in una dimensione predittiva;
- **attendibilità**, la capacità cioè di misurare in modo accurato i parametri presi in considerazione;
- **sensibilità**, la capacità cioè di discriminare tra più individui.

I Test di Personalità sono strumenti di misurazione che si propongono di definire il profilo della personalità del soggetto che vi si sottopone. Possono misurare un solo aspetto della personalità (test *monofasici*) o più dimensioni contemporaneamente (test *multifasici*). Diverse sono le variabili misurate dai test di personalità, tra le più rilevanti in sede di selezione ricordiamo:
- **sicurezza di sé** e caratteristiche in genere legate all'interazione sociale, ovvero i tratti sociali di una persona (se è socievole, timida o piuttosto insicura);
- **motivazioni e bisogni** (fattori più intimi e riferiti alla natura più profonda dell'individuo, ma che influenzano scelte e comportamenti);
- **atteggiamento** con cui l'individuo tende a porsi nei confronti degli altri;
- **disturbi psichici** (esistenza di psicopatologie).

I più diffusi test di personalità sono di origine statunitense. Ai soggetti che vi si sottopongono vengono presentati stimoli strutturati e univoci, cioè domande a risposta singola, multipla o, più frequentemente, il soggetto deve indicare il proprio grado di adesione secondo una scala di preferenze (per esempio essere più o meno d'accordo rispetto ad una affermazione). L'*obbiettività* del test consiste nel fatto che l'assegnazione dei punteggi (siglatura o *scoring*) è stabilita in modo rigido. L'interpretazione dei risultati, tuttavia, richiede la conoscenza delle dinamiche psicologiche e della teoria alla base del test, per cui la stesura del referto richiede abilità e contiene comunque un margine di arbitrarietà.

2.2 I test psicologici

In linea generale, si può definire il test come una situazione standardizzata in cui il comportamento di una persona viene osservato e descritto. Non sempre il risultato è espresso numericamente; spesso infatti, viene assegnato attraverso un gruppo o profilo di punteggi.

Esso, unitamente al colloquio, è uno strumento utile per fornire misurazioni e parametri che servono a comprendere meglio il paziente per formulare una diagnosi e conseguentemente delle ipotesi di lavoro circa il percorso terapeutico futuro.
L'interesse e lo studio per i test psicologici nacque nel 1800. *Galton, Cattell* e *Binet* furono i primi studiosi che portarono alla ribalta l'importanza dei test, quali strumenti atti a misurare le capacità dell'individuo. La ***scala Binet-Simon*** venne ideata per la misurazione dell'intelligenza a carattere individuale nei bambini; il punteggio di un bambino al test poteva esprimersi in termini di età mentale, ossia l'età equivalente a quella dei bambini normali il cui rendimento il soggetto avesse eguagliato. Si rileva utile, dunque, come misura di attitudine scolastica.
Per la misurazione dell'intelligenza degli adulti lo strumento più adatto si rivelò, invece, la ***Scala Wechsler*** (W.A.I.S. – Wechsler adult intelligence scale). Wechsler notò che con il crescere dell'età dei soggetti si aveva un abbassamento di punteggio; successivamente si dimostrò che ciò non era vero, se non dopo i 60 anni.
I test summenzionati avevano il limite di concepire l'intelligenza come una capacità globale ed unitaria e non come la rappresentazione di un certo numero di abilità (fattori) relativamente indipendenti.
Da questi primi reattivi ne seguirono altri anche collettivi, come l'***Army Alpha*** e l'***Army Bheta***.
In seguito gli psicologi avvertirono l'esigenza di strumenti che potessero testare attitudini specifiche da utilizzare soprattutto per l'orientamento professionale e la selezione del personale aziendale.
Un valido esempio è rappresentato dall'analisi fattoriale (*Kelly* e *Thurstone*) dalla quale si ricava invece che un punteggio complessivo come il $Qi = EM/EC \times 100$ (dove Qi = quoziente d'intelligenza; EM = età mentale; EC = età cronologica) un punteggio distinto per ciascun tratto della personalità considerato, esempio: attitudine numerica, comprensione verbale, visualizzazione spaziale ecc.
I test succitati sono standardizzati, le condizioni della prova sono stabilite con esattezza, le istruzioni sono uniformi per tutti i soggetti e il tempo è prefissato.
Alle risposte date si assegna un punteggio ed i risultati vengono letti attraverso un linguaggio matematico ed interpretati quantitativamente. In tal modo la soggettività dello sperimentatore e le interferenze di variabili esterne vengono ridotte al minimo, fornendo dei giudizi validi ed attendibili.
La nascita successiva dei ***test della personalità*** e delle ***tecniche proiettive*** ha comportato delle critiche da parte degli psicometristi che applicavano i test psicometrici, basati cioè sulla matematica e sulla statistica che ribadivano la poca attendibilità di questi strumenti e la loro carenza a livello di validazione e standardizzazione.
Tuttavia, la loro applicazione è andata evolvendo nel tempo poiché il soggetto rivela se stesso, senza ansie di prestazione; infatti non si presentano come una minaccia al prestigio personale ed alla stima di sé, poiché generalmente qualunque risposta "va bene".
I test proiettivi si basano sul concetto di **"proiezione"**, intesa non come meccanismo ideato da Freud, ma come esternalizzazione ed attribuzione di bisogni e sentimenti che fungono da base per la percezione ed il giudizio degli stimoli esterni.
Essi permettono, comunque, al soggetto di proiettare i suoi conflitti e di giungere a conoscere la struttura e la funzione della sua personalità e il motivo del suo disagio (mediante una diagnosi effettuata da personale esperto).
Rientrano in siffatto materiale:
- ***le tecniche associative***, che richiedono al soggetto di riferire quanto lo stimolo evochi e susciti in lui (per esempio: ***Rorschach, Z test*** e ***associazioni di parole*** *ecc.*);

- *le tecniche di costruzione*, che implicano una produzione dell'immaginazione per la quale i materiali del test forniscono una cornice (per esempio: ***T.A.T.***, ***P.F.S.***, ***O.R.T.***, ***C.A.T.***, ***Blacky Story*** *ecc.*);
- *le tecniche di completamento*, che richiedono al soggetto di completare una frase o una storia (***Sacks, Sentence Completion*** *ecc.*);
- *le tecniche espressive*, che richiedono al soggetto un atto artistico creativo (***Draw-a-Person***, ***K.F.D.***, ***Test grafici***, ***Psicodramma*** *ecc.*).

Alcune di queste tecniche verranno analizzate dettagliatamente perché quasi sicuramente saranno oggetto della selezione per il presente concorso.

Per l'accertamento dell'idoneità, vengono somministrati **uno o più test di personalità** e **uno o più questionari biografici e/o motivazionali;** tale materiale è predisposto all'inizio di questa fase dal Centro e non è detto che per ogni concorso vengano utilizzati sempre gli stessi.

2.3 Consigli preliminari

Prima di descrivere brevemente i test della personalità più diffusi in ambito selettivo, forniamo di seguito una serie di consigli generali sempre validi, qualunque sia il test cui sarete sottoposti.

Nei test psicologici, ed in particolare in quelli della personalità, **non esistono risposte giuste o sbagliate** ma al massimo risposte *coerenti* o *incoerenti*. Gli strumenti di valutazione della personalità utilizzati ai fini selettivi consentono sempre di individuare distorsioni o contraddizioni nelle risposte evidenziando così il tentativo di distorcere la realtà, fornendo risposte forzate solo per impressionare i selezionatori o cercare di dare una migliore impressione di sé. Indicazioni sempre valide sono dunque:

- **rispondere sinceramente alle domande** senza cadere nell'errore di immaginare ciò che il selezionatore vorrebbe sentirsi dire o di basarsi sulle proprie idee preconcette circa i requisiti che bisognerebbe avere per svolgere una determinata funzione. I selezionatori sono in grado di individuare le risposte forzate o incoerenti ed il cercare di "mascherare" la propria personalità per apparire migliori è un sintomo di insicurezza che viene valutato negativamente;
- **non cercare di interpretare le domande** pensando al significato nascosto che potrebbero avere. Le domande dei questionari sono formulate in modo chiaro e non necessitano di essere interpretate;
- **evitare le contraddizioni**: se si è seguito il primo consiglio non si dovrebbe incorrere in questo rischio. Occorre comunque far attenzione a non esprimere pareri e non fornire dati contrastanti fra loro. Cercare a tale scopo di ricordare le domande a cui si è risposto e le risposte fornite per non cadere in contraddizione;
- **leggere con attenzione le domande**: non sono generalmente imposti limiti di tempo per completare i questionari, dunque non bisogna temere di non aver tempo sufficiente per completarli. Leggere le domande con calma e soffermarsi sulle alternative di risposta proposte rispondendo solo dopo avere compreso pienamente cosa si sta chiedendo;
- **non aver paura di essere sinceri**: i selezionatori sono tenuti al segreto professionale e non possono in alcun caso diffondere i risultati dei test somministrati. Tali test vengono somministrati da psicologi professionisti che non sono lì per giudicare i candidati come persone, ma solo per valutare se sono "adatti" a svolgere una certa professione. Non si deve dunque aver paura di esporsi o di essere sinceri;

- **non collaborare con gli altri candidati**: in caso di somministrazioni collettive, nulla sarebbe più sbagliato del collaborare con gli altri o copiare le risposte da un altro candidato. Bisogna ricordare che non esistono risposte migliori di altre;
- **limitare le incertezze**: generalmente i test prevedono la possibilità di esprimere incertezza rispetto ad un argomento. Si può naturalmente utilizzare tale opzione ma con moderazione. Rispondere sempre "*non so*" per evitare di esprimere una posizione netta è controproducente in quanto sinonimo di indecisione o *mancanza di carattere*;
- **essere disponibili**: è necessario affrontare le diverse prove con un atteggiamento non critico ma di disponibilità ad offrire un'immagine di sé corrispondente a come realmente si è. Un atteggiamento responsabile è quello di chi si attiene alle istruzioni date dal professionista e ha un approccio serio ai test, dato da concentrazione ed impegno. Anche l'atteggiamento di fronte alle singole prove è infatti, per i selettori, un elemento importante per valutare la motivazione dei candidati;
- **mantenere la calma, rimanere lucidi e non scoraggiarsi**: per favorire la calma e la lucidità consigliamo di arrivare alla prova riposati (andare a letto presto, evitando cene pesanti) e mai digiuni. La mattina della prova è importante fare una colazione ricca in carboidrati, ma povera di grassi e portare con se qualche caramella e qualche biscotto, nel caso si avvertisse un calo di concentrazione.

2.4 Il test del Minnesota Multiphasic Personality Inventory (M.M.P.I.)

L'*M.M.P.I.* fu ideato intorno al 1940 per le diagnosi psichiatriche e per determinare la gravità del disturbo psicopatologico riscontrato.
Nei concorsi pubblici viene comunemente utilizzato per la verifica del carattere e della personalità del candidato, in due forme: una ridotta comprendente un numero inferiore di domande (cd. "Items"), circa 350, ed una completa con oltre 500 items.
Si compone di numerose affermazioni che il soggetto può accettare o meno, qualora le consideri rispondenti alla propria personalità, attraverso l'annerimento della casellina corrispondente *V/F*.
Il questionario è molto simile a quello proposto durante la visita di leva.
Per un approccio positivo al test, è bene leggerlo con una buona dose di concentrazione, di calma ed analizzare con attenzione le domande, soffermandosi con particolare accortezza sugli avverbi (esempio: mai, poco, raramente, talvolta, spesso, sempre). Questi, infatti, rivestono una grande importanza, perché possono modificare il senso della frase e quindi la validità della risposta data. Allo stesso modo le doppie negazioni poste all'interno della stessa frase,
possono trarre in inganno il lettore disattento, facendogli interpretare il test in modo errato.

➤ *Raramente ho problemi di stomaco*; in questo caso se non ci si sofferma con attenzione sulla parola "raramente", si può ritenere, non soffrendo di particolari disturbi, che la risposta esatta sia *F(also)*, mentre a causa dell'avverbio, si deve invertire la risposta utilizzando la casella *V(ero)*.
Qualche volta mi viene naturale fare dei pettegolezzi; anche in questo caso, se come presumibile la risposta da dare è quella positiva, perché a tutti può capitare di farne, si deve contrassegnare la *V(ero)*.

Nel rispondere alle domande, ovviamente, è importante dare un'immagine positiva, in quanto dalle risposte potrebbero essere rilevate paure, insicurezze, ostilità o disturbi psicosomatici, o ancora essere evidenziate tendenze depressive, eccessiva chiusura in se stessi, gravi problemi familiari, idee politiche troppo radicate, superficialità o eccesso di romanticismo, che comporterebbero un giudizio di non idoneità.
Dopo aver redatto l'elaborato, il candidato verrà sentito personalmente dallo psicologo/psichiatra, il quale cercherà di capire le motivazioni che hanno spinto il soggetto a dare determinate risposte. È essenziale che l'esaminando sia tranquillo e il più possibile rilassato al momento del colloquio. È importante che sia sicuro di quello che ha scritto ed in grado di legittimare le proprie opzioni.
La scelta dell'esaminatore, infatti, si soffermerà su coloro che hanno risposto a tutte le domande, che hanno dimostrato di avere un carattere sereno, riflessivo, sincero, attento, disponibile, che hanno manifestato di avere solidi principi morali, un buon rapporto con la famiglia e la fidanzata, un interesse alla vita pubblica ed apprezzamento per le letture scientifiche.

Questionario M.M.P.I. (fac-simile)			
1	Sono un tipo a cui piace mangiare.	V	**F**
2	Quando mi sveglio sono quasi sempre di buon umore.	V	**F**
3	Mi sveglio spesso durante la notte	**V**	F
4	I miei genitori si comportano bene con tutti.	V	**F**
5	Non ho problemi di circolazione.	V	**F**
6	Non sono sempre costante nel lavoro.	**V**	F
7	Ho una vita sessuale che mi soddisfa.	V	**F**
8	Spesso sono teso quando ho un impegno.	**V**	F
9	Mi capita di somatizzare quando ho un problema.	**V**	F
10	Cerco di piacere "a tutti i costi" ai miei datori di lavoro.	**V**	F
11	Raramente soffro di dolori addominali	V	**F**
12	Se ho un problema, non trovo giusto confidarlo a qualcuno.	**V**	F
13	Ogni tanto mi capita di mentire.	V	**F**
14	Credo che parte del mio successo sia dovuto a fortuna ed a giuste conoscenze.	**V**	F
15	Credo spesso di avere dei problemi di salute.	**V**	F
16	Se l'oroscopo del giorno è negativo, condiziona la mia giornata.	**V**	F
17	Non prendo in considerazione chi mi dice di fare qualcosa se lo considero inferiore a me.	**V**	F
18	Non soffro di vertigini.	V	**F**
19	La mia famiglia condivide le mie scelte.	V	**F**
20	Se non sono ascoltato perdo la pazienza.	**V**	F
21	Raramente mi capita di essere triste.	V	**F**
22	Sono ottimista sul mio futuro.	V	**F**
23	Spesso la gente mente per ottenere un successo.	**V**	F
24	A scuola ho avuto spesso richiami o punizioni.	**V**	F

(segue)

25	Se mi si offrono più opportunità, non so decidermi.	V	F
26	Raramente sono triste.	V	F
27	Mi trovo bene con persone di entrambi i sessi.	V	F
28	Ho il "pollice verde" per il giardinaggio.	V	F
29	Sono abbastanza tradizionale nei miei rapporti sessuali.	V	F
30	Qualche volta credo di non essere all'altezza della situazione.	V	F
31	Mi innervosisco se le cose non vanno come prevedevo.	V	F
32	Mi fido di tutte le persone che considero amiche.	V	F
33	Quando sono in ansia mi capita di sudare.	V	F
34	Le mie parole sono spesso fraintese dalla maggior parte delle persone.	V	F
35	Trascorro molto tempo a ricordare esperienze passate.	V	F
36	Raramente, ormai, mi preoccupo di migliorare il mio aspetto fisico	V	F
37	Sono quasi mai disponibile con la gente che conosco.	V	F
38	Ho facilità a memorizzare cose nuove.	V	F
39	Quasi sempre mi fido solo del mio istinto.	V	F
40	Fidarsi è bene, non fidarsi è meglio.	V	F
41	Preferisco siano gli altri a parlare per primi in pubblico.	V	F
42	Qualche volta in passato ho avuto problemi legali.	V	F
43	Credo che la vita sia degna di essere sempre vissuta, anche se è difficile.	V	F
44	Tante volte sono stato innamorato nella mia vita.	V	F
45	Sono facilmente portato a dimenticare alcune cose.	V	F
46	Sono in grado di mantenere la concentrazione per tempi lunghi, senza troppa fatica.	V	F
47	Almeno una volta alla settimana ho bisogno di andare in discoteca per scaricarmi.	V	F
48	Voglio sempre essere al centro dell'attenzione.	V	F
49	Non ho difficoltà a stare in mezzo alla gente.	V	F
50	Qualche volta mi viene voglia di stare solo.	V	F
51	Mi capita, ogni tanto di essere pettegolo	V	F
52	Se sono triste non ho voglia di vedere nessuno.	V	F
53	Dire una bugia, ogni tanto, credo sia normale.	V	F
54	Sono considerato da tutti una buona forchetta.	V	F
55	Non riesco a digerire la cucina pesante.	V	F
56	Sono felice di come sono.	V	F
57	Raramente, capita, di avere poca fiducia in sé.	V	F
58	Credo nelle mie capacità.	V	F
59	Nel mio lavoro mi impegno sempre la massimo.	V	F
60	Dopo una bella serata a cena con amici, ho problemi di digestione.	V	F
61	Sono convinto di non contare niente.	V	F

(segue)

62	Raramente mi viene da piangere.	V	F
63	Le persone, raramente, si fidano di me.	V	F
64	Capita spesso che gli altri riescano a convincermi.	V	F
65	Non sempre sono sicuro di quello che faccio.	V	F
66	Trovo giusto che le persone non abbiano fiducia nel prossimo, visti i tempi che corrono.	V	F
67	Molte persone mi osservano.	V	F
68	Senza l'approvazione degli altri mi sento perso.	V	F
69	Qualcuno controlla il mio lavoro.	V	F
70	Sono spaventato dal susseguirsi degli eventi.	V	F
71	Penso di essere un buon esempio per gli altri	V	F
72	Spesso gli altri mi cercano perché sono di buona compagnia.	V	F
73	Sento un ronzio costante nelle mie orecchie che mi infastidisce.	V	F
74	Non riesco a pensare a cose belle.	V	F
75	Dopo aver compiuto un'azione spesso mi pento.	V	F
76	In un gruppo di persone mi piace ascoltare.	V	F
77	Ho buone capacità direttive.	V	F
78	Stare in mezzo a tanta gente mi crea problemi.	V	F
79	Sono una persona che suda spesso.	V	F
80	Quasi mai soffro di dolori intestinali.	V	F
81	Ci sono più persone meritevoli che fannulloni.	V	F
82	Credo che alcuni colleghi non si fidino di me.	V	F
83	Perdo subito la concentrazione se c'è un po' di rumore	V	F
84	Mi infastidisco facilmente se qualcuno mi prende in giro.	V	F
85	Sono molto più felice della maggior parte delle persone.	V	F
86	Ascoltando il telegiornale spesso mi preoccupo.	V	F
87	Faccio dei pensieri brutti molto ricorrenti.	V	F
88	Credo proprio di poter essere solo un buon esecutore.	V	F
89	Ogni tanto mi assale forte il desiderio di rompere degli oggetti.	V	F
90	Quando mi sveglio sono già tonico e non insonnolito.	V	F
91	I miei pensieri sono, a volte, così brutti che è meglio tenerli solo per me.	V	F
92	Mi piace leggere libri di favole.	V	F
93	Mi piace coordinare, dirigere, parlare in pubblico.	V	F
94	Ho il sonno abbastanza pesante.	V	F
95	La mia giornata non è mai noiosa.	V	F
96	Non ho mai avuto vergogna a stare in mezzo alla gente.	V	F
97	Mi capita, spesso, di mangiare e di non assaporare il cibo.	V	F
98	L'energia che è dentro di me, a volte mi sembra stia per esplodere.	V	F

(segue)

99	Nella mia vita non credo di avere mai avuto un ruolo da leader.	**V**	F
100	Può capitare a tutti di avere il cosiddetto "nodo alla gola".	V	**F**
101	Nel lavoro riesco ad essere tranquillo e sereno.	V	**F**
102	Quasi mai ho giramenti di testa.	V	**F**
103	La gente mi apprezza perché sono socievole.	V	**F**
104	È importante rispettare gli ordini dei superiori.	V	**F**
105	Raramente sono preoccupato per qualcosa o qualcuno.	V	**F**
106	Talvolta ritengo di non essere all'altezza dell'incarico.	**V**	F
107	Ci sono delle persone che riescono spesso a farmi cambiare idea.	**V**	F
108	Alcuni giorni non ho davvero voglia di impegnarmi.	**V**	F
109	Se qualcuno mi prende in giro farà i conti con me.	**V**	F
110	Mi capita raramente di discutere con i miei genitori.	V	**F**
111	Le persone che comandano alcune volte hanno raggiunto la posizione non per propri meriti.	**V**	F
112	Qualche volta mi capita di avere voglia di fare qualcosa di strano.	**V**	F
113	Non mi piacciono le imposizioni ed i comandi.	**V**	F
114	Capita a tutti di arrabbiarsi.	V	**F**
115	Se fossi sicuro di non essere visto mi comporterei in modo diso nesto.	**V**	F
116	Il mio comportamento è influenzato da quello degli altri.	**V**	F
117	Mi chiedo spesso quale sia il secondo fine di un gesto gentile di qualcuno.	**V**	F
118	Se qualcuno mi critica ci rimango molto male.	**V**	F
119	Ho imparato a cucinare, a fare la lavatrice, per essere indipendente.	V	**F**
120	Le amicizie aiutano a superare le difficoltà.	V	**F**
121	Esperienze sessuali insolite mi eccitano.	**V**	F
122	A tutti piace vincere al gioco.	V	**F**
123	Scrivo sempre il resoconto della mia giornata.	**V**	F
124	Mi piace ripensare alle cose belle del passato.	**V**	F
125	Alcuni superiori sembra abbiano meno competenze di noi.	**V**	F
126	Ho un buon rapporto con il mio corpo.	V	**F**
127	Ogni giorno controllo il mio peso.	**V**	F
128	Mi sveglio, talvolta, tutto sudato.	**V**	F
129	È difficile essere completamente fieri di se stessi.	**V**	F
130	Conoscendo persone importanti si possono raggiungere posizioni di prestigio.	**V**	F
131	Sono timido e devo combattere per non farlo vedere.	**V**	F
132	A scuola avevo un buon rapporto con tutti.	V	**F**
133	Qualche volta sono arrabbiato con me stesso che sarei tentato di colpirmi.	**V**	F
134	A casa, o al lavoro, vengo spesso rimproverato.	**V**	F
135	Molto raramente mi capita di stancarmi.	V	**F**

(segue)

136	Non riesco a stare nei luoghi molto stretti e bui.	V	F
137	Capita, a volte, di non ricordare cose precedentemente apprese.	V	F
138	I miei familiari nutrono per me un sincero affetto.	V	F
139	Non trovo interessanti le riviste scientifiche.	V	F
140	Se perdo al gioco non è un problema.	V	F
141	Raramente mi documento su ciò che accade nel mondo.	V	F
142	La timidezza mi impedisce di inserirmi in un gruppo.	V	F
143	Mi capita, raramente, di ripensare al mio passato.	V	F
144	Spesso mi trovo a contare i passi, a fissare le persone etc.	V	F
145	Capita, talvolta, di non sentirsi all'altezza della situazione.	V	F
146	È piacevole incontrare persone nuove.	V	F
147	I miei genitori mi hanno trasmesso valori e principi importanti.	V	F
148	Non dimentico i torti subiti.	V	F
149	Ci sono tante persone cattive.	V	F
150	Il mio aspetto non è importante.	V	F
151	Non mi innervosisco facilmente.	V	F
152	Quasi mai mi capita di avere dolori alla testa.	V	F
153	Se faccio qualcosa di importante non voglio essere disturbato.	V	F
154	Soltanto chi si dà tante arie pensa di valere molto.	V	F
155	Raramente mi innervosisco.	V	F
156	Alcuni animali mi fanno schifo o ribrezzo.	V	F
157	Sicuramente avevo più facilità a memorizzare quando andavo a scuola.	V	F
158	Molto raramente prendo l'iniziativa con gli amici o a lavoro.	V	F
159	Il mio peso si mantiene piuttosto costante.	V	F
160	L'immagine che gli altri hanno di me è positiva.	V	F
161	Raramente le persone mi fraintendono.	V	F
162	Molte persone imbrogliano pur di raggiungere i propri obiettivi.	V	F
163	Qualcuno ha provato a fare il furbo con me.	V	F
164	A volte è difficile concentrarsi.	V	F
165	Raramente ho difficoltà nel lavoro.	V	F
166	Non ho mai avuto problemi di apprendimento.	V	F
167	Sono fiducioso in ciò che mi riserva il futuro.	V	F
168	Non bisogna lasciarsi andare alla malinconia.	V	F
169	Sono sempre sicuro delle azioni che compio.	V	F
170	Raramente non porto a termine una decisione.	V	F
171	Quando mi sento nervoso mi viene voglia di camminare.	V	F
172	Capita, talvolta, di votare per persone sconosciute.	V	F

(segue)

173	Con le ragazze ho difficoltà di approccio.	V	F
174	A scuola capitava spesso che non facessi i compiti.	V	F
175	Nelle varie circostanze, raramente, riesco a trovare la soluzione dei problemi	V	F
176	Spesso sono eccitato.	V	F
177	Sono un tipo abituato a "piccoli rituali".	V	F
178	Non ci si deve fidare di chi ti sta vicino.	V	F
179	Non credo di avere peccati di cui pentirmi.	V	F
180	Alcune parti del mio corpo sono inaccettabili.	V	F
181	Raramente gusto un piatto di pasta.	V	F
182	Raramente o mai credo che qualcuno ce l'abbia con me.	V	F
183	Gli amici spesso sono persone utili.	V	F
184	Raramente mi capita di provare rancore.	V	F
185	Raramente la notte non riesco a prendere sonno.	V	F
186	Mi piace raccontare storie riguardanti la mia vita.	V	F
187	Se la gente parla di me non mi disturba.	V	F
188	Raramente o mai ho fatto uso di droghe.	V	F
189	Le mie idee sono spesso fraintese dagli altri.	V	F
190	Ho dei conti in sospeso con la fortuna.	V	F
191	Raramente riesco a parlare dei miei problemi.	V	F
192	Qualche volta sono di cattivo umore.	V	F
193	Ci sono delle giornate in cui non ho voglia di vedere nessuno.	V	F
194	Non ho mai avuto problemi disciplinari.	V	F
195	Non ho ancora avuto una storia importante.	V	F
196	Spesso mi capita di ridere senza reali motivi.	V	F
197	Molte persone mentirebbero per ottenere successi.	V	F
198	Alcuni argomenti mi creano imbarazzo.	V	F
199	Raramente mi tiro indietro se mi chiedono di partecipare ad un'attività.	V	F
200	Quasi mai sono in difficoltà o mi imbarazzo verso qualcuno.	V	F
201	L'ansia all'improvviso mi assale.	V	F
202	Mi capita, a volte, di perdere la pazienza.	V	F
203	Talvolta compio delle azioni di cui mi vergogno.	V	F
204	Alcune persone si comportano come amici solo per il proprio tor naconto.	V	F
205	Non faccio mai niente d'istinto.	V	F
206	Quasi mai mi sveglio agitato durante la notte.	V	F
207	Credo di non aver avuto un'adolescenza serena.	V	F
208	Quasi mai ho la sensazione di venire frainteso.	V	F
209	Raramente ho motivi per dubitare della sincerità dei miei cari.	V	F
210	Ho l'abitudine di addormentarmi sempre sul fianco destro.	V	F

(segue)

211	Il giudizio degli altri condiziona la mia vita.	V	F
212	L'idea della morte raramente accompagna i miei pensieri.	V	F
213	Molte cose accadono come fossero attribuibili a cause innaturali.	V	F
214	Raramente non ricordo quanto mi viene detto.	V	F
215	Quando devo affrontare una situazione nuova quasi mai sono ansioso.	V	F
216	Sono una persona a cui piace portare a termine un impegno.	V	F
217	Raramente preferisco stare a casa piuttosto che uscire.	V	F
218	Qualche volta mi arrendo alle circostanze.	V	F
219	Raramente leggo tutto il giornale.	V	F
220	Mi interessano gli argomenti di attualità.	V	F
221	Capita a tutti di avere problemi con la giustizia.	V	F
222	A volte, la mattina, sono di pessimo umore.	V	F
223	Frequentemente ho preoccupazioni sessuali.	V	F
224	Alcune persone mi sembra complottino contro di me.	V	F
225	Mi disturba vedere i bambini che maltrattano gli animali.	V	F
226	Raramente credo che la vita non sia un regalo prezioso.	V	F
227	Quasi mai non riesco a parlare di argomenti delicati.	V	F
228	Dire una bugia ogni tanto è umano.	V	F
229	Alcune persone agiscono esclusivamente per il proprio tornaconto.	V	F
230	Quasi mai mi capita di ricordare i miei sogni.	V	F
231	Se non sono convinto di ciò che devo dire non intervengo mai in una discussione per paura di sbagliare	V	F
232	Il passato è il periodo più bello della vita.	V	F
233	Programmo tutta la giornata con molta precisione.	V	F
234	Quando sono in un luogo che non conosco sono in ansia.	V	F
235	Quando sono agitato divento rosso.	V	F
236	La mia testa è raramente "tra le nuvole".	V	F
237	Sono piuttosto diffidente nel fare nuove amicizie.	V	F
238	I giochi con troppe regole non mi piacciono.	V	F
239	La mia vita sessuale è per me la cosa più importante.	V	F
240	Le persone che conosco hanno un buon giudizio di me.	V	F
241	Ogni giorno è per me uguale a quello precedente.	V	F
242	Il mio corpo ha dei tremori improvvisi.	V	F
243	Da bambino piangevo spesso.	V	F
244	Mi capita quasi mai di voler star solo.	V	F
245	A volte qualcuno dei miei amici parla male di me.	V	F
246	In una discussione voglio avere la battuta finale.	V	F
247	Quando divento geloso perdo il controllo.	V	F

(segue)

248	Raramente quando sono eccitato non riesco a gestire la situazione.	V	F
249	Con la famiglia ho avuto spesso discussioni e contrasti.	V	F
250	Quasi mai ho provato sentimenti di amore.	V	F
251	Quando ho un appuntamento arrivo sempre in anticipo.	V	F
252	Se non mi capiscono mi arrabbio facilmente.	V	F
253	Da ragazzino preferivo giocare da solo piuttosto che con gli amici.	V	F
254	Credo che quasi tutti nel gioco, se potessero, "barerebbero".	V	F
255	Gli incarichi di responsabilità mi preoccupano.	V	F
256	Penso che, in fondo, alla gente non importi molto degli altri.	V	F
257	Tutti hanno dei rituali o delle strane abitudini.	V	F
258	Raramente mi innervosisco.	V	F
259	Mi piace arrivare in orario agli incontri.	V	F
260	Raramente in famiglia ci sono stati problemi relazionali.	V	F
261	Qualche volta mi diverto anche ascoltando barzellette sporche.	V	F
262	Raramente (o mai) ho commesso grossi peccati.	V	F
263	Ogni tanto le immagini davanti a me si sdoppiano.	V	F
264	Non bevo mai.	V	F
265	Trascorro intere giornate a ripensare a qualche azione che ho commesso.	V	F
266	Molte volte penso che avrei potuto comportarmi meglio.	V	F
267	Mai mi è capitato di ubriacarmi.	V	F
268	Trovo spesso la legge ingiusta.	V	F
269	Le mie principali preoccupazioni riguardano il comportamento sessuale.	V	F
270	Penso, a volte, che sia proprio faticoso andare avanti.	V	F
271	Spesso provo un forte sentimento di gelosia.	V	F
272	Non credo che agli altri interessi molto di me.	V	F
273	Quasi mai la mia mente è assorta da brutti pensieri.	V	F
274	Sono fiducioso verso il mio futuro.	V	F
275	Se ci sono già delle persone in un luogo preferisco non entrare.	V	F
276	Quasi mai non riesco a concentrarmi.	V	F
277	Se mi trovo in un luogo molto alto ho paura a guardare giù.	V	F
278	Se avessi in mano un'arma o un oggetto appuntito potrei utilizzar lo inappropriatamente.	V	F
279	A volte non "provo nemmeno" a mettermi in gioco perché so che non riuscirei.	V	F
280	Sempre i miei pensieri sono ripetitivi e monotoni.	V	F
281	Raramente la gente non sa ciò che dice.	V	F
282	Preferisco una serata con amici che una davanti alla TV.	V	F
283	Ovunque spesso qualcuno mi fissa.	V	F
284	Penso che le persone che giocano d'azzardo siano come drogati.	V	F

(segue)

285	Ci sono state delle occasioni in cui ho avuto ruoli di leader.	**V**	F
286	Non penso di essere facilmente condizionabile.	V	**F**
287	So portare avanti con impegno un lavoro per molto tempo.	V	**F**
288	Ci sono molti pseudo-amici invidiosi del mio successo.	**V**	F
289	Alcune volte rimanere solo mi procura angoscia.	**V**	F
290	Ci sono delle volte che sarei tentato di far del male a qualcuno.	**V**	F
291	È raro che mi senta voglioso di fare.	**V**	F
292	Ho la tendenza a drammatizzare.	**V**	F
293	Prima di uscire ho cura di me.	V	**F**
294	Prendo in considerazione il giudizio altrui.	V	**F**
295	La sofferenza degli altri mi interessa molto raramente.	**V**	F
296	Molti incompetenti rivestono incarichi di prestigio.	**V**	F
297	Se interrompo un'attività non so riprenderla.	**V**	F
298	Gli altri mi ritengono un tipo onesto.	V	**F**
299	Riesco a mentire senza problemi, spesso.	**V**	F
300	Sono facilmente condizionabile.	**V**	F
301	Non riesco ad impormi mai.	**V**	F
302	Sono contento se le altre persone non riescono in ciò che fanno.	**V**	F
303	Praticamente mai provo piacere nel farmi male.	V	**F**
304	Credo di sapermi adattare ad ogni circostanza.	V	**F**
305	Raramente non sono tollerante nei confronti altrui.	V	**F**
306	Non perdo la concentrazione e l'attenzione facilmente.	V	**F**
307	Mi piace mettermi alla prova in qualcosa di nuovo.	V	**F**
308	Qualche volta la gente è portata a giudicare solo all'apparenza.	V	**F**
309	Quasi mai un obiettivo mi sembra impossibile da raggiungere.	V	**F**
310	Quando parlo gli altri raramente non capiscono ciò che dico.	V	**F**
311	Se le mie proposte non vengono considerate mi tiro indietro.	**V**	F
312	A scuola quasi sempre ero remissivo.	**V**	F
313	Ero un bambino ribelle.	**V**	F
314	Le regole sono sempre le regole, piacciano o meno.	V	**F**
315	Non sempre vado a ballare.	V	**F**
316	Credo che dobbiamo tenere a mente i grossi problemi che affliggono la società.	V	**F**
317	È meglio essere bambini perché non si hanno preoccupazioni.	**V**	F
318	Sono contento che le mie decisioni, vengano prese in considera-zione.	V	**F**
319	Partecipo attivamente agli incontri con i superiori.	V	**F**
320	Ogni periodo della vita va vissuto e accettato.	V	**F**
321	Non bisogna pensare che chi abbia avuto successo non lo abbia meritato.	V	**F**
322	Conto davvero poco per la mia famiglia ed è il momento di farli ricredere.	**V**	F

(segue)

323	Ci sono giorni che non voglio vedere nessuno.	V	F
324	So essere chiaro e deciso quasi sempre.	V	F
325	Mi piace divertirmi.	V	F
326	A volte penso, purtroppo, di essere solo un mediocre.	V	F
327	Raramente da piccolo facevo finta di stare male per non andare a scuola.	V	F
328	Se qualcosa ostacola i miei piani divento nervoso.	V	F
329	Quasi sempre sono sincero con la gente.	V	F
330	Preferisco non partecipare ad un gioco se penso ci sia qualcuno più bravo di me.	V	F
331	Quando sono in vacanza continuo a pensare al lavoro.	V	F
332	Con la mia ragazza ho un buon rapporto sessuale.	V	F
333	Sono quasi per niente scaramantico.	V	F
334	Il miglior metodo educativo sono le "botte".	V	F
335	Raramente capita che sono triste e cupo.	V	F
336	Credo che, in fondo in fondo, tutti abbiano qualche fobia.	V	F
337	È meglio vivere oggi che pensare al domani.	V	F
338	Mi dà fastidio chi è convinto di saper far tutto.	V	F
339	Raramente o mai vorrei provare pratiche sessuali insolite.	V	F
340	Se mi chiedono qualcosa su di me, spesso mi innervosisco.	V	F
341	Prima di prendere una decisione devo consultare i miei genitori.	V	F
342	Spesso ho la sensazione che chi non rispetta la legge la faccia sempre franca.	V	F
343	I miei peccati non possono essere perdonati.	V	F
344	Cambierei un sacco di cose del mio passato.	V	F
345	Anche i momenti più difficili della mia vita mi sono serviti per crescere.	V	F
346	Dopo un rimprovero il senso di colpa rimane in me per molto tempo.	V	F
347	Raramente mi è capitato di marinare la scuola.	V	F
348	Mi lascio suggestionare molto raramente.	V	F
349	Se mi impongono una decisione divento scortese ed irritabile.	V	F
350	Ho un buon controllo delle mie emozioni.	V	F
351	L'alta velocità mi eccita.	V	F
352	Le lunghe file mi snervano.	V	F
353	Attraverso periodi di grandi incertezze.	V	F
354	Se qualcuno mi guarda distolgo immediatamente lo sguardo.	V	F
355	Ho avuto un'educazione per niente severa.	V	F
356	Chi si entusiasma troppo per un'idea, mi innervosisce.	V	F
357	Molto raramente faccio giochi sedentari.	V	F
358	Quasi mai dialogo in famiglia.	V	F
359	Le regole non erano importanti in casa mia.	V	F
360	Mi piaceva fare giochi di squadra.	V	F

(segue)

361	Raramente ho brutti pensieri.	V	**F**
362	Pur di scaricarmi la colpa, la attribuisco agli altri, anche se non colpevoli.	**V**	F
363	Non sono chiaro quasi mai quando espongo i miei concetti.	**V**	F
364	Mi dà fastidio chiedere a qualcuno di spiegarmi le cose.	**V**	F
365	Non mi preoccupo facilmente per le cose di scarsa importanza.	V	**F**
366	Credo che i superiori difficilmente ammettano i propri torti.	**V**	F
367	Quasi mai mi sento incapace di gestire le mie cose.	V	**F**
368	A casa, in famiglia, quasi mai aiuto a cucinare.	V	**F**
369	Sono spesso una persona collaborativa.	V	**F**
370	Non mi piace esprimere le mie opinioni in materia di sesso.	**V**	F
371	Se potessi indosserei solo abiti griffati.	**V**	F
372	Se qualcuno è abile riesce a farmi cambiare idea.	**V**	F
373	Non riesco a sopportare il dolore fisico.	**V**	F
374	A volte credo che qualcuno ce l'abbia con me.	**V**	F
375	Spesso la sera la mia mente è disturbata da brutti pensieri.	**V**	F
376	Qualche volta da bambino giocavo al dottore.	V	**F**
377	Mi divertivo ad organizzare feste.	V	**F**
378	Qualche volta spiavo nella camera dei genitori.	**V**	F
379	La maggior parte delle persone ha un buon giudizio degli altri.	V	**F**
380	Le mie idee sul sesso sono molto arretrate.	**V**	F
381	Ricordo che da bambino ero spesso lasciato fuori dal gruppo.	**V**	F
382	Non ho ancora le idee ben chiare sul futuro.	**V**	F
383	Raramente sono una persona indecisa.	V	**F**
384	Di solito sono un tipo passivo.	**V**	F
385	Spesso ho paura che possa accadere qualcosa di brutto	**V**	F
386	È inutile che lottiamo per il nostro futuro tanto moriremo tutti.	**V**	F
387	Ho difficoltà a manifestare i miei sentimenti.	**V**	F
388	Non trovo giusta l'abitudine di ricorrere subito ai medicinali ec cetto i casi davvero necessari.	V	**F**
389	Qualche volta mi piace rilassarmi e non pensare proprio a nulla.	V	**F**
390	In varie circostanze ho mostrato tenacia e determinazione.	V	**F**
391	Essere troppo sinceri a volte è un difetto.	V	**F**
392	Mi danno fastidio le persone presuntuose.	V	**F**
393	Quasi mai credo che la vita sia un bene prezioso.	**V**	F
394	Non esiste amicizia tra uomo e donna.	**V**	F
395	Valuto sempre le mie prestazioni sessuali.	**V**	F
396	Mi piace spesso cambiare partner per arricchire le mie esperienze.	**V**	F
397	Molto raramente il mio lavoro viene apprezzato.	**V**	F

(segue)

398	Ciò che valgo è importante soprattutto per me stesso.	V	F
399	Quasi mai ho la sensazione di non aver concluso molto nella vita.	V	F
400	Provo un senso di repulsione verso certi animali.	V	F
401	Quasi mai avverto un senso di stanchezza.	V	F
402	Raramente sono inappetente.	V	F
403	Preferisco i lavori in cui si sta con altre persone che quelli solitari.	V	F
404	Nono sono portato per i lavori di responsabilità.	V	F
405	Non penso di poter dar ordini senza agitarmi.	V	F
406	Quasi mai ho nostalgia del passato.	V	F
407	Sono appassionato di materie scientifiche.	V	F
408	Se qualcuno mi fa arrabbiare preferisco tenerlo per me piuttosto che dirlo.	V	F
409	Non so prendere una decisione senza l'aiuto di qualcuno.	V	F
410	Non ho mai avuto difficoltà con le persone dell'altro sesso.	V	F
411	Gli amici mi considerano spesso una persona debole.	V	F
412	In fondo tutti crediamo che esistono presenze soprannaturali che possono condizionarci.	V	F
413	Se qualcuno si arrabbia si può rispondere con calma.	V	F
414	Non mi piacciono i cambiamenti.	V	F
415	Posso raggiungere gli obiettivi che mi sono posto nella vita.	V	F
416	È impossibile cambiare le proprie abitudini.	V	F
417	Vorrei cambiare la mia vita.	V	F
418	Non riesco a parlare dei miei problemi con nessuno.	V	F
419	Se al lavoro c'è un problema spero siano gli altri a risolverlo.	V	F
420	Non posso prendere decisioni senza informare mia madre.	V	F
421	Non riesco a gustarmi il cibo perché sono troppo vorace.	V	F
422	Quasi mai perdo il controllo dei miei nervi.	V	F
423	Penso di poter dare buoni consigli agli amici.	V	F
424	Anche a me capita di avere una "giornata no".	V	F
425	Qualche volta a scuola non ero preparato.	V	F
426	I miei genitori possono essere fieri di me.	V	F
427	Non ho proprio voglia di impegnarmi in un legame sentimentale.	V	F
428	Dopo una delusione, ti vien voglia di morire.	V	F
429	Gli altri dicono che sono debole caratterialmente.	V	F
430	Raramente ho pensato di non potercela fare.	V	F
431	Se posso passar avanti agli altri in una fila, cerco di farlo.	V	F
432	Credo che il tempo passi troppo velocemente.	V	F
433	La fortuna incide molto sul successo.	V	F
434	Spesso gli amici mi giudicano una persona "pesante".	V	F
435	Se chiedo a qualcuno di proseguire nel mio lavoro mi accorgo che nessuno lo fa bene.	V	F

(segue)

436	Quando mi arrabbio mi dura per molto tempo.	V	F
437	Spesso le persone sono infedeli.	V	F
438	Non riesco a portare a termine un impegno troppo difficile.	V	F
439	Se sto solo mi capita spesso di pensare di stare male.	V	F
440	Qualche volta mi innervosisco quando ci sono lunghe attese.	V	F
441	Nella mia famiglia ci sono state troppe preoccupazioni.	V	F
442	Almeno una volta può capitare di ubriacarsi.	V	F
443	Se perdo le staffe mi sembra di morire.	V	F
444	Non ho mai abusato con le sostanze alcoliche.	V	F
445	Capita a tutti, ogni tanto, di fare a botte.	V	F
446	Non credo di avere della manie particolari.	V	F
447	Sono convinto che i miei comportamenti siano sempre sotto accusa.	V	F
448	Una risata in compagnia fa passare il malumore.	V	F
449	Se qualcosa è troppo difficile mi arrendo.	V	F
450	Se sono in difficoltà i miei superiori intervengono in mio aiuto.	V	F

2.5 Il test del Big Five

Il modello dei Big Five si propone come un tentativo di mediazione e unificazione tra i diversi punti di vista. Esso individua cinque dimensioni fondamentali per la descrizione e la valutazione della personalità che si pongono ad un livello di generalità intermedio rispetto ai modelli che fanno riferimento a poche dimensioni estremamente generali e quelli che prevedono un maggior numero di dimensioni di portata più specifica, ma di minor generalizzabilità (16 PF di Cattell).
In ambito organizzativo questo modello si pone come strumento di notevole rilevanza per l'individuazione dei profili di personalità più idonei ai vari criteri organizzativi.
Il modello dei Big Five individua cinque dimensioni fondamentali per la descrizione e la valutazione della personalità di ogni individuo. I cinque grandi fattori della personalità proposti da questo modello sono: l'*Energia,* che è inerente ad un orientamento fiducioso ed entusiasta nei confronti delle varie circostanze della vita, la maggior parte delle quali sono interpersonali; l'*Amicalità*, che include, ad un polo, caratteristiche come l'altruismo, il prendersi cura, il dare supporto emotivo, e, al polo opposto, caratteristiche come l'ostilità, l'indifferenza verso gli altri, l'egoismo; la *Coscienziosità*, che fa riferimento a caratteristiche come la precisione e l'accuratezza, l'affidabilità, la responsabilità, la volontà di avere successo e la perseveranza; la *Stabilità emotiva,* che è una dimensione molto ampia comprendente una varietà di caratteristiche collegate all'ansietà e alla presenza di problemi di tipo emotivo, quali la depressione, l'instabilità di umore, l'irritabilità etc.; infine, l'*Apertura mentale*, che fa riferimento all'apertura verso nuove idee, verso i valori degli altri e verso i propri sentimenti. Per ognuno dei Big Five sono state individuate due sottodimensioni, ciascuna delle quali fa riferimento ad aspetti diversi della medesima dimensione. Per ogni sottodimensione la metà delle affermazioni sono formulate in senso positivo rispetto al nome della scala, mentre l'altra metà è formulata in senso negativo, al fine di controllare eventuali risposte date a caso.

In totale il BFQ consta di 132 item e le dieci sottodimensioni sono: *dinamismo, dominanza, cooperatività, cordialità, scrupolosità, perseveranza, controllo dell'emozione, controllo degli impulsi, apertura alla cultura e apertura all'esperienza.*
Il questionario si compone di **132 affermazioni** ideate per comprendere alcuni tratti della personalità del candidato. Bisogna segnare con una crocetta l'alternativa che sembra più consona, sulle cinque proposte, per descrivere la propria personalità, in relazione al fatto che l'affermazione data risulti completamente vera, abbastanza vera, né vera né falsa, abbastanza falsa, completamente falsa per il soggetto.
Si riportano alcune affermazioni come esemplificazione, tenendo in considerazione che sono state parzialmente modificate rispetto al test originale. Queste sono le possibili risposte:
1) completamente vero;
2) abbastanza vero;
3) né vero né falso;
4) abbastanza falso;
5) completamente falso.

	Questionario Big Five (fac-simile)	❶	❷	❸	❹	❺
1	Nella mia vita non ho mai mentito.	O	O	O	O	O
2	Non ho mai avuto problemi con la giustizia.	O	O	O	O	O
3	Mi trovo bene in compagnia di persone nuove.	O	O	O	O	O
4	Prendo le decisioni molto rapidamente.	O	O	O	O	O
5	Raramente mi trovo a disagio nelle situazioni.	O	O	O	O	O
6	Cerco di portare a termine un lavoro assegnatomi.	O	O	O	O	O
7	Sono una persona che spesso si innervosisce.	O	O	O	O	O
8	La mia memoria peggiora nel tempo.	O	O	O	O	O
9	Mi faccio condizionare dal giudizio della gente.	O	O	O	O	O
10	Ho un buon giudizio di me stesso.	O	O	O	O	O
11	Qualche volta mi sento nervoso.	O	O	O	O	O
12	Esperienze nuove mi affascinano.	O	O	O	O	O
13	È difficile farmi perdere la pazienza.	O	O	O	O	O
14	Cerco di portare a termine i miei compiti.	O	O	O	O	O
15	Mi piace stare tra la gente.	O	O	O	O	O
16	Qualche volta sono irritabile.	O	O	O	O	O
17	Se mi mettono fretta per finire un lavoro, mi innervosisco.	O	O	O	O	O
18	Non sempre aiuto chi ne ha bisogno.	O	O	O	O	O
19	Sono sicuro delle mie azioni.	O	O	O	O	O
20	Mi impegno al massimo perché voglio primeggiare.	O	O	O	O	O
21	I nostri valori morali sono soggetti a cambiamenti.	O	O	O	O	O
22	Se sono arrabbiato non riesco a trattenere i miei sentimenti.	O	O	O	O	O
23	Raramente mi sento solo.	O	O	O	O	O

(segue)

24	Sono una persona precisa.	O	O	O	O	O
25	Mi piace essere informato su quanto accade nel mondo.	O	O	O	O	O
26	Sono restìo a prestare denaro anche a persone che conosco bene.	O	O	O	O	O
27	Non mi piace stare dove c'è confusione.	O	O	O	O	O
28	Programmo la mia vita nei minimi particolari.	O	O	O	O	O
29	Non ho problemi a dire ciò che penso.	O	O	O	O	O
30	Ritengo che ci possano essere più soluzioni per risolvere un problema.	O	O	O	O	O
31	Dedico alla lettura abbastanza tempo.	O	O	O	O	O
32	È piacevole conversare con persone che si conoscono in viaggio.	O	O	O	O	O
33	Di solito non mi fido troppo del mio prossimo.	O	O	O	O	O
34	Almeno una volta ho alzato la voce con qualcuno.	O	O	O	O	O
35	Do molta importanza al giudizio dei miei colleghi.	O	O	O	O	O
36	Ho molti amici con cui confidarmi.	O	O	O	O	O
37	Non ritengo molto importante lo studio della storia.	O	O	O	O	O
38	In tutte le persone ci sono cose buone e non.	O	O	O	O	O
39	Controllo con ogni minimo dettaglio un lavoro, dopo che è terminato.	O	O	O	O	O
40	Non sono solito criticare gli altri.	O	O	O	O	O

Risposte questionario Big Five (fac-simile)		❶	❷	❸	❹	❺
1	Nella mia vita non ho mai mentito.	O	●	O	O	O
2	Non ho mai avuto problemi con la giustizia.	●	O	O	O	O
3	Mi trovo bene in compagnia di persone nuove.	●	●	O	O	O
4	Prendo le decisioni molto rapidamente.	O	O	O	●	O
5	Raramente mi trovo a disagio nelle situazioni.	●	●	O	O	O
6	Cerco di portare a termine un lavoro assegnatomi.	●	O	O	O	O
7	Sono una persona che spesso si innervosisce.	O	O	O	●	●
8	La mia memoria peggiora nel tempo.	O	O	O	O	●
9	Mi faccio condizionare dal giudizio della gente.	O	O	O	O	●
10	Ho un buon giudizio di me stesso.	●	O	O	O	O
11	Qualche volta mi sento nervoso.	O	O	O	●	●
12	Esperienze nuove mi affascinano.	●	●	O	O	O
13	È difficile farmi perdere la pazienza.	●	●	O	O	O
14	Cerco di portare a termine i miei compiti.	●	O	O	O	O
15	Mi piace stare tra la gente.	●	●	O	O	O
16	Qualche volta sono irritabile.	O	O	O	●	O
17	Se mi mettono fretta per finire un lavoro, mi innervosisco.	O	O	O	O	●

(segue)

18	Non sempre aiuto chi ne ha bisogno.	O	O	O	O	●
19	Sono sicuro delle mie azioni.	●	O	O	O	O
20	Mi impegno al massimo perché voglio primeggiare.	O	O	O	●	●
21	I nostri valori morali sono soggetti a cambiamenti.	O	O	O	O	●
22	Se sono arrabbiato non riesco a trattenere i miei sentimenti.	O	O	O	O	●
23	Raramente mi sento solo.	●	●	O	O	O
24	Sono una persona precisa.	●	●	O	O	O
25	Mi piace essere informato su quanto accade nel mondo.	●	●	O	O	O
26	Sono restìo a prestare denaro anche a persone che conosco bene.	O	O	O	●	O
27	Non mi piace stare dove c'è confusione.	O	O	O	●	O
28	Programmo la mia vita nei minimi particolari.	O	O	O	●	O
29	Non ho problemi a dire ciò che penso.	●	●	O	O	O
30	Ritengo che ci possano essere più soluzioni per risolvere un problema.	O	●	O	O	O
31	Dedico alla lettura abbastanza tempo.	O	●	O	O	O
32	È piacevole conversare con persone che si conoscono in viaggio.	O	●	O	O	O
33	Di solito non mi fido troppo del mio prossimo.	●	O	O	●	O
34	Almeno una volta ho alzato la voce con qualcuno.	O	●	O	O	O
35	Do molta importanza al giudizio dei miei colleghi.	O	O	O	●	O
36	Ho molti amici con cui confidarmi.	O	●	O	O	O
37	Non ritengo molto importante lo studio della storia.	O	O	O	O	●
38	In tutte le persone ci sono cose buone e non.	●	●	O	O	O
39	Controllo con ogni minimo dettaglio un lavoro, dopo che è terminato.	O	●	O	●	O
40	Non sono solito criticare gli altri.	●	●	O	O	O

2.6 Il test di Wartegg

Il Wartegg è un test che prevede un completamento grafico: a partire da un'indicazione, il soggetto è invitato a completare i riquadri; non sono richieste particolari abilità, poiché è una prova di fantasia. I completamenti potranno essere eseguiti senza seguire un ordine prefissato.

I soggetti rigidi, conformisti nei confronti dell'autorità, rispetteranno l'ordine di presentazione dei riquadri, mentre quelli meno rigidi seguiranno un ordine diverso da quello proposto. Il disegno geometrico indica una difesa o una certa razionalità (eccetto che nella casella 6 ove è consigliabile) ed è quindi preferibile farne pochi.

Dopo aver completato le otto caselle viene chiesto il significato di quanto realizzato, quale disegno si preferisce e quale è quello meno gradito.

Ovviamente, come accade per ogni test di questo genere, in ogni riquadro, ogni "stimolo" ha un significato psicologico e, quindi, anche la loro elaborazione assume importanza poiché in essa il soggetto "proietta" se stesso.

Per fornire un esempio, nella prima casella, è presente un punto centrale e l'immagine evoca contenuti relativi alla percezione del sé; nella seconda è presente una piccola linea ondulata che richiama la percezione dell'ideale, dell'Io ecc.

Si riporta un fac-simile del test originale come esemplificazione.

> **NOTA!** Al termine del disegno, quando si deve operare la scelta di quali stimoli piacciano di più e quali di meno, è preferibile non nominare, tra le negative, quelle relative ai riquadri 4 e 8 poiché i loro contenuti richiamano l'inconscio materno e la figura paterna!

Possibili risposte al completamento di Wartegg – 1

Possibili risposte al completamento di Wartegg – 2

1 

2 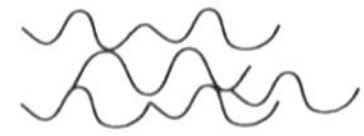

3 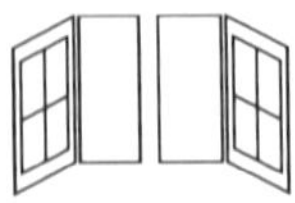

4 

5 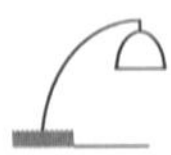

6 

7 

8 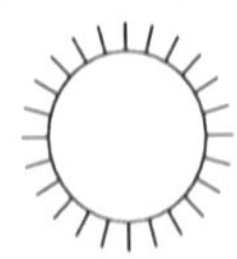

Possibili risposte al completamento di Wartegg – 3

1 

2 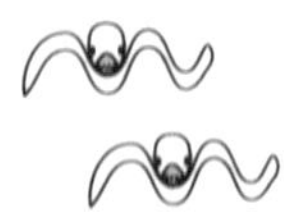

3 

4 

5 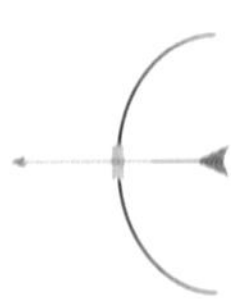

6 

7 

8 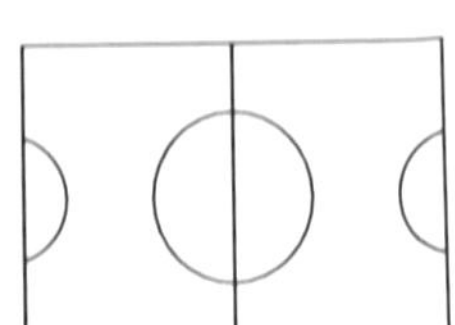

2.7 Il test EPQ – 32i: Eysenck Personality Questionnaire

La teoria di Eysenck non si concentra sugli aspetti della personalità che si acquisiscono con la conoscenza, bensì sui fattori innati che fanno parte dell'individuo dalla nascita e che sono definiti temperamento.

Le categorie biologiche di temperamento analizzate da Eysenck sono:

- *Estroversione/introversione*
  L'estroversione è quell'aspetto della personalità caratterizzato dall'essere socievole, loquace, con sentimenti ed atteggiamenti positivi verso l'esterno.
- *Nevroticismo /stabilità*
  Il nevroticismo o l'emotività è caratterizzato da alti livelli di atteggiamenti negativi come la depressione o l'ansia.
- *Psicoticismo/socializzazione*
  Il comportamento psicotico è presente in comportamenti/atteggiamenti che esprimono risolutezza, non-conformità, sconsideratezza, ostilità, rabbia ed impulsività.

Si riportano alcuni tratti associati con i temperamenti nel modello di personalità di Eysenck che sono:

- per la scala estroversione: socievolezza, irresponsabilità, dominanza, impulsività;
- per la scala nevroticismo: ansietà, depressione, tensione, ipocondria
- per la scala psicoticismo: aggressività, assertività, egocentricismo;

Il questionario si compone di **90 item.** Bisogna rispondere alle domande con un **SÌ/NON SO/ NO**

Si riportano alcune item come esemplificazione, tenendo in considerazione che sono state parzialmente modificate rispetto al test originale.

	Questionario EPQ – 32i (fac-simile)	**SÌ**	**NO**	**NON SO**
1	Ti piace frequentare un gruppo di amici e uscire con loro?	O	O	O
2	In una particolare situazione, agisci prontamente?	O	O	O
3	In un quotidiano leggi prima la pagina della politica piuttosto che della cultura?	O	O	O
4	Guardando uno spettacolo d'intrattenimento, partecipi alle battute con ilarità o guardi passivamente?	O	O	O
5	Credi che bisogna sfruttare l'occasione giusta?	O	O	O
6	Ami trascorrere una giornata all'aria aperta piuttosto che davanti ad uno schermo?	O	O	O
7	Fai le cose in modo volenteroso?	O	O	O
8	Ti piace trascorrere del tempo in solitudine?	O	O	O
9	Sei nervoso quando gioca la tua squadra di calcio?	O	O	O
10	Pensi di essere molto prudente?	O	O	O
11	Di solito sei ben accetto in un gruppo di amici?	O	O	O
12	Hai difficoltà a lavorare dietro una scrivania piuttosto che all'aria aperta?	O	O	O

(segue)

13	Sei una persona che rimugina sulle proprie decisioni?	O	O	O
14	Ti consideri una persona irascibile?	O	O	O
15	Prendi spesso decisioni impulsive?	O	O	O
16	Ti sembra che le persone che conosci si fingano tue amiche per ottenere qualcosa in cambio?	O	O	O
17	Prima di prendere una decisione ne parli con qualcuno?	O	O	O
18	Rifletti prima di rispondere ad un superiore?	O	O	O
19	Preferisci tenere dentro di te alcuni pensieri piuttosto che rischiare di offendere qualcuno?	O	O	O
20	Di solito arrivi puntuale agli appuntamenti?	O	O	O
21	Parli con la tua famiglia dei tuoi problemi?	O	O	O
22	Mangi in modo vorace?	O	O	O
23	Guardi spesso la televisione?	O	O	O
24	Le parole di un film o di una canzone ti fanno sognare ad occhi aperti?	O	O	O
25	A volte avverti il bisogno di fuggire via?	O	O	O
26	Sei autonomo nel prenotare una vacanza?	O	O	O
27	Preferisci vacanze culturali?	O	O	O
28	Se hai del tempo a disposizione, ti piace leggere?	O	O	O
29	Sei una persona che perdona facilmente?	O	O	O
30	Pensi ci siano lavori che possano essere svolti con poco impegno?	O	O	O
31	Le persone sconosciute ti fanno sentire a disagio?	O	O	O
32	Ti piace sperimentare nuove ricette in cucina?	O	O	O
33	Ti piacerebbe programmare e sperimentare un nuovo progetto di lavoro?	O	O	O
34	Programmi la giornata perché le scadenze sono importanti?	O	O	O
35	Ti piace contornarti di persone allegre?	O	O	O
36	Le serate trascorse solo con te stesso sono le migliori?	O	O	O
37	Se trascorri del tempo a non far nulla ti senti in colpa?	O	O	O
38	Ti piace trascorrere del tempo ad ascoltare musica?	O	O	O
39	Per i tuoi amici sei un buon confidente?	O	O	O
40	Pensi di essere una persona affidabile?	O	O	O

Risposte al Questionario EPQ – 32i (fac-simile)		**SÌ**	**NO**	**NON SO**
1	Ti piace frequentare un gruppo di amici e uscire con loro?	●	O	O
2	In una particolare situazione, agisci prontamente?	●	O	O
3	In un quotidiano leggi prima la pagina della politica piuttosto che della cultura?	●	●	O
4	Guardando uno spettacolo d'intrattenimento, partecipi alle battute con ilarità o guardi passivamente?	●	O	O
5	Credi che bisogna sfruttare l'occasione giusta?	O	●	O

(segue)

6	Ami trascorrere una giornata all'aria aperta piuttosto che davanti ad uno schermo?	●	O	O
7	Fai le cose in modo volenteroso?	●	O	O
8	Ti piace trascorrere del tempo in solitudine?	O	●	O
9	Sei nervoso quando gioca la tua squadra di calcio?	O	●	O
10	Pensi di essere molto prudente?	O	●	O
11	Di solito sei ben accetto in un gruppo di amici?	●	O	O
12	Hai difficoltà a lavorare dietro una scrivania piuttosto che all'aria aperta?	O	●	O
13	Sei una persona che rimugina sulle proprie decisioni?	O	●	O
14	Ti consideri una persona irascibile?	O	●	O
15	Prendi spesso decisioni impulsive?	O	●	O
16	Ti sembra che le persone che conosci si fingano tue amiche per ottenere qualcosa in cambio?	O	●	O
17	Prima di prendere una decisione ne parli con qualcuno?	●	●	O
18	Rifletti prima di rispondere ad un superiore?	●	O	O
19	Preferisci tenere dentro di te alcuni pensieri piuttosto che rischiare di offendere qualcuno?	●	O	O
20	Di solito arrivi puntuale agli appuntamenti?	●	O	O
21	Parli con la tua famiglia dei tuoi problemi?	●	O	O
22	Mangi in modo vorace?	O	●	O
23	Guardi spesso la televisione?	O	●	O
24	Le parole di un film o di una canzone ti fanno sognare ad occhi aperti?	O	●	O
25	A volte avverti il bisogno di fuggire via?	O	●	O
26	Sei autonomo nel prenotare una vacanza?	●	O	O
27	Preferisci vacanze culturali?	●	O	O
28	Se hai del tempo a disposizione, ti piace leggere?	●	O	O
29	Sei una persona che perdona facilmente?	●	O	O
30	Pensi ci siano lavori che possano essere svolti con poco impegno?	O	●	O
31	Le persone sconosciute ti fanno sentire a disagio?	O	●	O
32	Ti piace sperimentare nuove ricette in cucina?	●	O	O
33	Ti piacerebbe programmare e sperimentare un nuovo progetto di lavoro?	●	O	O
34	Programmi la giornata perché le scadenze sono importanti?	O	●	O
35	Ti piace contornarti di persone allegre?	●	O	O
36	Le serate trascorse solo con te stesso sono le migliori?	O	●	O
37	Se trascorri del tempo a non far nulla ti senti in colpa?	O	●	O
38	Ti piace trascorrere del tempo ad ascoltare musica?	●	O	O
39	Per i tuoi amici sei un buon confidente?	●	O	O
40	Pensi di essere una persona affidabile?	●	O	O

2.8 Il test EQ-I (Emotional Quotient Inventory)

L'EQ-I è un questionario che ha lo scopo di misurare l'intelligenza emotiva, che è un fattore determinante per valutare l'abilità del soggetto ad avere successo nella vita unitamente alle condizioni biologiche e alle capacità cognitive intellettuali. Tale forma di intelligenza descrive, quindi, abilità e competenze per affrontare la vita in modo concreto.
L'EQ-I trova molti ambiti di impiego, infatti può essere utilizzato come strumento di valutazione per l'assunzione di personale, per indagare sul benessere degli impiegati, per identificare, in ambito scolastico, gli studenti che non sono in grado di affrontare le richieste scolastiche, nel settore clinico, per valutare il grado di intelligenza emotiva di un paziente o anche di coloro che soffrono di patologie gravi. Esso non dovrebbe essere somministrato se il soggetto si trova in una situazione particolarmente stressante o è stanco.
Il tempo totale per rispondere varia solitamente dai 30 ai 40minuti.
Il questionario si compone di **133 affermazioni** con cinque alternative di risposta, che prevedono il punteggio da 1) se l'affermazione non si ritiene per nulla valida a 5) se l'affermazione è ritenuta assolutamente valida per se stessi.
L'intelligenza emotiva è raggruppata in varie componenti misurate in scale e sottoscale. Tra le scale principali si ricordano quella:
- *intrapersonale*: chi ottiene un punteggio alto è sicuro di sé nel trasmettere le proprie idee
- *interpersonale:* chi ottiene un punteggio alto è affidabile e responsabile
- *gestione dello stress*: chi ottiene un punteggio alto non perde facilmente il controllo.

Tra le sottoscale vi sono: la considerazione di sé, la responsabilità sociale, la flessibilità, il controllo degli impulsi ecc.
È consigliabile non lasciare domande senza risposta (un numero elevato di domande senza risposta può essere una "difesa"), essere il più sinceri possibile (le persone devono indicare come sono in realtà e non come vorrebbero essere viste) e non contraddirsi; bisogna cercare, inoltre, di fornire un'immagine di sé positiva, ma senza esagerare.
L'analisi delle risposte rivela molto del soggetto esaminato: chi sceglie, nella maggior parte dei casi, l'opzione 3 *"A volte vero per me"* può risultare insicuro, mentre chi sceglie la maggior parte delle risposte 1 o 5 può essere considerato intransigente o esagerato.
Si riportano alcuni esempi di domande, modificate rispetto all'originale. Queste sono le possibili risposte:
1) per nulla vero per me;
2) raramente vero per me;
3) a volte vero per me;
4) spesso vero per me;
5) assolutamente vero per me.

	Questionario EQ-I (fac-simile)	❶	❷	❸	❹	❺
1	Mi è difficile comprendere i miei sentimenti.	O	O	O	O	O
2	Non riesco ad esprimere le mie emozioni.	O	O	O	O	O
3	Non sono in grado di difendere le mie idee.	O	O	O	O	O
4	Se non sono d'accordo con le opinioni di un compagno, riesco a dirglielo senza difficoltà.	O	O	O	O	O

(segue)

5	Non ho difficoltà nel guardarmi alo specchio.	O	O	O	O	O
6	Mi piace il mio corpo.	O	O	O	O	O
7	Il mio lavoro non mi gratifica affatto.	O	O	O	O	O
8	Trovo che quello che faccio sia noioso.	O	O	O	O	O
9	Mi fa piacere quando siano gli altri a decidere.	O	O	O	O	O
10	L'opinione degli altri è per me fondamentale.	O	O	O	O	O
11	Non riesco ad accettare la sofferenza altrui.	O	O	O	O	O
12	Sono un buon confidente.	O	O	O	O	O
13	Non sempre vado d'accordo con gli altri.	O	O	O	O	O
14	Non amo mantenere i rapporti con le persone.	O	O	O	O	O
15	Non riesco ad essere sensibile verso i sentimenti altrui.	O	O	O	O	O
16	Devo prima conoscere la problematica e poi affrontarla.	O	O	O	O	O
17	Per me un problema ha sempre solo una soluzione.	O	O	O	O	O
18	Sono una persona cui piace esagerare.	O	O	O	O	O
19	Non riesco a vedere le cose nella giusta prospettiva.	O	O	O	O	O
20	Non sono in grado di adattarmi facilmente.	O	O	O	O	O
21	Mi è difficile lavorare sotto stress.	O	O	O	O	O
22	Ho difficoltà a controllare la mia ansia.	O	O	O	O	O
23	Credo di essere molto impulsivo.	O	O	O	O	O
24	Perdo facilmente la pazienza.	O	O	O	O	O
25	Non riesco a sorridere quasi mai.	O	O	O	O	O
26	Ho pensieri depressivi.	O	O	O	O	O
27	Generalmente sono un tipo ottimista.	O	O	O	O	O
28	So affrontare situazioni difficili.	O	O	O	O	O
29	Non so dire bugie.	O	O	O	O	O
30	Sono amico di tutti.	O	O	O	O	O
31	Non ho mai avuto problemi con la legge.	O	O	O	O	O
32	A volte penso che la mente lasci il mio corpo.	O	O	O	O	O
33	Mi capita di vedere cose strane.	O	O	O	O	O
34	Ho un bel carattere.	O	O	O	O	O
35	Sono una persona solare.	O	O	O	O	O

Risposte al questionario EQ-I (fac-simile)		❶	❷	❸	❹	❺
1	Mi è difficile comprendere i miei sentimenti.	●	O	O	O	O

(segue)

2	Non riesco ad esprimere le mie emozioni.	●	O	O	O	O
3	Non sono in grado di difendere le mie idee.	●	O	O	O	O
4	Se non sono d'accordo con le opinioni di un compagno, riesco a dirglielo senza difficoltà.	O	O	O	O	●
5	Non ho difficoltà nel guardarmi alo specchio.	O	O	O	O	●
6	Mi piace il mio corpo.	O	O	O	●	O
7	Il mio lavoro non mi gratifica affatto.	●	O	O	O	O
8	Trovo che quello che faccio sia noioso.	O	●	O	O	O
9	Mi fa piacere quando siano gli altri a decidere.	O	O	O	●	O
10	L'opinione degli altri è per me fondamentale.	O	O	O	●	O
11	Non riesco ad accettare la sofferenza altrui.	O	O	O	●	O
12	Sono un buon confidente.	O	O	O	●	O
13	Non sempre vado d'accordo con gli altri.	O	●	O	O	O
14	Non amo mantenere i rapporti con le persone.	O	●	O	O	O
15	Non riesco ad essere sensibile verso i sentimenti altrui.	●	O	O	O	O
16	Devo prima conoscere la problematica e poi affrontarla.	O	O	O	●	O
17	Per me un problema ha sempre solo una soluzione.	O	●	O	O	O
18	Sono una persona cui piace esagerare.	●	O	O	O	O
19	Non riesco a vedere le cose nella giusta prospettiva.	●	O	O	O	O
20	Non sono in grado di adattarmi facilmente.	●	O	O	O	O
21	Mi è difficile lavorare sotto stress.	●	O	O	O	O
22	Ho difficoltà a controllare la mia ansia.	●	O	O	O	O
23	Credo di essere molto impulsivo.	●	O	O	O	O
24	Perdo facilmente la pazienza.	O	●	O	O	O
25	Non riesco a sorridere quasi mai.	O	●	O	O	O
26	Ho pensieri depressivi.	●	O	O	O	O
27	Generalmente sono un tipo ottimista.	O	O	O	●	O
28	So affrontare situazioni difficili.	O	O	O	●	O
29	Non so dire bugie.	O	O	O	●	O
30	Sono amico di tutti.	O	O	O	●	O
31	Non ho mai avuto problemi con la legge.	O	O	O	O	●
32	A volte penso che la mente lasci il mio corpo.	●	O	O	O	O
33	Mi capita di vedere cose strane.	●	O	O	O	O
34	Ho un bel carattere.	O	O	O	O	●
35	Sono una persona solare.	O	O	O	O	●

2.9 Il test del CISS – Coping Inventory for Stressful Situations

È un test utilizzato per misurare l'ansia come stato e come tratto; infatti, affrontare male lo stress può portare a malattie sul lavoro, conflitti interpersonali, scarsa stima di sé.
È un reattivo carta e matita che attraverso una scala a 5 punti, che va da 1 per niente a 5 moltissimo come misurazione del livello di stress, è diretto ad appurare come il rispondente reagisce a diverse situazioni difficili o stressanti; esso serve a misurare aspetti multidimensionali del coping (capacità cognitive e comportamentali messe in atto dal soggetto per risolvere i problemi e far fronte a situazioni stressanti; possibilità di non irrigidirsi e modificare la propria strategia risolutiva davanti allo stress).
Può trovare ampie opportunità di impiego con adolescenti, adulti, studenti universitari e pazienti psichiatrici, ma non è adatto per persone la cui condizione psichica è gravemente compromessa. È uno strumento che può essere usato non solo in ambito clinico, ma anche in molti altri contesti, come quello organizzativo o scolastico, ed ogni volta che si verifichi la necessità di misurare la competenza della persona di far fronte allo stress.
La somministrazione può essere individuale o di gruppo e la sua facilità d'uso hanno contribuito alla sua diffusione.
Il test originale è composto da **80 item**.
Vengono riportati alcuni esempi chiarificatori, come sempre modificati rispetto al testo originale. Queste sono le possibili risposte:
1) per niente;
2) poco;
3) abbastanza;
4) molto;
5) moltissimo.

	Questionario CISS (fac-simile)	❶	❷	❸	❹	❺
1	Di solito so gestire i miei spazi.	O	O	O	O	O
2	Porto a termine un problema con determinazione.	O	O	O	O	O
3	Ho nostalgia del mio passato.	O	O	O	O	O
4	Di solito ho buoni rapporti con gli altri.	O	O	O	O	O
5	Sono preoccupato per la mia salute.	O	O	O	O	O
6	Mi rimprovero di non aver dato di più.	O	O	O	O	O
7	Mi piace fare shopping.	O	O	O	O	O
8	Programmo ogni cosa secondo un ordine preciso.	O	O	O	O	O
9	Tendo a riposare piuttosto spesso.	O	O	O	O	O
10	Spesso mi sento ansioso.	O	O	O	O	O
11	Cerco di affrontare i problemi in modo simile.	O	O	O	O	O
12	Continuo a riflettere su quanto accaduto.	O	O	O	O	O
13	Mi piace uscire con gli amici.	O	O	O	O	O

(segue)

14	Mi agito spesso.	O	O	O	O	O
15	Ho cura della mia persona.	O	O	O	O	O
16	Cambio idea di frequente.	O	O	O	O	O
17	Sono indeciso sul da farsi.	O	O	O	O	O
18	Sto bene in compagnia.	O	O	O	O	O
19	A volte non so proprio cosa fare.	O	O	O	O	O
20	Se devo agire lo faccio repentinamente.	O	O	O	O	O
21	Ammetto i miei sbagli e ne faccio tesoro.	O	O	O	O	O
22	Sono sincero con gli amici.	O	O	O	O	O
23	Mi preoccupo per il futuro.	O	O	O	O	O
24	Frequento sempre la stessa persona.	O	O	O	O	O
25	Mi piace uscire.	O	O	O	O	O
26	Penso che non sono all'altezza.	O	O	O	O	O
27	Ho degli amici fidati.	O	O	O	O	O
28	Rifletto prima di reagire.	O	O	O	O	O
29	Spesso perdo la pazienza.	O	O	O	O	O
30	Gestisco con efficacia le varie situazioni.	O	O	O	O	O
31	A volte mi fa fatica portare a termine alcune cose.	O	O	O	O	O
32	Trovo diverse soluzioni allo stesso problema.	O	O	O	O	O
33	Tendo a vendicarmi sugli altri.	O	O	O	O	O
34	Tendo a dominare sugli altri.	O	O	O	O	O
35	Mi piace guardare la televisione.	O	O	O	O	O

Risposte al questionario CISS (fac-simile) *Per alcuni quesiti è possibile dare più risposte valide*		❶	❷	❸	❹	❺
1	Di solito so gestire i miei spazi.	O	O	O	●	O
2	Porto a termine un problema con determinazione.	O	O	O	●	O
3	Ho nostalgia del mio passato.	O	●	O	O	O
4	Di solito ho buoni rapporti con gli altri.	O	O	O	●	O
5	Sono preoccupato per la mia salute.	●	O	O	O	O
6	Mi rimprovero di non aver dato di più.	●	O	O	O	O
7	Mi piace fare shopping. *(2 per gli uomini, 3 per le donne).*	O	●	●	O	O
8	Programmo ogni cosa secondo un ordine preciso.	O	●	O	O	O
9	Tendo a riposare piuttosto spesso.	●	●	O	O	O
10	Spesso mi sento ansioso.	●	O	O	O	O
11	Cerco di affrontare i problemi in modo simile.	O	●	O	O	O

(segue)

12	Continuo a riflettere su quanto accaduto.	O	●	O	O	O
13	Mi piace uscire con gli amici.	O	O	O	●	O
14	Mi agito spesso.	●	O	O	O	O
15	Ho cura della mia persona.	O	O	O	●	O
16	Cambio idea di frequente.	●	O	O	O	O
17	Sono indeciso sul da farsi.	●	O	O	O	O
18	Sto bene in compagnia.	O	O	O	●	O
19	A volte non so proprio cosa fare.	●	O	O	O	O
20	Se devo agire lo faccio repentinamente.	O	O	O	●	O
21	Ammetto i miei sbagli e ne faccio tesoro.	O	O	O	●	O
22	Sono sincero con gli amici.	O	O	O	●	O
23	Mi preoccupo per il futuro.	O	●	O	O	O
24	Frequento sempre la stessa persona.	O	●	O	O	O
25	Mi piace uscire.	O	O	●	●	O
26	Penso che non sono all'altezza.	●	O	O	O	O
27	Ho degli amici fidati.	O	O	O	●	●
28	Rifletto prima di reagire.	O	O	●	●	O
29	Spesso perdo la pazienza.	O	●	O	O	O
30	Gestisco con efficacia le varie situazioni.	O	O	O	●	O
31	A volte mi fa fatica portare a termine alcune cose.	O	●	O	O	O
32	Trovo diverse soluzioni allo stesso problema.	O	●	O	O	O
33	Tendo a vendicarmi sugli altri.	●	O	O	O	O
34	Tendo a dominare sugli altri. *(Dipende dai ruoli).*	O	●	O	●	O
35	Mi piace guardare la televisione.	O	●	●	O	O

2.10 Test del Più o meno congeniale

Questo test è tra gli strumenti somministrati durante la fase degli accertamenti attitudinali in alcune Forze Armate e in qualche Corpo di Polizia, a corredo dello spettro di strumenti di *assessment* della personalità.
Può essere utilizzato anche come mezzo di autovalutazione nei contesti organizzativi ed in particolare nella fase di selezione e valutazione. Per la sua flessibilità, e poiché è composto da 90 item che non si riferiscono ad un contesto specifico, esso si può utilizzare anche per la consulenza clinica e l'orientamento.
Il test del ***Più o meno congeniale*** è uno strumento di facile e rapida somministrazione che comprende delle frasi tratte dal lessico della vita di tutti i giorni per descrivere la propria e la altrui personalità. Bisogna individuare quale, fra le quattro opzioni proposte per ogni item,

corrisponde alla situazione più congeniale e quale, invece, a quella meno congeniale (che rispecchia o meno il vostro modo di essere e pensare).
La somministrazione può essere effettuata collettivamente o individualmente e, per compilarlo, il tempo richiesto è di 60 minuti.

Si riportano alcuni item modificati rispetto al test originale, come esemplificazione.

Test del *Più o meno congeniale* (fac-simile)			PIÙ CONGENIALE	MENO CONGENIALE
1	A	Tenere in ordine i cassetti	O	O
	B	Pensare a storie passate	O	O
	C	Stare attento ad ogni dettaglio	O	O
	D	Sentire la musica in macchina	O	O
2	A	Studiare in modo disciplinato	O	O
	B	Smontare i giocattoli per vedere come sono fatti	O	O
	C	Raccontare poesie	O	O
	D	Essere devoto	O	O
3	A	Essere molto analitici	O	O
	B	Argomentare ogni discussione	O	O
	C	Avere rispetto per le decisioni altrui	O	O
	D	Ricercare l'approvazione degli altri	O	O
4	A	Consultare l'agenda degli impegni	O	O
	B	Realizzarmi professionalmente	O	O
	C	Mostrarmi comprensivo ad ogni costo	O	O
	D	Riparare automobili	O	O
5	A	Non parlare sempre del mio lavoro	O	O
	B	Analizzare ogni minimo dettaglio di un problema	O	O
	C	Sperare nella possibilità di una soluzione	O	O
	D	Sentirmi a mio agio in situazioni sociali	O	O
6	A	Gestire le mie emozioni	O	O
	B	Applicare metodi di lavoro già riconosciuti validi	O	O
	C	Essere persuasivi	O	O
	D	Essere nervoso prima di un esame	O	O
7	A	Essere determinato nell'affrontare un impegno	O	O
	B	Perdonare chi mi ha offeso	O	O
	C	Parlare con gli altri delle mie decisioni	O	O
	D	Essere preoccupato per ciò che devo fare	O	O

(segue)

8	A	Immaginare il proprio futuro	O	O
	B	Applicare metodologie collaudate	O	O
	C	Saper essere coerenti	O	O
	D	Lavorare dando le cose per scontate	O	O
9	A	Essere attento nel lavoro	O	O
	B	Pianificare nel dettaglio la mia giornata	O	O
	C	Desiderare di migliorare la propria posizione lavorativa	O	O
	D	Praticare sport	O	O
10	A	Preferire programmi di intrattenimento	O	O
	B	Essere risoluto nel decidere cosa fare	O	O
	C	Uscire con la famiglia	O	O
	D	Iniziare un discorso	O	O
11	A	Preparare una relazione	O	O
	B	Interessarmi agli aspetti tecnici dei problemi	O	O
	C	Fare collezioni di monete antiche	O	O
	D	Essere obiettivi nel formulare giudizi	O	O
12	A	Rimanere tranquillo davanti ad un pericolo	O	O
	B	Essere interessato al mio lavoro	O	O
	C	Decidere con esitazione	O	O
	D	Saper tenere un archivio	O	O
13	A	Essere preciso in ogni circostanza	O	O
	B	Superare con coraggio le avversità	O	O
	C	Obiettare in modo plateale	O	O
	D	Essere ambizioso	O	O
14	A	Saper risolvere un compito complesso	O	O
	B	Essere attento a tutti i comportamenti altrui	O	O
	C	Farmi carico delle decisioni del gruppo	O	O
	D	Ricercare ad ogni costo le novità	O	O
15	A	Avere idee nuove	O	O
	B	Saper tollerare le frustrazioni	O	O
	C	Applicare sempre gli stessi metodi per risolvere un problema	O	O
	D	Affrontare i problemi individuando le strategie più adatte	O	O
16	A	Saper gestire le mie emozioni	O	O
	B	Sentirmi gratificato dagli altri	O	O
	C	Essere interessato alle normative	O	O
	D	Sentirmi bene solo in compagnia di altre persone	O	O
17	A	Rendere più semplice un compito complesso	O	O
	B	Comportarsi in modo democratico	O	O
	C	Essere distaccato	O	O
	D	Essere fiducioso	O	O

(segue)

18	A	Andare avanti nonostante le difficoltà	O	O
	B	Farsi carico dei problemi altrui	O	O
	C	Individuare strategie risolutive	O	O
	D	Essere energici	O	O
19	A	Intervenire in un dibattito poco stimolante	O	O
	B	Parlare in pubblico	O	O
	C	Non perdere la calma di fronte alle difficoltà	O	O
	D	Essere agitato prima di un appuntamento importante	O	O
20	A	Scegliere un approccio tradizionale ai problemi	O	O
	B	Non tener conto di alcuni comportamenti inadeguati di altri	O	O
	C	Sapermi assumere le mie responsabilità	O	O
	D	Decidere di lavorare anche senza l'approvazione dei familiari	O	O
21	A	Sapermi adeguare alle diverse circostanze	O	O
	B	Essere riservato	O	O
	C	Non riuscire ad aprirmi con gli altri	O	O
	D	Essere preoccupato per ciò che accade	O	O
22	A	Affrontare quotidianamente i compiti	O	O
	B	Andare ogni giorno in palestra	O	O
	C	Non avere capacità di persuasione	O	O
	D	Avere fiducia in me stesso	O	O
23	A	Affrontare dibattiti politici	O	O
	B	Essere a conoscenza dei rischi collegati alle decisioni da prendere	O	O
	C	Concludere con successo un lavoro iniziato	O	O
	D	Saper argomentare su vari problemi	O	O
24	A	Considerare poco importante il contributo altrui	O	O
	B	Saper ascoltare durante una discussione	O	O
	C	Saper esprimere le proprie idee in ogni circostanza	O	O
	D	Essere a mio agio in pubblico	O	O
25	A	Saper affrontare le critiche	O	O
	B	Nascondere le emozioni	O	O
	C	Essere collaborativo verso gli altri	O	O
	D	Rendermi autonomo nel lavoro	O	O
26	A	Essere informato sugli argomenti da trattare	O	O
	B	Saper scegliere tra l'opzione più valida	O	O
	C	Collaborare con gli altri membri del progetto	O	O
	D	Celare i miei sentimenti	O	O

(segue)

27	A	Interessarmi alle esigenze degli altri	O	O
	B	Programmare le ferie	O	O
	C	Modificare le mie esigenze rispetto ai bisogni altrui	O	O
	D	Essere riservato nel trattare informazioni importanti	O	O
28	A	Essereinteressato a vari argomenti	O	O
	B	Essere a mio agio con gli altri	O	O
	C	Sapergestire un gruppo	O	O
	D	Scegliere idee geniali	O	O
29	A	Sapermi assumere le responsabilità inerenti il mio ruolo	O	O
	B	Sfruttare le mie capacità	O	O
	C	Fare in modo che tutti possano esprimere le loro idee	O	O
	D	Negare le mie emozioni	O	O
30	A	Collaborare con persone conosciute	O	O
	B	Svolgere attività impegnative	O	O
	C	Impegnarsi a fondo anche per i lavori noiosi	O	O
	D	Analizzare minuziosamente il comportamento degli altri	O	O
31	A	Saper esprimere con caparbietà la mia opinione	O	O
	B	costruire oggetti con le mie mani	O	O
	C	Saperdirigere un gruppo di persone	O	O
	D	Avere idee innovative	O	O
32	A	Discutere di regole giuridiche	O	O
	B	Parlare di argomenti riservarti che devo affrontare	O	O
	C	Riuscire a controllare i momenti di tensione	O	O
	D	Essere propositivo	O	O
33	A	Essere preoccupato di fronte ad un problema	O	O
	B	Svolgere un lavoro pratico	O	O
	C	Portare a termine con profitto un lavoro iniziato	O	O
	D	Coordinare un gruppo di lavoro	O	O
34	A	Saper prendere decisioni senza esitare	O	O
	B	Avere idee propositive	O	O
	C	Riflettere troppo sui motivi delle decisioni altrui	O	O
	D	Saper mantenere il mio punto di vista	O	O
35	A	Far progetti per il futuro	O	O
	B	Fingere davanti agli altri	O	O
	C	Avere nuove e stimolanti idee da proporre	O	O
	D	Avere idee rivoluzionare per affrontare un problema	O	O

(segue)

36	A	Essere una persona iperattiva	O	O
	B	Riuscire a prendere una decisione in ogni situazione	O	O
	C	volgere un lavoro che abbia a che fare con i computer	O	O
	D	Mostrarsi interessato ad ogni problema altrui	O	O
37	A	Pianificare il mio lavoro	O	O
	B	Essere sereno anche quando mi criticano	O	O
	C	Annotare ogni piccolo dettaglio	O	O
	D	Comprendere gli argomenti dei problemi che affronto	O	O
38	A	Sentirmi pieno di idee	O	O
	B	Utilizzare nel lavoro grafici, numeri e tabelle	O	O
	C	Tentare di riparare piccoli oggetti	O	O
	D	Condividere gli avvenimenti della mia vita con le persone care	O	O
39	A	Decidere prontamente	O	O
	B	Preferire attività di gruppo	O	O
	C	Lavorare con metodi già riconosciuti validi	O	O
	D	Preferire lavori teorici	O	O
40	A	Sopportare i cambiamenti che si presentano al lavoro	O	O
	B	Approfondire la conoscenza di termini scientifici	O	O
	C	Analizzare i problemi proposti individuandone gli elementi costitutivi	O	O
	D	Essere in grado di criticare costruttivamente gli argomenti oggetto di discussione	O	O

Risposte al test del *Più o meno congeniale* (fac-simile)			**PIÙ CONGENIALE**	**MENO CONGENIALE**
1	A	Tenere in ordine i cassetti	●	O
	B	Pensare a storie passate	O	O
	C	Stare attento ad ogni dettaglio	O	●
	D	Sentire la musica in macchina	O	O
2	A	Studiare in modo disciplinato	●	O
	B	Smontare i giocattoli per vedere come sono fatti	O	O
	C	Raccontare poesie	O	●
	D	Essere devoto	O	O

(segue)

3	A	Essere molto analitici	O	O
	B	Argomentare ogni discussione	O	●
	C	Avere rispetto per le decisioni altrui	●	O
	D	Ricercare l'approvazione degli altri	O	O
4	A	Consultare l'agenda degli impegni	O	O
	B	Realizzarmi professionalmente	●	O
	C	Mostrarmi comprensivo ad ogni costo	O	O
	D	Riparare automobili	O	●
5	A	Non parlare sempre del mio lavoro	O	O
	B	Analizzare ogni minimo dettaglio di un problema	O	●
	C	Sperare nella possibilità di una soluzione	●	O
	D	Sentirmi a mio agio in situazioni sociali	O	O
6	A	Gestire le mie emozioni	O	O
	B	Applicare metodi di lavoro già riconosciuti validi	●	O
	C	Essere persuasivi	O	O
	D	Essere nervoso prima di un esame	O	●
7	A	Essere determinato nell'affrontare un impegno	●	O
	B	Perdonare chi mi ha offeso	O	O
	C	Parlare con gli altri delle mie decisioni	O	O
	D	Essere preoccupato per ciò che devo fare	O	●
8	A	Immaginare il proprio futuro	O	O
	B	Applicare metodologie collaudate	O	O
	C	Saper essere coerenti	●	O
	D	Lavorare dando le cose per scontate	O	●
9	A	Essere attento nel lavoro	O	O
	B	Pianificare nel dettaglio la mia giornata	O	●
	C	Desiderare di migliorare la propria posizione lavorativa	●	O
	D	Praticare sport	O	O
10	A	Preferire programmi di intrattenimento	O	●
	B	Essere risoluto nel decidere cosa fare	●	O
	C	Uscire con la famiglia	O	O
	D	Iniziare un discorso	O	O
11	A	Preparare una relazione	O	O
	B	Interessarmi agli aspetti tecnici dei problemi	O	O
	C	Fare collezioni di monete antiche	O	●
	D	Essere obiettivi nel formulare giudizi	●	O

(segue)

12	A	Rimanere tranquillo davanti ad un pericolo	●	O
	B	Essere interessato al mio lavoro	O	O
	C	Decidere con esitazione	O	●
	D	Saper tenere un archivio	O	O
13	A	Essere preciso in ogni circostanza	O	O
	B	Superare con coraggio le avversità	●	O
	C	Obiettare in modo plateale	O	●
	D	Essere ambizioso	O	O
14	A	Saper risolvere un compito complesso	●	O
	B	Essere attento a tutti i comportamenti altrui	O	O
	C	Farmi carico delle decisioni del gruppo	O	O
	D	Ricercare ad ogni costo le novità	O	●
15	A	Avere idee nuove	O	O
	B	Saper tollerare le frustrazioni	O	O
	C	Applicare sempre gli stessi metodi per risolvere un problema	O	●
	D	Affrontare i problemi individuando le strategie più adatte	●	O
16	A	Saper gestire le mie emozioni	O	O
	B	Sentirmi gratificato dagli altri	●	O
	C	Essere interessato alle normative	O	O
	D	Sentirmi bene solo in compagnia di altre persone	O	●
17	A	Rendere più semplice un compito complesso	O	O
	B	Comportarsi in modo democratico	O	O
	C	Essere distaccato	O	●
	D	Essere fiducioso	●	O
18	A	Andare avanti nonostante le difficoltà	●	O
	B	Farsi carico dei problemi altrui	O	●
	C	Individuare strategie risolutive	O	O
	D	Essere energici	O	O
19	A	Intervenire in un dibattito poco stimolante	O	O
	B	Parlare in pubblico	O	O
	C	Non perdere la calma di fronte alle difficoltà	●	O
	D	Essere agitato prima di un appuntamento importante	O	●
20	A	Scegliere un approccio tradizionale ai problemi	O	O
	B	Non tener conto di alcuni comportamenti inadeguati di altri	O	O
	C	Sapermi assumere le mie responsabilità	●	O
	D	Decidere di lavorare anche senza l'approvazione dei familiari	O	●

(segue)

21	A	Sapermi adeguare alle diverse circostanze	●	O
	B	Essere riservato	O	O
	C	Non riuscire ad aprirmi con gli altri	O	●
	D	Essere preoccupato per ciò che accade	O	O
22	A	Affrontare quotidianamente i compiti	O	O
	B	Andare ogni giorno in palestra	O	O
	C	Non avere capacità di persuasione	O	●
	D	Avere fiducia in me stesso	●	O
23	A	Affrontare dibattiti politici	O	●
	B	Essere a conoscenza dei rischi collegati alle decisioni da prendere	O	O
	C	Concludere con successo un lavoro iniziato	●	O
	D	Saper argomentare su vari problemi	O	O
24	A	Considerare poco importante il contributo altrui	O	●
	B	Saper ascoltare durante una discussione	O	O
	C	Saper esprimere le proprie idee in ogni circostanza	O	O
	D	Essere a mio agio in pubblico	●	O
25	A	Saper affrontare le critiche	O	●
	B	Nascondere le emozioni	O	O
	C	Essere collaborativo verso gli altri	O	O
	D	Rendermi autonomo nel lavoro	●	O
26	A	Essere informato sugli argomenti da trattare	O	O
	B	Saper scegliere tra l'opzione più valida	●	O
	C	Collaborare con gli altri membri del progetto	O	O
	D	Celare i miei sentimenti	O	●
27	A	Interessarmi alle esigenze degli altri	O	O
	B	Programmare le ferie	O	●
	C	Modificare le mie esigenze rispetto ai bisogni altrui	O	O
	D	Essere riservato nel trattare informazioni importanti	●	O
28	A	Essere interessato a vari argomenti	O	O
	B	Essere a mio agio con gli altri	●	O
	C	Saper gestire un gruppo	O	O
	D	Scegliere idee geniali	O	●
29	A	Sapermi assumere le responsabilità inerenti il mio ruolo	●	O
	B	Sfruttare le mie capacità	O	O
	C	Fare in modo che tutti possano esprimere le loro idee	O	O
	D	Negare le mie emozioni	O	●

(segue)

30	A	Collaborare con persone conosciute	O	O
	B	Svolgere attività impegnative	O	O
	C	Impegnarsi a fondo anche per i lavori noiosi	●	O
	D	Analizzare minuziosamente il comportamento degli altri	O	●
31	A	Saper esprimere con caparbietà la mia opinione	●	O
	B	costruire oggetti con le mie mani	O	●
	C	Saperdirigere un gruppo di persone	O	O
	D	Avere idee innovative	O	O
32	A	Discutere di regole giuridiche	O	O
	B	Parlare di argomenti riservarti che devo affrontare	O	●
	C	Riuscire a controllare i momenti di tensione	●	O
	D	Essere propositivo	O	O
33	A	Essere preoccupato di fronte ad un problema	O	●
	B	Svolgere un lavoro pratico	O	O
	C	Portare a termine con profitto un lavoro iniziato	●	O
	D	Coordinare un gruppo di lavoro	O	O
34	A	Saper prendere decisioni senza esitare	●	O
	B	Avere idee propositive	O	O
	C	Riflettere troppo sui motivi delle decisioni altrui	O	●
	D	Saper mantenere il mio punto di vista	O	O
35	A	Far progetti per il futuro	O	O
	B	Fingere davanti agli altri	O	●
	C	Avere nuove e stimolanti idee da proporre	●	O
	D	Avere idee rivoluzionare per affrontare un problema	O	O
36	A	Essere una persona iperattiva	O	O
	B	Riuscire a prendere una decisione in ogni situazione	●	O
	C	volgere un lavoro che abbia a che fare con i computer	O	O
	D	Mostrarsi interessato ad ogni problema altrui	O	●
37	A	Pianificare il mio lavoro	O	O
	B	Essere sereno anche quando mi criticano	●	O
	C	Annotare ogni piccolo dettaglio	O	●
	D	Comprendere gli argomenti dei problemi che affronto	O	O
38	A	Sentirmi pieno di idee	O	O
	B	Utilizzare nel lavoro grafici, numeri e tabelle	O	O
	C	Tentare di riparare piccoli oggetti	O	●
	D	Condividere gli avvenimenti della mia vita con le persone care	●	O

(segue)

39	A	Decidere prontamente	●	O
	B	Preferire attività di gruppo	O	O
	C	Lavorare con metodi già riconosciuti validi	O	O
	D	Preferire lavori teorici	O	●
40	A	Sopportare i cambiamenti che si presentano al lavoro	●	O
	B	Approfondire la conoscenza di termini scientifici	O	●
	C	Analizzare i problemi proposti individuandone gli elementi costitutivi	O	O
	D	Essere in grado di criticare costruttivamente gli argomenti oggetto di discussione	O	O

2.11 Il Multidimensional personality profile (MPP)

Il test MPP è uno strumento volto alla misurazione delle caratteristiche generali della personalità applicato in special modo per la selezione, la formazione e lo sviluppo delle risorse umane a livello organizzativo.
Il questionario misura *sei aree fondamentali della personalità*:
1) *agenticità*, cioè la capacità di essere leader, saper motivare gli altri, avere vigore;
2) *intelligenza socio-emotiva*, cioè la capacità di capire gli altri, di mettersi nei loro panni e dar loro fiducia;
3) *auto-regolazione*, cioè la capacità di sapersi organizzare dosando le opportune energie, gli impegni e gli sforzi;
4) *capacità di far fronte*, cioè avere un umore stabile per superare le difficoltà mostrandosi calmi e tranquilli;
5) *innovazione* che implica fantasia ed immaginazione (attenzione...nei concorsi militari è meglio non attribuire punteggi elevati a domande relative a tale area poiché non è il caso "volare di fantasia"!), creatività cioè la capacità di sperimentare situazioni nuove;
6) *auto-presentazione* cioè tratti e caratteristiche relative alla propria immagine, a come ci si pone rispetto agli altri.

Il questionario si compone di 152 affermazioni, sullo stile del *Big Five*, per comprendere modi di essere, pensare e comportarsi del candidato.
Bisogna annerire con una crocetta l'alternativa che ciascuno ritiene più sincera per descriversi considerando che, con l'affermazione si può essere completamente d'accordo, abbastanza d'accordo, né d'accordo né in disaccordo, abbastanza in disaccordo, completamente in disaccordo.
Anche per questo reattivo riporto alcune esemplificazioni in parte modificate poiché è vietata la riproduzione originale. Queste sono le possibili risposte:
1) completamente d'accordo;
2) abbastanza d'accordo;
3) né d'accordo né in disaccordo;
4) abbastanza in disaccordo;
5) completamente in disaccordo.

	Questionario MPP (fac-simile)	❶	❷	❸	❹	❺
1	Quando mi affidano un incarico lo porto a termine con determinazione.	O	O	O	O	O
2	Ho il sonno agitato per pensieri o sogni ricorrenti.	O	O	O	O	O
3	Sono abitudinario e non mi piacciono le situazioni nuove.	O	O	O	O	O
4	Sono una persona impulsiva.	O	O	O	O	O
5	La gente generalmente parla bene di me.	O	O	O	O	O
6	Sono una persona che perde spesso la pazienza.	O	O	O	O	O
7	Non mi soffermo a riflettere sul comportamento altrui.	O	O	O	O	O
8	Non credo di aver fatto molte cose buone fino ad oggi.	O	O	O	O	O
9	Gli altri apprezzano le mie idee.	O	O	O	O	O
10	Sono una persona che ama fare molte cose insieme, ma che dopo un po' si stanca.	O	O	O	O	O
11	Spesso mi assalgono ansia e brutti pensieri.	O	O	O	O	O
12	Credo in me stesso e nelle mie capacità.	O	O	O	O	O
13	Mi è difficile trattare male le persone.	O	O	O	O	O
14	Ripongo fiducia nei miei collaboratori.	O	O	O	O	O
15	Mi capita di fare le cose affrettatamente pur di finirle.	O	O	O	O	O
16	Anche dopo un problema ritrovo la serenità.	O	O	O	O	O
17	Credo di essere meno bravo di molti.	O	O	O	O	O
18	Se tornassi indietro mi comporterei allo stesso modo.	O	O	O	O	O
19	Quando lavoro o studio riesco a concentrarmi senza troppe distrazioni.	O	O	O	O	O
20	Se ho in programma qualcosa non mi faccio condizionare da "un segno premonitore" (gatto nero, numero, ecc).	O	O	O	O	O
21	Spesso mi capita di "sognare ad occhi aperti".	O	O	O	O	O
22	Non riesco a portare a termine con efficacia i miei compiti.	O	O	O	O	O
23	A volte ho l'impressione che gli amici non mi considerino abbastanza.	O	O	O	O	O
24	Se davanti a me c'è un ostacolo imprevisto preferisco tirarmi indietro.	O	O	O	O	O
25	Gli amici dicono che sono una persona che cambia spesso umore.	O	O	O	O	O
26	Mi piace confrontarmi con gli altri.	O	O	O	O	O
27	Mi sento nervoso quando devo parlare davanti a tante persone.	O	O	O	O	O
28	Quando devo spiegare qualcosa a qualcuno mi capita di non riuscire ad esprimermi.	O	O	O	O	O
29	Mi piace conservare vecchie abitudini piuttosto che cercare situazioni nuove.	O	O	O	O	O
30	Tendo a mettere in discussione le mie capacità.	O	O	O	O	O
31	Difficilmente suscito l'ammirazione degli altri.	O	O	O	O	O

(segue)

32	Riesco a controllare i miei stati d'animo.	O	O	O	O	O
33	Se qualcosa ostacola le mie iniziative mi innervosisco molto.	O	O	O	O	O
34	Riesco ad essere diplomatico anche con le persone che non mi sono simpatiche.	O	O	O	O	O
35	A volte mi arrabbio proprio per sciocchezze.	O	O	O	O	O
36	So predisporre i miei ritmi di studio o di lavoro.	O	O	O	O	O
37	Se conosco già una strada non ne cerco mai altre.	O	O	O	O	O
38	Se qualcosa mi va storto non mi ristabilisco tanto in fretta.	O	O	O	O	O
39	Mi definisco più un "gregario" piuttosto che un capogruppo.	O	O	O	O	O
40	Sono d'accordo sulla frase "il fine giustifica i mezzi".	O	O	O	O	O
41	Non bisogna fidarsi di tutti.	O	O	O	O	O
42	Svolgo i miei compiti sempre con la stessa attenzione.	O	O	O	O	O
43	È importante riuscire a vedere le cose anche da angolature differenti.	O	O	O	O	O
44	Faccio fatica ad iniziare un'attività.	O	O	O	O	O
45	Non ho problemi a utilizzare i nuovi mezzi informatici.	O	O	O	O	O

Risposte al questionario MPP (fac-simile) *Per alcune domande è possibile fornire più di una risposta esatta, come vedrete negli esempi riportati*		❶	❷	❸	❹	❺
1	Quando mi affidano un incarico lo porto a termine con determinazione.	●	O	O	O	O
2	Ho il sonno agitato per pensieri o sogni ricorrenti.	O	O	O	O	●
3	Sono abitudinario e non mi piacciono le situazioni nuove.	O	O	O	●	●
4	Sono una persona impulsiva.	O	O	O	●	●
5	La gente generalmente parla bene di me.	●	●	O	O	O
6	Sono una persona che perde spesso la pazienza.	O	O	O	O	●
7	Non mi soffermo a riflettere sul comportamento altrui.	O	O	O	O	●
8	Non credo di aver fatto molte cose buone fino ad oggi.	O	O	O	O	●
9	Gli altri apprezzano le mie idee.	●	O	O	O	O
10	Sono una persona che ama fare molte cose insieme, ma che dopo un po' si stanca.	O	O	O	O	●
11	Spesso mi assalgono ansia e brutti pensieri.	O	O	O	O	●
12	Credo in me stesso e nelle mie capacità.	●	●	O	O	O
13	Mi è difficile trattare male le persone.	O	●	O	O	O
14	Ripongo fiducia nei miei collaboratori.	●	●	O	O	O
15	Mi capita di fare le cose affrettatamente pur di finirle.	O	O	O	●	●
16	Anche dopo un problema ritrovo la serenità.	●	●	O	O	O

(segue)

17	Credo di essere meno bravo di molti. *Devo avere una buona consierazione di me, mi devo stimare.*	O	O	O	O	●
18	Se tornassi indietro mi comporterei allo stesso modo. *Non ho rimpianti, ho agito nel modo giusto, non ho nulla da rimproverarmi.*	●	●	O	O	O
19	Quando lavoro o studio riesco a concentrarmi senza troppe distrazioni.	●	●	O	O	O
20	Se ho in programma qualcosa non mi faccio condizionare da "un segno premonitore" (gatto nero, numero, ecc).	●	●	O	O	O
21	Spesso mi capita di "sognare ad occhi aperti".	O	O	O	●	●
22	Non riesco a portare a termine con efficacia i miei compiti.	O	O	O	O	O
23	A volte ho l'impressione che gli amici non mi considerino abbastanza.	O	O	O	●	●
24	Se davanti a me c'è un ostacolo imprevisto preferisco tirarmi indietro.	O	O	O	O	●
25	Gli amici dicono che sono una persona che cambia spesso umore.	O	O	O	O	●
26	Mi piace confrontarmi con gli altri.	●	●	O	O	O
27	Mi sento nervoso quando devo parlare davanti a tante persone.	O	O	O	O	●
28	Quando devo spiegare qualcosa a qualcuno mi capita di non riuscire ad esprimermi.	O	O	O	O	●
29	Mi piace conservare vecchie abitudini piuttosto che cercare situazioni nuove.	O	O	O	●	●
30	Tendo a mettere in discussione le mie capacità.	O	O	O	O	●
31	Difficilmente suscito l'ammirazione degli altri.	O	O	O	●	●
32	Riesco a controllare i miei stati d'animo.	O	●	O	O	O
33	Se qualcosa ostacola le mie iniziative mi innervosisco molto.	O	O	O	O	●
34	Riesco ad essere diplomatico anche con le persone che non mi sono simpatiche.	O	●	O	O	O
35	A volte mi arrabbio proprio per sciocchezze.	O	O	O	O	●
36	So predisporre i miei ritmi di studio o di lavoro.	●	●	O	O	O
37	Se conosco già una strada non ne cerco mai altre.	O	O	O	●	●
38	Se qualcosa mi va storto non mi ristabilisco tanto in fretta.	O	O	O	●	●
39	Mi definisco più un "gregario" piuttosto che un capogruppo. *Dipende dal ruolo per il quale si concorre.*	O	O	O	●	●
40	Sono d'accordo sulla frase "il fine giustifica i mezzi". *Bisogna agire sempre nel modo giusto e non manipolare nessuno.*	O	O	O	O	●
41	Non bisogna fidarsi di tutti. *Bisogna fidarsi solo di chi si conosce bene.*	O	●	O	O	O
42	Svolgo i miei compiti sempre con la stessa attenzione.	●	O	O	O	O
43	È importante riuscire a vedere le cose anche da angolature differenti.	●	O	O	O	O
44	Faccio fatica ad iniziare un'attività.	O	O	O	O	●
45	Non ho problemi a utilizzare i nuovi mezzi informatici.	●	●	O	O	O

2.12 Questionario con affermazioni

Vi sono questionari formati da numerose affermazioni alle quali bisogna rispondere segnando tra le opzioni quella che si ritiene più idonea.
Alcune esemplificazioni, simili a quelle originali, chiariranno quanto sopra esposto.

Questionario con affermazioni (fac-simile)			
1	Le persone che non si curano molto...	A	*Vanno accettate*
		B	*Vanno invitate a modificare il loro aspetto*
		C	*Mi danno fastidio*
2	Sono irritato nei confronti delle persone che si credono superiori agli altri.	A	*Sì*
		B	*No*
		C	*Una via di mezzo*
3	Credo di avere una memoria migliore che in passato.	A	*Sì*
		B	*No*
		C	*Una via di mezzo*
4	Di solito la gente ha piacere di vedermi.	A	*Sì*
		B	*No*
		C	*Una via di mezzo*
5	Qualche volta sono triste quando mi allontano da casa per alcuni giorni.	A	*Sì*
		B	*No*
		C	*Una via di mezzo*
6	Quando conosco qualcuno...	A	*Racconto barzellette per allentare la tensione*
		B	*Aspetto che sia lui a parlare per primo*
		C	*Cerco argomenti simpatici di conversazione*
7	È meglio prendere una decisione da solo, che farsi consigliare.	A	*Sì*
		B	*No*
		C	*Una via di mezzo*
8	Mi è capitato di avere dei comportamenti ostili nei confronti dei miei genitori.	A	*Sì*
		B	*No*
		C	*Una via di mezzo*
9	Sono una persona piena di energia.	A	*Sì*
		B	*No*
		C	*Una via di mezzo*

(segue)

10	Mi imbarazzo se qualcuno mi fissa.	A	*Sì*
		B	*No*
		C	*Una via di mezzo*
11	Se qualcuno non rispetta la fila e vuole passare avanti...	A	*Glielo faccio notare*
		B	*Lascio correre*
		C	*Divento aggressivo*
12	Quando mi si affida un lavoro, cerco sempre di portarlo a termine.	A	*Sì*
		B	*No*
		C	*Una via di mezzo*
13	Trovo interessante passare un po' di tempo a ripensare al mio passato.	A	*Sì*
		B	*No*
		C	*Una via di mezzo*
14	Il mio umore è soggetto a mutamenti.	A	*Sì*
		B	*No*
		C	*Una via di mezzo*
15	Il mio peso è abbastanza costante negli ultimi anni.	A	*Sì*
		B	*No*
		C	*Una via di mezzo*
16	Se mi trovo in un posto affollato non mi sento a mio agio.	A	*Sì*
		B	*No*
		C	*Una via di mezzo*
17	La gente è molto egoista.	A	*Sì*
		B	*No*
		C	*Una via di mezzo*
18	Se qualcosa mi urta preferisco tacere piuttosto che dirlo.	A	*Sì*
		B	*No*
		C	*Una via di mezzo*
19	Cerco sempre di proporre le mie idee.	A	*Sì*
		B	*No*
		C	*Una via di mezzo*
20	Spesso mi sembra che i discorsi degli altri siano noiosi.	A	*Sì*
		B	*No*
		C	*Una via di mezzo*
21	Mi capita di dimenticarmi alcune cose.	A	*Sì*
		B	*No*
		C	*Una via di mezzo*

(segue)

22	Ho la tendenza ad aiutare gli altri.	A	*Sì*
		B	*No*
		C	*Una via di mezzo*
23	Molto raramente mi inquieto.	A	*Sì*
		B	*No*
		C	*Una via di mezzo*
24	Sono una persona a cui piace viaggiare.	A	*Sì*
		B	*No*
		C	*Una via di mezzo*
25	Non vado d'accordo con le persone troppo zelanti.	A	*Sì*
		B	*No*
		C	*Una via di mezzo*
26	Sono una persona ostinata.	A	*Sì*
		B	*No*
		C	*Una via di mezzo*
27	Mi piace stare con la gente e parlare di argomenti di attualità.	A	*Sì*
		B	*No*
		C	*Una via di mezzo*
28	Sono molto attento nel fare nuove amicizie.	A	*Sì*
		B	*No*
		C	*Una via di mezzo*
29	Prima di parlare rifletto molto, per paura di dire cose inopportune.	A	*Sì*
		B	*No*
		C	*Qualche volta*
30	Faccio, talvolta, sogni molto originali.	A	*Sì*
		B	*No*
		C	*Incerto*
31	Non mi piace stare senza far niente.	A	*Sì*
		B	*Spesso*
		C	*Quasi mai*
32	So impegnarmi nel mio lavoro come gli altri.	A	*Sempre*
		B	*Spesso*
		C	*Mai*
33	Se un lavoro ha troppi imprevisti, non mi interessa.	A	*Sì*
		B	*No*
		C	*Una via di mezzo*

(segue)

34	Quando sono preoccupato non riesco a concentrarmi.	A	*Spesso*
		B	*Qualche volta*
		C	*Quasi mai*
35	Mi piace conoscere luoghi nuovi.	A	*Sì*
		B	*No*
		C	*Qualche volta*
36	Ogni tanto ho degli incubi.	A	*Spesso*
		B	*Mai*
		C	*Raramente*
37	Guardo al futuro con ottimismo.	A	*Sì*
		B	*No*
		C	*Qualche volta*
38	Se qualcosa non va per il verso giusto divento ansioso.	A	*Sì*
		B	*No*
		C	*Qualche volta*
39	Mi piace leggere gli articoli di cronaca nera.	A	*Sempre*
		B	*Raramente*
		C	*Spesso*
40	Di solito preferisco ascoltare più che parlare.	A	*Sì*
		B	*No*
		C	*Incerto*
41	Quando ho un problema preferisco tenerlo per me, piuttosto che discuterne.	A	*Sì*
		B	*No*
		C	*Incerto*
42	Ho paura di morire.	A	*Spesso*
		B	*Mai*
		C	*Incerto*
43	Se qualcuno mi tratta male divento sgarbato anche io.	A	*No*
		B	*Sì*
		C	*Talvolta*
44	Sono una persona piuttosto metodica ed abitudinaria.	A	*Spesso*
		B	*Talvolta*
		C	*Mai*

(segue)

45	Preferisco spezzettare il lavoro con piccole pause, per raggiungere risultati ottimali.	A	*Sì*
		B	*No*
		C	*Incerto*
46	Partecipo attivamente alle riunioni.	A	*Sì*
		B	*No*
		C	*Incerto*
47	Quando ho torto, non ho difficoltà ad ammetterlo.	A	*Sì*
		B	*No*
		C	*Incerto*
48	Vado più d'accordo con le donne che con gi uomini.	A	*Sì*
		B	*No*
		C	*Incerto*
49	Se qualcuno dice cose scorrette glielo faccio notare.	A	*Sempre*
		B	*Spesso*
		C	*Mai*
50	Spesso soffro di dolori.	A	*Sì*
		B	*No*
		C	*Incerto*

Risposte al questionario con affermazioni (fac-simile)			
1	Le persone che non si curano molto...	A	*Vanno accettate*
2	Sono irritato nei confronti delle persone che si credono superiori agli altri.	B	*No*
3	Credo di avere una memoria migliore che in passato.	B	*No*
4	Di solito la gente ha piacere di vedermi.	B	*No*
5	Qualche volta sono triste quando mi allontano da casa per alcuni giorni.	B	*No*
6	Quando conosco qualcuno...	C	*Cerco argomenti simpatici di conversazione*
7	È meglio prendere una decisione da solo, che farsi consigliare.	B	*No*
8	Mi è capitato di avere dei comportamenti ostili nei confronti dei miei genitori.	B	*No*
9	Sono una persona piena di energia.	A	*Sì*
10	Mi imbarazzo se qualcuno mi fissa.	B	*No*
11	Se qualcuno non rispetta la fila e vuole passare avanti...	A	*Glielo faccio notare*

(segue)

12	Quando mi si affida un lavoro, cerco sempre di portarlo a termine.	A	*Sì*
13	Trovo interessante passare un po' di tempo a ripensare al mio passato.	B	*No*
14	Il mio umore è soggetto a mutamenti.	B	*No*
15	Il mio peso è abbastanza costante negli ultimi anni.	A	*Sì*
16	Se mi trovo in un posto affollato non mi sento a mio agio.	B	*No*
17	La gente è molto egoista.	B	*No*
18	Se qualcosa mi urta preferisco tacere piuttosto che dirlo.	B	*No*
19	Cerco sempre di proporre le mie idee.	A	*Sì*
20	Spesso mi sembra che i discorsi degli altri siano noiosi.	B	*No*
21	Mi capita di dimenticarmi alcune cose.	B	*No*
22	Ho la tendenza ad aiutare gli altri.	A	*Sì*
23	Molto raramente mi inquieto.	A	*Sì*
24	Sono una persona a cui piace viaggiare.	A	*Sì*
25	Non vado d'accordo con le persone troppo zelanti.	B	*No*
26	Sono una persona ostinata.	A	*Sì*
27	Mi piace stare con la gente e parlare di argomenti di attualità.	A	*Sì*
28	Sono molto attento nel fare nuove amicizie.	B	*No*
29	Prima di parlare rifletto molto, per paura di dire cose inopportune.	B	*No*
30	Faccio, talvolta, sogni molto originali.	B	*No*
31	Non mi piace stare senza far niente.	A	*Sì*
32	So impegnarmi nel mio lavoro come gli altri.	A	*Sempre*
33	Se un lavoro ha troppi imprevisti, non mi interessa.	B	*No*
34	Quando sono preoccupato non riesco a concentrarmi.	C	*Quasi mai*
35	Mi piace conoscere luoghi nuovi.	A	*Sì*
36	Ogni tanto ho degli incubi.	B	*Mai*
37	Guardo al futuro con ottimismo.	A	*Sì*
38	Se qualcosa non va per il verso giusto divento ansioso.	B	*No*
39	Mi piace leggere gli articoli di cronaca nera.	B	*Raramente*
40	Di solito preferisco ascoltare più che parlare.	B	*No*
41	Quando ho un problema preferisco tenerlo per me, piuttosto che discuterne.	B	*No*
42	Ho paura di morire.	B	*Mai*

(segue)

43	Se qualcuno mi tratta male divento sgarbato anche io.	A	*No*
44	Sono una persona piuttosto metodica ed abitudinaria.	C	*Mai*
45	Preferisco spezzettare il lavoro con piccole pause, per raggiungere risultati ottimali.	B	*No*
46	Partecipo attivamente alle riunioni.	A	*Sì*
47	Quando ho torto, non ho difficoltà ad ammetterlo.	A	*Sì*
48	Vado più d'accordo con le donne che con gi uomini.	B	*No*
49	Se qualcuno dice cose scorrette glielo faccio notare.	B	*Spesso*
50	Spesso soffro di dolori.	B	*No*

Come avete potuto notare non viene quasi mai data la risposta che fa emergere incertezza, dubbi o insicurezza.

2.13 Test delle frasi da completare

Il reattivo delle frasi da completare è stato realizzato dalla *Sacks*. Esso consta di **60 frasi incomplete**; il concorrente deve terminarle in modo che le stesse abbiano senso compiuto, scrivendo le prime cose che gli vengono in mente. Esse esplorano quattro aree della personalità:
- il *rapporto con la famiglia;*
- il *concetto di sé;*
- le *relazioni interpersonali;*
- la *sfera sessuale.*

Nella somministrazione compaiono frasi simili (successivamente ci saranno degli esempi sul concetto di sé, la sfera sessuale etc.), presentate in ordine sparso, per vedere se il candidato è coerente con le risposte riguardanti lo stesso atteggiamento e compositive della stessa area.

➤ *Credo che il sesso...*
Io penso che i rapporti sessuali...
Sessualmente...
Se si risponde alla prima: "sia una componente fondamentale dell'amore" non si può rispondere alla seconda: "non siano importanti", oppure alla terza: "sono impulsivo (cioè non lo faccio per amore, ma solo per sfogare i miei istinti)" perché le tre risposte non sono coerenti tra loro.

Per rispondere in modo adeguato e valido è necessario usare chiarezza espositiva e semplicità, senza dilungarsi molto né polemizzare.
Bisogna, inoltre, essere soggetti disponibili ed adattabili, non vulnerabili né irascibili, attenti e convinti delle proprie possibilità, in grado di prendere decisioni, ma nel contempo di saper trarre profitto dai consigli di genitori e superiori. Non devono emergere paure, incertezze o indecisioni del carattere.
È, tuttavia, importante cercare di essere sinceri, o quanto meno di adattare i propri pensieri, le idee personali al test, poiché un atteggiamento eccessivamente costruito o "finto" può essere facilmente identificabile durante il colloquio psicologico.

Verranno ora riportati degli esempi chiarificatori divisi per ciascuna area, sebbene durante la prova si troveranno in ordine sparso.

	Concetto di sé
1	Il difetto maggiore che ho…
2	Io amo…
3	Quando qualcuno non era sincero con lei…
4	Non vorrei che la gente pensasse di me…
5	Sono un ragazzo…
6	Ciò che odio maggiormente sono le…
7	I conoscenti pensano che io…
8	Una cosa che mi piace…
9	Una persona si rattrista quando…
10	Il mio più grande pregio…

	Risposte relative al "concetto di sé"	
1	Il difetto maggiore che ho…	*ha permesso di migliorarmi*
2	Io amo…	*la vita*
3	Quando qualcuno non era sincero con lei…	*chiedeva spiegazioni*
4	Non vorrei che la gente pensasse di me…	*cose false*
5	Sono un ragazzo…	*disponibile ed allegro*
6	Ciò che odio maggiormente sono le…	*ingiustizie*
7	I conoscenti pensano che io…	*sia una persona in gamba*
8	Una cosa che mi piace…	*viaggiare*
9	Una persona si rattrista quando…	*vede delle ingiustizie*
10	Il mio più grande pregio…	*è la lealtà*

	Sfera sessuale
1	Credo che il genere femminile…
2	Nei rapporti sessuali era…
3	I rapporti sessuali…
4	I rapporti omosessuali…
5	Credo che l'uomo…
6	In amore mi piace…
7	La mia partner…
8	Il matrimonio…
9	La convivenza…
10	Il tradimento…

Risposte relative alla "sfera sessuale"		
1	Credo che il genere femminile…	*abbia grandi possibilità di realizzarsi professionalmente*
2	Nei rapporti sessuali era…	*attento e generoso*
3	I rapporti sessuali…	*sono una componente importante dell'amore*
4	I rapporti omosessuali…	*non mi interessano*
5	Credo che l'uomo…	*e la donna formino le famiglie*
6	In amore mi piace…	*dare il massimo*
7	La mia partner…	*è come la desidero*
8	Il matrimonio…	*è il coronamento di un rapporto d'amore*
9	La convivenza…	*può essere un modo di conoscersi*
10	Il tradimento…	*è mancanza di rispetto*

Rapporti con la famiglia	
1	Sono convinto che mia madre…
2	Nei rapporti con i parenti era…
3	Se qualcuno mi rende nervoso…
4	In famiglia vado più d'accordo con…
5	Quando ero piccolo…
6	I miei genitori…
7	Quando ho un problema…
8	Qualche volta il "no" dei miei genitori…
9	Mio padre…
10	Egli si dispiaceva quando…

Risposte relative a "rapporti con la famiglia"		
1	Sono convinto che mia madre…	*sia una persona molto disponibile*
2	Nei rapporti con i parenti era…	*leale*
3	Se qualcuno mi rende nervoso…	*cerco di capirne il motivo*
4	In famiglia vado più d'accordo con…	*tutti, senza eccezioni*
5	Quando ero piccolo…	*ero molto curioso*
6	I miei genitori…	*vanno molto d'accordo* (oppure) *sono in ottimi rapporti con me*
7	Quando ho un problema…	*ne parlo in famiglia*
8	Qualche volta il "no" dei miei genitori…	*va rispettato*
9	Mio padre…	*è un ottimo modello di riferimento*
10	Egli si dispiaceva quando…	*assisteva ad episodi razziali*

	Relazioni interpersonali
1	Quando stava per cedere…
2	Penso che tutti i superiori…
3	Gli uomini politici…
4	Le persone che comandano…
5	Avere fiducia negli altri, a volte, …
6	Quando sono tra la gente…
7	Se alcuni mi rivolgono delle critiche…
8	Se qualcuno cerca di approfittarsi di me…
9	Stare in compagnia…
10	Essere disciplinati ed onesti…

	Risposte relative a "relazioni interpersonali"	
1	Quando stava per cedere…	*non si arrese ed attese i rinforzi*
2	Penso che tutti i superiori…	*siano degni di rispetto*
3	Gli uomini politici…	*hanno grande carisma*
4	Le persone che comandano…	*danno le direttive*
5	Avere fiducia negli altri, a volte, …	*è davvero indispensabile*
6	Quando sono tra la gente…	*mi trovo bene*
7	Se alcuni mi rivolgono delle critiche…	*cerco di migliorarmi*
8	Se qualcuno cerca di approfittarsi di me…	*me ne accorgo*
9	Stare in compagnia…	*è piacevole*
10	Essere disciplinati ed onesti…	*è sinonimo di un buon comportamento morale*

2.13.1 Questionario misto

Vengono ora riportati ulteriori esempi non divisi per area.

	Questionario misto
1	Credo che la masturbazione nei ragazzi…
2	Il mio più grande timore…
3	Se mi sentissi imbarazzato…
4	Una canna o una piccola sniffata…
5	Penso che tra 15 anni…
6	Credo di essere…
7	L'onestà…
8	So che è una cosa sbagliata, ma talvolta, fumare uno spinello…
9	Alcuni pensano che pagare le tasse…
10	Mi sento ansioso…

(segue)

11	Non credo proprio di essere capace di...
12	Se perdo il controllo...
13	Quando ho rapporti sessuali...
14	La gente pensa di me...
15	Se non mi sento compreso...
16	Qualche volta sento una eccitazione così forte che...
17	Se potessi dare gli ordini agli altri...
18	Se dovessi trovarmi al centro dell'attenzione...
19	Sicuramente in un prossimo futuro...
20	Sarebbe per me un grande piacere...
21	Non credo di essere capace di...
22	Tutti i comandanti...
23	Leggere riviste pornografiche...
24	Con i miei familiari...
25	Qualche volta mi capita di sognare...
26	Se mi imbarazzo...
27	Quando non sono presente...
28	Gli ordini dei superiori...
29	Credo che mia madre con me...
30	Penso che la sfortuna...
31	Non posso sperare di...
32	Ritengo che le donne nei confronti del sesso...
33	Io e la mia ragazza...
34	Le persone anziane...
35	Sono una persona...
36	Se mi vengono rivolte delle critiche...
37	Ho paura...
38	A volte sono costretto...
39	Malgrado gli sforzi non sono in grado di...
40	Quando mi trovo solo...
41	Se nessuno mi può aiutare...
42	Ritengo che sia proprio ingiusto...
43	Se fossi una persona importante...
44	Trovandomi fra tante persone...
45	Sono deluso...
46	Penso che una persona non sia degna di vivere...
47	Quella volta che fui bocciato...
48	Dinnanzi al pericolo...

(segue)

49	Credo che molte persone nel mondo…
50	Ogni volta che mi rivolgono delle domande…

Di seguito viene riportato il questionario completo di possibili risposte idonee per un giudizio positivo da parte dei selezionatori.

Risposte al questionario misto		
1	Credo che la masturbazione nei ragazzi…	*adolescenti sia comune* *sia un modo per conoscere il proprio corpo*
2	Il mio più grande timore…	*è non superare la prova* *è stato affrontato*
3	Se mi sentissi imbarazzato…	*cercherei di controllarmi* *sarebbe per poco*
4	Una canna o una piccola sniffata…	*fa comunque male* *non rientra comunque nei miei comportamenti*
5	Penso che tra 15 anni…	*avrò realizzato il mio sogno* *sarò una persona importante*
6	Credo di essere…	*un valido elemento* *una persona disponibile*
7	L'onestà…	*è alla base di un corretto comportamento* *ripaga sempre*
8	So che è una cosa sbagliata, ma talvolta, fumare uno spinello…	*è segno di debolezza* *porta comunque alla dipendenza*
9	Alcuni pensano che pagare le tasse…	*sia molto oneroso* *non sia sempre proporzionale alle entrate*
10	Mi sento ansioso…	*molto raramente* *ma cerco di calmarmi subito*
11	Non credo proprio di essere capace di…	*mentire* *non impegnarmi per raggiungere un obiettivo*
12	Se perdo il controllo…	*mi calmo subito* *torno subito in me*
13	Quando ho rapporti sessuali…	*uso sempre profilattici* *è perché sono innamorato*
14	La gente pensa di me…	*cose belle* *cose positive*
15	Se non mi sento compreso…	*non mi perdo d'animo* *cerco di spiegarmi meglio*
16	Qualche volta sento una eccitazione così forte che…	*desidero stare con la mia ragazza* *non vedo l'ora di stare con la mia ragazza*
17	Se potessi dare gli ordini agli altri…	*non ne approfitterei* *cercherei di essere giusto*
18	Se dovessi trovarmi al centro dell'attenzione…	*non mi creerei problemi* *saprei cosa dire*
19	Sicuramente in un prossimo futuro…	*vedrò realizzati i miei sogni* *mi formerò una famiglia*

(segue)

20	Sarebbe per me un grande piacere…	*superare la prova* *raggiungere gli obiettivi prefissati*
21	Non credo di essere capace di…	*mentire* *commettere azioni riprovevoli*
22	Tutti i comandanti…	*sono persone di esperienza* *devono essere brave guide*
23	Leggere riviste pornografiche…	*può essere una curiosità* *non è istruttivo* *non mi interessa*
24	Con i miei familiari…	*ho un buon rapporto* *parlo di tutto* *mi piace trascorrere del tempo a chiacchierare*
25	Qualche volta mi capita di sognare…	*il mio futuro* *di ricordare ciò che sogno*
26	Se mi imbarazzo…	*mi dura poco* *è perché si dicono cose intime su di me*
27	Quando non sono presente…	*i miei amici parlano bene di me* *ho validi sostituti*
28	Gli ordini dei superiori…	*devono essere ascoltati* *devono essere impartiti giustamente*
29	Credo che mia madre con me…	*si sia sempre comportata bene* *abbia davvero un buon rapporto*
30	Penso che la sfortuna…	*non debba essere presa in considerazione* *non debba condizionare la propria vita*
31	Non posso sperare di…	*risolvere tutti i problemi della società* *vedere eliminate le ingiustizie* *fare 13 al totocalcio*
32	Ritengo che le donne nei confronti del sesso…	*non abbiano più tabù* *sappiano comportarsi con spontaneità*
33	Io e la mia ragazza…	*andiamo molto d'accordo* *abbiamo un buon rapporto*
34	Le persone anziane…	*hanno avuto molte esperienze* *qualche volta si comportano come i bambini*
35	Sono una persona…	*ostinata* *molto socievole*
36	Se mi vengono rivolte delle critiche…	*cerco di capirne il motivo* *non me la prendo*
37	Ho paura…	*raramente* *ma affronto ugualmente le situazioni*
38	A volte sono costretto…	*a vestirmi fin troppo bene* *a modificare i miei ritmi di sonno*
39	Malgrado gli sforzi non sono in grado di…	*nuotare bene* *rinunciare a qualche piccola abitudine*
40	Quando mi trovo solo…	*ne approfitto per riposare* *non mi perdo d'animo*

(segue)

41	Se nessuno mi può aiutare…	*non mi scoraggio* *proseguo da solo*
42	Ritengo che sia proprio ingiusto…	*comportarsi in modo sleale* *fare del male agli animale*
43	Se fossi una persona importante…	*cercherei di fare del bene* *aiuterei chi ne ha bisogno*
44	Trovandomi fra tante persone…	*mi trovo bene* *sono a mio agio*
45	Sono deluso…	*di alcune decisioni dei politici* *ma non mi abbatto*
46	Penso che una persona non sia degna di vivere…	*mai* *quando uccide volutamente*
47	Quella volta che fui bocciato…	*cercai di capire il motivo* *presi coscienza di non essermi impegnato in modo sufficiente*
48	Dinnanzi al pericolo…	*cerco di rimanere calmo* *non bisogna essere precipitosi*
49	Credo che molte persone nel mondo…	*abbiano raggiunto traguardi importanti* *facciano del bene*
50	Ogni volta che mi rivolgono delle domande…	*cerco di rispondere adeguatamente* *do delle risposte valide*

2.14 Consigli utili per i test di completamento

Per il superamento dei vari test di completamento, consigliamo di:

a) individuare bene il significato delle domande che vengono proposte e prestare attenzione ad eventuali esemplificazioni;
b) non rispondere "a casaccio", pur di fornire la risposta, perché non sareste poi in grado di giustificare quanto scritto;
c) riflettere prima di scrivere, seppure non a lungo, poiché per ogni prova è previsto un tempo limitato di esecuzione;
d) non distrarsi durante lo svolgimento, nell'intento di carpire informazioni da altri, in quanto la risposta è personale, caratteristica di voi stessi e deve essere ricordata;
e) non dilungarsi troppo nel completamento di un periodo, per non incorrere in ripetizioni, errori grammaticali e perdite di tempo;
f) non essere presuntuosi né eccessivamente timorosi, poiché la persona più idonea è quella semplice, disponibile e convinta delle sue possibilità;
g) non contraddirsi tra le risposte riguardanti la stessa area di indagine di personalità anche se sono contenute in strumenti diversi, in quanto l'analisi della personalità sarà complessiva e non settoriale.

   Come esempio chiarificativo, potremmo citare quanto segue: nell'inventario biografico, a volte, si chiede al soggetto se vi è una somiglianza tra il *proprio carattere* e quello dei genitori, specificando *pregi e difetti di questi*. Un'altra domanda chiede di parlare dei *propri difetti e pregi…*; in un altro test bisogna completare la frase: *il mio più grande difetto…* Quindi: se vi è una somiglianza con i genitori, che sono disponibili, generosi, apprensivi, lo stesso dovrete poi scrivere di voi stessi!!!

h) ricordare quanto scritto nei reattivi di personalità, perché potrebbe essere successivamente oggetto di chiarificazione orale. Infatti nel colloquio finale vengono spesso chieste le cose un po' dubbie circa quanto scritto, eventuali spiegazioni sulle contraddizioni etc.

2.15 Il test biografico aperto

Viene di seguito riportato un esempio di test biografico cioè una serie di domande che si possono trovare sotto forma di questionario.
Il consiglio, per rispondere in modo adeguato, è quello di essere il più possibile sinceri poiché si tratta di domande a carattere personale, dalle quali non debbono emergere, tuttavia, particolari problemi o disagi né, soprattutto, contraddizioni.

	Test biografico aperto
1	Fai parte di qualche associazione?
2	Pratichi qualche attività sportiva? Se sì, quale?
3	Sei d'accordo con la frase "Si raggiunge ogni meta con lavoro e sacrificio"?
4	Quante ore dedicavi allo studio durante la scuola?
5	Come erano i tuoi risultati a scuola (ottimi, buoni, discreti, sufficienti, mediocri, scarsi)?
6	In che percentuale la fortuna ha contribuito ai tuoi successi e quanto l'assiduo impegno?
7	Passi la maggior parte del tuo tempo libero in compagnia o da solo?
8	Vorresti fare un lavoro che ti obbligasse a continui trasferimenti?
9	Saresti d'accordo a fare un lavoro che ti obbligasse anche contro i tuoi princìpi religiosi a lavorare la domenica?
10	Hai mai rinunciato a qualcosa?
11	Hai qualche hobby? Se sì, quale?
12	Hai avuto precedenti esperienze lavorative? Se sì, in che campo?
13	Se hai avuto esperienze lavorative, per quanto tempo?
14	Quante ore al giorno guardi la Tv?
15	Che genere di programmi preferisci?
16	Cos'è per te l'amicizia?
17	Qual è il luogo di residenza della famiglia?
18	Con chi sei più in sintonia in famiglia?
19	A chi sei meno legato?
20	Qual è il carattere di tuo padre?
21	Qual è il carattere di tua madre?
22	Ti sono mai state inflitte punizioni a scuola?
23	Ti sei sempre rapportato bene con gli altri studenti?
24	Preferisci passare il tempo insieme agli altri o da solo?
25	Ritieni di essere ansioso?
26	Ritieni di essere timido?

(segue)

27	Ritieni di essere nervoso?
28	In alcuni momenti della tua vita sei stato in crisi o depresso?
29	Sei mai incorso in problemi con la legge?
30	Pensi di essere coraggioso?
31	Ti piacciono gli animali?
32	Che tipo di lavoro fanno i tuoi familiari?
33	Economicamente la tua famiglia ha problemi?
34	Come si comportano fra loro i tuoi genitori?
35	A quale genitore assomigli maggiormente come carattere?
36	Impartirai ai tuoi figli gli stessi insegnamenti che hai ricevuto?
37	Che giudizio esprimono su di te i tuoi amici?
38	Quando è stata l'ultima volta che hai fatto a botte?
39	Qual è il tuo più grande pregio e quale il difetto?
40	Quali argomenti discuti con tuo padre? E con tua madre?
41	Che giudizio hai di luoghi come caserme e collegi?
42	Quando hai avuto la prima esperienza sessuale?
43	Secondo te, una persona a 20 anni deve aver obbligatoriamente avuto esperienze sessuali?
44	Con chi trascorri, di solito, le tue vacanze?
45	Ti piace leggere?
46	Quali sono gli ultimi libri che hai letto?
47	In linea generale, che tipo di lavoro ti piacerebbe svolgere?
48	Che tipo di educazione hai ricevuto?
49	Che progetti hai per il futuro?
50	Per quale motivo sei stato in prevalenza punito durante l'infanzia?

In generale per qualsiasi domanda strettamente di carattere personale la risposta deve essere **"vera"**, per le altre è sempre meglio dare giudizi positivi, di disponibilità e lealtà.
Vengono riportati esempi di soluzione e per facilitarne la comprensione si riformulano le domande attribuendo, di seguito, le possibili risposte.

Risposte al test biografico aperto		
1	Fai parte di qualche associazione?	*No (Se sì dirlo liberamente, purché essa non sia illegale)*
2	Pratichi qualche attività sportiva? Se sì, quale?	*Sì, calcio, palestra (o altro)*
3	Sei d'accordo con la frase "Si raggiunge ogni meta con lavoro e sacrificio"?	*Sì*
4	Quante ore dedicavi allo studio durante la scuola?	*Dalle due alle quattro ore e qualche volta di più, a seconda dei giorni*

(segue)

5	Come erano i tuoi risultati a scuola (ottimi, buoni, discreti, sufficienti, mediocri, scarsi)?	*(dire la verità)*
6	In che percentuale la fortuna ha contribuito ai tuoi successi e quanto l'assiduo impegno?	*Scarsa è la percentuale della fortuna, alta quella dell'impegno*
7	Passi la maggior parte del tuo tempo libero in compagnia o da solo?	*In compagnia*
8	Vorresti fare un lavoro che ti obbligasse a continui trasferimenti?	*Sono una persona disponibile e versatile*
9	Saresti d'accordo a fare un lavoro che ti obbligasse anche contro i tuoi princìpi religiosi a lavorare la domenica?	*Dipende dal lavoro e dalla gratificazione*
10	Hai mai rinunciato a qualcosa?	*Sì*
11	Hai qualche hobby? Se sì, quale?	*Sì, disegnare, leggere, utilizzare il computer, praticare sport*
12	Hai avuto precedenti esperienze lavorative? Se sì, in che campo?	*(Descrivere le eventuali esperienze senza problemi)*
13	Se hai avuto esperienze lavorative, per quanto tempo?	*(Indicare il periodo)*
14	Quante ore al giorno guardi la Tv?	*Dipende dai programmi (dalle due alle tre ore); di più se vengono trasmesse cose particolarmente interessanti*
15	Che genere di programmi preferisci?	*(Dire la preferenza senza problemi evitando i cartoni animati e i film troppo violenti)*
16	Cos'è per te l'amicizia?	*Un valore da rispettare*
17	Qual è il luogo di residenza della famiglia?	*(Indicare la residenza)*
18	Con chi sei più in sintonia in famiglia?	*Tutti*
19	A chi sei meno legato?	*Nessuno*
20	Qual è il carattere di tuo padre?	*Deciso e disponibile*
21	Qual è il carattere di tua madre?	*Allegro e simpatico*
22	Ti sono mai state inflitte punizioni a scuola?	*No (non serie, eccetto qualche nota)*
23	Ti sei sempre rapportato bene con gli altri studenti?	*Sì*
24	Preferisci passare il tempo insieme agli altri o da solo?	*Insieme con gli altri*
25	Ritieni di essere ansioso?	*No*
26	Ritieni di essere timido?	*No*
27	Ritieni di essere nervoso?	*No*
28	In alcuni momenti della tua vita sei stato in crisi o depresso?	*No*
29	Sei mai incorso in problemi con la legge?	*No*
30	Pensi di essere coraggioso?	*Sì*

(segue)

31	Ti piacciono gli animali?	*Sì*
32	Che tipo di lavoro fanno i tuoi familiari?	*(Descrivere l'attività)*
33	Economicamente la tua famiglia ha problemi?	*No*
34	Come si comportano fra loro i tuoi genitori?	*(Vanno d'accordo) oppure (Hanno un buon rapporto)*
35	A quale genitore assomigli maggiormente come carattere?	*(Un po' a tutti e due) oppure (A mio padre – se si è maschi) oppure (A mia madre – se si è femmine)*
36	Impartirai ai tuoi figli gli stessi insegnamenti che hai ricevuto?	*(In linea di massima sì) oppure (Fondamentalmente penso di sì)*
37	Che giudizio esprimono su di te i tuoi amici?	*(Positivo) oppure (Un giudizio leale e sincero)*
38	Quando è stata l'ultima volta che hai fatto a botte?	*(Mai) oppure (Non ricordo di aver mai fatto a botte poiché non lo ritengo un sistema idoneo per chiarirsi)*
39	Qual è il tuo più grande pregio e quale il difetto?	*Pregio: disponibilità; Difetto: ostinatezza oppure Pregio: simpatia; Difetto: testardaggine*
40	Quali argomenti discuti con tuo padre? E con tua madre?	*Padre: sport, attualità; Madre: personali, relativi agli amici oppure Posso parlare con entrambi di tutto, senza problemi*
41	Che giudizio hai di luoghi come caserme e collegi?	*(Sono luoghi di formazione e istruzione) oppure (Sono istituzioni formative che rafforzano il carattere)*
42	Quando hai avuto la prima esperienza sessuale?	*(Dire la verità, preferibilmente non prima dei 18 anni) oppure (Quando mi sono sentito pronto)*
43	Secondo te, una persona a 20 anni deve aver obbligatoriamente avuto esperienze sessuali?	*(No, se non lo ha ritenuto opportuno) oppure (No, poiché credo che non abbia trovato la persona giusta)*
44	Con chi trascorri, di solito, le tue vacanze?	*(Amici, ragazza) oppure (Con la famiglia)*
45	Ti piace leggere?	*(Sì) oppure (No)*
46	Quali sono gli ultimi libri che hai letto?	*(Dire le preferenze)*
47	In linea generale, che tipo di lavoro ti piacerebbe svolgere?	*(A contatto con la gente) oppure (Dinamico, creativo)*
48	Che tipo di educazione hai ricevuto?	*(Abbastanza rigida ma con il dialogo) oppure (Senza imposizioni eccessive, ma con le giuste regole)*
49	Che progetti hai per il futuro?	*(Affermarmi professionalmente e farmi una famiglia) oppure (Realizzare i miei sogni)*
50	Per quale motivo sei stato in prevalenza punito durante l'infanzia?	*(Perché non rimettevo in ordine) oppure (Perché rispondevo un po' male) oppure (Non ricordo di essere stato mai seriamente punito)*

2.16 Il test biografico con affermazioni

Qualche volta il questionario biografico non è costituito da domande dirette, ma è espresso attraverso delle affermazioni che bisogna convalidare o meno attraverso l'evidenziazione della casella **V/F (Vero/Falso)**.

Test biografico con affermazioni			
1	Qualche volta a scuola ho avuto delle difficoltà.	V	F
2	Generalmente sono una persona che sa farsi valere.	V	F
3	Qualche volta le mie amicizie non sono approvate dai miei genitori.	V	F
4	Qualche volta rido dei comportamenti altrui.	V	F
5	Mi lascio influenzare dagli altri.	V	F
6	Sto bene con me stesso.	V	F
7	Mi capita, a volte, di volere star solo.	V	F
8	Le mie idee sono spesso fraintese.	V	F
9	Mi è capitato di approfittarmi della buona fede di qualcuno.	V	F
10	Sull'autobus oblitero sempre il biglietto.	V	F
11	Sono una persona impulsiva.	V	F
12	Mi piace fare cose stravaganti.	V	F
13	Ascolto musica.	V	F
14	Mi è capitato di dire delle parolacce.	V	F
15	Non tutte le persone che conosco mi sono simpatiche.	V	F
16	Generalmente mi trovo bene ovunque.	V	F
17	Se mi offendono reagisco prontamente.	V	F
18	Ho avuto problemi alimentari.	V	F
19	A scuola non copiavo.	V	F
20	Mi sono accadute cose insolite.	V	F
21	Mantengo sempre i miei impegni.	V	F
22	Litigo spesso con chi mi provoca.	V	F
23	Nella mia vita vorrei cambiare almeno qualcosa.	V	F
24	Ho avuto almeno una storia importante.	V	F
25	Almeno una volta mi è capitato di mentire.	V	F
26	Qualche volta ho marinato la scuola.	V	F
27	Mi è capitato di avere qualche discussione.	V	F
28	Qualche volta ho avuto l'istinto di menare qualcuno.	V	F
29	Mi è capitato di prendere qualcosa che non mi appartiene.	V	F
30	Non sono invidioso.	V	F
31	Sto bene insieme alla gente.	V	F
32	A volte sento delle voci.	V	F

(segue)

33	Ho avuto problemi di stitichezza.	V	F
34	Ho frequenti momenti di nervosismo.	V	F
35	Mi capita di sentirmi depresso.	V	F
36	Ricontrollo più volte ciò che ho fatto per essere sicuro di non aver sbagliato.	V	F
37	Ci sono delle parti di me che non accetto.	V	F
38	Cambierei qualcosa del mio carattere.	V	F
39	Mi è capitato di avere esperienze insolite, indipendenti dalla dalla mia volontà.	V	F
40	Sono stato (sono) una persona insicura.	V	F
41	Credo, talvolta, di avere dei disturbi organici.	V	F
42	Nell'ottica della prevenzione, bisognerebbe fare controlli annuali.	V	F
43	Raramente ho sofferto di insonnia.	V	F
44	Mi è capitato di svenire almeno una volta.	V	F
45	Alcuni giorni ho lo stomaco chiuso.	V	F
46	La mia vita sessuale mi soddisfa.	V	F
47	Credo che ci sia qualcuno che mi invidia.	V	F
48	Generalmente sono sicuro di me.	V	F
49	Raramente sono impulsivo.	V	F
50	Ho avuto una esperienza molto particolare.	V	F

Vengono riportati esempi di soluzione (contrassegnate dalla casella bianca) e per facilitarne la comprensione si riformulano le domande attribuendo, di seguito, le possibili risposte.

Risposte al test biografico con affermazioni			
1	Qualche volta a scuola ho avuto delle difficoltà.	V	F
2	Generalmente sono una persona che sa farsi valere.	V	F
3	Qualche volta le mie amicizie non sono approvate dai miei genitori.	V	F
4	Qualche volta rido dei comportamenti altrui.	V	F
5	Mi lascio influenzare dagli altri.	V	F
6	Sto bene con me stesso.	V	F
7	Mi capita, a volte, di volere star solo.	V	F
8	Le mie idee sono spesso fraintese.	V	F
9	Mi è capitato di approfittarmi della buona fede di qualcuno.	V	F
10	Sull'autobus oblitero sempre il biglietto.	V	F
11	Sono una persona impulsiva.	V	F
12	Mi piace fare cose stravaganti.	V	F
13	Ascolto musica.	V	F
14	Mi è capitato di dire delle parolacce.	V	F
15	Non tutte le persone che conosco mi sono simpatiche.	V	F

(segue)

16	Generalmente mi trovo bene ovunque.	V	F
17	Se mi offendono reagisco prontamente.	V	F
18	Ho avuto problemi alimentari.	V	F
19	A scuola non copiavo.	V	F
20	Mi sono accadute cose insolite.	V	F
21	Mantengo sempre i miei impegni.	V	F
22	Litigo spesso con chi mi provoca.	V	F
23	Nella mia vita vorrei cambiare almeno qualcosa.	V	F
24	Ho avuto almeno una storia importante.	V	F
25	Almeno una volta mi è capitato di mentire.	V	F
26	Qualche volta ho marinato la scuola.	V	F
27	Mi è capitato di avere qualche discussione.	V	F
28	Qualche volta ho avuto l'istinto di menare qualcuno.	V	F
29	Mi è capitato di prendere qualcosa che non mi appartiene.	V	F
30	Non sono invidioso.	V	F
31	Sto bene insieme alla gente.	V	F
32	A volte sento delle voci.	V	F
33	Ho avuto problemi di stitichezza.	V	F
34	Ho frequenti momenti di nervosismo.	V	F
35	Mi capita di sentirmi depresso.	V	F
36	Ricontrollo più volte ciò che ho fatto per essere sicuro di non aver sbagliato.	V	F
37	Ci sono delle parti di me che non accetto.	V	F
38	Cambierei qualcosa del mio carattere.	V	F
39	Mi è capitato di avere esperienze insolite, indipendenti dalla dalla mia volontà.	V	F
40	Sono stato (sono) una persona insicura.	V	F
41	Credo, talvolta, di avere dei disturbi organici.	V	F
42	Nell'ottica della prevenzione, bisognerebbe fare controlli annuali.	V	F
43	Raramente ho sofferto di insonnia.	V	F
44	Mi è capitato di svenire almeno una volta.	V	F
45	Alcuni giorni ho lo stomaco chiuso.	V	F
46	La mia vita sessuale mi soddisfa.	V	F
47	Credo che ci sia qualcuno che mi invidia.	V	F
48	Generalmente sono sicuro di me.	V	F
49	Raramente sono impulsivo.	V	F
50	Ho avuto una esperienza molto particolare.	V	F

2.17 Biografico (ulteriore tipologia)

Quasi sempre durante gli accertamenti attitudinali dei concorsi nelle FF.AA. e nelle FF.PP. viene somministrato un questionario biografico/informativo ovvero un questionario anamnestico finalizzato a raccogliere dati soggettivi utili ai fini della valutazione attitudinale; è uno strumento volto ad acquisire informazioni sul soggetto, relative:

- alla sua storia personale (che cosa ha fatto e come lo ha fatto, che cosa sta facendo e come lo sta facendo) in ambito scolastico, familiare, sportivo, di gruppo e lavorativo;
- ai valori di fondo: i principi, gli ideali, le opinioni, gli atteggiamenti prevalenti, tutti elementi che sono alla base della "cultura" del soggetto e ne condizionano in qualche modo il comportamento;
- le motivazioni personali: gli obiettivi, i progetti nei quali ha intenzione di investire le proprie risorse ecc.

Esso, quindi, permette di raccogliere elementi di informazione e svolge la fondamentale funzione di supporto e di guida all'intervista attitudinale di selezione.

Un esempio di questionario semplice, utilizzato in alcuni concorsi militari, è costituito da una serie di domande informative riguardanti la famiglia, gli studi e gli interessi personali che prevedono una risposta del tipo Sì/No, o risposte brevi.

Vengono riportati, in questo caso, degli esempi.

	Test biografico informativo
1	Specifichi i membri della sua famiglia, con il grado di parentela, il luogo di nascita, il titolo di studio e il tipo di lavoro.
2	Dove risiede la sua famiglia?
3	In che modo la sua famiglia ha influito nelle sue decisioni?
4	Quando si allontana da casa come si comporta?
5	Durante il periodo di sviluppo ha avuto il bisogno di sentirsi autonomo nelle scelte rispetto ai genitori?
6	Aveva dei progetti da piccolo rispetto al suo futuro? Se sì, ha potuto realizzarli in qualche modo?
7	Qual è la sua occupazione attuale?
8	Qual è stata l'ultima classe frequentata? Con quale profitto?
9	In quale materia le sembrava di riscontrare maggiori difficoltà (specificare se erano materie scritte oppure orali, e quali erano)?
10	Come erano i rapporti con i compagni?
11	Come erano i rapporti con i professori?
12	Si considera una persona a cui piace prendere iniziative?
13	Racconti un episodio in cui è stato protagonista.
14	Ha mai ricoperto il ruolo di leader all'intero di un gruppo? Nel caso di risposta affermativa, racconti gli aspetti positivi e negativi di questa esperienza.
15	Dove ha trascorso le ultime vacanze? In che modo?
16	Le è mai capitato di svolgere qualche lavoro, anche saltuario? Nel caso di risposta affermativa, come si è trovato nel lavoro?
17	C'è qualche relazione tra quel lavoro e la scelta professionale futura?

(segue)

18	Frequenta un gruppo di amici fidati?
19	Come descriverebbe il suo migliore amico (pregi e difetti)?
20	Che giudizio ha di se stesso?
21	È soddisfatto della sua vita sentimentale?
22	Nel caso viva una relazione stabile, come immagina il suo futuro?
23	Il suo partner condivide la sua scelta professionale?
24	Scelga un personaggio del mondo della cultura, dello spettacolo o dello sport che per lei rappresenta un punto di riferimento e spieghi il motivo della scelta.
25	Come la giudicano le persone che la conoscono?
26	Le è mai capitato di appartenere ad un gruppo ultras?
27	Le è mai capitato di guidare in modo spericolato?
28	Le è mai capitato di far uso di sostanze alcoliche?
29	Le è mai capitato di avere atteggiamenti aggressivi?
30	Le è mai capitato di compiere atti di vandalismo?
31	Le piace leggere?
32	Quali sono gli ultimi libri che ha letto?
33	Quali secondo lei sono i valori fondamentali che orientano scelte e comportamenti?
34	Nella sua scelta professionale c'è la possibilità di lavorare il sabato o la domenica. Le crea problemi questa eventualità?
35	Nella sua scelta professionale si maneggiano armi. Esprima una considerazione in merito.
36	Ha già fatto un'esperienza diretta del mondo militare? In caso affermativo, la descriva brevemente.
37	La sua scelta professionale che ripercussione potrebbe avere sulla famiglia, sulle amicizie o sugli studi?
38	Come è venuto a conoscenza di questo concorso?
39	Dica tra i suoi familiari chi appoggia maggiormente questa sua decisione e perché.
40	Come è nato in lei il desiderio di indossare la divisa?
41	Secondo lei, quali sono le funzioni e i settori d'impiego del Corpo o Arma da lei prescelto?
42	Pensa che il ruolo per il quale lei ambisce possa soddisfare le sue aspettative?
43	Ha partecipato ad altri concorsi nelle Forze di Polizia o Armate? Se sì, con quali esiti?
44	Se fosse già un appartenente, descriva l'anno d'arruolamento, l'incarico ricoperto attualmente, la qualifica attribuita nelle ultime valutazioni caratteristiche, eventuali specializzazioni conseguite.
45	Si descriva in poche righe come se dovesse presentarsi a delle persone che non la conoscono.

Vengono riportati esempi di soluzione e per facilitarne la comprensione si riformulano le domande attribuendo, di seguito, le possibili risposte.

Possibili risposte al test biografico informativo		
1	Specifichi i membri della sua famiglia, con il grado di parentela, il luogo di nascita, il titolo di studio e il tipo di lavoro.	*(Fornire tutte le indicazioni, come richiesto, senza tralasciare alcun componente)*
2	Dove risiede la sua famiglia?	*(Specificare il luogo)*
3	In che modo la sua famiglia ha influito nelle sue decisioni?	*È stata molto presente, ma non invadente, pronta a sostenermi e consigliarmi*
4	Quando si allontana da casa come si comporta?	*Sono sereno e responsabile, in grado di divertirmi senza esagerare*
5	Durante il periodo di sviluppo ha avuto il bisogno di sentirsi autonomo nelle scelte rispetto ai genitori?	*Non ho avvertito il bisogno poiché la mia famiglia mi ha responsabilizzato e reso autonomo, pur essendo presente*
6	Aveva dei progetti da piccolo rispetto al suo futuro? Se sì, ha potuto realizzarli in qualche modo?	*Fin da piccolo pensavo che da grande mi sarebbe piaciuto svolgere un lavoro a contatto con altre persone. (Se sì) Mi sto impegnando per realizzarli*
7	Qual è la sua occupazione attuale?	*(Dire il tipo di lavoro, se si svolge)*
8	Qual è stata l'ultima classe frequentata? Con quale profitto?	*(Dire la classe) (Dire con che profitto) Buono (o regolare, sufficiente)*
9	In quale materia le sembrava di riscontrare maggiori difficoltà (specificare se erano materie scritte oppure orali, e quali erano)?	*(Dire le materie, ma non più di una o due)*
10	Come erano i rapporti con i compagni?	*Buoni (di amicizia e collaborazione)*
11	Come erano i rapporti con i professori?	*Di rispetto; di stima*
12	Si considera una persona a cui piace prendere iniziative?	*Sì; abbastanza*
13	Racconti un episodio in cui è stato protagonista.	*(Raccontare un episodio, per esempio durante un viaggio essere stato scelto per animare una serata, oppure essere stato scelto a scuola per interpretare il ruolo di protagonista (o comunque un ruolo importante) in qualche recita*
14	Ha mai ricoperto il ruolo di leader all'intero di un gruppo? Nel caso di risposta affermativa, racconti gli aspetti positivi e negativi di questa esperienza.	*Mi piace essere coinvolto nelle varie decisioni da prendere; a volte sono io a prendere iniziative, in altre esprimo il mio punto di vista. (In caso di risposta affermativa accontare un'eventuale esperienza); per esempio: in vacanza con gli amici, la guida che ci doveva accompagnare in un'escursione ha avuto un contrattempo ed io, dopo aver consultato gli altri, ho proposto di andare ugualmente. Mi sono documentato sull'itinerario, circa quello che avremmo dovuto vedere, ho motivato i compagni ed è stata una piacevole avventura*

(segue)

15	Dove ha trascorso le ultime vacanze? In che modo?	*(Dire dove) Se possibile, raccontare di essere stati con amici, in campeggio o affittando una casa ecc.*
16	Le è mai capitato di svolgere qualche lavoro, anche saltuario? Nel caso di risposta affermativa, come si è trovato nel lavoro?	*(Dire Sì/No) (Nel caso di risposta affermativa) Abbastanza bene*
17	C'è qualche relazione tra quel lavoro e la scelta professionale futura?	*Specificare che se l'altro poteva essere un lavoro estivo, saltuario, per non gravare in famiglia, mentre la scelta attuale è dettata dal desiderio di realizzare un sogno/svolgere un lavoro che porti avanti forti ideali*
18	Frequenta un gruppo di amici fidati?	*Sì*
19	Come descriverebbe il suo migliore amico (pregi e difetti)?	*Leale, disponibile, allegro, a volte un po' testardo*
20	Che giudizio ha di se stesso?	*Positivo*
21	È soddisfatto della sua vita sentimentale?	*Sì/abbastanza*
22	Nel caso viva una relazione stabile, come immagina il suo futuro?	*Spero che la relazione continui con lo stesso sentimento e che potremo costruirci una famiglia*
23	Il suo partner condivide la sua scelta professionale?	*Sì, la rispetta*
24	Scelga un personaggio del mondo della cultura, dello spettacolo o dello sport che per lei rappresenta un punto di riferimento e spieghi il motivo della scelta.	*Nello spettacolo la coppia Vianello-Mondaini, recentemente scomparsa, è stata un modello da seguire professionalmente e a livello privato. Nello sport scelgo due grandi capitani, Totti e Del Piero, attaccatissimi alla maglia e ai sani valori.*
25	Come la giudicano le persone che la conoscono?	*Determinato, semplice, disponibile*
26	Le è mai capitato di appartenere ad un gruppo ultras?	*No*
27	Le è mai capitato di guidare in modo spericolato?	*No*
28	Le è mai capitato di far uso di sostanze alcoliche?	*No*
29	Le è mai capitato di avere atteggiamenti aggressivi?	*No*
30	Le è mai capitato di compiere atti di vandalismo?	*No*
31	Le piace leggere?	*Sì/abbastanza*
32	Quali sono gli ultimi libri che ha letto?	*(Dirne due e saperli!!)*
33	Quali secondo lei sono i valori fondamentali che orientano scelte e comportamenti?	*Determinazione, lealtà, sacrificio*
34	Nella sua scelta professionale c'è la possibilità di lavorare il sabato o la domenica. Le crea problemi questa eventualità?	*No, so che c'è la possibilità di fare turni, lavorare la notte, durante i giorni di Festa, ma è una mia scelta*
35	Nella sua scelta professionale si maneggiano armi. Esprima una considerazione in merito.	*Le armi, e tutta la divisa che spero indosserò, rappresentano il mio lavoro: devono essere maneggiate con cura ed utilizzate in caso di estrema necessità*

(segue)

36	Ha già fatto un'esperienza diretta del mondo militare? In caso affermativo, la descriva brevemente.	*(Dire sì/no) (In caso affermativo descrivere l'esperienza, cogliendo gli aspetti positivi)*
37	La sua scelta professionale che ripercussione potrebbe avere sulla famiglia, sulle amicizie o sugli studi?	*Non credo che la mia scelta professionale abbia ripercussioni negative sui miei affetti: ragazza, amici, parenti sanno che per me è un importante obiettivo da raggiungere, che mi sto impegnando per realizzarlo e mi appoggiano; le difficoltà si superano insieme*
38	Come è venuto a conoscenza di questo concorso?	*(Mi sono informato/ Aspettavo l'uscita del bando)*
39	Dica tra i suoi familiari chi appoggia maggiormente questa sua decisione e perché.	*Tutti perché sanno la mia forte motivazione*
40	Come è nato in lei il desiderio di indossare la divisa?	*(Dire se si ha qualcuno in famiglia, se si hanno amici, oppure dal desiderio di fare un lavoro che mi porti a contatto con le persone, che tenga alto i più importanti valori)*
41	Secondo lei, quali sono le funzioni e i settori d'impiego del Corpo o Arma da lei prescelto?	*(Informarsi rispetto al concorso e scrivere funzioni e settori)*
42	Pensa che il ruolo per il quale lei ambisce possa soddisfare le sue aspettative?	*Sì*
43	Ha partecipato ad altri concorsi nelle Forze di Polizia o Armate? Se sì, con quali esiti?	*(Dire Sì/No)*
44	Se fosse già un appartenente, descriva l'anno d'arruolamento, l'incarico ricoperto attualmente, la qualifica attribuita nelle ultime valutazioni caratteristiche, eventuali specializzazioni conseguite.	*(Scrivere quanto richiesto senza tralasciare nulla)*
45	Si descriva in poche righe come se dovesse presentarsi a delle persone che non la conoscono.	*Sono un ragazzo/a solare e dinamico e mi piace tenermi impegnato/a. Durante gli anni del liceo (o anche dopo, va bene lo stesso!!), ho frequentato (per esempio) dei corsi di teatro, fotografia, musica, fumetto (sceglierne uno), oppure, durante le vacanze estive ho fatto un'esperienza all'estero e ho lavorato come cameriere o bagnino o altro... per studiare l'inglese (o lo spagnolo o atro...); oppure ho partecipato ad un progetto Erasmus.* *Rispetto ad altri miei interessi, seguo in Tv degli approfondimenti in seconda serata e dei dibattiti perché mi danno modo di accrescere le mie conoscenze. Sono anche stato di persona ad assistere a dei convegni e/o a delle rassegne per giovani studenti sui temi dell'alimentazione, dell'ambiente e dell'integrazione poiché li reputo di profonda attualità (ovviamente se scrivo questo, poi mi devo documentare e saper argomentare qualcosa a riguardo).*

2.18 Panic test

Il seguente test serve per misurare il grado di autocontrollo del candidato. Si riesce, quindi, a verificare attendibilmente il grado di adattamento di fronte alle difficoltà e a individuare la scioltezza dei movimenti manuali nelle situazioni nuove.

Per lo svolgimento dell'esercizio procuratevi uno specchio da posizionare in senso verticale su di un tavolo e ponete tra voi e lo specchio, uno alla volta, i disegni proposti.

Prendete un cartone alto quanto la metà dello specchio e ponetelo tra voi e lo specchio in modo che vi impedisca di vedere il disegno, permettendovi però di vedere l'immagine riflessa.

Procuratevi un foglio per la risoluzione del test e posizionatelo fra voi e lo schermo di cartone.

Considerando che per ciascuno stimolo avrete a disposizione un tempo limite, riproducete il disegno in modo speculare, al contrario di quello che appare allo specchio; tale disegno, cioè, dovrà corrispondere a quello riportato sul libro e non all'immagine che appare allo specchio stesso.

Iniziate l'esercizio partendo dal punto indicato dalla freccia.

Il problema più grande è riprendere il tratto grafico quando ci si interrompe. Cercate, pertanto, di non staccare la matita e non fermarvi. Potete provare anche ad inventare e costruire nuovi e più grandi percorsi tracciandoli con un pennarello nero su un foglio A4.

TEMPO DISPONIBILE: 5 MINUTI

TEMPO DISPONIBILE: 5 MINUTI

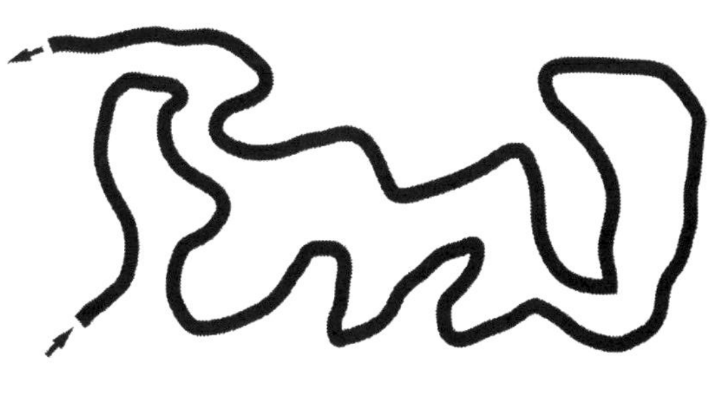

TEMPO DISPONIBILE: 5 MINUTI

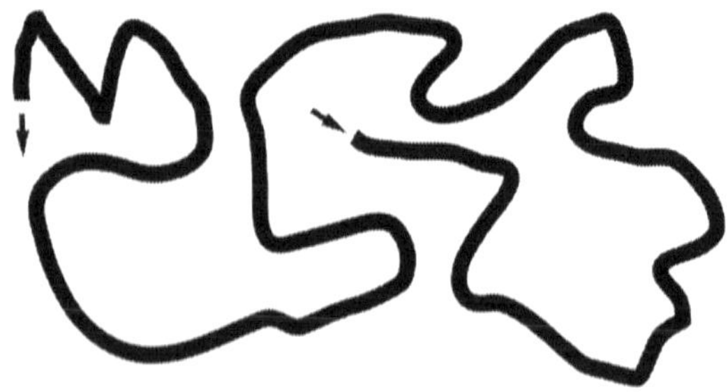

TEMPO DISPONIBILE: 5 MINUTI

TEMPO DISPONIBILE: 5 MINUTI

TEMPO DISPONIBILE: 5 MINUTI

TEMPO DISPONIBILE: 5 MINUTI

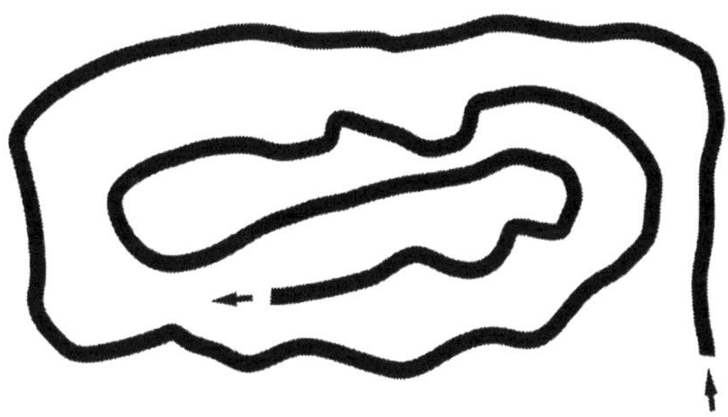

2.19 Test D2R

Il test si compone di **14 righe** con una serie di caratteri per ciascuna riga; ogni carattere è costituito da una lettera, **d** o **p**, contrassegnata con uno, due, tre o quattro piccoli trattini posti sopra o sotto le stesse lettere.
Il compito è quello di ascoltare le richieste dell'esaminatore e barrare, nel test originale, le occorrenze della lettera **d** con due trattini, ignorando tutti gli altri stimoli, mentre **in sede concorsuale** le lettere che vengono richieste con il numero di trattini stabilito. Quando l'operatore dice di cambiare riga non bisogna proseguire per cercare di terminare quella che si stava completando, ma bisogna seguire correttamente le istruzioni.
Le risposte vengono valutate secondo due parametri:
- gli errori di omissione, cioè i caratteri mancanti che avrebbero dovuto essere barrati;
- gli errori di commissione cioè la cancellazione di caratteri che non avrebbero dovuto essere cancellati.

Ovviamente minore è la percentuale di errori, maggiore è l'accuratezza del soggetto.

Di seguito, per esercizio, si riportano alcune righe di carattere (similari in cui si utilizzano altre lettere), ribadendo che le stesse non sono parte del test originale, di cui è vietata la riproduzione.

Test D2R (fac-simile)

1	ǁh	ǁh	ǀhǀ	hǁ	ǁhǀ	gǀ	ǀhǀ	gǁ	ǀg	ǀg	ǁh	ǁh	ǁg	ǀh	ǀhǁ	hǁ	ǁh	ǁg	ǀhǀ	ǀhǀ	ǀh	ǀhǀ	ǁh	ǀhǁ	gǀ	ǀhǀ	ǁhǁ	ǁhǁ	ǀh	hǁ	ǁg	hǁ	ǀhǁ	hǁ	hǁ	ǁg	ǁhǀ	ǁh	hǁ	ǀgǀ	hǁ	ǀh	gǀ	hǀ	ǀhǀ	gǀ	hǁ	ǀhǁ	gǁ	ǀgǀ	ǀhǀ	ǀh	ǀg	ǀg	gǁ	ǁh	gǀ
2	ǀh	ǀhǀ	ǁh	ǁhǀ	ǁh	hǁ	ǀhǀ	gǁ	ǁh	ǀhǁ	ǀhǀ	ǁg	hǁ	ǁh	ǁh	gǁ	ǁh	ǁhǀ	hǁ	ǀhǀ	hǁ	ǀhǀ	hǁ	ǀhǀ	hǁ	gǁ	gǀ	hǁ	ǁhǀ	ǁhǁ	ǀhǁ	ǀgǀ	hǁ	hǁ	ǁg	ǀg	ǀg	ǀhǀ	hǀ	gǀ	ǁg	hǁ	ǁh	ǁh	ǀh	ǀhǀ	ǁhǀ	ǁh	hǁ	ǁh	hǁ	ǀgǀ	hǀ	ǁh	ǁg	ǀh	ǁhǁ
3	ǀhǁ	gǀ	ǀg	ǁh	hǁ	ǀhǀ	ǀhǀ	ǁhǀ	hǀ	ǁg	hǁ	ǁhǁ	gǁ	ǀhǀ	ǁhǁ	ǀhǀ	ǁh	gǀ	ǁh	ǁg	ǀhǀ	ǀgǀ	gǀ	ǀhǀ	hǀ	hǀ	ǀg	hǀ	ǁhǀ	ǀhǀ	ǁh	hǁ	hǁ	ǀhǀ	ǁhǁ	ǀh	ǀg	ǀgǀ	ǁhǁ	ǀgǀ	hǁ	hǀ	ǁh	ǀhǁ	ǁhǀ	ǁh	gǁ	ǁh	ǀg	gǁ	gǁ	ǀgǀ	hǀ	ǀhǁ	ǀgǀ	ǁhǁ	ǀhǀ
4	ǁg	ǁh	gǁ	ǀhǀ	ǁhǀ	ǀhǀ	ǀg	ǁh	ǀhǀ	ǀhǀ	hǀ	ǁh	ǁhǀ	ǁh	gǁ	hǀ	gǀ	gǁ	hǁ	ǀhǁ	ǁh	hǀ	ǀg	ǀhǀ	ǀhǀ	ǁg	ǀhǀ	ǁh	ǁhǀ	ǀgǀ	ǀg	hǁ	ǀhǁ	ǀhǀ	hǁ	ǁh	ǁhǁ	hǁ	ǁhǀ	ǁh	ǁh	gǀ	ǁhǁ	ǀgǀ	ǁhǀ	ǀhǁ	hǁ	gǁ	hǀ	ǁg	gǁ	ǀh	ǀgǀ	ǁh	ǀhǀ	ǁh	ǀhǀ
5	ǁh	hǁ	ǀhǁ	ǀgǀ	ǀhǀ	ǀhǀ	ǁh	ǀh	ǀhǀ	gǁ	ǁh	gǁ	hǁ	hǀ	hǁ	hǀ	ǀg	hǀ	ǀh	hǁ	hǁ	ǀh	ǀg	ǁhǀ	hǁ	ǀhǁ	ǁh	gǀ	ǀhǁ	ǁhǀ	ǀhǀ	hǁ	ǀhǀ	ǀhǁ	ǀh	hǁ	hǁ	ǁg	gǀ	ǀh	ǁhǀ	hǁ	ǁh	ǀgǀ	ǁh	gǀ	ǁhǁ	hǁ	ǁh	ǀg	gǀ	hǀ	ǀhǀ	hǁ	hǁ	hǁ	ǁhǁ
6	ǁhǁ	ǁh	ǀgǀ	ǁhǁ	hǀ	ǀh	ǀh	ǀg	ǀgǀ	ǀhǀ	hǁ	gǁ	ǀhǀ	ǀhǀ	hǁ	ǁh	ǁg	hǁ	ǁg	ǀh	ǁg	ǀgǀ	gǀ	gǀ	ǁg	ǁh	ǁh	gǀ	ǀg	ǀgǀ	ǀg	ǁhǀ	gǁ	ǀhǁ	ǁhǁ	ǀhǀ	ǁh	ǁhǁ	ǀhǀ	ǀg	ǁhǁ	hǁ	ǁh	hǁ	gǀ	ǀhǀ	ǁg	ǀhǀ	hǁ	ǁh	ǀhǀ	hǁ	ǀhǁ	ǁh	ǁg	ǀhǀ	gǁ
7	hǁ	ǀh	ǀhǀ	hǁ	hǁ	ǀgǀ	ǀhǀ	hǀ	hǀ	ǁhǁ	ǀhǀ	ǀh	hǁ	ǀhǁ	ǁhǁ	hǀ	ǀhǀ	ǁh	ǁh	ǀgǀ	hǁ	ǀhǀ	ǀg	ǁh	ǀhǀ	hǁ	hǁ	ǀgǀ	ǀhǁ	hǁ	gǁ	hǁ	ǀhǀ	gǀ	ǀgǀ	ǁh	gǁ	ǁh	gǀ	ǁh	ǁhǁ	ǀhǀ	hǁ	ǀh	ǁh	ǀgǀ	hǀ	ǀg	ǁg	ǁh	ǁh	ǀhǁ	gǀ	ǁhǁ	ǀhǀ	ǁh	ǁh
8	gǀ	ǁhǀ	ǁhǀ	gǁ	gǀ	hǁ	ǁh	ǁhǁ	ǁg	ǁhǀ	hǁ	ǁhǀ	hǁ	ǀhǀ	ǁg	ǁh	ǁh	gǁ	ǀgǀ	ǁg	ǀhǁ	ǁhǀ	gǁ	ǀgǀ	ǀh	ǀh	gǀ	ǁg	ǀhǁ	ǁh	ǁh	hǀ	ǀg	ǀg	ǀh	hǁ	ǁhǁ	ǁh	hǁ	ǁh	hǀ	ǁhǁ	ǁh	ǀhǀ	hǁ	ǀhǀ	ǀhǀ	ǀh	ǀhǁ	ǁg	hǁ	ǁhǁ	ǀgǀ	hǁ	gǁ	ǁhǀ	ǀgǀ
9	gǀ	ǁh	ǁg	ǀhǀ	ǀhǀ	ǀhǁ	ǀg	hǁ	ǀhǀ	ǀg	ǁg	ǀg	gǁ	ǀhǀ	hǁ	ǀhǀ	ǀhǀ	hǀ	hǁ	ǀhǀ	hǁ	ǁhǁ	hǁ	ǁhǀ	gǀ	ǀg	ǁh	ǀh	gǀ	ǁhǀ	ǀhǀ	hǀ	ǀg	gǁ	hǁ	ǀhǁ	ǁh	ǀhǀ	ǁg	ǀh	hǁ	ǁg	gǁ	hǀ	ǁh	ǀg	ǁh	hǁ	ǁh	ǀhǁ	gǀ	ǀhǀ	gǁ	ǁh	ǀhǀ	ǁhǀ	ǀhǀ
10	ǀhǀ	ǁh	ǁg	ǁhǁ	ǁh	hǀ	hǁ	ǀhǁ	ǀhǁ	ǁhǀ	ǀgǀ	ǀhǀ	hǀ	ǁh	ǁh	ǁhǁ	hǀ	gǁ	ǀh	ǁhǀ	hǁ	hǁ	ǀhǀ	ǀh	gǁ	gǁ	ǀhǁ	ǀhǀ	ǁh	hǁ	ǁhǀ	ǀhǀ	ǀg	ǀh	ǀgǀ	hǀ	ǁhǁ	hǁ	ǀgǀ	hǁ	ǁh	ǀhǀ	ǀhǀ	ǁh	ǀg	ǁhǁ	ǀhǀ	hǁ	ǁh	ǀhǀ	ǁg	ǀg	gǁ	ǀg	gǀ	hǁ	ǁh
11	ǀgǀ	ǀhǀ	ǀhǁ	ǁg	ǁhǁ	hǁ	ǀhǀ	ǀhǁ	ǀhǀ	ǁhǀ	ǁh	ǀgǀ	hǁ	hǀ	ǁhǀ	gǁ	ǀh	ǀh	ǀgǀ	gǁ	ǀh	ǀhǁ	gǁ	ǁhǀ	hǁ	ǁh	gǀ	ǁg	ǀhǀ	ǁhǁ	ǁh	hǀ	ǁh	hǁ	ǁhǁ	ǀhǀ	ǀg	ǀhǀ	ǀhǀ	hǁ	ǀhǀ	hǁ	ǁh	gǁ	ǀhǀ	hǁ	ǁhǀ	ǀhǀ	ǀg	gǀ	gǀ	gǀ	hǁ	ǀhǁ	ǀh	ǁg	ǀgǀ
12	ǁh	hǁ	hǁ	ǁh	hǀ	ǀg	ǁhǀ	ǁh	ǁg	ǁh	ǀgǀ	ǀhǀ	ǀhǀ	gǀ	hǀ	gǁ	hǁ	hǁ	ǁh	ǁh	gǀ	hǁ	ǁh	ǁh	hǁ	hǁ	ǀg	ǁg	ǁh	ǀhǀ	ǀg	gǀ	ǁh	ǁg	ǁhǁ	hǁ	ǁg	ǀhǁ	ǀhǀ	ǁg	ǁh	ǀh	ǀhǁ	gǁ	ǁh	ǀg	ǀhǀ	ǀh	hǀ	ǁhǀ	ǀhǀ	gǀ	ǁhǁ	hǁ	gǀ	ǀgǀ	hǁ
13	ǁhǁ	ǀh	hǁ	hǁ	hǁ	hǁ	gǀ	ǁg	ǀhǀ	ǀgǀ	ǀh	ǀg	ǁh	ǀgǀ	ǀh	ǀhǀ	ǁg	ǁhǁ	ǀhǁ	hǁ	hǁ	ǀh	ǁhǀ	gǁ	ǀhǀ	hǁ	gǁ	ǀhǁ	ǀgǀ	ǁhǀ	ǁhǀ	hǀ	hǁ	ǁg	hǁ	hǁ	hǁ	ǁhǀ	ǀgǀ	ǀhǁ	ǁh	ǀhǀ	ǀhǀ	ǁh	ǀhǁ	ǀhǀ	ǀgǀ	ǁhǀ	ǁg	ǁg	ǁh	ǁh	ǁh	gǁ	ǀhǀ	ǁhǁ	hǁ
14	ǀg	ǀg	ǀgǀ	ǀhǀ	ǁhǁ	hǀ	gǁ	ǁh	gǀ	ǀg	ǀhǀ	gǁ	gǀ	ǀhǀ	ǁhǁ	ǀhǁ	hǀ	ǁh	ǁg	gǀ	ǁh	ǁh	ǁhǁ	ǁh	ǀhǀ	ǀg	ǁh	hǁ	ǁh	ǀhǁ	ǀhǀ	ǁhǀ	ǀhǀ	ǁh	ǀh	hǀ	gǀ	hǁ	ǀg	ǀhǀ	gǀ	hǀ	ǀh	ǀhǀ	ǁg	ǀhǀ	hǁ	ǁh	ǀgǀ	hǁ	ǀhǀ	ǁh	gǁ	hǁ	gǁ	ǁh	hǀ

2.20 Il questionario anamnestico

Questo questionario è composto da una serie di domande personali che riguardano il nucleo familiare, gli studi svolti, le materie preferite, gli hobby, il rapporto con gli amici ecc. Prevede risposte del tipo Sì/No, o risposte brevi ed è molto simile al biografico.
Anche in questo caso si riportano degli esempi chiarificatori, simili ma non uguale all'originale.

Questionario anamnestico	
1	Elenca i membri della tua famiglia, con il relativo grado di parentela, specificando di ognuno il livello di scolarizzazione e l'occupazione attuale
2	Descrivi, dei vari componenti, se ci sono stati, problemi personali, malattie, divorzi e come sono stati vissuti
3	La sua famiglia è contenta della sua scelta di indossare la divisa?
4	Cosa pensano i suoi genitori del fatto che se vincesse il concorso, si allontanerebbe da casa?
5	Racconti brevemente qualcosa di se stesso
6	Le piace trascorrere il tempo libero in compagnia di amici?
7	Che giudizio hanno i suoi amici di lei? E lei che giudizio ha di loro?
8	Qual è il suo comportamento di solito a scuola/al lavoro, o in famiglia?
9	I suoi amici l'hanno mai respinta per i suoi difetti? Se è accaduto, può riferire in quale occasione?
10	Nell'ambiente scolastico o di lavoro, predilige stare da solo per riflettere o in compagnia anche per confrontarsi?
11	Racconti se ha avuto momenti di difficoltà nel periodo scolastico, con amici, o in famiglia
12	Esprima un suo giudizio sulle problematiche della realtà contemporanea: droga, violenza, baby gang, bullismo
13	Nella tua scuola o tra le persone che conosci, hai mai assistito ad aggressioni? Se sì, come hai reagito?
14	Quando e come si è manifestata in lei la passione per la vita militare ?
15	Cosa pensa accadrà durante gli anni di corso?
16	Conosce qualcosa del Corpo/Arma verso il quale ha scelto di partecipare?

Anche in questo test vengono riportati possibili risposte per far comprendere il modo di procedere.

Questionario anamnestico (possibili risposte)		
1	Elenca i membri della tua famiglia, con il relativo grado di parentela, specificando di ognuno il livello di scolarizzazione e l'occupazione attuale	*(Ricordare tutti i membri senza tralasciare nessuno)*
2	Descrivi, dei vari componenti, se ci sono stati, problemi personali, malattie, divorzi e come sono stati vissuti	*(Descrivi eventuali episodi cercando di non far emergere ansia o rabbia, eventualmente al colloquio)*

(segue)

3	La sua famiglia è contenta della sua scelta di indossare la divisa?	*Sì non ostacolano le mie scelte (sì mi hanno guidato in questa scelta, per i "piccoli" che debbono fare il concorso nelle scuole militari)*
4	Cosa pensano i suoi genitori del fatto che se vincesse il concorso, si allontanerebbe da casa?	*Sono tranquilli, mi vedono maturo e pronto a fare questa esperienza, non ho problemi a stare lontano dai miei genitori (che si sono allontanati per lavoro, per vacanza ecc)*
5	Racconti brevemente qualcosa di se stesso	*Sono un ragazzo determinato e sincero, allegro e semplice*
6	Le piace trascorrere il tempo libero in compagnia di amici?	*Sì*
7	Che giudizio hanno i suoi amici di lei? E lei che giudizio ha di loro?	*Mi reputano una persona disponibile sulla quale si può contare; loro per me sono punti di riferimento e persone divertenti con cui trascorrere ore piacevoli*
8	Qual è il suo comportamento di solito a scuola/al lavoro, o in famiglia?	*Sono una persona che si impegna, segue i consigli e cerca di esprimere i propri punti di vista*
9	I suoi amici l'hanno mai respinta per i suoi difetti? Se è accaduto, può riferire in quale occasione?	*Sinceramente no, sono sempre stato accettato*
10	Nell'ambiente scolastico o di lavoro, predilige stare da solo per riflettere o in compagnia anche per confrontarsi?	*Preferisco stare in compagnia, ma se capita che devo lavorare o studiare da solo ne approfitto per concentrarmi*
11	Racconti se ha avuto momenti di difficoltà nel periodo scolastico, con amici, o in famiglia	*Non mi sembra di ricordare particolari periodi difficili, e comunque qualche piccolo problema è stato affrontato e superato con l'aiuto della famiglia e degli amici*
12	Esprima un suo giudizio sulle problematiche della realtà contemporanea: droga, violenza, baby gang, bullismo	*Sono problematiche importanti che devono essere affrontate con attenzione e con la collaborazione della scuola e della famiglia che devono essere vicini ai giovani durante la loro crescita*
13	Nella tua scuola o tra le persone che conosci, hai mai assis tito ad aggressioni? Se sì, come hai reagito?	*Fortunatamente non ci sono stati questi episodi perché averi cercato di denunciarli in quanto credo sia gravissimo far finta di niente*
14	Quando e come si è manifestata in lei la passione per la vita militare ?	*(Dire se c'è un parente o un amico oppure perché la divisa è segno di serietà ecc.)*
15	Cosa pensa accadrà durante gli anni di corso?	*Farò esperienza, maturerò e cercherò di comportarmi bene(non valido per chi sta frequentando la "scuola militare")*
16	Conosce qualcosa del Corpo/Arma verso il quale ha scelto di partecipare?	*Dire e raccontare qualcosa sui ruoli i gradi, il tipo di lavoro svolto, le opportunità di carriera ecc.*

2.21 La selezione del personale

La selezione del personale è un compito delicatissimo, che deve essere svolto con competenza e professionalità da personale altamente qualificato ed è volto all'acquisizione delle informazioni personali ed all'indagine completa della personalità del candidato. Ciò al fine di individuare le persone più adatte e motivate ad un certo tipo di lavoro per utilizzare al meglio le proprie capacità e competenze ai fini produttivi e di realizzazione.
In siffatto ambito, dopo aver raccolto altre notizie dal test biografico, probabilmente dal questionario MMPI, si possono delineare alcuni tratti che compongono la personalità dell'aspirante e che sono: i bisogni, le motivazioni, l'intelligenza, le competenze. Si valuta, quindi, se il ragazzo ha raggiunto o sta raggiungendo la maturità a livello di carattere; se ha sviluppato un sufficiente grado di autostima e responsabilità; se è maturo nel processo di pensiero, critico nel giudizio, nell'esaminare gli altri e nel sintetizzare gli avvenimenti; infine se ha buone capacità di gestire le emozioni anche in situazioni difficili e se è in grado di stare in compagnia, lavorare con altri e prendere decisioni.

2.22 L'intervista-colloquio

Attraverso l'intervista-colloquio si cerca di confermare quanto espresso durante i precedenti test scritti. Può anche capitare di dover effettuare due colloqui: uno con lo psichiatra, che valuterà esclusivamente l'MMPI ed uno alla fine, probabilmente con un perito selettore (persona non laureata nelle apposite discipline, ma che ha frequentato dei corsi specifici presso l'Amministrazione centrale).
Teoricamente il colloquio è uno scambio reciproco di informazioni tra intervistato ed intervistatore che dovrebbe avvenire in un ambito confortevole privo di interferenze; di fatto la posizione che si instaura vede l'aspirante in una situazione di svantaggio, in un ambito non sempre confortevole con personale che talvolta tende a sollecitare reazioni forti.
Bisognerebbe che tra i due protagonisti si instaurasse un rapporto empatico, cioè umanità e sensibilità, la capacità di andare oltre le parole, capire i segnali ed anche il linguaggio del corpo. Questo avviene, ovviamente, nei colloqui terapeutici e forse nei colloqui presso qualche Azienda Privata.
Nelle Forze Armate è diverso poiché bisogna tener conto dei ruoli, della disciplina, della vita di gruppo, dei rischi, di alcune difficoltà e caratteristiche che il selettore deve verificare il candidato abbia. È per questo che le domande riguarderanno determinate aree: familiare (mi racconti qualcosa sulla sua famiglia; i genitori sono contenti della sua scelta?), personale (Come si considera? Quanto tempo dedica alla cura del suo corpo?), sociale (Come considera i suoi amici? Mi parli dei suoi hobby), sessuale (Come giudica il suo comportamento sessuale? Cosa pensa dei rapporti omosessuali?).
Nell'ambito, militare e paramilitare, tra l'altro, dai test psicologici congiuntamente al colloquio si cerca di capire se l'aspirante può trovarsi a suo agio nella vita di gruppo, se è adattabile alla disciplina militare, ed a seconda del ruolo per cui si concorre, se è in grado di recepire o impartire ordini con altrettanta tranquillità e determinazione.
Qualsiasi sia, comunque, il tipo di informazione richiesta, è necessario saper motivare la propria risposta.
Non si possono suggerire risposte più o meno valide, poiché ogni discorso è soggettivo, tuttavia per destare una buona impressione, si ricorda di:

1) tenere un abbigliamento idoneo: giacca, pantalone, tailleur, (anche un abbigliamento sportivo ma ben curato);
2) evitare troppi gioielli, orecchini, piercing;
3) evitare di presentarsi con capelli troppo lunghi, con troppo gel o rasati;
4) non mostrarsi eccessivamente ansiosi o imbarazzati, ma nemmeno disinteressati o superficiali; è il vostro colloquio, riguarda voi, fatevi vedere pronti, attenti e convinti di quanto dite;
5) non mordersi le unghie, non dondolare sulla sedia, etc., perché sono segni di ansia;
6) guardare in viso il vostro interlocutore per un segno di interesse e disponibilità;
7) parlare tranquillamente come se steste parlando con un conoscente, sempre nel rispetto del selezionatore;
8) non rispondere solo sì o no, come se fosse un interrogatorio, ma neppure essere troppo lunghi o dispersivi, perché potreste essere ripetitivi o prolissi;
9) non spezzare il discorso con pause lunghe e non lasciarlo incompleto a meno che non siate interrotti;
10) usate sempre lo stesso tono di voce, possibilmente non in dialetto e con un italiano corretto;
11) rispondere in modo uguale, se si fanno due domande simili;
12) non dare l'impressione di aver imparato il "racconto a memoria", perché è importante essere spontanei e sinceri;
13) se vengono poste domande sullo sport, siate fieri poiché dà impegno, coraggio e forza, quindi è apprezzato;
14) rammentare quanto esposto nelle frasi scritte per evitare contraddizioni, se queste sono state somministrate.

Questi consigli naturalmente non devono essere presi come "vangelo", poiché, come già detto, ogni risposta è soggettiva e personale.

2.23 Il colloquio

È lo strumento di valutazione più diffuso in ambito selettivo ed è anche il più attendibile. Rappresenta un metodo di indagine più che uno strumento puramente diagnostico. Si differenzia dagli altri tipi di colloqui psicologici per la sua natura totalmente valutativa che necessita di concludersi con un giudizio di idoneità o non idoneità del candidato. È svolto da un membro della commissione esaminatrice che può essere un selettore attitudinale o uno psicologo.
Alcune Amministrazioni tendono a distinguere il colloquio psicologico da quello attitudinale.
Nel **colloquio psicologico** si punta a inquadrare le caratteristiche della personalità del candidato attraverso una serie di domande personali. Si invita, dunque, il soggetto a parlare di sé, dei suoi interessi culturali o scientifici, degli amici, della famiglia, del futuro; ricalca, di fatto, i test somministrati precedentemente, tra i quali il questionario biografico. Qualora dovessero emergere punti critici dai test, ad esempio per quanto riguarda il sonno, l'appetito, le relazioni sociali, la storia familiare, lo psicologo si concentrerà maggiormente su quegli aspetti, ponendo un maggior numero di domande in merito. L'obiettivo è valutare se il candidato è "**Psicologicamente Idoneo**" a svolgere il lavoro per il quale concorre.
Il **colloquio attitudinale**, invece, è più specifico; il selettore vuole rendersi conto se il candidato ha la concreta motivazione (intrinseca) a intraprendere il tipo di carriera per cui si presenta (agente/truppa, maresciallo/ispettore, ufficiale) oltre che le adeguate attitudini per svolgerla. Alla luce di ciò, le domande saranno relative ai motivi che hanno spinto il candidato a

quella determinata scelta. Inoltre, una persona può attestare la propria motivazione quando dimostra di essere anche appassionata al tipo di lavoro che andrà a svolgere. Pertanto, le domande andranno a indagare anche le conoscenze che il candidato possiede circa quel Corpo o quell'Arma: come è strutturata (quali sono i ruoli, quali sono i gradi, che tipo di mansioni si svolgono ecc.), di cosa nel concreto si occupa, quando nasce e come si è evoluta nel tempo, ma soprattutto qual è l'elemento che la differenzia dalle altre Amministrazioni (quindi perché si è scelto di concorrere per quel Corpo o Arma e non per altro). Per tutti questi motivi, il selettore non può che essere un funzionario (ufficiale o dirigente) interno all'Amministrazione che conosce la materia in esame. L'obiettivo è valutare se quel candidato è "**Adatto**" a ricoprire il ruolo per il quale concorre, cioè se rispecchia il profilo della persona che stanno cercando. Il profilo lavorativo (job profile), naturalmente, sarà diverso da ruolo a ruolo, e tra le diverse Amministrazioni: si va da un profilo generico che prevede, tra le altre cose, capacità di relazionarsi, spirito di collaborazione, adattabilità, responsabilità ecc.; a un profilo più specifico che può, ad esempio, includere capacità di decision making, capacità visuo-spaziali, assertività, velocità di apprendimento ecc. Sarà, quindi, opportuno che il candidato vada a informarsi preventivamente sulle varie carriere, sui comandi, sul tipo di lavoro, per legittimare la propria scelta e dimostrare reale passione per quel Corpo o Arma.

Entrambi i tipi di colloquio, se opportunamente svolti, consentono all'intervistatore di trarre un grande numero di informazioni circa le abitudini dell'intervisto, i suoi modi di ragionare e relazionarsi, gli aspetti caratteriali, di personalità, di comportamento e di fronteggiamento delle situazioni; ma anche informazioni circa la storia del candidato come istruzione, abitudini, figure di riferimento ecc. L'intervista infatti, per la sua natura discorsiva, è strutturata con domande "aperte", ciò fornisce al candidato la possibilità di dire ciò che egli ritiene più opportuno, offrendo "spunti" a cui agganciarsi. Per lo psicologo e per il selettore, in particolare, i test costituiscono uno spunto ulteriore, ma è dal colloquio che traggono le informazioni più significative. L'intervista, dunque, ha scopi selettivi, mira ad accertare quanto il candidato risulti idoneo a svolgere la mansione o le mansioni previste dall'incarico e a convalidare in modo ulteriore ciò che emerge dai test.

2.23.1 Come comportarsi al colloquio

Il colloquio è il momento in cui il selezionatore raccoglie informazioni biografiche e caratteriali sul candidato ponendo domande dirette; tuttavia, oltre a ciò che viene detto, fanno parte della valutazione una serie di fattori, apparentemente secondari, che attengono al comportamento generale del candidato. Occorre dunque prestare particolare attenzione a come ci si comporta in sede di colloquio:

- **in sala d'attesa**: spesso la valutazione comincia qui, anche se non tutti ne tengono conto. Prestare attenzione alla posizione in cui si è seduti, stare composti, non incrociare le braccia, non giocherellare con le mani, non mangiarsi le unghie, evitare di guardare continuamente l'orologio e di mostrare ansia per l'incontro. Scambiare quattro chiacchiere con gli altri candidati va bene ma ricordate di non essere al bar;
- **accomodarsi** solo dopo che il proprio selezionatore si sia seduto o comunque dopo che vi inviti a farlo;
- **guardare negli occhi il proprio interlocutore** quando gli si rivolge la parola e non vagare con lo sguardo nella stanza mentre lui parla. In presenza di più interlocutori, guardare (senza mai fissarlo) colui che ha la parola al momento.

2.23.2 Aree e domande ricorrenti nell'intervista di selezione

Il candidato certamente affronterà il colloquio consapevole che costituisce l'ultimo ostacolo al raggiungimento del suo obiettivo e, pertanto, si presenterà anche con una dose di preoccupazione rispetto all'incognita, rappresentata dalle possibili domande. Provvederemo quindi a elencare almeno le aree oggetto di interesse e valutazione in un'intervista di selezione, affinché possa rapportarsi in maniera più pronta a questo importante momento.

AREA DELLA FAMIGLIA	
DOMANDE RICORRENTI	Che influenza ha avuto la sua famiglia nella scelta di partecipare alla selezione? Ha una vita affettiva stabile? Che tipo di educazione ha ricevuto in famiglia? Come sono i rapporti all'interno della sua famiglia? In quanti siete in famiglia? C'è già qualcuno che ha intrapreso la stessa scelta professionale? Che ne pensano in famiglia del fatto che desidera indossare divisa?

AREA PERSONALE	
DOMANDE RICORRENTI	Mi parli dei suoi punti forti e dei suoi punti deboli. Cosa ammira maggiormente negli altri? Come mai ha operato la scelta di effettuare questa selezione? Si ritiene soddisfatto delle scelte che ha operato sino ad ora nella vita? Mi parli dei suoi interessi. Quali crede siano le sue capacità? In cosa viene riconosciuto capace dagli altri?

AREA LAVORATIVA E DELL'ISTRUZIONE	
DOMANDE RICORRENTI	Mi parli della sua carriera scolastica. È soddisfatto dell'indirizzo di studi che ha scelto? Ha avuto problemi nel corso degli anni scolastici? Mi parli delle sue esperienze lavorative precedenti, se ne ha avute. Cosa la spinge a fare questa professione? Cosa pensa farà una volta superato il concorso? Se potesse scegliere continuerebbe a studiare? Che cosa?

ESPERIENZE DI VITA	
DOMANDE RICORRENTI	Se ha svolto il servizio militare mi parli di questa esperienza. Cosa ha tratto dalle esperienze lavorative svolte? Mi parli di esperienze di vita per lei significative. Ha avuto modo di viaggiare nel corso degli anni? Mi parli del suo ricordo più bello. Mi parli del suo ricordo più brutto. Cosa pensa le farà superare questa selezione?

AREA DEL TEMPO LIBERO	
DOMANDE RICORRENTI	Cosa fa nel suo tempo libero? È abituato a fare dello sport? Se sì quale? Come passa il suo tempo libero? Come sono i rapporti con i suoi amici? Come trascorre i periodi di vacanza? Mi parli dei suoi interessi. Che le dicono gli amici della sua scelta? Quali sono le letture che preferisce?

AREA DEI VALORI PROFESSIONALI	
DOMANDE RICORRENTI	Cosa è per lei il lavoro? Che parte ha il lavoro nella sua vita? Quanto è importante la questione economica e quella del lavoro fisso nella sua scelta di partecipare a questo concorso? Come si vede tra dieci anni? Le piacerebbe avanzare nella carriera? Le piace lavorare con altre persone? Che ne pensa del fatto che si debba lavorare spesso in squadra?

2.23.3 *Come rispondere alle domande*

Colloquiare significa parlare, discorrere, confrontarsi. Non si deve affrontare il colloquio come se fosse un interrogatorio, ma sfruttarlo piuttosto come un'occasione per farsi conoscere, per far emergere i propri punti di forza, d'altronde si sta discorrendo di un argomento che il candidato conosce benissimo: sé stesso. Anche in questa fase di selezione, non esistono risposte giuste o sbagliate, ma è importante che vi sia coerenza in ciò che si afferma, anche rispetto a quanto detto nelle altre fasi (per esempio in occasione dei test psicologici).

Di seguito qualche indicazione per rispondere in modo adeguato alle domande che vi verranno poste:

- **usare un tono di voce chiaro** quando si risponde. Accertarsi che il proprio interlocutore senta ciò che si sta dicendo, perché non vi chiederà di ripeterlo due volte, bensì prenderà atto che al momento del colloquio non stavate comunicando in maniera efficiente;
- **parlare in modo accurato**, con proprietà di linguaggio e con tono di voce sicuro;
- **non impiegare troppo tempo** prima di rispondere a una domanda ed essere diretti, evitare temporeggiamenti, divagazioni o inutili giri di parole;
- **non essere logorroici**: rispondere alle domande in modo sintetico cercando, però, di argomentare le risposte, eventualmente anche con degli esempi (evitare i sì, no, non so, dipende);
- **non interrompere il proprio interlocutore**, ma partecipare attivamente al colloquio, anche chiedendo di chiarire la domanda se non si è compresa;
- **non essere evasivi** quando viene fatta una domanda, rispondere sempre in modo sincero e completo;
- **essere pronti a ricevere domande personali, anche imbarazzanti**. Tra gli obiettivi dell'esaminatore c'è quello di verificare la capacità del candidato di reagire agli imprevisti e valutarne le reazioni in situazioni imbarazzanti e di disagio.

2.23.4 Il comportamento non verbale e gli indici della comunicazione

Come già accennato, le informazioni utili al selettore per giungere a una valutazione non vengono solo da ciò che il soggetto dice, ma anche dalla sua comunicazione non verbale: aspetto, postura, mimica, sguardo, gestualità, sono tutti elementi che costituiscono indici importanti per valutare l'assetto emotivo e altri parametri. Gli psicologi hanno dimostrato che l'80% del messaggio che si intende comunicare viene trasmesso tramite il linguaggio non verbale, quindi è importante non trascurare quest'area. Il modo in cui il soggetto si presenta al colloquio, ovvero indossando un abbigliamento congruo con il contesto, se manifesta nel vestire cura di sé, se ha una modalità diretta e sicura di dare la mano, se guarda negli occhi mentre si esprime, se complessivamente risulta congruente dal punto di vista dei canali verbale e non verbale, sono tutte notizie importanti.
Un soggetto che, per esempio, narra qualcosa di estremamente triste, ma che a livello di mimica sorride, dimostra di avere difficoltà sul piano della congruenza. Anche il portamento e la gestualità, ovvero il modo di camminare e posizionarsi nello spazio, accompagnare quanto detto con gesti ampi e frequenti, sono tutti indice di sicurezza o di insicurezza, oggetto di valutazione.
La questione del vestire è certamente la più delicata, poiché vi sono persone che poco si rendono conto di quanto essa influisca nell'impressione globale di un esaminatore. Non è una questione di stile di abbigliamento, piuttosto attiene alla cura di sé, al fatto di manifestare, anche attraverso un abbigliamento adeguato, rispetto per il contesto. Pertanto, non è consigliabile presentarsi ad un colloquio di selezione in modo trasandato o con un abbigliamento eccentrico e fuori luogo. Altresì sarà importante tenere conto della cura della propria immagine, per esempio: le donne eviteranno di indossare orecchini vistosi, unghie troppo lunghe o con manicure particolarmente evidenti, piuttosto terranno un'immagine semplice con capelli in ordine (o legati) e trucco leggero; gli uomini cureranno la propria immagine tagliando i capelli e la barba (o al massimo portandola corta e ben curata), anch'essi eviteranno orecchini o altri accessori simi limitandosi a indossare un orologio.

2.24 Il colloquio di gruppo e i giochi di ruolo

Il colloquio di gruppo, così come i "giochi di ruolo", nei concorsi militari, non hanno ovviamente scopo terapeutico, ma servono al personale preposto (psicologo, perito selettore) per analizzare i comportamenti e registrare le dinamiche relazionali che nascono durante l'interazione tra i candidati. Generalmente un numero ristretto di candidati (al massimo sei/otto) affronta un problema o cerca delle strategie per risolvere un gioco, sotto la guida dello psicologo o del selettore. Le dinamiche che nascono durante l'interazione esprimono delle emozioni, rivelano contenuti, tratti della personalità di ciascuno che, sebbene siano emersi in situazioni fittizie, sono strutturalmente simili a quelli che si evidenzierebbero durante la vita quotidiana e sul lavoro.
Per poter partecipare a un colloquio di gruppo o a un gioco di ruolo, in ambito concorsuale, senza essere in difficoltà, è opportuno cercare di essere il più possibile se stessi, tuttavia, è evidente che non bisogna rimanere in disparte né parlare a voce troppo bassa; non bisogna essere noiosi, musoni, titubanti, incerti su cosa dire e non si deve interrompere l'argomento; è quindi consigliabile parlare con un tono di voce pacato, esprimendo le proprie idee, cercando, se possibile, di coinvolgere e convincere gli altri con dimostrazioni e piccoli esempi.
I giochi più utilizzati, nell'ambito concorsuale, sono i giochi di leadership e quelli decisori.

2.24.1 I giochi di leadership

In questo tipo di giochi, i protagonisti e il conduttore (psicologo o selettore) esprimono le proprie idee circa le caratteristiche che deve avere un leader, che è considerata la persona più rappresentativa, con carisma, abilità, che deve sapere parlare e ascoltare, ma deve essere anche in grado di contraddire e manifestare il proprio disappunto trascinando il gruppo verso la ribellione. Dopo aver individuato tali caratteristiche, il conduttore fornisce a ciascun concorrente un foglietto di carta sul quale egli potrà indicare il nome di un altro partecipante al gioco attribuendo un voto che gli conferisca:

- leadership evidente (il soggetto possiede tutte le caratteristiche tipiche del leader);
- leadership abbastanza evidente;
- leadership poco evidente;
- leadership del tutto assente.

Dopo alcuni minuti, il conduttore ritira i bigliettini e commenta, insieme al gruppo, i risultati ottenuti. Segue, infine, una sintetica relazione su ogni partecipante al gioco.
Ovviamente l'obiettivo dei selettori durante il gioco, a livello tecnico, non è quello della scelta del leader del gruppo, bensì quello di analizzare gli atteggiamenti di ciascun membro, le pause, il tono della voce, chi parla di più, quali sono le alleanze, quali componenti si isolano ecc.

2.24.2 I giochi decisori

I giochi decisori si utilizzano in alcuni concorsi militari poiché, attraverso di essi, è possibile capire meccanismi inconsci, emozioni, dinamiche relazionali e di gruppo che potrebbero essere rappresentative di dinamiche attuabili in situazioni reali.
Compito del conduttore è analizzare tali meccanismi, che aiutano o impediscono la coesione del gruppo, le decisioni che vengono prese, le strategie messe in atto da ciascun partecipane ecc.
Viene riportato l'esempio di un gioco.

➤ **La donna sul ponte**

Una donna inizia una relazione extraconiugale, perché trascurata dal marito. Approfittando di un viaggio di lavoro dell'uomo, la donna organizza una scappatella insieme all'amante. Mentre si trova con l'amante, la donna riceve una telefonata dal marito che l'avverte che sta tornando a casa. In preda al panico, la donna chiede all'amante di riaccompagnarla a casa, ma questi si rifiuta. Lei decide quindi di tornare a casa a piedi, ma lungo il tragitto è costretta ad attraversare un ponte. Sul ponte si trova uno squilibrato che uccide chiunque voglia attraversarlo. Spaventata, la donna decide di attraversare il fiume chiedendo aiuto a un barcaiolo, previo pagamento della tratta. Poiché la donna non ha soldi a sufficienza decide di chiederli a un amico che abita nei pressi del ponte. L'amico si rifiuta di darglieli, invitando la donna a confessare il tradimento al marito. Lei se ne va e decide di attraversare il ponte, ma viene uccisa dallo squilibrato.
Il candidato attribuisca la responsabilità dell'uccisione a:

A) la donna
B) il marito
C) l'amante
D) il Caronte
E) l'amico
F) lo squilibrato

I giocatori hanno alcuni minuti di tempo per decidere, prima singolarmente e poi trami-

te una discussione di gruppo, a volte il conduttore divide il gruppo in sottogruppi per ascoltare le strategie e le spiegazioni che legittimano le varie proposte. Successivamente un portavoce legge la risposta (o lo stesso conduttore legge le varie risposte se non divide in sottogruppi) e si discute la scelta.
Circa la risposta più idonea si può ipotizzare o la donna o lo squilibrato; la prima perché non ha saputo assumersi le proprie responsabilità, il secondo perché, comunque, è un assassino. Anche in questo caso, tuttavia, ciò che è importante è saper argomentare la scelta non mostrando mai segni di indecisione o imbarazzo.

Ecco un esempio di un altro gioco.

Guerra nucleare

Tra 45 minuti ci sarà lo scoppio della guerra nucleare.
Dovete raggiungere rapidamente il vostro rifugio atomico attrezzato secondo i criteri più avanzati e lontano cinque chilometri. La vostra sopravvivenza è legata alle risorse che il gruppo possiede e alla possibilità di poter convivere per 12 mesi chiusi nel rifugio, senza alcuna possibilità di privacy.
Poiché mancano all'appello 3 membri del vostro equipaggio, potete ospitare 3 persone nel rifugio.
Il vostro compito consiste nello scegliere tra i personaggi indicati di seguito secondo un ordine di preferenza:

1) Ricchissimo ebreo proprietario di numerose industrie di alimenti
2) Anziano ingegnere, docente di tecniche di sopravvivenza nella steppa
3) Studente di Medicina al V anno
4) Prostituta Sud-Americana
5) Direttore di un'industria chimica
6) Prete cattolico
7) Ex educanda delle Orsoline, di 24 anni
8) Ingegnere civile, esperto in progettazione di impianto
9) Donna dell'est Europa incinta
10) Bambino francese di 7 anni
11) Infermiera dell'ospedale di Stato di Pechino di 33 anni
12) Miss Romagna, diciottenne e socievole
13) Celebre ricercatore, omosessuale, proposto come Nobel per la pace
14) Campione di decathlon di 30 anni, alto 190 cm, di aspetto gradevole
15) Psicologa non vedente
16) Ufficiale in pensione con esperienza di comando

Capitolo 3
I test intellettivi

3.1 Proporzioni con parole

Le proporzioni con parole sono tra i test in circolazione, le tipologie più diffuse. Sono scelte come materiale stimolo elettivo perché efficace più di altre prove per la misura delle abilità di ragionamento induttivo. Per affrontare efficacemente questo tipo di prove è necessario possedere un lessico sufficientemente ricco e una buona padronanza della lingua italiana. In tali prove si richiede l'individuazione del rapporto di somiglianza tra parole, fatti, oggetti e si richiede di individuare il *termine* che spiega una relazione o che esprime un certo grado di somiglianza tra essi.

Attenzione! *Le tipologie di relazioni instaurabili tra serie di parole sono pressoché infinite; se non riuscite a cogliere subito una relazione di significato fra i vari termini, cercate di individuarne un'altra tra le seguenti possibili:*

TIPOLOGIE DI RELAZIONI	
RELAZIONE TRA I TERMINI DI UN INSIEME	ESEMPI DI CARATTERISTICHE COMUNI
Relazione etimologica	Origine dei termini
Relazione semantica	Significato dei termini
Relazione ortografica	Lettera iniziale, suffissi, dittonghi ecc.
Relazione grammaticale	Verbi, sostantivi, aggettivi ecc.
Relazione geografica	Città della stessa nazione, Stati dello stesso continente, città della stessa regione ecc.
Relazione temporale	Personaggi o eventi della stessa epoca
Relazione di appartenenza	Opere di un medesimo autore, artisti di una medesima corrente, animali di una medesima specie, musicisti di uno stesso genere, romanzi ambientati nella stessa città ecc.
Relazione funzionale	Il coltello taglia, la penna scrive ecc.
Relazione causale	Tra nuvole e pioggia, farmaco e guarigione ecc.

➤ ***Esempio di relazione causale***

Soluzione : Problema = Accordo : ?

Il quesito in questo caso viene posto sotto forma di proporzione e deve essere letto in questo modo:

Soluzione sta a Problema come Accordo sta a ?

La coppia dei termini Soluzione e Problema è in *relazione causale consequenziale*, ovvero la Soluzione è qui da intendersi nella accezione di raggiungimento di un risultato da sostituire a una serie complessa di elementi ovvero ad un Problema.
Qui l'incognita da individuare tra i quattro termini proposti dovrà esprimere la stessa consequenzialità inversa riferita al termine Accordo per cui tra i termini suggeriti:

A) Termine B) Concordia C) Conflitto D) Dilemma

La risposta giusta è la C) Conflitto, perché è l'unico termine che esprime con la stessa intensità e nella stessa direzione della coppia precedente la relazione di causalità consequenziale.

Esempio di relazione etimologica e semantica

Eremo : Eremita = Probo : ?

A) Problematico B) Probabilità C) Proibire D) Probiviro

Il termine Eremita, riferito a chi si apparta dal mondo, di solito per motivi religiosi, deriva etimologicamente da Eremo, luogo isolato di contemplazione e preghiera. Il termine Probo significa onesto, integro, retto, da cui deriva Probiviro che propriamente significa "uomo probo", più comunemente membro di un gruppo ristretto con compiti delicati all'interno di un'istituzione (collegio dei probiviri). Gli altri termini evidentemente non hanno alcuna relazione etimologica. Dunque la risposta esatta è la D).

Esempio di relazione ortografica

Trama : Vello = Brama : ?

A) Merlo B) Bello C) Spello D) Agnello

Questo tipo di esercizi può trarre in inganno proprio per la sua semplicità. È essenziale in questo caso non prefigurare la risposta sulla base del solo esame della proporzione. L'unica relazione possibile tra i due termini noti della proporzione impostata è quella di tipo ortografico, che è prodotta dalla sostituzione della prima lettera di ciascun termine: la T di trama viene sostituita dalla B di brama. Quindi l'unico termine, tra quelli suggeriti, che soddisfa la relazione ortografica è il termine Bello (la lettera B in sostituzione della lettera V di vello).

Esempio di relazione grammaticale

Dire : Andato = Colto : ?

A) Folla B) Adesso C) Studiare D) Molto

Anche questo tipo di esercizio richiede molta accortezza, oltre alla conoscenza della grammatica di base. È bene esaminare attentamente i termini della proporzione e le risposte suggerite. È difficile capire la relazione tra i termini se non individuiamo quali sono i termini noti della proporzione e il tipo di relazione che li accomuna. Dire e Andato sono i termini noti, sono due verbi, quindi dato che il termine Colto è un aggettivo come Molto, la risposta esatta è la lettera D). Se non ricordate quali sono gli aggettivi (e gli altri elementi grammaticali), questo è il momento giusto per ripassarli.

➤ ***Esempio di relazione geografica***

Calabria : ? = Toscana : Firenze

A) Catanzaro B) Piacenza C) Reggio Calabria D) Vibo Valentia

La relazione tra i termini della proporzione è facilmente individuabile anche ad un primo sguardo: Firenze è il capoluogo regionale della Toscana, quindi la risposta giusta sarà la A) Catanzaro, capoluogo regionale della Calabria. L'esempio ha un unico distrattore in Reggio Calabria, altro noto capoluogo tra le province calabresi. Dato che sono molto frequenti i richiami a nozioni geografiche, si consiglia di ripassare la materia.

➤ ***Esempio di relazione temporale***

? : Lorenzo il Magnifico = Federico Barbarossa : Marco Polo

A) Carlo Magno B) Giuseppe Garibaldi
C) Dante Alighieri D) Leonardo da Vinci

L'unica relazione tra il Barbarossa e Marco Polo è di tipo temporale; entrambi sono ascrivibili al periodo medioevale. Lorenzo il Magnifico invece appartiene al periodo rinascimentale come Leonardo da Vinci, quindi la risposta esatta è la lettera D).
Le combinazioni in questo tipo di prove sono pressoché infinite. È da tenere presente che non si può ricordare e sapere ogni cosa su qualsiasi argomento, quindi per affrontare serenamente le prove fate un ripasso veloce degli eventi storici, recupererete la gran parte delle informazioni e nozioni che vi aiuteranno più di qualsiasi altra cosa per questo tipo di prove.

➤ ***Esempio di relazione di appartenenza***

Tordo : Merlo = Capodoglio : ?

A) Trota B) Scoiattolo C) Piovra D) Barracuda

I termini da confrontare sono tutti appartenenti al regno animale. La relazione nota è quella tra Tordo e Merlo, che appartengono all'ordine degli uccelli, diversamente dal Capodoglio. I distrattori inseriti in questo esempio sono i due pesci, la trota e il barracuda, oppure al limite si potrebbe considerare distrattore anche la piovra se erroneamente consideriamo l'habitat (entrambi sono animali marini, ma la piovra è un invertebrato, il capodoglio è un cetaceo). Non resta altro che lo scoiattolo, piccolo mammifero di terraferma. Anche il capodoglio è un mammifero, quindi la risposta esatta è B) Scoiattolo.

➤ ***Esempio di relazione funzionale***

Lavastoviglie : ? = Scooter : Benzina

A) Piatti B) Sapone C) Elettricità D) Acqua

L'analogia tra i vocaboli è spiegata dalla relazione funzionale tra i termini della proporzione. Naturalmente la Benzina è il propellente necessario per la locomozione dello Scooter. Il distrattore più insidioso tra i termini proposti è principalmente l'acqua che, pur essendo un elemento indispensabile per il buon funzionamento della lavastoviglie, non è l'elemento che attiva il motore dell'elettrodomestico. La risposta esatta è dunque la C) Elettricità.

3.1.1 Esercizi con proporzioni con parole

Individuare il termine che completa logicamente la relazione.

1) **Maestro : Insegnante = Apostolo : x**
A) Apprendistato B) Banco C) Discente D) Messia

2) **Eremita : Solitudine = Anacoreta : x**
A) Gruppo B) Compagnia C) Libertà D) Isolamento

3) **Corrusco : Splendente = Malaticcio : x**
A) Cagionevole B) Forte C) Robusto D) Villano

4) **Disprezzare : Rispettare = Abominare : x**
A) Detestare B) Adorare C) Ingannare D) Facilitare

5) **Barbabietola : Zucchero = Uva : x**
A) Spumante B) Succo C) Mosto D) Acini

6) **Sonetto : Poesia = Romanzo : x**
A) Libro B) Letteratura C) Best-seller D) Narrativa

7) **Ramo : Foglie = Braccio : x**
A) Estremità B) Peli C) Dita D) Piede

8) **Clorofilla : Pigmento = Luna : x**
A) Satellite B) Terra C) Rotazione D) Armstrong

9) **Alterigia : Superbia = Alacrità : x**
A) Furbizia B) Prontezza C) Debolezza D) Altezzosità

10) **Bibita : Bottiglia = Contenuto : x**
A) Aranciata B) Liquido C) Involucro D) Plastica

11) **Ippocampo : Cavallo = Mare : x**
A) Pesci B) Oceano C) Spiaggia D) Terra

12) **Difforme : Conforme = ... : Adeguato**
A) Uniforme B) Inadatto C) Adatto D) Vario

13) **Pagine : Rilegatura = Capelli : x**
A) Shampoo B) Forfora C) Innesto D) Acconciatura

14) **Cestino : Carta = Vaso : x**
A) Terracotta B) Ceramica C) Pianta D) Liquore

15) **Concime : Crescita = Cibo : x**
A) Denutrizione B) Ristorante C) Mangiare D) Sviluppo

16) Occhiali : Naso = Giacca : x

A) Bottone B) Pelle C) Gruccia D) Gilet

17) Salisburgo : Austria = San Marino : x

A) Italia B) Emilia Romagna C) Nord D) San Marino

18) Barba : Viso = Erba : x

A) Albero B) Vaso C) Verdura D) Terreno

19) Concepire : Realizzare = Pensiero : x

A) Idea B) Azione C) Meditare D) Ipotesi

20) Autorità : Comandare = Dipendenza : x

A) Ordinare B) Subordinare C) Obbligazione D) Obbedire

21) Lustro : Quinquennio = Secolo : x

A) Epoca B) Periodo C) Era D) Centennio

22) Newton : Einstein = Gravità : x

A) Relatività B) Elettricità C) Fisica D) Gas

23) Galileo : Cannocchiale = Nobel : x

A) Lampadina B) Dinamite C) Premio D) Letteratura

24) Aborigeno : Nativo = Indigeno : x

A) Esploratore B) Tribù C) Autoctono D) Cittadino

25) Immaginare : Supporre = Congetturare : x

A) Realizzare B) Ipotizzare C) Configurare D) Imbrogliare

26) x : Biasimare = Proporre: y

1) Bruciare 2) Indicare 3) Lodare 4) Criticare

A) Attuare B) Cercare C) Volere D) Individuare

27) x : Zoccolo = Leone: y

1) Legno 2) Unghia 3) Piede 4) Cavallo

A) Coraggio B) Grinfia C) Criniera D) Zampa

28) x : Barbablu = Bugiardo: y

1) Mogli 2) Buono 3) Favola 4) Crudele

A) Aladino B) Menzogna C) Pinocchio D) Assassino

29) x : Uomo = Tartufo: y

1) Fungo 2) Radici 3) Donna 4) Naso

A) Bosco B) Cane C) Mangiare D) Cioccolato

30) x : Commessa = Controversia: y

1) Ordine	2) Cassa	3) Divisa	4) Negozio
A) Disputa	B) Pace	C) Litiganti	D) Accordo

31) x : Forza = Metro: y

1) Ercole	2) Debolezza	3) Newton	4) Costanza
A) Poesia	B) Lunghezza	C) Centimetro	D) Versi

32) x : Santo Domingo = Valzer: y

1) Isola	2) Merengue	3) Caraibi	4) San Vito
A) Strauss	B) Prater	C) Austria	D) Lento

33) x : Asta = Abito: y

1) Salto	2) Battitore	3) Ostacolo	4) Bandiera
A) Monaco	B) Gruccia	C) Vestito	D) Giacca

34) x : Monaca = Balena: y

1) Suora	2) Talare	3) Foca	4) Velo
A) Lampo	B) Azzurra	C) Squalo	D) Fanoni

35) x : Cavallo = Cinodromo: y

1) Ippodromo	2) Fantino	3) Scommessa	4) Frustino
A) Topo	B) Cinese	C) Bicicletta	D) Cane

36) x : Gozzo = Aeromobile: y

1) Collo	2) Imbarcazione	3) Stomaco	4) Uccello
A) Boeing	B) Capitano	C) Deltaplano	D) Trasporto

37) x : Incanto = Maestria: y

1) Fata	2) Asta	3) Malizia	4) Musica
A) Perizia	B) Scolaro	C) Insegnante	D) Libro

38) x : Leopardi = Giorno: y

1) Conigli	2) Savana	3) Canti	4) Maculato
A) Notte	B) Ore	C) Parini	D) Sera

39) x : Mongolfiera = Ancora: y

1) Cesta	2) Volare	3) Palla	4) Zavorra
A) Nuovamente	B) Nave	C) Ferro	D) Porto

40) x : Pinguino = Savana: y

1) Uccello	2) Uovo	3) Freddo	4) Pack
A) Leone	B) Orso	C) Cammello	D) Safari

41) x : Pascoli = Aminta: y

1) Pecore	2) Arbusto	3) Assiuolo	4) Belato
A) Castoro	B) Tasso	C) Colture	D) Monti

42) x : Grongo = Mammifero: y
1) Pesce 2) Uccello 3) Insetto 4) Rettile
A) Uova B) Pinguino C) Struzzo D) Delfino

43) x : Crinito = Crespo: y
1) Metallo 2) Calvo 3) Duro 4) Cavallo
A) Alto B) Tessuto C) Inter D) Liscio

44) x : Corporazione = Landó: y
1) Gilda 2) Film 3) Atomica 4) Bomba
a) Animale B) Pelliccia C) Antico D) Carrozza

45) x : Piemonte = Murge: y
1) Torino 2) Lombardia 3) Fiat 4) Langhe
A) Lazio B) Basilicata C) Puglia D) Ancona

46) x : Credenza = Minerale: y
1) Mobile 2) Fede 3) Bugia 4) Legno
A) Umano B) Minatore C) Tallio D) Giallo

47) x : Plinto = Automobile: y
1) Lacrime 2) Abaco 3) Scultore 4) Colonna
A) Pneumatici B) Benzina C) Aereoplano D) Pilota

48) x : Plurimo = Singolo: y
1) Solo 2) Due 3) Molteplice 4) Pulito
A) Molti B) Letto C) Coppia D) Unico

49) x : Matematica = Botanica: y
1) Pitagora 2) Italiano 3) Algebra 4) Addizione
A) Filosofia B) Studioso C) Scienze D) Pianta

50) x : Valloni = Ungheria: y
1) Montagne 2) Belgio 3) Fiamminghi 4) Francia
A) Magiari B) Steppa C) Russia D) Budapest

RISPOSTE CORRETTE

1	C	**8**	A	**15**	D	**22**	A	**29**	4A	**36**	2C	**43**	2D	**50**	2A
2	D	**9**	B	**16**	C	**23**	B	**30**	1A	**37**	2A	**44**	1D		
3	A	**10**	C	**17**	D	**24**	C	**31**	3B	**38**	3C	**45**	4C		
4	B	**11**	D	**18**	D	**25**	B	**32**	2C	**39**	4B	**46**	1C		
5	C	**12**	B	**19**	B	**26**	3A	**33**	4B	**40**	4A	**47**	4A		
6	D	**13**	D	**20**	D	**27**	4B	**34**	3B	**41**	3B	**48**	3D		
7	C	**14**	C	**21**	D	**28**	4C	**35**	1D	**42**	1D	**49**	3C		

3.2 Serie numeriche

I test di ragionamento numerico possono essere ricondotti a due grandi tipologie: quelli che richiedono abilità di calcolo matematico e quindi la conoscenza di equazioni, proporzioni, frazioni, percentuali, ecc. e quelli per i quali è sufficiente conoscere le quattro operazioni di base (addizione, sottrazione, moltiplicazione e divisione) e possedere una certa dose di intuito. I test attitudinali rientrano in questa seconda categoria: non presuppongono dunque grosse conoscenze pregresse, ma la capacità di intuire, dedurre, trarre informazioni dai numeri o mediante essi.

3.2.1 Le sequenze

Questi esercizi sono i più comuni e i più frequenti. Sono prove che si basano su un semplice principio costituito dalla ricerca della regola che spiega la progressione di una certa sequenza che può essere costituita da numeri e lettere (ma anche da figure come vedremo nei test di performance).

Per chiarire subito la tipologia delle prove partiamo con un semplicissimo esempio:

➤ Data la sequenza numerica

2 4 6 8 ?

Qual è il numero che completa la serie?

A) 1 B) 3 C) 10 D) 16

Non c'è bisogno di dilungarsi troppo nelle spiegazioni, la risposta esatta è 10, quindi l'alternativa C). Infatti, la sequenza costituisce una progressione crescente di due in due:

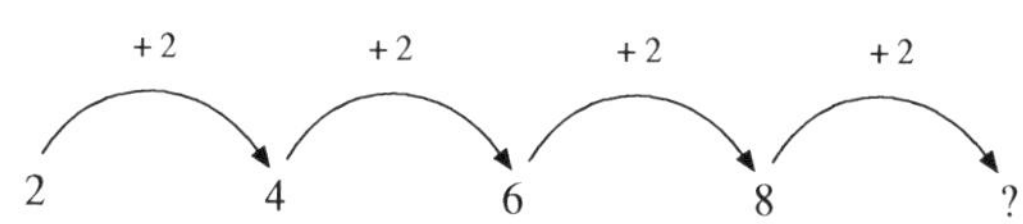

Le sequenze possono essere costituite anziché da numeri anche da lettere. A tale proposito si consiglia di imparare l'ordine numerico dell'alfabeto, cioè A = 1; B = 2 e così via come riportato di seguito:

A	B	C	D	E	F	G	H	I	L	M
1	2	3	4	5	6	7	8	9	10	11

N	O	P	Q	R	S	T	U	V	Z
12	13	14	15	16	17	18	19	20	21

Solitamente gli esercizi con sequenze di lettere, in Italia, non comprendono le lettere K, J, W, X, Y. Neanche nel presente capitolo le prove contemplano queste lettere. In ogni caso l'abbinamento lettera numero d'ordine sarebbe il seguente:

A	B	C	D	E	F	G	H	I	J	K	L	M
1	2	3	4	5	6	7	8	9	10	11	12	13

N	O	P	Q	R	S	T	U	V	W	X	Y	Z
14	15	16	17	18	19	20	21	22	23	24	25	26

➤ A questo punto consideriamo la sequenza di lettere:

A D G L ?

Quale lettera completa la serie?

A) M B) O C) C D) P

Anche in questo caso non è difficile scoprire la regola della sequenza: la risposta esatta è la B).

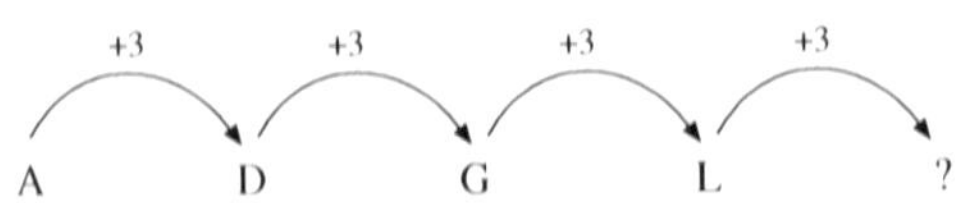

Passiamo ad esaminare esempi più complessi.

➤ B D F L ?

Quale lettera completa la serie?

A) R B) O C) U D) Q

Anche in questo caso occorre fare ricorso al numero d'ordine di ciascuna lettera e scoprire la "regola" sottostante. Questo compito risulta più gravoso perché non siamo abituati a pensare al numero d'ordine delle lettere. Come nell'esercizio precedente trasformiamo le lettere in numeri in modo da individuare qualche regolarità nascosta:

B	D	F	L	?
2	4	6	10	

Abbiamo trasformato le lettere in numeri, così balza agli occhi una regola che possiamo sottoporre a verifica. La prima più immediata è la progressione di 2 in 2 (il ritmo del +2), che però non viene confermata nel passaggio da 6 a 10 e quindi dobbiamo abbandonare questa ipotesi per passare ad altro.

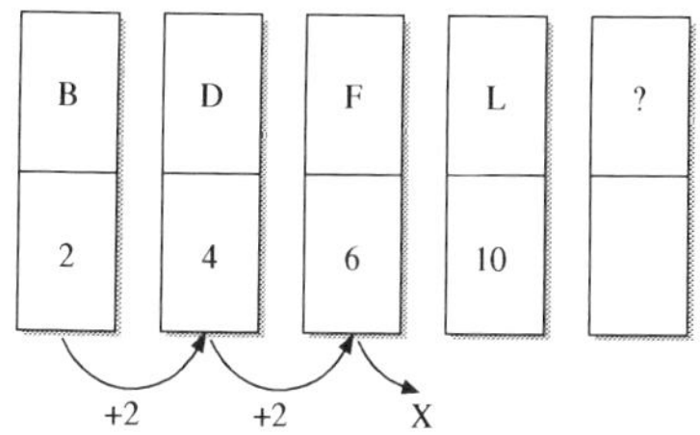

Provate adesso a sommare le prime 2 lettere B e D, otterrete 2 + 4 = 6 che trasformato in lettere sarebbe B + D = F.
Adesso passiamo alla coppia successiva, la coppia D e F, cioè 4 e 6, otterremo 4 + 6 = 10 ovvero trasformato in lettere D + F = L (ricordiamo che stiamo lavorando sul numero d'ordine delle lettere dove L figura come la decima lettera dell'alfabeto). A questo punto abbiamo scoperto la regolarità della sequenza per cui è facile giungere alla conclusione che la lettera mancante è la sedicesima dell'alfabeto ovvero la lettera R, quindi A) è la risposta esatta.

La sequenza è completata dalla lettera R:

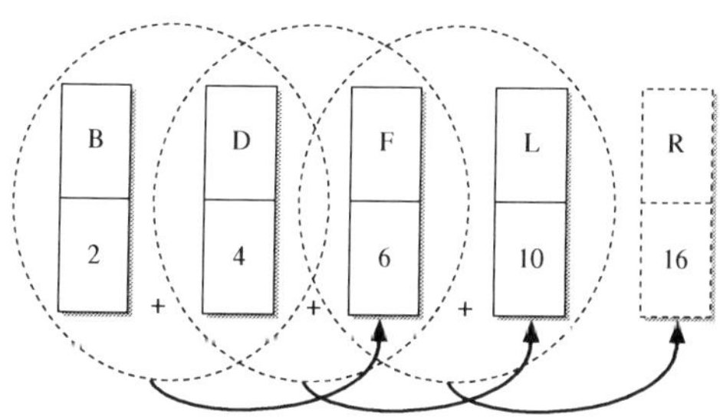

Risolvere le sequenze numeriche oppure le sequenze di lettere è pur sempre un esercizio di ragionamento numerico, il primo richiede una trasformazione in più, dove le lettere costituiscono dei simboli sostituibili da numeri. Associare simboli a numeri ed eseguire operazioni di ragionamento e calcolo matematico costituirà una sezione importante di questo capitolo.

➤ Z N T L Q H ?

Quale lettera completa la sequenza?

A) G
B) I
C) N
D) Nessuna delle risposte è corretta

Questo esercizio è difficilissimo, pochi riuscirebbero a risolverlo senza ricorrere alle strategie di trasformazione delle lettere con i numeri d'ordine corrispondenti. Procediamo come segue

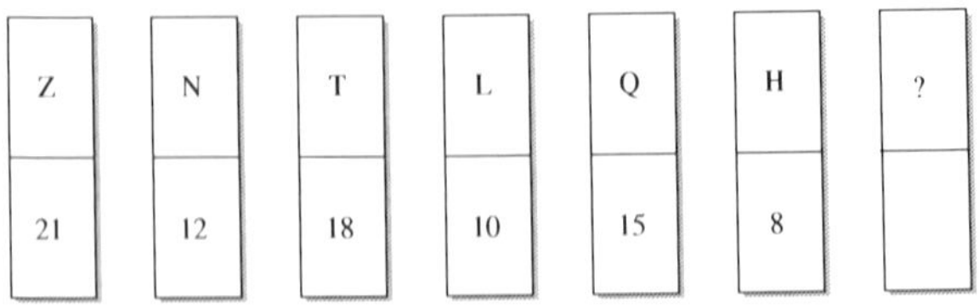

Anche con questo esercizio occorre lavorare con le coppie però non contigue. Infatti la sequenza è mossa da due regole:

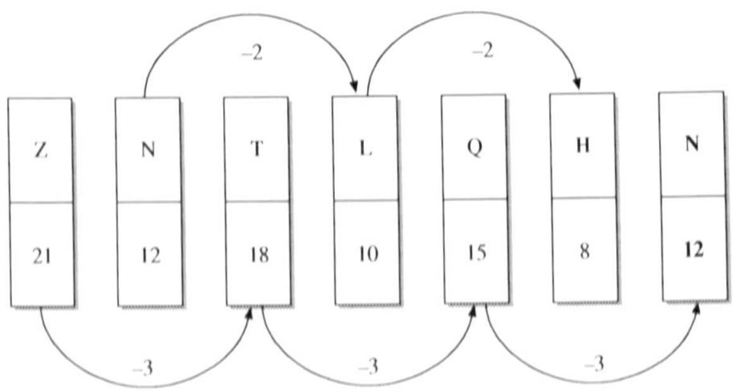

A questo punto appare evidente che la riposta esatta è N, quindi la risposta D), dodicesima lettera dell'alfabeto.

Facciamo un altro esempio:

➤ 15 13 12 11 9 9 ?

Quale numero completa la serie?

A) 9 B) 1 C) 3 D) 6

Notate qualcosa che rassomiglia all'esempio precedente? In effetti siete sulla giusta strada, avete notato che c'è una ripetizione degli ultimi numeri della sequenza che vi ha indotto a pensare ad un accoppiamento come il precedente. In effetti si tratta di applicare la stessa regola discussa sopra.

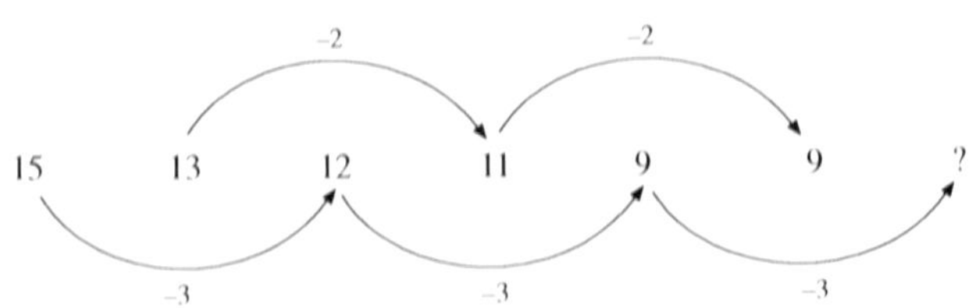

La risposta esatta è 6, quindi la risposta D).

Come avrete capito in questo tipo di esercizi l'aiuto delle risposte alternative non è utilizzabile, occorre concentrarsi nella scoperta della regola. È solo una questione di abitudine e scaltrezza.

Un'altra sequenza numerica potrebbe essere la seguente:

➤ 6 7 9 13 21 ?

Quale numero completa la serie?

Per rendere la prova simile a quella che troverete in sede di esame si inseriscono anche le alternative, ma abituatevi a lavorare senza le risposte, che consulterete, ovviamente, solo quando pensate di avere trovato la soluzione.

A) 28 B) 42 C) 37 D) 56

Occorre avvicinarsi al problema con la massima apertura e senza ipotesi precostituite, cioè non bisogna intestardirsi su una ipotesi e cercare delle varianti che partono da essa; il suggerimento è di affrontare il problema valutando tutte le possibili combinazioni che vi vengono in mente partendo dalla superficialità (esempio è una sequenza di numeri pari, oppure di numeri dispari, trovare la regola del "salterello" come quelle che abbiamo visto prima, oppure trovare una progressione geometrica crescente, ecc.) e applicandole il più rapidamente possibile, senza drammatizzare se non riusciamo a trovarla al primissimo tentativo. Se si pensa di essere fermi su un quesito da troppo tempo, passate avanti ed eventualmente tornateci in seguito; è più probabile che scatti il cosiddetto "insight", l'idea che avevate a disposizione nella vostra "cassetta degli attrezzi", ma che non avevate preso in considerazione.

Sicuramente in questo nostro esempio, dato che abbiamo applicato la regola del "salterello", avrete sottoposto la sequenza a questa verifica, infruttuosamente purtroppo.

In questa sequenza numerica, ciascun termine è ottenibile dal precedente più un numero che si raddoppia progressivamente. La risposta esatta è dunque la C) 37.

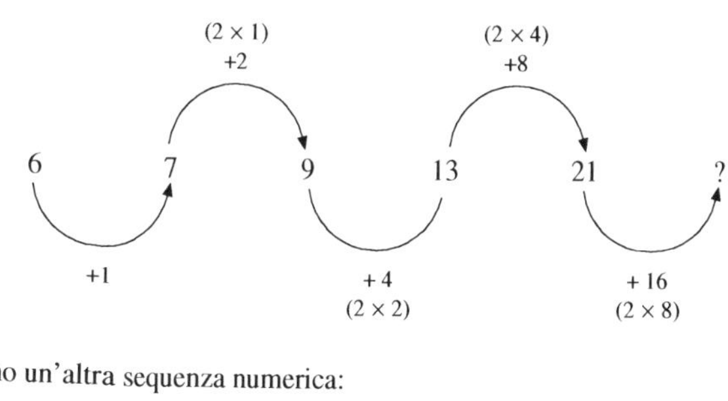

Consideriamo un'altra sequenza numerica:

➤ 4 7 12 21 ?

Quale numero completa la serie?

A) 42 B) 38 C) 48 D) 37

La soluzione è data dalla moltiplicazione del primo numero per il fattore 2 a cui si toglie 1 per ottenere il secondo numero della sequenza, cioè il 7. Il secondo numero della sequenza lo moltiplichiamo sempre per il fattore 2, ma togliamo 2 per ottenere il terzo numero della sequenza che è il 12, poi ancora moltiplichiamo il terzo numero delle sequenza per il fattore 2 ma stavolta sottraiamo 3 per ottenere il quarto numero della sequenza che è il 21, quindi l'incognita ovvero il numero che completa la serie è dato dalla moltiplicazione del quarto numero della sequenza cioè il 21 sempre per il fattore 2 a cui togliamo 4 unità. Per chiarire maggiormente:

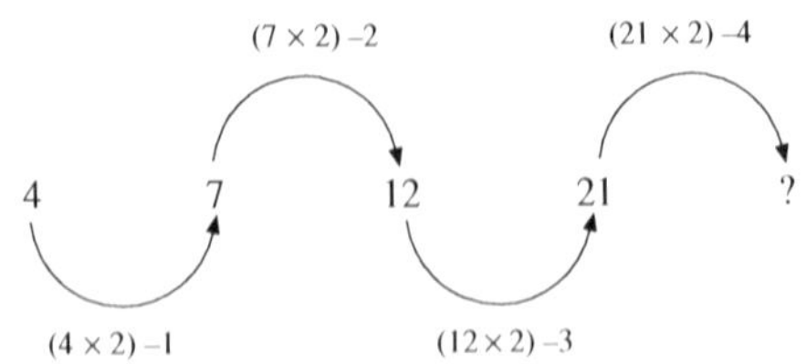

La risposta esatta è dunque la B) 38. Questa volta la regola era leggermente più complicata e l'esercizio poteva richiedere un po' più di tempo.

Proviamo a risolvere un'ultima sequenza:

➤ 315 292 269 246 ?

Quale numero completa la serie?

A) 218 B) 220 C) 221 D) 223

Con esercizi che presentano numeri a tre cifre di solito si richiede di sommare o sottrarre una costante.

La sequenza presenta dei numeri decrescenti. Ciascun numero diminuisce di 23 unità rispetto al precedente, quindi la risposta esatta sarà 223, cioè la risposta D).

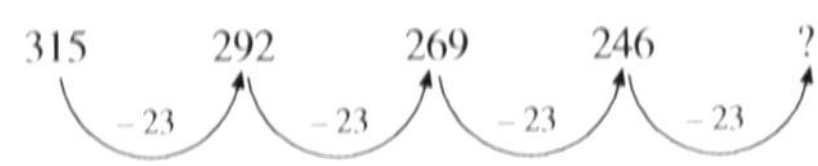

Riepilogando

Le regole che aiutano a risolvere le serie numeriche sono le seguenti:

a) progressioni crescenti, in cui ciascun termie si ottiene dal precedente più un numero che si raddoppia (triplica, quadruplica ecc.) progressivamente.

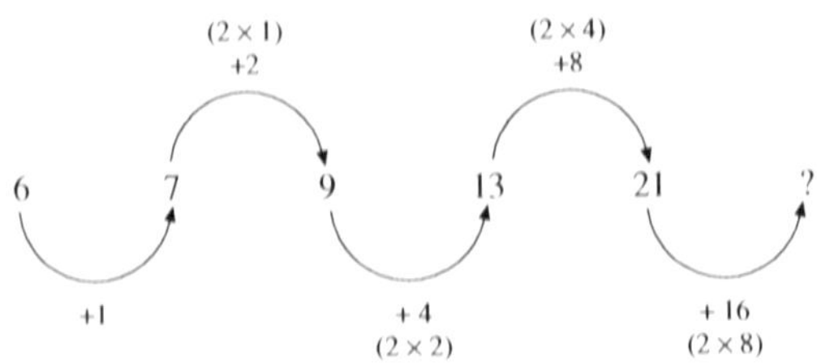

b) progressioni semplici. La sequenza può aumentare di 2, 4, 8, ecc. di 3, 5, 7, 9 ecc.

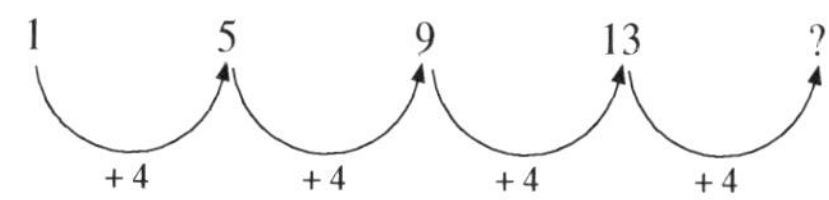

c) aumentare o diminuire coppie contigue o non contigue dette anche "*a salterello*"

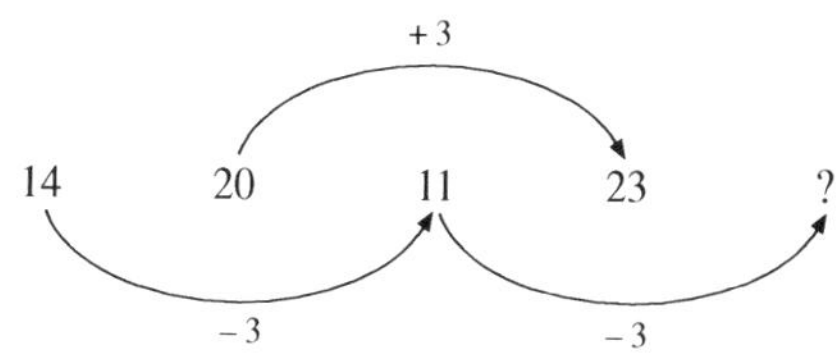

d) differenze o somme tra numeri contigui (e più raramente moltiplicazioni e divisioni)

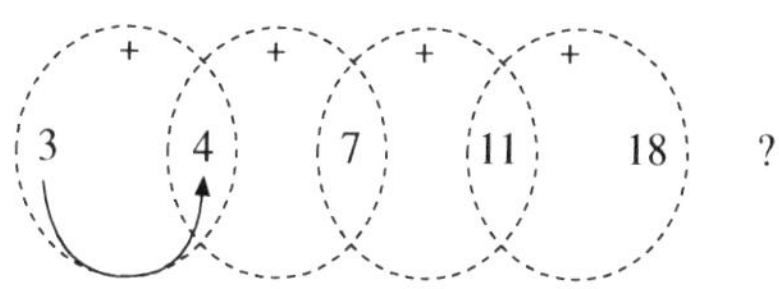

e) raddoppiare o triplicare e togliere una costante (cioè ad esempio raddoppiare e togliere sempre lo stesso numero) oppure un valore progressivo (ad esempio raddoppiare ogni numero e poi togliere 1, al successivo raddoppiare il numero ottenuto in precedenza e togliere 2, e così via oppure raddoppiare il numero e poi aggiungere 1, raddoppiare il secondo e poi aggiungere 2, ecc.)

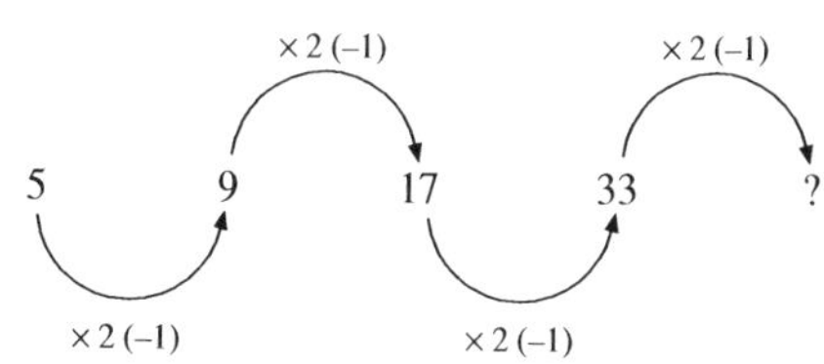

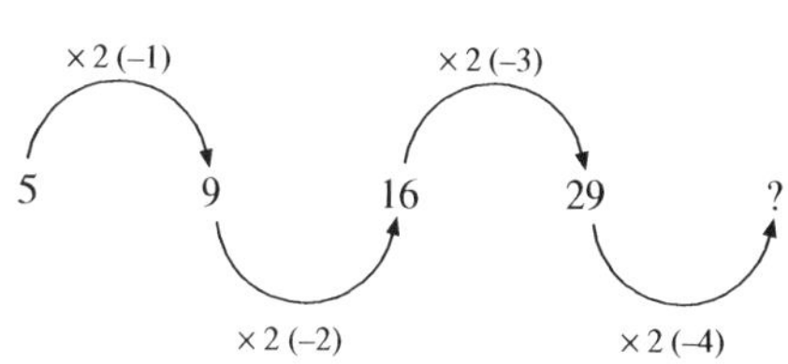

f) addizionare un valore ad ogni numero (solitamente 1) e raddoppiare la somma per ottenere il numero

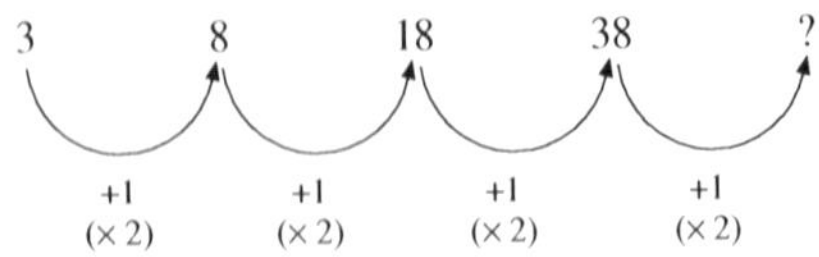

Queste riportate sono le regole più frequenti, quindi, se siete in grado di applicarle rapidamente partendo dalla più semplice, avete un'elevata probabilità di trovare la soluzione esatta. È ovvio che risulta indispensabile una certa rapidità di calcolo a mente.

3.2.2 Esercizi con serie numeriche

Risolvere le seguenti serie numeriche.

1) 5 7 10 14 … 25 32
A) 18 B) 19 C) 20 D) 21

2) 90 2 89 4 88 … 87 256 86
A) 16 B) 5 C) 6 D) 81

3) 20 12 24 40 36 48 … 60 72 80 84
A) 96 B) 72 C) 60 D) 12

4) 44 03 33 06 22 09 11 12 00 15 …
A) 18 B) 32 C) 89 D) 98

5) 3 5 15 2 1 2 3 4 12 5 … 30
A) 3 B) 4 C) 5 D) 6

6) 54 45 5 36 27 10 18 9 …
A) 9 B) 10 C) 12 D) 15

7) 27 34 41 90 48 … 62 30
A) 55 B) 65 C) 34 D) 60

8) 1 2 3 5 … 11 13 17 19 23
A) 6 B) 7 C) 8 D) 9

9) 56 8 … 64 8 8 76 2 38 14 2 7
A) 7 B) 10 C) 14 D) 15

10) 10 26 31 19 36 41 28 … 51 37
A) 44 B) 45 C) 46 D) 47

11) 5 43 21 65 9 47 25 … 13 51 29 73
A) 29 B) 69 C) 50 D) 13

12) 40 31 22 13 …
A) 04 B) 05 C) 06 D) 07

13) 16 18 3 19 21 6 22 24 9 …
A) 25 B) 26 C) 27 D) 28

14) 8 9 10 12 15 18 21 … 29
A) 24 B) 25 C) 26 D) 27

15) 80 90 00 00 10 20 ... 30 40 40 50
A) 20 B) 30 C) 50 D) 60

16) 30 10 90 30 60 20 15 …
A) 8 B) 30 C) 5 D) 20

17) 84 3 28 81 9 9 56 ... 8
A) 5 B) 6 C) 8 D) 7

18) 70 64 57 49 40 30 19 7 …
A) 0 B) 94 C) 14 D) 2

19) 08 77 46 15 84 53 …
A) 22 B) 32 C) 02 D) 15

20) 10 2 9 30 17 19 50 32 ... 70 47 39 90
A) 14 B) 29 C) 16 D) 22

21) 4 13 11 9 …. …. 7 5 40 49
A) 7 5 B) 9 11 C) 2 11 D) 22 31

22) 1 4 9 16 25 … 49 64 … 100
A) 36 81 B) 34 80 C) 15 72 D) 32 54

23) 2 2 5 0 6 6 9 4 … 10 13 … 14 14 17 12
A) 10 11 B) 10 8 C) 9 16 D) 16 16

24) 51 15 61 16 71 17 81 … 91 ….
A) 41 91 B) 18 19 C) 79 80 D) 45 46

25) 1 2 3 6 4 … 12 15 27 3 … 8
A) 4 2 B) 10 5 C) 16 8 D) 24 12

26) 21 ... 63 12 5 60 ... 7 28
A) 1 2 B) 6 5 C) 3 4 D) 9 3

27) 46 49 41 42 43 52 … 44 45 46 …
A) 55 58 B) 53 47 C) 61 65 D) 43 49

28) 1 1 4 2 9 3 16 4 25 …. …. 6
A) 61 8 B) 8 2 C) 5 36 D) 36 6

29) 03 93 83 57 61 ... 73 63 ... 69 63 53 43
A) 65 66 B) 83 65 C) 83 66 D) 65 64

30) 2 9 23 12 19 33 ... 29 43 32 ... 53
A) 61 24 B) 98 76 C) 22 39 D) 42 28

Risposte corrette

1	B	**5**	D	**9**	A	**13**	A	**17**	D	**21**	D	**25**	B	**29**	B
2	A	**6**	D	**10**	C	**14**	B	**18**	B	**22**	A	**26**	C	**30**	C
3	C	**7**	A	**11**	B	**15**	A	**19**	A	**23**	B	**27**	A		
4	C	**8**	B	**12**	A	**16**	C	**20**	B	**24**	B	**28**	C		

3.3 Serie alfanumeriche

1) 25H 28N 27M 28M 28N ... 31P 28N 27M 34S 28N 27M ...
A) 27M 37V B) 28L 38P C) 26H 35L D) 27H 37L

2) 35B 25L 32B 22L 29S 19U 26... ...U
A) 15 P B) 17 Q C) 16 S D) 10 Q

3) 78B 79C 81E 80F 81G ... 88N 93S ... 81G
A) 80B 83P B) 85F 82M C) 83H 90G D) 84H 80F

4) 31R 30P 30M 33T 33S 30M 31R ... 30M ...
A) 37V 31M B) 36V 33T C) 35P 32Q D) 33M 35H

5) 80R 82T 78M 84V 86A 83R 88... 90E ...Z 92G
A) C 88 B) E 90 C) C 87 D) E 89

6) 01... 00P 01Q 00L ...P 01Q 99I 00P 01Q 98H 00P 01Q
A) R 02 B) P 98 C) M 00 D) Q 01

7) 27O 28P ... 32U 30R ... 34Z 35A 37B 42B 35A
A) 25L 35P B) 29R 33U C) 30P 35M D) 28P 30O

8) ... 2B 4D 8H 16R ...
A) 1A 32M B) 2A 36R C) 2B 64Z D) 1C 35P

9) 73P 72O 71N 83C 70M 69... ...O 68I 67H 03B
A) F 98 B) L 95 C) H 92 D) L 93

10) 7V 6A 7R 14V 12A 7R 28V ... 7R ...
A) 20H 50P B) 23B 56V C) 24A 56V D) 22E 48P

11) 59R 60S 62U 60P 61Q ... 58M ... 61P
A) 60O 72H B) 63S 59N C) 62Q 61R D) 63N 60P

12) 90B 00Z 01A 85G 90B 00Z 01A ...G ...B 00Z 01A 85G
A) 85 90 B) 95 S C) 90 85 D) 80 Q

13) 10D 11E 12F 15I 17M 12F 20P ... 12F 25U 29B
A) 26P B) 23S C) 24H D) 23L

14) 71C 70B 69A 68Q 67P 69A 68Z ... 67P ... 67V 66U
A) 67V 66O B) 65M 62R C) 62Q 60M D) 67V 61R

15) 35G 36H 38L 38L 38L 38L 41... 45S 38L 38L 45S ...A
A) M 45 B) O 50 C) P 48 D) R 50

16) 28Q 21L 29R 22M 31T 24O 34Z 31V
A) 20N 33Q B) 25M 36R C) 27R 38D D) 26O 35P

17) 35L 45H 20P ... 44G 22R 39P 43F ... 41R 42E 26V
A) 37N 24T B) 35O 28T C) 30R 25P D) 37N 26R

18) 29R 21M 20L 34Z 18H ...E 39... 11A 06S 44L
A) 17 I B) 20 E C) 15 E D) 18 H

19) 22M 31H 23N 32I 25P 34... ...S 37P
A) G 26 B) H 27 C) M 28 D) M 30

20) 17O 18P 21S ... 33H 42S ... 66V
A) 26A 53G B) 25B 50L C) 26A 30P D) 23B 51R

21) 78L 24G 30P 82P 28M 30P 86T ...Q 30P 90...
A) 36 A B) 32 A C) 35 B D) 30 C

22) 37Q 39S 41U 42V 43Z 41U 43Z ... 42V ... 45B 47D
A) 40R 47M B) 48Q 40R C) 45B 43Z D) 42O 44M

23) 6L 7H 9M ... 7H ... 8D 7H 9M
A) 7G 9M B) 6F 7M C) 5R 4M D) 6P 5R

24) 20V 25D 9I 14P 20V 25D 9I 14P ...
A) 20 A B) 23 D C) 22 B D) 20 V

25) 75P 76Q 78R 69M 70N 78R 79S ... 71O ... 81U 82V
A) 77G 73M B) 81P 74M C) 81U 72P D) 80Z 73R

26) 00R 01S 99Q 97G 98H ... 22E 23F 21D 78P 79Q ...
A) 96F 77O B) 95D 76P C) 97G 70P D) 94H 72R

27) 25N 20A 17C 28Q 23D 20F 31T 26G ... ...
A) 23I 37R B) 22A 33M C) 25D 35V D) 23I 34Z

28) 37M 37M 35I 38N ... 33G 39O 33G ... 40P
A) 37A 32E B) 35I 31E C) 36L 32F D) 35I 30G

29) 60P 61Q 63S ...V 70C 75H 81...
A) 64 O B) 66 M C) 66 P D) 70 R

30) G14R E10T ... A02A V98C
A) C06V B) A02T C) B98R D) Z90U

Risposte corrette

1	A	**5**	A	**9**	D	**13**	B	**17**	A	**21**	B	**25**	C	**29**	C
2	C	**6**	C	**10**	C	**14**	A	**18**	C	**22**	C	**26**	A	**30**	A
3	D	**7**	B	**11**	B	**15**	B	**19**	C	**23**	A	**27**	D		
4	B	**8**	A	**12**	A	**16**	C	**20**	A	**24**	D	**28**	B		

3.4 Le serie numeriche nelle configurazioni grafico-geometriche

Gli esercizi di ragionamento numerico sono presentati sotto svariate forme grafiche. Possiamo trovare sequenze numeriche all'interno o ai vertici di figure geometriche regolari o irregolari, ai vertici di stelle a 6 o 8 punte, alle estremità di figure umane o animali stilizzate, entro sezioni di cerchio, oppure in matrici quadrate, o sotto forma di tessere del domino, e in un'infinita varietà di altre configurazioni.

3.4.1 Sequenze con cerchi

Si presentano alcuni esempi con i relativi commenti e soluzioni. Da questo momento gli esercizi non presenteranno l'elenco delle risposte, è preferibile infatti abituarsi a sviluppare il ragionamento numerico indipendentemente dalle alternative.
Con le figure circolari generalmente si procede formulando ipotesi muovendosi in senso orario o in senso antiorario per individuare delle regolarità. È una giusta strategia, ma occorre non fermarsi a ciò.

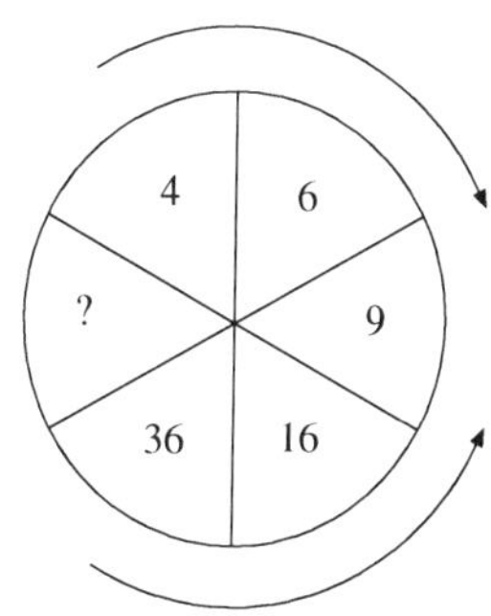

I numeri all'interno degli spicchi potrebbero essere distribuiti secondo il seguente criterio:

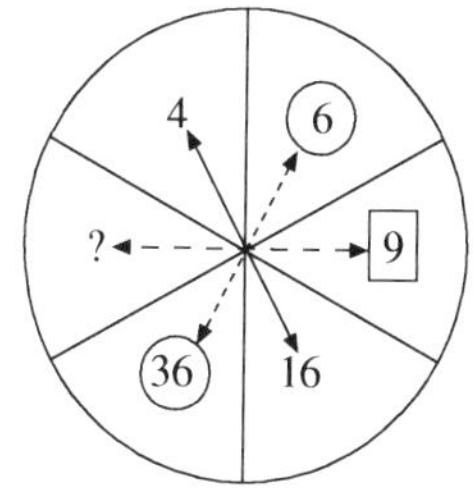

Infatti, nel nostro esempio notiamo che i numeri 4 e 6 hanno al loro opposto il risultato di una moltiplicazione con se stessi, ($4 \times 4 = 16$) e ($6 \times 6 = 36$), quindi la nostra incognita sarà verosimilmente 81 (9×9).

Ed ora un altro esempio con un'altra figura circolare.

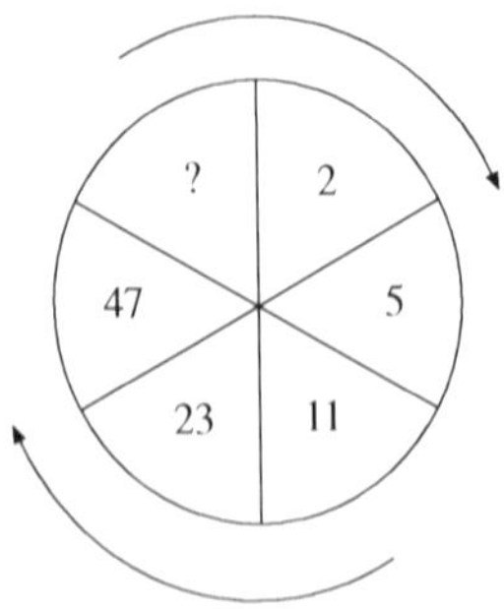

Per scoprire la regola che sottende la sequenza occorre un piccolo sforzo: prima di tutto si nota che la progressione è in senso orario crescente, e che non sono applicabili semplici operazioni regolari. Quando la soluzione non ha quell'immediatezza che si trova nelle "configurazioni" più semplici, occorre provare altre strategie.

Ciascun numero è, a partire dal numero due in poi, il doppio del precedente + 1, quindi 5 è dato da 2 × 2 + 1, 11 è dato da 5 × 2 + 1, ecc. fino alla soluzione che sarà 95 (47 × 2 + 1).

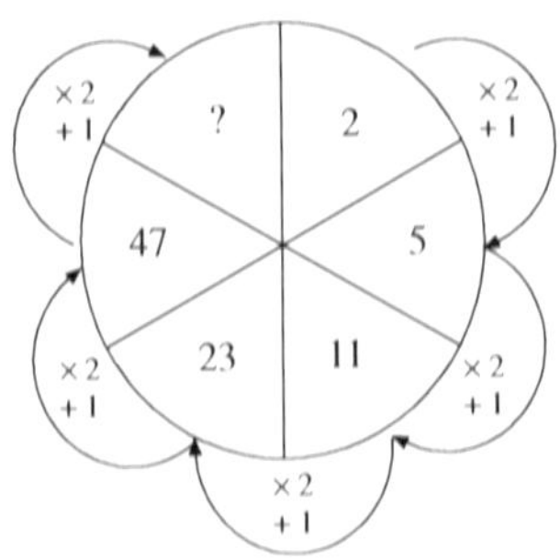

Il prossimo esercizio segue la stessa regola, tuttavia la progressione non avviene in senso orario. Partendo dal primo spicchio in alto a destra (cioè partendo dal numero 1) si osserva che lo spicchio opposto è il risultato del doppio del primo spicchio + 1.

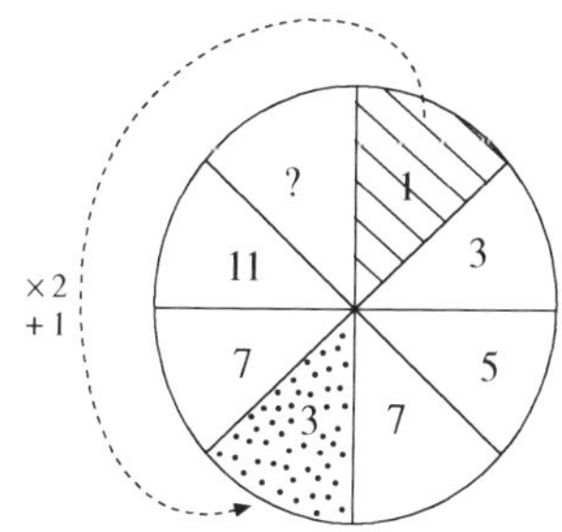

3.4.2 Sequenze con triangoli e quadrati

Oltre alle sequenze con i cerchi possiamo avere sequenze con triangoli ai cui vertici vengono collocati dei numeri secondo una certa regola. La particolarità di queste serie numeriche e le strategie risolutive variano a seconda della configurazione: nel caso di numeri ai vertici dei triangoli più spesso il numero al vertice è dato dalla combinazione (somma, sottrazione, moltiplicazione o divisione) dei numeri alla base o da una regola che dia senso all'uso del triangolo. Nel caso di numeri all'interno di quadrati le soluzioni combinatorie sono molto più numerose, per cui il numero mancante potrebbe derivare dalla combinazione dei numeri che si trovano sulla stessa diagonale, o sullo stesso lato, oppure partendo da un punto e ruotare in senso orario oppure antiorario.

Vediamo il seguente esercizio.

➤ Qual è il numero mancante indicato dal punto interrogativo?

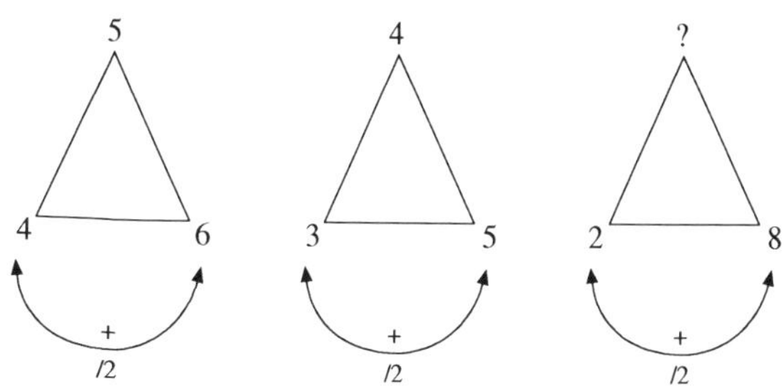

Il numero mancante è il risultato della somma dei numeri alla base dei triangoli diviso 2. Dunque il risultato sarà 5 (dato da 8 + 2 diviso 2).

Il prossimo esercizio invece combina due figure geometriche.

➤ Si noti che all'interno del triangolo c'è un'altra figura geometrica che contiene un numero. Inoltre un'altra caratteristica della sequenza è la presenza di numeri sia all'interno del triangolo che all'esterno. Cerchiamo a questo punto di capire quali regole accomunano le cifre dei primi due triangoli per scoprire l'incognita del terzo.

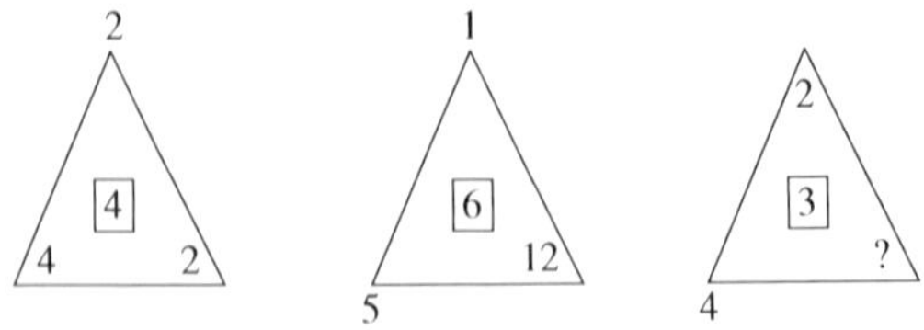

Al risultato della somma dei valori interni al triangolo si sottraggono i valori esterni per ottenere il valore interno al quadrato.
Quindi $4 + 2 - 2 = 4$; $12 - 5 - 1 = 6$; $5 + 2 - 4 = 3$. La cifra mancante è 5.

Le regole generali per questo tipo di problemi sono le seguenti:
- le operazioni di una serie si muovono nel medesimo senso, cioè se alla prima figura abbiamo proceduto in senso orario, anche le altre saranno in senso orario;
- l'esatta sequenza di operazioni della prima figura è valida anche per le altre figure della stessa serie;
- se si iniziano i calcoli da un certo punto della figura, occorre iniziare dal medesimo punto anche nelle altre configurazioni.

Ma mostriamo queste regole con un esempio.

➤ 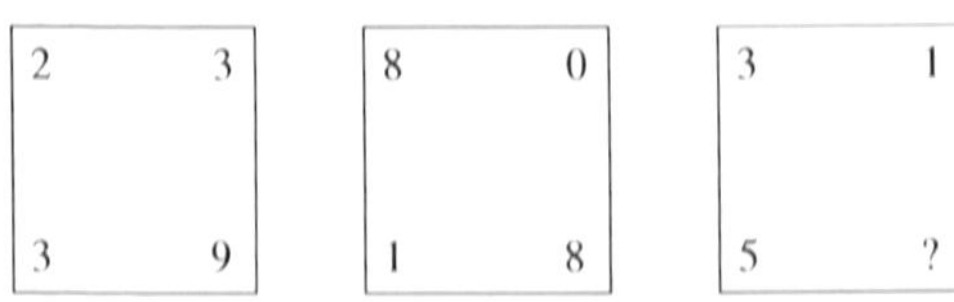

La fase più difficoltosa sta nell'individuazione del punto di partenza e della regola da applicare alle sequenze delimitate dai quadrati. La chiave per risolvere il problema è questa: si parte dal numero in basso a sinistra e lo si moltiplica, proseguendo in senso orario, per il numero dell'angolo superiore sinistro. Nel nostro esempio si moltiplica 3×2, poi si somma tale prodotto (6) al numero presente all'angolo superiore destro, nel nostro caso 3, per ottenere il risultato dell'angolo inferiore destro (9).

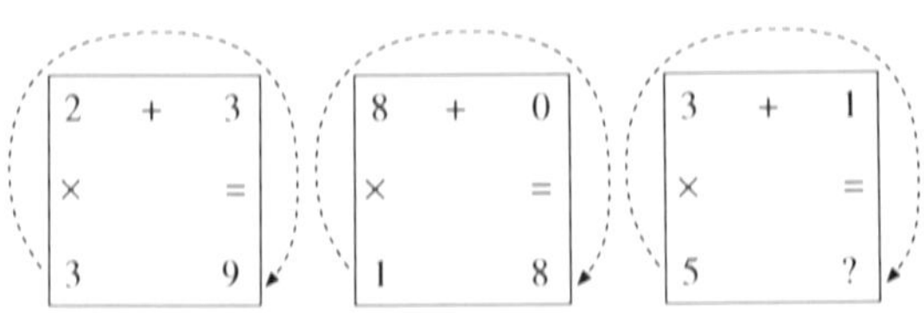

? = 16

Dal nostro esempio si evince che il valore dell'incognita è 16, risultato del prodotto dei primi due numeri (angolo basso sinistra × numero angolo in alto a sinistra) che sommeremo al numero in alto a destra per ottenere l'incognita all'angolo in basso a destra. Ricordiamo che all'interno di queste figure sono ammissibili tutte le operazioni.

Vediamo infine un esempio tratto da una prova in cui si combinano sequenze di lettere con sequenze di numeri. Il livello di difficoltà è medio.

➤ Quale numero completa la serie?

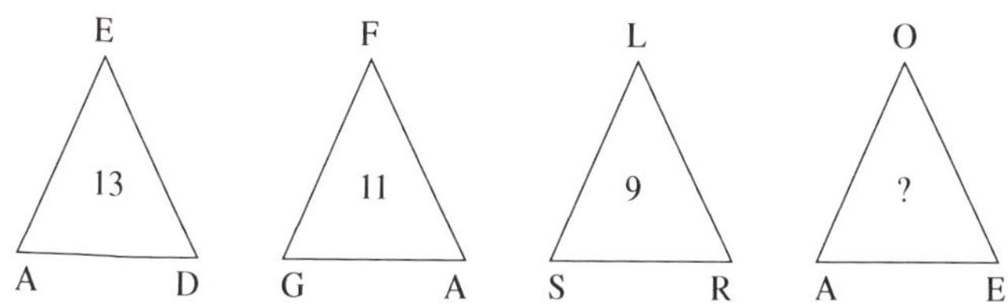

A) 15 B) 10 C) 7 D) 9

Il numero al centro della figura è la somma dei valori delle lettere agli angoli. Ciascuna lettera assume un determinato valore in ragione di una semplice proprietà: se la lettera è una vocale il valore attribuito sarà 5, mentre se è una consonante il valore assegnato sarà 3. Quindi la risposta esatta è quella della lettera A) 15.

3.5 Particolari configurazioni grafiche delle serie numeriche e alfanumeriche

In questo tipo di test le mani e i piedi dell'omino seguono le regole esposte nell'esercizio della serie alfanumerica, quindi dopo aver compreso il meccanismo che lega gli elementi noti, bisogna trovare l'elemento sconosciuto.

1)

A) 9
B) 10
C) 4
D) 15

2)

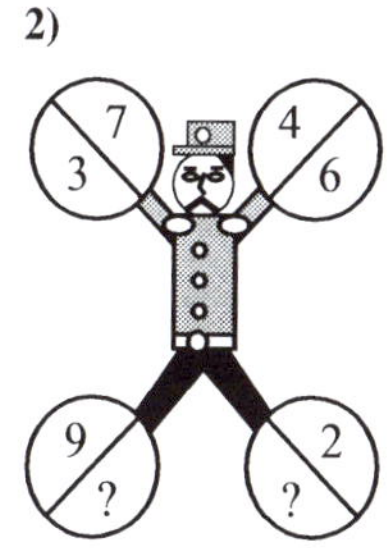

A) 12 - 4
B) 1 - 8
C) 11 - 2
D) 2 - 4

3)

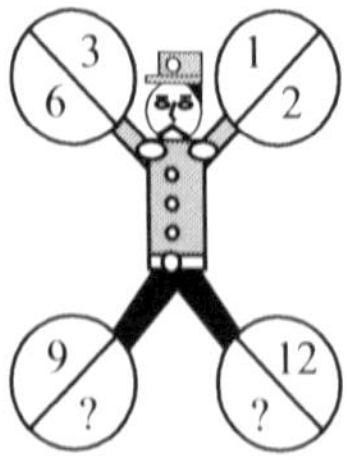

A) 5 - 10
B) 6 - 12
C) 18 - 24
D) 20 - 30

4)

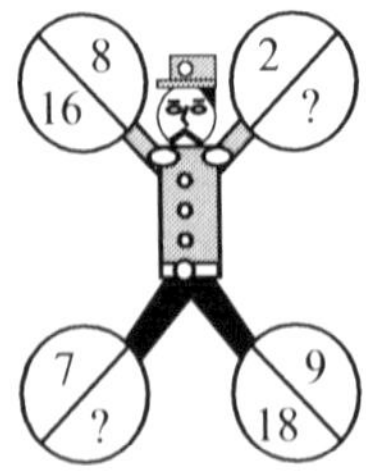

A) 4 - 14
B) 8 - 12
C) 10 - 7
D) 16 - 2

5)

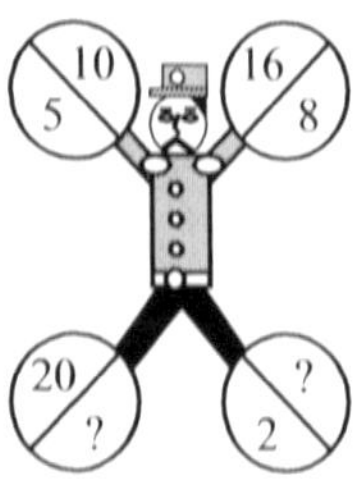

A) 6 - 8
B) 4 - 15
C) 40 - 8
D) 4 - 10

6)

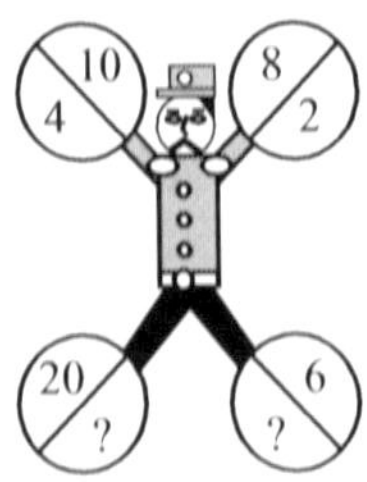

A) 12 - 6
B) 12 - 40
C) 14 - 0
D) 3 - 10

7)

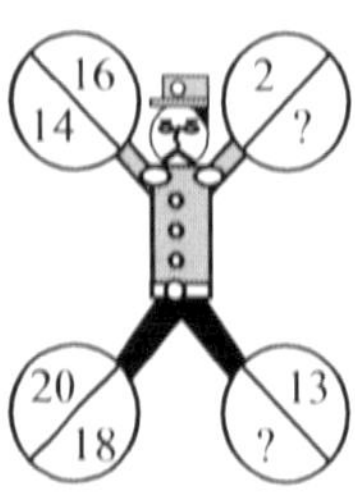

A) 2 - 4
B) 0 - 11
C) 10 - 18
D) 6 - 2

8)

A) 2 - 13
B) 0 - 5
C) 9 - 1
D) 7 - 6

9)

A) 14 - 17
B) 20 - 10
C) 16 - 10
D) 17 - 11

10)

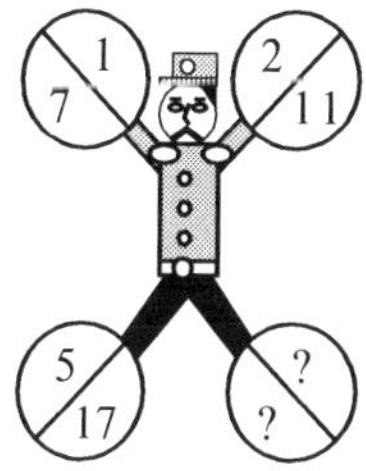

A) 4 - 8
B) 5 - 13
C) 3 - 13
D) 12 - 11

11)

A) 21 - 10
B) 8 - 6
C) 20 - 15
D) 3 - 9

12)

A) 10 - 4
B) 9 - 1
C) 2 - 4
D) 8 - 1

13)

A) 10 - 0
B) 2 - 8
C) 8 - 6
D) 6 - 10

14)

A) 6 - 2
B) 0 - 5
C) 5 - 4
D) 1 - 6

15)

A) 8 - 12 B) 6 - 6
C) 8 - 10 D) 8 - 14

16)

A) 16 - 10 B) 18 - 4
C) 10 - 25 D) 8 - 12

17)

A) 6 - 4 B) 8 - 3
C) 8 - 5 D) 9 - 2

18)

A) 4 - 12 B) 28 - 8
C) 16 - 18 D) 22 - 20

19)

A) 12 - 20 B) 11 - 22
C) 30 - 16 D) 10 - 18

20)

A) 7 - 9 B) 10 - 14
C) 12 - 5 D) 17 - 3

21)

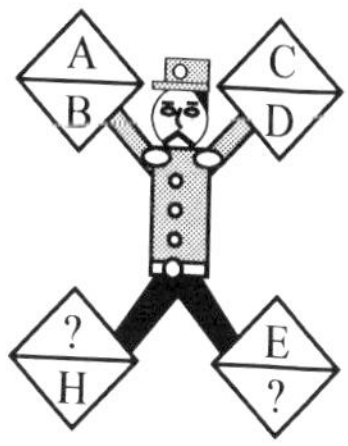

A) F - G
B) N - H
C) F - H
D) L - G

22)

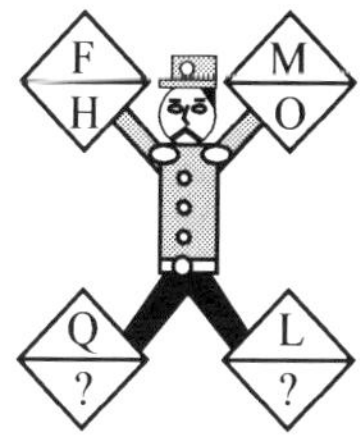

A) N - V
B) N - S
C) M - R
D) M - Q

23)

A) Q - P
B) L - V
C) Q - R
D) P - B

24)

A) E - M
B) I - P
C) E - P
D) F - T

25)

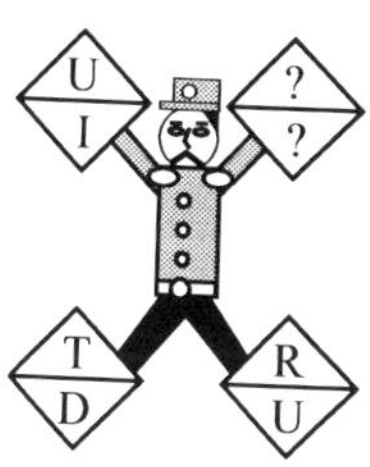

A) O - N
B) L - F
C) N - B
D) M - Q

26)

A) M - C
B) D - V
C) D - T
D) V - L

27)

A) M - L
B) A - Q
C) C - A
D) T - B

28)

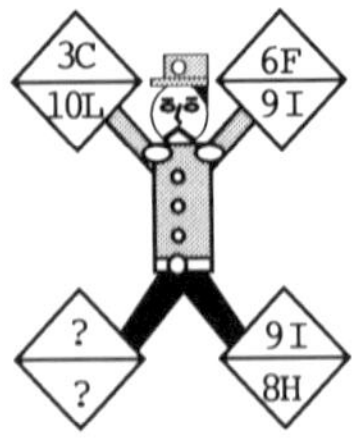

A) 10F - 12P
B) 14P - 7H
C) 12N - 7H
D) 12N - 7G

29)

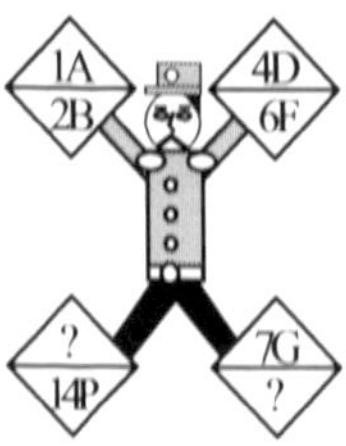

A) 10L - 10L
B) 10M - 16R
C) 8H - 9I
D) 10L - 6H

30)

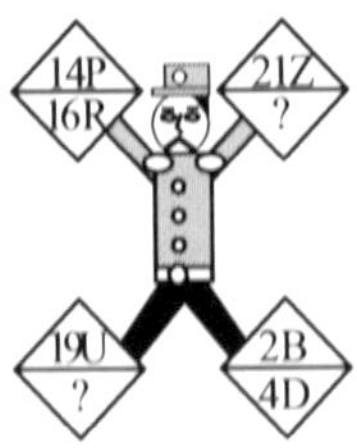

A) 16R - 10L
B) 23B - 21Z
C) 4D - 6G
D) 23B - 0

Risposte corrette

1	A	**5**	D	**9**	A	**13**	D	**17**	B	**21**	A	**25**	A	**29**	A
2	B	**6**	C	**10**	C	**14**	B	**18**	B	**22**	B	**26**	B	**30**	B
3	C	**7**	B	**11**	A	**15**	A	**19**	B	**23**	A	**27**	C		
4	A	**8**	B	**12**	B	**16**	C	**20**	D	**24**	C	**28**	D		

3.6 Serie logico-visive

1) Completare logicamente la serie

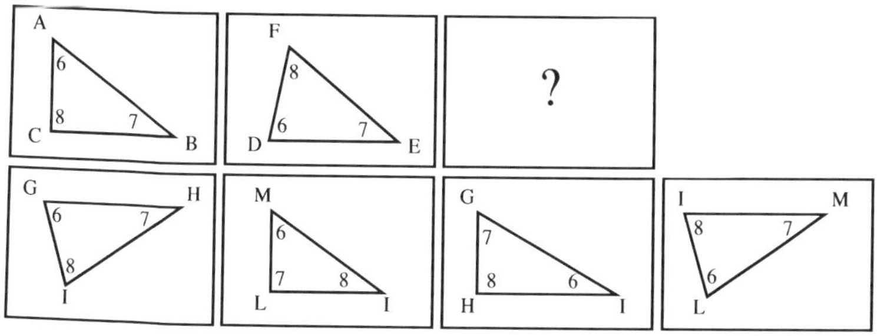

A) B) C) D)

2) Completare logicamente la serie

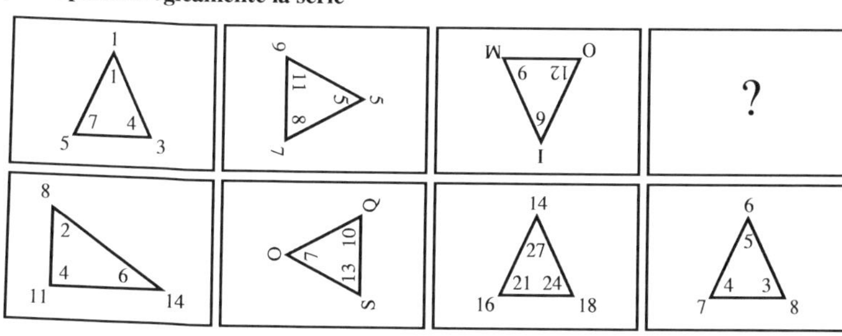

A) B) C) D)

3) Completare logicamente la serie

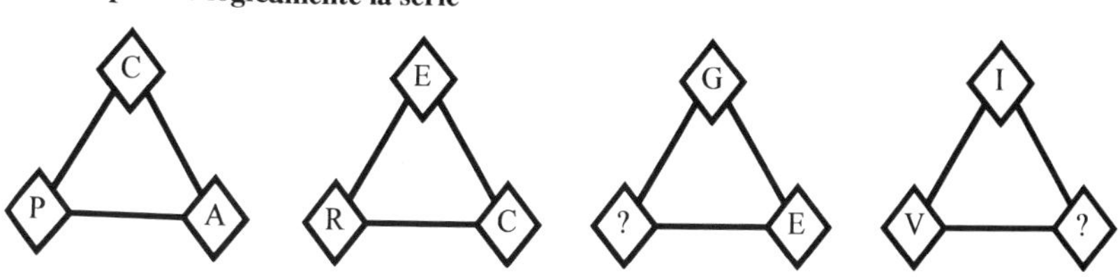

A) R - M B) T - G C) T - M D) F - V

4) Completare logicamente la serie

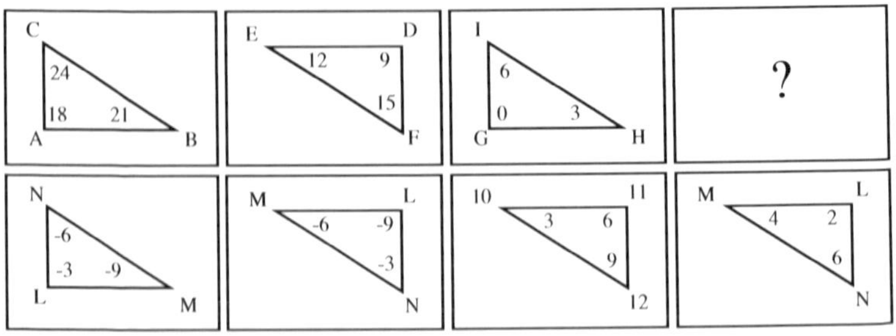

A) B) C) D)

5) Completare logicamente la serie

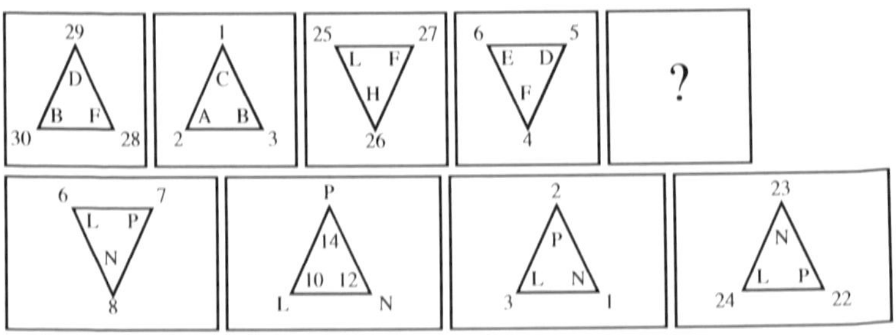

A) B) C) D)

6) Completare logicamente la serie

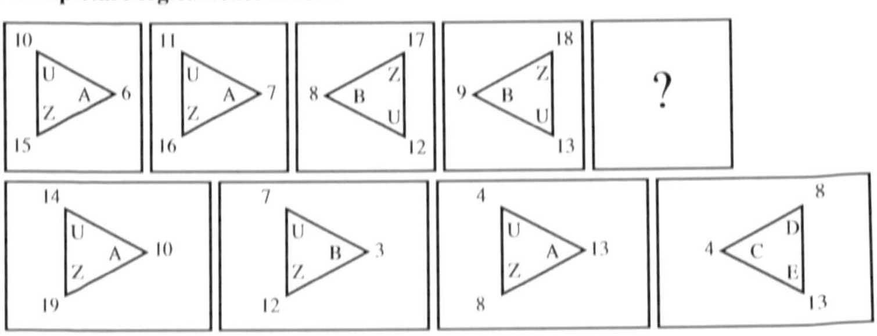

A) B) C) D)

7) Completare logicamente la serie

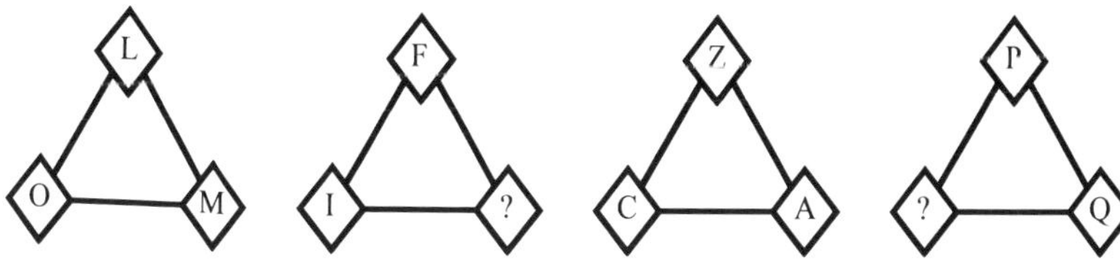

A) G - S B) H - R C) G - R D) R - S

8) Completare logicamente la serie

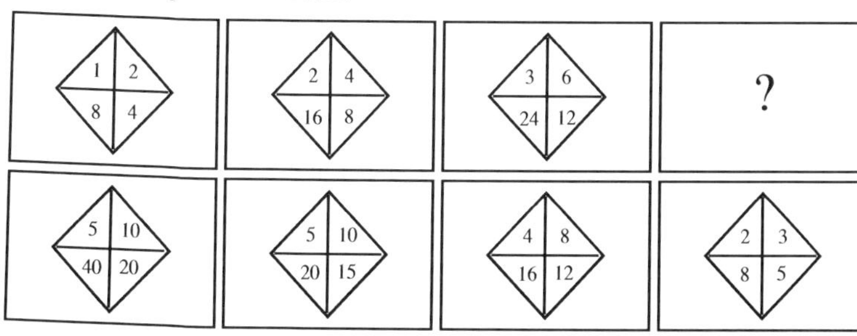

A) B) C) D)

9) Completare logicamente la serie

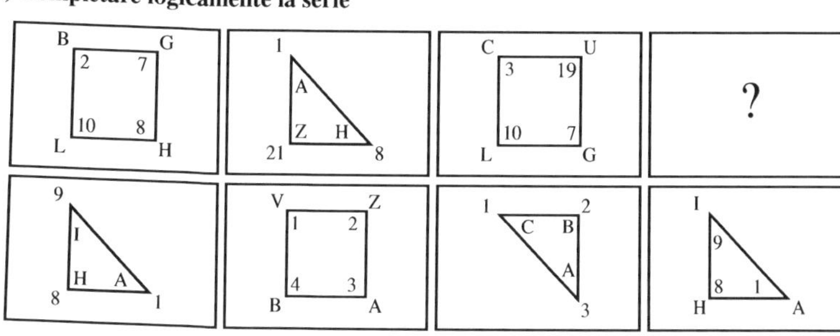

A) B) C) D)

10) Completare logicamente la serie

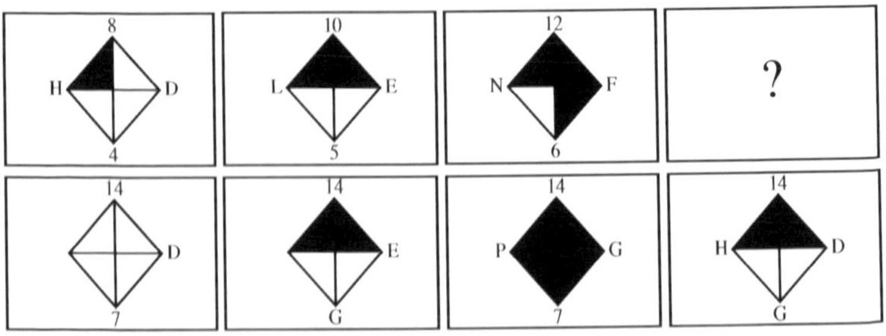

A) B) C) D)

11) Completare logicamente la serie

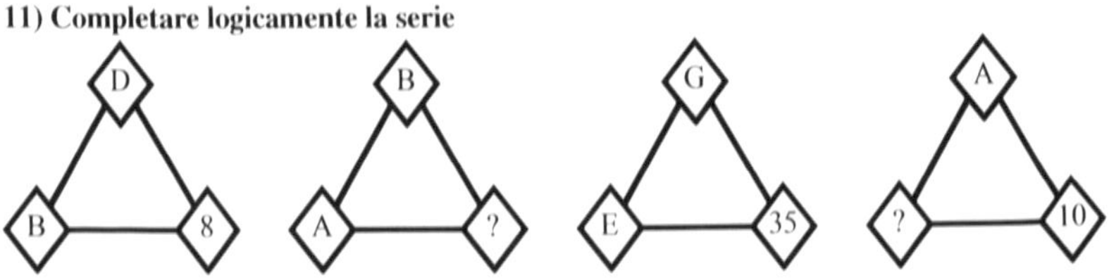

A) B - L B) 2 - L C) A - 10 D) 2 - 10

12) Completare logicamente la serie

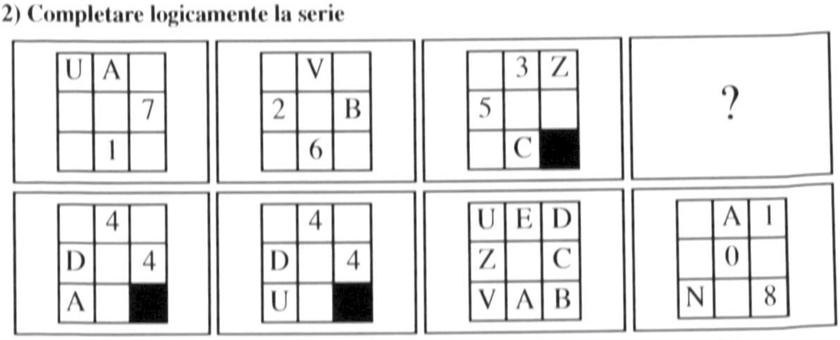

A) B) C) D)

13) Completare logicamente la serie

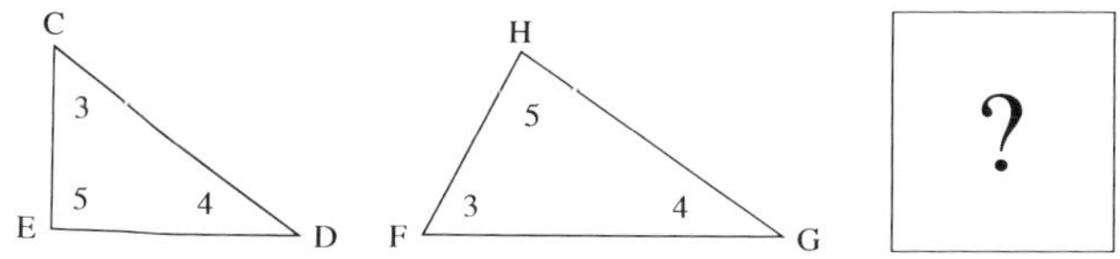

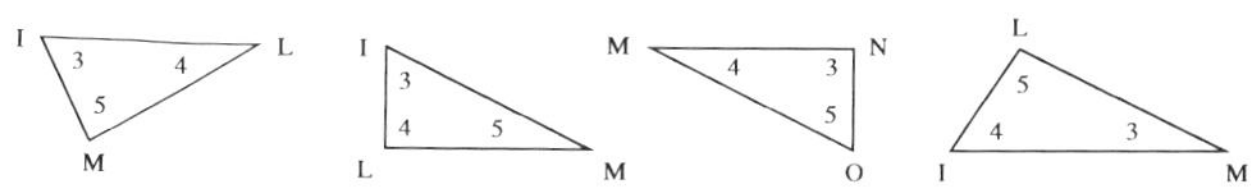

A) B) C) D)

14) Completare logicamente la serie

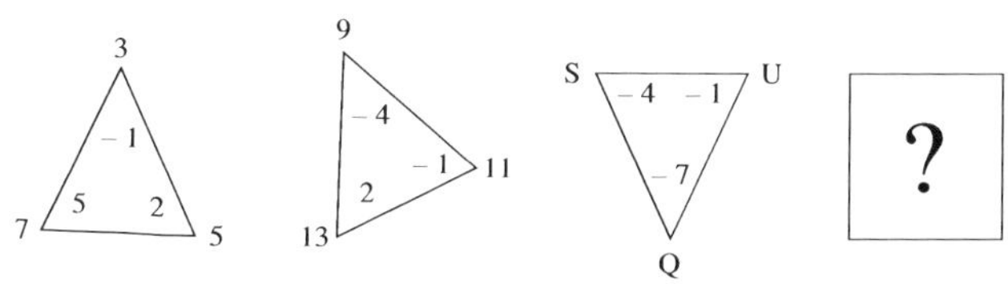

A) B) C) D)

15) Completare logicamente la serie

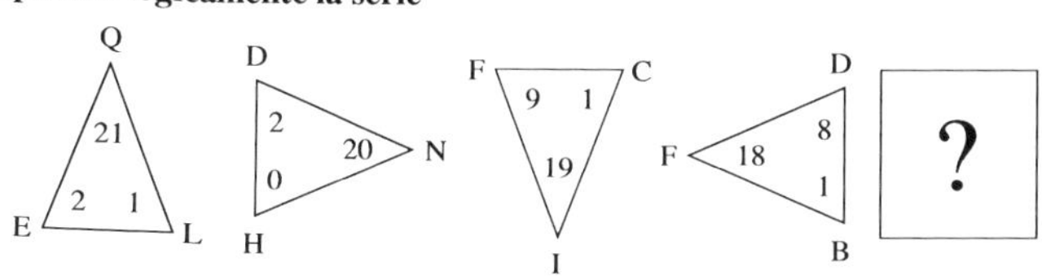

A) B) C) D)

16) Completare logicamente la serie

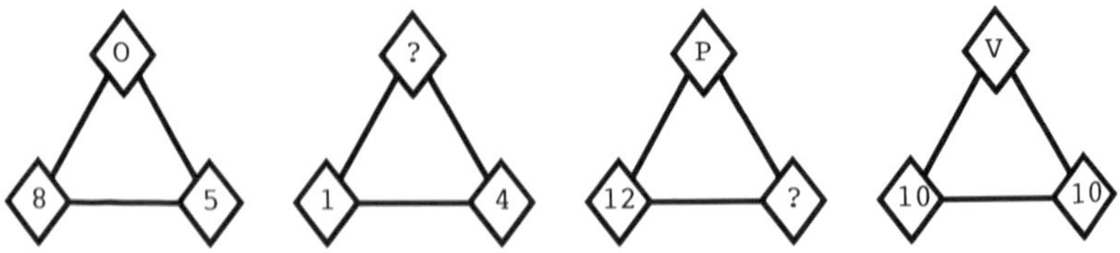

A) E - B B) 5 - B C) F - 4 D) E - 2

17) Completare logicamente la serie

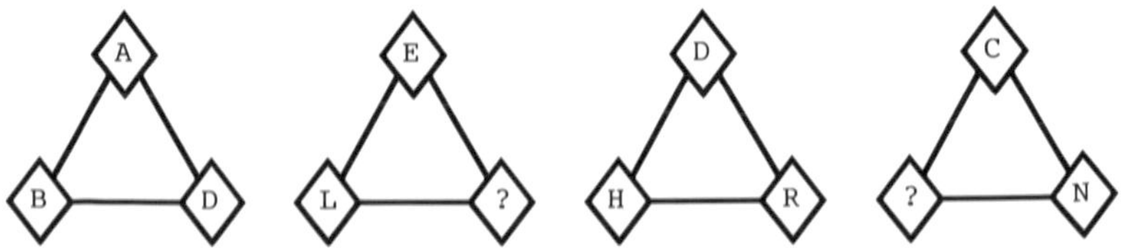

A) M - L B) V - F C) R - B D) S - G

18) Completare logicamente la serie

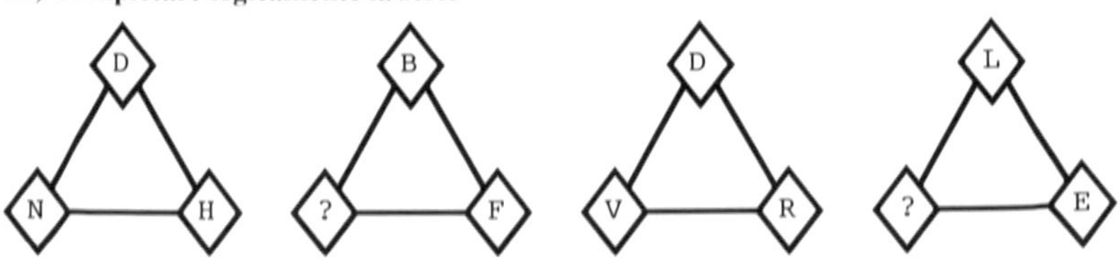

A) H - Q B) I - C C) A - G D) I - M

19) Quali numeri integrano correttamente la serie?

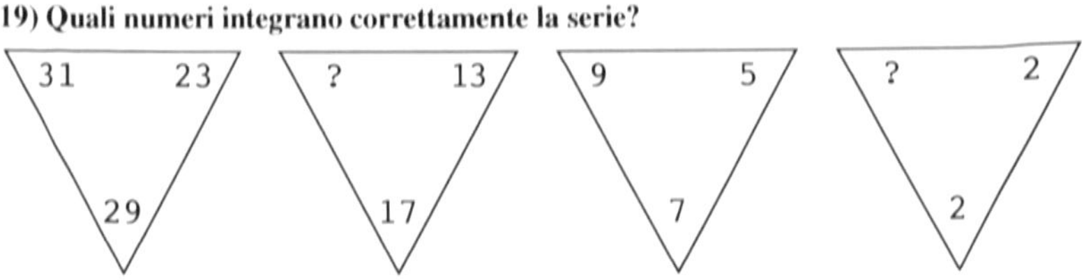

A) 15 - 5 B) 19 - 6 C) 19 - 4 D) 21 - 3

20) Quali numeri vanno inseriti al posto dei punti interrogativi?

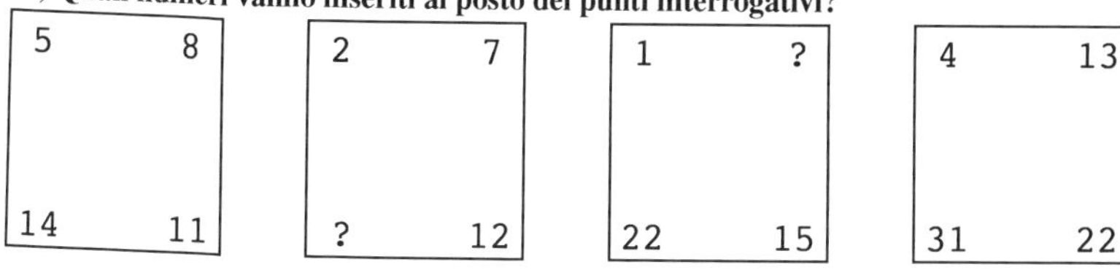

A) 15 - 6 B) 17 - 8 C) 17 - 6 D) 16 - 5

21) Quali numeri completano logicamente la serie?

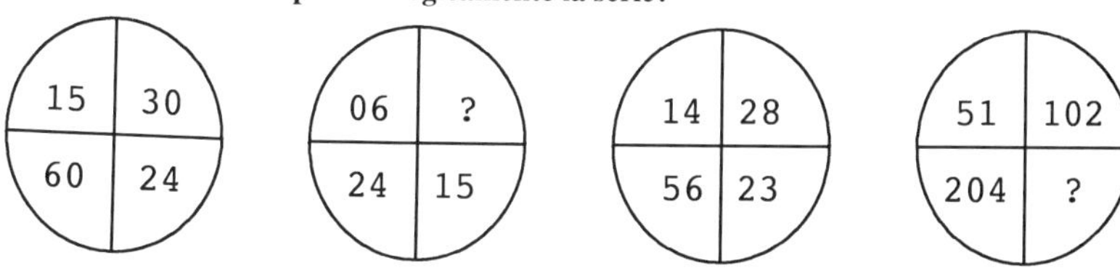

A) 12 - 60 B) 143 - 2 C) 160 - 241 D) 58 - 17

22) Quali numeri completano logicamente la serie?

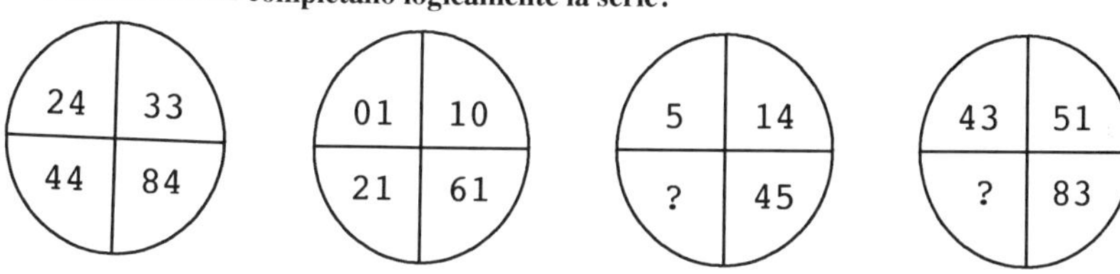

A) 18 - 02 B) 84 - 24 C) 22 - 86 D) 25 - 63

23) Quale numero completa la seguente serie?

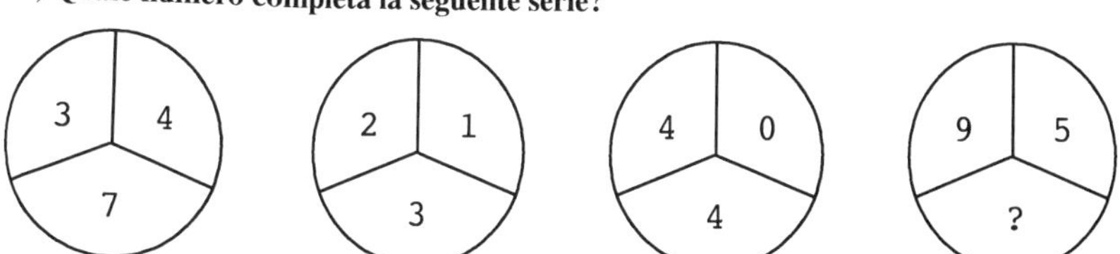

A) 1 B) 14 C) 11 D) 7

24) Quale numero completa la seguente serie?

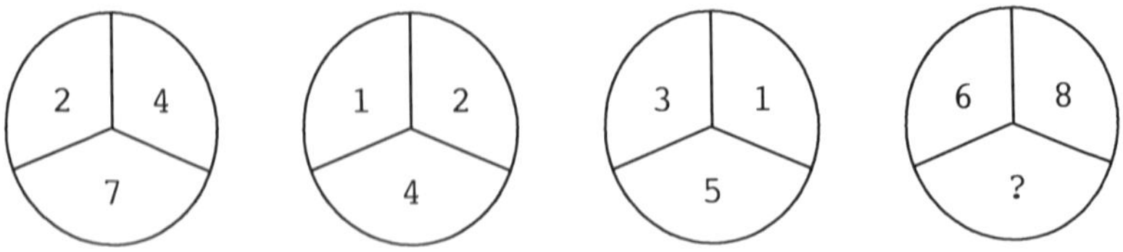

A) 11 B) 14 C) 12 D) 15

25) Completare logicamente la serie

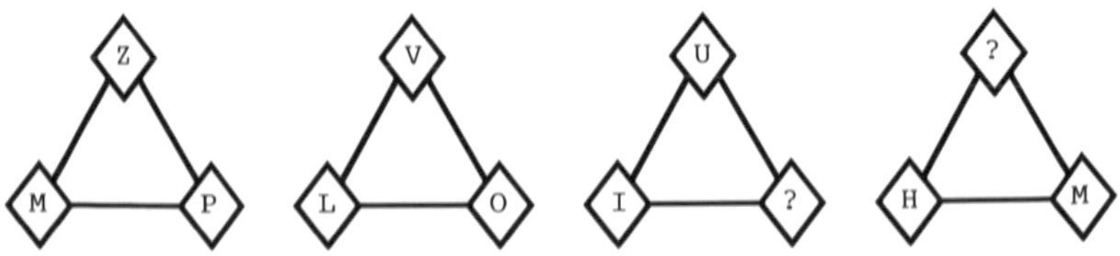

A) S - V B) O - P C) L - N D) N - T

26) Trovare i numeri che completano la serie

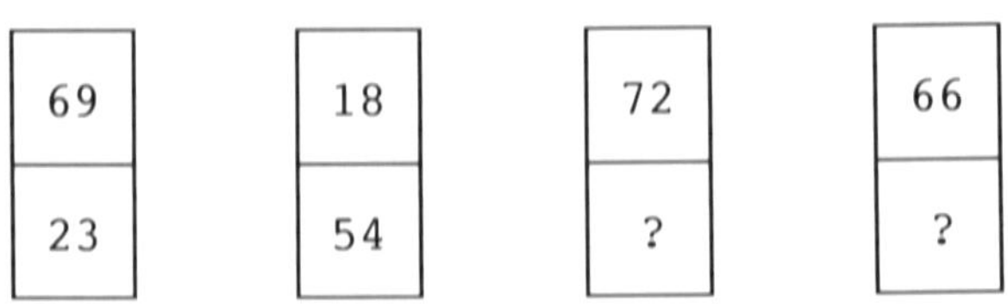

A) 24 - 198 B) 30 - 200 C) 16 - 31 D) 220 - 40

27) Completare logicamente la serie

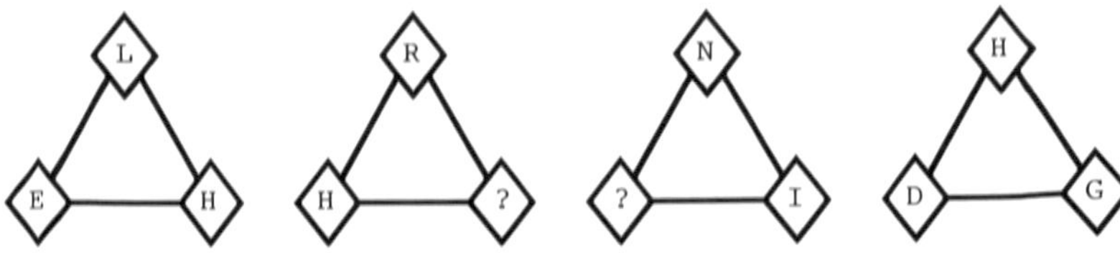

A) M - F B) N - O C) P - S D) T - U

28) Quali numeri completano la seguente serie?

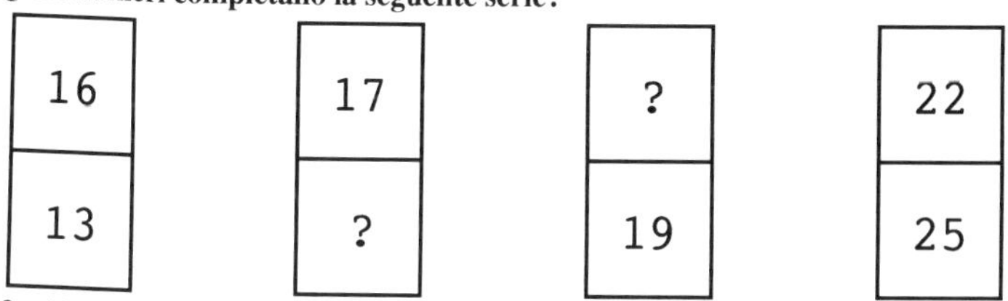

A) 13 - 19 B) 19 - 17 C) 19 - 15 D) 20 - 15

29) Quali numeri completano logicamente la serie?

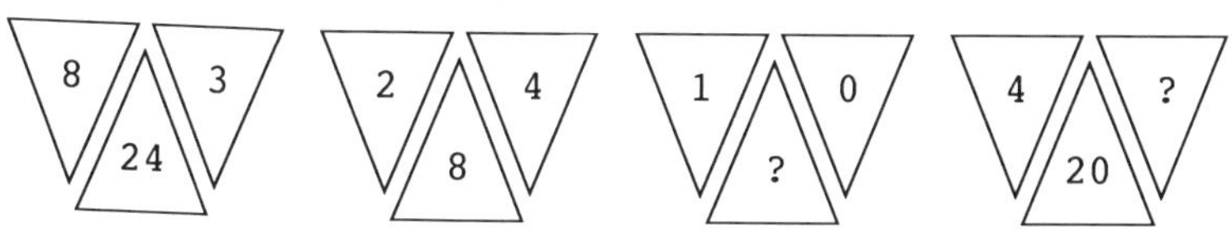

A) 0 - 5 B) 10 - 2 C) 6 - 3 D) 0 - 1

30) Quali numeri completano logicamente la serie?

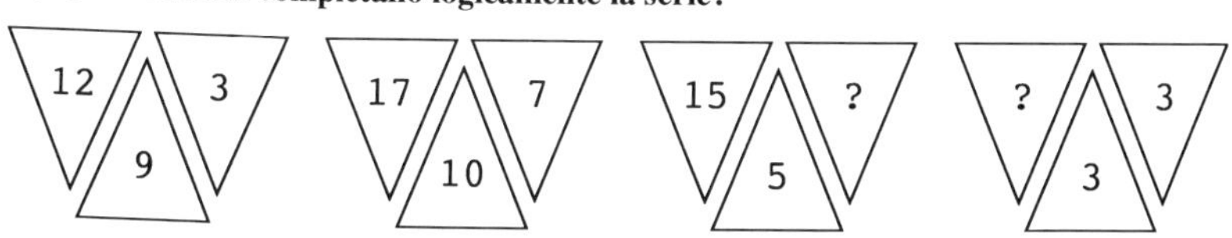

A) 8 - 7 B) 10 - 16 C) 7 - 4 D) 10 - 6

31) Quali numeri completano logicamente la serie?

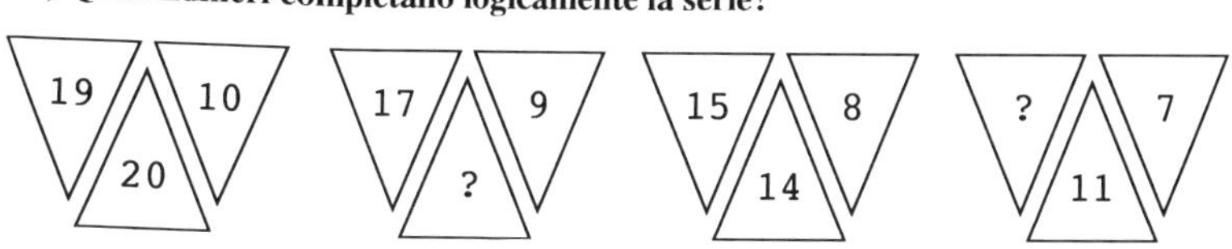

A) 15 - 16 B) 13 - 17 C) 12 - 8 D) 13 - 19

32) Quali numeri integrano logicamente la serie?

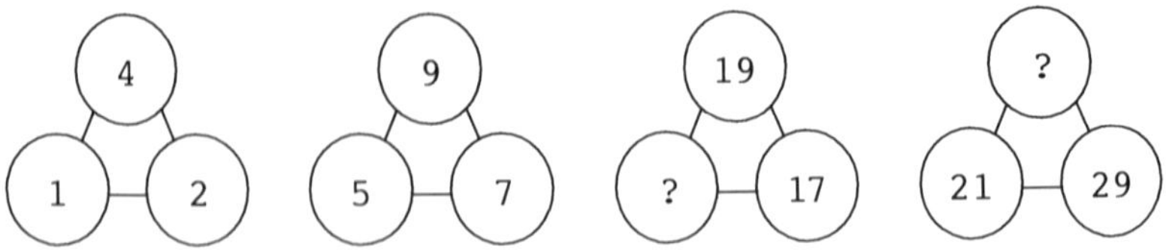

A) 15 - 35 B) 13 - 31 C) 15 - 31 D) 13 - 17

33) Quali numeri integrano logicamente la serie?

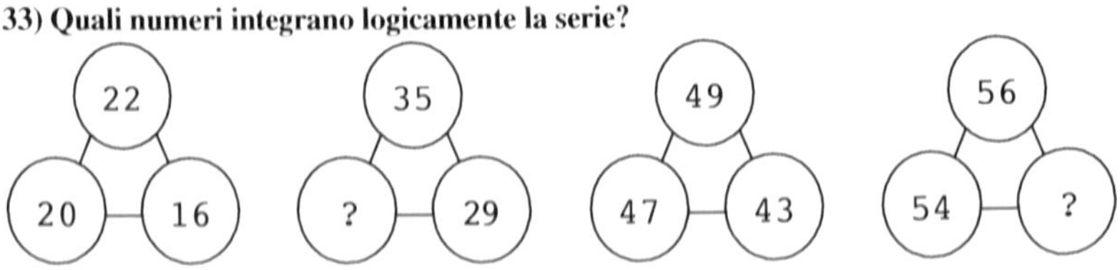

A) 30 - 46 B) 22 - 44 C) 33 - 54 D) 33 - 50

34) Quali numeri integrano logicamente la serie?

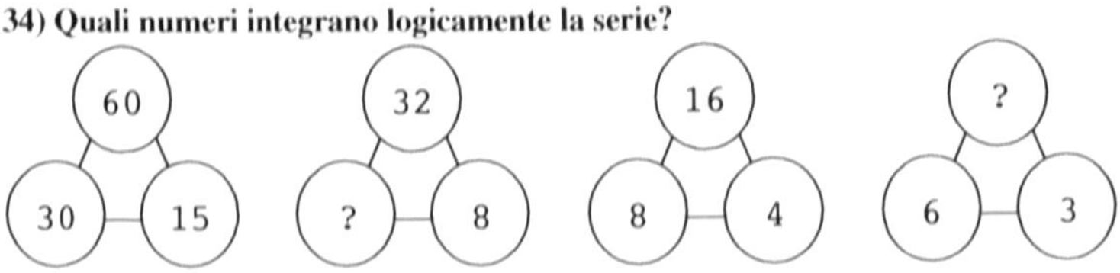

A) 18 - 3 B) 16 - 12 C) 14 - 8 D) 5 - 10

35) Quali numeri integrano logicamente la serie?

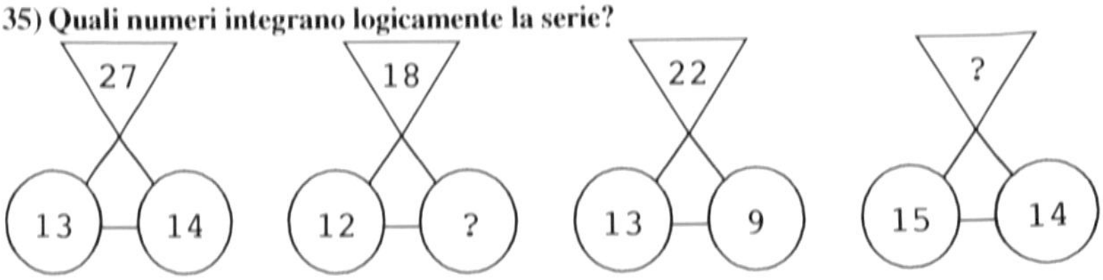

A) 12 - 7 B) 6 - 29 C) 3 - 16 D) 5 - 4

36) Quale numero completa correttamente la serie?

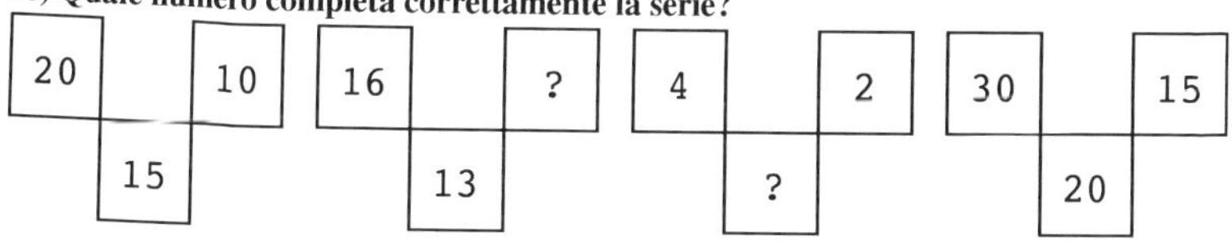

A) 4 - 6　　B) 8 - 7　　C) 8 - 10　　D) 9 - 6

37) Completare logicamente la serie

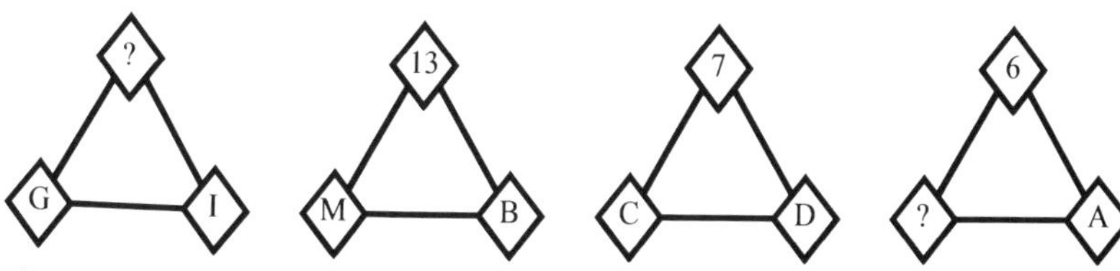

A) B - F　　B) 12 - C　　C) 16 - E　　D) 8 - A

38) Completare logicamente la serie

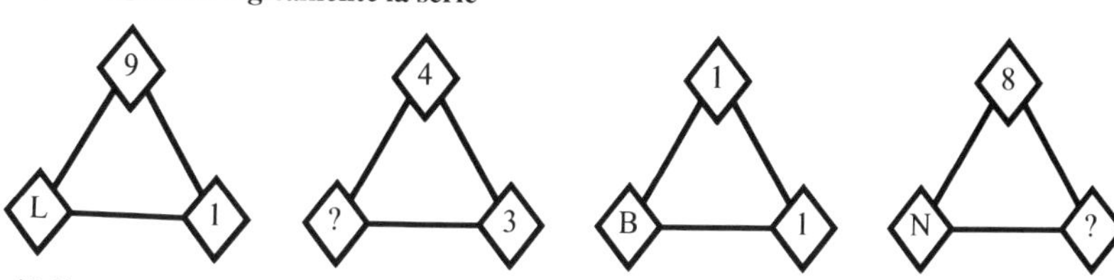

A) G - 4　　B) G - D　　C) 4 - 7　　D) G - 7

39) Completare logicamente la serie

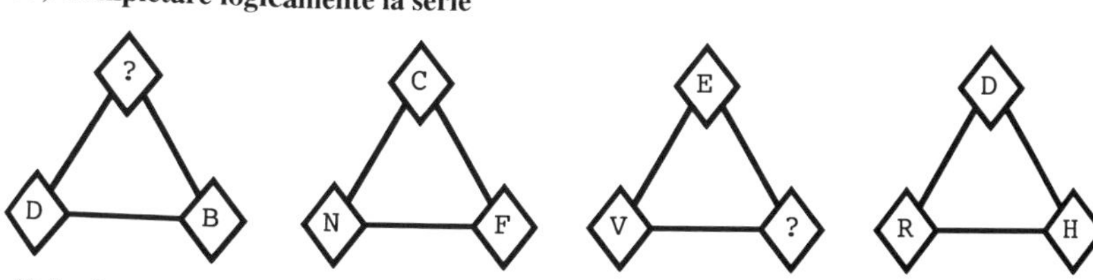

A) A - L　　B) M - V　　C) B - P　　D) C - G

40) Completare logicamente la serie

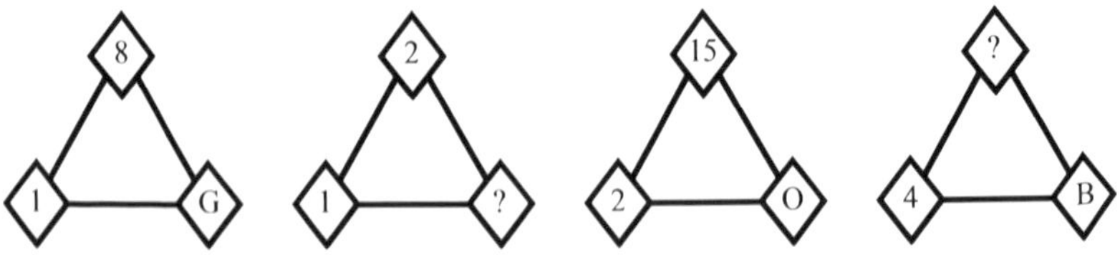

A) N - 3 B) O - 2 C) M - 4 D) A - 6

41) Completare logicamente la serie

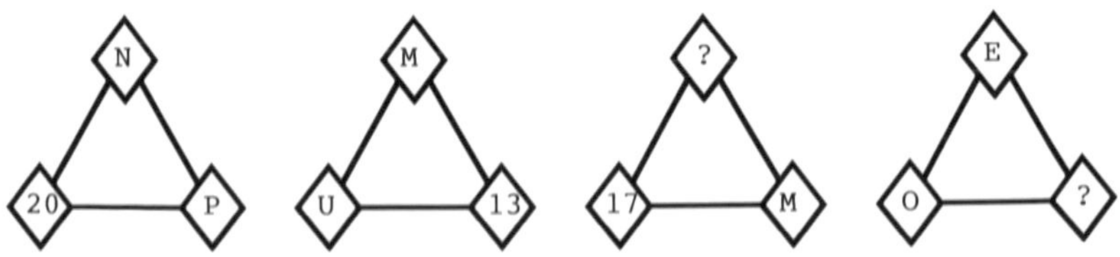

A) I - G B) 11 - L C) 10 - G D) H - 7

42) Completare logicamente la serie

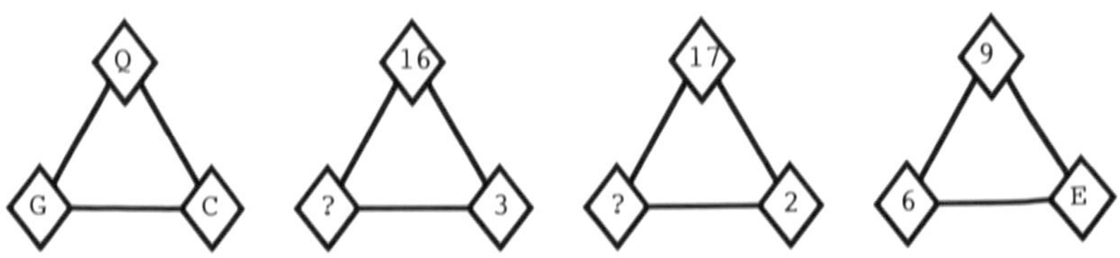

A) 5 - 18 B) 6 - 4 C) 19 - 6 D) 6 - 18

Risposte corrette

1	A	**7**	A	**13**	A	**19**	C	**25**	D	**31**	B	**37**	C
2	B	**8**	A	**14**	B	**20**	B	**26**	A	**32**	B	**38**	A
3	C	**9**	A	**15**	A	**21**	A	**27**	A	**33**	D	**39**	A
4	B	**10**	C	**16**	D	**22**	D	**28**	C	**34**	B	**40**	D
5	D	**11**	B	**17**	B	**23**	B	**29**	A	**35**	B	**41**	A
6	A	**12**	A	**18**	A	**24**	D	**30**	D	**36**	B	**42**	B

3.7 Ragionamento critico

1) Quale numero tra quelli proposti completa la seguente serie?

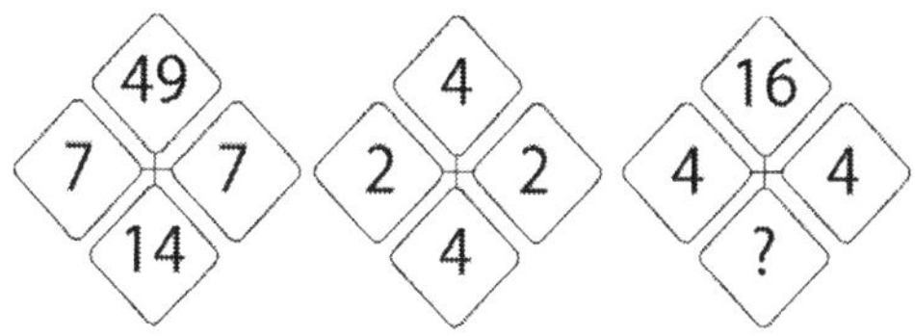

A) 7 B) 8 C) 10 D) 6

2) Quale numero tra quelli proposti completa la seguente serie?

A) 180 B) 256 C) 129 D) 45

3) Indicare quale dei numeri proposti integra la serie: 7 - 16 - 112 / 25 - 6 - ?

A) 150 B) 174 C) 165 D) 190

4) Completare la seguente serie numerica: 15 - 34 - 55 - 74 - 95 - ?

A) 113 B) 119 C) 114 D) 115

5) Completare la seguente serie numerica: 45654 - 56765 - 67876 - ?

A) 78887 B) 78977 C) 78987 D) 78988

6) Quale numero tra quelli proposti completa la seguente serie?

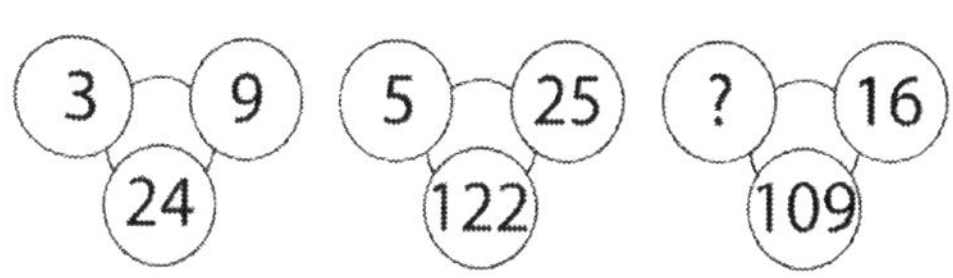

A) 1 B) 6 C) 8 D) 7

7) Quale numero deve essere inserito per completare l'operazione?

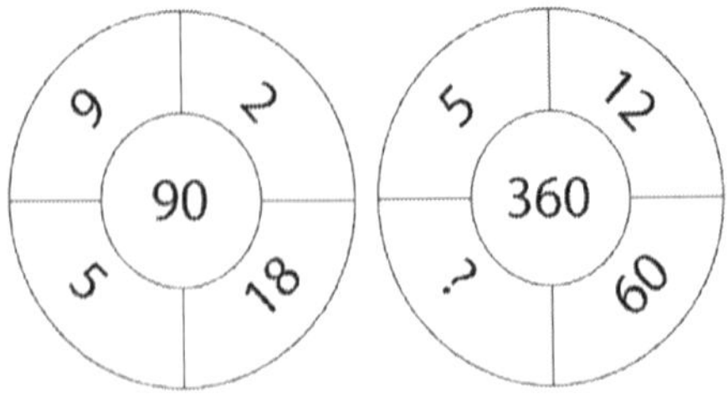

A) 1 B) 6 C) 8 D) 7

8) Quale numero deve essere inserito per completare l'operazione?

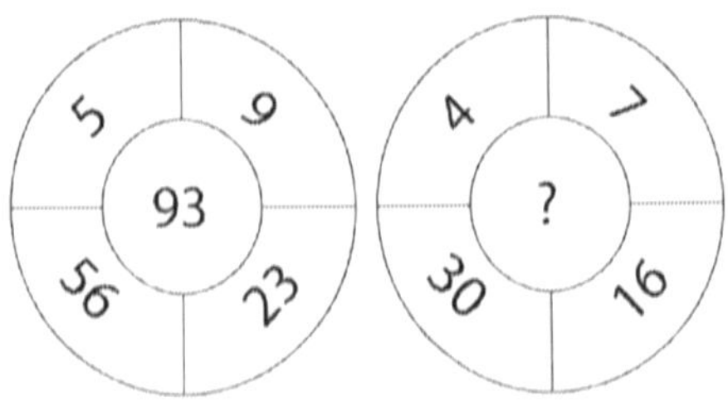

A) 48 B) 23 C) 28 D) 57

9) Indicare quale dei numeri proposti integra la serie: 135 - 102 - 237 / 169 - 44 - ?

A) 220 B) 213 C) 252 D) 195

10) Quale numero tra quelli proposti completa la seguente serie?

A) 80 B) 45 C) 32 D) 99

11) Completare la seguente serie numerica: 157 - 163 - 159 - 165 - 161 - ?
A) 161 B) 167 C) 163 D) 162

12) Quale numero tra quelli proposti completa la seguente serie?

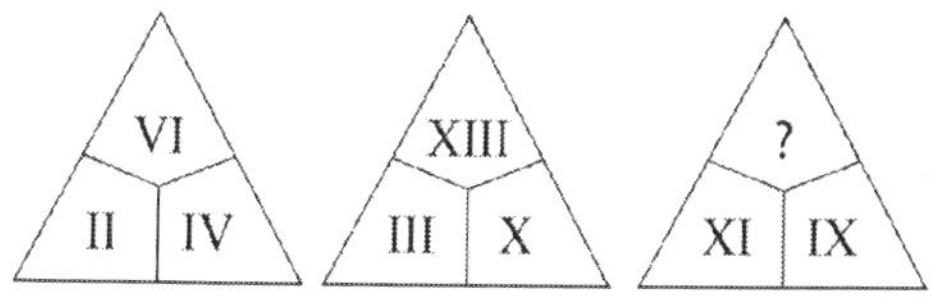

A) IX B) XX C) XV D) V

13) Indicare quale dei numeri proposti integra la serie: 631 - 628 - 625 / 767 - 764 - ?
A) 758 B) 756 C) 761 D) 759

14) Completare la serie: 111155557777 - ? - 333377779999 - 444488880000
A) 222233336667 B) 222266668888 C) 222244445555 D) 333344445556

15) Quali numeri tra quelli proposti completano la seguente serie?

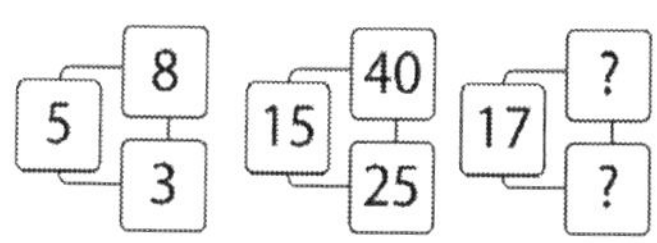

A) 36-20 B) 20-5 C) 45-28 D) 36-10

16) Indicare quale dei numeri proposti integra la serie: 111 - 73 - 184/137 - 121 - ?
A) 258 B) 275 C) 242 D) 266

17) Completare la seguente serie numerica: 324 - 336 - 332 - 344 - 340 - ?
A) 352 B) 355 C) 356 D) 349

18) Completare la seguente serie numerica: 15 - 18 - 16 - 19 - 17 - 20 - 18 - 21 - ?
A) 30 B) 25 C) 19 D) 17

19) Quale numero tra quelli proposti completa la seguente serie?

A) 43 B) 67 C) 53 D) 36

20) Quale numero deve essere inserito per completare l'operazione?

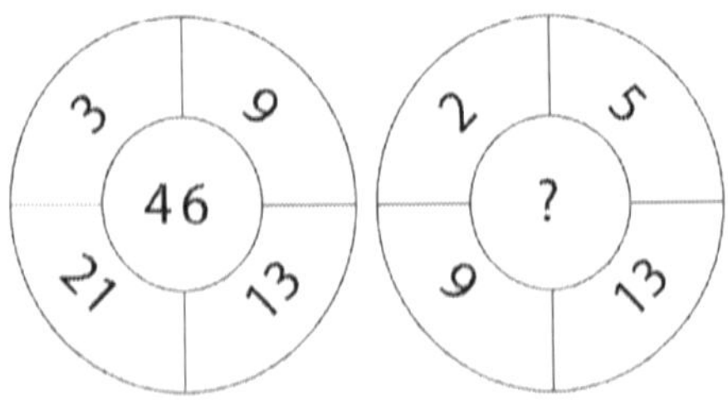

A) 29 B) 36 C) 15 D) 58

21) Quale numero tra quelli proposti completa la seguente serie?

A) 2 B) 3 C) 6 D) 8

22) Quale numero tra quelli proposti completa la seguente serie?

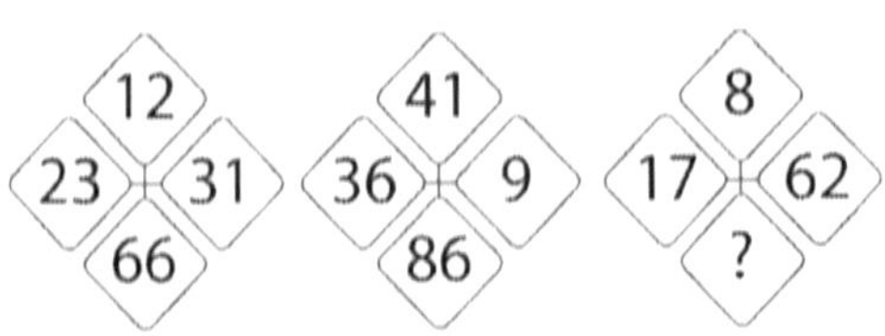

A) 87 B) 65 C) 12 D) 69

23) Quale numero deve essere inserito nell'ultimo quadrato?

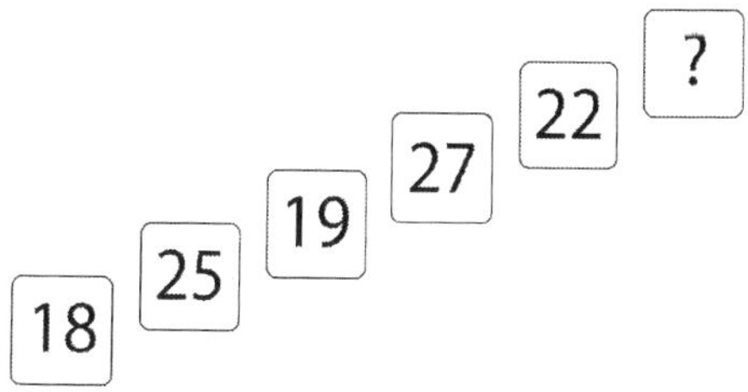

A) 31 B) 21 C) 26 D) 32

24) Quale numero deve essere inserito per completare l'operazione?

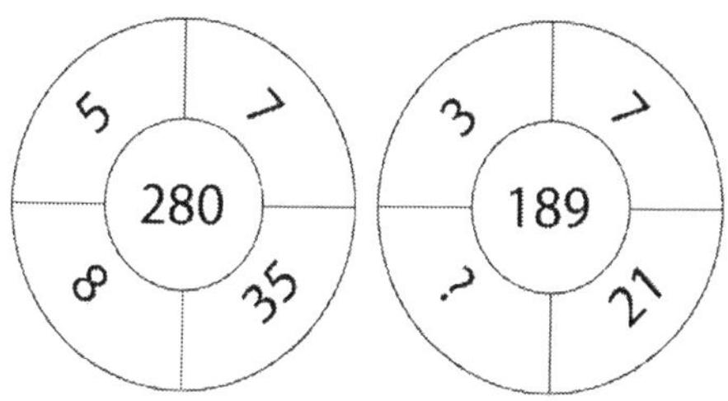

A) 1 B) 9 C) 8 D) 7

25) Quale numero tra quelli proposti completa la seguente serie?

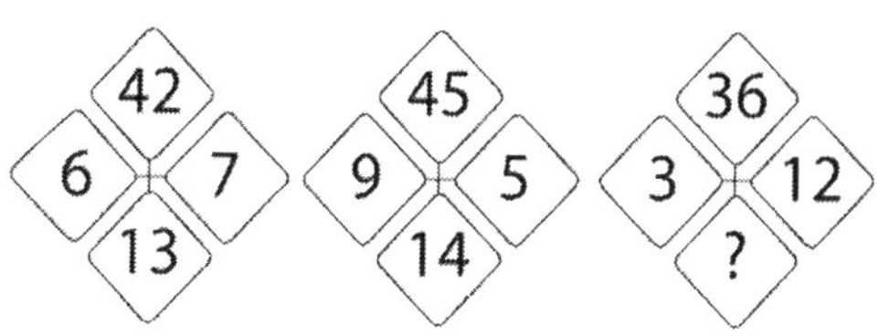

A) 23 B) 15 C) 12 D) 6

26) Quale numero tra quelli proposti completa la seguente serie?

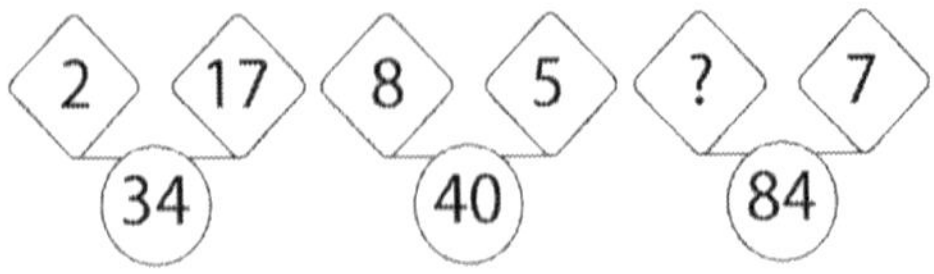

A) 10 B) 12 C) 15 D) 18

27) Quale numero deve essere inserito nel primo quadrato?

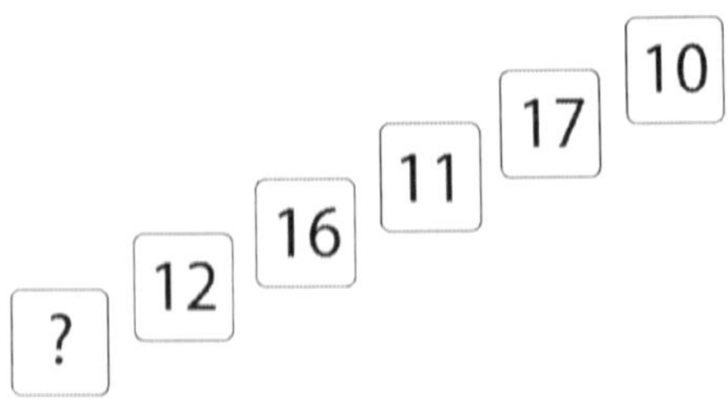

A) 14 B) 15 C) 10 D) 16

28) Quale numero deve essere inserito per completare l'operazione?

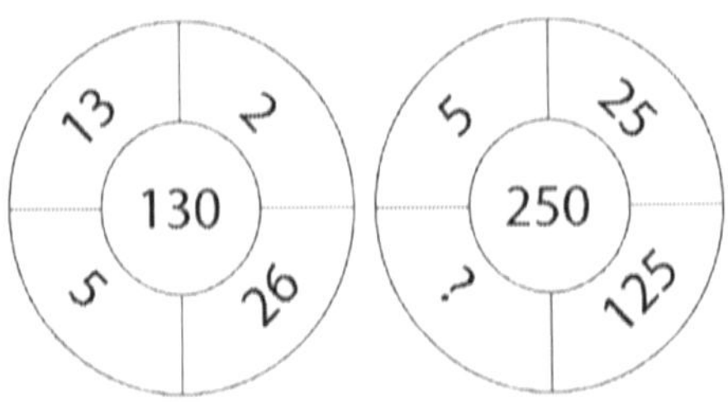

A) 2 B) 6 C) 5 D) 7

29) Quale numero tra quelli proposti completa la seguente serie?

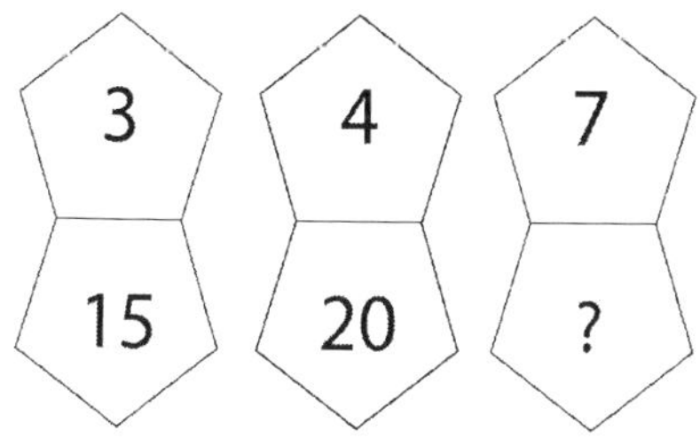

A) 20 B) 50 C) 40 D) 35

30) Quale numero tra quelli proposti completa la seguente serie?

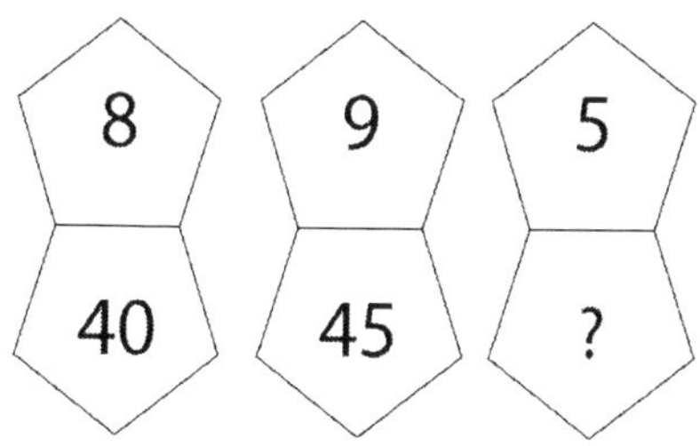

A) 35 B) 25 C) 30 D) 28

31) Completare la seguente serie numerica: 524 - 528 - 525 - 529 - 526 - ?

A) 534 B) 530 C) 517 D) 550

32) Completare la seguente serie numerica: ? - 135 - 246 - 357

A) 012 B) 245 C) 024 D) 041

33) Completare la seguente serie numerica: 30 - 33 - 31 - 34 - 32 - 35 - 33 - 36 - ?

A) 33 B) 31 C) 34 D) 37

34) Completare la seguente serie numerica: 265 - 282 - 288 - 205 - 211 - ?

A) 228 B) 258 C) 267 D) 265

35) Quale numero tra quelli proposti completa la seguente serie?

A) 87 B) 23 C) 16 D) 64

36) Quale numero tra quelli proposti completa la seguente serie?

A) 30 B) 24 C) 31 D) 26

37) Quale numero tra quelli proposti completa la seguente serie?

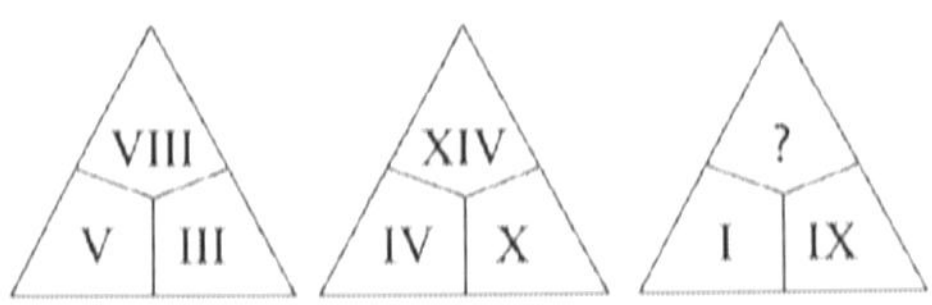

A) XII B) XIII C) VIII D) X

38) Quale numero tra quelli proposti completa la seguente serie?

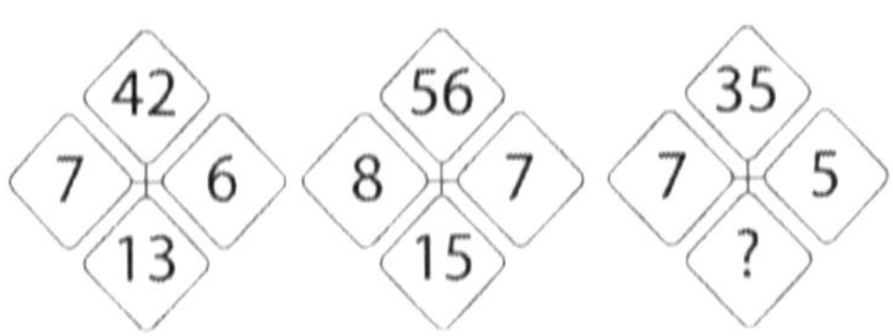

A) 18 B) 9 C) 12 D) 14

39) Quale numero tra quelli proposti completa la seguente serie?

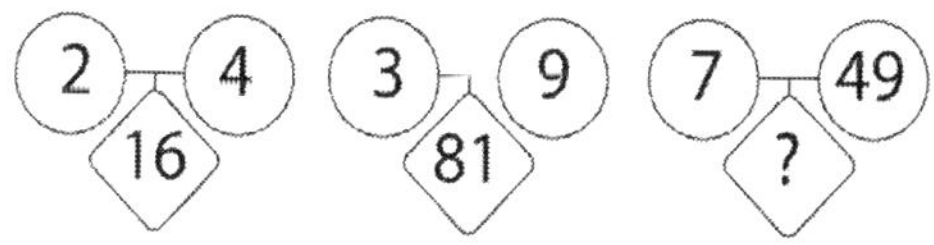

A) 2401 B) 568 C) 698 D) 0

40) Completare la seguente serie numerica: 122 - 135 - 139 - 152 - 156 - ?

A) 169 B) 158 C) 161 D) 165

41) Quale numero deve essere inserito nel primo quadrato?

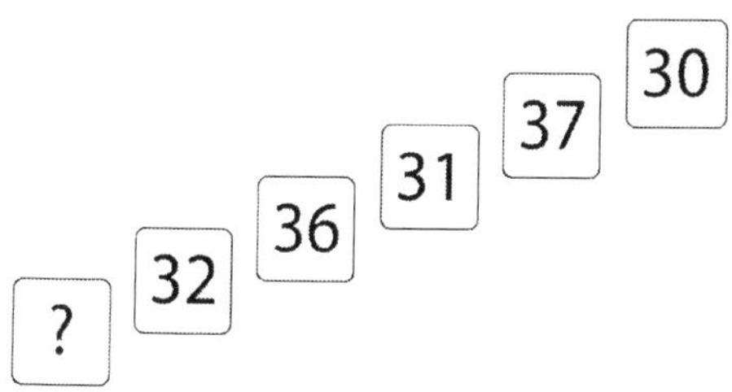

A) 34 B) 30 C) 31 D) 35

42) Indicare quale dei numeri proposti integra la serie: 9 - 14 - 126 / 24 - 5 - ?

A) 150 B) 114 C) 105 D) 120

43) Quale numero tra quelli proposti completa la seguente serie?

A) 27 B) 65 C) 33 D) 56

44) Quale numero tra quelli proposti completa la seguente serie?

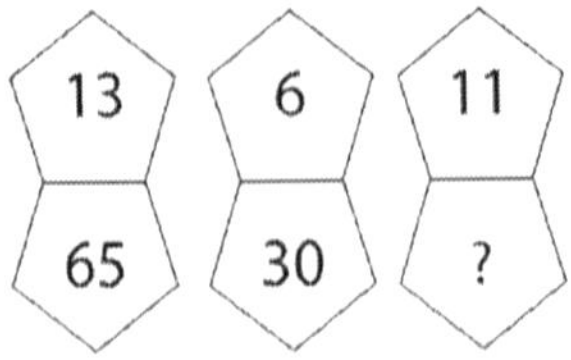

A) 30 B) 55 C) 40 D) 35

45) Completare la seguente serie numerica: 54 - 57 - 55 - 58 - 56 - 59 - 57 - 60 - ?

A) 63 B) 55 C) 58 D) 57

46) Quale numero deve essere inserito nel primo quadrato?

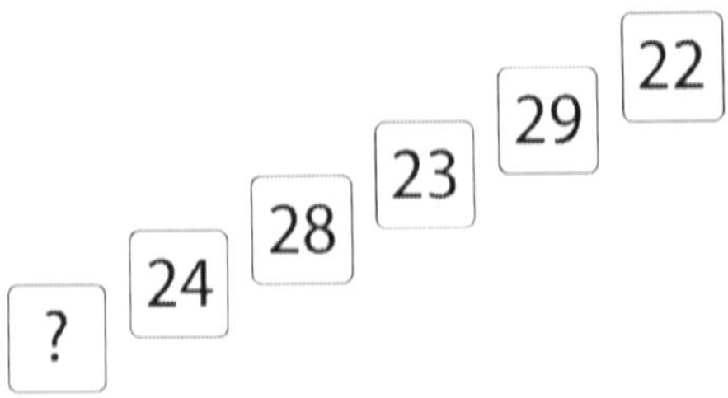

A) 27 B) 24 C) 20 D) 26

Risposte corrette

1	B	**7**	B	**13**	C	**19**	C	**25**	B	**31**	B	**37**	D	**43**	A
2	B	**8**	D	**14**	B	**20**	A	**26**	B	**32**	C	**38**	C	**44**	B
3	A	**9**	B	**15**	C	**21**	A	**27**	B	**33**	C	**39**	A	**45**	C
4	C	**10**	B	**16**	A	**22**	A	**28**	A	**34**	A	**40**	A	**46**	A
5	C	**11**	B	**17**	A	**23**	A	**29**	D	**35**	C	**41**	D		
6	D	**12**	B	**18**	C	**24**	B	**30**	B	**36**	C	**42**	D		

3.8 I TEST DI RAGIONAMENTO ASTRATTO

3.8.1 Il materiale stimolo: figure, forme, tessitura e disposizione spaziale

Da un esame delle tipologie di stimoli più frequentemente presenti nelle prove di selezione si nota una prevalenza di figure geometriche combinate e sovrapposte in vario modo tra loro e figure astratte con attributi numerali (numero di linee, cerchi, settori con o senza tessitura, ecc.).

Riportiamo di seguito alcune figure *stimolo* con determinati attributi e componenti che assumono un certo "valore" in relazione con altre figure.

3.8.2 Rotazioni mentali e orientamento spaziale

Immaginate la lettera B in stampatello maiuscolo, ruotatela in senso orario di 90° (da mezzogiorno alle tre), ruotatela sul suo asse di 180° verso l'alto, ruotatela in senso antiorario di 180° (dalle tre alle nove). Qual è il risultato delle rotazioni?

A) B) C) D) E)

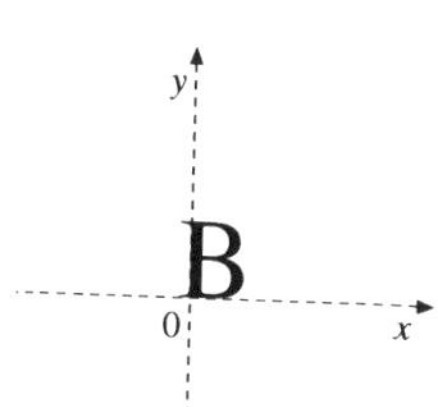

La difficoltà del compito è dovuta sia alla capacità di comprendere le istruzioni sia all'abilità di eseguire mentalmente le rotazioni. Per alleggerire il carico di lavoro richiesto al nostro sistema mnestico possiamo aiutarci con degli schemi di questo tipo. Poniamo la lettera B sugli assi cartesiani *x y*, in corrispondenza del punto di origine 0 degli assi:

Si richiede di rotare di 90° in senso orario. Un ulteriore chiarimento sul tipo di rotazione richiesta è dato dal suggerimento da mezzogiorno alle tre, cioè si intende una rotazione sul punto di origine verso destra, perché in senso orario, di 90°.

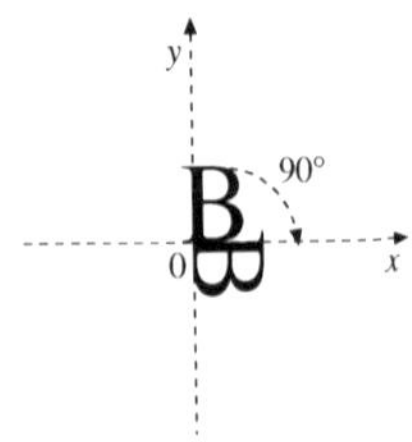

Il secondo comando richiede che la lettera venga ruotata sul suo asse di 180°: qui è necessario eseguire una rotazione sull'asse della lettera B verso l'alto per cui avremo il risultato seguente:

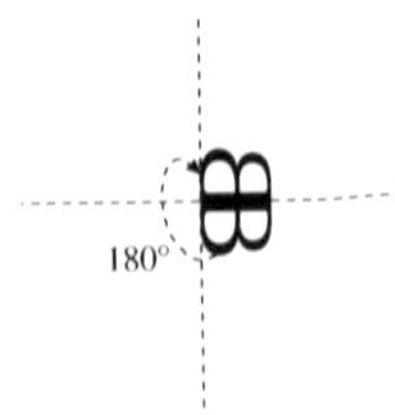

Infine si richiede di operare un'ultima rotazione in senso antiorario di 180°, anche in questo caso la rotazione avviene sull'origine 0 a partire dall'ultima rotazione. La figura quindi assume la seguente posizione sugli assi cartesiani.

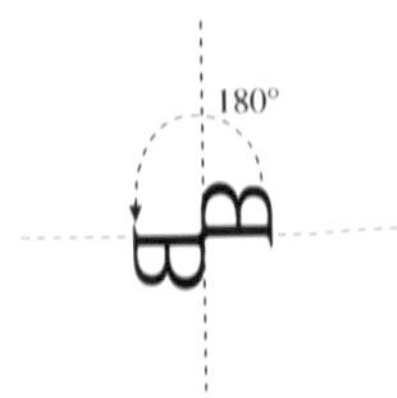

Quindi la risposta corretta è C).

Possiamo provare anche un altro esercizio per favorire la generazione di immagini passando attraverso stadi intermedi. Non servitevi di carta e penna, eseguite l'esercizio mentalmente.

- Si immagini la lettera F in stampatello maiuscolo. Sovrapponete alla linea verticale della lettera F, la lettera b in carattere minuscolo.
  Ora ruotate la parte curva della lettera b in maniera tale che essa venga a trovarsi alla sinistra della linea verticale. Quale immagine avete identificato?

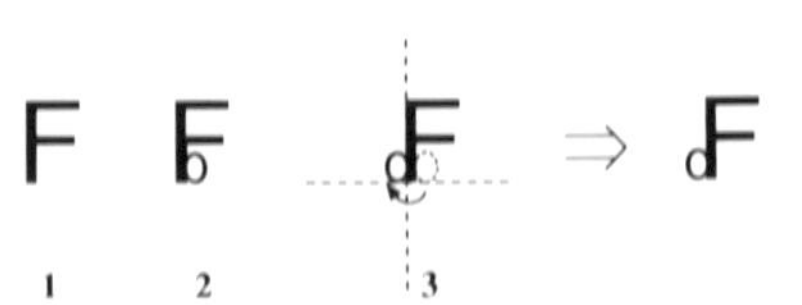

- Immaginate la lettera K in stampatello maiuscolo. Inscrivetela in una lettera O in stampatello maiuscolo. Eliminate la metà inferiore della lettera K.
  Quale immagine avete identificato?

➤ Immaginate la lettera N in stampatello maiuscolo. Unite i due punti estremi della lettera con una linea diagonale. Ruotate l'immagine di 90°.
Quale immagine avete identificato?

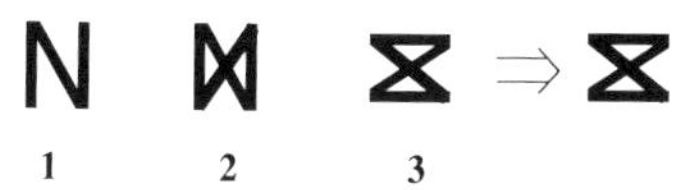

Non sempre, purtroppo, è possibile operare le trasformazioni richieste schematizzandole su carta. Quando dobbiamo risolvere prove come quelle che seguono è letteralmente impossibile ricorrere al metodo grafico a meno che non si riesca a stilizzare rapidamente configurazioni complesse.
Osservate le seguenti coppie di figure:

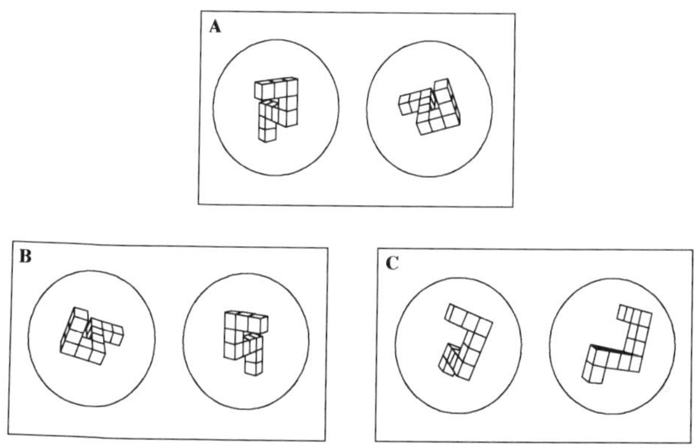

Shepard e Metzeler (1971) utilizzarono figure stimolo come queste per studiare il carattere dinamico delle immagini mentali, in opposizione alla concezione di visualizzazione mentale statica, e sottoposero ad un campione di persone un certo numero di immagini come quelle sopra riportate. Si richiedeva ai soggetti di individuare quali fossero le coppie che rappresentavano lo stesso disegno e quali coppie rappresentavano oggetti diversi. Provate anche voi a rispondere alla domanda osservando attentamente gli stimoli B e C e cercando di capire quale tra questi rappresenta lo stesso oggetto contenuto nella coppia A.
Gli autori scoprirono che non solo i soggetti erano variamente in grado di individuare correttamente le coppie di stimoli identiche e/o diverse, ma che il tempo necessario per dare la risposta variava sulla base della grandezza della rotazione angolare necessaria per allineare gli oggetti: c'è dunque una relazione diretta tra rotazione angolare delle figure e tempo di reazione delle risposte. I tempi di risposta, che variavano sulla base della rotazione angolare, dimostravano che le persone operano una rotazione mentale delle figure, in cui tanto più grande è la rotazione tanto maggiore è il tempo impiegato per eseguire l'allineamento delle figure.
Da allora si concluse che il processo che ci porta ad immaginare un oggetto è simile al processo per mezzo del quale lo stesso oggetto viene percepito (Benjafield, 1995). A proposito: la risposta esatta è B.

3.8.3 Le serie

Abbiamo già parlato delle serie numeriche. Tutti gli esercizi che trattano sequenze di numeri, oggetti, lettere, illustrazioni disposti secondo una sequenza "da scoprire" appartengono al dominio degli esercizi di completamento di serie.
I più semplici tra questi sono gli esercizi che fanno uso di stimoli visivi.

➤ Osservate la seguente sequenza di immagini e cercate di individuare tra le alternative quella che completa la serie:

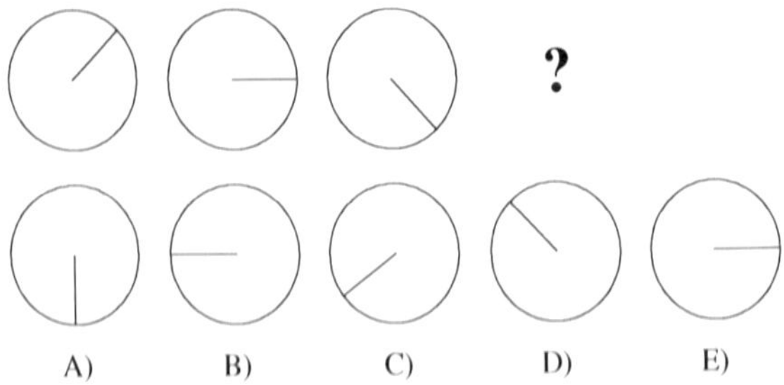

In questo caso è semplice individuare la risposta corretta se siamo riusciti a cogliere il legame logico tra gli elementi. Le figure rappresentano un cerchio con un raggio il cui orientamento cambia progressivamente con una rotazione. Nell'individuare l'alternativa esatta, provate a sovrapporre mentalmente (o graficamente) le tre immagini che costituiscono la serie. Risulterà evidente che il raggio cambia con una progressione costante, evidenziata graficamente dallo spazio che separa i tre raggi, che sono appunto equidistanti.
Ora proviamo a sovrapporre a quest'immagine le varie alternative. Ci accorgiamo che solo l'alternativa A) genera una progressione costante del raggio.

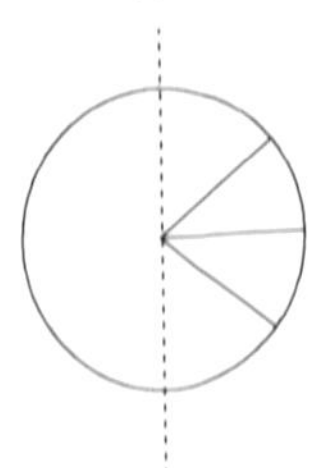

Vediamo un altro esempio.

➤

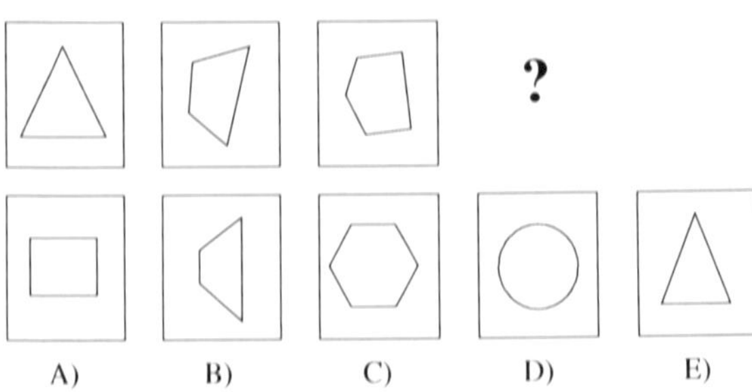

Come per tutti gli esercizi di completamento di serie, dobbiamo cercare di cogliere il legame (la regola costante) che accomuna le immagini della serie. Come risulta lampante, si tratta di figure geometriche di forma diversa. La prima è un triangolo, se osserviamo la seconda ci accorgiamo che gli angoli sono 4. Esiste infatti una progressione costante del numero degli angoli delle figure: 3 : 4 : 5. Ci aspettiamo dunque che l'incognita debba essere una figura con 6 angoli. Infatti la risposta esatta è la C).

Fin qui abbiamo visto sequenze per così dire, regolari, in cui si segue un ordine progressivo crescente oppure descrescente, in ogni caso si tratta di un ordine lineare, caratterizzato da un'unica relazione. Esistono sequenze più complesse come quelle che osserviamo nei prossimi esempi.

➤ Osservate la seguente serie e indicate quale tra le alternative la completa.

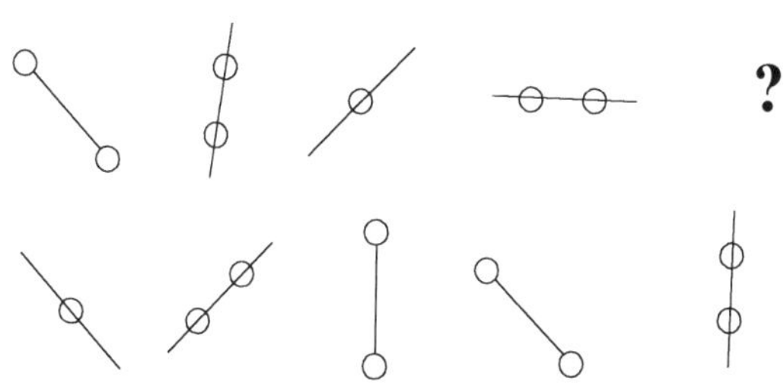

A) B) C) D) E)

Questa serie dovrà essere completata seguendo una logica che comprenda al tempo stesso l'orientamento nello spazio del segmento, il numero di cerchi e la posizione dei cerchi sul segmento.
Il primo elemento raffigura un segmento orientato alle 10 e 20 (se immaginiamo un orologio a lancette) con due cerchi ai suoi estremi.
Il secondo elemento raffigura un segmento alle 12 e 30 con i due cerchi spostati all'interno del segmento ed equidistanti tra loro.
La terza figura evidenzia una rotazione del segmento alle 2 e 40 con un unico cerchio perfettamente a metà della figura.
Infine la quarta figura mostra un segmento orientato alle 9 e 15 con due cerchi equidistanti dalla metà del segmento e dagli estremi (come la seconda figura della sequenza).

Dato che sono tre le proprietà che dobbiamo controllare, l'orientamento nello spazio del segmento, il numero di cerchi e il posizionamento dei cerchi sul segmento, passiamole in rassegna una alla volta.

Orientamento: il segmento ruota in senso orario di circa 45°, quindi la figura che completa la sequenza dovrà prevedere un segmento che, a partire dall'ultima figura della sequenza, rispetti la regola: tra le risposte suggerite abbiamo due figure che rispettano il criterio, quindi questa informazione ci porta ad escludere automaticamente le risposte B), C) ed E).

Numero di cerchi e posizionamento: la sequenza mostra che i due cerchi si spostano verso il centro del segmento fino a "collassare" in uno, per poi riprendere il percorso inverso verso gli estremi. La figura che rispetta il criterio è quella corrispondente alla risposta D), che quindi è la risposta corretta.

Per risolvere efficacemente i test di completamento di serie è consigliabile individuare quali sono le proprietà principali delle figure rappresentate: *forma, orientamento spaziale, numero di elementi, tipo di elementi, posizione degli elementi, disposizione-configurazione degli elementi*. In questo modo riuscirete a risolvere rapidamente tutti i tipi di serie visuo-spaziali.

➤ Osserviamo un'ultima serie:

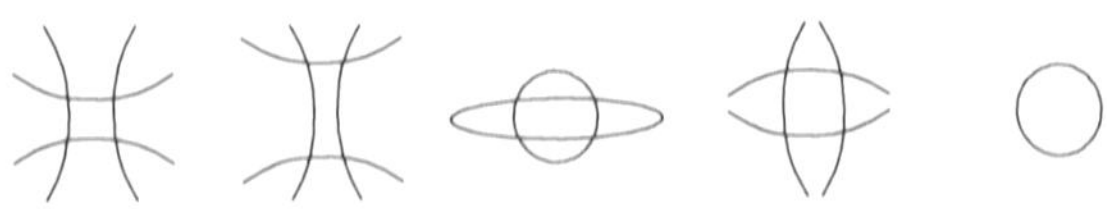

A) B) C) D) E)

Le proprietà degli stimoli presentati sono dati dal numero di curve, dal posizionamento delle linee curve, dalla disposizione delle curve. Le quattro curve si intersecano tra loro e progressivamente si spostano verso il centro della figura. Siamo portati ad escludere le risposte C) ed E) che non rispettano le proprietà della configurazione. Le risposte A) e B) rispettano due proprietà, numero di curve e disposizione, ma non il posizionamento atteso. L'unica figura che rispetta le tre proprietà è quella contrassegnata dalla lettera D), che è infatti la risposta corretta. Questa sequenza risulta di più difficile risoluzione perché la risposta esatta è percettivamente diversa dalla sequenza che l'ha determinata, in quanto forma una figura chiusa, completamente diversa dalle raffigurazioni precedenti. Ma il ragionamento fondato sulle proprietà degli stimoli raffigurati può favorire il superamento della fissità o chiusura mentale e portare alla soluzione.

3.8.4 Le matrici

Tra le prove di abilità cognitiva con materiale visuo-percettivo, le matrici sono quelle maggiormente utilizzate. La tecnica di costruzione delle matrici è molto semplice e si presta a creare prove di difficoltà crescente sulla base di modifiche da sinistra a destra e dall'alto in basso. Sono solitamente composte da tre stimoli posti orizzontalmente e tre stimoli posti verticalmente che vengono modificati secondo un certo principio in orizzontale e secondo un altro principio in verticale. Il compito consiste nel completare la sequenza sulla base dei principi di costruzione. Esaminiamo la matrice a lato:

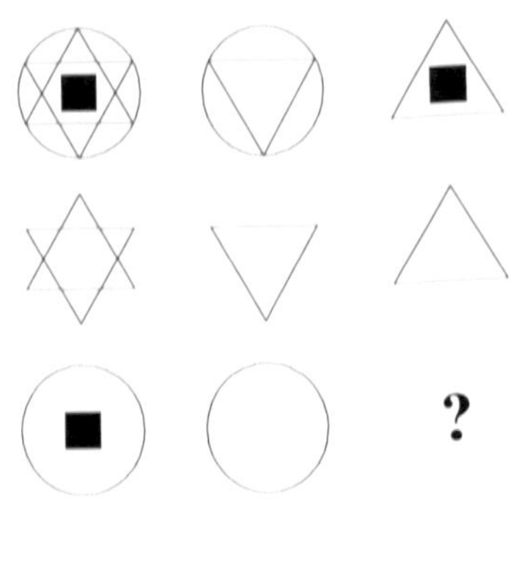

La prima riga della matrice presenta una figura complessa composta da un cerchio che include due triangoli che formano una stella di David, ed un quadrato, all'interno della stella, nero. Osservando lo sviluppo orizzontale si nota che lo stimolo conseguente è formato soltanto da un cerchio che comprende al suo interno un triangolo "capovolto". Lo stimolo successivo è costituito da un triangolo e dal quadrato nero al suo interno. Si deduce che la prima figura è data dalla somma delle altre due. Anche la seconda riga della matrice rispetta la stessa logica: il primo stimolo è dato dalla somma delle due figure alla sua destra. La terza riga, mancante della figura, la esamineremo al termine del ragionamento.
Adesso analizziamo gli stimoli in senso verticale, dall'alto verso il basso. La prima colonna a partire da sinistra è costituita dallo stimolo complesso cerchio, stella di David e quadrato nero, il secondo dalla stella di David, il terzo dal cerchio e dal quadrato. Dato che a noi interessa, per risolvere il problema, scoprire la logica che sottende lo stimolo da individuare, focalizzeremo la nostra attenzione sull'incrocio dell'ultima riga e dell'ultima colonna. L'ultimo elemento della prima colonna è il risultato della "sottrazione" tra il primo stimolo e il secondo stimolo, cioè cerchio + stella + quadrato – stella = cerchio + quadrato. Anche la seconda colonna è costruita secondo un criterio "sottrattivo": cerchio + triangolo – triangolo = cerchio. L'ultima colonna ci consente dunque di risolvere il quesito: triangolo + quadrato – triangolo = quadrato (nero).

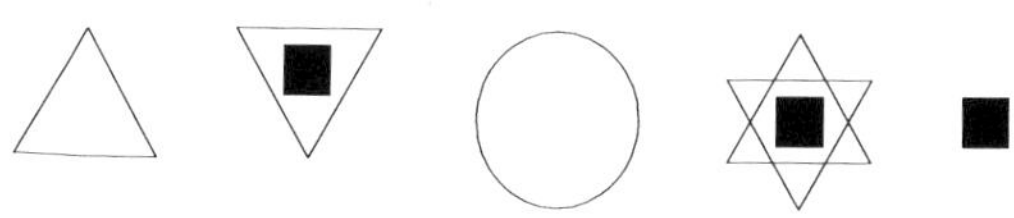

La risposta corretta è la E).

Le matrici più complesse sono formate da serie incomplete come quelle che discuteremo nel prossimo esempio.

➤ Data la seguente configurazione, individuate la figura mancante.

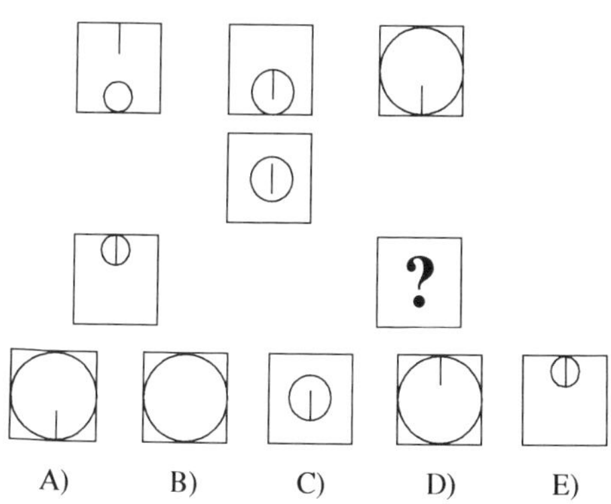

La difficoltà è data dal fatto che mancano porzioni di matrice che necessariamente dobbiamo ricostruire mentalmente per risolvere il quesito.

La prima riga della matrice è l'unica completa delle tre figure. Si noti come, a partire dalla prima figura in alto a sinistra, il segmento passi dalla posizione in alto alla posizione centrale nella seconda figura e alla posizione in basso alla terza figura. Le figure circolari sono disposte in ordine di grandezza crescente. Esaminando la prima colonna a partire da sinistra si nota che il segmento rimane nella stessa posizione nelle due figure visibili, ma è il piccolo cerchio che si "muove" dal basso verso l'alto, passando evidentemente per il centro, per questo la figura mancante nella I colonna sarà la seguente:

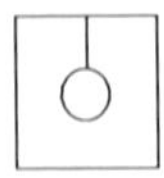

Considerando la seconda colonna si nota che il segmento rimane fisso mentre il cerchio di medie dimensioni sale dal basso verso l'alto, quindi la figura mancante sarà la seguente:

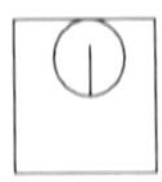

La terza colonna può essere a questo punto ricostruita grazie alla configurazione ora più completa. La figura al centro della terza colonna non può che essere la seguente:

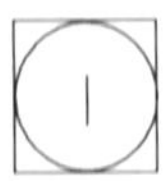

Di conseguenza la quarta figura mancante, che corrisponde alla risoluzione della matrice, sarà quella corrispondente alla lettera d). La matrice completa sarà la seguente:

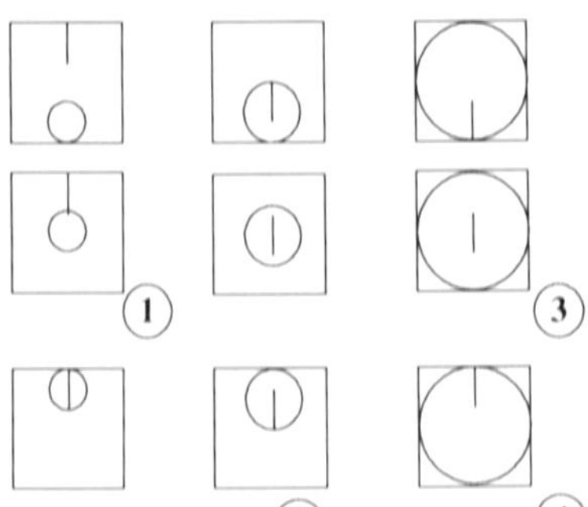

3.8.5 Le proporzioni

Le proporzioni sono uguaglianze di rapporti tra grandezze o misure di grandezze, a due a due omogenee. Quattro grandezze A, B, C, D, si dicono proporzionali se A e B sono fra loro omogenee e se lo sono anche C e D. A partire da queste premesse gli esercizi di ragionamento astratto, che naturalmente non implicano grandezze o misure di grandezze, bensì configurazioni di stimoli più o meno complessi, comprendono due figure che esprimono la parte nota della proporzione sulla base delle quali iniziare il ragionamento che completi la parte non conosciuta della proporzione.

➤ Esaminiamo la seguente proporzione (da leggere in questo modo):

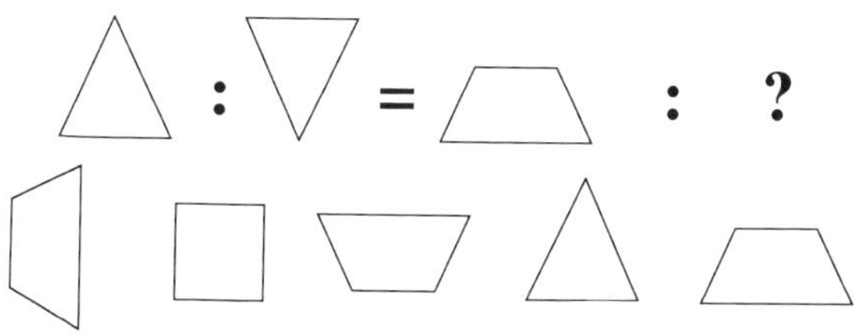

A) B) C) D) E)

Bisogna considerare gli antecedenti che nella figura sono rappresentati dal primo triangolo e dal trapezio noto, e poi considerare i conseguenti. Nella nostra proporzione l'unico conseguente noto è dato dal triangolo "capovolto": i due triangoli sono in rapporto tra loro in quanto l'uno è il reciproco dell'altro, ovvero sono triangoli che hanno le stesse dimensioni e caratteristiche ma il secondo triangolo è stato ruotato di 180° sull'asse orizzontale. Questa relazione dovrà essere riproposta anche con la figura del trapezio, il conseguente del trapezio dovrà rispettare le caratteristiche del conseguente del triangolo; pertanto la figura che completerà la proporzione sarà data da un trapezio rotato sull'asse orizzontale di 180°. La figura A) è data dalla rotazione di 90° gradi sull'incrocio delle diagonali del trapezio, le figure B) e D) non sono trapezi, la figura E) non è ruotata, quindi la risposta corretta sarà data dalla figura C).

➤ Esaminiamo una proporzione più complessa:

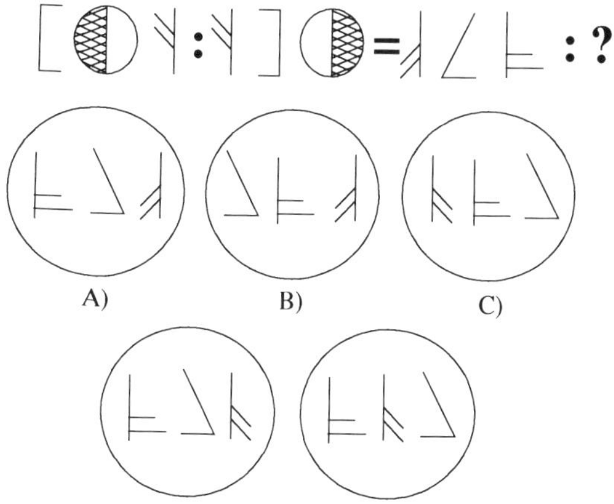

A) B) C)

D) E)

Questa proporzione richiede di confrontare delle figure geometriche astratte seguendo più di una regola.
Per risolverla senza troppa fatica focalizziamo l'attenzione soltanto sui primi due termini della proporzione: qui antecedente e conseguente sono formati da tre elementi, l'ultimo elemento dell'antecedente si ripropone senza modifiche come primo elemento del conseguente, l'elemento centrale dell'antecedente, il cerchio mezzo bianco e mezzo grigio, si ripropone come ultimo elemento del conseguente ruotato di 180°, il primo elemento dell'antecedente si ripropone in modo speculare come elemento centrale del conseguente.

Potete anche aiutarvi con un disegno di questo tipo:

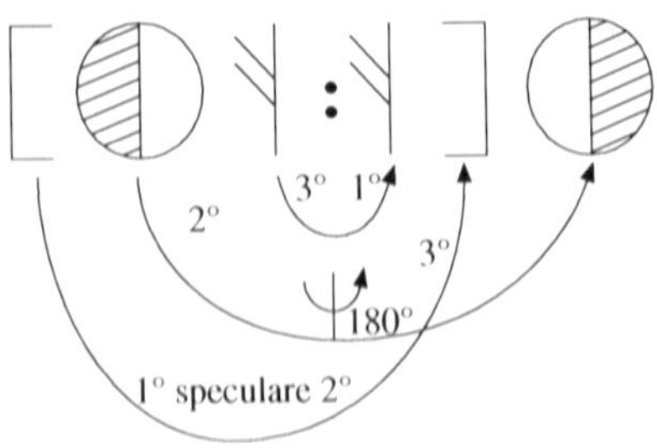

Operate con le stesse trasformazioni sull'altro antecedente della proporzione aiutandovi con le risposte alternative.
In questo modo riuscirete abbastanza rapidamente a trovare la risposta esatta.

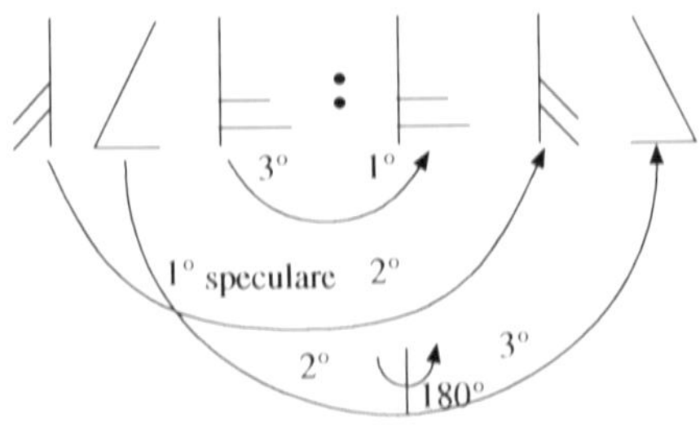

Si nota come man mano che si procede con il ragionamento si escludono progressivamente le risposte che non rispettano la regola, fino ad arrivare finalmente alla risposta corretta, cioè la E).

3.8.6 Esercizi con altre figure

Altre tipologie di figure piuttosto frequenti nelle prove di ragionamento visuo-percettivo sono faccine, locomotive, omini stilizzati, aeroplanini, missili, casine, ecc.
Le richieste sono sempre le stesse: individuare la figura che segue logicamente una determinata sequenza, proporzione o matrice. Non c'è bisogno di provare tutti gli esercizi che possono capitare: una volta apprese le regole di una tipologia di esercizi sarete in grado di risolverli indipendentemente dalla figura utilizzata.

È importante osservare i particolari delle figure, il numero e il tipo di elementi che compongono una figura, i chiaroscuri, l'entità della rotazione: la complessità aumenta con l'aumentare del numero di caratteristiche da tenere a mente e trasformare.

➤ Quale figura completa la serie?

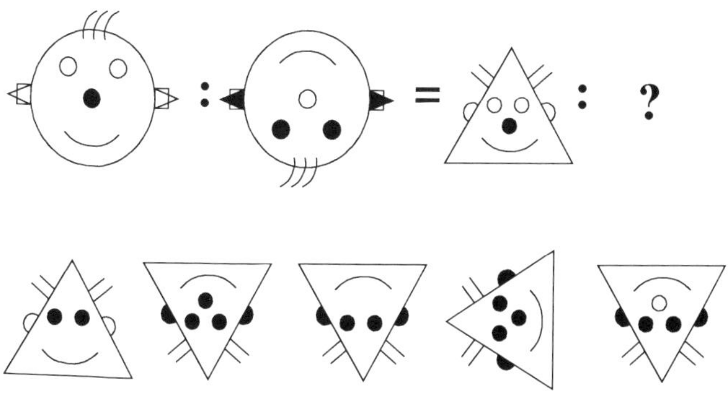

A) B) C) D) E)

Nell'esempio occorre prestare attenzione alla *rotazione delle figure*, al *numero di elementi* componenti (capelli, orecchi, occhi, naso e bocca), alle *caratteristiche degli elementi* (bianchi o neri) e naturalmente alla *forma complessiva* (triangolare o circolare). La figura A non è ruotata quindi la scartiamo immediatamente, la figura B sembrerebbe corretta ma non lo è perché il naso non è bianco, quindi passiamo alla C a cui manca il naso, la D è ruotata soltanto di 90° ed infine la E che è la figura che completa correttamente la proporzione. La differenza tra la risposta B e la risposta E è individuabile nel colore del naso.

3.8.7 Le categorizzazioni e le classificazioni

Gli esercizi che richiedono di scartare determinate figure di una serie, oppure di individuare coppie di stimoli identici, si possono annoverare tra gli esercizi di classificazione.
Si tratta sostanzialmente di esercizi di riconoscimento. Letteralmente riconoscimento significa "conoscere di nuovo", ma le abilità di riconoscimento richiedono anche di riconsiderare alla luce di quanto si è appreso ed eventualmente correggere.
Ciò che viene riconosciuto viene categorizzato e classificato secondo determinati criteri più o meno generali secondo quanto è stato precedentemente esperito.
Vediamone alcuni esempi.

➤ Qual è la figura da scartare?

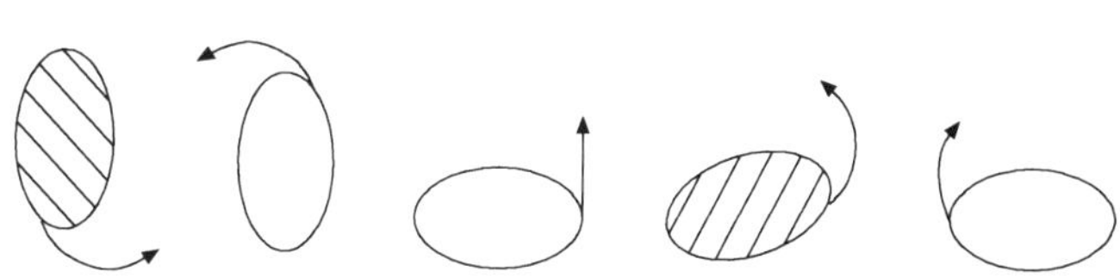

A) B) C) D) E)

Qui il colore non ha importanza alcuna, mentre occorre prestare attenzione alla rotazione delle figure: infatti l'unica figura che non rispetta la regola è quella della lettera E, che ruota in senso orario, le altre ruotano tutte in senso antiorario.

➤ Osserviamo la sequenza successiva, qual è la figura da scartare?

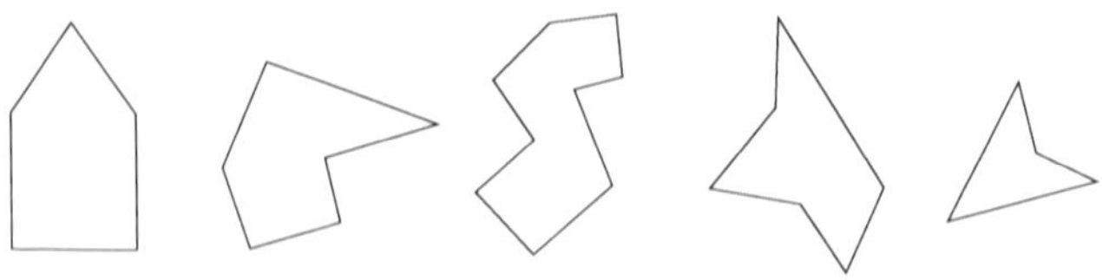

A) B) C) D) E)

Se osservate attentamente le figure noterete che le figure E, A, B, D hanno rispettivamente 4, 5, 6, 7 lati, mentre la figura C ne ha nove, quindi rappresenta l'intruso della serie.

Un altro esercizio di classificazione che richiede un po' più di attenzione è il seguente (tratto da un test *mensa* pubblicato sulla rivista Genius).

➤ Si richiede di trovare le due figure da scartare tra le 16 proposte.

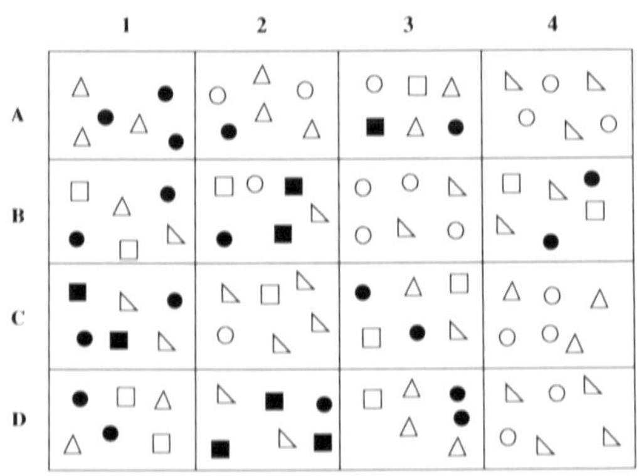

La difficoltà dell'esercizio è dovuta sia al numero di elementi che dobbiamo esaminare sia alla scoperta della "regola per l'eliminazione". Da un rapido sguardo si nota che tutte le tessere contengono lo stesso numero di elementi (sei elementi). Gli elementi sono disposti casualmente, quindi non ha importanza l'ordine. Due tessere hanno quattro elementi neri, due ne hanno tre, altre ne hanno due, ecc.; anche questo non è un criterio valido di esclusione. Sembra anche che non ci sia una figura che contenga lo stesso tipo di elementi: per esserne certi occorre molta attenzione. Infatti ce ne sono due uguali sotto questo aspetto: la tessera all'incrocio 1B contiene lo stesso tipo di elementi della tessera 3C. Queste sono quindi le figure da scartare.

Se siete riusciti a risolverlo entro un minuto di tempo, potete considerarvi molto abili nei compiti di classificazione; nel caso in cui non siate riusciti a risolverlo o ci abbiate messo più tempo, non preoccupatevi troppo, esercizi di questo tipo non sono poi così frequenti.

3.8.8 Scomposizione e ricostruzione di figure geometriche tridimensionali

Le prove di scomposizione e ricomposizione di figure geometriche tridimensionali richiedono di saper anticipare in modo corretto quale aspetto assumerà una determinata configurazione in seguito a delle specifiche trasformazioni. Queste abilità si ritiene siano prerequisiti fondamentali non soltanto nel settore metalmeccanico, edile, ma anche negli studi di architettura, nel design industriale, nella progettazione di materiali e negli studi ingegneristici. Si è stabilito che i soggetti più capaci sono quelli che riescono a creare più velocemente una rappresentazione interna esatta e stabile dello stimolo, il che permette loro di attivare processi di trasformazione e confronto rapidi e senza errori.

Gli psicologi sperimentali che si sono dedicati particolarmente allo sviluppo di questo tipo di test, hanno scoperto che figure regolari come il cubo, la piramide ed altre possono essere risolte anche con l'ausilio della verbalizzazione, da ciò, al fine di ottenere prove che fossero in grado di eliminare il fattore verbale, spesso gli esercizi di questo tipo prevedono la ricomposizione o la scomposizione di figure tridimensionali irregolari.

Partiamo con l'analisi di una figura regolare: il cubo.

Il cubo è formato da sei quadrati disposti, su una superficie piana, nel seguente modo:

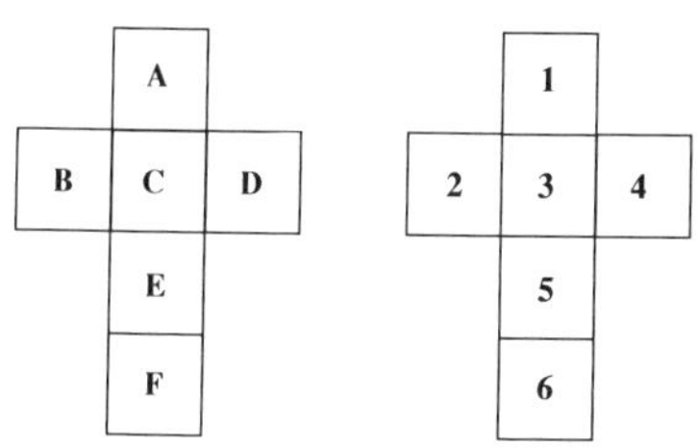

Provate a disegnare su un foglio A/4 un cubo di 5 cm × 5 cm × 5 cm.

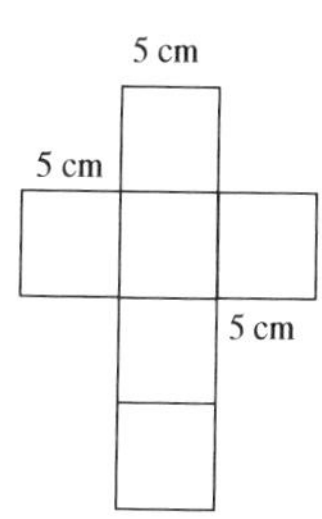

Disegnate con un lapis su ciascuna faccia una figura astratta e provate a visualizzare le trasformazioni che si potrebbero ottenere ricomponendo il cubo.

Questo è un ottimo esercizio soprattutto per coloro che hanno difficoltà nella rotazione mentale di figure complesse.

I test spaziali più semplici richiedono di individuare, a partire da una figura tridimensionale sviluppata e distesa su un piano bidimensionale oppure a partire da una raffigurazione di un solido regolare o irregolare, quale sia la figura esatta corrispondente tra quelle suggerite.

➤ Quale tra le alternative fornite riproduce la seguente figura tridimensionale?

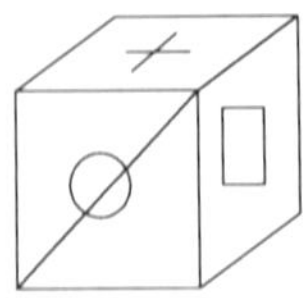

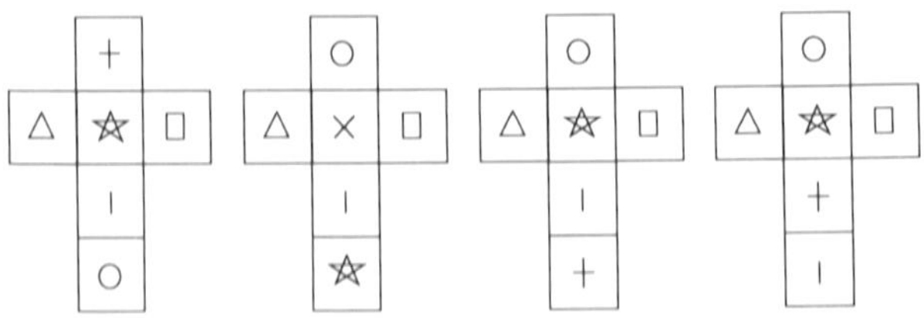

A) B) C) D)

Le persone che non hanno problemi nel ricostruire e rielaborare mentalmente le figure non hanno bisogno dei suggerimenti seguenti, che invece risulteranno molto utili per coloro che al contrario mostrano delle difficoltà. Con una matita riproducete quelle risposte che secondo voi potrebbero riprodurre la figura solida bersaglio sul cubo che avete costruito. Fatto questo e supponendo che in tal modo siate riusciti ad individuare esattamente la risposta, cioè la C, dovreste avere raggiunto una maggiore consapevolezza sulle abilità richieste da questo tipo di compiti.

➤ Adesso, senza guardare il vostro modello di carta, riuscite ad individuare quale tra i seguenti cubi non è dato dalla ricomposizione della figura corrispondente alla risposta C)?

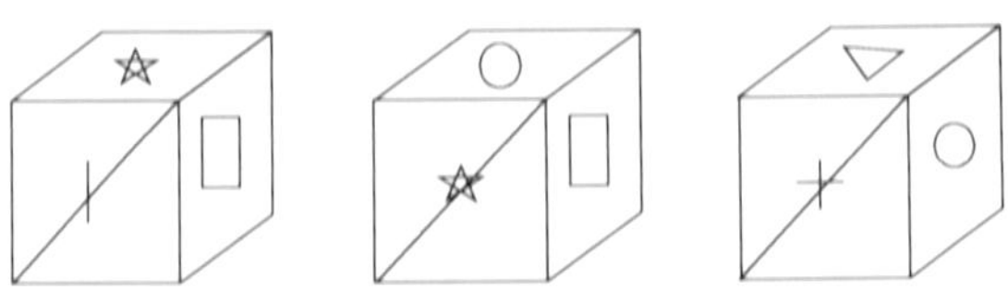

A) B) C)

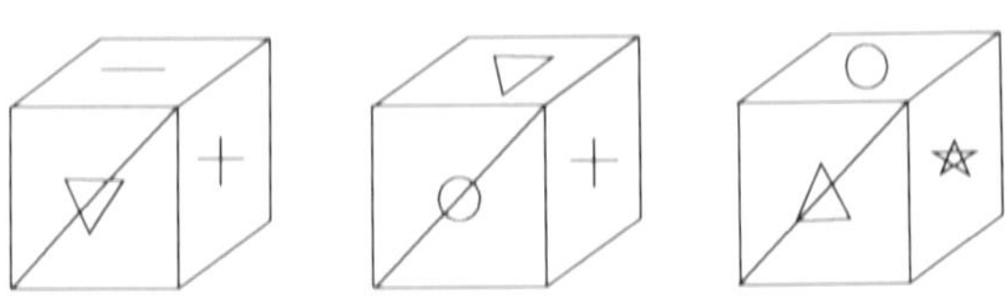

D) E) F)

La risposta è C, senza dubbio, questa volta, tenendo a mente il modello di carta, siete riusciti a identificare la risposta esatta più rapidamente.
Per verificare la correttezza o meno della vostra risposta controllatela direttamente con il vostro modellino di carta.

3.8.9 *I TEST VISIVO-SPAZIALI*

Questi tipi di test sono molto utilizzati nei concorsi pubblici ed in particolare nei concorsi per le Forze di Polizia e per le Forze Armate.
Essi hanno lo scopo di testare le **abilità di percezione e di relazione spaziale** del candidato.
Si tratta di quesiti di facile risoluzione che però devono essere eseguiti in un tempo limite per ottenere un punteggio valido.
Spesso viene chiesto all'aspirante di individuare l'esatta prospettiva di un apparato solido o di individuare il solido che si forma da una figura sviluppata o ancora di contare i blocchi di una pila o di individuare tra le alternative fornite la prospettiva di un solido dopo una rotazione, ecc.
Di seguito vengono riportati i test maggiormente utilizzati.

3.8.9.1 Orientamento spaziale

Questo tipo di test, molto utilizzato nei concorsi pubblici, propone lo sviluppo di un solido regolare o irregolare o di più solidi sormontati; il candidato dovrà dimostrare le abilità visivo-spaziali ed individuare rapidamente la figura geometrica, tra le alternative proposte, che si forma ricomponendo il solido stesso oppure attraverso la rotazione di quale figura piana lo stesso è ottenuto.

Trovare la figura che si ottiene piegando il disegno lungo la parte annerita o la linea tratteggiata

1)

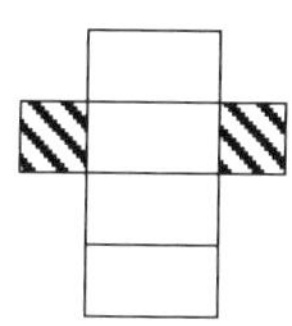

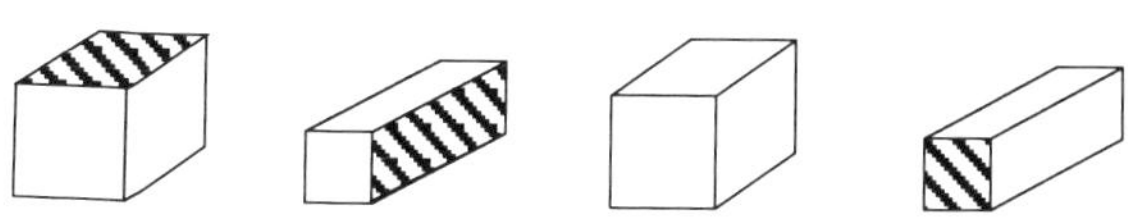

A) B) C) D)

Esaminando attentamente la figura proposta si nota rapidamente che il solido in oggetto è un parallelepipedo a base quadrangolare (base tratteggiata). La soluzione corretta pertanto è la lettera D).

2)

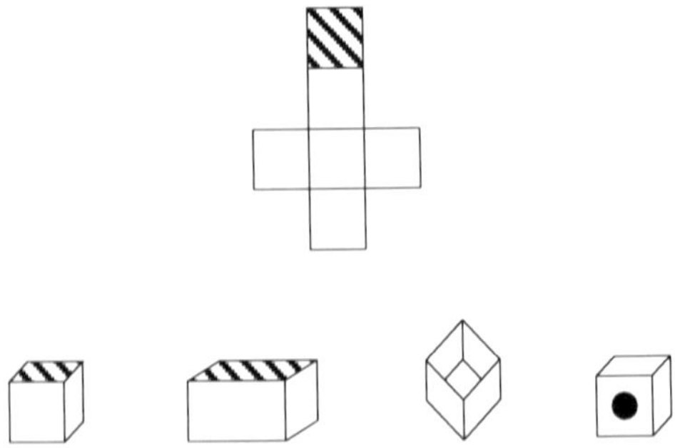

A) B) C) D)

Piegando questa figura si ottiene un cubo con una faccia tratteggiata. La soluzione corretta è quindi la lettera A).

3)

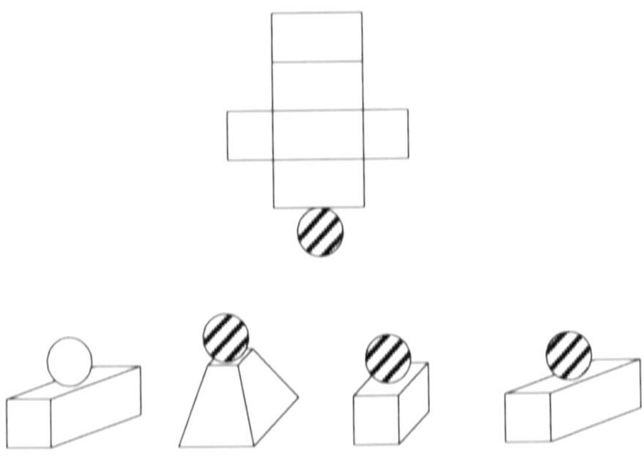

A) B) C) D)

Dallo sviluppo proposto si ottiene un parallelepipedo a base quadrangolare avente la sfera tratteggiata su una faccia laterale. La soluzione è dunque la lettera D).

Quale figura dovrà ruotare sul proprio asse per ottenere questo solido?

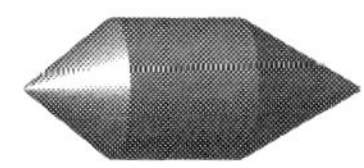

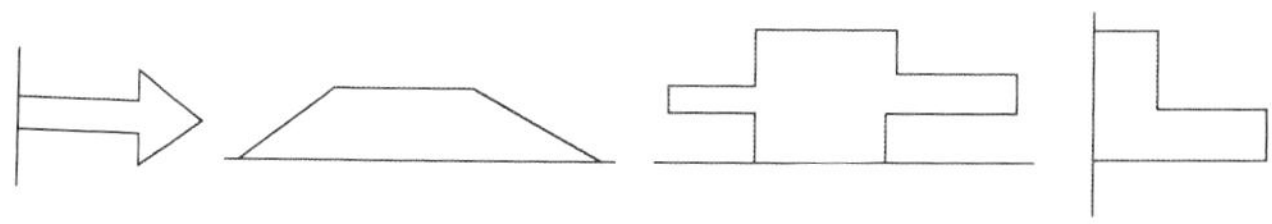

A) B) C) D)

In questo esempio balza agli occhi immediatamente la soluzione poiché il solido agli estremi ha la forma conica e al centro una forma cilindrica; la figura piana che dovrà ruotare dovrà perciò contenere alle estremità dei triangoli ed al centro un rettangolo. L'unica alternativa che presenta queste caratteristiche è la lettera B).

3.8.9.2 Fattore spaziale

Questo tipo di test fa emergere l'abilità del candidato nell'individuare rapidamente l'esatta prospettiva di un blocco visto da una determinata direzione.
Si dovrà immaginare di essere collocati fisicamente in punto indicato dalla freccia e calcolare com'è quel blocco visto da quell'angolatura rapportandolo ad una delle alternative proposte.
Anche questo è un esercizio di facile risoluzione la cui velocità di esecuzione è data dalla continua esercitazione, tuttavia bisogna prestare molta attenzione poiché a volte le alternative presentano solo piccole differenze.

Individuare l'esatta prospettiva osservando la figura dalla direzione indicata dalla freccia

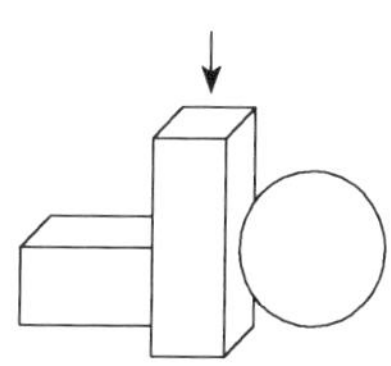

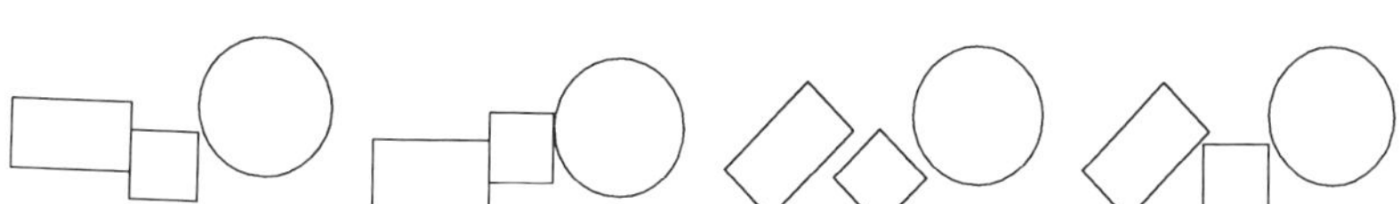

A) B) C) D)

In questo esercizio si richiede di osservare la figura dall'alto; dalla vista, come figure geometriche, si ricavano un rettangolo (base del parallelepipedo basso), un quadrato (base del parallelepipedo alto) e un cerchio (circonferenza della sfera). I solidi sono posti più o meno in fila, pertanto la soluzione potrebbe essere data dalle alternative A) e B). Osservando attentamente, però, anche l'opzione B) è da scartare perché pone la base del parallelepipedo a base quadrata più indietro rispetto a quella del rettangolo che invece nel quesito è collocata più avanti. La soluzione è la lettera A).

Individuare l'esatta prospettiva osservando la figura dalla direzione indicata dalla freccia.

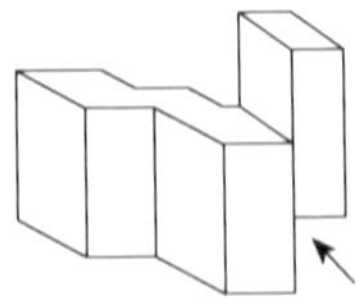

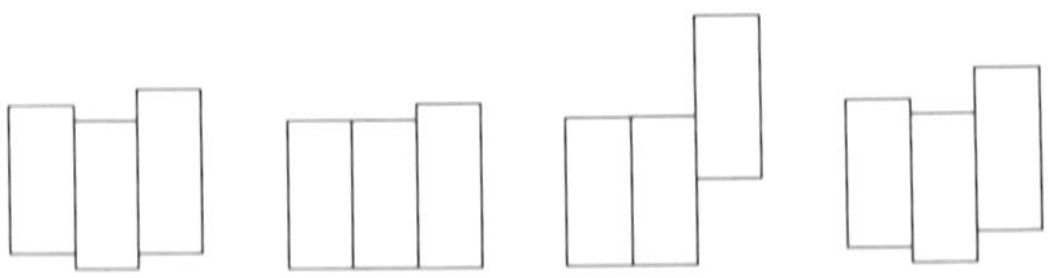

A) B) C) D)

Osservando il blocco dalla direzione della freccia, il prospetto che ne deriva è formato da due facce dei parallelepipedi rettangoli posti sullo stesso piano con accanto un terzo rettangolo (faccia del terzo parallelepipedo) posto però più in alto, poiché nel quesito il parallelepipedo è sfalsato rispetto al piano di appoggio degli altri due. L'alternativa corretta è quindi la lettera C).

Individuare l'esatta prospettiva osservando la figura dalla direzione indicata dalla freccia.

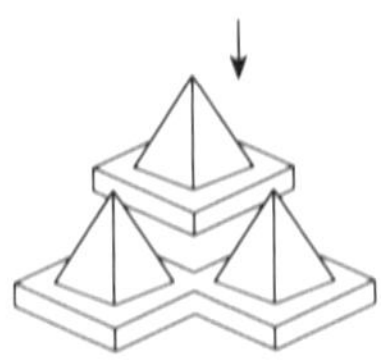

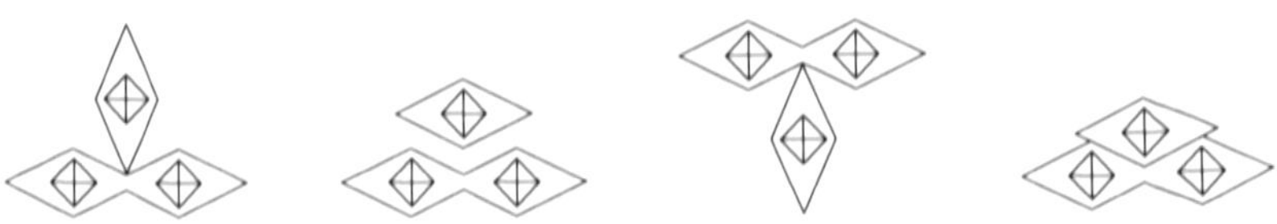

A) B) C) D)

Anche in questo esercizio lo sguardo dell'osservatore deve essere indirizzato dall'alto verso il basso percependo subito che una delle tre piramidi è staccata dalle altre due, pertanto le alternative A), C), e D) sono da eliminare. Per esclusione l'unica alternativa esatta è la lettera B).

3.8.9.3 Blocchi da contare

Questo tipo di esercizio è un sottotest del "Air Force Officer Qualifying test" ed è usato per i concorsi per piloti sia del ruolo tecnico che dei navigatori. Essi sono predisposti per testare le abilità del candidato a vedere attraverso un pila tridimensionale di blocchi. Siffatto test evidenzia la percezione o le relazioni nello spazio ed è una parte molto importante dell'attitudine meccanica. Si tratta di semplici esercizi che devono essere risolti in un tempo limite per ottenere un punteggio ottimale.

Da quanti cubi o parallelepipedi è formata la figura?

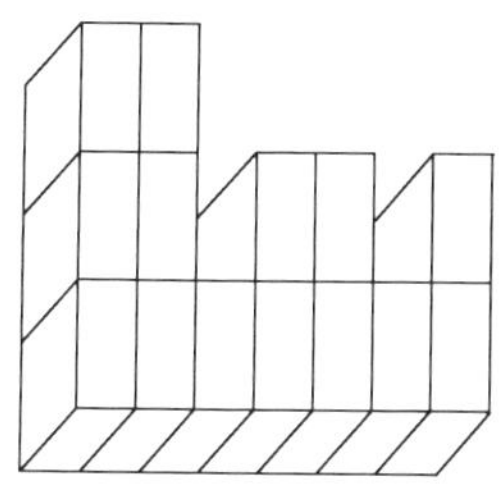

A) 16 B) 14 C) 17 D) 15

Analizzando attentamente la figura, si osserva che le prime due file sono composte da tre blocchi sovrapposti (totale 6 blocchi), la terza e la sesta fila solamente da un blocco (totale 2 blocchi), le rimanenti file da due blocchi sovrapposti (totale 6 blocchi); sommando i blocchi delle varie file otteniamo un totale complessivo di 14 pezzi (6+2+6). La soluzione pertanto è la lettera B).

Indicare le due figure che messe insieme formano un cubo.

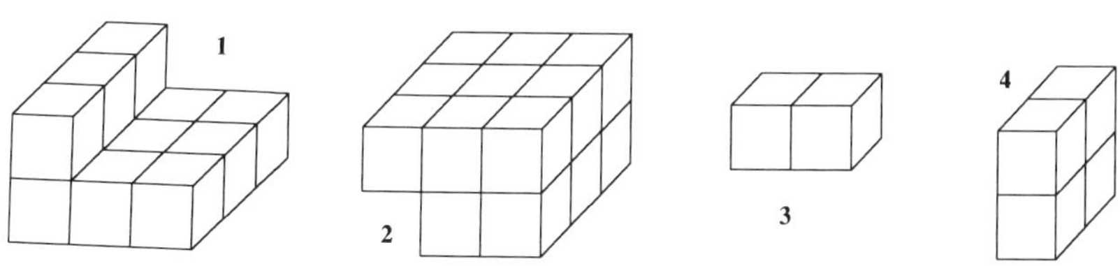

A) 2-4 B) 1-2 C) 1-3 D) 1-4

In questi esercizi, di non difficile esecuzione, bisogna solo tenere a mente che nella immaginaria chiusura del cubo le due figure si devono sovrapporre perfettamente e combaciare. Nel nostro caso unendo solo le figure 1 e 4 si formerà un cubo composto da 3 quadratini per ogni faccia. La soluzione pertanto è la lettera B).

Indicare le due figure che messe insieme formano un cubo.

1 2 3 4

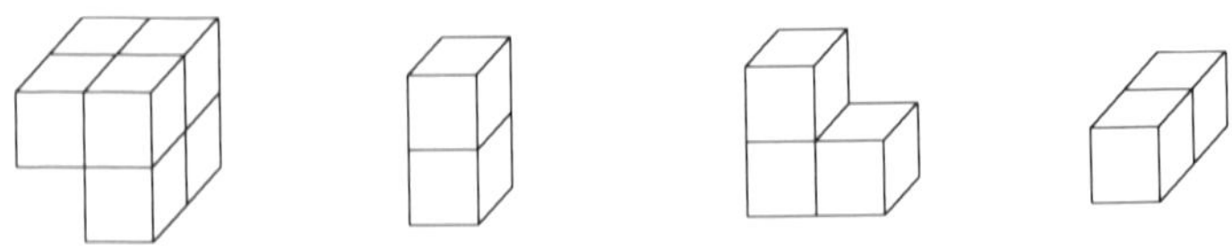

A) 1-4 B) 3-4 C) 1-3 D) 2-3

Esaminando attentamente il quesito, la risposta esatta potrebbe essere data dall'unione delle figure 1-2 e 1-4, ma la composizione 1-2 non è indicata in alcuna alternativa pertanto è da scartare. La soluzione è quindi data dalla lettera A).

3.8.10 Esercizi relativi al fattore spaziale

1)

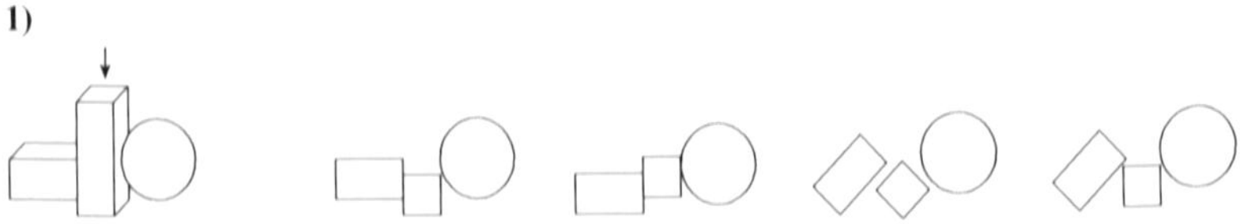

A) B) C) D)

2)

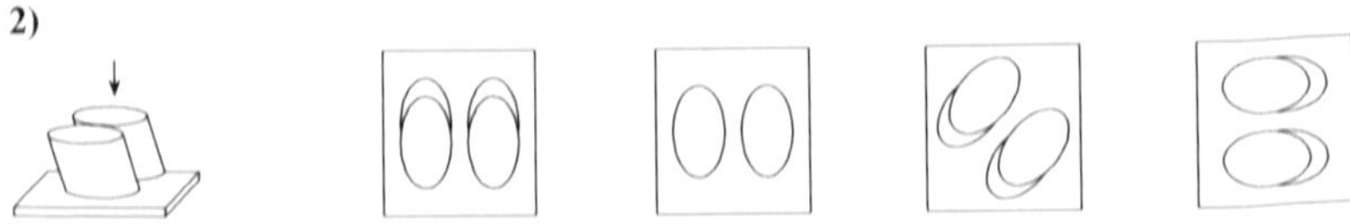

A) B) C) D)

3)

A) B) C) D)

4)

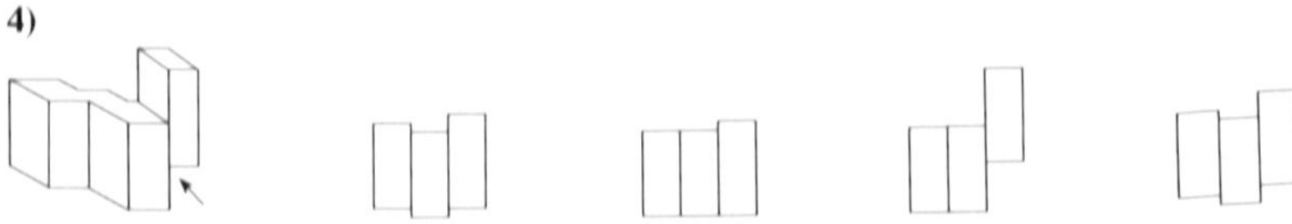

A) B) C) D)

5)

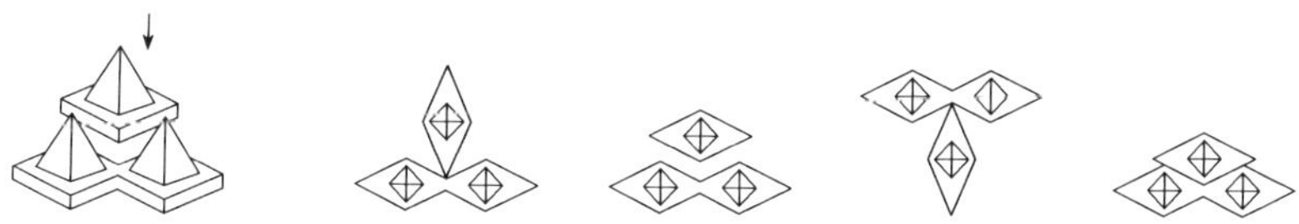

A) B) C) D)

6)

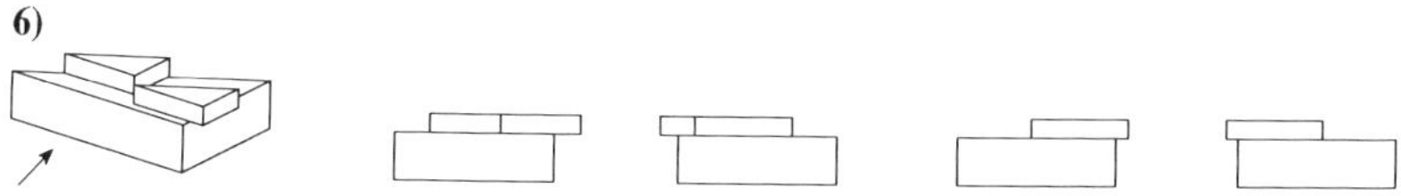

A) B) C) D)

7)

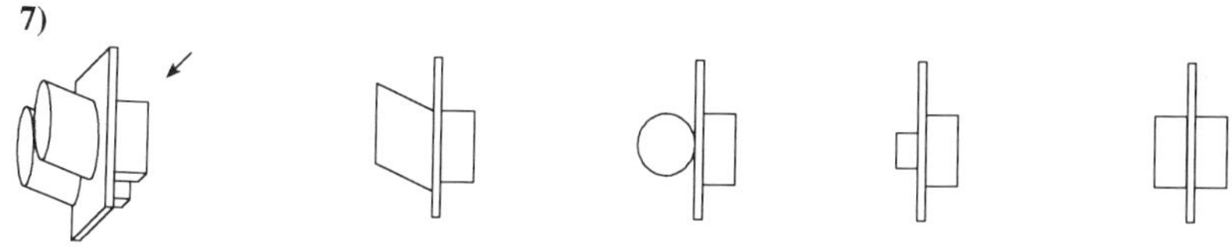

A) B) C) D)

8)

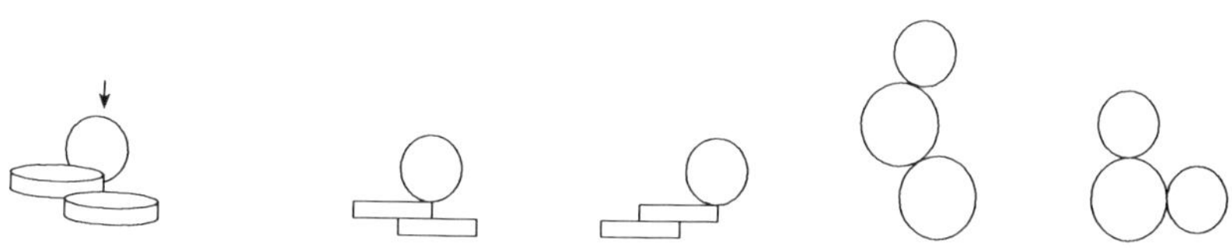

A) B) C) D)

9)

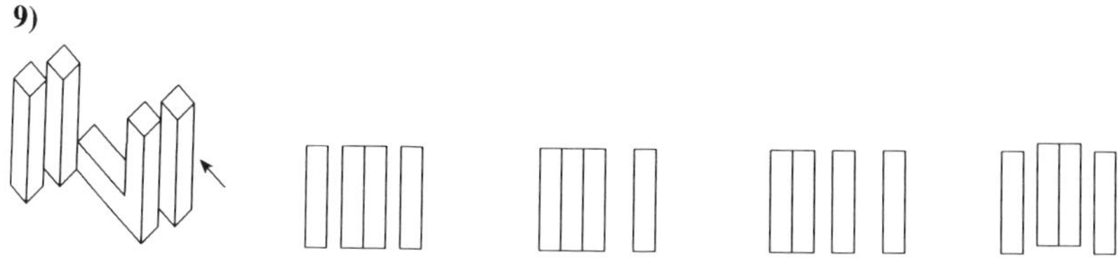

A) B) C) D)

10)

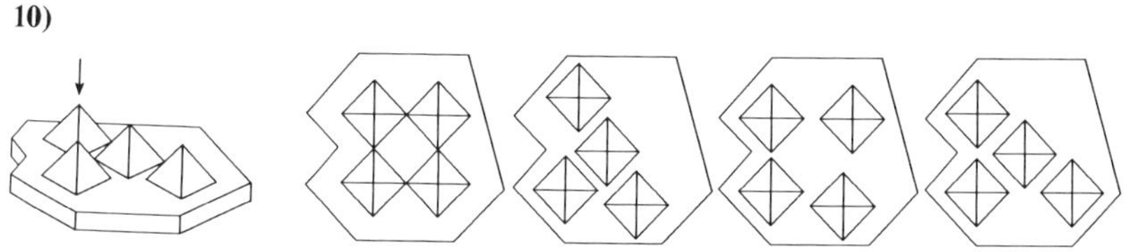

A) B) C) D)

11)

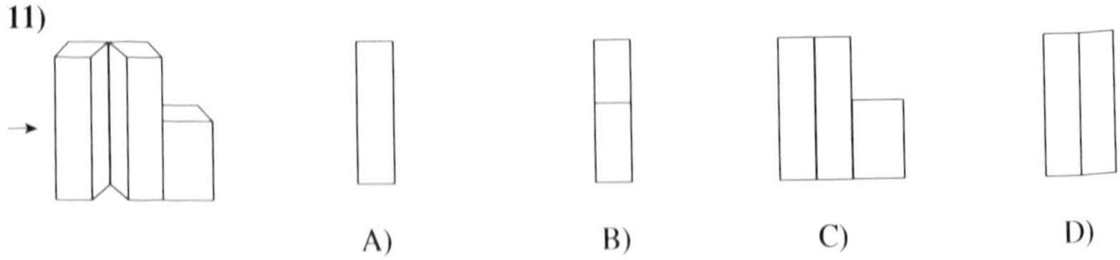

12)

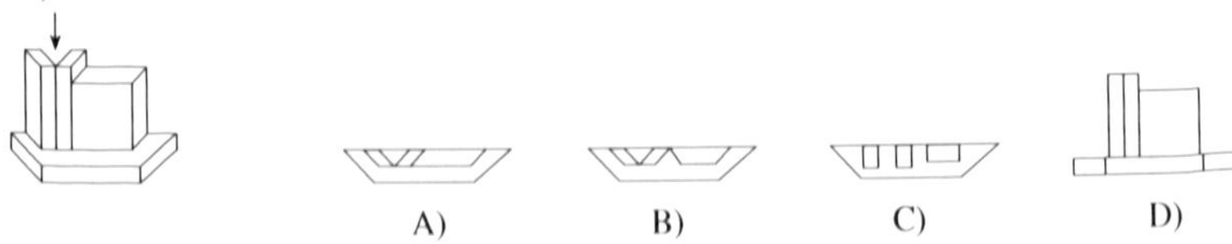

13)

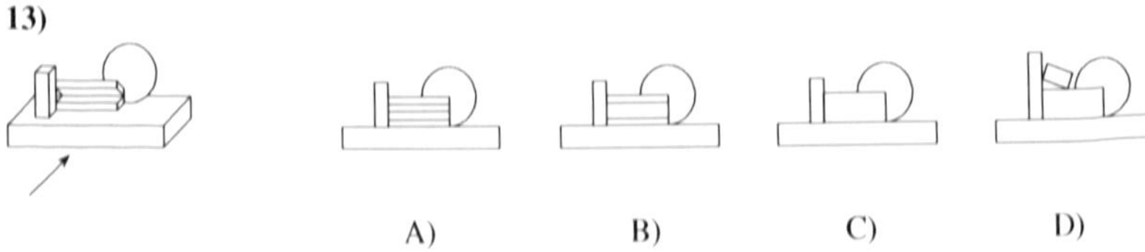

14)

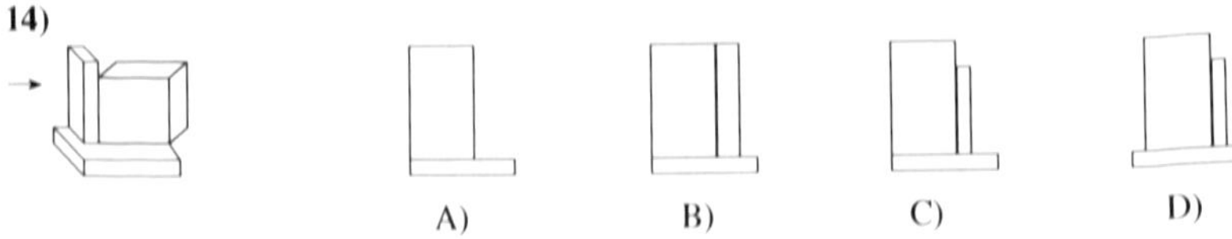

15)

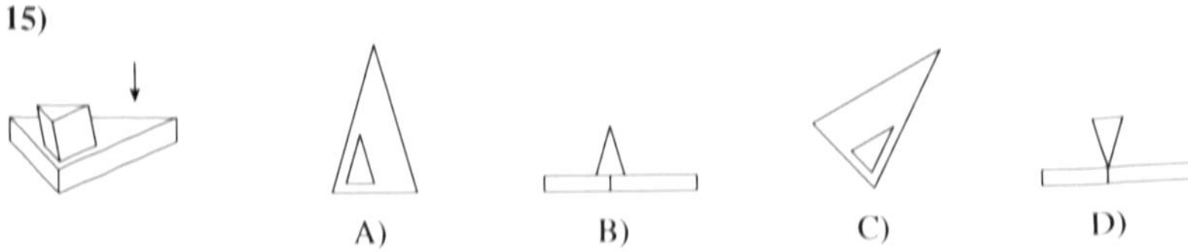

16)

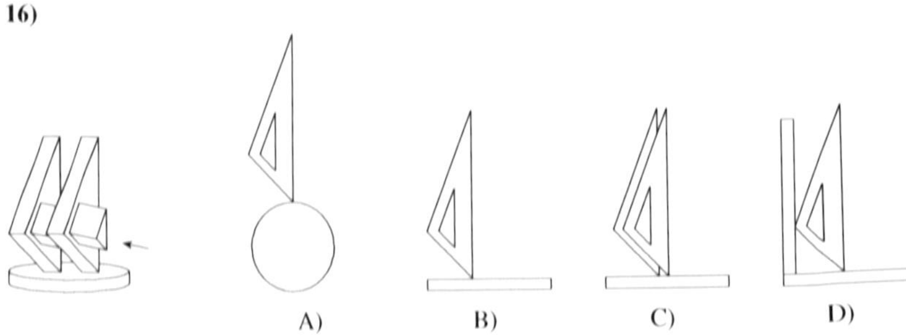

17)

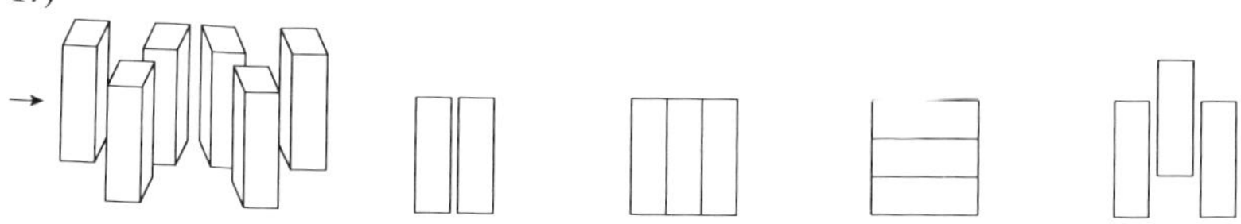

A) B) C) D)

18)

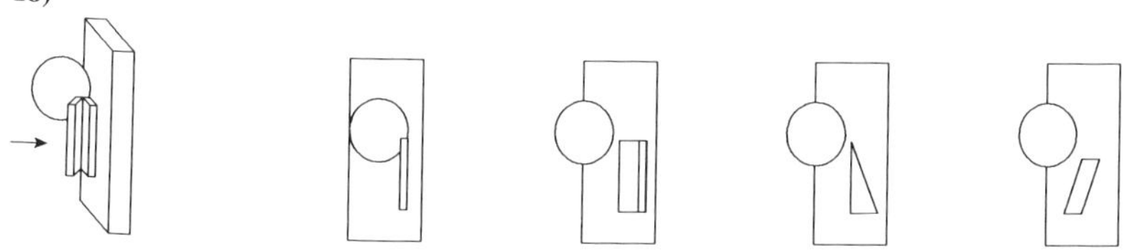

A) B) C) D)

19)

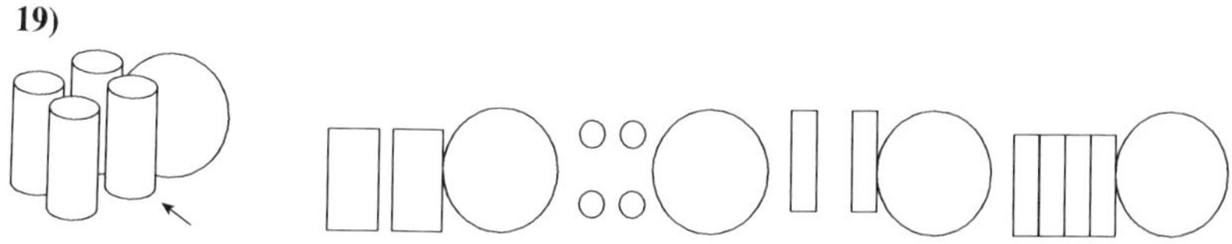

A) B) C) D)

20)

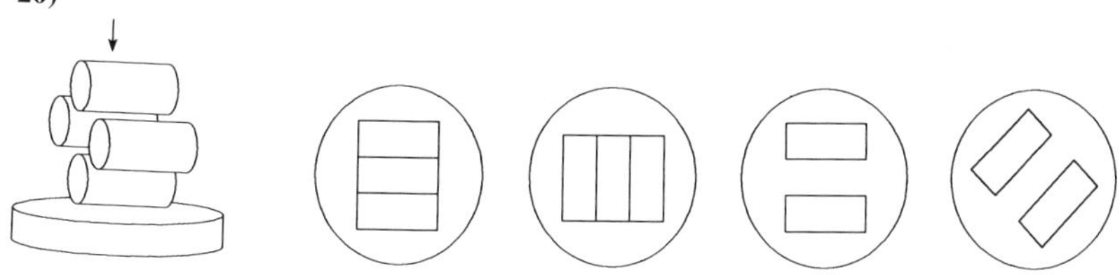

A) B) C) D)

Risposte corrette

1	A	**4**	C	**7**	A	**10**	D	**13**	A	**16**	B	**19**	A
2	D	**5**	B	**8**	C	**11**	B	**14**	C	**17**	A	**20**	A
3	D	**6**	A	**9**	A	**12**	A	**15**	C	**18**	B		

3.8.11 *Esercizi con blocchi da contare*

Indicare il numero di «mattoni» che compongono la figura.

1)

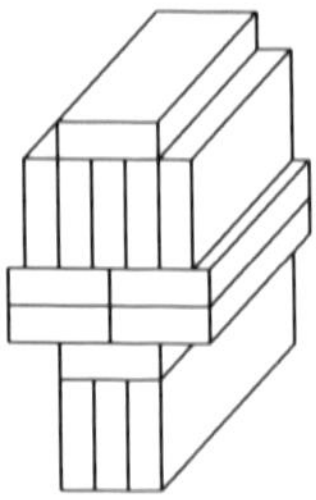

A) 12 B) 14
C) 11 D) 10

2)

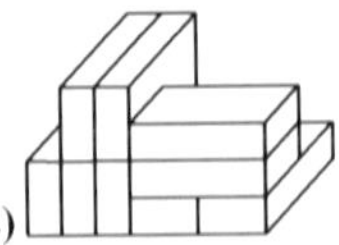

A) 11 B) 12
C) 9 D) 15

3)

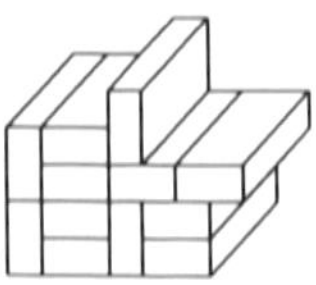

A) 10 B) 12
C) 9 D) 11

4)

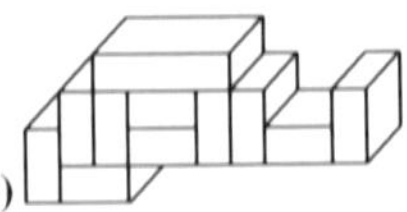

A) 16 B) 10
C) 12 D) 11

5)

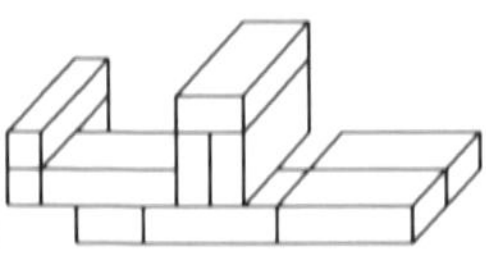

A) 12 B) 8
C) 10 D) 9

6)

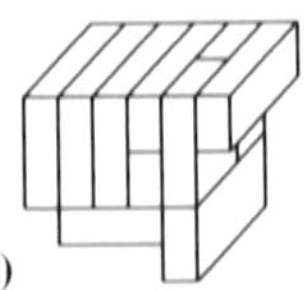

A) 10 B) 12
C) 11 D) 14

7)

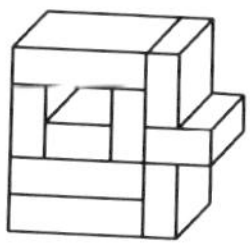

A) 9
B) 11
C) 13
D) 10

8)

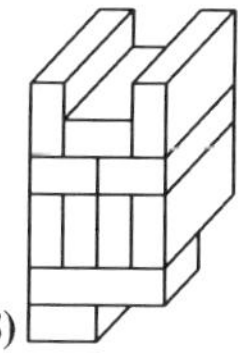

A) 12
B) 10
C) 11
D) 14

9)

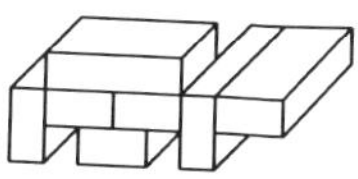

A) 7
B) 10
C) 9
D) 12

10)

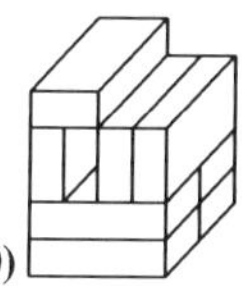

A) 11
B) 9
C) 10
D) 8

11)

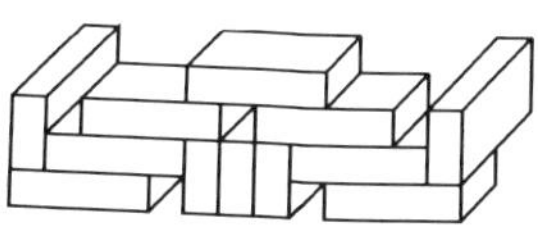

A) 10
B) 12
C) 9
D) 11

12)

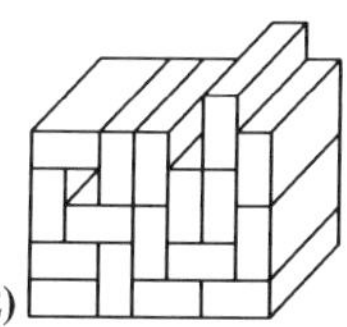

A) 18
B) 20
C) 16
D) 17

13)

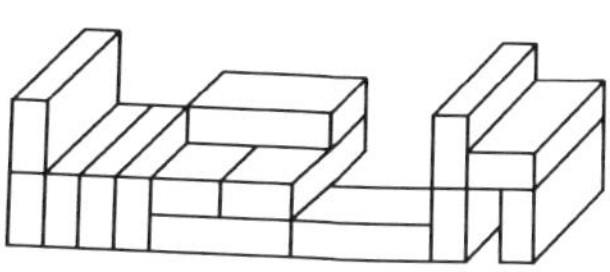

A) 17
B) 16
C) 12
D) 14

14)

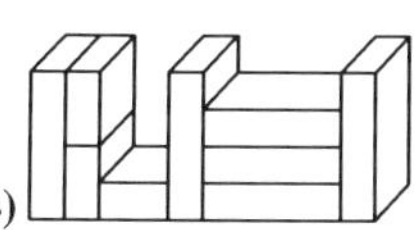

A) 8
B) 12
C) 9
D) 10

15) 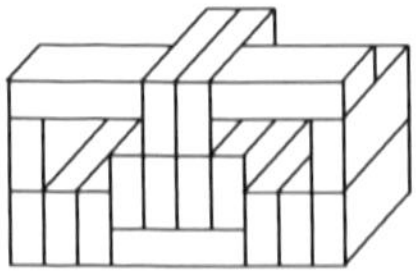

A) 18
B) 17
C) 15
D) 20

16) 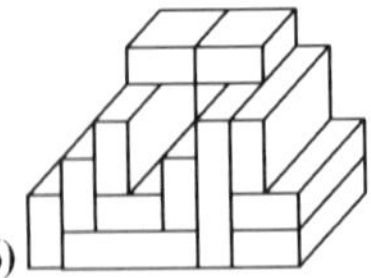

A) 12
B) 16
C) 10
D) 14

17) 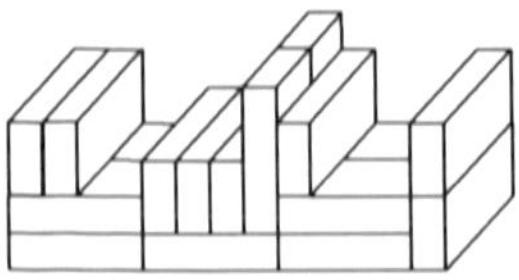

A) 18
B) 20
C) 17
D) 19

18) 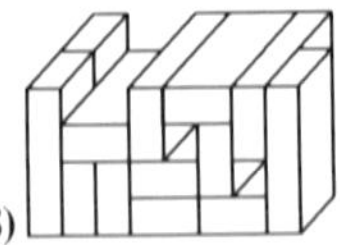

A) 13
B) 15
C) 11
D) 14

19) 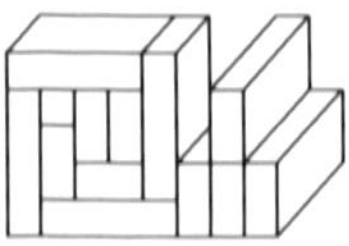

A) 12
B) 10
C) 13
D) 15

20) 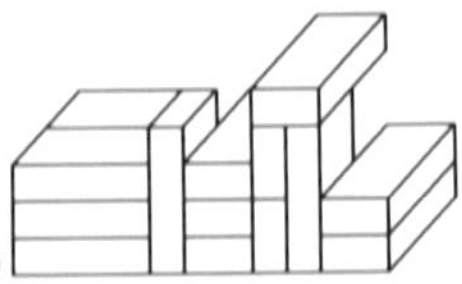

A) 18
B) 17
C) 13
D) 16

Risposte corrette

1	B	**4**	D	**7**	A	**10**	D	**13**	D	**16**	A	**19**	C
2	C	**5**	C	**8**	C	**11**	B	**14**	C	**17**	C	**20**	D
3	B	**6**	A	**9**	A	**12**	D	**15**	B	**18**	A		

3.8.12 Analogie visive

1)

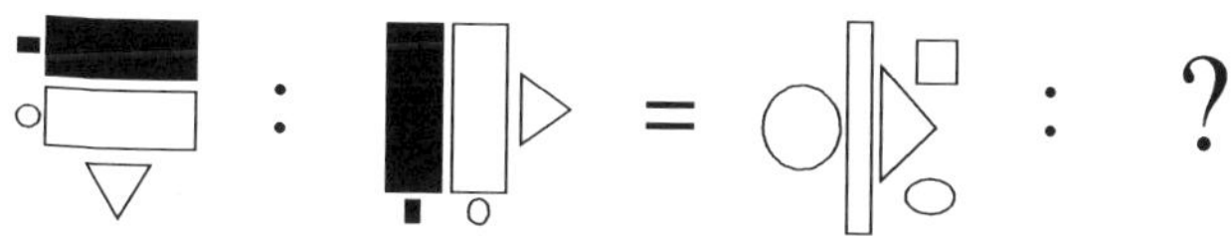

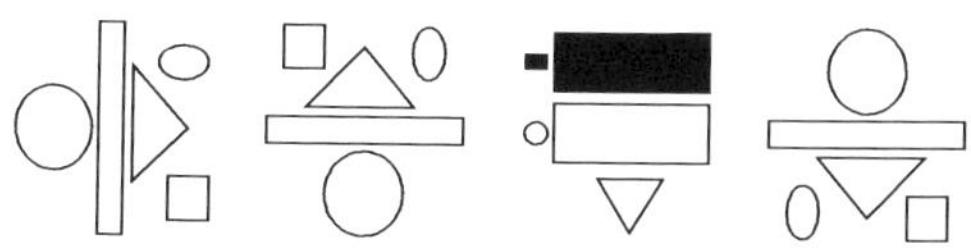

A) B) C) D)

2)

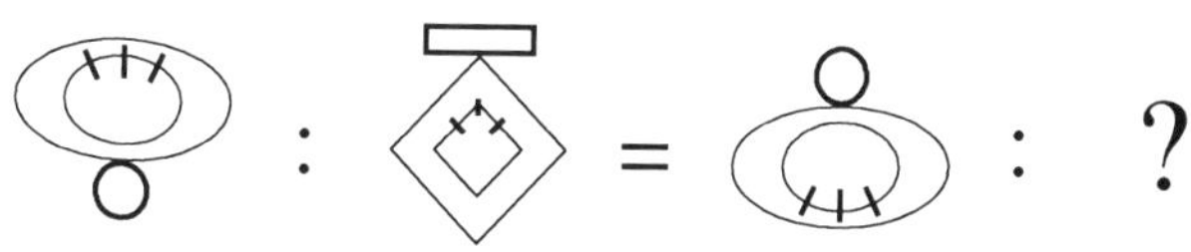

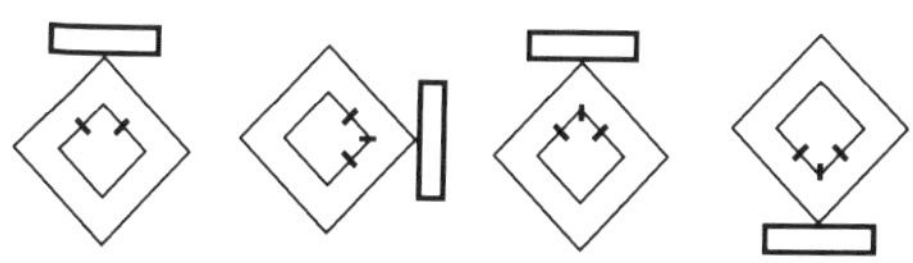

A) B) C) D)

3)

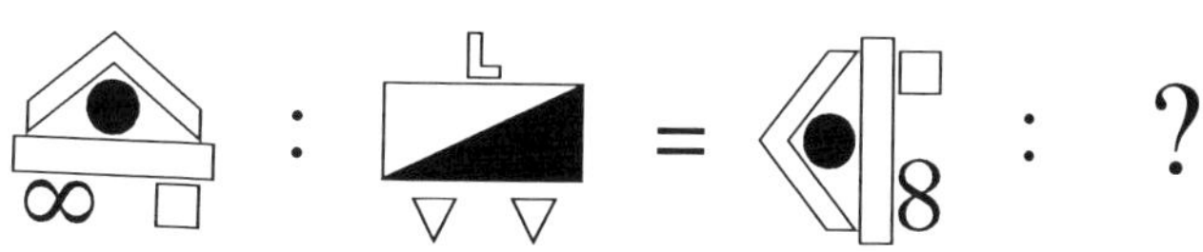

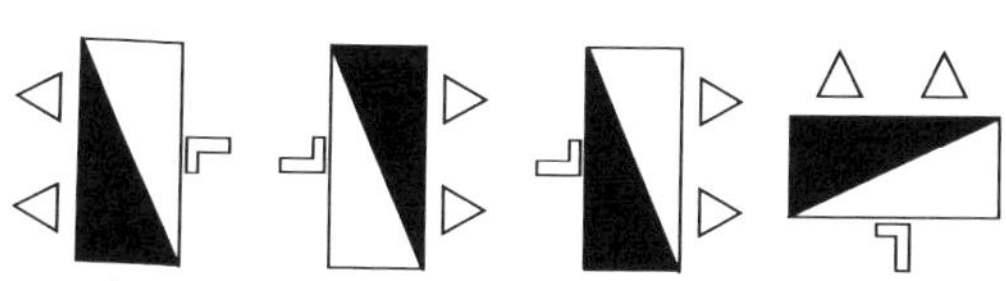

A) B) C) D)

4)

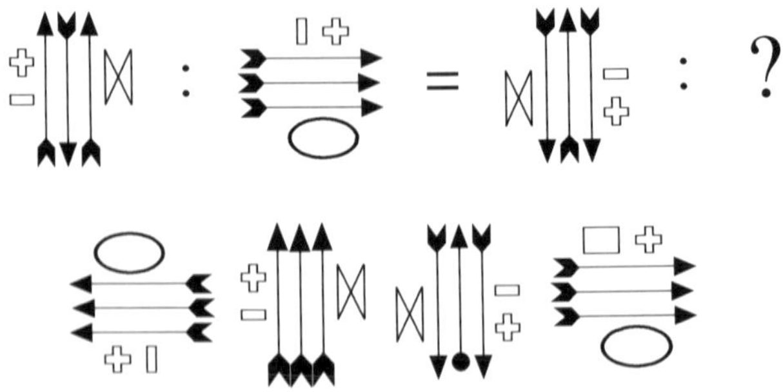

A) B) C) D)

5)

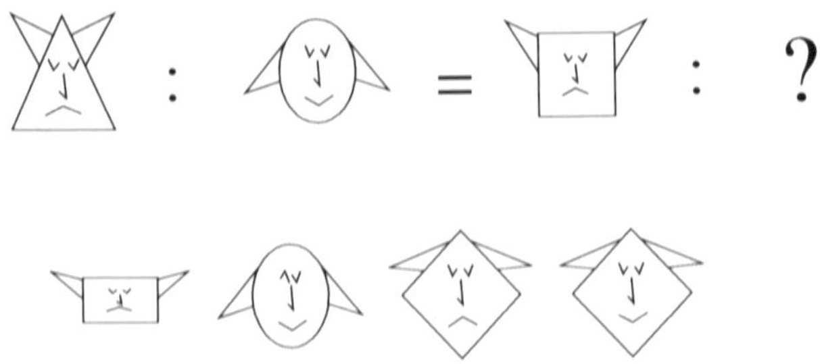

A) B) C) D)

6)

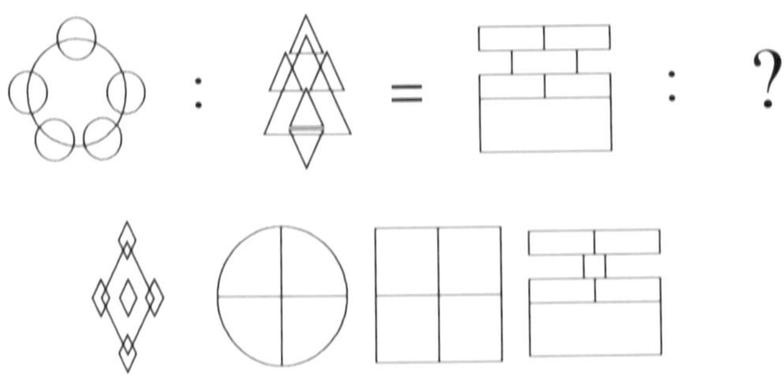

A) B) C) D)

7)

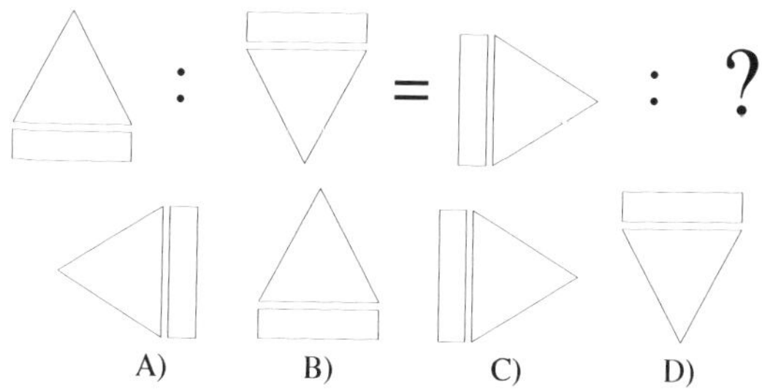

8)

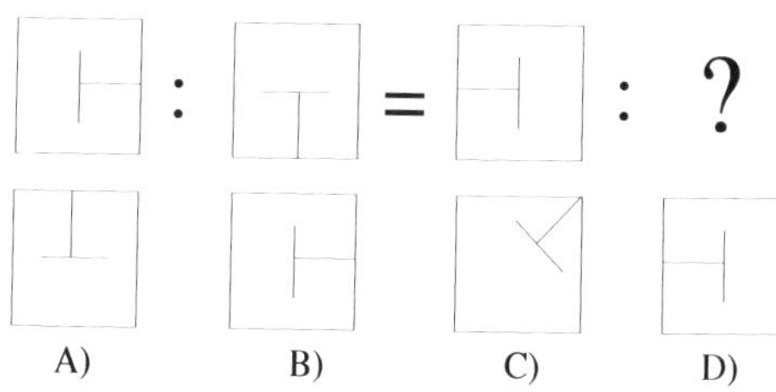

9)

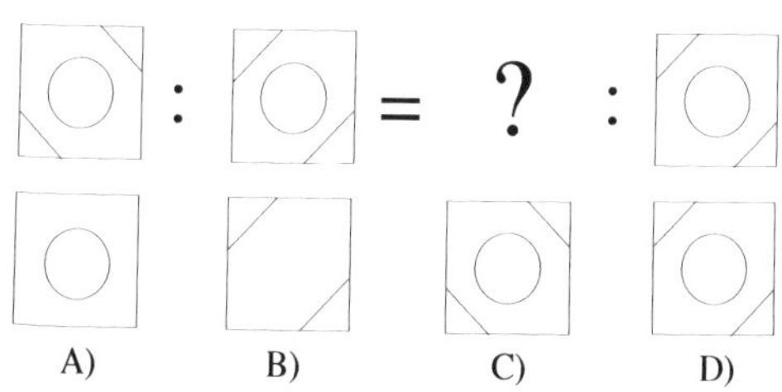

10)

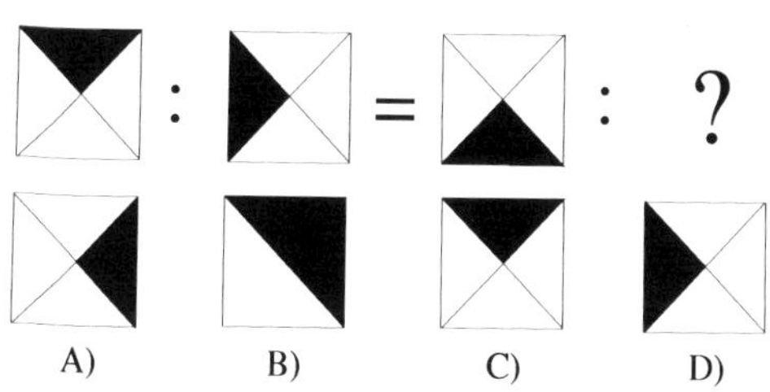

Risposte corrette

1	B	**3**	B	**5**	D	**7**	A	**9**	C
2	D	**4**	A	**6**	A	**8**	A	**10**	A

3.8.13 *Continuare le serie visive*

Scopo del test è quello di trovare la figura che logicamente continua la serie visiva proposta. Occorre stabilire, quindi, il collegamento tra una figura e la successiva che potrebbe essere dato dalla rotazione, dal capovolgimento, o dalla riflessione della stessa. Individuata la chiave risolutiva occorre determinare, tra le cinque opzioni, la risposta esatta.

➤

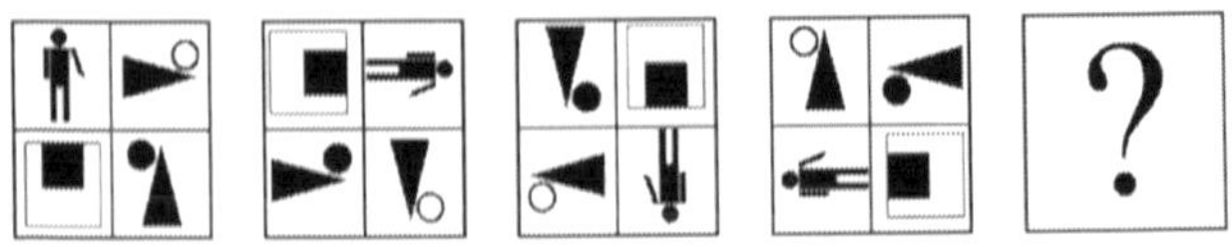

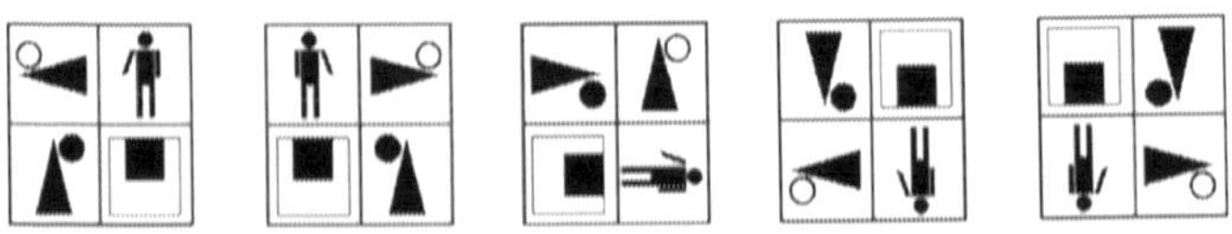

A) B) C) D) E)

In questo esempio la prima immagine viene fatta ruotare sempre di 90° verso destra, quindi la soluzione sarà la lettera "B) perché ritorna alla posizione iniziale dopo aver compiuto un giro completo.

➤

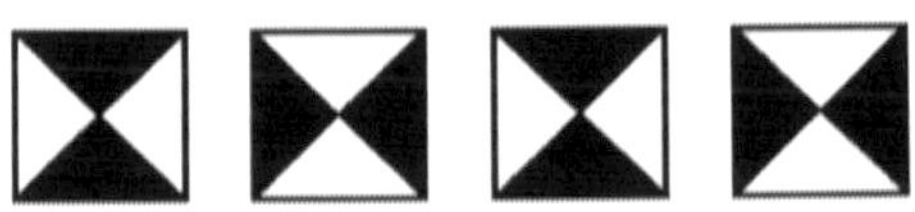

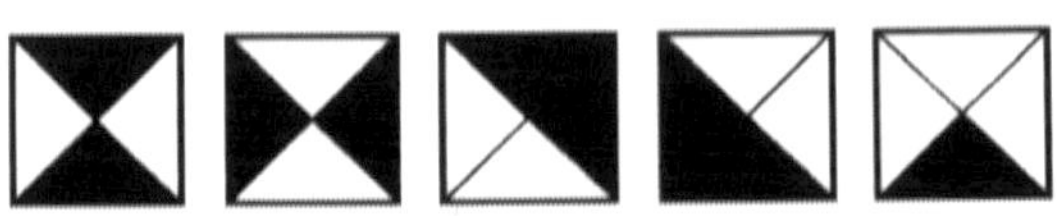

A) B) C) D) E)

In questo esempio la prima immagine viene fatta ruotare sempre di 90° verso destra, quindi la soluzione sarà la lettera "A) perché ritorna alla posizione iniziale dopo aver compiuto un giro completo.

1)

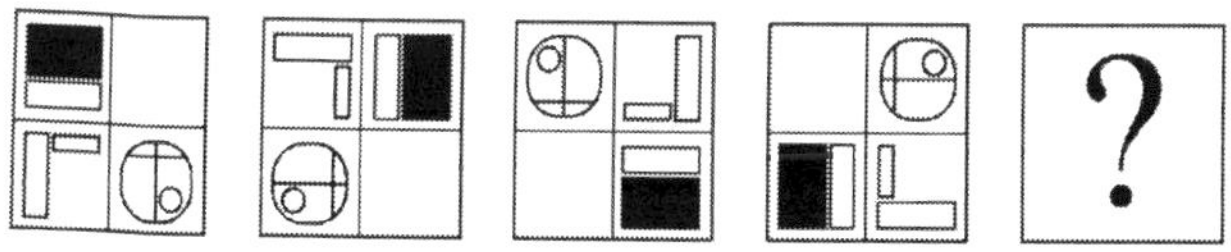

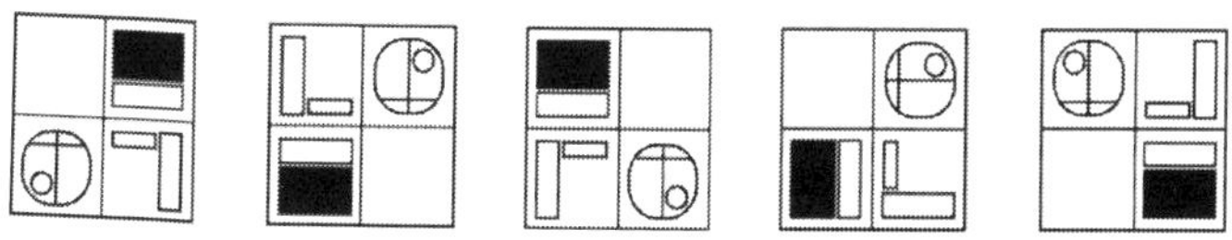

A) B) C) D) E)

2)

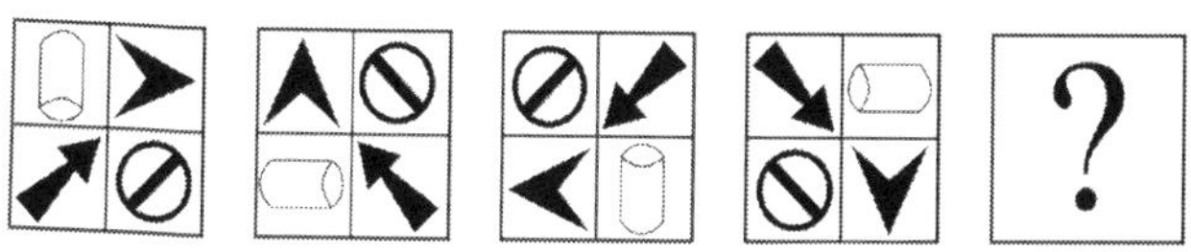

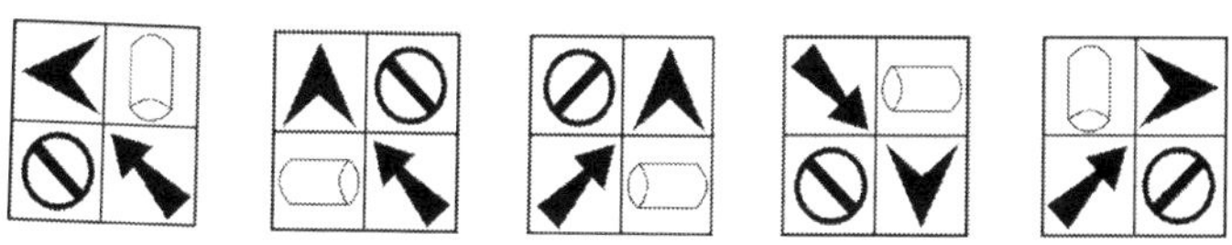

A) B) C) D) E)

3)

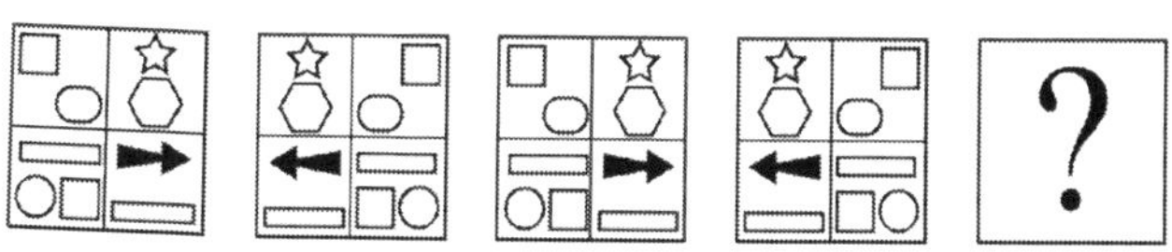

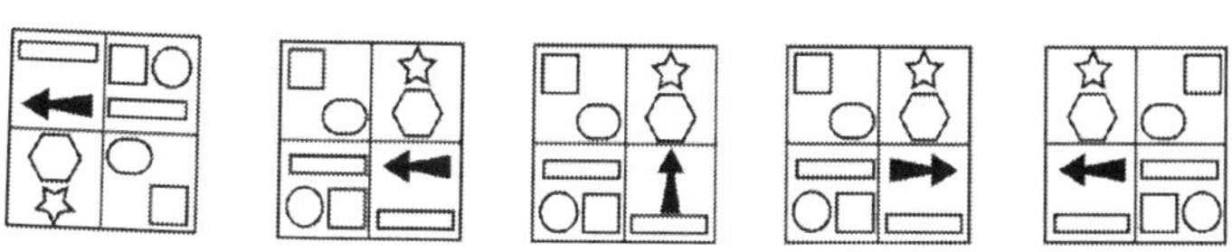

A) B) C) D) E)

4)

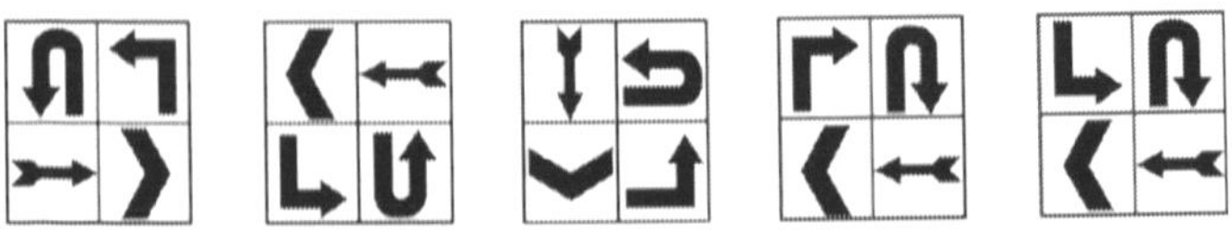

A) B) C) D) E)

5)

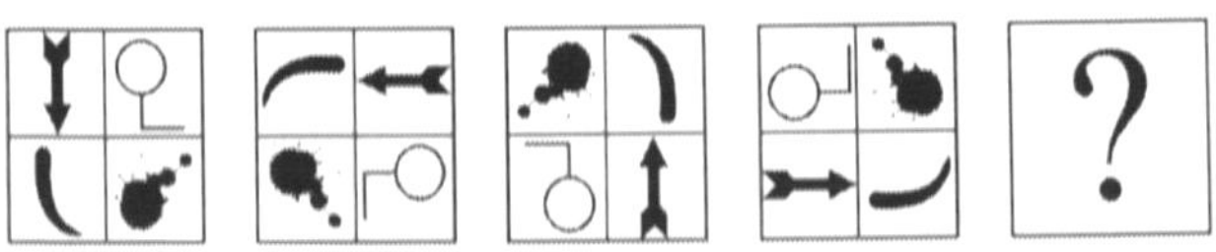

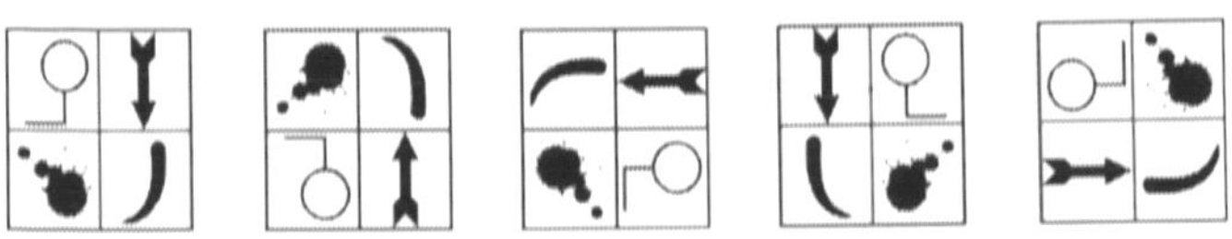

A) B) C) D) E)

6)

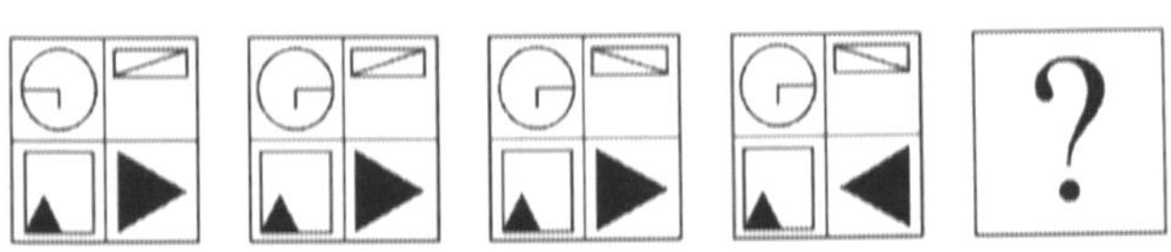

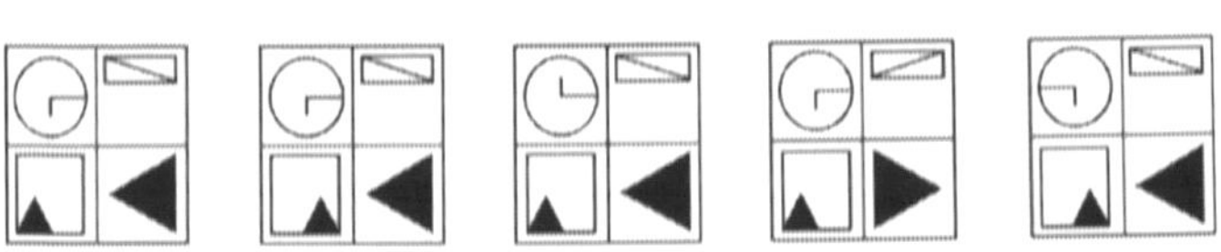

A) B) C) D) E)

7)

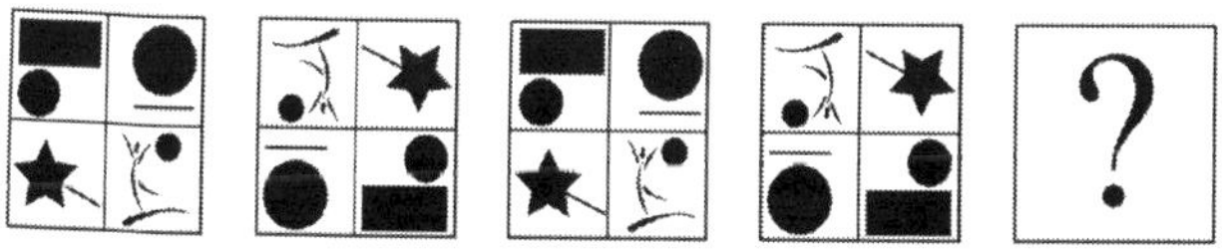

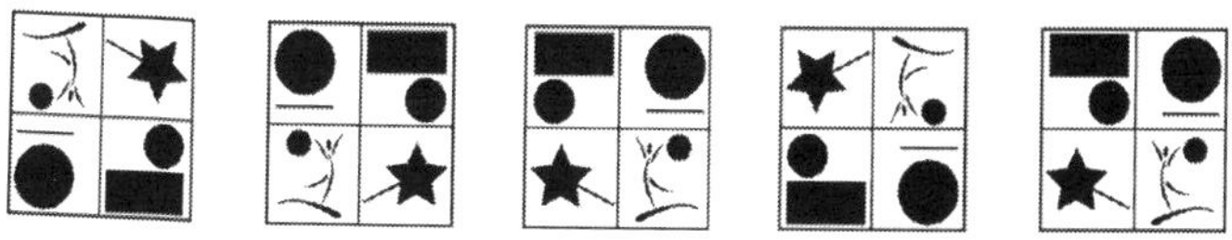

A) B) C) D) E)

8)

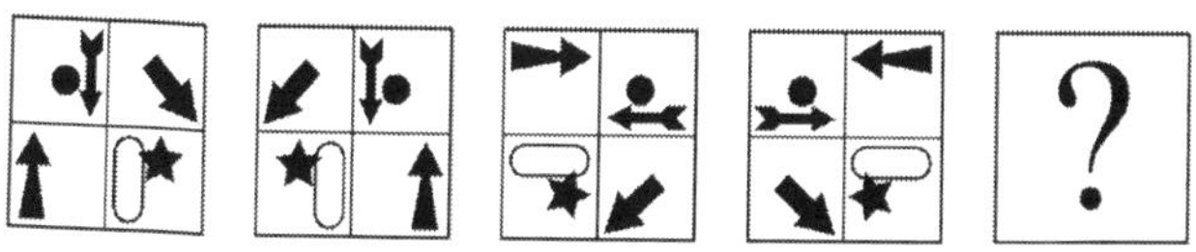

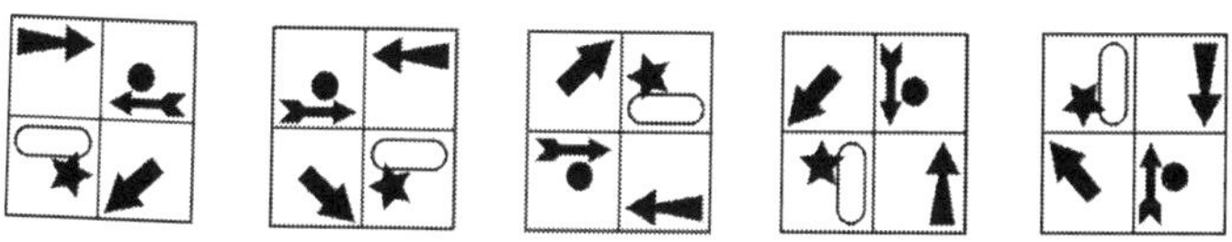

A) B) C) D) E)

9)

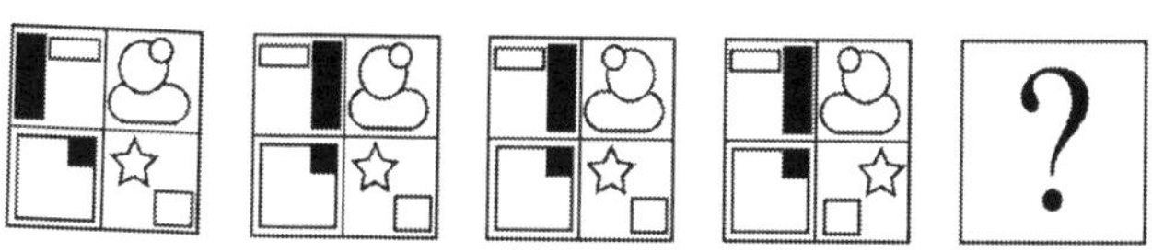

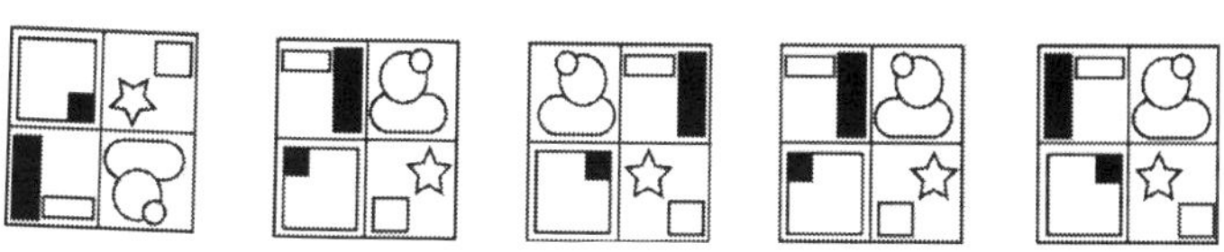

A) B) C) D) E)

10)

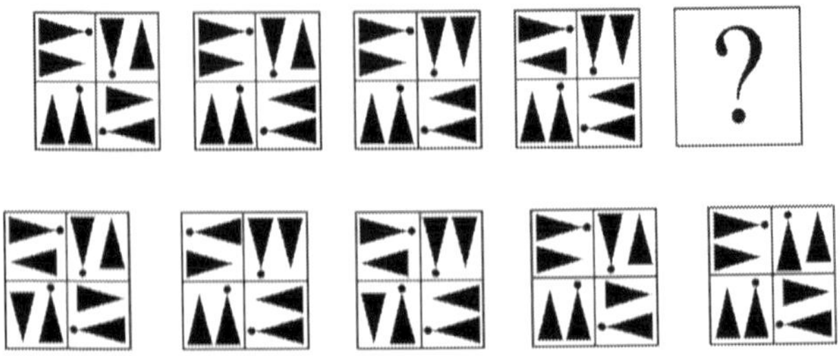

A) B) C) D) E)

11)

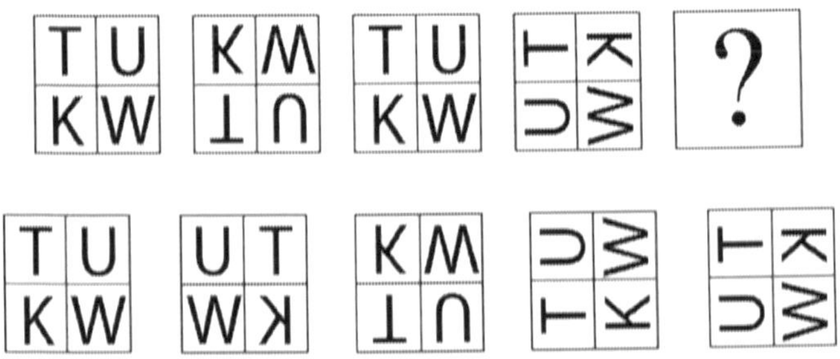

A) B) C) D) E)

12)

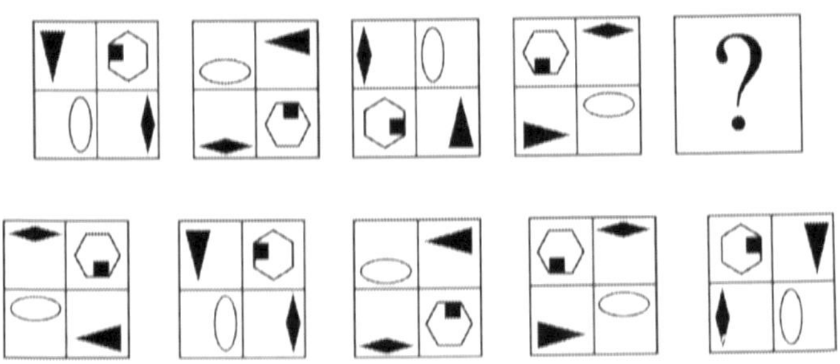

A) B) C) D) E)

13)

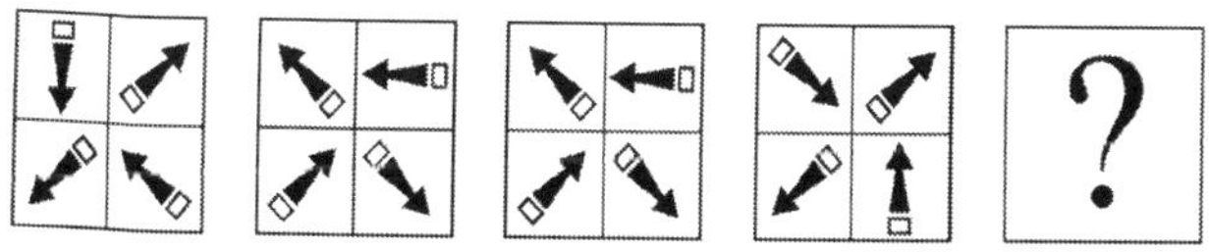

A) B) C) D) E)

14)

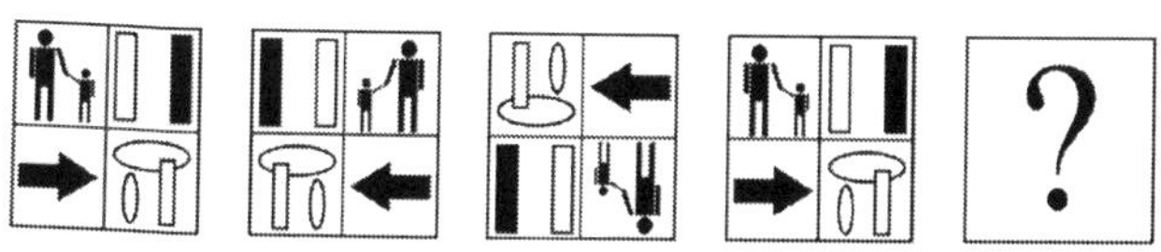

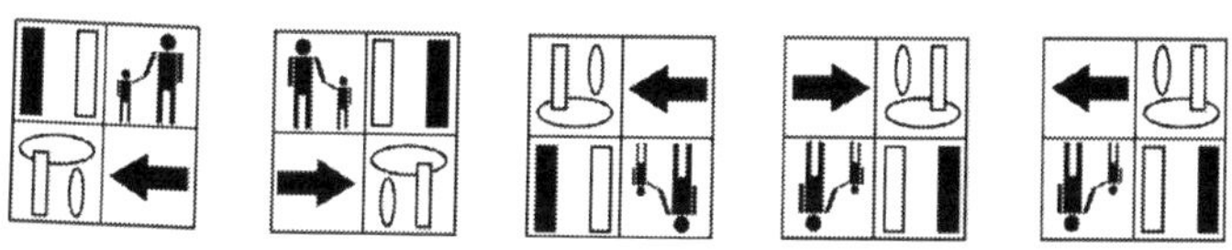

A) B) C) D) E)

15)

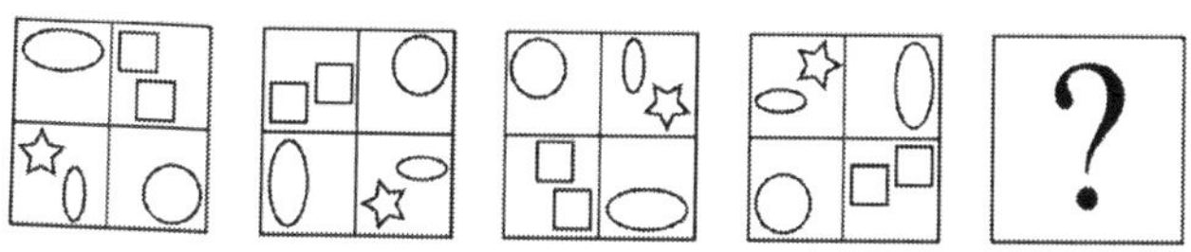

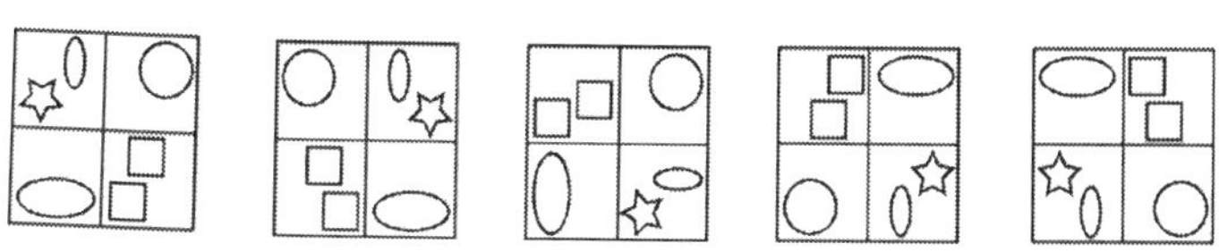

A) B) C) D) E)

16)

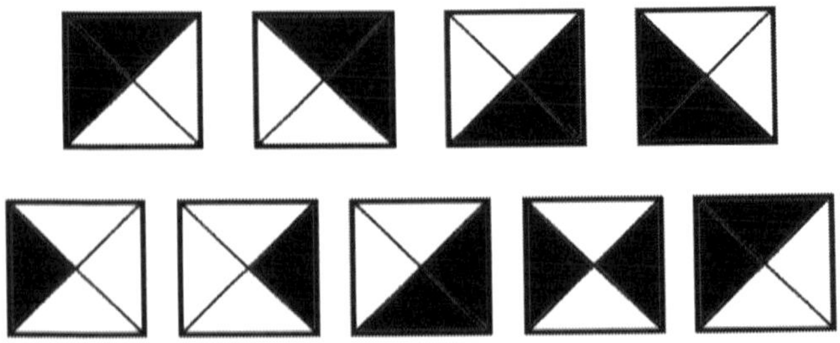

A) B) C) D) E)

17)

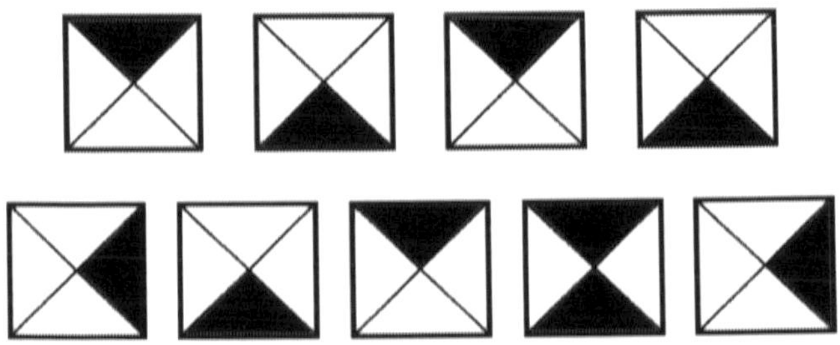

A) B) C) D) E)

18)

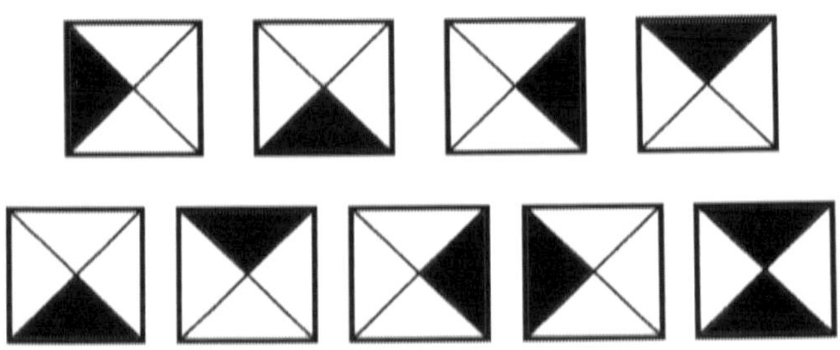

A) B) C) D) E)

19)

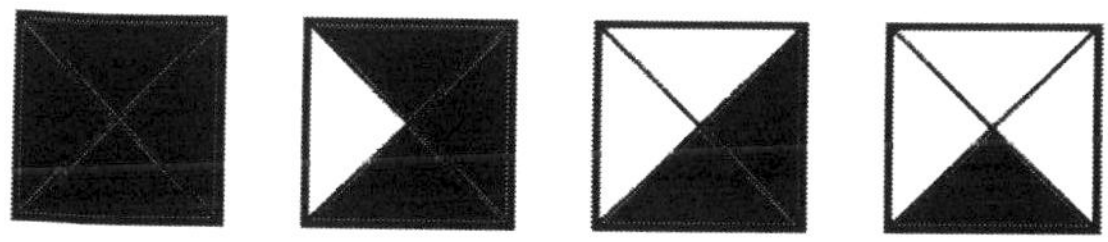

A) B) C) D) E)

20)

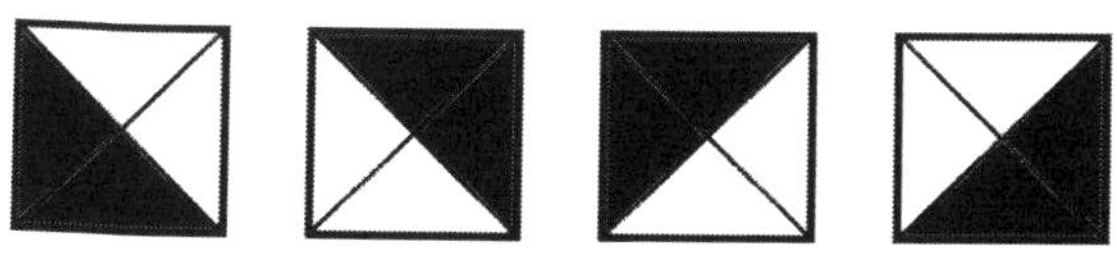

A) B) C) D) E)

21)

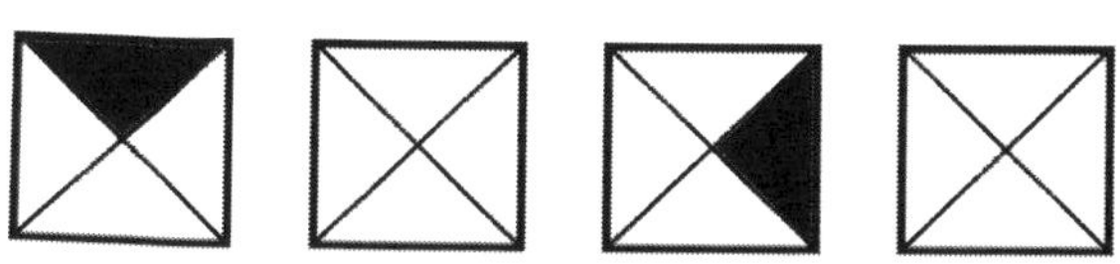

A) B) C) D) E)

22)

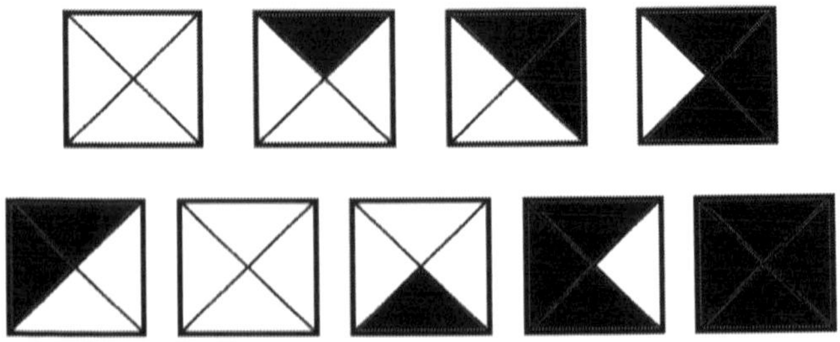

A) B) C) D) E)

23)

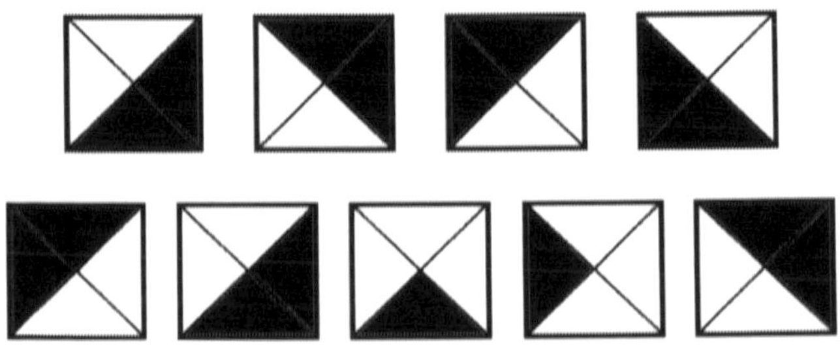

A) B) C) D) E)

24)

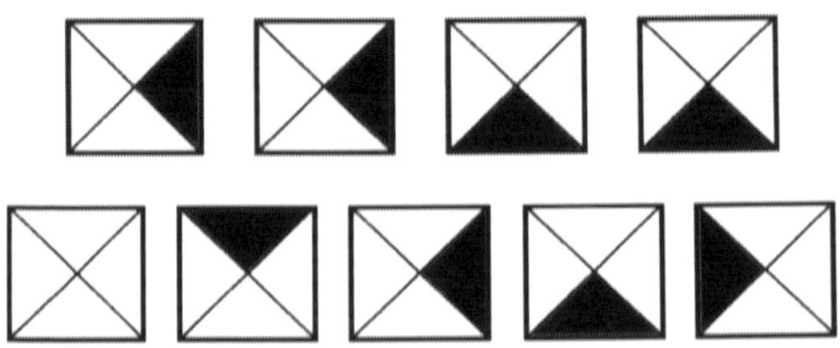

A) B) C) D) E)

25)

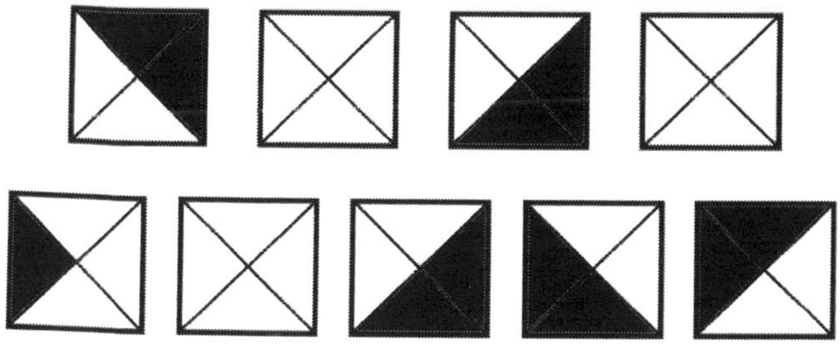

A) B) C) D) E)

26)

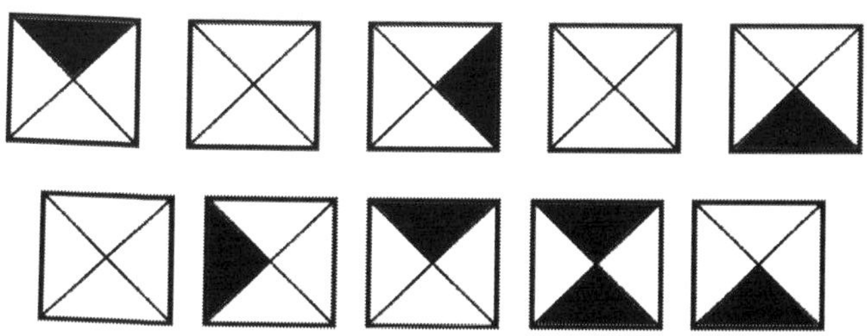

A) B) C) D) E)

27)

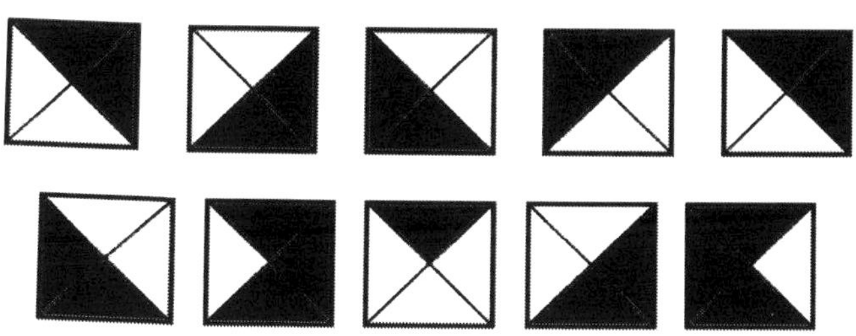

A) B) C) D) E)

28)

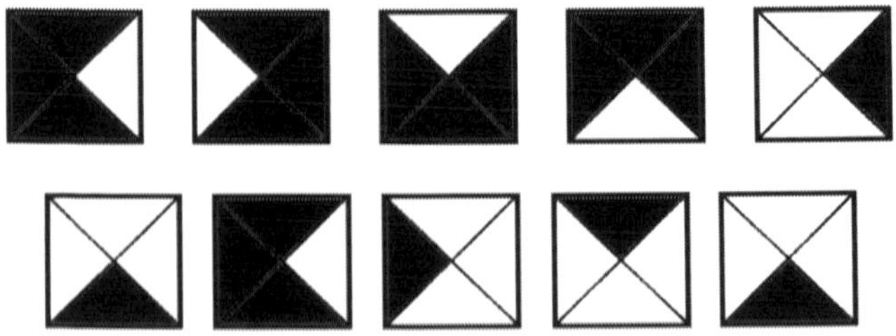

A) B) C) D) E)

29)

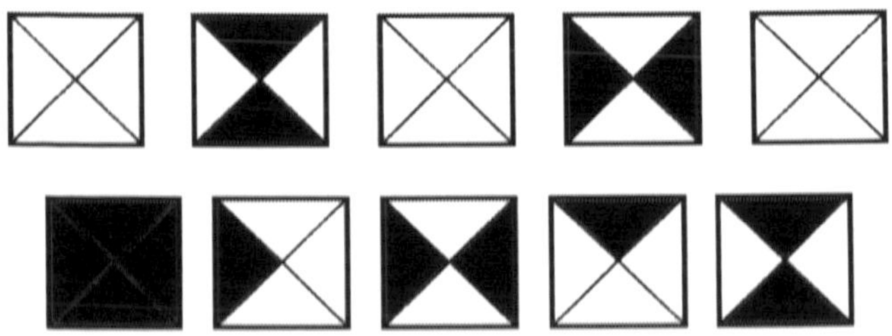

A) B) C) D) E)

30)

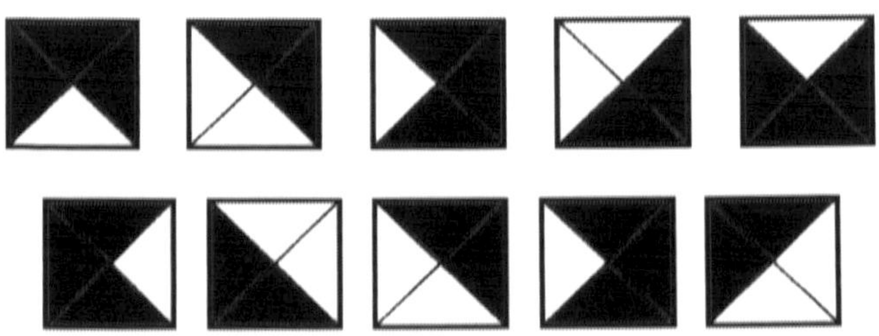

A) B) C) D) E)

31)

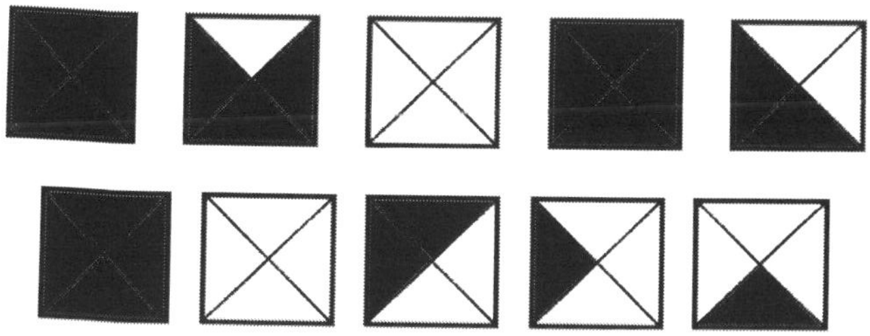

A) B) C) D) E)

32)

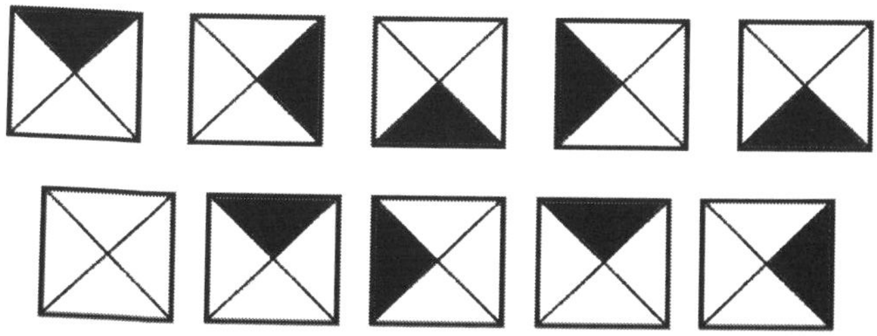

A) B) C) D) E)

33)

A) B) C) D) E)

34)

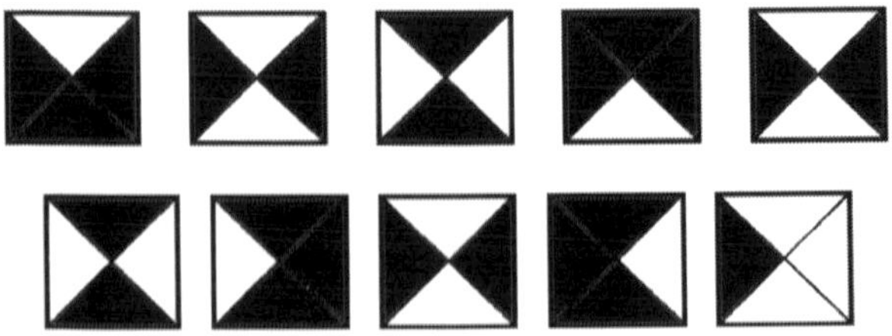

A) B) C) D) E)

35)

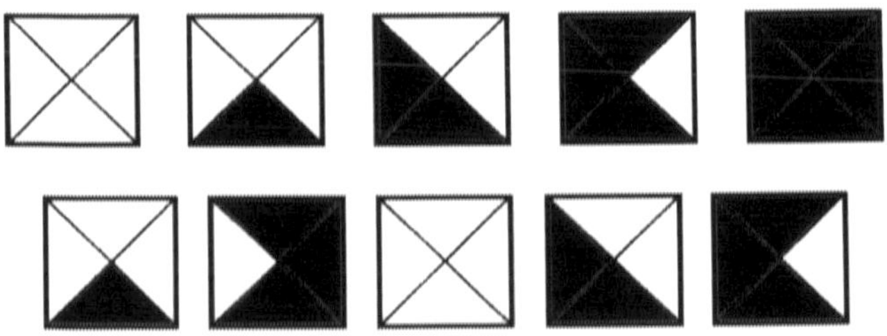

A) B) C) D) E)

36)

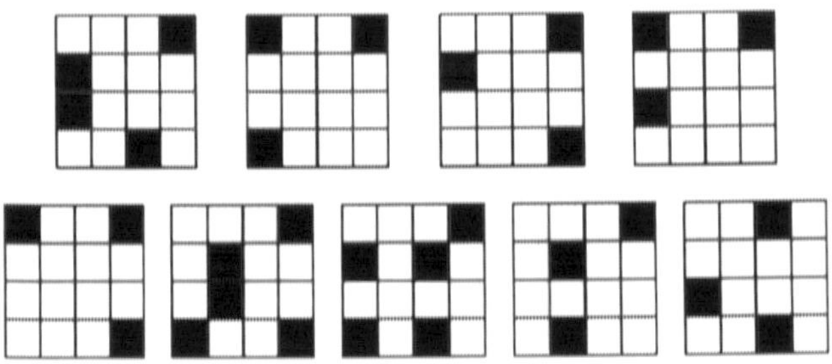

A) B) C) D) E)

37)

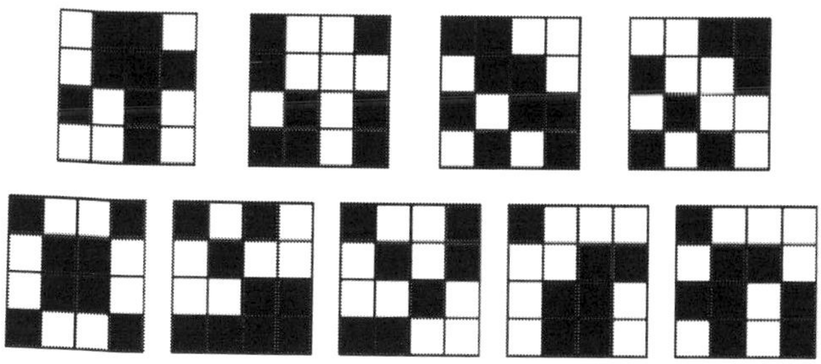

A) B) C) D) E)

38)

A) B) C) D) E)

39)

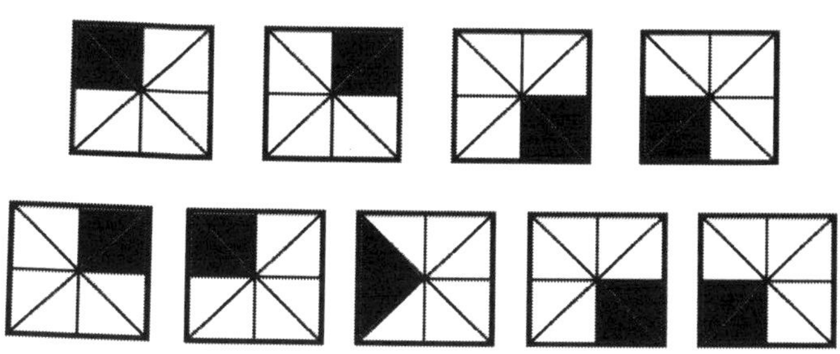

A) B) C) D) E)

40)

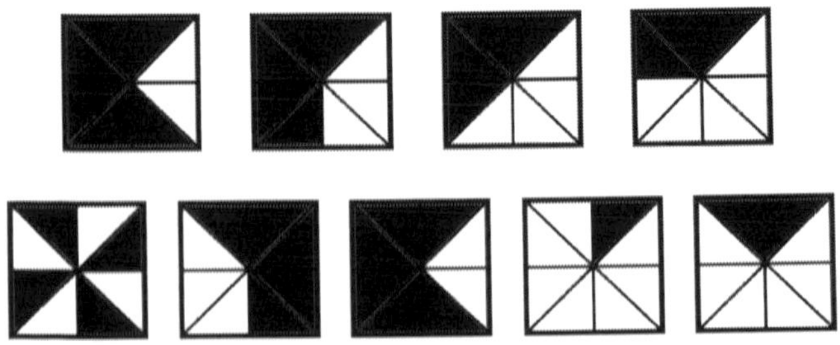

A) B) C) D) E)

41)

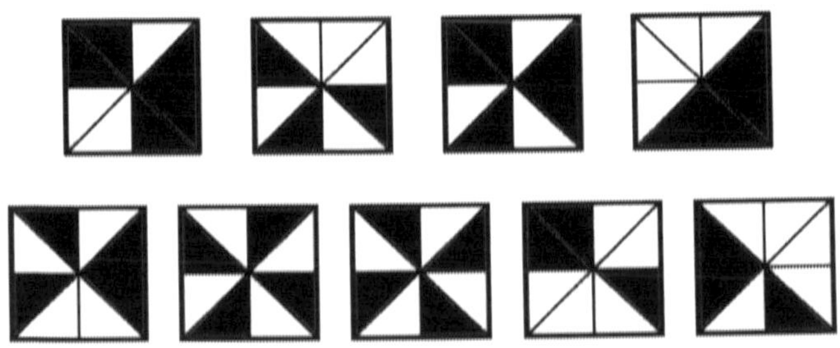

A) B) C) D) E)

42)

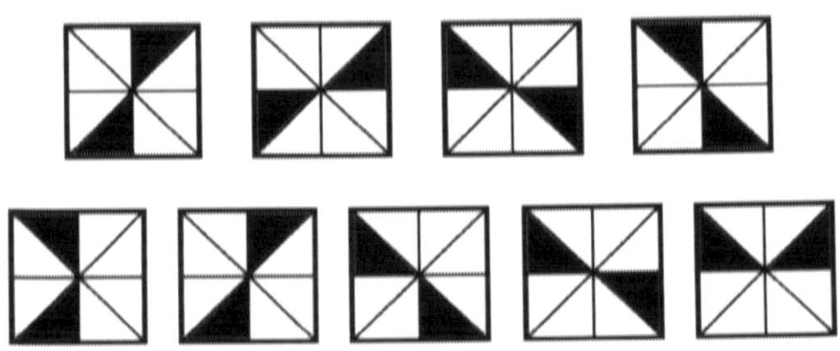

A) B) C) D) E)

43)

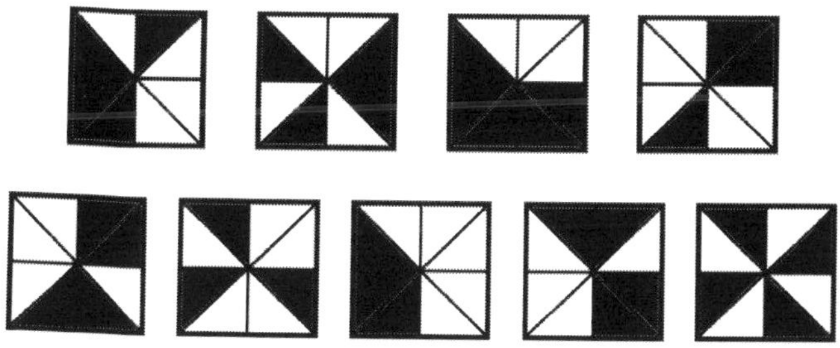

A) B) C) D) E)

44)

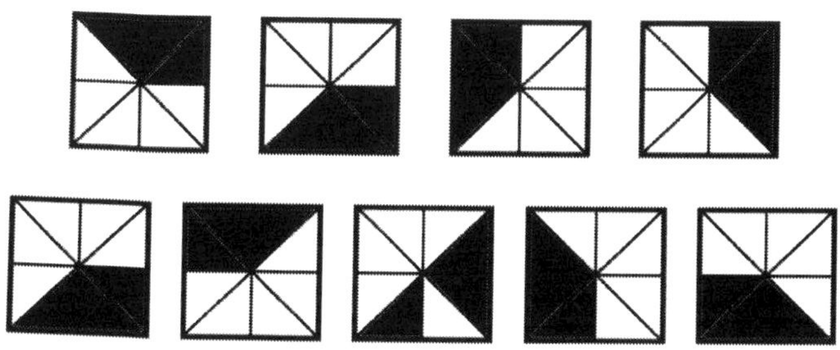

A) B) C) D) E)

45)

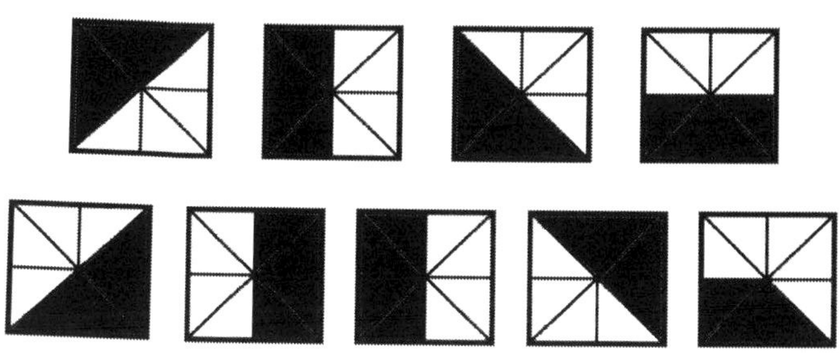

A) B) C) D) E)

46)

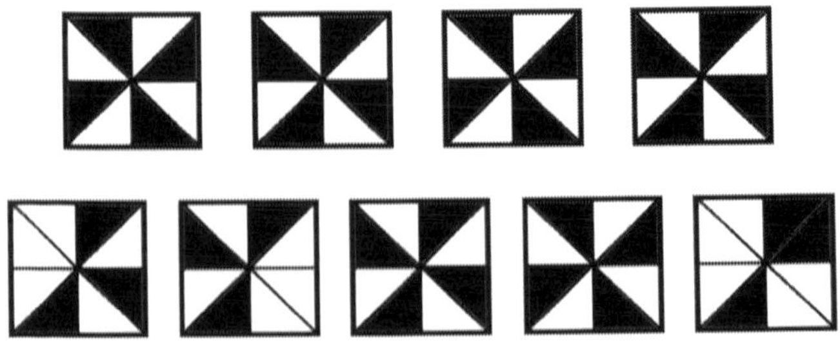

A) B) C) D) E)

47)

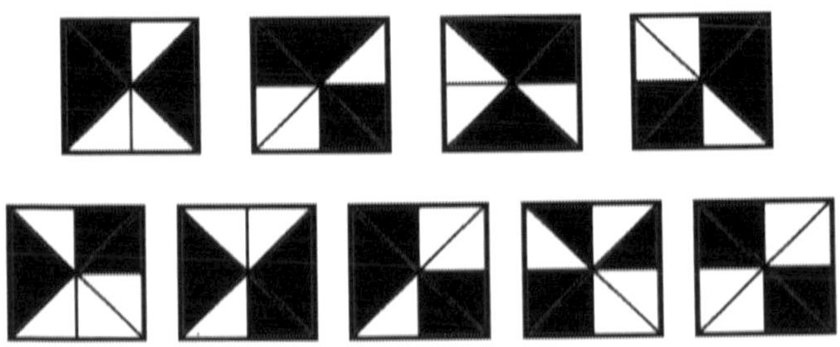

A) B) C) D) E)

48)

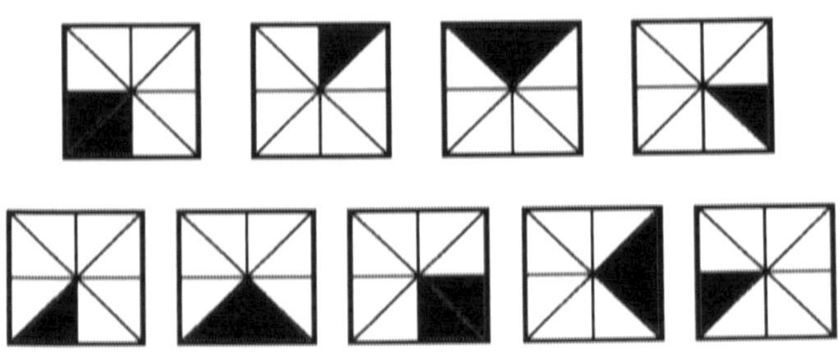

A) B) C) D) E)

49)

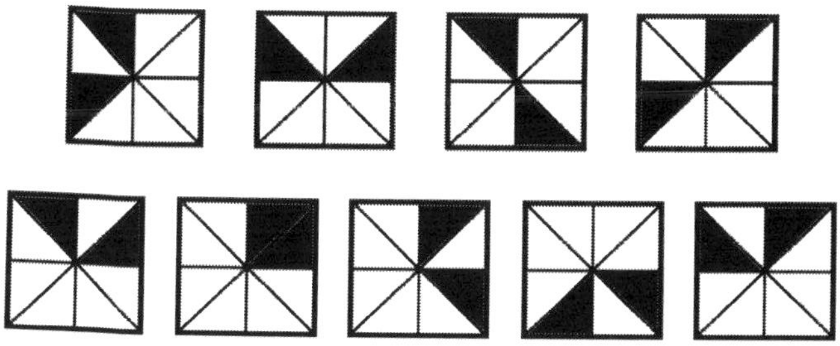

A) B) C) D) E)

50)

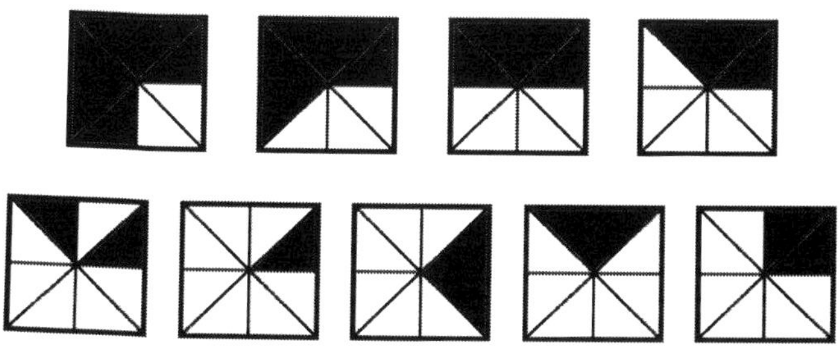

A) B) C) D) E)

Risposte corrette

1	C	**8**	E	**15**	E	**22**	E	**29**	E	**36**	C	**43**	C	**50**	E
2	E	**9**	D	**16**	E	**23**	B	**30**	B	**37**	E	**44**	E		
3	D	**10**	C	**17**	C	**24**	E	**31**	B	**38**	A	**45**	A		
4	A	**11**	A	**18**	D	**25**	D	**32**	E	**39**	B	**46**	D		
5	D	**12**	B	**19**	B	**26**	A	**33**	D	**40**	E	**47**	B		
6	B	**13**	D	**20**	D	**27**	D	**34**	A	**41**	D	**48**	C		
7	C	**14**	A	**21**	A	**28**	C	**35**	C	**42**	B	**49**	A		

Parte Terza

La prova scritta di composizione italiana

SOMMARIO

Capitolo 1
La composizione di un tema

1.1 L'ITER DELLA PROVA SCRITTA

La prova scritta di composizione italiana è prevista per i soli concorsi per l'accesso alle Accademie Militari di Modena dell'Esercito (inserita recentemente) e di Pozzuoli dell'Aeronautica Militare, mentre da qualche anno è stata abolita per l'Accademia Navale di Livorno della Marina Militare. Essa consiste nello svolgimento di un tema su argomenti di cultura generale, corrispondenti alle materie previste nei programmi degli Istituti di istruzione secondaria di secondo grado, tendente a verificare il grado di padronanza nella lingua italiana da parte del concorrente, la sua cultura e maturità di giudizio, l'attitudine al ragionamento nell'aderenza alla traccia, la capacità di esprimere le sue idee in maniera semplice e nel rispetto della grammatica e della sintassi.

I concorrenti ammessi alla prova scritta di composizione italiana non dovranno attendere alcuna convocazione da parte della DGPM, ma dovranno presentarsi nella sede e nel giorno indicati nell'avviso inserito nell'area privata della sezione comunicazioni del portale dei concorsi ovvero con messaggio di posta elettronica certificata (se posseduta e dichiarata dai concorrenti nella domanda di partecipazione), con lettera raccomandata o telegramma e reso disponibile anche nel sito www.persomil.difesa.it, **almeno un'ora prima** di quella di inizio della prova, muniti di penna a sfera a inchiostro indelebile nero.

Sostengono la prova con riserva anche i concorrenti che hanno presentato istanza di ulteriori accertamenti psicofisici

La prova si effettua in un'**unica giornata**:

- per l'**Esercito**, in genere nel mese di maggio presso il Centro di Selezione e Reclutamento Nazionale dell'Esercito di Foligno (PG);
- per **l'Aeronautica**, in genere nel mese di aprile per tutti i partecipanti ad eccezione dei concorrenti per il ruolo naviganti normale, specialità pilota, nel mese di maggio per questi ultimi, presso l'Accademia di Pozzuoli (NA).

La durata massima della prova scritta sarà di 6 ore; è importante tenere a mente che durante la prova non sarà permesso ai concorrenti di comunicare tra loro verbalmente o per iscritto, ovvero mettersi in relazione con altri, salvo che con il personale di sorveglianza e con i membri della Commissione. Sarà vietato introdurre nell'aula d'esame, detenere od utilizzare telefoni cellulari od altri apparati di comunicazione. Inoltre, i concorrenti non potranno portare carta da scrivere, appunti manoscritti, libri o pubblicazioni di qualunque specie, comprese le cosiddette «agende elettroniche». Sarà consentita soltanto la consultazione di dizionari della lingua italiana messi a disposizione dalla commissione esaminatrice.

Occorre prestare molta attenzione alle suddette prescrizioni poiché coloro che le contravvengono o comunque abbiano copiato in tutto o in parte lo svolgimento del tema saranno esclusi dal concorso, vanificando tutti gli sforzi fino a quel momento posti in essere. Potrebbe succedere,

anche, che nel caso in cui risulti che uno o più concorrenti abbiano copiato in tutto o in parte, anche tra loro, che sia disposta l'esclusione nei confronti di tutti i concorrenti coinvolti.
Il compito dovrà essere scritto esclusivamente, *a pena di nullità*, su carta recante il timbro dell'Amministrazione e, di norma, la firma di un componente della Commissione, dalla stessa appositamente predesignato.
I concorrenti assenti al momento dell'inizio della prova saranno esclusi dal concorso, quali che siano le ragioni dell'assenza. Per questa fase di selezione non sono previste riconvocazioni e i concorrenti che non superano la prova saranno esclusi dal concorso.
In genere, la Commissione preposta alla correzione degli elaborati assegna ad ogni compito scritto un punto di merito da **zero** a **trenta trentesimi**. Il punto di merito assegnato al candidato si ottiene sommando i punti attribuiti dai *singoli esaminatori* e dividendo tale somma per il numero dei medesimi. Conseguono l'idoneità i candidati che riporteranno un punteggio minimo di **18/30** e di **21/30,** rispettivamente, per l'Esercito e per l'Aeronautica.

1.2 Suggerimenti per la prova scritta

Lo svolgimento di un tema su un argomento di cultura generale desta una certa preoccupazione nella maggior parte dei candidati poiché si è soliti credere che il saper scrivere sia una dote naturale che non appartiene a tutti. In realtà, al di là delle personali abilità nella scrittura possedute dai singoli candidati, è bene sottolineare che la realizzazione di un buon elaborato dipende soprattutto dall'organizzazione e dalla struttura che vengono date alle proprie idee una volta che siano messe per iscritto. Dunque, la **pianificazione del lavoro** è un'operazione imprescindibile per la corretta composizione di un tema.
A tale scopo si possono individuare alcune semplici ma fondamentali regole da osservare in sede d'esame.
In primo luogo è importante **individuare le caratteristiche del testo** facendo riferimento a quanto riportato nel bando di concorso in relazione alle peculiarità che l'elaborato deve avere per evitare che il proprio non sia conforme ai requisiti richiesti. *In generale per ottenere una valutazione positiva dello scritto è necessario innanzitutto che esso sia caratterizzato da un'esposizione chiara e semplice, che esprima il pensiero e le riflessioni personali del candidato senza uscire fuori traccia e che vengano rispettate le regole grammaticali.*
Dopo l'individuazione delle caratteristiche che il testo deve possedere, la prima operazione da compiere quando si affronta una prova scritta di questo tipo consiste nel leggere attentamente la traccia per **focalizzare l'argomento da sviluppare** e individuare gli elementi su cui deve vertere il tema. Per organizzare le informazioni e le conoscenze che si hanno a disposizione sull'argomento è utile **redigere una scaletta**, ossia uno schema con i punti che si ha intenzione di sviluppare nello svolgimento, posti seguendo l'ordine cronologico degli avvenimenti richiesti nell'elaborato.
Per fare un esempio concreto, prendiamo in considerazione la seguente traccia: «Lo sviluppo del sistema di comunicazione, attraverso mezzi quali telefoni cellulari e *internet*, *sms* ed *email*, ha determinato la diffusione di nuove forme di relazioni interpersonali. In merito, il candidato esponga le proprie considerazioni sulle conseguenze, positive e negative, nei rapporti umani».
Una possibile scaletta relativa a questa traccia potrebbe essere strutturata nel modo seguente:
- introduzione che inquadri il fenomeno relativo alla nascita e sviluppo di nuove forme di comunicazione (dal Pc a internet fino ai social network) che negli ultimi anni hanno cambiato la nostra vita, determinato dal progresso tecnologico;

- analisi dei pro e dei contro: da un lato l'azzeramento delle distanze e la possibilità di esprimere qualcosa nel modo più veloce e con maggiore facilità, dall'altro l'eccesso di comunicazione virtuale che rende difficili i rapporti reali;
- considerazioni personali e conclusioni.

Non bisogna però considerare la scaletta come una struttura rigida che non può essere cambiata in fase di svolgimento del tema, anzi essa può subire integrazioni e modifiche durante la stesura in modo da arricchire l'elaborato badando, però, sempre che i nuovi elementi siano attinenti al tema centrale e coerenti con i punti già presenti della scaletta.

Generalmente il tema si può dividere in tre parti, anche se non sempre è possibile operare una distinzione netta.

Introduzione

Può essere piuttosto generalizzata rispetto al «testo», anche se deve trovare con esso il naturale punto di riferimento.
Il discostarsi troppo comporta successivamente difficoltà di inserimento nel giusto contesto, quindi una lungaggine espositiva inefficace e talora penalizzante.
Ritengo, perciò, sufficienti due o tre periodi per approntare il valido supporto al corpo del tema.

Corpo

È la parte fondamentale del tema, per cui occorre capacità di individuazione, di valutazione e di sintesi degli argomenti maggiormente significativi indicati nel testo, al fine di comporre periodi scorrevoli ed incisivi, che evidenzino, altresì, la cronologia delle azioni secondo un ordine temporale ben definito.
La scelta degli argomenti, la coerenza espositiva, l'ordine dei pensieri, l'organicità e la completa trattazione di ogni punto della traccia sono, infatti, indispensabili per un giudizio positivo.

Conclusione

Trova, di massima, relazione con l'introduzione ed è la naturale e razionale conclusione di quanto evidenziato nell'elaborato.
Generalmente, in questa fase, trovano la giusta collocazione i pensieri attinenti alle aspettative, alle considerazioni, ai proponimenti futuri circa la tematica trattata.
Due o tre periodi bene esposti nella parte conclusiva del compito sono spesso determinanti per la positiva valutazione da parte degli esaminatori.

Una volta organizzate le idee nella scaletta, si passa alla stesura del testo in **brutta copia**. In questa fase si procede alla scrittura vera e propria del tema sviluppando i punti della scaletta secondo l'ordine già individuato. Spesso capita che in questa fase del lavoro non si riesca immediatamente a dare alle parole una forma "perfetta" per esprimere un concetto. Il consiglio principale in questi casi è di lasciare la frase così com'è evidenziandola o sottolineandola, per migliorarne la forma successivamente.
Conclusa la fase di svolgimento si procede alla **revisione** e alla **rilettura** dell'elaborato, fondamentale per la riuscita di un buon lavoro. La revisione, infatti, consente di trasformare il testo grezzo in un testo coerente dal punto di vista del contenuto e corretto dal punto di vista della forma. In primo luogo va verificato in questa fase che il testo sia attinente alla traccia e

che non vi siano ripetizioni e divagazioni inutili. Inoltre, va controllata la concatenazione degli argomenti e la coerenza delle parti.
Il riesame della forma va effettuato per eliminare eventuali errori grammaticali di ortografia, di punteggiatura o di sintassi e per verificare la scorrevolezza del testo. La fase finale del lavoro è la **copiatura in bella** e la rilettura durante la quale può capitare di scoprire ulteriori errori o frasi non chiare. Si consiglia in questi casi di non lasciarsi prendere dal panico e di procedere con cautela per evitare di apportare modifiche o integrazioni che possono rischiare di produrre incongruenze nel testo. È consigliabile, dunque, limitarsi a riportare in una grafia chiara il testo ed eliminare gli eventuali errori orto sintattici e grammaticali.
Per pianificare il lavoro è importante anche considerare il tempo che si ha a disposizione (6 ore), in modo da sfruttarlo al meglio. È difficile dare delle precise indicazioni per la **distribuzione del tempo** lungo le varie fasi descritte finora, ma in generale basta sottolineare che alla fase centrale del lavoro dedicata allo svolgimento del tema spetta almeno la metà del tempo totale. Tuttavia, poiché le persone possono svolgere in tempi diversi operazioni simili, ognuno conoscendo le proprie caratteristiche può suddividere il tempo a propria disposizione per ogni fase di lavoro secondo le sue esigenze.

1.3 Esempi di temi svolti

Al fine di agevolare la comprensione di quanto illustrato sopra, di seguito sono riportati, a mo' di esempio, due temi svolti corredati di scaletta e alcune indicazioni per la stesura. Attraverso, infatti, una concreta applicazione dei suggerimenti dati, il candidato ha la possibilità di rendersi immediatamente conto del lavoro che deve effettuare in fase di elaborazione e scrittura del tema.

Tema n. 1

L'aumento dei casi di devianza giovanile registrato negli ultimi tempi propone ormai figure di veri e propri criminali, spesso giovanissimi. Quali sono le possibili ragioni di un così inquietante fenomeno? La mancanza di valori o le suggestioni esercitate da modelli di comportamento sbagliati per adolescenti già inclini alla violenza? Chiarisci se, secondo il tuo parere, la scuola può fare qualcosa per una gioventù così disorientata, indicando, sulla base dei dati forniti, possibili casi e rimedi per una situazione ormai davvero preoccupante.

Scaletta

- Introduzione: diffusione del fenomeno e casi di violenza giovanile in aumento con riferimento ad alcuni esempi
- Ricerca delle possibili cause del fenomeno
- Considerazioni personali e conclusioni sul ruolo delle istituzioni educative nella promozione di una cultura del rispetto e della tolleranza

Svolgimento

Sempre più di frequente i giovani giungono alla ribalta delle cronache per aver commesso azioni violente, che talvolta lasciano allibiti per la loro efferatezza. Si registra un incremento della violenza soprattutto giovanile: i casi riportati dai mezzi di informazione evidenziano situazioni che fino a qualche tempo fa sembravano del tutto sporadiche, o quanto meno risultavano assai poco pubblicizzate.

Il fenomeno assume tratti veramente preoccupanti, perché propone, e anzi spesso impone alla nostra attenzione una vera e propria figura di criminale, il più delle volte giovanissimo, che sembra del tutto incapace di provare sentimenti anche solo vagamente umani: si tratta qui di figli che uccidono i genitori per accaparrarsi l'eredità o per sfogare conflitti mai sopiti, per avere più libertà o piuttosto per non aver ottenuto il denaro per giocare ai videogiochi o per scommettere sugli eventi sportivi; di giovani madri che uccidono o abbandonano nei cassonetti dei rifiuti i loro neonati per non dover affrontare la responsabilità della maternità o più semplicemente per non cambiare vita; di giovani che lanciano sassi dai cavalcavia delle autostrade, ai danni di ignari automobilisti scelti come bersaglio, per ingannare il tempo, per sfuggire alla noia o per scommesse di poco conto; di minorenni che violentano le loro coetanee, da soli o in gruppi che ne rafforzano lo spietato coraggio, per il gusto di un gioco di cui si stenta davvero a comprendere il senso.

> Il candidato crea un cappello introduttivo partendo dalle affermazioni riportate nella traccia per inquadrare l'argomento ... e cita degli esempi a noi noti di devianza giovanile.

L'assoluta mancanza di rispetto per la vita si esprime, del resto, anche in atteggiamenti irresponsabili verso se stessi: si pensi alle conseguenze di pericolose gare automobilistiche o motociclistiche, sfide per eleggere il più forte, oppure alle famigerate stragi del sabato sera (che attualmente sembrano invece potersi tranquillamente definire stragi del fine settimana). Il problema assume contorni di tragedia se si considera il fatto che moltissimi giovani, spesso deboli e incapaci di stabilire un contatto positivo e propositivo con la realtà, ingaggiano dei veri e propri duelli con la morte, sull'onda di falsi modelli di coraggio e di prestanza fisica. Di fronte a tali terribili espressioni di malessere e di disagio giovanile, che sempre più facilmente sfociano in forme patologiche o nella vera e propria devianza e criminalità, i dibattiti e le polemiche non fanno che divampare, mentre psicologi e sociologi diventano assoluti protagonisti in trasmissioni radiotelevisive e nei blog su internet.

> L'introduzione si lega alla vera e propria stesura del tema attraverso pensieri che si fanno via via più personali, riguardanti le ragioni del disagio giovanile.

Sembra sia sempre più facile rappresentare, con conseguenze spesso fuorvianti, il mondo giovanile come un pianeta a parte, minato già nelle sue basi e destinato inevitabilmente all'autodistruzione: in realtà, si tratta di condanne ingiuste, poiché ogni generalizzazione concorre soltanto a banalizzare realtà sociali, come questa, ben più complesse e varie, fatte di situazioni concrete e basate su scelte individuali e collettive piuttosto variegate.

> Il candidato tenta di offrire delle risposte alle richieste della traccia, evidenziando il proprio punto di vista e sottolineando l'importanza di tenere nel giusto conto il clima e il contesto in cui vivono i giovani che ricorrono alla violenza.

Parlare dei giovani solo e unicamente in termini di disagio e di comportamenti devianti resta inaccettabile, perché è indubbio che non tutti reagiscono mettendo in campo l'aggressività alla mancanza di prospettive, alla solitudine e al vuoto e all'oscurità del futuro. Anche se questa osservazione può apparire del tutto scontata, è bene anche tener presente che i casi più allarmanti di devianza e criminalità giovanile vanno pur sempre inquadrati nel clima e nel contesto in cui sono divampati. Ma a questo punto può nascere un interrogativo assai legittimo, che porti a domandarsi, piuttosto, se le generazioni più giovani siano davvero più inclini alla violenza rispetto a quelle passate.

I giovani deviati sono, in prima istanza, individui non pienamente inseriti nel tessuto sociale, o che alimentano una visione distorta e

> I casi di devianza rappresentano un problema sociale e culturale, prima ancora che individuale. Il discorso si sposta infatti sulle responsabilità degli adulti e della società in generale nella diffusione delle manifestazioni di devianza giovanile.

falsata delle più basilari norme che regolano la pacifica convivenza civile. Infatti, come spesso si sente affermare da sociologi e psicologi, nel corso di un processo di socializzazione più o meno equilibrato, ciascuno assume nei confronti degli altri gruppi di persone o delle istituzioni atteggiamenti specifici: simili comportamenti sono spesso assai prevedibili, sulla base di una precisa realtà psicologica e sociale, e ovviamente possono mutare con il cambiamento del contesto circostante. Il mancato inserimento di un individuo nei gruppi della società non è mai soltanto dovuto a disfunzioni psicologiche e al disadattamento sociale di una sola persona, ma anche al mancato funzionamento o alle più generali carenze del contesto societario.

È importante sottolineare, a tal proposito, che sussiste un'influenza reciproca all'interno dei gruppi tra tutti gli individui che li compongono: infatti, se l'identificazione non si crea attorno a valori positivi e a stimoli costruttivi, l'influenza che ciascun membro esercita sull'altro può facilmente diventare deleteria e portare a comportamenti deviati. Non sarà certo un caso che siano spesso adolescenti e giovani in gruppo, in branco, a organizzare e perpetrare le violenze più assurde e inconcepibili, dalle violenze sessuali ai lanci dei sassi sulle auto o sui treni in transito.

È la società stessa, nelle sue manifestazioni concrete, che sembra aver perso il controllo dei codici comportamentali, dei messaggi morali da trasmettere. Se i ragazzi continuano a essere abbandonati a se stessi, saranno sempre meno capaci di interpretare la quantità di messaggi contraddittori di cui sono fatti oggetto. In moltissimi casi, genitori e adulti non sono più in grado di assumere il ruolo di guida, per cui i giovani tendono a confondere il valore e l'importanza della libertà con il libertinaggio, sregolato e dannoso per se stessi e per gli altri.

Se ci si sforzasse di affrontare il problema alla radice, probabilmente si giungerebbe su una via di soluzione a questo problema di gravità assoluta. Una volta individuati gli elementi a rischio violenza, essi non andrebbero criminalizzati, né compatiti, ma rieducati a una visione più corretta e omogenea dei rapporti con gli altri esseri umani, con la sessualità, con il potere, con la bellezza e con la fisicità. A questo scopo, l'impegno profuso dalle istituzioni educative come scuola, famiglia, Chiesa appare di importanza basilare: soltanto se queste riescono a dialogare e a collaborare fattivamente e con continuità è possibile arginare un fenomeno dilagante e preoccupante. In questo lungo processo di risocializzazione e reinserimento degli elementi più sbandati, la scuola offre un enorme contributo, dalla portata inimmaginabile: è a scuola infatti che i giovani intrecciano i primi rapporti con gli altri e imparano a limitare e ad adeguare i loro comportamenti in funzione delle libertà altrui.

> Ci si avvia alla conclusione non tralasciando di esprimere un parere del tutto personale formulato alla luce di quanto espresso.

Se stimolati e gratificati, i ragazzi assumono sempre maggiore fiducia in se stessi e nelle proprie capacità di interazione, e cominciano a identificarsi con ideali affini, disponendosi a lavorare in prima persona per la loro realizzazione. Se la scuola non potrà mai colmare le lacune di una società perennemente in crisi di valori e di moralità, potrà comunque certamente indirizzare in senso positivo il rapporto dei giovani allievi con i coetanei e con gli adulti, per orientarli alla conoscenza di interessi e valori più ampi e positivi, al confronto tra le opinioni, al senso dei più alti valori morali e civili.

TEMA N. 2

Si può ancora parlare di razzismo nella nostra società che sembra sempre più multirazziale e multiculturale? Ignoranza e intolleranza rendono ancora possibile atti di violenza nei con-

fronti di persone diverse per razza e cultura. Anche nel nostro Paese forme di razzismo sono piuttosto diffuse. Inquadrate la situazione esprimendo il vostro parere sulle possibili cause del fenomeno sociale e sull'importanza della convivenza pacifica fra persone di religione, razza, lingua e cultura diverse.

Scaletta

- Introduzione: l'intolleranza genera violenza
- Le attuali forme di razzismo e xenofobia
- La situazione in Italia
- Osservazioni personali e conclusioni con possibili rimedi per arginare il problema

Svolgimento

Il problema dell'intolleranza tra i popoli è diffuso in ogni parte del mondo, sebbene a livelli diversi. Alcune zone dell'Asia o dell'Africa, infatti, sono teatro di vere e proprie guerre tra popoli di origine diversa, mentre, in alcuni luoghi economicamente più sviluppati, questa intolleranza si manifesta in forme sempre più violente con la discriminazione e l'emarginazione.

> Il tema si apre con un'introduzione che colloca il problema dell'intolleranza a livello internazionale, causa di guerre e di discriminazione.

Una convivenza pacifica si verifica quando due popolazioni, oltre a convivere in pace e in estrema libertà, rispettano le opinioni altrui e non ignorano le realtà vissute dagli individui dell'altro popolo. In realtà, le situazioni non sono sempre così scontate e idilliache: persone di origini e culture diverse incontrano sempre maggiori difficoltà nel tollerarsi reciprocamente, e nel peggiore dei casi alcune popolazioni si sono del tutto estinte combattendo tra loro.

Fino a qualche tempo fa, in verità, le persone ancora parlavano di razze: in questo momento storico, invece, un discorso del genere appare del tutto insensato, e si preferisce invece fare riferimento a etnie. Per tali motivi, la discriminazione e l'intolleranza colpiscono basandosi soprattutto sulla provenienza, sulla religione e la diversa cultura di un individuo: non si contano le volte in cui i più giovani ascoltano raccomandazioni a non fidarsi degli zingari, né le volte in cui, per strada, si tende a camminare lontano da individui di colore. Si manifesta, a prescindere da ogni convinzione, un certo timore, una certa paura del diverso, che è anch'essa una forma di intolleranza razziale, sebbene non non comporti vera e propria violenza fisica. Esiste però un alto rischio razzismo, legato alla paura dell'identità, che svela l'incubo di un futuro meticcio, teso a svilire e a dissipare tradizioni, storia e culture. Sem bra infatti che sia proprio la teoria della differenza, più che quella della razza, a risultare particolarmente insidiosa e pericolosa nel giustificare atteggiamenti inequivocabilmente razzisti.

> Il discorso si sposta sull'origine del fenomeno che risiede nella paura dell'altro, di ciò che è diverso. Tale paura nasce da una serie di pregiudizi e stereotipi piuttosto radicati nella nostra società e nei casi estremi è causa di atteggiamenti aggressivi e violenti.

Per restare soltanto all'Italia, le cronache quotidiane svelano senza ombra di dubbio fortissimi segnali di intolleranza verso gli individui considerati diversi. Ma per quale motivo bisognerebbe avere paura, o temere, persone di religione, lingua, razza e cultura differenti? L'avere delle abitudini diverse, anche se diametralmente opposte, non giustificherà il fatto di ritenere cattive o, peggio, inferiori persone figlie di culture, credenze e atteggiamenti differenti dai nostri. Da ricerche effettuate di recente da sociologi sull'universo giovanile italiano, emergono dati decisamente allarmanti. Il primo svela gli

> Per commentare quanto espresso nella traccia, viene portato l'esempio dell'Italia: la percezione che le giovani generazioni hanno degli extracomunitari è fortemente influenzata da una certa cultura del pregiudizio.

stereotipi ormai ben radicati tra i giovani, relativi a tre gruppi sociali e culturali presenti in Italia: ebrei, musulmani ed extracomunitari. La maggioranza degli intervistati sostiene che i musulmani restino troppo abbarbicati alle loro credenze, definendoli nemici del progresso. Riguardo agli extracomunitari, invece, si ritiene che essi inquinino la nostra cultura, sottraggano a italiani casa e lavoro, siano portatori di malattie e infine alimentino il triste mercato della prostituzione.

Si tratta di risposte per certi versi sconcertanti, considerando anche il fatto che i giovani intervistati, tra i 14 e i 18 anni, sono quasi tutti ampiamente scolarizzati e forse ancora frequentanti. Sottolineare questa caratteristica degli intervistati equivale ad affermare che dal pregiudizio e dal razzismo è davvero difficile liberarsi una volta per tutte, nonostante si entri a contatto con la cultura offerta dalle istituzioni scolastiche, oltre che probabilmente con compagni di studi sempre più spesso di diversa etnia. Occorre poi riflettere sul fatto che, tra gli immigrati presenti in Italia, un buon numero è rappresentato da profughi, scampati a realtà terribili e approdati nel nostro Paese alla ricerca di un futuro decisamente migliore. Purtroppo, però, anche i rifugiati di guerra finiscono spesso per esser considerati come veri e propri parassiti di una società che si presume del benessere, nella quale gli istinti di solidarietà debbono puntualmente fare i conti con diffusi e striscianti sentimenti di intolleranza e xenofobia. Spesso tali atteggiamenti non tardano a tradursi nella richiesta di barriere nazionali sempre più solide, per schermarsi da coloro che vengono a cercare rifugio, aiuto e benessere nel nostro Paese. Conseguentemente, dopo aver già patito il dramma del distacco dalla propria terra, dalla propria realtà e dai propri affetti, gran parte dei profughi deve rassegnarsi anche alle discriminazioni subite nei luoghi di accoglienza.

Per porre fine a tali atteggiamenti è necessario che si cominci a considerare l'incontro e lo scambio tra culture diverse non più come una minaccia bensì come una proficua occasione di arricchimento reciproco. La piena integrazione si realizza attraverso un processo molto lungo proprio perché, come specificato in precedenza, quando si parla di discriminazioni, si chiamano in causa molti fenomeni, alcuni dei quali antichi ed endemici della nostra società. La strada è quella dell'educazione e della formazione ai diritti umani e ai doveri di ogni cittadino affinché si possa creare una cultura reale della tolleranza che sia soprattutto pacifica convivenza. L'uguaglianza degli esseri umani e la consapevolezza dei diritti riconosciuti a tutti possono essere gli unici elementi con cui costruire un futuro di tolleranza che sia rivolta a tutti coloro che oggi sono ancora oggetto di discriminazioni e costretti a pagare un prezzo ancora troppo alto per la ricerca di una vita normale.

> Il candidato, riallacciandosi con quanto dichiarato all'inizio circa la difficoltà di abbattere convinzioni radicate nella società, conclude esprimendo il proprio parere sulla questione e individuando una possibile soluzione al problema.

Tema n. 3

La globalizzazione rappresenta un fenomeno di sconfinata espansione economica: elementi positivi e aspetti negativi del suo sviluppo, alla luce dei più o meno recenti eventi della cronaca mondiale.

Scaletta

- Introduzione: definire il termine globalizzazione e il fenomeno ad esso collegato
- Il mercato globalizzato conduce individui di ogni latitudine a consumare prodotti uguali in ogni angolo della Terra

- Effetti della globalizzazione sulla società moderna e la contestazione violenta
- Di quali informazioni dispone a riguardo il cittadino medio? (conclusioni)

Svolgimento

Viviamo in un mondo in cui l'economia si muove a livello non più regionale, né sopranazionale, ma planetario. Questo fenomeno di espansione sconfinata della produzione economica prende il nome di globalizzazione: resta questione aperta il valutare se si tratti di un fenomeno nuovo oppure antico e quali siano le sue precise caratteristiche.

> L'introduzione ci porta immediatamente in medias res, ponendoci subito la domanda sulla natura del fenomeno.

Di fatto, le economie mondiali sembrano tutte reciprocamente interconnesse, i mercati borsistici assai strettamente collegati, le aziende, non solo quelle multinazionali, ma anche le medie e le piccole, sono in grado di dislocare senza eccessivi problemi la propria produzione al di fuori dei confini nazionali, laddove appare più conveniente, alla luce del rapporto tra costi e ricavi.

Tutto il mondo, o quanto meno il mondo rappresentato dai soli Paesi occidentali, ma anche gran parte degli altri Paesi sparsi nei cinque continenti, consuma esattamente gli stessi prodotti, vede esattamente gli stessi film, legge i medesimi romanzi, beve le stesse bevande e ingurgita gli stessi panini allo stesso fast-food, legge giornali assemblati tecnicamente e spesso anche ideologicamente allo stesso modo, si connette alla Grande Rete mondiale di Internet. Tutto è strettamente collegato, per cui si può tranquillamente affermare, parafrasando piuttosto approssimativamente Lorenz, padre della teoria del caos, che un batter d'ali di una farfalla a New York è in grado di provocare conseguenze concrete e spesso imprevedibili anche in tutto il resto del mondo.

> Sottolineiamo il valore del termine globalizzazione attraverso l'uso di una pregnante aggettivazione e soprattutto mediante l'impiego di avverbi.

È fin troppo facile intuire che sono gli Stati Uniti l'unica, grande realtà guida ed egemone della globalizzazione, il modello più immediato da imitare universalmente.

Sembrano ormai addirittura segnare il passo gli stessi stati nazionali, realtà obsolete, del tutto inidonee a garantire una libera e veloce circolazione di beni, servizi, teorie, fautori di potenziali idee sovversive, capaci di minare la pace mondiale, ossia quella condizione così necessaria all?intero ciclo produttivo economico, così cara ai mercanti di ogni tempo.

Persino i gloriosi stati europei, probabilmente i più ricchi di una forte identità storica, hanno recentemente portato a termine accordi non soltanto economici, bensì politici e amministrativi.

A questo punto, occorre porsi la domanda fondamentale: la globalizzazione è un bene o un male per la società moderna? Può essa rappresentare senza dubbio la promessa di una maggiore libertà e di un sempre crescente benessere per i cittadini di tutto il mondo, o costituire piuttosto un pericolo, in considerazione del fatto che favorisce l'omogeneizzazione culturale, l'omologazione dei consumi, la fine delle particolarità e delle ricchezze culturali, dell'identità dei popoli e del patrimonio delle tradizioni locali?

> Da qui trattiamo gli effetti del fenomeno e poniamoci, in maniera diretta, il quesito fondamentale, ossia se la globalizzazione rappresenti un bene o un male.

I più critici sostengono che la globalizzazione non sia altro che un concetto concepito dal potere economico, propagandato e venduto come un qualunque bene di consumo, per contrabbandare un nuovo e ancor più feroce colonialismo, per ottenere alle multinazionali il dominio incontrastato, per garantire un'oppressione quasi scientifica dei poveri del mondo.

Non bisogna inoltre trascurare, in questo quadro dalle tinte già fosche, la presenza di certi movimenti, non sempre omogenei ideologicamente e culturalmente, balzati all'attenzione della cronaca per la scelta di contestare con l'uso della violenza l'attuale organizzazione dell'ordine mondiale. Grazie ai loro interventi, alcune città, sedi dei più importanti incontri delle superpotenze del mondo, sono state letteralmente messe a ferro e fuoco dalla furia devastatrice dei cosiddetti *black-block*. Alcuni intellettuali mettono in dubbio, nelle loro opere, l'utilità e i benefici della globalizzazione: addirittura l'orribile attacco dell'11 settembre 2001 alle Twin Towers di New York è stato da più parti interpretato come un tentativo di dare una decisiva spallata alla globalizzazione, essendo stata colpita al cuore la stessa produzione economica mondiale.

Ci si può legittimamente domandare quali siano le informazioni di cui obiettivamente dispone il comune cittadino per farsi un'idea attendibile del fenomeno. In realtà, esse non possono che essere del tutto caotiche, e soprattutto contraddittorie. E probabilmente non può essere che così.

> Lasciamoci ancora guidare dagli spunti presenti negli approfondimenti offerti dalla traccia.

La globalizzazione è ancora un fenomeno troppo nuovo, troppo moderno, un'escrescenza dell'attualità, non un fatto storico, che abbia già subito il processo di decantazione e pertanto ben analizzabile, sul quale stilare giudizi e riflessioni attendibili e meditate.

Certo, stiamo vivendo la globalizzazione, ma certamente non comprendendo appieno. L'unica cosa certa è che il divario fra ricchi e poveri si sta ampliando, e questo senza dubbio non può essere un bene: ampi strati della popolazione, persino nel ricco Occidente, conducono una vita sempre più precaria, totalmente schiava dell'incredibile variabilità del mercato. In tali incerte condizioni si impedisce alle persone di sperare, di progettare per il futuro, per sé e per i propri figli.

L'insicurezza e l'incertezza totale, elevate a sistema stesso di vita, possono facilmente portare alla disgregazione individuale, familiare, sociale.

Per quanto la flessibilità sia diventata un elemento indispensabile per potersi inserire e per poter andare avanti nel mondo del lavoro, è comunque auspicabile riuscire a raggiungere prima o poi una certa stabilità.

> Ci avviamo a conclusione, esponendo anche il nostro punto di vista.

È altresì vero che la sovrabbondanza di beni e servizi che ci vengono quotidianamente offerti a prezzi sempre più convenienti è certamente un beneficio, e che la globalizzazione rappresenta probabilmente un processo di irreversibile modernizzazione, il compimento di un cammino culturale che ha visto sempre più filosofi e intellettuali cominciare a pensare in modo "globale", "totale", "universale".

La globalizzazione potrebbe essere considerata, dunque, una categoria ormai insita nel modo di pensare tipicamente occidentale. Si tratta tuttavia di trovare continuamente dei correttivi, di sistemare costantemente equilibri. L'economia dovrebbe rimanere un mezzo: il fine è l'uomo. Sarebbe opportuno evitare assolutamente che una nuova utopia figlia del progresso si trasformi nell'ennesimo inferno sulla terra.

Tema n. 4

Riflessioni sulle cause del decadimento morale dei tempi moderni e sulle possibilità della società di risolvere problemi così gravi e profondi.

Scaletta

- Cosa vuol dire esattamente parlare di crisi morale nella società contemporanea?
- In quale misura i modelli sbagliati influiscono su scelte e comportamenti ormai sempre più degradati?
- Evidenzia il rapporto che intercorre tra la libertà interiore e le azioni che ne derivano

- Proponi una soluzione a un così grave problema che riguarda e comprende ciascuna persona umana (conclusioni).

Svolgimento

Ritengo opportuno, in prima istanza, iniziare affermando che la tanto paventata "crisi dei valori" è una realtà molto più sfumata di quanto possa apparire. Parlare oggi di crisi significa implicitamente ammettere che in epoche passate si sia vissuta un'età dell'oro, in cui gli stessi valori oggi ritenuti in decadenza erano ampiamente in auge, diffusi e accettati universalmente. Ad una più attenta analisi, tuttavia, quest'epoca non sembra sia mai esistita, in nessuna parte del mondo.

> Apriamo il nostro saggio breve creando un piccolo cappello introduttivo, citando degli esempi a noi noti di situazioni che possano facilitare poi la stesura di un brano più propriamente personale: infatti, lo svolgimento ha inizio in prima persona!

Se probabilmente il Medioevo conosceva un periodo di stabilità e di immutabilità e immobilità di riferimenti etici e religiosi oggi quasi totalmente superata, nondimeno la maggior parte della popolazione era costretta a vivere nell'indigenza, assai spesso nell'ignoranza, nell'assoggettamento e nell'asservimento dei propri voleri all'autorità. Dell'individuo, concetto inteso come lo conosciamo oggi, non era contemplata l'esistenza.

Tutto questo naturalmente non equivale a negare, nella nostra società, la presenza di problemi, anche gravi, di natura sociale ed etica. I "mostri" contro cui dobbiamo quotidianamente combattere, dentro e fuori di noi, sono abbastanza noti: basti pensare al consumismo, all'egoismo, all'edonismo sempre più marcatamente esibizionista, al prevalere, della sfera materiale su quella spirituale.

> Rendiamo adesso più problematico il tema, aprendo istanze di approfondimento.

La massa, di cui tutti facciamo parte, si lascia facilmente sedurre e guidare dai messaggi televisivi e pubblicitari, dal cinema di immediato consumo e di dubbio valore artistico, dalle pubblicazioni dirette al vasto pubblico, nelle quali i protagonisti sono tutti belli, avvenenti, sorridenti, proprietari di automobili lussuose e gadget elettronici, di dimore sfarzose, ricchi di un successo che ha arriso loro il più delle volte senza alcun impegno o fatica, mai tormentati da alcun tipo di problema serio e adulto e da alcuna preoccupazione quotidiana degna di questo nome.

Anche se può suonare assurdo demonizzare questo tipo di messaggio, che esprime una parte, sebbene consistente, delle aspirazioni dell'uomo occidentale, ritengo altresì plausibile sostenere che la vita reale sia tutt'altra cosa. Nella vita reale si lavora, si rischia, si vive ogni genere di affanno, ci si può ammalare, si invecchia, si può addirittura anche morire.

La rincorsa al successo economico, da inseguire e magari ottenere senza troppe remore etiche, e la vita vissuta all'insegna del divertimento e del lusso sfrenato, portano presto o tardi ogni individuo a sperimentare dolorosi sentimenti di noia, di insicurezza, di solitudine se non di vuoto esistenziale, di profondo disorientamento morale. Questa dura realtà è paradossalmente acuita, anziché lenita, in molti suoi aspetti, dalla totale libertà di cui gode l'uomo contemporaneo, dalla molteplicità di opzioni fra cui è chiamato a districarsi e a scegliere, in assoluta solitudine esistenziale, senza riferimenti certi né guide diverse dal profitto economico e dall'interesse personale del singolo individuo. Viviamo oltretutto in un'epoca di vertiginose trasformazioni, di continui e imprevedibili cambiamenti, di complessità crescenti, che rischiano di schiacciare l'individuo facendolo sentire impotente e insicuro, e che in ogni caso esigono capacità di risposta ormai considerate non più co-

> Proviamo a lavorare servendoci anche di qualcuna delle affermazioni riportate dalla scaletta offerta come allegato per l'approfondimento.

muni. Inoltre, negare o quanto meno restringere il campo di applicazione della parte spirituale dell'uomo, può condurre alla recrudescenza di tutta una serie di mali sociali: la criminalità, il suicidio, la violenza, l'alcolismo, la droga, la cosiddetta "malattia mentale".
È forse questo il prezzo che si deve pagare al progresso, alla democrazia, alla libertà? Che non tutti riescano a reggere il peso che comporta il dover compiere scelte autonome?
Non bisogna trascurare che il più delle volte i deboli e i violenti tenderanno a indulgere a comportamenti devianti, mentre i più sensibili potranno cadere vittima di conflitti morali interiormente devastanti.
Cosa fare allora? Intanto, provare a riconoscere che il mondo occidentale è forse il migliore dei mondi realizzati fino ad ora; che vivere nei secoli scorsi dev'essere stato senza dubbio molto più difficile, precario e disumano di oggi; che la storia del passato è un susseguirsi di violenze, di fame, di epidemie. Inoltre, non va dimenticato che i valori spirituali e morali non sono assolutamente alla portata di tutti e che forse non lo saranno mai. Certamente, si può sperare in una loro sempre più capillare diffusione, e già la nostra società ha visto aumentare il numero di coloro che leggono, che provano piacere nell'assistere a un concerto o a uno spettacolo teatrale, che si pongono dei problemi di tipo eticomorale e filosofico. In realtà, si tratta di una questione di sensibilità e di intelligenza del tutto personali, caratteristiche in parte innate e solo parzialmente modificabili con un'educazione finalizzata a tali scopi.

> Prima di avviarci a conclusione, approfondiamo l'ultima parte del discorso ponendoci la domanda essenziale.

In fondo, appare sostanzialmente chiaro e innegabile che una popolazione di mercanti e borghesi, quale stiamo diventando, sarà sempre poco incline alle guerre, opterà sempre per la pace e per la stabilità e per favorire le arti più nobili. Nonostante le giovani generazioni sembrino elementi assolutamente inquietanti, occorre riconoscere che da sempre i giovani hanno suscitato preoccupazioni e destato sospetti.

> La conclusione affronta l'ultima tematica offerta nella scaletta proposta nella traccia.

Problemi di ordine pubblico dovuti all'espansione della criminalità sono innegabili, ma per questi esistono soluzioni tecniche di prevenzione e repressione, sebbene spesso parziali: il fatto stesso che orde di disperati e di diseredati si riversino fiduciose sulle coste dell'opulento Occidente manifesta che il nostro tipo di civiltà appare attualmente insuperato, considerato quasi come un miraggio, una promessa di benessere cui aspirare e da realizzare.
Esprimo comunque tutta la mia fiducia nel fatto che noi uomini occidentali sapremo sicuramente trovare o ritrovare un minimo d'ordine, di equilibrio e di armonia in mezzo al trasformazionismo materiale e spirituale e a sempre nuove difficoltà e sempre più drastiche sfide lanciate dalla rivoluzione tecnologica.

Tema n. 5

La tematica della sicurezza nel discorso politico-istituzionale moderno.

Scaletta

- Introduzione: definire il valore della sicurezza personale nell'ambito sociale contemporaneo, partendo da uno spunto filosofico (*Thomas Hobbes*)
- In quale misura il terzo millennio può considerarsi il periodo più sicuro di tutti, in base all'avanzamento tecnologico ormai decisamente affermatosi?
- Fornisci dei suggerimenti opportuni e concreti per il superamento di questi gravi problemi (conclusioni).

Svolgimento

In qualsiasi parte del mondo, è sempre più facile riscontrare che le varie competizioni elettorali si giocano su un ristretto numero di temi importanti, uno dei quali è rappresentato dalla sicurezza dei cittadini. Da sempre punto forte dei partiti conservatori, che amano fare di "legge e ordine" il loro vessillo ideologico, la questione della sicurezza interessa sempre di più anche i partiti cosiddetti progressisti.

> Apriamo il nostro tema creando un piccolo cappello introduttivo, servendoci già da questo punto della trattazione degli spunti presenti nella traccia: partiamo infatti con un riferimento al primo punto.

D'altronde, già il filosofo seicentesco Thomas Hobbes individuava nello Stato l'entità che aveva come suo principale e imprescindibile dovere di garantire la piena sicurezza dei suoi cittadini: secondo Hobbes, laddove non compaia un'autorità riconosciuta che faccia rispettare la stipula dei patti, non è possibile immaginare nessuna industria, perché il suo frutto sarebbe incerto; e quel che sarebbe peggio, dominerebbero la continua paura e il pericolo di morte violenta.

Si può riflettere sul fatto che viviamo nel terzo millennio e che, nonostante tutto, ancora la sicurezza personale resta stabilmente una delle preoccupazioni più diffuse. Alcuni ritengono che possa trattarsi di un falso problema e che il mondo non è mai stato sicuro come oggi: in tal caso, si tratterebbe soltanto di percezioni strettamente individuali e non suffragate dai fatti. Tuttavia, le cronache quotidiane testimoniano il contrario: stupri, furti, rapine, borseggi, estorsioni, sequestri e traffico di sostanze stupefacenti risultano aumentati nel nostro Paese rispetto, ad esempio, agli anni cinquanta.

> La nostra stesura può continuare approfondendo alcuni dei principali problemi legati all'argomento centrale.

Certo, con l'incremento del benessere economico, nelle società occidentali è aumentato in maniera direttamente proporzionale anche il bisogno di sicurezza: si è ampiamente diffusa una sensibilità sempre più aperta al problema, e contestualmente un'esigenza sempre più pressante di sicurezza e di protezione.

A preoccupare non è più soltanto la criminalità organizzata: ciò che più spaventa il semplice cittadino è la cosiddetta "microcriminalità": sembrerebbe di usare un eufemismo, perché in realtà si tratta di atti che scatenano nelle vittime violenti traumi e notevoli sofferenze, per non parlare poi di sentimenti di rabbia impotente.

Inoltre non va trascurato il fatto che anche la semplice impossibilità di sentirsi liberi di girare per le strade del proprio Paese o della propria città comporta necessariamente un abbassamento significativo della qualità della vita. Ogni esecutivo che voglia governare bene deve dunque impegnarsi in primo luogo a combattere la criminalità, a reprimerla, anzi a prevenirla.

> Segnaliamo a questo punto qualche indicazione relativa a proposte per rispondere alla problematicità dell'argomento.

Importanti studi sociologici hanno prodotto nel tempo evidenze scientifiche assai utili nella lotta alla criminalità. Si tratterebbe di utilizzarle nella vita quotidiana. Prevenire dunque la criminalità dovrebbe significare intervenire a livello individuale, familiare e sociale; individuare i soggetti a rischio e inserirli in un efficace progetto di aiuto e di assistenza; contrastare il degrado delle città e delle periferie urbane, contrastare la povertà, l'insufficiente istruzione, la disoccupazione, l'assenza di valide prospettive di vita, che così spesso conducono a un incremento della delinquenza. Soprattutto: prevenire dovrebbe significare coinvolgere attivamente insegnanti, educatori, operatori sociali e forze dell'ordine in una presenza più attiva e in un attento e puntuale monitoraggio del territorio.

> Passiamo ora all'aspetto legato più propriamente a proposte e indicazioni di natura più strettamente "legale", per accingerci poi a una breve conclusione.

Per prevenire e reprimere la criminalità, sarebbe necessario un sistema giudiziario assai efficiente, tempestivo nell'individuare gli autori dei reati, rapido nel giudizio, severo e fermo nell'applicazione delle pene. Non va trascurato neppure il fatto che la condanna al carcere deve sempre essere accompagnata da un serio tentativo di recupero del colpevole, al quale va comunque offerta la possibilità di riabilitarsi e di ritornare, una volta scontata per intero la pena, a vivere all'interno della società. Purtroppo, in tema di criminalità, a volte pare prevalga nel nostro Paese un approccio retorico e stereotipato, troppo spesso "politicamente corretto" e tendente al buonismo: il problema vero è che a farne le spese sono sempre i cittadini più deboli e innocenti.
Volendosi riferire soltanto all'Italia, il problema risulta notevolmente complicato dalla ramificata presenza della criminalità organizzata, che di fatto controlla intere regioni del meridione e che risulta già infiltrata in maniera tentacolare nei gangli vitali dell'economia e della politica, espandendosi in modo preoccupante verso il nord del Paese, per non parlare poi del resto d'Europa.
Contro la "piovra" mafiosa, la lotta è più difficile rispetto a quella contro la delinquenza comune, e una sua definitiva risoluzione in senso positivo pretenderebbe il ripristino del concetto di legalità e un netto cambiamento di rotta della cultura, del modo di pensare e di comportarsi, tutti ideali difficilmente realizzabili in breve tempo.

1.4 Tracce assegnate nei precedenti concorsi

1.4.1 Esercito

2013

1) (***traccia estratta***) "Nella vita di tutti i giorni, in famiglia, nella vita di relazione, sul lavoro, la flessibilità creativa, la capacità di trovare nuove soluzioni a nuovi problemi sono dati sempre più indispensabili. Il nostro è un mondo fondato sul lavoro di gruppo." ("Essere leader" di D. Goleman). Il candidato argomenti tale affermazione con opportuni esempi e riflessioni personali.
2) L'emisfero giovanile sembra navigare tra due sponde: la scarsità di mezzi che la società mette a disposizione dei giovani e l'eccessivo interesse frutto di notevoli investimenti economici che li omologa a grandi consumatori. Il candidato argomenti tale affermazione con opportuni esempi e riflessioni personali.
3) "Il divario tra chi ha e chi no ha è ampio, ma sarà ancora più grande quello fra chi è connesso e chi non lo è. Nel mondo si vanno configurando due distinte civiltà: quella di chi vive all'interno dei cancelli del ciberspazio e quella di chi ne è fuori" (J. Rifkin, "L'era dell'accesso. La rivoluzione delle New Economy"). Il candidato argomenti tale affermazione con esempi e riflessioni personali.

2014

1) Gli eventi, che stanno investendo l'Ucraina, sembrano risvegliare lo spirito della Guerra Fredda e mettono in discussione il ruolo dell'Europa. Il candidato rifletta sulla situazione che riguarda questa parte del mondo e che si ripercuote sugli equilibri internazionali e sulla speranza di una pacifica convivenza tra i popoli.
2) L'autonomia energetica è un passo verso il futuro per una buona qualità di vita che salvaguardi l'ambiente, l'uomo e le relazioni tra i popoli, con lo sfruttamento di tecnologie già

disponibili e di energie rinnovabili. Il candidato, dopo aver analizzato il problema, esprima le sue considerazioni.

3) (***traccia estratta***) Il lavoro rappresenta un diritto fondamentale sancito nella nostra Costituzione e un dovere sociale per ogni cittadino. Uno dei problemi dell'economia italiana è la disoccupazione, cresciuta a dismisura negli ultimi anni a causa della grave crisi economica che si è abbattuta su molti Paesi ricchi e industrializzati. Il candidato rifletta su quali conseguenze porta, nel tempo, la carenza di occupazione e su quali strategie potrebbero essere messe in atto dalle Istituzioni e dai singoli individui per cercare di risolvere il problema.

2015

1) L'attuale crisi economica nazionale induce le Istituzioni a cercare soluzioni che valorizzino le risorse a disposizione. Una tra queste è il turismo, che grazie all'eccellenza del patrimonio storico-artistico e ambientalistico del nostro Paese, contribuisce notevolmente a sostenere l'economia. Il candidato rifletta su questa straordinaria opportunità di cui disponiamo e sulla necessità di intensificare interventi di tutela, conservazione e promozione di beni preziosi e unici.
2) Le problematiche che i Paesi europei stanno affrontando sul piano economico, politico e della relazioni internazionali, mettono in luce il grado di integrazione che essi hanno raggiunto. Il candidato valuti se oggi l'Unione Europea, che prevede l'istituzione di un governo comune, di una moneta comune e di una difesa comune, può ritenersi pienamente attuata e quali possono essere, eventualmente, gli interventi utili per accelerare questo processo di unificazione, nel rispetto del motto dell'U.E. "Unità nella diversità".
3) (***traccia estratta***) "Il lavoro è una realtà essenziale per la società, per le famiglie, per i singoli. Il valore primario del lavoro è il bene della persona umana, perché la realizza come tale, con le sue attitudini e le sue capacità intellettive, creative e manuali. La mancanza di lavoro ruba la dignità e il futuro". Il candidato rifletta su queste parole di Papa Francesco, pronunciate nel contesto della grave crisi economia attuale.

2016

(***unico titolo***) L'educazione alla legalità appare l'unico percorso che può salvaguardare le giovani generazioni dai rischi della corruzione, della violenza, della criminalità in tutte le sue perverse manifestazioni. Solo così si potranno restituire speranza al futuro e dignità alla persona umana. Il candidato si soffermi su tale tematica proponendo argomentazioni pertinenti.

2017

(***unico titolo***) "La crescita degli ultimi 50 anni non è stata solo demografica. Mai prima d'ora lo sviluppo economico del mondo era stato così impetuoso. Ma questo miracolo economico ha due inconvenienti che non cessano di turbare i nostri sonni. In primo luogo lo sviluppo è ineguale: ha portato benefici risultati, ma ha aumentato il divario fra ricchi e poveri e ha lasciato ai margini delle strade intere popolazioni, come in Asia ed in Africa. In secondo luogo, sta rapidamente esaurendo le risorse del pianeta e ne sta intaccando gli equilibri" (Sergio Romano, 09-08-2002). Il candidato esponga le proprie valutazioni sull'attualità della citazione dell'ambasciatore Romano con opportune argomentazioni.

2018

1) (***traccia estratta***) La violenza fisica e verbale non è mai tollerabile a partire dalla scuola, dove i ragazzi devono imparare il rispetto delle regole, della convivenza civile, della legalità e riconoscere il valore e il ruolo delle istituzioni. Ciò implica un'interazione e corresponsabilità tra scuola e famiglia che, unitamente ad altre agenzie educative, operano per la formazione dell'uomo e del cittadino. Il candidato esprima una riflessione in proposito.
2) Fake news, influencer, uso illegale dei dati degli utenti: sono questi gli aspetti che oggi sembrano caratterizzare maggiormente l'attività della rete attraverso social e motori di ricerca. Il candidato esponga le sue riflessioni sul ruolo del Web nella manipolazione delle masse con le implicazioni socio-economiche e ideologiche che tutto ciò comporta, indicando anche quali misure adottare per salvaguardare la libertà e la capacità critica dell'individuo.
3) Tra venti anni non sarete delusi dalle cose che avete fatto, ma da quelle che non avete fatto. Levate dunque l'ancora, abbandonate i porti sicuri, catturate il vento nelle vostre vele. Esplorate, sognate, scoprite (Mark Twain). Il candidato commenti questo pensiero di Mark Twain, in relazione alle proprie aspirazioni e alle opportunità che la società attuale propone.

2019

(***unico titolo***) "Ogni luogo d'Italia ha una sua potenzialità di significato e bellezza capace di elevare menti e cuori e di dare lavoro a chi è capace di tradurre quella potenza in atto. Ma per far ciò i giovani devono apprendere un mestiere per noi del tutto nuovo: promuovere una cultura alta per darla a tutti." (A. Carandini, in "Quotidiano.net" 13 maggio 2018). A partire dalla riflessione dell'archeologo Andrea Carandini (1937), presidente del FAI, il candidato esprima la sua opinione sul valore del patrimonio storico, artistico e naturale come fonte di piacere estetico e intellettuale, ma anche come bene da tutelare e valorizzare e, in quanto tale, fonte di occupazione, soprattutto per i giovani.

1.4.2 Aeronautica

2004

1) (***traccia estratta***) Il secolo scorso è stato caratterizzato da avvenimenti di straordinaria importanza. Il candidato ne evidenzi luci ed ombre ed esprima le proprie considerazioni facendo particolare riferimento a quegli eventi o personaggi che hanno determinato i cambiamenti più significativi.
2) Se, da una parte, assistiamo ad un deciso incremento del numero degli Stati nell'Unione Europea, dall'altra i conflitti nei Balcani, il confronto israelo-palestinese e quello, più in generale, fra mondo islamico e occidentale, sembrano ricondurre i problemi della modernità alla difficoltà di integrazione fra culture diverse.
   Il candidato esprima le proprie considerazioni in merito.
3) Le Olimpiadi ritornano nel loro territorio di origine: la Grecia. Tuttavia, nel moderno mondo dello sport si assiste ad una crisi degli antichi ideali e valori sportivi di cui invece si avverte un urgente bisogno.
   Il candidato esprima le proprie considerazioni in merito.

2005

1) "La pace non è assenza di guerra: è una virtù, uno stato d'animo, una disposizione alla benevolenza, alla fiducia e alla giustizia" (Baruch Spinosa). Il candidato esamini tale pensiero indicando, negli scenari attuali, le possibilità per conservare la pace in maniera duratura.
2) (***traccia estratta***) Il Presidente della Repubblica Carlo Azeglio Ciampi ha dichiarato che "l'Italia continuerà con determinazione e convinzione ad operare per un mondo pacificato". Attualmente più di 10.000 militari italiani sono impiegati in operazioni internazionali per il mantenimento e il rafforzamento della pace. Tuttavia non manca chi si interroga sulle motivazioni e le finalità della partecipazione italiana a tali operazioni. Il candidato, alla luce delle proprie conoscenze ed esperienze, esamini la problematica ed esprima le proprie considerazioni in merito.
3) La democrazia è considerata uno dei massimi valori espressi dal mondo occidentale tanto che si ritiene possa essere "esportata" in Paesi con tradizioni culturali assai diverse. Eppure oggi le moderne democrazie pur garantendo meglio di qualunque altro ordinamento il rispetto della libertà ed il dibattito costruttivo fra pensieri diversi, mostrano difficoltà e problemi. Il candidato esprima le proprie considerazioni in merito.

2006

1) Il sentimento religioso è comune a tutti gli uomini e contribuisce a determinare la più profonda identità dei popoli, a creare ed a costruire le istituzioni sociali ed a fondare il sistema di valori morali su cui si sviluppano le civiltà. Eppure, nella modernità, tale sentimento appare in crisi ed oscilla fra la perdita di significato dei valori, che minano dall'interno la coesione sociale, ed i rigidi integralismi che ostacolano la convivenza e l'integrazione dei popoli. Il candidato, alla luce delle proprie conoscenze ed esperienze, esamini la problematica ed esprima le proprie considerazioni in merito.
2) (***traccia estratta***) Fra i grandi problemi della modernità, quello energetico e tecnologico e quello ecologico vengono messi sempre più in evidenza. Spesso si pone il dilemma tra la scelta di uno sviluppo indispensabile alla crescita dei Paesi ed il rispetto dell'ambiente, tra la tutela degli interessi delle comunità nazionali e le pur legittime aspettative delle collettività locali. Il candidato esprima le proprie considerazioni in proposito.
3) Il quadro politico-economico del mondo appare confuso, i valori sono in crisi, l'ecosistema minacciato, la pace spesso compromessa. Pur tuttavia l'umanità, che ha spesso conosciuto momenti difficili, ha sempre trovato le risorse per uscire dalle crisi. Il candidato esprima le proprie considerazioni circa gli elementi su cui appare possibile fondare la necessaria fiducia nel futuro del mondo.

2007

1) La globalizzazione del terrorismo, che sta profondamente condizionando la vita dei singoli e delle nazioni, esige strategie dell'Unione Europea che si pongano tra prevenzione e repressione. Il/la candidato/a indichi le possibili azioni per arginare il fenomeno.
2) (***traccia estratta***) La globalizzazione è quel processo attraverso cui mercati e produzione nei diversi Paesi diventano sempre più dipendenti tra loro, a causa della dinamica di scambi di beni e servizi.

   Questo comporta una modifica sostanziale delle relazioni tra Stati con ricadute anche nella vita sociale, politica e culturale.

   Il/la candidato/a approfondisca la problematica valutando i vantaggi e gli svantaggi che la globalizzazione comporta sul sistema mondo.
3) Internet sta velocemente modificando il modo di pensare e di agire dell'uomo d'oggi.

Il/la candidato/a esprima la sua opinione sull'influenza che tale sistema di comunicazione, in costante trasformazione, esercita sullo sviluppo economico e civile degli Stati e sulla crescita culturale del singolo.

2008

1) (***traccia estratta***) La diffusa violenza che sta passando il Paese è uno dei sintomi più preoccupanti del crollo dei valori della società moderna.
Il/la candidato/a indichi su quali pilastri e con quali strumenti ritiene sia possibile procedere al recupero di una coscienza civile basata su principi condivisi.
2) Le Olimpiadi rappresentano un importante momento di aggregazione tra i popoli. Esse, tuttavia, sempre più frequentemente sono diventate oggetto di controversie politico – diplomatiche.
Il/la candidato/a si soffermi sul significato civile di questo tipo di manifestazioni sportive e rifletta sull'utilità o inutilità di un loro boicottaggio.
3) Il crescente impegno militare italiano in operazioni fuori dai confini nazionali sta comportando una progressiva accettazione, da parte della società, del sacrificio di vite umane dei militari.
A tal riguardo, il/la candidato/a analizzi gli orientamenti dell'opinione pubblica ed esponga il suo personale convincimento.

2009

1) Le calamità naturali (terremoti, incendi, alluvioni, smottamenti…), che colpiscono il Paese con danni economici rilevanti e incalcolabili perdite umane, dovrebbero imporre alle istituzioni nazionali e locali l'adozione di incisive politiche di prevenzione e controllo e ai cittadini condotte di vita rispettose dell'ambiente e del territorio.
2) (***traccia estratta***) In circostanze drammatiche spesso emergono comportamenti contraddittori: da una parte l'individualismo esasperato di chi pensa solo al suo interesse, non rispettando regole e principi di convivenza; dall'altra il generoso altruismo di chi è pronto ad accorrere e offrire aiuto agli altri, anche a costo della sua stessa vita. Il/la candidato/a rifletta su questa asserzione, soffermandosi sui mezzi educativi necessari per far prevalere la parte migliore del cittadino.
3) L'universo giovanile, e non solo, utilizza sempre più spesso il computer per socializzare. Il/la candidato/a, facendo riferimento anche alla sua personale esperienza, rifletta su questa realtà individuandone le ragioni, nonché gli aspetti positivi e negativi.

2010

1) Il Capo di Stato Maggiore dell'Aeronautica ha affermato recentemente: "Tutti coloro i quali decidono in maniera volontaria di indossare l'uniforme con le stellette lo fanno per scelta consapevole, con un'attesa di realizzazione professionale che, al di là dell'esigenza di una remunerazione economica, comporta la spontanea accettazione del mondo militare, la soddisfazione per il dovere compiuto, la coesione solidale, la serietà dei risultati e la disciplina consapevole". Il/la candidato/a, traendo spunto da questi valori, dica da quali motivazioni è mosso/a nella sua scelta.
2) (***traccia estratta***) In occasione dell'apertura delle celebrazioni del 150° anniversario dell'Unità d'Italia, il Presidente della Repubblica ha affermato: "non c'è alternativa al crescere insieme, Nord e Sud, essendo storicamente insostenibili e obbiettivamente inimmaginabili, nell'Europa e nel mondo di oggi, prospettive separatiste o indipendentiste, e più semplicemente ipotesi di sviluppo autosufficiente di una parte soltanto, fosse anche la parte

più avanzata economicamente, dell'Italia unita. Tutte le tensioni, le spinte divisive e le sfide nuove con cui è chiamata a fare i conti la nostra unità, vanno riconosciute e affrontate con il necessario coraggio".
Il/la candidato/a esprima il proprio pensiero in merito.

3) La crescente utilizzazione di Internet e dei più importanti motori di ricerca, nel mentre consolida nuovi e generalizzati modelli di pensiero e di vita, pone all'attenzione dei Governi del mondo l'esigenza di condivise norme di controllo, che sono auspicate da quanti desiderano impedire la diffusione in rete di episodi lesivi della privacy personale e sono, viceversa, osteggiate da quanti temono inaccettabili censure. Il/la candidato/a si esprima con pertinenti esempi su questo dilemma.

2011

Prova per i partecipanti per il ruolo delle Armi, per il Corpo del Genio aeronautico, per il Corpo di Commissariato aeronautico e per il Corpo Sanitario aeronautico

1) In questi ultimi tempi, è sempre più diffusa la convinzione che la nostra società attraversi una profonda crisi di valori. Ma cosa si intende per valore? Quali, e perché, secondo la vostra opinione, dovrebbero essere i valori da recuperare, come fondamento, per una significativa inversione di tendenza.
2) (***traccia estratta***) La maggioranza dei Paesi arabi sta conoscendo una tumultuosa fase di rinnovamento delle leadership nazionali che potrebbe determinare profondi cambiamenti nella geografia politica di un intero continente. Tale fenomeno si riverbera sugli attuali equilibri internazionali, facendo emergere rischi ed opportunità per l'Italia e l'Europa.
Il candidato si soffermi sugli aspetti prioritari del complesso processo in atto.
3) I tragici eventi che hanno caratterizzato l'ultimo ventennio hanno di fatto "raffreddato" le aspettative di pace, serenità e benessere che accompagnarono la caduta del muro di Berlino. La recrudescenza di conflitti sociali, etnici, economici uniti alla difficoltà di fronteggiare e minimizzare gli effetti di fenomeni naturali, sempre più devastanti hanno affermato, a tutti i livelli, il prevalere di un "pensiero cinico" che non riconosce grande significato alla parola "speranza".
Il candidato individui le priorità di intervento che consentono di guardare al futuro con maggiore ottimismo.

Prova per i partecipanti per il ruolo Naviganti - piloti

1) (***traccia estratta***) La cultura del corpo esalta, nella società contemporanea, il primato dell'apparire sull'"essere". Al diffuso fenomeno, contribuiscono in modo significativo, da un lato, la televisione, che propone con assiduità la diffusione di discutibili "realities", dall'altro, l'uso smodato, e spesso perverso, delle opportunità che vengono offerte da "youtube" e "facebook". Nell'uno e nell'altro caso, è innegabile l'attrazione che viene esercitata sui giovani, che si lasciano coinvolgere per soddisfare solo un irrefrenabile bisogno di protagonismo?
Il candidato esponga il suo pensiero sul tema proposto.
2) La felicità è l'aspirazione comune della condizione umana; ma in cosa consiste la felicità e chi può considerarsi felice? Nella sua instancabile ricerca della felicità, l'uomo procede fra "naufragio" e "salvezza", trovando lungo il suo variegato e tormentato cammino problematici rapporti di natura morale, sociale e religiosa. Il candidato esponga il suo pensiero sul tema proposto.
3) Nell'aprile del 1961, il cosmonauta sovietico, Jurij Gagarin, divenne il primo uomo ad orbitare intorno alla terra. Da quel breve volo sono passati, tra imprese eroiche e terribili tragedie, solo cinquant'anni che hanno profondamente segnato la storia del mondo. Il volo

spaziale umano costituisce fondamentale occasione di progresso tecnologico e scientifico al quale l'Aeronautica Militare concorre con convinta partecipazione. Illustri il candidato le proprie valutazioni in merito alla rilevanza della conquista dello spazio per lo sviluppo economico, industriale e scientifico della società moderna.

2012

Prova per i partecipanti per il ruolo delle Armi, per il Corpo del Genio aeronautico, per il Corpo di Commissariato aeronautico e per il Corpo Sanitario aeronautico

1) (***traccia estratta***) Dalla città alla metropoli: progresso e sviluppo o degrado ed emarginazione? Lo sviluppo tecnologico non sempre investe la più ampia sfera del progresso culturale, sociale ed etico di un Paese.
2) L'esperienza individuale che spesso si risolve nel ripetersi di errori personali e collettivi, sembra smentire la massima ciceroniana: "Historia magistra vitae". Infatti assistiamo continuamente a tragedie quotidiane, catastrofi ambientali e guerre che si ripetono con caratteristiche sempre simili.
3) L'uomo spesso è spinto ad offrirsi in generose e nobili forme di amicizia e solidarietà umana, ma anche ad agire con cieca e distruttiva violenza quando rifiuta ogni forma di dialogo, in nome di un unico credo.

Prova per i partecipanti per il ruolo Naviganti - piloti

1) (***traccia estratta***) I cambiamenti climatici, l'elevato tasso di crescita della produttività agricola, l'aumento della popolazione mondiale, per la gran parte nei Paesi in via di sviluppo, pongono il problema della rarefazione e della sempre più accentuata scarsità dell'acqua. Agli Stati si chiede di adottare politiche di gestione più oculata delle risorse idriche al fine di garantire il diritto all'acqua per tutti.
   Ai cittadini si chiede di fare un uso più razionale di questa importante risorsa affinché tutti possano contribuire a creare un futuro sostenibile.
2) Pur allontanandosi da una naturale ed originaria inclinazione, dovuta al suo primitivo habitat, l'uomo da sempre subisce il particolare fascino del volo. Quali motivazioni legittimano, al di là di una romantica irresistibile attrazione, la vostra aspirazione a diventare piloti dell'Aeronautica Militare?
3) La storia ha dimostrato che il qualunquismo ed il populismo non sono l'antidoto per la risoluzione dei complessi fenomeni economici e politici di una nazione. Anche nell'attuale periodo di profonda difficoltà, la democrazia resta l'unico argine a situazioni destabilizzanti.

2013

Prova per i partecipanti per il ruolo delle Armi, per il Corpo del Genio aeronautico, per il Corpo di Commissariato aeronautico e per il Corpo Sanitario aeronautico

1) "La conoscenza rende liberi", di contro, l'ignoranza spesso "uccide più delle pallottole". Se partiamo da una piazza di Gerusalemme di circa 2000 anni fa in cui una folla non certo "libera nella conoscenza" gridava Barabba ed arriviamo fino ai giorni nostri, episodi legati alla "non conoscenza" mostrano i limiti ed i difetti della democrazia: eppure, essa resta l'unica forma di governo in grado di garantire la pace sociale e la mediazione fra i diritti del singolo e quelli della collettività.

2) (***traccia estratta***) Il diritto di informare e di essere informati deve essere garantito come espressione della libertà individuale di ogni cittadino e come esercizio attivo delle libertà democratiche, anche se sovente vengono diffuse notizie non veritiere, distorte o oltraggiose che ledono il diritto alla conoscenza.
Il/La candidato/a si soffermi sugli strumenti che possono garantire il corretto esercizio del diritto all'informazione e sulle limitazioni che tale diritto incontra.
3) L'Italia sembra oggi vivere un'emergenza culturale ed educativa. D'altra parte, dinanzi alle grandi sfide del terzo millennio, si riscontra un indebolimento del sistema valoriale della società. Quali sono i principi e gli ideali che andrebbero invece recuperati e valorizzati per assicurare al Paese un futuro all'altezza delle proprie potenzialità?
Il/La candidato/a esponga le proprie considerazioni sull'argomento, soffermandosi pure su quali possano essere, a proprio avviso, le energie giuste da mettere in moto, anche nel quotidiano, per la ripartenza del sistema Paese.

Prova per i partecipanti per il ruolo Naviganti - piloti

1) (***traccia estratta***) "Se vuoi la pace, prepara la guerra", dicevano i Romani: ma se la sensibilità moderna porta a rifiutare la logica imperialistica e militarista, la ricerca della pace non può prescindere dalla necessità di difendere il proprio Paese e la pace stessa. In margine a queste considerazioni, il/la candidato/a spieghi e motivi il suo desiderio di far parte dell'Aeronautica Militare.
2) "Non cercare di diventare un uomo di successo, ma un uomo di valore" (Albert Einstein). La nostra società propone modelli e miti che spesso rovesciano i valori dell'onestà, della morale e del rispetto reciproco, eppure l'uomo ancora oggi comprende che il bene della collettività deve essere anche meta del proprio successo. Il/la candidato/a esprima le proprie considerazioni sul fenomeno dell'apologia dell'illegalità ed esamini soluzioni per recuperare un autentico senso di giustizia ed equità sociale.
3) Osservata nel suo insieme, la società odierna potrebbe apparire come un insieme disgregato di individui, nel quale lo spirito di appartenenza tende a manifestarsi in modo sempre più flebile e nei limiti di superficiali occasioni rituali. Ma una collettività povera di ideali e priva di interessi generali si riflette nella deresponsabilizzazione del singolo.
Il/La candidata esprima il proprio pensiero circa la strategia e gli strumenti da adottare per la realizzazione di una società più coesa e responsabile.

2014

Prova per i partecipanti per il ruolo delle Armi, per il Corpo del Genio aeronautico, per il Corpo di Commissariato aeronautico e per il Corpo Sanitario aeronautico

1) (***traccia estratta***) Molti paesi in cui è maggiore l'adesione alle regole sono anche quelli con più forti competitività economica ed influenza politica. Questa constatazione può implicare che l'onestà non sia solo un imprescindibile valore etico, ma anche un valore sociale con profondo impatto economico. In questa prospettiva, assume per il nostro Paese particolare importanza l'educazione all'etica ed alla legalità. Il candidato argomenti queste considerazioni.
2) La nostra Costituzione riconosce a tutti i cittadini il diritto al lavoro ed attribuisce il dovere di svolgere un'attività o una funzione che concorra al progresso della società. Tuttavia, l'attuale quadro economico fa emergere la disoccupazione, in particolare giovanile, come una delle più gravi emergenze. Il candidato sviluppi le proprie considerazioni a riguardo,

includendo possibili prospettive generali di soluzione della problematica e le aspettative di realizzazione personale.
3) Nell'attuale società sussistono realtà istituzionali e sentimenti di appartenenza all'Unione Europea, alla nazione Italia e al proprio territorio che determinano una pluralità di effetti soprattutto nel campo politico, sociale ed economico. Il candidato illustri le proprie riflessioni in proposito, analizzando il contesto attuale ed evidenziando i possibili profili evolutivi.

Prova per i partecipanti per il ruolo Naviganti – piloti

1) (***traccia estratta***) L'ultimo secolo ha realizzato il sogno del volo umano che fu già di Dedalo e di Leonardo. Il candidato rifletta sulla ricaduta di questa straordinaria conquista nei vari ambiti della vita umana e consideri come lo sviluppo tecnologico offra nuove opportunità in diversi scenari e per diversi compiti, dall'utilizzo dello spazio ai sistemi a pilotaggio remoto e altro.
2) I mass media presentano il nostro Paese come una realtà problematica e molto spesso negativa, ma da sempre, l'Italia è fucina di giovani talenti che oggi, troppo spesso, si recano all'estero in cerca di lavoro. La nostra Nazione, in realtà, possiede risorse e potenzialità enormi che aspettano solo di essere sviluppate. Il candidato esprima le proprie considerazioni su tali tematiche.
3) Il contesto internazionale è caratterizzato da numerosi focolai di crisi ed emergenze umanitarie, per esempio, tra i più recenti casi, ma non solo, quelli della Siria e dell'Ucraina. Il candidato illustri le proprie considerazioni riguardo ai possibili rischi percepiti per il nostro Paese e ad eventuali approcci, sul piano nazionale o internazionale, per affrontarli.

2015

Prova per i partecipanti per il ruolo delle Armi, per il Corpo del Genio aeronautico, per il Corpo di Commissariato aeronautico

1) Lo sport è una grande risorsa sociale per i valori che sottende e il positivo effetto sulla salute psicofisica. Tuttavia sovente si assiste a degenerazioni e abusi, legati ad interessi economici, a dinamiche violente o altro, che sembrano scaturire da carenza etica. Il candidato proponga le sue valutazioni ed idee per la valorizzazione di tale risorsa.
2) (***traccia estratta***) L'attuale profonda crisi economica ha aperto un dibattito sulle misure strategiche per poterla affrontare e superare. Tra i temi in discussione, la formazione ha una speciale valenza per i giovani. Il candidato contribuisca con le sue riflessioni e proposte al dibattito.
3) "Scienza, tecnologia ed esplorazione". Così recentemente il Maggiore dell'Aeronautica Militare Luca Parmitano, uno degli astronauti italiani della Stazione Spaziale Internazionale, ha sintetizzato lo spirito delle missioni spaziali. Il candidato esprima la sua visione circa le opportunità e il significato che lo spazio offre e offrirà all'umanità.

Prova per i partecipanti per il ruolo Naviganti – piloti e per il Corpo Sanitario aeronautico

1) Le Forze Armate hanno assunto nel tempo un ruolo e un'immagine nuovi nel nostro Paese: esprima il candidato la propria opinione in merito e come questa si relazioni con la sua personale motivazione verso l'arruolamento.
2) Lo straordinario sviluppo di Internet e dei Social Networks sta cambiando il mondo. Esprima il candidato le proprie considerazioni sull'influenza di questo fenomeno sulla vita delle persone, delle organizzazioni e sulle dinamiche della nostra società.

3) (***traccia estratta***) L'Italia è oggi al centro di una crisi della sicurezza di cui il Mediterraneo costituisce insieme scenario e confine. Tale situazione genera fenomeni di grande impatto, tra i quali immigrazione, crisi umanitaria e terrorismo. Il candidato esprima le sue considerazioni circa il ruolo del nostro Paese e dell'Europa in tale contesto.

2016

Prova per i partecipanti per il ruolo delle Armi, per il Corpo del Genio aeronautico, per il Corpo Commissariato

1) Oggi le Forze Armate, nel comune sentire, sono percepite come uno strumento necessario a sostenere politiche internazionali di supporto alla pace più che di potenza, oltre che a garantire la sovranità ed indipendenza dei singoli Stati. Il candidato rifletta sui possibili sviluppi, anche in considerazione del proprio desiderio di ingresso in Aeronautica Militare.
2) "La scuola, organo centrale della democrazia perché serve a risolvere quello che secondo noi è il problema centrale della democrazia: la formazione della classe dirigente..." (Piero Calamandrei). Il candidato rifletta sull'attuale situazione del sistema scolastico italiano e sulla idoneità nel promuovere l'affermazione e il progresso sociale delle nostre giovani generazioni.
3) (***traccia estratta***) Gli ultimi dati ISTAT disegnano un quadro drammatico rispetto alla condizione giovanile: il nostro è un Paese che sembra emarginare le nuove generazioni. Tale ingiustizia, nel lungo periodo, rischia di alimentare un conflitto insanabile. Il candidato fornisca una sua interpretazione di tale fenomeno ed indichi le possibili scelte per il suo superamento.

Prova per i partecipanti per il ruolo Naviganti – Piloti e per il Corpo Sanitario aeronautico

1) "La lotta contro ogni sopruso ai danni delle donne, contro la xenofobia, contro l'omofobia, fa tutt'uno con la causa indivisibile del rifiuto dell'intolleranza e della violenza, in larga misura oggi alimentate in Italia dall'ignoranza, dalla perdita dei valori ideali e morali, da un allontanamento spesso inconsapevole dei principi su cui la nostra Costituzione ha fondato la convivenza nazionale democratica" (Giorgio Napolitano - 2009 - Incontro G8 con Presidenza Italiana). Il candidato rifletta criticamente anche in relazione al proprio desiderio di appartenenza e difesa dei valori fondanti del Paese.
2) Il progetto di costruzione dell'Europa dei popoli sta attraversando significative difficoltà a causa delle sfide poste oggi dalla crisi economica e dagli imponenti flussi migratori. Le risposte dei singoli stati membri rischiano di mettere in discussione i valori fondanti alla base del progetto comune. Il candidato esponga le proprie riflessioni sulle problematiche e sulle opportunità che scaturiscono da tale scenario.
3) (***traccia estratta***) "L'illegalità è un peso della nostra libertà, per la nostra economia e per il futuro dei nostri figli. È importante stimolare, soprattutto nei giovani, la crescita di un forte senso civico e la consapevolezza del valore della legalità per lo sviluppo del Paese." Il candidato esponga le proprie riflessioni sulla suddetta affermazione del PdR Sergio Mattarella nel messaggio di apertura del Salone della Giustizia 2016.

2017

Prova per i partecipanti per il ruolo delle Armi, per il Corpo del Genio aeronautico, per il Corpo Commissariato

1) La penisola italiana è stata recentemente colpita da eventi catastrofici di origine sismica, vulcanica ed idrogeologica, con gravi conseguenze in termini di perdita di vite umane e danni ingenti al nostro patrimonio infrastrutturale e storico. Tali fenomeni naturali, spesso percepiti dalla popolazione come reale pericolo solo in occasione del loro verificarsi, possono essere talvolta conseguenza di insufficienti misure di prevenzione negli interventi dell'uomo sull'ambiente. Il candidato esprima le proprie considerazioni sui ruoli e sulle responsabilità delle Istituzioni e dei singoli cittadini nel prevenire e fronteggiare tali eventi.
2) (***traccia estratta***) L'universo giovanile dovrebbe essere naturalmente animato da sentimenti di fratellanza, solidarietà e rispetto della persona, che costituiscono valori fondanti della nostra società. In questi ultimi tempi, tuttavia, sono in crescita fenomeni di bullismo, che, con la diffusione di internet e dei social network, assumono anche nuove forme. Il candidato esprima le sue considerazioni in merito.
3) Dalla rivoluzione industriale a quella digitale, la scienza e la tecnologia hanno determinato lo sviluppo ed il progresso dell'attuale società. La crescita esponenziale delle moderne tecnologie e la loro rapida diffusione in tutti i settori della vita quotidiana generano una sempre maggiore interazione tra l'uomo e la macchina, proponendo nuove prospettive sia nel mondo lavorativo che nei rapporti sociali. Il candidato esponga le proprie considerazioni a riguardo.

Prova per i partecipanti per il ruolo Naviganti – Piloti e per il Corpo Sanitario aeronautico

1) L'articolo 32 della Costituzione "... tutela la salute come fondamentale diritto dell'individuo e interesse della collettività..." e chiarisce che "...Nessuno può essere obbligato a un determinato trattamento sanitario se non per disposizione di legge...". Il testamento biologico intende consentire a ciascuno di indicare a quali terapie essere o non essere sottoposto qualora non fosse più in grado di esprimere la propria volontà. Regolare il diritto a decidere della propria vita è un tema centrale dell'esistenza con importanti riflessi sulle convinzioni etiche e religiose. Il candidato esponga le proprie considerazioni a riguardo.
2) Un recente studio dell'OCSE mostra che un'ampia percentuale di giovani è fortemente dipendente dal web e dai social network con rilevanti impatti sulla tradizionale capacità di relazionarsi. Il candidato esprima le proprie riflessioni sull'influenza esercitata da tali strumenti sulla vita delle persone e sulle dinamiche sociali.
3) (***traccia estratta***) I flussi migratori, da fenomeno emergenziale, stanno assumendo carattere strutturale, alimentando il dibattito tra la chiusura delle frontiere e l'accoglienza dei migranti. I governi europei sono chiamati a fronteggiare tale fenomeno con ricadute sul futuro delle singole Nazioni e dell'Unione Europea. Il candidato esponga le proprie considerazioni a riguardo.

2018

Prova per i partecipanti per il ruolo delle Armi, per il Corpo del Genio aeronautico, per il Corpo Commissariato

1) In Accademia lo sport non è finalizzato alla preparazione di campioni ma ha come obiettivo fondamentale quello di migliorare sia le capacità atletiche degli allievi che il loro equi-

librio psicofisico, promuovendo il senso dell'impegno, della costanza, dell'autodisciplina e del rispetto degli altri. Il candidato/a esponga il suo pensiero sulla valenza formativa dell'attività sportiva.

2) (***traccia estratta***) L'energia è il carburante della crescita ma la sua produzione e consumo mettono talvolta a repentaglio l'equilibrio del Pianeta. Il candidato/a esponga le proprie considerazioni sulla sostenibilità degli attuali modelli di produzione e consumo dal punto di vista ambientale.
3) L'Italia custodisce un immenso patrimonio artistico e monumentale che, oltre a rappresentare una importantissima testimonianza della nostra storia, costituisce al tempo stesso una primaria risorsa economica per il turismo e per lo sviluppo del territorio. Il candidato/a affronti la questione anche in relazione all'ambiente in cui vive, evidenziando aspetti positivi e negativi che, a suo giudizio, lo caratterizzano per la cura, la conservazione e la valorizzazione di tale patrimonio.

Prova per i partecipanti per il ruolo Naviganti – Piloti e per il Corpo Sanitario aeronautico

1) (***traccia estratta***) "La mente è come un paracadute. Funziona solo se si apre" (Albert Einstein). È necessario, dunque, liberarsi di ogni condizionamento e di ogni preconcetto. aprire la mente significa che, di fronte ad un problema, bisogna esaminare tutte le possibilità e tutti i punti di vista, soprattutto se si hanno convinzioni radicate che impediscano la corretta valutazione dei fatti. il/la candidato/a, alla luce delle sue esperienze e conoscenze, esprima le proprie considerazioni in merito.
2) "Le applicazioni dei droni sono tantissime, l'unico limite è la nostra fantasia". Il/la candidato/a esprima le proprie valutazioni connesse all'impiego dei droni e le possibili incidenze positive e negative sul mondo attuale.
3) Il caso Facebook – Cambridge Analytica ha di nuovo posto l'attenzione sul diritto alla privacy e sulle conseguenze derivanti da un uso improprio e non autorizzato dei dati personali per la manipolazione delle opinioni. Il/la candidato/a esponga il suo pensiero sulle nuove forme di comunicazione e sul diritto alla riservatezza, individuando le possibili soluzioni.

2019

Prova per i partecipanti per il ruolo Naviganti – Piloti e per il Corpo Sanitario aeronautico

(***traccia estratta***) Riflessioni sulla frase di Gandhi "Sii tu il cambiamento che vuoi vedere nel mondo".

Prova per i partecipanti per il ruolo delle Armi, per il Corpo del Genio aeronautico, per il Corpo Commissariato

(***traccia estratta***) "L'Europa non è mai stata così necessaria dalla seconda Guerra mondiale e non è mai stata così in pericolo", ha sottolineato il presidente Macron. Nella sua recente intervista, infatti, ha evidenziato la necessità di un nuovo Rinascimento europeo basato su libertà, protezione e progresso. Il candidato, partendo dalle considerazioni proposte dal Presidente francese, esprima le proprie riflessioni sul ruolo dell'Europa e sulle prospettive future.

1.5 Svolgimento di elaborati assegnati in precedenti concorsi

1.5.1 Esercito

Elaborato 2013

"Nella vita di tutti i giorni, in famiglia, nella vita di relazione, sul lavoro, la flessibilità creativa, la capacità di trovare nuove soluzioni a nuovi problemi sono dati sempre più indispensabili. Il nostro è un mondo fondato sul lavoro di gruppo." ("Essere leader" di D. Goleman). Il candidato argomenti tale affermazione con opportuni esempi e riflessioni personali.

Introduzione

"L'uomo è un animale sociale: tende per natura ad aggregarsi con altri individui e a costituirsi in società." Così affermava nel IV secolo a.C. il filosofo greco Aristotele nella sua "Politica".

Corpo

A partire dal Neolitico si assiste ad un primo processo di divisione del lavoro tra individui appartenenti ad una stessa comunità per consentire una maggiore produttività e un'ottimizzazione del tempo; accanto al contadino che lavora la terra c'è l'artigiano che gli fornisce gli strumenti di lavoro.
Nel Medioevo sorgono le corporazioni allo scopo di riunire e tutelare gli individui che appartengono ad una stessa categoria di lavoratori; esse si basano su un giuramento che impegna i loro membri all'assistenza reciproca e alla difesa di interessi comuni.
Con l'avvento della Rivoluzione Industriale si assiste ad uno stravolgimento nel mondo del lavoro e ad un nuovo concetto di divisione dei compiti da svolgere; in fabbrica ogni operaio ha una specifica mansione. La sequenza di ogni singola operazione porterà a realizzare il prodotto finito; si tratta dunque di un lavoro singolo e insieme collettivo.
L'economista inglese Adam Smith porta come esempio una fabbrica di spilli dove, nonostante non si faccia un uso diffuso dei nuovi macchinari, il lavoro procede velocemente e si riscontra un'alta produttività grazie proprio alla perfetta suddivisione dei compiti di ogni operaio che vi lavora.
Nei primi anni del Novecento Henry Ford, un imprenditore statunitense, applica alle sue industrie un nuovo sistema di lavoro, "La catena di montaggio", ed introduce il principio della divisione dei ruoli degli operai, estendendo l'uso del nastro trasportatore. Ford crea diverse fabbriche basate sul concetto di "catena di montaggio" ed i benefici che ne trae in termini di abbattimento dei tempi di lavoro e di risparmio economico porta altri imprenditori ad applicare questo metodo alle proprie fabbriche; si giunge così ad un nuovo modo di intendere il lavoro seriale in fabbrica che prende il nome di "fordismo".
Oggi, in ambito lavorativo sentiamo sempre più spesso parlare di "team building", che significa propriamente costruzione di un gruppo. La tecnica viene utilizzata per la prima volta sui bambini; dal momento che ha successo, si decide di applicarla anche in ambito aziendale. Lo scopo è quello di ottenere il massimo in termini di performance dai propri dipendenti; si organizzano incontri tra persone che in azienda si conoscono in modo superficiale, si cerca di aumentare la fiducia negli altri colleghi al fine di migliorare i rapporti di collaborazione, si stimola la creatività e si favorisce la comunicazione tra i dipendenti.
La collaborazione all'interno di un team di specialisti è fondamentale anche all'interno di ambienti come quello sanitario o quello militare; in sala operatoria ad esempio è necessaria la presenza di più specialisti per la buona riuscita di un intervento, nelle operazioni militari così

come nelle missioni all'estero il perfetto coordinamento e la collaborazione tra tutti i membri della stessa squadra sono necessari per il successo della missione e possono essere fondamentali per salvare la vita di uno o più compagni.
I gruppi di lavoro possono essere la chiave del successo di un'azienda, lavorare insieme e interagire comporta un maggiore scambio di idee, il confronto tra diverse professionalità, una capacità di problem solving maggiore e una riuscita migliore del progetto perché mette in gioco professionisti provenienti da diversi ambiti con competenze e capacità tecniche variegate.
Questo approccio può avere però degli aspetti negativi, infatti all'interno di un gruppo può emergere una personalità più forte rispetto alle altre che quindi non lascia spazio alle proposte degli singoli membri inoltre, se un progetto fallisce la colpa ricade su tutti i componenti; può infine, risultare difficile arrivare ad un punto di accordo quando si esprimono opinioni divergenti.

Conclusione

È necessario, quindi, insegnare l'importanza della collaborazione, del rispetto nello scambio di idee, della creatività e della responsabilità sin dai primi anni della scuola attraverso l'assegnazione di progetti e lavori che gli studenti possono realizzare in gruppo.
Un'altra valida iniziativa per valorizzare il lavoro di gruppo è la promozione di attività sportive come quelle che prevedono il gioco di squadra, che possono trasmettere l'importanza della collaborazione e dell'impegno per il raggiungimento di un obiettivo comune.

Elaborato 2014

Il lavoro rappresenta un diritto fondamentale sancito nella nostra Costituzione e un dovere sociale per ogni cittadino. Uno dei problemi dell'economia italiana è la disoccupazione, cresciuta a dismisura negli ultimi anni a causa della grave crisi economica che si è abbattuta su molti Paesi ricchi e industrializzati. Il candidato rifletta su quali conseguenze porta, nel tempo, la carenza di occupazione e su quali strategie potrebbero essere messe in atto dalle Istituzioni e dai singoli individui per cercare di risolvere il problema.

Introduzione

L'alto tasso di disoccupazione, soprattutto giovanile, in Italia è ormai una realtà tristemente evidente in quanto ha raggiunto livelli allarmanti e il problema è una conseguenza della crisi economica che ha messo in ginocchio l'intero sistema produttivo dello Stato e di conseguenza ha abbassato il livello occupazionale.

Corpo

Il Presidente della Repubblica, Sergio Mattarella, nel suo discorso di insediamento agli italiani, ha dichiarato che i giovani, specialmente del Mezzogiorno dove il problema è più evidente, sono le prime vittime di questa crisi che attanaglia il nostro Paese ormai da anni. Il suo pensiero è andato, in particolare, ai ragazzi meridionali per la mancanza di trovare un impiego e per i disagi e lo sconforto che tale perdita genera in loro e ha dichiarato espressamente che tutti i cittadini hanno gli stessi diritti e deve essergli riconosciuta pari dignità. In altre occasioni, Egli si è poi pronunciato soffermandosi sull'insufficiente occupazione femminile e sulla perdita di lavoro dei padri di famiglia. Il lavoro, infatti, è l'elemento fondante della nostra Costituzione, come indica l'art. 1, alla base della fisiologia della nostra Repubblica in quanto, oltre a creare la base economica e la struttura della società, ne definisce il ruolo e la dignità di ciascun membro. L'economia italiana ha risentito degli effetti della crisi economica internazionale e le cause di tale rallentamento vanno ricondotte a tensioni finanziarie collegate alla crisi del debito sovrano e a fattori estremamente interni connessi alle manovre di risanamento del debito pubblico. In presenza di un quadro economico fortemente destabilizzato dagli effetti della crisi, il Bel paese e il Mezzogiorno in particolare hanno subito una diminuzione dell'attività economica in maniera molto evidente. Infatti, si assiste ad una crisi non solo economica, ma anche sociale che ha generato sempre di più una sfiducia da parte dei cittadini nei confronti dello Stato che non è stato in grado di offrire, nel corso degli anni, interventi efficaci e strutturali in merito all'occupazione. Questa situazione di grave malessere si è tradotta, poi, in mancanza di investimenti che hanno portato come conseguenza ad un'elevata percentuale di emigrazione di giovani, soprattutto neolaureati, che si sono visti costretti a trasferirsi all'estero per migliorare la loro condizione vivendo, spesso, tale scelta proprio come protesta nei confronti di un Paese che, dopo averli formati, non risulta in grado di valorizzare le loro capacità. Così, nella società odierna, il futuro visto dalla prospettiva dei giovani appare quanto mai incerto e la maggior parte di essi perde le speranze; fortunatamente la restante parte non si rassegna e cerca di reagire come può, mettendo in campo qualsiasi strategia per fronteggiare la crisi in tempi migliori e adattandosi a qualsiasi tipo di impiego anche se non pienamente in linea con i propri desideri ed aspettative. Tuttavia, mentre gli altri Paesi hanno cercato di affrontare la crisi con l'incentivazione del lavoro, nel nostro è accaduto l'esatto contrario ed il segnale percepito è stato quello di affaticamento nel mondo lavorativo. Infatti, i rapporti sull'economia nazionale e soprattutto del Mezzogiorno riportano un quadro in declino e un divario sempre più accentuato tra le regioni del Nord e quelle del Sud sia in termini di domanda e offerta di lavoro, sia di distribuzione territoriale dei fenomeni di occupazione e disoccupazione. L'attuale crisi economica internazionale è stata definita dalla maggior parte degli studiosi come la peggiore dal dopoguerra ad oggi e ha determinato in tutto il Paese una forte emergenza sociale dovuta ai crolli dei livelli occupazionali e produttivi che evidenziano il reale rischio di una desertificazione industriale causata dal crescente numero di imprese che chiudono la loro attività. Oggi più che mai, il Bel Paese deve puntare sulle nuove generazioni, vera risorsa strategica per la crescita in quanto nessun cambiamento è realizzabile senza il loro contributo. Lo studio e l'impegno sono i mezzi che i giovani devono utilizzare per raggiungere questo tanto agognato cambiamento, perché la mancanza di lavoro o di un futuro non è soltanto una questione economica, ma è anche un dramma personale e quindi sociale che costituisce per essi un grido di dolore in quanto non permette loro di potersi costruire un'esistenza dignitosa e per questo bisogna dare la giusta priorità a questo problema. Accanto a questa situazione, si pone quella dei quarantenni e dei cinquantenni che, soprattutto nel settore privato, perdono il lavoro, spesso a causa della ristrutturazione o della chiusura delle aziende e faticano a ricollocarsi in altri ambiti lavorativi. Le implicazioni sociali si fanno più acute in quanto viene messo a rischio il mantenimento dei figli e l'avvenire delle famiglie. Tuttavia, a causa dell'allungamento dell'età lavorativa, i dati relativi alla disoccupazione di queste fasce d'età risultano meno sfavorevoli. Le criticità, finora analizzate, diventano più evidenti nell'universo femminile. Ancora oggi, infatti, le donne non hanno le stesse opportunità degli uomini; spesso non sono tutelate durante la maternità; non percepiscono, a parità di funzione, stipendi analoghi ai colleghi maschi né raggiungono facilmente cariche e funzioni dirigenziali. Dopo anni di crisi, la generale condizione economica dell'Italia sta lentamente cambiando e le prospettive appaiono più favorevoli. Le innovazioni apportate dal "Jobs Act" dal Governo Renzi tendono a creare nuova occupazione stabile, anche grazie all'introduzione del "contratto a tempo indeterminato a tutele crescenti", quale forma di assunzione privilegiata. In questo modo aumenta il numero dei dipendenti a tempo indeterminato e si riduce quello dei dipendenti con contratti di collaborazione. Nel testo sono inoltre indicate le nuove regole circa le politiche passive di sostegno al reddito e quelle attive per favorire l'effettiva ricollocazione del lavoratore, tramite percorsi personalizzati di formazione. Tra le innovazioni apportate dal provvedimento legislativo, grande attenzione è rivolta alle lavoratrici, per le quali si prevede una maggiore flessibilità circa il congedo obbligatorio di maternità.

Conclusione

L'analisi della situazione italiana denota una realtà ancora critica, ma suscettibile di un generale risanamento. Tutte le forze politiche, unitamente alle componenti della società civile, sono quindi chiamate ad un impegno serio e sinergico, per cogliere il momento dell'auspicata rinascita economica.

Elaborato 2015

"Il lavoro è una realtà essenziale per la società, per le famiglie, per i singoli. Il valore primario del lavoro è il bene della persona umana, perché la realizza come tale, con le sue attitudini e le sue capacità intellettive, creative e manuali. La mancanza di lavoro ruba la dignità e il futuro". Il candidato rifletta su queste parole di Papa Francesco, pronunciate nel contesto della grave crisi economia attuale.

Introduzione

Il lavoro è l'attività produttiva volta a soddisfare le esigenze, individuali e collettive, che permettono alla società di progredire e trasformarsi. Attraverso la collaborazione dei cittadini, esso consente di accrescere il benessere di un Paese e di migliorare le condizioni di vita dei singoli. Si tratta, quindi, di un aspetto fondamentale tanto per la comunità quanto per gli individui, che, grazie all'impegno e alla responsabilità quotidiani, provvedono alla sussistenza di sé stessi e della famiglia.

Corpo

La Repubblica Italiana è fondata sul lavoro e ne predispone diritti e doveri, tuttavia, nonostante le conquiste segnate nel corso della storia, in determinati contesti ancora oggi permangono forme di sfruttamento in cui l'uomo è considerato un mero strumento di guadagno. L'organizzazione in molte aziende non sembra tener conto dei bisogni, delle peculiarità e delle aspirazioni delle persone. I ritmi estenuanti, la burocratizzazione e l'autoritarismo sono sistemi inaccettabili che puntano esclusivamente al profitto, in nome del quale si continuano a sacrificare vite umane. Forme di coercizione quali mobbing, vessazioni, abusi psicologici perpetuati da superiori o colleghi nei confronti di un soggetto debole rendono il lavoro oppressivo e alterano la percezione della libertà dell'individuo.
Su tali problematiche si è espresso Papa Francesco, che ha avuto modo di manifestare il proprio parere in diverse occasioni. Il lavoro contribuisce a costruire la dignità della persona e per tale ragione non è necessario soltanto ai fini dell'economia nazionale, ma in primo luogo per l'inserimento dell'individuo all'interno della società. L'attenzione del pontefice si è soffermata sui cassa-integrati, sui lavoratori precari che fanno fatica ad andare avanti nella gestione dell'economia domestica, e, come spesso avviene nelle sue riflessioni, sui giovani disoccupati. La mancanza di lavoro, infatti, "ruba" la dignità alla gente, problema particolarmente grave per le nuove generazioni, che si trovano a non avere prospettive e a scegliere a volte strade alternative sbagliate.

La responsabilità di quella che è una vera e propria piaga della società non è da attribuirsi soltanto al Paese, bensì al sistema economico generale, che tende a escludere le categorie considerate più deboli e non idonee. Giovani e donne in pratica vengono esclusi dal processo che determina il loro stesso futuro. I primi perché, pur altamente scolarizzati, faticano a trovare collocazione nelle imprese, le seconde perché ancora brutalmente sfruttate.

Il mondo odierno, per far fronte alla sfida internazionale costituita dalla mondializzazione dei mercati, impone alle aziende occidentali la produzione di beni e servizi ad alto valore aggiunto e un livello di specializzazione sempre maggiore. Ai dipendenti sono richieste competenze altamente qualificanti e il lavoro intellettuale ha assunto un peso superiore rispetto a quello manuale. Eppure, il sistema produttivo sembra mortificare talenti, energie e competenze, dal momento che le esigenze delle imprese spesso non collimano con le ragioni degli impiegati, non tutelati nei loro diritti e sottoposti a trattamenti poco consoni alle loro reali esigenze. Quel che le aziende devono comprendere è che la risorsa più importante di cui dispongono sono proprio le persone che contribuiscono alla produzione e al raggiungimento degli obiettivi.

L'occupazione, si è detto, è fondamentale per l'esistenza umana, ma allo stesso tempo nessun individuo dovrebbe essere costretto a scendere a odiosi compromessi pur di difendere il proprio impiego. Ne va della dignità stessa delle persone, della loro integrità etica che non dovrebbe mai essere minacciata. La personalità umana dovrebbe poter trarre beneficio dalla dimensione lavorativa, non soltanto a livello materiale, ma anche spirituale ed emotivo, e questo può realizzarsi soltanto se il lavoro diventa occasione di crescita, responsabilità, utilità sociale e gratificazione personale. È importante, quindi, che l'imprenditoria e le amministrazioni vengano svincolate da collusioni mafiose, truffe e tangenti, che inquinano il valore più alto dell'impegno individuale e collettivo nella società.

Conclusione

La crisi che stiamo attraversando è globale e complessa, non si può aspettare il momento in cui eventi economici di portata internazionale determineranno la ripresa, ma è necessario agire in maniera coscienziosa con interventi e riforme mirate che restituiscano un lavoro più giusto e la tutela di ciascun salariato. L'intera società, nelle sue molteplici componenti, è chiamata a collaborare perché il lavoro diventi realmente un diritto per tutti e vengano finalmente abolite le prevaricazioni e lo sfruttamento. Le parole del pontefice, dunque, vanno custodite come un monito che spinga le istituzioni ad agire per il bene della nazione.

Elaborato 2016

L'educazione alla legalità appare l'unico percorso che può salvaguardare le giovani generazioni dai rischi della corruzione, della violenza, della criminalità in tutte le sue perverse manifestazioni. Solo così si potranno restituire speranza al futuro e dignità alla persona umana. Il candidato si soffermi su tale tematica proponendo argomentazioni pertinenti.

Introduzione

Dalla lettura dei giornali, risulta abbastanza chiaro come ormai la società attraversi un periodo di particolare difficoltà nel quale assistiamo a un'evoluzione dei rapporti collettivi del tutto diversa rispetto a quanto accadeva fino a pochi anni fa. Il tessuto sociale appare sempre più sfilacciato e le relazioni interpersonali chiuse in una generale indifferenza nei confronti del vicino. A ciò si unisce, già da quasi un decennio, una forte crisi economica che acuisce quelli che si configurano ormai come problemi strutturali delle amministrazioni e dei governi. In un ambiente precario come quello appena descritto si innesta inevitabilmente il discorso sulla legalità.

Corpo

Frequenti sono ormai gli episodi di malaffare che investono ampi ambiti del vivere comune e che riguardano anche alcuni centri istituzionali. È solo di qualche mese fa la notizia di una corposa inchiesta che ha coinvolto parecchi dipendenti del Comune di Sanremo colpevoli, secondo l'accusa e i video registrati da alcune telecamere, di aver timbrato il cartellino per poi uscire dal luogo di lavoro e occuparsi dei propri interessi: taluni andavano a fare una gita in canoa, altri al bar, qualcuno addirittura timbrava in pigiama per poi ritornare a letto. Scene di vita quotidiana, insomma, a dimostrazione che sarebbe un errore ritenere la corruzione come qualcosa di grigio e lontano, appannaggio esclusivo delle sale di palazzo.
Quello del "banale" ordinario è un aspetto che rende anche la microcriminalità di strada un fenomeno ancor più pericoloso, come se non lo fosse già abbastanza: spaccio di droga nei parchi pubblici sotto gli occhi dei ragazzini intenti a giocare e scippi agli anziani sono solo alcuni esempi di come esistano comportamenti violenti che abbracciano la vita di ogni giorno, episodi che sembrano quasi problemi da poco se raffrontati alla pervasività dell'estorsione del pizzo a numerosissimi esercizi commerciali operata direttamente dalle associazioni mafiose, ma che comunque fanno parte della normale prassi. Non sono eventi lontani, piuttosto sono qui, in mezzo a noi e la loro frequenza appare preoccupante.
A tutto questo si aggiunge una spiccata propensione di larghe fasce sociali all'evasione fiscale, vero e proprio flagello per le casse dello Stato, il quale incontra sempre maggiori difficoltà nell'assolvimento dei compiti che gli spettano. Erroneamente si ritiene che le tasse siano uno strumento di oppressione, quando in realtà servono semplicemente a mantenere la comunità di cui ogni cittadino fa parte: le imposte pagano il servizio sanitario, le scuole, la polizia, l'esercito e tutto il sistema di garanzie democratiche della Repubblica Italiana.
Certo, gli auguri e i complimenti del Presidente Mattarella alla Guardia di Finanza in occasione dell'anniversario della sua fondazione sono più che opportuni e meritati, dato l'impegno profuso nel corso di oltre 240 anni nel far rispettare la legge, ma può tale dedizione essere sufficiente per superare un momento così delicato qual è quello attuale? Probabilmente no. Non bastano le leggi e la loro pur sacrosanta applicazione a combattere i fenomeni che abbiamo elencato sopra, ma è necessaria una comprensione più inclusiva della legalità. Essa non può più intendersi in termini di aderenza di un'azione al diritto, ma deve investire anche il campo dell'etica individuale, che, in un senso più profondo, denoti un giusto modo di vivere nei confronti del prossimo e della comunità d'appartenenza. È in quest'ottica che vanno recuperati il ricordo e l'esempio di grandi uomini quali sono stati i giudici Giovanni Falcone e Paolo Borsellino, che hanno legato al principio della legalità la propria esistenza e il proprio destino. Come suggerisce ancora il Presidente Sergio Mattarella, per lo sviluppo del Paese e della società è fondamentale incrementare nei cittadini la consapevolezza del valore del senso civico e della legalità, in modo che gli individui agiscano nel bene comune e nel rispetto reciproco. Tale spinta, inoltre, deve essere promossa dalle istituzioni e della forze preposte al controllo del territorio, le sole in grado di garantire l'osservanza della legge, contrastare il crimine e tutelare i diritti di ciascuno.

Conclusione

Appare evidente, quindi, l'importanza dell'educazione delle giovani generazioni, cui è riservato il futuro, alle quali è necessario fornire un esempio che ridia fiducia nel domani, dimostrando che il comportamento virtuoso permette un completo sviluppo della dignità umana, determinata non solo dal valore economico di una condotta, ma anche e soprattutto da quello morale.

Elaborato 2017

"La crescita degli ultimi 50 anni non è stata solo demografica. Mai prima d'ora lo sviluppo economico del mondo era stato così impetuoso. Ma questo miracolo economico ha due inconvenienti che non cessano di turbare i nostri sonni. In primo luogo lo sviluppo è ineguale: ha portato benefici risultai, ma ha aumentato il divario fra ricchi e poveri e ha lasciato ai margini delle strade intere popolazioni, come in Asia ed in Africa. In secondo luogo, sta rapidamente esaurendo le risorse del pianeta e ne sta intaccando gli equilibri" (Sergio Romano, 09-08-2002). Il candidato esponga le proprie valutazioni sull'attualità della citazione dell'ambasciatore Romano con opportune argomentazioni.

Introduzione

Nella società contemporanea, il sistema economico dominante è quello Occidentale, di tipo capitalistico, in cui tutti gli individui dovrebbero avere la possibilità di iniziativa economica o di trovare dignità nel lavoro. Eppure soltanto tre uomini, i multimiliardari più famosi del mondo, sono più ricchi di 600 milioni di altri loro simili. Nel mondo, il benessere è distribuito in modo ineguale: da una parte le nazioni evolute e agiate con un tenore di vita in costante crescita, dall'altra parte i Paesi sottosviluppati, poveri e privi di risorse, alla disperata ricerca del sostentamento minimo.

Corpo

La discrepanza non è solo economica, ma anche politica, vista la frammentazione e l'instabilità tipica dei Paesi sottosviluppati o in via di sviluppo, retaggio dei processi di colonialismo. Tali fattori impediscono l'affermazione di modelli socio-economici e di governo virtuosi e rendono questi stati più suscettibili a essere strumentalizzati dalle potenze europee e mondiali, le cui aziende detengono, tra l'altro, il controllo delle principali risorse naturali.
L'esplosione demografica degli ultimi cinquant'anni ha portato con sé delle aggravanti alla crisi di tali paesi: modelli di vita e di consumo, importati dall'Occidente, assolutamente incompatibili con il loro livello di reddito, bassa produttività e minore competitività, per cui la povertà rispetto ai paesi industrializzati è fortemente cresciuta. Complessivamente negli Stati più poveri il reddito pro capite è aumentato pochissimo e rischia di restare a tali livelli per anni, se l'incremento demografico continuerà secondo i ritmi attuali e l'economia mondiale prolungherà la sua fase di stasi.
Si rende sempre più necessario un processo di promozione dello sviluppo culturale ed economico, diretto all'autogestione e all'autosufficienza, basato non più solo sugli aiuti finanziari, i quali dovrebbero essere in ogni caso erogati non in modo generico ma finalizzato. Fondamentali risultano essere la consulenza e il trasferimento di tecnologie e di know-how in tutti i campi, a supporto dell'autonomia decisionale dei governi dei Paesi sottosviluppati, in particolare per adattare tali conoscenze alle specifiche realtà e per formare i propri cittadini al loro utilizzo e renderli in grado di gestirle e svilupparle in futuro. I fondi devono servire a finanziare tali trasferimenti e lo sviluppo delle attività da essi generate: solo allora saranno costruttivi.
Sarebbe, altresì necessario riaprire i canali del commercio internazionale, per restituire competitività e valore alle economie povere del mondo.
Tuttavia, la contraddizione fra progresso e arretratezza, che rende quanto mai attuale l'affermazione dell'ambasciatore Romano, non riguarda esclusivamente lo storico dualismo tra pa-

esi industrializzati e non. La globalizzazione ha subito negli ultimi anni un'accelerazione, favorendo un'elevata mobilità di beni, servizi, capitali e persone, anche grande all'apertura verso l'economia di mercato da parte dei principali paesi in via di sviluppo.
Essa, tuttavia, ha prodotto vari squilibri nell'economia mondiale che spesso si alimentano l'un l'altro. Si tratta non solo di squilibri economici e finanziari ma anche sociali e ambientali. Basti pensare ai paesi europei che negli ultimi anni hanno registrato una bassa crescita e alti livelli di disoccupazione, inasprendo ancora di più il divario tra ricchi e poveri e portando quasi alla scomparsa della classe media. I fattori di tale crisi sono noti e hanno reso l'Europa vulnerabile ai cambiamenti che caratterizzano l'economia mondiale. Nascono da un problema culturale, legato forse al processo di invecchiamento demografico, al basso livello di istruzione di alcune aree, alla numerosità dei nuclei familiari nelle zone meno sviluppate, al cambiamento della struttura produttiva e al ritardo con cui l'Europa si sta dotando degli strumenti istituzionali necessari per garantire politiche di Welfare adeguate, nonché politiche economiche in grado di rilanciare la produttività e la competitività dei "sistemi-paese".
Tra gli squilibri generati dal progresso, appare rilevante quello che riguarda l'ambiente, i consumi energetici e l'impoverimento delle risorse del pianeta, sapientemente evidenziato dal dott. Romano nel suo intervento.
Lo sviluppo tecnologico e i progressi nella medicina e nell'igiene pubblica hanno fatto sì che la popolazione aumentasse drasticamente e di conseguenza cercasse nuovi beni e servizi ottenibili soltanto con un impiego maggiore delle risorse energetiche.
Lo sviluppo industriale, i sistemi di allevamento e coltivazione intensivi e la ricerca costante del benessere hanno portato a uno sfruttamento delle risorse naturali indiscriminato, guidato soltanto dalla logica del massimo profitto, all'aumento dei livelli di inquinamento nonché a una sovrapproduzione generale rispetto alle reali esigenze di consumo della popolazione, soprattutto se teniamo presente le suddette considerazioni sull'aumento della povertà. Riguardo agli squilibri nei consumi energetici, è sufficiente dire che oggi circa un quinto della popolazione "ricca" consuma i due terzi dell'energia mondiale, mentre un quinto, costituito dalla popolazione "povera" ne utilizza appena il quattro per cento.

Conclusioni

Queste sono considerazioni sconcertanti e allarmanti che inducono a riflettere sull'urgenza di adottare, da un lato, misure istituzionali in grado di stimolare modelli di crescita e sviluppo volti ad assicurare equità socio-economica e, dall'altro, modelli di vita e di consumo più sostenibili, valutando i limiti naturali e adeguando a essi i ritmi di crescita.

Elaborato 2018

La violenza fisica e verbale non è mai tollerabile a partire dalla scuola, dove i ragazzi devono imparare il rispetto delle regole, della convivenza civile, della legalità e riconoscere il valore e il ruolo delle istituzioni. Ciò implica un'interazione e corresponsabilità tra scuola e famiglia che, unitamente ad altre agenzie educative, operano per la formazione dell'uomo e del cittadino. Il candidato esprima una riflessione in proposito.

Introduzione

Il fenomeno della violenza, nelle sue diverse forme, tutte inaccettabili ed egualmente odiose, attraversa la società contemporanea: dalla violenza contro le donne e i minori, al bullismo nelle scuole, a forme di violenze disseminate nel web realizzate attraverso video virali che registrano episodi di forza. Essa è un fatto intollerabile, a prescindere dalle modalità e dal luogo in cui viene esercitata, ed è certamente indubbia l'inammissibilità di episodi di questo tipo nelle scuole, che, insieme alle famiglie, hanno la corresponsabilità educativa degli individui.

Corpo

Eppure, negli ultimi tempi, la cronaca riporta un numero sempre crescente di episodi di vergognosa aggressività che si registrano all'interno delle istituzioni scolastiche e che si concretizzano non solo in atteggiamenti di lesione fisica e morale in condotte di bullismo tra compagni, ma anche in atteggiamenti di scherno e veemenza posti in essere dagli allievi, e talvolta dagli stessi genitori, nei confronti degli insegnanti. Viviamo in una società moderna, caratterizzata dalle nuove tecnologie, da prospettive professionali e di vita diverse e migliori rispetto al passato, ma tutto questo viene cancellato, come con un colpo di spugna, dalle notizie dell'uso della forza che costituisce un'evidente involuzione dell'essere umano, un salto all'indietro, verso l'inciviltà.
Tuttavia, si deve evidenziare che, mentre in passato si ricorreva all'aggressività principalmente per misurare la propria forza e per scoprire i propri limiti, negli ultimi anni si ricorre ad essa per mero divertimento e ciò rende gli episodi di cronaca ancora più sconvolgenti. Inoltre, la violenza si serve anche dei moderni mezzi di comunicazione, tant'è che una delle sue massime espressioni è il "cyberbullismo", termine usato per indicare la molestia, la diffamazione o l'esercizio di violenza psicologica realizzata attraverso l'uso del cellulare e di Internet, da parte di adolescenti nei confronti di altri coetanei. Tale espressione ha acquisito maggiore importanza a seguito dell'aumento di casi di studenti che tormentano e umiliano non solo compagni di scuola, ma anche professori, attraverso l'uso distorto dei social network, piattaforme digitali che amplificano la diffusione di messaggi denigratori, immagini o video privati. Con tali nuove modalità, la vittima viene molestata, vessata con post pubblicati su Internet o trasmessi per mezzo del cellulare. Per tal via, gli aggressori fanno circolare e-mail e immagini imbarazzanti o utilizzano profili falsi nelle community online per tormentare o ricattare la vittima.
Purtroppo, questi deprecabili atteggiamenti causano delle ferite indelebili in chi le subisce, soprattutto quando si tratta di adolescenti, che possono talvolta riportare problemi di depressione e perdita di autostima, fino a scegliere l'esito estremo del suicidio.
La violenza che si registra nelle famiglie, nelle scuole, nei luoghi di svago e nella società in generale ha diverse origini: l'esigenza di sentirsi al centro dell'attenzione, la necessità di farsi accettare dal gruppo provando la propria forza a scapito dei soggetti più deboli, l'aver vissuto in un contesto problematico. Queste cause, nonostante le diversità, hanno un comune denominatore, ossia lo scarso valore dato ai rapporti umani, al rispetto del prossimo e, persino, all'esistenza stessa degli individui. In ogni caso, deve sottolinearsi che il ricorso a condotte violente affonda le sue radici in situazioni di solitudine, nell'assenza delle famiglie nel percorso di crescita dei bambini e degli adolescenti e nell'ormai evidente delegittimazione del ruolo della scuola e degli insegnanti.
I genitori, infatti, sembrano non avere più tempo da dedicare all'educazione dei propri figli, al loro cammino di crescita, al dialogo, al confronto, momenti educativi ai quali spesso si preferisce l'uso di smartphone, tablet e personal computer.
Dai fatti di cronaca è evidente che nelle scuole, oltre al bullismo, vi è il generale problema della prevaricazione, dell'aggressività e della violenza che caratterizzano spesso le relazioni all'interno delle classi, non solo tra compagni ma anche tra studenti e docenti. Si assiste a video che mostrano i discenti in atteggiamenti aggressivi e di scherno nei confronti dei propri insegnanti, colpevoli di aver attribuito all'esito di una verifica, di un compito in classe, un voto non condiviso perché considerato basso e ingiusto.

Deve prendersi atto del fatto che tale fenomeno è riconducibile all'abbandono di valori importanti come la solidarietà, la tolleranza, l'amore per gli altri, che oggi sono stati sostituiti con l'unico presupposto dell'individualismo. Di conseguenza, la strada da percorrere per ostacolare il dilagare di determinare errate abitudini è intervenire non solo per contrastare gli episodi di deprecabile violenza, ma soprattutto evitare la loro concretizzazione attraverso l'affermazione dei valori fondamentali di pacifica convivenza: il rispetto dell'altro, della dignità umana, il riconoscimento dell'importanza delle diversità.
Nell'opera di contrasto e di prevenzione alla violenza, un ruolo cruciale deve essere riconosciuto al sistema educativo: in particolare, è fondamentale affermare la centralità e il valore della scuola quale comunità educante e ciò deve avvenire anzitutto all'interno delle famiglie, le quali devono con forza ribadire il principio del rispetto dell'individuo e della fondamentale importanza della figura dei docenti.
La scuola, infatti, come la famiglia, rappresenta uno degli ambiti privilegiati per l'apprendimento e la sperimentazione della socialità e delle forme di aggregazione, propedeutiche ad una stabile integrazione e coesione dei nuovi membri all'interno della comunità.
Tuttavia, per concretizzare quanto appena detto, è necessario dotare le scuole di risorse preparate e competenti, di fondi da investire nella formazione, nell'educazione dei bambini e degli adolescenti.
Di conseguenza, per assicurare un corretto percorso di crescita, all'interno delle istituzioni scolastiche deve prevedersi la presenza di psicologi specializzati nell'età evolutiva, educatori e, in generale, personale specializzato in grado di riconoscere segnali e intervenire con strategie efficaci. È necessario, altresì, indurre le vittime e i meri spettatori alla denuncia di episodi di violenza verbale o fisica, nonché punire gli esecutori di tali atti nel tentativo di arginare il fenomeno.
Importanti possono essere le azioni di comunicazione: parlare di violenza nelle scuole e negli altri ambiti formativi rappresenta l'arma più efficace per disarmarla, impedirle di crescere e di contaminare il presente e il futuro. Ascolto, dialogo, confronto rappresentano occasioni per migliorare la qualità di ogni esperienza di vita, contribuendo a creare condizioni di benessere per tutti e contrastare ogni comportamento aggressivo e violento.
I genitori, in primis, devono riappropriarsi del loro ruolo di educatori, promuovendo nei ragazzi lo sviluppo di competenze relazionali fondate sul rispetto dei ruoli, delle differenze, sulla mediazione non violenta dei conflitti, promuovendo modelli rispettosi di relazione, anche in collaborazione con le istituzioni scolastiche, con enti locali e associazioni attive sul territorio.

Conclusione

Pertanto, sulla base delle precedenti considerazioni, nelle diverse formazioni sociali, dalla famiglia, alla scuola, agli oratori, in cui si sviluppa la personalità degli individui, devono essere proposte occasioni di confronto, di dibattito e di riflessione; tali azioni educative, però, non devono avere natura sporadica, ma nelle istituzioni in particolare, devono rientrare in una programmazione didattica continua perché solo per tal via possono essere veramente incisive sul corretto sviluppo delle generazioni.

Elaborato 2019

"Ogni luogo d'Italia ha una sua potenzialità di significato e bellezza capace di elevare menti e cuori e di dare lavoro a chi è capace di tradurre quella potenza in atto. Ma per far ciò i giovani devono apprendere un mestiere per noi del tutto nuovo: promuovere una cultura alta

per darla a tutti." (A. Carandini, in Quotidiano.net 13 maggio 2018). A partire dalla riflessione dell'archeologo Andrea Carandini (1937), presidente del FAI, il candidato esprima la sua opinione sul valore del patrimonio storico, artistico e naturale come fonte di piacere estetico e intellettuale, ma anche come bene da tutelare e valorizzare e, in quanto tale, fonte di occupazione, soprattutto per i giovani.

Introduzione

La tutela del patrimonio storico, artistico, culturale e del paesaggio italiano costituisce da sempre un obiettivo di vitale importanza per la nazione. In Italia infatti, secondo l'UNESCO, tale patrimonio costituisce il 72% di quello mondiale e l'intero Paese può essere pertanto considerato una sorta di "museo a cielo aperto". A conferma di quanto appena esposto, l'art. 9 della Costituzione esprime il principio per cui le istituzioni debbano impegnarsi a compiere delle politiche che siano volte alla sua tutela e promozione. I beni culturali ed il paesaggio assumono infatti rilievo sotto diversi profili: essi sono sia l'espressione delle tradizioni e della storia di un popolo, sia uno strumento attraverso il quale generare ricchezza.

Corpo

Per quanto concerne il primo aspetto, il nostro Paese è stato la culla di civiltà che hanno avuto un ruolo da protagoniste nella storia antica come, ad esempio, quella greca e romana, nonché è stato il fulcro del Rinascimento, uno dei periodi storici più floridi dal punto di vista artistico e culturale. La presenza di opere dall'inestimabile valore come il Colosseo, inserito dall'OCSE nella lista delle dieci meraviglie del mondo, la Pietà di Michelangelo o la Venere del Botticelli, sottolinea la posizione di preminenza assoluta che il nostro Paese ha ricoperto nella storia in tali ambiti. Esse, inoltre, costituiscono il necessario legame che popolo italiano mantiene con il proprio passato, le sue radici, nonché la massima espressione di creatività e genio raggiunta dall'uomo.
Il medesimo discorso vale per il paesaggio: il variegato territorio italiano comprende il maggior numero di patrimoni dell'umanità dell'UNESCO nel mondo, di cui fanno parte, ad esempio, il Parco nazionale d'Abruzzo, Lazio e Molise e le Colline del Barbaresco. Lo stesso costituisce inoltre un aspetto fortemente identitario per comunità locali, le quali spesso prendono il loro stesso nome da entità fisiche come laghi, fiumi o monti.
Relativamente al secondo profilo, invece, la presenza di numerosi monumenti storici e bellezze paesaggistiche permette all'Italia di essere noverata tra i Paesi più visitati al mondo, producendo introiti derivanti dal turismo che costituiscono il 10% circa del PIL nazionale. Ciò si riflette in maniera rilevante anche sul mondo del lavoro, con oltre 3,4 milioni di posti direttamente e indirettamente generati. I dati appaiono tuttavia negativi, se si tiene conto della media europea nei medesimi settori. Infatti, a fronte di un patrimonio artistico e culturale che non ha paragoni nel mondo, il reddito prodotto dall'Italia è solo leggermente superiore rispetto, ad esempio, a Paesi come Germania, Regno Unito, Svizzera e Francia. Ciò è dovuto in larga parte alla scarsa attenzione riservata in passato, da parte della politica nostrana, alla preservazione di tale patrimonio e i conseguenti minimi investimenti che hanno interessato il settore in questione. I beni artistici ed il paesaggio, infatti, sono stati a lungo considerati unicamente per loro funzione estetica e culturale e gli interventi in materia sono stati ritenuti, quindi, di interesse secondario rispetto ad altri adottati per far fronte alla recente crisi economica. In realtà, come evidenziato in precedenza, si tratta di un settore di mercato in cui l'Italia può porsi come leader indiscusso e nel quale l'adozione di politiche mirate porterebbe enormi benefici economici e lavorativi, soprattutto per i giovani, oggi maggiormente vittime del fenomeno della disoccupazione.

Il necessario cambiamento di mentalità può e deve essere avviato innanzitutto dai giovani stessi: sfruttando la naturale predisposizione all'utilizzo dei nuovi mezzi comunicazione, fondamentali nei rami del marketing e della promozione in genere, le nuove generazioni potrebbero portare una diversa concezione dell'arte e del paesaggio, valorizzandoli in termini economici e di attrattiva turistica. Il miglioramento del quadro complessivo, appunto economico e quindi occupazionale, è infatti legato all'utilizzo di strategie di vendita basate sulla selezione dei mercati internazionali più interessanti e delle conoscenze acquisite in merito alle tendenze dei consumatori, settori di studio affermatisi negli ultimi anni. Tuttavia, è necessario che in questo processo i ragazzi vengano aiutati e guidati dalle competenti istituzioni sia dal punto di vista dell'educazione alla conoscenza del patrimonio storico-paesaggistico nazionale, poiché, ovviamente, non si può promuovere ciò che non si conosce, sia attraverso investimenti mirati che premino le iniziative più meritevoli.

Conclusione

In conclusione, si può quindi affermare che il patrimonio culturale e naturalistico costituisce un bene di inestimabile valore per la nazione, sia da un punto di vista storico ed estetico che economico. Ad oggi, seppure si stia evidenziando una crescente attenzione relativamente all'ambito esaminato, è ancora molta la strada da percorrere per sfruttarne tutte le potenzialità. È, quindi, necessario fare appello alle istituzioni competenti affinché provvedano ad aumentare i fondi destinati alla tutela dei beni artistici e paesaggistici presenti nel nostro Paese e a promuoverli nel modo più opportuno. Allo stesso modo, il medesimo appello deve essere rivolto nei confronti dei giovani, quale componente sociale maggiormente interessata dai benefici occupazionali derivanti dalla crescita del settore in esame. A tal fine, sarà necessario l'intervento della scuola e della famiglia, ovvero le istituzioni volte per loro natura all'educazione dei ragazzi.

1.5.2 Aeronautica

Elaborato 2005

Il Presidente della Repubblica Carlo Azeglio Ciampi ha dichiarato che "l'Italia continuerà con determinazione e convinzione ad operare per un mondo pacificato". Attualmente più di 10000 militari italiani sono impiegati in operazioni internazionali per il mantenimento e il rafforzamento della pace. Tuttavia non manca chi si interroga sulle motivazioni e le finalità della partecipazione italiana a tali operazioni. Il candidato, alla luce delle proprie conoscenze ed esperienze, esamini la problematica ed esprima le proprie considerazioni in merito.

Introduzione

La Costituzione della Repubblica Italiana afferma all'art. 11: "L'Italia ripudia la guerra come strumento di offesa alla libertà degli altri popoli e come mezzo di risoluzione delle controversie internazionali; consente, in condizioni di parità con gli altri Stati, alle limitazioni di sovranità necessarie ad un ordinamento che assicuri la pace e la giustizia fra le Nazioni; promuove e favorisce le organizzazioni internazionali rivolte a tale scopo."

La nostra Nazione, pertanto, non solo in negativo rifiuta di utilizzare la forza e la guerra come risoluzione dei conflitti, ma si impegna anche in positivo a sostenere la pace, intesa come condizione personale, sociale, relazionale e politica caratterizzata da assenza di tensioni e conflitti tra nazioni diverse o all'interno di uno stesso Stato.

Corpo

Al fine di preservare una convivenza pacifica, inoltre, favorisce le organizzazioni internazionali preposte al mantenimento della stessa, prime tra tutte l'ONU. L'Organizzazione delle Nazioni Unite rappresenta la più importante ed estesa organizzazione intergovernativa; oggi, infatti, vi aderiscono ben 193 Stati. Essa nacque nel 1945, a ridosso della fine della Seconda guerra mondiale, con lo scopo di mantenere la pace e la sicurezza internazionale e di promuovere la soluzione delle controversie internazionali. A tutt'oggi le Nazioni Unite svolgono missioni di mantenimento e rafforzamento di pace, dette operazioni di *peacekeeping* e di *peace-enforcing*, per aiutare i Pesi in guerra a creare le condizioni per una pacificazione stabile.
Il continente attualmente colpito dal maggior numero di conflitti è l'Africa; diverse sono state qui le missioni di pace dell'ONU. In particolare, le principali operazioni cui l'Italia ha partecipato negli anni '90, sono quelle effettuate in Somalia e Mozambico, terre scosse dalla guerra civile. Inoltre, in Albania, alla fine del secolo scorso, l'Italia ha addirittura assunto il comando delle operazioni di *peacekeeping*.
La regione del Darfur, terra ricca di risorse petrolifere, situata nell'ovest del Sudan, è stata ed è tuttora teatro di violenti conflitti tra fazioni avversarie, ribelli, esercito e bande armate, che lottano per il controllo del territorio e delle risorse. Questo conflitto stima un numero considerevole di vittime, a tal punto che i *mass media*, riferendosi ad esso, hanno usato sia il termine di genocidio che di pulizia etnica. Dal 2003, anno di inizio del conflitto, innumerevoli sono state le operazioni di *peacekeeping* dell'ONU nella regione.
Tra i conflitti ancora in corso, che hanno impegnato molto e a lungo i *peacekeeper* delle Nazioni Unite, meritano di essere ricordati quelli in Afghanistan e Iraq. Questi interventi militari, a guida americana, possono essere considerati una reazione conseguente agli attacchi terroristici dell'11 settembre 2001 agli Stati Uniti. Questa situazione di crisi, che ha coinvolto il mondo intero, ha comportato una nuova attenzione per le modalità degli interventi militari, che sicuramente non possono essere assimilati alle missioni intraprese fino a quel momento. L'obiettivo di queste nuove missioni internazionali, infatti, è stato quello di sradicare la rete terroristica mondiale.
Le Nazioni Unite hanno svolto in questi anni numerose missioni volte a mantenere la pace e la stabilità in questi territori, aiutando il processo di ricostruzione e al contempo rafforzando le fondamenta della riconciliazione e della democrazia.
In tale ambito, l'Italia ha da sempre svolto un ruolo di primo piano, sia in termini di invio di truppe alle missioni di pace, che per quanto riguarda l'impiego di mezzi economici. Naturalmente una partecipazione tanto attiva del nostro Paese ha comportato molte perdite; numerosi sono, infatti, i militari italiani caduti durante queste missioni di pace. Tutto ciò porta a interrogarsi sull'utilità della partecipazione italiana a tali operazioni che in realtà non dovrebbero avere carattere coercitivo; nella loro realizzazione, infatti, l'uso della forza è di regola consentito solo per legittima difesa.
La partecipazione italiana ad operazioni militari condotte fuori dal territorio nazionale ha, in ogni caso, un fondamento nella Costituzione, trovando come norme di riferimento gli artt. 10 e 11. Il primo prevede che l'Italia si conformi alle norme del diritto internazionale generalmente riconosciute. Il secondo, come precedentemente esaminato, prevede che l'Italia favorisca e promuova le organizzazioni internazionali volte ad assicurare la pace e la giustizia tra i popoli. Pertanto, la combinazione di queste norme giustifica il ruolo dell'Italia negli interventi militari all'estero, condotto da organizzazioni internazionali e finalizzato al ripristino della pace e ad una convivenza pacifica.

Conclusione

Credo, quindi, che il ruolo dell'Italia in queste operazioni sia fondamentale e che le finalità delle missioni di *peacekeeping* siano ineccepibili, trattandosi di azioni a favore della pace. Bisognerebbe, però, a mio avviso, tentare di limitare al massimo i rischi e cercare di garantire il loro originario carattere non coercitivo, anche se attraverso l'uso di strumenti militari.

Elaborato 2006

Il quadro politico-economico del mondo appare confuso, i valori sono in crisi, l'ecosistema minacciato, la pace spesso compromessa. Pur tuttavia, l'umanità, che ha spesso conosciuto momenti difficili, ha sempre trovato le risorse per uscire dalla crisi. Il candidato esprima le proprie considerazioni circa gli elementi su cui appare possibile fondare la necessaria fiducia nel futuro del mondo.

Introduzione

Il mondo è in guerra. Mai dalla fine della Seconda guerra mondiale lo è stato come oggi. Del terrorismo islamico e della "guerra globale" dai Paesi arabi all'Afghanistan veniamo informati ogni giorno. Tuttavia, anche nelle periferie più povere del villaggio globale si combattono conflitti che durano da anni e che hanno provocato centinaia di migliaia di morti e milioni di profughi, in un vortice di violenza e sofferenza di cui a volte i media tacciono. Non esistono scontri giusti o legittimi: dove si uccide è l'umanità intera a perdere.

Corpo

La vera battaglia del ventunesimo secolo sarà dunque tra violenza e non violenza, tra barbarie e civiltà nel senso più vero della parola. L'umanità si trova ad un bivio. È un'occasione da non perdere. Purtroppo la globalizzazione ha avuto l'effetto di amplificare le tensioni tra Paesi sviluppati e aree di sottosviluppo. Nel momento in cui si abbattono le frontiere per attuare la libera circolazione di merci e produzioni, nuove ne stanno sorgendo, invisibili ma non per questo meno concrete, che escludono dalla crescita una parte della popolazione mondiale. Secondo uno studio dell'OCSE: "I divari di reddito sono oggi molto più ampi di quanto lo siano stati in qualsiasi altro periodo del passato". L'esame delle due aree geoeconomiche del pianeta, Nord e Sud, rivela grandi disparità non soltanto economiche, ma anche sociali, tra Paesi sviluppati, concentrati soprattutto nell'emisfero boreale, e zone di sottosviluppo nel Sud del pianeta. In alternativa a questo sistema si pone il commercio equo e solidale che garantisce ai contadini e agli artigiani del Sud del mondo un giusto compenso per il loro lavoro, così che possano migliorare le loro condizioni di vita. È ancora una piccola parte del commercio mondiale, ma ha un valore che va al di là di quello commerciale, perché indica la possibilità di una globalizzazione che ponga al centro non il profitto ma la persona umana. Combattere la povertà e lo squilibrio fra Nord e Sud del mondo è diventata una delle sfide della Conferenza dell'ONU sullo sviluppo sostenibile tenutasi nel giugno 2012 a Rio de Janeiro. La comunità internazionale ha reiterato il proprio impegno per uno sviluppo sostenibile, cioè uno "sviluppo che soddisfi i bisogni del presente senza compromettere la capacità delle generazioni future di soddisfare i propri bisogni". Dopo più di un anno di negoziati, il documento finale, "The future we want", incoraggia gli Stati a delineare gli obiettivi globali di sviluppo sostenibile e a predisporre altre misure atte a rafforzare la gestione delle risorse ambientali a livello globale, a migliorare la sicurezza alimentare, a potenziare la protezione degli oceani e a promuovere un'"economia verde", perché nessuno sviluppo può essere sostenuto in un ambiente depauperato. Si percepisce comunque ormai una più grande esigenza collettiva: trasformare la Terra nella casa di tutti. Nessun Paese può illudersi di risolvere da solo problemi ambientali, che sono transnazionali. Un messaggio di grande speranza per il futuro dell'umanità ci arriva da Venezia, dove nel 2013 si è svolta l'ottava conferenza sul futuro delle scienze con la partecipazione di scienziati e centinaia di giovani. Un robot con le sembianze di un bambino, simbolo dell'evoluzione della ricerca scientifica e tecnologica, ha accolto e stupito i partecipanti alla conferenza dedicata alle nanotecnologie, che rappresenteranno un cambiamento nel nostro modo di vivere e potranno aiutarci a sconfiggere i nostri mali. La scienza quindi può diventare il motore della società, così come si auspica nella cosiddetta Carta di Venezia. Nel 2005 per tre giorni si sono riuniti a Venezia politici, giornalisti, giuristi, economisti, imprenditori, religiosi, filosofi e scienziati per discutere dei rapporti tra scienza e società. Queste illustri personalità hanno sottoscritto la cosiddetta "Carta di Venezia", che si propone di far uscire la scienza dal suo ambito ristretto per proiettarla nella vita civile, indipendente, ma concreta nelle proposte per affrontare le emergenze del pianeta e trasparente verso l'opinione pubblica. Si favorisce infatti la formazione di un'*Authority for Science*, multidisciplinare e indipendente, incaricata di stabilire i limiti e gli obiettivi del progresso scientifico, di riflettere sul futuro della civiltà, e di formulare proposte concrete per la società di domani. Nessuno vuole porre limiti alla ricerca scientifica, ma occorre sempre accompagnarla a una profonda riflessione per evitare deviazioni catastrofiche, come la bomba atomica. Viviamo dunque in un mondo di grandi speranze e grandi timori a causa della crisi mondiale, ma ritengo che ci saranno molte opportunità per far crescere l'economia, se si colgono le possibilità offerte dalla scienza.

Conclusione

Ritengo, pertanto, che superare una crisi sia sempre possibile; in essa è implicito il suo superamento. I greci, infatti, utilizzavano la parola *krisis* soprattutto in ambito medico per indicare una situazione estrema limitata nel tempo. Alla fase acuta della malattia segue la guarigione o la morte. Inoltre, grazie alla crisi si esce dall'incertezza, si decide una strategia e s'individua una via d'uscita. Del resto, l'uomo anche in passato è sempre riuscito a superare i periodi di crisi, con la forza del carattere, l'impegno, la cultura e la speranza. Ne sono un esempio le diverse crisi del passato, dalla quali l'uomo è sempre uscito rafforzato: basti ricordare la Grande Depressione del 1929, o le due guerre mondiali, cui sono seguiti *boom* economici.

Elaborato 2007

La globalizzazione è quel processo attraverso cui mercati e produzione nei diversi Paesi diventano sempre più dipendenti tra loro, a causa della dinamica di scambi di beni e servizi. Questo comporta una modifica sostanziale delle relazioni tra Stati con ricadute anche nella vita sociale, politica e culturale. Il/la candidato/a approfondisca la problematica valutando i vantaggi e gli svantaggi che la globalizzazione comporta sul sistema mondo.

Introduzione

Con il termine "globalizzazione" si intende un vasto insieme di fenomeni legati allo sviluppo dell'integrazione economica, politica, sociale e culturale tra le differenti aree del mondo. La nascita di un mercato mondiale si colloca cinque secoli fa, quando, grazie all'espansionismo coloniale europeo, si formò una rete mercantile estesa a tutti i continenti.

Corpo

Soltanto a partire dagli anni '90 del secolo scorso, però, con la fine del sistema bipolare dominato dalla tensione USA-URSS, il processo della globalizzazione ha fortemente accelerato. La caduta del muro di Berlino e lo smembramento dell'URSS hanno modificato la mappa geopolitica dell'Europa e la struttura delle relazioni tra gli Stati. Essendo venuto meno uno dei due poli, il sistema non può più essere definito bipolare, bensì unipolare, perché dominato dall'unica superpotenza rimasta: gli Stati Uniti. Questa linea interpretativa non è però unanimemente accettata, perché alcuni ritengono che il divario di potenza che separava gli Stati Uniti dalle altre potenze mondiali si sarebbe già da tempo assottigliato. Pertanto, si dovrebbe parlare di un mondo non unipolare, ma multipolare.

Il processo di globalizzazione favorito dal nuovo sistema internazionale contempla diversi fenomeni che hanno influito su disparati aspetti della vita moderna. Innanzitutto, è evidente un'alterazione del rapporto tempo-spazio tra i popoli, dovuta all'enorme sviluppo dei sistemi di comunicazione come telefonia, telematica, televisione e reti internet che permettono una rapida diffusione delle informazioni e delle conoscenze, oltre che un accesso più facile ai prodotti e a costo ridotto. I nuovi mezzi di comunicazione non hanno avuto effetto solo su informazione e conoscenza; un altro effetto dei nuovi mezzi di comunicazione ha riguardato la delocalizzazione di una serie di attività lavorative da parte delle imprese multinazionali, che sono diventate sempre più influenti e che hanno raggiunto dimensioni economiche maggiori di quelle di interi stati. Queste società agiscono su scala internazionale, mantenendo la casa madre nel Paese d'origine, di solito nei Paesi sviluppati, ma diffondendo la loro attività nelle filiali estere, in cui la produzione viene delocalizzata per trovare lavoro a basso costo. Ciò comporta da un lato un aumento della produttività, ma dall'altro uno sfruttamento dei Paesi più poveri e un conseguente aumento delle divisioni tra ricchi e poveri.

L'alterazione del rapporto tempo-spazio, oltre che dallo sviluppo dei nuovi sistemi di comunicazione, è stata, inoltre, favorita dalla riduzione dei costi di trasporto che ha contribuito a uno spostamento più agevole anche delle persone. Diverse sono le conseguenze di tale fenomeno. Tra esse vi è l'espansione delle migrazioni internazionali che hanno portato alla creazione di società multirazziali. Differenti sono i motivi della migrazione: alcuni sono costretti a muoversi nella speranza di una vita migliore, altri, invece, si spostano liberamente per tentare di integrarsi in una realtà diversa da quella di provenienza o per motivi di studio. A tal proposito, è interessante ricordare l'istituzione dei progetti ERASMUS che permettono agli studenti universitari europei di effettuare in una università straniera un periodo di studio legalmente riconosciuto dalla propria università.

Accanto all'alterazione del rapporto tempo-spazio, un secondo importante fenomeno che ha contribuito alla caratterizzazione del processo di globalizzazione nel mondo ha riguardato la sfera culturale. Diretta conseguenza della globalizzazione è, infatti, l'omogeneizzazione culturale che riduce le diversità attraverso un processo di universalizzazione dei costumi, degli stili di vita e delle pratiche culturali. Anche in questo caso si possono individuare vantaggi e svantaggi di tale fenomeno: se da un lato, infatti, gli standard di vita diventano più elevati, dall'altro si corre il pericolo di una scomparsa progressiva delle culture locali.

Un terzo aspetto della globalizzazione, quello, tra l'altro, maggiormente percepito, può essere identificato nello sviluppo di un mercato globale per beni, servizi e denaro. Negli ultimi decenni c'è stata un'espansione della circolazione dei beni, anche al di là delle frontiere nazionali. Purtroppo, però, gli innumerevoli prodotti che il processo globale ha messo a disposizione dei consumatori risultano inaccessibili a circa la metà della popolazione mondiale che è, pertanto, esclusa dai consumi di massa. Mentre si abbattono le frontiere per consentire una libera circolazione di merci e produzioni, ne sorgono, quindi, di nuove, invisibili ma non per questo meno concrete, che escludono dalla crescita una parte della popolazione mondiale.

Conclusione

Credo, dunque, che la globalizzazione rappresenti un processo ormai inevitabile, frutto dello sviluppo economico-tecnologico, che ha portato innumerevoli benefici sotto svariati punti di vista, ma che, essendo ancora poco armonico e dominato dalle multinazionali, presenti nello stesso tempo anche molti aspetti negativi. Non si può parlare, infatti, di una realtà *in toto* positiva o negativa, quanto piuttosto di un miscuglio di aspetti con vantaggi e svantaggi, essendo la stessa un fenomeno estremamente complesso influenzato, come abbiamo visto, da una molteplicità di aspetti.

Elaborato 2008

La diffusa violenza che sta interessando il Paese è uno dei sintomi più preoccupanti del crollo dei valori della società moderna. Il/la candidato/a indichi su quali pilastri e con quali strumenti ritiene sia possibile procedere al recupero di una coscienza civile basata su principi condivisi.

Introduzione

"Sei ancora quello della pietra e della fionda, o uomo del mio tempo" scrive Quasimodo nella sua poesia "Uomo del mio tempo" citando indirettamente fatti tragici relativi alla Seconda guerra mondiale, ma con accenti che rivelano una forte attualità. La violenza resta, infatti, il principio immutato e sempre presente nella storia umana, mentre la funzione principale della civilizzazione dovrebbe essere proprio quella di ridurla.

Corpo

La percezione che si ha della moralità, in un contesto di forte sopraffazione, è ridotta al minimo; normalmente anzi si pensa che l'atteggiamento morale sia quello meno adatto a permettere la sopravvivenza. Occorre per forza essere duri, cattivi, sfrontati, stando bene attenti, nel contempo, a non comportarsi come ingenui e sprovveduti, rischiando d'essere ingannati o strumentalizzati da chi è capace di usare la violenza in forme più subdole e sottili. È molto difficile vivere in un ambiente violento e bisogna imparare presto a capire come non farsi schiacciare dagli altri. Questi atteggiamenti si vedono moltissime volte là dove regna la povertà sociale, il degrado ambientale, l'individualismo esasperato, la criminalità più o meno organizzata, piccola o grande che sia. Le grandi città sono le più colpite perché le sacche di emarginazione sono più consistenti e coesistono, accanto alle manifestazioni di ricchezza, l'isolamento e le privazioni delle condizioni sociali più deboli.

La violenza si riversa, però, anche in ambiti ristretti come quelli della famiglia, dove le insoddisfazioni e i comportamenti devianti trovano spesso una valvola di sfogo. Non ci deve, quindi, sorprendere che la maggior parte degli omicidi accada in famiglia perché lì passiamo la maggior parte del nostro tempo ed è verso i familiari che coltiviamo le maggiori aspettative e le passioni più profonde. È normale, pertanto, che nell'ambito familiare si scatenino anche le più frequenti forme di violenza. Inoltre la famiglia è cambiata come è cambiata profondamente la società che la rappresenta e quello che dovrebbe essere il luogo più sicuro, la casa, si può trasformare invece nel posto a più elevato rischio. Da una famiglia patriarcale autogestita e autosufficiente sia dal punto di vista organizzativo che funzionale esistente fino alla metà del '900 si è

passati a una famiglia mononucleare in cui i ruoli e le funzioni dei membri familiari sono cambiati radicalmente: la donna assume sempre più una funzione direttiva e amministratrice diventando anche spesso l'unica figura educativa per i figli, che a loro volta non costituiscono più una risorsa economica, ma un onere che incide pesantemente nel bilancio familiare. Oggi, troppo spesso la famiglia diviene il luogo dell'egoismo, delle nevrosi, dei disturbi della personalità proprio perché vengono meno alcuni aspetti che favoriscono lo sviluppo di tutti le sue componenti e cioè la fiducia, la stima profonda e condivisa, la lealtà e il dialogo. Manca una gerarchia di valori per cui spesso in una condizione di anarchia il denaro diventa il primo valore. I genitori non sempre sono in grado di gestire figli ribelli, non hanno tempo né forse voglia di affrontare situazioni critiche. Inoltre, i modelli comportamentali cui spesso i giovani si ispirano sono veicolati da messaggi in cui il potere, la forza e l'aggressività hanno la meglio e così può capitare di assistere ad episodi come quello di un gruppo di adolescenti che filmano scene di ordinaria violenza con il telefonino. Anche la scuola ormai ha un potere limitatissimo; i professori hanno scarsa autorità e spesso non intervengono perché vengono contestati dagli stessi genitori.
Tuttavia, i fatti sociali più eclatanti di questi ultimi tempi riguardano le violenze sulle donne. Per la rilevanza sociale di questo fenomeno si parla ora di "femminicidio" perché le vittime sono in prevalenza femmine. Nel corso degli anni le donne sono passate da una posizione subalterna a quella di parità rispetto alla figura maschile, la quale tuttavia non è riuscita ad emanciparsi dagli stereotipi di genere che rappresentano ancora un fattore influente sulle relazioni di coppia. Le donne muoiono, infatti, principalmente per mano dei loro mariti, ex-mariti, padri, fratelli, fidanzati, amanti o innamorati respinti. Insomma, per mano di uomini che avrebbero dovuto rappresentare una sicurezza. Le reti di servizi e i centri antiviolenza si prodigano con determinazione, ma altrettanta fatica, perché sono pochi e hanno finanziamenti a goccia dagli enti locali e dallo Stato. Recentemente il nostro ordinamento si è arricchito di un nuovo provvedimento che dovrebbe garantire maggiore protezione alle donne. Prevenire la violenza di genere, proteggere le vittime e punire severamente i colpevoli: sono questi i tre obiettivi del decreto legge contro il femminicidio e la violenza sulle donne approvato in Italia nell'agosto 2013 e convertito in legge nell'ottobre dello stesso anno.

Conclusione

Credo che la prevenzione e il controllo della violenza possano e debbano essere fatti soprattutto in ambito educativo e familiare proponendo modelli comportamentali che possano sviluppare la capacità individuale di fronteggiare avversità o situazioni critiche che in questo periodo storico tendono a destabilizzare il tessuto sociale producendo un'inaudita esplosione di violenza.

Elaborato 2009

In circostanze drammatiche spesso emergono comportamenti contraddittori: da una parte l'individualismo esasperato di chi pensa solo al suo interesse, non rispettando regole e principi di convivenza; dall'altra il generoso altruismo di chi è pronto ad accorrere e offrire aiuto agli altri, anche a costo della sua stessa vita. Il/la candidato/a rifletta su questa asserzione, soffermandosi sui mezzi educativi necessari per far prevalere la parte migliore del cittadino.

Introduzione

Viviamo in una società dove l'individualismo e l'interesse personale costituiscono l'unico stimolo ad agire, tutto è ridotto al profitto personale ed economico, soltanto poche persone superano questo stadio cinico ed egoista per aiutare, almeno in circostanze particolarmente drammatiche, chi è in difficoltà o per salvaguardare l'ambiente e il patrimonio circostante, attraverso l'altruismo e la solidarietà.

Corpo

Si parla d'individualismo moderno come una delle caratteristiche della società contemporanea, ma la tutela e la difesa degli interessi personali a scapito del prossimo fanno parte della indole stessa dell'uomo. Già i primitivi cacciavano e lottavano per la sopravvivenza personale e della loro famiglia a svantaggio di altri individui, mentre nel mondo antico la celeberrima frase "homo homini lupus" esprimeva il concetto dell'uomo nello stato di natura in cui egli è fondamentalmente egoista; a determinare le sue azioni sono soltanto l'istinto di sopravvivenza e quello di sopraffazione. Proprio a causa di tali inclinazioni, l'essere umano non potrà mai sentirsi spinto ad avvicinarsi al suo simile in virtù di un amore naturale, e se egli si legherà con altri simili in amicizie o società, regolando i suoi rapporti con le leggi, ciò sarà dovuto soltanto o al timore reciproco o alla convenienza. Ancora oggi, questo stato naturale è quanto mai attuale, l'individuo è diventato ancora più spietato e, in quest'epoca, così progredita e tecnologica, assistiamo ad una forma di involuzione che ci fa regredire dal punto di vista etico perché si sono persi tutti quei valori basati sull'altruismo e sul rispetto del prossimo. Frequente è l'atteggiamento di coloro che rimangono indifferenti di fronte a tragedie immani, come ad esempio, Paesi colpiti da calamità naturali come terremoti o alluvioni, che hanno distrutto abitazioni e strade ma anche provocato enormi perdite umane, assumendo comportamenti contrari alla morale comune. Oltre alle catastrofi, dobbiamo pensare, nel nostro piccolo, anche che incidenti stradali o domestici possono, a volte tramutarsi in circostanze drammatiche. L'indifferenza dinanzi a questi fatti non è esattamente un comportamento positivo, ma di solito costituisce una forma di difesa che la nostra psiche adotta, per evitare di dover affrontare certi argomenti, andando magari a ricordare passate esperienze negative e i danni che queste hanno provocato alla nostra vita. Solo alcuni prestano i minimi soccorsi, semplicemente per non avere pesi sulla coscienza e poter continuare la propria vita illudendosi di aver fatto il possibile per aiutare i malcapitati. Tuttavia, tanti italiani, fortunatamente, appartengono all'altra fascia che costituisce l'enorme motore che muove la macchina dei soccorsi, attraverso l'altruismo, considerato come una qualità morale chiaramente positiva, perché migliora indirettamente le proprie possibilità di sopravvivenza e benessere. Spesso, però viene considerato vero altruismo soltanto quello disinteressato, che non si basa sul principio del do ut des ("do affinché tu dia"). Un esempio di reale qualità etica viene offerto dagli aiuti umanitari o dal volontariato che in Italia costituisce una grossa fetta che non fa notizia, eppure, con l'amore per il prossimo e la solidarietà, svolge un'opera enorme laddove lo Stato non può arrivare per mancanza di fondi e di organizzazione. Vi sono poi gli esecutori materiali dei soccorsi che, grazie a corsi di preparazione specifica o di pronto soccorso, sono i più solidali di tutti perché accorrono e rischiano anche la propria vita al solo scopo di salvare le vittime. Queste persone, dalla Protezione Civile a Medici Senza Frontiere alla Croce Rossa, sono i veri eroi contemporanei e meritano di essere ricordati come esempio per il futuro perché un uomo che reprime tutti i suoi istinti di conservazione e sopravvivenza, per obbedire ad un obbligo di solidarietà che si è auto-imposto, ha una mente particolarmente forte ed evoluta. Tuttavia, il vero obiettivo da raggiungere è un altro, e cioè poter prevenire tali eventi catastrofici semplicemente rispettando le leggi antisismiche e i piani regolatori comunali. Da ciò si evince che esiste un comportamento ancor più grave dell'individualismo esasperato, descritto sopra, e cioè quello di chi sottovaluta la forza della natura e ride di coloro che cercano di prevenire certi eventi. Per fare questo e prevenire future tragedie bisogna sempre ricordare le numerose morti inutili di cui è disseminato il nostro passato. Tali considerazioni ci fanno riflettere sul fatto che spetta alla famiglia e alla scuola sviluppare la coscienza morale e l'educazione civica nell'individuo, che contribuiscono ad accrescere quel rispetto per le regole e per il prossimo che costituisce l'asse portante del vivere civile. Le istituzioni, poi, devono aiutarci a diventare onesti cittadini per preservare il benessere non solo dell'individuo, ma della collettività intera.

Conclusione

Forse l'unica arma che resta contro lo strapotere del denaro e la ricerca del lusso sfrenato è proprio dedicare un po' di tempo agli altri, senza aspettare l'evento catastrofico. In questo modo potremmo scoprire che tendere una mano al prossimo significa ritrovare la fiducia nella gente e soprattutto aiutare se stessi a vivere meglio. Si potrebbe nascondere in noi una parte, fatta di generosità e altruismo, che non credevamo esistesse e che aspetta solo di uscir fuori in un mondo che per troppo tempo ha fatto prevalere l'egoismo e gli interessi materiali. La solidarietà, la cooperazione reciproca, l'altruismo, devono riemergere per rendere il Mondo un posto migliore.

Elaborato 2010

Il Capo di Stato Maggiore dell'Aeronautica ha affermato recentemente: "Tutti coloro i quali decidono in maniera volontaria di indossare l'uniforme con le stellette lo fanno per scelta consapevole, con un'attesa di realizzazione professionale che, al di là dell'esigenza di una remunerazione economica, comporta la spontanea accettazione del mondo militare, la soddisfazione per il dovere compiuto, la coesione solidale, la serietà dei risultati e la disciplina consapevole". Il/la candidato/a, traendo spunto da questi valori, dica da quali motivazioni è mosso/a nella sua scelta.

Introduzione

Il nostro Paese, proprio nell'ambito militare, vanta una lunga e gloriosa tradizione, grazie all'impegno delle quattro Forze Armate, Aeronautica Militare, Esercito Italiano, Marina Militare e Arma dei Carabinieri. Il ruolo da esse svolto ci consente non solo una tranquilla prosecuzione della nostra vita quotidiana, ma permette anche di riportare ordine e pace nei luoghi afflitti da battaglie e dissidi di ogni genere. Le origini dell'Aeronautica affondano le loro radici nella Prima guerra mondiale, quando, in Italia, si sviluppò "l'armata dell'aria", che sebbene fosse sotto il controllo dell'esercito, consisteva di una flotta di appena 86 aerei, poiché al nostro Paese mancavano le risorse economiche per investire sull'aviazione da guerra. Con il passare degli anni, tuttavia, e con le rinnovate esigenze belliche, divenne prioritario costruire nuovi aerei da impiegare nelle operazioni militari strategiche. L'importanza dell'Aeronautica crebbe sempre più anche dopo la fine del conflitto, epoca in cui fu denominata prima Arma Azzurra e poi Regia Aeronautica con l'intercessione del re Vittorio Emanuele III. Soltanto dopo il referendum del 2 giugno 1946 prese il nome, ancora attuale, di Aeronautica Militare.

Corpo

Il prestigio di questo corpo, che vanta una lunga tradizione storica, consente ai giovani di realizzare i loro sogni e le loro ambizioni anche in una società difficile come quella attuale, in cui domina la crisi economica e la difficoltà di entrare nel mondo lavorativo è diventata un leit-motiv continuo e costante e una delle preoccupazioni principali per il futuro del nostro

Stato. Tuttavia, coloro che scelgono di indossare la divisa, non lo fanno semplicemente per cercare un'occupazione che dia la possibilità di arrivare a fine mese con uno stipendio, né tantomeno per aspirare al fatidico posto fisso che garantisca continuità e salvi dalla precarietà dei numerosi contratti a termine, tanto diffusi oggi. La motivazione ad intraprendere la vita militare è la prima molla che fa scattare nei giovani la passione per l'uniforme con le stellette, vista più come una vera "missione" di vita, un servizio per il bene del prossimo e della collettività, un "credo" di matrice ideologica, che non come una mera possibilità di realizzazione economica. La spontanea accettazione del mondo delle divise, procede di pari passo con un'etica militare in cui prevale il fattore morale, imperniato sui valori etici di lealtà, coraggio, rigore morale, senso del dovere, amore per la propria Nazione, e spirito di dedizione verso il prossimo. Così va sottolineato, che al militare, più che nelle altre professioni viene richiesto il sacrificio della vita, laddove le circostanze lo richiedano; è noto che a nessuno ed in nessuna professione può essere imposto tale obbligo. In questo caso, l'interesse generale deve prevalere sul suo interesse personale ed immediato, e con piena soddisfazione deve riuscire a tutelare la collettività in nome dello spirito di servizio e della solidarietà. In sintesi il soldato non può essere solo un cittadino cui sono state consegnate delle armi, la sua condizione è diversa da quella delle altre professioni, perché implica l'adesione integrale a quel sistema di valori tradizionali che sono alla base della coesione sociale e della disciplina, unite alle capacità combattive specifiche del suo ruolo. Nel nostro caso, le competenze tecniche di un buon pilota, unite al sistema dei valori morali, per cui ha indossato l'uniforme, portano un esempio di serietà e disciplina utili non solo alla realizzazione personale ma anche alla possibilità di servire la Nazione, per perseguire obiettivi di pacifica convivenza e cooperazione internazionale, come ad esempio nel caso di interventi contro la criminalità o contro attacchi terroristici. Infine, la professionalizzazione delle Forze armate ha costituito una svolta molto decisa nel loro ruolo oggi, attraverso la preparazione e il sostegno in termini di risorse e consenso, nel loro impiego in Patria e all'estero, dove sono utilizzate, per le missioni di pace in territori devastati da guerre e conflitti. E sono proprio questi i motivi che mi spingono a cercare di arruolarmi nell'Aeronautica Militare; la possibilità di offrire un contributo fondamentale al mio Paese, in termini di incondizionato servizio per la protezione dei cittadini e dell'ordine pubblico, insieme all'opportunità di diffondere i principi di coesione e solidarietà, anche nelle missioni all'estero; ciò mi renderà pienamente soddisfatto di aver intrapreso la carriera militare di un corpo così prestigioso come l'Aeronautica militare. Essa inoltre permetterà di realizzare, con disciplina e sacrificio, uno dei miei più grandi sogni e cioè quello di volare.

Conclusione

Le Forze Armate oggi rappresentano il grado di sviluppo raggiunto da ogni Paese e il loro impegno internazionale deve tendere solo alla pace e all'accrescimento del benessere collettivo. Gli enormi vantaggi derivati dal loro giusto impiego, potranno garantire alle generazioni future di condividere serenamente tutto il Pianeta, grazie all'impegno dei soldati e al loro spirito di sacrificio.

Elaborato 2011

I tragici eventi che hanno caratterizzato l'ultimo ventennio hanno di fatto "raffreddato" le aspettative di pace, serenità e benessere che accompagnarono la caduta del muro di Berlino. La recrudescenza di conflitti sociali, etnici, economici uniti alla difficoltà di fronteggiare e minimizzare gli effetti di fenomeni naturali, sempre più devastanti hanno affermato, a tutti i livelli, il prevalere di un "pensiero cinico" che non riconosce grande significato alla parola "speranza". Il candidato individui le priorità di intervento che consentono di guardare al futuro con maggiore ottimismo.

Introduzione

I libri di storia più recenti ripercorrono periodi di grande importanza e rilievo che hanno cambiato il volto della società contemporanea modificando l'ordinamento politico-economico e geografico attuale. Tuttavia, oggi, numerosi conflitti insanguinano il Mondo e il pacifismo resta solo un'utopia non sorretta da alcuna volontà politica e il rimedio più comodo per risolvere le controversie internazionali, resta la violenza.

Corpo

La caduta del muro di Berlino, nel 1989, simbolo dell'insanabile baratro tra Ovest ed Est, ha segnato con l'unificazione delle due Germanie, un'epoca nuova per l'Europa, con esso sono caduti i regimi estremisti e l'URSS si è sgretolata in tante repubbliche finalmente indipendenti. Alcuni storici hanno messo l'accento sulla presunta posizione di dominazione internazionale assunta dagli Stati Uniti, considerati come l'unica superpotenza rimasta, altri invece hanno sottolineato come tutte le ostilità degli anni seguenti, siano state causate da conflitti indiretti tra i nuovi sistemi ideologici nati dalla contrapposizione tra i due blocchi statunitense e sovietico. I regimi comunisti non esistono più e le aspettative di pace e coesione, di sviluppo e benessere economico caratterizzano sempre di più le coscienze degli individui, il bisogno di cambiare, di ritrovare la libertà e l'autonomia sono evidenti negli animi di tutti. Tuttavia gli avvenimenti successivi, hanno deluso tutte queste aspettative e di lì a pochi anni, il volto del Vecchio Continente sarebbe destinato a evolversi radicalmente, ancora una volta all'insegna della violenza e delle guerre. Il desiderio d'indipendenza, infatti, ha provocato un cambiamento nell'assetto geo-politico dei Paesi dell'Est attraverso la disintegrazione della Repubblica Federale Socialista di Jugoslavia, a seguito dell'autonomia di Slovenia, Croazia, Macedonia e Bosnia-Erzegovina;successivamente in quest'ultima regione è iniziata una lunga guerra civile, tra due fazioni avverse, Croati e Musulmani, che ha continuato a seminare morte e distruzione fino ai giorni nostri. Negli stessi anni, in Italia, ha dilagato il fenomeno Tangentopoli che ha coinvolto numerosi esponenti politici e contribuito alla nascita di nuovi partiti, dando così inizio ad una lunga crisi politica ed economica destinate a non avere mai fine. La Lira è caduta e i mercati europei hanno perso fiducia, portando l'Italia in una situazione di disagio nei confronti del resto del Continente. Il progetto di unificare tutti gli stati europei, sebbene completamente diversi tra loro, si è concretizzato nel 1992 con la firma del trattato di Maastricht da parte di 12 stati appartenenti alla CEE. La strada per la coesione internazionale è, però, ancora lunga e tortuosa e l'abbattimento delle frontiere, porta una serie di problematiche, come ad esempio la gestione dei flussi migratori, o i traffici illegali della criminalità transnazionale, ancora oggi estremamente attuali. Gli attentati dell'11 settembre 2001 che hanno colpito il World Trade Center di New York, costituiscono la data ufficiale della nascita del terrorismo internazionale, destinato a mietere disastri e vittime in ogni parte del Globo. Tutti questi avvenimenti ci fanno riflettere sulla recrudescenza di conflitti sociali, economici ed etnici che a distanza di tanti anni e numerose aspettative di pace e benessere, continuano ad insanguinare il Mondo. Nonostante la creazione delle Organizzazioni Internazionali, come ONU e NATO, che dal dopoguerra in poi, si sono occupate del mantenimento degli equilibri mondiali di pace, la minaccia di conflitti armati, è sempre in agguato. Ad aggravare ancora di più la situazione, contribuisce il fatto che gli sforzi economici siano impegnati nel fronteggiare le numerose catastrofi naturali, che soprattutto, negli ultimi anni, si sono abbattute violentemente in ogni regione, portando ingenti danni e rilevanti perdite umane. Il mancato rispetto dell'ambiente e l'incuria della collettività, hanno amplificato ancora di più tali fenomeni che testimoniano un dilagante cinismo nel comportamento dell'uomo moderno, insensibile anche nei confronti dei fragili ecosistemi naturali. Purtroppo l'ideologia pacifista, e il rispetto per il prossimo e per la natura, lasciano il posto ad un pensiero cinico di fondo, che caratterizza tutta la società contemporanea, pervasa da un individualismo egoista ed indifferente ai sentimenti e alla morale comune, insensibile al bene del prossimo, a tutto vantaggio del proprio profitto. Alcuni hanno parlato addirittura di un cinismo di massa, nato dalla disgregazione dei principi di solidarietà sociale, e dalla mancanza di volontà a non cambiare in nessun modo il corso delle cose; il pensiero cinico, nell'indifferenza più assoluta, non rischia niente, né si mette in gioco per migliorare il mondo, e così contribuisce alla morte della speranza. Solo con la riscoperta dei valori di cooperazione e fratellanza tra popoli, potremo auspicare alla crescita civile della società intera, l'ideologia pacifista non deve essere solo una teoria ma uno stile di vita dal comune cittadino ai Grandi della Terra.

Conclusione

Il Mondo è sempre in continua evoluzione, ma se, da una parte, qualcuno si sforza di dare equilibrio, pace e di assumere comportamenti eco-sostenibili, dall'altra vengono alimentati sempre nuovi focolai di guerra e violenza a causa di un pensiero cinico e arrivista. Bisogna dunque stabilire se gli sforzi di quei pochi individui, per rendere l'Europa una grande forza politica ed economica, siano valsi a qualcosa oppure abbiano generato solo confusione e disordini peggiori di prima. Tuttavia, tutto questo fa parte della storia, e come si sa, non c'è uomo se non esiste qualcosa che documenti la sua esistenza. Eventi, fatti e cambiamenti di ieri e di oggi, saranno anche quelli di domani, perché la storia avrà il suo corso continuo, e spetta soltanto all'uomo non perdere di vista le speranze e trarne i giusti insegnamenti.

Elaborato 2012

I cambiamenti climatici, l'elevato tasso di crescita della produttività agricola, l'aumento della popolazione mondiale, per la gran parte nei Paesi in via di sviluppo, pongono il problema della rarefazione e della sempre più accentuata scarsità dell'acqua. Agli Stati si chiede di adottare politiche di gestione più oculata delle risorse idriche al fine di garantire il diritto dell'acqua per tutti. Ai cittadini si chiede di fare un uso più razionale di questa importante risorsa affinché tutti possano contribuire a creare un futuro sostenibile.

Introduzione

"L'acqua è il principio di tutte le cose; le piante e gli animali non sono che acqua condensata e in essa si risolveranno dopo la morte". Per il filosofo greco Talete l'acqua è dunque l'*archè*, l'elemento primordiale ed eterno, origine e fine di tutto. Quasi tutte le culture, anche quelle primitive, la considerano come l'elemento primigenio dal quale tutto nasce e al quale tutto deve tornare. Una sorgente di vita, dunque, ma anche un mezzo di purificazione e di rigenerazione. E dalla scienza sono arrivate le conferme: è molto probabile che le prime forme di vita comparse sulla Terra si siano originate spontaneamente a partire dalle varie sostanze chimiche che si trovavano negli oceani primitivi.

Corpo

Dall'acqua dunque è nata la vita e senza di essa non esisterebbero gli esseri viventi: noi stessi ne siamo formati per oltre il 70% del nostro peso. L'acqua sulla Terra influisce sul clima, demolisce le rocce e ne costruisce di nuove modellando la superficie terrestre, ci dà da mangiare e da bere, ci consente di produrre energia, di praticare l'agricoltura, di far funzionare le industrie e di mantenere le condizioni igieniche indispensabili per evitare malattie.
L'acqua ha dunque condizionato la vita dell'uomo da millenni e ancora oggi è un bene prezioso, ma anche raro, che va tutelato. La società moderna, infatti, non si limita solo a consumarla, ma la spreca, la altera, la inquina. Inoltre, nonostante sia una ricchezza indispensabile, è ancora molto mal condivisa, in quanto per un uomo su due resta un bene ipotetico, inaccessibile oppure incontrollato. È quindi più che mai opportuno parlare oggi di essa come di una risorsa.
Purtroppo, in molte aree del mondo è vissuta come un problema. In primo luogo perché sia l'acqua, che la popolazione che la consuma, non sono distribuite omogeneamente sulla Terra. In Islanda, per esempio, dove ci sono pochi abitanti e un clima molto umido, la sua disponibilità per abitante è Molto elevata, mentre in aree a forte densità di popolazione, con scarsità di precipitazioni e povertà, che non permette di investire nella ricerca, il problema dell'acqua può diventare drammatico, come è accaduto nei periodi di grave siccità che hanno colpito le regioni a sud del Sahara agli inizi degli anni '70, che hanno provocato decine di migliaia di morti. Se i cambiamenti climatici continueranno a generare un aumento delle temperature medie nel pianeta, si prevede che in molte aree la carenza idrica potrebbe persino aumentare. Trovare soluzioni per salvaguardare l'acqua è quindi di vitale importanza.
In secondo luogo c'è una disomogeneità nel consumo *pro capite* di questo bene, che è massimo nei Paesi ricchi e fortemente industrializzati.
La scarsità d'acqua o la sua cattiva qualità limitano il tenore di vita e lo sviluppo economico di molti Paesi del Sud del mondo, soprattutto di quelli, in prevalenza africani, che non possono pagare i costi della ricerca, della distribuzione e della sua depurazione con l'esportazione di materie prime pregiate, come il petrolio. Anche nei Paesi relativamente ricchi di fonti di approvvigionamento delle acque e che possono investire denaro per il loro sfruttamento, si fa minaccioso il problema dell'acqua: i consumi e l'inquinamento crescono così in fretta da non dare più il tempo alle riserve naturali di ricostituirsi e auto depurarsi. L'acqua, in tal modo, rischia di diventare una risorsa non più rinnovabile. Diventa, pertanto, sempre più pressante la necessità che i governi dei singoli Paesi predispongano un'adeguata pianificazione dell'uso di tale risorsa, con leggi volte a contenere i molti e ingiustificati sprechi e a imporre la purificazione delle acque agli inquinatori. Naturalmente le leggi da sole non bastano, ma occorre che ci siano anche organi di vigilanza.

Conclusione

Ritengo che il problema della mancanza d'acqua possa essere affrontato in tre modi: innanzitutto con la ricerca di nuove fonti, sbarrando fiumi, scavando pozzi o creando bacini di raccolta delle acque piovane. Si tratta, però, di opere che richiedono forti investimenti di capitali e che hanno un forte impatto sull'ambiente e che creano spesso conflitti tra Paesi confinanti. Si dovrebbe, inoltre, cercare di conservare le fonti esistenti, migliorando la rete di distribuzione e l'efficienza dell'irrigazione, riciclando i rifiuti o emanando leggi che riducano i consumi individuali e la crescita demografica. Infine, sarebbe utile riutilizzare le acque inquinate previo trattamento di depurazione. È importante la collaborazione di tutti affinché il bene più prezioso possa essere garantito anche in futuro, magari con una ripartizione più equa.

Elaborato 2013

"Se vuoi la pace, prepara la guerra", dicevano i Romani: ma se la sensibilità moderna porta a rifiutare la logica imperialistica e militarista, la ricerca della pace non può prescindere dalla necessità di difendere il proprio Paese e la pace stessa. In margine a queste considerazioni, il/la candidato/a spieghi e motivi il suo desiderio di far parte dell'Aeronautica Militare.

Introduzione

L'esame del passato è fondamentale per formare un'identità civile e culturale senza la quale non potremmo capire il nostro presente. La riflessione sugli eventi e sugli insegnamenti storici ci permette di preservare la nostra memoria e di riflettere su domande universali ancora oggi estremamente attuali.

Corpo

La celebre frase del mondo latino "Si vis pacem para bellum", citata in primis da Vegezio, poi da Cornelio Nepote e Cicerone, è stata ricordata nella storia per il suo profondo significato. I Romani, forti della loro virtus belligerante che li ha portati ad allargare il loro impero fino ai confini del mondo occidentale, sostenevano che per mantenere la pace bisognasse preparare la guerra e ciò era necessario per riuscire a vivere pacificamente, difendersi da ogni attacco esterno e sedare anche con la forza, ogni manifestazione facinorosa. Al di là delle mire espansionistiche del popolo di Cesare, il motto è stato ripetutamente utilizzato negli studi politici e nelle relazioni internazionali per legittimare il principio della deterrenza o dissuasione, ovvero la costituzione di un apparato militare paragonabile a quello di un nemico attuale o potenziale, come sistema di equilibrio tra le potenze e di evitamento dei conflitti.

L'esperienza, almeno così è sembrato per tutto il periodo della Guerra Fredda, dimostrerebbe che si conduce più agevolmente una trattativa di pace e si raggiunge più facilmente un patto di non aggressione o un accordo di civile coesistenza, quando sussiste una condizione di parità di armi offensive, naturalmente a condizione di riuscire a limitarne l'uso semplicemente come un deterrente. In pratica quando le armi della diplomazia sono spuntate o si sono esaurite, l'ultima chance sembra quella di prepararsi ad uno scontro. Si tratta, comunque, di una strategia coercitiva basata sulla minaccia del ricorso alla forza con lo scopo di influenzare e vincolare le scelte strategiche dell'avversario. Tuttavia, se una componente essenziale della pace, in quanto esperienza soggettiva dei popoli, è il sentimento di sicurezza, allora si può comprendere, più facilmente, quale sia l'elemento di instabilità annidato dietro questo equilibrio che non a caso è stato definito "del terrore". Un tale genere di pace è mantenuto esclusivamente dalla paura per un imminente conflitto, generando così insicurezza tra gli individui e incapacità a convivere diplomaticamente. La Guerra Fredda ha certamente scongiurato lo scontro tra i due blocchi e l'olocausto nucleare, ma non ha certo impedito la miriade di piccole e straordinariamente crudeli stragi locali e guerre regionali che hanno insanguinato il pianeta nella seconda metà del XX secolo, e i suoi presupposti sono gli stessi che all'alba del XXI hanno partorito il terrorismo globale. La nuova chiave di volta della politica internazionale (e da qualche tempo anche di quella interna) sembra diventata l'uso generalizzato della paura come strategia, per gestire poteri ed egemonie, ricattare i governi, fare affari, esportare o imporre la propria cultura, i propri valori o semplicemente i propri interessi. Così governi e pubbliche opinioni indugiano a danzare sull'orlo dell'abisso mentre studi strategici delirano su "guerre limitate" e "perdite sostenibili", e intanto sul Web nascono siti che danno istruzioni su come confezionare ordigni atomici o quali tattiche adottare per un efficace attacco terroristico. Da queste considerazioni possiamo riflettere ancora di più sulla pace e sul suo significato, inteso forse solo come una parentesi tra due guerre e in questo senso "si vis pacem para bellum" finirebbe col voler dire che nel tempo che segue una guerra, definito "pace negativa", non resta che prepararsi a combattere la prossima; una "parentesi" che sarebbe in realtà essa stessa guerra, una "istituzione-guerra" non guerreggiata ma impegnata nella creazione del nuovo nemico e nella ricerca e nel finanziamento di armamenti sempre più sofisticati. Una pseudo-pace, insomma, profondamente contaminata da germi di guerra che prima o poi avranno il sopravvento. In effetti non è così semplice definire che cosa sia la pace, se una specifica condizione mentale, sociale e politica orientata alle relazioni amichevoli e cooperative, oppure semplicemente "assenza di guerra"; così come non è facile decidere fino a che punto abbia un senso l'impiego della forza per preservarla, come accade ad esempio nelle operazioni di peace-keeping. Secondo Spinoza: "La pace non è assenza di guerra ma è una virtù, uno stato d'animo, una disposizione alla benevolenza, alla fiducia, alla giustizia" e non un prepararsi continuamente alla guerra per mantenere ordini prestabiliti tra civiltà diverse e lontane. Nella società attuale, in tempi definiti ormai "di pace" nonostante le continue crisi e instabilità globali, il ruolo dell'esercito consiste nel preservare a tutti i costi la stabilità pubblica e l'ordine civile, al contrario dei tempi antichi in cui la storia ci offre tanti esempi del suo ruolo belligerante e conquistatore. Lo scopo principale delle Forze Armate è placare i conflitti nei territori oppressi da regimi dittatoriali o neutralizzare criminali internazionali che spesso minacciano intere Nazioni attraverso gli attacchi terroristici. Tutto questo è stato fatto anche attraverso le missioni di peace-keeping che hanno aiutato i Paesi in difficoltà e i civili attraverso progetti di ricostruzione di strade, scuole e pozzi per l'acqua e in tali esempi il ruolo militarista ha svolto essenzialmente il compito di mantenimento della sicurezza, dell'ordine e della civile convivenza tutti elementi che stanno alla base del concetto di pace.

La necessità di difendere il proprio Paese da attacchi esterni così come di proteggere le altre Nazioni per il mantenimento degli equilibri mondiali, è diventato l'obiettivo principale dei nostri soldati, che spogliati dall'ottica bellica, mirano ormai a utilizzare le armi con lo scopo di mantenere la pace con onore e valore. A distanza di tanti secoli di storia la frase "Si vis pacem para bellum" è quanto mai attuale e moderna.

Conclusione

È per questo motivo che desidero entrare a far parte dell'Aeronautica Militare, un corpo che, da anni, è impegnato nel mantenere la pace e l'ordine civile, attraverso la protezione dei cittadini e la possibilità di contrastare ogni tentativo di prevaricazione da parte dei criminali, al fine di preservare il proprio Paese da eventuali conflitti o attacchi esterni. Queste riflessioni riempiono il cuore di orgoglio e soddisfazione anche se, a volte il rischio e il pericolo sono dietro l'angolo. Confido nell'impegno di tutte le Forze Armate nella guerra al terrorismo e contro le continue lotte che insanguinano il mondo, nella speranza che esse possano finire, presto, con la definitiva vittoria della democrazia e degli equilibri a lungo termine.

Elaborato 2014

L'ultimo secolo ha realizzato il sogno di volare che fu già di Dedalo e Leonardo.
Il candidato rifletta sulla ricaduta di questa straordinaria conquista nei vari ambiti della vita umana e consideri come lo sviluppo tecnologico offre nuove opportunità nei diversi scenari e diversi campi, dall'utilizzo dello spazio ai sistemi di pilotaggio remoto.

Introduzione

Il desiderio dell'uomo di volare e le leggende che attorno a questo desiderio sono fiorite si perde nell'antichità più remota, dall'avventuroso volo di Dedalo ed Icaro fino a Koensu, alato dio egizio. Gli antichi hanno sempre guardato affascinati il volo degli uccelli, tentando di carpirne i segreti e applicarli al corpo dell'uomo, tuttavia, solo con il genio di Leonardo da Vinci, attraverso i suoi studi sul volo, l'uomo è riuscito a realizzare uno dei sogni più improbabili della sua esistenza, riscontrando che, anche se le ali battenti non erano idonee allo scheletro e alla muscolatura dell'individuo, si potevano adattare a strani marchingegni per trasportarlo agevolmente nell'etere. Nella nostra era computerizzata e tecnologica, per alcuni volare vuol dire soltanto salire su un aereo che permetta di far colazione a Milano e cena a New York, oppure spostarsi principalmente per lavorare e per accorciare tempi e distanze da una parte all'altra del Globo. Anche i piloti che conducono gli aerei di linea, in realtà, non "volano" più, ma sorvegliano strumenti computerizzati, sempre più elaborati e complessi.

Corpo

Gli uomini, mammiferi appartenenti al gruppo dei primati dalle quattro zampe hanno sviluppato, secondo le teorie evoluzioniste, la postura eretta che ha permesso loro di vivere nelle caverne prima, e poi iniziare a cacciare in gruppo, camminando e spostandosi, di volta in volta, alla ricerca di cibo e habitat favorevoli per la sopravvivenza della specie. Essi avevano in loro possesso degli arti, braccia e gambe, che permettevano loro di svolgere tutte le attività della vita quotidiana, come accendere un fuoco, costruirsi un riparo dal freddo o pescare, e realizzare armi per difendersi dai predatori, avevano il linguaggio e l'intelligenza. I primati possedevano tutto tranne le ali, strani apparati di cui erano dotati solo gli uccelli per librarsi liberamente nell'aria. Con queste ci si può staccare dalla terra, con un senso di leggerezza assoluta, osservare dall'alto tutto e tutti, liberarsi da quella pesantezza che solo la materia e il senso di gravità di chi è costretto a rimanere ancorato sul suolo può capire. Ed è così che l'uomo è sempre stato attratto dal desiderio di volare, per sfidare l'impossibile, soddisfare l'ambizione di dominare il mondo dall'alto, il desiderio di superare i limiti e di abbattere frontiere insuperabili, per definirsi l'unico in grado di sfidare le leggi inviolabili della natura o più semplicemente sentirsi libero. A tal proposito, fin dai tempi antichi, l'individuo ha sempre guardato ammirato e invidioso gli uccelli, e in diversi modi ha tentato di imitarne le caratteristiche per raggiungerli in cielo. L'uomo vola, ma ciò che gli piacerebbe più di ogni altra cosa sarebbe avere le ali, essere come un uccello, sfrecciare da un punto all'altro planando sui luoghi sentendo l'aria infrangersi contro il volto. Per soddisfare questo sogno proibito l'essere umano ha sfidato tutto, fino ad arrivare, nell'800, quasi per gioco, all'invenzione di diversi pionieri, che hanno iniziato con ammirevole spirito di avventura, o meglio incoscienza, a costruire degli strani oggetti, antenati del moderno deltaplano, che potendosi sollevare nell'aria andavano a dar seguito al sogno di Icaro che l'uomo comune aveva abbandonato da molti secoli. In un susseguirsi di evoluzioni tecniche, messe a disposizione dalla tecnologia del settore, rapidamente dalle prime strutture artigianali, realizzate con materiali non menzionabili per rispetto al volo, si è raggiunto un primo livello di apparecchi in cui almeno la parte strutturale andava a soddisfare i requisiti minimi di decenza esteriore, ovviamente però ancora non legati a comportamenti aerodinamici, poiché questi a lungo sono rimasti in uno stato di limbo. Intanto le prime case costruttrici del tempo, hanno utilizzato i piloti stessi per collaudare i mezzi posti sul mercato e si è potuto migliorare e rendere sempre più sicure le strutture e i comportamenti in volo, fino ad arrivare ai primi aerei a motore sperimentati nei primi anni del '900, successivamente sviluppati per scopi bellici durante la Prima guerra mondiale. E uno dei desideri più nascosti dell'essere umano si è finalmente realizzato, solcare i cieli seppure dentro una macchina, in tutta sicurezza e con piena soddisfazione. Ed è per questo motivo che desidero diventare pilota dell'Aeronautica militare, un sogno che ho, fin da bambino, quando per la prima volta ho volato su un aereo di linea per un viaggio con la mia famiglia. Un'irresistibile attrazione si è sviluppata dentro di me, mista al desiderio romantico di poter volare e difendere la mia Nazione unitamente a tutti i valori che rendono importante una civiltà. Il pilota non è soltanto un semplice impiegato, regolarmente stipendiato, ma offre la possibilità di soddisfare una delle ambizioni più antiche di tutta l'umanità insieme alla volontà di dare un contributo concreto, attraverso il servizio, alla propria Patria e alla tutela dei suoi cittadini.

Conclusione

Infatti, solo sentendo dentro di sé quel sentimento di appartenenza ad una terra e ad una cultura, il soldato contemporaneo può diventare difensore dei fondamentali diritti umani ovunque essi siano minacciati. L'auspicio che tutti sicuramente possiamo condividere è che le Forze Armate, di qualunque Paese esse siano, vengano utilizzate non a scopi militari ma per difendere i valori fondamentali e i principi senza tempo della nostra civiltà.

Elaborato 2015

L'attuale profonda crisi economica ha aperto un dibattito sulle misure strategiche per poterla affrontare e superare. Tra i temi in discussione, la formazione ha una speciale valenza per i giovani. Il candidato contribuisca con le sue riflessioni e proposte al dibattito.

Introduzione

In tempi di crisi economica una delle questioni maggiormente dibattute in Italia è la disoccupazione giovanile, che, sebbene diffusa a livello internazionale, nel nostro Paese assume connotazioni a dir poco drammatiche. Tale situazione, dalla quale sembra davvero arduo uscire, influenza in maniera negativa una serie di fattori, come le condizioni sociali, la crescita nazionale e i consumi.

Corpo

L'arretratezza del sistema produttivo ha portato le imprese al declino poiché devono sostenere costi enormi e non hanno la possibilità di investire in ricerca e innovazione. Le assunzioni sono bloccate o quantomeno centellinate, i contratti spesso irregolari prevedono collaborazioni occasionali da rinnovare di volta in volta. Il capitale umano di giovani istruiti non viene impiegato, ed essi sono costretti ad intraprendere mestieri sotto qualificati o ad andare all'estero. Tuttavia, tra le spiegazioni del fenomeno fornita dall'ex ministro del Lavoro Fornero, e diventata polemicamente nota, vi è quella che attribuisce a chi cerca un primo impiego un atteggiamento "choosy", ossia schizzinoso: le nuove generazioni non vorrebbero svolgere lavori umili legati all'artigianato o al settore terziario, pretendendo incarichi commisurati al proprio grado di istruzione. Sicuramente in questa motivazione ci sarà un fondamento di verità, ma quel che resta da capire è se sia poi così elevato il livello di preparazione degli italiani, dal momento che negli ultimi anni attorno all'istruzione ruotano più polemiche che lodi.

È innegabile che tra il mondo della scuola e il mondo del lavoro vi siano contatti piuttosto deboli. La prima considerazione che si può fare è che il nostro sistema formativo obbliga a investire diversi anni nell'università, per poi frequentare corsi di specializzazione e master che non sempre forniscono competenze adeguate. Le università si trovano a dover selezionare gli studenti che provengono dai licei o dagli istituti superiori con cognizioni alquanto scadenti; nella scuola statale, infatti, si possono incontrare docenti validi o del tutto incapaci. Ovviamente non intendo fare generalizzazioni, ma diciamo che il quadro è abbastanza veritiero.

Il problema a monte mi pare sia che la scuola e l'università abbiano abbassato il loro target di preparazione. I motivi sono molteplici, ma credo che si possa individuare un fattore comune, ossia la scarsa considerazione in cui è tenuta la cultura, che è andata a infrangersi inevitabilmente sulla formazione scolastica e accademica. Nella sua "evoluzione" la società ha subito profondi cambiamenti e nella scala dei valori l'istruzione è stata pian piano soppiantata da altri aspetti ritenuti al giorno d'oggi più importanti. Purtroppo, come accade anche in altre circostanze, ci troviamo a comparare la sostanza e l'apparenza, per cui molti genitori non avvertono la gravità di un rendimento scolastico insufficiente ma, ad esempio, si preoccupano di acquistare per i propri figli abiti firmati e costosissimi. L'assenza delle famiglie nell'educazione dei giovani allo studio è un aspetto del nostro presente molto serio, che contribuisce a consolidare la massificazione delle nuove generazioni. A questo si aggiunga che in Italia è ancora molto difficile integrare studio e lavoro, che le imprese in contatto con gli istituti non riescono a trovare figure tecniche, e che, infine, l'abbandono scolastico è piuttosto frequente. La disoccupazione giovanile, dunque, ha molto a che fare con la scarsa comunicazione tra queste due realtà, dal momento che la formazione dei futuri lavoratori non è programmata in maniera efficace, le competenze non sono aggiornate e non viene effettuato un valido orientamento.
Rispetto all'Europa siamo costretti a registrare, anche in questo ambito, un certo arretramento. Per consentire al nostro sistema scolastico di stare al passo con le altre nazioni, bisogna concentrare gli sforzi sull'apprendistato e sull'istruzione tecnica e professionale. Occorre un piano di orientamento nazionale che dalla scuola media accompagni le scelte degli studenti e rafforzi le iscrizioni alle discipline tecnico-professionali. In questo contesto l'alternanza scuola-lavoro negli anni delle superiori diventa un "aggiornamento" fondamentale per iniziare a entrare in contatto con i meccanismi del lavoro e non trovarsi del tutto spiazzati di fronte a nuove realtà. Rispetto al problema dei diversi indirizzi scolastici, è chiaro che stage e tirocini dovrebbero diventare obbligatori sia negli istituti tecnici che nei licei, i quali scontano una formazione di tipo non sempre rispondente alle esigenze del mondo lavorativo.

Conclusione

Il nostro Paese, però, sembra ancora legato all'impostazione tradizionale dei cicli della vita, che vede svolgersi in sequenza alcune tappe fondamentali nell'esperienza delle persone come lo studio, il lavoro, la famiglia. Per questo motivo non si dovrebbe sottovalutare il fatto che il cambiamento che ci viene chiesto riguarda anche un atteggiamento mentale e una diversa predisposizione nel guardare il mondo e le sue vicende con spirito di rinnovamento.

Elaborato 2016 (per i partecipanti per il ruolo delle Armi, per il Corpo del Genio aeronautico, per il Corpo Commissariato)

Gli ultimi dati ISTAT disegnano un quadro drammatico rispetto alla condizione giovanile: il nostro è un Paese che sembra emarginare le nuove generazioni. Tale ingiustizia, nel lungo periodo, rischia di alimentare un conflitto insanabile. Il candidato fornisca una sua interpretazione di tale fenomeno ed indichi le possibili scelte per il suo superamento.

Introduzione

L'età dell'adolescenza è per molti aspetti un periodo controverso, trattandosi di un lasso di tempo quasi decennale in cui i giovani individui cercano di definire i loro spazi, aspettative, doveri e diritti. Si tratta di un percorso irto di ostacoli e non viene quasi mai intrapreso senza che ci siano delle scosse, in alcuni casi anche molto forti.

Corpo

Tuttavia, le difficoltà che incontrano i giovani d'oggi sembrano essere più profonde rispetto a quelle che potevano riscontrarsi anche solo quindici anni fa. Ciò è in parte dovuto alla sovrabbondanza di messaggi e stimoli cui essi vengono sottoposti nel corso di ogni momento della loro vita, col risultato che la quotidianità appare loro come estremamente confusionaria e soggetta a cambiamenti repentini, aumentando in maniera esponenziale la complessità del reale a tutto danno della capacità di scelta. I giovani hanno davanti a sé così tante opzioni che il discrimine fra l'una e l'altra diventa talmente labile da rendere difficile agire nella piena consapevolezza: in un caso si resta letteralmente paralizzati, in un altro si ha invece un eccesso di sperimentazione fine a se stesso, frutto di una spasmodica ricerca del nuovo. Questi comportamenti denotano, in entrambe le situazioni, l'incapacità di definire un progetto di vita che coinvolga anche solo un breve periodo, determinando uno schiacciamento dei giovani su un eterno presente privo di qualsivoglia legame col passato e col futuro.

Certo, i "tentativi" caratterizzano l'adolescenza, vero e proprio momento di studio di sé e di passaggio in cui il collaudo e la ricerca sono aspetti determinanti. Eppure, oggi, sembra che la famiglia, la scuola e la società abbiano perso il loro carattere di guida, di propositori e promotori di nuove sfide. Esse non riescono più a offrire quello spazio d'allenamento di cui hanno bisogno i ragazzi per sperimentare e sperimentarsi, scalzate in questa veste da modelli più fumosi di presunte virtù civiche, che in modo martellante vengono proposte dai media. Manca, in sostanza, uno schema interpretativo che indichi alla gioventù quale sia la definizione di auto-realizzazione personale. Esempi di rapido successo sociale e carriere folgoranti, in cui la ricchezza materiale è percepita come unica misura valida, nascondono che lo sviluppo della persona e della sua umanità è un percorso lungo e che è necessario del tempo per percorrerlo. Precarietà famigliare, indifferenza, individualismo e assenza di valori che regolino il comportamento comune sono alla base della complessità dell'universo giovanile, cui mancano le coordinate per definire il proprio futuro.

Eppure, forse, un modo per cambiare lo stato delle cose esiste. Molto spesso il disagio espresso dagli adolescenti nasconde un profondo bisogno d'ascolto e di supporto per non sentirsi abbandonati al proprio destino. In questo senso è importante che anche gli adulti creino occasioni di coinvolgimento che pongano le nuove generazioni al centro di dibattiti sul loro domani, attraverso incontri tra scuole e famiglie, momenti di condivisione e presa di coscienza legati a contesti formativi come corsi, seminari, forum presenti all'interno degli istituti pubblici) e/o ricreativi attraverso attività sportive, ludiche e culturali.

Conclusione

Da un lato, quindi, una gioventù che propone il suo modello interpretativo, dall'altro un adulto che, grazie all'esperienza maturata nel corso della vita, possa andare incontro alle sue esigenze fornendo non già una soluzione preconfezionata, quanto piuttosto delle linee guida atte alla progettazione di un'esistenza il più possibile compiuta e autonoma.

Elaborato 2016 (per i partecipanti per il ruolo Naviganti – Piloti e per il Corpo Sanitario aeronautico)

"L'illegalità è un peso della nostra libertà, per la nostra economia e per il futuro dei nostri figli. È importante stimolare, soprattutto nei giovani, la crescita di un forte senso civico e la consapevolezza del valore della legalità per lo sviluppo del Paese." Il candidato esponga le proprie riflessioni sulla suddetta affermazione del PdR Sergio Mattarella nel messaggio di apertura del Salone della Giustizia 2016.

Introduzione

Il dibattito sulla legalità è ad oggi particolarmente sentito soprattutto fra i giovani. Di poco tempo fa, infatti, è la notizia della partecipazione di una classe liceale ferrarese ad una udienza del processo Aemilia: la Corte, respingendo l'obiezione dell'avvocato della difesa, che non riteneva opportuna la presenza di minorenni ad un dibattimento di mafia, ha non solo accolto gli studenti in aula, ma, anzi, ha ribadito l'importanza del coinvolgimento dei ragazzi in simili occasioni, vista la loro grande valenza formativa. Questa iniziativa, portata avanti dall'associazione *Libera*, ha avuto notevole risonanza a livello nazionale, segnale inequivocabile dell'attenzione che l'opinione pubblica riserva al tema.

Corpo

Del resto, lo stesso discorso di fine anno del Presidente della Repubblica Sergio Mattarella aveva sottolineato, già a dicembre, un rinnovato interesse da parte della popolazione verso le questioni riguardanti la legalità, in special modo individuando nelle fasce d'età più giovani una tendenza crescente a considerare positivamente i comportamenti e le azioni che non violino la legge. È indubbio, a tal proposito, che lo sviluppo di una consapevolezza sociale improntata alla legalità sia dovuto a diversi fattori concomitanti che, con la loro progressiva affermazione, stanno guidando l'opinione pubblica verso una condanna sempre più ferma dell'agire illegale. Gli effetti di adeguate politiche formative ed educative applicate all'interno delle scuole negli ultimi anni, ad esempio, si cominciano a manifestare nella maggiore conoscenza che gli adolescenti di oggi dimostrano, rispetto ai loro predecessori, dei principali processi di mafia degli anni Novanta; inoltre, la partecipazione sempre crescente, di solito nella forma di volontariato, alle iniziative di associazioni quali la già citata *Libera*, sono la prova di un interesse dinamico da parte dei ragazzi, che da un lato si espongono in prima persona per reperire informazioni e notizie e, dall'altro, anche per avanzare richieste di maggiore legalità. Questa tendenza è particolarmente vera per le zone a più alto tasso di criminalità, specie organizzata, nelle quali si concentra l'attività delle organizzazioni e dei comitati spontanei che si oppongono al proliferare dell'illegalità. È tuttavia opportuno comprendere, specie in relazione alle parole del Presidente Mattarella, se un simile impegno nella lotta all'illecito sia realmente efficace nei modi e nei tempi in cui viene condotto attualmente. Mattarella, infatti, individua, come effetti a lungo termine della criminalità, la riduzione della libertà e il peggioramento delle condizioni future della popolazione italiana, motivando così il coinvolgimento attivo dei giovani. L'indubbia correttezza di questa affermazione, però, necessita di una contestualizzazione di ambito sociale e culturale più profonda, poiché la radicalizzazione del fenomeno criminale è da ricercarsi nella endemica difficoltà economica di alcune aree del Paese, condizione che favorisce lo sviluppo di microcriminalità generica e di più specifiche forme di trasgressione legate alle peculiarità del territorio. Di conseguenza, un elemento da tenere presente è la direzione verso la quale le associazioni antimafia e i comitati di cittadini stanno spingendo la lotta all'illegalità: è lecito supporre, basandosi sullo spazio riservato dai media ai grandi processi di mafia, che l'interesse si concentri principalmente sulla criminalità organizzata e sulla macrocriminalità. In questo modo, però, il contrasto della microcriminalità rischia di rimanere in secondo piano, pur rappresentando dal punto di vista educativo il primo passo per ottenere risultati importanti sul territorio.

Sotto questo aspetto, allora, è bene identificare alcune criticità del sistema Italia, che non sempre è in grado di garantire condizioni di vita e di lavoro adeguate per opporsi efficacemente all'illecito e al richiamo che esso può esercitare. La formazione alla legalità, dunque, deve partire dai giovani sia attraverso la scuola – e questo passo è già stato compiuto – sia attraverso l'offerta di opportunità di sviluppo personale, culturale e lavorativo atte ad ostacolare l'affermarsi del fenomeno criminale – e questo, invece, è ancora una chimera in larga parte del paese. Dopotutto, la mancata attuazione di politiche economiche volte a favorire la nascita e la crescita di attività lecite in proprio, unita alla fortissima pressione fiscale degli ultimi anni, contrasta fortemente con l'idea di uno Stato presente e capace di sostentare i cittadini in difficoltà e in special modo i più giovani, che spesso si scontrano con l'impossibilità di accedere al finanziamento (da parte di privati o dello Stato stesso) e con lo scarso numero di bandi e concorsi pubblici realmente abbordabili, nonché, in ultimo, con la quasi totale assenza di sussidi e prestiti a fondo perduto per l'avvio di attività di interesse per il territorio. È evidente, quindi, che un'organizzazione criminale, fornita di liquidità e capace di garantire l'assistenza necessaria alle famiglie più bisognose e ad esercizi commerciali in crisi, specie se di natura strategica, presenta una certa attrattiva per chi si sente abbandonato, o quantomeno messo da parte, dalle politiche di sussidio nazionali. Riporta il giornalista Roberto Saviano, nell'ormai noto libro-inchiesta *Gomorra*, che interi quartieri del napoletano si trovano in questa situazione, soggetti allo strapotere della criminalità organizzata, spesso sostituitasi allo Stato con funzioni di welfare: è su questo, dunque, che l'azione di contrasto dovrebbe concentrarsi, proprio a partire dal ristabilimento delle prerogative dello Stato assistenziale nelle aree a minore sviluppo economico.

Conclusione

La riflessione sul tema della lotta alla criminalità risulta pertanto complessa e variegata, in quanto solleva diversi interrogativi sulle modalità in cui questa debba essere condotta. La distinzione fra micro e macrocriminalità è essenziale per la corretta identificazione delle cause e degli effetti del problema; inoltre, è d'obbligo valutare se l'attuale azione di contrasto, svolta fino a pochi anni fa quasi a macchia di leopardo sul territorio nazionale e solo da poco, almeno apparentemente, più coordinata, possa essere resa più efficace tramite l'adozione di politiche di assistenza mirate a ridurre l'influenza dei *clan* e delle *famiglie*. Questo approccio potrebbe peraltro essere particolarmente adatto ad avvicinare i giovani alla legalità e, soprattutto, a mantenere vivo il senso civico durante gli anni della crescita e dei primi rapporti con il mondo del lavoro, fascia d'età in cui di solito la criminalità organizzata recluta i propri affiliati, rivolgendosi ai più sfiduciati o a chi proviene da famiglie già dipendenti dal sostengo del welfare parallelo da essa fornito. In cambio, ovviamente, di collaborazione negli affari illeciti o, almeno, di omertà.

Elaborato 2017 (per i partecipanti per il ruolo delle Armi, per il Corpo del Genio aeronautico, per il Corpo Commissariato)

L'universo giovanile dovrebbe essere naturalmente animato da sentimenti di fratellanza, solidarietà e rispetto della persona, che costituiscono valori fondanti della nostra società. In questi ultimi tempi, tuttavia, sono in crescita fenomeni di bullismo, che, con la diffusione di internet e dei social network, assumono anche nuove forme. Il candidato esprima le sue considerazioni in merito.

Introduzione

Il bullismo è un fenomeno molto diffuso che, come dimostrato da gravi e recenti episodi di cronaca, nasce e cresce insieme ai minori all'interno di scuole e luoghi di aggregazione, manifestandosi, nella maggior parte dei casi, attraverso atti di prepotenza esercitata da ragazzi particolarmente aggressivi nei confronti di un coetaneo più debole. L'avvento dei social network ha complicato ulteriormente le cose, trasformando il web nel più grande palcoscenico delle manifestazioni di aggressività intenzionali e persistenti che infliggono ferite profonde alle vittime, dando vita al fenomeno conosciuto come cyberbullismo.

Corpo

Se è vero che da un lato il villaggio globale, frutto degli studi dell'illustre Marshall McLuhan, ha permesso il passaggio dall'era meccanica a quella elettronica, azzerando i limiti spazio-temporali della comunicazione umana, dall'altro smartphone e tablet riempiono in maniera ossessiva le nostre giornate e le nostre vite tanto che ogni istante deve essere catturato da fotocamere sofisticate. Uomini, donne, bambini, animali alle prese con la loro quotidianità divengono, consapevolmente o inconsapevolmente, oggetto di discussione altrui e il desiderio irrefrenabile di apparire su monitor e display rischia seriamente di svilire sentimenti e valori positivi quali tolleranza, rispetto per se stessi, solidarietà, e genera un terreno fertile per ragazzi già problematici bramosi di canalizzare, in maniera errata, la propria aggressività. Nel mondo virtuale quest'ultima perde la sua materialità, sganciandosi dalla classica ingiustizia o minaccia diretta utilizzata dal bullo, e traducendosi in forma di offesa pubblica. Deridere, minacciare, offendere sono azioni oggigiorno sempre più frequenti che procurano una mole non indifferente di vittime indifese, non sempre tutelate. Rispetto al bullismo tradizionale, chi subisce tali vessazioni è costretto a fare i conti sia con la difficoltà di risalire all'identità del molestatore, sia con l'assenza di limiti spazio-temporali della Rete, che consente la divulgazione delle offese pressoché ovunque. Ciò che stupisce e rattrista è che questo genere di delinquenza online sta divenendo, purtroppo, un fenomeno sempre più virale tra i giovanissimi, che non perdono occasione di esprimere le proprie opinioni anche a costo di ferire il prossimo. Esercitare violenza attraverso i nuovi strumenti di comunicazione sembra essere diventato più interessante rispetto a un videogioco e la persistenza e l'intenzionalità di queste azioni offensive sistematiche è strettamente correlata alla volontà del bullo di catalizzare, attraverso il file-sharing, tutte quelle attenzioni che, a volte, non riceve all'interno del proprio nucleo familiare o del proprio gruppo di amici. Questo atteggiamento deplorevole in alcuni casi trova origine tra le mura domestiche. Sin dall'infanzia il bambino imita i propri genitori, percepisce le loro emozioni e vive le loro paure. Genitori frustrati e preoccupati hanno maggiore probabilità di trasmettere paura e insicurezze al figlio, che potrà in futuro essere vittima o, al contrario, essere indotto a indossare la maschera del bullo. Allo stesso modo, l'ambiente scolastico ricopre, fin dai primi anni del minore, un ruolo fondamentale nel processo educativo. Il sistema classe, inteso come gruppo in cui esplicano le regole di convivenza, è il luogo privilegiato in cui è possibile placare o alimentare certe tendenze distorte. L'educatore troppo permissivo, non in grado di riconoscere e porre un limite al comportamento violento del bambino nei confronti dei coetanei, può alimentare il perpetrarsi di una condotta aggressiva; allo stesso tempo, il ricorso a punizioni fisiche e violente da parte di un insegnante autoritario possono innescare nel bambino il desiderio di una rivalsa. Non è da sottovalutare il fatto che bulli e vittime possiedono deficit simili. Se il bullo ha bisogno di infliggere violenza sul più debole per sentirsi accettato e il cyberbullo mostra scarsa consapevolezza dei sentimenti del prossimo, anche le loro vittime non vengono scelte a caso, in quanto talmente insicure da non essere in grado di difendersi e reagire. Entrambi, dunque, sono minori da rieducare. L'aggressività è una peculiarità dell'essere umano e riuscire a trasformarla in energia sembra l'unica soluzione valida per prevenire spiacevoli ripercussioni, tenendo conto, però, che l'ambiente circostante e il contesto storico-culturale in cui egli è inserito possono determinarne la condotta.

Conclusione

Per prevenire i fenomeni del bullismo e del cyberbullismo, pertanto, è necessario ricreare un ambiente sano, ripristinare i valori di un tempo e responsabilizzare i giovani attraverso il confronto e il dialogo. Genitori e insegnanti devono cooperare nell'attività educativa di ciascun minore, sollecitando, in quest'ultimo, lo sviluppo della capacità empatica. Il cyberbullo, in particolare, spesso non riesce a comprendere fino in fondo la sottile divisione che sussiste tra il mondo virtuale e quello reale e acquisire consapevolezza in merito al fenomeno, alla sua diffusione e gravità e la serietà delle conseguenze potrebbe, attraverso un programma educativo mirato, ridurre l'adozione di pratiche scorrette, incrementando il senso di responsabilità individuale.

Elaborato 2017 (per i partecipanti per il ruolo Naviganti – Piloti e per il Corpo Sanitario aeronautico)

I flussi migratori, da fenomeno emergenziale, stanno assumendo carattere strutturale, alimentando il dibattito tra la chiusura delle frontiere e l'accoglienza dei migranti. I governi europei sono chiamati a fronteggiare tale fenomeno con ricadute sul futuro delle singole Nazioni e dell'Unione Europea. Il candidato esponga le proprie considerazioni a riguardo.

Introduzione

L'immigrazione è il fenomeno che ritrae il trasferimento permanente o temporaneo di singoli individui o gruppi di persone in Paesi diversi da quello d'origine. Tale evento ha sempre caratterizzato la vita dell'uomo, essendo legato a cause ambientali, economiche e sociali.
Nell'epoca contemporanea, però, questa realtà è diventata una delle problematiche di maggiore preoccupazione per via delle numerose difficoltà legate alla sua gestione.

Corpo

Ogni giorno assistiamo a continui approdi via terra e via mare da parte di una mole di persone in fuga da luoghi che versano nella povertà o che sono attualmente teatri di guerra. La difficile situazione socio-politica delle zone africane e mediorientali affonda le sue radici nello sfruttamento attuato da parte delle potenze europee. Gli abitanti delle zone conosciute come "Terzo Mondo", infatti, sono sempre stati colonizzati e schiavizzati, subendo un arresto di quello che avrebbe potuto essere un possibile progresso socio-economico. Per questo motivo tali popolazioni non hanno avuto la possibilità di seguire la stessa evoluzione delle altre nazioni mondiali.
Nonostante abbiano ottenuto l'indipendenza, la discrepanza sociale che si è venuta a creare è tale da determinare una forte instabilità politica interna. La situazione di debolezza e confusione è stata sfruttata dalle potenti multinazionali, che sono riuscite a ottenere i permessi per estrarre le risorse minerarie africane contribuendo ad un progressivo impoverimento dei territori.
Un altro grave fattore che incide profondamente sulle cause dell'immigrazione riguarda l'affermazione di unioni paramilitari nella zona mediorientale dell'Asia. Si tratta di gruppi terroristici islamici che hanno ingaggiato un'aspra guerra contro chi non si adegua a una visione integralista della religione musulmana, non solo all'interno delle zone islamiche, ma anche in Occidente. Molti musulmani sono stati costretti ad abbandonare le proprie abitazioni per cercare di procurarsi denaro sufficiente per una fuga verso l'Europa, con la speranza di trovare accoglienza e liberarsi dalle atrocità della guerra.
L'Italia è il Paese maggiormente coinvolto nel fenomeno migratorio a causa della sua dislocazione geografica che la pone al centro del continente europeo, diviso dalle nazioni in diffi-

coltà solo dal Mediterraneo. Le nostre coste sono divenute, quindi, facile approdo da parte dei cittadini in fuga da povertà e disperazione.
A tal proposito, le autorità nazionali hanno tentato di gestire al meglio il flusso dei cittadini anche con la speranza di ricevere un supporto da parte dell'Unione Europea. Tuttavia, gli stravolgimenti internazionali degli ultimi anni hanno dato luogo non solo a una crescente affluenza nel nostro Paese, ma soprattutto a una forte staticità degli altri Stati membri dell'Unione, che il più delle volte hanno declinato l'invito a prendersi carico dei cittadini in difficoltà.
Il Presidente della Repubblica Sergio Mattarella, nel suo discorso di fine anno, ha sollevato la questione degli esodi di massa esprimendo la propria preoccupazione, sebbene abbia concluso il suo discorso manifestando la speranza di una risoluzione. Egli, infatti, ha affermato che, nonostante tale realtà sia impossibile da arginare completamente, è necessario trovare delle soluzioni per gestirla in vista di un bene comune.
È indispensabile, quindi, che le nazioni dell'Unione Europea attuino, di comune accordo, dei provvedimenti mirati all'accoglienza e allo smistamento dei migranti in modo tale da avere un flusso di individui regolarizzato e sotto controllo. Di contro, è altrettanto importante che gli stranieri si adeguino alle regole e agli usi locali e che i soggetti violenti e pericolosi vengano individuati e puniti con lo stesso trattamento dei residenti. La criminalità legata agli immigrati, infatti, è oggi tema di forte dibattito sociale. L'episodio delle molestie subite da donne tedesche nella città di Colonia nella notte di San Silvestro da parte di uomini africani, risalente allo scorso anno, ha destato sconcerto e indignazione. Sebbene questi eventi non siano tollerabili, solo con l'istituzione di leggi internazionali sull'immigrazione sarà possibile arginare le problematiche derivanti dagli stranieri che circolano in Europa.

Conclusione

Tuttavia, controllare il fenomeno dell'immigrazione non vuol dire solo migliorare i programmi di accoglienza nelle nazioni ospitanti, bensì servirsi del progresso economico-culturale dei Paesi avanzati per poter migliorare le condizioni politico-sociali delle zone arretrate del pianeta. È per questo che potrebbe risultare rilevante lo studio di alimenti facilmente coltivabili nei suoli africani per ridurre la malnutrizione, oltre all'assistenza da parte del nostro continente per l'istituzione di una politica regolare e stabile.
La lotta al terrorismo, poi, deve porsi in termini di cooperazione concreta tra gli Stati colpiti, con l'auspicio che in futuro quanto più prossimo si possa instaurare un chiaro dialogo tra le differenti religioni e dar vita ad una pacifica convivenza tra le popolazioni, così come lo stesso Pontefice Francesco I ha più volte auspicato proprio in occasione del Giubileo. L'obiettivo ultimo è la realizzazione di una società multietnica dove il rispetto delle differenze sia motivo di arricchimento reciproco, non di contrasto.

Elaborato 2018 (per i partecipanti per il ruolo delle Armi, per il Corpo del Genio aeronautico, per il Corpo Commissariato)

L'energia è il carburante della crescita ma la sua produzione e consumo mettono talvolta a repentaglio l'equilibrio del Pianeta. Il candidato/a esponga le proprie considerazioni sulla sostenibilità degli attuali modelli di produzione e consumo dal punto di vista ambientale.

Introduzione

L'uomo da sempre è legato in modo diretto con l'ambiente in cui vive, sia come beneficiario dei prodotti e dei paesaggi che la natura offre, sia come artefice di interventi volti a modificare il contesto in proprio favore. Tale dualismo si manifesta sia in termini positivi, quando viene rispettato l'equilibrio tra esseri viventi, sia in termini negativi, quando l'azione della specie umana diventa invasiva e lesiva delle altre. Il nome del continuo sviluppo, che pure agevola la vita degli individui attraverso la creazione di infrastrutture, trasporti, servizi, a volte si generano eventi naturali catastrofici di cui l'uomo è il principale artefice. Il progresso, dunque, può distruggere il mondo che abitiamo o dare i mezzi per renderlo più vivibile.

Corpo

In riferimento all'odierno progresso si parla spesso di società del benessere, ossia di quel che l'uomo è stato in grado di creare e dei mezzi di cui egli dispone per facilitare e migliorare le proprie condizioni di vita. Sono molti gli esempi di evoluzione del contesto abitato dall'uomo diventati ormai scontati, come le scoperte in campo medico, il perfezionamento dei mezzi e della viabilità, le trasformazioni dell'idrografia come l'erezione di argini per fiumi, reti di irrigazione in aree desertiche e in generale tutto ciò con cui, attraverso la tecnologia, l'uomo controlla e adatta l'ambiente.
Non sempre, però, tale azione diretta si può configurare come un passo avanti e spesso i suoi effetti non sono prevedibili o convogliati entro limiti ben precisi. Per avere un'idea più chiara al riguardo basti pensare al disboscamento, all'edificazione senza limiti, all'occupazione di aree in cui scorrono fiumi, al grave inquinamento e all'effetto serra provocato dalle emissioni di anidride carbonica ed altri gas che stanno portando a un aumento della temperatura globale e un graduale innalzamento del livello dei mari. Si possono citare anche i disastri connessi con lo sviluppo tecnologico stesso, come l'esplosione della centrale nucleare di Chernobyl nel 1986, episodi di fughe di gas tossici o lo sversamento in mare di grandi quantità di petrolio. Questo comportamento che non si preoccupa del domani sta raggiungendo apici mai conosciuti e questo significa che le risorse scarseggeranno sempre di più. In primis, sembra esaurirsi progressivamente il bene più prezioso del pianeta: l'acqua, risorsa indispensabile per la vita di tutti i giorni; essa è infatti a rischio perché non distribuita in modo omogeneo, influenzabile dalle trasformazioni climatiche, e perché spesso inquinata. Il clima è spesso alterato dalle trasformazioni ambientali cui si è accennato, presenta estati molto più calde con violente precipitazioni e inondazioni che si alternano a periodi di siccità.
Ormai da decenni si susseguono incontri e convenzioni a livello internazionale che hanno come scopo la salute dell'ambiente e cercano di porre un freno all'influenza negativa dell'uomo. La Conferenza di Kyoto del 1997 è la terza sessione delle Nazioni Unite sui cambiamenti climatici, che purtroppo sempre più spesso sono imputabili all'uomo, e rappresenta un traguardo importante, dopo molte altre conferenze simili che si sono concentrate sull'effetto serra, il degrado dell'habitat, lo squilibrio tra abitanti e risorse, il rischio di estinzione di specie viventi e la necessità dell'eliminazione dei rifiuti. Le istituzioni devono porre attenzione ad adeguate politiche ambientali, che si riferiscano soprattutto ai trasporti, all'energia pulita, al verde e alla pulizia delle città e alla salubrità dell'acqua. Diventa fondamentale la collaborazione tra i governi e le popolazioni, lo Stato e le Istituzioni devono quindi contribuire a una seria formazione dei cittadini, soprattutto attraverso la scuola e la promozione di iniziative ecologiche, che devono accompagnarsi a leggi che tutelino l'ambiente e il patrimonio artistico nel Mondo.

Conclusione

Purtroppo, la tendenza che finora ha prevalso, pur nell'impegno generale che le varie Istituzioni hanno mostrato, è stata quella di concentrarsi sull'intervento successivo ai disastri, piuttosto che ricorrere a misure di prevenzione, evitando il più possibile l'inquinamento e cercando di pensare al futuro del pianeta, concentrandosi sullo smaltimento adeguato dei rifiuti, regolamentando le attività di costruzione in aree vulnerabili con l'installazione di sistemi di monitoraggio. Non si può dimenticare che è la stessa Costituzione a porre tra i primi 12 articoli la tutela del paesaggio, nell'articolo 9. È, quindi, imprescindibile pensare al nostro domani e al futuro delle nuove generazioni cercando di essere rispettosi di ciò che ci circonda, poiché ogni azione dell'uomo, positiva o negativa, si ripercuote sempre sul contesto in cui abita. Pertanto, conciliare progresso e tutela dell'ambiente deve diventare l'obiettivo del singolo cittadino e di tutte le Istituzioni, internazionali e locali.

Elaborato 2018 (per i partecipanti per il ruolo Naviganti – Piloti e per il Corpo Sanitario aeronautico)

"La mente è come un paracadute. Funziona solo se si apre" (Albert Einstein). È necessario, dunque, liberarsi di ogni condizionamento e di ogni preconcetto. aprire la mente significa che, di fronte ad un problema, bisogna esaminare tutte le possibilità e tutti i punti di vista, soprattutto se si hanno convinzioni radicate che impediscano la corretta valutazione dei fatti. il/la candidato/a, alla luce delle sue esperienze e conoscenze, esprima le proprie considerazioni in merito.

Introduzione

Albert Einstein è probabilmente il più grande scienziato del XX secolo e un geniale pensatore, che ha offerto straordinari contributi alla ricerca scientifica, soprattutto nella fisica, nella teoria atomica della materia e nella cosmologia, distinguendosi particolarmente per la teoria della relatività, che ha rivoluzionato la concezione dell'intero universo. È grazie a questo decisivo passo avanti nella scienza che ottenne la fama di cui gode ancora oggi il suo nome, ed è grazie a questa scoperta che le sue idee iniziarono ad essere poste al centro delle riflessioni più svariate, anche al di fuori del perimetro scientifico, conoscendo una diffusione in ogni ambito. Possiamo quindi affermare che Einstein rappresenta un modello per tutti coloro che desiderano comprendere il mondo andando al di là delle apparenze, una figura esemplare per chi vuole interpretare ciò che lo circonda in modo critico.

Corpo

In una sua celebre frase Einstein afferma che "la mente è come un paracadute, funziona soltanto se si apre": è subito chiaro il ruolo centrale che possiede per lo scienziato il pensiero. Egli è infatti un uomo che ha messo al primo posto la razionalità ed ha mostrato quali grandiosi frutti può generare l'albero della conoscenza. L'importanza quindi della facoltà umana per eccellenza, il pensiero, che non possediamo in modo esclusivo, ma che impieghiamo per scopi specifici e caratteristici della nostra specie, è affermata con forza, così da non perdere di vista le potenzialità che ognuno di noi ha a disposizione e che Einstein consiglia di sfruttare pienamente. Se seguiamo il suo esempio dovremmo mettere in pratica questa grande lezione: riflettere sempre su ciò che incontriamo ed inoltre disfarci dei pregiudizi che ci impongono una concezione delle cose già delineata. La mente deve dunque essere aperta.
Questo è l'altro grande tassello su cui la citazione si sofferma, ed è forse ciò che Einstein ha fatto per tutta la sua vita. Il futuro premio Nobel per la fisica inizia la sua ricerca sull'elettromagnetismo, sui concetti della meccanica e sulla termodinamica. Lo scopo delle sue ricerche è quello di ridefinire i principi su cui queste discipline si fondano, prima fra tutti la natura ondulatoria della luce, che viene ridefinita attraverso la meccanica quantistica.

Il preconcetto contro cui si scaglia maggiormente in seguito è però sicuramente un altro: quello dello spazio e tempo assoluti che aveva postulato Galilei e che attraverso il suo programma relativistico Einstein riesce a superare. Nel 1905 formula la prima parte della teoria, che risolve alcune delle contraddizioni precedenti, e nel 1915, con l'equazione di campo, riesce a sciogliere invece il conflitto che sussisteva tra relatività ristretta e teoria della gravitazione di Newton.
Questi sviluppi nella ricerca scientifica sono stati possibili non solo perché Einstein era un grande studioso, ma perché ha saputo utilizzare al massimo la sua capacità di riflessione e perché è riuscito a fare ciò che troppo spesso la maggior parte delle persone non riesce a mettere in pratica: riconoscere i preconcetti della società e combatterli per una visione delle cose veritiera e non falsata.
Se è vero, come affermano alcune teorie psicologiche, che, essendo la realtà così complessa e variegata, l'essere umano deve ricorrere ad alcuni schemi mentali che si configurano come stereotipi, è vero anche che questi strumenti non devono rendere l'uomo poco propenso a cambiare idea e prospettiva, e non possono essere di intralcio per una visione critica. I nostri schemi mentali sono il risultato del filtro che pone la nostra mente nella conoscenza della realtà, oppure sono il frutto dell'influenza della società esterna, che privilegia certi valori e posizioni. La mente umana e il contesto in cui opera sono costantemente interdipendenti e in rapporto reciproco. Siamo sempre figli della nostra cultura.
I preconcetti nella nostra società odierna non mancano e sono anzi alla base di numerosi e svariati comportamenti di chiusura. Non possiamo infatti negare che così come vanno combattuti tutti quei pregiudizi intorno alla ricerca medica, scientifica, tecnologica, con la stessa forza vadano combattuti gli schemi preconcettuali che si impongono in ambito sociale. Ogni pregiudizio in questo campo si configura come una tendenza a considerare in un modo limitato o sfavorevole alcune persone a causa della loro appartenenza ad un gruppo diverso dal nostro e ha origine dagli stereotipi, i mattoni con cui è costruita la casa del pregiudizio, semplificazioni grossolane e rigide riguardo alle caratteristiche delle persone.
Si pensi a certi fenomeni xenofobi o razzisti, che hanno alla base la concezione dello straniero come inferiore, ad atteggiamenti di esclusione sociale verso i disabili, che si rifanno a un'idea dispregiativa del malato, o a comportamenti stereotipati verso le donne, che purtroppo ancora oggi si manifestano attraverso la violenza di genere.
In campo scientifico ovviamente sono invece ben diversi gli esempi che potremmo riportare, ma comunque importanti da sottolineare per poter promuovere lo sviluppo e il progresso. Pensiamo al caso della medicina e al dibattito sull'aborto, con i vari medici obiettori di coscienza, o alle contrastanti prese di posizione sui vaccini che si sono susseguite nell'ultimo periodo. A prescindere da quale posizione riteniamo più giusta in questi dibattiti, dobbiamo ricordarci l'importanza di una visione adeguata e critica in ambito scientifico, che non sia falsata da posizioni soggettive e personali.

Conclusione

I pregiudizi, quando si pongono come convinzioni assolute nelle nostre vite, diventano un pericolo perché bloccano le menti e le società, impedendo qualsiasi cambiamento ed evoluzione. Un famoso filosofo del XIX secolo, Arthur Schopenhauer, affermava che "ogni uomo prende i limiti del proprio campo visivo per i limiti del mondo", ma purtroppo, se questo accade senza consapevolezza e di frequente, siamo di fronte ad un atteggiamento di naturalizzazione del pregiudizio, che è proprio ciò che va combattuto perché la nostra mente possa essere un paracadute. L'uomo deve usare la propria ragione in modo libero e autonomo, con apertura verso le novità e verso ciò che lo circonda, mettendo in pratica un diritto umano fondamentale, ricordato anche dalla Dichiarazione dei diritti dell'uomo, nell'articolo 18, e dalla nostra Costituzione, nell'articolo 21, entrambi a tutela del diritto di libertà di pensiero e di espressione del proprio punto di vista.

Elaborato 2019 (per i partecipanti per il ruolo delle Armi, per il Corpo del Genio aeronautico, per il Corpo Commissariato)

"L'Europa non è mai stata così necessaria dalla seconda Guerra mondiale e non è mai stata così in pericolo", ha sottolineato il presidente Macron. Nella sua recente intervista, infatti, ha evidenziato la necessità di un nuovo Rinascimento europeo basato su libertà, protezione e progresso.
Il candidato, partendo dalle considerazioni proposte dal Presidente francese, esprima le proprie riflessioni sul ruolo dell'Europa e sulle prospettive future.

Introduzione

Nell'agosto del 1941 veniva stilato quello che poi è passato alla storia come il Manifesto di Ventotene, nato dalla lungimiranza di tre nostri connazionali e dall'aspirazione ai più alti valori di uguaglianza dei popoli e di libertà. Altiero Spinelli, Ernesto Rossi ed Eugenio Colorni, infatti, proprio mentre i conflitti bellici dilaniavano gli stati, sognavano "un'Europa libera e unita", propugnando ideali di unificazione dell'Europa in senso federale, fondati sui concetti di pace e di libertà.
Tale esigenza di pace diveniva più impellente all'indomani del secondo dopoguerra, quando la situazione politica ed economica degli stati europei esigeva un intervento in grado di ripristinare gli equilibri che inevitabilmente erano stati incrinati: nasceva l'urgenza di avviare la ricostruzione di un continente devastato da anni di guerra e, al contempo, di assicurarsi un periodo di quieto vivere.

Corpo

Il primo passo verso la realizzazione di questi intenti fu l'istituzione della CECA (Comunità Europea del Carbone e dell'Acciaio) con la quale si inaugurava per la prima volta un mercato comune per il carbone e l'acciaio. Nel 1957 il Trattato di Roma portava alla formazione della Comunità Economica Europea (CEE), formata all'inizio da soli sei stati (Italia, Germania, Francia, Paesi Bassi, Belgio e Lussemburgo), alla quale si può guardare come l'atto di nascita dell'attuale Unione Europea che oggi conta ventotto Paesi membri e che deve la sua denominazione alla stipulazione del successivo Trattato di Maastricht nel 1992, dove venivano sancite le regole sull'allargamento dell'Unione, stabilendo i parametri economici e sociali necessari per l'ingresso dei vari Stati nella comunità.
Infatti, nello svolgimento dei lavori del Trattato fu di precipua importanza la formale istituzione dei "tre pilastri" dell'Unione: il primo, riguardante l'unione economica e monetaria; il secondo, teso al raggiungimento di una politica estera comune; il terzo, mirante alla cooperazione giudiziaria in materia penale.
Nei settant'anni della sua istituzione, l'Unione Europea, oltre a essere stata garante della pace interna, tanto da essere stata insignita del Nobel alla Pace nel 2012, è promotrice di iniziative tese al miglioramento della qualità di vita dei cittadini: dalla diffusione e condivisione della cultura, mediante progetti Erasmus per studenti e lavoratori, alla promozione del benessere economico delle diverse fasce di lavoratori con particolare attenzione alle regioni economicamente più deboli.

Essa promuove scambi equi con il resto del mondo e mantiene basso il carovita al suo interno (una delle ultime conquiste della comunità è stata l'abolizione del roaming); combatte la pirateria alimentare proteggendo le specialità regionali; risulta all'avanguardia, specie nel settore tecnologico in continua evoluzione, dimostrandosi capace di tenere testa alle grandi potenze mondiali (basti guardare alla costruzione della Stazione Spaziale Internazionale); è perennemente impegnata nella difesa della salubrità dell'ambiente e parte attiva delle missioni di cooperazione internazionale nelle emergenze quotidiane.
Tuttavia, il processo di avvenuta unificazione è ancora abbastanza lontano e, soprattutto, viene minato quotidianamente dalla costante presenza di minacce e di sfide il cui superamento diviene *conditio sine qua non* per la sopravvivenza della coesione internazionale stessa.
L'adozione di una politica comune e risolutiva in grado di far fronte ai flussi migratori che si riversano quotidianamente nell'area europea; le asimmetrie economiche tra i Paesi membri e i poteri degli organi comunitari rappresentano, infatti, ancora la spada di Damocle dell'Unione.
L'emergenza umanitaria di cui ogni giorno i mass media danno notizia richiede una linea di intervento comune a tutti i Paesi membri e un rafforzamento strategico e unico dei controlli alle frontiere esterne senza lesinare risorse finanziarie. E invece, attualmente, in materia di accoglienza immigrati e gestione dei flussi non si riesce a trovare una linea condivisa tanto che l'idea della redistribuzione delle quote tra tutti i Paesi membri non ha funzionato, perché la maggioranza dei governi vi si oppone.
Inoltre, diviene sempre più urgente l'apertura del Parlamento europeo a maggiori poteri giurisdizionali e a maggiori libertà decisionali nelle sedute del Consiglio europeo per scongiurare che si ritorni a guardare all'autarchia dei singoli Paesi, alla ricostituzione dei dazi e all'innalzamento dei muri delle frontiere come unica soluzione possibile ai problemi quotidiani.
Anche per quanto riguarda l'unità monetaria il cammino non è ancora concluso. L'euro, infatti, ha anche dei limiti e il primo di essi riguarda l'unione bancaria europea. Manca una protezione sovranazionale per i titolari dei depositi bancari e non ci può essere unione monetaria se manca la condivisione dei rischi. Pertanto, l'unione monetaria deve essere anche unione fiscale, intesa come la più naturale forma di condivisione dei pericoli finanziari e di ridistribuzione delle risorse.

Conclusione

È auspicabile, allora, che se l'Europa vuole essere un autentico soggetto politico, sappia creare in tutti i suoi cittadini anzitutto un senso di appartenenza comune e una visione condivisa della storia. Inoltre, perché possa essere uno stato sovrano, occorre una distinzione chiara tra le competenze: quelle esclusive dell'Unione, quelle degli Stati membri, quelle condivise tra l'Unione e gli Stati membri; chiarire a quale livello le competenze si esercitano nella maniera più efficace, e rendere manifesto come applicare, a tale riguardo, il principio di sussidiarietà.
Occorre altresì sviluppare una politica estera e di sicurezza comune più coerente; ridurre il numero di strumenti legislativi e riassumere in un unico documento il vastissimo corpus giuridico dell'Unione per garantirne la massima chiarezza e quindi riordinare il potere legislativo e rafforzare quello esecutivo mediante le sue figure (la Commissione e il Parlamento). Per ultimo, si rende necessario dare un valore giuridico alla Carta dei diritti fondamentali perché, nonostante i più alti valori morali che sono alla nascita dell'Unione, questi possano trovare sempre legittimazione nella legge e divengano parte integrante di quel patrimonio insieme storico, materiale, economico che abbiamo il dovere di tramandare alle generazioni future.

Elaborato 2019 (per i partecipanti per il ruolo Naviganti – Piloti e per il Corpo Sanitario aeronautico)
Riflessioni sulla frase di Gandhi "Sii tu il cambiamento che vuoi vedere nel mondo"

Introduzione

"Sii il cambiamento che vuoi vedere nel mondo" è una delle espressioni gandhiane più celebri, colma di significati puramente orientati ad esortare l'uomo ad agire. Ciò che ammette, infatti, il verificarsi del mutamento è l'attuazione delle proprie idee e delle proprie volontà, volte a migliorare la situazione collettiva in cui il singolo si trova ad esplicare la propria personalità, non limitandosi esclusivamente ad un mero processo di riflessione e inadempimento.

Corpo

La volontà di introdurre un nuovo *modus operandi* all'interno della propria realtà quotidiana proviene, indubbiamente, da un previo e duraturo processo cognitivo volto al rifiuto della precedente condizione: la naturalezza con la quale si è tentati a tornare al proprio modo di agire può risultare, talvolta, così influente da minare l'importanza del cambiamento. Scardinare gli schemi e le consuetudini che sono saldamente intrisi nelle nostre vicissitudini permetterebbe di osservare la realtà diversamente e di liberarsi da tutti quei paradigmi che rendono l'uomo essenzialmente individualista.

"Essere il cambiamento" incentiverebbe, inoltre, la società a spogliarsi dei propri interessi egoistici e narcisisti, poiché se la rivoluzione delle proprie abitudini da un lato genera timore per via della parziale conoscenza delle proprie capacità, dall'altro è capace di motivare l'uomo a fare sempre meglio.

Affinché si verifichi quanto precedentemente detto, è necessario che la percezione di voler cambiare non ponga i suoi confini entro un asettico processo di riflessione, ma che trovi nella concretezza abituale una posizione prioritaria volta al compimento di gesti pragmatici e proficui per il benessere collettivo.

La concretizzazione di ciò che vorremmo veder compiersi nel mondo rappresenta la metamorfosi dell'uomo da vittima a responsabile: se si rimane ancorati all'attesa dell'iniziativa altrui, infatti, si rischia di permanere in un ciclico stato di stasi nel quale si è soggiacenti alle decisioni altrui.

Inoltre, la preminente concezione verticistica del porre la figura umana all'apice del mondo è diventata talmente predominante nella società odierna da esserne l'elemento identificativo: per la società occidentale, difatti, l'uomo è unico depositario di valori da custodire con atteggiamenti esclusivisti e accentratori segregandoli al proprio interesse opportunista e non a quello della comunità.

L'interiorizzazione della volontà di cambiamento per se stessi e per gli altri, d'altro canto, pone le sue basi in un sempre più risonante bisogno di volersi responsabilizzare, al fine di ottenere una progressiva crescita personale: l'obiettivo di contribuire in maniera sostanziale ad un miglioramento della società, difatti, sotto un punto di vista personale induce ad un'irrinunciabile evoluzione emotiva, intellettuale e del proprio "io" – in quanto ente unico e dotato di razionalità – mentre da un punto di vista sociale permette di modellare positivamente la realtà in cui si vive, simboleggiando un giovamento per se stessi e per gli altri.

Conclusione

La presa di posizione circa il proprio focus è, pertanto, il primo passo per il compimento delle singole decisioni, volte a rendere le finalità plausibili e realizzabili. L'impegno finalizzato al miglioramento della propria posizione è, quindi, necessario per garantire stabilità: non importa di quanto tempo si necessiti per implementarlo, l'importante è non rimanere vincolati dalle proprie convinzioni.

1.6 Svolgimento di elaborati di cultura generale, storia e attualità

Elaborato 1

Multiculturalismo: l'orgoglio dell'identità tra tolleranza e fermezza.

Introduzione

Il 1993 il 1997 sono due date molto importanti per l'Unione Europea: la prima sancisce la nascita ufficiale dell'UE (Trattato di Maastricht); la seconda pone le regole e le basi per una politica economica europea comune a tutti gli Stati membri. Tuttavia, mentre l'Europa si interessa a stabilire dei valori etico-politici, delle leggi e dei programmi comuni, nel contempo diviene la meta principale, insieme agli Stati Uniti, di ingenti flussi migratori.

Corpo

Inizialmente, a metà-fine dell'800, sono state le grandi potenze europee, quali Francia, Gran Bretagna, Germania e Italia, a colonizzare i Paesi africani; ora, dopo la conquista della indipendenza, si assiste sempre di più ad un incremento del flusso migratorio.
Nella maggior parte dei casi, oggi, si tratta di persone che "si lasciano alle spalle" la guerra, la fame, la sete, le malattie e la povertà.
L'Europa e gli Stati Uniti, quindi, sono diventati il luogo di arrivo di questi popoli. Parlo di popoli poiché, in questi ultimi anni, i Paesi dell'Europa, hanno dovuto ospitare popolazioni di diversa etnia giunte nel continente: turchi, arabi, cinesi, giapponesi, nigeriani, pakistani e moltissimi altri.
I governi europei, dunque, a fronte di questa nuova realtà hanno dovuto adottare politiche che mirassero all'integrazione e alla tolleranza delle nuove realtà sociali; infatti, oggi, non possiamo più ignorare lo straniero, ma dobbiamo imparare a conviverci. La tolleranza verso l'accettazione di questo, sempre più crescente, multiculturalismo è importante perché permette di progredire nell'incontro con l'altro. Multiculturalismo, infatti, non vuol dire, solamente, una pluralità di razze, ma sottintende anche una pluralità di religioni, culture, tradizioni e usanze. In Europa vi è stato un aumento sempre più massiccio di popolazioni arabe. Il mondo arabo, se da una parte, ha aspetti vicini alla nostra cultura, come una religione monoteista o legami storici che risalgono al Medioevo, dall'altra ha anche moltissime differenze come la poligamia, l'uso del burka e il modo di vivere la dimensione religiosa e la preghiera.
Queste nuove comunità, una volta giunte nei nuovi Paesi, dopo essersi adattate alla nuova realtà socio-politica, richiedono di avere dei diritti come i cittadini autoctoni: il mondo mussulmano vorrebbe un'ora di religione islamica nelle scuole, inserire il menù islamico nelle mense scolastiche, luoghi di sepoltura islamici ed il riconoscimento delle guide-imam nel culto islamico. È spontaneo domandarsi, quindi, se sia possibile che la nostra società diventi così aperta da permettere un'integrazione completa di queste comunità.
Alcuni Paesi europei, come la Gran Bretagna e la Francia, destinazione di moltissimi immigrati, hanno cercato di usare politiche a favore dell'integrazione a tal punto che si parla di *melting pot*. Tale termine ha il significato di "crogiolo" ed è l'espressione che si usa per indicare l'amalgama, all'interno di una società, di elementi diversi.

Tuttavia, nonostante i tentativi di creare un'integrazione completa, negli ultimi tempi sono nate anche delle paure e delle diffidenze nei confronti degli stranieri, in particolare, a seguito degli attentati che nel 2001 hanno interessato l'America (Torri Gemelle).
Il processo d'integrazione è, altresì, rallentato dalla nascita di un'ideologia xenofoba a seguito di stupri, violenze, rapine, omicidi compiuti da stranieri. Può capitare, se si cammina per strada la sera e si incontra un gruppo di extracomunitari di aver paura di una possibile aggressione e sono sufficienti alcune notizie dei telegiornali per incrementare questo sentimento. Ecco, quindi, che quell'aspetto di tolleranza iniziale, un poco alla volta si sta affievolendo e l'apertura alle nuove comunità si sta trasformando in fermezza e protezione della propria cultura. Il termine fermezza multiculturale, dunque, assume il significato di "protezione della rispettiva identità". In questi ultimi anni si è incominciato a riflettere maggiormente e a chiedersi se la concessione di tutti i diritti richiesti dalla presenza di stranieri sia giusta o meno. Se, ad esempio, sia giusto togliere il crocifisso dall'aula scolastica o di tribunale, dove la maggioranza degli studenti e cittadini è cristiana, perché uno studente islamico si sente discriminato, quando, magari, nel suo Paese di origine, i diritti religiosi richiesti da uno straniero vengono negati. Nel mondo ci sono moltissime culture, religioni e razze cui bisogna portare rispetto, ma è altrettanto vero che non dobbiamo venire meno ai nostri principi, valori ed ideali o tanto meno nasconderli.

Conclusione

La società ospitante ha il dovere di tollerare la comunità ospitata, ma anche la comunità ospitata ha l'obbligo di rispettare la cultura e le tradizioni altrui; solo in questo modo, a mio avviso, si potranno risolvere le controversie multiculturali e riuscire a creare un insieme di cittadini completamente tolleranti e integrati tra loro.

Elaborato 2

Oggi sono in corso, a livello mondiale, continui spostamenti di popolazioni che interessano il nostro Paese. Quali sono le cause di tale fenomeno che comporta rilevanti implicazioni a livello politico, economico, sociale e giuridico?
Come coniugare le esigenze della sicurezza e del controllo del territorio con quelle dell'accoglienza e della solidarietà.

Introduzione

La storia dell'umanità è stata da sempre segnata da importanti flussi migratori che si sono ripetuti costantemente nel tempo e nelle civiltà. L'incontro e la fusione dei diversi bacini culturali ha determinato la nascita dei vari popoli.
Questi spostamenti di popolazioni sono stati avvertiti, fino al secolo scorso, come la volontà di un progresso sociale e come un'opportunità di crescita culturale ed economica. Oggi, invece, tali incontri tendono ad assumere la forma critica di un problema.

Corpo

Come ogni questione sociale, il tema dell'immigrazione non può prescindere da una serie di indicatori ad esso concatenati. In linea di propedeuticità, all'origine dei massicci movimenti migratori degli ultimi decenni, c'è un intreccio di fattori politici, economici, strutturali e climatici. Parliamo, infatti, delle tensioni belliche o dei regimi dispotici che negli ultimi anni hanno interessato il Mediterraneo, della ricerca di lavoro, dell'internazionalizzazione dei processi produt-

tivi e della desertificazione dell'area sud-sahariana in Africa. Gli spostamenti della popolazione sono spinti da un lato dall'attrazione del benessere e dell'alto tenore di vita del mondo Occidentale, dall'altro dalla precaria condizione economica, la pressione demografica, i regimi politici oppressivi e le avverse condizioni climatiche dei Paesi da cui partono i flussi migratori. Le dinamiche relative all'immigrazione, le cui direttrici e la cui composizione mutano nel tempo, sono caratterizzate da uno spostamento umano dai Paesi più poveri a quelli più ricchi.
Non dobbiamo dimenticare che anche noi italiani siamo stati un popolo di migranti e che le nostre radici derivano dalla fusione della cultura latina, sabina, italica ed etrusca.
Nel '900, infatti, moltissimi connazionali emigrarono in America e in Germania, spinti dalla possibilità di realizzazione ed attratti dal cosiddetto "sogno americano". Sebbene europei anche i nostri "nonni" hanno avuto difficoltà di integrazione. Gli stessi problemi d'inserimento esistono oggi nella nostra Italia. L'affermarsi di una xenofobia diffusa minaccia sempre di più il precario equilibrio dei nostri immigrati, molti dei quali ricordiamo essere cittadini italiani. Il coinvolgimento di stranieri in fatti delittuosi e attentati internazionali ha fomentato nell'immaginario collettivo degli italiani un clima di pregiudizio e d'intolleranza verso gli immigrati, che, spesso, sfocia in violenza. Pertanto, nell'ideologia popolare, associamo, per antonomasia, la figura dello straniero a quella di un delinquente, rendendolo un perfetto capro espiatorio. Il fenomeno assume rilievi particolarmente preoccupanti, se consideriamo che i governi hanno ristretto le frontiere, negando a molti profughi il diritto d'asilo riconosciuto dalla Convenzione di Ginevra del 1951.
Il nostro Paese, molto liberale e rispettoso dei diritti umani, si arroga pertanto il compito di ospitare immigrati respinti da altri Paesi. L'immigrazione è, di per sé, fonte di opportunità per un'Italia che deve affrontare la prospettiva di una popolazione sempre più anziana e un'economia moderna e dinamica, e non può prescindere da una società, in cui l'innovazione – tra i motori fondamentali della crescita economica – viene incoraggiata in ogni modo. Questa, soprattutto in una società apparentemente immobile come la nostra, non può che giovarsi del contributo di creatività, talento e impegno dei lavoratori stranieri. Più in generale, per potersi esprimere al meglio e sviluppare appieno la loro creatività, i lavoratori extracomunitari devono sentirsi accettati. Le discriminazioni basate sull'etnia, o sulla cultura, non fanno che deprimere il potenziale dei lavoratori, sia di quelli discriminati sia degli altri (che si trovano a operare in un ambiente meno stimolante e dinamico), con conseguenze negative in termini di innovazione e, infine, di crescita economica. È chiaro che i migranti a bordo dei barconi non sono necessariamente dei potenziali lavoratori qualificati, come è ovvio che non sono tutti assassini o delinquenti. Gli sbarchi di clandestini sono un problema specifico che richiede soluzioni precise. Tuttavia, il clima d'instabilità politica che l'Italia sta vivendo in questo momento non dà un contributo positivo nemmeno alla questione più generale dello sviluppo di una moderna cultura dell'integrazione e dell'innovazione. Il fatto drammatico che "un italiano su otto" non riesca a rimanere a galla nella crisi, non è in contrasto col bisogno disperato d'innovazione della nostra economia. Se quest'ultima migliora la sua propensione al miglioramento, anche attraverso lo sviluppo di un'adeguata cultura della tolleranza e dell'integrazione di ogni diversità, tutti ne beneficiano, compresi i poveri. Sul piano economico non ha senso contrapporre le sfide dell'integrazione con i livelli allarmanti di povertà che si registrano, perché non è l'integrazione a causare la miseria e la difficile crisi economica. Anzi, l'innovazione e il dinamismo che generalmente scaturiscono da un processo d'integrazione ben riuscito non possono che dare un contributo positivo al benessere della collettività. Il problema economico che ne scaturisce, semmai, è dato dallo spreco di risorse causato dalla politica del "rispediamoli tutti a casa", ancora più grave in tempi di recessione. Secondo le ultime stime statistiche, tra controlli alle fron-

tiere, detenzione, rimpatri e burocrazia abbiamo speso un miliardo e seicento milioni in dieci anni. Il grosso della spesa riguarda i Centri d'identificazione ed espulsione, che di fatto sono delle strutture carcerarie sorvegliate dalle Forze dell'Ordine, nelle quali si può stare fino a 18 mesi. I ricercatori hanno stimato che le strutture, il personale, il vitto, la manutenzione e la sorveglianza di questi sono costati, finora, più di 140 milioni di euro all'anno. Il reato di clandestinità, introdotto nel 2008 dal governo Berlusconi e recentemente trasformato in illecito amministrativo, è forse un primo, piccolo, passo per promuovere una cultura che sia più favorevole all'integrazione e all'inserimento dei migranti nella vita lavorativa e sociale del Paese ospitante. Infatti, se mancano queste opportunità, l'immigrazione clandestina, sfocia nel mercato nero, che costituisce un mondo del lavoro parallelo a quello ufficiale e che viene alimentato dalle mafie e dalla criminalità organizzata.

Conclusione

Soltanto attraverso la solidarietà e la coesione si possono riconoscere le tradizioni, i valori dominanti e le caratteristiche dei diversi popoli, come indice di progresso e come prerogativa indispensabile per muoversi correttamente in un mondo sempre più globalizzato.

Elaborato 3

La disoccupazione giovanile ha ormai assunto rilevanza internazionale ma, per quanto concerne il nostro Paese e in particolare il Mezzogiorno d'Italia, la situazione presenta risvolti drammatici. Il candidato, dopo aver fornito alcune brevi considerazioni in ordine alle cause che hanno generato detto fenomeno, evidenzi le possibili soluzioni.

Introduzione

La disoccupazione rappresenta la mancanza di un impiego per una persona in età da lavoro e abile a svolgere tale attività. Certamente è un problema dei nostri giorni, anche se non bisogna dimenticare che, negli anni fra le due guerre, era già esistente.
In quell'epoca per la gente che versava in uno stato di miseria la mancanza di un'occupazione poteva significare la fame; inoltre, l'instabilità politica durante il regime fascista non facilitava certo le politiche sul lavoro.

Corpo

Gli economisti hanno compiuto una classificazione delle diverse tipologie di disoccupazione distinguendo tra disoccupazione frizionale, che indica la condizione di coloro che non lavorano, disoccupazione stagionale che sta ad indicare la mancanza di lavoro causata dalle variazioni climatiche e stagionali, disoccupazione strutturale che spiega la mancanza di un impiego in quanto legata all'assenza di corrispondenza tra domanda e offerta, disoccupazione ciclica determinata dalle variazioni del ciclo economico ed infine la disoccupazione nascosta che è l'eccesso di lavoratori impiegati in ambito rurale nei Paesi in via di sviluppo.
Oggi, più che mai, questo è un problema che riguarda soprattutto i giovani alla ricerca della prima occupazione; essi, privi di esperienza, non hanno conoscenze pratiche richieste dalle aziende al momento dell'assunzione, oppure non trovano un impiego adatto alle loro inclinazioni o al loro percorso di studi. Tuttavia, tale fenomeno riguarda anche persone già avanti con l'età che vengono a trovarsi fuori dal mondo del lavoro a causa del dissesto economico dell'azienda presso cui erano impiegate, e ciò è sempre più frequente nella società contemporanea, dove, nel corso degli anni, è andato sempre più evidenziandosi il divario tra Nord e

Sud del Paese. Infatti, il nostro Mezzogiorno, già in ritardo a causa dell'annosa "questione meridionale" che ha caratterizzato la storia del nostro Paese dall'Unità d'Italia in poi, non è riuscito ad allinearsi con lo sviluppo economico e industriale del Nord che si è sempre più indirizzato verso un'economia capitalista. Tale dislivello ha concesso al Sud il primato della disoccupazione in Italia, anche se, negli ultimi anni, la percentuale di disoccupati in tutto il Paese ha toccato punte di grande disagio a causa dell'attuale crisi economica. La mancanza di lavoro è diventata una piaga sociale che riguarda giovani e anziani che, in queste circostanze, soffrono di depressione e di altri disturbi psicologici.
I disoccupati, dal canto loro, possono aiutare a risolvere i problemi del lavoro cercando di riqualificarsi in settori più produttivi e trasferendosi in zone dove c'è maggiore ricerca di impiego e lavoratori. Bisogna liberarsi dall'idea che i posti di lavoro siano una quantità fissa; molto, infatti, dipende dal dinamismo di individui e società, dalla loro creatività.
Il numero dei posti di lavoro è funzione della buona volontà e dell'impegno di un'intera cultura. Soprattutto è importante responsabilizzare gli individui, far sì che facciano propria l'idea di formazione continua dei propri talenti; è importante, quindi, una scolarizzazione diffusa, ma più importante è la disponibilità a imparare nell'intero arco della vita, anche e soprattutto fuori della propria Nazione. Il caso della disoccupazione italiana, per esempio, è molto particolare in Europa, non tanto per l'entità numerica del problema, quanto per la sua composizione. Di fatto l'Italia è il Paese che maggiormente copre l'occupazione maschile e di conseguenza discrimina più fortemente le donne e i giovani, legati spesso a contratti precari, nei casi più fortunati, che costituiscono una parte molto importante di chi cerca lavoro. Inoltre, la maggior parte dei disoccupati è concentrata nelle regioni Meridionali, ancora oggi prive di slanci economici che possono garantire investimenti sulle politiche del lavoro, per tutelare soprattutto le nuove generazioni. Tutti noi, alla fine, cerchiamo occupazioni sufficientemente attraenti, ben remunerate, con un contratto stabile che tuteli gli orari di lavoro, ed è per questo che sono necessari ammortizzatori sociali che impediscono lo sviluppo di sacche di povertà, con la possibilità di offrire a tutti opportunità di formazione e di cambiamento: un impegno da parte di tutti, fatto di efficienza, ma anche di garanzie.

Conclusione

Solo con l'impegno delle istituzioni si possono incentivare le politiche per la creazione di nuovi posti di lavoro attraverso i finanziamenti all'imprenditoria giovanile e l'alleggerimento della pressione fiscale sulle medie e piccole imprese che, in Italia, costituiscono la maggior parte della realtà imprenditoriale nazionale. In tal modo si può sperare nella diminuzione della disoccupazione di pari passo con la crisi economica per costruire un futuro con più certezze.

Elaborato 4

Legalità e illegalità: il candidato rifletta sul danno che il mancato rispetto delle regole produce al Paese e sul modo di favorire, nella società e soprattutto nei giovani, lo sviluppo di una forte coscienza civica.

Introduzione

In una società sempre più confusa in cui i valori morali sono irrisi dalla maggioranza e vengono disattese le regole di civile convivenza, è importante fissare dei punti che regolino i rapporti interpersonali. Siffatte relazioni devono ispirarsi ad un principio di correttezza e responsabilità, che renda ridondante ogni appello al rispetto delle norme stesse.

Corpo

In questa prospettiva il principio di legalità, quale valore universalmente condivisibile e da riaffermare nella Comunità nazionale, afferma che ogni organo dello Stato è tenuto ad agire, esclusivamente nel rispetto della legge, garantendo la salvaguardia dei diritti e dei valori umani.

Tale dettame ha cominciato ad emergere in modo rilevante dopo la Rivoluzione francese in risposta al potere e all'oppressione dell'Ancièn Règime, come rifiuto della concezione giurisdizionale concepita a quel tempo.

Allora, era infatti in vigore una Monarchia assolutistica, per cui ogni tipo di decisione rientrava esclusivamente nelle mani del sovrano, detentore indiscusso del potere.

Il rifiuto di tale idea portò a una rivalutazione della figura del giudice, il quale doveva costituire "la bocca della legge", applicandola e non interpretandola, ma osservandone rigidamente e in modo letterale il principio su cui si fondava, al fine di formulare un giudizio il più oggettivo possibile, indipendentemente dalla propria origine, condizione sociale o orientamento religioso. La fiducia illuministica nella ragione dell'uomo si concretizzò successivamente nella considerazione della legge quale misura inevitabilmente uguale e giusta per tutti, in quanto traduzione materiale dei principi naturali della mente umana.

La legalità venne dunque accolta nella concezione formale per la quale il reato è soltanto ciò che è previsto come tale dalla legge; venne invece accantonata completamente la concezione della conformità della legge tipica degli ordinamenti di tipo assolutistico, come quelli nazista e bolscevico, secondo cui era reato qualsiasi fatto socialmente pericoloso, anche se non previsto dalla legge, che era un'espressione diretta della volontà dello Stato, una dichiarazione che si esprimeva generalmente in un comando.

Il principio di legalità costituisce il pilastro sul quale si fonda lo Stato moderno e comprende l'intero ordinamento giuridico, assumendo maggiore rilievo nell'ambito del diritto penale, con riferimento al quale esso sancisce la necessaria predeterminazione legislativa dei reati, nonché delle pene.

La teorizzazione del principio di legalità tra Stati affonda le sue radici in particolare nella teoria contrattualistica, di cui uno dei primi assertori fu Jean-Jacques Rousseau. Secondo tale concezione, le istituzioni statali ricavano la loro legittimazione dall'accordo, il cosiddetto "contratto sociale", liberamente stipulato dai privati cittadini, i quali detengono la sovranità, spinti dalla necessità di rinunciare a parte delle loro libertà in cambio della salvaguardia dei diritti naturali, garantita dalle istituzioni stesse.

Nell'ambito di questa ricostruzione filosofico-politica, la legge assume il ruolo di fulcro nella politica internazionale degli Stati, essendo al contempo espressione della partecipazione dei privati cittadini alle istituzioni ed il limite al potere sovrano, quale baluardo posto a garanzia della libertà individuale.

Il principio di legalità rappresenta la base degli ordinamenti giuridici moderni e di talune Convenzioni internazionali.

Oggi giorno, tuttavia, alcuni Stati fanno fatica ad applicare le norme per un giusto rispetto della legge e l'attenzione nei confronti della legalità da parte dei cittadini lascia spesso a desiderare, generando all'interno della nostra società, disagi ed inquietudini, in un mondo in cui la corruzione e la violenza sono punti cardine su cui si muove l'azione dell'uomo.

Casi anche molto clamorosi sono, infatti, spesso presenti nelle cronache dei giornali, in quelle radiofoniche e televisive; le problematiche riscontrate sono quelle di violenze, furti e rapine, inquinamento, corruzione di amministratori, abusi e violazioni della dignità umana. Il disagio ancora più grave, certe volte, non è quello di infrangere la legge, quanto quello di non

applicarla completamente, facendo ricorso a modi e manipolazioni di coloro che, per primi, dovrebbero rappresentare le istituzioni, nel modo più vero ed autentico possibile.
Di fronte a questo progressivo deterioramento della società, è dunque giusto sperare nel futuro e nelle persone sane, in primo luogo, e nelle giovani generazioni che lo costituiscono.
L'esperienza degli antichi ci insegna, infatti, che prima o poi il sano che è in ognuno di noi, finisce per reagire, ristabilendo quello che era l'ordine e la legalità di un tempo.
È in questa speranza che la società odierna si orienta; ecco, quindi, che si cerca di avvicinare i ragazzi al mondo e alla cultura della legalità con corsi ed incontri sul tema "della convivenza democratica", nelle scuole medie inferiori e superiori, dove l'educazione civica dovrebbe imprimere ai giovani una sana coscienza all'insegna del rispetto delle regole, di se stessi e del prossimo. Il diritto è, poi, un'altra materia necessaria per trasmettere un'idea di giustizia e di legalità come un qualcosa che garantisce all'individuo tutte le libertà di agire senza calpestare i bisogni altrui. L'idea di legalità, concetto quanto mai astratto per le menti acerbe, può essere spiegata attraverso esempi di personaggi famosi che hanno sacrificato la loro vita in nome degli ideali di giustizia e di rispetto, come ad esempio i giudici Falcone e Borsellino che vennero uccisi dalla mafia.

Conclusione

L'obiettivo è infatti quello di orientare, sin da subito, le future generazioni verso una società più vera in cui siano riaffermati i tradizionali valori della famiglia e della Patria in uno Stato veramente democratico e in cui si rispetti la legge. Tale cammino è, inoltre, reso possibile dalla morale personale e dalla coscienza di ognuno di noi che può farci decidere se percorrere o meno la giusta via. Infatti per chi già vive, fin da piccolo, in un contesto di illegalità e disonestà, con falsi esempi da seguire, sarà difficile intraprendere un percorso di vita retto e morigerato.
È necessario capire che la legalità è un valore e non un'imposizione e che, rispettare le regole, migliora la vita di ciascuno ed è la garanzia per un'armonica e serena convivenza civile.

Elaborato 5

Paesi ricchi e Paesi poveri, debiti dei Paesi del Terzo Mondo e aiuti da quelli più industrializzati.

Introduzione

L'esame delle due aree geoeconomiche (Paesi sviluppati, concentrati soprattutto nell'emisfero boreale, ed aree di sottosviluppo nel sud del pianeta) individuate dalle Nazioni Unite, indicate nel linguaggio politico e giornalistico con i termini di Nord e Sud, rivela grandi disparità non soltanto economiche, ma anche sociali. Oltre al Prodotto interno lordo, oggi viene preso in considerazione un altro indicatore per valutare le reali condizioni di vita di un Paese, l'ISU, indice di sviluppo umano, che misura il livello di scolarizzazione, l'aspettativa di vita e il reddito pro capite.

Corpo

La globalizzazione ha messo a disposizione dei consumatori una gamma senza precedenti di prodotti, ma circa la metà della popolazione mondiale è esclusa dai consumi di massa. Circa i due terzi del commercio mondiale si svolge nei circuiti delle multinazionali, società che operano su scala internazionale con la casa madre nel Paese d'origine, di solito nei Paesi sviluppati, e filiali estere in cui viene delocalizzata la produzione per trovare forza lavoro a basso costo. A

volte la delocalizzazione si accompagna a sfruttamento, quando avviene in Paesi in cui sono negati i diritti fondamentali dell'uomo. La globalizzazione, infatti, non ha prodotto l'internazionalizzazione dei diritti. Secondo uno studio dell'Ocse "i divari di reddito sono oggi molto più ampi di quanto lo siano stati in qualsiasi altro periodo del passato". A differenza che nell'antichità, quando imperversavano le carestie dovute ad insufficiente produzione di cibo, oggi la causa fondamentale della fame non è la mancanza di cibo, ma la povertà, la "malattia" che provoca più vittime nel mondo; nelle regioni meno sviluppate oltre un miliardo di persone ne soffre. Nelle zone rurali di Asia, Africa e America Latina si è formato un immenso serbatoio di povertà estrema, costituito da contadini relegati su terre marginali, mentre vaste estensioni di terre arabili vengono destinate a colture per l'esportazione, con le quali realizzano grossi profitti le *élite* locali o le multinazionali. Occorrerebbero riforme agrarie che assicurassero una più equa distribuzione della proprietà della terra. "Il mondo è abbastanza ricco per soddisfare i bisogni di tutti, ma non lo è per soddisfare l'avidità di ciascuno" affermava Gandhi. La sottoalimentazione, unita alla mancanza di acqua potabile e alle cattive condizioni igienico-sanitarie, è all'origine della maggiore incidenza delle malattie infettive nelle regioni meno sviluppate. Sempre a causa della povertà, inoltre, gli adulti che non sanno né leggere né scrivere superano il miliardo. La condizione peggiore è quella delle donne e dei bambini, molti dei quali ridotti in schiavitù e privati della cittadinanza perché non vengono registrati alla nascita. Intanto la popolazione mondiale, quadruplicata nel corso del Novecento, ha visto la sua crescita concentrarsi soprattutto nelle aree meno sviluppate, a causa di un elevato tasso di fecondità. Le famiglie più povere, infatti, soprattutto in zone rurali, fanno più figli per avere maggiore forza lavoro. La popolazione mondiale, mentre continua a crescere, si concentra però sempre più nelle aree urbane. Cresce quindi la domanda di energia per l'industria, i trasporti, le abitazioni, i lavori agricoli ed altre attività, ma i consumi energetici sono fortemente squilibrati: il consumo energetico pro capite dei Paesi a reddito alto è in media dieci volte quello dei Paesi a basso reddito. I flussi migratori internazionali oggi sono dovuti, quindi, fondamentalmente a squilibri socioeconomici tra le regioni più sviluppate del Nord del pianeta e le aree di sottosviluppo a Sud.
Il mondo ha tuttavia la possibilità di sconfiggere la povertà estrema, le malattie, l'inquinamento ambientale ed innalzare la qualità della vita di ogni essere umano che abita il pianeta. Le azioni combinate di governi, società civile e settore privato devono riuscire a soddisfare degli obiettivi importanti tra cui la riduzione del numero di persone che vivono in condizione di estrema povertà, l'accesso all'acqua potabile per due miliardi di persone, la riduzione della mortalità da malaria, tubercolosi e infezioni da HIV. Per altri obiettivi la strada è ancora lunga; mi riferisco alla parità di genere o all'accesso universale all'istruzione. In particolare, quello riguardante la sostenibilità ambientale è fortemente minacciato dall'incremento delle emissioni globali di anidride carbonica. La crisi economica globale poi ha generato milioni di disoccupati e ha ridotto la quantità di aiuti allo sviluppo per i Paesi che ne hanno maggiormente bisogno. Permane infine la questione del debito del Terzo Mondo verso i Paesi del cosiddetto Nord del mondo, una delle realtà più difficili del nostro tempo, che è da molti ritenuta una delle maggiori cause della povertà e del sottosviluppo in questi Paesi. Il problema relativo a questo debito nacque durante gli anni Settanta in corrispondenza del primo shock petrolifero. L'impennata del prezzo del greggio rese disponibile sul mercato finanziario internazionale un'ingente liquidità proveniente dai Paesi OPEC, che venne collocata in grande quantità nei Paesi in via di sviluppo, i cosiddetti PVS, a finanziare programmi di sviluppo. Purtroppo le previsioni iniziali di possibile crescita interna vivace, aumento del benessere e facile restituzione dei prestiti ricevuti furono presto disattese. Il condono del debito è diventato dunque un intervento necessario, doveroso, indispensabi-

le per avviare una fase di crescita, ma è anche un intervento dagli effetti incerti perché i risultati dipendono dalla volontà dei singoli PVS di avviare un percorso di sviluppo economico. La questione del debito è sempre stata affrontata in termini finanziari e mai politici, mentre occorrerebbe un piano fondato sulla scelta politica di considerare una priorità l'alleviare la sofferenza dei popoli del Sud.

Poiché il mondo sta cambiando con i ritmi veloci imposti dalla globalizzazione, le antiche ricette quali quelle proposte con il *Washington consensus*, di direttive di politica economica da destinare ai Paesi in via di sviluppo che si trovassero in crisi economica, sembrano insufficienti. Il *Washington Consensus* si basava sulla possibilità, da parte di USA, Europa e Giappone, di ristrutturare le economie di altri Paesi, imponendo ricette alle quali non potevano dire di no proprio per la loro posizione debitoria, ma ora è comparso un nuovo formidabile attore, la Cina, che non è debitore ma creditore di molti grandi Paesi. Altri Paesi si stanno affacciando sul palcoscenico delle grandi potenze economiche mondiali di Cina e India e sono Brasile, Russia e Sud Africa. Sono i Paesi cosiddetti BRICS, con alti tassi di crescita.

Conclusione

Anche se geograficamente separati, ed economicamente e politicamente distinti, questi Paesi hanno cominciato a vedersi come un gruppo, soprattutto per gli investitori stranieri e i media. È nei confronti di questi che le leadership occidentali - della politica e dell'industria - devono orientare la loro azione, per crescere nell'export, per cogliere nuove opportunità di acquisizioni e per riuscire ad attirare nei propri territori un maggior flusso di investimenti internazionali.

Elaborato 6

L'universo giovanile, e non solo, utilizza sempre più spesso il computer per socializzare. Il/la candidato/a, facendo riferimento anche alla sua personale esperienza, rifletta su questa realtà, individuandone le ragioni, nonché gli aspetti positivi e negativi.

Introduzione

"Giovani a banda larga" viene definita la generazione digitale, ossia ragazzi connessi tutto il giorno con un universo di mondi possibili e propensi a percorrere molte strade come forma di adattamento ad un sistema sociale sempre più plurale e complesso: giovani "*multitasking*" quindi, in possesso di competenze comunicative in una pluralità di linguaggi che aumentano le potenzialità comunicative e allargano le opportunità di relazioni.

Corpo

I giovani soprattutto stanno cambiando linguaggio e modi di comunicare; spesso scrivono in stampatello e non più in corsivo, con acronimi, simboli e frasi abbreviate. La rete, infatti, ha modificato il pensiero, riducendo al minimo la parola scritta. Perfino il Papa si serve del linguaggio "*twitter*" e comunica in questo modo con molti milioni di persone con frasi che non superano i 140 caratteri. Poiché tra il pensiero e il linguaggio c'è un'interazione, afferma preoccupato Eugenio Scalfari, ne deriva che il pensiero si è anchilosato come il linguaggio. Cambia il modo di esprimere sentimenti e stati d'animo con parole, gesti, espressioni del viso e del corpo, poiché tutto è affidato a sms, parole abbreviate, segni e faccine, chat dove ci si presenta con la propria immagine costruita e preconfezionata. Si sta affermando fra i ragazzi infatti un nuovo modo di comunicare perlopiù visivo. Sempre più spesso usano *social network*

diversi da quelli affollati di adulti come *Facebook*. Migrano su luoghi digitali che possono offrire maggiori livelli di privatezza e spontaneità permettendo una nuova espressione di sé: una comunicazione riservata al gruppo di coetanei. *Snapchat* è il nuovo social più famoso: la sua caratteristica principale è che permette di condividere foto sul cellulare. Le foto, tuttavia, sono di durata temporanea e si autodistruggono dopo che il destinatario le ha visualizzate. Molte sono *selfie*, cioè "Autoscatto fatto usando uno smartphone o una webcam e poi pubblicato sul web", secondo la definizione pubblicata dall'Oxford Dictionaries, che ha elevato il neologismo, coniato dai *social media*, a vocabolo chiave del 2013. È una moda questa sempre più diffusa che ha conquistato anche persone famose. I *social network* come *Facebook* vengono definiti solo "segnaposti esistenziali». Pagine in cui bisogna stare per essere trovati e per avere una propria identità riconosciuta all'esterno. In altre parole, sono come un supermercato anonimo, dov'è possibile incontrare un po' chiunque e con cui è impossibile identificarsi. Ben altra cosa sono i luoghi a cui i *teenagers* sentono di appartenere, dove sono liberi di essere se stessi, che corrispondono a nomi come *Snapchat, Whatsapp, Instagram*.
Siamo di fronte ad vero e proprio passaggio di epoca. Assistiamo alla trasformazione più radicale della vita pubblica e privata nella storia del genere umano. Certo, anche la macchina da stampa fu una rivoluzione, ma impiegò circa trecento anni prima di diffondersi dai chiostri alla vita di tutti i giorni. Così come il telefono e la televisione che hanno impiegato decenni per imporsi. Invece la Rete ha cambiato radicalmente in pochissimi anni quasi ogni livello dell'esperienza umana imponendo una riflessione sui vantaggi e gli svantaggi. La spontaneità di queste nuove forme di comunicazione è certamente liberatoria, ma ha i suoi lati negativi. C'è il rischio di rivelare troppo di sé: il *sexting* (invio di sms o autoscatti erotici) imperversa su *Snapchat*, mentre l'anonimato incoraggia il bullismo, in assenza di regole e di controllo dei genitori. Inoltre tende ad esasperare la tendenza, tra gli adolescenti, a vivere il momento presente in senso assoluto, senza passato né futuro, grazie proprio ai nuovi strumenti, dove gli scambi sono effimeri e temporanei. In tal modo le relazioni affettive diventano superficiali, frammentarie. La possibilità di entrare in contatto, attraverso il clic, con qualunque abitante del mondo, in Australia o, a tuo piacimento, nei Caraibi o in Brasile, sembra infatti inserirti in una folla di contatti e di compagnia, ma è solo un'illusione, perché in realtà molti ritengono che ti confina nella solitudine. Oggi milioni di ragazzi navigano in rete, vivendo in un nuovo mondo, che diventa un surrogato – spesso pericoloso – della famiglia, dell'amicizia, dei genitori, di fratelli e sorelle. A volte si può arrivare a un vero e proprio disagio psicologico, come quello in continua espansione tra i *teenagers* nipponici. Li chiamano *hikikomori*, gli adolescenti che si isolano volontariamente dal mondo, abbandonano la scuola, gli amici, ogni forma di vita sociale e di contatto con la realtà. Palliativo della vita reale nella maggior parte dei casi dei giovani che si escludono dalla realtà sono proprio le scappatoie virtuali: videogiochi, internet, che creano la possibilità di continuare ad esistere anche chiusi tra quattro mura accendendo un computer e creandosi un'identità che non soffre, come quella autentica, dei soprusi, delle ingiustizie e che soprattutto non subisce colpi dall'esterno, dagli altri, dalla vita. Una sorta di suicidio dalla realtà che è diventata una piaga sociale e fa riflettere sulle implicazioni dei nuovi strumenti di socializzazione virtuale per i giovani più timidi ed insicuri, che invece di uscire dal guscio dopo l'adolescenza, restano chiusi all'interno di una vita virtuale, probabilmente meno sofferta di quella reale, ma certamente non vera.

Conclusione

Ritengo, comunque, che destreggiarsi fra promesse e pericoli sia sempre stato il destino dell'umanità di fronte alle grandi svolte tecnologiche e credo che non ci si debba spaventare. Nella dicotomia alternativa, proposta da Umberto Eco, fra apocalittici e integrati, concordo con l'affermazione di Furio Colombo: " Sono dalla parte degli integrati, ma di quelli svegli e a occhi aperti."

Elaborato 7

Il diritto di informare ed essere informati deve essere garantito come espressione della libertà individuale di ogni cittadino e come esercizio attivo delle libertà democratiche, anche se sovente vengono diffuse notizie non veritiere, distorte o oltraggiose che ledono il diritto alla conoscenza. Il/La candidato/a si soffermi sugli strumenti che possono garantire il corretto esercizio del diritto all'informazione e sulle limitazioni che tale diritto incontra.

Introduzione

L'articolo 21 della Costituzione Italiana, comma 1, afferma: "Tutti hanno diritto di manifestare liberamente il proprio pensiero con la parola, lo scritto e ogni altro mezzo di diffusione".
Così la Costituzione italiana sancisce la libertà di manifestazione del pensiero, che si esplica attraverso la libertà di stampa e la libertà di parola. La libertà di espressione è cardine essenziale di ogni democrazia, riconosciuta anche dalla Dichiarazione Universale dei diritti dell'uomo del 1948 e ripresa dalla Convenzione europea per la salvaguardia dei diritti dell'uomo e delle libertà fondamentali.

Corpo

La libertà di manifestazione del pensiero si ricollega ad una tradizione che parte dalle *poleis* dell'antica Grecia, ma nel tempo è divenuta un principio di tutte le Costituzioni democratiche, tra cui quella italiana. L'articolo 21 della stessa segna una rottura con il passato, dopo il sistema di censura del regime fascista, sancito dal Codice penale Rocco del 1930. La Classifica della Libertà di Stampa 2013, pubblicata da Reporter senza frontiere, mette in evidenza infatti che le democrazie offrono una migliore protezione alla libertà di produrre e far circolare notizie e informazioni accurate, rispetto ai Paesi dove non vengono rispettati i diritti umani. Questa classifica, nata dall'esigenza di valutare anche a livello mondiale la libertà di produrre e diffondere notizie e informazione, viste la progressiva affermazione delle nuove tecnologie e l'interdipendenza tra governi e popoli, fa emergere tuttavia che mentre nelle dittature la libertà d'informazione è pesantemente condizionata dalle minacce di spietate rappresaglie, anche nelle democrazie esistono condizionamenti, perché i media devono fare i conti con le crisi economiche del settore e i conflitti d'interesse. Così l'Italia si trova solo al 57° posto di tale classifica, a causa di specifiche condizioni nazionali, per cui il possesso dei canali privati di comunicazione influisce in maniera marcata sulla libertà di manifestazione del pensiero, mentre i canali pubblici risultano sottoposti alle decisioni del potere politico. Inoltre, periodicamente, le istituzioni ripropongono pericolose "leggi bavaglio".
Oltre alla libertà d'informazione, il diritto all'informazione è costituito dalla libertà di essere informati o libertà "passiva" d'informazione, che ha nel "diritto di accesso ai documenti amministrativi" la parte più considerevole. In Italia questa libertà è ancora limitata a livello burocratico, per quanto riguarda l'assunzione di nozioni e dati, in particolare storici e scientifici. Il *deficit* italiano d'informazione riguarda però in particolare le notizie dall'estero, che giungono all'opinione pubblica in modo manchevole. Questa carenza influisce significativamente sulla formazione di un'opinione pubblica preparata e consapevole, impedendo il progresso della società civile e lo sviluppo del singolo individuo. Inoltre, la normativa penale sulla diffamazione in Italia "non è pienamente conforme agli standard europei sulla libertà di espressione" secondo il pare-

re della Commissione di Venezia, l'organo consultivo del Consiglio d'Europa sulle questioni costituzionali.

La materia della diffamazione a mezzo stampa è un tema delicato nella regolamentazione del mondo delle informazioni. Tra la formulazione teorica della libertà di manifestazione del pensiero e l'attuazione pratica vi è già comunque uno scarto. L'articolo 21 della Costituzione italiana vede, infatti, alcune limitazioni, presenti nella formulazione stessa, riferite al "buon costume". A questa limitazione esplicita si aggiungono il diritto alla riservatezza, il diritto alla segretezza, per esempio nel caso di segreti di stato o d'ufficio, il diritto all'onore umano, inteso nel senso di dignità e reputazione. Esiste dunque da una parte l'esigenza di garantire i soggetti da informazioni inesatte o calunniose e dall'altra però l'impossibilità delle vittime di accedere alla pari ai mezzi di informazione in modo da ottenere una rettifica. Quest'ultima, peraltro, in molti casi non può cancellare gli effetti negativi della notizia iniziale ma, da questo punto di vista, il mondo di Internet, rispetto a quello dell'informazione tradizionale, offre possibilità di accesso meno costose per quanti volessero diffondere in rete rettifiche rispetto a notizie inesatte, anche se difficilmente potrebbero raggiungere una grande maggioranza di persone. L'uso distorto di Internet dovrebbe essere disincentivato dal fatto che un sito metta in gioco la propria credibilità attraverso l'esattezza delle informazioni che diffonde. L'autocontrollo, però, non viene percepito come necessario a tutelare la propria reputazione, quando il pubblico raggiunto è in sintonia con chi propaga le notizie distorte, così come molti giornali apertamente schierati con una parte politica non vedono diminuire la reputazione, ma semmai accrescere le ragioni di fedeltà, quando diffondono notizie distorte o anche false a sfavore degli avversari politici pur di riscuotere consensi tra i propri lettori.

Conclusione

La trasparenza e correttezza dell'informazione passano in secondo piano quando altri sono gli interessi in gioco.

Il problema della asimmetria tra potenziale calunniato e potenziale calunniatore quindi rimane anche nel mondo di Internet, per cui si rende auspicabile una regolamentazione che non si traduca però in oneri o controlli eccessivi.

Elaborato 8

La giustizia quale valore da riaffermare nell'ambito della Comunità nazionale e quale costante principio di riferimento nella politica internazionale degli Stati.

Introduzione

La giustizia è un valore basilare nella società civile, al quale si ispirano le Costituzioni dei Paesi democratici e i trattati internazionali.

È un concetto dai molteplici significati e ambiti di applicazione, che vanno dall'intima coscienza di ciascuno al rispetto dei diritti dei popoli, nelle decisioni dei potenti della terra.

Corpo

Il termine giustizia, in una delle sue accezioni più importanti, l'equità sociale, indica un concetto profondamente legato alla forma dello Stato democratico. Nelle monarchie assolute era arbitraria e si identificava con la persona del sovrano, in una repubblica è il principio per il quale tutti gli uomini sono uguali nei diritti e nei doveri e ciascuno può accedere a qualunque carica o ufficio, indipendentemente dalla condizione economica o di classe.

Essa è inoltre alla base di ogni comunità: chiunque, per vivere nella collettività, ha bisogno di regole precise da rispettare. In questo senso il giusto è colui che si comporta secondo la norma, sia essa umana o derivante dai precetti di una religione. Una volta che essa sia stata stabilita occorre un potere che la amministri, che decida le punizioni per chi commette delle infrazioni e che venga esercitato da persone incorruttibili, al di sopra delle parti.

Nel nostro Paese tutta la legislazione si ispira a criteri di uguaglianza, purtroppo non applicati fino in fondo. Non solo ogni cittadino deve avere ciò che gli spetta, ma lo Stato deve fare in modo di correggere e riequilibrare gli svantaggi di partenza. A tale scopo sono pensati gli aiuti in favore delle famiglie meno abbienti, gli assegni per studenti meritevoli che non hanno la possibilità di pagare la loro istruzione, l'assistenza medica assicurata a ciascuno, indipendentemente dal proprio reddito.

Nonostante ciò, il traguardo di una società totalmente giusta è ancora lontano, forse utopico. Permangono iniquità legate alla corruzione e al clientelismo, vere negazioni della società democratica. Il malcostume che ha imperato negli ultimi anni ha fatto sì che i cittadini non fossero più tutti uguali di fronte allo Stato; si è permesso che il denaro e i favoritismi personali concedessero a pochi privilegiati delle scorciatoie per accedere ai servizi o al lavoro. La corruzione generalizzata aveva fatto scomparire la struttura meritocratica, cosa che si può ammettere possa accadere a livello isolato, come un incidente della democrazia, ma che in Italia si era trasformato in sistema, attuato in maniera tanto sfacciata da divenire scandalosa.

Tale stato di cose spiega perché la pubblica messa in stato di accusa di questa pessima consuetudine abbia causato il crollo di tutta la classe dirigente. Gli italiani si sono sentiti traditi proprio nel principio fondamentale della convivenza democratica, avevano avuto l'illusione che lo Stato garantisse a tutti le medesime possibilità; ci si è resi conto invece dell'esistenza di diverse classi di cittadini.

Dopo un primo momento di entusiasmo, che aveva fatto parlare di nascita della seconda repubblica, il rinnovamento delle regole nel nostro Paese sta avvenendo in modo piuttosto faticoso e irregolare.

Il potere giurisdizionale, autore di tale rivoluzione pacifica, prima esaltato, è ora al centro di numerose polemiche, accusato di aver strumentalizzato politicamente le inchieste sulla corruzione nella pubblica amministrazione.

Tale atteggiamento di sfiducia nei confronti della magistratura è pericolosissimo per tutte le istituzioni, perché mette in dubbio uno dei tre poteri fondamentali dello Stato nel suo aspetto più delicato, la capacità di valutare i fatti indipendentemente dalle opinioni personali e da quelle dell'accusato.

In Italia, la giustizia è un valore che dovrà essere faticosamente ricostruito, recuperando poco a poco la fiducia dei cittadini.

Se osserviamo la situazione internazionale da questo particolare punto di vista, scopriamo che nei fatti i rapporti fra le nazioni sono tutt'altro che ispirati a tale principio.

L'equità e i diritti dei popoli sono affermati in tutti i trattati e nelle carte di costituzione degli organismi di cooperazione, ma le forze che regolano tali relazioni sono molto diverse.

Gli interessi economici sono il primo motore degli accordi e dei dissidi, l'importanza di uno Stato nel mercato mondiale ne costituisce anche il peso politico più generale.

Le sperequazioni nella distribuzione delle ricchezze del pianeta, delle risorse alimentari e dei prodotti di prima necessità sono così evidenti che è inutile sottolinearle.

Una gran parte della popolazione mondiale versa in condizioni di fame e sottosviluppo, mentre una minima porzione di essa si è appropriata di tutte le ricchezze, tanto da farne uno spreco quotidiano e immorale. Risulta chiaro che la giustizia come uguaglianza di diritti a livello planetario è ancora lontanissima dall'essere raggiunta.

Anche i diritti di nazionalità, che dovrebbero garantire a ciascun popolo libertà, indipendenza e un proprio territorio per vivere sono per lo più calpestati o sembrano, al momento attuale, riservati a razze che per ricchezza e tradizioni hanno il potere di affermarli e di difenderli con la forza. Esistono popolazioni dimenticate che da anni subiscono persecuzioni o addirittura il genocidio e che continuano a venire ignorate. I Curdi, ad eccezione del periodo della Guerra del Golfo, durante il quale la loro tragedia rimbalzò sui giornali di tutto il mondo, sono solo un esempio delle decine di etnie oppresse e perseguitate, delle quali nessuno si cura.

Conclusione

La storia insegna che possono esistere il progresso e la civiltà solo se i rapporti fra esseri umani sono regolati da leggi basate sulla giustizia e l'uguaglianza. Le più grandi tragedie dell'umanità sono avvenute quando si sono dimenticati questi principi e ha dominato la legge del più forte. Solo imboccando la strada dell'equità potremo sperare in un futuro pacifico per la comunità mondiale.

Elaborato 9

Il viaggio di Papa Francesco I in Terrasanta: un auspicio di pace.

Introduzione

Il primo Pontefice a compiere un pellegrinaggio in Terra Santa fu Paolo VI mentre la Chiesa celebrava il Concilio Vaticano II. Il suo fu un pellegrinaggio carico di una grande importanza storica e simbolica per la Chiesa, proprio nei luoghi culla del Cristianesimo e crocevia delle tre grandi religioni monoteiste. Il Papa parlò di pace e di ecumenismo, aggiungendo di essere disposto a prendere in considerazione tutti i mezzi in grado di appianare le vie del dialogo. Riconosceva che tali vie sono lunghe e disseminate di difficoltà, ma auspicava che le due strade potessero convergere l'una verso l'altra e approdare alle sorgenti del Vangelo. E dunque era di buon auspicio che lo storico incontro avvenisse proprio sulla Terra dove il Cristo ha fondato la sua Chiesa. Era la prima volta che s'incontravano un pontefice romano e un patriarca d'Oriente a novecento anni dalla reciproca scomunica tra le due Chiese.

Corpo

Da quel momento, anche se così breve, nacque un'amicizia molto profonda che aprì una nuova stagione nelle relazioni ecumeniche tra le Chiese. Era stato dato, infatti, un forte segnale affinché si riflettesse sull'origine della fede cristiana e si ripartisse da Cristo per portare l'annuncio del vangelo nel mondo. Paolo VI descrisse il suo primo pellegrinaggio in Terra Santa ed il suo abbraccio con il patriarca Ed Athenagoras.
A 50 anni da quell'abbraccio, Papa Francesco nel suo breve ma intenso viaggio apostolico in Terrasanta ha invitato a pregare per la pace tramite il dialogo tra le religioni, per superare gli odi nati dai fondamentalismi e dalle ideologie, che hanno seminato nella storia una scia di sangue. Il nome di Dio non deve essere strumentalizzato per giustificare la violenza, come è avvenuto spesso soprattutto in passato. Non vi può essere pace tra le nazioni dunque senza la pace tra le religioni e senza quel dialogo che serve a sfaldare il muro dell'incomunicabilità tra persone e generazioni. La pace è un desiderio di tutti e "costruire la pace - dice il Papa - è difficile, vivere senza pace è un tormento". Nella Spianata delle Moschee, luogo simbolo della controversia tra Israele e Palestina, Papa Francesco ha lanciato un accorato appello affinché tutte le persone riescano a rispettarsi, imparando a comprendere il dolore dell'altro.

Il Papa ha esortato alla pace con gesti, parole e immagini. La sosta, non prevista, davanti al muro di cemento che chiude Betlemme, le parole forti con le quali ha chiesto, in tutti gli incontri con le autorità di entrambe le parti, che i due Stati vivano in sicurezza nei confini internazionalmente riconosciuti, riallacciano i fili spezzati di un dialogo fragile, ma possibile. Papa Francesco ha inaugurato in questo viaggio in Terra Santa una nuova diplomazia che va oltre i protocolli politici e punta al cuore delle persone, convinto che la pace non sia solo l'esito di trattati internazionali ma una costruzione umana che si edifica giorno per giorno.
Come Pontefice Francesco, infatti è diventato più di un nome: è un progetto di una Chiesa e di un mondo basato su dialogo, misericordia, tenerezza e sulla convergenza nelle diversità senza la pretesa di possedere la verità assoluta. Non si presenta come il capo di un'istituzione gerarchica ma come un vescovo che vuole camminare con il suo popolo e dialogare con tutti, partendo dalle periferie del mondo. E con le sue parole, i suoi gesti semplici e diretti, ha conquistato credenti e non credenti.
"Il vero potere è il servizio, umile, concreto e ricco di fede" affermava Papa Francesco nell'omelia della Messa di inizio Pontificato, delineando il suo programma, che molti definiscono ormai come una vera e propria rivoluzione. Papa Francesco vuole riportare la Chiesa per la strada, tra la gente, meno istituzionalizzata e lo ha detto esplicitamente, affermando di preferire una Chiesa accidentata, ferita e sporca, piuttosto che una Chiesa malata per la chiusura e la comodità di aggrapparsi alle proprie sicurezze.

Conclusione

Le linee guida del suo pontificato sottolineano i rischi del mondo attuale che, con la sua molteplice ed opprimente offerta di consumo, non lascia più spazio per gli altri, per la voce di Dio. Così Papa Francesco chiede alle persone di essere più aperte, più buone, più generose, per creare una società solidale e accogliente, e questo è forse un punto centrale e irrinunciabile del messaggio cristiano.

Elaborato 10

Fra i grandi problemi della modernità, quello energetico e tecnologico e quello ecologico vengono messi sempre più in evidenza. Spesso si pone il dilemma tra la scelta di uno sviluppo indispensabile alla crescita dei Paesi ed il rispetto dell'ambiente, tra la tutela degli interessi delle comunità nazionali e le pur legittime aspettative delle collettività locali. Il candidato esprima le proprie considerazioni in proposito.

Introduzione

La natura è la nostra "dimora infinitamente meno fragile di noi, ma pur sempre fragile" come affermò Boncinelli nel suo articolo del Corriere della Sera. Infatti, gli ecosistemi sono in grado di rispondere alle perturbazioni con azioni riequilibratrici, ma soltanto entro certi limiti. Se le trasformazioni sono troppo rapide e invasive, come sta avvenendo per azione dell'uomo, diventano irreversibili e mettono in pericolo la sopravvivenza stessa dell'uomo.

Corpo

Per millenni il rapporto fra l'Uomo e la Natura ha visto il tentativo continuo del primo di dominare gli aspetti più minacciosi della seconda. L'attuale accresciuta sensibilità ecologica oggi sta portando, invece, sempre più a individuare le attività umane come una minaccia per l'ecosistema. Le dimensioni globali e locali del problema "ambiente" sono ormai fortemente intrecciate.

Fenomeni come il riscaldamento globale, l'inquinamento dell'atmosfera, l'esaurimento delle risorse, il dissesto idrogeologico, la produzione di rifiuti, la crescita demografica, la riduzione della biodiversità, coinvolgono l'intero pianeta, anche se le loro cause sono riconducibili ad aree circoscritte della Terra. Spesso però gli interessi nazionali si pongono in contrasto con le esigenze delle collettività locali: No Tav in Val di Susa, No Ponte in Sicilia, No Discarica a Chiaiano (Napoli), No Dal Molin a Vicenza sono solo alcuni dei movimenti, sempre più presenti nelle cronache locali e nazionali, con cui si confrontano politici e comuni cittadini. La protesta di questi movimenti cosiddetti Nimby (acronimo dell'espressione inglese Not in my backyard, «Non nel mio giardino», con cui si indicano le opposizioni locali a opere sgradite) deve indurci a riflettere: gli impatti locali sono il primo anello di una catena che si ripercuote poi a livello globale. Bisogna quindi educare i cittadini, e soprattutto i giovani, ad agire localmente pensando globalmente, come è emerso con chiarezza dalla conferenza delle Nazioni Unite sullo Sviluppo Sostenibile, il nuovo *summit* sull'ambiente e sviluppo sostenibile che è stato organizzato a Rio de Janeiro nel 2012, venti anni dopo il primo.

L'esigenza di conciliare crescita economica ed equa distribuzione delle risorse in un nuovo modello di sviluppo ha iniziato a farsi strada a partire dagli anni '70, in seguito all'avvenuta presa di coscienza del fatto che il concetto di sviluppo classico, legato esclusivamente alla crescita economica, avrebbe causato entro breve tempo il collasso dei sistemi naturali. La crescita economica di per sé non basta, lo sviluppo è reale solo se migliora la qualità della vita in modo duraturo. Lo stesso implica, quindi, necessariamente compatibilità ambientale e si traduce nel concetto di sviluppo sostenibile, secondo una definizione data già nel 1987 dalla Commissione Indipendente sull'Ambiente e lo Sviluppo, secondo la quale: "L'umanità ha la possibilità di rendere sostenibile lo sviluppo, cioè di far sì che esso soddisfi i bisogni dell'attuale generazione senza compromettere la capacità delle generazioni future di rispondere ai loro". L'elemento centrale di tale definizione è la necessità di cercare un'equità di tipo intergenerazionale: le generazioni future hanno gli stessi diritti di quelle attuali. Si può evincere, inoltre, anche se espresso in maniera meno esplicita, un riferimento all'equità intragenerazionale, ossia all'interno della stessa generazione persone appartenenti a diverse realtà politiche, economiche, sociali e geografiche hanno gli stessi diritti. Il successo di tale enunciato, prevalentemente di matrice ecologica, ha animato il dibattito internazionale, determinando numerosi approfondimenti e ulteriori sviluppi del concetto di sostenibilità, che nel tempo si è esteso a tutte le dimensioni che concorrono allo sviluppo. In tale ottica, la sostenibilità è, dunque, da intendersi *non come uno stato o una visione immutabile, ma piuttosto come un processo continuo,* che richiama la necessità di coniugare le tre dimensioni fondamentali e inscindibili dello sviluppo: Ambientale, Economica e Sociale. Tradizionalmente, invece, la nozione di sviluppo si è sempre posta in contrasto con quella di ambiente.

Conclusione

Il conflitto sviluppo-ambiente si ripropone oggi sotto le drammatiche spoglie del conflitto Nord-Sud, con un mondo industriale al Nord, che ha devastato risorse per secoli, e un Sud in via di sviluppo, che vuole gestire da solo le proprie risorse. In realtà la soluzione dei problemi non può che essere planetaria, come è stato affermato nella Conferenza di Rio.

Credo, comunque, che ormai sia molto diffusa la consapevolezza di una più grande esigenza collettiva: trasformare la Terra nella casa di tutti. Nessuno sviluppo può essere sostenuto in un ambiente depauperato. A tal fine possiamo ricordare le sagge parole rivolte, un secolo fa, da un capo pellerossa ad un emissario del Presidente americano, secondo le quali non è la Terra che appartiene all'uomo, ma l'uomo alla Terra.

Parte Quarta

La prova orale di Matematica

SOMMARIO

Sezione I
La prova orale

Capitolo 1
Criteri, modalità e programma della prova orale di matematica e delle prove facoltative in lingua inglese e informatica

1.1 La prova orale di matematica

La prova orale di matematica rappresenta la fase finale dell'iter selettivo del concorso per ciascuna Accademia delle tre Forze Armate, Esercito, Marina e Aeronautica. In genere la stessa viene affiancata da una prova facoltativa di lingua straniera; prima delle predette prove i concorrenti hanno già sostenuto la prova di conoscenza della lingua inglese.
Il programma d'esame di matematica è pressoché uguale per tutte le tre Accademie, come sarà possibile notare di seguito.
Denominatore comune è la suddivisione del programma d'esame in tesi, sulle quali il candidato sarà ascoltato dopo averle estratte a sorte. Questi dovrà dimostrare di aver assimilato i concetti nell'essenza e nelle correlazioni, passando con precisione di linguaggio, con sobrietà di esposizione e con rigore logico, dalla teoria all'applicazione.
Analizzeremo, per ciascuna Forza Armata, la procedura di verifica della preparazione del candidato, il programma, la durata della prova ed il risultato minimo da conseguire per l'idoneità.
Si precisa che questa parte del volume affronta esclusivamente la prova orale di matematica.

1.2 Esercito Italiano

I concorrenti risultati idonei alle prova scritta di composizione italiana saranno sottoposti all'accertamento della conoscenza della lingua inglese che si terrà nel mese di maggio e qualora giudicati idonei saranno sottoposti, in un'unica giornata d'esame, alle prove orali di matematica e di lingua straniera facoltativa, in genere nel mese di luglio.

1.2.1 Accertamento della conoscenza della lingua inglese

La prova, della **durata di 105 minuti**, consisterà nella somministrazione di **60 quesiti** a risposta multipla.
Al termine della prova viene assegnata a ogni candidato una votazione espressa in trentesimi, calcolata attribuendo 0,5 punti per ogni risposta esatta e 0 punti per ogni risposta non data, multipla o errata. La votazione così ottenuta verrà moltiplicata per il coefficiente 0,5 che determinerà per ciascun candidato l'attribuzione di un punteggio incrementale massimo di 15 punti, utile per la formazione della graduatoria finale di merito.
Non è previsto un punteggio minimo per il superamento della prova.

1.2.2 Programma d'esame di matematica

La prova orale di matematica ha una **durata massima di 30 minuti** e verte su **3** delle 11 tesi proposte, una per ciascun argomento (algebra, geometria e trigonometria) estratte a sorte dal programma di cui alle successive tabelle e si intende superata se il concorrente avrà riportato una votazione di **almeno 18/30**. Durante la prova, il concorrente dovrà dimostrare di aver assimilato i concetti nell'essenza e nelle correlazioni, passando con precisione di linguaggio, con sobrietà di esposizione e con rigore logico, dalla teoria all'applicazione.

ALGEBRA	
TESI 1	Gli insiemi numerici (naturali, interi, relativi, razionali, irrazionali e reali): proprietà e rappresentazione sulla retta. Proprietà fondamentali delle potenze e applicazione. Espressioni numeriche e algebriche: espressioni tra monomi e polinomi anche con i prodotti notevoli (quadrato del binomio, prodotto di una somma per una differenza e cubo del binomio). Radicali aritmetici e algebrici: condizioni di esistenza, proprietà fondamentali e operazioni, principali metodi di razionalizzazioni del denominatore di una frazione. Scomposizione di un polinomio in fattori (raccoglimento a fattor comune totale e parziale, i metodi derivati dai prodotti notevoli, trinomi caratteristici di secondo grado, regola di Ruffini). Le frazioni algebriche e le operazioni fra esse.
TESI 2	Equazioni di primo grado e secondo grado a una incognita (sia intere che frazionarie) ed equazioni riducibili a esse. Semplici equazioni irrazionali. Discussioni delle radici, regola di Cartesio, relazioni fra radici e coefficienti di una equazione di secondo grado in una incognita anche attraverso lo studio di equazioni parametriche. Sistemi di equazioni di primo e secondo grado con due o più incognite.
TESI 3	Disequazioni di primo grado e di secondo grado e disequazioni riducibili a esse. Sistemi di disequazioni a una incognita, Disequazioni frazionarie. Disequazioni irrazionali. Risoluzione anche mediante la geometria analitica.
TESI 4	Funzioni esponenziale e logaritmica e loro grafici, logaritmi e loro proprietà. Equazioni logaritmiche ed esponenziali risolvibili mediante le proprietà e mediante l'utilizzo di una variabile ausiliaria. Semplici disequazioni elementari, sia logaritmiche che esponenziali.

GEOMETRIA	
TESI 1	Coordinate cartesiane nel piano. Distanza tra due punti e punto medio di un segmento (esercizi e dimostrazioni). Il concetto di relazione e funzione; dominio e codominio; funzione lineare e funzione quadratica. Retta: equazione della retta, forma implicita ed esplicita, coefficiente angolare e intercetta all'origine; equazioni di rette particolari. Condizione di ortogonalità e parallelismo fra rette anche con gli assi cartesiani. Retta passante per due punti e retta passante per un punto con coefficiente angolare noto. Distanza di un punto da una retta. Punto di intersezione fra due rette. Fasci propri e impropri. Problemi vari.

(segue)

GEOMETRIA	
TESI 1	Parabola con asse di simmetria parallelo all'asse x: equazione, asse di simmetria, coordinate del vertice e del fuoco. Posizione reciproca tra retta e parabola. Retta tangente in un punto della parabola o condotta da un punto esterno. Principali metodi per determinare l'equazione di una parabola (parabola per tre punti, parabola noto il vertice e un punto, parabola noto il vertice e il fuoco).
TESI 2	Uguaglianza e congruenza fra figure piane (dimostrazione dei tre criteri di congruenza dei triangoli). Punti notevoli del triangolo. La circonferenza e il cerchio. Equivalenze fra figure piane. Teorema di Pitagora ed Euclide: dimostrazioni e applicazioni mediante problemi risolvibili per via aritmetica o algebrica attraverso equazioni di I o II grado a una o più incognite. Facili problemi su lunghezza di archi di una circonferenza. Aree di poligoni (triangoli, parallelogrammi, poligoni regolari, cerchio e sue parti) risolvibili sia per via aritmetica che per via algebrica attraverso equazioni di I o II grado a una o più incognite.
TESI 3	Teorema di Talete: dimostrazione, applicazioni e conseguenze. Similitudini nel piano: definizioni principali, dimostrazioni dei tre criteri di similitudine per i triangoli, relazioni tra lati, perimetri e aree dei poligoni simili. Applicazione delle similitudini a problemi di geometria piana di 1° grado e di 2° grado a una o più incognite.
TESI 4	Rette e piani nello spazio: ortogonalità e parallelismo tra piani e tra rette. Diedri e triedri. Angoloidi. Calcolo di aree e volumi di figure solide elementari (prisma, cubo, parallelepipedo, cilindro, piramide e cono, tronco di piramide e di cono, sfera e sue parti), problemi risolvibili sia per via aritmetica che per via algebrica attraverso equazioni di I o II grado a una o più incognite.

TRIGONOMETRIA	
TESI 1	Misura degli archi e degli angoli; definizione di radiante. Circonferenza goniometrica; definizione delle funzioni goniometriche (seno, coseno e tangente), loro variazione e rappresentazione grafica; funzioni goniometriche reciproche e inverse; Prima relazione fondamentale della goniometria e dimostrazione. Angoli associati: relazione tra le funzioni goniometriche di archi supplementari, complementari, esplementari, opposti e di archi che differiscono di 90 gradi, 180 gradi e 270 gradi; relazione tra le funzioni goniometriche di uno stesso arco; valori delle funzioni goniometriche di archi particolari (18, 30, 45, 60, 90, 180, 270 gradi) e loro dimostrazioni. Espressioni con il calcolo delle funzioni goniometriche di angoli noti e riduzione al I quadrante. Calcolo delle funzioni goniometriche di un angolo nota una di esse.
TESI 2	Formule di addizione, di sottrazione, di duplicazione, di bisezione delle funzioni seno, coseno e tangente; verifica di identità trigonometriche e risoluzione di equazioni goniometriche (equazioni elementari o ad essere riconducibili; equazioni lineari e di secondo grado in seno e coseno, omogenee e non) risoluzione di semplici sistemi di equazioni goniometriche; risoluzione di disequazioni goniometriche elementari.
TESI 3	Teoremi sul triangolo rettangolo (dimostrazioni e applicazioni relative). Teoremi relativi a triangoli qualsiasi: teorema dei seni, di Carnot, della corda e calcolo dell'area con relative dimostrazioni e applicazioni per la risoluzione di triangoli qualsiasi. Applicazioni elementari della trigonometria: – alla geometria elementare (area, altezze, mediane e bisettrici di un triangolo); – alla topografia (misura dell'altezza di una torre e di una montagna, misura di distanze).

1.2.3 Prova orale di ulteriore lingua straniera

La prova orale di lingua straniera, scelta tra il francese, lo spagnolo e il tedesco, il cinese, il russo, l'arabo, il persiano-farsi e il serbo-croato, è facoltativa e viene sostenuta dai soli concorrenti che ne hanno fatto richiesta nella domanda di partecipazione al concorso.

La prova, della durata **massima di 15 minuti**, si svolgerà con le seguenti modalità:
- breve colloquio di carattere generale, anche finalizzato alla presentazione del candidato;
- lettura di un brano di senso compiuto, sintesi e valutazione personale;
- conversazione guidata, che abbia come spunto il brano, finalizzata alla valutazione relativa al corretto uso di espressioni di uso quotidiano e formule comuni.

Al termine della prova sarà assegnata una votazione in trentesimi, alla quale corrisponderà l'attribuzione dei seguenti punteggi che saranno utili per la formazione delle graduatorie finali:
- votazione da 0/30 a 13,999/30: punti -2;
- votazione da 14/30 a 16,999: punti -1;
- votazione da 17/30 a 17,999: punti 0;
- votazione da 18/30 a 20,999/30: punti 1;
- votazione da 21/30 a 23,999/30: punti 2;
- votazione da 24/30 a 26,999/30: punti 3;
- votazione da 27/30 a 30/30: punti 4.

La lingua potrà essere scelta tra il francese, lo spagnolo, il tedesco, il cinese, il russo, l'arabo, il persiano-farsi e il serbo-croato.
I concorrenti che non intendono più sostenere detta prova facoltativa devono rilasciare dichiarazione scritta di rinuncia; il mancato espletamento di tale prova di lingua straniera non determinerà l'esclusione dal concorso.

1.3 Aeronautica Militare

Alla prova orale di matematica accedono i concorrenti che hanno sostenuto la prova di informatica e successivamente la prova di conoscenza della lingua inglese riportando il giudizio di idoneità. Il periodo di svolgimento delle prove in argomento è quello tra giugno e settembre, durante i 14 giorni di permanenza presso l'Accademia di Pozzuoli (NA).

1.3.1 Prova facoltativa di informatica

I concorrenti che ne abbiano fatto richiesta nella domanda di partecipazione al concorso sostengono la prova facoltativa di informatica. La prova consisterà nella somministrazione collettiva di questionari a risposta multipla, finalizzati ad accertare il livello di cultura generale nel settore informatico, con particolare riferimento alle caratteristiche hardware e software dei calcolatori attualmente utilizzati.
La prova ha una **durata di 30 minuti** e viene svolta secondo le modalità di dettaglio rese note dalla commissione prima del suo inizio, mediante la somministrazione di un questionario a risposta multipla composto da **75 quesiti**. Il punteggio della prova sarà calcolato attribuendo 1 punto per ogni risposta esatta e -0,25 punti per ogni risposta errata o multipla. Alla mancata risposta non corrisponderà alcun punteggio. Il risultato totale così ottenuto attribuirà un punteggio incrementale come di seguito specificato:
- fino a 17,75: punti 0;
- da 18 a 19,75: punti 0,10;
- da 20 a 21,75: punti 0,20;
- da 22 a 23,75: punti 0,30;
- da 24 a 25,75: punti 0,40;
- da 26 a 27,75: punti 0,50;

- da 28 a 29,75: punti 0,60;
- da 30 a 31,75: punti 0,70;
- da 32 a 33,75: punti 0,80;
- da 34 a 35: punti 0,90;
- oltre 35: punti 1.

I concorrenti che non intendono più sostenere la prova devono rilasciare apposita dichiarazione scritta di rinuncia senza che la stessa infici la procedura concorsuale.

1.3.2 Prova di conoscenza della lingua inglese

All'accertamento della conoscenza della lingua inglese saranno sottoposti i candidati risultati idonei al tirocinio psicoattitudinale e comportamentale, a cura della competente commissione, mediante la somministrazione di un questionario a risposta multipla composto da **40 quesiti**. La prova avrà una **durata di 20 minuti**. Il punteggio della prova sarà calcolato attribuendo 0,75 punti per ogni risposta esatta e –0,15 punti per ogni risposta errata o multipla. Alla mancata risposta non corrisponderà alcun punteggio. La prova si intenderà superata se i concorrenti avranno riportato una votazione **non inferiore a 18/30**.

1.3.3 Programma d'esame di matematica

Il programma d'esame di matematica è suddiviso in gruppi di tesi distinte a seconda del ruolo di interesse. Ogni tesi comprende argomenti di algebra, di geometria e di trigonometria. La prova, della **durata massima di 20 minuti**, verte su **3 quesiti**, predeterminati dalla commissione esaminatrice, tra quelli facenti parte di una delle 12 tesi **estratte a sorte** dal concorrente. La prova si intende superata se il concorrente riporta una votazione **non inferiore a 18/30**.

Ruoli normali del Corpo di Commissariato Aeronautico e del Corpo Sanitario Aeronautico

	ARGOMENTI
1	Calcolo delle funzioni goniometriche degli archi di 18, 30, 45, 60 gradi.
2	Circonferenza, cerchio e relative proprietà.
3	Circonferenza: definizione ed equazione canonica.
4	Condizione di parallelismo e perpendicolarità tra rette.
5	Costruzione del quarto e del medio proporzionale.
6	Definizione di potenza con esponente razionale.
7	Disequazioni algebriche intere e fratte.
8	Distanza di due punti; distanza di un punto da una retta.
9	Elementi di calcolo combinatorio: combinazioni, disposizioni, permutazioni.
10	Ellisse: definizione ed equazione canonica.
11	Equazioni biquadratiche, trinomie, reciproche.
12	Equazione della retta, coefficiente angolare, fasci di rette.
13	Equazioni e disequazioni algebriche intere e fratte.
14	Equazioni e disequazioni irrazionali.
15	Formule di duplicazione e bisezione degli archi.
16	Formule di Prostaferesi.
17	Formule di sottrazione, addizione, duplicazione degli archi.

(segue)

ARGOMENTI	
18	Frequenza relativa e assoluta di un dato statistico. Rappresentazione grafica di una indagine statistica: ideogrammi, istogrammi, ortogrammi.
19	Funzioni trigonometriche di angoli complementari, supplementari, esplementari.
20	Grandezze proporzionali; teorema di Talete e sue conseguenze.
21	Identità ed equazioni goniometriche.
22	Iperbole: definizione ed equazione canonica.
23	Logaritmi: definizioni, proprietà; equazioni e disequazioni logaritmiche.
24	Lunghezza della circonferenza e area del cerchio.
25	Luoghi geometrici; punti notevoli del triangolo.
26	Parabola: definizione ed equazione canonica.
27	Probabilità di un evento. Eventi aleatori. Frequenza di un evento.
28	Progressioni aritmetiche: definizioni e proprietà.
29	Progressioni geometriche: definizioni e proprietà.
30	Rette parallele intersecate da una trasversale.
31	Risoluzione dei triangoli rettangoli.
32	Risoluzione di un triangolo qualunque.
33	Similitudini tra figure piane e applicazioni (teoremi di Euclide, corde e secanti a una circonferenza).
34	Sistemi algebrici di secondo grado.
35	Sistemi di equazioni di grado superiore al primo.
36	Somma degli angoli di un triangolo e di un poligono.
37	Teorema dei seni e delle proiezioni.
38	Teorema del coseno (Carnot) e delle tangenti.
39	Teoremi di Euclide e di Pitagora.
40	Trapezi e parallelogrammi.
41	Triangoli simili: criteri di similitudine e applicazioni.

ARGOMENTI									
TESI 1	1	12	20	21	23	25	26	29	
TESI 2	2	4	10	13	17	28	35	38	
TESI 3	5	6	8	14	16	22	32	41	
TESI 4	9	12	15	23	26	35	37	39	
TESI 5	8	10	11	20	21	27	31	40	
TESI 6	3	7	12	17	25	32	33	35	
TESI 7	4	6	7	14	16	21	22	24	40
TESI 8	3	11	12	14	15	33	36	37	
TESI 9	8	10	18	21	23	29	32	34	
TESI 10	3	4	5	6	14	17	21	28	39
TESI 11	9	12	13	19	22	23	30	38	
TESI 12	4	14	20	21	26	29	36	37	

Ruoli naviganti normale dell'Arma Aeronautica, specialità pilota, delle Armi dell'Arma Aeronautica e del Corpo del Genio Aeronautico

	ARGOMENTI
1	Angoloidi e relative proprietà.
2	Calcolo delle funzioni goniometriche degli archi di 18, 30, 45, 60 gradi.
3	Circonferenza: definizione ed equazione canonica.
4	Condizione di parallelismo e perpendicolarità tra rette.
5	Diedri, piani perpendicolari.
6	Diedri, piani perpendicolari, rette sghembe.
7	Disequazioni algebriche intere e fratte.
8	Distanza di due punti; distanza di un punto da una retta.
9	Ellisse: definizione ed equazione canonica.
10	Equazioni biquadratiche, trinomie, reciproche.
11	Equazione della retta, coefficiente angolare, fasci di rette.
12	Equazioni e disequazioni irrazionali.
13	Equazioni e sistemi di equazioni goniometriche.
14	Equazione segmentaria della retta.
15	Equivalenza tra solidi: principio di Cavalieri.
16	Figure rotonde: cilindro, cono, sfera.
17	Formule di Briggs.
18	Formule di duplicazione e bisezione degli archi.
19	Formule di Prostaferesi.
20	Formule di sottrazione, addizione, duplicazione degli archi.
21	Funzioni trigonometriche e di angoli complementari, supplementari, esplementari.
22	Grandezze proporzionali; teorema di Talete e sue conseguenze.
23	Identità, equazioni e disequazioni goniometriche.
24	Iperbole: definizione ed equazione canonica.
25	Logaritmi: definizioni, proprietà; equazioni e disequazioni logaritmiche.
26	Lunghezza della circonferenza e area del cerchio.
27	Luoghi geometrici; punti notevoli del triangolo.
28	Parabola: definizione ed equazione canonica.
29	Poliedri, prismi, piramidi, poliedri regolari.
30	Potenza con esponente reale; equazioni e disequazioni esponenziali.
31	Progressioni aritmetiche: definizioni e proprietà.
32	Progressioni geometriche: definizioni e proprietà.
33	Proiezione di una retta sopra un piano non perpendicolare a essa; angolo di una retta con un piano.
34	Rette e piano perpendicolari; rette e piano paralleli.
35	Rette parallele; rette e piano paralleli; piani paralleli.

(segue)

	ARGOMENTI
36	Rette parallele intersecate da una trasversale.
37	Risoluzione di un triangolo qualunque.
38	Sezione aurea di un segmento; lato di un decagono regolare.
39	Similitudini tra figure piane e applicazioni (teoremi di Euclide, corde e secanti a una circonferenza).
40	Sistemi algebrici di secondo grado.
41	Sistemi di equazioni di grado superiore al primo.
42	Somma degli angoli di un triangolo e di un poligono.
43	Teorema del coseno (Carnot) e delle tangenti.
44	Teoremi di Euclide e di Pitagora.
45	Teorema dei seni e delle proiezioni.
46	Trapezi e parallelogrammi.

	ARGOMENTI								
TESI 1	2	11	16	22	23	25	27	28	32
TESI 2	7	8	9	15	20	31	33	41	43
TESI 3	12	14	19	24	27	29	30	35	37
TESI 4	11	18	25	26	28	34	41	44	45
TESI 5	5	8	9	10	17	22	23	30	38
TESI 6	3	6	7	11	20	27	33	37	41
TESI 7	4	7	19	23	24	26	29	30	46
TESI 8	3	6	10	11	12	18	34	39	45
TESI 9	8	9	21	25	26	29	32	37	40
TESI 10	1	3	4	20	23	30	31	33	44
TESI 11	7	11	13	24	25	26	34	36	43
TESI 12	4	12	16	17	22	23	28	32	42

1.3.4 Prova orale facoltativa di ulteriore lingua straniera

I concorrenti idonei nella prova orale di matematica sosterranno la prova orale facoltativa di ulteriore lingua straniera. Al termine della prova sarà assegnata, per ciascuna lingua prescelta, una votazione in trentesimi, alla quale corrisponderà l'attribuzione dei seguenti punti:

- votazione da 0/30 a 20,999/30: punti 0;
- votazione da 21/30 a 23,999/30: punti 0,90;
- votazione da 24/30 a 26,999/30: punti 1,80;
- votazione da 27/30 a 30/30: punti 2,70.

La prova facoltativa potrà essere sostenuta in una lingua, indicata dal concorrente nella domanda di partecipazione al concorso, scelta fra l'arabo, il francese, il russo, lo spagnolo e il tedesco.

1.4 Marina Militare

Accedono alla prova orale di matematica coloro che sono giudicati idonei agli accertamenti attitudinali e quelli con riserva di accertamento degli stessi. Essa viene svolta durante i mesi di luglio/agosto durante gli 8 giorni di permanenza presso l'Accademia di Livorno. Vengono giudicati idonei i concorrenti che riportano un punteggio **non inferiore a 18/30**, utile ai fini della formazione delle graduatorie di merito.

1.4.1 Programma d'esame di matematica

La prova orale di matematica, della **durata minima di 15 minuti**, verterà su **almeno due quesiti**, predeterminati dalla Commissione esaminatrice, ciascuno dei quali facenti parte rispettivamente di una delle 42 tesi di algebra e una delle 42 tesi di trigonometria/geometria precedentemente **estratte a sorte** dal concorrente.

ARGOMENTI			
	ALGEBRA		**TRIGONOMETRIA E GEOMETRIA**
A	Numeri interi e loro proprietà	A	Coordinate cartesiane ortogonali nel piano; posizione reciproca di due rette
B	Potenze di un numero reale	B	Ellisse, iperbole, parabola come luoghi geometrici: equazioni canoniche e loro trasformazione tramite traslazione degli assi cartesiani
C	Identità, equazioni e principi di equivalenza	C	Equazioni di circonferenze e fasci di circonferenze
D	Divisibilità e decomposizione di polinomi	D	Proprietà del polinomio di 2° grado, interpretabili geometricamente nel piano cartesiano
E	Radicali e loro trasformazione	E	Risoluzione di sistemi di equazioni e disequazioni, dipendenti da un parametro, tramite interpretazione geometrica
F	La funzione logaritmo	F	Equazioni di luoghi geometrici nel piano cartesiano
G	La funzione esponenziale	G	Misura degli angoli e degli archi circolari. Funzioni trigonometriche, relazioni fondamentali
H	Equazioni razionali e irrazionali	H	Formule trigonometriche di addizione e moltiplicazione e loro conseguenze
I	Valore assoluto e disequazioni razionali	I	Equazioni e disequazioni trigonometriche
L	Potenze e disequazioni irrazionali	L	Risoluzione di triangoli
M	Equazioni logaritmiche e disequazioni parametriche	M	Luoghi geometrici nel piano
N	Equazioni esponenziali e disequazioni parametriche	N	Congruenza di poligoni
O	Sistemi di equazioni e di disequazioni	O	Parallelogrammi e trapezi
		P	Circonferenza e sue proprietà
		Q	Poligoni inscritti e circoscritti ad una circonferenza: poligoni regolari
		R	Equivalenza e similitudine tra figure piane

TESI					
ALGEBRA			TRIGONOMETRIA E GEOMETRIA		
1=(A.H)	2=(A.I)	3=(A.L)	1=(A.O)	2=(A.P)	3=(B.M)
4=(A.M)	5=(A.N)	6=(A.O)	4=(B.N)	5=(B.P)	6=(B.Q)
7=(B.H)	8=(B.I)	9=(B.L)	7=(B.R)	8=(C.M)	9=(C.N)
10=(B.M)	11=(B.N)	12=(B.O)	10=(C.O)	11=(C.Q)	12=(C.R)
13=(C.H)	14=(C.I)	15=(C.L)	13=(D.M)	14=(D.N)	15=(D.Q)
16=(C.M)	17=(C.N)	18=(C.O)	16=(E.O)	17=(E.P)	18=(E.Q)
19=(D.H)	20=(D.I)	21=(D.L)	19=(E.N)	20=(E.R)	21=(F.M)
22=(D.M)	23=(D.N)	24=(D.O)	22=(F.R)	23=(F.O)	24=(F.P)
25=(E.H)	26=(E.I)	27=(E.L)	25=(F.Q)	26=(G.M)	27=(G.N)
28=(E.M)	29=(E.N)	30=(E.O)	28=(G.O)	29=(G.P)	30=(G.Q)
31=(F.H)	32=(F.I)	33=(F.L)	31=(H.M)	32=(H.R)	33=(H.O)
34=(F.M)	35=(F.N)	36=(F.O)	34=(H.P)	35=(I.M)	36=(I.N)
37=(G.H)	38=(G.I)	39=(G.L)	37=(I.P)	38=(I.Q)	39=(I.R)
40=(G.M)	41=(G.N)	42=(G.O)	40=(L.M)	41=(L.R)	42=(L.P)

1.4.2 Prova orale facoltativa di lingua straniera

La prova orale facoltativa di lingua straniera ha una durata **massima di 15 minuti** e si svolgerà con le modalità già indicate per la prova orale di lingua straniera dell'Esercito.
Al termine della prova sarà assegnata, per ciascuna lingua prescelta, una votazione in trentesimi, alla quale corrisponderà l'attribuzione dei seguenti punti:

- votazione da 0/30 a 13,999/30: punti -2
- votazione da 14/30 a 16,999/30: punti -1;
- votazione da 17/30 a 20,999/30: punti 0;
- votazione da 21/30 a 23,999/30: punti 0,90;
- votazione da 24/30 a 26,999/30: punti 1,80;
- votazione da 27/30 a 30/30: punti 2,70.

La prova facoltativa potrà essere sostenuta in una lingua, indicata dal concorrente nella domanda di partecipazione al concorso, scelta fra l'arabo, il francese, il russo, lo spagnolo e il tedesco. Poiché trattasi di prova facoltativa, i concorrenti possono decidere di non sostenerla più purchè rilascino dichiarazione scritta di rinuncia; il mancato espletamento di tale prova di lingua straniera non determinerà l'esclusione dal concorso.

Sezione II
Matematica

Capitolo 1
Insiemi, relazioni e funzioni

1.1 Insiemi

L'**insieme** è un ente primitivo, ovvero un concetto che si intuisce, pertanto non viene data una definizione.
In matematica, è fondamentale il concetto di insieme perché rappresenta la base dalla quale si sono sviluppate tutte le nostre conoscenze.
Il concetto di insieme è presente in ciascuno di noi come aggregato di più oggetti distinguibili l'uno dall'altro. Tuttavia, per i nostri studi, più che l'insieme dal punto di vista concettuale, interessa sapere se un elemento appartiene o meno all'insieme.

Esempi di insiemi sono:
- Insieme delle consonanti.
- Insieme dei calciatori che giocano nella squadra di calcio della Roma.
- Insieme dei numeri divisibili per 5.
- Insieme degli abitanti di Napoli.
- Insieme delle lettere e dei numeri.
- Insieme delle Alpi e degli Oceani.

Come si può vedere dagli esempi fatti, non è necessario che gli elementi di un insieme siano omogenei tra loro, quello che conta è stabilire se appartengano o meno all'insieme in esame.
Ai fini dello studio della matematica, gli insiemi che interessano, chiaramente, sono quelli costituiti da numeri che pertanto chiameremo **insiemi numerici**.
Per indicare gli insiemi si adoperano le lettere maiuscole, mentre per indicare gli elementi quelle minuscole.
Per indicare che un elemento x appartiene ad un insieme A si scrive:

$$x \in A$$

Per indicare invece che un elemento x non appartiene a B si scrive:

$$x \notin B$$

1.2 Rappresentazioni degli insiemi

La rappresentazione di un insieme può essere di tre tipi diversi.

a) *Rappresentazione tabulare*

Tale rappresentazione sussiste nello scrivere tutti gli elementi dell'insieme racchiusi tra parentesi graffe.

➤ $A = \{1, 2, 3, 4\}$

b) *Rappresentazione grafica*

Tale rappresentazione consiste nel tracciare una linea chiusa sul piano e indicare in essa gli elementi dell'insieme per mezzo di punti interni al fianco dei quali c'è il nome dell'elemento.

➤ Con riferimento all'esempio della rappresentazione tabulare:

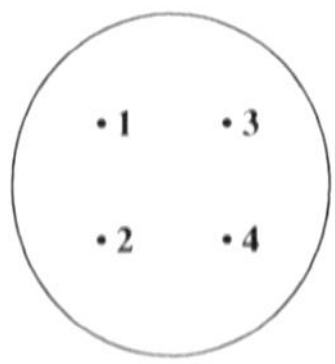

c) *Rappresentazione caratteristica*

Tale rappresentazione consiste nell'indicare una proprietà che caratterizza tutti gli elementi dell'insieme in modo che tali elementi godano tutti della medesima proprietà caratteristica.

➤ Con riferimento all'esempio della rappresentazione tabulare:

$$A = \{x \mid x \text{ è un numero intero compreso tra 0 e 5}\}$$

e si legge "*A è l'insieme degli x tali che x è un intero compreso tra zero e cinque*".

Esempi di rappresentazioni caratteristiche e tabulari:

$$B = \{x \mid x \in \mathrm{N} \text{ e } x \leq 5\} = \{0, 1, 2, 3, 4, 5\}$$

$$C = \{x \mid x \text{ è una vocale della parola "abito"}\} = \{a, i, o\}$$

1.3 Insiemi uguali – insiemi disgiunti

Due insiemi ***A*** e ***B*** si dicono uguali (o identici) quando sono formati dagli "stessi elementi", e si scrive:

$$A = B$$

Dunque due insiemi sono uguali se ogni elemento dell'uno è anche elemento dell'altro (indipendentemente dall'ordine) e viceversa.

➤ $\{a, s, r\} = \{r, a, s\}$

Due insiemi ***A*** e ***B*** che non siano uguali si dicono disuguali e si scrive:

$$A \neq B$$

In questo caso vi è almeno un elemento di un insieme che non appartiene all'altro.

Si dà inoltre la seguente definizione:

Due insiemi ***A*** e ***B*** si dicono disgiunti quando non hanno elementi in comune.

➤ Gli insiemi $A = \{2, 3, 7\}$ e $B = \{a, b\}$ sono disgiunti, mentre gli insiemi $C = \{1, 2, 3\}$ e $D = \{2, 3, 4\}$ non lo sono.

1.4 Operazioni con gli insiemi

1.4.1 Sottoinsiemi di un insieme

Dati due insiemi ***A*** e ***B***, se ogni elemento di ***B*** è anche elemento di ***A***, si dice che ***B*** è un sottoinsieme di ***A***.

Si dice anche che "*B è contenuto o incluso in A*" e, per indicare ciò, si scrive:

$$B \subseteq A$$

Questa situazione si può anche esprimere dicendo che "*A contiene B*", scrivendo:

$$A \supseteq B$$

I simboli $\subseteq$ e $\supseteq$ si chiamano **simboli di inclusione**.

La rappresentazione grafica di $B \subseteq A$ è data dalla seguente figura:

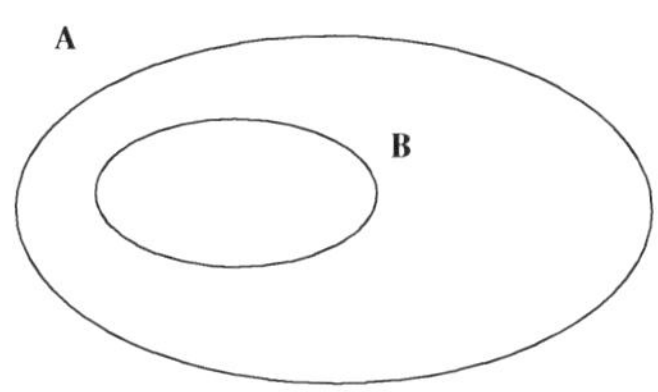

Se risulta $A \subseteq B$ e $A \neq B$, si dice che A è **strettamente incluso** in B, e si scrive:

$$A \subset B$$

Il simbolo $\subset$ è detto di *inclusione stretta.*

Come secondo esempio, supponiamo che A sia l'insieme degli alunni di una data classe.

La proprietà di "*avere il cognome che comincia per M*" determina un certo insieme B che risulta essere un sottoinsieme di A.

Se tutti gli allievi di quella classe avessero il cognome che comincia con la lettera M, allora l'insieme B non sarebbe altro che l'insieme A stesso.

Ebbene anche in questo caso, si continua a dire che B, ossia A, è un sottoinsieme di A; in altre parole: **fra i sottoinsiemi di *A* si considera *A* stesso**.

Però, può anche accadere che nessun alunno di quella classe abbia il cognome che cominci con la lettera M. In tal caso, l'insieme B è un insieme *privo di elementi*. Ebbene, in questo caso, l'insieme B è detto **insieme vuoto** e si definisce insieme che non contiene alcun elemento. Esso si indica con il simbolo $\emptyset$ oppure con il simbolo $\{\ \}$.

Si conviene di considerare l'insieme vuoto come sottoinsieme di ogni insieme.

Si chiama **insieme singolo**, o **insieme unitario**, *un insieme formato da un solo elemento*, e si indica, per esempio, con $\{a\}$; tale insieme non va confuso con l'unico elemento a, che gli appartiene.

Si chiama **coppia** *l'insieme* $\{a, b\}$ *formato da due elementi distinti.*

> **NOTA.** Si badi a **non confondere** i simboli $\in$ e $\subset$. Il primo esprime un legame "*tra un elemento e un insieme*", il secondo esprime un legame "*tra due insiemi*".

1.4.2 Intersezione di insiemi

Si chiama "intersezione" di due insiemi ***A*** e ***B*** l'insieme formato dagli elementi che stanno "simultaneamente" tanto in ***A*** quanto in ***B***.

Tale insieme si denota con la scrittura:

$$A \cap B$$

che si legge "*A intersezione B*".
In simboli, si ha:

$$A \cap B = \{x \mid x \in A \text{ et } x \in B\}$$

In modo del tutto analogo si definisce l'intersezione di tre o più insiemi.

➤ $\{1, 2, 3\} \cap \{1, 4\} = \{1\}$

➤ Siano:

$$A = \{x \mid x \in \mathrm{N} \text{ e } 8 \le x \le 10\}$$
$$B = \{x \mid x \in \mathrm{N} \text{ e } 5 \le x \le 10\}$$

Risulta:

$$A \cap B = \{x \mid x \in \mathrm{N} \text{ e } 8 \le x \le 10\} = \{8, 9, 10\}$$

Nel caso che i due insiemi siano *disgiunti*, allora la loro intersezione è evidentemente l'insieme vuoto:

$$A \cap B = \emptyset$$

➤ L'intersezione di due rette parallele distinte è l'insieme vuoto.

Sono evidenti le seguenti proprietà:

1ª) Proprietà commutativa. *L'intersezione di due insiemi non dipende dall'ordine degli insiemi; cioè:*

$$A \cap B = B \cap A$$

2ª) Proprietà associativa. *L'intersezione di tre insiemi non cambia comunque si intersecano gli insiemi, lasciando però inalterato il loro ordine; cioè:*

$$(A \cap B) \cap C = A \cap (B \cap C)$$

NOTA. Tenendo presenti simultaneamente la proprietà commutativa e la proprietà associativa dell'intersezione, possiamo dire che: **l'intersezione tra insiemi non cambia comunque si intersecano gli insiemi.**

3ª) *L'intersezione di un insieme con se stesso è l'insieme stesso, cioè:*

$$A \cap A = A$$

4ª) *L'intersezione di un insieme A con l'insieme vuoto è l'insieme vuoto, cioè:*

$$\emptyset \cap A = A \cap \emptyset = \emptyset$$

5ª) *L'intersezione di un insieme A con un suo sottoinsieme B è l'insieme B, cioè:*

$$A \cap B = B \text{ se } B \subseteq A$$

1.4.3 Unione di insiemi

Si chiama "unione" di due insiemi ***A*** e ***B*** l'insieme formato da tutti gli elementi che appartengono almeno a uno degli insiemi ***A*** e ***B*** (prendendo gli elementi comuni ad ***A*** e ***B*** una sola volta). Tale insieme si denota con la scrittura:

$$A \cup B$$

che si legge *"A unione B"*.
In simboli, si ha:

$$A \cup B = \{x | x \in A \text{ o } x \in B\}$$

dove la particella "o" significa *"l'uno o l'altro o tutti e due"*.
In modo del tutto analogo si definisce l'unione di tre o più insiemi.

➢ $A = \{1, 2, 3, 4\}$; $B = \{2, 3, 7\}$;
$A \cup B = \{1, 2, 3, 4, 7\}$.

L'unione tra insiemi gode delle proprietà seguenti:
1ª) Commutativa: $A \cup B = B \cup A$
2ª) Associativa: $(A \cup B) \cup C = A \cup (B \cup C)$
3ª) $A \cup A = A$
4ª) $A \cup \emptyset = \emptyset \cup A = A$
5ª) *Se risulta* $A \subseteq B$, *allora:* $A \cup B = B$
6ª) Proprietà distributiva

$$A \cap (B \cup C) = (A \cap B) \cup (A \cap C)$$
$$A \cup (B \cap C) = (A \cup B) \cap (A \cup C)$$

1.4.4 Differenza di due insiemi

Si chiama **differenza** di un insieme ***E*** e di un insieme ***A*** l'insieme degli elementi di ***E*** che non appartengono ad ***A***.

➤ 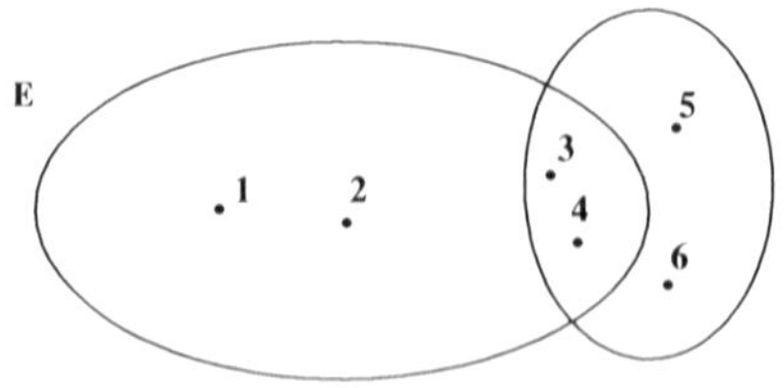

$E - A = \{1, 2\}$

Se l'insieme ***A*** è un sottoinsieme di ***E***, ovvero:

$$A \subseteq E$$

(anche detta complementazione di ***A*** rispetto a ***E***) si chiama **differenza complementare** fra l'insieme ***E*** e il suo sottoinsieme ed è rappresentata dall'insieme degli elementi che stanno in ***E*** ma non in ***A***; si scrive:

$$E - A \text{ oppure } \overline{A}$$

e si legge: *"E meno A"* oppure *"complementare di A rispetto ad E"*.
Nella figura riportata di seguito la parte tratteggiata è $E - A$.

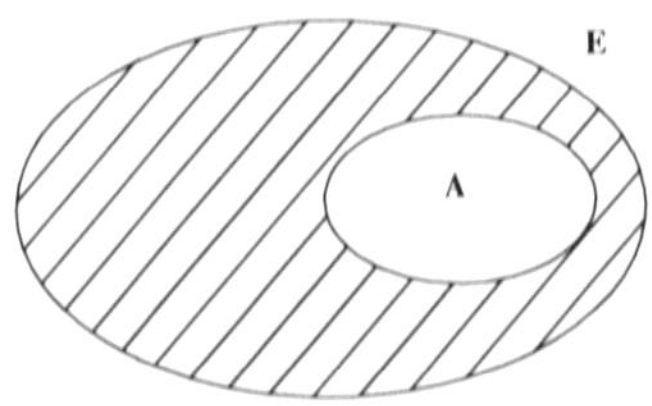

Si ha per definizione:

$$E - A = \{x | x \in E \text{ et } x \notin A\}$$

Inoltre:
$E - E = \emptyset$
$E - \emptyset = E$
ovvero il complementare di E rispetto ad E è l'insieme vuoto e il complementare dell'insieme vuoto rispetto ad E è l'insieme E stesso.

1.5 Insieme delle parti: partizione e ricoprimento

Definiamo **insieme delle parti di un insieme** A, e lo indichiamo con P(A), l'insieme i cui elementi sono rappresentati da tutti i possibili sottoinsiemi di A.

➤ A = {a, b, c}
P(A) ={{Ø}, {a}, {b}, {c}, {a, b}, {b, c}, {a, c}, {a, b, c}}

Come si vede l'insieme stesso e quello vuoto, essendo considerati sottoinsiemi di A, fanno parte di P(A); in tutto il numero degli elementi è otto su un totale di tre elementi di A, ovvero 2^3.

Si può dimostrare che per un insieme A di n elementi l'insieme delle parti consta di 2^n elementi.

Ogni sottoinsieme di A è elemento di P(A) e viceversa; un sottoinsieme di P(A) è un gruppo di sottoinsiemi di A (segue dalla definizione di P(A)).

Partizione e ricoprimento di un insieme A
Definiamo **partizione** di un insieme A un sottoinsieme di P(A) costituito da sottoinsiemi tutti disgiunti tra loro e tali che ogni elemento di A sia collocato in uno soltanto di loro e tutti gli elementi di A siano presenti nella partizione.

➤ {{a}, {b}, {c}} oppure {{c}, {a, b}}

Definiamo **ricoprimento** di un insieme A un sottoinsieme di P(A) costituito da sottoinsiemi di A non tutti disgiunti tra loro e tali che ogni elemento di A sia in uno almeno dei sottoinsiemi di A considerati.

➤ {{b, c}, {a, c}}

1.6 Relazione tra insiemi

Il concetto di relazione è un concetto primitivo la cui definizione implicherebbe il ricorso a sinonimi. In questa sede ci limitiamo a dire che, dati due insiemi A e B, due elementi appartenenti ad essi sono in **relazione** tra loro (a $\Re$ b) se i due elementi sono legati da una espressione matematica, un predicato ecc.

➤ "Enrico GUIDA una moto giapponese"
a = Enrico $\in$ A (insieme degli uomini)
b = moto giapponese $\in$ B (insieme delle moto)
$\Re$: GUIDA (il predicato)

Una relazione può essere rappresentata anche attraverso diagrammi di Eulero-Venn come in fig. 1.

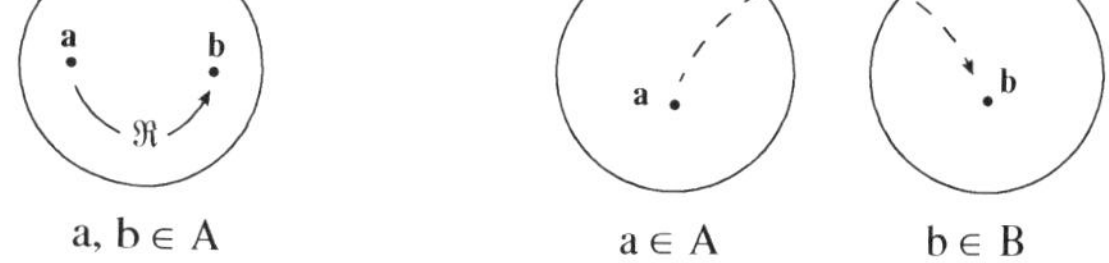

fig. 1

Relazioni uno-uno e molti-uno; corrispondenze univoche

Una relazione $\Re$ è di tipo **uno-uno** se ad ogni elemento $a \in A$ corrisponde uno ed un solo elemento $b \in B$; la indichiamo con $a \Re b$ oppure $\Re (a; b)$ dove (a, b) è una coppia ordinata di primo elemento a e di secondo elemento b (fig. 2).

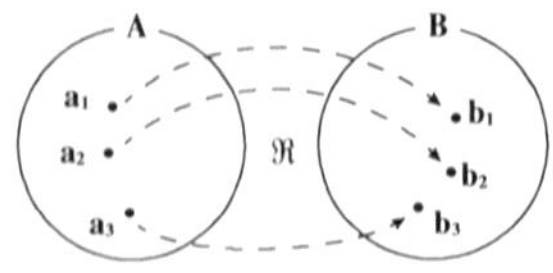

fig. 2

➤ Allo spettatore Mario è stato assegnato il posto F3.
Oppure: $y = x$.

Una relazione $\Re$ è di tipo **molti-uno** se a più elementi $a \in A$ corrispondono uno ed un solo elemento $b \in B$ (lo stesso).

➤ $y = x^2$
Oppure: nella nostra parrocchia il parroco di Ciro e Lia è Don Giuseppe.
Queste due relazioni costituiscono due casi di corrispondenze univoche, data l'unicità in B(Y) del corrispondente degli elementi di A(X) (fig. 3).

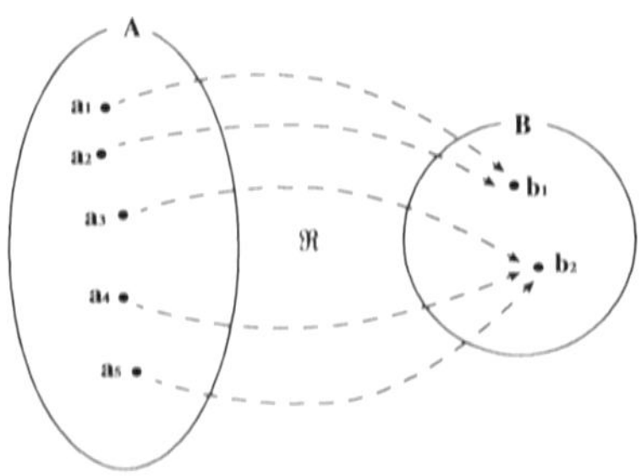

fig. 3

Relazioni uno-molti e molti-molti; corrispondenze polivoche

La relazione $\Re$ è **uno-molti** quando ad ogni $a \in A$ corrispondono più $b \in B$; una relazione $\Re$ è molti-molti quando ad ogni $a \in A$ corrispondono più $b \in B$ ed a più $a \in A$ corrisponde la stessa $b \in B$.

Relazioni o corrispondenze biunivoche

Una relazione $\Re$ è biunivoca quando ad ogni $a \in A$ corrisponde una ed una sola $b \in B$ e viceversa; ogni a e b in relazione debbono essere ben determinati e sempre gli stessi.

Relazioni riflessive ed antiriflessive

Una relazione $\Re$ tra elementi $a \in A$ è riflessiva in A quando ogni elemento è in relazione con se stesso e si scrive:

$$\forall a \in A \rightarrow a \Re a$$

➢ "Quella camicia ha lo stesso costo del maglione".
La relazione $\Re$ "ha lo stesso costo" è riflessiva perché è evidente che la camicia costa quanto se stessa.

Una relazione è antiriflessiva quando:

$$\forall a \in A \rightarrow a \not\Re a$$ intendendo con $\not\Re$ "non è in relazione"

➢ Mario è più alto di Giulio (Mario non è più alto di se stesso).

Relazioni simmetriche ed antisimmetriche

Una relazione è **simmetrica** quando è vera comunque la si legga nei due versi, ovvero quando:

$$\forall a \in A \quad e \quad \forall b \in B; \quad a \Re b \rightarrow b \Re a$$

➢ Sandro è fratello di Gianni (anche Gianni è fratello di Sandro).

Una relazione è **antisimmetrica** quando verificandosi le due contemporaneamente ne consegue:

$$\forall a \in A \quad e \quad \forall b \in B; \quad a \Re b \rightarrow b \Re a \quad \text{allora} \quad a = b$$

➢ Nell'ultima gara, la moto n. 6 non ha preceduto al traguardo la moto n. 2 ma non si è verificato neanche il contrario. In questo esempio è evidente che le due moto sono arrivate al traguardo contemporaneamente.

Relazioni transitive

Una relazione si dice **transitiva** quando verificandosi:

$$a \Re b \quad e \quad b \Re c$$

risulta anche:

$$a \Re c$$

➢ Maria è sorella gemella di Lia e Lia è sorella gemella di Mara; è evidente che Maria è sorella gemella di Mara quindi la relazione "è sorella gemella di" risulta transitiva.

1.7 Relazioni di equivalenza e di ordine

Una relazione $\Re$ si dice di **equivalenza** quando risulta contemporaneamente:

a) Riflessiva: $a \Re a$

b) Simmetrica: se $a \Re b$ e $b \Re a$

c) Transitiva: se $a \Re b$ e $b \Re c \rightarrow a \Re c$

Un tipico esempio di questa relazione è fornito dalla uguaglianza tra insiemi, numeri ecc. La relazione si indica con "≡".

Una relazione è di **ordine** quando risulta contemporaneamente:

a) Riflessiva: $a \Re a$

b) Antisimmetrica: se $a \Re b$ e $b \Re a \rightarrow a = b$

c) Transitiva: se $a \Re b$ e $b \Re c \rightarrow a \Re c$

La relazione è indicata con i simboli:

≥ non minore

≤ non maggiore

➤ L'inclusione tra insiemi $A \subseteq B$ gode delle proprietà appena elencate, essendo $A \subseteq B$:
- se $A \subseteq B$ e $B \subseteq A \rightarrow A = B$
- se $A \subseteq B$ e $B \subseteq C \rightarrow A \subseteq C$

Alcuni autori distinguono la relazione di ordine stretto quando $\Re$ gode, in luogo della proprietà riflessiva, di quella antiriflessiva che nega (¬) la possibilità per un elemento di essere in relazione con se stesso:

d) Antiriflessiva $\neg\, a \Re a$

In simboli:

> maggiore

< minore

➤ Viaggiando in treno tra Roma e Firenze, Chiusi "precede" Arezzo; è evidente che nessuna città precede se stessa.

1.8 Equipotenza tra insiemi; insiemi finiti e insiemi infiniti

Due insiemi A e B sono equipotenti se è possibile individuare una relazione o corrispondenza biunivoca tra tutti gli elementi dell'uno e dell'altro; se, invece, la corrispondenza biunivoca può agire tra tutti gli elementi di uno, ad esempio A, e solo una parte dell'altro (B) allora diremo che la potenza di A è maggiore di quella di B come in fig. 4, dove è rappresentata la relazione tra due insiemi, X e Y.

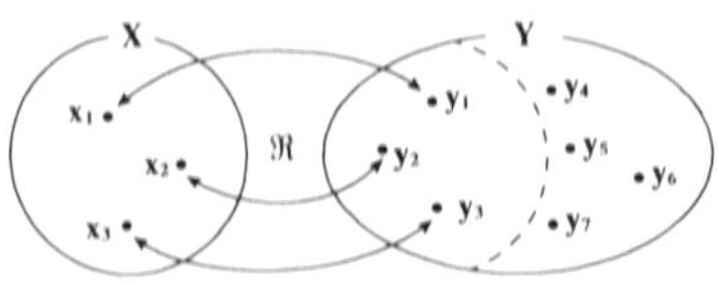

fig. 4

L'equipotenza gode della proprietà riflessiva, simmetrica e transitiva; appartiene quindi alla famiglia delle equivalenze. Può accadere che A sia sottoinsieme proprio di B, ovvero $A \subset B$; se esiste anche in questo caso una relazione di equipotenza tra i due insiemi diremo che B è un insieme infinito; al contrario se non esistono sottoinsiemi equipotenti con l'insieme dato, quest'ultimo si dirà finito.

➤ Consideriamo la relazione $d = 2n + 1$dove:
$d \in D = \{1, 3, 5, ...$ numeri dispari$\}$
$n \in N = \{1, 2, 3, 4, ...$ numeri naturali$\}$
Dato per assunto che N e D sono insiemi ben costruiti, la relazione $\Re$ così definita porta a concludere che D e N sono insiemi equipotenti perché per ogni $n \in N$ esiste un $d \in D$.

1.9 Classi di equivalenza e insieme quoziente

Ipotizziamo l'esistenza di un insieme X costituito da elementi che soddisfano la legge di formazione $L(x) = (x \equiv \{x; L(x)\})$.
Ad esempio, consideriamo gli individui residenti in una determinata città e nati in un determinato anno. All'interno di questo insieme X andiamo ora a distinguere gli individui per mese di nascita nel modo che segue:

a) Si estrae un individuo a caso tra quelli rispondenti alla relazione descritta; il suo mese di nascita individua il sottoinsieme.
b) Tra i restanti individui di quella città e quell'anno di nascita risulteranno ora solo 11 mesi di nascita e una nuova estrazione porterà alla formazione di un nuovo sottoinsieme.
c) Con la procedura descritta si andranno ad individuare un max di 12 sottoinsiemi, tutti disgiunti tra loro; ogni sottoinsieme realizza una classe di equivalenza perché risulta costituito da tutti elementi equivalenti tra loro secondo la relazione $\Re \equiv$ "stesso mese di nascita".
d) L'insieme delle classi di equivalenza di X costruite secondo la relazione di equivalenza $\Re$ si definisce insieme quoziente di X secondo $\Re$ e si indica con $X/\Re$.

Si può osservare che:
L'insieme quoziente è un sottoinsieme dell'insieme delle parti di X, ovvero: $X/\Re \subseteq P(x)$.
L'insieme quoziente così costruito non contiene mai l'insieme vuoto e quasi mai l'insieme stesso a meno che $\Re$ non coincida con L(x) oppure $\Re$ risulta verificata da tutti gli elementi di X.
L'insieme quoziente realizza una partizione di X.

1.10 Prodotto cartesiano di due insiemi

Dati due insiemi A e B ed una relazione $\Re$ che mette in corrispondenza ogni elemento di A con tutti gli elementi di B, uno dopo l'altro, definiamo prodotto cartesiano $A \times B$ l'insieme i cui elementi sono tutte le coppie ordinate (a; b) che si possono costruire con tutti gli elementi $a \in A$ e $b \in B$ nell'ordine indicato.

➤ Sia $A = \{a, b, c\}$ e sia $B = \{1, 2, 3, 4\}$
$A \times B = \{(a; 1), (a; 2), (a; 3), (a; 4), (b; 1), (b; 2), (b; 3), (b; 4), (c; 1), (c; 2), (c; 3), (c; 4)\}$

Il prodotto cartesiano non è commutativo ovvero:
$A \times B \neq B \times A$

È fin troppo facile immaginare di associare a ciascun elemento di A × B (coppia ordinata) un punto del piano cartesiano mentre la relazione la si può rappresentare tramite un diagramma di Eulero – Venn.

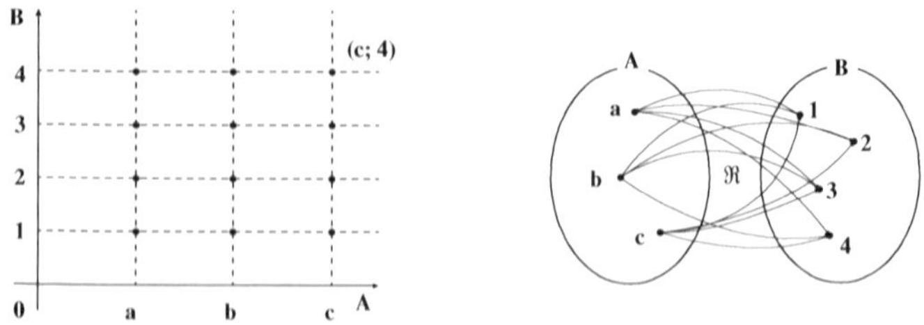

fig. 5

Nelle figure sono rappresentati nell'ordine entrambi gli schemi; il prodotto cartesiano di due insiemi, come si evince anche dalle figure, realizza una relazione "molti – molti" completa e ci offre la possibilità di definire una relazione (binaria) tra gli elementi di due insiemi A e B come sottoinsieme del prodotto cartesiano degli insiemi stessi, ovvero: $\Re \subseteq A \times B$.

➤ Sia $A = \{-3, -1, 1\}$ e sia $B = \{-1, 1\}$
$A \times B = \{(-3; -1), (-3; 1), (-1; -1), (-1; 1), (1; -1), (1; 1)\}$
Le relazioni: $\Re_1 = \{(x; y) \in A \times B \mid b = a + 2\} = \{(-3; -1), (-1; 1)$
$\Re_2 = \{(x; y) \in A \times B \mid b = 2a - 1\} = \{(1; 1)\}$
Sono entrambe sottoinsiemi di A × B e quindi sono relazioni tra A e B.

1.11 Relazioni funzionali: applicazioni

Una **relazione** tra due insiemi X e Y (anche uguali) si definisce **funzionale** o **funzione** di X verso Y se per ogni elemento $x \in X$ esiste un solo elemento $y \in Y$ associato dalla relazione stessa.
Definiamo applicazione la trasformazione (operazione) che realizza l'associazione suddetta; in simboli:

$$f: X \rightarrow Y \quad \text{oppure} \quad f: (x \in X) \rightarrow [y = f(x) \in Y] \quad \text{oppure} \quad y = f(x)$$

L'insieme X prende il nome di **insieme di definizione** o **insieme di esistenza** dell'applicazione o anche **dominio**; l'insieme Y è definito **codominio** dell'applicazione. Possiamo dire che ogni y è funzione di x secondo l'applicazione (legge) f e definiamo:
- i valori x variabile in X
- i valori y = f(x) valori della funzione in x o immagine di x in Y per cui:
  f(X) immagine dell'insieme X in Y

Al riguardo possiamo distinguere i casi riportati di seguito.

Applicazioni iniettive

$Y_0 = f(X) \subset Y$

L'immagine Y_0 della funzione è un sottoinsieme proprio di Y che costituisce il codominio dell'applicazione.

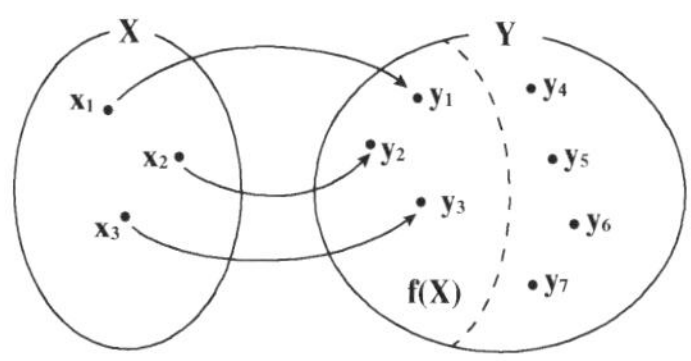

fig. 6

La funzione non consente di raggiungere tutti gli elementi $y \in Y$ pur partendo da ogni $x \in X$; a x diverse corrispondono y diverse in Y. In sintesi:

- l'immagine f(X) è un sottoinsieme proprio del codominio Y
- $\forall (x_1 \neq x_2) \in X \rightarrow [\, f(x_1) \neq f(x_2)] \in f(X) \subset Y$

➤ $f(d \in D) \rightarrow (p = 2d) \in P$

P e D (numeri pari e dispari) sono sottoinsiemi di N (numeri naturali); l'applicazione dell'esempio non raggiunge tutti gli elementi di P (ad esempio "4").

Applicazioni suriettive

$Y_0 = f(X) = Y$

L'immagine della funzione Y_0 ed il codominio dell'applicazione sono uguali. La funzione consente di raggiungere tutti gli elementi $y \in Y$ partendo da ogni $x \in X$.

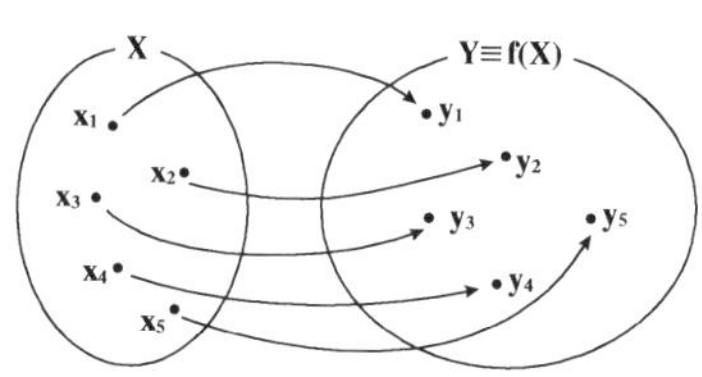

fig. 7

➤ $f(d \in D) \rightarrow (p = d - 1) \in P$

$f(x \in R) \rightarrow (y = x^2) \in (0; +\infty)$ con R insieme dei numeri reali.

Gli esempi riportati riguardano entrambi funzioni suriettive ma con una differenza sostanziale:

- nella prima ogni elemento $p \in P$ deriva, tramite l'applicazione, da un unico elemento $d \in D$; non esistono due diversi elementi $d \in D$ che danno luogo ad un unico valore immagine;
- nella seconda ogni elemento immagine compreso nell'intervallo $(0; +\infty)$ deriva da due diversi elementi $x \in R$.

La prima applicazione è anche iniettiva e in questi casi l'applicazione è definita biiettiva ovvero è invertibile.

Applicazioni biiettive

Quando per un'applicazione valgono contemporaneamente:

$Y_0 = f(X) = Y$

$\forall (x_1 \neq x_2) \in X \rightarrow [f(x_1) \neq f(x_2)] \in f(X) \subset Y$

L'applicazione è definita biiettiva e allora, in considerazione delle due proprietà sopra descritte valenti contemporaneamente, è possibile definire un'applicazione che consente di associare ad ogni elemento $y \in Y$ uno ed un solo elemento $x \in X$ che lo ha precedentemente generato. Detta funzione la definiamo funzione inversa di $f(X)$: $X = f^{-1}(Y)$ oppure f^{-1}: $Y \rightarrow X$.

È opportuno osservare che agendo sul dominio e/o sul codominio è possibile trasformare la natura delle applicazioni.

➤ 1) $f(x \in R) \rightarrow (y = x^2) \in R$ con R insieme dei numeri reali

2) $f(x \in R) \rightarrow (y = x^2) \in R^+$ con R^+ insieme dei numeri reali positivi

3) $f(x \in R^+) \rightarrow (y = x^2) \in R^+$

L'applicazione n. 1 non è iniettiva e neppure suriettiva; la n. 2 non risulta ancora iniettiva ma è diventata suriettiva; la n. 3 è biiettiva.

➤ Dati gli insiemi A = {a, b, c, d} e B = {1, 2, 3, 4} stabilire se

$$\Re = \{(b; 2), (c; 1), (c; 4), (d; 3)\}$$

è un'applicazione iniettiva.

La relazione non è un'applicazione perché l'elemento $c \in A$ ha due diverse immagini in B.

➤ Dati gli insiemi A = {1, 2, 3, 4} e B = {a, b, c, d} stabilire se

$$\Re = \{(1; c), (2; b), (3; d), (4; a)\}$$

è un'applicazione iniettiva.

La relazione è un'applicazione iniettiva perché soddisfa entrambe le condizioni di definizione.

1.12 Grafici di funzione

Abbiamo visto che per funzione di una variabile reale si intende un sottoinsieme del prodotto cartesiano tra gli insiemi di definizione (dominio X) e quello immagine (codominio Y); in simboli:

$$f : X \rightarrow Y \qquad f : x \rightarrow y$$

Nei casi che ci riguardano, in cui sia X sia Y sono sottoinsiemi di R o coincidenti con R, la nostra funzione può essere rappresentata in un piano cartesiano mediante una linea ovvero un insieme di punti del piano descritto da quelle coppie ordinate (x, y) tali che:

$$P \equiv \{(x; y) \in R^2; x \in X; y = f(x)\}$$

In altri termini, il grafico di una funzione f è un luogo geometrico costituito dall'unione di quei punti del piano le cui ascisse appartengono all'insieme X di definizione di f (dominio) e le cui ordinate sono le corrispondenti immagini secondo f (codominio).

1.12.1 Grafici di funzioni iniettive

Per definizione, in una funzione iniettiva comunque si considerano due punti distinti del suo dominio le corrispondenti immagini devono risultare diverse. Sul grafico in un piano cartesiano ciò è facilmente verificabile attraverso rette parallele all'asse delle ascisse; per definizione, infatti, non esiste alcuna retta orizzontale che incontra in più di un punto il luogo rappresentativo della funzione. Consideriamo due esempi di funzioni di cui solo il primo iniettivo:

➤ $y = e^x$ e $y = x^2 - 5$

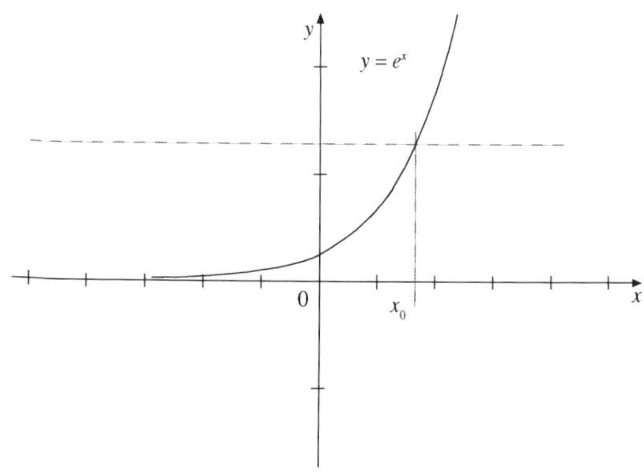

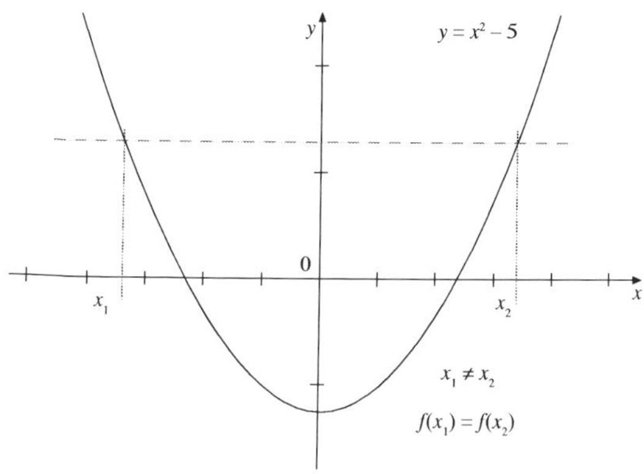

Come si può osservare, solo nella curva esponenziale ogni retta orizzontale interseca il grafico in un solo punto. La funzione del secondo esempio può essere resa iniettiva limitando il dominio all'intervallo [0; +∞].

1.12.2 *Grafici di funzioni suriettive*

Poiché una funzione è suriettiva quando ogni elemento del condominio è immagine di almeno un elemento del dominio, per le funzioni reali di variabile reale ciò comporta il coinvolgimento dell'intero asse delle ordinate per l'immagine (codominio).
Se consideriamo i due esempi precedenti non abbiamo casi di suriettività in quanto il codominio è confinato in $(0; +\infty)$ nel primo caso e in $(-5; +\infty)$ nel secondo.
Due esempi di suriettività sono riportati di seguito.

➤ $y = x^3$ e $y = \frac{x^3}{2} + \frac{x^2}{2} - 2x + 1$

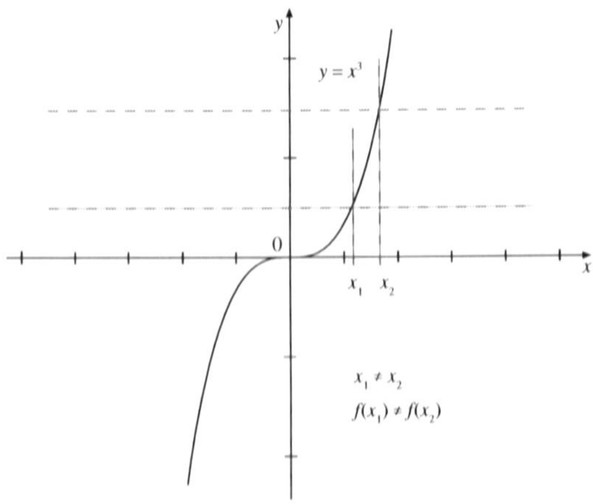

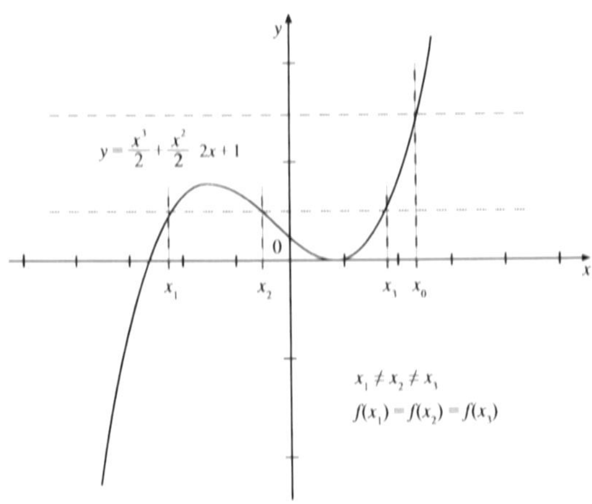

L'immagine si estende su tutto l'asse y, ovvero interessa l'intero insieme R (codominio della funzione).

1.12.3 Grafici di funzioni invertibili (biiettive)

Una funzione può considerarsi invertibile su tutto R quando risulta contemporaneamente iniettiva e suriettiva. Degli esempi riportati solo il terzo ($y = x^3$) risponde alla definizione data. Se limitiamo opportunamente i due insiemi come appresso indicato possiamo ottenere la biiettività:

ESEMPIO	FUNZIONE	DOMINIO	CODOMINIO
1	$y = e^x$	$(-\infty; +\infty)$	$(0; +\infty)$
2	$y = x^2 - 5$	$[0; +\infty)$	$(-5; +\infty)$
3	$y = x^3$	$(-\infty; +\infty)$	$(-\infty; +\infty)$
4	$y = \frac{x^3}{2} + \frac{x^2}{2} - 2x + 1$	$[+1; +\infty)$	$[0; +\infty)$

Capitolo 2
Gli insiemi numerici e le operazioni fondamentali

2.1 Insiemi numerici (N, Z, Q, I e R)

A questo punto consideriamo gli *"insiemi numerici"* cioè gli insiemi costituiti solamente da numeri.
In particolare, gli insiemi numerici che definiremo saranno caratterizzati, oltre che dall'elemento numero, anche dalla possibilità o meno di effettuare alcune operazioni fondamentali tra gli elementi stessi (numeri).
Le operazioni fondamentali che andremo a considerare sono:
- *Somma o addizione;*
- *Differenza o sottrazione;*
- *Prodotto o moltiplicazione;*
- *Quoziente, rapporto o divisione.*

Il primo insieme numerico che incontriamo è quello dei *Numeri Naturali* **N**.
Esso è costituito dai numeri interi e positivi, pertanto la rappresentazione sarà:

$$N = \{1, 2, 3, 4, 5, 6, \dots, +\infty\} = \{x | x \text{ è intero e positivo}\}$$

Si noti, innanzitutto, che le operazioni di somma e prodotto sono sempre possibili, poiché la somma e il prodotto di due numeri naturali è sempre un numero naturale. Ciò, invece, non è possibile con le operazioni di differenza e rapporto.

➤ $3 - 5 = -2 \notin N$
$9 : 2 = 4{,}5 \notin N$

Ne consegue che per poter eseguire anche le altre operazioni è necessario ampliare l'insieme. Per tale motivo si introduce l'insieme dei *Numeri Relativi* **Z**, costituito da numeri interi positivi e negativi, compreso lo zero.
La rappresentazione è quindi:

$$Z = \{-\infty, \dots, -3, -2, -1, 0, +1, +2, +3, \dots, +\infty\} =$$
$$= \{x | x \text{ è 0 oppure un intero positivo o negativo}\}$$

È evidente che nell'insieme Z, oltre alla somma e al prodotto, è possibile, sempre, anche l'operazione di differenza, tuttavia resta non sempre possibile l'operazione di divisione.

Notiamo, in particolare, che l'insieme dei numeri naturali N è incluso in *Z*, quindi:

$$N \subset Z$$

Per poter svolgere anche l'operazione di divisione è necessario introdurre un altro insieme che è quello dei *Numeri Razionali* **Q**.

Tale insieme viene definito dai numeri che lo compongono, che sono:
- *Numeri interi* (ad esempio 2)
- *Numeri frazionari* (ad esempio 3/5)
- *Numeri decimali finiti* (ad esempio 3,5)
- *Numeri decimali infiniti o periodici* (ad esempio $8,\overline{3} = 8,3333...$)

La caratteristica di un numero razionale è che esso può essere *sempre* espresso sotto forma di frazione, ossia per mezzo di un rapporto tra numeri interi (positivi e/o negativi).
Dalla definizione di Q risulta ancora che:

$$Z \subset Q$$

NOTA.
L'insieme Q ha una differenza importante rispetto ad N e Z dovuta al fatto che, mentre in N e Z tra due numeri consecutivi non esistono altri elementi dell'insieme, in Q tra due numeri, apparentemente consecutivi, esistono infiniti numeri (*Proprietà di densità*).
Ad esempio tra 2 e 3 in N non vi sono altri numeri, invece tra 1,3 e 1,4 in Q vi sono 1,35 – 1,302 – 1,3015 – e così via.

Sembrerebbe che a questo punto non vi sia necessità di alcun altro insieme numerico, tuttavia esistono dei numeri che otteniamo per mezzo di operazioni matematiche diverse che non ritroviamo in alcuno degli insiemi visti.
Classici esempi sono:
1) il rapporto tra la lunghezza di una circonferenza e il suo diametro (π);
2) la base dei logaritmi naturali (2,718281...);
3) la diagonale di un quadrato di lato unitario ($\sqrt{2}$).

Tali numeri prendono il nome di *Irrazionali* e l'insieme che li rappresenta è l'insieme dei *Numeri Irrazionali* I.
Notiamo in particolare che Q e I sono disgiunti:

$$Q \cap I = \emptyset$$

Ciò significa che la loro unione darà un nuovo insieme più grande, che è quello dei *numeri reali* **R**:

$$\mathbf{R = Q \cup I}$$

L'insieme dei numeri reali sarà l'insieme nel quale potranno essere svolte tutte le operazioni che ci interessano nel proseguimento.

Riepilogo

Insieme	Addizione	Sottrazione	Moltiplicazione	Divisione	Altre operazioni
N	Sì	No	Sì	No	No
Z	Sì	Sì	Sì	No	No
Q	Sì	Sì	Sì	No	No
I	—	—	—	—	Sì
R	Sì	Sì	Sì	Sì	Sì

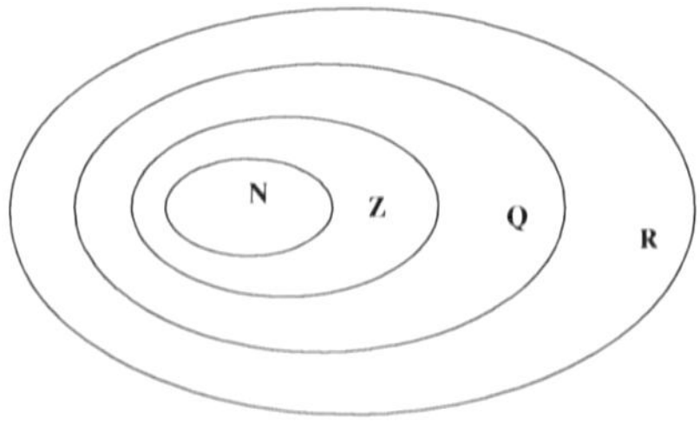

Ricordiamo che nell'insieme N, così come in ogni altro insieme (Z, Q, I, R), ***non si può dividere per zero***.

$$a : 0 = \frac{a}{0} = \text{non ha significato}$$

2.2 Potenze

Dall'aritmetica sappiamo che per potenza s'intende il prodotto di n fattori naturali uguali. Adesso dobbiamo estendere questo concetto agli insiemi numerici seguenti:

1) insieme dei numeri relativi: Z
2) insieme dei numeri razionali: Q
3) insieme dei numeri reali: R

tenendo presente che la base, da ora in poi, sarà *sempre un numero reale* ed estendendo l'insieme numerico dell'esponente.

Di seguito, tratteremo i seguenti argomenti sulle potenze: potenza di un numero reale ad esponente naturale; potenza di un numero reale ad esponente relativo.

2.3 Potenza di un numero reale ad esponente naturale

Consideriamo un numero reale α ($\alpha \in$ R) ed un numero naturale n ($n \in$ N), si definisce *potenza reale ad esponente naturale* il prodotto di n fattori α, cioè:

$$\alpha^n = \overbrace{\alpha \cdot \alpha \cdot \alpha \cdot \alpha \cdot ..... \cdot \alpha \cdot \alpha \cdot \alpha \cdot \alpha \cdot \alpha}^{n}$$

Per definizione si pone ($\alpha \neq 0$):

1) potenza ad esponente ***nullo***: $\alpha^0 = 1$
2) potenza ad esponente ***unitario***: $\alpha^1 = \alpha$

È di fondamentale importanza il segno assunto dalla base della potenza, poiché in funzione di essa cambia anche il segno della potenza.
In particolare:

– $\alpha > 0 \Rightarrow \alpha^n > 0$ con base positiva si ottiene sempre una potenza positiva;

– $\alpha < 0 \Rightarrow \begin{cases} n \text{ dispari} \Rightarrow \alpha^n < 0 \\ n \text{ pari} \Rightarrow \alpha^n > 0 \end{cases}$

con base negativa il segno dipende dall'esponente (se pari o dispari).

ATTENZIONE!
Quando il segno della base è negativo si esegue sia *n* volte il prodotto del modulo della base che *n* volte il prodotto del segno – (meno), per questo (ricordando la regola del prodotto dei segni), se il segno meno lo moltiplico un numero di volte pari il risultato è positivo, mentre se lo moltiplico un numero di volte dispari è negativo, e ciò spiega la dipendenza del segno della potenza dall'indice *n* nel caso di base negativa.
Negli esempi seguenti viene chiarito ulteriormente quanto appena detto.

➤ Calcoliamo le seguenti potenze:

– $(-2)^4 = (-2)\cdot(-2)\cdot(-2)\cdot(-2) = +16$ (il prodotto dei segni negativi è pari)

– $(-3)^3 = (-3)\cdot(-3)\cdot(-3) = -27$ (il prodotto dei segni negativi è dispari)

Proprietà delle potenze reali ad esponente naturale
Così come già visto per le potenze naturali di un numero naturale, anche per le potenze reali ad esponente naturale valgono le seguenti proprietà:

1) *Prodotto di potenze aventi la stessa base* $\Rightarrow \alpha^m \cdot \alpha^n = \alpha^{m+n}$

2) *Rapporto di potenze aventi la stessa base* $\Rightarrow \alpha^m : \alpha^n = \alpha^{m-n}$

3) *Potenza di potenza* $\Rightarrow \left(\alpha^m\right)^n = \alpha^{m\cdot n}$

4) *Potenza di un prodotto con stesso esponente* $\Rightarrow (\alpha \cdot \beta)^n = \alpha^n \cdot \beta^n$

5) *Potenza di un rapporto con stesso esponente* $\Rightarrow \left(\dfrac{\alpha}{\beta}\right)^n = \dfrac{\alpha^n}{\beta^n}$

2.4 Potenza di un numero reale ad esponente relativo

Abbiamo visto che i numeri relativi sono dei numeri caratterizzati dal modulo (detto anche valore assoluto) e dal segno, che può essere positivo oppure negativo.
Si vuole adesso estendere il concetto di potenza di un numero reale al caso in cui l'esponente sia un numero relativo.
Se α è un numero reale ($\alpha \in R$) ed n un numero intero relativo ($n \in Z$), si definisce *potenza reale ad esponente relativo*:

- Per $n > 0 \Rightarrow \begin{cases} \alpha^n = \overbrace{\alpha \cdot \alpha \cdot \alpha \cdot .... \cdot \alpha \cdot \alpha}^{n} \\ \alpha^{-n} = \dfrac{1}{\alpha^n} \end{cases}$
- Per $n = 0 \Rightarrow \alpha^0 = 1$
- Per $n = 1 \Rightarrow \alpha^1 = \alpha$

ATTENZIONE!
In questo caso l'unica differenza con la potenza reale ad esponente naturale riguarda il caso in cui abbiamo un esponente negativo.
In queste condizioni viene definita la potenza ad esponente negativo, come il reciproco della potenza con lo stesso esponente però positivo.
➤ Risolvere la seguente potenza: $4^{-2} = \dfrac{1}{4^2} = \dfrac{1}{16}$.

Proprietà delle potenze reali ad esponente relativo
Così come già visto nel paragrafo precedente, anche per le potenze reali ad esponente razionale abbiamo le stesse proprietà:

1) *Prodotto di potenze aventi la stessa base* $\Rightarrow \alpha^m \cdot \alpha^n = \alpha^{m+n}$

2) *Rapporto di potenze aventi la stessa base* $\Rightarrow \alpha^m : \alpha^n = \alpha^{m-n}$

3) *Potenza di potenza* $\Rightarrow (\alpha^m)^n = \alpha^{m \cdot n}$

4) *Potenza di un prodotto con stesso esponente* $\Rightarrow (\alpha \cdot \beta)^n = \alpha^n \cdot \beta^n$

5) *Potenza di un rapporto con stesso esponente* $\Rightarrow \left(\dfrac{\alpha}{\beta}\right)^n = \dfrac{\alpha^n}{\beta^n}$

Tuttavia, occorre fare attenzione perché in quest'ultimo caso, quando abbiamo un rapporto con esponente negativo, risulta:

$$\left(\frac{\alpha}{\beta}\right)^{-n} = \left(\frac{\beta}{\alpha}\right)^{n}$$

infatti ricordando la definizione abbiamo:

$$\left(\frac{\alpha}{\beta}\right)^{-n} = \alpha^{-n} \cdot \frac{1}{\beta^{-n}} = \frac{1}{\alpha^{n}} \cdot \beta^{n} = \frac{\beta^{n}}{\alpha^{n}} = \left(\frac{\beta}{\alpha}\right)^{n}$$

Quando una potenza ha l'esponente negativo è necessario prendere in considerazione il reciproco della base che assumerà l'esponente positivo.

➤ $3^{-2} = \left(\frac{1}{3}\right)^{2} = \frac{1}{9}$

$\left(\frac{2}{3}\right)^{-3} = \left(\frac{3}{2}\right)^{3} = \frac{27}{8}$

$\left(\frac{1}{2}\right)^{-4} = 2^{4} = 16$

2.5 Estrazione di radice

L'estrazione di radice è una operazione aritmetica definita come segue:

$$\sqrt[n]{a} = b \text{ dove: } b^n = a$$

Può quindi considerarsi come l'operazione inversa dell'elevazione a potenza, ma comporta più di un problema di calcolo e di definizione in alcuni casi.
Dalla definizione si evince che l'operazione è di semplice calcolo se il radicando *a* risulta essere una potenza di esponente uguale all'indice di radice *n*. In caso contrario, l'esecuzione della operazione non termina mai e il suo risultato presenta una numero di cifre decimali infinito.

➤ $\sqrt{2} = 1{,}414213562...$

Siamo di fronte alla necessità di un ampliamento dell'insieme numerico ai cosiddetti numeri irrazionali già introdotti precedentemente (sono compresi nell'insieme R).
Le potenze di esponente pari non danno, come già visto, mai luogo a valori negativi; ciò comporta, nelle estrazioni di radici, due ordini di problemi, come di seguito illustrato:

a) $\sqrt[4]{16}$, essendo $16 = (-2)^4$ o $(+2)^4$, il calcolo presenta un'ambiguità superabile solo attraverso convenzioni:

$\sqrt[4]{16} = +\sqrt[4]{16} = +2$

$-\sqrt[4]{16} = -2$

$\pm\sqrt[4]{16} = \pm 2$

b) $\sqrt{-4}$ non esiste, essendo impossibile ottenere un numero negativo nella elevazione al quadrato di un numero reale. Questo caso conduce alla definizione di un ulteriore tipo di insieme numerico, detto dei numeri immaginari (non compresi in R).

2.6 Divisibilità tra numeri; m.c.m. e M.C.D.

In matematica definiamo **numero primo** un numero naturale $n > 1$ che risulta divisibile solo per 1 e per se stesso (la successione dei numeri primi è descritta nella sequenza A000040 dell'OEIS). Esempi di numeri primi sono:

2, 3, 5, 7, 11 ,13 ,17, 19, 23...

Definiamo **multiplo** di un numero un numero ottenuto come prodotto di se stesso con uno o più altri fattori.

È possibile esprimere, ad esempio, il numero 20 mediante il prodotto $4 \cdot 5$ e quindi 20 può considerarsi multiplo di 4 secono il fattore 5, e viceversa.
I numeri naturali 4 e 5 risultano **sottomultipli** di 20 e si dicono **divisori** dello stesso; in questi casi la divisione del numero (20) per il divisore (4 o 5) fornisce sempre un numero intero.

2.6.1 Criteri di divisibilità

Esistono alcune regole che consentono di accertare velocemente la divisibilità di un numero per un altro.

DIVISIBILITÀ	CARATTERISTICA
per $n = 2$	se il numero termina con cifra pari (0, 2, 4, 6, 8)
per $n = 3$	se la somma delle cifre del numero è divisibile per 3
per $n = 4$	se le ultime due cifre del numero sono un multiplo di 4 o entrambe 0
per $n = 5$	se il numero termina con 0 oppure con 5
per $n = 6$	se il numero è pari e se la somma delle cifre è un multiplo di 3
per $n = 9$	se la somma delle cifre è un multiplo di 9
per $n = 10, 100, 1000$	se il numero termina con uno, due, tre ……, n zeri
per $n = 11$	se la differenza tra la somma delle cifre di posto pari e quella delle cifre di posto dispari è 0 o un multiplo di 11
per $n = 25$	se le ultime due cifre del numero sono un multiplo di 25 o entrambe zero

2.6.2 Scomposizione di un numero in fattori primi

A sinistra di una linea verticale si pone il numero m da scomporre. Si cerca per tentativi il numero primo n più piccolo divisore di m e lo si pone alla destra di m, dopo la linea. Il quoto $m_1 = m : n$ si pone sotto m.
Si cerca poi un numero primo n_1, che può anche coincidere con n, che sia minore di m_1 e lo si pone dopo la linea, alla destra di m_1. Il quoto $m_2 = m_1 : n_1$ si pone sotto m_1 e si procede in questo modo fino ad ottenere quoto 1.

➤ Per $m = 60$, si ha $n = 2$ e $m_1 = 60 : 2 = 30$

m	60	2	n
m_1	30		

per $m_1 = 30$, $n_1 = 2$ e $m_2 = 30 : 2 = 15$

m	60	2	n
m_1	30	2	n_1
m_2	15		

per $m_2 = 15$, $n_2 = 3$ e $m_3 = 15 : 3 = 5$

m	60	2	n
m_1	30	2	n_1
m_2	15	3	n_2
m_3	5		

per $m_3 = 5$, $n_3 = 5$ e $m_4 = 1$

m	60	2	n
m_1	30	2	n_1
m_2	15	3	n_2
m_3	5	5	n_3
m_4	1		

La scomposizione del numero $n = 60$ risulta quindi: $60 = 2 \cdot 2 \cdot 3 \cdot 5 = 2^2 \cdot 3 \cdot 5$.

2.6.3 Massimo comune divisore (M.C.D.) e minimo comune multiplo (m.c.m.)

Massimo comune divisore

Il *massimo comune divisore* (M.C.D.) tra due o più numeri naturali è il più grande tra i divisori comuni a tali numeri.

Per calcolare il M.C.D. tra due o più numeri si scompongono i numeri in fattori primi e si calcola il prodotto dei soli fattori comuni, presi una sola volta e con il minimo esponente.

➤ M.C.D. (378, 1.260, 450)

$378 = 2 \cdot 3^3 \cdot 7$

$1.260 = 2^2 \cdot 3^2 \cdot 5 \cdot 7$

$450 = 2 \cdot 3^2 \cdot 5^2$

Gli unici fattori comuni sono il 2 e il 3 e gli esponenti minimi con cui compaiono sono rispettivamente 1 e 2, per cui:

M.C.D. (378, 1.260, 450) $= 2 \cdot 3^2 = 18$

Minimo comune multiplo

Il *minimo comune multiplo* (m.c.m.) tra due o più numeri è il più piccolo tra i loro multipli comuni.

Per calcolare il m.c.m. tra due o più numeri, dopo aver scomposto i numeri in fattori primi, si calcola il prodotto di tutti i fattori comuni e non, presi una sola volta con il massimo esponente.

➤ m.c.m. (378, 1.260, 450)

Nella scomposizione dei numeri 378, 1.260 e 450, i fattori, comuni e non, sono 2, 3, 5 e 7 con esponenti massimi rispettivamente 2, 3, 2 e 1, per cui:

m.c.m. (378, 1.260, 450) $= 2^2 \cdot 3^3 \cdot 5^2 \cdot 7 = 18.900$

2.7 Espressioni

Un'espressione numerica è una sequenza di numeri legati tra loro dai simboli delle operazioni e, a volte, suddivisi da parentesi.
L'ordine di precedenza nello svolgimento delle operazioni in un'espressione numerica è il seguente:
1) elevamento a potenza, applicando, quando possibile, le proprietà delle potenze
2) moltiplicazioni e divisioni nell'ordine in cui si presentano
3) addizioni e sottrazioni nell'ordine in cui si presentano.

Alcuni calcoli devono essere eseguiti prima di altri: per indicare queste precedenze il calcolo viene racchiuso in parentesi.
Si usano tre diversi tipi di parentesi: tonde, quadre e graffe.
Per le parentesi sono date tre diverse priorità, che in ordine inverso di svolgimento dei calcoli sono:
- parentesi graffe {...}
- parentesi quadre [...]
- parentesi tonde (...)

Nelle espressioni quindi una sequenza di calcoli del tipo {... [... (...) ...] ...} implica l'esecuzione dei calcoli interni alle parentesi tonde, poi quelli interni alle parentesi quadre e, infine, quelli interni alle graffe.

➤ $49 - (7 + 13) - (51 - 42) + 4 =$
$= 49 - 20 - 9 + 4 = 24$

➤ $84 - [26 + (37 - 14 + 11) - (89 - 75) + 18] =$
$= 84 - [26 + 34 - 14 + 18] =$
$= 84 - 64 = 20$

➤ $28 + \{[27 + (57 + 35 - 81)] - (29 - 15 - 8)\} - 53 + 9 - 4 =$
$= 28 + \{[27 + 11] - 6\} - 53 + 9 - 4 =$
$= 28 + \{38 - 6\} - 53 + 9 - 4 =$
$= 28 + 32 - 53 + 9 - 4 = 12$

➤ $\{72 : 2^3 + [5^3 \times 2 + 4^5 - (3^5 + 7) : 2] - 2 \times 139\} : 4 =$
$= \{72 : 8 + [125 \times 2 + 1.024 - (243 + 7) : 2] - 278\} : 4 =$
$= \{9 + [250 + 1.024 - 250 : 2] - 278\} : 4 =$
$= \{9 + [250 + 1.024 - 125] - 278\} : 4 =$
$= \{9 + 1.149 - 278\} : 4 =$
$= 880 : 4 = 220$

Capitolo 3
Monomi e polinomi

3.1 Introduzione all'algebra

In generale, si definisce **espressione algebrica razionale** un insieme di numeri e lettere legate fra loro mediante segni di operazioni in numero limitato.
Se in una espressione algebrica si sostituiscono alle lettere dei valori numerici assegnati l'espressione assume un valore numerico.

➤ $3a^2 - b^2 + ab$ = **espressione algebrica**

per $a = -\frac{1}{2}$ e $b = +3$ sostituendo questi valori nell'espressione data si ha:

$$3 \cdot \frac{1}{4} - 9 + \left(-\frac{1}{2} \cdot 3\right) = \frac{3}{4} - 9 - \frac{3}{2} = \frac{3-36-6}{4} = -\frac{39}{4}$$

In alcuni casi, come avviene per le frazioni algebriche, la sostituzione delle lettere con numeri può comportare la perdita di significato delle operazioni.

➤ $\frac{a+3b}{2a-b}$ per $a = 1$ e $b = 2$

$\frac{1+3 \cdot 2}{2 \cdot 1 - 2} = \frac{1+6}{2-2} = \frac{7}{0}$ impossibile

3.2 Le regole del calcolo algebrico e le relative operazioni

Esponiamo di seguito le proprietà fondamentali delle operazioni unitamente alle principali regole del calcolo algebrico.

Proprietà dell'addizione

Commutativa: $a + b = b + a$

Associativa: $a + b + c = (a + b) + c = a + (b + c)$

L'elemento neutro nell'addizione è lo zero: $a + 0 = a$ (qualsiasi numero sommato a zero dà il numero stesso)

La somma è una operazione chiusa in tutti i sottoinsiemi di R

Proprietà della sottrazione

Invariantiva: $a - b = (a \pm c) - (b \pm c)$

La sottrazione è una operazione condizionata in N dove deve risultare $a > b$

Opposto di un numero

L'opposto di un numero è quel numero che sommato al numero dato dà risultato nullo.

Proprietà della moltiplicazione

Commutativa: $a \times b = b \times a$

Associativa: $a \times b \times c = (a \times b) \times c = a \times (b \times c)$

Distributiva rispetto all'addizione e alla sottrazione: $a \times (b \pm c) = a \times b \pm a \times c$

L'elemento assorbente della moltiplicazione è lo zero: $a \times 0 = 0$ (qualsiasi numero moltiplicato per zero dà zero)

Legge di annullamento del prodotto: il prodotto è nullo se almeno una dei fattori è nullo (condizione necessaria e sufficiente)

L'elemento neutro nella moltiplicazione è 1: $a \times 1 = a$ (qualsiasi numero moltiplicato per uno dà il numero stesso)

Nell'insieme dei numeri relativi il segno del prodotto tra due numeri è positivo se i fattori sono concordi ed è negativo nel caso contrario

Proprietà della divisione

Invariantiva: $\frac{b}{a} = \frac{b \times c}{a \times c} = \frac{\frac{b}{c}}{\frac{a}{c}}$ con $c \neq 0$

Distributiva del divisore rispetto all'addizione e alla sottrazione: $(a \pm b) : c = \frac{a}{c} \pm \frac{b}{c}$

la stessa proprietà non vale per il dividendo

Nell'insieme dei numeri relativi, il segno della divisione tra due numeri è positivo se dividendo e divisore sono concordi ed è negativo nel caso contrario

Come conseguenza della legge di annullamento del prodotto la divisione per zero non è definibile

Reciproco di un numero

Il reciproco di un numero è un numero che moltiplicato per quello dato dà come risultato 1

Priorità delle operazioni

In una espressione algebrica la priorità delle operazioni è la seguente:

- potenze e radici
- moltiplicazioni e divisioni
- addizioni e sottrazioni

➤ $3 \times 2 + 6 : 2 = 6 + 3 = 9$

$3^2 \times 2 - 6 : 2 = 9 \times 2 - 3 = 18 - 3 = 15$

$3 \times \sqrt{3^2 + 2^2 \times 3 + 4} = 3 \times \sqrt{9 + 4 \times 3 + 4} = 3 \times \sqrt{9 + 12 + 4} = 3 \times \sqrt{25} = 3 \times 5 = 15$

Uso delle parentesi

Solo l'uso di parentesi consente di modificare le priorità descritte

➤ $3 \times (2 + 6) : 2 = 3 \times 8 : 2 = 12$

$3^2 \times (2 - 6) : 2 = 9 \times (-4) : 2 = (-36) : 2 = -18$

$3^2 : (6 - 3) \times 2 = 9 : 3 \times 2 = 3 \times 2 = 6$

$9 : (3 + 3) = 9 : 6 = 1{,}5$

Il segno meno che dovesse precedere una parentesi può essere sostituito dal segno positivo invertendo i segni dei termini delle somme algebriche interne alla parentesi:

➤ $-(3 \times 2 - 6 : 2) = -(6 - 3) = -6 + 3 = -3$

La potenza di una serie di calcoli indicati dentro parentesi deve essere eseguita dopo l'esecuzione della sequenza:

➤ $[5 \times 3 - (3 \times 2 - 6 : 2)^2]^2 = [15 - (6 - 3)^2]^2 = [15 - (3)^2]^2 = [15 - 9]^2 = [6]^2 = 36$

3.3 Definizioni e proprietà dei monomi

Si definisce *monomio* un'espressione algebrica nella quale non figurano addizioni o sottrazioni.

➤ Sono monomi:

1) $\left(-\frac{2}{3}\right) \cdot (5)^2 \cdot (-1)^{-2}$ 2) $a^3 \cdot b^{-2} \cdot \left(-\frac{1}{4}\right) \cdot (-3)^2$

Tenendo presenti le regole di calcolo si ha:

1) $-\frac{2}{3} \cdot 25 \cdot 1 = -\frac{50}{3}$

2) $a^3 \cdot \frac{1}{b^2} \cdot \left(-\frac{1}{4}\right) \cdot 9 = -\frac{9}{4} \cdot \frac{a^3}{b^2}$

Dagli esempi possiamo dedurre che un monomio può sempre trasformarsi in modo che esso abbia un solo fattore numerico, detto *coefficiente*, e fattori letterali tutti differenti. Il prodotto delle lettere prende il nome di *parte letterale*. In tal caso il monomio si dice ridotto a *forma normale*.

Se il monomio è privo di fattori numerici ha il coefficiente + 1 o – 1 a seconda che esso sia preceduto dal segno + o dal segno –.

➤ $\frac{3}{5}ab^2$

$\frac{3}{5}$ = coefficiente

ab^2 = parte letterale

3.3.1 Grado di un monomio - Monomi simili - Monomi opposti

Si definisce *grado* di un monomio rispetto ad una lettera l'esponente di tale lettera, mentre dicesi grado assoluto o semplicemente grado del monomio la somma (algebrica) degli esponenti delle sue lettere.

➤ Il monomio $x^2y^3z^{-2}$

è di grado	2	rispetto alla lettera	x
»	3	»	y
»	-2	»	z

pertanto il suo grado assoluto è $2 + 3 - 2 = 3$.

- Due monomi si dicono *simili* se hanno la stessa parte letterale; se poi, oltre alla parte letterale, hanno anche lo stesso coefficiente si dicono *identici*.
- Due monomi simili aventi coefficienti opposti si dicono *monomi opposti*.
- Un monomio è *nullo* se il suo coefficiente è 0.

NOTA. Ricordiamo che quando una lettera ha esponente negativo equivale ad una lettera presente al denominatore con esponente positivo!

➤ $x^2y^3z^{-2} = \dfrac{x^2y^3}{z^2}$

3.4 Operazioni con i monomi

3.4.1 Somma algebrica di monomi

- *La somma di più monomi si ottiene, in generale, scrivendo uno di seguito all'altro i monomi con i propri segni.*

➤ $\left(-\dfrac{3}{4}a^2b\right)+\left(-\dfrac{1}{2}xy\right)=-\dfrac{3}{4}a^2b-\dfrac{1}{2}xy$

- *La differenza di due monomi si ottiene aggiungendo al primo l'opposto del secondo.*

➤ $\left(\dfrac{2}{3}abc^2\right)-\left(-3a^2b\right)=\dfrac{2}{3}abc^2+3a^2b$

- *Un insieme di addizioni e sottrazioni di monomi prende il nome di somma algebrica di monomi.*

➤ $\left(+3ab\right)-\left(-a\right)-\left(\dfrac{1}{3}b^2\right)=+3ab+a-\dfrac{1}{3}b^2$

3.4.2 Riduzione di termini simili

Può accadere che in una somma algebrica di monomi si abbiano monomi simili. In tal caso si può procedere avvalendosi della seguente regola:
la somma algebrica di due o più monomi simili è un monomio simile ai dati, avente per coefficiente la somma algebrica dei coefficienti.

➤ $$-\frac{5}{3}\frac{a^2b}{c}+\left(+\frac{1}{4}a^2c\right)-\left(-\frac{2}{3}a^3c^2\right)+\left(-\frac{1}{3}\frac{a^2b}{c}\right)-\left(-\frac{1}{2}a^2c\right)=$$

$$=-\frac{5}{3}\frac{a^2b}{c}+\frac{1}{4}a^2c+\frac{2}{3}a^3c^2-\frac{1}{3}\frac{a^2b}{c}+\frac{1}{2}a^2c=$$

$$=\left(-\frac{5}{3}-\frac{1}{3}\right)\frac{a^2b}{c}+\left(\frac{1}{4}+\frac{1}{2}\right)a^2c+\frac{2}{3}a^3c^2=$$

$$=-2\frac{a^2b}{c}+\frac{3}{4}a^2c+\frac{2}{3}a^3c^2$$

> **NOTA.** ***La somma di due monomi opposti è il monomio nullo, cioè 0.***
> ➤ $(+3ab^2)+(-3ab^2)=0$

3.4.3 Prodotto di monomi

Il prodotto di due o più monomi è un monomio avente per coefficiente il prodotto dei coefficienti dei monomi dati e per parte letterale il prodotto dei fattori letterali di ciascun monomio.

Ricordando le regole enunciate per il prodotto dei numeri relativi e le proprietà delle potenze, si ha facilmente il prodotto di monomi.

➤ $$\left(-\frac{3}{4}a^3b^2x\right)\cdot\left(-2abx^4\right)\cdot\left(+\frac{7}{3}axy^2\right)=$$

$$=\left(-\frac{3}{4}\right)\cdot(-2)\cdot\left(\frac{7}{3}\right)a^3\cdot a\cdot a\cdot b^2\cdot b\cdot x\cdot x^4\cdot x\cdot y^2=\left(\frac{7}{2}\right)a^5b^3x^6y^2$$

3.4.4 Quoziente di due monomi

Il quoziente di due monomi è un monomio che ha per coefficiente il quoziente dei coefficienti; la parte letterale ha ciascuna lettera comune ai due monomi con esponente uguale alla differenza fra l'esponente del dividendo e quello del divisore.
Le lettere non comuni restano inalterate se compaiono solo nel dividendo; hanno esponente opposto se compaiono solo nel monomio divisore.

➤ $$\left(-\frac{2}{3}a^3b^2xy^2\right):\left(-\frac{1}{3}abx^2\right)=$$

$$=\left(-\frac{2}{3}\right)\cdot(-3)\frac{a^3}{a}\frac{b^2}{b}\frac{x}{x^2}y^2=+2a^2bx^{-1}y^2$$

3.4.5 Potenza di monomi

La potenza ad esponente intero relativo di un monomio è un monomio avente per coefficiente la potenza a quell'esponente del coefficiente del monomio dato, e la parte letterale costituita dal prodotto delle potenze, a quell'esponente, dei fattori letterali del monomio dato (potenza di potenza). Il grado (relativo o assoluto) della potenza di un monomio è uguale al prodotto del grado del monomio per l'esponente della potenza.

➤ $\left(\frac{1}{2}a^{-2}bx^{3}\right)^{3} = \frac{1}{8}a^{-6}b^{3}x^{9} = \frac{1}{8}\cdot\frac{b^{3}x^{9}}{a^{6}}$ di grado 6

3.5 Definizioni e proprietà dei polinomi

Dicesi *polinomio* la somma algebrica di due o più monomi.

➤ $3x^2y + 4y^3 + 7$

Se in un polinomio si hanno monomi simili, essi possono ridursi e si ottiene un polinomio *ridotto*.

- La somma algebrica di due monomi si dice *binomio*.

  ➤ $4x^2 - \frac{1}{3}y$

- La somma algebrica di tre monomi si dice *trinomio*.

  ➤ $4x^2 - \frac{1}{3}y + 1$

- La somma algebrica di quattro monomi si dice *quadrinomio*.

  ➤ $a^2 - 3ab + \frac{1}{5}b^3 + 5$

- Negli altri casi si usa il termine generico *polinomio*.

Un polinomio dicesi *intero* se tutti i suoi monomi sono interi, se qualcuno di essi è un monomio frazionario, il polinomio dicesi *fratto*.

3.5.1 Grado relativo e assoluto di un polinomio

Se una lettera compare in uno o più monomi di un polinomio, il maggiore degli esponenti di tale lettera si dice **grado del polinomio rispetto a quella lettera**. *Dicesi* **grado assoluto del polinomio** *il maggiore dei gradi assoluti dei suoi monomi.*

➤ $4xy^3 - 3ab^5 + 4abx^2y - 7a^3b^2y^2 - 5$ il grado assoluto è 7.

Se i monomi di un polinomio hanno tutti ugual grado, il polinomio dicesi *omogeneo*.

➤ $7x^2y - ab^2 + 3a^3 + 5axy$

è un polinomio omogeneo di 3° grado.

Si definisce polinomio *ordinato* rispetto a una lettera, un polinomio nel quale i suoi termini si succedono in modo che gli esponenti di quella lettera sono crescenti o decrescenti.

➤ $3x^5 + 2bx^4 - \frac{1}{3}x^3yz^2 + 2x^2y^5 - 3xz + ab$

Il suddetto è un polinomio ordinato rispetto a *x*.

NOTA. Anche se si scambia l'ordine dei monomi, il polinomio è sempre ordinato rispetto a *x*!

3.6 Operazioni con i polinomi

3.6.1 Addizione e sottrazione di polinomi

La somma algebrica di due o più polinomi è il polinomio che ha per termini quelli dei polinomi dati, dopo che si sono svolte le operazioni all'interno delle parentesi e aver ridotto i termini simili.

➤ $$\left(-\frac{3}{4}x+y^2-\frac{1}{2}\right)-\left(-\frac{1}{3}x^2+\frac{5}{4}y^2+7y\right)=$$

$$-\frac{3}{4}x+y^2-\frac{1}{2}+\frac{1}{3}x^2-\frac{5}{4}y^2-7y=-\frac{3}{4}x-\frac{1}{4}y^2-\frac{1}{2}+\frac{1}{3}x^2-7y$$

3.6.2 Prodotto di un monomio per un polinomio

Il prodotto di un monomio per un polinomio è il polinomio che ha per monomi i prodotti del monomio dato per ciascuno dei monomi del polinomio.

➤ $$3x^2y\cdot\left(-y^3+\frac{1}{4}xy-7x^2\right)=-3x^2y^4+\frac{3}{4}x^3y^2-21x^4y$$

per la proprietà simmetrica delle uguaglianze la precedente può scriversi:

➤ $$-3x^2y^4+\frac{3}{4}x^3y^2-21x^4y=3x^2y\cdot\left(-y^3+\frac{1}{4}xy-7x^2\right)$$

Da ciò si trae che *se i monomi di un polinomio hanno un divisore comune, il polinomio è uguale al prodotto di tale divisore comune per il polinomio i cui monomi sono i quoti dei suoi termini per il divisore comune.*

In questo caso si dice che si è operato *un raccoglimento a fattor comune*, oppure si è messo in evidenza tale fattore.

3.6.3 Prodotto di due polinomi

Il prodotto di due polinomi è uguale al polinomio che si ottiene moltiplicando ciascun termine di uno di essi per tutti i termini dell'altro.

➤ $(3a + b) \cdot (a^2 + 5a - 3b) =$

$= 3a^3 + 15a^2 - 9ab + a^2b + 5ab - 3b^2$ (se necessario si riducono i termini simili).

3.6.4 Divisione di un polinomio per un monomio

Se tutti i monomi di un polinomio sono divisibili per un monomio, allora si può affermare che il polinomio è divisibile per quel monomio.
Il quoto è il polinomio i cui termini sono i quoti di ciascun monomio del polinomio per il monomio.

➤ $\left(\frac{5}{8}a^3b^3 + 7a^4b^2 - \frac{1}{2}a^2bx - \frac{4}{3}a^4b^3y\right) : \left(-\frac{1}{2}a^2b\right) =$

$-\frac{5}{4}ab^2 - 14a^2b + x + \frac{8}{3}a^2b^2y$

3.6.5 Divisione di due polinomi

Dati due polinomi A(x) e B(x), detti rispettivamente dividendo e divisore, se esiste un polinomio Q(x) detto quoto tale che

$$A(x) = B(x) \cdot Q(x)$$

si dirà che A(x) è divisibile per B(x).
Analogamente se esiste un polinomio R(x) detto resto, diverso da zero, si scriverà:

$$A(x) = B(x) \cdot Q(x) + R(x)$$

e i due polinomi non sono divisibili.

Per semplificare il procedimento, basta seguire le regole seguenti:

1) *Ordinare i polinomi secondo le potenze decrescenti di una stessa lettera.*
2) *Dividere il primo termine del dividendo per il primo termine del divisore; il quoziente sarà il primo termine del quoziente dei 2 polinomi dati.*
3) *Moltiplicare il divisore per questo primo quoziente e sottrarre il prodotto dal dividendo; il risultato è detto resto parziale.*
4) *Dividere il termine di grado maggiore per il primo termine del divisore ottenendo così il secondo termine del quoziente.*
5) *Moltiplicare il divisore per questo secondo termine e sottrarre dal dividendo il prodotto (come fatto in precedenza).*
6) *Si procede in questo modo fino ad ottenere come resto zero oppure un polinomio di grado inferiore al divisore.*

➤ Dividere i seguenti polinomi fra loro

$$
\begin{array}{rl|l}
 & x^5 - x^4 - 4x^3 + 2x^2 + 3x - 2 & x^2 + 2x + 1 \\ \cline{3-3}
 & -x^5 - 2x^4 - x^3 & x^3 - 3x^2 + x + 3 \\ \cline{2-2}
 & -3x^4 - 5x^3 + 2x^2 + 3x - 2 & \\
 & +3x^4 + 6x^3 + 3x^2 & \\ \cline{2-2}
 & x^3 + 5x^2 + 3x - 2 & \\
 & -x^3 - 2x^2 - x & \\ \cline{2-2}
 & 3x^2 + 2x - 2 & \\
 & -3x^2 - 6x - 3 & \\ \cline{2-2}
 & -4x - 5 &
\end{array}
$$

$Q(x) = x^3 - 3x^2 + x + 3$
$R(x) = -4x - 5$

> **NOTA**. Quando il polinomio dividendo è incompleto conviene lasciare gli spazi vuoti in corrispondenza dei termini mancanti.
>
> ➤ $(x^5 - 3x^2 + 4) : (x^2 - 3x + 1)$
>
> $x^5 \_ \quad \_ \quad -3x^2 \_ +4 \;\Big|\; x^2 - 3x + 1$

3.7 Prodotti notevoli

Sono detti prodotti notevoli alcuni particolari prodotti. Esaminiamoli:

1) *Il prodotto di una somma di monomi per la loro differenza è uguale alla differenza dei loro quadrati.*

   ➤ $(a + b) \cdot (a - b) = a^2 - ab + ab - b^2 = a^2 - b^2$

2) *Il quadrato di un binomio è uguale alla somma algebrica dei quadrati dei due prodotti e del doppio prodotto di questi monomi.*

   ➤ $(a + b)^2 = (a + b) \cdot (a + b) = a^2 + ab + ab + b^2 = a^2 + 2ab + b^2$
   $(a - b)^2 = (a - b) \cdot (a - b) = a^2 - ab - ab + b^2 = a^2 - 2ab + b^2$

3) *Il quadrato di un polinomio è uguale alla somma algebrica dei quadrati dei suoi termini e dei doppi prodotti di ogni termine per i successivi.*

   ➤ $(a + b + c + d)^2 = a^2 + b^2 + c^2 + d^2 + 2ab + 2ac + 2ad + 2bc + 2bd + 2cd$

4) *Il cubo di un binomio è uguale alla somma algebrica dei cubi dei suoi termini e dei tripli prodotti dei quadrati di ognuno di essi per l'altro.*

   ➤ $(a + b)^3 = (a + b)^2 \cdot (a + b) =$
   $= (a^2 + 2ab + b^2) \cdot (a + b) = a^3 + a^2b + 2a^2b + 2ab^2 + ab^2 + b^3 = a^3 + 3a^2b + 3ab^2 + b^3$
   $(a - b)^3 = a^3 - 3a^2b + 3ab^2 - b^3$

5) *Il cubo di un trinomio è la somma algebrica dei cubi dei tre monomi aumentata dei tripli prodotti del quadrato di ognuno di essi per ciascuno dei rimanenti e del sestuplo del prodotto dei 3 monomi.*

➤ $(a + b + c)^3 = a^3 + b^3 + c^3 + 3a^2b + 3a^2c + 3ab^2 + 3ac^2 + 3b^2c + 3bc^2 + 6abc$

6) *Potenza di un binomio e triangolo di Tartaglia*

Si voglia calcolare $(a + b)^4$.

Si ha $(a + b)^4 = (a + b)^3 \cdot (a + b) = (a^3 + 3a^2b + 3ab^2 + b^3) \cdot (a + b) =$
$= a^4 + 3a^3b + 3a^2b^2 + ab^3 + a^3b + 3a^2b^2 + 3ab^3 + b^4 =$
$= a^4 + 4a^3b + 6a^2b^2 + 4ab^3 + b^4$

Si potrebbe allo stesso modo calcolare anche $(a + b)^5$, $(a + b)^6$ ecc.

Riepilogando si è trovato:
$(a + b)^0 = 1$
$(a + b)^1 = a + b$
$(a + b)^2 = a^2 + 2ab + b^2$
$(a + b)^3 = a^3 + 3a^2b + 3ab^2 + b^3$
$(a + b)^4 = a^4 + 4a^3b + 6a^2b^2 + 4ab^3 + b^4$
Si osserva che gli sviluppi sono polinomi omogenei, di grado uguale all'esponente e completi. Ordinando tali sviluppi i coefficienti sono i numeri del seguente prospetto detto triangolo di Tartaglia (Niccolò Fontana, detto Tartaglia, 1500-1559). Per formare tale triangolo basta osservare che ogni riga inizia e termina con 1 e ognuno degli altri numeri è dato dalla somma dei due sovrastanti.

Esponenti	Coefficienti
0	1
1	1 1
2	1 2 1
3	1 3 3 1
4	1 4 6 4 1
5	1 5 10 10 5 1
6	1 6 15 20 15 6 1

➤ Calcolare $(3x + 2y)^4$
In questo caso $3x = a$ e $2y = b$, perciò:
$(3x + 2y)^4 = (3x)^4 + 4 \cdot (3x)^3 \cdot (2y) + 6 \cdot (3x)^2 \cdot (2y)^2 + 4 \cdot (3x) \cdot (2y)^3 + (2y)^4 =$
$= 81x^4 + 216x^3y + 216x^2y^2 + 96xy^3 + 16y^4$

In generale, vale la regola per cui lo sviluppo di $\boldsymbol{(a + b)^n}$ è un polinomio omogeneo di grado $\boldsymbol{n}$, ordinato secondo le potenze decrescenti di $\boldsymbol{a}$ e crescenti di $\boldsymbol{b}$, in cui:

- i coefficienti estremi sono uguali a 1;
- il secondo e il penultimo coefficiente sono uguali a n;
- ogni altro coefficiente è uguale al coefficiente del termine precedente moltiplicato per l'esponente di $\boldsymbol{a}$ in tale termine e diviso per l'esponente, aumentato di 1, di $\boldsymbol{b}$ sempre nel termine precedente.

NOTA. Ricordiamo che $(a + b)^2 \neq a^2 + b^2$ poiché questo è un errore che viene commesso spesso.

3.8 Teorema e regola di Ruffini

3.8.1 Divisibilità di un polinomio intero per il binomio x – k

Siano $A(x)$ un polinomio intero di grado n nella variabile x, e $x - k$ un binomio lineare. Esiste un polinomio $Q(x)$ e un polinomio R tali che

$$A(x) = (x - k) \cdot Q(x) + R$$

essendo $Q(x)$ di grado $n - 1$, ed $R(x)$ di grado inferiore a quello di $x - k$, perciò di grado zero. Ne consegue che R o è nullo o non contiene la x.
Sostituendo alla x il valore k, per il principio d'identità dei polinomi, dev'essere:

$$A(k) = (k - k) \cdot Q(k) + R = 0 \cdot Q(k) + R$$

cioè $A(k) = R$, da cui si deduce che *il resto della divisione di un polinomio intero in x, A(x), per il binomio x – k, è il valore che assume il polinomio stesso quando alla lettera x si sostituisce il numero k.*
Se il polinomio $A(x)$ è divisibile per $(x - k)$ il resto della loro divisione dev'essere uguale a zero.

Condizione necessaria e sufficiente affinché un polinomio intero A(x) risulti divisibile per il binomio x – k è che sia k uno zero del polinomio, cioè si abbia:

$$\mathbf{A(k) = 0}$$

➤ $A(x) = x^3 + 2x^2 - 16x + 3$ è divisibile per $x - 3$.
Infatti $A(3) = 3^3 + 2 \cdot 3^2 - 16 \cdot 3 + 3 = 27 + 18 - 48 + 3 = 0$.

3.8.2 Regola di Ruffini

Per trovare i coefficienti del quoziente ed il resto della divisione del polinomio $A(x)$ (intero di grado n ed ordinato) per il binomio $B(x) = x - k$ ci avvaliamo della seguente regola detta di Ruffini.

- *Il primo coefficiente del polinomio quoziente è uguale al primo coefficiente del polinomio dividendo.*
- *Il secondo coefficiente si ottiene addizionando al secondo coefficiente del polinomio dividendo il prodotto della moltiplicazione del primo coefficiente del polinomio quoziente per k.*
- *Ogni altro coefficiente del polinomio quoziente si ottiene addizionando al coefficiente del polinomio dividendo di ugual posto il prodotto del coefficiente che lo precede per k.*

- *Il resto della divisione è la somma dell'ultimo coefficiente del polinomio dividendo con il prodotto dell'ultimo coefficiente del polinomio quoziente per k.*

➤ Calcolare, mediante la Regola di Ruffini, il quoziente ed il resto della divisione di $A(x) = 5x^3 - 7x^2 - 6x - 1$ per $B(x) = x - 2$

Coefficienti di $A(x)$		5	−7	−6	−1
Prodotti	2		10	6	0
Coefficienti di $Q(x)$		5	+3	0	−1

$Q(x) = 5x^2 + 3x$ $\quad\quad R = -1$

3.9 Divisibilità dei binomi notevoli

La differenza di due potenze di egual grado è sempre divisibile per la differenza delle basi:

$$x^2 - a^2 = (x - a) \cdot (x + a)$$
$$x^3 - a^3 = (x - a) \cdot (x^2 + ax + a^2)$$

La differenza di due potenze di egual grado è divisibile per la somma delle basi solo quando l'esponente è pari.

$$x^2 - a^2 = (x - a) \cdot (x + a)$$

La somma di due potenze di egual grado non è mai divisibile per la differenza delle basi.
La somma di due potenze di egual grado è divisibile per la somma delle basi solo quando l'esponente è dispari.

3.10 Scomposizione dei polinomi

Si dice che un dato polinomio intero sia stato scomposto in fattori, quando si sono potute determinare altre espressioni di grado minore il cui prodotto sia uguale al polinomio dato.

Raccoglimento a fattor comune
Se i termini di un polinomio intero sono divisibili per uno stesso monomio, si può raccogliere a fattor comune tale monomio. Il polinomio sarà allora scomposto nel prodotto di tale monomio per il quoziente che si ottiene dividendo il polinomio per questo monomio.

➤ $7a^2x^2 - 3a^3x^2 - 12\,a^2x = a^2x \cdot (7x - 3ax - 12)$
$7a \cdot (b - c) + 3b \cdot (b - c) + 5 \cdot (b - c) = (b - c) \cdot (7a + 3b + 5)$

In questi casi si è proceduto a raccoglimento a fattor comune totale, ma ci sono altri casi in cui si procede a raccoglimento a fattor comune parziale:

➤ $ay + ax - 2bx - 2by = a \cdot (y + x) - 2b \cdot (x + y)$

Differenza di due quadrati
La differenza di due quadrati è uguale al prodotto della somma delle loro basi per la loro differenza.

➤ $4x^2 - y^2 = (2x + y) \cdot (2x - y)$

$$\frac{5}{9}a^3b^2 - 5a = 5a \cdot \left(\frac{1}{9}a^2b^2 - 1\right) = 5a \cdot \left(\frac{1}{3}ab + 1\right)\left(\frac{1}{3}ab - 1\right)$$

Trinomio, quadrato di un binomio
Se due dei tre monomi di un trinomio sono quadrati e il rimanente è il doppio prodotto delle basi di tali quadrati, il trinomio è il quadrato di un binomio.

➤ $a^2 + 6ab + 9b^2 = (a + 3b)^2$
$36a^4 - 24a^3 + 4a^2 = 4a \cdot (9a^2 - 6a + 1) = 4a \cdot (3a - 1)^2$

Quadrinomio – Cubo di un binomio
Se in un quadrinomio due dei suoi termini sono cubi di monomi e gli altri due sono ognuno il triplo prodotto del quadrato dell'uno per l'altro, il quadrinomio è il cubo di un binomio.

➤ $$8a^3 + 6a^2b + \frac{3}{2}ab^2 + \frac{1}{8}b^3 = \left(2a + \frac{1}{2}b\right)^3$$
$a^6 - 12a^4b^2 + 48a^2b^4 - 64b^6 = (a^2 - 4b^2)^3 = [(a + 2b) \cdot (a - 2b)]^3 = (a + 2b)^3 \cdot (a - 2b)^3$

Quadrato di un polinomio
Se in un polinomio alcuni termini sono quadrati di monomi e i rimanenti sono doppi prodotti di ognuno di questi per gli altri, il polinomio è il quadrato di un polinomio.

➤ $9a^2 + b^2 + c^2 + 6ab + 6ac + 2bc = (3a + b + c)^2$
$a^2 + b^2 + c^2 + 2ab + 2ac + 2bc - 9 = (a + b + c)^2 - 9 =$
$= (a + b + c + 3) \cdot (a + b + c - 3)$

Somma e differenza di due cubi
La somma di due cubi è uguale al prodotto della somma delle basi per il trinomio formato dal quadrato delle basi meno il prodotto delle stesse.

➤ $a^3 + b^3 = (a + b) \cdot (a^2 - ab + b^2)$

La differenza di due cubi è uguale al prodotto della differenza delle basi per il trinomio formato dal quadrato delle basi più il prodotto delle stesse.

➤ $(a^3 - b^3) = (a - b) \cdot (a^2 + ab + b^2)$

Trinomio di secondo grado
Consideriamo il trinomio di secondo grado

$x^2 + ax + b$ (con a, b due numeri relativi generici)

se è possibile determinare due numeri relativi m e n tali che

$$m + n = \boldsymbol{a}$$
$$m \cdot n = \boldsymbol{b}$$

il trinomio diventa

$$x^2 + (m + n) \cdot x + m \cdot n = x^2 + mx + nx + mn$$

con successivi raccoglimenti a fattor comune:

$$x \cdot (x + m) + n \cdot (x + m) = (x + m) \cdot (x + n)$$

quindi, infine

$$x^2 + ax + b = (x + m) \cdot (x + n)$$

➤ $x^2 + 7x + 12$ essendo $\begin{cases} 7 = 3 + 4 \\ 12 = 3 \cdot 4 \end{cases}$

si ha $x^2 + 7x + 12 = (x + 3) \cdot (x + 4)$.

3.11 M.C.D. E M.C.M. DI MONOMI E POLINOMI

3.11.1 M.C.D. E M.C.M DI MONOMI

Se più monomi sono divisibili per uno stesso monomio, questo dicesi divisore comune dei monomi dati. Il M.C.D. di due o più monomi è un monomio avente per coefficiente il M.C.D. dei coefficienti dei monomi dati, se essi sono tutti interi, e la cui parte letterale è il prodotto dei fattori letterali comuni a tutti i monomi, presi una sola volta e col minore degli esponenti con cui tali lettere compaiono in ciascuno dei monomi.

➤ Trovare il M.C.D. dei seguenti monomi:
$36a^2b^3x^2y$; $-15ab^4x^2$; $24a^6b^3y^2$; $54a^2b^2x^2$
si ha M.C.D. = $3ab^2$.

Se un monomio è divisibile per due o più monomi dati si dice che esso è multiplo dei monomi dati. Il m.c.m. di due o più monomi è un monomio avente per coefficiente il m.c.m. dei coefficienti dei monomi dati e la parte letterale costituita dal prodotto dei fattori letterali comuni e non comuni ai monomi dati presi una sola volta e con il maggiore degli esponenti con cui tali lettere compaiono nei monomi dati.

➤ Trovare il m.c.m. tra i seguenti monomi:
$2a^3bx^2y$; $6ab^3x$; $5xy^3$
si ha m.c.m. = $30a^3b^3x^2y^3$.

3.11.2 M.C.D. e m.c.m di polinomi

Il M.C.D. di due o più polinomi, scomposti in fattori, è il prodotto dei fattori comuni, ciascuno preso con il minore esponente.

➤ Trovare il M.C.D. tra i seguenti polinomi:
$[(4a^2 - b^2); (4a^2 + 4ab + b^2); (6a^2 + 3ab)]$
$4a^2 - b^2 = (2a + b) \cdot (2a - b)$
$4a^2 + 4ab + b^2 = (2a + b)^2$
$6a^2 + 3ab = 3a \cdot (2a + b)$
Il **M.C.D.** sarà $2a + b$.

Il m.c.m. di due o più polinomi, scomposti in fattori, è il prodotto dei fattori comuni e non comuni, ciascuno preso con il maggiore esponente.

➤ Trovare il m.c.m. tra i seguenti polinomi:
$[(x^2 - 9); (x^3 - 8); (5x^3 + 5x^2 - 30x)]$;
$x^2 - 9 = (x + 3) \cdot (x - 3)$
$x^3 - 8 = (x - 2) \cdot (x^2 + 2x + 4)$
$5x^3 + 5x^2 - 30x = 5x \cdot (x^2 + x - 6) = 5x \cdot (x + 3) \cdot (x - 2)$
Il **m.c.m.** sarà: $5x \cdot (x + 3) \cdot (x - 3) \cdot (x - 2) \cdot (x^2 + 2x + 4)$.

3.12 Principio di identità di due polinomi

Due polinomi sono identici quando tutti i monomi di uno di essi sono identici ai rispettivi monomi dell'altro.

➤ I seguenti polinomi sono identici:

$$3a^2b - 5a + 3b^2 \qquad \text{e} \qquad 3b^2 + 3a^2b - 5a$$

Da quanto detto scaturisce chiaramente che *un polinomio non può essere identico che a se stesso.*
Così come per i monomi, bisogna fare attenzione a non confondere il concetto di *polinomi identici* con quello di *polinomi uguali.*
Infatti due polinomi possono essere uguali anche senza essere identici e ciò sarà possibile quando esisterà almeno un sistema di numeri che, sostituiti alle lettere che figurano nei polinomi, diano luogo ad una uguaglianza (o identità) numerica.

➤ Se consideriamo i seguenti polinomi:

$$2a^2 - 3a + 11$$
$$2a + a^2 + 11$$

essi non sono identici, tuttavia per $a = 5$ entrambi danno come risultato 46.

Infine diamo la definizione di espressioni algebriche identicamente uguali.
Due espressioni algebriche si dicono identicamente uguali quando, eseguite tutte le operazioni in esse indicate e ridotti i termini simili, si ottengono due polinomi identici.

➤ $(a + b)^2 - 2ab$ e $(a - b)^2 + 2ab$
sono identicamente uguali in quanto abbiamo:
$(a + b)^2 - 2ab = a^2 + 2ab + b^2 - 2ab = a^2 + b^2$
$(a - b)^2 + 2ab = a^2 - 2ab + b^2 + 2ab = a^2 + b^2$

3.13 Le frazioni algebriche e le operazioni fra esse

Definiamo **frazione algebrica** una frazione il cui numeratore e denominatore sono espressioni algebriche numeriche e/o letterali non divisibili tra di loro. Esempi di frazioni algebriche sono:

$$\frac{b}{2a}; \qquad \frac{3c+a}{b-a}; \qquad \frac{c^2+2a}{a^2-b^2}$$

La prima frazione è spesso definita monomio fratto.
Anche dai semplici esempi presentati è evidente che i denominatori possono annullarsi per alcuni valori delle lettere; quei valori rendono le frazioni prive di significato (nel caso degli esempi $a = 0$ per la prima, $a = b$ e $a = \pm b$ per la seconda e la terza rispettivamente).
Le frazioni algebriche godono della proprietà invariantiva: moltiplicando o dividendo numeratore e denominatore per una stessa espressione (purché non nulla) il valore della frazione non cambia.

Semplificazione e riduzione ai minimi termini di una frazione algebrica
La scomposizione del numeratore e del denominatore in fattori consente di dividerli per uno o più dei fattori comuni. Per la proprietà invariantiva la frazione non cambia.
Se la divisione si esegue attraverso il M.C.D. delle espressioni a numeratore e denominatore si attua la massima semplificazione possibile, detta riduzione ai minimi termini.

Riduzione al minimo comune denominatore di due o più frazioni
Tale operazione consta dei seguenti passaggi:
- riduzione di ciascuna frazione ai minimi termini
- calcolo del m.c.m. dei denominatori (m.c.d.) che fornirà il denominatore comune a tutte le frazioni
- calcolo dei nuovi numeratori attraverso il prodotto di quelli dati per il quoziente tra il M.C.D. e il denominatore dato.

Forniamo un esempio con le seguenti frazioni:

➤ $$\frac{b}{2a}; \qquad \frac{b+a}{a-b}; \qquad \frac{a^2-2ab+b^2}{a^2-b^2}$$

Passo 1) La riduzione fornisce: $\frac{b}{2a}; \quad \frac{b+a}{a-b}; \quad \frac{a-b}{a+b}$

Passo 2) Il calcolo del m.d.c. fornisce: $2a(a + b)(a - b) = 2a(a^2 - b^2)$

Passo 3) Le frazioni ridotte al minimo comune denominatore sono:

$$\frac{b(a^2-b^2)}{2a(a^2-b^2)}; \quad \frac{(b+a)2a(b+a)}{2a(a^2-b^2)}; \quad \frac{2a(a-b)(a-b)}{2a(a^2-b^2)}$$

ovvero:

$$\frac{b(a^2-b^2)}{2a(a^2-b^2)};\ \frac{2a(b+a)^2}{2a(a^2-b^2)};\ \frac{2a(a-b)^2}{2a(a^2-b^2)}$$

Addizione e sottrazione di due o più frazioni algebriche

La somma algebrica di due o più frazioni algebriche aventi lo stesso denominatore è una frazione algebrica che ha per denominatore lo stesso denominatore e per numeratore la somma algebrica dei numeratori.

Da tale definizione discende che detta operazione deve essere preceduta da quella di riduzione al minimo comune denominatore (m.c.d.) qualora le frazioni date non presentino già lo stesso denominatore.

➤ $$\frac{b}{2a}+\frac{b+a}{a-b}-\frac{a^2-2ab+b^2}{a^2-b^2}=$$

La somma delle frazioni ridotte al m.c.d. diviene:

$$\frac{b(a^2-b^2)}{2a(a^2-b^2)}+\frac{2a(b+a)^2}{2a(a^2-b^2)}-\frac{2a(a-b)^2}{2a(a^2-b^2)}=\frac{b(a^2-b^2)+2a(b+a)^2-2a(a-b)^2}{2a(a^2-b^2)}$$

L'esecuzione dei prodotti e delle somme algebriche indicate a numeratore fornisce il risultato:

$$\frac{b(9a^2-b^2)}{2a(a^2-b^2)}$$

Moltiplicazione di due o più frazioni algebriche

Il risultato di tale operazione è una frazione algebrica che ha per numeratore il prodotto dei numeratori e per denominatore il prodotto dei denominatori delle frazioni date, dopo la loro riduzione ai minimi termini; la frazione così ottenuta potrebbe risultare ancora riducibile a meno di non aver preventivamente eseguito le semplificazioni incrociate tra numeratori e denominatori delle diverse frazioni che compongono la moltiplicazione.

➤ $$\frac{b}{2a}\cdot\frac{b+a}{a-b}\cdot\frac{a^2-2ab+b^2}{a^2-b^2}=$$

Le frazioni possono essere riscritte nel seguente modo:

$$\frac{b}{2a}\cdot\frac{a+b}{a-b}\cdot\frac{(a-b)^2}{(a-b)(a+b)}=$$

Il fattore $(a + b)$ che compare a numeratore della seconda frazione può essere semplificato con quello del denominatore della terza; il fattore $(a - b)^2$ del numeratore della terza frazione può essere semplificato con il fattore $(a - b)$ dei denominatori della seconda e terza frazione.

Pertanto, il risultato è:

$$\frac{b}{2a}\cdot\frac{\cancel{a+b}^{1}}{\cancel{a-b}^{1}}\cdot\frac{\cancel{(a-b)^2}^{1}}{(a-b)\cancel{(a+b)}^{1}}=\frac{b}{2a}$$

Divisione tra due o frazioni algebriche

Il quoziente fra due frazioni algebriche si ottiene moltiplicando la prima frazione per il reciproco della seconda.

Potenza di una frazione algebrica

La potenza di una frazione algebrica è una frazione algebrica il cui numeratore e denominatore sono l'elevazione alla stessa potenza del numeratore e del denominatore dati.

Espressioni algebriche razionali letterali

Definiamo espressioni algebriche letterali razionali le espressioni che propongono operazioni di addizione, sottrazione, moltiplicazione, divisione ed elevazione a potenza tra monomi e polinomi.

➤ $$\left(\frac{b}{2a}\right)^2+\frac{b+a}{a^2-b^2}\cdot\frac{a^2-2ab+b^2}{a^2+2ab+b^2}=$$

$$=\frac{b^2}{4a^2}+\frac{b+a}{(a-b)(a+b)}\cdot\frac{(a-b)^2}{(a+b)^2}=$$

$$=\frac{b^2}{4a^2}+\frac{1}{a-b}\cdot\frac{(a-b)^2}{(a+b)^2}=$$

$$=\frac{b^2}{4a^2}+\frac{1}{1}\cdot\frac{a-b}{(a+b)^2}=$$

$$=\frac{b^2}{4a^2}\cdot\frac{a-b}{(a+b)^2}=$$

$$=\frac{b^2(a+b)^2+4a^2(a-b)}{4a^2(a+b)^2}$$

Capitolo 4
Radicali

4.1 Radice ennesima aritmetica di un numero reale assoluto

Radicale: può essere definito come l'operazione inversa dell'elevamento a potenza.

Il teorema sull'esistenza e sulla unicità della radice n^{ma} di un dato numero reale assoluto permette di scrivere:

- Dicesi *radice n^{ma} aritmetica* di un dato numero reale assoluto a il numero reale assoluto (che esiste sempre ed è unico) la cui potenza n^{ma} è uguale ad a.
- Se la radice aritmetica n^{ma} del dato numero a è il numero (reale assoluto) x, si ha:

$$x = \sqrt[n]{a}$$

e per definizione:

$$x^n = a$$

Deduciamo allora che:

$$x = \sqrt[n]{a} \qquad \text{(I relazione di definizione)}$$

Inoltre, per l'unicità della radice aritmetica n^{ma} di un dato numero (reale assoluto), la radice aritmetica n^{ma} di a^n non può essere che a, quindi si ha:

$$\sqrt[n]{a^n} = a \qquad \text{(II relazione di definizione)}$$

Queste due relazioni mostrano che tanto la potenza n^{ma} della radice n^{ma}, quanto la radice n^{ma} della potenza n^{ma} di un numero, riproducono il numero stesso.

NOTA. Esse mettono in evidenza *che elevazione a potenza ed estrazione di radice sono operazioni inverse l'una dell'altra.*

Il simbolo che rappresenta una estrazione di radice, cioè $\sqrt[n]{a}$, viene chiamato *radicale*.
Il numero intero n è detto *indice del radicale a*, l'espressione numerica o letterale che figura sotto il "segno di radice" è detta *radicando*.

NOTA. Se l'indice è 2 non si scrive: si considera sottinteso.

Se il radicando di un dato radicale è una potenza di esponente uguale o maggiore dell'indice, quel radicale si dice *radicale apparente.*

➤ $\sqrt{25a^2}$ $\quad \sqrt[3]{8a^3b^6}$ $\quad \sqrt[4]{81a^4b^{12}c^8}$

Infatti, tenendo presente la seconda relazione di definizione si ha:

$\sqrt{25a^2} = 5a$ $\quad \sqrt[3]{8a^3b^6} = 2ab^2$ $\quad \sqrt[4]{81a^4b^{12}c^8} = 3ab^3c^2$

4.2 Proprietà invariantiva e trasformazioni di radicali

(Si tenga presente che quando si parla di *"numeri"* si deve intendere ***numeri reali assoluti***, e di *"radici"* si deve intendere ***radici aritmetiche***).

Occorre premettere che se le potenze di uguale esponente di due numeri sono uguali, anche i due numeri sono uguali; infatti se due numeri *a* e *b*, elevati alla potenza n^{ma} danno risultati uguali ad uno stesso numero **P**, è assurdo ammettere che *a* e *b* siano disuguali, perché in tal caso *a* e *b* rappresenterebbero due diverse radici n^{me} di P, contrariamente a quanto dimostrato sulla unicità di una radice n^{ma} di un dato numero.

Perciò dalla uguaglianza $\boldsymbol{a^n = b^n}$ si deduce:

$$\boldsymbol{a = b}$$

In particolare se le basi delle potenze n^{me} sono due radicali, si ha:

$$\left(\sqrt[n]{a}\right)^n = \left(\sqrt[n]{b}\right)^n$$

$$\Downarrow$$

$$\sqrt[n]{a} = \sqrt[n]{b}$$

La proprietà invariantiva dei radicali dice che il valore di un radicale non cambia moltiplicando l'indice del radicale e l'esponente del radicando per uno stesso numero intero, o dividendoli per un loro divisore comune.

$$\sqrt[n]{a^m} = \sqrt[nk]{a^{mk}}$$

➤ $\sqrt[3]{a^2} = \sqrt[6]{a^4}$ $\quad \sqrt{b} = \sqrt[6]{b^3}$

Questa proprietà riceve le seguenti applicazioni:

1) *Semplificazione dei radicali* (quando l'indice di un radicale e l'esponente del radicando hanno un divisore comune).
   Il radicale si semplifica dividendo indice ed esponente per quel divisore comune;

➤

1) $\sqrt[8]{49a^6} = \sqrt[8]{7^2a^6} = \sqrt[4]{7a^3}$ $\qquad \left(49 = 7^2\right)$
2) $\sqrt[9]{8a^6b^3} = \sqrt[9]{2^3a^6b^3} = \sqrt[3]{2a^2b}$ $\qquad \left(8 = 2^3\right)$

Il radicale semplificato si riduce al *minimo indice* (col radicando al minimo esponente) quando indice ed esponente vengono divisi per il loro M.C.D.

2) *Trasformazione dei radicali in altri di dato indice*
Per trasformare un radicale in un altro di dato indice, basta moltiplicare il suo indice e l'esponente del radicando per il numero intero che risulta dividendo l'indice assegnato per l'indice del radicale dato.
Perché questa trasformazione sia possibile è necessario che l'indice assegnato sia *divisibile* per l'indice del radicale dato.

➤ Trasformare in radicali con indice uguale a 12 i seguenti radicali:

$\sqrt[4]{3ax^2y^3}$ $\qquad\qquad$ $\sqrt{2(a+m)}$

$12:4=3$ $\qquad\qquad$ $12:2=6$

(si moltiplica per 3) $\qquad\qquad$ (si moltiplica per 6)

$\sqrt[12]{27a^3x^6y^9}$ $\qquad\qquad$ $\sqrt[12]{64(a+m)^6}$

3) *Riduzione di 2 o più radicali allo stesso indice*
Per ridurre 2 o più radicali allo stesso indice, si trasformano i radicali in altri radicali aventi per indice un multiplo comune degli indici dei radicali dati. In pratica si preferisce il "minimo comune indice" e quindi si assume come indice comune il m.c.m. degli indici.

➤ $\sqrt{2a+b}$ $\qquad$ $\sqrt[6]{3ab^4+c^5}$ $\qquad$ $\sqrt{a^2b^2}$

il m.c.m. degli indici, fra 2 e 6, è 6, quindi

$\sqrt[6]{(2a+b)^3}$ $\qquad$ $\sqrt[6]{3ab^4+c^5}$ $\qquad$ $\sqrt[6]{a^{12}b^{12}}$

4.2.1 Teoremi fondamentali sui radicali

I) Il *prodotto* di due o più radicali aventi lo stesso indice è un radicale che ha per indice lo stesso indice e per radicando il prodotto dei radicandi:

$$\sqrt[n]{a}\,\sqrt[n]{b}=\sqrt[n]{a\cdot b}$$

Inversamente: la radice n^{ma} di un prodotto è uguale al prodotto delle radici n^{me} dei singoli fattori.

II) Il *quoto* di due radicali aventi lo stesso indice è un radicale che ha per indici lo stesso indice e per radicando il quoto dei radicandi.

$$\frac{\sqrt[n]{a}}{\sqrt[n]{b}}=\sqrt[n]{\frac{a}{b}}$$

Inversamente: la radice n^{ma} di un quoto è uguale al quoto delle radici n^{me} dei suoi termini.

III) La *potenza* m^{ma} di un radicale è uguale ad un radicale che ha per indice lo stesso indice e per radicando la potenza m^{ma} del radicando.

$$\left(\sqrt[n]{a}\right)^m = \sqrt[n]{a^m}$$

IV) La *radice* di indice m di un radicale di indice n è uguale al radicale che ha per indice il prodotto mn degli indici e lo stesso radicando:

$$\sqrt[m]{\sqrt[n]{a}} = \sqrt[m \cdot n]{a}$$

NOTA. I 4 teoremi appena enunciati si dimostrano applicando la proprietà dell'uguaglianza di due potenze con lo stesso esponente e la I relazione di definizione vista precedentemente.

4.3 Operazioni sulle radici aritmetiche (radicali ed espressioni irrazionali)

Le espressioni in cui figurano dei radicali si dicono *espressioni irrazionali*.

4.3.1 Trasporto di fattori o divisori fuori dal segno di radice

Se il radicando di un radicale è formato da un prodotto (o da un quoto indicato) di cui qualche termine è una potenza di esponente uguale all'indice o maggiore di questo, si può operare il *trasporto di fattori (o divisori) fuori dal segno di radice.*

Infatti in tali condizioni il dato radicale è scomponibile nel prodotto (o quoto) di radicali (teorema I e II inversi), alcuni dei quali apparenti.

$$\sqrt[n]{a^n b} = \sqrt[n]{a^n}\,\sqrt[n]{b} = a\sqrt[n]{b}$$

$$\sqrt[n]{\frac{c}{d^n}} = \frac{\sqrt[n]{c}}{\sqrt[n]{d^n}} = \frac{\sqrt[n]{c}}{d}$$

Si dice che il fattore a^n (o divisore d^n) è stato trasportato fuori del segno di radice.

➤

1) $\sqrt{9a^2m^4xy} = 3am^2\sqrt{xy}$

2) $\sqrt[4]{\dfrac{16a^3x^4y^8}{81b^{12}z^2}} = \dfrac{2xy^2}{3b^3}\sqrt[4]{\dfrac{a^3}{z^2}}$

3) $\sqrt[3]{40m^7x^8y^9} = 2m^2x^2y^3\sqrt[3]{5mx^2}$

4.3.2 Trasporto di fattori o divisori sotto il segno di radice

Se un numero moltiplica o divide un radicale, tale numero si può portare sotto il segno di radice (dove diviene fattore o rispettivamente divisore del radicando) elevandolo ad una potenza uguale all'indice: ciò equivale a scrivere quel fattore, o quel divisore, sotto forma di radicale apparente, con lo stesso indice, e poi a moltiplicare o dividere per esso il radicale dato.

$$a\sqrt[n]{b} = \sqrt[n]{a^n} \cdot \sqrt[n]{b} = \sqrt[n]{a^n b}$$

$$\frac{\sqrt[n]{c}}{d} = \frac{\sqrt[n]{c}}{\sqrt[n]{d^n}} - \sqrt[n]{\frac{c}{d^n}}$$

Si dice che *il fattore a (o divisore d) è stato portato sotto il segno di radice.*

➤

1) $\dfrac{2x}{y}\sqrt{\dfrac{5y}{6x}} = \sqrt[2]{\dfrac{4x^2 \cdot 5y}{y^2 \cdot 6x}} = \sqrt{\dfrac{10x}{3y}}$

2) $\sqrt[3]{2a\sqrt{\dfrac{2a}{x^3}}} = \sqrt[3]{\sqrt{\dfrac{4a^2 \cdot 2a}{x^3}}} = \sqrt[6]{\dfrac{8a^3}{x^3}} = \sqrt{\dfrac{2a}{x}}$

Si operano le opportune semplificazioni.

4.3.3 Addizione e sottrazione dei radicali

L'addizione e la sottrazione dei radicali, in generale, si possono solo indicare, infatti queste operazioni si possono eseguire solo se i radicali (semplificati e ridotti col minimo radicando, trasportando fuori radice qualche termine) sono uguali, hanno cioè lo stesso radicando e lo stesso indice, e appartengono a monomi simili: in tal caso si opera come nella riduzione dei monomi simili.
Se i radicali, pur essendo uguali, non appartengono a monomi simili, si possono soltanto raccogliere a fattor comune.

$$r\sqrt[n]{a} + s\sqrt[n]{a} = (r+s)\sqrt[n]{a}$$

$$p\sqrt[m]{b} - q\sqrt[m]{b} = (p-q)\sqrt[m]{b}$$

➤

1) $6\sqrt{x} + \sqrt{x} - 2\sqrt{x} = (6+1-2)\sqrt{x} = 5\sqrt{x}$

2) $\sqrt[3]{8a^2y} - 6\sqrt[3]{a^2y} + \sqrt[3]{125a^2y} = 2\sqrt[3]{a^2y} - 6\sqrt[3]{a^2y} + 5\sqrt[3]{a^2y} = (2-6-5)\sqrt[3]{a^2y} = \sqrt[3]{a^2y}$

4.3.4 Moltiplicazione e divisione dei radicali

Per eseguire la moltiplicazione e la divisione dei radicali è necessario che essi abbiano lo stesso indice: in caso opposto *si riducono allo stesso indice* (III teorema) e poi si applicano il I e il II teorema fondamentale:

$$\sqrt[n]{a}\,\sqrt[n]{b}\,\sqrt[n]{c} = \sqrt[n]{abc}$$

$$\frac{\sqrt[n]{a}}{\sqrt[n]{b}} = \sqrt[n]{\frac{a}{b}}$$

➤ $\sqrt[3]{\dfrac{a^2}{bc}}\;\sqrt[4]{\dfrac{c^2}{ab}}\;\sqrt[6]{\dfrac{a^2}{bc}} : \sqrt{\dfrac{a}{b}} = \sqrt[12]{\dfrac{a^8}{b^4c^4}}\;\sqrt[12]{\dfrac{c^6}{a^3b^3}}\;\sqrt[12]{\dfrac{a^4}{b^2c^2}} : \sqrt[12]{\dfrac{a^6}{b^6}} =$

$= \sqrt[12]{\dfrac{a^8c^6a^4}{b^4c^4 \cdot a^3b^3 \cdot b^2c^2} : \dfrac{a^6}{b^6}} = \sqrt[12]{\dfrac{a^{12}c^6}{a^3b^9c^6} \cdot \dfrac{b^6}{a^6}} = \sqrt[12]{\dfrac{a^3}{b^3}} = \sqrt[4]{\dfrac{a}{b}}$

4.3.5 Elevazione a potenza ed estrazione di radice

L'elevazione di un radicale a potenza, come l'estrazione di radice, si può eseguire applicando rispettivamente il III e IV teorema fondamentale. Si osservi: se l'esponente della potenza è un multiplo dell'indice del radicale, risulta un radicale apparente; se l'esponente è un sottomultiplo dell'indice, si può semplificare il radicale che risulta, applicando la proprietà invariantiva.

➤

1) $\left(\sqrt[3]{4a^2}\right)^2 = \sqrt[3]{16a^4} = 2a\sqrt[3]{2a}$

2) $\left(\sqrt{a}+\sqrt{b}\right)^2 = \left(\sqrt{a}\right)^2 + 2\sqrt{a}\sqrt{b} + \left(\sqrt{b}\right)^2 = a + 2\sqrt{ab} + b$

3) $\left(\sqrt[6]{4xy}\right)^2 = \sqrt[6]{16x^2y^2} = \sqrt[3]{4xy}$

4) $\sqrt[4]{\sqrt[3]{a^2b^4}} = \sqrt[12]{a^2b^4} = \sqrt[6]{ab^2}$

5) $\sqrt[3]{x\sqrt{x}} = \sqrt[3]{\sqrt{x^3}} = \sqrt[6]{x^3} = \sqrt{x}$

4.4 Potenza con esponente razionale di un numero reale

Dopo aver definito la potenza di un numero reale ***a***, con esponente intero positivo ***m***, come prodotto di ***m*** fattori uguali alla base ***a***, il concetto è stato esteso al caso dell'esponente zero e dell'esponente intero negativo.
Sono state poste le definizioni:

$$a^m = a^1 \cdot a^2 \cdot a^3 \cdot \ldots \cdot a^m \qquad a^0 = 1 \qquad a^{-m} = \frac{1}{a^m} \qquad a \neq 0$$

Se ***a* = 1** risulta in ogni caso 1.

4.4.1 Le operazioni

Il concetto di potenza può essere esteso al caso di esponente frazionario relativo, ponendo però una restrizione al segno della base: *i numeri che si assumono come base devono essere positivi.* Per giustificare la nuova estensione del concetto di potenza conviene anzitutto ricordare che ogni numero positivo a può assumere la forma di radicale (apparente) con indice n arbitrario. Così, per esempio, prendendo 3 come indice si ha:

$$a\sqrt[3]{a^3} \qquad a^2 = \sqrt[3]{a^6} \qquad a^3 = \sqrt[3]{a^9} \qquad a^4 = \sqrt[3]{a^{12}} \qquad \text{ecc.}$$

Poiché gli esponenti 1, 2, 3, 4 ... della potenza di a possono assumere la forma di frazioni (apparenti) con denominatori arbitrari, scegliendo 3 come denominatore si ha:

$$a^{\frac{3}{3}} = \sqrt[3]{a^3} \qquad a^{\frac{6}{3}} = \sqrt[3]{a^6} \qquad a^{\frac{9}{3}} = \sqrt[3]{a^9} \qquad a^{\frac{12}{3}} = \sqrt[3]{a^{12}}$$

Così si vede che la potenza di un numero positivo a, con esponente formato dalla frazione apparente m/n, equivale ad un radicale di indice n (denominatore) e di radicando uguale alla potenza di a con esponente m (numeratore).
Se si conviene di ritenere valida questa trasformazione anche per un esponente frazionario qualunque, si giunge alle definizioni:

- La *potenza* di un numero reale e positivo a, con *esponente frazionario positivo*, è il radicale aritmetico che ha per indice il denominatore e per radicando la potenza di base a con esponente il numeratore.
- La *potenza* di un numero reale e positivo a, con *esponente frazionario negativo*, è il reciproco della stessa potenza con esponente mutato di segno.

Se m e n indicano due numeri interi positivi si ha per definizione:

$$a^{\frac{m}{n}} = \sqrt[n]{a^m} \qquad a^{-\frac{m}{n}} = \frac{1}{\sqrt[n]{a^m}}$$

NOTA. Ricordiamo che condizione fondamentale $\boldsymbol{a > 0}$.

➤

1) $2^{\frac{3}{4}} = \sqrt[4]{8}$

2) $9^{1,5} = 9^{\frac{3}{2}} = \sqrt{9^3} = \sqrt{3^6} = 3^3 = 27$

3) $10^{1,4} = 10^{\frac{7}{5}} = \sqrt[5]{10^7} = 10\sqrt[5]{100}$

4) $5^{-\frac{2}{3}} = \frac{1}{\sqrt[3]{5^2}} = \frac{\sqrt[3]{5}}{5}$

5) $10^{-0,5} = 10^{-\frac{1}{2}} = \frac{1}{\sqrt{10}} = \frac{\sqrt{10}}{10}$

La completa giustificazione delle definizioni prima citate si raggiunge dimostrando per tali potenze la validità dei 5 teoremi fondamentali.

Potenza di un prodotto:

$$(abc)^{\frac{m}{n}} = a^{\frac{m}{n}} \cdot b^{\frac{m}{n}} \cdot c^{\frac{m}{n}}$$

Applicando la I definizione, il I teorema sulle potenze e il I sui radicali si ha:

$$(abc)^{\frac{m}{n}} = \sqrt[n]{(abc)^m} = \sqrt[n]{\left(a^m \cdot b^m \cdot c^m\right)} = \sqrt[n]{a^m} \cdot \sqrt[n]{b^m} \cdot \sqrt[n]{c^m} = a^{\frac{m}{n}} \cdot b^{\frac{m}{n}} \cdot c^{\frac{m}{n}}$$

c.v.d.

Potenza di un quoziente:

$$\left(\frac{a}{b}\right)^{\frac{m}{n}} = \frac{a^{\frac{m}{n}}}{b^{\frac{m}{n}}}$$

Si applica il II teorema sulle potenze e il II sui radicali:

$$\left(\frac{a}{b}\right)^{\frac{m}{n}} = \sqrt[n]{\frac{a^m}{b^m}} = \frac{\sqrt[n]{a^m}}{\sqrt[n]{b^m}} = \frac{a^{\frac{m}{n}}}{b^{\frac{m}{n}}}$$

c.v.d.

Prodotto di potenze di uguale base:

$$a^{\frac{m}{n}} \cdot a^{\frac{r}{s}} = a^{\frac{m}{n}+\frac{r}{s}}$$

Si applica la I definizione, dopo la riduzione dei 2 radicali allo stesso indice, il I teorema sui radicali e il III sulle potenze con esponente intero:

$$a^{\frac{m}{n}} \cdot a^{\frac{r}{s}} = \sqrt[n]{a^m} \cdot \sqrt[s]{a^r} = \sqrt[ns]{a^{ms}} \cdot \sqrt[ns]{a^{nr}} = \sqrt[ns]{a^{ms} \cdot a^{nr}} = \sqrt[ns]{a^{ms+nr}} = a^{\frac{ms+nr}{ns}} = a^{\frac{ms}{ns}+\frac{nr}{ns}} = a^{\frac{m}{n}+\frac{r}{s}}$$

c.v.d.

Quoziente di potenze di uguale base:

$$a^{\frac{n}{m}} : a^{\frac{r}{s}} = a^{\frac{n}{m}-\frac{r}{s}}$$

Come il teorema precedente, applicando però in luogo del III, il IV teorema sulle potenze con esponente intero.

$$a^{\frac{m}{n}} : a^{\frac{r}{s}} = \sqrt[n]{a^m} : \sqrt[s]{a^r} = \sqrt[ns]{a^{ms}} : \sqrt[ns]{a^{nr}} = \sqrt[ns]{a^{ms} : a^{nr}} = \sqrt[ns]{a^{ms-nr}} = a^{\frac{ms-nr}{ns}} = a^{\frac{ms}{ns}-\frac{nr}{ns}} = a^{\frac{m}{n}-\frac{r}{s}}$$

c.v.d.

Potenza di una potenza:

$$\left(a^{\frac{m}{n}}\right)^{\frac{r}{s}} = a^{\frac{m}{n}\frac{r}{s}}$$

Applicando la I definizione, i teoremi sulla potenza e sulla radice di un radicale e il V teorema sulle potenze, si ha:

$$\left(a^{\frac{m}{n}}\right)^{\frac{r}{s}} = \sqrt[s]{\left(a^{\frac{m}{n}}\right)^r} = \sqrt[s]{\left(\sqrt[n]{a^m}\right)^r} = \sqrt[s]{\sqrt[n]{a^{mr}}} = \sqrt[ns]{a^{mr}} = a^{\frac{mr}{ns}} = a^{\frac{m}{n}\frac{r}{s}}$$

c.v.d.

Con dimostrazioni analoghe si stabilisce la validità dei 5 teoremi anche nel caso di esponenti frazionari negativi.

Se la base è $a = 1$ la potenza si conserva uguale a 1 anche con esponenti frazionari relativi. Infatti:

$$1^{\frac{m}{n}} = \sqrt[n]{1^m} = \sqrt[n]{1} = 1 \qquad 1^{-\frac{m}{n}} = \frac{1}{\sqrt[n]{1^m}} = \frac{1}{1} = 1$$

Le proprietà e i teoremi fondamentali sulle potenze valgono per ogni valore razionale relativo degli esponenti.

4.4.2 Confronto tra potenze

Confronto tra potenze con esponente razionale

Prima di stabilire il confronto, conviene considerare alcune proprietà delle disuguaglianze fra numeri positivi.

Tenendo presente che se $a > b$ la differenza $a - b$ è positiva (e inversamente) e che se $a < b$ la differenza $a - b$ è negativa (e inversamente), si ha:

- *Moltiplicando i 2 membri di una disuguaglianza per uno stesso numero positivo, si ottiene un'altra disuguaglianza dello stesso senso.*
  Se $a > b$ e m è positivo si ha $am > bm$
- *Moltiplicando membro a membro due disuguaglianze di uguale senso fra numeri positivi, si ottiene una disuguaglianza dello stesso senso.*
  Essendo a, b, c, d, positivi se $a > b$ e $c > d$ si ha $ac > bd$.
  Se due numeri positivi sono *disuguali*, i loro reciproci sono *disuguali in senso contrario.*
  Cioè se a e b sono positivi e $a > b$, $1/a < 1/b$.

Confronto tra potenze di uguale esponente

Le potenze di uguale esponente di due numeri positivi disuguali, sono disuguali nello stesso senso delle basi, se gli esponenti sono positivi, sono disuguali in senso contrario alle basi, se gli esponenti sono negativi.

Indicando con a, b numeri reali positivi e con m, n numeri interi positivi, si vuole dimostrare che se $a > b$ si ha:

$$a^{\frac{m}{n}} > b^{\frac{m}{n}} \qquad \text{e} \qquad a^{-\frac{m}{n}} < b^{-\frac{m}{n}}$$

Infatti, moltiplicando $a > b$ (ammessa per ipotesi) membro a membro per se stessa una, due, ..., si ha:

$$a^2 > b^2 \qquad a^3 > b^3 \qquad \dots \qquad a^m > b^m$$

ciò dimostra il teorema nel caso di esponenti interi positivi.

Da $a > b$ consegue anche te si deduce $\sqrt[n]{a} > \sqrt[n]{b}$, da questa, per la conclusione fatta nel caso precedente si deduce:

$$\left(\sqrt[n]{a}\right)^m > \left(\sqrt[n]{b}\right)^m \qquad \text{ossia} \qquad \sqrt[n]{a^m} > \sqrt[n]{b^m} \qquad \text{cioè} \qquad a^{\frac{m}{n}} > b^{\frac{m}{n}}$$

Se da $a > b$ consegue $a^{\frac{m}{n}} > b^{\frac{m}{n}}$ i reciproci di questi numeri sono disuguali in senso contrario, come detto in precedenza e perciò:

$$\frac{1}{a^{\frac{m}{n}}} < \frac{1}{b^{\frac{m}{n}}} \qquad \text{e cioè, per definizione} \qquad a^{-\frac{m}{n}} < b^{-\frac{m}{n}}$$

Confronto tra potenze di uguale base

1) *Potenze di uguale base, con esponenti uguali, sono uguali.*
Essendo m, n, r, s numeri interi positivi,

$$\text{se} \quad \frac{m}{n}=\frac{r}{s} \quad \text{cioè} \quad ms=nr$$

$$\text{si ha} \quad a^{\frac{m}{n}}=a^{\frac{r}{s}} \quad \text{e} \quad a^{-\frac{m}{n}}=a^{-\frac{r}{s}}$$

Trasformando i 2 radicali, cui equivalgono le due potenze con esponenti m/n e r/s in radicali di uguale indice, si ha:

$$a^{\frac{m}{n}}=\sqrt[n]{a^m}=\sqrt[ns]{a^{ms}} \qquad a^{\frac{r}{s}}=\sqrt[s]{a^r}=\sqrt[ns]{a^{nr}}$$

essendo per ipotesi $ms = nr$ i due radicali sono uguali.

2) *Potenze di uguale base, con esponenti disuguali, sono disuguali nello stesso senso degli esponenti, se la base è maggiore di 1; sono diseguali in senso contrario agli esponenti se la base è minore di 1.*
Conviene considerare separatamente le 2 ipotesi:
base positiva $a > 1$ e base positiva $0 < a < 1$.

I ipotesi: $a > 1$
Se $1 < a$, moltiplicando per a i due membri si ha:

$$1<a \qquad a<a^2 \qquad a^2<a^3 \qquad a^3<a^4$$

e quindi: $1 < a^1 < a^2 < a^3 < a^4 \ldots$
Poiché i numeri reciproci sono diseguali in senso contrario:

$$1>\frac{1}{a^1}>\frac{1}{a^2}>\frac{1}{a^3}>\frac{1}{a^4}>\ldots$$

avremo $1 > a^{-1} > a^{-2} > a^{-3} > a^{-4} \ldots$
Riunendo tra loro questi risultati si ottiene

$$\ldots a^{-4}<a^{-3}<a^{-2}<a^{-1}<1<a^1<a^2<a^3<a^4\ldots$$

Ciò dimostra il teorema nel caso della base $a > 1$ elevata a esponenti interi relativi: all'ordine crescente degli esponenti interi relativi corrispondono potenze crescenti.
Se gli esponenti diseguali della base $a > 1$ sono frazionari positivi, essi si possono sempre pensare ridotti allo stesso denominatore ***n***, così l'esponente minore è quello che ha il numeratore minore. Indicati con ***m*** e ***m'*** tali numeratori si vuole dimostrare che se:

$$\frac{m}{n}<\frac{m'}{n} \qquad (\text{cioè } m<m') \qquad \text{da cui} \qquad a^{\frac{m}{n}}<a^{\frac{m'}{n}}$$

Ciò dimostra il teorema nel caso della base maggiore di 1 elevata a esponenti frazionari positivi. Analoga dimostrazione per gli esponenti frazionari negativi.
Concludendo: *al crescere degli esponenti razionali relativi, crescono le rispettive potenze di egual base maggiore di 1.*

II ipotesi: $0 < a < 1$

Poiché i reciproci di due numeri positivi disuguali sono disuguali in senso contrario, dalla disuguaglianza:

$$a < 1 \qquad \text{si deduce che} \qquad 1/a > 1$$

e rispetto alla base $1/a$ valgono i risultati del caso precedente.

Quindi:

$$\ldots \left(\frac{1}{a}\right)^{-4} < \left(\frac{1}{a}\right)^{-3} < \left(\frac{1}{a}\right)^{-2} < \left(\frac{1}{a}\right)^{-1} < 1 < \left(\frac{1}{a}\right)^{1} < \left(\frac{1}{a}\right)^{2} < \left(\frac{1}{a}\right)^{3} < \left(\frac{1}{a}\right)^{4} \ldots$$

con riferimento ad a si può dunque scrivere:

$$\ldots a^4 < a^3 < a^2 < a^1 < 1 < a^{-1} < a^{-2} < a^{-3} < a^{-4} \ldots$$

$$\text{ossia} \ldots a^{-4} > a^{-3} > a^{-2} > a^{-1} > 1 > a^1 > a^2 > a^3 > a^4 \ldots$$

Ciò dimostra il teorema nel caso della base minore di 1 elevata a esponenti interi relativi: all'ordine crescente degli esponenti interi relativi corrispondono potenze decrescenti.

Se gli esponenti disuguali della base $a < 1$ sono frazionari positivi, ridotti ad uguale denominatore n, si vuole dimostrare che se:

$$\frac{m}{n} < \frac{m'}{n} \quad (\text{cioè } m < m') \quad \text{si ha} \quad a^{\frac{m}{n}} > a^{\frac{m'}{n}}$$

Poiché il reciproco $1/a$ della base a è > di 1, valgono, rispetto alla base $1/a$, i risultati del caso precedente; perciò:

$$\left(\frac{1}{a}\right)^{\frac{m}{n}} < \left(\frac{1}{a}\right)^{\frac{m'}{n}} \quad \text{cioè} \quad \frac{1}{a^{\frac{m}{n}}} < \frac{1}{a^{\frac{m'}{n}}}$$

e passando alla disuguaglianza dei numeri reciproci, si ha:

$$a^{\frac{m}{n}} > a^{\frac{m'}{n}}$$

Ciò dimostra il teorema nel caso della base minore di 1 elevata ad esponenti frazionari positivi, analoga dimostrazione per gli esponenti frazionari negativi.

Concludendo: *al crescere degli esponenti razionali relativi, decrescono le rispettive potenze di ugual base positive minori di 1.*

Quando la base $\boldsymbol{a}$ è uguale a 1, le potenze sono sempre uguali a 1 per ogni valore dell'esponente.

4.5 La radice nel campo dei numeri relativi. Radicali algebrici

Si definisce radice algebrica ennesima di un numero dato, positivo o negativo, quel numero positivo o negativo la cui potenza ennesima sia il numero dato.

Dalla definizione osserviamo:

- Se l'esponente n è un numero pari, indicando con x la radice aritmetica di indice n di a, risulta:

$$(-x)^n = a$$

In questo caso $\sqrt[n]{a}$ ammette anche il valore opposto della radice aritmetica di a cioè (x) e $(-x)$.

- Se x è la radice aritmetica di indice n di a, si ha $x^n = a$. Ma se n è dispari, risulta:

$$(-x)^n = -a$$

Possiamo, pertanto, concludere che:

- «Un numero reale positivo ha sempre una radice algebrica positiva di indice dispari e una radice algebrica positiva e una negativa (l'opposta) di indice pari».
- «Un numero reale negativo ha sempre una radice algebrica negativa di indice dispari, mentre non ha alcun valore se l'indice è pari».

Volendo esprimere simbolicamente quanto detto, posto $a > 0$:

n pari	$\sqrt[n]{a} = \pm x$
n dispari	$\sqrt[n]{a} = x$
n dispari	$\sqrt[n]{-a} = -x$
n pari	$\sqrt[n]{-a} =$ non esiste

➤

$\sqrt{4} = \pm 2$; $\sqrt[4]{-1} =$ non esiste

$\pm\sqrt{16a^4} = \pm 4a^2$

$\sqrt[3]{-8} = -2$; $\sqrt[5]{c^5} = c$

$\pm\sqrt[4]{(-3)^4} = \pm 3$

$\pm\sqrt[4]{(a-b)^4} = \pm(a-b)$

$\pm\sqrt[4]{\frac{16}{81}} = \pm\frac{2}{3}$

4.6 Conclusioni

Con le premesse citate, le proprietà studiate nei paragrafi precedenti continuano a valere, ma solo con le opportune considerazioni e limitazioni legate alla natura dei radicandi e degli indici di radice come, ad esempio, nella proprietà invariantiva nel caso di $\sqrt[4]{a^2} = \sqrt{a}$ vera solo se $a \geq 0$; per $a < 0$ il secondo membro dell'uguaglianza perde di significato.

➤

1) $\sqrt[6]{a^2} = \sqrt[3]{a}$ se $a \geq 0$
2) $\sqrt[6]{a^2} = -\sqrt[3]{a}$ se $a < 0$ essendo in questo caso il primo membro dell'uguaglianza sempre positivo anche per $a < 0$

I due esempi riportati illustrano le due problematiche che caratterizzano il calcolo delle espressioni radicali nell'insieme dei numeri relativi, ovvero:

a) rispetto dell'appartenenza dei risultati all'insieme R;
b) rispetto della concordanza dei segni algebrici nell'evoluzione dei calcoli.

Capitolo 5
Equazioni algebriche

5.1 Principi della teoria delle equazioni

EQUAZIONE In matematica, è una uguaglianza tra due espressioni contenenti una o più variabili dette incognite.

Identità ed equazioni
In precedenza avevamo dato la seguente definizione: *Due espressioni algebriche che assumono lo stesso valore per ogni sistema di valori attribuiti alle lettere che figurano nelle due espressioni si dicono identiche o identicamente uguali.*
L'uguaglianza delle due espressioni prende il nome di *identità*.

➤ $(3x - 2y)^2 = 9x^2 - 12xy - 4y^2$ è una identità.

Se, invece, l'uguaglianza fra due espressioni è verificata solo per particolari valori attribuiti alle lettere che in esse figurano, l'uguaglianza prende il nome di *equazione*.
Le due espressioni si dicono *membri* dell'equazione, i valori che la soddisfano si dicono *radici* o *soluzioni* dell'equazione.

➤ L'uguaglianza $3x^2 + 5 = x + 7$ è una equazione.

Infatti essa è verificata solo per la coppia di valori:

$$x_1 = 1; \qquad x_2 = -\frac{2}{3}$$

Dalle definizioni date deriva che, mentre un'identità è una *uguaglianza incondizionata*, cioè che sussiste sempre, una equazione è invece una *uguaglianza condizionata*, che sussiste solo a condizione che le variabili abbiano certi particolari valori. Per determinarli viene appunto stabilita l'equazione che è la traduzione algebrica di un problema, le cui costanti contenute nei due membri rappresentano i *numeri dati* e le variabili i *quesiti*. Per questa ragione alle variabili delle espressioni di una equazione si dà propriamente il nome di *incognite* e l'equazione dicesi anche *uguaglianza problematica*. L'identità, invece, è la traduzione algebrica di un teorema. L'identità rappresenta un *fatto algebrico vero*, un'equazione rappresenta un fatto algebrico *che può essere vero*. Un'equazione viene classificata, in base alle soluzioni, come:

1) ***determinata*** = *numero finito di soluzioni*;
2) ***indeterminata*** = *numero infinito di soluzioni*;
3) ***impossibile*** = *non ha soluzioni*.

Grado di una equazione. Equazioni numeriche, letterali e frazionarie (fratte)
Una equazione si dice ad *m* incognite quando *m* è il numero complessivo delle incognite contenute nei due membri; si dice di grado *n* se i due membri sono espressioni intere ed è *n* il maggiore dei loro gradi.
In particolare, l'equazione dicesi *lineare* se il grado è 1, *quadratica* se il grado è 2, *cubica* se il grado è 3.

➤ $3x^2y - 4xy^5 + 8 = x^2y^2 - 3y^2 + 5$ è un'equazione a due incognite, di sesto grado.

Ad una equazione, in cui tutti i coefficienti sono numeri, si dà il nome di **equazione numerica**; se compaiono oltre all'incognita delle lettere, l'equazione si dice **letterale**; se, infine, uno o entrambi i membri dell'equazione sono frazioni algebriche i cui denominatori contengono l'incognita, l'equazione dicesi **frazionaria**.

➤ $3x + 1 = 5x + 3$ è una equazione numerica intera;

$\frac{3x-1}{x+2} - \frac{1-x}{2x} = 4 \cdot (x-1)^2$ è una equazione numerica frazionaria;

$3ax + b = (2a + b)x + c$ è una equazione letterale intera;

$\frac{x+b}{x-a} = \frac{1}{(x+b)\cdot(x+2)}$ è una equazione letterale frazionaria.

5.2 Nozioni di equivalenza e principi di equivalenza

Due equazioni si dicono **equivalenti** quando ogni radice o soluzione della prima soddisfa la seconda e viceversa.

Ne deriva:
1) *Due equazioni equivalenti ad una terza sono equivalenti fra loro.*
2) *Una equazione ad una sola incognita si chiama subordinata ad un'altra se ammette tutte le radici della prima, ed in più altre, che siano estranee alla prima equazione, in quanto non la soddisfano.*

➤ $3x + 1 = 5$ ha radice $x = \frac{4}{3}$
l'equazione $(3x + 1)^2 = 25$ è una sua subordinata.
Infatti ha radici $\frac{4}{3}$ e -2.

Principi di equivalenza
Risolvere un'equazione equivale a ricercarne le radici. La risoluzione è fondata su due principi fondamentali delle equazioni.

I principio - *Se ai due membri di una equazione si addiziona o si sottrae una medesima espressione, che contenga o meno l'incognita, si ottiene un'equazione equivalente a quella data.*

Se

$$A(x) = B(x) \tag{1}$$

è una equazione nella incognita x ed è k una sua radice, dovrà essere

$$A(k) = B(k)$$

L'equazione ottenuta aggiungendo o sottraendo la stessa espressione $C(x)$:

$$A(x) \pm C(x) = B(x) \pm C(x) \tag{2}$$

ha pure radice k.

Infatti

$$A(k) \pm C(k) = B(k) \pm C(k)$$

quindi una radice della (1) è anche una radice della (2). Lo stesso si può affermare in senso inverso e quindi è provato che le due equazioni sono equivalenti.

Di conseguenza, essendo

$$A(x) \pm C(x) = B(x) \pm C(x)$$

equivalente all'equazione

$$A(x) = B(x)$$

se ne deduce che *è possibile sopprimere, nei due membri, una stessa espressione comune.*

Consideriamo l'equazione

$$A(x) + B(x) = C(x)$$

Sottraendo ad ambo i membri $B(x)$, per il I principio si ottiene l'equazione equivalente

$$A(x) = C(x) - B(x)$$

Ne deduciamo che ***in una equazione un termine si può trasportare da un membro all'altro cambiandolo di segno.***

➤ Nell'equazione $\frac{3}{5}x + 3x^2 = 2x - \frac{1}{2} + 3x^2$

si può sopprimere nei due membri il fattore comune $3x^2$.
Nell'equazione $8x - 7 + 5x = -12$ possiamo trasportare al secondo membro -7 cambiandolo di segno.

II principio - *Moltiplicando o dividendo i due membri di una equazione per una espressione che non contenga l'incognita e diversa da zero si ottiene una equazione equivalente a quella data.*

Se l'equazione

$$A(x) = B(x) \tag{1}$$

ha la radice k, dovrà essere

$$A(k) = B(k)$$

e quindi se moltiplichiamo la (1) per una espressione $C \neq 0$, non contenente l'incognita, l'equazione

$$C \cdot A(x) = C \cdot B(x) \tag{2}$$

ha anche la radice k. Analogamente ogni radice dell'equazione (2) è radice dell'equazione (1). Le due equazioni sono equivalenti.
Di conseguenza moltiplicando ambo i membri dell'equazione $A(x) = B(x)$ per – 1 si ha

$$-A(x) = -B(x)$$

Da ciò si deduce che ***in una equazione si può cambiare il segno a tutti i suoi termini.***
Se $A(x)$ e $B(x)$ sono espressioni a coefficienti frazionari, l'equazione $A(x) = B(x)$ diviene a coefficienti interi se moltiplichiamo ambo i membri per il m.c.m. dei denominatori.

➤ $\frac{3x-1}{3} + \frac{5x}{2} = \frac{7x+2}{8}$ essendo m.c.m. (3; 2; 8) = 24

moltiplicando ambo i membri per 24 avremo:

$$8 \cdot (3x - 1) + 60x = 3 \cdot (7x + 2)$$

Nell'enunciare il II Principio abbiamo escluso che si possa moltiplicare o dividere ambo i membri di una equazione, per una espressione contenente l'incognita. In effetti, in tal caso, l'equazione che si ottiene non è più, in generale, equivalente alla data.
Infatti sia l'equazione

$$A(x) = B(x) \qquad (1)$$

Moltiplicando ambo i membri per $C(x)$ si ha l'equazione

$$A(x) \cdot C(x) = B(x) \cdot C(x) \qquad (2)$$

Trasportando il secondo membro di quest'ultima al primo, cambiando di segno, si ha:

$$A(x) \cdot C(x) - B(x) \cdot C(x) = 0$$

Raccogliendo a fattor comune $C(x)$, otteniamo:

$$C(x) \cdot [A(x) - B(x)] = 0$$

Per la legge dell'annullamento del prodotto, dovrà essere:

$$C(x) = 0$$
$$A(x) - B(x) = 0$$

quindi la (2) oltre ad avere tutte le radici della (1) può avere tutte le eventuali radici di $C(x) = 0$
Se, inversamente, si dividono ambo i membri di una equazione per una espressione in x, si otterrà un'equazione avente in uno le eventuali radici di tale espressione.

➤ Consideriamo l'equazione $x - 2 = 5$ la cui radice è $x = 7$.
Se la moltiplichiamo per $x - 3$ otterremo

$$(x - 2) \cdot (x - 3) = 5 \cdot (x - 3) \Rightarrow x_1 = 7 \text{ e } x_2 = -6$$

5.3 Equazioni di primo grado ad una incognita ($ax + b = 0$)

Un'equazione di primo grado ad una incognita è l'equazione più semplice che si possa incontrare.

Per risolvere un'equazione di primo grado ad una incognita si procede nel seguente modo:

1) *Si eseguono tutte le eventuali operazioni indicate.*
2) *Si libera l'equazione dai denominatori (se l'equazione ha coefficienti frazionari o è frazionaria), moltiplicando tutti i suoi termini per il m.c.m. dei denominatori.*
3) *Si sviluppano i prodotti indicati e si riducono i termini simili nei due membri.*
4) *Si trasportano nel primo membro tutti i termini contenenti l'incognita (cambiandoli di segno) e nel secondo membro tutti i termini che non la contengono (cambiandoli di segno).*
5) *Si riducono i termini simili nei due membri.*
   Si perviene così alla forma semplicissima

$$\boxed{ax = b}$$

   che si dice *forma naturale* o *tipica* dell'equazione di primo grado.
6) *Si dividono ambo i membri per il coefficiente dell'incognita.*

➤ Si voglia risolvere l'equazione

$$3x \cdot (x + 1) - 14 = 3 \cdot (x - 1)^2 + 1$$

Eseguiamo le operazioni indicate nei due membri:

$$3x^2 + 3x - 14 = 3 \cdot (x^2 - 2x + 1) + 1$$
$$3x^2 + 3x - 14 = 3x^2 - 6x + 3 + 1$$

Possiamo sopprimere il termine $3x^2$ comune in due membri (*I principio*):

$$3x - 14 = - 6x + 4$$

Possiamo trasportare – 6x dal secondo al primo membro e – 14 dal primo al secondo (*I principio*), cambiandoli di segno:

$$3x + 6x = 14 + 4$$

da cui

$$9x = 18$$

Dividendo ambo i membri per 9 (*II principio*)

$$x = 2$$

La radice è 2 e l'**equazione è determinata**.

➤ Risolvere l'equazione $\dfrac{a+b}{x-a} + \dfrac{a-b}{x-b} = \dfrac{a}{x-a} - \dfrac{b}{x-b}$

Affinché le frazioni algebriche, termini dell'equazione, abbiano significato deve essere

$$x \neq a \qquad x \neq b$$

si calcola il m.c.m. dei denominatori:

$$(x - a)(x - b)$$

Riduciamo a forma intera:

$$(a + b)(x - b) + (a - b)(x - a) = a(x - b) - b(x - a)$$

Eseguendo le operazioni indicate e riducendo i termini simili:

$$ax - ab + bx - b^2 + ax - a^2 - bx + ab = ax - ab - bx + ab$$

da cui

$$2ax - a^2 - b^2 = ax - bx$$

Trasportiamo al primo membro i termini contenenti l'incognita e al secondo quelli che non la contengono:

$$2ax - ax + bx = a^2 + b^2 \qquad \Rightarrow \qquad ax + bx = a^2 + b^2$$

Raccogliendo x a fattor comune nel I membro

$$x\,(a + b) = a^2 + b^2$$

che è la forma normale dell'equazione.
Il solo caso di indeterminazione si ha quando sia a che b sono entrambi uguali a zero.
Se non è così l'equazione è determinata e la sua radice è

$$x = \frac{a^2 + b^2}{a + b}$$

TABELLA RIASSUNTIVA EQUAZIONI DI PRIMO GRADO		
$ax + b = 0$		**SOLUZIONI**
Equazione determinata	$a \neq 0$ $b \neq 0$	$x = -\frac{b}{a}$
Equazione indeterminata	$a = 0$ $b = 0$	Infinite $x = \frac{0}{0}$
Equazione impossibile	$a = 0$ $b \neq 0$	Non esistono $x = \frac{b}{0}$
Equazione nulla ma determinata	$a \neq 0$ $b = 0$ $ax = 0$	$x = \frac{0}{a} = 0$

5.4 Equazioni di primo grado a due incognite

Fino ad ora abbiamo considerato equazioni ad una sola incognita, ma esistono problemi in cui è richiesta la determinazione di due o più grandezze incognite che verranno tradotte algebricamente mediante equazioni in altrettante incognite.
Ci limiteremo a considerare equazioni in due sole incognite, ma le conclusioni che trarremo potranno essere generalizzate al caso di più di due incognite.
Ogni equazione di primo grado a due incognite può sempre ridursi alla forma

$$ax + by = c \qquad (1)$$

detta *forma normale*.

Basta trasformare l'equazione data a forma intera, se non lo è, sviluppare, al solito, le parentesi se ve ne sono, trasportare al primo membro tutti i termini contenenti le incognite ed al secondo membro quelli noti ed infine ridurre i termini simili.
Volendo risolvere una equazione di questo tipo, dovremo determinare coppie di valori che, sostituiti nella (1), diano luogo ad un'identità.
Risolvendo la (1) rispetto ad x oppure rispetto ad y, si ottiene:

$$x = (c - by) / a \qquad (2)$$
$$y = (c - ax) / b \qquad (3)$$

Se nella (2) assegniamo un valore arbitrario alla y si otterrà, in corrispondenza, un valore ben determinato di x e, analogamente, se nella (3) assegniamo un valore arbitrario alla x si avrà, in corrispondenza, un valore ben determinato di y.
Ne deduciamo che l'equazione (2) ammette infinite soluzioni rappresentate da coppie di valori *dipendenti* l'uno dall'altro.
Infatti per poter risolvere l'equazione dobbiamo assegnare un valore arbitrario ad una delle incognite (ed essendo arbitrario può essere scelto tra infiniti valori).

5.5 Sistemi di due equazioni di primo grado in due incognite

Se due equazioni di primo grado in x e y, che hanno infinite soluzioni, le consideriamo simultaneamente per trovare soluzioni comuni ad entrambe, diciamo che formano un *sistema*.
Sistema impossibile. Non ci sono soluzioni comuni alle due equazioni che pertanto si definiscono *incompatibili*.
Sistema indeterminato. Le equazioni hanno infinite soluzioni del sistema. In tal caso si definiscono *linearmente dipendenti*.
Sistema determinato. Esiste *una sola coppia* di soluzioni che verifica il sistema.

➤ $$\begin{cases} 3x+4y=7 & x=1 \\ x-y=0 & y=1 \end{cases}$$

Dicesi ***grado di un sistema*** il prodotto dei gradi delle equazioni da cui esso è formato.

Due sistemi si dicono ***equivalenti*** *quando tutte le soluzioni di uno sono soluzioni dell'altro e viceversa.*

Metodo di sostituzione

Per risolvere un sistema esistono diversi metodi: quello di *sostituzione* è tale per cui si risolve una delle equazioni rispetto ad una delle incognite. Si perviene così ad una equazione in una sola incognita che risolta dà il valore.

➤ $$\begin{cases} 5x+2y=-4 \\ x-4y=-14 \end{cases}$$

Risolviamo la prima equazione rispetto alla y.

Otteniamo $y = \frac{-4-5x}{2}$, sostituendo la y con la sua equazione in x nella seconda equazione si ha:

$$\begin{cases} y = \frac{-4-5x}{2} \\ x - 4 \cdot \frac{-4-5x}{2} = -14 \end{cases}$$

da cui

$$\begin{cases} y = \frac{-4-5x}{2} \\ x+8+10x = -14 \end{cases} \qquad \begin{cases} y = \frac{-4+10}{2} \\ x = -2 \end{cases} \qquad \begin{cases} y = 3 \\ x = -2 \end{cases}$$

Metodo di confronto

Basta risolvere entrambe le espressioni rispetto alla stessa incognita e infine si uguagliano le espressioni ottenute.

➤ $\begin{cases} 5x + y = 4 \\ 3x - 4y = 30 \end{cases}$

Risolviamo rispetto alla x; si ha

$$\begin{cases} x = \frac{4-y}{5} \\ x = \frac{4y+30}{3} \end{cases}$$

dal confronto si ottiene

$$\frac{4-y}{5} = \frac{4y+30}{3}$$

da cui: $12 - 3y = 20y + 150$; ossia $23y = -138$.

Pertanto: $y = -6$ e $x = \frac{4+6}{5} = 2$.

Metodo di addizione e sottrazione o della combinazione lineare

Basta moltiplicare ambo i membri delle due equazioni per moltiplicatori tali che i coefficienti di una delle incognite risultino, fra loro, uguali e opposti.

Dopo ciò, sottraendo o sommando membro a membro le equazioni ottenute, si perviene ad una equazione ad una sola incognita.

➤ $\begin{matrix} 5 \\ 3 \end{matrix} \begin{cases} 3x - 4y = 7 \\ -5x + 12y = -13 \end{cases}$

Moltiplichiamo la prima equazione per 5 e la seconda per 3 e otteniamo:

$$\begin{cases} 15x-20y= \ \ 35 \\ -15x+36y=-39 \\ \hline \qquad 16y=-4 \end{cases}$$

da cui: $y=-\frac{1}{4}$ e $x=2$.

Artifici di calcolo

Esistono dei sistemi per la cui risoluzione è necessario ricorrere ad artifici di calcolo.

$$\begin{cases} \frac{3}{3x-y}+\frac{6}{5x-y}=\frac{7}{4} \\ \frac{2}{3x-y}-\frac{1}{5x-y}=\frac{1}{3} \end{cases}$$

In questi casi si pone:

$$\frac{1}{3x-y}=u \text{ e } \frac{1}{5x-y}=v$$

Sostituendo si ottiene il sistema nuovo (equivalente al primo):

$$\begin{cases} 3u+6v=\frac{7}{4} \\ 2u-v=\frac{1}{3} \end{cases}$$

da cui: $u=\frac{1}{4}$ e $v=\frac{1}{6}$.

Tenendo conto della posizione fatta, si ha:

$$\begin{cases} \frac{1}{3x-y}=\frac{1}{4} \\ \frac{1}{5x-y}=\frac{1}{6} \end{cases}$$

da cui $\begin{cases} 3x-y=4 \\ 5x-y=6 \end{cases}$

che risolto dà $x = 1$ e $y = -1$.

5.6 Problemi di primo grado

5.6.1 *Problemi di primo grado ad un'incognita*

Risolvere un problema rappresentato algebricamente da un'equazione consiste nel ricercare le soluzioni che rappresentano le radici dell'equazione algebrica considerata.

Per la risoluzione occorre:

a) *scegliere opportunamente l'incognita;*
b) *tradurre il problema in equazione o, più tecnicamente, intavolare il problema;*
c) *risolvere l'equazione;*
d) *discutere la soluzione trovata e stabilire se essa soddisfa tutte le condizioni richieste.*

➤ La cifra delle centinaia di un numero di 3 cifre è 3; portando questa cifra a destra delle altre due, il numero aumenta di 216.
Determinare tale numero.
Soluzione: Indichiamo con x il numero formato dalla cifra delle decine e da quella delle unità.
Sarà allora 300 + x il numero richiesto.
Se si porta la cifra 3 a destra delle altre due, essa diviene quella delle unità, mentre x diviene il numero delle decine; il nuovo numero sarà allora espresso da 10x + 3.
Si ha allora l'equazione:
$300 + x = 10x + 3 - 216$
da cui $x = 57$.
Il numero richiesto è perciò 357, infatti $573 - 216 = 357$.

5.6.2 *Problemi di primo grado a due o più incognite*

Il metodo di risoluzione è lo stesso che per i problemi ad una incognita.

➤ Determinare le lunghezze dei lati di un triangolo ABC, sapendo che: il perimetro misura cm 50; $\overline{AB}$ è i $\frac{4}{21}$ della somma degli altri due; $\overline{AC}$ è i $\frac{3}{4}$ di $\overline{BC}$.

Soluzione: Indichiamo con x, y, z, le misure espresse in cm rispettivamente dei lati AB, BC, AC.
Poiché il perimetro è lungo cm 50 si ha l'equazione:

$$x + y + z = 50$$

Inoltre $x = \frac{4}{21}(y+z)$ e $z = \frac{3}{4}y$.

Si ha così il sistema:

$$\begin{cases} x+y+z=50 \\ x=\frac{4}{21}(y+z) \\ z=\frac{3}{4}y \end{cases}$$

che ridotto a forma normale diventa

$$\begin{cases} x+y+z=50 \\ 21x-4y-4z=0 \\ 3y-4z=0 \end{cases}$$

risolto con uno dei metodi noti, si ha

$$\begin{cases} x=8 \text{ (cm)} \\ y=24 \text{ (cm)} \\ z=18 \text{ (cm)} \end{cases}$$

da cui: $\overline{AB}=$ cm 8; $\overline{BC}=$ cm 24; $\overline{AC}=$ cm 18.

5.7 Equazioni di secondo grado ad una incognita ($ax^2 + bx + c = 0$)

Una equazione ad una incognita è di secondo grado se, dopo avere eliminato i denominatori, trasportati tutti i termini nel primo membro e ridotti i termini simili, assume la forma generica (*forma tipica*)

$$ax^2 + bx + c = 0$$

dove *a*, *b*, *c*, sono numeri reali qualunque ($\neq 0$), oppure espressioni letterali che rappresentano numeri reali noti.

- Il coefficiente *a* di x^2 si dice *primo coefficiente*; esso deve essere sempre diverso da zero, altrimenti l'equazione diviene di primo grado.
- Il coefficiente *b* di *x* si dice *secondo coefficiente* (o coefficiente del termine medio) e può essere anche uguale a zero.
- Il coefficiente *c* si dice *termine noto* (o anche terzo coefficiente) e può essere anche uguale a zero.

Un'equazione di secondo grado, ridotta alla forma tipica, si dice *completa* quando i coefficienti *a*, *b*, *c* sono tutti diversi da zero; si dice *incompleta* quando i coefficienti *b* e *c* (uno o entrambi) sono uguali a zero.

Distinguendo i diversi casi, una equazione di secondo grado può essere:

1) $ax^2 = 0$	***monomia***
2) $ax^2 + c = 0$	***binomia*** *o* ***pura***
3) $ax^2 + bx = 0$	***spuria***
4) $ax^2 + bx + c = 0$	***trinomia*** *o* ***completa***

➤

$6x^2 = 0$	$9x^2 - 4 = 0$	$2x^2 + 7x = 0$	$2x^2 + 5x - 3 = 0$
monomia	pura	spuria	completa

Risoluzione di un'equazione di secondo grado

1) *Equazione monomia* $\mathbf{ax^2 = 0}$

Dividendo ambo i membri per a si ottiene l'equazione:

$$x^2 = 0$$

da cui $x = \pm\sqrt{0} = 0$.

Entrambe le soluzioni coincidono con lo zero.

2) *Equazione pura* $\mathbf{ax^2 + c = 0}$

Trasportando c nel secondo membro e ricavando x^2 si ottiene:

$$x^2 = -\frac{c}{a} \quad \text{da cui } x_{1,2} = \pm\sqrt{-\frac{c}{a}}$$

Si nota che le soluzioni dell'equazione sono i numeri opposti, ottenuti estraendo la radice quadrata del quoto cambiato di segno, del termine noto diviso per il primo coefficiente:

$$x_1 = -\sqrt{-\frac{c}{a}} \qquad x_2 = +\sqrt{-\frac{c}{a}}$$

Le radici sono reali se il radicando è positivo, cioè se c e a hanno segni contrari, sono invece immaginarie se c e a hanno segni uguali.

➤ $25x^2 - 16 = 0 \qquad x^2 = \frac{16}{25} \qquad x = \pm\sqrt{\frac{16}{25}} \qquad x = \pm\frac{4}{5}$

(radici reali, razionali)

$9x^2 - 2 = 0 \qquad x^2 = \frac{2}{9} \qquad x = \pm\sqrt{\frac{2}{9}} \qquad x = \pm\frac{\sqrt{2}}{3}$

(radici reali, irrazionali)

$4x^2 + 1 = 0 \qquad x^2 = -\frac{1}{4} \qquad x = \pm\sqrt{-\frac{1}{4}} \qquad x = \pm\frac{1}{2}i$

(radici immaginarie)

3) *Equazione spuria* $\mathbf{ax^2 + bx = 0}$

Per risolvere questa equazione si raccoglie x a fattor comune: così il primo membro si scompone nel prodotto di due fattori:

$$x(ax + b) = 0$$

per determinare le soluzioni basta risolvere le due equazioni di primo grado in cui viene a scindersi l'equazione data:

$$x = 0 \qquad ax + b = 0$$

le soluzioni della data equazione sono dunque

$$x_1 = 0 \qquad x_2 = -\frac{b}{a}$$

e sono sempre reali e differenti l'una dall'altra (ossia distinte).

➤ $3x^2 + 5x = 0 \qquad x(3x + 5) = 0 \qquad x_1 = 0 \qquad x_2 = -\frac{5}{3}$

$2x^2 + x\sqrt{3} = 0 \qquad x(2x + \sqrt{3}) = 0 \qquad x_1 = 0 \qquad x_2 = -\frac{\sqrt{3}}{2}$

4) *Equazione completa* $\boldsymbol{ax^2 + bx + c = 0}$
Si risolve applicando una formula che fornisce entrambe le soluzioni e viene detta ***formula risolutiva:***

$$x = \frac{-b \pm \sqrt{b^2 - 4ac}}{2a}$$

dove $b^2 - 4ac = \Delta$ (discriminante).
Operando una volta con il segno "+" e una volta con il segno "–" che precede il radicale si ottengono le 2 soluzioni:

$$x_1 = \frac{-b + \sqrt{b^2 - 4ac}}{2a} \qquad x_2 = \frac{-b - \sqrt{b^2 - 4ac}}{2a}$$

➤ $3x^2 - 7x + 2 = 0$

$$x = \frac{-(-7) \pm \sqrt{49 - (4 \cdot 3 \cdot 2)}}{2 \cdot 3} =$$

$$= \frac{+7 \pm \sqrt{49 - 24}}{6} = \frac{+7 \pm \sqrt{25}}{6} =$$

$$= \frac{+7 \pm 5}{6} = \begin{cases} x_1 = \frac{12}{6} = 2 \\ x_2 = \frac{2}{6} = \frac{1}{3} \end{cases}$$

➤ $12x^2 + x - 6 = 0$

$$x = \frac{-1 \pm \sqrt{1 - 4 \cdot 12 \cdot (-6)}}{2 \cdot 12} =$$

$$= \frac{-1 \pm \sqrt{1 + 288}}{24} = \frac{-1 \pm \sqrt{289}}{624} =$$

$$= \frac{-1 \pm 17}{24} = \begin{cases} x_1 = \frac{16}{24} = \frac{2}{3} \\ x_2 = -\frac{18}{24} = -\frac{3}{4} \end{cases}$$

Quando il 2° coefficiente (b) di una equazione di secondo grado completa è divisibile per 2, cioè si può indicare con $2m$ (dove m è la metà di b), la *formula risolutiva* si semplifica e assume una forma detta ***ridotta***.
Infatti, se $b = 2m$ l'equazione diventa

$$ax^2 + 2mx + c = 0$$

e le soluzioni saranno:

$$x = \frac{-2m \pm \sqrt{4m^2 - 4ac}}{2a} = \frac{-2m \pm \sqrt{4(m^2 - ac)}}{2a} = \frac{-2m \pm 2\sqrt{m^2 - ac}}{2a}$$

da cui semplificando per 2 si ottiene

$$x = \frac{-m \pm \sqrt{m^2 - ac}}{a}$$

dove $m = \frac{b}{2}$.

5.8 Relazioni tra radici e coefficienti di un'equazione di secondo grado e proprietà (trinomio di secondo grado)

Coefficienti e radici: somma e prodotto delle radici
In ogni equazione di secondo grado $ax^2 + bx + c = 0$, la somma s e il prodotto p delle radici si possono determinare senza risolvere l'equazione.

Si ha infatti: $\boldsymbol{s = x_1 + x_2 = -\frac{b}{a}}$ e $\boldsymbol{p = x_1 \cdot x_2 = +\frac{c}{a}}$.

Per dimostrare basta addizionare e moltiplicare membro a membro le uguaglianze che danno le radici dell'equazione:

$$x_1 = \frac{-b + \sqrt{\Delta}}{2a} \qquad x_2 = \frac{-b - \sqrt{\Delta}}{2a}$$

$$s = x_1 + x_2 = \frac{-b + \sqrt{\Delta}}{2a} + \frac{-b - \sqrt{\Delta}}{2a} = \frac{(-b + \sqrt{\Delta}) + (-b - \sqrt{\Delta})}{2a} = \frac{-2b}{2a} = \frac{-b}{a}$$

$$p = x_1 \cdot x_2 = \frac{-b+\sqrt{\Delta}}{2a} \cdot \frac{-b-\sqrt{\Delta}}{2a} = \frac{\left(-b+\sqrt{\Delta}\right)\cdot\left(-b-\sqrt{\Delta}\right)}{2a \cdot 2a} = \frac{(-b)^2 - \Delta}{4a^2} = \frac{b^2 - b^2 + 4ac}{4a^2} = \frac{c}{a}$$

Si può dunque concludere che in ogni equazione di secondo grado:
- ***la somma delle radici*** *è uguale all'opposto del quoto fra il secondo e il primo coefficiente;*
- ***il prodotto delle radici*** *è uguale al quoto fra il termine noto e il primo coefficiente.*

Conoscendo s e p delle radici si può risalire all'equazione originaria.

Applicazione 1. Sia $ax^2 + bx + c = 0$ l'equazione richiesta (sono incognite a, b, c).
Dividendo ambo i membri per il 1° coefficiente a (sempre diverso da 0), la stessa si può scrivere nella forma

$$x^2 + \frac{b}{a}x + \frac{c}{a} = 0$$

Poiché dalle formule della s e dalla p si deduce $\frac{-b}{a} = s$ e $\frac{c}{a} = p$, sostituendo si ottiene l'equazione cercata:

$$\mathbf{x^2 - sx + p = 0}$$

➤ Dati $s = 7$ e $p = 12$, l'equazione sarà $x^2 - sx + p = 0$ quindi $x^2 - 7x + 12 = 0$.

Applicazione 2. Date le radici x_1 e x_2 di un'equazione di secondo grado determinare l'equazione.

$$s = x_1 + x_2 \qquad p = x_1 \cdot x_2$$

quindi sostituendo: $x^2 - (x_1 + x_2)\,x + x_1 \cdot x_2 = 0$.

➤ Dati $x_1 = 5$ e $x_2 = -\frac{2}{3}$, determinare l'equazione.

$$s = x_1 + x_2 = 5 - \frac{2}{3} = \frac{13}{3}$$

$$p = x_1 \cdot x_2 = 5 \cdot \left(-\frac{2}{3}\right) = -\frac{10}{3}$$

da cui $x^2 - \frac{13}{3}x - \frac{10}{3} = 0$.

Applicazione 3. Determinare due numeri conoscendo la loro somma s e il loro prodotto p.
Si imposta il sistema:

$$\begin{cases} x + y = s \\ x \cdot y = p \end{cases}$$

Si potrebbe risolvere tramite il metodo di sostituzione, ma se osserviamo l'equazione di secondo grado nell'incognita t, es. $t^2 - st + p = 0$, notiamo che ha per soluzioni due numeri che hanno per somma s e per prodotto p.
Conviene, quindi, risolvere il sistema per mezzo di tale equazione detta *equazione ausiliaria*.
Quindi

$$x = t_1 \text{ o } t_2$$
$$y = t_2 \text{ o } t_1$$

➤ $\begin{cases} x + y = 9 \\ xy = 20 \end{cases}$ l'equazione ausiliaria è $t^2 - 9t + 20 = 0$

$$\begin{cases} x \\ y \end{cases} = \frac{9 \pm \sqrt{81-80}}{2} = \frac{9 \pm 1}{2} = \begin{matrix} 5 & x = 5 \text{ o } 4 \\ 4 & y = 4 \text{ o } 5 \end{matrix}$$

Applicazione 4. Scomporre un trinomio di secondo grado in un prodotto di fattori di I grado. Ogni trinomio di secondo grado si può sempre scomporre nel prodotto di 2 fattori di I grado.
Si assume come tipico trinomio di secondo grado il seguente:

$$ax^2 + bx + c \qquad \text{in cui la lettera ordinatrice è } x.$$

Se x_1 e x_2 sono le radici dell'equazione ottenuta uguagliando a zero il trinomio, si dimostra che

$$ax^2 + bx + c = a\,(x - x_1)\,(x - x_2)$$

Sappiamo che $x_1 + x_2 = -\dfrac{b}{a}$ e $x_1 \cdot x_2 = \dfrac{c}{a}$. Possiamo sostituire quindi nel trinomio:

$$ax^2 + bx + c = a\left(x^2 + \frac{b}{a}x + \frac{c}{a}\right) =$$
$$a\left[x^2 - (x_1 + x_2)x + x_1x_2\right] = a\left[x^2 - xx_1 - xx_2 + x_1x_2\right] =$$
$$a\left[x(x - x_1) - x_2(x - x_1)\right] = a(x - x_1)(x - x_2)$$

Possiamo dunque enunciare la **regola** per la scomposizione di un trinomio di secondo grado in prodotto:

1) si uguaglia il trinomio a zero e se ne trovano le radici;
2) si scompone il trinomio in 3 fattori: il primo è il I coefficiente, gli altri 2 sono le differenze fra la lettera ordinatrice e ciascuna radice del trinomio.

Il trinomio notevole
L'espressione

$$ax^2 + bx + c$$

è un trinomio di secondo grado nella variabile x.

Le **soluzioni** o **radici** dell'equazione che si ottiene uguagliando a zero il trinomio ossia

$$ax^2 + bx + c = 0$$

sono tali che:

- la somma delle radici è uguale al rapporto, cambiato di segno, fra il secondo e il primo coefficiente
- il prodotto delle radici è uguale al rapporto fra il termine noto e il primo coefficiente

quindi

$$x_1 + x_2 = -\frac{b}{a}$$

$$x_1 \cdot x_2 = \frac{c}{a}$$

Queste due relazioni permettono di scomporre, con calcoli rapidi, i polinomi di secondo grado detti **trinomi particolari** o **trinomi notevoli**.
Consideriamo il seguente trinomio

$$x^2 + bx + c$$

in cui $a = 1$, diremo che questo è un trinomio notevole se è possibile determinare due numeri x_1 e x_2 tali che valgano le seguenti relazioni

$$x_1 + x_2 = -b$$

$$x_1 \cdot x_2 = c$$

e quindi sia possibile scomporre il trinomio nel seguente modo

$$x^2 + bx + c = (x - x_1)(x - x_2)$$

➤ Consideriamo il trinomio:

$$x^2 + 3x + 2$$

Per trovare x_1 e x_2 consideriamo il termine noto, che rappresenta il prodotto fra questi due numeri $x_1 \cdot x_2 = 2$.
Esistono infinite coppie di numeri reali che soddisfano questa relazione ma solo una è tale che si avrà contemporaneamente $x_1 + x_2 = 3$, quindi $x_1 = 1$ e $x_2 = 2$.
La scomposizione del trinomio considerato sarà

$$x^2 + 3x + 2 = (x + 1)(x + 2)$$

➤ Consideriamo il trinomio:

$$x^2 - x - 12$$

Per trovare x_1 e x_2 consideriamo il termine noto, che rappresenta il prodotto fra questi due numeri $x_1 \cdot x_2 = -12$.
Esistono infinite coppie di numeri reali che soddisfano questa relazione ma solo una è tale che si avrà contemporaneamente $x_1 + x_2 = -1$, quindi $x_1 = -4$ e $x_2 = 3$.
La scomposizione del trinomio considerato sarà:

$$x^2 - x - 12 = (x - 4)(x + 3)$$

5.9 Regola di Cartesio

In un'equazione di secondo grado con Δ non negativo è possibile stabilire i segni delle radici senza calcolarle esaminando come si susseguono i segni dei coefficienti a, b, c.
Data l'equazione $ax^2 + bx + c = 0$, i cui coefficienti sono tutti diversi da zero, si dice che essa presenta una **variazione** quando si susseguono due coefficienti di segno contrario, una **permanenza** quando si susseguono due coefficienti di egual segno.

Regola di Cartesio: in un'equazione completa di secondo grado, dotata di radici reali ($\Delta \geq 0$), *ad ogni variazione corrisponde una radice positiva*, ad *ogni permanenza una radice negativa.*

Se l'equazione ha 2 radici di segno contrario, ha valore assoluto maggiore la radice positiva quando la variazione (v) precede la permanenza (p); ha valore assoluto maggiore la radice negativa quando la permanenza precede la variazione.

➤ $3x^2 - 7x + 2 = 0$: 2 variazioni = 2 radici positive
$x^2 + 3x + 2 = 0$: 2 permanenze = 2 radici negative
$x^2 - 2x - 15$: 1 v e 1 p = 1 radice positiva e 1 radice negativa
$12x^2 + x - 6$: 1 p e 1 v = 1 radice negativa e 1 radice positiva

5.10 Risoluzione geometrica delle equazioni di primo e secondo grado

Fino allo sviluppo moderno dell'algebra, i metodi risolutivi dei problemi di primo e secondo grado erano di tipo geometrico. Nell'approccio risolutivo delle equazioni, la variabile assumeva significati diversi a seconda del tipo di equazione e, insieme ai coefficienti, dovendo rappresentare grandezze geometriche, dovevano assumere solo valori positivi.

5.10.1 Equazioni di primo grado del tipo AX = B

Se consideriamo i coefficienti a e b e l'incognita x come grandezze geometriche, possiamo considerare un rettangolo avente lati lunghi rispettivamente a e x e area b e un altro rettangolo avente la stessa area (b) e dimensioni arbitrarie p e q tali che $pq = b$. I due rettangoli siano disposti come in fig. 1.
L'assunta equivalenza dei due rettangoli e il teorema dello gnomone[1] ci assicurano che il rettangolo ABCD in figura, di dimensioni $p + a$ e $q + x$, ha la diagonale $\overline{BD}$ che passa per il punto O di intersezione delle parallele $\overline{HK}$ e $\overline{MN}$ ai lati dello stesso rettangolo.

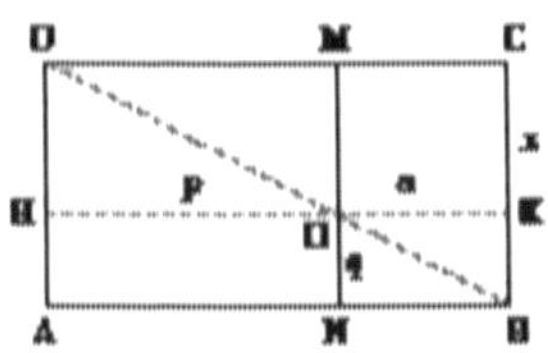

fig. 1

Vediamo ora con un esempio in cosa consiste il metodo.

[1] Teorema dello gnomone: se per un generico punto di una diagonale di un parallelogramma si conducono le parallele ai lati, il parallelogramma rimane scomposto in altri quattro parallelogrammi dei quali i due non attraversati da detta diagonale sono equivalenti tra loro (e viceversa).

➤ Risolvere l'equazione di primo grado $3x = 8$ (vedi *fig.* 1).
Per risolvere l'equazione:
- disegniamo un rettangolo ANOH di dimensioni arbitrarie p e q ma di area assegnata uguale a 8; per esempio potremo porre $p = 5$ e $q = 1{,}6$;
- prolunghiamo il lato p di detto rettangolo con un segmento $\overline{NB}$ di lunghezza $a = 3$ fino a ottenere il punto B;
- prolunghiamo i segmenti $\overline{AH}$ (altezza del rettangolo) e $\overline{BO}$ fino al loro punto di incontro D.

La misura del segmento $\overline{HD}$ è il valore cercato di x; infatti, il rettangolo OKCM, per il teorema citato, è equivalente ad ANOH, avendo quindi dimensioni a e x il cui prodotto (area) è proprio b.

5.10.2 Equazioni di secondo grado del tipo $ax^2 = b$

È sempre possibile ricondursi al caso in cui a è unitario ($a = 1$). Possiamo interpretare l'equazione $\boldsymbol{x^2 = b}$ come equivalenza tra un quadrato di lato x e un rettangolo di dimensioni arbitrarie p e q il cui prodotto è proprio $pq = b$. Viene in ausilio il secondo teorema di Euclide esprimibile attraverso la proporzione:

$$p : x = x : q \qquad \text{con } pq = b$$

x è il segmento medio proporzionale tra i segmenti p e q.
In fig. 2 consideriamo il rettangolo ABCD di base p e altezza q; prolunghiamo il lato $\overline{DC}$ con il segmento $\overline{CE} = \overline{CB}$ di lunghezza q (altezza del rettangolo). Individuiamo ora il punto medio M del segmento somma $\overline{DE} = \overline{DC} + \overline{CE}$ e, con raggio $r = \overline{ME}$, tracciamo la semicirconferenza di diametro $\overline{DE}$. Prolunghiamo l'altezza $\overline{BC}$ fino ad incontrare la semicirconferenza nel punto F; la lunghezza del segmento $\overline{CF}$ è il valore cercato di x. Infatti $\overline{CF}$ è l'altezza del triangolo DEF retto in F che per il 2° teorema di Euclide è media proporzionale tra le proiezioni dei cateti sull'ipotenusa $\overline{DE}$.

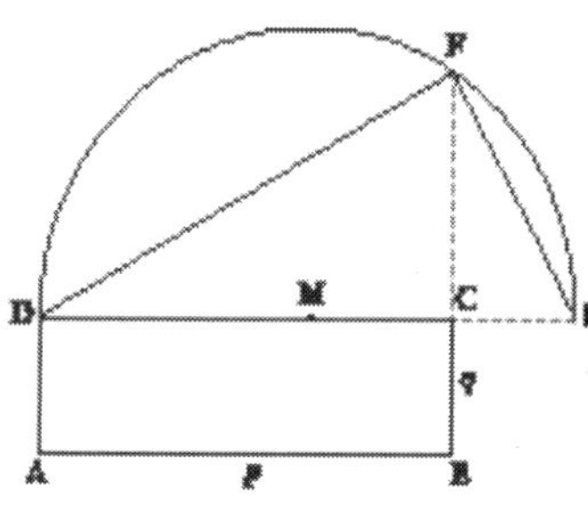

fig. 2

5.10.3 Equazioni di secondo grado del tipo $ax^2 = bx$

Analizziamo separatamente i due possibili casi con a oppure b unitari ($a = 1$ oppure $b = 1$), a cui è facile riportarsi con semplice calcolo. Va sottolineato che non è considerata la soluzione $x = 0$.

$a = 1$

Se $a = 1$, la relazione esprime l'equivalenza tra un quadrato di lato x e un quadrilatero di lati x e b; evidentemente x non può che valere b.

$b = 1$

Se $b = 1$, possiamo scrivere $(x\sqrt{a})^2 = x$ e distinguere ancora due ulteriori casi: $a < 1$ e $a > 1$.

Per $\boldsymbol{a < 1}$, la relazione esprime l'equivalenza tra il rettangolo ABCD (fig. 3), avente altezza x e base unitaria, e il quadrato AHKE di lato $x\sqrt{a} < x$, avente area uguale all'incognita x.

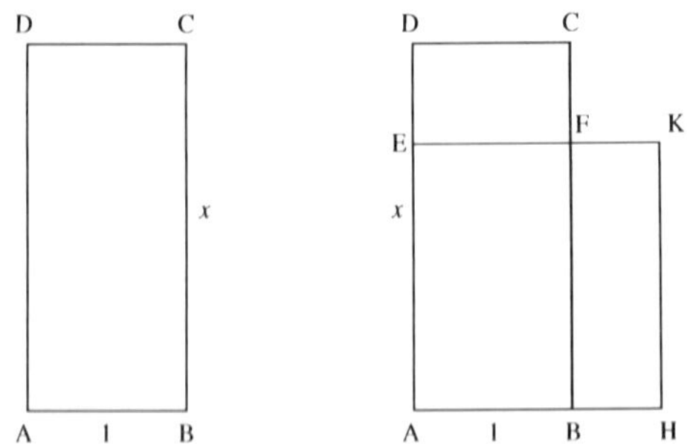

fig. 3

Dalla equivalenza delle figure descritte discende anche quella dei rettangoli differenza EFCD e BHKF, che può essere tradotta nella uguaglianza tra le due aree $\overline{FC} \times \overline{EF} = \overline{BF} \times \overline{FK}$ ovvero nella proporzione:

$\overline{BF} : \overline{FC} = \overline{EF} : \overline{FK}$ per la proprietà del comporre:

$\overline{BF} : \overline{BC} = \overline{EF} : \overline{EK}$ ovvero:

$x\sqrt{a} : x = 1 : x\sqrt{a}$ da cui:

$x = \frac{1}{a} > 1$

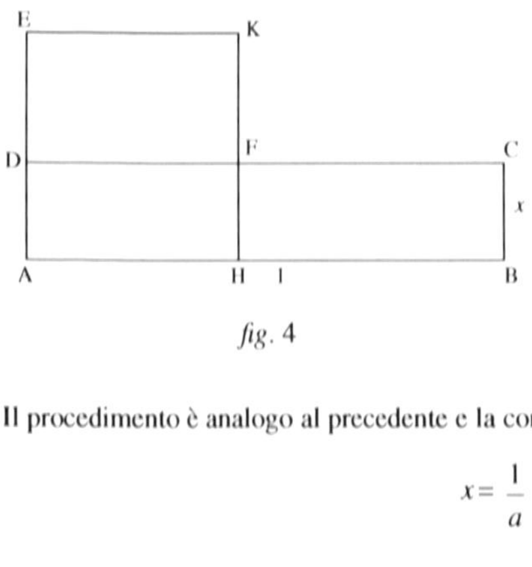

fig. 4

Per $a > 1$, la relazione esprime l'equivalenza tra il rettangolo ABCD (fig. 4), avente altezza x e base unitaria, e un quadrato AHKE di lato $x\sqrt{a} > x$, avente area di valore pari all'incognita x.

I rettangoli DFKE e HBCF sono equivalenti; sono infatti riguardabili come differenza tra due figure per ipotesi equivalenti (ABCD e AHKE) e una medesima figura AHFD.

Il procedimento è analogo al precedente e la conclusione può rappresentarsi come segue:

$$x = \frac{1}{a} < 1$$

5.10.4 *Equazioni di secondo grado complete*

La necessità di trattare con coefficienti positivi (in quanto grandezze geometriche) impone la distinzione tra le seguenti forme:

1) $ax^2 + bx = c$
2) $ax^2 + c = bx$
3) $bx + c = ax^2$

Anche in questi casi conviene assumere $a = 1$.

Caso 1 $x^2 + bx = c$

In termini algebrici, tale equazione è caratterizzata da un discriminante sempre positivo e presenta due radici reali di segno opposto (Cartesio). L'approccio geometrico consente di calcolare la radice positiva attraverso il metodo del "completamento del quadrato". Come mostrato in fig. 5, costruiamo il quadrato ABCD di lato x. Sul lato BC del quadrato costruiamo il rettangolo BMNC di base $\frac{b}{2}$ e altezza x, mentre sul lato AB costruiamo il rettangolo ABHK di base x e altezza $\frac{b}{2}$. A questo punto, completiamo la figura così ottenuta (gnomone KHBMND di area $x^2 + bx$ ovvero c) con il quadrato HLMB di lato $\frac{b}{2}$, ottenendo un quadrato di lato $x + \frac{b}{2}$ la cui seconda potenza è la sua area pari anche a $c+\left(\frac{b}{2}\right)^2$; infatti:

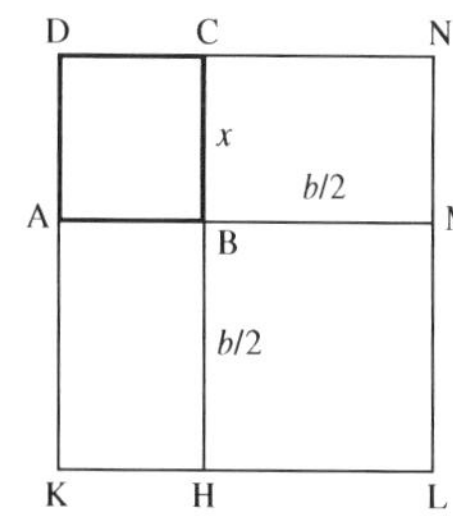

fig. 5

$$\left(x+\frac{b}{2}\right)^2 = c+\left(\frac{b}{2}\right)^2 \tag{1}$$

da cui:

$$x = \sqrt{\frac{b^2}{4}+c}-\frac{b}{2} \tag{2}$$

In termini algebrici, ciò significa addizionare al primo e al secondo membro della equazione il termine $\left(\frac{b}{2}\right)^2$, trasformando così il primo in un quadrato perfetto:

$$x^2 + 2\left(\frac{b}{2}\right)x + \left(\frac{b}{2}\right)^2 = c + \left(\frac{b}{2}\right)^2 \tag{3}$$

da cui le (1) e (2).

Nella (3), x^2 rappresenta l'area del quadrato ABCD, $2\left(\frac{b}{2}\right)x$ rappresenta l'area dei due rettangoli aggiunti e $\left(\frac{b}{2}\right)^2$ rappresenta l'area del quadrato HLMB di complemento.

Caso 2 $x^2 + c = bx$

In termini algebrici, in tale equazione la non negatività del discriminante dipende dal valore dei coefficienti b e c e non sempre è garantita; quando ciò accade l'equazione presenta due radici positive (Cartesio).

Come mostrato in fig. 6, costruiamo il rettangolo ABCD avente base AB = b e altezza = x; detta figura è costituita dal quadrato HBCK di area x^2 e dal rettangolo AHKD di lati $b - x$ e x, ovvero di area $(b - x)x = c$.

Consideriamo ora il caso in cui $x<\frac{b}{2}$; ciò permette di tracciare da F (punto medio di $\overline{AB}$) la perpendicolare ad $\overline{AB}$ stesso fino a individuare sul lato opposto $\overline{DC}$ il punto G da dove si prosegue fino al punto E, tale per cui il segmento $\overline{GE}$ sia congruente con $\overline{GK}$ e $\overline{FH}$.

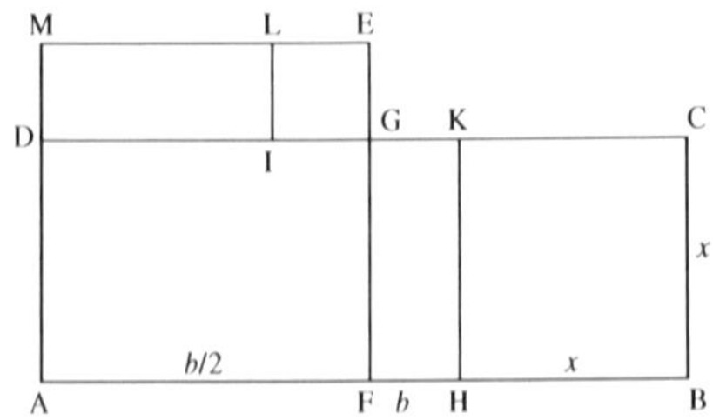

fig. 6

I segmenti $\overline{DG}$ e $\overline{GE}$ sono la base e l'altezza del rettangolo DGEM, all'interno del quale descriviamo il quadrato IGEL di lato $\overline{GE}$ (anch'esso congruente con $\overline{FH}=\overline{FB}-\overline{HB}$ che quindi misura $\frac{b}{2}-x$) e area $\left(\frac{b}{2}-x\right)^2$. Dalla suddetta costruzione, risultano i due rettangoli FHKG e DILM, congruenti tra loro e quindi equivalenti, il lato $\overline{FE}=\overline{FG}+\overline{GE}$ di misura $\frac{b}{2}$ e quindi un quadrato AFEM di area $\left(\frac{b}{2}\right)^2$.

Il quadrato IGEL risulta ora dalla differenza tra il quadrato AFEM e i rettangoli DILM e AFGD. Data la congruenza dei rettangoli DILM e FHKG possiamo affermare che IGEL risulta dalla differenza tra AFEM e il rettangolo AHKD (DILM + FHKG). La suddetta area quindi è:

$$A_{IGEL}=\left(\frac{b}{2}-x\right)^2=\left(\frac{b}{2}\right)^2-(b-x)x=\left(\frac{b}{2}\right)^2-c$$

La relazione ci consente di calcolare il lato $\overline{GE}$ del quadrato IGEL che è congruente per costruzione con $\overline{GK}$; da questa considerazione, x, rappresentato dal segmento $\overline{KC}$, può essere calcolato come differenza:

$$\overline{KC}=\overline{GC}-\overline{GK}=\overline{GC}-\overline{GE}$$

Passando alle misure:

$$x=\frac{b}{2}-\sqrt{\frac{b^2}{4}-c}$$

Se consideriamo il caso $x>\frac{b}{2}$, dobbiamo far riferimento alla figura 7 dove il punto F, medio di $\overline{AB}$, è interno a $\overline{HB}$ che misura x.

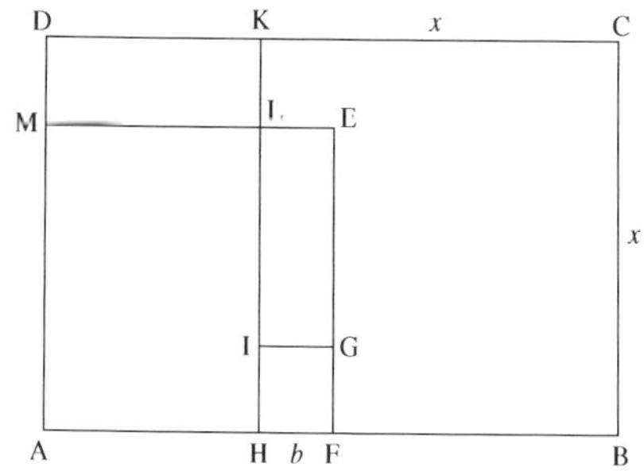

fig. 7

In figura è tracciato il rettangolo ABCD, di dimensioni b e x, e al suo interno il quadrato HBCK, di lato x. Dal punto H si traccia la parallela al lato $\overline{BC}$ fino a incontrare $\overline{DC}$ in K. Disegniamo anche i quadrati AFEM e HFGI di lato $\frac{b}{2}$ e $x - \frac{b}{2}$, rispettivamente. Per costruzione, i rettangoli MLKD e IGEL, i cui lati misurano $x - \frac{b}{2}$ e $b - x$, sono congruenti e quindi equivalenti. Il quadrato HFGI, di lato $x - \frac{b}{2}$, risulta essere la differenza tra il quadrato AFEM e i rettangoli AHLM e IGEL; per la congruenza di cui sopra la somma di AHLM e IGEL è equivalente al rettangolo AHKD. Sulla base delle considerazioni sopra esposte possiamo esprimere l'area di HFGI come segue:

$$A_{\text{HFGI}} = \left(x - \frac{b}{2}\right)^2 = \left(\frac{b}{2}\right)^2 - (b - x)x = \left(\frac{b}{2}\right)^2 - c$$

da cui:

$$x = \frac{b}{2} + \sqrt{\frac{b^2}{4} - c}$$

Caso 3 $\boldsymbol{bx + c = x^2}$

In termini algebrici, tale equazione è caratterizzata da un discriminante sempre positivo e presenta due radici reali di segno opposto (Cartesio). L'approccio geometrico consente di calcolare la radice positiva attraverso la costruzione di fig. 8.

La soluzione dell'equazione passa attraverso la costruzione del quadrato ABCD di lato x, che è composto dal rettangolo ABEF, di lati b e x, e dal rettangolo FECD, di lati x e $x - b$. Detto M il punto medio di $\overline{EB}$, costruiamo il quadrato KMEL di lato $\frac{b}{2}$. Prolunghiamo ora

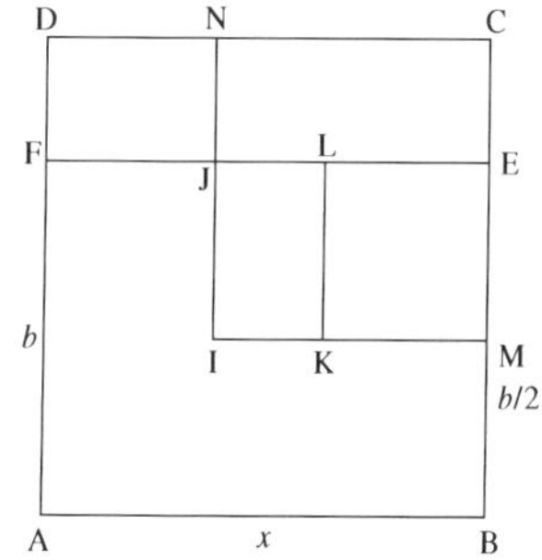

fig. 8

$\overline{MK}$ di un segmento $\overline{KI} = \overline{CE}$ che misura $x - b$. Da I conduciamo la parallela a $\overline{BC}$ fino a incontrare $\overline{FE}$ e $\overline{DC}$ in J e N, rispettivamente. La figura IMCN così costruita risulta essere un quadrato di lato $x - \frac{b}{2}$. Questo comporta che $\overline{IK}$ misura $x - b$, così come $\overline{DF}$. Ma allora i rettangoli FJND e IKLJ sono congruenti, essendo $\overline{LK} = \overline{DN}$, entrambi lunghi $\frac{b}{2}$. Riassumendo nella costruzione di fig. 8 possiamo distinguere le seguenti figure geometriche:

- rettangoli FJND e IKLJ di area $\frac{b}{2} \cdot (x - b)$ (1)
- quadrato KMEL di area $\left(\frac{b}{2}\right)^2$ (2)
- quadrato IMCN di area $\left(x - \frac{b}{2}\right)^2$ (3)
- rettangolo JECN di area $(x - b)\left(x - \frac{b}{2}\right)$ (4)

Il quadrato IMCN può anche essere considerato come somma del quadrato KMEL e dei rettangoli IKLJ e JECN; questi ultimi due insieme hanno area pari a $x^2 - bx = c$ (dalle (1) e (4)), pertanto l'area complessiva del quadrato varrà:

$$A_{IMCN} = \left(\frac{b}{2}\right)^2 + c$$

Da ciò, il suo lato $\overline{CM}$ varrà:

$$\overline{CM} = \sqrt{\frac{b^2}{4} + c}$$

Il lato di ABCD, che misura proprio x, sarà $\overline{MB} + \overline{CM}$, ovvero:

$$x = \frac{b}{2} + \sqrt{\frac{b^2}{4} + c}$$

5.11 Sistemi di equazioni di secondo grado in due incognite

I sistemi di secondo grado in due incognite che andiamo a studiare sono costituiti da una equazione di secondo grado e una equazione di primo grado.
I metodi risolutivi più utilizzati sono quelli per sostituzione e per confronto nel caso in cui entrambe le equazioni si possano esprimere in forma esplicita.

Esempio con metodo di sostituzione

$$\begin{cases} 2x + y + 1 = 0 \\ x^2 - y^2 - y + 1 = 0 \end{cases}$$

Possiamo esplicitare la variabile y nella prima equazione e sostituirla nella seconda:

$$\begin{cases} y = -2x - 1 \\ x^2 - (-2x-1)^2 - (-2x-1) + 1 = 0 \end{cases}$$

Eseguendo i calcoli nella seconda equazione definiamo una equazione di secondo grado in x, risolvente del sistema. Il valore del discriminante di tale equazione definisce il tipo di soluzioni del sistema stesso.

$$\begin{cases} y = -2x - 1 \\ -3x^2 - 2x + 1 = 0 \end{cases}$$

Il discriminante della risolvente è $\Delta = 16$, quindi avremo due soluzioni reali e distinte in x e altrettante in y ottenibili per sostituzione nella prima equazione. La risolvente ci fornisce:

$$x_1 = -1;\ x_2 = \frac{1}{3}$$

I due valori di x sostituiti nella prima equazione ci daranno i due valori di y:

$$\begin{cases} x_1 = -1; x_2 = \frac{1}{3} \\ y_1 = 1; y_2 = -\frac{5}{3} \end{cases}$$

In sintesi, le due soluzioni del sistema sono i due punti del piano cartesiano aventi coordinate $P_1 \equiv (-1;\ 1)$ e $P_2 \equiv (1/3;\ -5/3)$, che definiscono l'intersezione tra le due curve rappresentate dalle due equazioni del sistema.

Esempio con metodo di confronto

$$\begin{cases} y = x - 1 \\ y = 2x^2 + 2x - 2 \end{cases}$$

In questo caso, la risolvente del sistema è facilmente ottenibile attraverso l'uguaglianza tra i secondi membri delle due equazioni:

$2x^2 + 2x - 2 = x - 1$ ossia $2x^2 + x - 1 = 0$

Anche tale equazione ha discriminante positivo; avremo quindi i due distinti valori reali in x:

$$x_1 = -1;\ x_2 = \frac{1}{2}$$

I due valori di x sostituiti nella prima equazione ci daranno i due valori di y:

$$\begin{cases} x_1 = -1;\ x_2 = \frac{1}{2} \\ y_1 = -2;\ y_2 = -\frac{1}{2} \end{cases}$$

Graficamente, il segno algebrico del discriminante della equazione risolvente del sistema, individuando la natura delle soluzioni, definisce la posizione reciproca delle curve nel piano:

$\Delta < 0$ soluzioni complesse e assenza di punti comuni di intersezione

$\Delta > 0$ due soluzioni reali distinte che individuano i punti di intersezione

$\Delta = 0$ due soluzioni reali coincidenti che individuano tangenza tra le due curve

5.11.1 Sistemi simmetrici

Un sistema di secondo grado particolare vede a sistema due relazioni tra le due incognite del tipo somma e prodotto:

$$\begin{cases} x+y=s \\ xy=p \end{cases}$$

Tale sistema si può risolvere per sostituzione, ma il modo migliore è quello di considerare x e y come radici di un trinomio di secondo grado per il quale la loro somma cambiata di segno è il coefficiente del termine di primo grado e il loro prodotto il termine noto; ovvero posto:

$$\begin{cases} b=-(x+y)=-s \\ c=xy \end{cases}$$

risolviamo l'equazione di secondo grado nella incognita ausiliaria t

$$t^2-st+c=0$$

Le soluzioni t_1 e t_2 forniscono le coordinate dei due punti soluzione nel modo seguente:

$P_1 \equiv (t_1; t_2)$

$P_2 \equiv (t_2; t_1)$

Risolviamo alcune tipologie di sistemi riconducibili a quella ora descritta.

➤ $$\begin{cases} 2x+2y=2 \\ xy=-2 \end{cases}$$

Dividendo per 2 la prima equazione otteniamo:

$$\begin{cases} x+y=1 \\ xy=-2 \end{cases}$$

Per quanto imposto dalla prima equazione la somma $x + y$ è uguale a 1, mentre il prodotto xy è uguale a -2; l'equazione risolvente è:

$$t^2-t-2=0$$

le cui soluzioni sono $t_1 = -1$ e $t_2 = 2$.
Le soluzioni sono quindi: $P_1 \equiv (-1; 2)$ e $P_2 \equiv (2; -1)$.

➤ $$\begin{cases} x+y=1 \\ x^2+y^2=5 \end{cases}$$

Possiamo scrivere la seconda equazione nel seguente modo:

$$\begin{cases} x+y=1 \\ (x+y)^2-2xy=5 \end{cases}$$

Per quanto imposto dalla prima equazione la somma $x + y$ è uguale a 1, valore che sostituito nelle parentesi restituisce la seconda equazione:

$$\begin{cases} x+y=1 \\ 1-2xy=5 \end{cases} \quad \begin{cases} x+y=1 \\ -2xy=4 \end{cases} \quad \begin{cases} x+y=1 \\ xy=-2 \end{cases}$$

Il sistema proposto è stato trasformato in uno equivalente di tipo simmetrico.

➤ $\begin{cases} x-2y=2 \\ xy=4 \end{cases}$

Moltiplichiamo ambo i membri della seconda equazione per -2 (il coefficiente di y della prima equazione):

$\begin{cases} x-2y=2 \\ -2xy=-8 \end{cases}$

Poniamo $-2y = u$ ottenendo il seguente sistema di tipo simmetrico:

$\begin{cases} x+u=2 \\ xu=-8 \end{cases}$

L'equazione risolvente in t è $t^2 - 2t - 8 = 0$; tale equazione fornisce le soluzioni: $t_1 = -2$ e $t_2 = 4$.

Nel piano xu avremo le due soluzioni $Q_1 \equiv (-2; 4)$ e $Q_2 \equiv (4; -2)$, a cui, per effetto del cambio di variabile $y = -u/2$, corrispondono nel piano xy i punti: $P_1 \equiv (-2; -2)$ e $P_2 \equiv (4; 1)$.

5.12 Equazioni di grado superiore al secondo

5.12.1 Metodo generale di risoluzione e regola di Ruffini

Si dice equazione di grado n ogni equazione che si presenta, o si può ridurre, nella forma seguente (forma generale)

$$P(x) = 0$$

dove $P(x)$ è un polinomio (razionale intero) di grado $\boldsymbol{n}$ rispetto alla lettera $\boldsymbol{x}$ indicante l'incognita.

Quando il primo membro $P(x)$ di una equazione di grado n è scomponibile nel prodotto di due o più fattori $A(x)$, $B(x)$, $C(x)$, ... $H(x)$, l'equazione assume la forma

$$A(x) \cdot B(x) \cdot C(x) \cdot \ldots \cdot H(x) = 0$$

e, per la legge di annullamento del prodotto, si scinde nelle equazioni

$$A(x) = 0 \qquad B(x) = 0 \qquad C(x) = 0 \qquad \ldots \qquad H(x) = 0$$

che sono tutte di grado minore di n (infatti la somma dei loro gradi è n) e hanno per soluzioni tutte quelle dell'equazione $P(x) = 0$.

Operando in tali condizioni si dice che *si abbassa il grado dell'equazione.*

Se si riesce a scomporre l'equazione $P(x) = 0$ in fattori di primo e secondo grado si troveranno facilmente tutte le radici.

I casi più semplici di abbassamento di grado di un'equazione s'incontrano nelle equazioni incomplete, prive di termine noto: la scomposizione del primo membro in fattori è immediata, per raccoglimento dell'incognita a fattor comune.

➤ $x^4 + 3x^3 - 4x^2 = 0$

si abbassa di grado col semplice raccoglimento di x^2 a fattor comune

$x^2(x^2 + 3x - 4) = 0$

da cui $x^2 = 0$ e $x^2 + 3x - 4 = 0$.

In questo modo le radici sono $x = 0$; $x = 1$; $x = -4$.

Altri notevoli casi di abbassamento di grado di una equazione corrispondono ai noti casi di scomposizione di un polinomio in fattori: differenza di 2 quadrati, quadrato o cubo di un binomio, ecc.

➤ Equazione di sesto grado incompleta, in forma tipica:
$x^6 - 16x^2 = 0$
si abbassa di grado con facili scomposizioni del suo primo membro.
Si ha infatti:
$x^2(x^4 - 16) = 0$
$x^2(x^2 + 4)(x^2 - 4) = 0$
$x^2(x^2 + 4)(x + 2)(x - 2) = 0$
così avremo $x^2 = 0$; $x^2 + 4 = 0$; $x + 2 = 0$; $x - 2 = 0$.
Le soluzioni sono le radici dell'equazione data.

Quando si conosce, o si riesce a trovare, una radice di una equazione $P(x) = 0$ di grado n, l'equazione si può scindere in una equazione di primo grado e in una equazione di grado $n - 1$.
Infatti se x_1 è una delle radici dell'equazione $P(x) = 0$, vuol dire che $P(x_1) = 0$ e quindi il polinomio $P(x)$ è divisibile per il binomio $(x - x_1)$.
Il quoto $Q_1(x)$ della divisione $P(x) : (x - x_1)$ è di grado $n - 1$ e si può determinare applicando la regola di Ruffini.

➤ $6x^4 - 7x^3 - 4x^2 + 7x - 2 = 0$
Sappiamo i valori di 2 radici: +1 e −1.
Se +1 è una radice, vuol dire che il primo membro si annulla per $x = 1$ quindi è divisibile per $x - 1$.
Calcolando il quoto con la regola di Ruffini si ha:

	6	−7	−4	+7	−2
1		6	−1	−5	2
	6	−1	−5	+2	0

Quindi l'equazione diventa $(x - 1)(6x^3 - x^2 - 5x + 2) = 0$, cioè: $x - 1 = 0$ e $6x^3 - x^2 - 5x + 2 = 0$.
Se −1 è una seconda radice, allora il primo membro è divisibile per $x + 1$; calcolando il quoto con Ruffini avremo:

	6	−1	−5	2
−1		−6	+7	−2
	6	−7	+2	0

Quindi avremo $(x + 1)(6x^2 - 7x + 2) = 0$.
L'equazione di quarto grado si scinde in: $(x - 1) = 0$; $(x + 1) = 0$; $6x^2 - 7x + 2 = 0$.

5.12.2 *Equazioni binomie*

Sono di grado superiore al secondo e assumono, nella forma tipica, una forma analoga a quella delle **equazioni binomie** di secondo grado. Il primo membro è formato dal termine di grado n in x e dal termine noto.

$$\boldsymbol{ax^n + c = 0}$$

Le soluzioni reali (quando esistono) si ottengono trasportando c al secondo membro, dividendo poi per a, ricavando x^n ed estraendo la radice $\boldsymbol{n}^{\text{ma}}$ per determinare x.

➤ $64x^3 + 27 = 0$

$$x^3 = -\frac{27}{64} \qquad x = \sqrt[3]{-\frac{27}{64}} \qquad x = -\frac{3}{4}$$

➤ $81x^4 - 16 = 0$

$$x^4 = +\frac{16}{81} \qquad x = \pm\sqrt[4]{+\frac{16}{81}} \qquad x = \pm\frac{2}{3}$$

Volendo tutte le altre radici (complesse) si deve abbassare il grado di ciascuna equazione utilizzando le soluzioni trovate (come visto nel paragrafo precedente).

5.12.3 *Equazioni trinomie. L'equazione biquadratica*

Si dicono **equazioni trinomie** le equazioni di grado pari (cioè rappresentabili con $2n$) che nella forma tipica assumono una forma analoga a quella della equazione completa di secondo grado:

$$\boldsymbol{ax^{2n} + bx^n + c = 0}$$

Risoluzione di una equazione biquadratica

Le equazioni biquadratiche sono equazioni trinomie di quarto grado (caso in cui $n = 2$) ed hanno la seguente forma tipica:

$$\boldsymbol{ax^4 + bx^2 + c = 0}$$

La risoluzione si riconduce ad una equazione di secondo grado ponendo $x^2 = z$ e quindi $x = \pm\sqrt{z}$. Sostituendo avremo

$$az^2 + bz + c = 0$$

le cui soluzioni saranno:

$$z = \frac{-b \pm \sqrt{b^2 - 4ac}}{2a} = \begin{cases} z_1 \\ z_2 \end{cases}$$

Trovate z_1 e z_2 si determinano le radici della data equazione in x risolvendo le due equazioni pure

$$\boldsymbol{x^2 = z_1 \text{ e } x^2 = z_2}$$

cioè

$$x_{1,2} = \pm\sqrt{z_1} \text{ e } x_{3,4} = \pm\sqrt{z_2}$$

Le quattro soluzioni, allora, saranno:

$$x_1 = +\sqrt{z_1} \qquad x_2 = -\sqrt{z_1} \qquad x_3 = +\sqrt{z_2} \qquad x_4 = -\sqrt{z_2}$$

Queste quattro soluzioni si possono considerare riunite dalla formula

$$x = \pm\sqrt{\frac{-b \pm \sqrt{b^2 - 4ac}}{2a}}$$

detta *formula generale per la risoluzione delle equazioni biquadratiche.*

➤ $9x^4 - 11x^2 + 2 = 0$

$$x = \pm\sqrt{\frac{+11 \pm \sqrt{121-72}}{18}} \quad \Rightarrow \quad x = \pm\sqrt{\frac{+11 \pm \sqrt{49}}{18}}$$

$$x = \pm\sqrt{\frac{+11 \pm 7}{18}} \begin{cases} \pm\sqrt{\dfrac{+11+7}{18}} = \pm\sqrt{\dfrac{18}{18}} = \pm 1 \\ \pm\sqrt{\dfrac{+11-7}{18}} = \pm\sqrt{\dfrac{\cancel{4}^{2}}{\cancel{18}^{9}}} = \pm\dfrac{\sqrt{2}}{3} \end{cases}$$

le quattro radici sono: $x_1 = 1$; $x_2 = -1$; $x_3 = +\dfrac{\sqrt{2}}{3}$; $x_4 = -\dfrac{\sqrt{2}}{3}$.

5.13 Equazioni razionali fratte

Per **equazioni razionali fratte** si intendono quelle equazioni dove l'incognita compare anche a denominatore di una frazione algebrica; la loro soluzione consta delle seguenti fasi:

1) Definizione del campo di esistenza ovvero dei valori che rendono nulli i denominatori.
2) Calcolo del m.c.m. dei denominatori.
3) Moltiplicazione di ambo i membri che compongono l'equazione per il m.c.m. di cui al punto a).
4) In tal modo otteniamo una equazione non più fratta ed equivalente a quella data detta forma normale della equazione.
5) Calcolo delle soluzioni e confronto di queste con il campo di esistenza del punto a); saranno accettabili solo quelle che non appartengono a tale insieme.
6) Se richiesto, verifica delle soluzioni mediante sostituzione dei loro valori nella equazione data; dovrà risultare una identità.

➤ Risolvere la seguente equazione:

$$\frac{1}{x+3} - \frac{1}{x} = -\frac{1+6x}{x^2+3x}$$

c.e. $x \neq 0, x \neq -3$; m.c.d. $= x(x+3)$

$$\frac{1}{x+3}-\frac{1}{x}=-\frac{1+6x}{x(x+3)}$$

$$x(x+3)\left[\frac{x-x-3}{(x+3)x}\right]=\left[-\frac{1+6x}{x(x+3)}\right]x(x+3)$$

$$-3=-1-6x$$

$$x=\frac{1}{3}$$

La soluzione è accettabile perché diversa da 0 e –3 e sostituendo tale valore nella equazione data otteniamo:

$$-\frac{27}{10}=-\frac{27}{10}$$

➤ Risolvere la seguente equazione:

$$3-\frac{6}{x+3}=\frac{2x}{x+3}$$

c.e. $x \neq -3$; m.c.d. $= x+3$

$$(x+3)\left[\frac{3(x+3)}{x+3}-\frac{x}{x+3}\right]=\frac{2x}{x+3}(x+3)$$

$$3x+9-6=2x \qquad \text{da cui} \qquad x=-3$$

La soluzione esiste ma non è accettabile perché annulla il denominatore; sviluppando i calcoli nell'equazione data si ottiene l'espressione $\frac{x+3}{x+3}=0$ evidentemente assurda.

➤ Risolvere la seguente equazione:

$$4-\frac{1}{x-2}=\frac{3x-1}{x-2}+1$$

c.e. $x \neq 2$; m.c.d. $= x-2$

$$(x-2)\left[4\frac{x-2}{x-2}-\frac{1}{x-2}\right]=\left[\frac{3x-1}{x-2}+\frac{x-2}{x-2}\right](x-2)$$

$$4x-8-1=3x-1+x-2$$

$$0=6$$

Non esistono soluzioni: l'equazione è impossibile.

➤ Risolvere la seguente equazione:

$$4+\frac{2}{x-1}=\frac{2x}{x-1}+2$$

c.e. $x \neq 1$; m.c.d. $= x - 1$

$$(x-1)\left[4\frac{x-1}{x-1}+\frac{2}{x-1}\right]=\left[\frac{2x}{x-1}+2\frac{x-1}{x-1}\right](x-1)$$

$$4x-4+2=2x-2+2x$$

$$-2=-2$$

Il risultato è una identità; ciò significa che qualsiasi valore della incognita rende soddisfatta l'equazione ad eccezione di $x = 1$ che annulla il denominatore e fa perdere di significato le operazioni.

5.14 Equazioni reciproche

Una equazione ad una incognita, ridotta nella forma $P(x) = 0$ in cui $P(x)$ è un polinomio ordinato secondo le potenze decrescenti di x, si dice **equazione reciproca** quando:

1) i coefficienti dei termini estremi o equidistanti dagli estremi sono numeri *uguali* (I specie);
2) i coefficienti dei termini estremi o equidistanti dagli estremi sono numeri *opposti* (II specie).

Le equazioni di terzo, quarto e quinto grado hanno le seguenti forme tipiche:

- I specie
  $ax^3 + bx^2 + bx + a = 0$
  $ax^4 + bx^3 + cx^2 + bx + a = 0$
  $ax^5 + bx^4 + cx^3 + cx^2 + bx + a = 0$
- II specie
  $ax^3 + bx^2 - bx - a = 0$
  $ax^4 - bx^3 + bx - a = 0$
  $ax^5 + bx^4 + cx^3 - cx^2 - bx - a = 0$

NOTA. Nella equazione reciproca di II specie e di IV grado, che dovrebbe essere formata da 5 termini, manca il termine di II grado (cioè quello centrale); infatti il suo coefficiente, come numero opposto di se stesso, deve essere zero.

Equazioni reciproche di grado dispari di I specie

Ammettono sempre la soluzione $x = -1$. È sempre possibile, infatti, evidenziare un fattore $(x + 1)$ come nell'esempio di terzo grado che segue:

$ax^3 + bx^2 + bx + a = 0$
$a(x^3 + 1) + b(x + 1)x = 0$
$(x + 1)[ax^2 + (b - a)x + a] = 0$

Equazioni reciproche di grado dispari di II specie
Ammettono sempre la soluzione $x = +1$. È sempre possibile, infatti, evidenziare un fattore $(x - 1)$ come nell'esempio di III grado che segue:

$$ax^3 + bx^2 - bx - a = 0$$
$$a(x^3 - 1) + b(x - 1)x = 0$$
$$(x - 1)[ax^2 + (b + a)x + a] = 0$$

Equazioni reciproche di quarto grado di II specie
Ammettono sempre la soluzione x = ±1. È sempre possibile, infatti, evidenziare un fattore $(x^2 - 1)$ come nell'esempio che segue:

$$ax^4 + bx^3 - bx - a = 0$$
$$a(x^4 - 1) + b(x^2 - 1)x = 0$$
$$(x^2 - 1)[ax^2 + bx + a] = 0$$

Equazioni reciproche di quarto grado di I specie
Sono del tipo:

$$ax^4 + bx^3 + cx^2 + bx + a = 0$$

hanno il termine noto $a \neq 0$ pertanto non ammettono $x = 0$ come soluzione; ciò rende possibile dividere l'equazione per x^2 ottenendo:

$$ax^2 + bx + c + b/x + a/x^2 = 0$$
$$a(x^2 + 1/x^2) + b(x + 1/x) + c = 0$$

Se poniamo $(x + 1/x) = y$ avremo $(x^2 + 1/x^2) = y^2 - 2$ da cui sostituendo:

$$ay^2 + by + c \quad 2 = 0$$

l'equazione di II grado nella variabile ausiliaria y fornirà due soluzioni y_1 e y_2 (reali se $\Delta \geq 0$) attraverso le quali è possibile costruire le equazioni risolventi:

$$(x + 1/x) = y_1$$
$$(x + 1/x) = y_2$$

entrambe di secondo grado in x per un totale di quattro soluzioni.

5.15 Equazioni irrazionali

Sono dette irrazionali le equazioni dove l'incognita figura sotto radice in modo diretto o attraverso sue funzioni. La strategia risolutiva prevede la razionalizzazione dell'equazione stessa ma con alcune cautele dovute al fatto che la razionalizzazione in alcuni casi può portare ad equazioni non propriamente equivalenti a quella data.

➤ Risolvere la seguente equazione:

$3 - x + \sqrt{5 - x} = 0$	risulta conveniente isolare la radice (fig. a)
$\sqrt{5 - x} = x - 3$	eleviamo al quadrato i due membri della equazione ottenendo
$x^2 - 5x + 4 = 0$	da cui $x_1 = 1$ e $x_2 = 4$

Se andiamo a verificare le due soluzioni così calcolate otteniamo:

per $x_1 = 1$	$\sqrt{4} = -2$	assurda perché la radice è da considerarsi positiva
per $x_2 = 4$	$\sqrt{1} = +1$	identità accettabile

Come appare evidente nel procedimento si è generata una radice che non è soluzione della equazione data e ciò è accaduto proprio nel processo di razionalizzazione che ha portato in "gioco", attraverso l'elevazione al quadrato dei due membri (fig. b), anche l'equazione:

$$\sqrt{5 - x} = -(x - 3) \text{ (fig. a)}$$

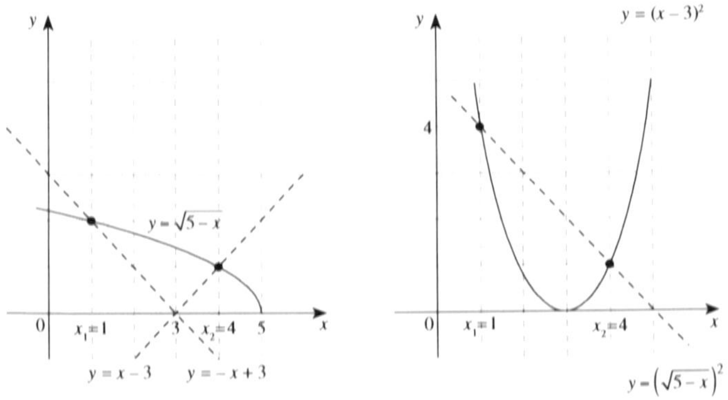

fig. a *fig. b*

I passi illustrati nell'esempio, compresa la verifica, possono costituire il processo risolutivo; si preferisce però impostare la soluzione di tali equazioni attraverso le considerazioni che seguono.

Caso a) equazione intera con radicale di indice pari $2n$ riconducibile al tipo:

$$\sqrt[2n]{A(x)} = B(x)$$

la condizione di realtà imporrebbe:

$$A(x) \geq 0$$

la condizione di coerenza del segno, essendo per il radicale quello positivo, impone anche per il secondo membro:

$$B(x) \geq 0$$

Tale condizione evita a priori il rischio di accettare come soluzione le radici che possono nascere dalla razionalizzazione.
La razionalizzazione dell'equazione data fornisce:

$$A(x) = [B(x)]^{2n}$$

Quest'ultima equazione include la prima condizione di realtà, dovendo essere il radicando uguale a una potenza di indice pari (sempre ≥ 0), e le sue soluzioni che rispettano la condizione di coerenza del segno saranno quelle cercate.
Riassumendo, le soluzioni saranno fornite dal sistema misto (ossia da un sistema composto da un'equazione e da uno o più disequazioni):

$$\begin{cases} B(x) \geq 0 \\ A(x) = [B(x)]^{2n} \end{cases}$$

Nell'esempio citato avremo:

$$\begin{cases} x - 3 \geq 0 \\ x^2 - 5x + 4 = 0 \end{cases} \qquad \begin{cases} x \geq 3 \\ x_1 = 1 \text{ esclusa} \\ x_2 = 4 \text{ accettabile} \end{cases}$$

Caso b) equazione intera con più radicali di indice pari di diverso valore:

$$\sqrt[2n]{A(x)} = \sqrt[2m]{B(x)}$$

La condizione di realtà impone:

$$A(x) \geq 0 \qquad \text{e} \qquad B(x) \geq 0$$

la concordanza dei segni è manifesta nel testo.
Si trasformano gli indici attraverso il m.c.m. degli stessi che chiameremo $2p$ e si elevano a potenza $2p$ ambo i membri della equazione; ne risulta il sistema misto seguente:

$$\begin{cases} A(x) \geq 0 \\ B(x) \geq 0 \\ [A(x)]^f = [B(x)]^g \end{cases} \qquad \text{dove: } f = p/n \qquad \text{e} \qquad g = p/m$$

➤ Risolvere la seguente equazione:

$$\sqrt{x+1} = \sqrt[4]{x^2-5x+4} \qquad \text{m.c.m degli indici} = 4;\ f = 4/2 \ \text{e} \ \ g = 4/4$$

$$\begin{cases} x+1 \geq 0 \\ x^2-5x+4 \geq 0 \\ (x+1)^2 = x^2-5x+4 \end{cases} \Rightarrow \begin{cases} x \geq -1 \\ x \leq 1;\ x \geq 4 \\ 7x-3=0 \end{cases} \Rightarrow \begin{cases} x \geq -1 \\ -1 \leq x \leq 1 \ \cup \ x \geq 4 \\ x = 3/7 \ \text{accettabile} \end{cases}$$

Caso c) equazione con radicali di indice dispari.
Non ci sono condizioni di realtà e di concordanza dei segni; è sufficiente elevare ambo i membri al m.c.m. degli indici o all'indice di radice se unica e risolvere l'equazione risultante.

➤ Risolvere la seguente equazione:

$$\frac{1}{x+\sqrt{4-x^2}} + \frac{1}{x-\sqrt{4-x^2}} = 1$$

$$\begin{cases} 4-x^2 \geq 0 & \text{condizioni di realtà} \\ x+\sqrt{4-x^2} \neq 0 & \text{annullamento del denom.} \\ x-\sqrt{4-x^2} \neq 0 & \text{annullamento del denom.} \end{cases} \Rightarrow (*) \begin{cases} -2 \leq x \leq 2 \\ \\ x \neq \pm\sqrt{2} \end{cases}$$

Svolgendo i calcoli (nello specifico ne consegue la razionalizzazione dei denominatori):

$$\frac{2x}{2x^2-4} = \frac{2x^2-4}{2x^2-4} \qquad \text{C.E. } x \neq \pm\sqrt{2} \text{ (condizione già esistente)}$$

Eliminando ora i denominatori:

$$x^2 - x - 2 = 0$$

da cui

$$x_1 = -1$$
$$x_2 = 2$$

soluzioni entrambe accettabili per le (*)

5.15.1 *Equazioni irrazionali fratte*

Se l'equazione irrazionale non è intera si può ridurre a forma intera moltiplicando tutti i termini per il minimo comune multiplo dei denominatori.

➤ Sia da risolvere l'equazione:

$$\frac{9}{1+\sqrt{1-x}} + \frac{4}{1-\sqrt{1-x}} = \frac{3}{x}$$

Per la realtà del radicale dovrà essere $1-x \geq 0$, cioè $x \leq 1$ e, per l'esistenza delle frazioni, deve essere $x \neq 0$:

$$\text{C.E.} : x < 0 \vee 0 < x \leq 1$$

Il m.c.m. dei denominatori è:

$$(1 + \sqrt{1-x})\,(1 - \sqrt{1-x}) = 1 - 1 + x = x$$

Moltiplichiamo ambo i membri per $x \neq 0$, e otteniamo

$$9(1 - \sqrt{1-x}) + 4(1 + \sqrt{1-x}) = 3$$

cioè

$$\sqrt{1-x} = 2$$

che per le condizioni di esistenza si riduce a

$$1 - x = 4 \rightarrow x = -3$$

Il valore -3, soddisfacendo ad entrambe le condizioni prima poste, è la soluzione dell'equazione data.

Capitolo 6
Disequazioni algebriche

6.1 Disuguaglianze e relative proprietà - Intervalli

Richiamiamo le proprietà elementari delle disuguaglianze tra numeri relativi, cominciando con il ricordare che: dati due numeri reali a e b, si dice che il numero a è **minore** del numero b, e si scrive:

$$a < b,$$

se esiste *un numero reale* positivo c che, addizionato ad a, dia per somma b; cioè tale che sia:

$$a + c = b$$

Detto questo, dimostriamo le seguenti **proprietà**:

1ª) *Aggiungendo a numeri diseguali lo stesso numero, si ottengono numeri diseguali dello stesso senso;* cioè, per esempio, se è:

$$a < b,$$

allora è anche:

$$a + c < b + c$$

qualunque sia il numero c.

Infatti, se è $a < b$, ciò significa che esiste un numero positivo d, tale che:

$$a + d = b$$

Aggiungendo ad ambo i membri il numero c, si ha:

$$a + d + c = b + c,$$

da cui, per la proprietà commutativa e associativa:

$$(a + c) + d = b + c.$$

Il che equivale a dire che:

$$a + c < b + c$$

In particolare:

$a < b$ equivale a: $b - a > 0$, oppure a: $a - b < 0$;
$a > b$ equivale a: $a - b > 0$, oppure a: $b - a < 0$.

2ª) *Due disuguaglianze dello stesso segno si possono addizionare membro a membro, ottenendo una disuguaglianza dello stesso segno*; cioè, per esempio, da:

$$a < b \text{ e } c < d$$

si deduce:

$$a + c < b + d$$

Infatti, per la proprietà precedente, si ha:

$$a < b \Rightarrow a + c < b + c$$

e

$$c < d \Rightarrow b + c < b + d$$

da cui, per la proprietà transitiva:

$$a + c < b + d$$

Si noti che, in generale, non è lecito sottrarre membro a membro delle disuguaglianze.

3ª) *Moltiplicando (o dividendo) ambedue i membri di una disuguaglianza per uno stesso numero* ***positivo****, si ottiene una disuguaglianza dello* ***stesso segno****.*

Cioè, se è:

$$m > 0\text{, da: } a < b \text{ segue: } ma < mb$$

Infatti se è $a < b$, è anche $b - a > 0$, ed essendo $m > 0$, risulta:

$$m(b - a) > 0\text{, cioè: } mb - ma > 0$$

ossia:

$$ma < mb$$

4ª) *Moltiplicando (o dividendo) ambedue i membri di una disuguaglianza per uno stesso numero* ***negativo****, si ottiene una disuguaglianza di* ***segno contrario****.*

Cioè, se è:

$$m < 0\text{, da: } a < b\text{, segue: } ma > mb$$

Infatti, $a < b$ equivale a $b - a > 0$, ed essendo $m < 0$, risulta:

$$m(b - a) < 0\text{, cioè: } mb - ma < 0$$

cioè:

$$ma > mb$$

In particolare:

Cambiando segno *ad ambo i membri di una disuguaglianza, la disuguaglianza* ***cambia verso****.*

Infatti cambiare segno a un numero significa moltiplicarlo per –1.

➤ Da $-7 < -3$, si ricava: $7 > 3$
Da $2 > -3$, si ricava: $-2 < 3$

Altre proprietà, di facile dimostrazione, sono le seguenti:

5ª) *Moltiplicando membro a membro due disuguaglianze dello stesso segno fra* ***numeri positivi****, si ottiene una disuguaglianza dello stesso segno.*

Cioè, se a, b, c, d sono **numeri positivi**, da:

$$a > b \text{ e } c > d$$

segue:

$$ac > bd$$

6ª) *Se **a** e **b** sono numeri **entrambi positivi** o **negativi**:*

$$a < b, \text{ si deduce: } \frac{1}{a} > \frac{1}{b}$$

$$a > b, \text{ si deduce: } \frac{1}{a} < \frac{1}{b}$$

7ª) *Se **a** e **b** sono due numeri reali **positivi** e **n** un numero intero positivo, allora:*

$$a > b \Rightarrow a^n > b^n$$
$$a < b \Rightarrow a^n < b^n$$

e viceversa.

8ª) *Se **a** e **b** sono **numeri negativi** ed **n** un numero intero positivo, da:*

$$a > b \Rightarrow a^n > b^n \text{ se } n \text{ è dispari,}$$
$$a > b \Rightarrow a^n < b^n \text{ se } n \text{ è pari.}$$

9ª) *Se **m** e **n** sono numeri interi e positivi ed **a** un qualsiasi numero positivo, diverso da uno, da m > n segue:*

$$a^m > a^n, \text{ se è } \ a > 1$$

e:

$$a^m < a^n, \text{ se è } \ a < 1$$

e viceversa.

Infine, si danno le seguenti definizioni:

*Dati due numeri reali **a** e **b**, con **a < b**:*

1) *Si chiama **intervallo aperto** di estremi **a** e **b**, e si indica con:*

$$(a, b) \text{ oppure }]a, b[$$

l'insieme di tutti i numeri reali x, tali che:

$$a < x < b.$$

2) *Si chiama **intervallo chiuso** di estremi **a** e **b**, e si indica con:*

$$[a, b]$$

l'insieme di tutti i numeri reali x, tali che:

$$a \leq x \leq b$$

6.2 Disequazioni, definizioni e proprietà

6.2.1 Definizioni

Una **disequazione** è una relazione di disuguaglianza tra due espressioni in cui sono presenti delle incognite.

Siano $f(x)$ e $g(x)$ due funzioni di dominio (campo di esistenza) comune A, e codominio B, ordinato dalla relazione $<$.

Generalmente A è un insieme di numeri reali, cioè un sottoinsieme di **R**.
Si pone allora il problema di sapere se esistono dei valori della $x \in A$, per i quali risulta:

$$f(x) < g(x)$$

Tale problema si chiama ***disequazione nell'incognita x.***

Si dà, cioè, la seguente **definizione:**
Date due funzioni $f(x)$ e $g(x)$ di un insieme A *in un insieme* B, *ordinato dalla relazione <, la relazione:*

$$f(x) < g(x),$$

scritta allo scopo di determinare gli eventuali valori x^* della x per i quali vale la disuguaglianza numerica:

$$f(x^*) < g(x^*), \qquad (1)$$

si chiama disequazione nell'incognita x.

Le funzioni $f(x)$ e $g(x)$ si chiamano, rispettivamente, ***primo*** e ***secondo membro*** della disequazione.
Ogni elemento $x^* \in$ A tale che $f(x^*) < g(x^*)$ si dice ***soluzione*** della disequazione.
L'insieme S di tutte le soluzioni viene detto ***insieme soluzione*** (o ***delle soluzioni***).

Tale insieme è un sottoinsieme di A e si ha, per definizione:

$$S = \{x^* | x^* \in A \quad e \quad f(x^*) < g(x^*)\}$$

Risolvere la disequazione (1) significa determinare l'insieme soluzione.
Il termine x si chiama **incognita** della disequazione.
Generalmente, l'insieme S delle soluzioni contiene *infiniti* numeri; tuttavia, esistono anche disequazioni il cui insieme soluzione è vuoto, oppure contiene un numero finito di soluzioni.

Una disequazione si può definire anche a partire dalle relazioni:

$$f(x) > g(x), \text{ oppure: } f(x) \geq g(x); \text{ oppure: } f(x) \leq g(x) \qquad (2)$$

La risoluzione delle disequazioni (1) e (2) è particolarmente semplice quando $f(x)$ e $g(x)$ sono espressioni polinomiali.
In tal caso le disequazioni vengono dette ***razionali intere.***

➤ (1) Risolvere la disequazione: $x - 4 > 0$
L'insieme soluzione è costituito da tutti i numeri reali maggiori di 4. Si scrive: $x > 4$.

➤ (2) Risolvere la disequazione: $(x - 7)^2 > 0$
L'insieme soluzione è dato da tutti gli x reali diversi da 7, cioè:
S = **R** – {7}

➤ (3) Risolvere la disequazione: $x^2 + 5 > 0$
Risulta: S = **R**

➤ (4) Risolvere la disequazione: $-x^2 - 3 > 0$
Risulta: S = Ø

Il concetto di equivalenza ed i teoremi visti a proposito delle equazioni possono essere estesi facilmente anche alle disequazioni:

1) *Due disequazioni si dicono **equivalenti** quando ammettono le stesse soluzioni; cioè quando hanno lo stesso insieme soluzione.*
2) *Aggiungendo ad ambo i membri di una disequazione razionale intera uno stesso polinomio, si ottiene una disequazione equivalente alla data.*
   Da questo teorema risulta che *si può trasportare un termine da un membro all'altro di una disequazione, purché si cambi segno a tale termine.*
3) *Se a è un numero reale, la disequazione:*

$$f(x) > g(x)$$

è equivalente alla: $a \cdot f(x) > a \cdot g(x)$, se $a > 0$
è equivalente alla: $a \cdot f(x) < a \cdot g(x)$, se $a < 0$

Da qui segue una proprietà **fondamentale**.

6.2.2 Proprietà fondamentale delle disequazioni

Si possono cambiare di segno tutti i membri di una disequazione purché si cambi il verso della disequazione.

Ciò, infatti, equivale a moltiplicare i due membri per −1.

In base a queste proprietà è possibile trasportare tutti i termini di una disequazione razionale intera, in un medesimo membro, e ridurre i termini simili, dando alla disequazione la forma:

$$P(x) > 0$$

dove $P(x)$ è un polinomio ridotto a forma normale.

Il grado del polinomio $P(x)$ si chiama ***grado*** della disequazione razionale intera.

➤ Data la disequazione: $$\frac{x^2-2}{2} < \frac{1}{6} - \frac{2x^2-5}{3}$$

Moltiplicando ambo i membri per 6, si ottiene la disequazione equivalente:

$$3x^2 - 6 < 1 - 4x^2 + 10$$

ossia, trasportando tutti i termini nel primo membro e riducendo i termini simili:

$$7x^2 - 17 < 0$$

che è una disequazione di II grado.

6.3 Disequazioni lineari (di primo grado)

Una disequazione razionale intera ***lineare*** (o ***di primo grado***) ad una incognita si può sempre ridurre alla forma:

$$ax + b > 0, \text{ oppure } ax + b < 0$$

nelle quali è sempre lecito supporre $a > 0$, perché, in caso contrario, basta cambiar di segno a tutti i termini, e *invertire il verso della disequazione.*

Sviluppando la disequazione otteniamo:

$$ax > -b \text{ oppure } ax < -b$$

da cui, dividendo ambo i membri per il numero positivo a, si deduce:

$$x > -\frac{b}{a} \quad \text{oppure} \quad x < -\frac{b}{a}$$

che rappresentano gli insiemi delle soluzioni.

Nel piano cartesiano, la funzione $y = ax + b$ descrive una ***retta*** di coefficiente angolare a, che interseca l'asse delle ascisse nel punto $x = -b/a$; pertanto, risolvere la disequazione data significa, da un **punto di vista geometrico**, individuare l'intervallo di valori sull'asse x per i quali l'ordinata y risulta del segno indicato nella disequazione stessa.

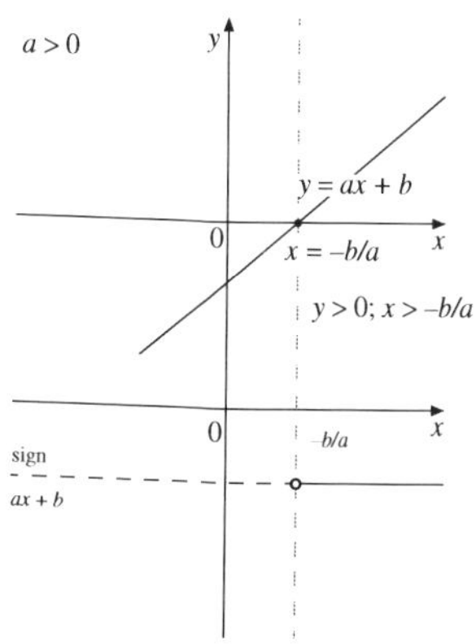

fig. 1

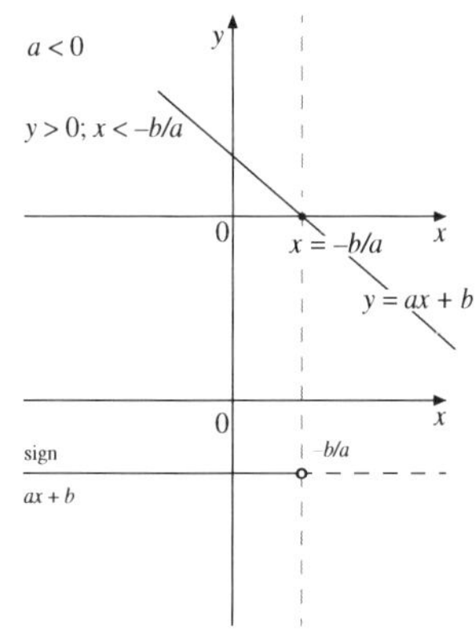

fig. 2

Nelle figg. 1 e 2 il segno del polinomio di primo grado è rappresentato a tratto continuo quando è positivo e a tratto discontinuo quando è negativo.

➤ Risolvere la disequazione:

$$x + \frac{1}{2}x + 3x + 2x - 2 < x + 3 + 3x$$

Eliminando il denominatore, cioè moltiplicando ambo i membri per 2, si ha:

$$13x - 4 < 8x + 6$$

e trasportando tutti i termini al primo membro e riducendo i termini simili, si ottiene:

$$5x - 10 < 0$$

da cui si ricava:

$$5x < 10 \qquad \text{cioè} \qquad x < 2$$

La disequazione quindi è soddisfatta da tutti i valori della x minori di 2.

➤ Risolvere la disequazione letterale:

$$a(x-1) > x-2$$

L'equazione data si può scrivere nel seguente modo:

$$(a-1)\,x > a-2$$

e, perciò, dobbiamo distinguere tre casi:

- Se $a > 1$ cioè $a-1>0$

  risulta: $x > \dfrac{a-2}{a-1}$

- Se $a = 1$ si ha $0 > -1$
  che è vera $\forall x \in R$.

- Se $a < 1$ cioè $a-1<0$

  risulta: $x < \dfrac{a-2}{a-1}$

6.4 Disequazioni di secondo grado

Una disequazione razionale intera di 2° grado (ad una incognita) si può sempre ridurre alla forma:

$$ax^2 + bx + c > 0 \qquad (1)$$

oppure alla forma:

$$ax^2 + bx + c < 0 \qquad (2)$$

Per risolvere la disequazione (1) o (2) calcoliamo il discriminante $\Delta = b^2 - 4ac$ del trinomio $ax^2 + bx + c$ ed analizziamo i tre casi, in funzione del valore del discriminante:

1° *Caso* $\Delta > 0$
2° *Caso* $\Delta = 0$
3° *Caso* $\Delta < 0$

La risoluzione delle disequazioni di secondo grado può realizzarsi graficamente, facendo riferimento all'**equazione associata** $ax^2 + bx + c = 0$ e, in particolare, al grafico della funzione $y = ax^2 + bx + c$, con $a, b, c \in R$ e $a \neq 0$. Tale grafico si rappresenta con una ***parabola***, la cui concavità volge verso l'alto quando il coefficiente del termine di secondo grado a è positivo e verso il basso quando a è negativo; inoltre, la parabola interseca l'asse x o meno a seconda del segno del discriminante Δ della funzione. Pertanto, lo studio del segno di un trinomio permette di risolvere, da un **punto di vista geometrico**, le disequazioni di secondo grado che assumono una delle due forme espresse dalla (1) o dalla (2).

1° Caso (Discriminante positivo)

Poniamo $$\Delta > 0$$

In tal caso l'equazione $ax^2 + bx + c = 0$ ammette due radici reali e distinte x_1 e x_2 con $x_1 < x_2$ e, come è noto dall'algebra, si ha la seguente scomposizione:

$$ax^2 + bx + c = a(x - x_1)(x - x_2) \tag{3}$$

Se diamo alla variabile x valori esterni all'intervallo delle radici, cioè maggiori di x_2, oppure minori di x_1, allora le differenze $(x - x_1)$ e $(x - x_2)$ risultano entrambe positive oppure entrambe negative.
Perciò il prodotto $(x - x_1) \cdot (x - x_2)$ è sempre positivo.
Pertanto, dalla (3) segue che:
"Il trinomio $ax^2 + bx + c$ ha il segno del suo primo coefficiente per tutti i valori della x ***esterni*** *all'intervallo delle radici."*
Se, invece, diamo alla x valori interni all'intervallo delle radici, e cioè valori maggiori di x_1 e minori di x_2 allora la differenza $x - x_1$ risulta positiva, mentre la differenza $x - x_2$ risulta negativa.
Pertanto anche il prodotto $(x - x_1) \cdot (x - x_2)$ risulta negativo.
Perciò
Il trinomio $ax^2 + bx + c$ ha il segno opposto a quello del suo primo coefficiente per tutti i valori della x ***compresi*** *fra le radici.*

In termini geometrici, la ***parabola interseca l'asse delle ascisse nei punti x_1 e x_2*** (reali e distinti) come indicato nelle figg. 3h e 4h e il segno del coefficiente a ne determina la concavità. Dai grafici risulta evidente il segno assunto dalla funzione all'interno ed all'esterno degli intervalli individuati dalle radici. La scomposizione di cui al punto (3) ci suggerisce anche un altro metodo risolutivo che passa attraverso la rappresentazione dei segni dei singoli fattori della scomposizione. Il segno del polinomio di secondo grado è il risultato del prodotto algebrico dei tre fattori per ogni valore dell'ascissa (figg. 3k e 4k dove il tratto continuo indica il segno positivo).

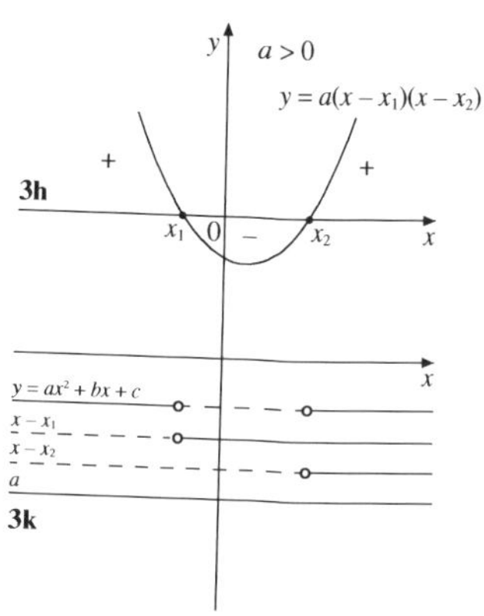

fig. 3

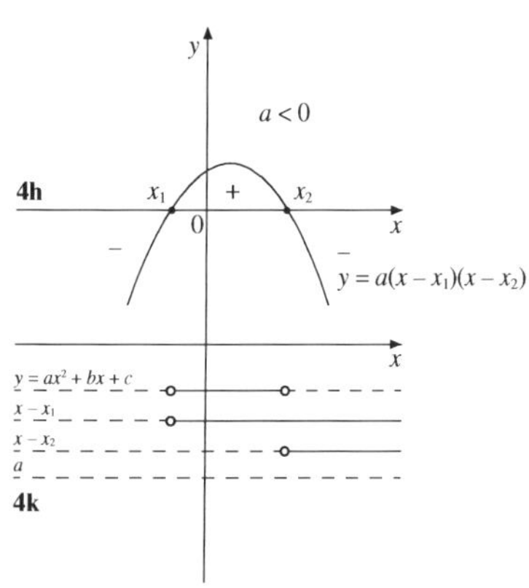

fig. 4

2° Caso (Discriminante nullo)

Poniamo $\Delta = 0$

In tal caso, l'equazione $ax^2 + bx + c = 0$ ha due radici coincidenti $x_1 = x_2 = -\dfrac{b}{2a}$, perciò il trinomio si scompone nel seguente modo:

$$ax^2 + bx + c = a(x - x_1)^2 = a\left(x + \frac{b}{2a}\right)^2$$

e quindi:

Il trinomio $ax^2 + bx + c$ ha il segno del suo primo coefficiente per ogni valore della x, diverso da $-\dfrac{b}{2a}$ per cui esso si annulla.

In questo caso la funzione, nel piano cartesiano, descrive una ***parabola con il vertice sull'asse delle ascisse*** (zeri della funzione reali e coincidenti in un unico valore) e assume valori di segno concorde con quello del coefficiente a per tutti gli altri valori di x; la disequazione ammette quindi soluzioni (su tutto l'asse reale privato della radice) solo se di verso concorde con il segno di detto coefficiente.

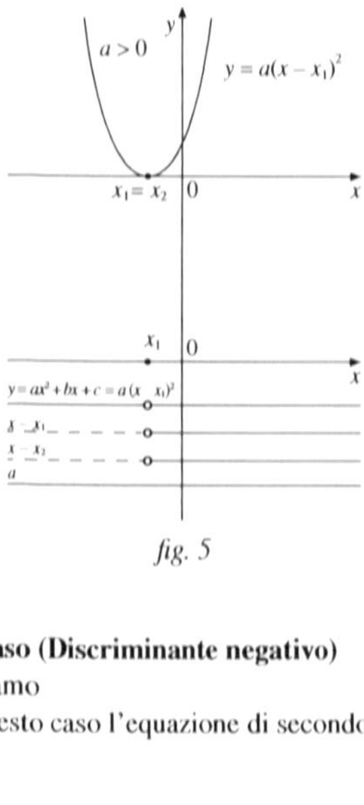

fig. 5

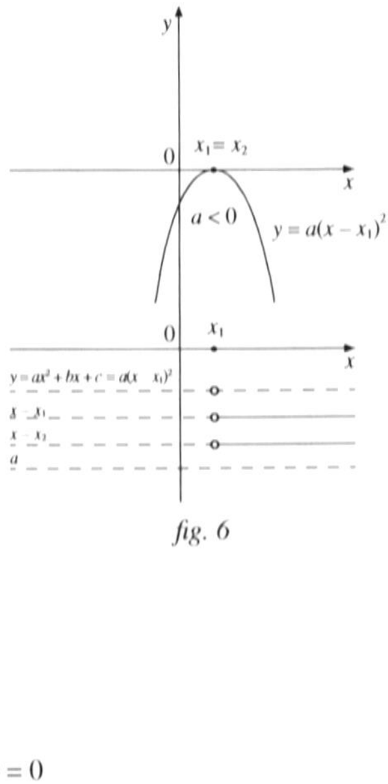

fig. 6

3° Caso (Discriminante negativo)

Poniamo $\Delta < 0$

In questo caso l'equazione di secondo grado

$$ax^2 + bx + c = 0$$

non ha soluzioni reali quindi utilizza la seguente identità

$$ax^2 + bx + c = a\left[\left(x + \frac{b}{2a}\right)^2 - \frac{\Delta}{4a^2}\right]$$

Il termine nella parentesi quadra è sempre positivo, qualunque sia il valore attribuito alla x, perciò:
Il trinomio $ax^2 + bx + c$ *ha sempre il segno del suo primo coefficiente, e non si annulla mai.*

La funzione rappresenta ancora una ***parabola*** ma le ***radici*** del polinomio di secondo grado sono ora ***complesse*** e quindi non rappresentabili sull'asse x; questo comporta una uniformità di segno del grafo della funzione stessa che risulta, come già osservato, totalmente concorde con il segno di a.

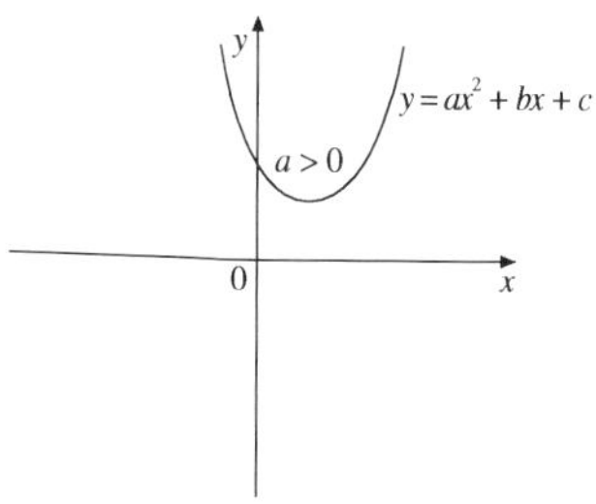

fig. 7

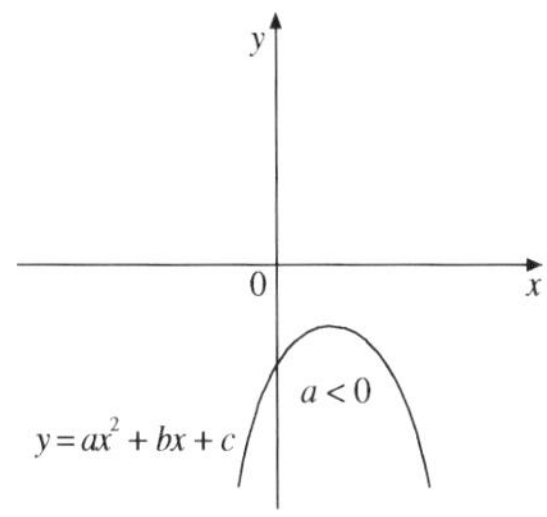

fig. 8

Dalle figg. 7 e 8 si evince che i casi:

$$ax^2 + bx + c < 0 \quad (\text{con } a > 0) \qquad ax^2 + bx + c > 0 \quad (\text{con } a < 0)$$

non ammettono soluzione.

Nelle tabelle che seguono si cerca di riassumere quanto detto:

	$a > 0$	
$\Delta = b^2 - 4ac$	$ax^2 + bx + c > 0$	$ax^2 + bx + c < 0$
$\Delta > 0$	La disequazione è soddisfatta da tutti i valori della x *esterni* all'intervallo che ha per estremi le radici del trinomio	La disequazione è soddisfatta da tutti i valori della x *interni* all'intervallo che ha per estremi le radici del trinomio
$\Delta = 0$	La disequazione è soddisfatta da tutti i valori della x tranne il valore $-\frac{b}{2a}$, per il quale il trinomio si annulla	La disequazione non ammette soluzioni
$\Delta < 0$	La disequazione è soddisfatta da tutti i valori reali della x	La disequazione non ammette soluzioni

	$a < 0$	
$\Delta = b^2 - 4ac$	$ax^2 + bx + c > 0$	$ax^2 + bx + c < 0$
$\Delta > 0$	La disequazione è soddisfatta da tutti i valori della x *interni* all'intervallo che ha per estremi le radici del trinomio	La disequazione è soddisfatta da tutti i valori della x *esterni* all'intervallo che ha per estremi le radici del trinomio

(segue)

$a < 0$		
$\Delta = 0$	La disequazione non ammette soluzioni	La disequazione è soddisfatta da tutti i valori della x, tranne il valore $-\frac{b}{2a}$, per il quale il trinomio si annulla
$\Delta < 0$	La disequazione non ammette soluzioni	La disequazione è soddisfatta da tutti i valori reali della x

Volendo schematizzare ulteriormente quanto detto possiamo scrivere:

$a > 0$		
$\Delta = b^2 - 4ac$	$ax^2 + bx + c > 0$	$ax^2 + bx + c < 0$
$\Delta > 0$	$\forall x \in \left]-\infty, x_1\right[\cup \left]x_2, +\infty\right[$	$\forall x \in \left]x_1, x_2\right[$
$\Delta = 0$	$\forall x \in R - \left\{-\frac{b}{2a}\right\}$	$\emptyset$
$\Delta < 0$	$\forall x \in R$	$\emptyset$

$a < 0$		
$\Delta = b^2 - 4ac$	$ax^2 + bx + c > 0$	$ax^2 + bx + c < 0$
$\Delta > 0$	$\forall x \in \left]x_1, x_2\right[$	$\forall x \in \left]-\infty, x_1\right[\cup \left]x_2, +\infty\right[$
$\Delta = 0$	$\emptyset$	$\forall x \in R - \left\{-\frac{b}{2a}\right\}$
$\Delta < 0$	$\emptyset$	$\forall x \in R$

➤ Risolvere la disequazione: $\frac{x^2}{3} - x > \frac{4}{3} - \frac{x^2}{2}$.

Eliminando i denominatori e semplificando, si ottiene:

$$5x^2 - 6x - 8 > 0$$

Il discriminante dell'equazione è positivo e tale equazione ha le radici che valgono

$x_1 = -\frac{4}{5}$ e $x_2 = 2$.

Allora la disequazione, essendo il coefficiente $a > 0$, è soddisfatta per tutti i valori della x maggiori di 2 e per tutti i valori della x minori di $-\frac{4}{5}$.

Si suole anche scrivere:

$$\forall x \in \left]-\infty,\ -\frac{4}{5}\right[\cup \left]2,\ +\infty\right[$$

➤ Risolvere la disequazione: $-x^2 + 9x - 14 > 0$.
Essendo $\Delta = 25 > 0$, $x_1 = 2$, $x_2 = 7$, essendo il coefficiente $a < 0$, la disequazione è soddisfatta per i valori della x appartenenti all'intervallo (2, 7), cioè per:

$$2 < x < 7$$

Si può anche scrivere: $\forall x \in \left]2,\ 7\right[$.

6.5 Sistemi di disequazioni lineari e di secondo grado

Un *sistema di disequazioni razionali intere* è costituito da due o più disequazioni razionali intere con una sola variabile, le quali debbono essere soddisfatte contemporaneamente.
Ogni soluzione comune a tutte le disequazioni di un sistema si chiama *soluzione del sistema.*
Risolvere un *sistema di disequazioni* significa ***trovare tutte le soluzioni del sistema***.
In generale, per risolvere un sistema, si procede nel modo seguente:

a) Si risolvono, una a una, le disequazioni date; cioè si determinano gli insiemi soluzioni S_1, S_2, ..., di ciascuna di esse.
b) Si esamina se vi sono soluzioni comuni alle disequazioni del sistema; cioè si considera l'insieme $S = S_1 \cap S_2 \cap \ldots$, intersezione degli insiemi così determinati.
   Tale insieme è *l'insieme soluzione del sistema.*
   - Se *esistono* soluzioni comuni (cioè se $S \neq \emptyset$) queste si dicono *soluzioni del sistema.*
   - Se *non esistono* soluzioni comuni (cioè se $S = \emptyset$) si dice che il sistema è *impossibile*, oppure che le disequazioni sono fra loro *incompatibili.*

➤ Risolvere il sistema di disequazioni:

$$\begin{cases} \dfrac{x-1}{4} - \dfrac{5x+1}{3} > -2 \\ \dfrac{5x-1}{3} + \dfrac{2x-1}{6} > 1 \end{cases}$$

Risolvendo separatamente le due disequazioni, si trova che la prima è soddisfatta per $x < 1$, e la seconda per $x > \dfrac{3}{4}$.

Questi risultati sono rappresentati graficamente (con tratto continuo) nella figura seguente, dalla quale si deduce che il sistema dato è soddisfatto dai numeri reali tali che:

$$\frac{3}{4} < x < 1$$

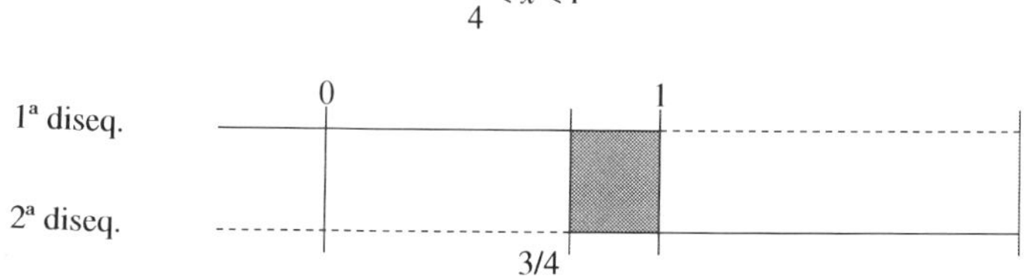

➤ Risolvere il sistema di disequazioni:

$$\begin{cases} x^2 - 1 < 0 \\ x^2 - 9 < 0 \\ x - 7 > 0 \end{cases}$$

La prima disequazione è soddisfatta per: $-1 < x < 1$; la seconda disequazione per: $-3 < x < 3$; la terza per: $x > 7$.

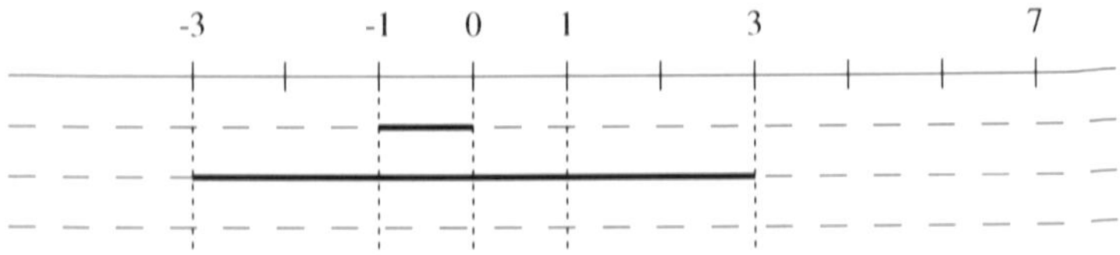

Si deduce che il sistema non ha soluzioni oppure che l'insieme S delle soluzioni è vuoto, cioè:

$$S = \emptyset$$

oppure che le disequazioni sono fra loro incompatibili.

➤ Risolvere il sistema di disequazioni:

$$\begin{cases} \dfrac{x}{3} - \dfrac{2}{3} < \dfrac{x-2}{2} \\ \dfrac{x+2}{2} + \dfrac{1-x}{3} > -\dfrac{2x+1}{2} \end{cases}$$

Risolvendo separatamente le due disequazioni, si trova che la prima è soddisfatta per $x > 2$, la seconda per $x > -\dfrac{11}{7}$.

Risulta che l'insieme delle soluzioni della prima disequazione del sistema è contenuto nell'insieme delle soluzioni della seconda disequazione del sistema:

$$S_1 \subset S_2 \qquad \text{e quindi} \qquad S_1 \cap S_2 = S_1$$

Pertanto il sistema è soddisfatto per: $x > 2$

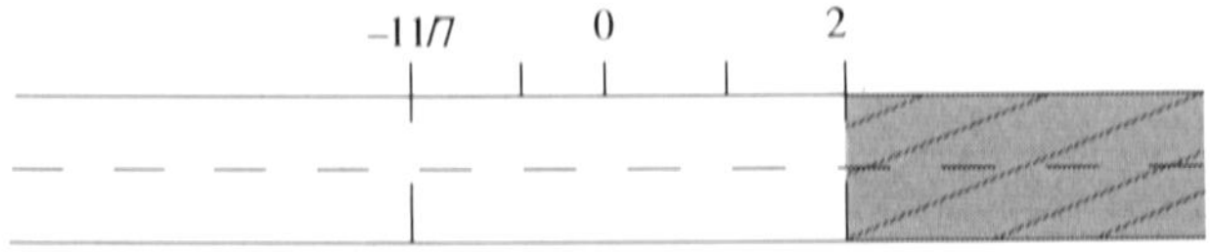

➤ Risolvere il sistema di disequazioni:

$$\begin{cases} x^2 - 8x + 15 > 0 \\ 2x^2 - 15x + 7 < 0 \end{cases}$$

La prima disequazione è soddisfatta per:

$$\forall x \in]-\infty, 3[\cup]5, +\infty[$$

La seconda disequazione è soddisfatta per:

$$\forall x \in \left]\frac{1}{2}, 7\right[$$

Si deduce allora che il sistema dato è soddisfatto per

$$\frac{1}{2} < x < 3 \qquad \text{e per} \qquad 5 < x < 7$$

o, equivalentemente:

$$\forall x \in \left]\frac{1}{2}, 3\right[\cup]5, 7[$$

come si può anche facilmente vedere dalla figura seguente, in cui abbiamo segnato con tratto continuo gli intervalli dove sono soddisfatte contemporaneamente le disequazioni.

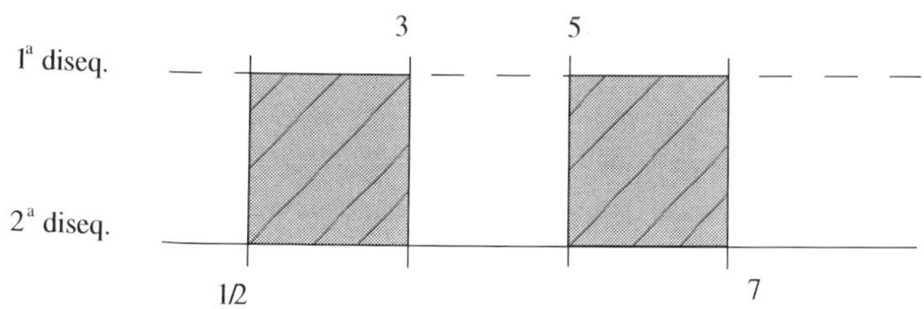

➤ Risolvere il sistema di disequazioni:

$$\begin{cases} \frac{3x}{5} + 2 > \frac{x}{3} + 1 \\ x^2 + 3x - 10 < 0 \\ x^2 + x - 2 > 0 \end{cases}$$

La prima disequazione è soddisfatta per:

$$x > -\frac{15}{4}$$

la seconda per:

$$-5 < x < 2$$

e la terza per:

$$x < -2 \qquad \text{e} \qquad \text{per } x > 1$$

Allora, come si vede anche dalla seguente figura:

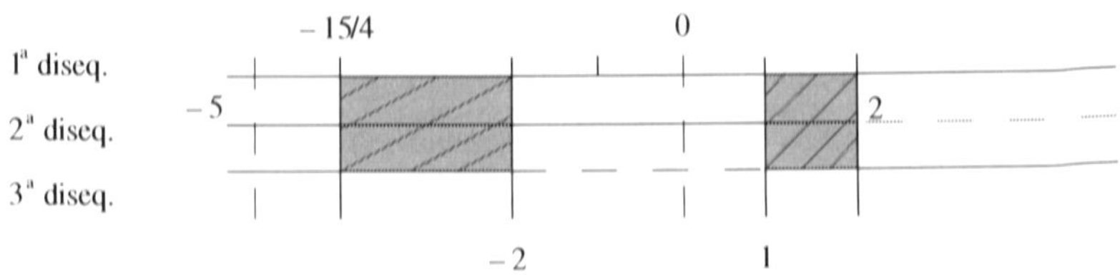

il sistema è soddisfatto per:

$$-\frac{15}{4} < x < -2 \qquad \text{e per} \qquad 1 < x < 2$$

oppure equivalentemente:

$$\forall x \in \left]-\frac{15}{4}, -2\right[\cup \left]1, 2\right[$$

6.6 Disequazioni razionali fratte (frazionarie)

Si chiama ***disequazione razionale fratta*** *ogni disequazione razionale nella quale l'incognita compare anche al denominatore.*
Tutte le disequazioni razionali fratte possono essere ridotte, dopo opportune semplificazioni algebriche, nella forma:

$$\frac{f(x)}{g(x)} > 0$$

dove $f(x)$ e $g(x)$ denotano due funzioni polinomiali nella variabile x.

La disequazione ottenuta è soddisfatta per quei valori della x per i quali i due polinomi $f(x)$ e $g(x)$ assumono ***valori dello stesso segno***, cioè le soluzioni sono date dalle soluzioni del sistema:

$$\begin{cases} f(x) > 0 \\ g(x) > 0 \end{cases}$$

e da quelle del sistema:

$$\begin{cases} f(x) < 0 \\ g(x) < 0 \end{cases}$$

Pertanto: *"La soluzione di una disequazione razionale fratta si riconduce alla risoluzione di due sistemi di disequazioni razionali intere."*

➤ Risolvere la seguente disequazione: $\dfrac{21x-7}{2x^2-x-6} > 0$.

Le soluzioni ci saranno date dai seguenti sistemi:

$$\begin{cases} 21x-7>0 \\ 2x^2-x-6>0 \end{cases} \text{ e } \begin{cases} 21x-7<0 \\ 2x^2-x-6<0 \end{cases}$$

Dalla risoluzione dei due sistemi si trova che il primo è soddisfatto per tutti i valori della x per i quali è:

$$x > 2$$

mentre il secondo per tutti i valori della x per i quali è:

$$-\frac{3}{2} < x < \frac{1}{3}$$

La disequazione di partenza sarà soddisfatta dall'unione delle suddette soluzioni, cioè:

$$-\frac{3}{2} < x < \frac{1}{3} \text{ e } x > 2$$

oppure, equivalentemente, $\forall x \in \left]-\frac{3}{2}, \frac{1}{3}\right[\cup]2, +\infty[$.

NOTA. La soluzione di una disequazione razionale fratta può essere ottenuta più agevolmente ricorrendo alla *rappresentazione grafica*, già vista in precedenza.
In particolare sopra una retta si rappresenta con tratto continuo l'intervallo (o gli intervalli) dove il polinomio numeratore risulta positivo, e con tratti alternati l'intervallo (o gli intervalli) ove risulta negativo (vedi figura sottostante).
La stessa cosa si fa, sopra una seconda retta, per il polinomio al denominatore.
A questo punto si rileva facilmente quali sono gli intervalli dove i due polinomi assumono valori dello stesso segno e quali, invece, quelli dove assumono valori di segno contrario.
Nell'esempio specifico appena trattato, si ha:

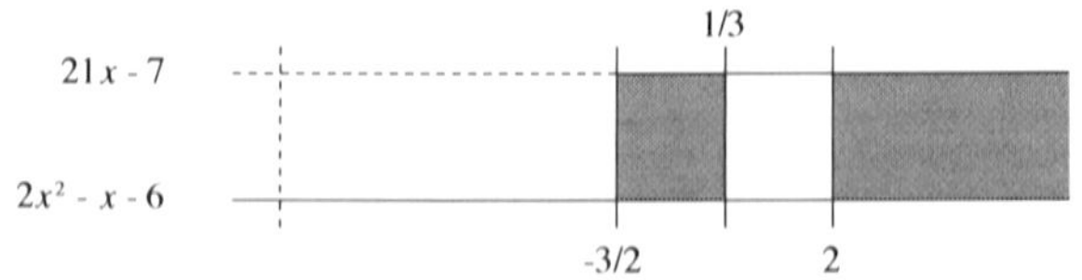

È evidente che i due polinomi sono entrambi positivi per $x > 2$ ed entrambi negativi per $-\frac{3}{2} < x < \frac{1}{3}$.
Il vantaggio di questo metodo è che si risolve solo uno dei due sistemi, perché le soluzioni dell'altro si ottengono graficamente, poiché sono rappresentati dalla parte tratteggiata comune.

➤ Risolvere la disequazione:

$$\frac{4}{x+2} > 3 - \frac{x}{x-1}$$

Trasportiamo tutti i termini al primo membro ed eseguiamo le operazioni ottenendo:

$$\frac{-2x^2+3x+2}{x^2+x-2} > 0$$

Le soluzioni ci saranno date dai seguenti sistemi

$$\begin{cases} -2x^2+3x+2>0 \\ x^2+x-2>0 \end{cases} \quad \text{e} \quad \begin{cases} -2x^2+3x+2<0 \\ x^2+x-2<0 \end{cases}$$

Il primo sistema è soddisfatto per:

$$1 < x < 2$$

ed il secondo per:

$$-2 < x < -\frac{1}{2}$$

Allora la disequazione data è soddisfatta per:

$$-2 < x < -\frac{1}{2} \quad \text{e per} \quad 1 < x < 2$$

che equivale alla seguente rappresentazione grafica:

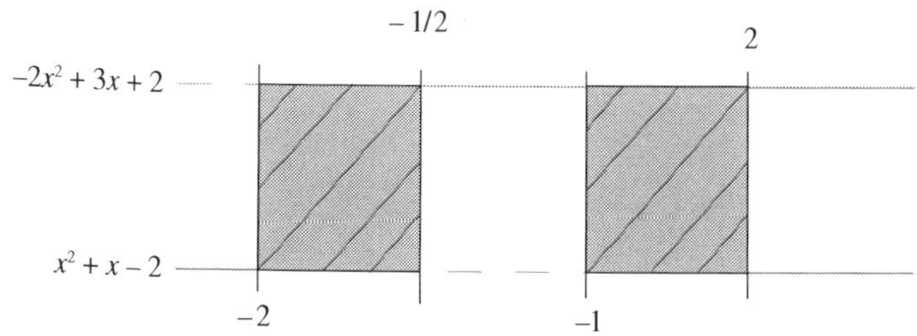

6.7 Disequazioni irrazionali

Una disequazione si dice **irrazionale** quando l'incognita figura sotto il segno di radice.

In questa sede tratteremo esclusivamente i casi particolari.

Siano $A(x)$ e $B(x)$ due polinomi interi della variabile x oppure quozienti di polinomi interi:
1) $A(x) > \sqrt{B(x)}$;
2) $A(x) < \sqrt{B(x)}$;
3) $A(x) > \sqrt[n]{B(x)}$ e $A(x) < \sqrt[n]{B(x)}$ n dispari;
4) $A(x) > \sqrt[n]{B(x)}$ e $A(x) < \sqrt[n]{B(x)}$ n pari.

1° Caso.
Consideriamo la disequazione:

$$A(x) > \sqrt{B(x)} \qquad (*)$$

Osserviamo immediatamente che $\sqrt{B(x)}$ ha senso soltanto per vaolori della x per i quali risulta:

$$B(x) \geq 0$$

ne consegue che $\sqrt{B(x)} \geq 0$ (in quanto supponiamo che il radicale sia preceduto dal segno +) e quindi dovrà anche essere:

$$A(x) > 0$$

altrimenti la disequazione (*) è assurda.

Allora la (*) è una disequazione fra quantità positive e quindi, in base alla proprietà n. 7 del primo paragrafo, possiamo elevare al quadrato ambo i membri della (*), ottenendo:

$$[A(x)]^2 > B(x)$$

ne consegue che la disequazione (*) è equivalente al sistema:

$$\begin{cases} A(x) > 0 \\ B(x) \geq 0 \\ [A(x)]^2 > B(x) \end{cases}$$

Il 1°caso lo si può concludere affermando che:

$$A(x) > \sqrt{B(x)} \quad \Leftrightarrow \quad \begin{cases} A(x) > 0 \\ B(x) \geq 0 \\ [A(x)]^2 > B(x) \end{cases}$$

➤ Risolvere la seguente disequazione:

$$3x - 4 > \sqrt{9x^2 - 27x + 14}$$

La disequazione, in base a quanto visto, risulta equivalente al seguente sistema:

$$\begin{cases} 3x - 4 > 0 \\ 9x^2 - 27x + 14 \geq 0 \\ 9x^2 - 27x + 14 < (3x-4)^2 \end{cases}$$

Dalla risoluzione delle disequazioni del sistema otteniamo:

$$\begin{cases} \forall x \in \left]\frac{4}{3}, +\infty\right[\quad \Leftrightarrow \quad x > \frac{4}{3} \\ \forall x \in \left]-\infty, \frac{2}{3}\right[\cup \left[\frac{7}{3}, +\infty\right[\quad \Leftrightarrow \quad x \leq \frac{2}{3} \quad \text{e} \quad x \geq \frac{7}{3} \\ \forall x \in \left]-\frac{2}{3}, +\infty\right[\quad \Leftrightarrow \quad x > -\frac{2}{3} \end{cases}$$

Le suddette soluzioni ci forniscono l'intervallo di soluzioni del sistema e quindi anche della disequazione proposta, cioè:

$$\forall x \in \left[\frac{7}{3}, +\infty\right[\Leftrightarrow x \geq \frac{7}{3}$$

2° Caso.
Consideriamo la disequazione:

$$A(x) < \sqrt{B(x)} \qquad (**)$$

Bisogna anzitutto porre:

$$B(x) \geq 0$$

dopo di che si vede facilmente che la disequazione (**) è soddisfatta dall'unione delle soluzioni dei seguenti sistemi:

$$\begin{cases} A(x) < 0 \\ B(x) \geq 0 \end{cases} \cup \begin{cases} A(x) \geq 0 \\ B(x) \geq 0 \\ [A(x)]^2 < B(x) \end{cases}$$

Osservando il secondo sistema, notiamo che la seconda disequazione $(B(x) \geq 0)$ è contenuta nella terza equazione del sistema $\{[A(x)]^2 < B(x)\}$, quindi il secondo sistema equivale al seguente:

$$\begin{cases} A(x) \geq 0 \\ [A(x)]^2 < B(x) \end{cases}$$

Il 2° caso lo si può concludere affermando che:

$$A(x) < \sqrt{B(x)} \Leftrightarrow \begin{cases} A(x) < 0 \\ B(x) \geq 0 \end{cases} \cup \begin{cases} A(x) \geq 0 \\ [A(x)]^2 < B(x) \end{cases}$$

➤ Risolvere la seguente disequazione:

$$3x - 7 < \sqrt{9x^2 - 19x + 2}$$

la disequazione, in base a quanto visto risulta equivalente ai seguenti sistemi:

$$\begin{cases} 3x - 7 < 0 \\ 9x^2 - 19x + 2 \geq 0 \end{cases} \cup \begin{cases} 3x - 7 \geq 0 \\ (3x - 7)^2 < 9x^2 - 19x + 2 \end{cases}$$

le soluzioni dei due sistemi sono, rispettivamente:

$$\begin{cases} \forall x \in \left]-\infty, \frac{7}{3}\right[\Leftrightarrow x < \frac{7}{3} \\ \forall x \in \left]-\infty, \frac{1}{9}\right] \cup [2, +\infty[\Leftrightarrow x \leq \frac{1}{9} \quad \text{e} \quad x \geq 2 \end{cases} \cup \begin{cases} \forall x \in \left[\frac{7}{3}, +\infty\right[\Leftrightarrow x \geq \frac{7}{3} \\ \forall x \in \left[\frac{47}{23}, +\infty\right[\Leftrightarrow x > \frac{47}{23} \end{cases}$$

Le suddette soluzioni ci forniscono l'intervallo di soluzioni del sistema e quindi anche della disequazione proposta, cioè:

$$\forall x \in \left]-\infty, \frac{1}{9}\right] \cup [2, +\infty[\Leftrightarrow x \leq \frac{1}{9} \quad \text{“oppure”} \quad x \geq 2$$

3° Caso.
Consideriamo le disequazioni:

$$A(x) > \sqrt[n]{B(x)} \qquad \text{e} \qquad A(x) < \sqrt[n]{B(x)} \qquad\qquad \textbf{\textit{n}} \textit{ dispari } (***)$$

Dalle potenze sappiamo, se ***n*** è dispari, che

$$a > b \Rightarrow a^n > b^n$$
$$a < b \Rightarrow a^n < b^n,$$

allora le disequazioni (***) sono equivalenti, rispettivamente, alle:

$$[A(x)]^n > B(x) \qquad \text{e} \qquad [A(x)]^n < B(x)$$

Pertanto avremo:

$$n \text{ dispari} \quad \Rightarrow \quad \left[\begin{array}{l} A(x) > \sqrt[n]{B(x)} \Leftrightarrow [A(x)]^n > B(x) \\ A(x) < \sqrt[n]{B(x)} \Leftrightarrow [A(x)]^n < B(x) \end{array}\right.$$

allora *la disequazione irrazionale si riduce a una disequazione di grado n.*

➤ Risolvere la disequazione:

$$\sqrt[3]{x^3 + 4x^2 - x + 1} < x + 1$$

La disequazione, in base a quanto visto, risulta equivalente a:

$$x^3 + 4x^2 - x + 1 < (x + 1)^3$$

cioè alla:

$$x^2 - 4x < 0$$

La disequazione data è soddisfatta per:

$$0 < x < 4$$

4° Caso.
Consideriamo le disequazioni:

$$A(x) > \sqrt[n]{B(x)} \qquad \text{e} \qquad A(x) < \sqrt[n]{B(x)} \qquad\qquad \textbf{\textit{n}} \textit{ pari } (****)$$

Con considerazioni analoghe a quelle svolte nei casi 1° e 2° si può dedurre facilmente che la prima disequazione di (****) è equivalente al sistema:

$$\begin{cases} A(x) > 0 \\ B(x) \geq 0 \\ [A(x)]^n > B(x) \end{cases}$$

e che la seconda disequazione di (****) è equivalente ai due sistemi:

$$\begin{cases} A(x) < 0 \\ B(x) \geq 0 \end{cases} \cup \begin{cases} A(x) \geq 0 \\ [A(x)]^n < B(x) \end{cases}$$

Riepilogando avremo:

$$n \text{ pari} \Rightarrow \left[\begin{array}{l} A(x) > \sqrt[n]{B(x)} \Leftrightarrow \begin{cases} A(x) > 0 \\ B(x) \geq 0 \\ [A(x)]^n > B(x) \end{cases} \\ A(x) < \sqrt[n]{B(x)} \Leftrightarrow \begin{cases} A(x) < 0 \\ B(x) \geq 0 \end{cases} \cup \begin{cases} A(x) \geq 0 \\ [A(x)]^n < B(x) \end{cases} \end{array} \right.$$

6.7.1 Le disequazioni irrazionali risolte attraverso la geometria analitica

Risolviamo graficamente la seguente disequazione

$$\sqrt{1 - x^2} < x + 1$$

Rappresentiamo i grafici delle seguenti due funzioni

$$y = \sqrt{1 - x^2} \qquad \text{e} \qquad y = x + 1$$

che sono rispettivamente il grafico di una semicirconferenza e il grafico di una retta (fig. 1).

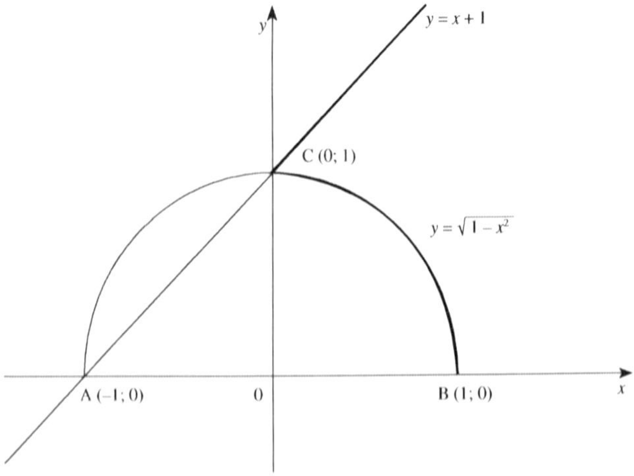

fig. 1

Risolvere la disequazione data equivale a determinare le ascisse dei punti della semicirconferenza che hanno ordinata minore di quella dei corrispondenti punti di uguale ascissa della retta. Quindi dal grafico possiamo vedere che i punti che soddisfano tale condizione sono quelli che hanno il valore dell'ascissa compreso nel seguente intervallo:

$$0 < x \leq 1$$

Capitolo 7
Funzioni esponenziali e logaritmiche

7.1 Funzione esponenziale

Dato un numero reale e positivo a, diverso da 1, ad ogni valore reale di x, positivo o negativo, corrisponde un valore unico e determinato di a^x sempre positivo:

$$f : x \in \mathrm{R} \rightarrow f(x) = a^x \in \mathrm{R}^+ \qquad a > 0 \qquad a \neq 1$$

La funzione

$$\boldsymbol{y = ax}$$

viene chiamata *funzione esponenziale*; la sua immagine geometrica, rispetto ad un sistema di assi cartesiani, è la *curva esponenziale*.
L'andamento della funzione e della curva esponenziale è diverso a seconda che la base positiva a sia maggiore di 1 oppure compresa tra 0 e 1.

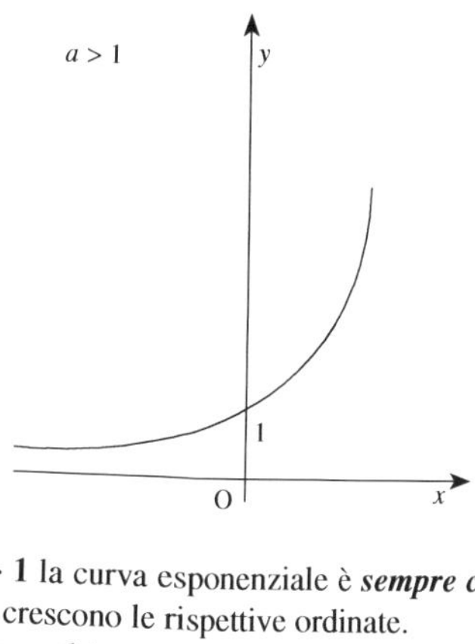

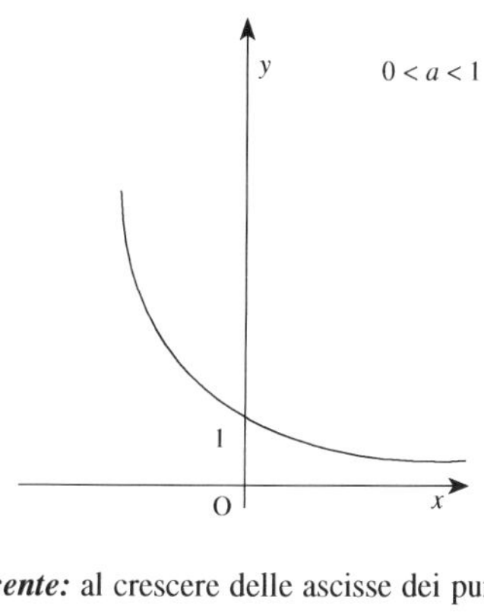

Se $\boldsymbol{a > 1}$ la curva esponenziale è ***sempre crescente:*** al crescere delle ascisse dei punti della curva, crescono le rispettive ordinate.
Se $\boldsymbol{0 < a < 1}$ la curva esponenziale è ***sempre decrescente***: al crescere delle ascisse dei punti della curva, decrescono le rispettive ordinate.
Ad ogni valore fissato per la base a, corrisponde una determinata curva esponenziale. Ciascuna curva esponenziale passa per il punto A(0; 1) perché per $x = 0$, $y = a^0 = 1$ e appartiene al semipiano delle ordinate positive (I e II quadrante), essendo a^x positiva per ogni valore reale

di x; inoltre nessuna curva esponenziale incontra mai l'asse delle ascisse, perché non esiste alcun valore reale finito di x per cui sia $a^x = 0$.
Le curve immagini delle 2 funzioni esponenziali

$$y = a^x \qquad y = \left(\frac{1}{a}\right)^x$$

con la base, essendo numeri reciproci, una maggiore di 1 e l'altra compresa tra 0 e 1 sono una crescente e l'altra decrescente; inoltre è facile vedere che le 2 curve sono *simmetriche rispetto all'asse delle ordinate.*
Infatti, attribuendo a x in una il valore x_0 e nell'altra il valore opposto $-x_0$ risulta la stessa ordinata y_0.
I due punti M $(x_0; y_0)$ e M_1 $(-x_0; y_0)$ sono simmetrici rispetto all'asse delle y.

➤ Tracciare per punti la curva esponenziale $y = 2^x$

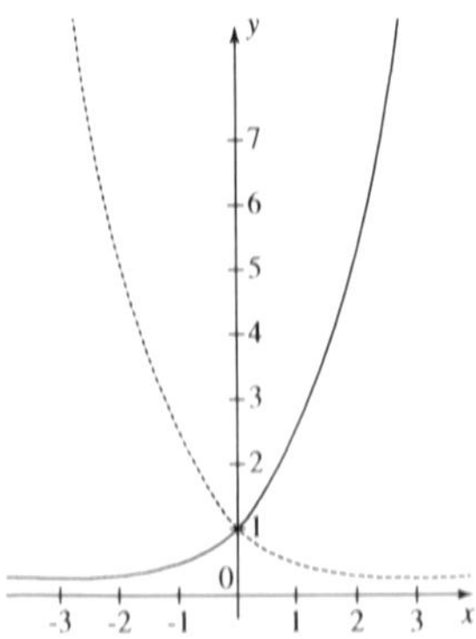

Attribuendo a x dapprima valori interi, positivi e negativi e poi convenienti valori decimali (0,5; 1,5; 2,5 ecc. – 0,5; – 1,5 ecc.) si può formare una tabella di valori x e y da cui si ottengono altrettanti punti che guidano, su un sistema di assi cartesiani, il tracciato continuo della nostra curva esponenziale.

Nella figura è descritta anche la curva esponenziale simmetrica rispetto a y della precedente immagine della funzione

$$y = \left(\frac{1}{2}\right)^x \text{ (tratteggio)}$$

NOTA. Teniamo ben presente quindi che la funzione esponenziale ha:
1) Dominio (o campo di esistenza) = R ⇔ $]-\infty,+\infty[$
2) Codominio = R^+ ⇔ $]0,+\infty[$.

7.2 Definizione di logaritmo

Dicesi **logaritmo** di un dato numero (positivo) **b** in base (positiva) data **a**, l'esponente della potenza cui bisogna elevare la base **a** per ottenere il numero dato **b**.
Se $\boldsymbol{a} = \boldsymbol{b}$ si dice che "γ è il logaritmo di b in base a" e si scrive

$$\gamma = \log_a b$$

È di immediata evidenza la seguente identità:

$$a^{\log_a b} = b$$

➤ $2^3 = 8$; $10^3 = 1.000$; $10^{-2} = \frac{1}{100} = 0,01$.

Applicando la definizione di logaritmo, si ha rispettivamente

$$\mathbf{\log_2 8 = 3;\ \log_{10} 1.000 = 3;\ \log_{10} 0,01 = -2}$$

Ricordiamo che l'equazione $a^x = b$ non ammette soluzioni se b è negativo, che $a^0 = 1$, $a^1 = a$.
Valgono inoltre le seguenti osservazioni:

1) *Non esistono logaritmi di numeri negativi.*
2) *In qualunque base (positiva) il logaritmo di 1 è zero.*
3) *In qualunque base (positiva) il logaritmo della base è 1.*
4) *In base maggiore di 1, i logaritmi dei numeri maggiori di 1 sono positivi, i logaritmi dei numeri minori di 1 sono negativi. In base minore di 1, conclusioni opposte.*

7.3 Teoremi sui logaritmi

NOTA. Nei teoremi si sottintende che i logaritmi sono riferiti ad una stessa base (positiva e diversa da 1) e che tali numeri sono positivi.

1) ***Il logaritmo del prodotto di 2 o più numeri è uguale alla somma dei logaritmi dei fattori.***
Se a è la base scelta, si ha:

$$\mathbf{\log_a (bcd) = \log_a b + \log_a c + \log_a d}$$

Esprimendo b, c, d, in forma esponenziale, con base a, si ha:

$$a^x = b,\ a^z = c,\ a^u = d$$

da cui per la definizione di logaritmo $x = \log_a b$, $z = \log_a c$, $u = \log_a d$.

Esprimendo in forma esponenziale anche il prodotto bcd, si ha:

$$bcd = a^x \cdot a^z \cdot a^u = a^{x+z+u}$$

quindi per definizione di logaritmo si vede che l'esponente che si deve attribuire alla base a per ottenere il prodotto bcd è $x + z + u$. Pertanto

$$\log_a(bcd) = x + z + u = \log_a b + \log_a c + \log_a d \qquad \text{c.v.d.}$$

2) ***Il logaritmo del quoziente di 2 numeri è uguale alla differenza fra il logaritmo del dividendo e il logaritmo del divisore.***

Se b e c sono numeri reali positivi, si ha:

$$\log_a b/c = \log_a b - \log_a c$$

Esprimendo in forma esponenziale il quoziente b/c risulta per un noto teorema sulle potenze:

$$\frac{b}{c} = \frac{a^x}{a^z} = a^{x-z}$$

in cui si vede che l'esponente che bisogna attribuire alla base a per ottenere b/c è $x - z$, quindi per definizione di logaritmo

$$\log_a b/c = x - z = \log_a b - \log_a c \qquad \text{c.v.d.}$$

3) ***Il logaritmo della potenza di un numero è uguale al prodotto dell'esponente per il logaritmo di quel numero.***

Indicando con m un numero reale, si ha:

$$\log_a b^m = m\log_a b$$

Esprimendo in forma esponenziale, rispetto alla base a, la potenza b^m, con i simboli dei precedenti teoremi, per un noto teorema delle potenze si ha:

$$b^m = (a^x)^m = a^{mx}$$

in cui si vede che l'esponente che si deve attribuire alla base a per ottenere b^m è mx, quindi, per definizione di logaritmo

$$\log_a b^m = mx = m\log_a b \qquad \text{c.v.d.}$$

4) ***Il logaritmo di un radicale è uguale al quoziente del logaritmo del radicando per l'indice del radicale.***

Se il radicale è di indice n, si ha:

$$\log_a \sqrt[n]{b} = \frac{1}{n}\log_a b$$

Si potrebbe considerare un caso particolare del teorema precedente. Esprimendo in forma esponenziale il radicale, si ha

$$\sqrt[n]{b} = \sqrt[n]{a^x} = a^{\frac{x}{n}}$$

così si vede che l'esponente che si deve attribuire alla base a per ottenere il radicale dato è x/n, quindi per definizione di logaritmo:

$$\log_a \sqrt[n]{b} = \frac{x}{n} = \frac{\log_a b}{n} = \frac{1}{n}\log_a b \qquad \text{c.v.d.}$$

➤ Sviluppare $\log_a q$ sapendo che $q = \frac{bc^2}{d^5}$.

Passando ai logaritmi e applicando prima il teorema I e il II poi il III si ha successivamente:

$$\log_a q = \log_a b + \log_a c^2 - \log_a d^5 = \log_a b + 2\log_a c - 5\log_a d$$

➤ Sviluppare $\log_a z$ sapendo che $z = \sqrt[4]{\frac{b(b+c)^3}{c^3(b-c)}}$

Passando ai logaritmi e applicando tutti i teoremi si ha:

$$\log_a z = \frac{1}{4}\left[\log_a b + 3\log_a (b+c) - 3\log_a c - \log_a (b-c)\right]$$

Si osservi questo esempio: mentre si possono sviluppare i logaritmi di un prodotto, di un quoziente, di una potenza e di una radice, non si possono sviluppare i logaritmi di una somma e differenza.
Sarebbe, infatti, errore gravissimo scrivere $\mathbf{\log_a b + \log_a c}$ invece di $\mathbf{\log_a(b + c)}$, oppure scrivere $\mathbf{\log_a b - \log_a c}$ invece di $\mathbf{\log_a(b - c)}$. La somma e la differenza di 2 logaritmi provengono, rispettivamente, dal logaritmo di un prodotto e dal logaritmo di un quoziente.

7.4 Sistemi di logaritmi - Tavole di logaritmi

L'insieme dei logaritmi dei numeri reali (positivi), in una stessa base prescelta, costituisce un *sistema di logaritmi.*
I sistemi di logaritmi di più larga applicazione sono due, entrambi in base > 1.

1) Il sistema usato nei calcoli pratici è in base *10* (sistema di logaritmi *decimali*, o *volgari*, o *di Briggs*).
2) Il sistema usato nelle trattazioni teoriche è in una base formata da un numero irrazionale, compreso fra 2 e 3 e che si suole indicare con "*e*" (sistema di logaritmi *naturali* o *neperiani*).

$e = 2{,}718281\ldots = \lim_{x\to\infty}\left(1+\frac{1}{n}\right)^n$ si studia nelle Matematiche superiori

> **NOTA.** Nell'indicare i logaritmi di numeri in base 10 e in base *e* si può omettere la indicazione della base, scrivendo semplicemente il simbolo log.
> Invece di $\log_{10} n \Rightarrow \mathbf{\log n}$
> Invece di $\log_e n \Rightarrow \mathbf{\log n}$

Si chiamano *Tavole dei logaritmi* le tabelle che raccolgono ordinatamente i logaritmi dei numeri interi da 1 a 10.000 oppure da 1 a 100.000 nella data base, disposti in modo da agevolare la ricerca che interessa, oppure trovare il numero di un dato logaritmo.
Se si dispone dei logaritmi in data base a (es. 10) si possono ottenere i logaritmi in un'altra base (es. e) operando un *cambiamento di base*.
Si voglia dunque trovare il logaritmo incognito x di un qualunque numero positivo b in data base β (cioè $x = \log_\beta b$) conoscendo $\log_a b$ ricavabile come il logaritmo di ogni altro numero, dalle tavole di cui si dispone.
Poiché si ha:

$$\beta^x = b$$

passando al logaritmo in base a risulta $x \log_a \beta = \log_a b$, da cui, tenendo conto che $x = \log_\beta b$, si ricava:

$$x = \log_\beta b = \frac{\log_a b}{\log_a \beta} = \frac{1}{\log_a \beta} \cdot \log_a b$$

cioè: *per passare dal logaritmo di un numero in data base* a *al logaritmo dello stesso numero in una nuova base* β, *si moltiplica il logaritmo di quel numero, nella data base* a, *per il reciproco del logaritmo della nuova base* β *nella base primitiva* a.
Nelle tavole figurano, in corrispondenza dei numeri successivi interi, le parti decimali dei rispettivi logaritmi, approssimati e arrotondati e si dicono *mantisse*, mentre la parte intera è detta *caratteristica*.

7.4.1 Calcolo di espressioni numeriche con i logaritmi

Usando le tavole logaritmiche e applicando i 4 teoremi fondamentali, si possono ottenere rapidamente risultati di calcoli che, eseguiti direttamente sui numeri, sarebbero laboriosi.
Si dice *cologaritmo* di n, l'opposto del logaritmo di n.

$$\mathbf{colog}\ n = -\log n$$

7.5 Funzione logaritmica

La **funzione logaritmica** *di base a* è la funzione che, dato un numero $a > 0$ *e* $a \neq 1$, ad ogni numero reale positivo x associa il logaritmo di tale numero in **R**:

$$f: x \in \mathbb{R}^+ \Rightarrow y = \log_a x \in R \qquad a > 0 \qquad a \neq 1$$

Dalla definizione di logaritmo e dalle proprietà messe in evidenza precedentemente ne consegue che:

1) *la funzione logaritmica è biunivoca tra* $\mathbb{R}^+$ *e* R;
2) *la funzione logaritmica è*
   a) *crescente per* $a>1$
   b) *decrescente* per $0<a<1$;

3) *la funzione logaritmica è invertibile in* R;
4) *l'inversa della funzione esponenziale di base* ***a*** *è la funzione logaritmica di base* ***a***.

Il punto 4. lo possiamo verificare immediatamente se consideriamo:

$$f(x) = a^x \qquad g(x)=\log_a x$$

si ha:

$$x \xrightarrow{f} a^x \xrightarrow{g} \log_a a^x = x$$

$$x \xrightarrow{g} \log_a x \xrightarrow{f} a^{\log_a x} = x$$

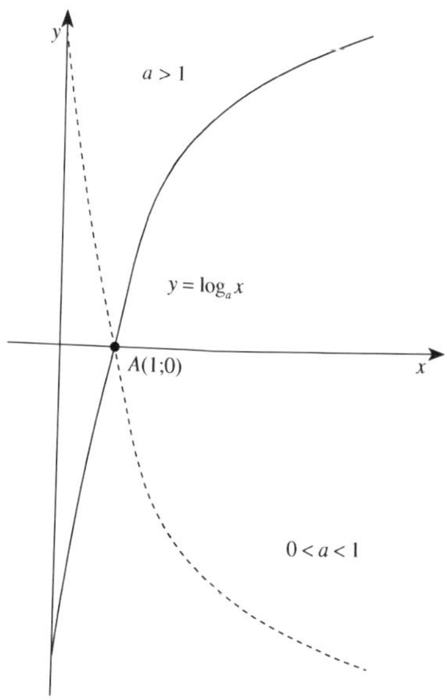

Il grafico della funzione logaritmica può essere di due tipi in funzione dei valori di a, e si chiama **curva logaritmica**, infatti avremo:
– $a > 1$ il grafico in nero;
– $0 < a < 1$ il grafico tratteggiato.

Osservando i grafici possiamo effettuare delle considerazioni:
1) la funzione si può calcolare solo per $x > 0$ e pertanto il grafico è posto tutto alla *destra* dell'asse *y;*
2) per $x = 1$, si ha $y = 0$, e quindi la curva taglia l'asse x nel punto $A(1; 0)$;
3) per $a > 1$ $(0 < a < 1)$, per $x > 1$ la y assume valori positivi (negativi) e cresce (decresce) al crescere della x assumendo valori grandi;
4) per $a > 1$ $(0 < a < 1)$, per $0 < x < 1$ la y assume valori negativi (positivi), e quando alla x si attribuiscono valori sempre più prossimi a zero, i corrispondenti valori della y risultano, in valore assoluto, sempre più grandi.

7.6 Equazioni esponenziali

Le equazioni esponenziali sono equazioni che contengono l'incognita all'esponente.

Un'equazione esponenziale elementare è del tipo:

$$a^x = b$$

dove, nell'ipotesi $a > 0$ e $a \neq 1$, se $b \leq 0$ l'equazione è impossibile, mentre se è $b > 0$ essa ammette l'unica soluzione

$$x = \log_a b$$

➤ Risolviamo le seguenti equazioni

1) $3^x = 1 \rightarrow 3^x = 3^0 \rightarrow x = 0$

2) $3^x = \dfrac{1}{27} \rightarrow 3^x = 3^{-3} \rightarrow x = -3$

3) $3^x = 15$

In questo caso il secondo membro non è esprimibile come potenza di 3, quindi la soluzione è

$$x = \log_3 15$$

Risoluzione di equazioni esponenziali

a) Se l'equazione esponenziale si presenta nella forma

$$a^{f(x)} = a^{g(x)}$$

determiniamo la soluzione effettuando un passaggio agli esponenti, cioè risolvendo

$$f(x) = g(x)$$

➤ Risolviamo la seguente equazione

$$3^{3x-2} = 9^{-3x+4}$$
$$3^{3x-2} = 3^{2(-3x+4)}$$

quindi, passando agli esponenti

$$3x - 2 = -6x + 8$$

risolviamo l'equazione di primo grado e otteniamo

$$x = \frac{10}{9}$$

b) Se l'equazione esponenziale contiene nei due membri solo prodotti e quozienti di potenze di basi diverse, per la risoluzione è di solito necessario introdurre i logaritmi.

➤ Risolviamo la seguente equazione

$$\sqrt[5]{3^{x+1}} = 2^{x+2}$$

Trasformiamo il primo membro in potenza

$$3^{\frac{x+1}{5}} = 2^{x+2}$$

applicando i logaritmi ad ambo i membri si ottiene

$$\frac{x+1}{5}\log 3 = (x+2)\log 2$$

da cui

$$(x+1)\log 3 = 5(x+2)\log 2$$

cioè

$$x(\log 3 - 5\log 2) = 10\log 2 - \log 3$$

e

$$x = \frac{10\log 2 - \log 3}{\log 3 - 5\log 2}$$

c) Equazioni esponenziali risolvibili mediante opportune sostituzioni o scomposizioni.

➤ Risolviamo la seguente equazione

$$2^{2x} - 3 \times 2^{(1+x)} + 8 = 0$$

Svolgiamo i calcoli:

$$2^{2x} - 6 \times 2^{x} + 8 = 0$$

poniamo $2^x = y$ e sostituiamo

$$y^2 - 6y + 8 = 0$$

quindi $y_1 = 2$ e $y_2 = 4$.
Considerando la posizione fatta:

$$2^{x_1} = 2 \rightarrow x_1 = 1$$

e

$$2^{x_2} = 4 \rightarrow x_2 = 2$$

Altri esempi

1) $3^{1-2\sqrt{x-3}} + 9^{1-\sqrt{x-3}} = \dfrac{4}{3}$

$3^{1-2\sqrt{x-3}} + 3^{2-2\sqrt{x-3}} = \dfrac{4}{3}$

$3 : 3^{2\sqrt{x-3}} + 9 : 3^{2\sqrt{x-3}} = \dfrac{4}{3}$

moltiplichiamo i due membri per $3^{2\sqrt{x-3}}$ ottenendo:

$12 = 4/3 \cdot 3^{2\sqrt{x-3}}$ ovvero:

$3^{2\sqrt{x-3}} = 9$ da cui $3^{2\sqrt{x-3}} = 3^2$, per cui:

$2\sqrt{x-3} = 2$

da cui $x = 4$ accettabile perché > 3 (condizione di realtà del radicale)

2) $4^{\left(\frac{x+1}{x}\right)} = 16^{(-1/x)}$

se eleviamo ambo i membri alla x otteniamo:

$\left[4^{\left(\frac{x+1}{x}\right)}\right]^x = [16^{(-1/x)}]^x$ ovvero:

$4^{x+1} = 16^{-1}$ da cui $4^{x+1} = 4^{-2}$ da cui $x = -3$

3) $2^{\left(\frac{x+1}{x}\right)} : 2^{\left(\frac{x-1}{x}\right)} = 8$ moltiplichiamo ambo i membri per $2^{\left(\frac{x-1}{x}\right)}$

$2^{\left(\frac{x+1}{x}\right)} = 2^3 \cdot 2^{\left(\frac{x-1}{x}\right)}$

$2^{\left(\frac{x+1}{x}\right)} = 2^{\left(\frac{3x-3}{x}\right)}$ da cui: $\dfrac{x+1}{x} = \dfrac{3x-3}{x}$ per $x \neq 0$

$x + 1 = 3x - 3$

$x = 2$

4) $2^{3+\sqrt{x+1}} - 2^{2-\sqrt{x+1}} = 4$

$2^3 \cdot 2^{\sqrt{x+1}} - 2^2 : 2^{\sqrt{x+1}} = 2^2$

moltiplicando per $2^{\sqrt{x+1}}$

$2^3 \cdot 2^{2\sqrt{x+1}} - 2^2 = 2^2 \cdot 2^{\sqrt{x+1}}$

dividendo per 2^2

$2 \cdot 2^{2\sqrt{x+1}} - 1 - 2^{\sqrt{x+1}} = 0$

ponendo $y = 2^{\sqrt{x+1}}$ avremo

$2y^2 - y - 1 = 0$ da cui le soluzioni $y_1 = -1/2$ e $y_2 = 1$

tenendo conto della posizione fatta, si ha

$2^{\sqrt{x+1}} = -1/2$ impossibile

$2^{\sqrt{x+1}} = 1 \rightarrow 2^{\sqrt{x+1}} = 2^0 \rightarrow \sqrt{x+1} = 0 \rightarrow x + 1 = 0 \rightarrow x = -1$

Pertanto, l'unica soluzione è $x = -1$.

7.7 Equazioni logaritmiche

Una equazione si dice **logaritmica** quando l'incognita figura nell'argomento del logaritmo in modo diretto o attraverso una sua funzione. La soluzione delle equazioni logaritmiche si basa sulla considerazione che la funzione logaritmo è una funzione univoca e definita nell'intervallo $x > 0$; pertanto a logaritmi uguali debbono corrispondere argomenti uguali fatti salvi i limiti imposti al dominio; da:

$$\log_a[f(x)] = \log_a[g(x)]$$

segue $f(x) = g(x)$, uguaglianza che deve essere verificata nell'intervallo definito dal sistema di disequazioni

$$\begin{cases} f(x) > 0 \\ g(x) > 0 \end{cases}$$ la soluzione è detta campo di esistenza (c.e.)

➤ $2\log_a(x-1) = \log_a(2x^2 + 3x - 5)$

$$\begin{cases} x - 1 > 0 \\ 2x^2 + 3x - 5 > 0 \end{cases} \qquad \text{c.e.} \quad x > 1$$

$(x-1)^2 = 2x^2 + 3x - 5$ da cui

$x^2 - 5x - 6 = 0$ che fornisce le radici: $x_1 = -6$ $\quad x_2 = 1$

nessuna radice risulta soluzione accettabile perché nessuna è compresa nel c.e.

➤ $\frac{1}{2}\log_a(8x + 12) = \log_a 2x$

$$\begin{cases} 8x + 12 > 0 \\ 2x > 0 \end{cases} \qquad \text{c.e.} \quad x > 0$$

$\sqrt{4(2x+3)} = 2x$	razionalizzando (il c.e. già calcolato copre anche tale operazione)
$x^2 - 2x - 3 = 0$	fornisce le radici:
$x_1 = -1$	questa radice non è soluzione della equazione logaritmica
$x_2 = 3$	soluzione accettabile perché in accordo con il c.e.

7.8 Disequazioni logaritmiche

Una disequazione si definisce **logaritmica** quando in essa compare il logaritmo dell'incognita o di qualche espressione contenente l'incognita.
La risoluzione di una disequazione logaritmica consiste nel servirsi dei noti teoremi sui logaritmi e nel ridurre la disequazione alla forma:

$$\log_a A(x) > b \quad (*)$$

oppure alla forma:

$$\log_a A(x) < b \quad (**)$$

Per risolvere tali equazioni, basta ricordare che il $\log_a x$:
- se $a > 1$, cresce al crescere della x;
- se $0 < a < 1$, decresce al crescere della x.

Inoltre bisogna ricordare che *l'argomento del logaritmo deve essere sempre positivo.*
Se ***a* > 1** la (*) equivale a: $A(x) > a^b$

la (**) equivale al sistema: $\begin{cases} A(x) > 0 \\ A(x) < a^b \end{cases}$

Se **0 < *a* < 1** la (*) equivale al sistema: $\begin{cases} A(x) > 0 \\ A(x) < a^b \end{cases}$

la (**) equivale a: $A(x) > a^b$.

Riepilogando possiamo schematizzare nel seguente modo:

	$\log_a A(x) > b$	$\log_a A(x) < b$
$a > 1$	$A(x) > a^b$	$\begin{cases} A(x) > 0 \\ A(x) < a^b \end{cases}$
$0 < a < 1$	$\begin{cases} A(x) > 0 \\ A(x) < a^b \end{cases}$	$A(x) > a^b$

Da cui si ricavano delle disequazioni, o sistemi di disequazioni, del tipo già visti in precedenza.

➤ Risolvere la disequazione: $\log(2x^2 - 7x + 103) > 2$.

Questa disequazione ci riporta al caso (*), quindi equivale alla seguente:

$$2x^2 - 7x + 103 > 100$$

che è soddisfatta per:

$$x < \frac{1}{2} \text{ e per } x > 3$$

o, equivalentemente, $\forall x \in \left]-\infty, \frac{1}{2}\right[\cup \left]3, +\infty\right[$.

➤ Risolvere la disequazione: $\log(-x^2 + 6x - 8) < 0$.
Questa disequazione ci porta al caso (**), quindi è equivalente al sistema:

$$\begin{cases} -x^2 + 6x - 8 > 0 \\ -x^2 + 6x - 8 < 10^0 = 1 \end{cases}$$

Risolvendo questo sistema si trova che esso è soddisfatto per:

$$2 < x < 3$$
e
$$3 < x < 4$$

oppure, equivalentemente:

$$\forall x \in \left]2,3\right[\cup \left]3,4\right[$$

7.9 Disequazioni esponenziali

Una disequazione si dice **esponenziale** quando in essa l'incognita o qualche espressione contenente l'incognita compare come esponente di una o più potenze.
Per le disequazioni esponenziali valgono osservazioni analoghe a quelle fatte riguardo le equazioni esponenziali.
Ricordiamo brevemente che la funzione esponenziale:
1) è strettamente **decrescente** per $0 < a < 1$, mentre è strettamente **crescente** per $a > 1$;
2) è definita in R, cioè il dominio o campo di esistenza è $\forall x \in R$;
3) è una funzione sempre positiva $\Rightarrow a^x = 0 \Leftrightarrow$ *impossibile*;
4) passa per il punto di coordinate (0, 1).
Sulla base delle suddette proprietà, e tenendo presente il grafico della funzione esponenziale, possiamo raggruppare la tipologia di disequazioni esponenziali nella seguente tabella.

DISEQUAZIONE	$a > 1$	$0 < a < 1$
$a^{f(x)} \geq 0$	$\forall x \in R$	$\forall x \in R$
$a^{f(x)} \leq 0$	Impossibile	Impossibile
$a^{f(x)} > 1$	$f(x) > 0$	$f(x) < 0$
$a^{f(x)} > a^{g(x)}$	$f(x) > g(x)$	$f(x) < g(x)$
$a^{f(x)} > b$	$f(x) > \log_a b$	$f(x) < \log_a b$

➤ Risolvere la disequazione: $5^x < 0$.
Si vede che è impossibile, essendo la funzione esponenziale sempre positiva.

➤ Risolvere la disequazione: $7^{\sqrt{x^2+1}} > 0$.
Si vede che è sempre verificata, essendo la funzione esponenziale sempre positiva, cioè:

$$\forall x \in R$$

➤ Risolvere la disequazione: $3^x > 81$.
In tal caso possiamo scrivere $3^x > 3^4$, essendo $a > 1$, la funzione esponenziale è crescente, pertanto la soluzione sarà: $x > 4$ cioè $\forall x \in]4, +\infty[$.

Capitolo 8
Progressioni – statistica e calcolo delle probabilità

8.1 Progressioni

Le successioni sono costituite da un insieme ordinato di numeri in cui ciascun termine segue il precedente e precede il successivo secondo una legge ben precisa, facilmente identificabile ed esplicitamente espressa. Una successione può essere rappresentata in modi diversi come ad esempio la successione che segue:

1, 3, 9, 27, 81, ..., 729	rappresentazione per enumerazione
$a_n = 3^n \quad n \in N$	rappresentazione mediante funzione
$a_1 = 1 \quad a_{n+1} = 3a_n$	rappresentazione ricorsiva

Dalle rappresentazioni illustrate si evince che una successione può essere considerata una particolare funzione dove la variabile indipendente è definita nell'insieme dei numeri naturali e la variabile dipendente è costituita dagli elementi di un insieme infinito detti termini della successione. Più in generale diremo che gli elementi di un insieme sono in successione se esiste una corrispondenza biunivoca che associa ogni numero naturale ad uno soltanto di questi.
Andremo a studiare le proprietà di particolari successioni denominate progressioni aritmetiche e progressioni geometriche, in generale e nel caso di progressioni limitate; una progressione si dice limitata quando se ne considerano soltanto i primi n elementi.

8.2 Progressioni aritmetiche

I termini di una successione sono in progressione aritmetica se il generico termine a_n differisce della stessa quantità d dal suo predecessore e dal suo successore, ovvero:
$a_n = a_{n-1} + d$
$a_n = a_{n+1} - d$
d è detta ragione della progressione aritmetica.

➤ Nella seguente progressione: 2, 5, 8, 11, 14, ...
$a_1 = 2 \quad a_2 = 5$
$a_3 = 8 \quad a_4 = 11$
$d = 3$
come è facilmente verificabile dalle differenze tra termini consecutivi.

8.2.1 Termine generico di una progressione aritmetica

È immediato rendersi conto che:

$a_2 = a_1 + d$

$a_3 = a_2 + d$

$a_4 = a_3 + d$

...

$a_n = a_{n-1} + d$

da cui sommando membro a membro

$$a_2 + a_3 + a_4 + ... + a_{n-1} + a_n = a_1 + a_2 + a_3 + a_4 + ... + a_{n-1} + d(n-1)$$

semplificando

$$\mathbf{a_n = a_1 + d(n-1)} \qquad \mathbf{(1)}$$

La relazione fondamentale che lega tra loro i termini di una progressione aritmetica e può essere utilizzata per qualsiasi k-esimo elemento nella forma che segue:

$$\mathbf{a_n = a_k + d(n-k)} \qquad \mathbf{(2)}$$

➤ Data una progressione aritmetica in cui $a_1 = 9$, $a_n = 45$ e $d = 6$, determinarne il numero degli elementi.
Applicando la **(1)** avremo $45 = 9 + (n-1)6$ da cui con rapidi calcoli $n = 7$.

La ragione d può assumere valori sia positivi sia negativi; in corrispondenza avremo progressioni crescenti oppure decrescenti.
Il generico termine $\mathbf{a_k}$ può essere visto come media aritmetica calcolata tra il suo precedente ed il suo seguente o di tutti i termini equidistanti da a_k stesso, infatti basta osservare che:

$$\mathbf{a_k = \frac{a_{k-1} + a_{k+1}}{2} = \frac{a_{k-d} + a_{k+d}}{2} = \frac{a_{k-2} + a_{k+2}}{2} = \frac{a_{k-2d} + a_{k+2d}}{2}}$$

Somma di termini equidistanti dagli estremi

Nel caso di progressioni aritmetiche limitate (ovvero costituite da un numero finito di termini) è facile dimostrare che le somme dei termini equidistanti dagli estremi, presi due a due, rimangono costanti e tutte uguali a:

$$\mathbf{a_1 + a_n = a_2 + a_{n-1} = a_1 + \cancel{d} + a_n - \cancel{d}} \qquad \mathbf{(3)}$$

Nel caso in cui il numero di termini della progressione sia dispari ($n = 2k + 1$), le suddette somme divengono uguali al doppio del termine centrale a_k che viene a coincidere con la media aritmetica di tutti gli n termini. Nel caso di n pari la suddetta media coincide con la media dei due termini centrali.

➤ Consideriamo la progressione aritmetica con $d = 2$, limitata ai primi 7 elementi:
3, 5, 7, 9, 11, 13, 15
Per tale successione è facile verificare che:

$$a_1 + a_n = a_2 + a_{n-1} = a_3 + a_{n-2} = 2a_4 = 18$$

e che $a_4 = 9$ è proprio la media di tutti i 7 termini.
Limitiamo ora ai primi 6 termini la successione considerata: 3, 5, 7, 9, 11, 13.
Per essa constateremo che:

$$a_1 + a_n = a_2 + a_{n-1} = a_3 + a_{n-2} = 16$$

e che la media di tutti gli elementi è uguale alla media del 3° e 4° elemento.

S_n: somma dei primi n termini
Per tale calcolo possiamo adottare il seguente duplice schema:
$S_n = a_1 + a_2 + a_3 + a_4 + ... + a_{n-1} + a_n$ invertiamo l'ordine degli addendi:
$S_n = a_n + a_{n-1} + ... + a_3 + a_2 + a_1$ sommiamo ora membro a membro le due relazioni:
$2S_n = (a_1 + a_n) + (a_2 + a_{n-1}) + ... + (a_n + a_1)$

Per la proprietà (3)

$$S_n = \frac{n(a_1 + a_n)}{2} \qquad \textbf{(4)}$$

➤ In una progressione aritmetica, si ha: $S_n = 232$, $a_1 = 8$ ed $a_n = 50$; individuare la progressione.
Dalla inversione della (4) ricaviamo n = 232 × 2/(8 + 50) = 8
dalla inversione della (1) ricaviamo d = (50 – 8)/(8 – 1) = 6
ora possiamo scrivere i primi 8 termini: 8, 14, 20, 26, 32, 38, 44, 50

➤ In una progressione aritmetica, dati i prodotti:
$a_3 \times a_4 = 88$
$a_2 \times a_3 = 40$
trovare i primi sei termini.
È possibile ricondurre le incognite del problema ad a_1 e d, infatti il sistema dato si può modificare come segue:
$(a_1 + 2d) \times (a_1 + 3d) = 88$
$(a_1 + d) \times (a_1 + 2d) = 40$
Il sistema è di secondo grado e fornisce le soluzioni:
$a_1' = 2$ $d' = 3$ 2, 5, 8, 11, 14, 17
$a_1'' = -2$ $d'' = -3$ –2, –5, –8, –11, –14, –17

8.3 Progressioni geometriche

Una successione si dice progressione geometrica se il generico termine a_n si ottiene come prodotto o quoto di una quantità q dal termine che lo precede o che lo segue rispettivamente; q è detta ragione della progressione geometrica e non può essere nulla per la definizione appena data.

$$\frac{a_n}{a_{n-1}} = q$$

Analizzeremo solo i casi in cui q > 0 (una ragione negativa porterebbe a progressioni con termini variabili in segno) ed in tale ambito si osserveranno progressioni crescenti per valori di $q > 1$ (ed $a_1 > 0$), mentre valori $0 < q < 1$ (ed $a_1 > 0$) daranno luogo a progressioni decrescenti.

8.3.1 Termine generico di una progressione geometrica

È immediato rendersi conto che:

$a_2 = a_1 q$

$a_3 = a_2 q$

$a_4 = a_3 q$

...

$a_n = a_{n-1} q$

da cui moltiplicando membro a membro

$$a_2 \times a_3 \times a_4 \times \ldots \times a_{n-1} \times a_n = a_1 \times a_2 \times a_3 \times a_4 \times \ldots \times a_{n-1} \times q^{n-1}$$

e semplificando

$$\mathbf{a_n = a_1 \times q^{n-1}}$$
$$\mathbf{a_n = a_k \times q^{k-1}} \quad \textbf{(5)}$$

8.3.2 Prodotto di termini equidistanti dal centro

Nel caso di progressioni geometriche limitate è facile dimostrare che i prodotti dei termini equidistanti dagli estremi, presi due a due, rimangono costanti e tutti uguali a:

$$\mathbf{a_1 \times a_n = a_2 \times a_{n-1} = a_1 q \times \frac{a_n}{q} = a_1 \times a_n} \quad \textbf{(6)}$$

Nel caso in cui il numero di termini della progressione sia dispari ($n = 2k + 1$), i suddetti prodotti divengono uguali al quadrato del termine centrale a_k che viene a coincidere con la media geometrica di tutti gli n termini. Nel caso di n pari la suddetta media coincide con la media geometrica dei due termini centrali.

8.3.3 Somma S_N e prodotto P_N dei primi n termini in una progressione geometrica limitata

Consideriamo la somma dei primi n termini:

$S_n = a_1 + a_2 + a_3 + a_4 + \ldots + a_{n-1} + a_n$ moltiplichiamo per q ambo i membri ottenendo:

$q \times S_n = a_2 + a_3 + a_4 + \ldots + a_n + q \times a_n$ per le (5) e sottraendo membro a membro:

$S_n(q-1) = -a_1 + q \times a_n = -a_1 + q \times (a_1 \times q^{n-1})$ ovvero:

$S_n(q-1) = -a_1 + a_1 \times q^n$ da cui:

$$\mathbf{S_n = a_1 (q^n - 1) / (q - 1)} \quad \textbf{(7) la formula cercata}$$

Consideriamo ora il prodotto dei primi n termini:

$P_n = a_1 \times a_2 \times a_3 \times a_4 \times \ldots \times a_{n-1} \times a_n$

Con procedura analoga a quanto visto per le progressioni aritmetiche, ovvero invertendo l'ordine dei fattori:

$P_n = a_n \times a_{n-1} \times \ldots \times a_2 \times a_1$

Moltiplichiamo membro a membro

$P_n^2 = (a_1 \times a_n) \times (a_2 \times a_{n-1}) \times ... \times (a_n \times a_1)$

che per la (6) possiamo riscrivere come:

$P_n^2 = (a_1 \times a_n)^n$

$$\mathbf{P_n = \sqrt{(a_1 \times a_n)^n}} \qquad \textbf{(8) la formula cercata}$$

8.4 Inserzione di medi aritmetici e geometrici tra due numeri dati

Detti h e k due numeri che costituiscono il primo e l'ultimo termine di una successione limitata, inserire un numero m di medi significa considerare una successione di n = m + 2 termini (costituita da m intermedi più i due estremi dati); il problema quindi ci fornisce i seguenti dati:

$a_1 = h$

$a_n = k$

$n = m + 2$

Tali dati ci consentono di calcolare le ragioni:

$d = (k - h)/(m + 1)$ per le progressioni aritmetiche

$q = \sqrt[N]{h/k}$ per le progressioni geometriche

Note le ragioni, le progressioni sono facilmente descrivibili.

8.5 Problemi sulle progressioni

1) Calcolare la ragione ed il numero dei termini di una progressione aritmetica limitata per la quale:

   $a_1 = 5 \qquad a_n = 37 \qquad S_n = 189$

   Il problema si risolve ponendo a sistema le equazioni del generico termine e della somma:

$$\begin{cases} 37 = 5 + (n - 1)\,d \\ 189 = (5 + 37)n/2 \end{cases}$$

   le cui soluzioni sono n = 8 e d = 4.

   La successione è: 5, 9, 13, 17, 21, 25, 29, 33, 37.

2) Calcolare il numero di termini e l'ultimo termine di una progressione geometrica limitata sapendo che:

   $a_1 = 2 \qquad q = 2 \qquad S_n = 254$

   Il problema si risolve ponendo a sistema le equazioni del generico termine e della somma:

$$\begin{cases} a_n = 2 \cdot 2^{n-1} \\ 254 = 2\,(2^n - 1)\,/\,(2 - 1) \end{cases}$$

   le cui soluzioni sono n = 7 e $a_n = 128$.

   La successione è: 2, 4, 8, 16, 32, 64, 128.

3) Individuare i primi sei termini di una progressione geometrica sapendo che il terzo ed il quinto termine hanno somma e prodotto rispettivamente di 90 e 729.

Il sistema simmetrico seguente ci permettere di calcolare i due termini a_3 e a_5:

$$\begin{cases} a_3 + a_5 = 90 \\ a_3\, a_5 = 729 \end{cases}$$

Il sistema potrebbe essere risolto tramite il metodo di sostituzione, ma utilizziamo l'equazione di II grado nell'incognita t:

$$t^2 - 90t + 729 = 0$$

che ha per soluzioni i due numeri che hanno per somma 90 e per prodotto 729. Conviene quindi risolvere il sistema per mezzo di tale equazione, quindi:

$$t = \frac{90 \pm \sqrt{8100 - 2916}}{2} = \frac{90 \pm \sqrt{5184}}{2} = \frac{90 \pm 72}{2} = \begin{cases} 9 \\ 81 \end{cases}$$

ossia:
$a_3 = 9$ o 81
$a_5 = 81$ o 9
Le successioni sono: 1, 3, 9, 27, 81, 243 e 243, 81, 27, 9, 3, 1
Sulla base del testo dell'esercizio, la progressione è da scartare, in quanto a rispettare somma e prodotto forniti sono il 2° e il 4° elemento.

8.6 Statistica

La statistica può essere definita come un insieme di metodi e tecniche applicabili in qualunque campo, i quali, a partire dalla raccolta dei dati, consentono di descrivere e interpretare fenomeni reali.
Le fasi che caratterizzano una qualunque indagine statistica sono le seguenti:
1) Individuazione esatta del fenomeno sul quale si deve indagare e delle modalità con le quali esso si presenta.
2) Determinazione dell'**insieme campione**, cioè delle unità statistiche sulle quali l'indagine viene effettivamente eseguita.
3) Determinazione delle modalità di svolgimento dell'indagine.
4) Raccolta dei dati.
5) Spoglio dei dati.
6) Rappresentazione ed elaborazione dei dati.
7) Interpretazione dei dati.

8.7 Rappresentazione grafica dei dati

Quando i dati sono tanti, la rappresentazione numerica diventa inefficace e non sempre chiara per tutti.
Nasce allora la necessità di una rappresentazione grafica dei dati, che pur essendo, a volte, meno precisa di quelle numerica è più facilmente interpretabile.
A seconda della tipologia di dati, la rappresentazione grafica può essere effettuata utilizzando:
- diagrammi cartesiani;

- ortogrammi;
- istogrammi;
- diagrammi a settori (detti anche a torta);
- ideogrammi.

Vediamo nel dettaglio alcune di queste rappresentazioni.

Ortogrammi

Consideriamo un campione di 30 ragazzi e rappresentiamo con un ortogramma il tipo di sport che praticano (fig. 1).

TIPO DI SPORT	N. RAGAZZI
calcio	2
basket	12
nuoto	8
pallavolo	6
altro	2
TOTALE	**30**

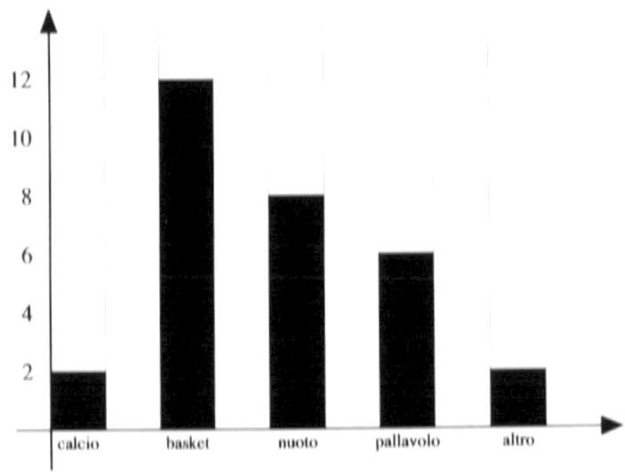

fig. 1

I rettangoli hanno tutti la stessa base e la loro altezza dipende dalla frequenza di ciascun dato. Si vede subito che lo sport più praticato è il basket.

Istogrammi

Gli istogrammi si rappresentano graficamente con un insieme di rettangoli **adiacenti** aventi la base sull'asse orizzontale; le basi sono gli intervalli scelti, cioè le classi, e le altezze le corrispondenti frequenze.

La costruzione di un istogramma coincide con quella degli ortogrammi nel caso che le ampiezze delle classi siano tutte uguali e rappresentate da segmenti unitari.

Nel caso in cui le classi abbiano ampiezze diverse, i rettangoli sono costruiti tenendo presente che la loro area rappresenta la frequenza della modalità a cui si riferisce la classe.

Consideriamo l'istogramma relativo al tempo, espresso in minuti, dedicato allo studio dei 30 ragazzi dell'esempio precedente (fig. 2).

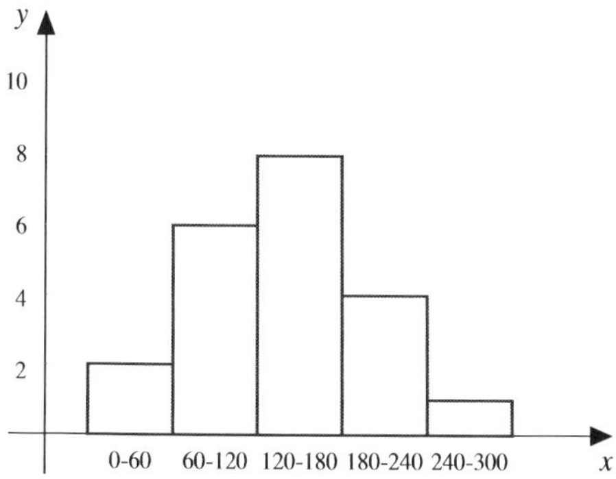

fig. 2

Ideogrammi

Gli ideogrammi consistono in figure che richiamano il fenomeno, aventi dimensioni proporzionali oppure un numero pari alle intensità.
Consideriamo l'ideogramma relativo alla produzione di mele in alcune regioni italiane (fig. 3).

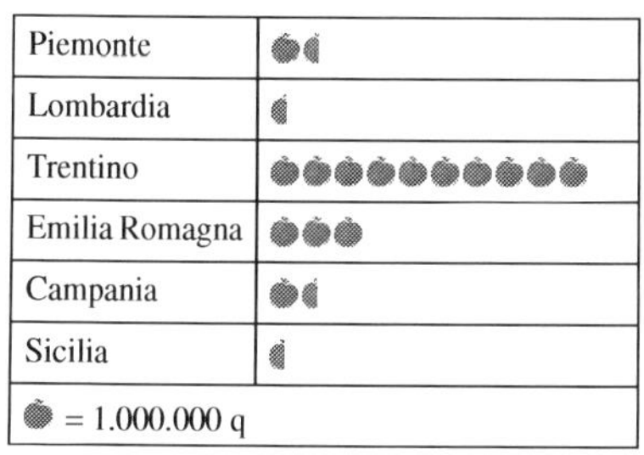

fig. 3

8.8 Frequenze di dati

In statistica, si definiscono due tipi di frequenze dei dati.
Frequenza assoluta: è il numero di volte che si verifica un evento a prescindere dal numero totale delle prove.
Frequenza relativa: è il rapporto tra la frequenza assoluta e il numero di prove eseguite; viene misurata con un numero decimale compreso tra 0 e 1, o in percentuale.

8.9 Indici di posizione

Data una serie di informazioni di tipo numerico, che possono essere anche classificate sotto forma di *distribuzione* statistica, i suoi *valori medi* vengono chiamati anche ***indici di posizione*** poiché indicano, con diverse caratterizzazioni, la zona dell'asse numerico in cui tali dati cadono con maggiore frequenza.

Volendo riassumere in un unico valore rappresentativo una serie di dati, è possibile utilizzare uno degli indici di tendenza centrale, tra cui troviamo le medie aritmetiche (semplice e ponderata) e le medie geometriche (semplice e ponderata), la moda e la mediana.

8.10 Le medie

8.10.1 Media aritmetica semplice

Date n quantità $a_1, a_2, a_3, \ldots, a_n$, la loro **media aritmetica** è il rapporto tra la somma di tutte le quantità ed il numero n; cioè:

$$\bar{a} = \frac{a_1 + a_2 + a_3 + \ldots + a_n}{n} \quad \text{oppure in maniera più sintetica} \quad \bar{a} = \frac{1}{n}\sum_{i=1}^{n} a_i$$

quindi la media aritmetica di n valori è pari ad un ennesimo della sommatoria per i che va da 1 ad n dei valori a_i.

➤ I sei giocatori di una squadra di pallavolo sono alti cm 198, cm 195, cm 182, cm 202, cm 196 e cm 191. Qual è l'altezza media della squadra?

$$\bar{a} = \frac{1}{6}\sum_{i=1}^{6} a_i = \frac{198+195+182+202+196+191}{6} = \frac{1.164}{6} = 194 \qquad (1)$$

Come si può notare, la media aritmetica è sempre compresa tra il minimo ed il massimo valore rilevato.

8.10.2 Media aritmetica ponderata

Nell'esempio precedente abbiamo dato la stessa importanza all'altezza dei singoli giocatori della squadra; nel caso in cui invece volessimo dare più importanza ad un dato e meno ad un altro, possiamo calcolare la **media aritmetica ponderata**, dove ad ogni valore è associato un peso p_i che denota l'importanza del dato rispetto ad un altro. Il valore della media aritmetica ponderata di n valori $a_1, a_2, a_3, \ldots, a_n$, rispettivamente di peso $p_1, p_2, p_3, \ldots p_n$, è dato dal rapporto tra la somma dei prodotti di ogni valore per il suo peso, e la somma di tutti i pesi. La formula è:

$$\bar{a} = \frac{a_1 \cdot p_1 + a_2 \cdot p_2 + a_3 \cdot p_3 + \ldots + a_n \cdot p_n}{p_1 + p_2 + p_3 + \ldots + p_n} \quad \text{ossia} \quad \bar{a} = \frac{\sum_{i=1}^{n} a_i \cdot p_i}{\sum_{i=1}^{n} p_i}$$

➤ Il voto finale di un esame è dato dalla media dei voti riportati in tre esami, di cui il secondo ha valore doppio del primo, ed il terzo valore doppio rispetto al secondo. Se i voti dei 3 esami sono rispettivamente 30, 29, e 27, quale sarà il voto dell'esame?
Occorre trovare la media ponderata dei tre valori, assegnando al primo un peso pari a 1, al secondo un peso pari a 2 ed al terzo un peso pari a 4. Avremo dunque il valore approssimato:

$$\bar{a} = \frac{30 \cdot 1 + 29 \cdot 2 + 27 \cdot 4}{1+2+4} = \frac{30+58+108}{7} = \frac{197}{7} = 28 \qquad (2)$$

Possiamo dire che la media aritmetica semplice non è altro che la media aritmetica ponderata in cui ogni termine ha peso pari ad 1.

8.10.3 Media geometrica semplice

Data una distribuzione di n valori, la loro **media geometrica semplice** è la radice di indice n del prodotto degli n valori; cioè

$$\overline{a}_g = \sqrt[n]{a_1 \cdot a_2 \cdot a_3 \cdot \ldots \cdot a_n} \quad \text{ossia} \quad \overline{a}_g = \sqrt[n]{\prod_{i=1}^{n} a_i}$$

➤ Riprendendo l'esempio (1), calcolare la media geometrica semplice.

$$\overline{a}_g = \sqrt[6]{198 \cdot 195 \cdot 182 \cdot 202 \cdot 196 \cdot 191} \cong 195 \qquad (3)$$

8.10.4 Media geometrica ponderata

Prendendo in considerazione i diversi pesi attribuiti alle n rilevazioni a_i, possiamo calcolare la **media geometrica ponderata** come la radice che ha come indice la somma dei pesi p_i, dei prodotti dei valori a_i, ognuno elevato ad esponente p_i. La formula è quindi

$$\overline{a}_g = \sqrt[\sum_{i=1}^{n} p_i]{a_1^{p_1} \cdot a_2^{p_2} \cdot a_3^{p_3} \cdot \ldots \cdot a_n^{p_n}} \quad \text{ossia} \quad \overline{a}_g = \sqrt[\sum_{i=1}^{n} p_i]{\prod_{i=1}^{n} a_i^{p_i}}$$

➤ Riprendiamo l'esempio (2), e calcoliamo la media geometrica ponderata dei voti dei tre esami.

$$\overline{a}_g = \sqrt[7]{30^1 \cdot 29^2 \cdot 27^4} \cong 27{,}975 \qquad (4)$$

8.11 La moda o valore modale

La **moda** o **valore modale** in una distribuzione di frequenze è la modalità o il valore della variabile al quale corrisponde la massima frequenza.

➤ Calcolare la moda tra i seguenti punteggi: 4, 5, 4, 3, 4, 5, 4, 3, 4, 4, 5, 4.
Come si può facilmente vedere il 4 è il numero che compare più volte (7), quindi rappresenta la moda di questa distribuzione.

➤ Calcolare la moda tra i seguenti punteggi: 4, 3, 6, 2, 8, 9, 7, 0.
In questo caso, poiché nessun numero compare più di una volta, si dice che non c'è moda.

8.12 La mediana

La **mediana** è una media di posizione e rappresenta il valore centrale della distribuzione; i dati, però, devono essere sempre ordinati in senso crescente, cioè dal più piccolo al più gran-

de. Precisamente: ordinando i valori $x_1, x_2, \ldots, x_n$ in senso crescente, la mediana **Me** è il valore che bipartisce (divide in due parti uguali) la successione, ossia il valore non inferiore a metà dei valori e non superiore all'altra metà.
Bisogna fare attenzione però, una volta ordinati i valori, se il numero *n* dei termini è *dispari*, la mediana è proprio il valore centrale; se *n* è *pari*, si assume come mediana la semi somma dei due valori centrali. Questo procedimento si applica per i dati posti in serie.

➤ Calcolare la mediana tra i seguenti punteggi: 7, 1, 5, 2, 3, 9, 4.
Ordino i punteggi in senso crescente: 1, 2, 3, 4, 5, 7, 9; poiché *n* è dispari, la mediana è proprio il valore centrale, quindi 4.

➤ Calcolare la mediana tra i seguenti punteggi: 5, 2, 4, 8, 9, 6.
Ordino i punteggi: 2, 4, 5, 6, 8, 9; poiché *n* è pari la mediana è data dalla semisomma dei due valori centrali, quindi (5 + 6)/2 = 5,5.

8.13 Elementi di calcolo delle probabilità

8.13.1 Eventi certi, impossibili e casuali

La probabilità è la disciplina che tratta i risultati possibili di un esperimento. In una prova ***la probabilità del verificarsi di un evento E*** è data dal *rapporto fra il numero* ***n*** (E) *dei casi favorevoli all'evento ed il numero* ***n*** *dei casi favorevoli e sfavorevoli (totali)*. Esprimendo il concetto in simboli si avrà:

$$p(E) = n(E)/n,$$ perché tutti i casi siano equiprobabili.

Per esempio, la probabilità che lanciando una volta un dado non truccato si abbia il numero 4 è 1/6 = 0,16 in quanto solo una faccia su sei ha stampato il numero 4.

➤ Qual è la probabilità in un mazzo di carte di scegliere un otto?
Poiché gli otto sono sempre 4 e le carte in totale sono 40 la probabilità sarà 4/40 = 0,1.

Va ricordato che la probabilità è sempre compresa fra 0 e 1 ($0 \leq P \leq 1$), dove $P = 0$ quando l'evento è ***impossibile*** e $P = 1$ quando l'evento è ***certo***.

8.13.2 Regola della somma

Due eventi si definiscono ***incompatibili*** *se il verificarsi di uno automaticamente esclude il verificarsi dell'altro.*
Dati due eventi incompatibili o mutuamente escludentisi E_1 e E_2, aventi rispettivamente probabilità $P(E_1)$ e $P(E_2)$ di presentarsi, la probabilità di presentarsi dell'uno o dell'altro in una prova è data dalla somma delle probabilità dei singoli eventi:

$$P(E_1 \text{ o } E_2) = P(E_1) + P(E_2)$$

➤ Vogliamo determinare la probabilità che da un mazzo di carte si estragga un asso o una carta di spade.

I casi favorevoli sono costituiti da 4 assi e dalle 10 spade meno l'asso di spade in quanto già considerato con gli assi, i casi possibili sono 40.

Quindi si ha:

$$P(A \text{ o } B) = (4 + 10 - 1)/40 = 4/40 + 10/40 - 1/40$$

In questo caso l'asso di spade è un elemento di compatibilità e va sottratto alla somma dei due eventi:

$$P(E_1 \text{ o } E_2) = P(E_1) + P(E_2) - P(E_1 \cap E_2)$$

8.13.3 Regola del prodotto

Due eventi si definiscono ***compatibili*** *se il verificarsi di uno non esclude il verificarsi dell'altro.*

Caso del campionamento con reimmissione

Dati due eventi indipendenti E_1 ed E_2, la probabilità del presentarsi dell'uno e dell'altro (simultanei o successivi) in una prova è data da:

$$P(E_1 \text{ e } E_2) = P(E_1) \cdot P(E_2)$$

➤ In due lanci successivi di un dado, la probabilità di avere 3 e poi 4 è data da

$$P(3 \text{ e } 4) = P(3) \cdot P(4) = 1/6 \cdot 1/6 = 1/36 = 0{,}027$$

Caso del campionamento senza reimmissione

In un'urna vi sono 6 palline bianche, 4 rosse e 2 nere; vengono estratte a caso due palline senza rimettere la prima pallina estratta nell'urna; la seconda estrazione ha una diversa composizione.

I casi favorevoli sono rappresentati dalle coppie che si possono formare con le 6 palline bianche e le 4 rosse; i casi possibili dalle coppie che si possono formare con le 12 palline presenti nell'urna alla prima estrazione e le 12–1 che rimangono disponibili alla seconda.

$$6/12 \cdot 4/11 = P(B) \cdot P(R \mid B)$$

In questo caso, dunque, la probabilità di avere A e B è data dalla probabilità di A per la probabilità di B, una volta che l'evento A si sia già verificato:

$$P(A \text{ e } B) = P(A) \cdot P(B \mid A)$$

8.14 Elementi di calcolo combinatorio: permutazioni, disposizioni, combinazioni

Permutazioni

Dati n elementi **distinti** di un insieme, si definisce **permutazione** ogni ordinamento di tali elementi; quindi tutti i possibili raggruppamenti formati in modo che ognuno di essi contenga tutti e soli gli n elementi dati e ognuno differisca dall'altro per l'ordine secondo cui gli elementi si susseguono.

Il numero delle permutazioni di n elementi è uguale al prodotto dei primi n numeri interi.

$$P_n = n\,(n-1)\,(n-2) \cdot \ldots \cdot 3 \cdot 2 \cdot 1 = n!$$

➤ Ricaviamo tutti gli anagrammi della parola UNO, cioè scriviamo tutte le possibili parole, anche senza senso, utilizzando le lettere U, N, O:

UNO, UON, NUO, NOU, OUN, ONU

Gli anagrammi sono 6. Determiniamo il numero delle permutazioni con la formula

$$P_3 = 3 \cdot 2 \cdot 1 = 6$$

Disposizioni

Dati n elementi distinti e un numero $k \leq n$, si dicono **disposizioni** di classe k tutti i raggruppamenti che si possono formare con gli n elementi dati, in modo che ogni raggruppamento ne contenga k tutti distinti tra loro e che due raggruppamenti differiscano tra loro o per qualche elemento oppure per l'ordine secondo il quale gli elementi si susseguono.

Il numero delle disposizioni di classe k di n elementi dipende solo dai numeri naturali n e k, si indica con il simbolo $D_{n;\,k}$ e si determina mediante la formula:

$$D_{n;\,k} = n \cdot (n-1) \cdot (n-2) \cdot \ldots \cdot (n-k+1) = \frac{n!}{(n-k)!}$$

Nel caso che sia $k = n$, si hanno le disposizioni di classe n di n elementi; tali disposizioni non sono altro che le permutazioni di un insieme di n elementi.

➤ Ogni incontro di calcio viene indicato mediante i nomi, posti in un certo ordine, delle due squadre che vi partecipano. Perciò ogni incontro del campionato di calcio corrisponde a una disposizione, di classe 2, di elementi dell'insieme delle squadre che partecipano al campionato. Ogni squadra deve incontrare due volte, una sul proprio campo e una in trasferta, ciascuna delle avversarie e si svolgono così tutti gli incontri possibili. Qual è il numero di partite da giocare in un campionato a 20 squadre?

$$D_{20;\,2} = 20 \cdot 19 = 380$$

Si chiama **disposizione con ripetizione** di classe k un raggruppamento ordinato di k degli n elementi nel quale si possono avere ripetizioni di uno stesso elemento e in modo che ogni gruppo differisca dall'altro o per qualche elemento o per l'ordine con cui gli elementi sono disposti:

$$D'_{n;\,k} = n^k$$

➤ Quanti numeri diversi di tre cifre si possono formare con le 9 cifre significative?
I numeri richiesti sono le disposizioni con ripetizione di 9 elementi di classe 3, perciò

$$D'_{9;\,3} = 9^3 = 729$$

Combinazioni

Dati ***n*** elementi distinti e un numero ***k* ≤ *n***, si dicono combinazioni degli ***n*** elementi di classe ***k*** tutti i raggruppamenti che si possono formare con ***k*** degli ***n*** elementi in modo che i diversi raggruppamenti differiscano tra loro almeno per un elemento.

$$C_{n;\,k} = \frac{D_{n;\,k}}{P_k}$$

$$C_{n;\,k} = \frac{n \cdot (n-1) \cdot (n-2) \cdot \ldots \cdot (n-k+1)}{k!}$$

$$C_{n;\,k} = \frac{n!}{(n-k)!\,k!}$$

➤ In una classe di 24 alunni si devono eleggere i 2 rappresentanti di classe. In quanti modi diversi si può fare questa scelta?
Il numero delle scelte possibili è

$$C_{24;\,2} = \frac{24 \cdot 23}{2 \cdot 1} = 276$$

Capitolo 9
Geometria piana

9.1 Teorie assiomatiche e geometria euclidea

9.1.1 Teorie assiomatiche

Nelle scienze matematiche è di fondamentale importanza la solidità dell'impianto teorico ed il rigore delle forme logiche utilizzate nella derivazione delle nuove affermazioni ottenute a partire dalle conoscenze già acquisite. Rigore e solidità si fondano su alcuni principi, il rispetto dei quali garantisce la credibilità delle conclusioni:

- **Principio di non contraddizione**; all'interno di uno stesso sistema teorico non è ammessa la coesistenza di verità opposte. A partire da premesse riconosciute come valide, i meccanismi logici adottati debbono condurre a dimostrate conclusioni senza cadere in contraddizione con precedenti dimostrate verità; ciò che ora è assunto come vero non può, in successive elaborazioni teoriche, palesarsi come falso e se ciò accadesse si dovrebbe rivedere l'impianto teorico.
- **Principio del terzo escluso**; "fra opposti contraddittori non vi è soluzione di mezzo" ovvero una affermazione può essere solo vera o falsa e per essa non si ammette neanche la terza soluzione "né vera né falsa". Tale principio deriva dal principio di non contraddizione ed è uno dei principi fondamentali della logica aristotelica.
- **Circolo vizioso e termini primitivi**; generalmente per circolo vizioso o petizione di principio intendiamo indicare affermazioni che tendono a dimostrare ciò che è già contenuto nelle proprie premesse. Ciò si verifica, ad esempio, quando per definire un oggetto utilizziamo sinonimi dell'oggetto stesso o termini la cui definizione rimanda all'oggetto che stiamo definendo (problema tipico della definizione di tutti quegli oggetti che risultano di immediata acquisizione per il nostro intuito ma di ardua sistematizzazione formale e rigorosa). È evidente che il rigore dovuto all'impianto di una disciplina matematica non ammette il verificarsi di circoli viziosi; sorge quindi la necessità di definire termini che vanno a costituire il punto di partenza delle definizioni successive. I suddetti termini sono detti **termini primitivi** e dovranno essere comprensibili ed individuabili in modo intuitivo ed immediato per poi andare a costruire le definizioni di concetti e oggetti più elaborati. L'elenco dei possibili termini primitivi nella costruzione di una teoria non è necessariamente unico (pluralità delle logiche).

Ogni nuova affermazione nasce come conclusione logica da premesse; ciò significa che se andiamo a ritroso ci troveremmo prima o poi nella impossibilità di dimostrare alcune affermazioni senza ricorrere a circoli viziosi o alla accettazione dell'esistenza di regole esterne alla teoria che tutto governano e stabiliscono. Diviene allora necessario accettare come vere alcune affermazioni "prime" che possono non essere dimostrate, vuoi perché intuitivamente vere vuoi perché così postulate ed accolte. Tali proposizioni primitive sono dette **postulati e/o assiomi** che insieme ai termini primitivi costituiscono le basi di una teoria assiomatica, ovvero i punti di partenza dai quali costruire le "verità" successive attraverso processi deduttivi nel rispetto dei principi sopra esposti.

Regole deduttive

Quando da una premessa "P" deriva una conclusione "C" per evidenza assiomatica o per dimostrazione logica scriviamo:

$$P \Rightarrow C$$

e diciamo che "P implica C", ovvero l'avverarsi di P comporta l'avverarsi di C.
Se accade contemporaneamente anche il contrario, parliamo di coimplicazione e scriviamo:

$$P \Leftrightarrow C$$

➤ Se Rosa e Maria sono cittadine italiane, hanno il passaporto italiano ma se hanno il passaporto italiano sono cittadine italiane.

Il processo dimostrativo della veridicità di un'affermazione è detto **teorema**, dove le premesse costituiscono l'ipotesi (Hp) e le conclusioni la tesi (Th); i meccanismi dimostrativi sono:

a) **dimostrazione diretta:** dove l'implicazione logica Hp → Th è dimostrata attraverso una catena di implicazioni intermedie già note come vere perché già dimostrate o postulate:

$$Hp \Rightarrow a \Rightarrow b \,.........\, \Rightarrow Th$$

b) **dimostrazione della contronominale:** l'implicazione contronominale riguarda le negate di conclusione e premessa

$$\neg Th \Rightarrow \neg Hp$$

Dalla equivalenza delle due implicazioni, negando la tesi, qualora vera, ne deriva la negazione della ipotesi in contrapposizione con la presunta veridicità dell'ipotesi stessa;

c) **dimostrazione per assurdo:** anche in tale schema logico si assume la negazione della verità della tesi e si dimostra che ciò conduce necessariamente ad una contraddizione con altre verità già acquisite allo interno della teoria. Nei teoremi, generalmente, l'ipotesi è preceduta da "se" e la tesi da "allora".

Conclusioni

Possiamo concludere che una teoria assiomatica è una teoria all'interno della quale si accettano premesse non necessariamente definibili e/o dimostrabili per sviluppare una nuova conoscenza nel rispetto dei principi sopra citati ed attraverso meccanismi logico-deduttivi prestabiliti. I postulati/ assiomi (accettati come indimostrabili) descrivono le caratteristiche dei termini primitivi la cui definizione scaturisce poi in modo implicito dai postulati stessi; attraverso questi primi elementi è possibile dare luogo ad una concatenazione di nuovi enti e concetti come negli schemi seguenti riferiti alla geometria euclidea:

Termini primitivi (punto, retta, piano)	Postulati (es.: il 5°)
Def. di ulteriori termini (es.: segmento)	T1,1 T1,2 ecc.

	Teoremi (es.: parallelismo di 2 perpendicolari a una retta data)
Def. di ulteriori termini (es.: spezzata)	
Def. di ulteriori termini (es.: poligoni)	T2,1 T2,2 ecc.
	ulteriori teoremi (es.: proprietà del quadrato)

9.1.2 La geometria euclidea

La geometria euclidea può essere considerata una teoria assiomatica all'interno della quale i termini primitivi sono il punto, la retta ed il piano e gli enunciati primitivi sono i **cinque postulati**:

1) Da qualsiasi punto si può condurre una retta per ogni altro punto, ovvero dati due punti per essi passa una ed una sola retta.
2) Si può prolungare una linea retta finita all'infinito, ovvero oltre i due estremi in modo indefinito.
3) Si può descrivere un cerchio con qualsiasi centro ed ogni distanza, ovvero dato un punto ed una lunghezza è individuato un cerchio.
4) Tutti gli angoli retti sono uguali tra loro.
5) Se una retta, intersecando due altre rette, forma gli angoli interni da una stessa parte minori di due angoli retti, un prolungamento indefinito delle due rette vede l'intersezione delle due rette stesse dalla parte in cui i due angoli sono minori di due angoli retti. Il suddetto postulato ha visto alcune riformulazioni attraverso le quali è a noi più noto, tra le quali:
   - Due rette parallele non si incontrano mai (M. Pasch).
   - Dato un punto ed una retta, per il punto passa una ed una sola retta parallela a quella data (J. Playfair).

Nella sua opera "Elementi" Euclide fornisce, oltre ai postulati applicati alla geometria, anche assiomi applicabili a tutte le scienze matematiche; riportiamo di seguito alcuni assiomi ed alcune definizioni.

Alcuni assiomi:

1) Le cose che sono uguali ad una stessa cosa sono uguali tra loro.
2) Se a cose uguali si aggiungono cose uguali, le somme sono ancora uguali.
3) Se a cose uguali si sottraggono cose uguali, i resti sono ancora uguali.
4) Le cose che coincidono tra loro sono tra loro uguali.
5) Il tutto è maggiore della parte.

È facile riconoscere tra gli assiomi elencati i principi alla base della teoria delle equivalenze ed il pricipio di congruenza per sovrapponibilità delle figure geometriche.

Alcune definizioni:

1) Il punto è ciò che non ha parti.
2) Linea è lunghezza senza larghezza.
3) La linea retta è quella che giace ugualmente rispetto ai suoi punti.
4) Superficie è ciò che ha soltanto lunghezza e larghezza.
5) Gli estremi di una superficie sono linee (con riferimento a figure piane limitate).
6) La superficie piana è quella che giace ugualmente rispetto alle sue rette.

Nel 1899 D. Hilbert propose una versione assiomatizzata corretta della geometria euclidea che cercava di sistematizzare l'impianto euclideo partendo da vari presupposti tra cui quello per cui nei postulati risultavano impliciti ma evidenti altri assunti. Hilbert ripropose i tre termini primitivi (punto, retta, piano) oltre a relazioni binarie e assiomi.

Relazioni binarie:
- un punto può essere contenuto in una retta o in un piano ed una retta può essre contenuta in un piano;
- un punto può essere contenuto tra altri due;
- angoli e segmenti possono essere congruenti indicando la congruenza con "≡ ".

Assiomi di collegamento (8):
- due punti distinti dello spazio individuano una retta;
- ogni coppia di punti di una retta individua tale retta;
- tre punti non allineati dello spazio individuano un piano;
- qualsiasi terna di punti non allineati di un piano individua tale piano;
- se due punti di una retta giacciono su un piano tutti i punti della retta giacciono su quel piano;
- se due piani hanno un punto in comune ne avranno almeno un secondo;
- ogni retta contiene almeno due punti, ogni piano contiene almeno tre punti non allineati;
- esistono almeno quattro punti che non giacciono sullo stesso piano.

Assiomi di ordinamento (4)
Assiomi di congruenza (6)
Assioma delle parallele o postulato di Playfair
Assiomi di continuità (2)

9.2 Figure geometriche piane: proprietà e definizioni

9.2.1 Figure geometriche

Definiamo **figura geometrica piana** qualsiasi sottoinsieme non vuoto costituito da punti del piano. È convessa una figura geometrica piana par la quale, comunque scelgo due punti A e B appartenenti alla figura, il segmento AB è contenuto per intero nella figura stessa. Al contrario la figura è detta concava.

Teorema: una intersezione non vuota tra due figure convesse è convessa.
Sulla base di tale teorema possiamo affermare che l'intersezione di semipiani è una figura convessa.

9.2.2 La retta

Da quanto già visto possiamo concludere che:
- la retta è un insieme infinito di punti;
- se due rette hanno in comune due o più punti sono coincidenti;
- due rette r e s che condividono un punto sono dette incidenti e tale punto è la loro intersezione (fig. 1);
- due rette r e s che non hanno punti in comune sono dette parallele (fig. 2);

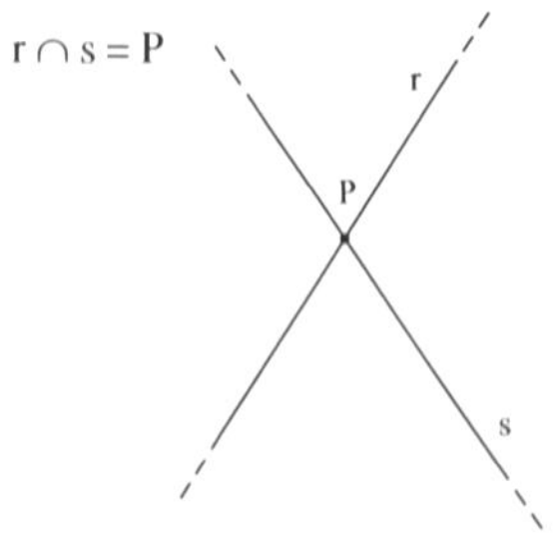

fig. 1

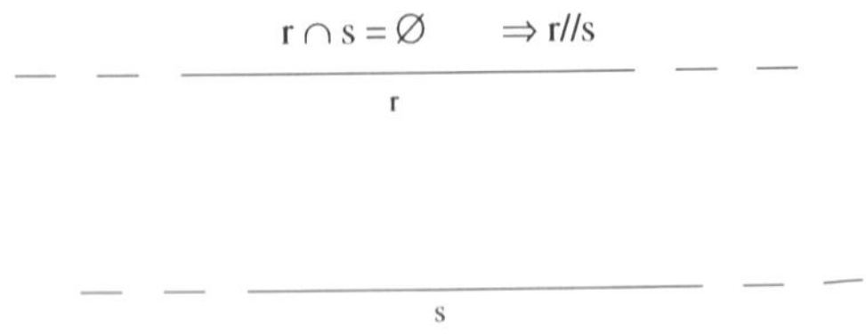

fig. 2

- sono considerate parallele anche le rette coincidenti;
- anche nell'insieme retta è possibile stabilire due relazioni d'ordine totali valide per tutti i punti della retta.

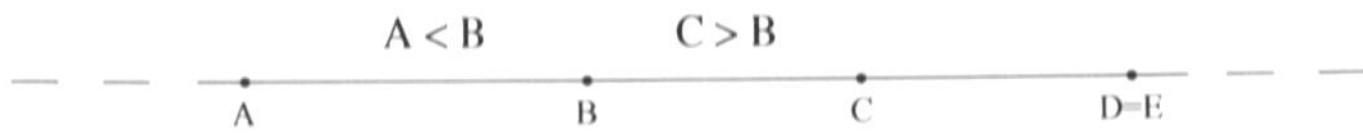

fig. 3

Con riferimento alla fig. 3 distinguiamo i casi:
A precede B con $A < B$
C segue B con $C > B$
D ed E coincidono con $D = E$
Sulla retta, intesa come insieme illimitato, non è evidentemente possibile individuare un punto che precede o segue tutti gli altri; potendo inserire sempre e comunque un punto tra qualsiasi altri due punti (Hilbert), definiremo denso l'insieme retta. In sintesi possiamo definire una **retta** come: un insieme di punti dotato di due relazioni d'ordine totali opposte tra loro, rispetto alle quali è illimitata e densa **(assioma dell'ordine)**; fissare una delle due relazioni significa orientare una retta definendo un verso positivo indicato con una freccia.

Equazione segmentaria di una retta

Condizione necessaria per scrivere questa equazione è che la retta intersechi entrambi gli assi cartesiani, così facendo possiamo così definirla:

$$\frac{x}{p} + \frac{y}{q} = 1$$

dove p è il segmento compreso tra l'origine degli assi e il punto $(p; 0)$, mentre q è il segmento compreso tra l'origine degli assi e il punto $(0; q)$.

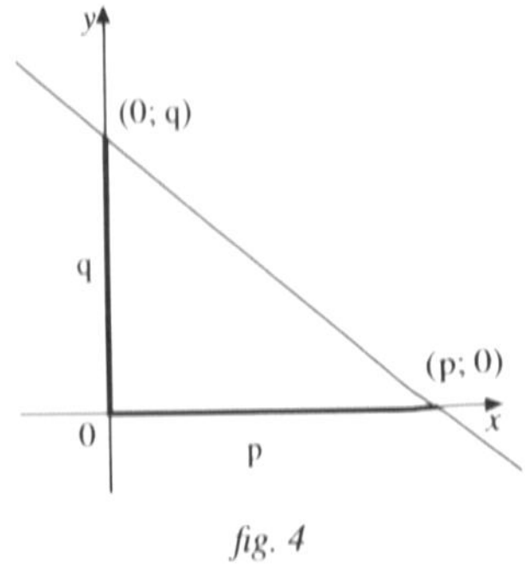

fig. 4

➤ Dati i punti (5; 0) e (0; 3) scrivere l'equazione segmentaria e l'equazione della retta in forma canonica della retta passante per i due punti dati.
Scriviamo intanto l'equazione segmentaria:

$$\frac{x}{5} + \frac{y}{3} = 1$$

Poi la scriviamo nella classica forma:

$$y = \frac{15 - 3x}{5}$$

9.2.3 *Rette parallele*

Andiamo ora ad enunciare altre proprietà e teoremi che possono essere considerati una diretta e immediata conseguenza dei postulati ed assiomi già descritti come il 5° di Euclide.

Teorema: se due rette r e s sono parallele ad una terza retta t allora risultano parallele tra loro (fig. 5).
Hp) r // t e s // t ⇒ Th) r // s

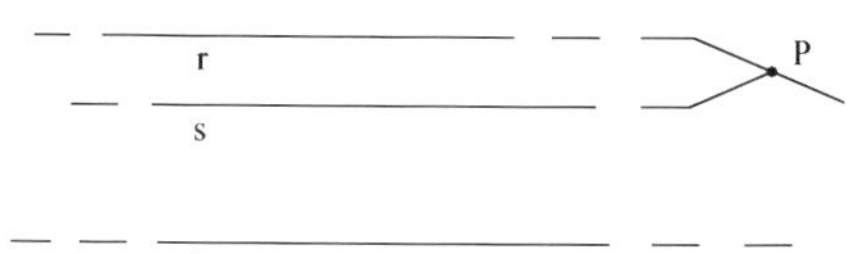

fig. 5

Procediamo per assurdo negando la tesi, ovvero r ed s convergono in un punto comune P perché non parallele; per P, di conseguenza, passerebbero due rette distinte e parallele a quella data secondo ipotesi; ciò è inaccettabile perché in contrasto con il 5° postulato di Euclide.
Allora il punto di intersezione P non esiste e le rette r e s sono parallele. c.v.d.

Teorema: se due rette r e s sono parallele, una terza retta t che incontra una di queste incontra anche l'altra.
Hp) r // s e $s \cap t = P$; Th) $r \cap t \neq \varnothing$

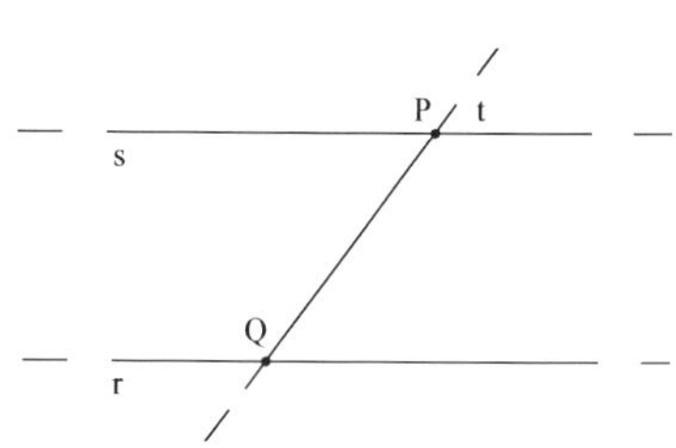

fig. 6

Con procedimento analogo osserviamo che se t, intersecando s in P (fig. 6) non intersecasse anche la retta r, sarebbe parallela a quest'ultima e per P avremmo due distinte parallele (t e s) alla retta r; assurdo per il medesimo 5° postulato.

c.v.d.

Con riferimento alla fig. 7 una retta che interseca due rette qualsiasi in un piano individua 12 coppie di angoli così definiti:

angoli alterni interni	le coppie 4, 6 e 3, 5
angoli alterni esterni	le coppie 2, 8 e 1, 7
angoli coniugati interni	le coppie 4, 5 e 3, 6
angoli coniugati esterni	le coppie 1, 8 e 2, 7
angoli corrispondenti	le coppie 1, 5 e 4, 8 e 2, 6 e 3, 7

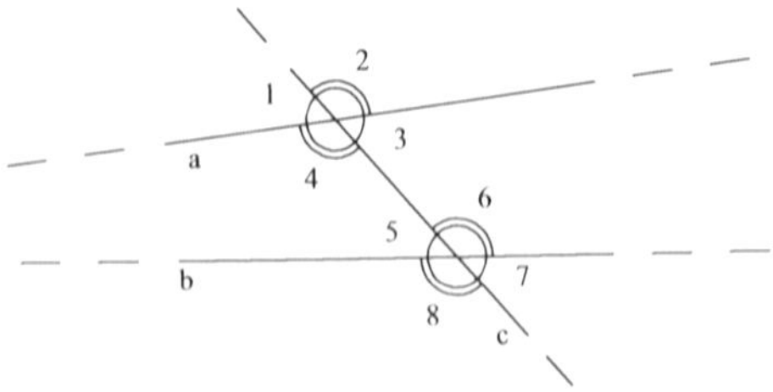

fig. 7

Teorema: condizione necessaria e sufficiente affinché due rette siano parallele tra loro è che qualora intersecate da una trasversale si vengano a determinare:

- angoli alterni interni ed esterni congruenti;
- angoli corrispondenti congruenti;
- angoli coniugati interni ed esterni supplementari.

La dimostrazione del teorema che fornisce un criterio di parallelismo è riportata in appendice G1. Per i teoremi ed i postulati visti la relazione di parallelismo è una relazione di equivalenza valendo le tre proprietà:

- riflessiva: r // r
- simmetrica: se r // s ⇒ s // r
- transitiva: se r // s e s // t ⇒ r // t

pertanto possiamo pensare di dividere l'insieme delle rette del piano in classi di equivalenza (insieme quoziente); ogni classe sarà formata da rette del piano tutte parallele tra loro ed orientate secondo una ben determinata direzione; ciò suggerisce di definire il concetto di direzione come ciò che caratterizza una classe di equivalenza di rette parallele (tale ragionamento è detto principio di contrazione o passaggio al quoziente).

9.2.4 Rette perpendicolari

Due rette si dicono perpendicolari quando incontrandosi individuano quattro angoli congruenti (retti).

Teorema: per un punto passa una sola retta perpendicolare ad una retta data.
Corollario: due rette a e b perpendicolari ad una stessa retta c sono necessariamente parallele tra loro.

Teorema: due rette perpendicolari a rette incidenti sono incidenti.

Definiamo **proiezione** di un punto P esterno ad una retta r su r stessa l'intersezione tra r e la sua perpendicolare passante per P (fig. 8).
La distanza tra un punto P ed una retta r è definita come la misura del segmento di perpendicolare che ha per estremi il punto P e la sua proiezione H su r.

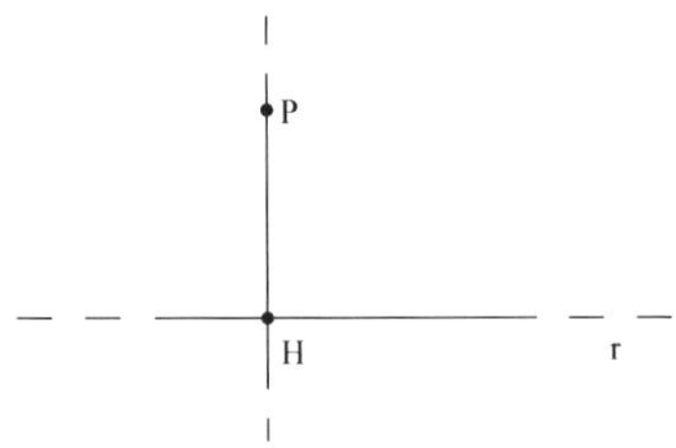

fig. 8

9.2.5 *La semiretta*

In una retta r un qualsiasi suo punto O ne ripartisce il relativo insieme in due sottoinsiemi non vuoti r_1 e r_2 **(assioma di ripartizione della retta)**. Ciascun insieme è detto semiretta aperta di origine **O** e l'unione di una semiretta aperta con il punto origine O è detta simeretta chiusa o più semplicemente semiretta. Valgono le seguenti relazioni:

$$r_1 \cup r_2 = r \qquad r_1 \cap r_2 = \varnothing$$

Due semirette della stessa retta e con stessa origine si dicono **opposte**.

9.2.6 *I segmenti*

Definiamo **segmento chiuso** o più semplicemente **segmento** la parte di retta compresa tra due suoi punti A e B detti **estremi**, inclusi gli estremi stessi. Definiamo **consecutivi** due segmenti che hanno un estremo in comune. Definiamo **adiacenti** due segmenti consecutivi se appartenenti ad una stassa retta. Definiamo **distanza** $\overline{AB}$ la lunghezza del segmento che ha per estremi i punti A e B.

9.2.7 *Piano e semipiano*

Abbiamo già preso in esame con Euclide e Hilbert i postulati o assiomi che individuano le proprietà del piano. Se consideriamo una qualsiasi retta r di un piano α, questa ripartisce il piano in due insiemi non vuoti ognuno dei quali è detto **semipiano aperto** di origine r e tali che due qualsiasi punti A e B di α apparterranno a due semipiani diversi o allo stesso semipiano a seconda che il segmento $\overline{AB}$ interseca o meno la retta origine r **(assioma di partizione del piano)**. L'unione di un semipiano aperto e della retta origine è detta **semipiano chiuso** o più semplicemente **semipiano**. Due semipiani dello stesso piano aventi la stessa origine si dicono opposti.

9.2.8 *Angoli*

In un piano due semirette aventi l'origine in comune individuano una suddivisione del piano in due parti dette **angoli**; il punto origine delle semirette costituisce il **vertice** e le semirette danno luogo ai **lati** degli angoli. Dei due angoli, quello che contiene i prolungamenti delle semirette è detto **concavo**, l'altro **convesso** ed è quest'ultimo che si intende per angolo propriamente detto (fig. 9). L'angolo concavo è definibile anche come l'insieme unione di due semipiani aventi per origine due rette r e s incidenti e quello convesso come l'intersezione di questi (fig. 10).

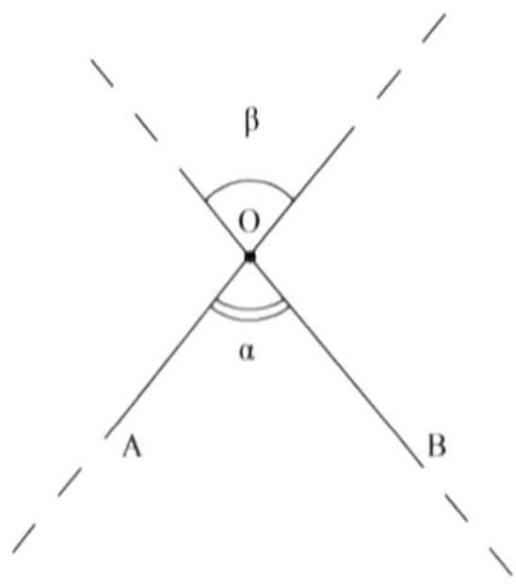

fig. 9

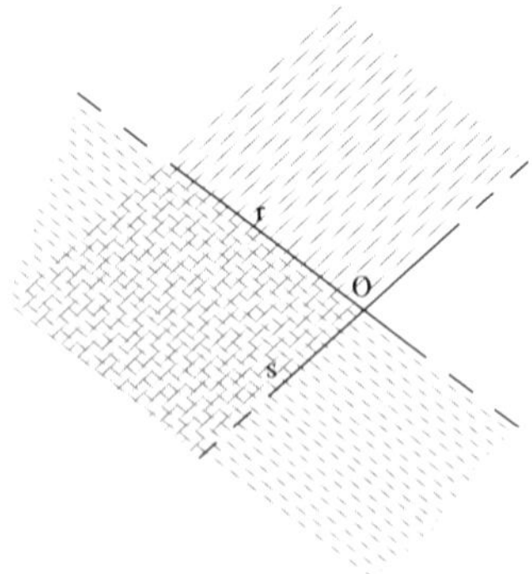

fig. 10

Modi di indicare l'angolo: AÔB; Ô; rs; α.

Definiamo **consecutivi** due angoli che hanno in comune il vertice ed un lato (fig. 11) ed **adiacenti** due angoli consecutivi con i lati non comuni appartenenti alla stessa retta (fig. 12).

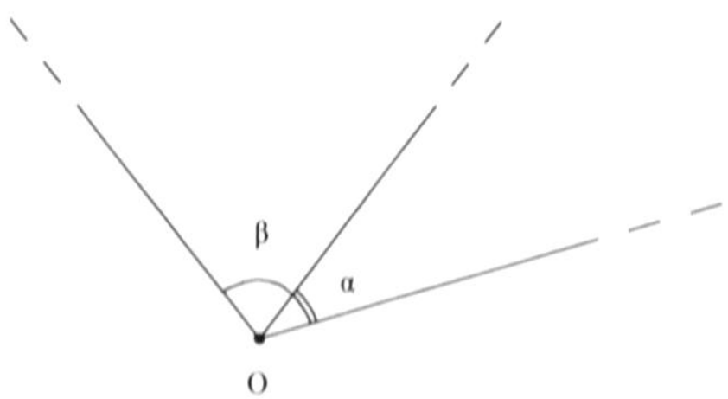

fig. 11

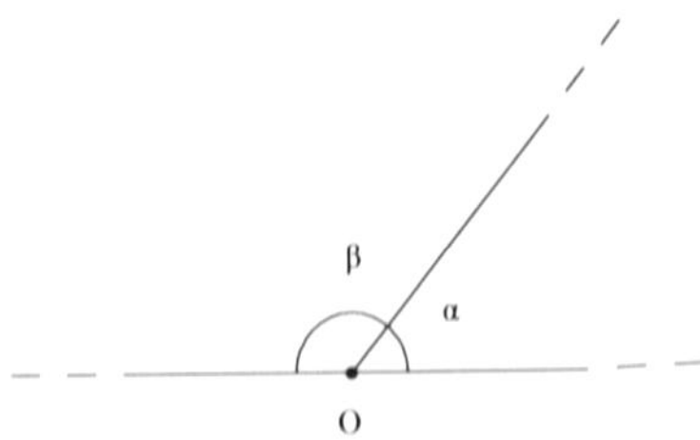

fig. 12

Un angolo **piatto** è un angolo convesso che ha i lati appartenenti ad una stessa retta. L'angolo **giro** è un angolo che copre da solo l'intero piano sul quale è stata fissata una semiretta (fig. 13). Sono detti angoli **opposti al vertice** due angoli per i quali i lati dell'uno sono i prolungamenti dei lati dell'altro (fig. 14).

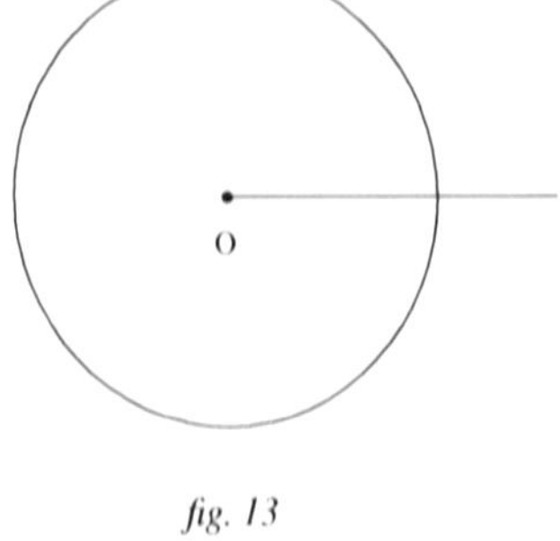

fig. 13

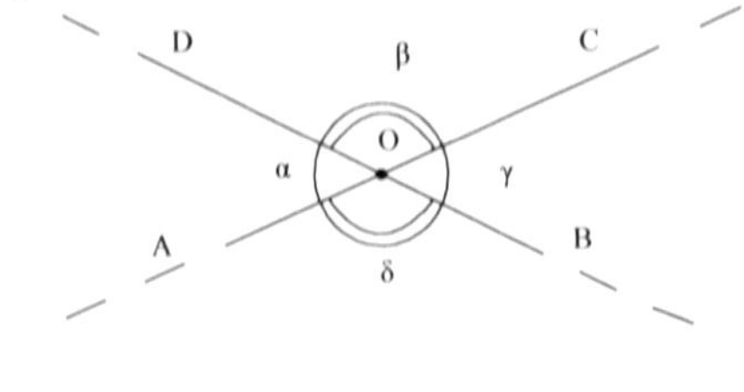

fig. 14

Teorema: due angoli con i lati paralleli, entrambi concordi o entrambi discordi, sono congruenti.

Teorema: due angoli con i lati paralleli, due concordi e due discordi, sono supplementari.

Teorema: due angoli aventi i lati a due a due perpendicolari sono congruenti o supplementari.

9.2.9 Luoghi geometrici

Si definisce **luogo geometrico** l'insieme di tutti e soli i punti che godono di una determinata proprietà geometrica.
Per poter affermare che una figura sia un luogo di punti occorre dimostrare *prima* che ogni suo punto goda di quella certa proprietà e *successivamente* che, se un punto ha tale proprietà, esso debba appartenere alla figura.

Teorema: l'asse di un segmento è il luogo dei punti di un piano equidistanti dagli estremi A e B del segmento.
Iniziamo dimostrando che un punto qualsiasi P dell'asse di un segmento $\overline{AB}$ è equidistante dagli estremi A e B.

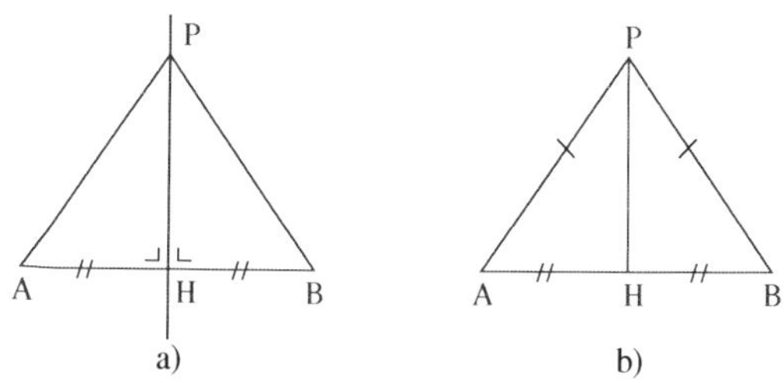

fig. 15

Nel triangolo in fig. 15a, per ipotesi:
$\overline{PH} \perp \overline{AB}$
$\overline{AH} \cong \overline{HB}$.
I triangoli AHP e BHP, rettangoli per ipotesi, sono congruenti perché hanno $\overline{PH}$ in comune e $\overline{AH} \cong \overline{HB}$ quindi $\overline{PA} \cong \overline{PB}$.
Per completare la dimostrazione dobbiamo verificare che se un punto P è equidistante dagli estremi A e B di un segmento allora esso deve appartenere all'asse di $\overline{AB}$.
Consideriamo (fig. 15b) il segmento $\overline{AB}$ e un punto P tale che sia $\overline{PA} \cong \overline{PB}$; indicando con H il punto medio di $\overline{AB}$ ($\overline{AH} \cong \overline{HB}$), dobbiamo dimostrare che è $\overline{PH} \perp \overline{AB}$.
Congiungiamo P con H; i due triangoli AHP e BHP hanno i tre lati congruenti ($\overline{PH}$ in comune, $\overline{PA} \cong \overline{PB}$ per ipotesi, $\overline{AH} \cong \overline{HB}$ per costruzione) e, pertanto, sono congruenti per il terzo criterio.
I due angoli in H sono congruenti e supplementari, quindi sono due angoli retti. Possiamo così concludere che $\overline{PH}$ è perpendicolare ad $\overline{AB}$.

Teorema: la bisettrice di un angolo è il luogo dei punti di un piano equidistanti dai lati dell'angolo.

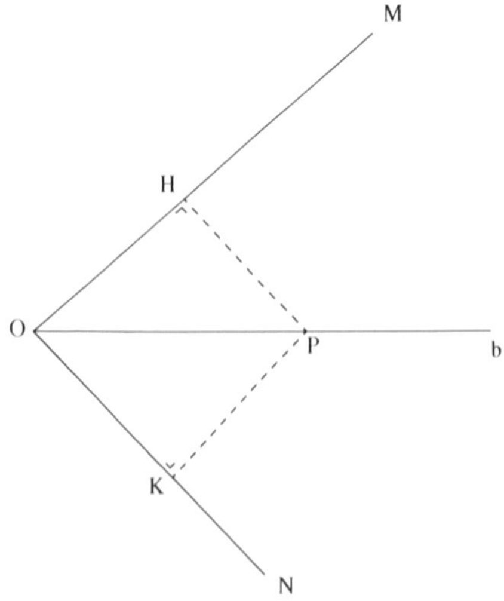

fig. 16

Iniziamo dimostrando che, se P è un punto della bisettrice dell'angolo MÔN (fig. 16), allora sono congruenti le sue distanze dai lati dell'angolo.

MÔP ≅ NÔP

$\overline{PH} \perp \overline{OM}$

$\overline{PK} \perp \overline{ON}$

Consideriamo i due triangoli PHO e PKO (fig. 16), essi hanno l'ipotenusa $\overline{OP}$ in comune e PÔH ≅ PÔK, quindi sono congruenti e si può così dedurre che è $\overline{PH} \cong \overline{PK}$.

Completiamo la dimostrazione verificando che, se il punto P è equidistante dai lati dell'angolo MÔN, allora esso appartiene alla bisettrice dell'angolo .

Dalla fig. 16:

$\overline{PH} \perp \overline{OM}$

$\overline{PK} \perp \overline{ON}$

$\overline{PH} \cong \overline{PK}$.

I due triangoli rettangoli OHP e OKP hanno l'ipotenusa $\overline{OP}$ in comune e $\overline{PH} \cong \overline{PK}$; quindi sono congruenti. Ne deriva che PÔH ≅ PÔK e ciò ci permette di concludere che P appartiene alla bisettrice di MÔN.

9.2.10 Linea spezzata

Definiamo **linea spezzata** una figura geometrica costituita da più segmenti due a due consecutivi, dove gli estremi dei segmenti stessi sono i vertici ed i segmenti i lati; è detta aperta se i vertici estremi non coincidono, chiusa se coincidono. La consecutività nella definizione esclude la possibilità di avere i vertici tutti su una unica retta; tale eventualità darebbe luogo ad una spezzata degenere.

9.3 Grandezze geometriche e loro misura: confronto tra grandezze

9.3.1 La relazione di congruenza

Definiamo congruenza piana una corrispondenza biunivoca tra punti del piano tale che, dati due qualsiasi punti A e B, la loro distanza è la stessa di quella che intercorre tra i punti a questi corrispondenti A' e B'. Se consideriamo quindi due figure geometriche come insiemi, la corrispondenza in oggetto conserva inalterate le distanze tra i punti passando dalla prima alla seconda figura (isometria); il risultato della trasformazione consiste in due figure perfettamente sovrapponibili. Ricordiamo al riguardo che il concetto euclideo di "uguaglianza" tra figure geometriche è dato proprio per sovrapponibilità delle figure stesse.

Dalla teoria degli insiemi segue che una congruenza C è una legge di trasformazione che per ogni punto P determina un punto immagine P' (fig. 17) tale che:

$$P' = C(P) \quad \text{oppure} \quad C: P \to P'$$

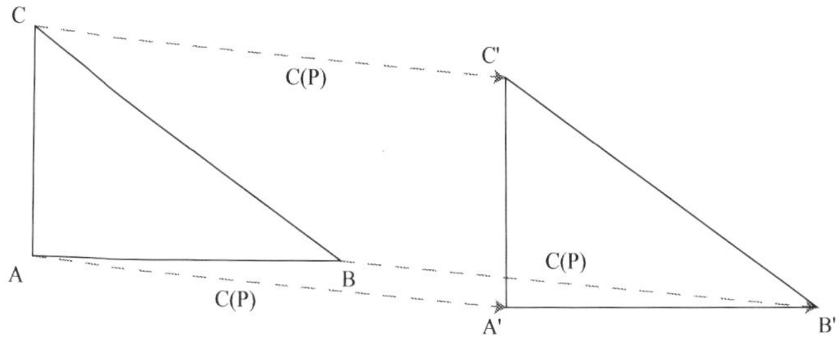

fig. 17

Viste le premesse possiamo dire che una congruenza trasforma:
- segmenti in altri segmenti aventi per estremi i punti immagine di quelli dati;
- semirette in altre semirette aventi per origine l'immagine di quella data;
- rette in rette e semipiani in semipiani;
- rette parallele in rette parallele (all'interno delle singole figure);
- angoli convessi in altri angoli convessi i cui vertici ed i cui lati sono le immagini di quelli dati.

Le proprietà descritte sono teoremi di cui omettiamo la dimostrazione.
Anche la congruenza è una relazione di equivalenza in quanto gode delle proprietà riflessiva, simmetrica e transitiva; ciò consente di ripartire tutte le diverse tipologie di figure del piano in sottoinsiemi distinti detti classi di equivalenza.

9.3.2 Nozione di equivalenza (equiestensione)

Due figure piane sono equivalenti quando le superfici che ricoprono hanno la stessa estensione; è una relazione di equivalenza e come tale è riflessiva, simmetrica e transitiva. È caratterizzata dai **postulati**:
- Due figure congruenti sono equivalenti (non è sempre vero il contrario);
- La somma di due figure equivalenti a due figure equivalenti sono due figure ancora equivalenti;
- La differenza tra coppie di figure equivalenti sono due figure ancora equivalenti.

I due ultimi postulati derivano dagli assiomi di Euclide e sono alla base di un criterio: due figure sono tra loro equivalenti se sono scomponibili in figure due a due equivalenti tra loro ovvero se sono equiscomponibili. Nella pratica risulta comodo utilizzare scomposizioni in figure due a due congruenti.

9.3.3 Equivalenza delle superfici piane

Tutte le figure, indipendentemente dalla loro forma, hanno una certa estensione, cioè la parte di piano limitata da una linea chiusa.
Due superfici S e S_1 aventi la stessa estensione si dicono **equivalenti** e si scrive:

$$S \doteq S_1$$

Quindi due superfici congruenti sono anche equivalenti, ma due superfici equivalenti non sempre sono congruenti.

L'equivalenza tra figure piane gode delle seguenti proprietà:

a) ogni superficie piana è equivalente a se stessa (proprietà riflessiva dell'equivalenza);
b) se una superficie è equivalente a un'altra, la seconda è equivalente alla prima (proprietà simmetrica dell'equivalenza);

c) due superfici equivalenti a una terza sono equivalenti fra loro (proprietà transitiva dell'e-quivalenza).

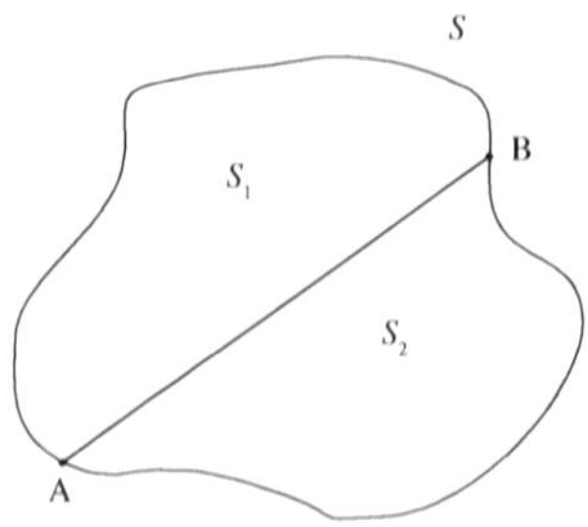

fig. 18

Rappresentiamo una superficie S e dividiamola in due parti mediante un segmento $\overline{AB}$, ottenendo così due superfici S_1 e S_2 (fig. 18).
Considerando le estensioni delle superfici S, S_1 e S_2 possiamo dire che S è la somma delle estensioni di S_1 e S_2

$$S \doteq S_1 + S_2$$

La somma di due o più superfici gode delle proprietà commutativa e associativa:

$$S_1 + S_2 \doteq S_2 + S_1 \quad \text{e} \quad (S_1 + S_2) + S_3 = S_1 + (S_2 + S_3)$$

e somme di superfici equivalenti sono equivalenti.

Se di due superfici piane S_1 e S_2, la seconda è equivalente a una parte della prima, si dice che S_1 è maggiore di S_2 oppure S_2 è minore di S_1

$$S_1 > S_2 \qquad \text{oppure} \qquad S_2 < S_1$$

Se la superficie S è la somma delle superfici S_1 e S_2, si dice anche che S_2 è la differenza fra S e S_1 e si scrive:

$$S_2 \doteq S - S_1$$

Differenze di superfici equivalenti sono equivalenti.
Siccome superfici congruenti sono equivalenti e somme di superfici equivalenti sono equivalenti, si ha il seguente:
Teorema: due figure scomponibili in parti rispettivamente congruenti sono equivalenti.

9.3.4 Classi di grandezze geometriche

Diciamo **classe di grandezze geometriche** un insieme di figure geometriche della stessa specie (omogenee) per le quali è possibile:

a) definire un criterio di confronto attraverso il quale è possibile decidere, presi due qualsiasi elementi dell'insieme, quale sia il maggiore o se sono uguali (congruenti, equivalenti);
b) definire una operazione di somma.

I segmenti, gli archi di una stessa circonferenza, le superfici piane, ecc. sono tutti esempi di classi di grandezze geometriche; per questi enti, infatti, è sempre possibile il confronto tra due elementi e l'operazione di somma tra due elementi che risulta ancora un elemento dello stesso insieme. Valgono le seguenti proprietà:

- dette A e B due grandezze omogenee può aversi soltanto: $A > B$ oppure $A < B$ oppure $A = B$ (il segno = sta a significare congruenza o equivalenza e gode delle proprietà riflessiva, simmetrica e transitiva);
- se $A > B$ esiste la differenza $A - B$;
- detta A una qualsiasi grandezza, esiste sempre una grandezza B multipla di A secondo un fattore k che corrisponde alla somma di k grandezze A ($B = kA$). A è ovviamente sottomultipla di B essendo $A = B/k$.

Con la definizione di multipli e sottomultipli di grandezze possiamo definire il loro rapporto distinguendo i seguenti casi:

- A multiplo di B ovvero $A = pB$ (fig. 19); da ciò discende che $A/B = p$ (numero intero);

- A e B ammettono una grandezza sottomultipla comune ovvero A = pC e B = qC (fig. 20); da ciò discende A/B = p/q (numero razionale).

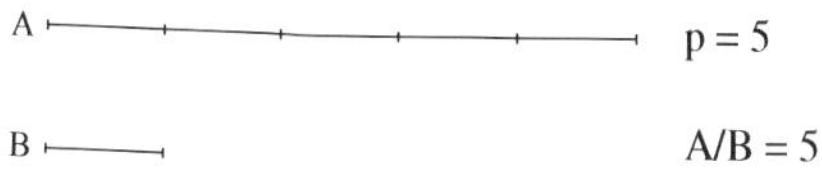

fig. 19

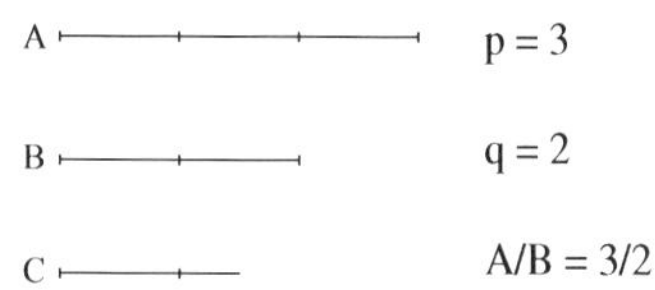

fig. 20

Entrambi gli esempi visti rappresentano casi di grandezze che ammettono un sottomultiplo comune (B stesso nel 1° caso e C nel 2°); in questo caso le due grandezze sono **commensurabili**. Nel caso in cui due grandezze omogenee non ammettono un sottomultiplo comune il loro rapporto è rappresentato da un numero irrazionale (ad es.: circonferenza e raggio, diagonale di un quadrato e lato); in questo caso definiamo **incommensurabili** le due grandezze.

9.3.5 Misura delle grandezze geometriche

In un insieme omogeneo di figure geometriche è sempre possibile individuare un elemento U che utilizzeremo come unità di confronto per tutti gli altri elementi; il confronto è definito attraverso il rapporto tra ogni elemento e U. Il risultato di tale rapporto lo definiamo misura m di quell'elemento ed è un numero maggiore, minore o uguale a 1 a seconda che: A > U, A < U o A = U; più in generale definiamo:

misura di una grandezza geometrica A rispetto ad un'altra ad essa omogenea U (presa come unità di riferimento) il numero reale che definisce quantitativamente la relazione d'ordine esistente tra A e U; e scriviamo:

misura m = A/U (sempre positivo)

Da quanto sopra discende il seguente **teorema:** il rapporto tra due grandezze A e B è uguale al quoziente delle loro misure rispetto alla medesima unità U che diciamo a e b rispettivamente.
Si ha infatti: A = aU e B = bU, ma esiste anche un numero reale r tale che A = rB da cui A = rbU. Per confronto tra la prima e l'ultima espressione di A avremo a = rb ovvero r = a/b, ma essendo r = A/B ⇒ A/B = a/b.

9.3.6 Grandezze proporzionali

Quattro grandezze, due a due omogenee tra loro (non necessariamente tutte omogenee), sono in proporzione se il rapporto tra le prime due è uguale al rapporto tra le seconde due e si scrive:

$$A : B = C : D$$

Teorema

Condizione necessaria e sufficiente affinché quattro grandezze siano in proporzione è che lo siano le loro misure.
Possiamo porre:
A = aU B = bU C = cU D = dU
(essendo a, b, c, d le misure delle quattro grandezze A, B, C, D rispettivamente).
Necessità: Hp) A : B = C : D; Th) a : b = c : d

Per il teorema precedente

$$A/B = a/b \text{ e } C/D = c/d \qquad (1)$$

$$\text{allora } A : B = C : D \Rightarrow a : b = c : d \qquad \text{c.v.d.}$$

Sufficienza: Hp) $a : b = c : d$; Th) $A : B = C : D$
Per le (1) e la transitività dell'uguaglianza si ha anche:

$$a : b = c : d \Rightarrow A : B = C : D \qquad \text{c.v.d.}$$

Questo teorema consente di applicare le proprietà aritmetiche delle proporzioni alle proporzioni tra grandezze geometriche.

Per la proprietà	**da**	**segue**
dell'invertire	$A : B = C : D$	$B : A = D : C$
del permutare i medi	"	$A : C = B : D$
del permutare gli estremi	"	$D : B = C : A$
del comporre	"	$(A + B) : A = (C + D) : C$ o $(A + B) : B = (C + D) : D$ (*)
dello scomporre	"	$(A - B) : A = (C - D) : C$ o $(A - B) : B = (C - D) : D$ (*)
del comporre antecedenti	"	$(A + C) : (B + D) = A : B$ (*)
e conseguenti	"	$(A + C) : (B + D) = C : D$ (*)
dello scomporre antecedenti	"	$(A - C) : (B - D) = A : B$ (*)
e conseguenti	"	$(A - C) : (B - D) = C : D$ (*)
della serie dei rapporti	$A : B = C : D = E : F$	$(A + C + E) : (B + D + F) = A : B$ (*)
		$(A + C + E) : (B + D + F) = C : D$ (*)
		$(A + C + E) : (B + D + F) = E : F$ (*)

(*) è sempre possibile applicare a tali relazioni le proprietà dell'invertire e del permutare.

Teorema della unicità della quarta proporzionale
Date tre grandezze A, B e C (di cui A e B omogenee tra loro), esiste ed è unica una quarta grandezza D tale che:

$$\mathbf{A : B = C : D}$$

Se infatti esistesse una quinta grandezza X tale che:

$$A : B = C : X$$

essendo il rapporto tra due grandezze uguale al rapporto tra le rispettive misure avremo:

$$a : b = c : d \qquad \text{e} \qquad a : b = c : x$$

ne seguirebbe: $d = bc/a = x$, ovvero necessariamente: $X = D$.

Dalla definizione data per grandezze in proporzione tra loro discende la seguente definizione applicata agli insiemi di figure geometriche (classi di grandezze):
Due classi di grandezze geometriche, tra le quali esiste una legge di corrispondenza biunivoca, sono direttamente proporzionali se il rapporto tra due qualsiasi grandezze della prima classe e quello tra le due corrispondenti della seconda sono uguali (formano una proporzione).
Il rapporto è detto **costante di proporzionalità**.

Criterio di proporzionalità diretta
Teorema: due classi di grandezze in corrispondenza biunivoca $\boldsymbol{\Omega_1}$ e $\boldsymbol{\Omega_2}$ sono direttamente proporzionali se e solo se:
a) a grandezze uguali della prima classe corrispondono grandezze uguali della seconda;
b) alla somma di due grandezze della prima classe corrisponde la somma delle corrispondenti grandezze della seconda.

Hp): Ω_1 e Ω_2 sono direttamente proporzionali
Th): la corrispondenza conserva l'uguaglianza e la somma

a) Dalla ipotesi deriva: $A_1 : B_1 = A_2 : B_2$ (2)
dove A_1 e B_1 sono elementi di Ω_1 e A_2 e B_2 elementi di Ω_2
la condizione $A_1 = B_1$ implica (attraverso il teorema delle misure) la relazione $A_2 = B_2$
c.v.d.
b) Applicando la proprietà del comporre alla proporzione (2) otteniamo:

$$A_1 : (A_1 + B_1) = A_2 : (A_2 + B_2)$$

la somma $(A_1 + B_1)$ è un elemento di Ω_1 per ipotesi (Ω_1 classe di grandezze) ed a questo corrisponde in Ω_2 un elemento che chiamiamo X_2, da cui:

$$A_1 : (A_1 + B_1) = A_2 : X_2$$

Per l'unicità del quarto proporzionale sarà:

$$X_2 = A_2 + B_2$$ c.v.d.

Consideriamo ora il **teorema inverso** scambiando il ruolo della ipotesi con quello della tesi.

Hp): la corrispondenza conserva l'uguaglianza e la somma
Th): Ω_1 e Ω_2 sono direttamente proporzionali

Diciamo A_1, B_1 e K_1 tre elementi di Ω_1, e diciamo C_2, D_2 e H_2 i corrispondenti tre elementi di Ω_2, allora:
1) se in Ω_1 esiste un $A_1 = B_1 + K_1$ avremo, per la conservazione dell'uguaglianza prevista in ipotesi, $C_2 = D_2 + K_2$ in Ω_2;
2) se consideriamo poi due elementi $N_1 = nA_1$ ed $M_1 = mB_1$ in Ω_1 per lo stesso motivo avremo in Ω_2 i due elementi corrispondenti $N_2 = nC_2$ ed $M_2 = mD_2$ per qualsiasi m ed n;
3) se in Ω_1 si verifica $A_1 > B_1$, dalla (1) avremo $C_2 > D_2$ in Ω_2;

4) per le (1) e (2) se in Ω_1 si verifica $nA_1 > mB_1$, consegue in Ω_2 $nC_2 > mD_2$;
5) per le (1) e (2) se in Ω_1 si verifica $nA_1 < mB_1$, consegue in Ω_2 $nC_2 < mD_2$;
6) dalla ipotesi deriva anche che se in Ω_1 si verifica $nA_1 = mB_1$, consegue in Ω_2, $nC_2 = mD_2$.

Dalle 6 posizioni descritte si può riassumere che se, comunque prendo due numeri n ed m, da $nA_1 \gtreqless mB_1$ in Ω_1 consegue $nC_2 \gtreqless mD_2$ in Ω_2, e viceversa.
Ciò corrisponde alla definizione euclidea di proporzione:
quattro grandezze A, B, C, D formano una proporzione A : B = C : D se comunque prendo due numeri m ed n risulterà sempre:

$$nA \gtreqless mB \qquad \text{se e solo se} \qquad nC \gtreqless mD$$

9.3.7 *Lunghezza di un segmento*

Con un ragionamento analogo a quello affrontato per il concetto di direzione possiamo considerare l'insieme di tutti i possibili segmenti (ad es.: distinti per giacitura nel piano e per dimensione) e ripartire tale insieme in base alla relazione di congruenza che, come è noto, è una relazione di equivalenza. Con tale procedimento generiamo un insieme quoziente dove in ciascun sottoinsieme sono descritti tutti e solo i segmenti congruenti tra loro e quindi sovrapponibili. **Le classi di equivalenza di segmenti congruenti tra loro così formate definiscono ognuna una ben determinata "lunghezza".**
È necessario ora distinguere tra concetto di lunghezza che caratterizza tutta una classe di segmenti e misura delle lunghezza stessa; quest'ultima è un numero associato al rapporto tra la lunghezza del segmento preso a rappresentare una classe e la lunghezza di un segmento che rappresenta l'unità. Diamo ora la definizione di confronto, somma e differenza tra segmenti.

- Confrontare due segmenti $\overline{AB}$ e $\overline{CD}$ significa sovrapporne due estremi (ad es.: A e C) e verificare la posizione di un secondo estremo rispetto all'altro secondo; può accadere che B risulti interno a $\overline{CD}$ o coincidente con D oppure che D risulti interno ad $\overline{AB}$. Diremo allora che $\overline{AB}$ è minore, congruente o maggiore di $\overline{CD}$. Le stesse conclusioni sono applicabili alle rispettive lunghezze.
- Sommare due segmenti $\overline{AB}$ e $\overline{CD}$ significa costruire un segmento adiacente dell'uno sul proprio prolungamento mediante un segmento $\overline{BE}$ congruente con l'altro (fig. 21); il segmento somma, con riferimento alla fig. 21, è $\overline{AE}$; se $\overline{AB}$ e $\overline{CD}$ sono congruenti, i punti $B \equiv C$ rappresentano il punto medio di $\overline{AE}$.
- Sottrarre due segmenti $\overline{AB}$ e $\overline{CD}$ (con $\overline{AB} > \overline{CD}$) significa individuare sul segmento maggiore $\overline{AB}$ un punto E interno tale che risulti $\overline{AE}$ congruente con $\overline{CD}$; il segmento differenza, con riferimento alla fig. 22 è $\overline{EB}$; se $\overline{AB}$ e $\overline{CD}$ sono congruenti, gli estremi E e B sono coincidenti e la differenza è un segmento nullo.

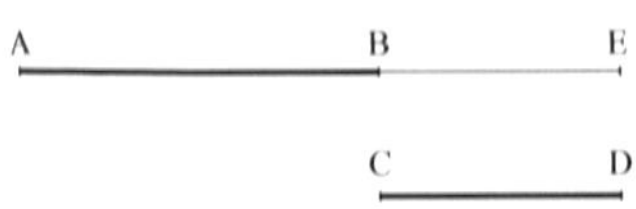

fig. 21

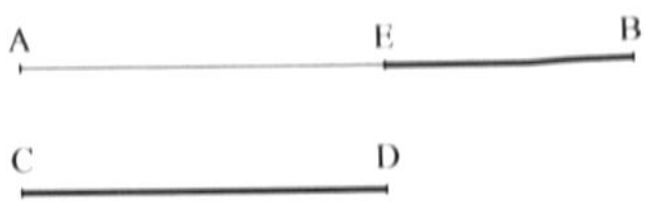

fig. 22

9.3.8 Ampiezza di un angolo

Con ragionamento assolutamente analogo al precedente possiamo definire ampiezza di un angolo quella intrinseca caratteristica di tutta una determinata classe di equivalenza composta da tutti e soli angoli congruenti con quello dato; come per i segmenti, gli angoli congruenti hanno la stessa ampiezza e viceversa. La misura dell'ampiezza di un angolo è un numero associato al rapporto tra l'ampiezza di quell'angolo e quella di un angolo assunto unitario. Diamo ora la definizione di confronto, somma e differenza tra angoli.

- Confrontare due angoli $A\hat{B}C$ e $D\hat{E}F$ significa sovrapporne i vertici B ed E e le semirette relative a due lati corrispondenti (ad es.: $\overline{BA}$ e $\overline{ED}$). Può accadere che il secondo lato di un angolo risulti interno, coincidente o esterno al secondo lato dell'altro angolo; avremo allora che quell'angolo è rispettivamente minore, congruente o maggiore dell'altro.
- Sommare due angoli significa costruire un angolo consecutivamente al primo e congruente con il secondo; l'angolo che risulta definito dai due lati non comuni di tale costruzione è l'angolo somma $A\hat{B}F'$ (fig. 23).
- La differenza di due angoli $A\hat{B}C$ e $D\hat{E}F$ (con ad es.: $A\hat{B}C > D\hat{E}F$) si ottiene traslando fino al sovrapporsi di due lati in modo che il secondo lato dell'angolo minore cada internamente a quello maggiore (fig. 24); l'angolo differenza è quello compreso tra i secondi lati dei due angoli dati $F'\hat{B}C$.

  Con angoli $A\hat{B}C$ e $D\hat{E}F$ congruenti l'angolo differenza è nullo.

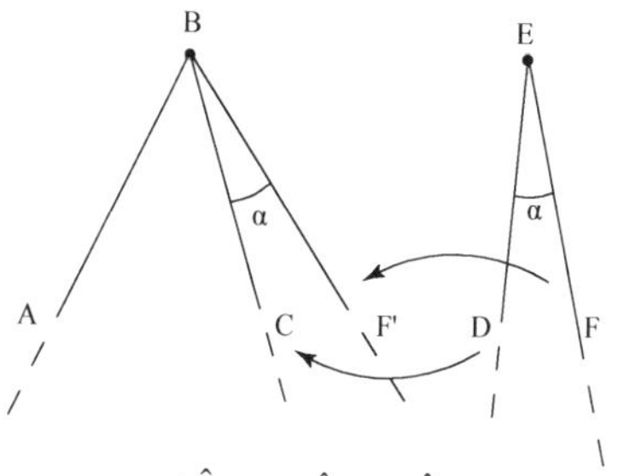

$A\hat{B}C + D\hat{E}F = A\hat{B}F'$

fig. 23

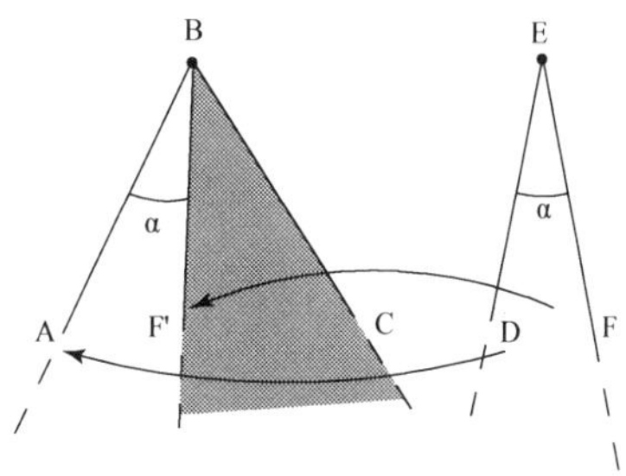

$A\hat{B}C - D\hat{E}F = F'\hat{B}C$

fig. 24

Definiamo angolo retto una delle due parti individuate dalla bisettrice di un angolo piatto. Definiamo angolo acuto un angolo minore di un angolo retto; ottuso se maggiore. Definiamo angoli complementari due angoli acuti la cui somma è un angolo retto. Definiamo supplementari due angoli la cui somma è un angolo piatto. Definiamo esplementari due angoli la cui somma è un angolo giro.

Teorema: gli angoli opposti al vertice sono congruenti.
Con riferimento alla fig. 25 gli angoli α e β sono supplementari perché hanno ognuno un lato sulla stessa retta r; per lo stesso motivo anche γ e β sono supplementari tra loro. Da ciò discende che gli angoli opposti al vertice α e γ risultano supplementari dello stesso angolo β e quindi congruenti. Un ragionamento analogo vale anche per β e δ.

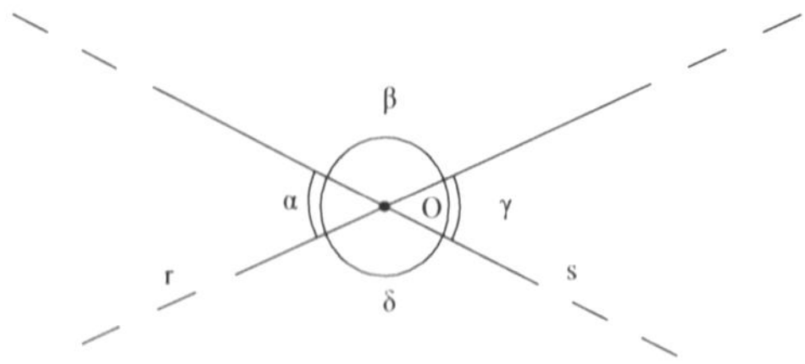

fig. 25

9.3.9 Estensione di una superficie

La relazione di equiestensione, nell'insieme delle superfici chiuse (insiemi limitati da una linea), è una relazione di equivalenza che rende possibile la partizione in classi di equivalenza dell'insieme stesso. Ogni classe così definita rappresenta una particolare estensione superficiale ovvero l'insieme di una superficie e di tutte le superfici ad essa equiestese (indipendentemente dalla loro forma). L'insieme delle superfici è un insieme di grandezze omogenee e quindi suscettibile di misurazioni attraverso l'individuazione di una unità di misura. Il numero associato ad ogni misura è detto area della estensione superficiale.
L'unità di misura è individuabile in modo arbitrario, tuttavia è consuetudine utilizzare il quadrato di una unità di misura delle lunghezze; detta U quest'ultima, le aree sono misurate attraverso una unità costituita da un quadrato di lato U.

9.4 Poligoni

9.4.1 Definizioni

Definiamo poligono una figura geometrica formata dai lati di una spezzata chiusa contenuta in un unico piano e da tutti i punti ad essa interni; i segmenti ed i loro estremi costituiscono i lati ed i vertici rispettivamente del poligono, la spezzata, invece, il perimetro.
Definiamo quindi lato di un poligono il segmento che ha per estremi due vertici consecutivi, mentre, definiamo diagonale il segmento che ha per estremi due vertici non consecutivi.
Definiamo angolo interno di un poligono ogni angolo che ha per vertice un vertice del poligono e per lati i due lati consecutivi sullo stesso vertice (α in fig. 26a).
La misura della estensione della superficie poligonale è detta area del poligono; la misura del perimetro corrisponde alla misura della lunghezza del segmento somma dei lati del poligono.
Definiamo angolo esterno quello supplementare di un angolo interno; ha per vertice un vertice del poligono e per lati un lato del poligono ed il prolungamento di quello ad esso consecutivo su quel vertice (θ in fig. 26a).

Anche il poligono può risultare convesso o concavo secondo la definizione già data per le figure. Un poligono convesso risulta tutto contenuto in un unico semipiano dei due individuati dalla retta di giacitura di ognuno dei lati del poligono stesso; in fig. 26b i due lati $\overline{BC}$ e $\overline{CD}$ non rispettano la condizione data.

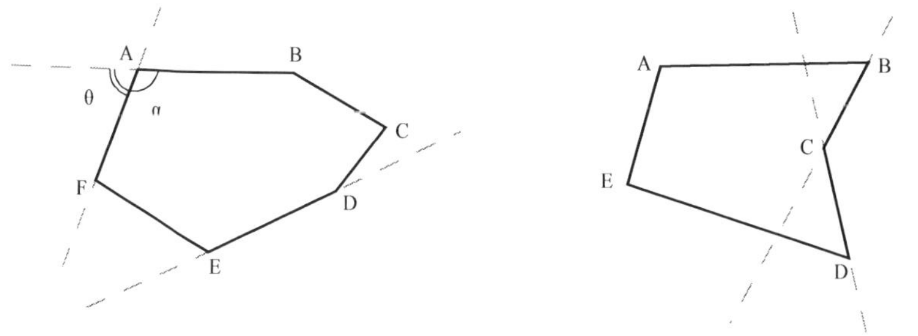

a) Poligono convesso b) Poligono concavo

fig. 26

Daremo una prima classificazione dei poligoni sulla base del numero dei lati.

9.4.2 Proprietà

Teorema: la somma degli angoli interni di un triangolo è un angolo piatto.

Con riferimento alla fig. 27 tracciamo una retta r parallela al lato $\overline{BC}$ passante per il vertice A; per il 5° postulato di Euclide questa è unica, da cui consegue la unicità della conclusione. Gli angoli β e β' sono congruenti come pure gli angoli γ e γ' perché alterni interni nella configurazione delle rette parallele r ed s intersecate rispettivamente da $\overline{AB}$ e $\overline{AC}$. La somma degli angoli α, β' e γ' è un angolo piatto. c.v.d.

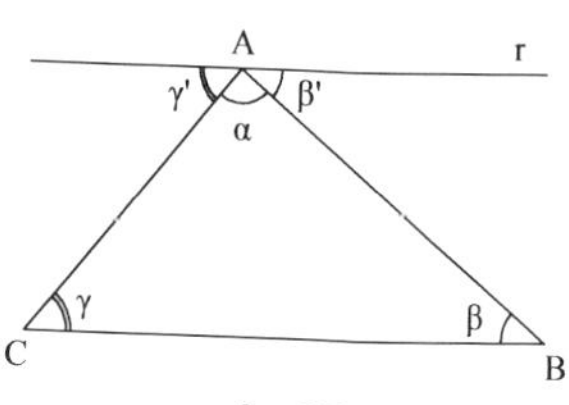

fig. 27

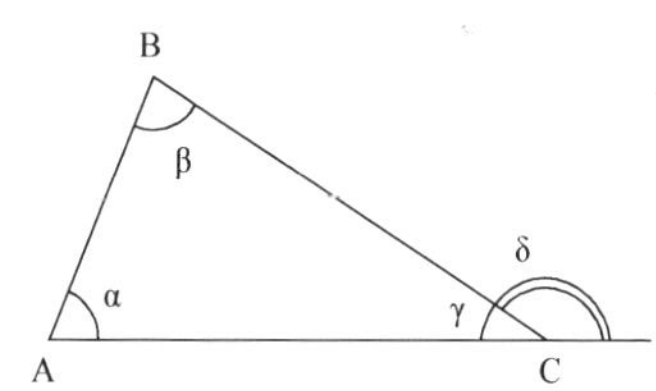

fig. 28

Dal teorema precedente discende che, in ogni triangolo, ogni angolo esterno è pari alla somma dei due angoli interni non adiacenti a quello esterno considerato. Con riferimento alla fig. 28 l'angolo esterno δ e la somma $\alpha + \beta$ sono supplementari dello stesso angolo γ e quindi congruenti. Da quanto sopra discende che un angolo esterno di un triangolo è sempre maggiore di uno qualsiasi degli angoli ad esso non adiacenti.

Teorema: in un poligono di n lati la somma degli angoli interni vale $(n - 2)$ angoli piatti. Con riferimento alla fig. 29 prendiamo un punto P interno al poligono e congiungiamolo ai vertici dello stesso; si vengono a formare n triangoli per ognuno dei quali la somma degli angoli interni è un angolo piatto; la somma di n angoli piatti quindi contemplerà la somma degli angoli interni al poligono cercata e la somma degli angoli relativi al vertice P di tutti gli n triangoli che sommati tra loro formano due angoli piatti. Pertanto la somma cercata sarà quella di n angoli piatti diminuita di due.

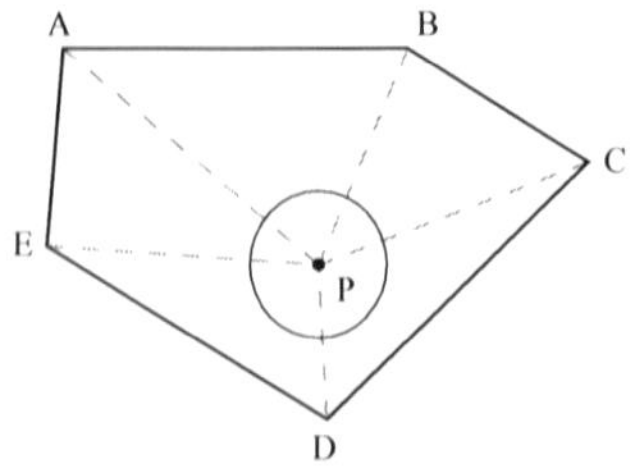

fig. 29

Teorema: la somma degli angoli esterni di un qualsiasi poligono vale un angolo giro. La dimostrazione discende dal teorema precedente e dalla definizione di angolo esterno.

Diagonali di un poligono
Il numero di diagonali N_d di un poligono di n lati è calcolabile attraverso la seguente formula:

$$N_d = \frac{(n-3)\,n}{2}$$

Da ogni vertice possono uscire $n - 3$ diagonali; per definizione di diagonale il segmento non può collegare il vertice a se stesso ed a quelli adiacenti. Il ragionamento è ripetibile per ogni vertice contando però due volte la stessa diagonale (una per ogni vertice estremo della stessa) da cui la formula descritta.

9.4.3 Triangoli

Il triangolo è un poligono di tre lati e tre vertici; ad ogni vertice corrisponde un angolo i cui lati sono i lati del triangolo che hanno l'estremo comune coincidente con quel vertice. I lati e gli angoli sono gli elementi di un triangolo.

Un lato è opposto ad un angolo quando non contiene il vertice di quell'angolo. Gli angoli esterni di un triangolo sono angoli adiacenti (supplementari) agli angoli interni del triangolo.

Classifichiamo i triangoli in base agli angoli interni o ai lati:

per angoli (fig. 30)
- acutangolo: gli angoli sono tutti acuti (a)
- rettangolo: un angolo è retto (e due acuti e complementari tra loro) (b)
- ottusangolo: un angolo ottuso (e due acuti) (c)

per lati
- scaleno: i lati sono tutti diversi
- isoscele: due lati sono congruenti
- equilatero: i tre lati sono congruenti

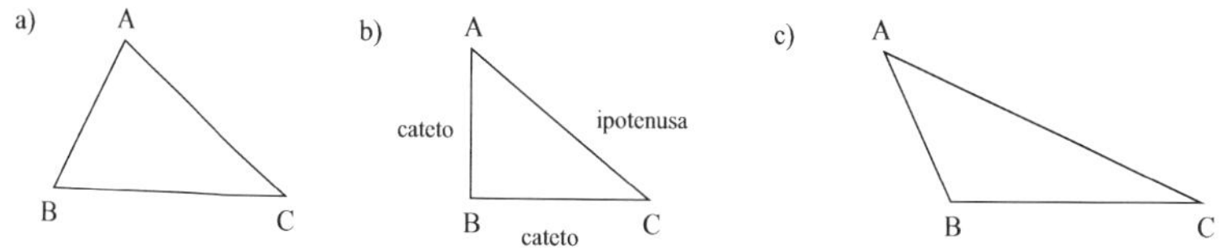

fig. 30

In un triangolo (fig. 31), definiamo:

- bisettrice di un angolo il segmento della semiretta che origina nel vertice dell'angolo e che lo divide in due parti congruenti (a);
- mediana relativa ad un lato del triangolo il segmento che unisce il punto medio del lato con il vertice opposto (b);
- altezza relativa ad un lato il segmento perpendicolare al lato stesso (oppure al suo prolungamento) che ha per estremi il vertice opposto ed il piede della perpendicolare al lato stesso (c).

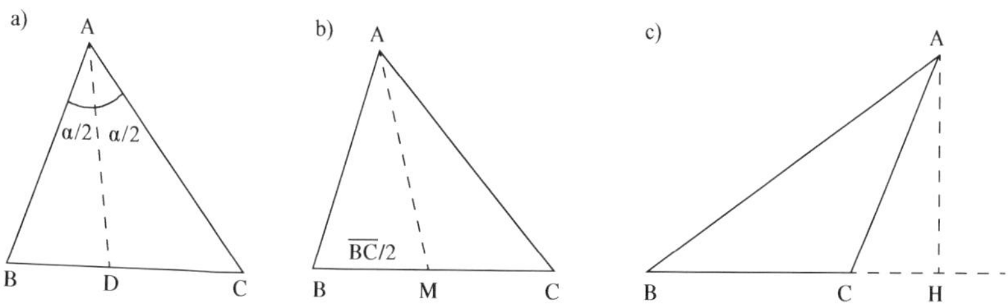

fig. 31

- Ogni triangolo ha tre bisettrici, tre mediane e tre altezze.
- Nei triangoli rettangoli due altezze coincidono con i cateti in quanto lati perpendicolari tra loro.
- Nei triangoli isosceli, mediana, bisettrice ed altezza relative al lato che non ha congruenti coincidono tra loro.
- Nei triangoli equilateri, mediana, bisettrice ed altezza relative ad ogni lato coincidono tra loro.

Teorema: se un triangolo ha due lati non congruenti, il maggiore dei due ha l'angolo opposto maggiore (fig. 32). Hp: $\overline{BC} > \overline{AC} \Rightarrow$ Th: $\alpha > \beta$

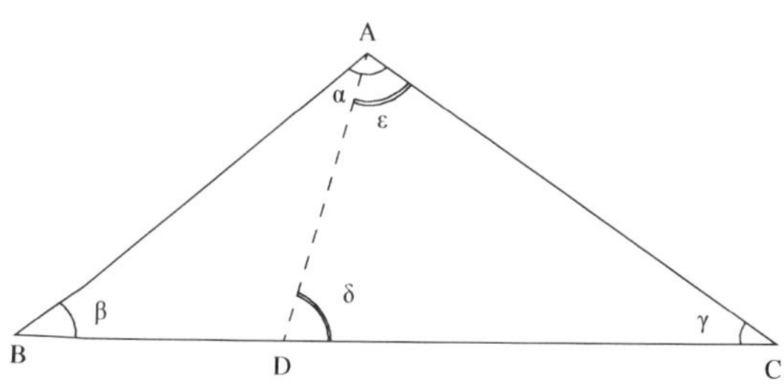

fig. 32

Riportiamo sul lato $\overline{BC}$ un segmento $\overline{CD}$ congruente con $\overline{AC}$ ed uniamo i punti A e D; per ipotesi il punto D è interno a $\overline{BC}$. Per costruzione il triangolo ACD è isoscele quindi δ ed ε sono congruenti perché angoli alla base del triangolo isoscele. Il lato $\overline{AD}$ è compreso tra $\overline{AC}$ e $\overline{AB}$ quindi $\varepsilon < \alpha$. Da quanto sopra $\varepsilon = \delta < \alpha$. Nel triangolo BDA l'angolo δ è un angolo esterno, pertanto l'angolo β non adiacente ad esso risulta: $\beta < \delta < \alpha$; ecco quindi che alla relazione tra i lati della ipotesi segue quella tra gli angoli opposti della tesi:

$$\overline{BC} > \overline{AC} \Rightarrow \alpha > \beta$$

Teorema inverso: se un triangolo ha due lati non congruenti, il lato opposto all'angolo maggiore è maggiore di quello opposto all'angolo minore (fig. 32).

$$Hp): \beta > \gamma \Rightarrow Th): \overline{AC} > \overline{AB}$$

Corollario: in un triangolo rettangolo l'ipotenusa è sempre maggiore dei cateti; in un triangolo ottuso il lato maggiore è quello opposto all'angolo ottuso.

Teorema: in un triangolo un lato è minore della somma degli altri due (fig. 33).
Hp) : ABC è un triangolo $\Rightarrow$ Th) : $\overline{BC} < \overline{AB} + \overline{AC}$

Supponendo $\overline{BC}$ il lato maggiore prolunghiamo $\overline{BA}$ da A con un segmento $\overline{AD}$ congruente con $\overline{AC}$ e congiungiamo D con C; il triangolo ACD è isoscele sulla base $\overline{CD}$ per costruzione da cui $\varepsilon = \delta$ e $B\hat{C}D > \varepsilon$ (essendo A interno a BD). Da quanto sopra è anche $B\hat{C}D > \delta$. Dal triangolo BCD per il teorema appena descritto avremo $\overline{BC} < \overline{BD}$ ovvero $\overline{BC} < \overline{AB} + \overline{AD}$; essendo per costruzione $\overline{AD} = \overline{AC}$ abbiamo la tesi.

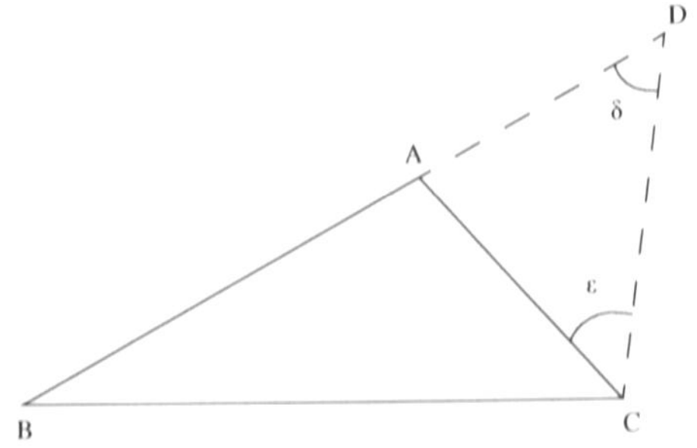

fig. 33

Teorema: in un triangolo un lato è maggiore della differenza degli altri due (fig. 33).
Hp) : ABC è un triangolo $\Rightarrow$ Th) : $\overline{BC} > \overline{AB} - \overline{AC}$

Se $\overline{AB}$ ed $\overline{AC}$ fossero congruenti il teorema sarebbe dimostrato; ipotizziamo allora $\overline{AB} > \overline{AC}$. Per il teorema precedente possiamo scrivere per $\overline{AB}$:

$$\overline{AB} < \overline{BC} + \overline{AC}$$

sottraendo il segmento $\overline{AC}$ ad ambo i segmenti ($\overline{AB}$ e segmento somma $\overline{BC} + \overline{AC}$) della relazione precedente avremo la tesi.

9.4.4 Quadrilateri

I quadrilateri sono poligoni di quattro lati; tra questi distinguiamo i trapezi ed i parallelogrammi.

Trapezi

*Si dice **trapezio** ogni quadrilatero avente due (e solo due) lati paralleli.*

I lati paralleli $\overline{AB}$ e $\overline{CD}$ disuguali si dicono ***basi*** e precisamente $\overline{AB}$ ***base maggiore*** e $\overline{CD}$ ***base minore***. I lati non paralleli $\overline{AD}$ e $\overline{BC}$ si dicono ***lati obliqui*** del trapezio o semplicemente **lati**. La distanza fra le rette parallele cui appartengono le due basi si dice **altezza** del trapezio (fig. 34). Gli angoli $\hat{A}$ e $\hat{D}$ sono supplementari perché coniugati interni rispetto alle parallele $\overline{AB}$ e $\overline{DC}$ tagliate dalla trasversale $\overline{AD}$. Anche gli angoli $\hat{B}$ e $\hat{C}$ sono supplementari perché coniugati interni rispetto alle parallele $\overline{AB}$ e $\overline{DC}$ tagliate dalla trasversale $\overline{BC}$.

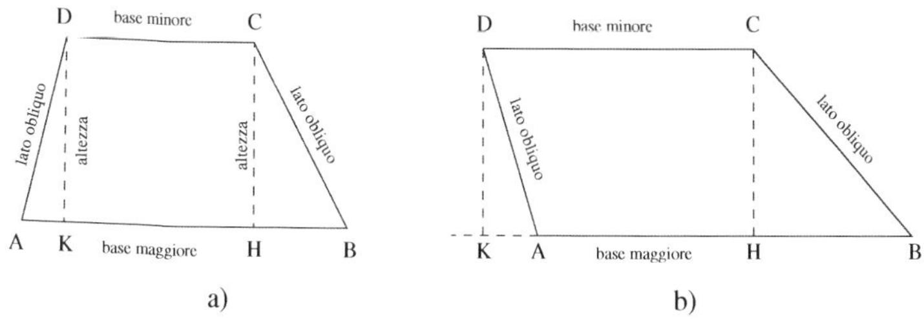

fig. 34

I trapezi si suddividono in (fig. 35):

- rettangolo, caratterizzato da un angolo retto (a);
- isoscele, avente due lati obliqui congruenti e quindi (teorema) gli angoli relativi alla stessa base congruenti (b);
- scaleno, avente tutti i lati diversi (c).

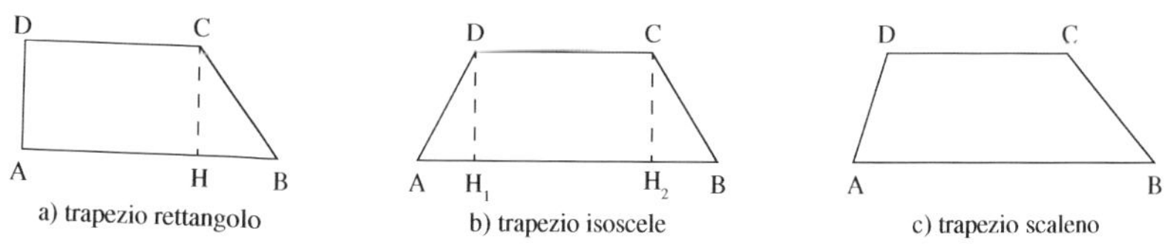

fig. 35

Nel trapezio rettangolo la proiezione del lato obliquo sulla base maggiore è congruente con il segmento differenza delle basi (fig. 35a):

$$\overline{HB} = \overline{AB} - \overline{DC}$$

Nel trapezio isoscele le proiezioni dei lati obliqui sulla base maggiore sono congruenti (fig. 35b):

$$\overline{AH_1} = \overline{AH_2} = \frac{\overline{AB} - \overline{DC}}{2}$$

Parallelogrammi

Si dice ***parallelogrammo*** *ogni quadrilatero avente i lati opposti paralleli.*

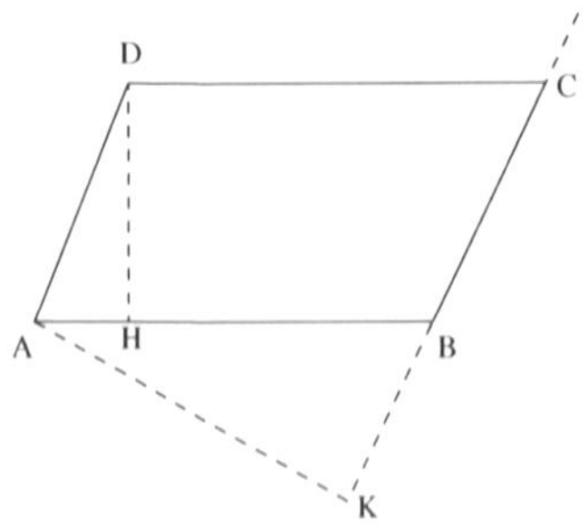

fig. 36

In ogni parallelogrammo ciascun lato può essere considerato come base e l'altezza è la distanza fra le rette parallele cui appartengono la base e il lato opposto (fig. 36).

In ogni parallelogramma:
- i lati opposti, paralleli, sono congruenti perché individuati su rette parallele da rette parallele;
- gli angoli consecutivi sono supplementari (corrispondenti nella intersezione di un lato su due paralleli);
- le due diagonali si intersecano nel loro punto medio e ognuna individua due triangoli congruenti;
- gli angoli opposti sono congruenti perché angoli relativi a vertici corrispondenti dei due triangoli congruenti individuati dalle diagonali;
- in ogni parallelogramma si possono individuare due altezze; una per ogni coppia di lati paralleli.

Nell'insieme dei parallelogrammi distinguiamo rombi, rettangoli e quadrati che possono essere considerati casi particolari dei due precedenti.
- Definiamo rombo un parallelogramma avente quattro lati congruenti;
- Definiamo rettangolo un parallelogramma con quattro angoli congruenti (retti);
- Definiamo quadrato un parallelogramma con quattro lati e quattro angoli congruenti (retti).

Nei quadrati e nei rombi le diagonali sono perpendicolari tra loro e bisettrici degli angoli.

9.4.5 Poligoni regolari

Definiamo regolare un poligono che presenta lati ed angoli tutti congruenti. I triangoli equilateri, i quadrati ed i poligoni con numero *n* di lati, tutti congruenti, maggiore o uguale a cinque sono poligoni regolari (pentagoni, esagoni regolari ecc.).

Teorema: in ogni poligono regolare è inscrittibile una circonferenza.

Teorema: ad ogni poligono regolare è circoscrivibile una circonferenza.

I centri delle due circonferenze coincidono tra loro e rappresentano il "centro del poligono" ovvero il punto di intersezione di tutte la bisettrici degli angoli interni del poligono (fig. 37).

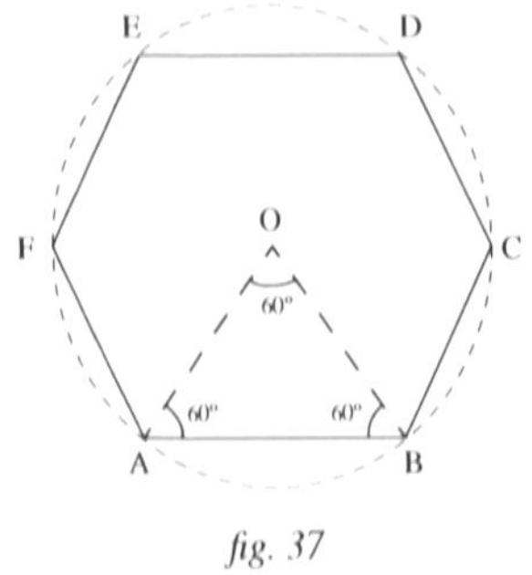

fig. 37

Il raggio della circonferenza inscritta è detto apotema (a) del poligono. Ogni poligono regolare di *n* lati è suddivisibile in *n* triangoli congruenti normalmente isosceli (due lati corrispondono con il raggio della circonferenza circoscritta).

Teorema: il lato di un esagono regolare è congruente con il raggio della circonferenza circoscritta.

Di conseguenza i sei triangoli nell'esagono regolare sono equilateri.

Dalla definizione di apotema fornita segue che questa è identificabile con l'altezza di ciascun triangolo che scompone i poligoni regolari e che hanno come base il lato del poligono stesso (fig. 38); trattandosi di triangoli isosceli o equilateri è facile calcolare il valore delle apoteme "a" in funzione dei lati "l" nei vari casi di poligoni regolari.

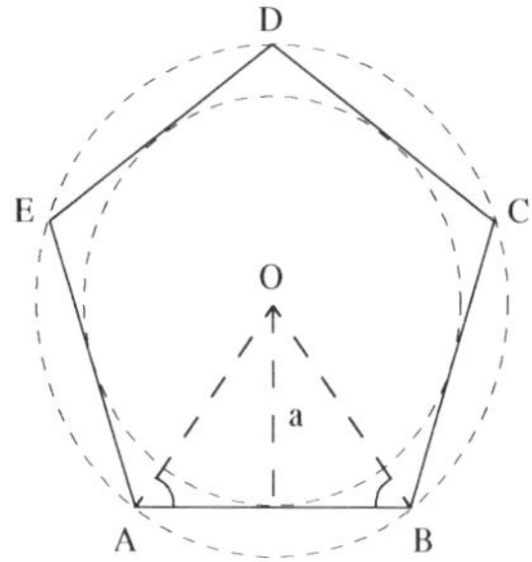

fig. 38

Di seguito sono riportati i casi per i poligoni regolari più comuni (A = area del poligono).

Poligono regolare	$\mathbf{k_1 = a/l}$	$\mathbf{k_2 = A/l^2}$
triangolo equilatero	0,289	0,433
quadrato	0,5	1
pentagono	0,688	1,72
esgono	0,866	2,598
eptagono	1,038	3,634
ottagono	1,207	4,828
ennagono	1,374	6,182
decagono	1,539	7,694

9.4.6 Calcolo dell'area e dei perimetri dei poligoni

Le formule per il calcolo delle aree delle superfici poligonali sono frutto di integrazione delle funzioni che descrivono le figure. In termini generali le formule descrivono sempre il prodotto delle misure di due lunghezze, una per ognuna delle dimensioni di una superficie dette comunemente base b e altezza h. Nei casi di figure poligonali più complesse è sempre possibile equiparare o scomporre la figura in termini di figure più semplici come riportato di seguito.

Poligono	**area**	**perimetro**	
Triangolo	$b \times h/2$	$l_1 + l_2 + l_3$	
quadrato di lato l	l^2	4l	
parallelogramma	$b \times h$	2(b + l)	(*)
rettangolo	$b \times h$	2(b + h)	(*)
rombo di diagonali D, d	$D \times d/2$	4l	
trapezio di basi B, b ed altezza h	(B + b) h/2	$B + b + l_1 + l_2$	(**)
poligono reg. di n lati l ed apotema a	$n \times l \times a/2$	nl	

(*) nel rettangolo lato obliquo l ed altezza h coincidono; h = l
(**) nel trapezio rettangolo $l_1 = h$

Dall'ultima riga dello schema delle aree si evince che l'area di un qualsiasi poligono regolare di n lati l e apotema a si può calcolare come somma dell'area di n triangoli di base l ed altezza a. Essendo l'apotema definita come raggio della circonferenza inscritta, analogo discorso vale per tutti i poligoni circoscrivibili come ad es. in fig. 39.

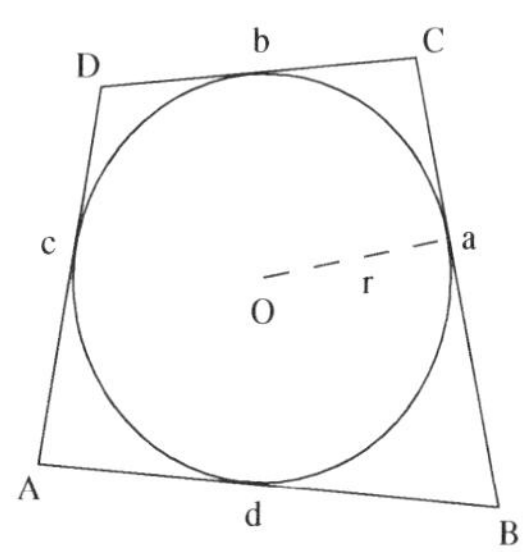

fig. 39

$$A = ar/2 + br/2 + cr/2 + dr/2 = (a + b + c + d)\, r/2 = P \times r/2$$

9.5 La congruenza nei poligoni

9.5.1 Congruenza

Diciamo che due poligoni sono **congruenti** quando si corrispondono in una relazione di congruenza ovvero quando è possibile sovrapporli esattamente attraverso movimenti rigidi (traslazioni, rotazioni ecc.); due poligoni congruenti hanno tutti gli elementi, corrispondenti nella relazione, congruenti (angoli, lati, diagonali).

Criterio di congruenza: due poligoni di pari numero di lati sono congruenti se hanno rispettivamente congruenti tutti i lati e gli angoli corrispondenti ad eccezione di tre elementi, come appresso indicato, per i quali non si danno ipotesi:
- un lato ed i due angoli ad esso adiacenti;
- due lati consecutivi e l'angolo compreso;
- tre angoli consecutivi.

È possibile dimostrare il suddetto teorema attraverso la suddivisione dei poligoni in triangoli formati utilizzando per esempio le diagonali uscenti da un vertice ed applicando i criteri di congruenza dei triangoli che andiamo a descrivere.

9.5.2 Criteri di congruenza nei triangoli

Euclide dimostra i primi due criteri facendo ricorso al concetto di congruenza come "uguaglianza" per sovrapposizione.

Primo criterio: due triangoli sono congruenti se hanno congruenti due lati e l'angolo compreso (fig. 40).

Hp: $\overline{AB} \equiv \overline{A'B'}$; $\overline{AC} \equiv \overline{A'C'}$; $\hat{A} \equiv \hat{A}'$

Th: $ABC \equiv A'B'C'$

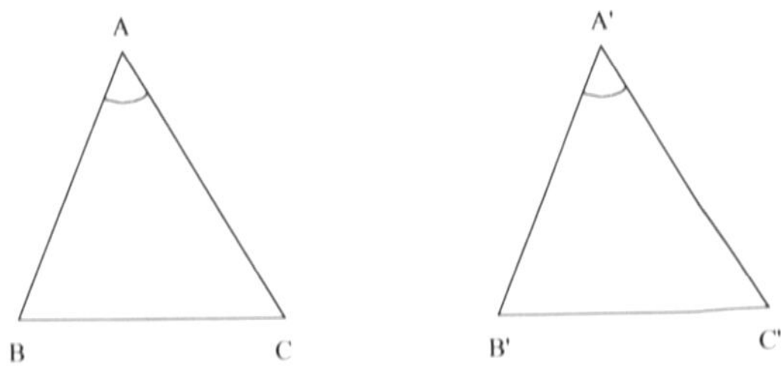

fig. 40

Dalla ipotesi segue che i lati $\overline{AB}$ e $\overline{A'B'}$ sono sovrapponibili, pertanto se portiamo a coincidere il vertice A' sul vertice A avremo la coincidenza anche dei vertici B' e B; le rimanenti posizioni di ipotesi sulla congruenza dei lati $\overline{A'C'}$ e $\overline{AC}$ e sulla angolazione di tali lati rispetto al primo ci forniscono anche la sovrapponibilità dei vertici C' e C; ma le coppie di vertici B, C e B', C' sono gli estremi dei lati $\overline{B'C'}$ e $\overline{BC}$ che risultano quindi anch'essi sovrapponibili per la completa sovrapponibilità dei triangoli.

Secondo criterio: due triangoli sono congruenti se hanno congruenti due angoli ed il lato compreso (fig. 41).
Con procedimento analogo al precedente portiamo alla sovrapposizione i lati $\overline{BC}$ e $\overline{B'C'}$ che per ipotesi sono perfettamente sovrapponibili; avremo le coppie di vertici (estremi dei due

segmenti) B, B' e C, C' coincidenti. La congruenza degli angoli adiacenti, prevista in ipotesi, ci garantisce la sovrapponibilità delle rette contenenti i lati $\overline{AC}$ ed $\overline{A'C'}$ e i lati $\overline{AB}$ ed $\overline{A'B'}$. Essendo unica l'intersezione tra due rette, considerata la sovrapposizione di cui sopra, sarà unico il terzo vertice ovvero A ≡ A' per la totale sovrapposizione delle due figure.

Hp: $\overline{BC} \equiv \overline{B'C'}$; $\hat{B} \equiv \hat{B}'$; $\hat{C} \equiv \hat{C}'$
Th: ABC ≡ A'B'C'

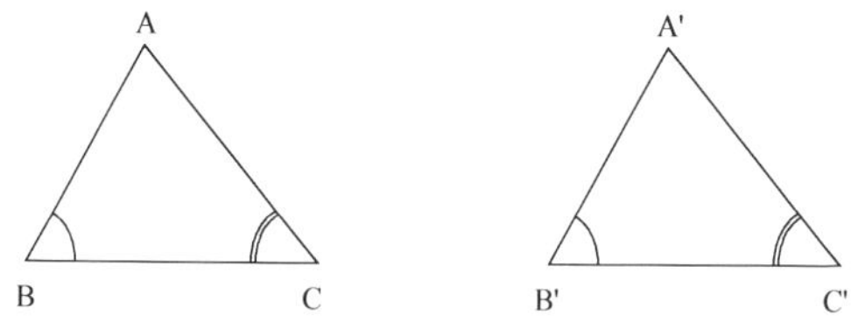

fig. 41

Terzo criterio: due triangoli sono congruenti se hanno congruenti tutte le coppie di lati corrispondenti (fig. 42)

Hp: $\overline{AB} \equiv \overline{A'B'}$; $\overline{AC} \equiv \overline{A'C'}$; $\overline{BC} \equiv \overline{B'C'}$
Th: ABC ≡ A'B'C'

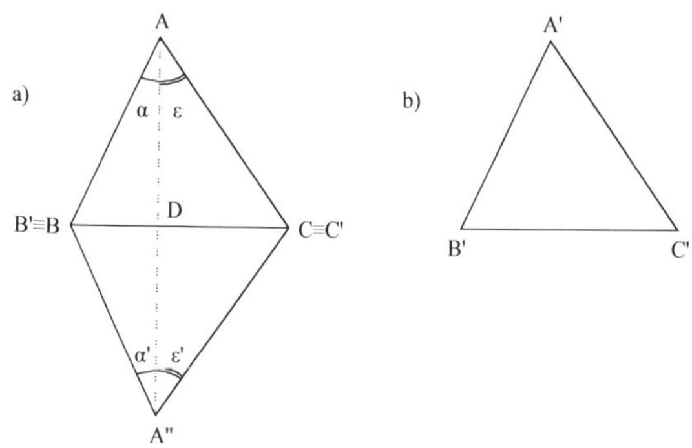

fig. 42

Con riferimento alla fig. 42, considerata l'ipotesi, possiamo ribaltare il triangolo A'B'C' e portare il lato $\overline{B'C'}$ a sovrapporsi al lato $\overline{BC}$ del primo triangolo; in questo movimento il vertice A' viene a trovarsi nel semipiano opposto a quello di A dando luogo ad A''e i vertici B' e C' a coincidere con B e C rispettivamente.
Uniamo i vertici A e A''; il segmento $\overline{AA''}$ intersecherà il lato $\overline{BC}$ (o il suo prolungamento se i triangoli sono ottusangoli in B o C) nel punto D che nel nostro caso è interno ai vertici B e C. Essendo per ipotesi $\overline{AB} \equiv \overline{A'B'}$ e per costruzione $\overline{A'B'} \equiv \overline{BA''}$ sarà, per transitività della congruenza, $\overline{AB} \equiv \overline{BA''}$ ed il triangolo AB'A'' risulterà isoscele; da ciò consegue che gli angoli alla base $\overline{AA''}$, cioè α e α', sono congruenti. Con ragionamento analogo risulta isoscele anche ACA'' e di conseguenza: ε ≡ ε'.
Se andiamo ora a considerare gli angoli ai vertici $\hat{A}$ e $\hat{A}''$ della fig. 42a osserviamo che sono somma di angoli tra loro congruenti e quindi congruenti:

$$\hat{A} = \alpha + \varepsilon \text{ e } \hat{A}'' = \alpha' + \varepsilon' \Rightarrow \hat{A} \equiv \hat{A}'' \ (*)$$

Tutto ciò consente di concludere che i triangoli ABC e A''BC sono congruenti per il primo criterio di congruenza avendo congruenti due lati per ipotesi e l'angolo compreso come dimostrato. Il triangolo A''BC è congruente per costruzione con A'B'C' quindi per transitività ABC è congruennte con A'B'C'.
c.v.d.

Se avessimo adottato triangoli ottusangoli o rettangoli la relazione (*) sarebbe ancora valida in quanto differenza di angoli congruenti o perfetta coincidenza rispettivamente.
D. Hilbert preferisce considerare il primo criterio un postulato e dimostrare il secondo per assurdo attraverso il primo; in appendice G2 riportiamo la dimostrazione del 2° criterio formulata da Hilbert.

9.5.3 Congruenza nei triangoli rettangoli

Due triangoli rettangoli hanno già un elemento congruente (l'angolo retto); pertanto i criteri si trasformano come segue:
due triangoli rettangoli sono congruenti se hanno congruenti:
- i due cateti (dal 1° cr.);
- un cateto ed un angolo acuto qualsiasi (dal 2° cr.);
- l'ipotenusa ed un angolo acuto qualsiasi (dal 2° cr.);
- l'ipotenusa ed un cateto (teorema).

9.5.4 Proprietà del triangolo isoscele

Teorema: In un triangolo (isoscele), dove due lati sono congruenti, sono congruenti anche gli angoli adiacenti al terzo lato (detto base del triangolo isoscele) (fig. 43a).

Hp: triangolo con i lati $\overline{AB} \equiv \overline{AC}$
Th: $\hat{B} \equiv \hat{C}$

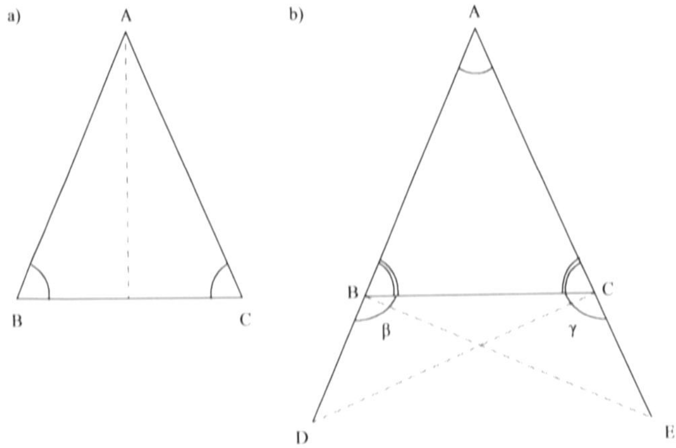

fig. 43

Sul triangolo isoscele di fig. 43a prolunghiamo i lati $\overline{AB}$ ed $\overline{AC}$ e su tali prolungamenti riportiamo due segmenti congruenti tra loro $\overline{BD}$ e $\overline{CE}$ ottenendo due segmenti congruenti per ipotesi e costruzione:

$$\overline{AD} = \overline{AB} + \overline{BD} \text{ e } \overline{AE} = \overline{AC} + \overline{CE} \quad \Rightarrow \quad \overline{AD} \equiv \overline{AE}$$

Essendo: $\overline{AB} \equiv \overline{AC}$ e $\overline{BD} \equiv \overline{CE}$.

Con tali assunzioni i triangoli ADC e AEB (fig. 43b) sono congruenti per il 1° criterio in quanto: $\overline{AC} \equiv \overline{AB}$ per ipotesi ed $\overline{AD} \equiv \overline{AE}$ per quanto sopra; l'angolo $\hat{A}$, compreso tra i lati suddetti, in comune. Di conseguenza $\overline{DC} \equiv \overline{BE}$.

Consideriamo ora i triangoli BCD e BCE per i quali:
- $\overline{BC}$ è in comune
- $\overline{BD} \equiv \overline{CE}$ per costruzione
- $\overline{BE} \equiv \overline{DC}$ per quanto dimostrato prima per i triangoli ADC e AEB.

Per il terzo criterio di congruenza i due triangoli sono congruenti tra loro e quindi anche:

$$\beta \equiv \gamma$$

Essendo le coppie di segmenti $\overline{AB}$ e $\overline{BD}$ ed $\overline{AC}$ e $\overline{CE}$ adiacenti, gli angoli $\hat{B}$ e $\hat{C}$ risultano supplementari di due angoli congruenti, quindi congruenti anch'essi. c.v.d.

Teorema inverso: un triangolo che ha due angoli congruenti è un triangolo isoscele (fig. 44).
Hp: triangolo con gli angoli $\hat{B} \equiv \hat{C}$
Th: $\overline{AB} \equiv \overline{AC}$

Utilizziamo la stessa costruzione utilizzata per la fig. 43a e consideriamo i triangoli BCD e BCE; detti triangoli sono congruenti per il 1° criterio avendo (fig. 44):
- il lato $\overline{BC}$ in comune;
- $\overline{BD} \equiv \overline{CE}$ per costruzione;
- gli angoli $D\hat{B}C \equiv E\hat{C}B$ perché supplementari di due angoli congruenti per ipotesi.

Da ciò consegue:
- $\overline{BE} \equiv \overline{CD}$;
- $\hat{D} \equiv \hat{E}$
- $\varepsilon \equiv \varphi$

Da ciò consegue la congruenza anche dei triangoli ADC ed AEB per il 2° criterio avendo:
- $\overline{BE} \equiv \overline{CD}$ e $\hat{D} \equiv \hat{E}$ per quanto sopra dimostrato;
- $A\hat{C}D \equiv A\hat{B}E$ perché entrambi somma di angoli congruenti per ipotesi e per la precedente dimostrazione: $\hat{B} + \varepsilon \equiv \hat{C} + \varphi$.

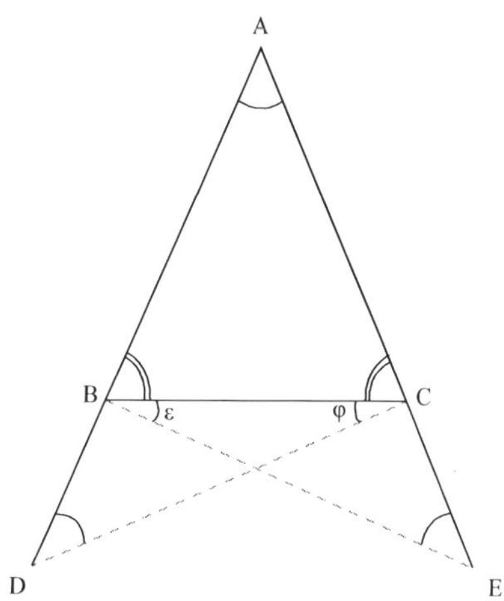

fig. 44

Un triangolo equilatero può essere considerato isoscele rispetto a qualsiasi lato assunto come base; dai teoremi descritti, deriva che un triangolo equilatero è anche equiangolo e viceversa.

Teorema: in un triangolo isoscele l'altezza relativa alla base è anche mediana e bisettrice relative allo stesso lato.
Per definizione, l'altezza è quel segmento che divide il triangolo isoscele in due triangoli rettangoli che grazie all'ipotesi (tr. isoscele) risultano congruenti; da qui la tesi.

9.6 Il teorema di Talete e la similitudine nei poligoni

9.6.1 La relazione di similitudine

La similitudine è una **corrispondenza biunivoca** tra punti del piano tale che rimane costante il rapporto fra il segmento individuato da una coppia qualsiasi di punti di una figura ed il segmento individuato dalla coppia di punti corrispondenti dell'altra figura. In altre parole, la similitudine associa ad ogni coppia di punti A e B una coppia di punti A' e B' tali che il rapporto tra le distanze $\overline{AB}$ ed $\overline{A'B'}$ rimane costante comunque si sceglie la coppia di punti A e B nella prima (conserva quindi i rapporti tra distanze):

$$\frac{d(AB)}{d(A'B')} = k = \text{cost.} \qquad k \in R \text{ (rapporto di similitudine)}$$

La similitudine è una trasformazione che conserva gli angoli ed i rapporti tra segmenti (es.: lati dei poligoni).
Definiamo punti immagine della relazione di similitudine, i punti omologhi o corrispondenti di quelli dati; in questo modo diremo omologhi (o corrispondenti) i vertici degli angoli congruenti ed omologhi (o corrispondenti) i lati opposti a tali vertici. Anche la similitudine è una relazione di equivalenza. Nella partizione che ne consegue, ogni classe di equivalenza individua la singola figura, come ad esempio il quadrato; indipendentemente dalle dimensioni del lato, tutti i quadrati (come tutti i poligoni regolari) sono "equivalenti per forma" avendo angoli relativi a vertici omologhi congruenti e lati corrispondenti nella stessa proporzione. Da quanto sopra, ne consegue che qualsiasi coppia di lati di un poligono forma una proporzione con la coppia di lati corrispondenti di un altro poligono simile al primo.

9.6.2 La corrispondenza di Talete

Ciascuna retta di un fascio di rette parallele, intersecate da due rette trasversali r ed s, individua una corrispondenza biunivoca tra il punto d'intersezione con r e quello con s perché:
- per ogni punto P su r esiste un punto P' su s dal momento che, non essendo r ed s parallele tra loro e con la retta del fascio considerata, esiste un punto di intersezione per ogni coppia di rette considerata tra le tre rette date;
- P' è unico per il 5° postulato di Euclide applicato a P (per P passa una unica retta parallela alle altre del fascio).

9.6.3 Il teorema di Talete

Un fascio di rette parallele individua, su due rette trasversali r e s, due classi di segmenti direttamente proporzionali.

Con riferimento alla fig. 45 verifichiamo che anche questa corrispondenza conserva l'uguaglianza e la somma tra grandezze, ovvero:
- a segmenti congruenti sulla retta r corrispondono segmenti congruenti sulla retta s (fig. 45a);
- alla somma di segmenti su r corrisponde la somma dei segmenti corrispondenti su s (fig. 45b).

In fig. 45a consideriamo, sulla retta r, i segmenti $\overline{AB}$ e $\overline{CD}$ che ipotizziamo congruenti e tracciamo per A e per C due rette parallele ad s che individuano sulla retta passante per B e B' il punto R e sulla retta passante per C e C' il punto S. I triangoli ABR e CDS sono congruenti per il 2° criterio perché:
- $\overline{AB} \equiv \overline{CD}$ per ipotesi;
- $\hat{B} \equiv \hat{D}$ e $\hat{A} \equiv \hat{C}$ perché a coppie sono angoli corrispondenti.

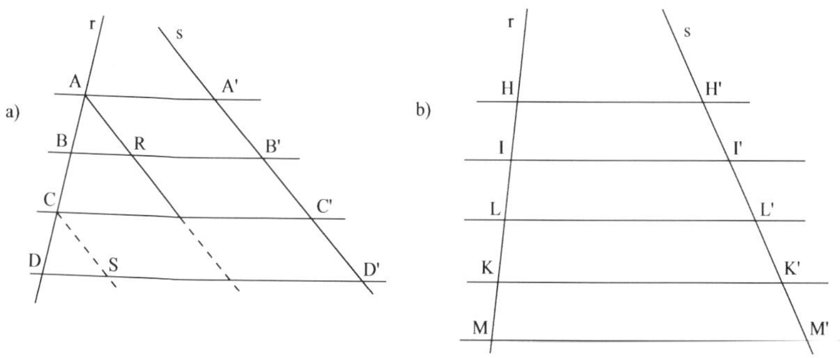

fig. 45

La dimostrata congruenza tra i due triangoli comporta la congruenza tra i lati $\overline{AR}$ e $\overline{CS}$ che per costruzione sono paralleli ai segmenti $\overline{A'B'}$ e $\overline{C'D'}$ rispettivamente. Considerato il parallelismo di $\overline{AA'}$ con $\overline{BB'}$ e di $\overline{CC'}$ con $\overline{DD'}$ i quadrilateri AA'B'B e CC'D'D sono parallelogrammi nei quali i lati opposti sono congruenti, ovvero:

$$\overline{AR} \equiv \overline{A'B'} \text{ e } \overline{CS} \equiv \overline{C'D'}$$

Per transitività, dalla ipotizzata congruenza su r, avremo su s:

$$\overline{AB} \equiv \overline{CD} \Rightarrow \overline{A'B'} \equiv \overline{C'D'}$$

Quindi a segmenti congruenti su r ($\overline{AB} \equiv \overline{CD}$) corrispondono segmenti congruenti su s ($\overline{A'B'} \equiv \overline{C'D'}$)

c.v.d.

Con riferimento alla fig. 45b consideriamo il segmento $\overline{LM}$ su r come somma dei segmenti:

$$\overline{LM} \equiv \overline{HI} + \overline{IL}$$

Dimostriamo ora che a $\overline{LM}$ corrisponde un segmento $\overline{L'M'}$ congruente con la somma dei corrispondenti di $\overline{HI}$ e $\overline{IL}$ ovvero $\overline{H'I'}$ e $\overline{I'L'}$ rispettivamente.

Al riguardo consideriamo un punto K interno ad $\overline{LM}$ su r tale per cui $\overline{LK} \equiv \overline{HI}$ (di conseguenza $\overline{KM} \equiv \overline{IL}$) ed a cui la retta del fascio passante per K stesso fa corrispondere su s un punto K' interno al segmento $\overline{L'M'}$.

Per la già dimostrata conservazione dell'uguaglianza nella corrispondenza di Talete, da:

$$\overline{LK} \equiv \overline{HI} \quad (\overline{KM} \equiv \overline{IL}) \text{ segue } \overline{L'K'} \equiv \overline{H'I'} \quad (\overline{K'M'} \equiv \overline{I'L'})$$

$$\text{da cui essendo } \overline{L'M'} \equiv \overline{L'K'} + \overline{K'M'} \text{ segue } \overline{L'M'} \equiv \overline{H'I'} + \overline{I'L'}$$

Quanto sopra dimostra la conservazione anche della somma nella corrispondenza di Talete, pertanto si può concludere che le due classi in corrispondenza biunivoca sono direttamente proporzionali. c.v.d.

Il teorema di Talete ammette il teorema inverso.

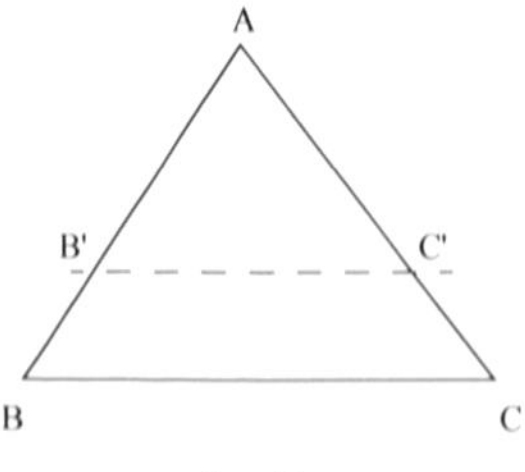

fig. 46

1° corollario: In un triangolo, un lato ed una retta a questo parallela determinano sugli altri due lati (o loro prolungamenti) segmenti corrispondenti proporzionali.

Dato il triangolo ABC di fig. 46, consideriamo la retta parallela ad un lato (ad es. il lato $\overline{BC}$); la retta intercetta gli altri due lati in B' e C' che determinano i segmenti $\overline{AB'}$, $\overline{B'B}$, $\overline{AC'}$ e $\overline{C'C}$. Per il teorema di Talete i quattro segmenti formano una proporzione.

$$\overline{AB'} : \overline{B'B} = \overline{AC'} : \overline{C'C}$$

2° corollario: Se in un triangolo una retta r, intersecando due lati (o i loro prolungamenti), individua segmenti corrispondenti proporzionali tra loro, la retta è parallela al terzo lato.

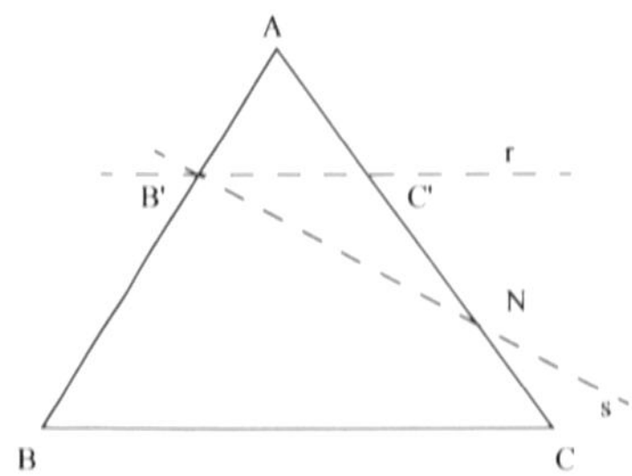

fig. 47

Dato il triangolo ABC di fig. 47 tracciamo la retta r parallela a $\overline{BC}$ che individua i segmenti $\overline{AB'}$, $\overline{B'B}$, $\overline{AC'}$ e $\overline{C'C}$ che secondo tesi formano la proporzione: $\overline{AB'} : \overline{B'B} = \overline{AC'} : \overline{C'C}$; neghiamo la tesi asserendo che in realtà la retta parallela a $\overline{BC}$ è s che passando per B' interseca $\overline{AC}$ in N, da cui la proporzione che ne risulta per il teorema di Talete risulta essere: $\overline{AB'} : \overline{B'B} = \overline{AC'} : \overline{NC}$. Se confrontiamo le due proporzioni notiamo che per il teorema della unicità del quarto proporzionale deve risultare $\overline{C'C} \equiv \overline{NC}$; se ne conclude che N ≡ C' e quindi s coincide con r. c.v.d.

9.6.4 Conseguenze ed applicazioni del teorema di Talete

Teorema: la bisettrice di un angolo interno di un triangolo divide il lato opposto in parti proporzionali agli altri due lati.

Hp: $\alpha_1 = \alpha_2$
Th: $\overline{BD} : \overline{DC} = \overline{BA} : \overline{AC}$

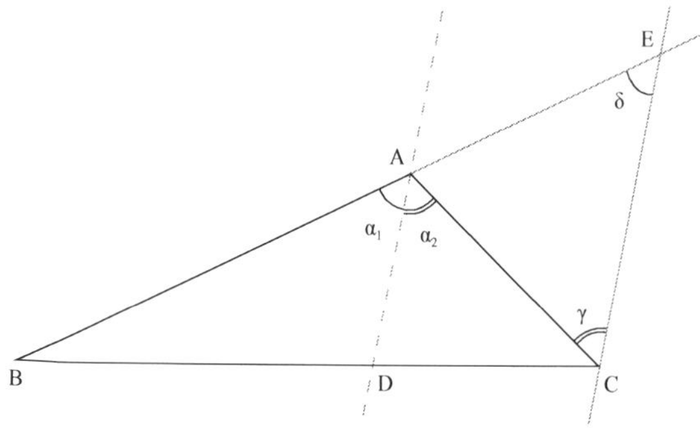

fig. 48

Dato il triangolo ABC di fig. 48 tracciamo la parallela alla bisettrice $\overline{AD}$ di Â passante per il vertice C fino ad intersecare il prolungamento del lato $\overline{BA}$ nel punto E. Osserviamo che:

- la trasversale $\overline{AC}$ che interseca le rette parallele per costruzione $\overline{AD}$ e $\overline{CE}$ individua gli angoli α_2 e γ congruenti perché alterni interni;
- la trasversale $\overline{BE}$ che interseca le rette parallele $\overline{AD}$ e $\overline{CE}$ individua gli angoli α_1 e δ congruenti perché corrispondenti;
- essendo per ipotesi $\alpha_1 = \alpha_2$ avremo, per transitività, $\gamma = \delta$; da cui il triangolo ACE risulta isoscele ed $\overline{AC} \equiv \overline{AE}$. (*)

Se applichiamo ora il teorema di Talete alle rette parallele per costruzione $\overline{AD}$ e $\overline{CE}$ tagliate dalle trasversali $\overline{BC}$ e $\overline{BE}$ avremo la proporzione:

$$\overline{BD} : \overline{DC} = \overline{BA} : \overline{AE}$$

Da cui per la (*):

$$\overline{BD} : \overline{DC} = \overline{BA} : \overline{AC}$$ c.v.d.

Teorema: se la bisettrice di un angolo esterno di un triangolo interseca il prolungamento del lato opposto, le distanze del punto di intersezione dai vertici di tale lato sono proporzionali agli altri due lati.

Hp: $\alpha_1 = \alpha_2$
Th: $\overline{BD} : \overline{CD} = \overline{BA} : \overline{AC}$

Con riferimento alla fig. 49 conduciamo per C la retta parallela alla bisettrice $\overline{AD}$ individuando il punto E sul lato $\overline{AB}$. Osserviamo che:

- la trasversale $\overline{AC}$ che interseca le rette parallele per costruzione $\overline{AD}$ e $\overline{CE}$ individua gli angoli α_2 e γ congruenti perché alterni interni;
- la trasversale $\overline{BN}$ che interseca le rette parallele $\overline{AD}$ e $\overline{CE}$ individua gli angoli α_1 ed ε congruenti perché corrispondenti;

– essendo per ipotesi $\alpha_1 = \alpha_2$ avremo, per transitività, $\gamma = \varepsilon$; da cui il triangolo ACE risulta isoscele ed $\overline{AC} \equiv \overline{AE}$. (*)

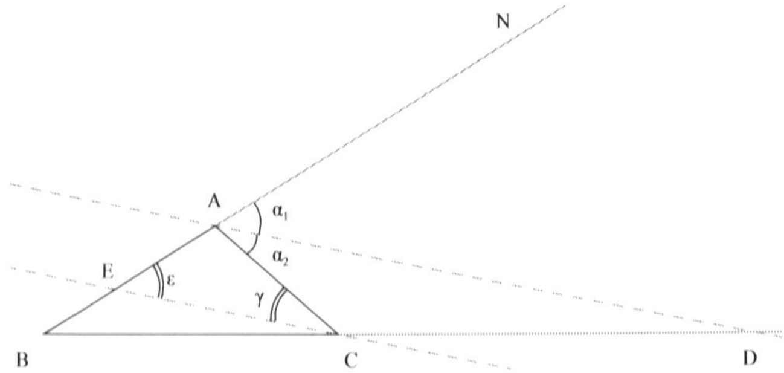

fig. 49

Se applichiamo ora il teorema di Talete alle rette parallele per costruzione $\overline{AD}$ e $\overline{CE}$ tagliate dalle trasversali $\overline{BD}$ e $\overline{BN}$ avremo la proporzione tra segmenti:

$$\overline{BD} : \overline{CD} = \overline{BA} : \overline{EA}$$

Da cui per la (*):

$$\overline{BD} : \overline{CD} = \overline{BA} : \overline{AC}$$ c.v.d.

Applicazione 1°: dividere un segmento $\overline{AB}$ in parti proporzionali ai segmenti b, c, d.

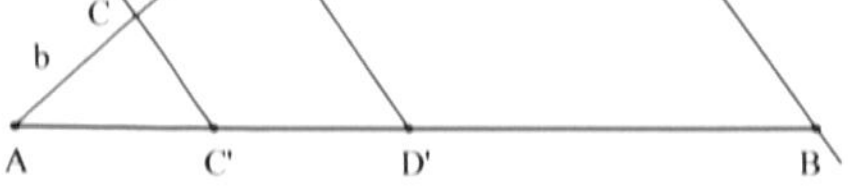

fig. 50

Dato il segmento $\overline{AB}$ di fig. 50 tracciamo una semiretta r, comunque orientata, dall'estremo A del segmento; da A, su tale semiretta, riportiamo tre segmenti adiacenti di lunghezza b, c, d ottenendo su r i punti C, D, E. Uniamo E con B e tracciamo da C e da D due parallele ad $\overline{EB}$ che individueranno sul segmento $\overline{AB}$ i punti C' e D'. Per il teorema di Talete applicato alle trasversali $\overline{AB}$ e $\overline{AE}$ tagliate dalle parallele descritte, avremo:

$$\overline{AC'} : \overline{AC} = \overline{C'D'} : \overline{CD} = \overline{D'B} : \overline{DE}$$

essendo: $\overline{AC} = b$; $\overline{CD} = c$; $\overline{DE} = d$ c.v.d.

Applicazione 2°: costruire il quarto proporzionale di tre segmenti a, b, c.

Sulla semiretta r di fig. 51 riportiamo, dalla sua origine O, i segmenti a e b in modo adiacente, definendo gli estremi A e B; su di una semiretta s uscente da O con orientamento arbitrario riportiamo il segmento c determinando l'estremo A'; tracciamo il segmento $\overline{A'A}$ e da B una parallela a tale segmento che iterseca s in B' definendo il segmento $\overline{BB'} \equiv d$.

Per il teorema di Talete le parallele $\overline{AA'}$ e $\overline{BB'}$ definiscono, sulle trasversali r ed s, un quarto segmento d tale che:

$$\mathbf{a : b = c : d}$$

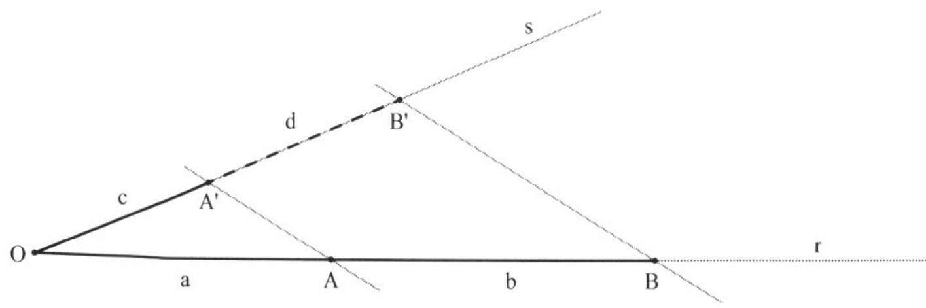

fig. 51

9.6.5 La similitudine nei triangoli

Secondo definizione, in una similitudine tutti gli angoli corrispondenti sono congruenti e tutti i lati a questi opposti in proporzione; di fatto, per verificare l'esistenza di una similitudine tra due poligoni è sufficiente considerare un numero di condizioni minore. Nel caso dei triangoli è sufficiente la verifica di tre condizioni; quelle descritte nei seguenti criteri.

1° criterio di similitudine: due triangoli sono simili se hanno tutti gli angoli ordinatamente congruenti.

Considerata la relazione tra gli angoli interni in un triangolo è sufficiente la verifica per soli due angoli corrispondenti.

Hp: $\hat{A} \equiv \hat{A}'$, $\hat{B} \equiv \hat{B}'$, $\hat{C} \equiv \hat{C}'$
Th: $\overline{AB} : \overline{A'B'} = \overline{BC} : \overline{B'C'} = \overline{AC} : \overline{A'C'} \Rightarrow ABC \cong A'B'C'$

Nel caso in cui risultasse $\overline{AB} \equiv \overline{A'B'}$ i due triangoli sarebbero congruenti e quindi simili.

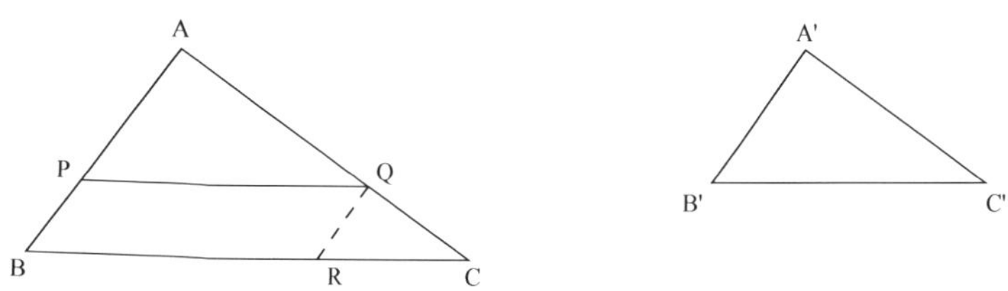

fig. 52

Supponiamo allora $\overline{A'B'} < \overline{AB}$ (fig. 52) e riportiamo su $\overline{AB}$ ed $\overline{AC}$ rispettivamente $\overline{A'B'}$ ed $\overline{A'C'}$ individuando sui primi due lati i punti P e Q che andiamo a congiungere ottendo il segmento $\overline{PQ}$. Il triangolo APQ così ottenuto è congruente con il triangolo A'B'C' per il 1° criterio di congruenza avendo congruenti due lati per costruzione e l'angolo compreso per ipotesi ($\overline{AP} \equiv \overline{A'B'}$, $\overline{AQ} \equiv \overline{A'C'}$, $\hat{A} = \hat{A}'$); di conseguenza anche per gli angoli $\hat{P}$ e $\hat{Q}$ vale:

$$\hat{P} \equiv \hat{B}' \quad e \quad \hat{Q} \equiv \hat{C}'$$

Per ipotesi abbiamo: $\hat{B} \equiv \hat{B}'$
Quindi per transitività: $\hat{B} \equiv \hat{P}$

Ma $\hat{B}$ e $\hat{P}$ sono angoli corrispondenti nel sistema di rette passanti per $\overline{BC}$ e $\overline{PQ}$ rispettivamente e tagliate dalla trasversale $\overline{AB}$; ciò implica $\overline{PQ} \,//\, \overline{BC}$ e per il teorema di Talete applicato a dette parallele ed alle trasversali $\overline{AB}$ ed $\overline{AC}$:

$$\overline{AB} : \overline{AP} = \overline{AC} : \overline{AQ} \qquad (1)$$

Consideriamo ora una parallela al lato $\overline{AB}$ passante per Q che interseca in R il lato $\overline{BC}$; per Talete avremo:

$$\overline{BC} : \overline{BR} = \overline{AC} : \overline{AQ} \qquad (2)$$

Ma, essendo PQRB un parallelogramma ($\overline{QR} // \overline{AB}$ per costruzione e $\overline{PQ} // \overline{BC}$ per Talete), sarà $\overline{BR} \equiv \overline{PQ}$ da cui:

$$\overline{BC} : \overline{PQ} = \overline{AC} : \overline{AQ} \qquad (3)$$

Per transitività tra (1) e (3):

$$\overline{BC} : \overline{PQ} = \overline{AC} : \overline{AQ} = \overline{AB} : \overline{AP}$$

La suddetta proporzione dimostra la similitudine tra i triangoli ABC ed APQ, ma per la dimostrata congruenza di quest'ultimo con il triangolo A'B'C' la tesi. c.v.d.

2° criterio di similitudine: due triangoli aventi due lati in proporzione e l'angolo compreso congruente sono simili.
Hp: $\hat{A} \equiv \hat{A}'$; $\overline{AB} : \overline{A'B'} = \overline{AC} : \overline{A'C'}$
Th: ABC $\cong$ A'B'C'

Nel caso in cui risultasse $\overline{AB} \equiv \overline{A'B'}$ i due triangoli sarebbero congruenti e quindi simili.
Supponiamo allora: $\overline{A'B'} < \overline{AB}$.
Con riferimento alla stessa fig. 52 riportiamo su $\overline{AB}$ ed $\overline{AC}$ rispettivamente $\overline{A'B'}$ ed $\overline{A'C'}$ individuando sui primi due lati i punti P e Q che andiamo a congiungere ottendo il segmento $\overline{PQ}$. Il triangolo APQ così ottenuto è congruente con il triangolo A'B'C' per il 1° criterio di congruenza avendo due lati congruenti per costruzione e l'angolo compreso per ipotesi ($\overline{AP} \equiv \overline{A'B'}$, $\overline{AQ} \equiv \overline{A'C'}$, $\hat{A} = \hat{A}'$) per conseguenza anche per gli angoli $\hat{P}$ e $\hat{Q}$ vale:

$$\hat{P} \equiv \hat{B}' \text{ e } \hat{Q} \equiv \hat{C}' \qquad (1)$$

Dalla seconda parte della ipotesi deriva, per il 2° corollario al teorema di Talete, il parallelismo tra $\overline{PQ}$ e $\overline{BC}$ da cui: $\hat{P} \equiv \hat{B}$ e $\hat{Q} \equiv \hat{C}$ (2)

Per transitività tra (1) e (2): $\hat{P} \equiv \hat{B}$ e $\hat{Q} \equiv \hat{C}'$

Per il 1° criterio di similitudine i triangoli ABC e APQ sono simili; per la dimostrata congruenza di questo e A'B'C' e la proprietà transitiva risulta dimostrata la tesi.

3° criterio di similitudine: due triangoli aventi i lati corrispondenti in proporzione sono simili.

Hp: $\overline{AB} : \overline{A'B'} = \overline{BC} : \overline{B'C'} = \overline{AC} : \overline{A'C'}$

Th: ABC ≅ A'B'C'

Ci riferiamo alla stessa fig. 52; la medesima costruzione ($\overline{AP} \equiv \overline{A'B'}$ e $\overline{AQ} \equiv \overline{A'C'}$), unitamente all'ipotesi, porta a concludere per i triangoli ABC ed APQ:

$$\overline{AB} : \overline{AP} = \overline{AC} : \overline{AQ} \quad (1)$$

Per il 2° corollario del teorema di Talete la (1) implica il parallelismo $\overline{PQ} // \overline{BC}$ e quindi:

$$\hat{P} \equiv \hat{B} \text{ e } \hat{Q} \equiv \hat{C}$$

Per il 1° criterio di similitudine i triangoli ABC e APQ sono simili per cui:

$$\overline{AC} : \overline{AQ} = \overline{BC} : \overline{PQ} \quad (2)$$

Dalla ipotesi:

$$\overline{AC} : \overline{A'C'} = \overline{BC} : \overline{B'C'} \quad (3)$$

Per la costruzione adottata la (3) diviene:

$$\overline{AC} : \overline{AQ} = \overline{BC} : \overline{B'C'} \quad (4)$$

Dal confronto tra (2) e (4) per l'unicità del quarto proporzionale otteniamo: $\overline{B'C'} \equiv \overline{PQ}$.
Da ciò deriva la congruenza dei triangoli A'B'C' ed APQ per il 3° criterio di congruenza e la similitudine tra ABC ed A'B'C' per transitività su APQ.

Teorema: in due triangoli simili le basi sono proporzionali alle rispettive altezze.

Hp: ABC ≅ A'B'C'

Th: $\overline{BC} : \overline{B'C'} : \overline{AH} : \overline{A'H'}$

Dalla similitudine per ipotesi dei due triangoli di fig. 53 deriva che $\hat{B} \equiv \hat{B}'$, pertanto i triangoli ABH ed A'B'H' sono simili per il 1° criterio essendo rettangoli ($A\hat{H}B$ e $A'\hat{H}'B'$ entrambi retti), pertanto $\overline{AB} : \overline{A'B'} =$

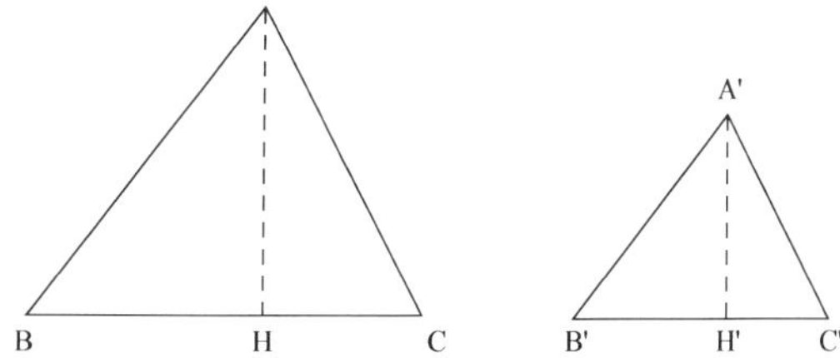

fig. 53

$\overline{AH} : \overline{A'H'}$. Dalla similitudine di ipotesi dei triangoli dati deriva: $\overline{AB} : \overline{A'B'} = \overline{BC} : \overline{B'C'}$ da cui per transitività la tesi.

Teorema: in due triangoli simili le estensioni stanno tra loro come i quadrati costruiti su due lati omologhi.

9.6.6 Poligoni simili

Due poligoni si dicono **simili** se hanno gli angoli rispettivamente congruenti e i lati adiacenti ad angoli congruenti in proporzione.
In poligoni simili i vertici degli angoli congruenti si dicono **omologhi** o **corrispondenti** e così pure i lati e le diagonali che congiungono vertici omologhi si dicono **lati omologhi** e **diagonali omologhe**.
Il rapporto di due lati omologhi si dice **rapporto di similitudine**.
Due poligoni simili a un terzo sono simili fra loro.
Teorema: due poligoni regolari dello stesso numero di lati sono simili.
Teorema: in due poligoni simili le diagonali uscenti da due vertici corrispondenti dividono il poligono in triangoli simili.
Come conseguenza di questo teorema, in due poligoni simili il rapporto di due diagonali omologhe è uguale a quello di due lati omologhi.
Teorema: i perimetri di due poligoni simili stanno fra loro come due lati omologhi.
Teorema: i perimetri di due poligoni regolari dello stesso numero di lati stanno fra loro come i raggi delle circonferenze circoscritte e come i rispettivi apotemi,
cioè, generalizzando
i perimetri di due poligoni simili inscritti o circoscritti a due circonferenze stanno fra loro come i raggi delle circonferenze.
Confrontando le superfici di poligoni simili possiamo enunciare i seguenti teoremi.
Teorema: due triangoli simili stanno fra loro come i quadrati di due lati omologhi.
Teorema: due poligoni simili stanno fra loro come i quadrati di due lati omologhi.

Problema 1

È dato un triangolo rettangolo di cui si conosce l'ipotenusa, lunga 15 cm, e un cateto, di 12 cm. Determinare i cateti di un triangolo simile a quello dato, sapendo che la sua ipotenusa è di 60 cm (fig. 54).

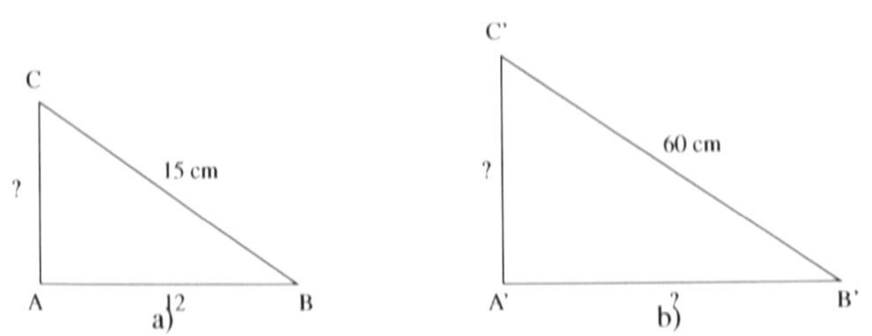

fig. 54

I due triangoli rettangoli sono simili, quindi conoscendo la misura delle rispettive ipotenuse possiamo determinare il rapporto di similitudine:

$$K = \frac{\overline{B'C'}}{\overline{BC}} = \frac{60\ \text{cm}}{15\ \text{cm}} = 4$$

Determiniamo la misura del cateto $\overline{AC}$ applicando il teorema di Pitagora:

$$\overline{AC} = \sqrt{\overline{BC}^2 - \overline{AB}^2} = \sqrt{15^2 - 12^2}\ \text{cm} = \sqrt{225 - 144}\ \text{cm} = \sqrt{81}\ \text{cm} = 9\ \text{cm}$$

Determiniamo ora i cateti $\overline{A'B'}$ e $\overline{A'C'}$

$$\overline{A'B'} = \overline{AB} \times 4 = 12\ \text{cm} \times 4 = 48\ \text{cm}$$

$$\overline{A'C'} = \overline{AC} \times 4 = 9\ \text{cm} \times 4 = 36\ \text{cm}$$

Problema 2

Il rapporto tra le aree di due triangoli simili è $\frac{25}{9}$ e il perimetro del primo misura 300 a. Determinare la misura del perimetro del secondo triangolo.

Dato che le aree di triangoli simili stanno fra loro come i quadrati di due lati omologhi, otteniamo

$$K = \sqrt{\frac{25}{9}} = \frac{5}{3}$$

quindi, il perimetro del secondo triangolo è uguale a

$$2p_2 = \frac{300a}{\frac{5}{3}} = 300a \times \frac{3}{5} = 180a$$

Problema 3

Il perimetro del triangolo isoscele ABC (fig. 55) è di 384 cm e la base $\overline{AB}$ è i $\frac{14}{25}$ del lato $\overline{AC}$. Determinare la lunghezza della corda $\overline{DE}$ parallela alla base $\overline{AB}$ in modo che il perimetro del trapezio $ABED$ sia di 240 cm.

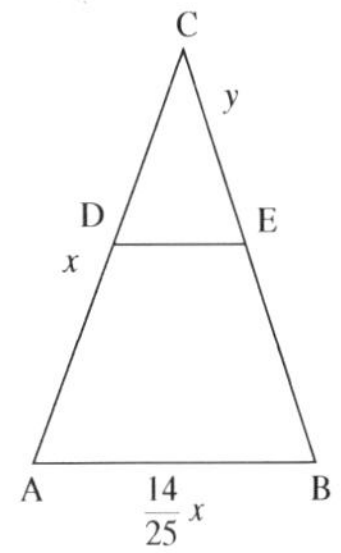

fig. 55

Consideriamo il lato $\overline{AC}$ come incognita:

$$\overline{AC} = \overline{BC} = x \qquad \text{e} \qquad \overline{AB} = \frac{14}{25}x$$

e scriviamo la formula per il calcolo del perimetro

$$2p = \overline{AB} + \overline{BC} + \overline{AC}$$

quindi per determinare x risolviamo la seguente equazione di primo grado

$$x + x + \frac{14}{25}x = 384\ \text{cm} \rightarrow \frac{64}{25}x = 384\ \text{cm}$$

dividiamo ambo i membri per 64 e otteniamo

$$\frac{x}{25} = 6\ \text{cm} \rightarrow x = 150\ \text{cm}$$

Quindi

$$\overline{AC} = \overline{BC} = 150 \text{ cm} \qquad \text{e} \qquad \overline{AB} = \frac{14}{25}x = 84 \text{ cm}$$

Ora consideriamo come incognita il lato $\overline{CE}$. Per la similitudine tra i triangoli *ABC* e *DEC* possiamo scrivere

$$\overline{CE} = y \qquad \overline{DE} = \frac{14}{25}y \qquad \overline{BE} = 150 - y$$

ed essendo noto il perimetro del trapezio ABED possiamo scrivere:

$$2p = \overline{AB} + \overline{BE} + \overline{DE} + \overline{DA}$$

ottenendo così la seguente equazione di primo grado

$$240 \text{ cm} = (84 + 150 - y + \frac{14}{25}y + 150 - y) \text{ cm} \rightarrow \frac{36}{25}y = 144 \text{ cm} \rightarrow y = 100 \text{ cm}$$

quindi

$$\overline{DE} = \frac{14}{25} \times 100 \text{ cm} = 56 \text{ cm}$$

9.7 L'equivalenza nei poligoni

9.7.1 Equiscomponibilità

Come già anticipato, due poligoni sono equivalenti se sono equiscomponibili e viceversa ovvero se due poligoni possono essere scomposti in poligoni due a due equivalenti, o meglio congruenti, i poligoni dati sono equivalenti.
Definiamo somma di due poligoni l'insieme unione degli insiemi rappresentanti le due figure e disposti in modo tale da non avere intersezioni a meno di parti del contorno.
Definiamo differenza tra due poligoni P_1 e P_2 (con $P_2 \subseteq P_1$) l'insieme costituito dai punti di P_1 che non appartengono a P_2.

9.7.2 Equivalenza tra parallelogrammi

Teorema: due parallelogrammi aventi la stessa base e la stessa altezza relativa sono equivalenti.

Con riferimento alla fig. 56 consideriamo i due parallelogrammi ABCD e MBCN che condividono la stessa base $\overline{BC}$ ed avendo la stessa altezza vedono i due lati paralleli alle basi giacere sulla stessa retta. Ci limitiamo a considerare il caso in cui i lati $\overline{AD}$ e $\overline{MN}$ non hanno punti in comune. Per le note proprietà del parallelogramma avremo:

$$\overline{AD} \equiv \overline{BC} \equiv \overline{MN}$$

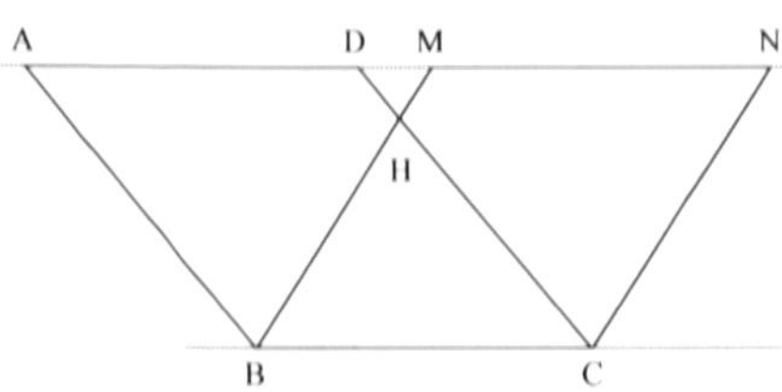

fig. 56

considerando ora i segmenti $\overline{AM}$ e $\overline{DN}$ che in quanto somma di segmenti congruenti sono congruenti tra loro:
$\overline{AM} = \overline{AD} + \overline{DM}$ e $\overline{DN} = \overline{MN} + \overline{DM}$ (1)
I triangoli AMB e CDN sono congruenti per il 3° criterio perché: $\overline{AM} \equiv \overline{DN}$ per le (1); $\overline{AB} \equiv \overline{DC}$ lati paralleli in ABCD; $\overline{MB} \equiv \overline{NC}$ lati paralleli in MBCN. Se a tali triangoli

portiamo in sottrazione il triangolo DHM otteniamo i due quadrilateri ABHD e CNMH ancora equivalenti tra loro perché ottenuti come differenza tra figure equivalenti. I due parallelogrammi dati sono scomponibili attraverso il triangolo BCH comune ai due ed i quadrilateri di cui sopra tra loro equivalenti come dimostrato; i due parallelogrammi ABCD e MBCN sono pertanto equivalenti. c.v.d.

Teorema: un rettangolo e un parallelogramma aventi stessa base e stessa altezza sono equivalenti.

Dalla fig. 57 si evince che il rettangolo ABCD ed il parallelogramma MBCN sono scomponibili attraverso il trapezio MBCD comune ai due ed i triangoli ABM e DCN rispettivamente. È facile dimostrare la congruenza dei due triangoli (1° crit. ai vertici B e C).

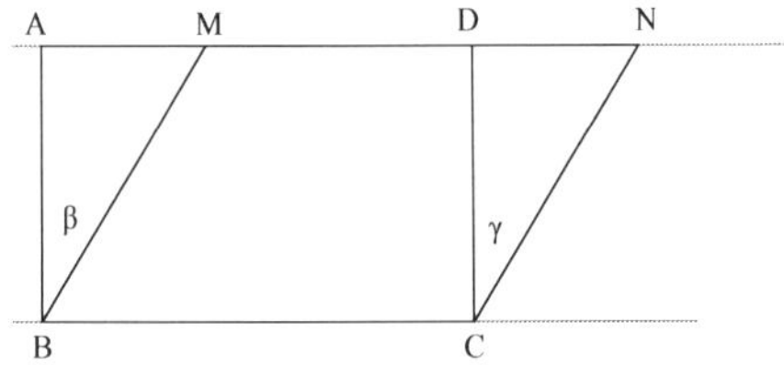

fig. 57

9.7.3 Equivalenza tra triangoli

Teorema: due triangoli aventi la stessa base e la stessa altezza sono equivalenti.

Disegniamo i due triangoli come in fig. 58 sulla stessa base; avendo per ipotesi la stessa altezza, i vertici opposti alle basi individuano una retta r a queste parallele. Dagli estremi del segmento di base B e C tracciamo le parallele al lato $\overline{CA}$ del 1° triangolo ed al lato $\overline{BD}$ del 2°, rispettivamente, fino ad intersecare r nei punti M e N.

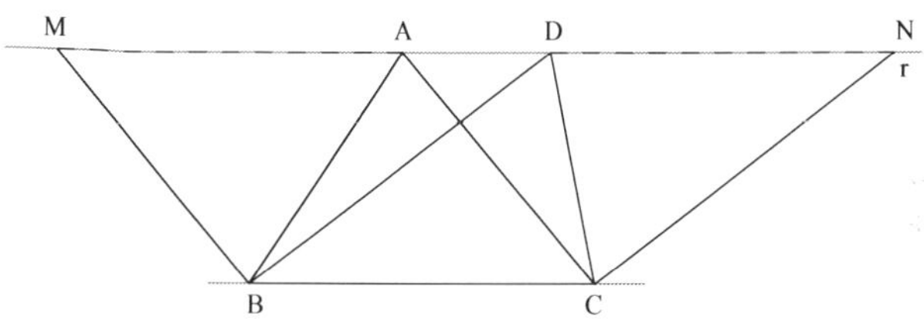

fig. 58

Abbiamo costruito due parallelogrammi MBCA e DBCN che hanno stessa base e stessa altezza e che sono quindi equivalenti. I lati $\overline{AB}$ e $\overline{DC}$ dei due triangoli rappresentano una delle diagonali dei suddetti parallelogrammi, ciascuna delle quali divide le due figure in triangoli congruenti tra loro. Quanto sopra porta a concludere che i due triangoli dati, in quanto metà di due figure equivalenti, sono equivalenti.

Teorema: se due triangoli equivalenti hanno la stessa base hanno anche la stessa altezza.

Con riferimento alla fig. 59 consideriamo i due triangoli ABC e DBC; secondo la tesi i vertici A e D dovrebbero essere sulla stessa retta r parallela a $\overline{BC}$. Procediamo per assurdo negando la tesi ed ipotizzando che il vertice che determina la equialtezza dei due

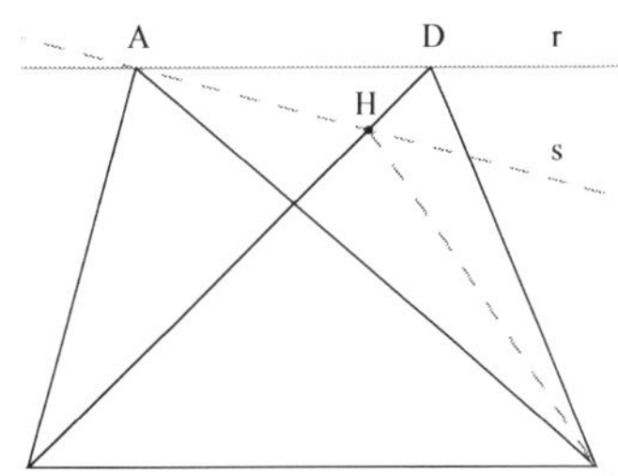

fig. 59

triangoli sia, per il 2° triangolo, H e non D; come conseguenza di tale assunzione la retta parallela a $\overline{BC}$ è la retta s passante per A e H e non r e i triangoli equivalenti sono ora ABC e HBC; per contro, dalla ipotesi risulta che il triangolo ABC è equivalente a DBC da cui, per transitività della equivalenza, sarà DBC equivalente a HBC. La conclusione è assurda perché il triangolo HBC è compreso in DBC essendo un suo lato HC compreso tra i lati $\overline{BC}$ e $\overline{DC}$. c.v.d.

9.7.4 Equivalenza tra triangoli e quadrilateri

Teorema: un triangolo è equivalente ad un parallelogramma che ha metà base e la stessa altezza (o viceversa).

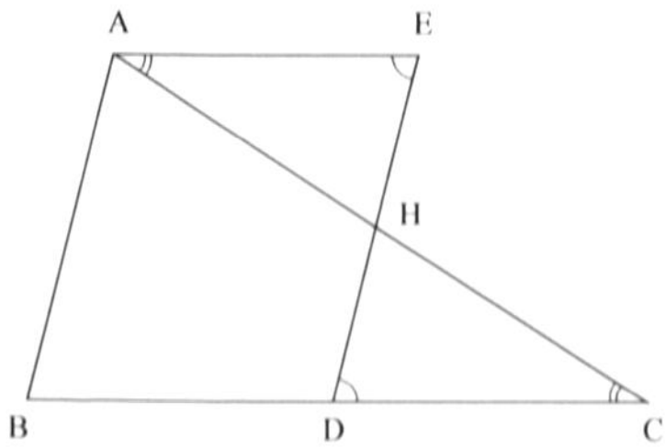

fig. 60

Dalla fig. 60 risulta che il triangolo ABC è scomponibile attraverso il quadrilatero ABDH ed il triangolo HDC, mentre il parallelogramma ABDE è scomponibile attraverso lo stesso quadrilatero ed il triangolo AHE. I due triangoli HDC e AHE sono congruenti per il 2° criterio avendo:

$\overline{DC} \equiv \overline{BD} \equiv \overline{AE}$ per ipotesi;
$\hat{D} \equiv \hat{E}$ e $\hat{C} \equiv \hat{A}$ perché alterni interni.

Pertanto, i suddetti triangoli sono equivalenti tra loro e le due figure date, risultando scomponibili in figure due a due equivalenti, sono equivalenti.

Teorema: un trapezio è equivalente ad un triangolo che ha la stessa altezza e come base la somma delle basi.

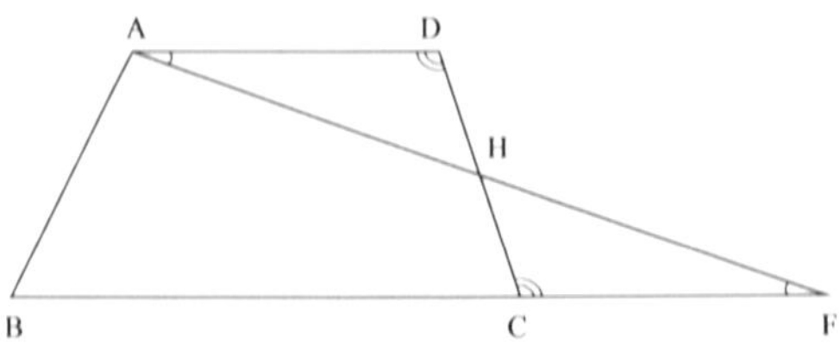

fig. 61

Costruiamo un triangolo che ha per base la somma delle basi del trapezio e per altezza l'altezza del trapezio prolungando il segmento di base maggiore $\overline{BC}$ del trapezio con un segmento $\overline{CF} \equiv \overline{AD}$ e congiungiamo F con A. Dalla fig. 61 osserviamo che il trapezio è scomponibile in un quadrilatero ABCH e in un triangolo HDA, mentre il triangolo ABF nello stesso quadrilatero e nel triangolo HCF. I triangoli HCF e HDA sono congruenti per il 2° criterio perché: $\overline{CF} \equiv \overline{AD}$ per costruzione; $H\hat{A}D \equiv C\hat{F}H$ e $F\hat{C}H \equiv H\hat{D}A$ perché alterni interni. Pertanto il trapezio ed il triangolo così costruito sono scomponibili attraverso figure equivalenti e quindi sono equivalenti.

9.8 I teoremi di Euclide e di Pitagora

In questo paragrafo andiamo a studiare tre importanti teoremi, tra i quali, quelli di Euclide presentano un duplice aspetto sia in termini di similitudine sia in termini di equivalenza.

9.8.1 Teorema 1° di Euclide (similitudine)

In un triangolo rettangolo ogni cateto è medio proporzionale tra l'ipotenusa e la proiezione del cateto sulla ipotenusa stessa.

Hp: triangolo rettangolo in A
Th: $\overline{BC} : \overline{AB} = \overline{AB} : \overline{BH}$

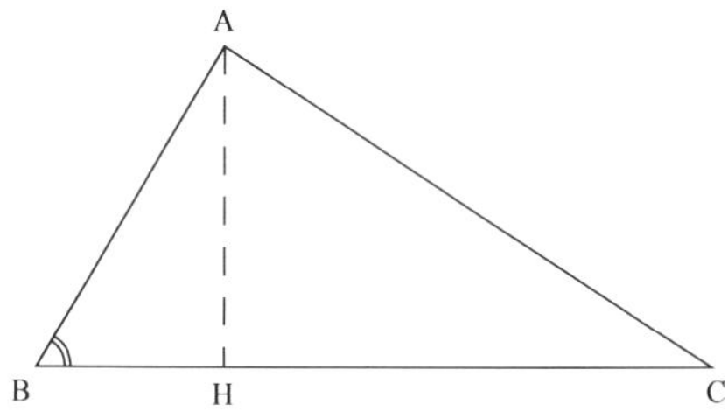

fig. 62

Dalla fig. 62 osserviamo che i triangoli ABC e AHB sono simili per il 1° criterio essendo: $\hat{B}$ comune ai due triangoli; $B\hat{A}C$ e $A\hat{H}B$ entrambi retti; pertanto la tesi è verificata.
Dalla tesi del teorema sopra dimostrato, considerando che il prodotto dei medi è uguale al prodotto degli estremi, la proporzione che descrive la tesi ci fornisce:

$$\overline{AB}^2 = \overline{BC} \times \overline{BH}$$

Tale relazione ci fornisce una nuova versione del teorema illustrato, ovvero il primo teorema di Euclide espresso in termini di equivalenza.

9.8.2 Teorema 1° di Euclide (equivalenza)

In un triangolo rettangolo il quadrato costruito su un cateto è equivalente ad un rettangolo che ha per lati l'ipotenusa e la proiezione su di essa del cateto stesso (fig. 63).

Hp: triangolo rettangolo in B
Th: $\overline{AB}^2 = \overline{BC} \times \overline{BF}$

Sul triangolo ABC, rettangolo in A, di fig. 63 procediamo come segue: sul lato $\overline{AB}$ costruiamo il quadrato ABNM; tracciamo la retta r passante per AF (altezza relativa all'ipotenusa) e la sua parallela s passante per B. Riportiamo su s da B un segmento congruente con $\overline{BC}$ individuando il vertice D. Costruiamo ora il rettangolo DEFB avente come lati l'ipotenusa e la proiezione $\overline{BF}$ del cateto su di essa. Prolunghiamo il lato $\overline{NM}$ fino ad intersecare le rette r ed s in H ed in G ottenendo il parallelogramma HBAG. Osserviamo ora che i triangoli rettangoli BAC ed HNB sono congruenti per il 2° criterio perché:

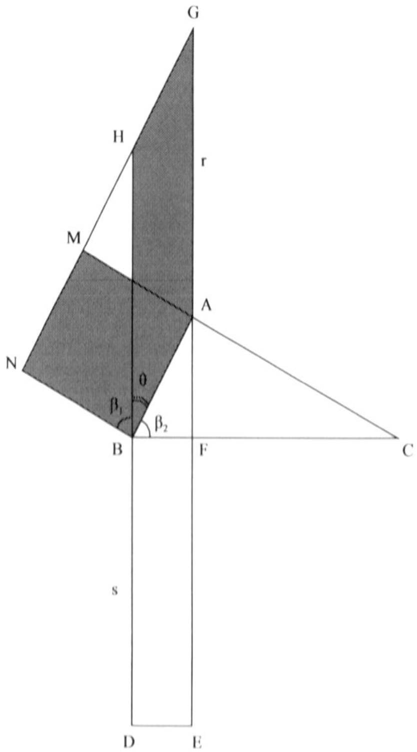

fig. 63

$\overline{AB} \equiv \overline{BN}$ per costruzione;
$\hat{N}$ e $B\hat{A}C$ retti per costruzione ed ipotesi;
$\beta_1 \equiv \beta_2$ perché complementari entrambi di θ.
Dalla congruenza dei due triangoli segue la congruenza $\overline{HB} \equiv \overline{BC}$. Per costruzione $\overline{BD} = \overline{BC}$ da cui per transitività: $\overline{HB} = \overline{BD}$. Dalle ultime conclusioni segue che i parallelogrammi HBAG e DEFB hanno basi congruenti al medesimo segmento e stessa altezza $\overline{BF}$ (distanza tra le parallele r e s) pertanto sono equivalenti: HBAG = DEFB. Ma il parallelogramma HBAG visto sulla base $\overline{AB}$, condivisa con il quadrato ABNM, ne ha anche la stessa altezza $\overline{MA}$ e quindi è equivalente anche con questo: HBAG = ABNM. Per transitività della equivalenza abbiamo la tesi. c.v.d.

9.8.3 Teorema di Pitagora

In un triangolo rettangolo il quadrato costruito sull'ipotenusa è equivalente alla somma dei quadrati costruiti sui cateti.

Hp: triangolo rettangolo in C
Th: $\overline{AB}^2 = \overline{CA}^2 + \overline{CB}^2$

Con riferimento alla fig. 64, diciamo Q_1 e Q_2 i quadrati di lato $\overline{CA}$ e $\overline{CB}$ rispettivamente e R_1 e R_2 i rettangoli aventi un lato ($\overline{DF}$) congruente con l'ipotenusa e l'altro con le proiezioni dei cateti sulla ipotenusa. Per il 1° teorema di Euclide applicato ai due cateti risulta:

$$Q_1 = R_1 \text{ e } Q_2 = R_2 \qquad (1)$$

Sommando membro a membro le (1) otteniamo: $Q_1 + Q_2 = R_1 + R_2$.
Ma $R_1 + R_2$ è equivalente al quadrato costruito sulla ipotenusa. c.v.d.

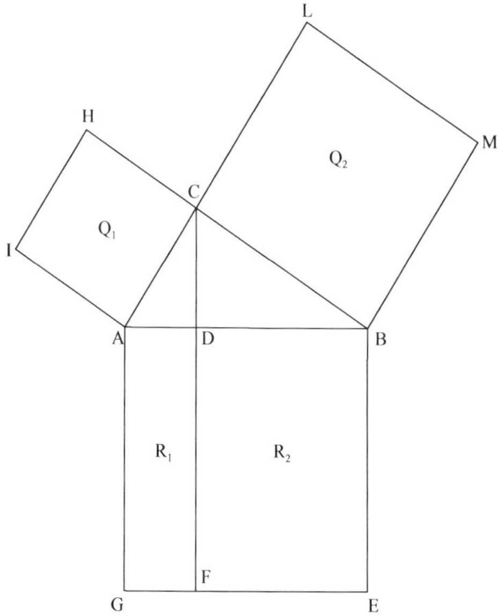

fig. 64

9.8.4 Teorema 2° di Euclide (similitudine)

In un triangolo rettangolo l'altezza relativa all'ipotenusa è media proporzionale tra le proiezioni dei cateti sull'ipotenusa (fig. 65).

Hp: ABC rettangolo in A
Th: $\overline{BH} : \overline{AH} = \overline{AH} : \overline{HC}$

I triangoli AHC e BHA sono simili per il 1° criterio perché:
$A\hat{H}C \equiv B\hat{H}A$ entrambi retti;
$H\hat{A}B \equiv B\hat{C}A$ entrambi complementari di $C\hat{A}H$;
$H\hat{B}A \equiv C\hat{A}H$ entrambi complementari di $H\hat{C}A$.
Da ciò la proporzione in tesi.
c.v.d.

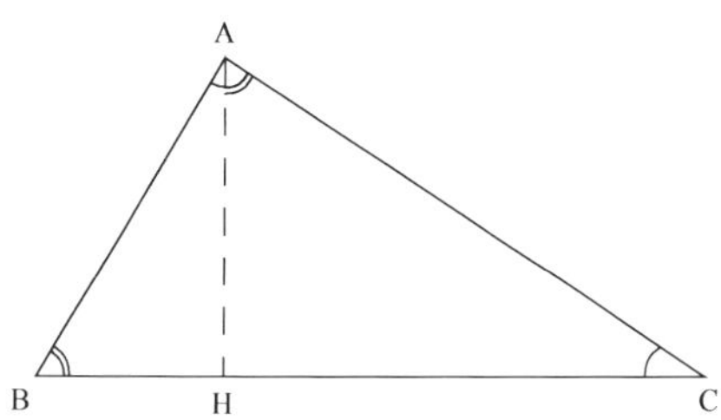

fig. 65

Anche in questo caso l'uguaglianza tra il prodotto dei medi e quello degli estremi della proporzione ralativa alla tesi del 2° teorema di Euclide ci fornisce una chiave di lettura in termini di equivalenza tra superfici:

$$\overline{AH}^2 = \overline{BH} \times \overline{HC}$$

da cui il secondo teorema di Euclide espresso in termini di equivalenza.

9.8.5 Teorema 2° di Euclide (equivalenza)

In un triangolo rettangolo il quadrato costruito sull'altezza relativa all'ipotenusa è equivalente al rettangolo che ha per lati le proiezioni dei cateti sull'ipotenusa.

Hp: triangolo rettangolo in A
Th: $\overline{AH}^2 = \overline{BH} \times \overline{HC}$

Costruiamo il quadrato AMNH di lato congruente con l'altezza $\overline{AH}$, il quadrato ABLP di lato congruente con il cateto $\overline{AB}$ ed il rettangolo BHFG avente per lati la proiezione $\overline{BH}$ del cateto $\overline{AB}$ sull'ipotenusa e l'ipotenusa stessa.
Detto rettangolo risulta essere la somma del quadrato costruito sulla proiezione del cateto $\overline{AB}$ sull'ipotenusa e del rettangolo avente per lati le proiezioni dei cateti sull'ipotenusa.

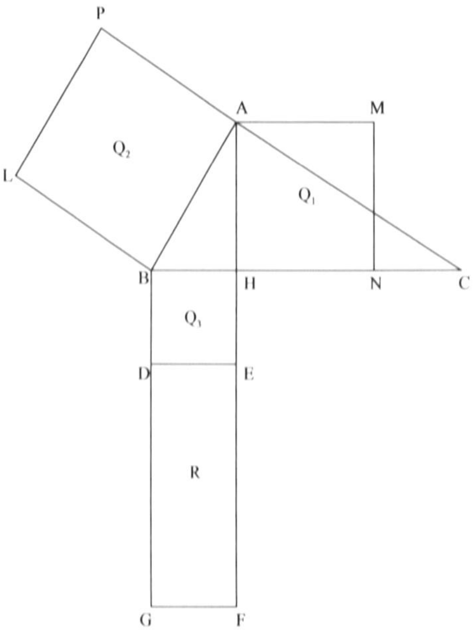

fig. 66

Abbiamo infatti:
$\overline{BD} \equiv \overline{BH}$;
$\overline{BG} \equiv \overline{BC}$;
$\overline{DG} \equiv \overline{BG} - \overline{BD}$ da cui $\overline{DG} \equiv \overline{BC} - \overline{BH}$.

Come da fig. 66 diciamo Q_1 il quadrato di lato $\overline{AH}$, Q_2 il quadrato di lato $\overline{AB}$, Q_3 il quadrato di lato $\overline{BH}$ ed R il rettangolo avente per lati le proiezioni $\overline{BH}$ e $\overline{HC}$. Se applichiamo il teorema di Pitagora al triangolo ABH avremo:

$$Q_2 = Q_1 + Q_3 \qquad (1)$$

Se applichiamo il 1° teorema di Euclide al triangolo ABC avremo:

$$Q_2 = R + Q_3 \qquad (2)$$

Dal confronto fra (1) e (2) avremo $Q_1 = R$ ovvero la tesi. c.v.d.

9.8.6 Espressioni metriche dei teoremi di Pitagora e di Euclide

Riscriviamo le relazioni espresse dal teorema di Pitagora e dai teoremi di Euclide, utilizzando le espressioni metriche.

Teorema di Pitagora

In ogni triangolo rettangolo il quadrato della misura dell'ipotenusa è uguale alla somma dei quadrati delle misure dei cateti.

Consideriamo il triangolo in fig. 67.

$$a^2 = b^2 + c^2 \rightarrow a = \sqrt{b^2 + c^2}$$

e ancora

$$b^2 = a^2 - c^2 \rightarrow b = \sqrt{a^2 - c^2}$$

$$c^2 = a^2 - b^2 \rightarrow c = \sqrt{a^2 - b^2}$$

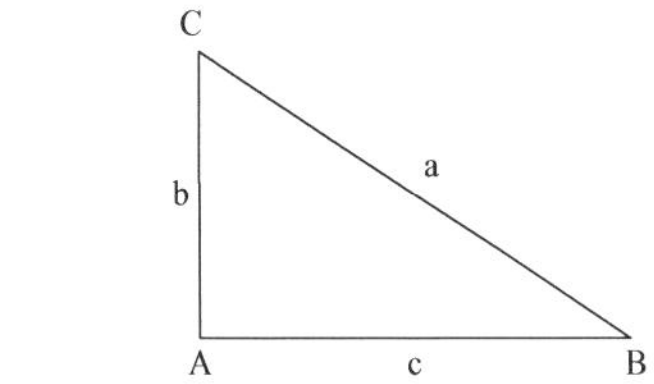

fig. 67

1° teorema di Euclide

In ogni triangolo rettangolo il quadrato della misura di un cateto è uguale al prodotto della misura dell'ipotenusa per la misura della proiezione del cateto stesso sull'ipotenusa.

Consideriamo il triangolo in fig. 68.

$$c^2 = a \times d \qquad c = \sqrt{a \times d}$$

$$b^2 = a \times e \qquad b = \sqrt{a \times e}$$

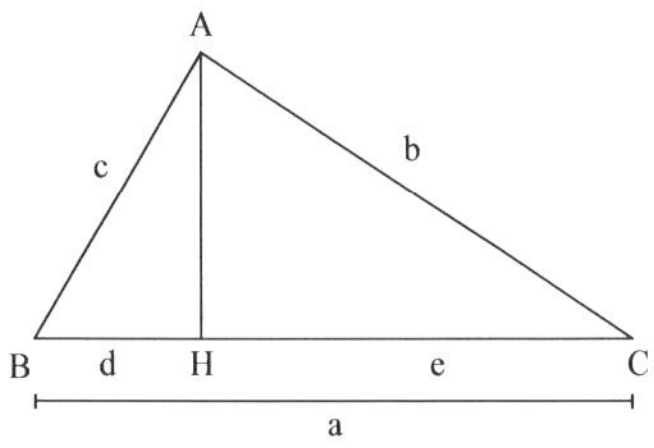

fig. 68

2° teorema di Euclide

In ogni triangolo rettangolo il quadrato della misura dell'altezza relativa all'ipotenusa è uguale al prodotto delle misure delle proiezioni dei cateti sull'ipotenusa.

Consideriamo il triangolo in fig. 69.

$$h^2 = d \times e \qquad h = \sqrt{d \times e}$$

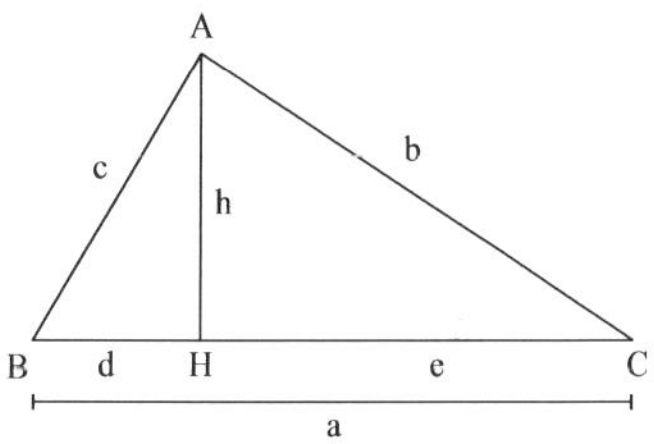

fig. 69

9.8.7 Applicazioni del Teorema di Pitagora

Rettangolo

Consideriamo il rettangolo ABCD e tracciamo la diagonale DB che lo divide in due triangoli rettangoli uguali, a ciascuno dei quali possiamo applicare il teorema di Pitagora.

Indicando con *b* la misura della base del rettangolo, con *h* quella della sua altezza e con *d* quella della diagonale (fig. 70), abbiamo

$$d = \sqrt{b^2 + h^2}$$

$$b = \sqrt{d^2 - h^2}$$

$$h = \sqrt{d^2 - b^2}$$

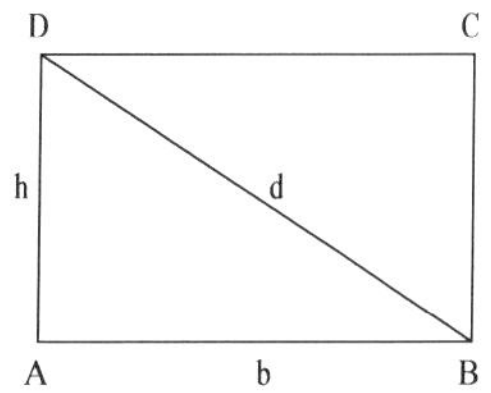

fig. 70

Quadrato

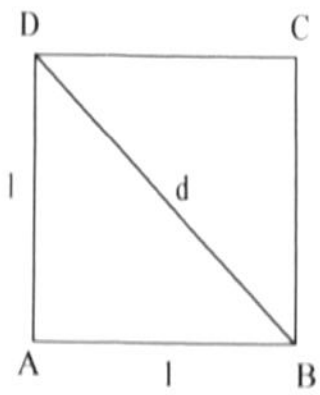

fig. 71

Indicando con d la misura della diagonale e con l quella del lato del quadrato ABCD ed applicando il teorema di Pitagora ad uno dei due triangoli rettangoli isosceli uguali in cui esso risulta diviso dalla diagonale DB (fig. 71)

otteniamo

$$d^2 = l^2 + l^2$$

cioè

$$d^2 = 2l^2 \quad \rightarrow \quad d = \sqrt{2l^2}$$

quindi possiamo scrivere

$$d = l\sqrt{2}$$

Triangolo equilatero

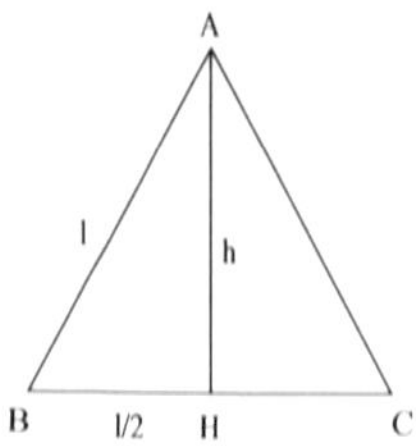

fig. 72

Dato il triangolo equilatero ABC osserviamo che la sua altezza AH lo divide in due triangoli rettangoli uguali, i cui cateti sono l'altezza h e la metà della base e la cui ipotenusa è un lato l del triangolo equilatero (fig. 72).

Quindi otteniamo

$$h^2 = l^2 - \left(\frac{l}{2}\right)^2 = l^2 - \frac{l^2}{4} = \frac{3l^2}{4}$$

$$h = \sqrt{\frac{3l^2}{4}} = \frac{\sqrt{3}}{2}l$$

Rombo

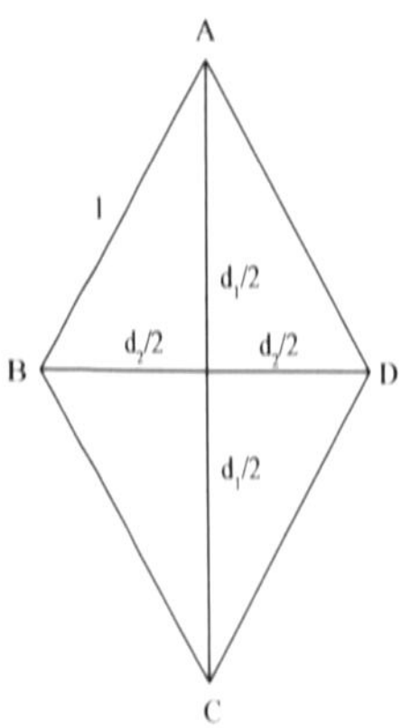

fig. 73

Le due diagonali dividono un rombo in quattro triangoli rettangoli uguali, ciascuno dei quali ha per ipotenusa un lato l del rombo e per cateti le semidiagonali (fig. 73).

Quindi otteniamo

$$l = \sqrt{\left(\frac{d_1}{2}\right)^2 + \left(\frac{d_2}{2}\right)^2}$$

9.8.8 *Applicazioni dei Teoremi di Euclide*

Problema 1: un cateto di un triangolo rettangolo misura 20 cm e la sua proiezione sull'ipotenusa 16 cm (fig. 74). Calcolare la misura del perimetro del triangolo.

$\overline{AB} = 20$ cm

$\overline{BH} = 16$ cm

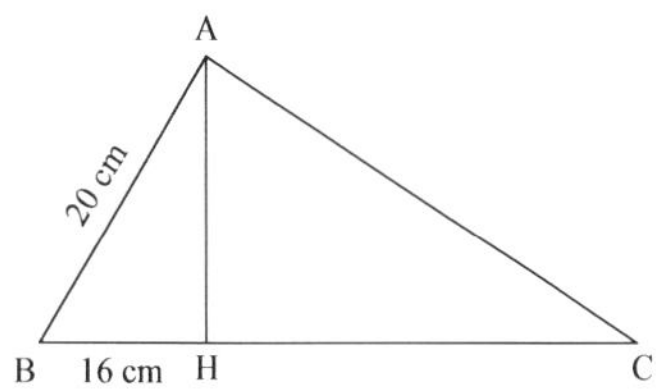

fig. 74

Per il primo teorema di Euclide abbiamo

$$\overline{BC} : \overline{AB} = \overline{AB} : \overline{BH}$$

Passando alle misure

$$\overline{BC} : 20 = 20 : 16$$

$$BC = \frac{20 \times 20}{16} \text{ cm} = 25 \text{ cm}$$

Per calcolare la misura di AC utilizziamo il teorema di Pitagora

$$\overline{AC} = \sqrt{25^2 - 20^2} \text{ cm} = \sqrt{625 - 400} \text{ cm} = \sqrt{225} \text{ cm} = 15 \text{ cm}$$

$$2p = (20 + 25 + 15) \text{ cm} = 60 \text{ cm}$$

Problema 2: le proiezioni dei cateti sull'ipotenusa di un triangolo rettangolo misurano rispettivamente 5,4 cm e 9,6 cm (fig. 75).

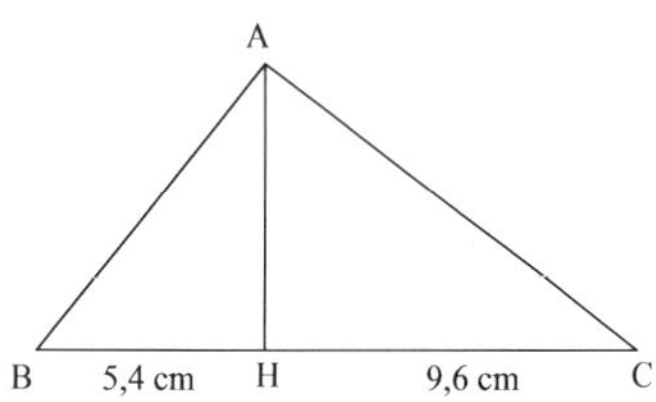

fig. 75

Calcolare la misura dell'altezza del triangolo relativa all'ipotenusa.

$\overline{BH} = 5{,}4$ cm

$\overline{HC} = 9{,}6$ cm

Per il secondo teorema di Euclide abbiamo

$$\overline{BH} : \overline{AH} = \overline{AH} : \overline{HC}$$

$$5{,}4 : \overline{AH} = \overline{AH} : 9{,}6$$

quindi

$$\overline{AH}^2 = 5{,}4 \times 9{,}6 = 51{,}84 \rightarrow \quad \overline{AH} = \sqrt{51{,}84} \text{ cm} = 7{,}2 \text{ cm}$$

9.9 La circonferenza

9.9.1 *Definizioni e proprietà*

La circonferenza è il luogo geometrico dei punti del piano equidistanti da un punto detto centro; la distanza costante è detta raggio.

La circonferenza quindi è un insieme di punti, ovvero una figura geometrica ed i raggi sono infiniti quanto i punti del luogo e tutti congruenti. Due circonferenze aventi raggi congruenti sono congruenti.

Corda: definiamo corda di una circonferenza (fig. 76a) un segmento che ha per estremi due punti della circonferenza; ogni corda che passa per il centro è detta **diametro** ed è una corda massima.

Gli estremi A e B di ogni diametro dividono la circonferenza in due semicirconferenze ed il punto medio di ogni diametro coincide con il centro circonferenza (fig. 76b).
Ogni corda, attraverso i suoi estremi (A e B di fig. 76), divide la circonferenza in due parti dette **archi**; se non diversamente specificato per **arco $\widehat{AB}$** si intende quello minore dei due.

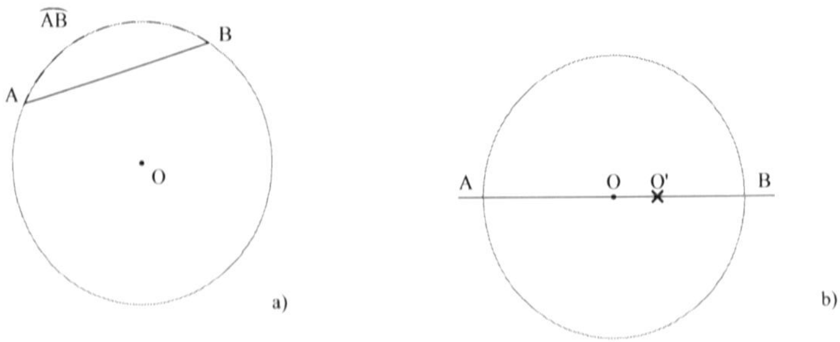

fig. 76

Il centro di una circonferenza è unico; se così non fosse il diametro avrebbe due punti medi (O e O' di fig. 76b) .
Ogni corda $\overline{AB}$ sottende un arco $\widehat{AB}$ e viceversa; data una corda $\overline{AB}$ è sempre verificata la seguente relazione:

$$\overline{AB} < \widehat{AB}$$

Teorema: in una circonferenza, il diametro perpendicolare ad una corda $\overline{AB}$ ne costituisce l'asse.
Il triangolo OAB di fig. 77 è isoscele essendo $\overline{OA} \equiv \overline{OB}$ raggi della circonferenza. In tale triangolo il segmento $\overline{OM}$, contenuto nel diametro, è altezza relativa alla base $\overline{AB}$ per ipotesi ma anche mediana del segmento $\overline{AB}$, essendo OAB isoscele. Ciò comporta che la retta passante per O e M, perpendicolare ad $\overline{AB}$ per ipotesi, è proprio l'asse di $\overline{AB}$. c.v.d.

Da detto teorema derivano i seguenti:
Teorema: in una circonferenza, il diametro che divide una corda $\overline{AB}$ in due parti congruenti è perpendicolare ad essa.
Teorema: l'asse di una corda passa per il centro.

Teorema: in una circonferenza, il raggio perpendicolare ad una corda divide a metà l'arco corrispondente.

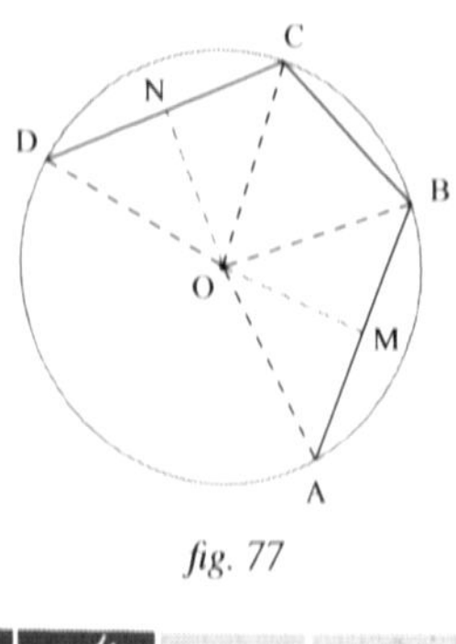

fig. 77

Possiamo definire la distanza di una corda $\overline{AB}$ dal centro circonferenza come l'altezza del triangolo isoscele che ha per base la corda stessa e lati obliqui i raggi $\overline{OA}$ ed $\overline{OB}$.

Teorema: in una circonferenza, due corde congruenti risultano equidistanti dal centro (fig. 77).

Hp: $\overline{AB} \equiv \overline{CD}$
Ts: $\overline{OM} \equiv \overline{ON}$
Con riferimento alla fig. 77 i due triangoli AOB e COD sono isosceli e congruenti per il 3° criterio avendo i lati obliqui con-

gruenti (raggi della circonferenza) e le basi $\overline{AB}$ e $\overline{CD}$ congruenti per ipotesi. Pertanto i segmenti $\overline{OM}$ ed $\overline{ON}$, in qualità di altezze di due triangoli congruenti, sono congruenti.

Teorema: per tre punti non allineati passa una ed una circonferenza soltanto.

Con i tre punti A, B e C non allineati di fig. 77 formiamo i due segmenti $\overline{AB}$ e $\overline{BC}$ consecutivi in B e disegniamone gli assi che si incontreranno in O (non essendo i segmenti adiacenti, le rette a questi perpendicolari sono incidenti tra loro). Il punto O, in quanto punto appartenente ad entrambi gli assi, è contemporaneamente equidistante dai tre estremi dei segmenti; è quindi il raggio della circonferenza passante per i punti dati. Altresì, la circonferenza è unica perché sono uniche le corde $\overline{AB}$ e $\overline{BC}$ (conseguenza del postulato di Euclide n° 1) e quindi unici i relativi assi ed unico il centro O ed il raggio $\overline{OA}$.

9.9.2 Posizione reciproca di due circonferenze

Indichiamo con d la distanza tra due centri O ed O' di due circonferenze aventi raggi R e R' rispettivamente e con $\overline{OO'}$ il segmento che ha per estremi i due centri stessi.
Due circonferenze nel piano (fig. 78) sono:
(a) esterne se d > R + R';
(b) tangenti esternamente se d = R + R';
(c) secanti se d < R + R';
(d) interne se d < R - R';
(e) tangenti internamente se d = R - R';
(f) concentriche se d = 0;

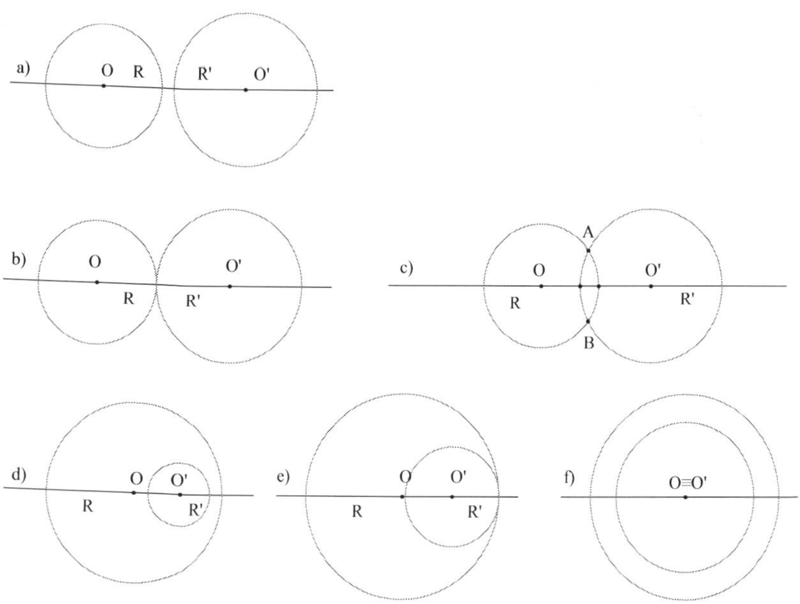

fig. 78

9.9.3 Posizione reciproca tra circonferenza e retta

Rispetto a una circonferenza di centro O e raggio r, una retta s la cui distanza dal centro O è $d \equiv \overline{OH}$ (fig. 79) si definisce:

(a) esterna se $d > r$;

(b) tangente se $d = r$;

(c) secante se $d < r$

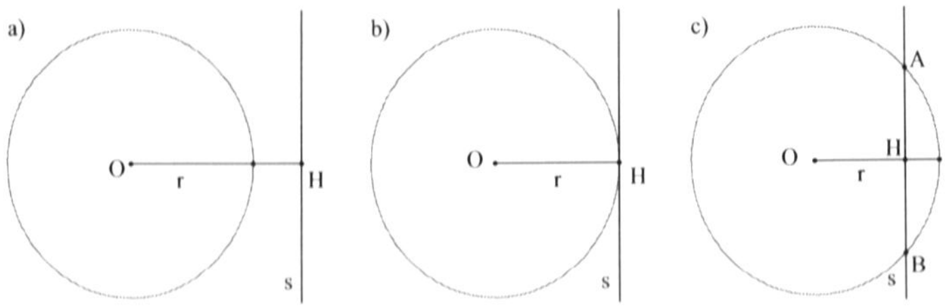

fig. 79

Ogni retta tangente ad una circonferenza è perpendicolare al raggio passante per il punto di tangenza; viceversa una retta perpendicolare ad un raggio nel suo estremo sulla circonferenza stessa è tangente a questa; di conseguenza la tangente è unica in quel punto (per il teorema di unicità della perpendicolare ad una retta per un punto).

Teorema: per un punto P esterno ad una circonferenza c passano due tangenti alla circonferenza (fig. 80).

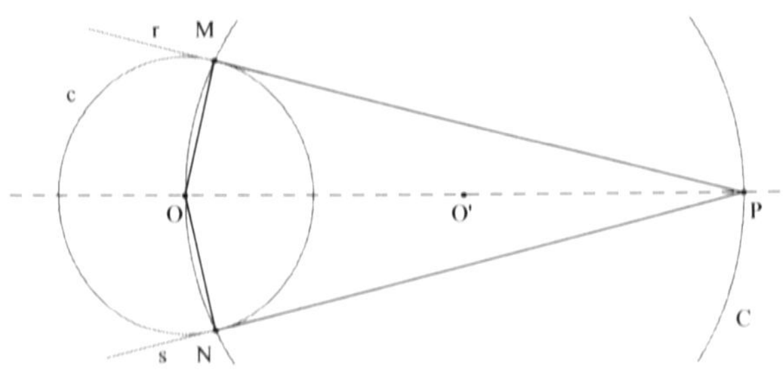

fig. 80

Consideriamo un circonferenza di centro O ed un punto esterno P, del segmento $\overline{OP}$ prendiamo il punto medio O' e tracciamo la circonferenza C che intersecherà c nei punti M ed N e per tali punti conduciamo le rette r ed s passanti anche per P. I triangoli OMP ed ONP sono rettangoli in M e N rispettivamente perché inscritti in una semicirconferenza (vedi paragrafo seguente). La perpendicolarità dei raggi $\overline{OM}$ a r e $\overline{ON}$ a s porta a concludere che r e s sono tangenti a c. Le due tangenti sono anche uniche perché una qualsiasi altra tangente dovrebbe intersecare in un punto K la circonferenza c ed essere ivi perpendicolare al raggio OK, cateto di un triangolo PKO ancora inscritto in una semicirconferenza di centro O'. La conclusione sarebbe che K apparterrebbe anche a C portando a tre i punti in comune delle due circonferenze che verrebbero così a coincidere contro l'ipotesi che vede P (anch'esso punto di C) esterno a c.

Corollario: i segmenti di due tangenti passanti per un punto P esterno ad una circonferenza c sono congruenti.

Per la dimostrazione basta considerare la dimostrata congruenza dei triangoli rettangoli di fig. 80.

9.9.4 Angoli al centro e angoli alla circonferenza

Definiamo angolo al centro ogni angolo che ha per vertice il centro della circonferenza (fig. 81a) Se uniamo gli estremi A e B di una corda (arco) al centro O della circonferenza andiamo a definire un **angolo al centro $\hat{AOB}$**.

Definiamo angolo alla circonferenza ogni angolo convesso avente per vertice un punto della circonferenza e per lati due semirette secanti o una secante ed una tangente alla circonferenza nel vertice (fig. 81b). Se uniamo gli estremi A e B di una corda (arco) ad un punto C della circonferenza andiamo a definire un angolo al centro $A\hat{C}B$.

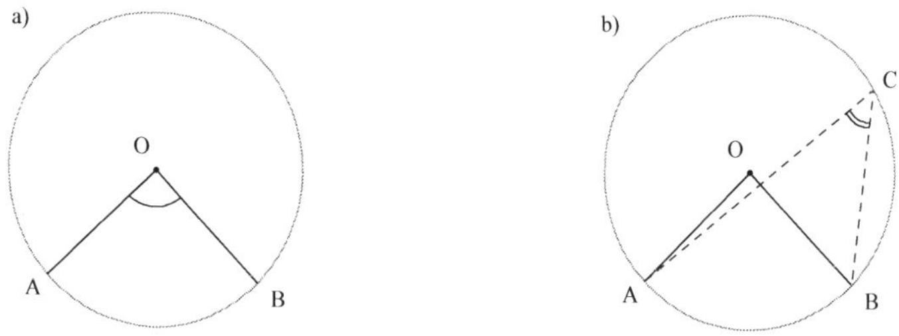

fig. 81

Teorema: in una circonferenza gli angoli al centro che insistono su archi o corde congruenti sono congruenti.

Teorema: in una circonferenza un angolo al centro che insiste su uno stesso arco o corda sul quale insiste un angolo alla circonferenza è doppio di quest'ultimo.

Consideriamo inizialmente il caso in cui l'angolo al centro e l'angolo alla circonferenza hanno un lato su un diametro della circonferenza (fig. 82a) ed insistono sullo stesso arco (corda) $\overset{\frown}{BC}$.

Il triangolo OAC è un triangolo isoscele avendo $\overline{OA} \equiv \overline{OC}$ (raggi); pertanto gli angoli in $\hat{A}$ ed in $\hat{C}$ sono congruenti tra loro. Per un noto teorema l'angolo al centro $B\hat{O}C$, in quanto anche angolo esterno al triangolo isoscele OAC, rispetta la seguente relazione:

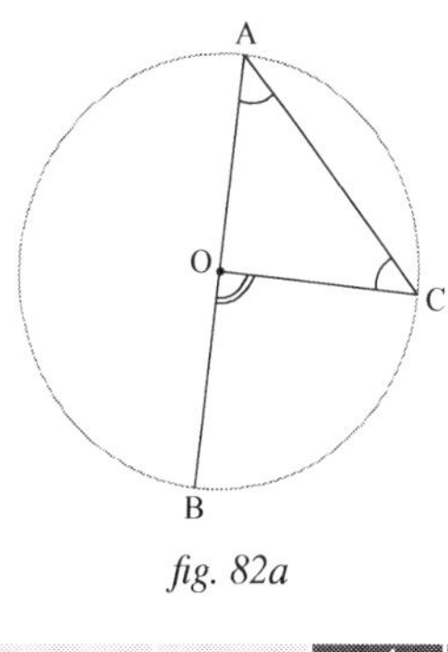

fig. 82a

$B\hat{O}C \equiv B\hat{A}C + O\hat{C}A$

ovvero:

$$B\hat{O}C \equiv 2 \times B\hat{A}C \qquad (1)$$

Consideriamo ora i casi rappresentati nelle figg. 82b e 82c dove gli angoli al centro B'Ô'C' e alla circonferenza B'Â'C' possono essere considerati rispettivamente somma e differenza di due casi come quello rappresentato in fig. 82a; ovvero:

- fig. 82b: B'Ô'C' ≡ B'Ô'D + DÔ'C' angolo al centro; B'Â'C' ≡ B'Â'D + DÂ'C' angolo alla circonferenza;
- fig. 82c: B'Ô'C' ≡ DÔ'C' – DÔ'B' angolo al centro; B'Â'C' ≡ DÂ'C' – DÂ'B' angolo alla circonferenza.

Ogni angolo che compare nelle somme e differenze rispetta la relazione (1) quindi anche per tali configurazioni l'angolo al centro e l'angolo alla circonferenza rispettano la stessa relazione.

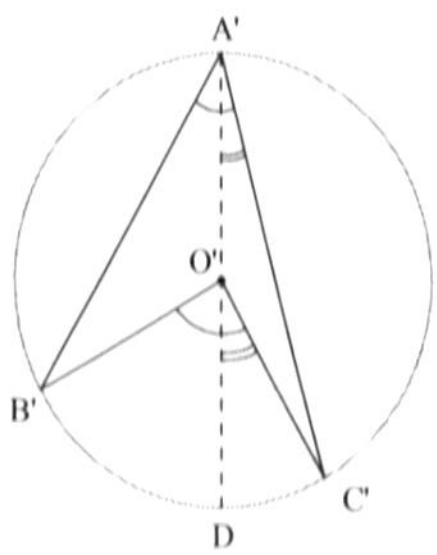

fig. 82b

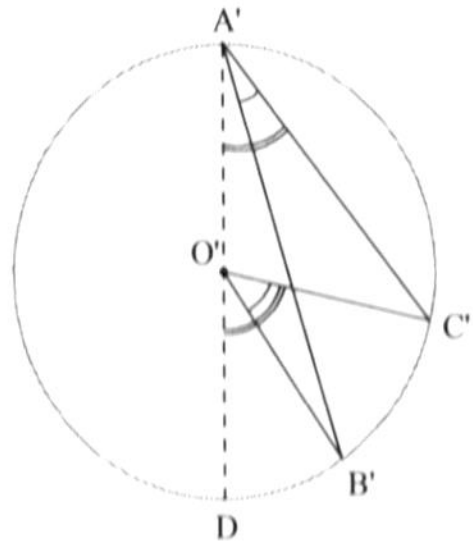

fig. 82c

Nelle figg. 82d, 82e e 82f sono rappresentati casi in cui un lato dell'angolo alla circonferenza è tangente alla circonferenza stessa.
Nella fig. 82d, l'altro lato dell'angolo alla circonferenza è un diametro.

Nel secondo caso (fig. 82e) l'angolo al centro è concavo ma è facile riconoscere la componibilità per somma di entrambi gli angoli al centro ed alla circonferenza attraverso i casi di figg. 82a e 82d.

Nel terzo caso (fig. 82f) si riconosce la componibilità per differenza degli stessi casi di figg. 82a e 82d.

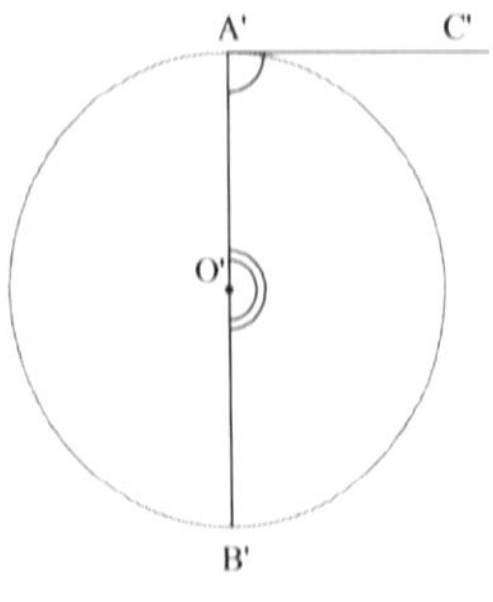

fig. 82d

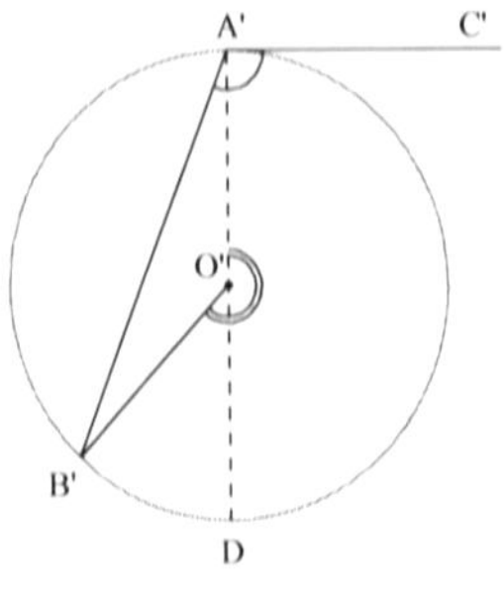

fig. 82e

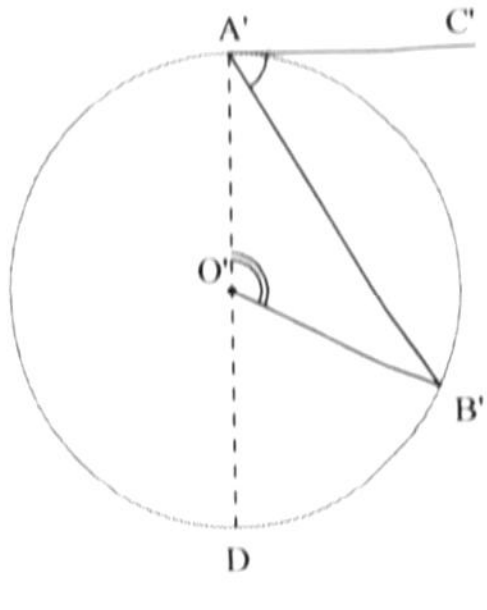

fig. 82f

Come diretta conseguenza del precedente teorema avremo:
Teorema: tutti gli angoli alla circonferenza che insistono su una semirconferenza (sul diametro) sono retti.
Teorema: in una circonferenza gli angoli alla circonferenza che insistono su archi o corde congruenti sono congruenti.

9.9.5 Poligoni inscritti e poligoni circoscritti

Definiamo inscritto in una circonferenza un poligono che ha tutti i propri vertici sulla circonferenza, che a sua volta si dice circoscritta al poligono.
Definiamo circoscritto ad una circonferenza un poligono che ha tutti i suoi lati tangenti alla circonferenza, che a sua volta si dice inscritta nel poligono.

Affinché un poligono sia inscrivibile o circoscrivibile occorre che risultino verificate ben precise condizioni. Tra i vari poligoni solo i triangoli, i quadrati, i rettangoli ed i poligoni regolari risultano sempre inscrivibili:
- i triangoli perché tre punti (i vertici) individuano sempre una ed una sola circonferenza;
- i quadrati ed i rettangoli perché i vertici sono tutti equidistanti dall'intersezione delle diagonali che a loro volta sono congruenti; tale intersezione individua un centro;
- i poligoni regolari perché tutti i vertici sono equidistanti dal punto di intersezione delle bisettrici degli angoli.

I triangoli, i quadrati, i rombi ed i poligoni regolari sono sempre circoscrivibili.

Teorema: un poligono circoscrivibile ad una circonferenza è equivalente ad un triangolo avente come base il perimetro del poligono e come altezza l'apotema dello stesso (raggio della circonferenza).
Un poligono di *n* lati circoscrivibile è sempre scomponibile in n triangoli aventi per base ciascun lato ed altezza l'apotema.

Inscrivibilità dei quadrilateri
Teorema: condizione necessaria e sufficiente affinché un quadrilatero risulti inscrivibile in una circonferenza c è che i suoi angoli opposti risultino supplementari.

Hp: ABCD inscritto in c
Th: $\hat{A} + \hat{C} \equiv \hat{B} + \hat{D} \equiv$ angolo piatto.

Dimostriamo la necessità (fig. 83a).
Se ABCD è inscritto in c, ha i suoi vertici su c ed ogni angolo relativo a questi è un angolo alla circonferenza.
Ricordando che un angolo alla circonferenza è metà di un angolo al centro che insiste sullo stesso arco avremo:

sull'arco $\widehat{BAD}$ $\quad B\hat{O}D \equiv 2 \times B\hat{C}D$;
sull'arco $\widehat{BCD}$ $\quad B\hat{O}D \equiv 2 \times B\hat{A}D$;

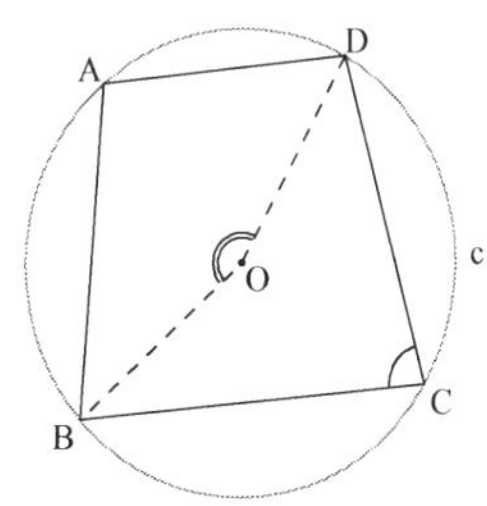

fig. 83a

La somma dei due archi, a cui corrisponde la somma dei due angoli alla circonferenza, è l'intera circonferenza che corrisponde ad un angolo giro, ovvero:

$$\widehat{BAD} + \widehat{BCD} \Rightarrow 2 \times (B\hat{C}D + B\hat{A}D) \equiv \text{angolo giro}$$

da cui:

$$B\hat{C}D + B\hat{A}D = \text{angolo piatto}$$

Dimostriamo la sufficienza invertendo ora il ruolo di ipotesi e tesi, ovvero se le somme degli angoli opposti sono congruenti il quadrilatero è inscrivibile in una circonferenza. All'uopo consideriamo tre vertici del quadilatero, ad es. A, B e C; per tre punti sicuramente passa una circonferenza ed una soltanto. Se tale circonferenza passa anche per il vertice D abbiamo dimostrato la seconda parte del teorema. Supponiamo che ciò non si verifichi e che il vertice comune tra i lati $\overline{CD}$ ed $\overline{AD}$ sia in realtà il punto E non appartenente alla circonferenza; possono verificarsi i due casi di figg. 83b e 83c.

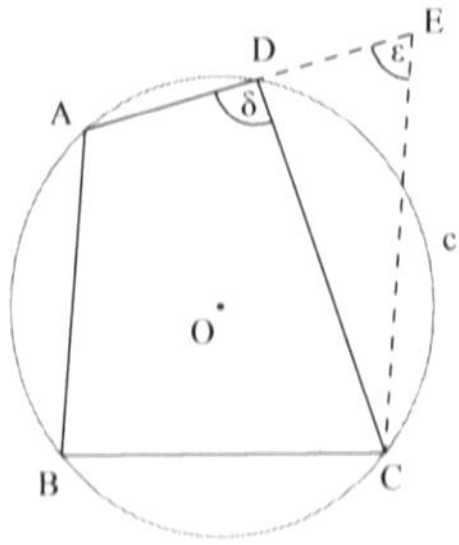

fig. 83b

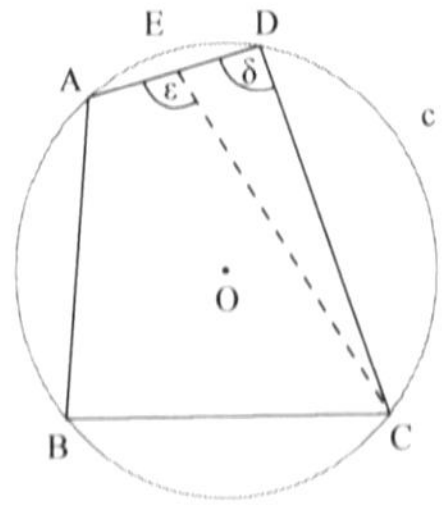

fig. 83c

Dalla ipotesi sappiamo che l'angolo $\hat{D}$ è supplementare a $\hat{B}$ ma ora anche l'angolo $\hat{E}$ lo è divenuto e quindi abbiamo la congruenza tra $\hat{D}$ ed $\hat{E}$ in quanto angoli supplementari di uno stesso angolo $\hat{B}$; ciò significherebbe per il triangolo CDE un angolo esterno congruente con un angolo interno non adiacente. Considerato l'assurdo della conclusione non può che essere C ≡ D e c passante anche per il quarto vertice D.

Circoscrivibilità dei quadrilateri

Teorema: condizione necessaria e sufficiente affinché un quadrilatero sia circoscrivibile ad una circonferenza è che la somma delle lunghezze di due lati opposti è uguale alla somma delle lunghezze degli altri due.

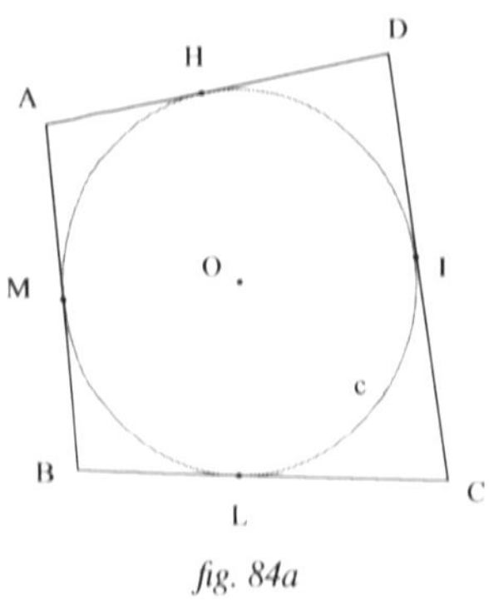

fig. 84a

Hp: ABCD circoscritto a c
Th: $\overline{AB} + \overline{DC} \equiv \overline{BC} + \overline{AD}$

Dimostriamo la necessità (fig. 84a).
Se ABCD è circoscrittoscritto i suoi lati sono tangenti alla circonferenza.
Ricordando che i segmenti di tangenti a c da un medesimo punto sono congruenti tra loro ed indicando con H, I, L, M i punti di tangenza dei lati a c avremo:
$\overline{AM} \equiv \overline{AH}$; $\overline{DH} \equiv \overline{DI}$;
$\overline{CI} \equiv \overline{CL}$; $\overline{BL} \equiv \overline{BM}$; ma è anche:

$\overline{AM} + \overline{BM} \equiv \overline{AB}$;
$\overline{AH} + \overline{DH} \equiv \overline{AD}$;
$\overline{DI} + \overline{CI} \equiv \overline{DC}$;
$\overline{CL} + \overline{BL} \equiv \overline{BC}$.
Dalle relazioni precedenti segue la tesi, ovvero: $\overline{AB} + \overline{DC} \equiv \overline{BC} + \overline{AD}$.

Dimostriamo la sufficienza invertendo nuovamente il ruolo di ipotesi e tesi, ovvero se le somme dei lati opposti sono congruenti il quadrilatero è circoscrivibile a una circonferenza. All'uopo consideriamo tre lati del quadrilatero, ad es. $\overline{AB}$, $\overline{BC}$ e $\overline{CD}$, per i quali esiste ed è unica una circonferenza tangente; andiamo a dimostrare che se risulta verificata la congruenza tra le somme di lati opposti la condizione è sufficiente. Chiamiamo M, L e I i punti di tangenza ai lati suddetti. Come nel caso precedente procediamo per assurdo ipotizzando che il quarto lato tangente sia in realtà $\overline{AE}$ di fig. 84b; avremmo:

$\overline{AB} + \overline{CE} \equiv \overline{AE} + \overline{BC}$ ma per ipotesi è anche:
$\overline{AB} + \overline{CD} \equiv \overline{AD} + \overline{BC}$ sottraendo membro a membro:
$\overline{CE} - \overline{CD} \equiv \overline{AE} - \overline{AD}$ da cui:
$\overline{DE} \equiv \overline{AE} - \overline{AD}$ ovvero:
$\overline{AE} \equiv \overline{AD} + \overline{DE}$ (1)

La conclusione non è accettabile perché implicherebbe, per il triangolo ADE, che un lato possa essere congruente con la somma degli altri due (sappiamo che è sempre minore). La relazione (1) può sussistere solo se D ≡ E, ovvero la tesi. È esclusa la possibilità che la circonferenza possa esterna ai tre segmenti consecutivi $\overline{AB}$, $\overline{BC}$ e $\overline{CD}$ dovendo essere il centro O sulla intersezione degli assi dei suddetti lati.

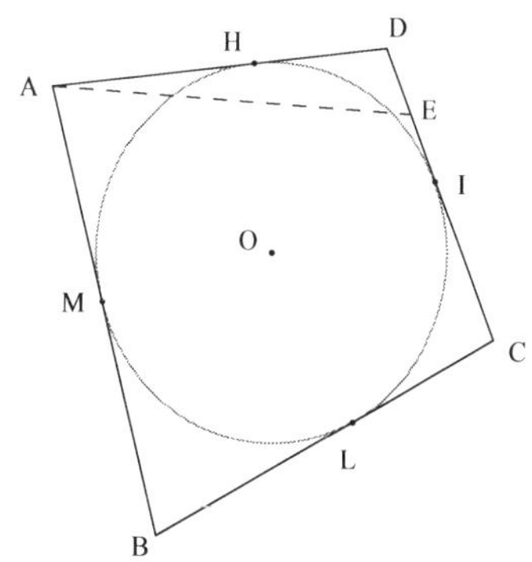

fig. 84b

9.9.6 Lunghezza della circonferenza

Per postulato, un arco di circonferenza $\overset{\frown}{AB}$ ha lunghezza maggiore della corda ad esso sottesa $\overline{AB}$ e minore della somma delle lunghezze delle tangenti negli estremi dell'arco stesso $\overline{AC} + \overline{CB}$ (fig. 85).

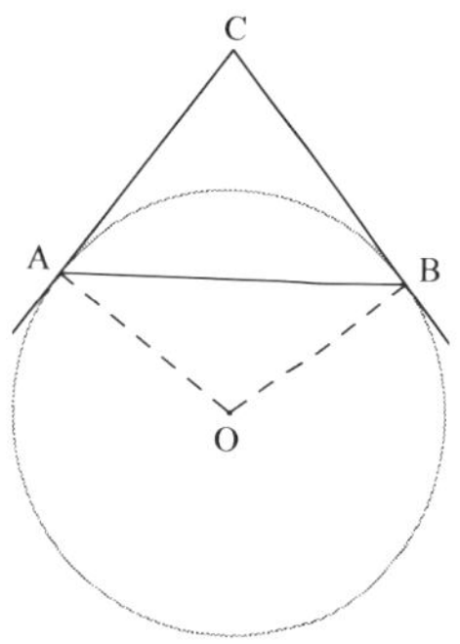

fig. 85

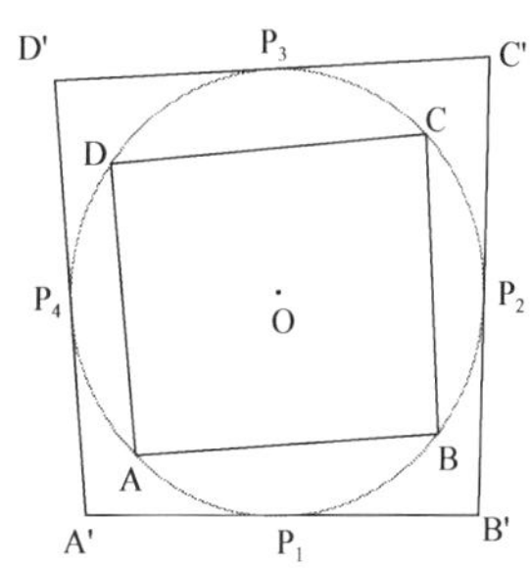

fig. 86

Teorema: la lunghezza di una circonferenza c è maggiore del perimetro di ogni poligono inscritto e minore di ogni poligono circoscritto (fig. 86).

Dal postulato su esposto risulta:
- la somma dei lati di ABCD è minore della somma degli archi $\overset{\frown}{AB} + \overset{\frown}{BC} + \overset{\frown}{CD} + \overset{\frown}{DA}$;
- la somma di tutti i segmenti di tangente a c (es.: $\overline{P_1B'}$) è maggiore della somma degli archi $\overset{\frown}{P_1P_2} + \overset{\frown}{P_2P_3} + \overset{\frown}{P_3P_4} + \overset{\frown}{P_4P_1}$

Ma le somme di archi sono la lunghezza della circonferenza c, da cui la tesi.
Senza perdere di generalità possiamo riferirci a poligoni inscritti e circoscritti regolari e concludere che al crescere del numero di lati si vengono a determinare due classi di segmenti (perimetri dei poligoni) che approssimano rispettivamente per difetto e per eccesso la lunghezza della circonferenza così detta "rettificata" che possiamo definire nel seguente modo: definiamo **circonferenza rettificata** quel segmento c la cui lunghezza è l'elemento di separazione delle due classi di grandezze costituite dai perimetri di tutti i possibili poligoni regolari inscritti e quelli circoscritti che sono rispettivamente minori e maggiori di c.
La circonferenza rettificata possiamo immaginarla come un segmento lungo tanto quanto un filo inestensibile che formava una circonferenza e che è stato tagliato e raddrizzato.

Teorema: due circonferenze rettificate stanno tra loro come i rispettivi raggi (vedi appendice G3)

Da ciò segue che il rapporto tra una circonferenza rettificata ed il suo diametro d è costante ed è indicato con la lettera greca π che è un numero irrazionale trascendente ed è rappresentato sovente col numero approssimato a due soli decimali:

$$\pi = 3{,}14$$

Da ciò:

$$c = 2r\pi$$

Lunghezza di un arco di circonferenza
Un arco di circonferenza $\overset{\frown}{AB}$ di lunghezza l è definibile come partizione di una circonferenza di raggio r sottesa da un angolo al centro di ampiezza θ. Per una data circonferenza, gli archi e gli angoli al centro costituiscono due classi di grandezze direttamente proporzionali:

$$l_1 : l_2 = \theta_1 : \theta_2$$

Possiamo considerare la circonferenza come l'area corrispondente a un angolo giro, quindi per $\theta_2 = 2\pi$ avremo $l_2 = 2r\pi$ e sarà:

$$l_1 = r\theta_1 \qquad \theta \text{ in radianti}$$

oppure:

$$l_1 = r\theta_1\pi/180° \qquad \theta \text{ in gradi}$$

9.9.7 La circonferenza e il cerchio

Definiamo cerchio il luogo dei punti del piano la cui distanza da un punto detto centro è minore o **uguale** ad un valore detto raggio. Da tale definizione si evince che un cerchio contiene sempre la **circonferenza** che lo contorna. L'area della sua estensione è minore di quella di ogni poligono circoscritto e maggiore di quella di ogni poligono inscritto. Con riferimento a poligoni regolari possiamo dare la seguente definizione: **definiamo area di un cerchio** quel numero che è elemento di separazione tra due classi di grandezze contigue costituite dalle aree di ogni poligono regolare inscritto e da quelle di ogni poligono regolare circoscritto dello stesso numero di lati.

Tale area è equivalente a quella di un triangolo che ha per base la circonferenza rettificata c e per altezza il raggio r della circonferenza:

$$\mathbf{A = (2r\pi)\,(r/2) = \pi r^2} \qquad (1)$$

Definiamo settore circolare di ampiezza θ la partizione di un cerchio individuata da un angolo al centro di ampiezza θ. Dato un cerchio di raggio r, i settori circolari costituiscono una classe di grandezze direttamente proporzionali con l'ampiezze degli angoli al centro.

$$\mathbf{S_1 : S_2} = \theta_1 : \theta_2$$

per $\theta_2 = 2\pi$, $S_2 = r^2\pi$ e avremo:

$$\mathbf{S_1 = r^2\theta} \qquad \theta \text{ in radianti}$$

oppure:

$$\mathbf{S_1 = r^2\theta_1\pi/360°} \qquad \theta \text{ in gradi}$$

Dalla (1) essendo $l_1 = r\theta_1\pi/180°$ si ha:

$$\mathbf{S_1 = l_1 r/2}$$

1) Calcolare la lunghezza della circonferenza il cui diametro misura 10 dm.

$$C = \pi d$$

$$C = (3{,}14 \times 10)\text{ dm} = 31{,}4\text{ dm} \qquad \text{ossia} \qquad C = 10\pi\text{ dm}$$

2) Calcolare la lunghezza della circonferenza il cui raggio misura 25 cm.

$$C = 2\pi r$$

$$C = (6{,}28 \times 25)\text{ cm} = 157\text{ cm} \qquad \text{ossia} \qquad C = 50\pi\text{ cm}$$

3) Calcolare la misura del raggio di una circonferenza lunga 12π dm

$$r = \frac{C}{2\pi}$$

$$r = \frac{12\pi}{2\pi}\text{ dm} = 6\text{ dm}$$

4) Calcolare la lunghezza di un arco appartenente ad una circonferenza il cui raggio è di 10 cm, sapendo che la sua ampiezza è di 72°.

$$l = \frac{2\pi r}{360} \times \alpha$$

$$l=\left(\frac{2\times 3{,}14\times 10}{360}\times 72\right)\ \text{cm}=12{,}56\ \text{cm}$$

5) Calcolare l'area di un cerchio avente il raggio di 5 dm.

$$A=\pi r^2$$

$$A=\left(3{,}14\times 5^2\right)\ \text{dm}^2=(3{,}14\times 25)\ \text{dm}^2=78{,}50\ \text{dm}^2$$

6) Calcolare la misura del raggio di un cerchio avente l'area di 1.256 cm^2.

$$r=\sqrt{\frac{A}{\pi}}$$

$$r=\sqrt{\frac{1.256}{3{,}14}}\ \text{cm}=\sqrt{400}\ \text{cm}=20\ \text{cm}$$

7) Calcolare l'ampiezza di un settore circolare avente l'area di 3π dm^2 e appartenente a un cerchio che ha il raggio di 6 dm.

$$\alpha=\frac{A\times 360}{\pi\times r^2}$$

$$\alpha=\frac{3\pi\times 360}{\pi\times 6^2}=30°$$

8) Calcolare l'area di un settore circolare avente il raggio di 15 cm e il cui arco misura 40 cm.

$$A=\frac{l\times r}{2}$$

$$A=\frac{40\times 15}{2}\ \text{cm}^2=300\ \text{cm}^2$$

9.10 Applicazioni della similitudine

9.10.1 Teorema delle corde

Due corde che si intersecano in un punto interno alla circonferenza sono divise da questo in due parti tali per cui i due segmenti di una corda costituiscono i medi di una proporzione e i due segmenti dell'altra gli estremi della stessa proporzione.

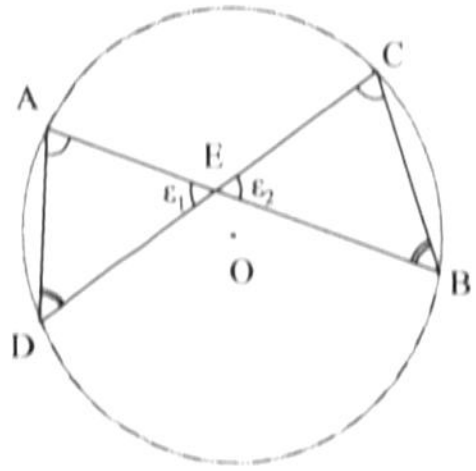

fig. 87

I due triangoli ADE e BCE della fig. 87 sono simili per il 1° criterio avendo le seguenti relazioni tra gli angoli:

$\hat{A}\equiv\hat{C}$ perché angoli alla circonf. sullo stesso arco $\overset{\frown}{BD}$;

$\hat{B}\equiv\hat{D}$ perché angoli alla circonf. sullo stesso arco $\overset{\frown}{AC}$;

gli angoli ε_1 ed ε_2 opposti al vertice E.

Pertanto potremo scrivere la proporzione:

$$\overline{DE}:\overline{BE}=\overline{AE}:\overline{CE}$$

9.10.2 TEOREMA DELLE SECANTI

Se da un punto P esterno ad una circonferenza si conducono due secanti, una di queste e la sua parte esterna sono i medi di una proporzione e l'altra secante con la sua parte esterna gli estremi della stessa proporzione.

Congiungiamo i punti (d'intersezione delle corde su c) B con D e A con C. I triangoli PAC e PDB di fig. 88 sono simili per il 1° criterio essendo gli angoli:

$\hat{A} \equiv \hat{D}$ perché angoli alla circonferenza sullo stesso arco $\widehat{BC}$;

$\hat{P}$ in comune.

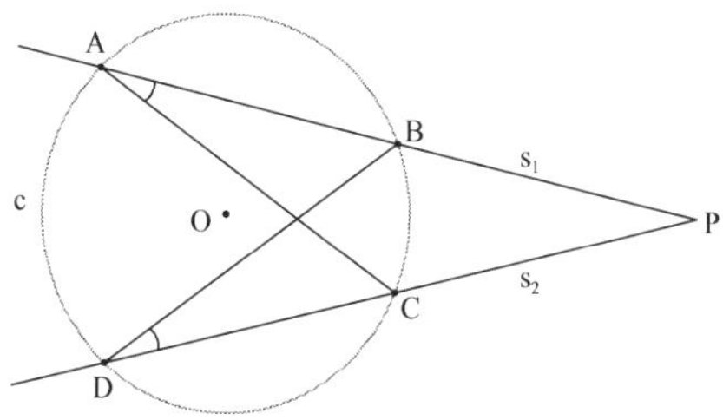

fig. 88

Pertanto potremo scrivere la proporzione:

$$\overline{PA} : \overline{PD} = \overline{PC} : \overline{PB}$$

9.10.3 TEOREMA DELLA TANGENTE E DELLA SECANTE

Se da un punto P esterno ad una circonferenza si conducono una tangente ed una secante, il segmento di tangente compreso fra il punto P ed il punto A di tangenza è medio proporzionale tra la secante e la sua parte esterna.

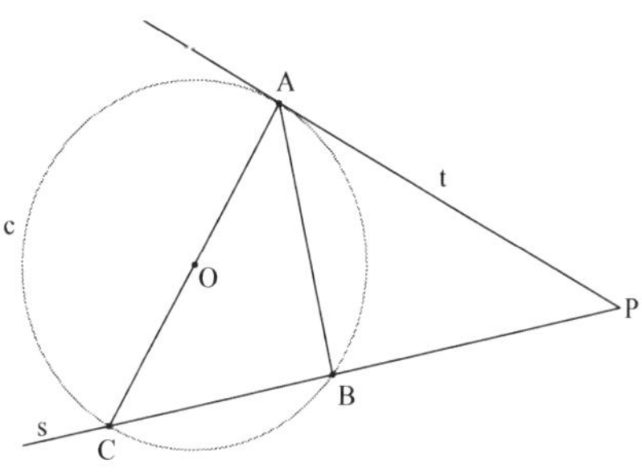

fig. 89

In fig. 89 congiungiamo il punto A di tangenza con i punti B e C di intersezione della secante con c. I triangoli PAC e PAB sono simili essendo: $\hat{P}$ in comune; $P\hat{B}A \equiv P\hat{A}C$ perché angoli alla circonferenza che insistono sullo stesso arco $\widehat{AC}$. Pertanto potremo scrivere la proporzione:

$$\overline{PC} : \overline{AP} = \overline{AP} : \overline{PB}$$

9.10.4 Sezione aurea di un segmento

Definiamo sezione aurea di un segmento la parte di segmento media proporzionale tra il segmento stesso e la parte rimanente (la minore) (fig. 90).

$\overline{AB} : \overline{AE} = \overline{AE} : \overline{EB}$

fig. 90

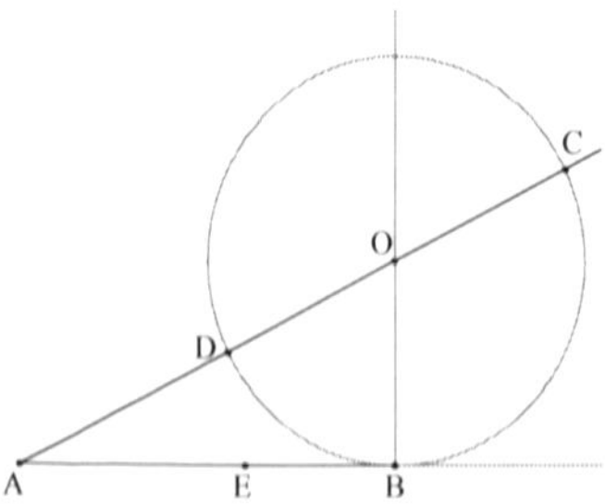

fig. 91

La sezione aurea di un segmento $\overline{AB}$ si può costruire attraverso lo schema di fig. 91 dove:

1) dall'estremo B si conduce una perpendicolare ad $\overline{AB}$ e si determina un punto O tale che $\overline{OB} \equiv \overline{AB}/2$;
2) con centro O tracciamo la circonferenza c di raggio $r = \overline{OB}$;
3) congiungiamo A con O e prolunghiamo intercettando la circonferenza in D e C;
4) da A, con raggio $\overline{AD}$, definiamo su $\overline{AB}$ il punto E.

Dimostriamo che $\overline{AE}$ è proprio la sezione aurea di $\overline{AB}$; per il teorema della secante e della tangente vale la seguente proporzione:

$$\overline{AC} : \overline{AB} = \overline{AB} : \overline{AD}$$

essendo $\overline{AD} \equiv \overline{AE}$ per costruzione avremo: $\overline{AC} : \overline{AB} = \overline{AB} : \overline{AE}$ (1)

Dalla (1) scomponendo: $(\overline{AC} - \overline{AB}) : \overline{AB} = (\overline{AB} - \overline{AE}) : \overline{AE}$

essendo $\overline{DC} \equiv \overline{AB}$ ed $\overline{AE} \equiv \overline{AD}$ per costruzione, $\overline{AC} - \overline{AB} \equiv \overline{AE}$ da cui:

$\overline{AE} : \overline{AB} = \overline{EB} : \overline{AE}$

Invertendo: $\mathbf{\overline{AB} : \overline{AE} = \overline{AE} : \overline{EB}}$

9.10.5 Teorema sul lato del decagono regolare

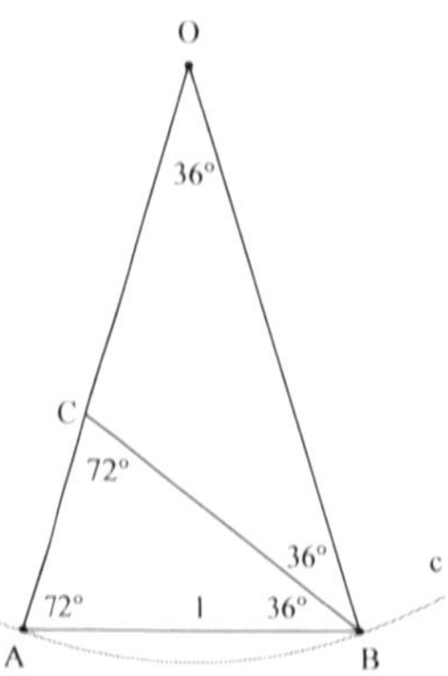

fig. 92

Il lato di un decagono regolare è congruente con la sezione aurea del raggio della circonferenza circoscritta.

Costruiamo il triangolo di fig. 92 che ha due lati congruenti con il raggio r della circonferenza c (circoscritta al decagono regolare) ed uno congruente con il lato l del decagono stesso; il triangolo è quindi isoscele sulla base l e con angolo al vertice O (centro della circonferenza) di 360°/10 = 36°.

Gli angoli adiacenti alla base, per la nota formula sulla somma degli angoli interni di un poligono di 10 lati, hanno ampiezza 72°, ossia metà di (10-2) 180°/10 = 144°; da cui 144° : 2 = 72°. Tracciamo la bisettrice $\overline{BC}$ dell'angolo $O\hat{B}A$, che interseca $\overline{OA}$ in C e determina due angoli $A\hat{B}C$ e $O\hat{B}C$ di 36°. Per quanto sopra anche i due triangoli OCB ed ABC sono isosceli determinando la seguente uguaglianza:

$$\overline{OC} \equiv \overline{BC} \equiv \overline{AB} \quad (1)$$

ma anche la similitudine, per il primo criterio, dei due triangoli isosceli OAB ed ABC; varrà pertanto la seguente proporzione:

$$\overline{OA} : \overline{AB} = \overline{AB} : \overline{AC}$$

ma per la (1):

$$\mathbf{\overline{OA} : \overline{OC} = \overline{OC} : \overline{AC}}$$

Da cui $\overline{OC}$, ovvero il lato del decagono, è la sezione aurea di $\overline{OA}$ ovvero del raggio r della circonferenza circoscritta al decagono stesso.

9.11 Punti notevoli di un triangolo

9.11.1 Teorema: gli assi dei lati di un triangolo si incontrano in uno stesso punto detto circoncentro

Con riferimento alla fig. 93 consideriamo i due assi (dei tre) a_1 ed a_2 del triangolo ABC; questi si incontrano in un punto O perché perpendicolari a segmenti non paralleli. Per definizione di asse di un segmento avremo che le distanze di O da tutti i vertici del triangolo sono congruenti: $\overline{OA} \equiv \overline{OB}$ perché a_1 è asse di $\overline{AB}$; $\overline{OB} \equiv \overline{OC}$ perché a_2 è asse di $\overline{BC}$. Per transitività, la distanza di O dai vertici A e C è la stessa, quindi O appartiene anche all'asse a_3 e risultando equidistante da tutti i vertici è il centro della circonferenza circoscritta al triangolo.

9.11.2 Teorema: le bisettrici degli angoli di un triangolo si incontrano in uno stesso punto detto incentro

Con riferimento alla fig. 94, le bisettrici b_1 e b_2 degli angoli $\hat{A}$ e $\hat{B}$, rispettivamente, si incontrano in un punto O; infatti la somma di detti angoli adiacenti al lato $\overline{AB}$ è minore di un angolo piatto (due soli angoli di un triangolo). Detta somma, potendo essere solo inferiore ad un angolo piatto, esclude la possibilità di un allineamento dei lati del triangolo e quindi il parallelismo delle bisettrici in A e B).

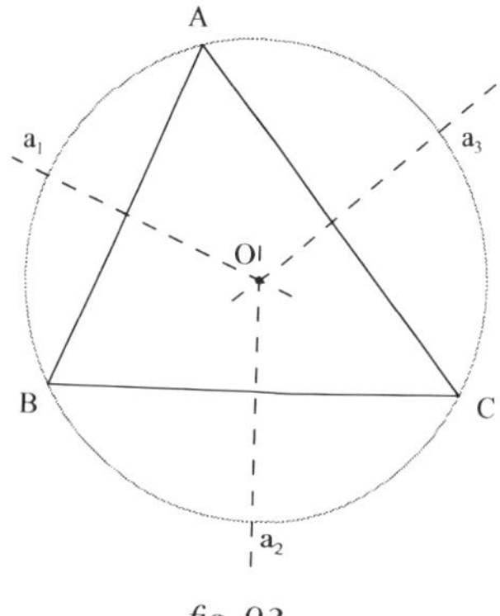

fig. 93

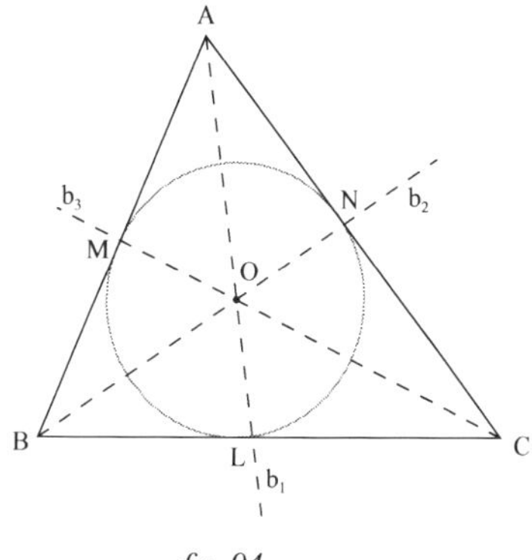

fig. 94

Se ora tracciamo da O le perpendicolari ai lati del triangolo, avremo, per definizione di bisettrice:

$$\overline{OM} \equiv \overline{ON};\ \overline{ON} \equiv \overline{OP} \text{ e per transitività: } \overline{OM} \equiv \overline{OP} \qquad (1)$$

Da quanto sopra si deduce che O è equidistante anche dai lati $\overline{CA}$ e $\overline{CB}$ e quindi risulta essere sulla bisettrice anche di $\hat{C}$. Le congruenze (1) sulle perpendicolari ai lati del triangolo dicono che O è il centro della circonferenza inscritta al triangolo.

9.11.3 Teorema: le altezze di un triangolo si incontrano in un punto detto ortocentro

Con riferimento alla fig. 95, per ogni vertice conduciamo la parallela al lato opposto venendo così a determinare il triangolo MNL. Su tale costruzione si individuano i parallelogrammi (per costruzione) ABCN e AMBC per cui:

$$\overline{AN} \equiv \overline{BC} \text{ e } \overline{AM} \equiv \overline{BC}; \text{ per transitività } \overline{AN} \equiv \overline{AM}$$

ovvero A è il punto medio di $\overline{MN}$ ed in modo analogo si dimostra che B e C sono i punti medi di $\overline{ML}$ e $\overline{NL}$.

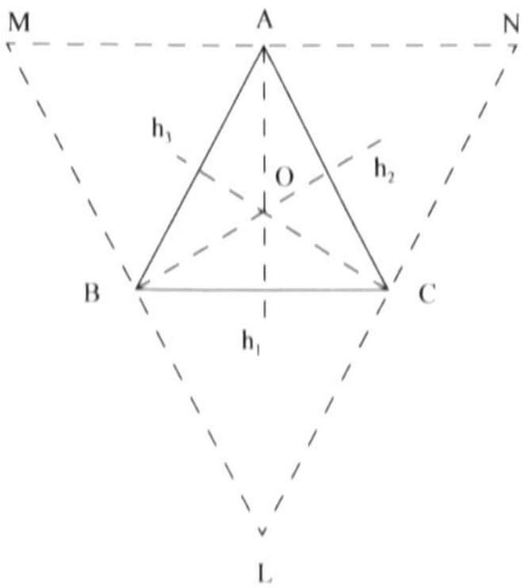

fig. 95

In questo modo ogni altezza h del triangolo ABC risulta perpendicolare ai lati del triangolo MNL (perpendicolare a rette dello stesso fascio di rette parallele) e nel loro punto di mezzo; ogni altezza h quindi è asse dei lati di MNL, per cui le tre altezze determinano un unico punto di intersezione O (per il teorema dimostrato nel paragrafo 9.11.1).

9.11.4 Teorema: le mediane di un triangolo si incontrano in un unico punto detto baricentro che divide ognuna di esse in due parti; delle due quella che per estremo ha un vertice è doppia dell'altra

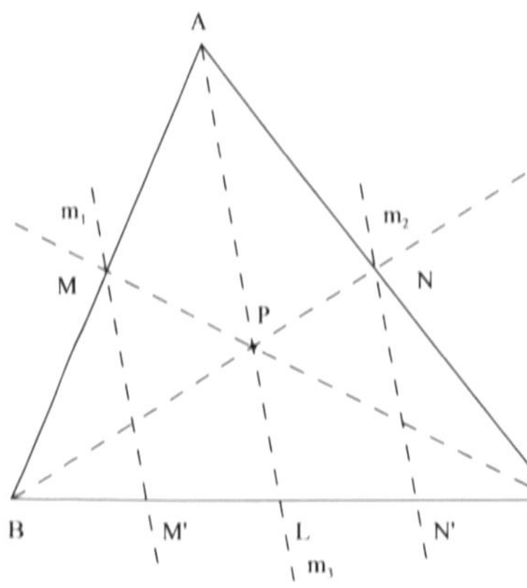

fig. 96

Con riferimento alla fig. 96 consideriamo le mediane m_1 ed m_2 dei lati $\overline{AB}$ e $\overline{AC}$ che si incontrano in P.

Tali mediane intersecano i suddetti lati nei punti M ed N che per definizione di mediana determinano i segmenti:

$$\overline{BM} \equiv \overline{MA} \text{ e } \overline{CN} \equiv \overline{NA} \qquad (1)$$

Da M e N conduciamo le parallele a m_3 fino a incontrare $\overline{BC}$ in M' e N'. Dalle (1), per il teorema di Talete sulle trasversali $\overline{BA}$ e $\overline{BL}$ avremo:

$\overline{BM'} \equiv \overline{M'L}$ (3)

e sulle trasversali $\overline{CA}$ e $\overline{CL}$

avremo: $\overline{LN'} \equiv \overline{N'C}$ (2)

ma essendo per la mediana m_3 su $\overline{BC}$:

$$\overline{BL} \equiv \overline{LC}$$

Dalla relazione di cui sopra ogni segmento nelle (2) è congruente con un quarto del lato $\overline{BC}$. Se ora consideriamo i segmenti $\overline{BC}$ e $\overline{CM}$ come trasversali intersecate dalle parallele $\overline{MM'}$ ed $\overline{NN'}$, la mediana $\overline{CM}$ (m_1) risulta divisa in tre parti congruenti con $\overline{MP}$ da cui $\overline{PC}$ che parte dal vertice C risulta doppia dell'altra. Stessa conclusione per la mediana $\overline{BN}$ (m_2) che insieme al lato $\overline{BC}$ è intersecata dalle medesime parallele. Riassumendo il punto P divide le mediane in parti tali che:

$$\overline{CP} \equiv 2 \times \overline{MP} \text{ e } \overline{BP} \equiv 2 \times \overline{NP}$$

Se ora ripetiamo lo stesso ragionamento con le mediane m_2 ed m_3 individuiamo un punto comune P' tale per cui $\overline{BP'} \equiv 2 \times \overline{NP'}$ ovvero $P \equiv P'$ ed il punto di intersezione delle mediane è unico.

Nei triangoli equilateri le mediane, le bisettrici e le altezze relative a tutti i vertici coincidono tra loro e con l'asse del lato opposto, mentre nel triangolo isoscele ciò avviene solo per il vertice opposto alla base. Ciò significa che nel triangolo equilatero il baricentro, l'incentro, l'ortocentro ed il circoncentro coincidono.

Appendice di geometria

AG 1 Teorema: rette parallele tagliate da una trasversale
Condizione necessaria e sufficiente affinché due rette r e s, tagliate da una trasversale t, siano tra loro parallele è che vengano a formarsi le seguenti condizioni:

$r // s$; $r \cap t = A$; $s \cap t = B$

1) angoli alterni congruenti
2) angoli corrispondenti congruenti
3) angoli coniugati supplementari

Dimostriamo la **sufficienza** considerando ipotesi le tre condizioni sugli angoli e tesi il parallelismo di r ed s.

Partiamo dall'ipotesi 1) sugli angoli alterni e procediamo per assurdo; con riferimento alla fig. a, r ed s formano con t due angoli alterni γ e α' congruenti ma negando la tesi assumiamo che r ed s non sono parallele ma si incontrano in un punto P. In questa situazione il triangolo PAB avrebbe nell'angolo α' un angolo esterno congruente con l'angolo interno γ non adiacente; conclusione assurda perché sappiamo che un angolo esterno ad un triangolo è sempre maggiore di ciascuno dei due angoli ad esso non adiacenti. La conseguenza è che r ed s non formano un triangolo e non si incontrano in alcun punto.

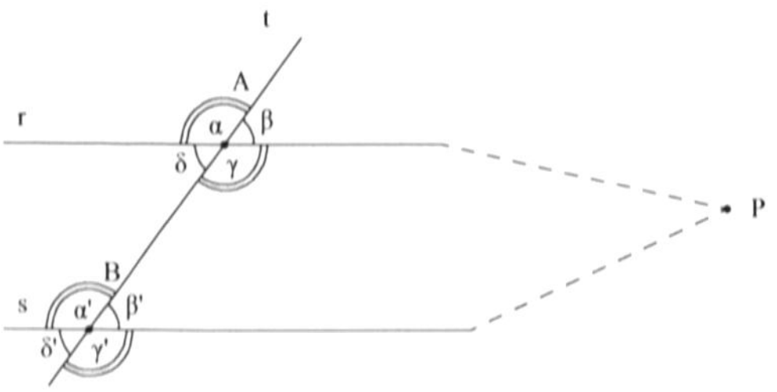

fig. a

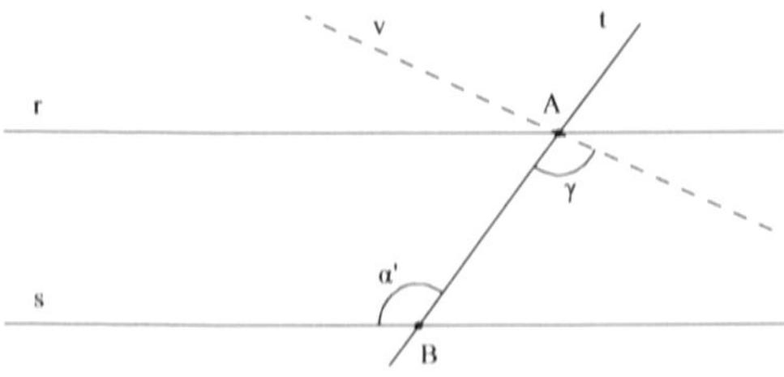

fig. b

Consideriamo ora l'ipotesi 2) che vede gli angoli corrispondenti α ed α' congruenti. In quanto angoli opposti al vertice α e γ sono congruenti, di conseguenza α' e γ sono anch'essi congruenti; siamo cioè nelle identiche condizioni della precedente ipotesi e di nuovo r ed s non possono che essere parallele.
Consideriamo l'ipotesi 3) e gli angoli coniugati γ e β' supplementari; poiché l'angolo α' è supplementare dell'angolo β' (adiacente) gli angoli alterni γ ed α' risultano congruenti (supplementari dello stesso angolo β'); ci ritroviamo quindi nuovamente nella prima ipotesi che ci aveva condotti alla conclusione che le due rette r ed s non possono che essere parallele.
Dimostriamo la **necessità** considerando ipotesi il parallelismo tra le rette r ed s e tesi le relazioni tra gli angoli.
Dalla tesi 1), date le rette parallele r ed s verifichiamo che gli angoli alterni γ e α' sono congruenti. Anche in questo caso procediamo per assurdo negando la tesi, ovvero affermando che $\gamma \neq \alpha'$ o più precisamente $\gamma > \alpha'$ (fig. b).

Conduciamo per A la retta v distinta da r in modo che sia $\gamma = \alpha'$; ciò significa che ora le rette v ed r formano con t angoli alterni congruenti; sono pertanto entrambe parallele ad s per quanto prima dimostrato.
Per A allora passano due rette (v, r) parallele alla stessa retta s contraddicendo il 5° postulato di Euclide. Le rette v ed r non possono che essere la stessa retta, quella che forma con s angoli alterni congruenti.
Dalla tesi 2) date le parallele r ed s verifichiamo che gli angoli corrispondenti γ e γ' sono congruenti (fig. c).
Per la tesi 1), $\gamma = \alpha'$ perché alterni ma essendo $\alpha' = \gamma'$ perché opposti al vertice, per transitività, $\gamma = \gamma'$. c.v.d.
Dalla tesi 3) date le parallele r ed s verifichiamo che gli angoli coniugati γ e β' sono supplementari. L'angolo β' è supplementare di α' perché adiacenti ed $\alpha' = \gamma$ essendo alterni per la tesi 1); in conclusione anche β' è supplementare di γ (fig. d).

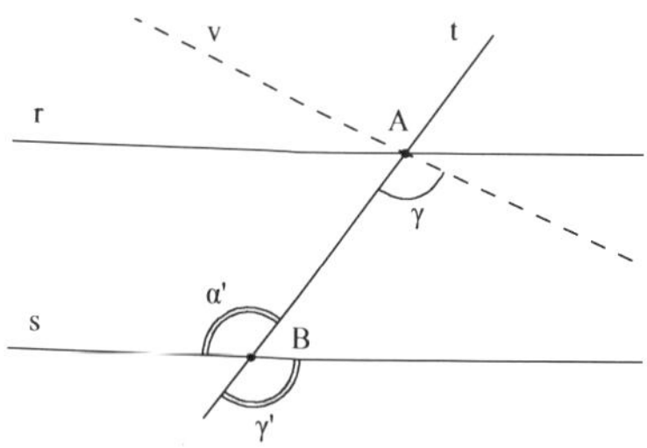

fig. c

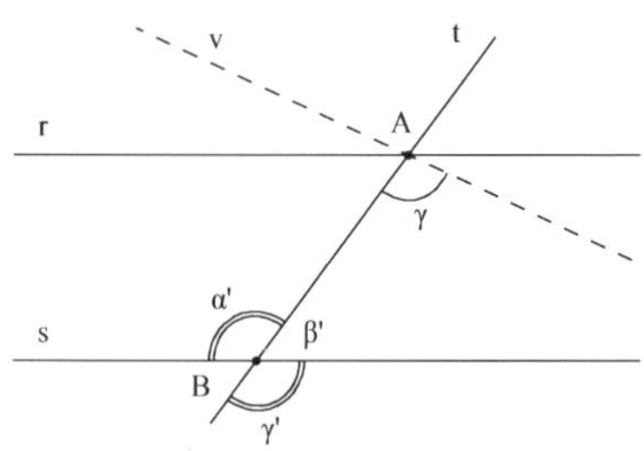

fig. d

AG 2 Teorema: secondo principio di congruenza dei triangoli; due triangoli sono congruenti tra loro se hanno un lato ed i due angoli ad esso adiacenti congruenti.
Hp) $\overline{AB} \equiv \overline{DE}$; $\alpha \equiv \delta$; $\beta \equiv \varepsilon$
Th) $ABC \equiv DEF$
Se anche una seconda coppia di lati, ad es. $\overline{CB}$ ed $\overline{FE}$, fossero congruenti i due triangoli sarebbero congruenti per il 1° criterio; supponiamo invece per assurdo (negazione della Th) che $\overline{CB} \neq \overline{FE}$ e facciamo riferimento alla fig. e dove con il punto G individuiamo l'estremo del lato $\overline{CB}$ riportato sul lato $\overline{FE}$ nella ipotesi che sia $\overline{CB} < \overline{FE}$. Avremo ora che $\overline{CB} \equiv \overline{EG}$.

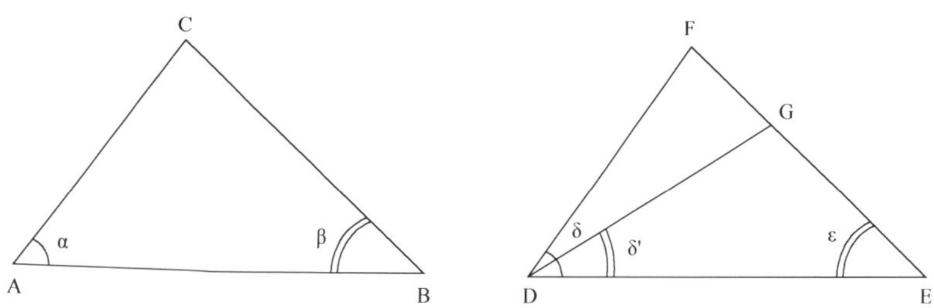

fig. e

Per il 1° criterio, i triangoli ABC e DEG sono congruenti e quindi anche gli angoli α e δ' sono congruenti tra loro. Ma per ipotesi è $\alpha \equiv \delta$; per la proprietà transitiva della uguaglianza dovrà risultare allora $\delta \equiv \delta'$, cosa assurda essendo il segmento $\overline{DG}$ (lato di δ') interno ai lati dell'angolo δ ($\overline{DF}$ e $\overline{DE}$) e quindi è $\delta' < \delta$. Con ragionamento analogo, supponendo $\overline{CB} > \overline{FE}$ si può dedurre che $\delta < \delta'$. Non potrà che essere quindi $\delta \equiv \delta'$ e $\overline{CB} \equiv \overline{FE}$. c.v.d.

AG 3 Teorema: due circonferenze rettificate c e c' stanno tra loro come i rispettivi raggi r e r'. Per tesi si avrà:

$$c : c' = r : r'$$

Consideriamo ora due circonferenze c e c' di raggi, rispettivamente, r e r' e due poligoni regolari, dello stesso numero *n* di lati, inscritti nelle due circonferenze e aventi per perimetri p e p' (fig. f). Tali poligoni sono simili tra loro, pertanto:

$$p : p' = r : r' \qquad (1)$$

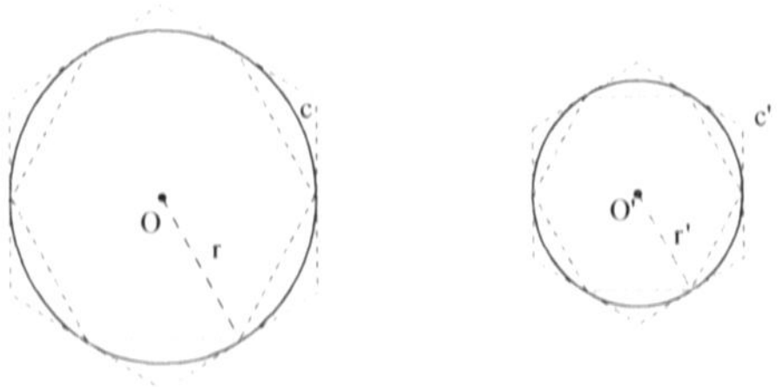

fig. f

Analogamente per due poligoni sempre dello stesso numero n di lati ma circoscritti a c e c', aventi perimetri P e P', rispettivamente, varrà:

$$P : P' = r : r' \qquad (2)$$

consideriamo ora un segmento di lunghezza d quarto proporzionale tra r, r' e c, ovvero:

$$c : d = r : r' \qquad (3)$$

Dal confronto di (3) con (2) e (1) avremo:

$$p : p' = c : d \quad P : P' = c : d \qquad (4)$$

Per definizione di circonferenza rettificata avremo che:

$$p < c < P$$

e dalle (4) deriva che anche per d vale:

$$p' < d < P'$$

ovvero d è elemento di separazione tra le due classi contigue p' e P' quindi è proprio la circonferenza rettificata c'. Pertanto la (3) coincide con la proporzione della tesi. c.v.d.

Capitolo 10
Geometria dello spazio

10.1 Rette e piani nello spazio

Lo spazio è un insieme di punti, mentre le rette ed i piani sono sottoinsiemi non vuoti dello stesso. Andiamo ora ad illustrare alcuni assiomi che si aggiungono a quelli già visti nella trattazione della geometria del piano e che restano validi.

1° assioma: se una retta ha due punti distinti in comune con un piano, la retta giace nel piano;

2° assioma: per ogni piano esiste almeno un punto dello spazio che non appartiene al piano;

3° assioma: per tre punti non allineati dello spazio passa uno ed un solo piano; per due punti (una retta) ne passano infiniti ed un eventuale terzo punto dello spazio (non appartenente alla retta) individua un unico piano tra gli infiniti di cui sopra.
Da quanto sopra si evince che nello spazio un piano è individuato da:
- tre punti distinti non allineati;
- una retta ed un punto non appartenente ad essa;
- due distinte rette incidenti o parallele.

Definiamo **semispazio** una partizione dello spazio tale per cui:
4° assioma: un piano individua una partizione dell'insieme dei punti dello spazio in due sottoinsiemi non vuoti detti semispazi costituiti da punti non appartenenti al piano origine e tali che:
- due punti di un unico semispazio costituiscono gli estremi di un segmento che non interseca il piano origine;
- due punti appartenenti a due semispazi distinti costituiscono gli estremi di un segmento che ha un punto in comune col piano origine (intersezione).

La conseguenza di tale assioma è che se una retta r ha un solo punto in comune con un piano α risulta incidente (intersecante) al piano; se ne ha due ne ha infiniti ed appartiene (giace) al piano. Una retta parallela al piano non ha punti in comune con il piano. Ogni sottoinsieme è detto semispazio aperto; l'unione di questo e del piano origine è detta semispazio chiuso o semplicemente semispazio. I due semispazi sono detti opposti.

Teorema: se due piani α e β hanno un punto P in comune, hanno in comune una retta r che passa per P.

In fig. 1 sono rappresentati i piani α e β e il punto comune P. Da P tracciamo due semirette a e b giacenti nei due semipiani opposti individuati da β su α. Su tali semirette fissiamo due punti A e B ed uniamoli attraverso un segmento $\overline{AB}$ che per il 4° assioma incontra β in un punto Q (di β). Ma $\overline{AB}$

appartiene ad α e, essendo Q un punto del segmento $\overline{AB}$, appartiene anch'esso al piano α. Abbiamo quindi due punti A e B che appartengono contemporaneamente ad α e β e la retta r passante per A e B quindi ha due punti in comune con i due suddetti piani. Per il 1° assioma, appartiene ad entrambi i piani.

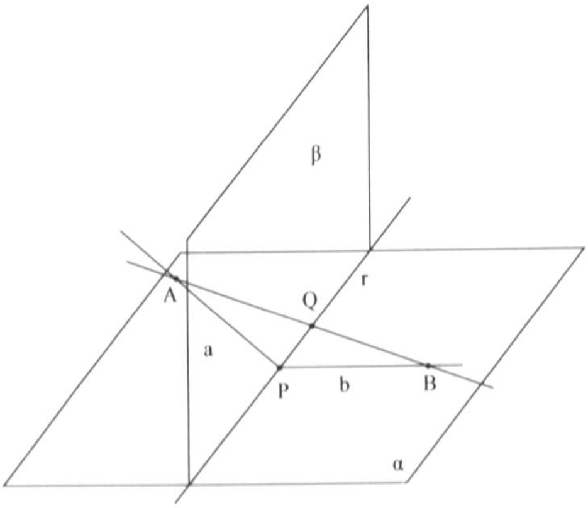

fig. 1

Definizioni:
- due piani che hanno in comune una retta si dicono secanti;
- diciamo stella di rette l'insieme delle infinite rette passanti per un punto P (centro stella) dello spazio;
- diciamo stella di piani l'insieme degli infiniti piani che passano per un punto P (centro stella);
- diciamo stella l'insieme delle rette e dei piani passanti per P;
- l'insieme delle rette parallele ad una retta data si dice stella di rette parallele.

10.1.1 Perpendicolarità tra retta e piano

Elenchiamo tutte le posizioni che una retta può assumere rispetto a un piano (fig. 2):
- parallela al piano: non hanno alcun punto in comune (a);
- incidente al piano: quando hanno uno e solo uno punto in comune (b);
- giacente sul piano: quando hanno infiniti punti in comune, cioè tutti gli infiniti punti della retta appartengono al piano (c).

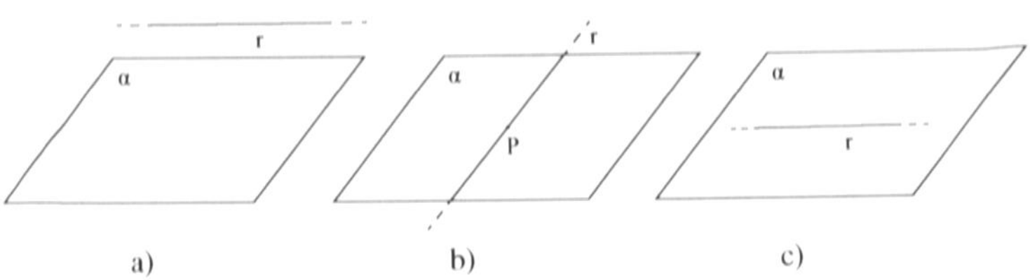

fig. 2

Una retta e un piano sono perpendicolari se la retta, intersecando il piano in un suo punto, risulta perpendicolare a due distinte rette del piano passanti in quel punto detto piede della perpendicolare.

Teorema: data una retta r nello spazio, se per un suo punto P conduciamo due rette distinte s e t perpendicolari nello spazio alla retta r, quest'ultima risulta perpendicolare a tutte le rette del piano individuato dalle due rette s e t che passano per P.

In fig. 3 indichiamo con α il piano individuato dalle rette s e t e tracciamo una retta v passante per lo stesso punto P di intersezione di r con α. Indichiamo inoltre con u una retta del piano non passante per P che interseca s, t e v nei punti A, B e C rispettivamente. Su r indichiamo con M e N due punti sui semispazi opposti rispetto ad α tali che:

$$\overline{PM} \equiv \overline{PN}$$

ed uniamo M e N con A, B e C.
I triangoli APM e APN rettangoli in P sono congruenti per il 1° criterio essendo:

$\overline{PM} \equiv \overline{PN}$ per costruzione;
$\overline{PA}$ in comune;
gli angoli in P retti.
Le stesse considerazioni valgono per i triangoli BPM e BPN; ne consegue la congruenza dei segmenti:

$$\overline{MA} \equiv \overline{NA} \text{ e } \overline{MB} \equiv \overline{NB}$$

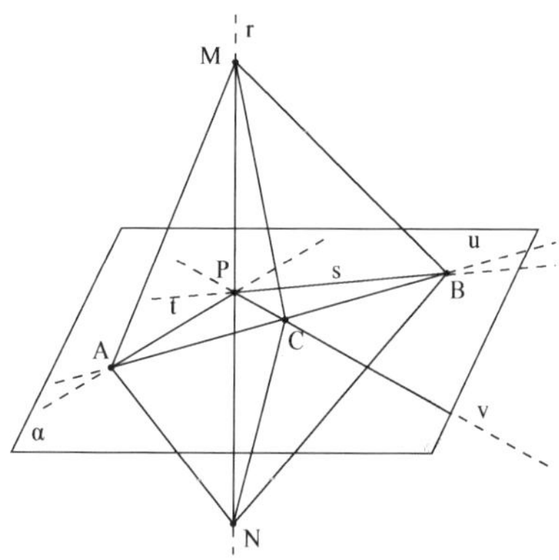

fig. 3

Da ciò scaturisce la congruenza dei triangoli MAB e NAB per il 3° criterio (essendo $\overline{AB}$ in comune) e quindi la congruenza degli angoli $M\hat{A}B$ e $N\hat{A}B$. A sua volta se ne deduce la congruenza dei triangoli MAC e NAC per il 1° criterio essendo: $\overline{MA} \equiv \overline{NA}$ e $M\hat{A}B \equiv N\hat{A}B$ come già dimostrato; $\overline{AC}$ in comune. Dalla congruenza appena dimostrata consegue $\overline{MC} \equiv \overline{NC}$ che rende il triangolo MCN isoscele sulla base $\overline{MN}$ per il quale $\overline{CP}$ è mediana per costruzione ($\overline{MP} \equiv \overline{NP}$); in un triangolo isoscele la mediana e l'altezza relative alla base coincidono, quindi la retta v è perpendicolare a r. La stessa costruzione può ripetersi per qualsiasi retta v passante per P e appartenente al piano α. c.v.d.

Teorema: le perpendicolari ad una retta nello spazio in un suo punto giacciono in solo piano.

Teorema: per un punto dello spazio passa una sola retta perpendicolare ad un piano dato.

Teorema: per un punto dello spazio passa un solo piano perpendicolare ad una retta data.

Teorema delle tre perpendicolari: se dal piede di una perpendicolare a un piano si conduce la perpendicolare a una retta qualunque del piano, questa risulta perpendicolare al piano individuato dalle prime due rette.

Sia dato (fig. 4) un piano α e una retta r a esso perpendicolare; se dal piede P della perpendicolare si conduce una retta s perpendicolare ad una generica retta t del piano, questa risulta perpendicolare al piano β formato dalle rette r e s.

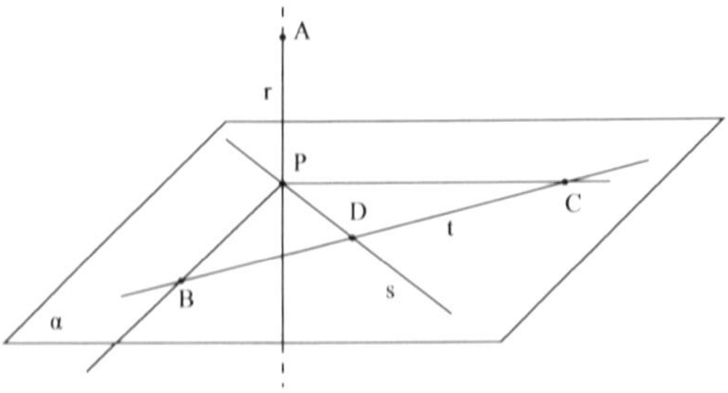

fig. 4

Se la retta t passasse per il piede P sarebbe perpendicolare a r per quanto già affermato. Supponiamo allora che t non includa P e fissiamo su r un punto A (non appartenente ad α) ed indichiamo con D il punto di intersezione tra s e t. Determiniamo sulla retta t, in parti opposte a D, due punti B e C tali che:

$$\overline{BD} \equiv \overline{DC} \tag{1}$$

Congiungiamo ora i punti A e P con B, D e C.
I triangoli PDB e PDC sono rettangoli in D (s e t perpendicolari per ipotesi), hanno $\overline{PD}$ in comune e vale la (1) per costruzione; sono pertanto congruenti per il 1° criterio. La conseguenza di ciò è:

$$\overline{BP} \equiv \overline{CP} \tag{2}$$

I triangoli APB e APC, anch'essi rettangoli in P per ipotesi, hanno $\overline{AP}$ in comune e per essi vale la (2); sono pertanto congruenti per il 1° criterio e di conseguenza avremo:

$$\overline{AB} \equiv \overline{AC}$$

Ciò porta a concludere che il triangolo ABC è isoscele e come da costruzione $\overline{AD}$ è la sua mediana relativa alla base $\overline{BC}$ ed è coincidente con l'altezza relativa alla stessa base. In questa veste $\overline{AD}$ è perpendicolare alla retta t (AB) così come lo è per costruzione la retta s. Per conseguenza il piano β individuato dalle rette s e r è perpendicolare in D alla retta t.

c.v.d.

Definiamo **distanza di un punto A da un piano** α il segmento di perpendicolare che ha per estremi il punto A dato ed il piede P della perpendicolare al piano (fig. 5). P è anche detto proiezione di A su α ed $\overline{AP}$ ha lunghezza minore di qualsiasi altro segmento obliquo $\overline{AQ}$.

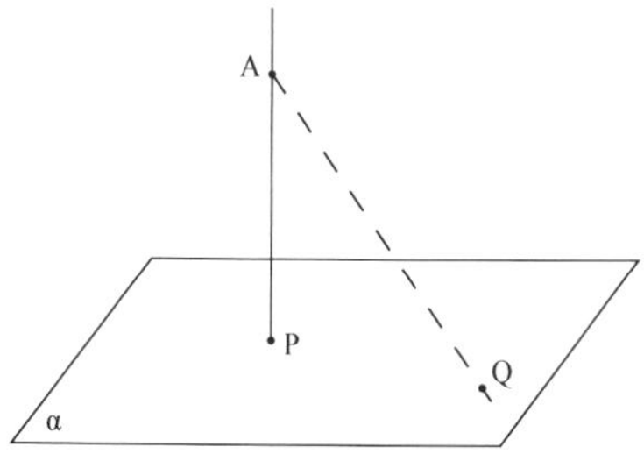

fig. 5

In fig. 6 è illustrata una retta r incidente un piano α nel punto P ∈ α; un qualsiasi punto Q di r ha per proiezione sul piano un punto Q' e l'insieme di tutte queste proiezioni determina una retta r' definita come proiezione di r su α.

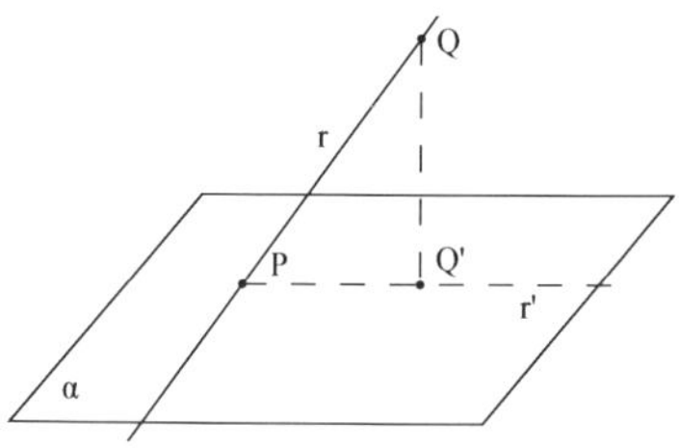

fig. 6

Una retta r incidente un piano α determina un angolo definito come l'angolo acuto che r stessa forma con la sua proiezione r' su α.

10.1.2 Mutue posizioni tra rette e piani nello spazio

Relativamente alle loro posizioni reciproche, due rette nello spazio possono essere:

- incidenti;
- parallele;
- sghembe.

Per le prime due tipologie valgono le stesse definizioni e gli stessi principi dati per la geometria piana ed esiste sempre un piano che le contiene entrambe; al contrario due rette si dicono **sghembe** quando non esiste una giacitura comune ovvero quando non appartengono allo stesso piano. Date due rette r e s sghembe, nello spazio esistono due parallele a queste che risultano complanari ed incidenti tra loro che quindi formano un angolo; tale angolo (minore o uguale a quello retto) definisce l'angolo tra due rette sghembe. Quando l'angolo è congruente con un angolo retto le due sghembe si dicono **ortogonali**.

Teorema: tra due rette sghembe esiste una sola retta perpendicolare ad entrambe.

Definiamo **distanza tra due rette sghembe** il segmento di perpendicolare comune alle due rette i cui estremi sono i punti di intersezione tra questa e le due rette sghembe date. Per gli angoli tra rette incidenti vale quanto già definito in geometria piana.

Teorema: se due rette sono parallele, ogni piano che ne incontra una incontra anche l'altra.

Teorema: una retta ed un piano sono paralleli tra loro se la retta appartiene al piano o non ha alcun punto in comune con il piano (parallelismo stretto).

Teorema: ogni retta passante per un punto P esterno ad un piano, parallelamente ad una retta r di questo, è parallela al piano.

Teorema: dati un piano α ed una retta r esterna e parallela a esso, se per r si descrive un altro piano che interseca α nella retta s, r e s risultano parallele.

10.1.3 Mutue posizioni tra piani nello spazio

Definiamo paralleli due piani che sono coincidenti o non hanno alcun punto in comune. Il parallelismo tra piani è una relazione di equivalenza, pertanto gode delle proprietà riflessiva, simmetrica e transitiva.

Definiamo **distanza tra due piani paralleli** la distanza di un qualsiasi punto di uno dall'altro piano.

Teorema: due distinti piani α e β, se perpendicolari ad una stessa retta, risultano paralleli tra loro.

Teorema: dati due piani paralleli tra loro, una retta r che ne incontra uno incontra anche l'altro.

Teorema: i segmenti di rette, perpendicolari a due piani paralleli, risultano congruenti tra loro.

Teorema di Talete: un fascio di piani paralleli individua, su due rette trasversali, classi di segmenti proporzionali.

10.1.4 Piano asse di un segmento

Ricordiamo dalla geometria piana che:
*Si definisce **luogo geometrico** (o semplicemente **luogo**) una figura costituita da **tutti** e **solo** i punti che godono di una stessa proprietà.*
Tale distinzione sussiste perfettamente anche nello spazio, quindi devono essere verificate le seguenti condizioni:
1) *Tutti i punti godono di una certa proprietà.*
2) *Ogni punto che gode di quella proprietà appartiene alla figura.*
Come esempio di quanto appena definito si considerano due luoghi geometrici molto importanti.
Ricordiamo dalla geometria piana che *si definisce **asse** di un segmento la perpendicolare al segmento nel suo punto medio.*
Estrapolando il concetto dal piano allo spazio, l'asse diventa un piano, detto *piano asse*.
*Il **piano asse** di un segmento è il luogo geometrico dei punti dello spazio equidistati dagli estremi del segmento stesso.*

In riferimento alla figura 7, sia $\overline{AB}$ un segmento nello spazio; il piano asse α interseca il segmento $\overline{AB}$ ortogonalmente, nel suo punto medio M.
Vale allora la seguente asserzione:

Se α è piano asse di $\overline{AB} \Leftrightarrow \overline{PA} \equiv \overline{PB}\ \forall P \in \alpha$

Dimostrazione ($\Rightarrow$)
Si consideri il segmento $\overline{AB}$, se α è il piano asse (*ipotesi*) si deve dimostrare (*tesi*) che esso è il luogo geometrico dei punti equidistanti A e B ovvero *ogni punto del piano asse* α *è equidistante da A e B.*
Infatti se P è un generico punto di α, le distanze da A e B, cioè i due segmenti tratteggiati $\overline{PA}$ e $\overline{PB}$, sono congruenti poiché per ipotesi hanno le stesse proiezioni $\overline{AM}$ e $\overline{BM}$.

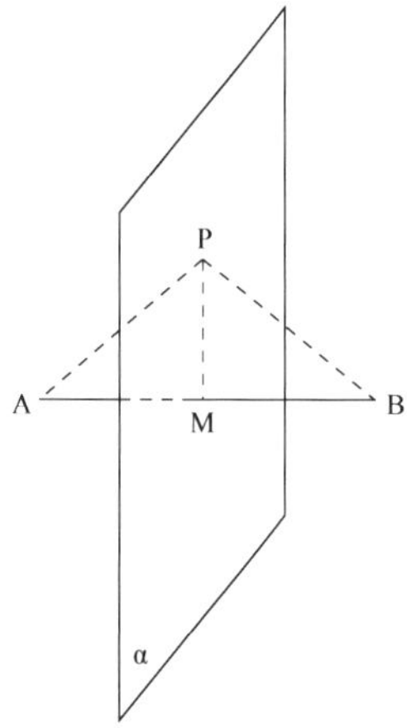

fig. 7

Dimostrazione ($\Leftarrow$)
Se *un punto è equidistante da A e da B* (ipotesi) *appartiene al piano asse* α (tesi). Infatti considerando sempre il punto $P \in \alpha$, equidistante da A e B, si ha $\overline{PA} \equiv \overline{PB}$; dunque il triangolo APB, nel piano ortogonale al piano α, è isoscele nella base $\overline{AB}$. Il segmento $\overline{PM}$, ottenuto congiungengo P con il punto medio del segmento $\overline{AB}$, è mediana rispetto alla base del triangolo (sempre nello stesso piano perpendicolare α).
Tuttavia in un triangolo isoscele la mediana relativa alla base è anche altezza quindi $\overline{PM}$ è perpendicolare ad $\overline{AB}$ nel suo punto medio, perciò è l'asse di $\overline{AB}$. Quindi P appartiene all'asse di $\overline{AB}$. Questo stesso ragionamento può essere ripetuto per qualunque altro punto del piano α.

10.2 Diedri

Definiamo **angolo diedro** o semplicemente **diedro** una partizione dello spazio ottenuta attraverso α e β, due semipiani delimitanti (facce) aventi la stessa retta origine (spigolo); è convesso il diedro che non contiene i prolungamenti dei semipiani (diedro propriamente detto), concavo l'altro (fig. 8).
Diciamo piatto un diedro le cui facce sono sullo stesso piano; diciamo consecutivi due diedri che hanno una faccia β in comune (fig. 9); adiacenti due diedri consecutivi le cui altre due facce α e γ sono complanari (fig. 10).

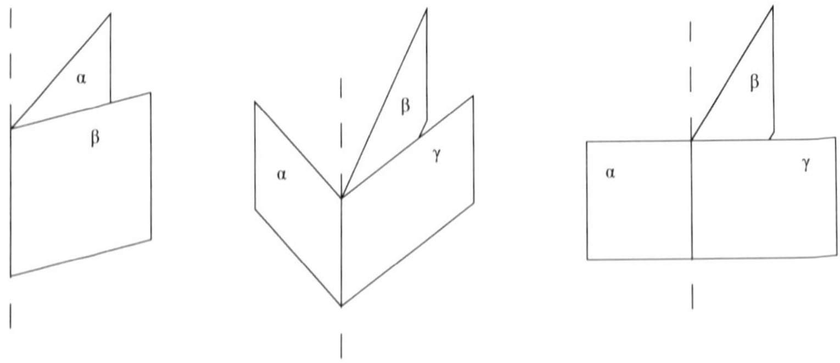

fig. 8 *fig. 9* *fig. 10*

Definiamo **sezione normale** di un diedro l'angolo formato dalle semirette individuate sulle due facce da un piano perpendicolare allo spigolo (retta origine comune). Definiamo **diedri congruenti** due diedri che hanno sezioni normali congruenti. Attraverso le sezioni normali possiamo definire le specificità dei diedri (acuti, ottusi, complementari ecc.); tra queste l'ampiezza, ognuna delle quali rappresenta una particolare classe di equivalenza di un insieme quoziente relativo all'insieme di tutte le ampiezze dei diedri.

Teorema: tutte le sezioni normali di un diedro sono congruenti.

Teorema: diedri congruenti hanno sezioni normali congruenti e viceversa (criterio).
Definiamo perpendicolari due diedri che intersecandosi formano quattro diedri congruenti (retti).

Teorema: i piani passanti per una retta r perpendicolare ad un piano α sono tutti perpendicolari ad α.

10.2.1 Piano bisettore di un diedro

*Il **piano bisettore** di un diedro è il luogo geometrico dei punti equidistanti dalle facce di un diedro.*

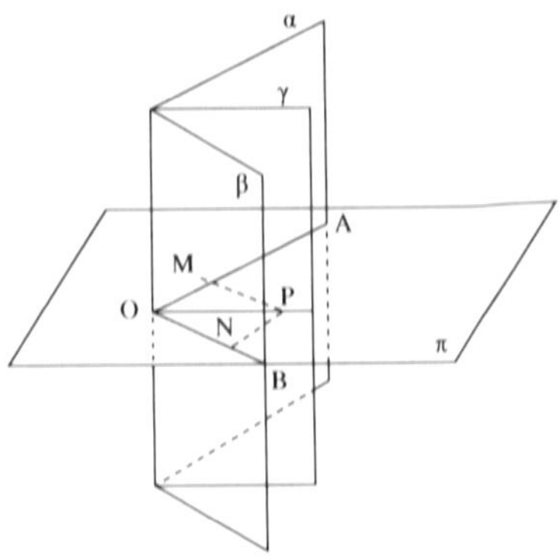

fig. 11

Dimostrazione.
In figura 11 è dato un diedro αβ; sia γ il suo piano bisettore (*ipotesi*), si deve dimostrare che γ è il luogo geometrico dei punti equidistanti dal diedro (*tesi*).
Innanzitutto *ogni punto del piano bisettore è equidistante dalle facce del diedro.*
Infatti, sia π un piano perpendicolare al diedro αβ, detto P un punto generico del piano bisettore γ sul piano π, si considerino le sue distan-

ze (sempre su π) dalle facce del diedro, cioè i segmenti $\overline{PM}$ e $\overline{PN}$ condotti da P perpendicolarmente alle facce.

I due triangoli rettangoli PMO e PNO nel piano π risultano congruenti per il 3° criterio di congruenza dei triangoli rettangoli (hanno l'ipotenusa $\overline{PO}$ in comune e $P\hat{O}M = P\hat{O}N$, essendo $\overline{OP}$ bisettrice dell'angolo $A\hat{O}B$ e quindi divide questo in due parti congruenti). Ne consegue dunque che:

$$\overline{PM} \equiv \overline{PN}$$

Questa dimostrazione può essere ripetuta per qualsiasi altro piano π perpendicolare al diedro $\alpha\beta$. Adesso ogni punto equidistante dalle facce del diedro $\alpha\beta$ appartiene al piano bisettore γ. Sia infatti P un punto equidistante dai lati dell'angolo $A\hat{O}B$ sul solito piano π, cioè tale che, condotte da P le perpendicolari ai lati stessi, sia $\overline{PM} \equiv \overline{PN}$. Congiungendo P con O, i triangoli $P\hat{O}M$ e $P\hat{O}N$ risultano congruenti per il 4° criterio di congruenza dei triangoli rettangoli (hanno l'ipotenusa $\overline{PO}$ in comune e $\overline{PM} \equiv \overline{PN}$, per ipotesi) e quindi si ha anche $P\hat{O}M = P\hat{O}N$; ne consegue che $\overline{OP}$, alla quale appartiene P, è la bisettrice dell'angolo A, ma essa si trova su γ, pertanto γ è il piano bisettore.

10.3 Triedri

Consideriamo nello spazio un triangolo ABC ed un quarto punto V non complanare con ABC; uniamo V ai tre vertici del triangolo attraverso tre semirette, con origine in V, ottenendo tre triangoli: VAB, VBC e VCA non complanari. Ogni coppia dei piani di giacenza di questi triangoli determina un diedro per un totale di tre. Gli spigoli dei diedri sono le semirette uscenti da V (fig. 12).

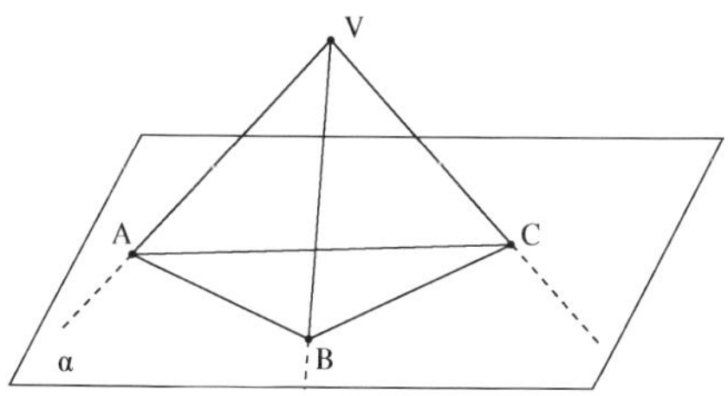

fig. 12

Definiamo **triedro** la parte di spazio delimitata dai tre diedri ovvero l'intersezione di tre semispazi individuati ognuno dai piani formati da ogni coppia delle tre semirette della stella con vertice in V.

V è il vertice del triedro, i tre angoli al vertice V di ogni triangolo sono le facce e le semirette con origine in V gli spigoli del triedro.

Teorema: In un triedro ciascuna faccia è minore della somma delle altre due.

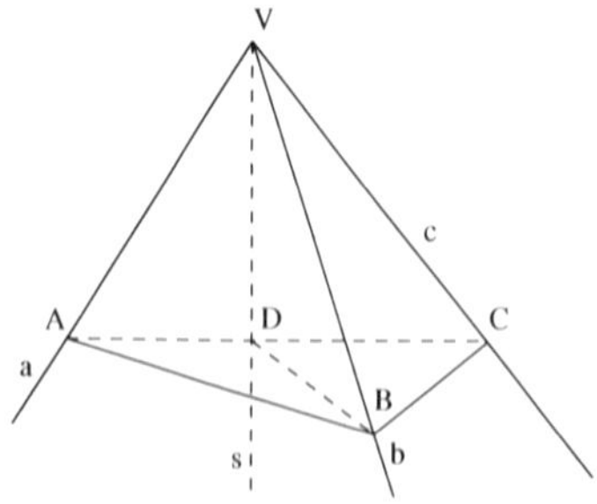

fig. 13

Consideriamo il triedro di fig. 13 di spigoli a, b e c dove la faccia maggiore risulta $A\hat{V}C$; in essa conduciamo una semiretta s da V che interseca il segmento $\overline{AC}$ in D in modo tale che $C\hat{V}D \equiv B\hat{V}C$; con $B\hat{V}C$ intendiamo la faccia minore delle tre. Sulla semiretta b individuiamo un punto B tale che $\overline{VD} \equiv \overline{VB}$ e congiungiamo B con A, C e D. I due triangoli DVC e BVC risultano congruenti per il 1° criterio avendo due lati e l'angolo in V congruenti per costruzione ed il lato $\overline{VC}$ comune; pertanto risulta:

$\overline{BC} \equiv \overline{DC}$ (1)

Consideriamo ora il triangolo ABC; in esso per un noto teorema sui lati dei triangoli vale:

$$\overline{AC} < \overline{AB} + \overline{BC}$$

ovvero per la (1) $\quad \overline{AC} < \overline{AB} + \overline{DC} \quad$ (2)
per costruzione: $\quad \overline{AC} \equiv \overline{AD} + \overline{DC} \quad$ (3)
dalle (2) e (3) otteniamo: $\quad \overline{AD} + \overline{DC} < \overline{AB} + \overline{DC}$
ovvero: $\quad \overline{AD} < \overline{AB}$

Consideriamo ora i triangoli AVD e AVB per i quali risulta:
- $\overline{AV}$ in comune;
- $\overline{VB} \equiv \overline{VD}$ per costruzione;
- $\overline{AD} < \overline{AB}$ appena dimostrato.

Per un noto teorema sui triangoli, al lato maggiore si oppone l'angolo maggiore, quindi:

$$A\hat{V}D > A\hat{V}B$$

sommando membro a membro la relazione di congruenza per costruzione:

$$D\hat{V}C \equiv B\hat{V}C$$

otteniamo: $\quad A\hat{V}D + D\hat{V}C < A\hat{V}B + B\hat{V}C$
ovvero: $\quad A\hat{V}C < A\hat{V}B + B\hat{V}C \quad$ (4)
essendo $A\hat{V}C$ la faccia maggiore delle tre abbiamo dimostrato la validità della tesi per tutte le facce.

Con una costruzione analoga e dalla (4) si deduce anche che ogni faccia è maggiore della differenza delle altre due.

Teorema: la somma delle facce di un triedro è minore di quattro angoli retti.

Nella fig. 13a prolunghiamo lo spigolo a oltre V e chiamiamolo a'costruendo un nuovo triedro V' di spigoli a'bc. Su a' individuiamo un punto A' ed applichiamo a questo il teorema precedente:

$$B\hat{V}C < B\hat{V}A' + C\hat{V}A'$$

ai membri di tale diseguaglianza sommiamo:
$A\hat{V}B + A\hat{V}C$
ottenendo:
$A\hat{V}B + A\hat{V}C + B\hat{V}C < A\hat{V}B + A\hat{V}C + B\hat{V}A' + C\hat{V}A'$ (5)
è facile verificare che:
$A\hat{V}B + B\hat{V}A' \equiv C\hat{V}A' + A\hat{V}C \equiv$ due angoli retti;
quanto sopra rende il secondo membro della (5) congruente con quattro angoli retti ovvero la tesi.

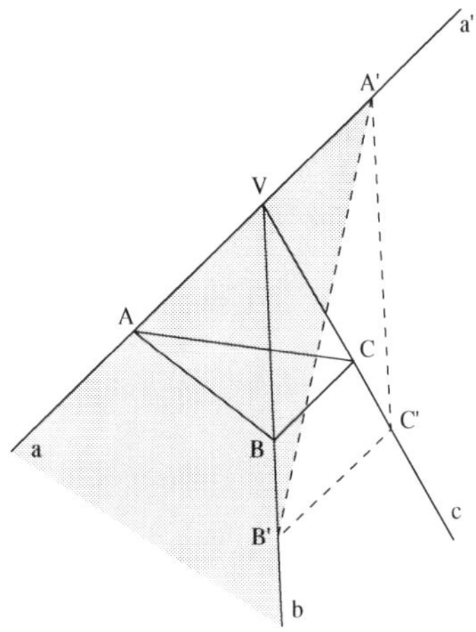

fig. 13a

Due triedri sono congruenti quando si verifica uno dei seguenti casi:
- sono congruenti due facce ed il diedro compreso;
- sono congruenti due diedri e la faccia comune;
- sono congruenti le tre facce;
- sono congruenti i tre triedri.

10.4 Angoloidi

Sia dato un poligono convesso ABCDE su un piano α (fig. 14) ed un punto V esterno ad α. Se conduciamo da V le semirette per tutti i vertici del poligono andiamo a definire una porzione dello spazio delimitata dalle facce aventi vertice in V che denominiamo **angoloide**. La suddetta figura la indichiamo con V(ABCDE) oppure con V(abcde). Definiamo inoltre per l'angoloide:
- **vertice** il punto V origine delle semirette a, b, c, ...;
- **spigoli** le suddette semirette;
- **facce** gli angoli al vertice V i cui lati sono le semirette;
- **diedri** i diedri formati dai semipiani di giacitura delle facce.

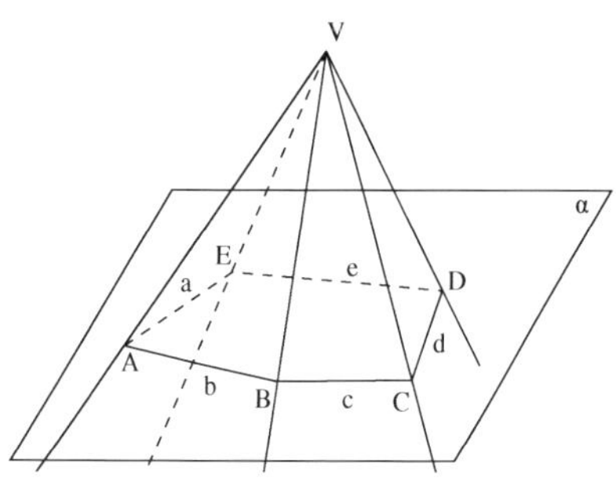

fig. 14

I due teoremi dimostrati per i triedri rimangono validi anche per gli angoloidi.

10.5 I poliedri

Definiamo **poliedro** una parte di spazio limitata da poligoni giacenti su piani diversi in modo che ogni lato di detti poligoni sia comune a due soli di essi. Definiamo inoltre:
- **facce**, i poligoni costituenti;
- **spigoli**, i lati dei poligoni;
- **vertici**, i vertici dei poligoni stessi;
- **superficie**, la somma delle superfici delle facce.

Teorema di Eulero: in un poliedro la somma delle facce F e dei vertici V è pari alla somma degli spigoli aumentata di due: $F + V = S + 2$.

Definiamo **poliedro convesso** quel poliedro dove i piani di giacitura di ogni faccia vedono tutta la figura contenuta in un unico semipiano.
Definiamo **diagonale** di un poliedro ogni segmento che ha per estremi due vertici non appartenenti ad una stessa faccia.

10.5.1 Poliedri regolari

Definiamo **poliedro regolare** un poliedro le cui facce sono poligoni regolari e congruenti tra loro come tutti i diedri. Si può dimostrare che esistono solo cinque tipi di poliedri regolari:
- **tetraedro** regolare con quattro facce triangolari equilatere;
- **cubo** o **esaedro regolare** con sei facce quadrate;
- **ottaedro** regolare con otto facce triangolari equilatere;
- **dodecaedro** regolare con dodici facce pentagonali;
- **icosaedro** regolare con venti facce triangolari equilatere.

10.6 I prismi

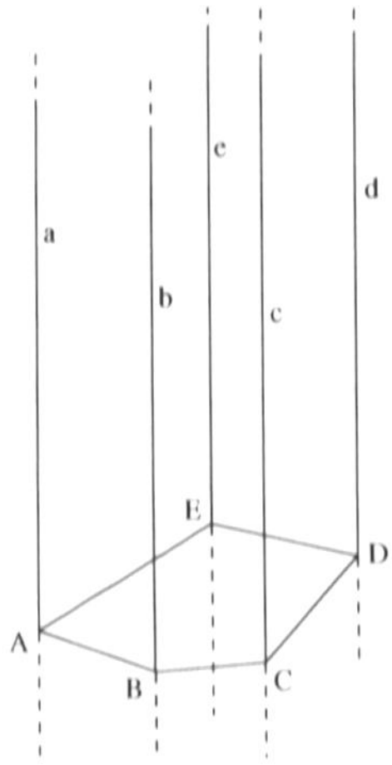

fig. 15

Consideriamo un poligono ABCDE e tracciamo per ogni vertice una retta parallela a tutte le altre e comunque inclinata rispetto al piano del poligono; due qualsiasi rette successive (e parallele per costruzione) individuano un piano ed ogni coppia di piani con una retta in comune determina un diedro. La parte di spazio comune ai diedri così formati si definisce **prisma indefinito**. Le rette considerate sono gli **spigoli**, le parti di piano delimitate da due spigoli successivi costituiscono le **facce** del prisma (fig. 15). La porzione di prisma indefinito compresa tra due piani paralleli è detta **prisma definito** o più semplicemente **prisma**. L'intersezione dei piani paralleli con le facce del prisma individuano due poligoni che rappresentano le basi del prisma; i lati dei poligoni sono gli **spigoli di base**. Gli altri poligoni che delimitano il prisma sono dette facce laterali ed i loro lati **spigoli laterali**.
Definiamo **superficie laterale** la somma delle superfici di tutte le facce e **superficie totale** la somma di quella laterale e delle **superfici di base**. Definiamo **prisma retto** un prisma in cui

le facce laterali sono perpendicolari alle basi e **prisma regolare** un prisma retto con basi costituite da poligoni regolari.

Teorema: le basi di un prisma sono poligoni congruenti.

Ogni faccia laterale del prisma è un parallelogramma per definizione essendo le due basi parallele tra loro e gli spigoli laterali anche; ciò implica la congruenza dei lati opposti che si traduce nella congruenza dei poligoni di base tra loro. Da quanto sopra segue che nei prismi retti le facce laterali sono rettangoli.

10.6.1 I parallelepipedi

Il **parallelepipedo** è un prisma avente per basi dei parallelogrammi; ha sei facce (tutte parallelogrammi), 12 spigoli e 8 vertici.

Teorema: le facce opposte di un parallelepipedo sono parallelogrammi congruenti. Se il parallelepipedo è retto gli spigoli verticali sono perpendicolari alle basi.

Un **parallelepipedo** lo definiamo **rettangolo** quando ha per basi due rettangoli; di conseguenza tutte le facce risultano rettangolari.

Definiamo **cubo** un parallelepipedo rettangolo con tutti gli spigoli congruenti; di conseguenza le facce sono tutte quadrate.
Nei parallelepipedi le diagonali sono quattro e si incontrano in un unico punto che è il centro della figura e divide a metà le diagonali stesse. La misura delle diagonali nei parallelepipedi rettangoli e nei cubi si calcola attraverso la radice quadrata della somma dei quadrati delle tre dimensioni.
Di seguito riportiamo lo schema degli insiemi delle figure studiate (fig. 16).

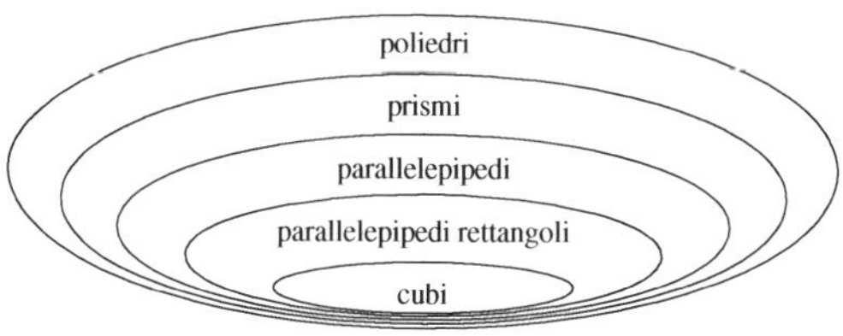

fig 16

10.7 Le piramidi

Definiamo **piramide** la parte di angoloide compresa tra il vertice V ed un piano che non contiene V e che interseca tutti gli spigoli dell'angoloide. V costituisce il **vertice** della piramide. L'intersezione dell'angoloide con detto piano definisce un poligono, detto **base** della piramide, e le facce dell'angoloide ne determinano le **facce laterali** che sono tutte triangolari.
Gli spigoli dell'angoloide definiscono gli **spigoli** della figura e i **lati delle facce laterali**. La somma delle superfici delle facce laterali definisce la **superficie laterale** della piramide; se a

questa si aggiunge la superficie del poligono di base otteniamo la **superficie totale** della piramide. Per **altezza** della piramide si intende la distanza del vertice dal piano di giacitura della base.

10.7.1 La piramide retta

Definiamo **piramide retta** una piramide nel cui poligono di base è inscrivibile una circonferenza il cui centro coincide con la proiezione P del vertice della piramide stessa (fig. 17).

Teorema: in una piramide retta, i triangoli che costituiscono le facce laterali hanno tutti altezze congruenti.

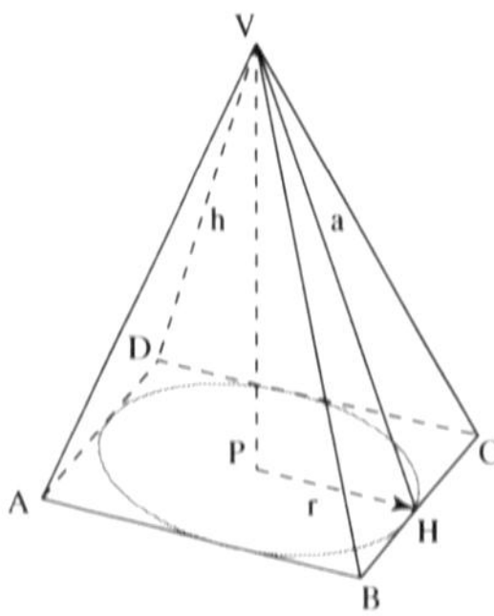

fig. 17

Come rappresentato in fig. 17, il segmento $\overline{BC}$ risulta perpendicolare al raggio $\overline{PH}$ della circonferenza inscritta e $\overline{VP}$ perpendicolare al piano di base; per il teorema delle 3 perpendicolari, avremo quindi che anche $\overline{VH}$ è perpendicolare a $\overline{BC}$. La conseguenza è che $\overline{VH}$ è l'altezza del triangolo BVC (faccia della piramide) ed anche ipotenusa del triangolo VPH rettangolo in P (piede dell'altezza $\overline{VP}$ e centro della circonferenza). Ogni lato del poligono di base ha un punto H di tangenza della circonferenza in esso inscritta dove il raggio è perpendicolare, pertanto tutti i triangoli rettangoli in P che hanno per cateti l'altezza della piramide ed il suddetto raggio sono congruenti per il 1° criterio. Le relative ipotenuse $\overline{VH}$ sono quindi tutte congruenti tra loro. c.v.d.

L'altezza di ogni triangolo delle facce laterali è detta **apotema** della piramide ed è definibile solo per le piramidi rette perché solo in tali figure è congruente per tutte le facce. In tutte le piramidi rette, la superficie laterale, somma delle superfici delle facce laterali, è ottenibile come prodotto del semiperimetro del poligono di base per l'apotema.

10.7.2 La piramide regolare

Definiamo **piramide regolare** una piramide retta che ha per base un poligono regolare. In essa tutte le facce laterali sono congruenti e sono triangoli isosceli.

10.7.3 Tronco di piramide

Definiamo **tronco di piramide** la figura che si ottiene tagliando una piramide con un piano parallelo al piano di base e compresa tra i due piani stessi; la parte che rimane dal taglio è un'altra piramide. Il poligono di base e quello che si ottiene sul piano tagliante costituiscono le due **basi del tronco** e la loro distanza è l'**altezza del tronco**; le facce laterali che risultano dal taglio sono trapezi. Una piramide retta dà luogo ad un tronco di piramide retto con basi simili tra loro e facce laterali di altezza congruente tra loro (**apotema del tronco**). Se la piramide è anche regolare i trapezi sono isosceli. Così come nelle piramidi rette la superficie laterale è la somma delle superfici di tanti triangoli quanti sono i lati del poligono di base, nei tronchi di piramide retta la superficie laterale è ottenibile come somma delle superfici di un numero di trapezi pari a quello dei lati di base;

$$S_l = (p_1 + p_2) \cdot a$$

essendo p_1 e p_2 i semiperimetri delle due basi inferiore e superiore rispettivamente ed a l'apotema del tronco di piramide retta.

Teorema: in una piramide, un piano β parallelo a quello di base α che taglia l'angoloide determina un altro poligono simile al poligono di base ed i perimetri di detti poligoni stanno tra loro come le rispettive distanze dal vertice; le superfici di detti poligoni stanno tra loro come i quadrati di dette distanze.

Nella piramide di fig. 18 i triangoli VAB e VEF sono simili per il 1° criterio perché l'angolo in V è in comune, gli angoli adiacenti alle rispettive basi sono corrispondenti due a due (per ipotesi $\overline{AB}$ e $\overline{EF}$ sono paralleli essendo α e β paralleli). Pertanto:

$$(1) \qquad \overline{AB} : \overline{EF} = \overline{VB} : \overline{VF}$$

Procedendo in modo analogo per la coppia successiva di triangoli avremo:

$$\overline{BC} : \overline{FG} = \overline{VB} : \overline{VF}$$

Dal confronto per transitività avremo:

$$\overline{AB} : \overline{EF} = \overline{BC} : \overline{FG}$$

Procedendo in modo analogo per tutte le coppie di facce successive:

$$\overline{AB} : \overline{EF} = \overline{BC} : \overline{FG} = \overline{CD} : \overline{GH} = \overline{DA} : \overline{HE}$$

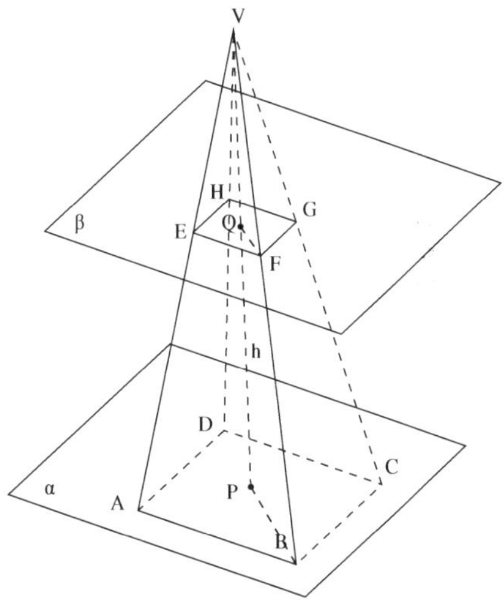

fig. 18

È altresì vero che nei due poligoni gli angoli sono a coppie congruenti ($\hat{B} \equiv \hat{F}$, $\hat{C} = \hat{G}$, $\hat{D} \equiv \hat{H}$, $\hat{A} \equiv \hat{E}$) perché compresi tra lati paralleli ed equiversi nello spazio. I due poligoni, quindi, avendo gli angoli corrispondenti congruenti e i lati corrispondenti in proporzione, sono simili. Consideriamo l'altezza h della piramide il cui piede è P su α e interseca in Q il piano β. I due triangoli VPB e VQF sono simili per il 1° criterio perché rettangoli ed aventi l'angolo in V in comune. Per essi sarà:

$$\overline{VB} : \overline{VF} = \overline{VP} : \overline{VQ}$$

Dal confronto con la (1) avremo per transitività:

$$\overline{AB} : \overline{EF} = \overline{VP} : \overline{VQ} \qquad (2)$$

ovvero due qualsiasi lati corrispondenti tra i due poligoni stanno tra loro come le distanze dal vertice dei rispettivi piani di giacenza. Sappiamo che i perimetri di due poligoni stanno tra loro come qualsiasi coppia di lati corrispondenti; dalla (2) pertanto, essendo $\overline{AB}$ e $\overline{EF}$ due lati corrispondenti, ricaviamo per transitività:

$$\overline{VP} : \overline{VQ} = P_{(a,\,b,\,c,\,d)} : P_{(e,\,f,\,g,\,h)}$$

avendo indicato con P i perimetri dei due poligoni.
Con ragionamento analogo, essendo le aree A di poligoni simili in rapporto tra loro come il quadrato del rapporto di similitudine si ha:

$$\overline{VP}^2 : \overline{VQ}^2 = A_{(a,\,b,\,c,\,d)} : A_{(e,\,f,\,g,\,h)} \qquad \text{c.v.d.}$$

10.7.4 Estensione solida dei poliedri

Definiamo **misura** o **volume** di un poliedro il rapporto tra l'estensione del poliedro e quella di un altro poliedro assunto come unità di misura (cubo di spigolo unitario).
Il volume di un parallelepipedo rettangolo si calcola attraverso il prodotto delle sue dimensioni (misura dei tre spigoli uscenti dal medesimo vertice) ovvero dell'area della superficie di base per l'altezza. La stessa formulazione vale anche per i prismi. Nel cubo, quindi, il volume è pari alla terza potenza dello spigolo. Il volume di una piramide è un terzo di quello del prisma avente la stessa base. Il volume di un tronco di piramide è uguale alla somma dei volumi di tre piramidi aventi la stessa altezza del tronco e basi uguali, rispettivamente, alla base maggiore del tronco, alla base minore del tronco e alla loro media geometrica (v. formulario).

10.7.5 Equivalenza tra poliedri

Diciamo **equivalenti** due poliedri che hanno la stessa estensione; due poliedri equivalenti sono scomponibili nello stesso numero di solidi congruenti.

Assioma: nell'insieme dei solidi esiste una relazione di equivalenza tale per cui:
- due solidi congruenti sono anche equivalenti;
- somme o differenze di solidi congruenti sono equivalenti.

Sulla base di quanto sopra, l'insieme di tutti i solidi si può ripartire in classi di equivalenza ognuna delle quali rappresenta una estensione ovvero solidi equivalenti hanno la stessa estensione e viceversa.

Principio di Cavalieri: due solidi, che è possibile disporre su un unico piano, sono equivalenti se tutti i piani paralleli a detto piano tagliano i due solidi formando sezioni due a due equivalenti tra loro.
Il principio di Cavalieri rappresenta una condizione solo sufficiente.

Teorema: due prismi aventi altezze congruenti e basi equivalenti sono equivalenti.

Per la dimostrazione basta considerare che ogni sezione del prisma parallela alla base è congruente e quindi equivalenti alla base stessa; per l'assioma di Cavalieri i due prismi sono equivalenti.
Il corollario del suddetto teorema si riferisce a un prisma e a un parallelepipedo.

Teorema: due piramidi con altezze congruenti e basi equivalenti sono equivalenti.

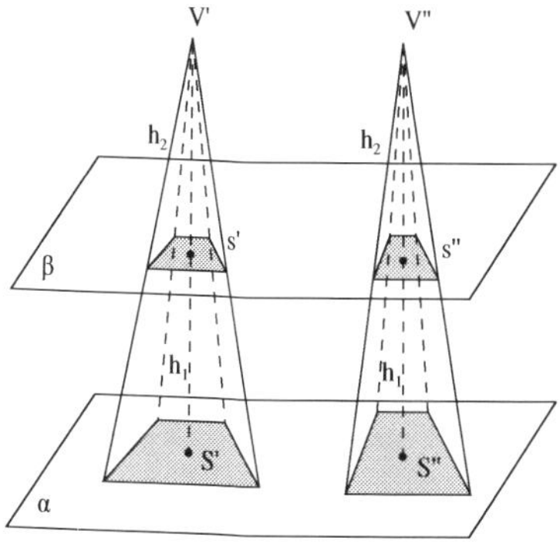

fig. 19

In fig. 19 due piramidi di altezza e basi equivalenti sono tagliate da un piano β parallelo al piano α delle basi, a distanza dal vertice h_2.
Sappiamo che nelle due piramidi valgono le relazioni:

$$S' : s' = h_1^2 : h_2^2 \quad e \quad S'' : s'' = h_1^2 : h_2^2$$

Per transitività tra le due relazioni

$$S' : s' = S'' : s''$$

permutando i medi:

$$S' : S'' = s' : s''$$

dalla ipotesi S' e S" sono equivalenti si ha l'equivalenza delle intersezioni s'e s".
Quanto sopra vale per ogni piano β e per il principio di Cavalieri risulta dimostrata l'equivalenza tra le due piramidi.

10.8 Superfici e solidi di rotazione

10.8.1 Generalità

Consideriamo un semipiano α di origine **r** (fig. 20) sul quale è tracciata una linea **s**; facciamo ora ruotare α intorno a r di un angolo giro. Viene, in questo modo, a generarsi un insieme di punti dello spazio che corrispondono ai punti di s nelle sue varie posizioni intorno a r; tale insieme è detto **superficie di rotazione**, **s generatrice** della superficie e **r asse di rotazione**. Ogni punto P di s descrive, su un piano perpendicolare all'asse di rotazione r, una circonferenza (**parallelo**) il cui centro C è sull'asse mentre qualsiasi semipiano di origine r intercetta sulla superficie una replica di s detta **meridiano**. Se a ruotare è una superficie **S** di α, l'insieme dei punti dello spazio occupati da S è detto **solido di rotazione** e ogni piano perpendicolare a r determina un cerchio il cui centro è sull'asse mentre ogni semipiano β di origine r determina una superficie S' congruente con quella generatrice.

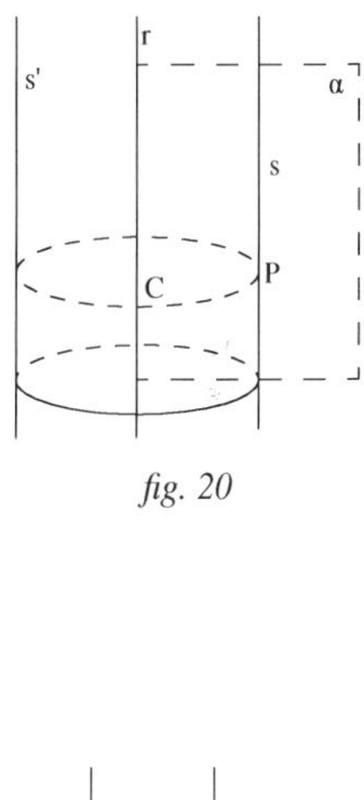

fig. 20

10.8.2 Superficie cilindrica circolare indefinita

La superficie cilindrica circolare indefinita è ottenuta attraverso la rotazione di una retta generatrice s intorno a un asse r parallelo a s e a distanza R da questo; è definibile quindi come l'insieme di tutte le rette parallele a r e tutte distanti R da r stesso (fig. 21). L'unione del suddetto insieme e di quello dei punti interni è detto **cilindro circolare indefinito**.

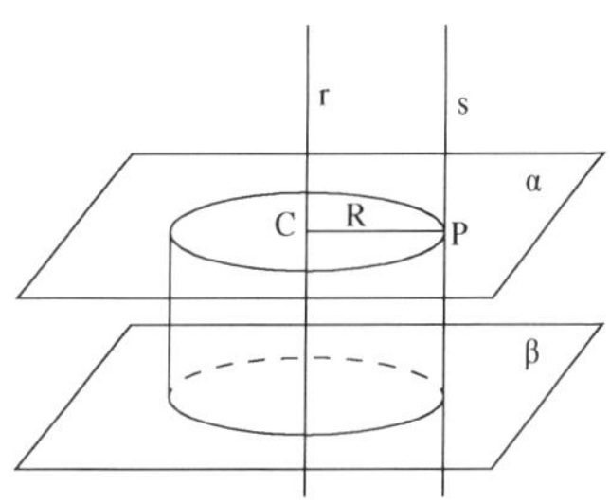

fig. 21

10.8.3 Il cilindro

La figura ottenuta attraverso due piani α e β secanti perpendicolarmente l'asse r è detta **cilindro circolare retto finito di raggio R**.
Il cilindro che ha diametro di base ed altezza congruenti è detto **equilatero**. Detta figura è ottenuta attraverso la rotazione di un rettangolo intorno ad un suo lato (asse e altezza del cilindro); l'altro lato descrive un cerchio e ne costituisce il raggio.
Tutte le sezioni ottenute con piani paralleli alla base sono congruenti al cerchio di base. Una sezione prodotta con un piano obliquo è una ellisse. In un cilindro equilatero una qualsiasi sezione assiale risulta quadrata.

10.8.4 Superficie conica circolare indefinita

La superficie conica circolare indefinita è una superficie ottenuta dalla rotazione di una semiretta t avente origine in un punto V di r e formante con essa un angolo acuto γ (fig. 22). Possiamo allora definire detta superficie come l'insieme delle semirette aventi tutte la medesima origine in un punto dell'asse e formanti con esso un angolo acuto definito. L'unione del suddetto insieme e di quello dei punti interni è detto **cono circolare indefinito**.

10.8.5 Il cono

Un piano perpendicolare all'asse che interseca detta superficie s la divide in due parti di cui, quella che contiene l'origine V di t, individua una **superficie conica definita di vertice V** (fig. 22). È un solido ottenibile per rotazione di un triangolo rettangolo VAB intorno ad un suo cateto $\overline{VA}$ che diviene asse e altezza del cono. L'altro cateto ($\overline{AB}$) descrive il cerchio di base e ne forma il raggio. L'ipotenusa del triangolo rettangolo VAB costituisce l'apotema del cono. Definiamo equilatero un cono che ha apotema e diametro congruenti.

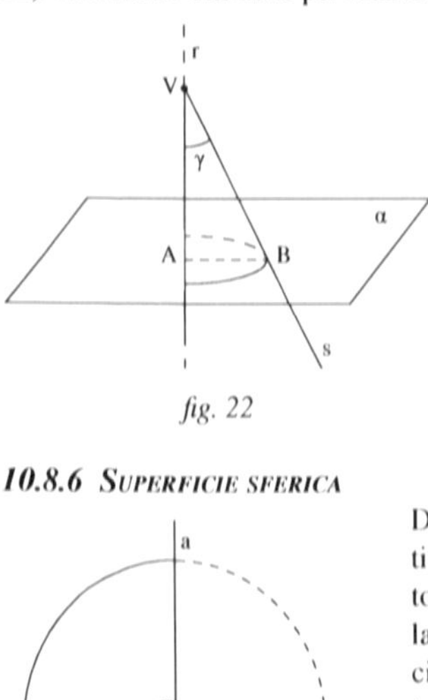

fig. 22

Se intersechiamo con un ulteriore piano parallelo alla base un cono, otteniamo due figure, una delle quali contiene il vertice ed è un ulteriore cono, l'altra è definita **tronco di cono** ed è compresa tra due cerchi paralleli. Detta figura è ottenibile per rotazione completa di un trapezio rettangolo intorno alla sua altezza.

10.8.6 Superficie sferica

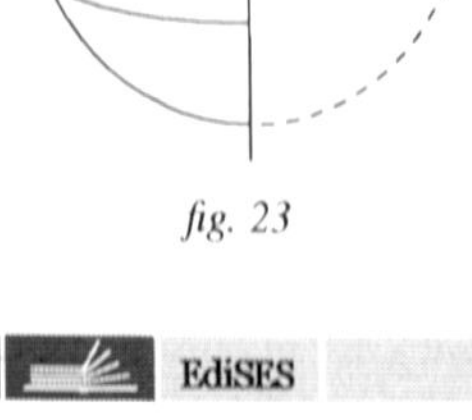

fig. 23

Definiamo **superficie sferica** il luogo geometrico dei punti dello spazio equidistanti r (**raggio**) da un punto C detto **centro**. Una superficie sferica è ottenibile attraverso la rotazione completa intorno ad un asse a (che sarà giacitura di un **diametro**) di una semicirconferenza generatrice; un qualsiasi punto P di detta generatrice descrive, nella rotazione, una circonferenza di raggio r' pari alla sua distanza dall'asse di rotazione (fig. 23).

Teorema: data una superficie sferica di raggio R, un piano α secante la sfera a distanza $d < R$ dal centro O interseca la sfera secondo una circonferenza di raggio $r \equiv \overline{BC}$ il cui centro C è il piede della perpendicolare ad α passante per O (fig. 24).

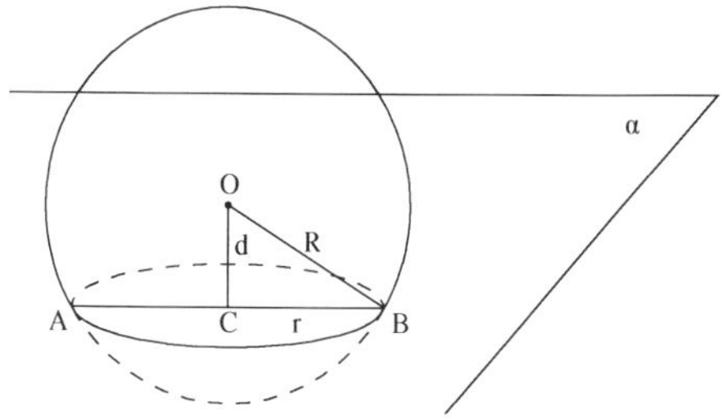

fig. 24

Sia C la proiezione di O (piede della perpendicolare ad α per O) su α. Consideriamo un piano β passante per $\overline{OC}$ che interseca la superficie sferica secondo una circonferenza c di centro O avente il medesimo raggio R della superficie sferica. Il piano β interseca α secondo una retta la cui distanza da O è $\overline{OC}$. Essendo $\overline{OC} < R$, la retta e la circonferenza si intersecano in due punti (A e B) della superficie sferica, equidistanti da C. Detta distanza è la proiezione di $\overline{OB} \equiv R$ su α ed è quindi costante; ciò comporta che il luogo descritto da B su α al ruotare di β è una circonferenza di centro C e raggio $\overline{CB} \equiv r$.
Con riferimento alla fig. 24 vale la relazione:

$$R^2 = d^2 + r^2$$

Definiamo **piano diametrale** un piano che passa per il centro della superficie sferica; le intersezioni del piano diametrale sulla superficie sferica definiscono la circonferenza massima.

Definiamo **fuso sferico** la parte di superficie sferica delimitata da un diedro il cui spigolo passa per il centro della figura (diametro).

Definiamo **calotta sferica** ognuna delle due parti di sfera individuate da un piano secante la superficie sferica. La circonferenza descritta sul piano secante dalla intersezione è detta **base della calotta**.

Definiamo **zona sferica** di altezza h la porzione di superficie sferica compresa tra due piani paralleli e distanti h tra loro e che intersecano la superficie sferica.

10.8.7 La sfera

Definiamo **sfera** il solido costituito dai punti di una superficie sferica e dai punti interni ad essa. È ottenibile per rotazione di un semicerchio intorno ad un suo diametro (asse di rotazione) ed il suo centro è il centro della sfera. Tutti i punti del solido hanno una distanza dal centro minore o uguale al raggio.

Definiamo **spicchio sferico** la parte di sfera compresa tra un fuso ed il diedro che lo determina (fig. 25a).

Definiamo **segmento sferico** ognuna delle due parti di sfera individuate da un piano che la interseca; è delimitata da un cerchio (base) e da una calotta; è quindi un volume delimitato da due cerchi ed una zona (fig. 25b).

Definiamo **segmento sferico a due basi** di altezza h la parte di sfera compresa tra due piani secanti e distanti h tra loro (fig. 25c).

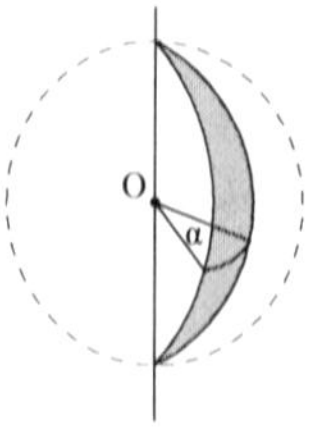

fig. 25a

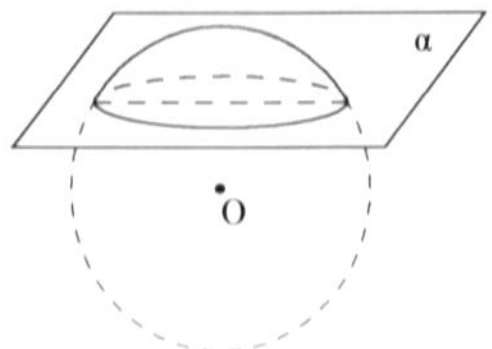

fig. 25b

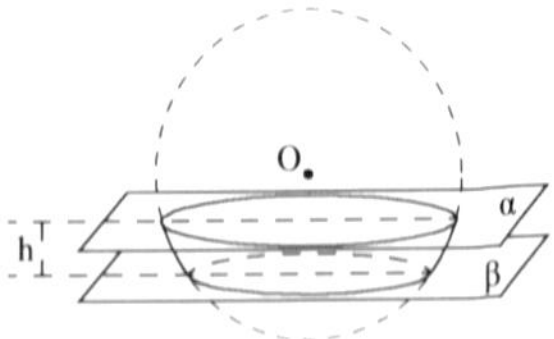

fig. 25c

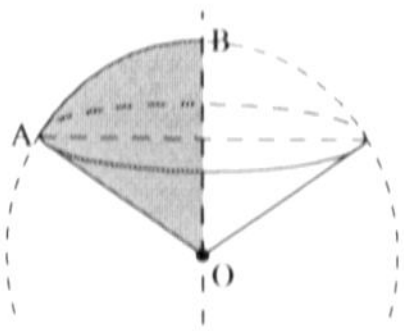

fig. 26

Definiamo **settore sferico** la parte di sfera generata dalla rotazione di un settore circolare con vertice nel centro sfera ed asse di rotazione coincidente con un diametro della sfera che non lo attraversa; è pertanto un volume delimitato da uno o due coni con vertice nel centro sfera e da una calotta o zona sferica rispettivamente (fig. 26).

Teorema: una semisfera di raggio R è equivalente al solido ottenuto come differenza tra un cilindro e un cono coassiali aventi raggio di base ed altezza congruenti col raggio della semisfera.

Per la dimostrazione utilizziamo il principio di Cavalieri; come mostrato in fig. 27, poniamo la semisfera ed il solido cilindrico su un piano α ed intersechiamo i due solidi con un generico piano β parallelo ad α a distanza d.

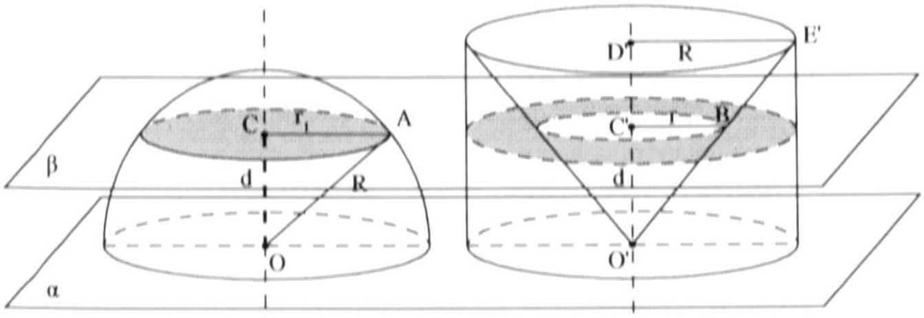

fig. 27

La sezione di semisfera è una circonferenza di raggio r_1 che per il teorema di Pitagora applicato al triangolo OCA:

$$r_1^2 = R^2 - d^2$$

l'estensione della circonferenza è:

$$A_c = \pi(R^2 - d^2)$$

Nell'altro solido la sezione è una corona circolare di raggi R ed r. Per determinare r consideriamo i triangoli O'C'B e O'D'E' (isosceli per ipotesi) che risultano simili per il 1° criterio; pertanto:

$$r : R = d : R$$

da cui:

$$r = d$$

l'estensione della corona circolare quindi:

$$A_{cc} = \pi(R^2 - d^2)$$

Ovvero:

$$A_c = A_{cc}$$

c.v.d. le due sezioni sono equivalenti tra loro.

Teorema di Archimede: la superficie di una sfera è equivalente alla superficie laterale del cilindro circoscritto (equilatero) ad essa.

Legenda
A_b: Area di base
P_b: Perimetro di base
C_b: Circonferenza di base
S_l: Superficie laterale
S: Superficie totale
V: Volume

FORMULARIO DI GEOMETRIA SOLIDA		
SOLIDO	**RAPPRESENTAZIONE**	**FORMULE**
Parallelepipedo rettangolo	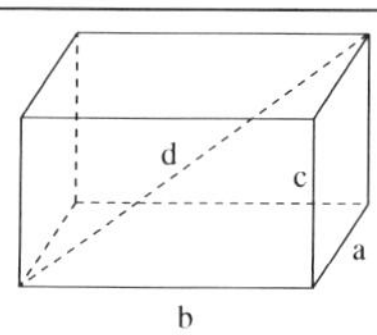	$S_l = P_b \cdot c$ $d^2 = a^2 + b^2 + c^2$ $V = A_b \cdot c = a \cdot b \cdot c$
Cubo (esaedro)	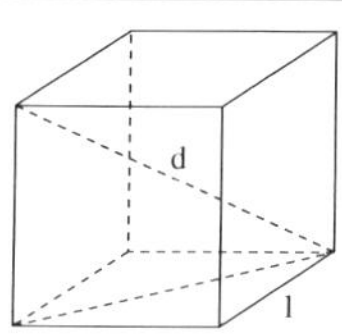	$S_l = 4 \cdot l^2$ $S = 6 \cdot l^2$ $d = l \cdot \sqrt{3}$ $V = A_b \cdot l = l^3$

(segue)

FORMULARIO DI GEOMETRIA SOLIDA		
SOLIDO	**RAPPRESENTAZIONE**	**FORMULE**
Prisma retto e prisma obliquo	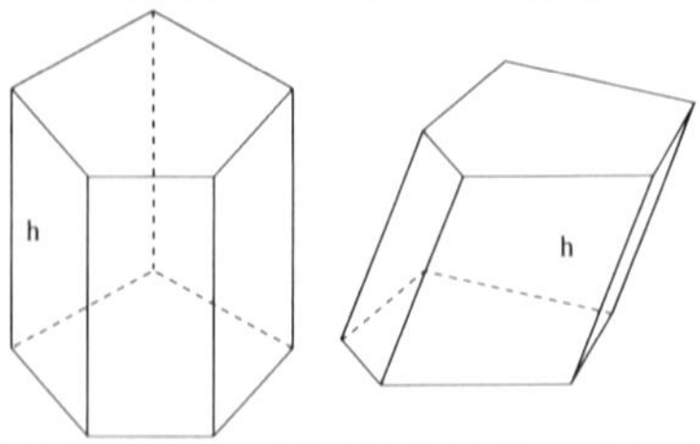	$S_l = P_b \cdot h$ $V = A_b \cdot h$
Piramide retta	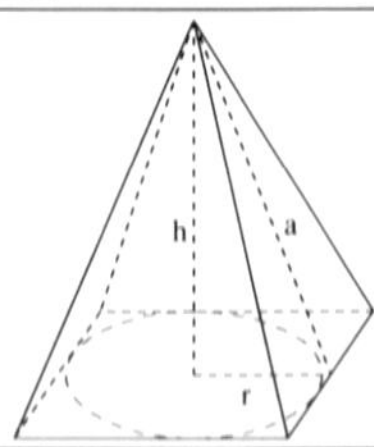	$S_l = \frac{P_b \cdot a}{2}$ $a^2 = h^2 + r^2$ $V = \frac{A_b \cdot h}{3}$
Tronco di piramide	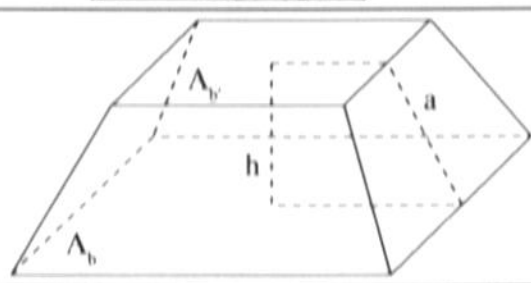	$S_l = \frac{1}{2} \cdot (P_b + P_{b'}) \cdot a$ $V = \frac{h}{3} \cdot (A_b + A_{b'} + \sqrt{A_b \cdot A_{b'}})$
Tetraedro	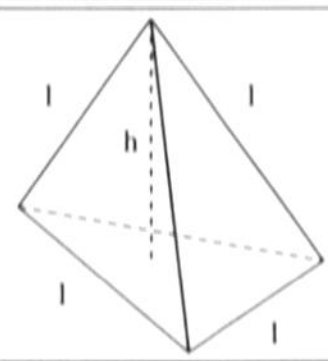	$S = \sqrt{3} \cdot l^2$ $V = \frac{\sqrt{2}}{12} l^3$
Cilindro	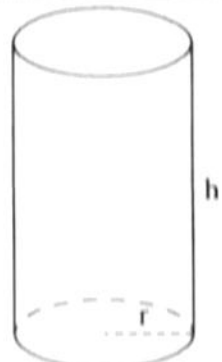	$S_l = P_b \cdot h = 2\pi \cdot r \cdot h$ $V = A_b \cdot h = \pi \cdot r^2 \cdot h$
Cono	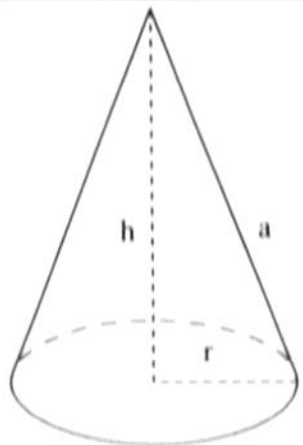	$S_l = \frac{C_b \cdot a}{2} = \pi \cdot r \cdot a$ $a^2 = h^2 + r^2$ $V = \frac{A_b \cdot h}{3} = \frac{\pi \cdot r^2 \cdot h}{3}$

(segue)

FORMULARIO DI GEOMETRIA SOLIDA		
SOLIDO	**RAPPRESENTAZIONE**	**FORMULE**
Tronco di cono	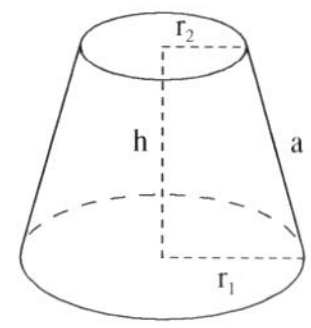	$S_l = \pi \cdot a \cdot (r_1 + r_2)$ $a^2 = h^2 + (r_1 - r_2)^2$ $V = \frac{h}{3} \cdot \pi \cdot (r_1^2 + r_1 \cdot r_2 + r_2^2)$
Sfera	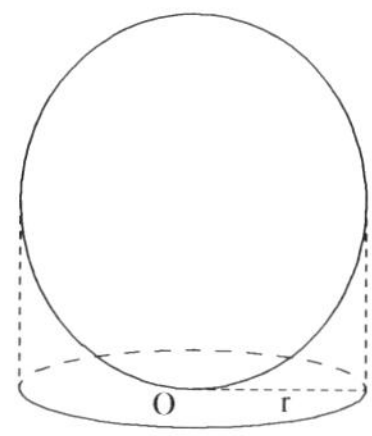	$S = 4 \cdot \pi \cdot r^2$ $V = \frac{4h}{3} \cdot \pi \cdot r^3$
Calotta e segmento sferico	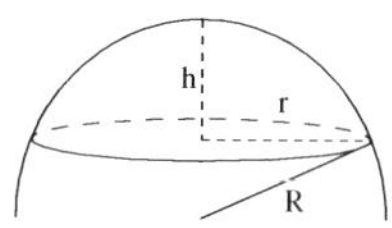	$S_l = 2 \cdot \pi \cdot R \cdot h$ $r^2 = h^2 \cdot (2 \cdot R - h)^2$ $V = \frac{h^2}{3} \cdot \pi \cdot (3 \cdot R - h)$
Settore sferico	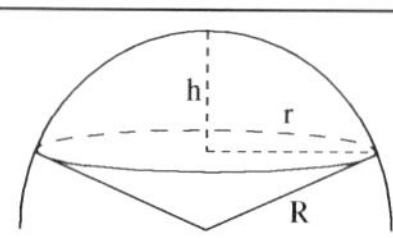	$S_l = \pi \cdot R \cdot (r + 2 \cdot h)$ $V = \frac{2}{3} \cdot \pi \cdot R^2 \cdot h$
Zona e segmento sferico a due basi	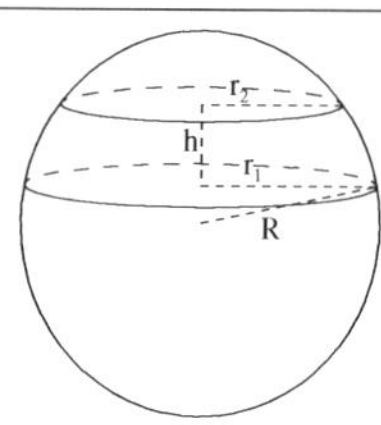	$S_l = 2 \cdot \pi \cdot R \cdot h$ $V = \frac{h}{2} \cdot \pi \cdot \left(\frac{h^2}{3} + r_1^2 + r_2^2\right)$
Fuso e spicchio sferico	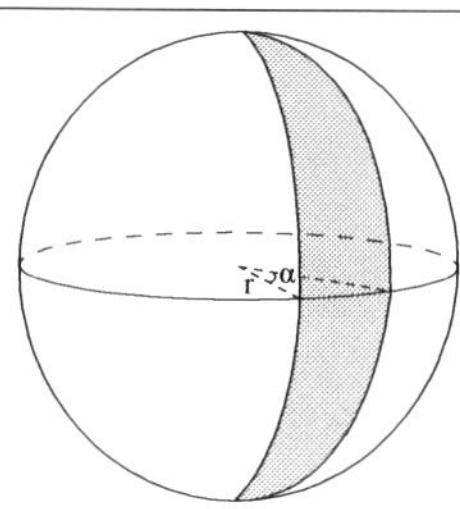	$S_l = \frac{\pi r^2}{90°} \alpha$ $V = \frac{\pi r^3}{270°} \alpha$

Capitolo 11
Geometria analitica

11.1 Coordinate cartesiane sulla retta

11.1.1 Ascisse

Data una retta x, per determinare ciascun suo punto mediante un numero reale, si fissano su di essa:

1) Un punto arbitrario **O** che viene detto **origine**.
2) Un verso positivo (e pertanto il verso opposto è quello negativo); in tal modo la retta x viene detta "orientata".
3) Un segmento unità di misura U, con cui la retta viene "graduata".

Poiché tra i punti della retta orientata e graduata e i numeri reali si può stabilire una corrispondenza biunivoca, ad ogni punto P della retta viene associato un unico numero reale, detto **ascissa** di P, quello che ha il valore assoluto uguale alla misura del segmento $\overline{OP}$ rispetto ad U e il segno, positivo o negativo, a seconda che il punto P segue o precede l'origine O nel verso positivo.
Inversamente ad ogni numero reale dato corrisponde un unico punto della retta x, quello che ha per ascissa tale numero.
Il punto O (origine) ha, evidentemente, ascissa uguale a zero.

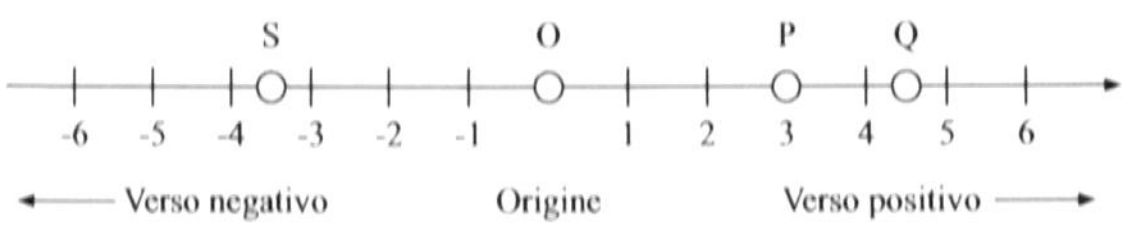

11.1.2 Distanza tra due punti su una retta

Dati sulla retta orientata e graduata x, detta asse, due punti P e Q, di ascisse rispettivamente x_p e x_q, la loro distanza è la lunghezza $\boldsymbol{d}$ del segmento $\overline{PQ}$, misurata rispetto a U ed espressa da un numero reale positivo.
Se il punto P precede Q nel verso positivo (per cui P è il primo e Q il secondo, e quindi $x_q > x_p$) si ha in ogni caso $\boldsymbol{d_{pq} = x_q - x_p}$.

La distanza tra due punti della retta orientata è uguale alla differenza fra l'ascissa del secondo e l'ascissa del primo punto.

11.1.3 Punto medio di un segmento su una retta

Dati due punti P e Q di ascisse rispettivamente x_p e x_q si vuole determinare l'ascissa x_m del punto medio M del segmento $\overline{PQ}$.

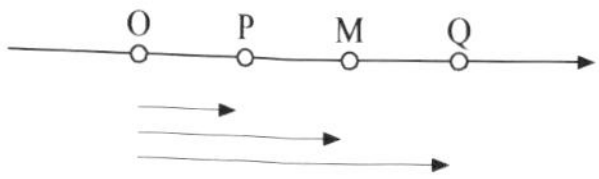

Poiché M è equidistante dagli estremi del segmento $\overline{PQ}$ e M segue P e precede Q, uguagliando le distanze fra P e M e M e Q, si ha: $x_m - x_p = x_q - x_m$; da cui $2x_m = x_q + x_p$ e quindi $x_m = \dfrac{x_p + x_q}{2}$.

L'ascissa del punto medio di un segmento della retta *x* è uguale alla media aritmetica delle ascisse dei suoi estremi.

11.2 Coordinate cartesiane nel piano

11.2.1 Ascisse e ordinate

Ciascun punto di una retta orientata e graduata viene individuato mediante un numero reale; ciascun punto di un piano può essere individuato mediante una coppia ordinata di numeri reali, facendo uso delle *coordinate cartesiane*, in particolare *ortogonali.*

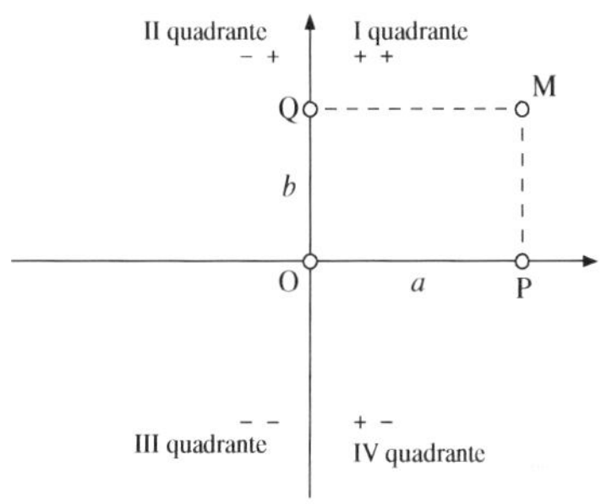

Per introdurre tali coordinate si fissano nel piano dato:

1) Una coppia di rette ***x*** e ***y***, mutuamente perpendicolare (*assi*);
2) su ciascun asse l'*origine* nel punto O d'incontro con l'altro asse;
3) su ciascun asse un verso positivo (così ogni asse è "orientato");
4) un segmento unità di misura U (ogni asse può venire graduata).

In queste condizioni si dice che i due assi O*x* e O*y* formano un *sistema di assi cartesiani ortogonali, fissato nel piano dato.*

Di ciascun punto qualunque M del piano *Oxy* la proiezione P su O*x* avrà una certa ascissa *a*, la proiezione Q su O*y* avrà una certa ordinata *b*.

Poiché ad ogni punto M corrispondono le sue due proiezioni P e Q sugli assi, e a queste i numeri reali *a* e *b* rispettivamente ascissa e ordinata, si può associare a M tali numeri: pertanto *ad ogni punto del piano corrisponde una coppia ordinata di numeri reali che formano le coordinate del punto M.*

Si scrive:

$$\mathbf{M}\ (a;\ b)$$

Inversamente*: ad ogni coppia ordinata di numeri reali corrisponde uno e un solo punto del piano,* perché essa determina il punto P dell'asse O*x* (di ascissa *a*) e il punto Q dell'asse O*y* (di ordinata *b*) e con essi risulta in modo unico il punto M d'incontro delle perpendicolari in P a O*x* e in Q a O*y*.

In conclusione*: fissato in un piano un sistema di assi cartesiani ortogonali, si stabilisce una corrispondenza biunivoca tra i punti del piano e le coppie ordinate di numeri reali.*

I due assi Ox e Oy vengono chiamati rispettivamente *asse delle ascisse*, o asse delle x, e *asse delle ordinate*, o asse delle y. Essi dividono il piano Oxy in quattro regioni angolari dette quadranti, distinguibili in I quadrante (quello che ha per lati i semiassi positivi Ox e Oy), II, III, e IV quadrante procedendo nel verso antiorario (vedi figura precedente).
I punti del I quadrante hanno coordinate entrambe positive.
I punti del II quadrante hanno ascissa negativa e ordinata positiva.
I punti del III quadrante hanno coordinate entrambe negative.
I punti del IV quadrante hanno ascissa positiva e ordinata negativa.
Ogni punto dell'asse x ha ordinata zero; ogni punto dell'asse y ha ascisse zero. L'origine O ha entrambe le coordinate uguali a zero, cioè **O (0; 0)**.
I punti appartenenti ad una parallela all'asse x hanno ordinate uguali; i punti appartenenti ad una parallela all'asse y hanno ascisse uguali.

11.2.2 Distanza fra due punti nel piano

Dati due punti A(x_A; y_A) e B(x_B; y_B) si vuole determinare la loro distanza d, cioè la lunghezza del segmento $\overline{AB}$, misurata rispetto ad U, dal numero $d \in \mathbf{R}^+$ ed espressa mediante le coordinate dei 2 punti.
Conviene distinguere i seguenti casi:

1) I punti A e B sono sull'asse delle x o su una parallela all'asse delle x.
In tal caso si ha evidentemente:

$$d = x_B - x_A$$

La d è uguale alla differenza delle ascisse dei punti.

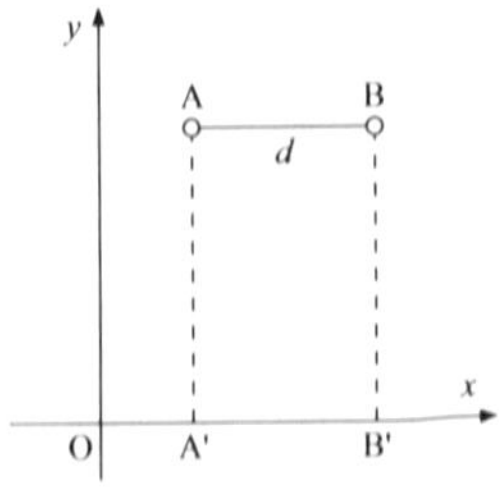

2) I punti A e B sono sull'asse delle y o su una parallela all'asse delle y.
In tal caso si ha:

$$d = y_B - y_A$$

La d è uguale alla differenza delle ordinate dei punti.

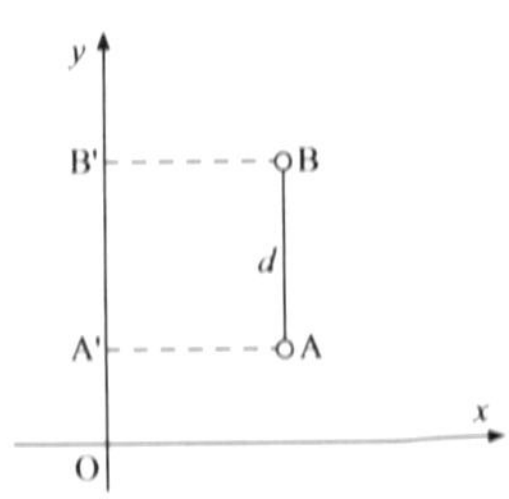

3) I punti A e B sono situati in modo qualunque. Condotta da A la parallela all'asse Ox e da B la parallela all'asse Oy, se C è il solo punto d'incontro, dal triangolo rettangolo ABC si ha: $\overline{AB}^2 = \overline{AC}^2 + \overline{CB}^2$

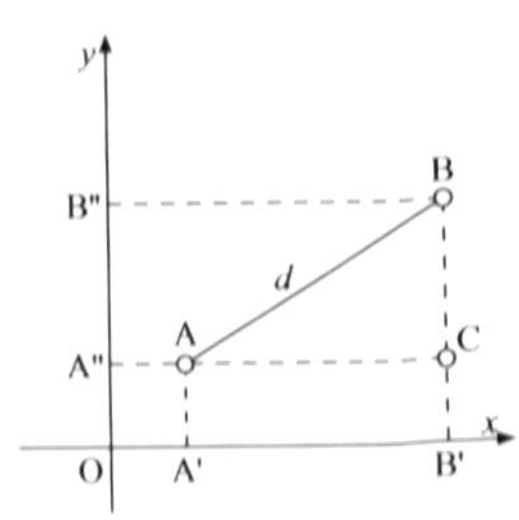

Poiché A e C sono su una parallela all'asse delle y, per il I e il II caso si ha:

$$\overline{AB} = (x_C - x_A)^2 + (y_B - y_C)^2$$

Inoltre, avendo B e C la stessa ascissa ($\boldsymbol{x_C = x_B}$), A e C la stessa ordinata ($\boldsymbol{y_C = y_A}$) indicando con d la distanza $\overline{AB}$, risulta

$$d^2 = (x_B - x_A)^2 + (y_B - y_A)^2$$

da cui:

$$d = \sqrt{(x_B - x_A)^2 + (y_B - y_A)^2}$$

La distanza tra due punti è uguale alla radice quadrata della somma dei quadrati delle differenze tra le coordinate omonime.

La formula della distanza nel III caso evidentemente include le altre due, relative ai primi due casi. In particolare, se un punto è l'origine O e l'altro è M (x_M; y_M) si ha:

$$d_{OM} = \sqrt{x_M^2 + y_M^2}$$

espressione della distanza di un dato punto M dall'origine O.

11.2.3 Punto medio di un segmento nel piano

Dati 2 punti A(x_A; y_A) e B(x_B; y_B), si vuol determinare il punto medio M del segmento $\overline{AB}$ che ha per estremi A e B, esprimendone le coordinate mediante quelle di A e di B. Proiettando i tre punti A, B e M prima sull'asse Ox e poi sull'asse Oy, dopo aver osservato che la proiezione di M è il punto medio del segmento i cui estremi sono le proiezioni di A e B, si giunge alla conclusione:

$$x_M = \frac{x_A + x_B}{2} \qquad y_M = \frac{y_A + y_B}{2}$$

Le coordinate del punto medio di un segmento sono le medie aritmetiche delle coordinate omonime degli estremi.

Se $\overline{AM} = \overline{MB}$ si deduce che $\overline{A'M'} = \overline{M'B'}$ (per il teorema di Talete) se A, M, B e A', M', B' hanno le stesse ascisse, allora

$$x_M = \frac{x_A + x_B}{2}$$

Stesso procedimento per calcolare l'ordinata y_M del punto M.

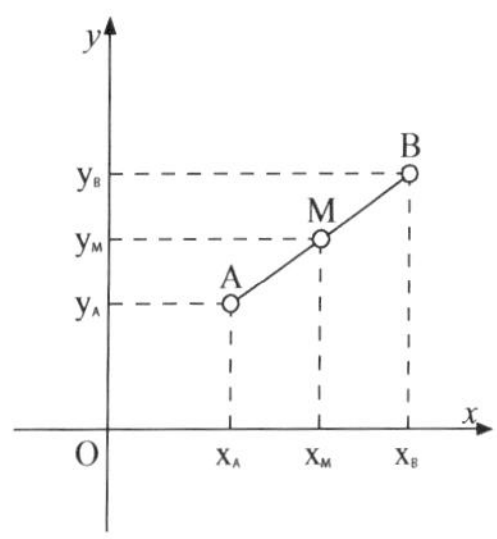

11.2.4 Trasformazione di coordinate (traslazione degli assi)

Dato in un piano un sistema di assi cartesiani ortogonali Ox e Oy, rispetto ai quali le coordinate di un punto qualunque M del piano sono x_M e y_M, si può talvolta presentare la convenienza di determinare le coordinate dello stesso punto M rispetto ad un nuovo sistema O'X e O'Y del medesimo piano.

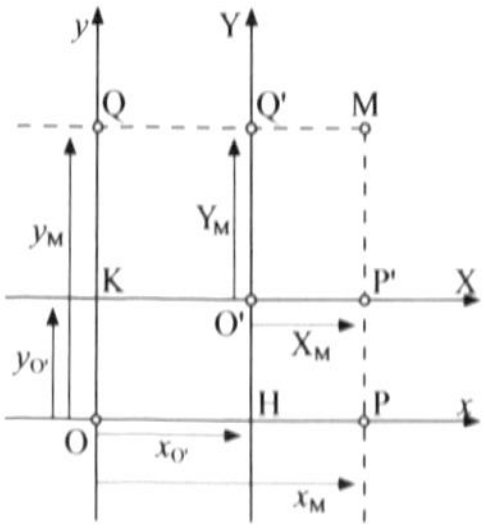

L'operazione con cui si passa da

$$(x_M; y_M) \text{ a } (X_M; Y_M)$$

si chiama *trasformazione di coordinate*.
La più semplice trasformazione è la *traslazione degli assi*.
I nuovi assi O'X e O'Y sono paralleli e orientati concordemente agli assi Ox e Oy rispettivamente (vedi figura).
In questo caso basta conoscere le coordinate $x_{0'}$ e $y_{0'}$ della nuova origine O' rispetto al sistema primitivo Oxy per determinare le nuove coordinate

$$x_M \text{ e } y_M$$

del punto dato M (X_M; Y_M).

Infatti se si proietta il punto M in P e Q sugli assi Ox e Oy e in P' e Q' sui nuovi assi O'x e O'y e se si proietta la nuova origine O' su Ox e Oy rispettivamente in H e K, si ha:

$$\overline{O'P'}=\overline{HP}=\overline{OP}-\overline{OH} \quad \text{cioè} \quad \begin{cases} X_M = x_M - x_{O'} \\ Y_M = y_M - y_{O'} \end{cases}$$
$$\overline{O'Q'}=\overline{KQ}=\overline{OQ}-\overline{OK} \quad \text{cioè}$$

Dalle formule di trasformazione trovate è facile ricavare quelle per il passaggio inverso, ricavando x_M e y_M mediante X_M e Y_M.

11.3 Equazione della retta: funzione lineare

11.3.1 La funzione lineare

Si chiama **funzione lineare** la funzione

$$f: x \rightarrow mx + q$$

di equazione

$$y = mx + q$$

Il dominio di questa funzione è l'insieme **R**; m e q sono dei numeri assegnati.
Il **grafico** della **funzione lineare** è una **retta**, il coefficiente $\boldsymbol{m}$ è detto **coefficiente angolare** (indica la pendenza delle retta) e $\boldsymbol{q}$ **ordinata all'origine**.

➤ Tracciare il grafico della retta r di equazione

$$y = 2x + 5$$

Per rappresentare il grafico di una retta di solito si ricorre a una tabella.

x	y
–2	1
0	5
2	9

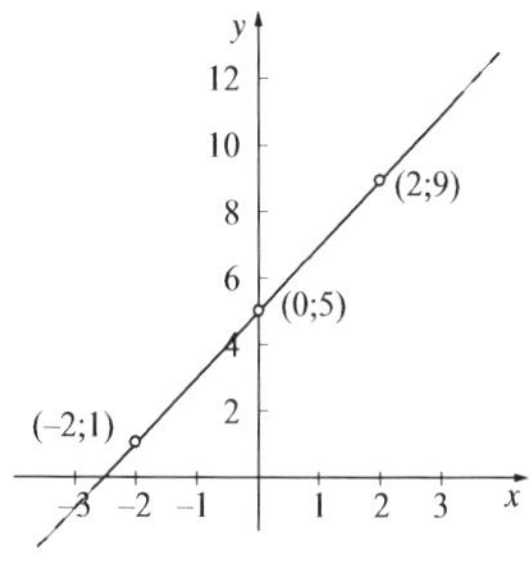

11.3.2 Equazione esplicita: y = mx + q

Data una retta in un piano cartesiano Oxy, si vuole trovare la sua equazione, cioè determinare il tipo generale di funzione f il cui grafico è una retta. Si distinguono 2 casi.

I caso: *la retta passa per l'origine*

Ogni retta passante per l'origine O e che non coincide con uno degli assi è il grafico di una funzione della forma

$$\boldsymbol{y = mx}$$

in cui m è una costante reale ($m \in \mathbf{R}_0$) il cui valore, diverso da retta a retta, dipende dalla retta considerata.

Dimostrazione: sia r una data retta passante per O e si supponga che r attraversi il I o III quadrante (coordinate entrambe positive, o negative).
Siano $M_1\,(x_1; y_1)$, $M_2\,(x_2; y_2)$, $M_3\,(x_3; y_3)$, ... alcuni punti di r e siano P_1, P_2, P_3... le rispettive proiezioni sull'asse Ox.
Poiché tutti i punti della retta r sono allineati con O, i triangoli rettangoli OP_1M_1, OP_2M_2, OP_3M_3, ecc., sono simili e pertanto i loro cateti omologhi sono tra loro proporzionali:

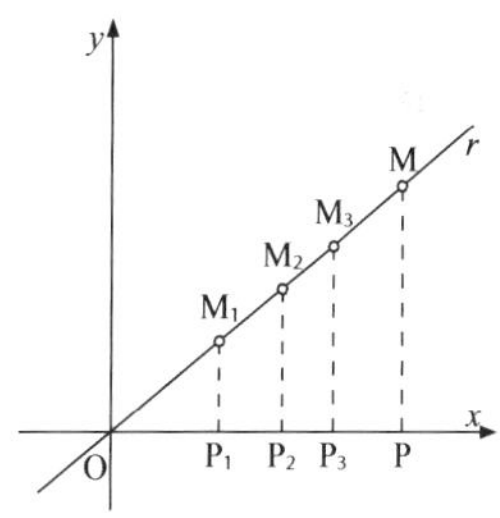

$$\frac{\overline{P_1M_1}}{\overline{OP_1}} = \frac{\overline{P_2M_2}}{\overline{OP_2}} = \frac{\overline{P_3M_3}}{\overline{OP_3}} = \ldots$$

È dunque costante il rapporto fra i cateti, che sono misurati dalle ordinate e dalle ascisse dei punti della retta r. Indicando con $m \in \mathbf{R}_0^+$ tale rapporto costante si ha:

$$\frac{y_1}{x_1} = \frac{y_2}{x_2} = \frac{y_3}{x_3} = \ldots = m$$

Allora per $M(x; y)$ e r si può scrivere $y/x = m$ ossia $y = mx$ che è l'equazione cercata della funzione che ha per grafico la retta r.
Inversamente, si dimostra che ogni funzione espressa da una equazione con la forma

$$\boldsymbol{y = mx} \text{ con dominio } \mathbf{R}$$

nella quale m appartenente R_0 ha per grafico una retta passante per l'origine O, che coincide con Ox quando $m = 0$. In ciascuna di tali rette, essendo costante il rapporto m fra l'ordinata e l'ascissa dei suoi punti, l'ordinata di ogni suo punto si ottiene moltiplicando per m l'ascissa. Pertanto si può affermare che *ogni retta per l'origine è il luogo geometrico dei punti del piano che hanno le ordinate proporzionali alle rispettive ascisse.* La costante m, che ha un valore reale diverso da retta a retta, viene chiamato ***coefficiente angolare*** (o parametro angolare, o pendenza) di ciascuna retta di equazione $y = mx$. Per dare a m un significato interpretabile graficamente, nella equazione $y = mx$ si pone $x = 1$ e risulta $y = m \cdot 1 = m$, cioè il punto A della retta che ha ascissa 1 e ordinata uguale a m, cioè A $(1; m)$.

Quindi:
Il coefficiente angolare m di una retta passante per l'origine rappresenta l'ordinata del punto di ascissa 1, *appartenente alla retta stessa.*
Se $m > 0$ forma un angolo acuto con Ox;
se $m < 0$ forma un angolo ottuso con Ox.

> **NOTA.** Il vero significato di m richiede la conoscenza della trigonometria; si dimostra, infatti, che $m = \text{tg}\alpha$ in cui α è l'angolo che la retta di equazione $\alpha = mx$ forma col semiasse positivo delle ascisse.

Le equazioni delle rette che passano per O e che coincidono con gli assi cartesiani sono

$y = 0$	$x = 0$
(equazione asse Ox)	(equazione asse Oy)
delle ascisse	delle ordinate

Le rette perpendicolari, luogo dei punti tali che $|y| = |x|$, si dicono *bisettrici* dei quadranti: la bisettrice del I e III quadrante si dice prima bisettrice, quella del II e IV si dice seconda bisettrice.
Le rispettive equazioni sono:

$y = x$	$y = -x$
(prima bisettrice)	(seconda bisettrice)

II caso: *la retta non passa per l'origine*
Ogni retta non passante per O e non parallela agli assi è il grafico di una funzione che ha forma

$$\boldsymbol{y = mx + q} \qquad \textbf{\textit{Equazione esplicita}}$$

con dominio **R**, in cui le costanti m, q, appartenenti a **R**, hanno valori che dipendono rispettivamente dalla inclinazione della retta rispetto a Ox e dalla sua intersezione con l'asse Oy.

Dimostrazione: data una retta s non passante per O e che interseca Oy nel punto Q $(0, q)$.
Sia r la retta parallela a s passante per O e $y = mx$ l'equazione di r.
Se M (x, y) è un punto qualunque di s e N il punto di r che ha la stessa ascissa di M, poiché $\overline{NM} = \overline{OQ} = q$ si ha $q = y_N + q$.
Essendo N $\in r$ e $y_N = mx_N = mx$ e pertanto $y = mx + q$ è l'equazione con cui si calcola l'ordinata di ogni punto M appartenente a s conoscendone l'ascissa x: essa, dunque, è l'equazione di s.

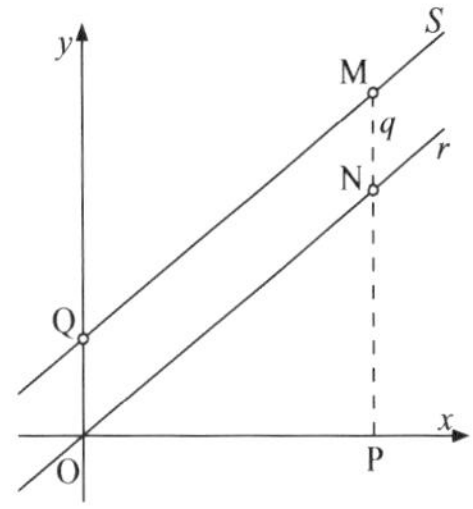

Inversamente, si dimostra che ogni funzione espressa da una equazione che ha la forma

$$\boldsymbol{y = mx + q} \text{ con dominio R}$$

in cui $m, q \in \mathbf{R}$, ha per grafico una retta non passante per l'origine, che interseca l'asse Oy nel punto Q $(0; q)$ ed è parallela alla retta $y = mx$.

Nella equazione $y = mx + q$ il coefficiente m della x esprime ancora il *coefficiente angolare* della retta data e rappresenta *l'ordinata del punto di ascissa 1 della retta per l'origine, parallela alla retta data.*
Il coefficiente q si dice *ordinata all'origine* della retta data
se $m > 0$ α è acuto
se $m < 0$ α è ottuso
(α = angolo che la retta forma con il semiasse positivo delle ascisse).
Ogni retta *parallela all'asse* Ox è il *luogo geometrico dei punti che hanno ordinata costante ed ha equazione* $y = q$.
Ogni retta, invece, parallela all'asse Oy è *il luogo geometrico dei punti che hanno ascissa costante, la cui equazione è* $x = p$.
q e p sono le intersezioni delle rette con gli assi.

11.3.3 Distanza di un punto da una retta

Consideriamo, come rappresentato nella figura a lato, una retta di equazione $y = mx + q$ ed un punto P $(x_0; y_0)$ non appartenente ad essa. La distanza d, del punto dalla retta, è rappresentata in figura dal segmento $\overline{PH}$ perpendicolare alla retta data. I due triangoli PHA ed ABD sono rettangoli e simili tra loro per il 1° principio, pertanto potremo scrivere la seguente proporzione:

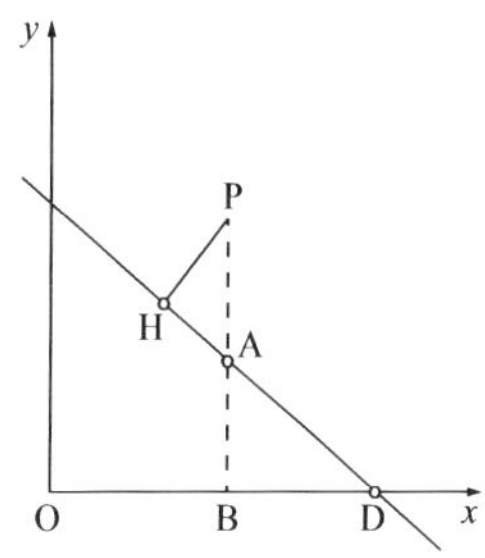

$$\overline{PH} : \overline{PA} = \overline{BD} : \overline{DA} \qquad (1)$$

dove i punti hanno le seguenti coordinate:
$A(x_0 ; mx_0 + q)$
$B(x_0; 0)$
$D(-q/m; 0)$
ed i segmenti le seguenti lunghezze:
$\overline{PA} = |\ y_0 - (mx_0 + q)|$
$\overline{DB} = |-q/m - x_0|$
$\overline{DA} = |-q/m - x_0| \cdot \sqrt{1 + m^2}$

NOTA. Dalle coordinate di D ed A avremo, per le formule della distanza tra due punti:

$$\overline{DA}=\sqrt{\left(-\frac{q}{m}-x_0\right)^2+\left(0-mx_0-q\right)^2}=\sqrt{\left(\frac{-q-mx_0}{m}\right)^2+\left(-mx_0-q\right)^2}=\sqrt{\left(-q-mx_0\right)^2\left(\frac{1}{m^2}+1\right)}=$$

$$=\left|-q-mx_0\right|\sqrt{\frac{1+m^2}{m^2}}=\left|-\frac{q}{m}-x_0\right|\sqrt{1+m^2}$$

Con le premesse fatte la (1) diviene allora:

$$d:\left|\,y_0-(mx_0+q)\right|=\left|-q/m-x_0\right|:\left|-q/m-x_0\right|\sqrt{1+m^2}$$

con semplici passaggi otteniamo per d la seguente espressione:

$$d=\frac{\left|y_0-\left(mx_0+q\right)\right|}{\sqrt{1+m^2}} \qquad (2)$$

La (2), utilizzando l'equazione implicita per le rette, si trasforma come segue:

$$\mathrm{d}=\frac{\left|ax_0+by_0+c\right|}{\sqrt{a^2+b^2}}$$

11.3.4 Rette per un punto dato

Dato un punto $A(x_A, y_A)$, l'equazione della retta che ha un dato coefficiente angolare m e che passa per A si dimostra che è

$$\boldsymbol{y-y_A=m(x-x_A)}$$

Dimostrazione: Si consideri una retta qualunque $y = mx + q$; se tale retta passa per il punto $A\ (x_A, y_A)$ per la condizione di appartenenza si deve avere

$$y_A = mx_A + q$$

Da queste equazioni, eliminando q (per esempio con la sottrazione membro a membro), si deduce

$$y-y_A=mx-mx_A \text{ da cui } y-y_A=m(x-x_A) \text{ c.v.d.}$$

➤ Trovare l'equazione della retta passante per A (2; 5) e di coefficiente angolare uguale a 3.

$$y-5=3(x-2)\Rightarrow y=3x-1 \qquad \text{oppure} \qquad y-3x+1=0$$

11.3.5 Retta per due punti dati

Dati due punti $A(x_A, y_A)$ e $B(x_B, y_B)$ è individuata la retta alla quale essi appartengono.
Se $x_A \neq x_B$ e $y_A \neq y_B$ (cioè escludendo le rette parallele ad Ox e a Oy), l'equazione della retta AB è

$$\frac{y-y_A}{y_B-y_A}=\frac{x-x_A}{x_B-x_A}$$

Dimostrazione: Si tratta di determinare, fra le infinite rette del fascio di centro A, quale è la retta alla quale appartiene anche il punto B.
Il fascio di rette passanti per A(x_A; y_A) è espresso dalla equazione:

$$y - y_A = m(x - x_A)$$

Se a una delle rette del fascio appartiene anche B deve essere verificata la condizione di appartenenza e pertanto dev'essere:

$$y_B - y_A = m(x_B - x_A)$$

Quest'ultima uguaglianza permette di trovare il coefficiente angolare incognito m della retta AB. Allora eliminando m tra le 2 equazioni (per esempio dividendo membro e membro), si deduce

$$\frac{y - y_A}{y_B - y_A} = \frac{x - x_A}{x_B - x_A}$$ c.v.d.

Se dati i due punti A e B si vuole conoscere solo il coefficiente angolare m della retta passante per i due punti, basta ricavare m dalla precedente equazione, tenendo presente che m è il coefficiente della variabile x.

$$m = \frac{y_B - y_A}{x_B - x_A}$$

➤ Determinare l'equazione della retta passante per A (2; – 4) e B (3; 1).

$$\frac{y-(-4)}{1-(-4)} = \frac{x-2}{3-2}$$

da cui $\frac{y+4}{5} = \frac{x-2}{1}$, cioè $y + 4 = 5x - 10$, ossia $y = 5x - 14$.

x	y
2	–4
3	1

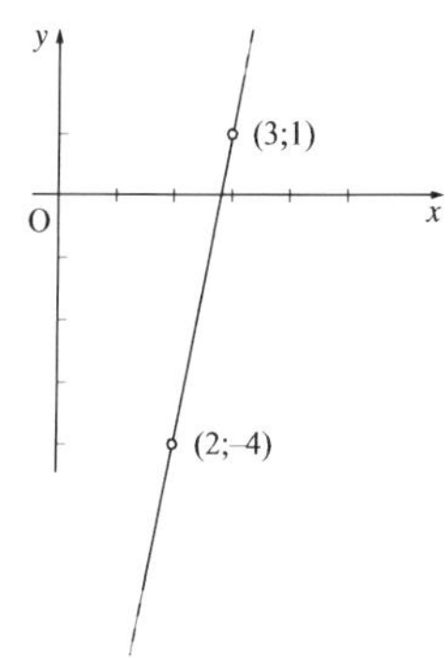

11.3.6 Fasci di rette

Nella equazione esplicita della retta passante per un punto dato abbiamo visto che l'equazione stessa presenta un parametro (il coefficiente angolare); ciò costituisce un esempio di funzione parametrica (di primo grado) dipendente da un parametro variabile che determina l'inclinazione della retta stessa. Detta funzione è denominata fascio proprio di rette e rappresenta, al variare di "m", le infinite rette del piano che si intersecano in uno stesso punto detto centro del fascio $P(x_0; y_0)$.

$$y - y_0 = m(x - x_0)$$

Possiamo distinguere due casi:

a) il parametro figura anche a coefficiente della x e sempre con lo stesso grado;
b) il parametro figura solo nel termine noto e sempre con lo stesso grado.

Il primo caso individua **fasci propri di rette**, ovvero rette che hanno un punto in comune, ad esempio:

$$y - 1 = m(x + 2) \qquad \text{esplicitando la } y\text{:} \qquad y = mx + 2m + 1$$

L'equazione rappresenta rette passanti per il punto P(–2; 1).

Il secondo caso individua rette parallele tra loro ed è detto fascio di rette improprio, ad esempio:

$$y = 2x + k - 1$$

rappresenta rette tutte parallele a quella passante per l'origine (retta base) di equazione:

$$y = 2x$$

ottenibile dalla equazione generale per $k = 1$.

È opportuno osservare che attraverso l'equazione esplicita delle rette non si riesce a rappresentare tutte le rette del fascio perché quella parallela all'asse y comporterebbe un valore del parametro m tendente ad infinito. La rappresentazione di tutte le rette del fascio è quella implicita che per un centro fascio $P(x_0; y_0)$ è:

$$a(x - x_0) + b(y - y_0) = 0$$

nella suddetta relazione la retta verticale è ottenibile per $b = 0$.

➤ Studiare il fascio descritto da: $2kx - 2y - 6k + 4 = 0$ (*)
Esplicitando: $y = kx - 3k + 2$
Raccogliendo: $y - 2 = k(x - 3)$
Il centro fascio è il punto P(3; 2); lo stesso risultato lo avremmo ottenuto imponendo due qualsiasi valori di k nella (*) ed individuando così due rette tra quelle del fascio, come:
per $k = 0$; $y = 2$
per $k = 1$; $y = x - 1$

il sistema tra le suddette rette ha come soluzione P(3; 2).

➤ Studiare il fascio di rette descritto da: $y = -2x + k - 1$
Il parametro non interessa il coefficiente angolare quindi siamo di fronte ad un fascio improprio di rette. La retta base la otteniamo per $q = 0$ ovvero $k = 1$: $y = -2x$. Le altre rette, al variare di k, sono tutte parallele a quella base.

Per concludere, è possibile dimostrare che una qualsiasi combinazione lineare attraverso due parametri λ e μ mai contemporaneamente nulli (oppure un parametro $k = \mu/\lambda$ se $\lambda \neq 0$) di due equazioni di rette descrive un fascio di rette.

➤ $x + y - 1 = 0$
$2x - 2y + 3 = 0$
Per il fascio avremo: $\lambda(x + y - 1) + \mu(2x - 2y + 3) = 0$ ovvero: $(\lambda + 2\mu)x + (\lambda - 2\mu)y - \lambda + 3\mu = 0$.
Dividendo per $\lambda \neq 0$ e ponendo $k = \mu/\lambda$
$(1 + 2k)x + (1 - 2k)y - 1 + 3k = 0$

11.4 Equazione cartesiana (o generale)

Ogni retta del piano xOy è il grafico di una funzione di I grado rispetto alle variabili x e y, con dominio e codominio il campo R dei numeri reali.
La forma di tali funzioni che hanno per grafici delle rette è una delle seguenti:

$y = mx$	$y = mx + q$
(retta per O)	(retta qualunque)
$y = q$	$x = p$
(parallela a Ox)	(parallela a Oy)

L'equazione di ogni retta del piano xOy si può ottenere da una funzione implicita generale $F(x, y) = 0$, in cui il primo membro è un trinomio di I grado rispetto alle variabili x e y (equazione lineare)

$$ax + by + c = 0$$ ***Equazione cartesiana o generale della retta***

Da questa forma si passa a quella esplicita $y = mx + q$ ricavando la variabile y. Si ottiene

$$y = -\frac{a}{b}x - \frac{c}{b}$$

in cui basta porre $-\frac{a}{b} = m$ e $-\frac{c}{b} = q$ per ritrovare la precedente equazione generica.

11.5 Condizioni di parallelismo e perpendicolarità tra rette

11.5.1 Equazione di rette parallele

Date due rette r_1 e r_2 che rappresentano graficamente le due funzioni

$$y = m_1x + q_1 \qquad y = m_2x + q_2$$

se r_1 e r_2 sono parallele tra loro, le loro equazioni si deducono da quella $y = mx$ di una retta passante per l'origine, della quale assumono il coefficiente angolare m.
Pertanto $m = m_1$, $m = m_2$, quindi $m_1 = m_2$.
Inversamente, se nelle equazioni di due rette date sono uguali tra loro i coefficienti angolari m_1 e m_2, le due rette, essendo parallele ad una stessa retta passante per l'origine, sono parallele tra loro.
Condizione necessaria e sufficiente affinché due rette siano tra loro parallele è che siano uguali fra loro i rispettivi coefficienti angolari.
Al contrario due rette i cui coefficienti angolari sono differenti, non sono parallele fra loro, ma hanno un punto in comune.

11.5.2 Equazioni di rette perpendicolari

Date due rette che rappresentano graficamente le funzioni:

$$y = m_1x + q_1 \qquad y = m_2x + q_2$$

se le due rette sono perpendicolari, anche le rette parallele ad esse passanti per O di equazione $y = m_1x$ e $y = m_2x$ sono perpendicolari tra loro: ciò significa che per le rette perpendicolari esiste una relazione tra i soli coefficienti angolari m_1 e m_2. Si dimostra che tale relazione è $m_1 \cdot m_2 = -1$ cioè

$$m_2 = -\frac{1}{m_1} \quad \text{oppure} \quad m_1 = -\frac{1}{m_2}$$

Inversamente, se nelle equazioni di due rette il coefficiente angolare di una è uguale all'opposto del reciproco del coefficiente angolare dell'altra, le due rette sono perpendicolari.

Dimostrazione*:* Per quanto è stato detto basterà riferirsi alle due rette passanti per l'origine di equazione $y = m_1x$ e $y = m_2x$, parallele alle date.
Se tali rette sono perpendicolari tra loro, è evidente che mentre una di esse forma un angolo acuto α col semiasse positivo delle x, l'altra ne forma uno ottuso e pertanto i coefficienti m_1 e m_2 sono l'uno positivo e l'altro negativo.
Dunque *i coefficienti angolari di due rette perpendicolari sono numeri reali discordi.*
I punti $A_1(1; m_1)$ e $A_2(1; m_2)$ delle due rette formano con O un triangolo rettangolo OA_1A_2 la cui altezza $\overline{OH}$ relativa all'ipotenusa $\overline{A_1A_2}$ ha lunghezza 1.
Applicando il II teorema di Euclide si ha: $\overline{A_1H} \cdot \overline{A_2H} = \overline{OH}^2$ essendo:

$$\overline{A_1H} = |m_1| \text{ e } \overline{A_2H} = |m_2| \text{ e } \overline{OH} = 1$$

si ha $|m_1 \cdot m_2| = 1$.

poiché il segno di tale prodotto è negativo (fattori discordi) si ha

$$(m_1 \cdot m_2) = -1$$

Condizione necessaria e sufficiente affinché due rette siano perpendicolari l'una all'altra è che il coefficiente angolare di una sia uguale all'opposto del reciproco del coefficiente angolare dell'altra.

➤ Data la retta di equazione $3x - 5y - 2 = 0$ determinare l'equazione della retta perpendicolare condotta per il punto M(– 6; 1).

Il coefficiente angolare della retta data è $\frac{3}{5}$, quello della retta perpendicolare sarà $-\frac{5}{3}$, ossia:

$$y - 1 = -\frac{5}{3}(x + 6) \qquad \text{da cui} \qquad 5x + 3y + 27 = 0$$

11.5.3 Intersezione tra rette

Dalla geometria euclidea sappiamo che due rette si dicono incidenti quando hanno un punto in comune. Nel piano cartesiano, ciò significa che esiste un solo punto le cui coordinate soddisfano la condizione di appartenenza nelle equazioni che rappresentano le rette di cui sopra. Il sistema algebrico composto dalle due equazioni ammette una soluzione unica, che rappresenta proprio il punto di intersezione delle due rette.
Siano r_1 e r_2 le rette le cui equazioni sono messe a sistema come di seguito descritto:

r_1: $a_1x + b_1y = c_1$

r_2: $a_2x + b_2y = c_2$

Attraverso uno qualsiasi dei metodi risolutivi dei sistemi di primo grado in due incognite si perviene alla equazione risolvente.
Considerando, ad esempio, il metodo per confronto, avremo dalla prima equazione e dalla seconda rispettivamente:

$$\begin{cases} y = \dfrac{c_1 - a_1x}{b_1} & \text{e} & y = \dfrac{c_2 - a_2x}{b_2} \\ x = \dfrac{c_1 - b_1y}{a_1} & \text{e} & x = \dfrac{c_2 - b_2y}{a_2} \end{cases}$$

Per transitività possiamo uguagliare le due espressioni ottenendo una equazione in x (dalle prime due) e una in y (dalle seconde due) che, risolte, forniscono le soluzioni del sistema e che rappresentano le coordinate x e y del punto, se esiste, comune alle due rette, ovvero:

$$x = \frac{b_2c_1 - b_1c_2}{a_1b_2 - a_2b_1} \quad \text{e} \quad y = \frac{a_1c_2 - a_2c_1}{a_1b_2 - a_2b_1}$$

Se il denominatore delle due equazioni appena ottenute si annulla, il sistema è *impossibile*; questo avviene quando le due rette sono *parallele* tra loro e $a_1b_2 - a_2b_1 = 0$ rappresenta proprio la condizione di parallelismo tra r_1 e r_2.
Se oltre ad annullarsi il denominatore si annullano anche i numeratori (l'annullamento di uno comporta sempre l'annullamento dell'altro) siamo in presenza della proporzionalità tra tutti i coefficienti delle due equazioni, ovvero:

$$a_1 : a_2 = b_1 : b_2 = c_1 : c_2$$

In questo caso, il sistema risulta *indeterminato*; le due equazioni rappresentano la stessa retta e le soluzioni sono infinite perché sono infiniti i punti comuni alle due rette.

11.6 Luoghi geometrici nel piano cartesiano

Asse di un segmento

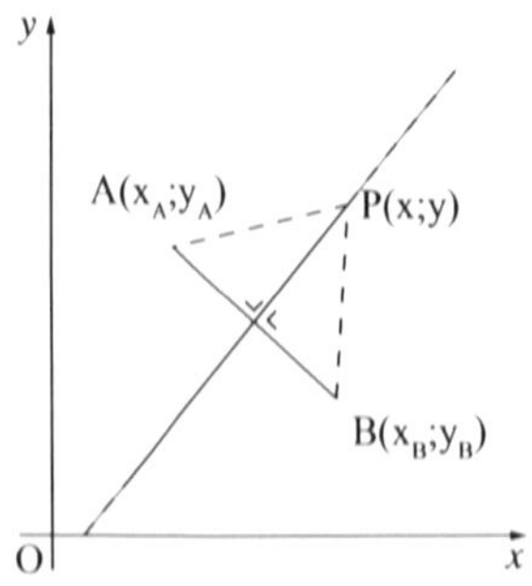

L'asse di un segmento è il luogo dei punti equidistanti dai suoi estremi.
Siano $A(x_A; y_A)$ e $B(x_B; y_B)$ gli estremi di un segmento e $P(x; y)$ un punto generico del piano cartesiano; tale punto apparterrà all'asse del segmento se e solo se:

$$\overline{PA} \cong \overline{PB} \rightarrow \overline{PA}^2 = \overline{PB}^2$$

cioè

$$(x - x_A)^2 + (y - y_A)^2 = (x - x_B)^2 + (y - y_B)^2$$

che sviluppata e ridotta ci darà l'equazione cercata.

Bisettrice di un angolo

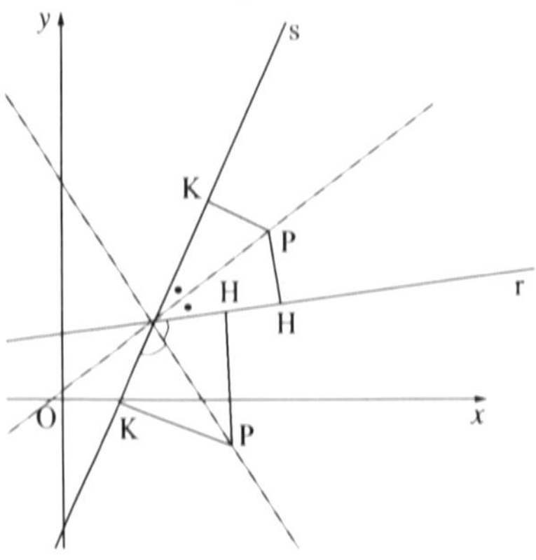

La bisettrice di un angolo è il luogo dei punti equidistanti dalle rette dei suoi lati.
Consideriamo due rette *r* e *s* di equazioni rispettivamente

$$ax + by + c = 0 \qquad \text{e} \qquad a'x + b'y + c' = 0$$

un generico punto $P(x; y)$ apparterrà a una delle due bisettrici degli angoli formati dalle due rette, se e solo se

$$\overline{PH} = \overline{PK}$$

Applicando la formula della distanza tra un punto e una retta, si ha

$$\overline{PH} = \frac{|ax + by + c|}{\sqrt{a^2 + b^2}} \qquad \overline{PK} = \frac{|a'x + b'y + c'|}{\sqrt{a'^2 + b'^2}}$$

Uguagliando le due relazioni si ottengono le equazioni cercate

$$\frac{ax + by + c}{\sqrt{a^2 + b^2}} = \pm \frac{a'x + b'y + c'}{\sqrt{a'^2 + b'^2}}$$

11.7 Le coniche

Abbiamo studiato la curva più semplice che si può avere nel piano, la retta, che viene indicata anche come *curva del I ordine* o *funzione lineare* in quanto essa, algebricamente, è rappresentata da un'equazione di I grado.
Adesso passeremo a delle curve del piano che, analiticamente, sono rappresentabili per mezzo di equazioni algebriche di II grado.
Tali curve, al fine di poter essere definite, richiedono l'analisi di una superficie spaziale particolare. Poniamoci pertanto in un riferimento spaziale, quindi in R^3, siano a ed r due rette di R^3, che si intersecano in un punto V, formando un angolo acuto α.
Si definisce *superficie conica*, la superficie *individuata dalla rotazione completa della retta r intorno alla retta a.*
La retta a si definisce *asse* della superficie conica, la retta r *generatrice* mentre l'angolo α *apertura* della superficie conica.
La superficie conica individuata sarà costituita da due parti, una superiore al *vertice* V, ed una inferiore, denominate *falde*.
Tornando adesso nel piano (quindi in R^2), si definiscono **coniche** *le tracce che la superficie conica lascia intersecandosi con un piano generico.*
In particolare avremo **4 tipi fondamentali di coniche** in funzione del tipo di intersezione piano/conica:

1) **Circonferenza** – *Il piano secante è ortogonale all'asse a della superficie conica.*
2) **Ellisse** – *Il piano secante forma con l'asse a della superficie conica un angolo* $\beta>\alpha$ *e* $\beta\neq 90°$.
3) **Parabola** – *Il piano secante è parallelo alla generatrice r della superficie conica. In tal caso il piano taglia la superficie conica in una sola falda (quella superiore o quella inferiore).*
4) **Iperbole** – *Il piano secante è parallelo all'asse a della superficie conica. L'iperbole è costituita da due parti uguali ed opposte, ciascuna relativa ad ogni falda.*

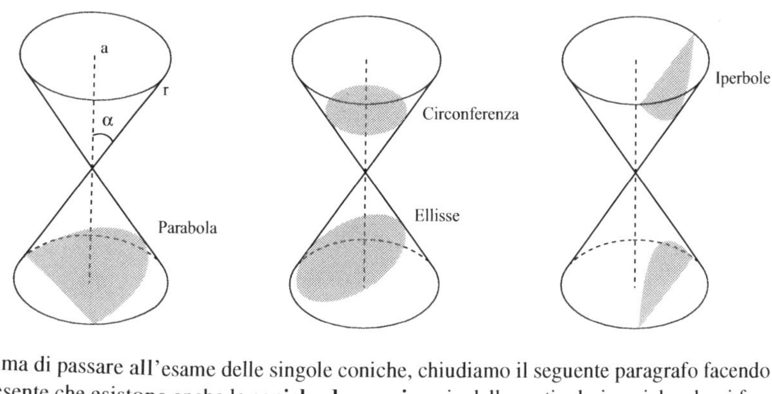

Prima di passare all'esame delle singole coniche, chiudiamo il seguente paragrafo facendo presente che esistono anche le **coniche degeneri**, ossia delle particolari coniche che si formano quando l'intersezione piano/superficie conica avviene nel vertice V della superficie conica.

Abbiamo allora che:
- *La circonferenza degenera in un punto quando il piano passa per il vertice V della superficie conica;*
- *L'ellisse idem come per la circonferenza;*
- *La parabola degenera in due rette coincidenti quando il piano passa per il vertice V della superficie conica;*
- *L'iperbole degenera in due rette incidenti se il piano passa per il vertice V.*

Luoghi geometrici
Le coniche che vedremo adesso sono dei *luoghi geometrici*, cioè *insiemi di tutti e soli punti che godono di una stessa proprietà che li definisce.*

11.8 Circonferenza (equazione cartesiana e canonica)

Definizione: *si definisce* ***circonferenza*** *il luogo geometrico dei punti del piano equidistanti da un punto fisso detto centro.*

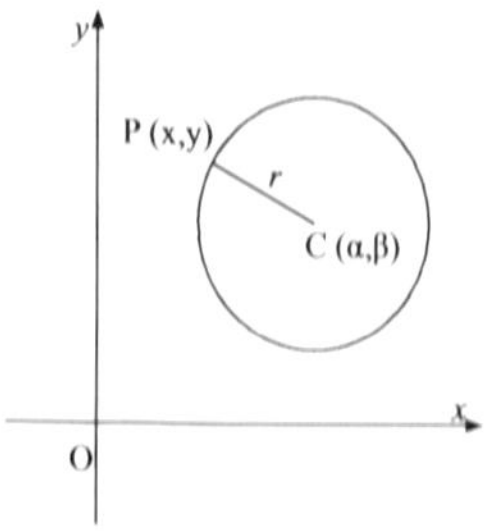

Posto allora C(α, β) il centro della circonferenza Γ, sia P(*x*,*y*) un punto generico della circonferenza stessa.
La distanza *r* del centro C dalla circonferenza si chiama *raggio*.
In base a quanto affermato risulta che:

$$P(x,y) \in \Gamma \Rightarrow \overline{PC} = r \Rightarrow \overline{PC}^2 = r^2$$

e, ricordando la formula per calcolare la distanza tra due punti, si ottiene:

$$\overline{PC}^2 = (x-\alpha)^2 + (y-\beta)^2 = r^2$$ **Equazione cartesiana della circonferenza** (*)

In particolare se il centro C è nell'origine O degli assi, l'equazione diventa:

$$x^2 + y^2 = r^2$$ **Equazione della circonferenza con centro nell'origine**

Consideriamo la (*) e svolgiamo le operazioni algebriche:

$$x^2 + \alpha^2 - 2x\alpha + y^2 + \beta^2 - 2y\beta = r^2$$

effettuiamo le seguenti sostituzioni

$$-2\alpha = a$$
$$-2\beta = b$$
$$\alpha^2 + \beta^2 - r^2 = c$$

otteniamo infine:

$x^2 + y^2 + ax + bx + c = 0$ **Equazione normale o canonica della circonferenza** (**)

ATTENZIONE. Non è detto che questa equazione rappresenti sempre una circonferenza.

La (**) rappresenta una circonferenza solo se risulta:

$$\frac{a^2}{4}+\frac{b^2}{4}-c>0$$

Dimostrazione
Consideriamo la (**): $x^2 + y^2 + ax + by = -c$.

Aggiungiamo ad ambo i membri $\frac{a^2}{4}+\frac{b^2}{4}$:

$$x^2 + ax + \frac{a^2}{4} + y^2 + by + \frac{b^2}{4} = \frac{a^2}{4} + \frac{b^2}{4} - c$$

tenendo conto che al primo membro abbiamo due quadrati di binomi possiamo scrivere:

$$\left(x+\frac{a}{2}\right)^2+\left(y+\frac{b}{2}\right)^2=\frac{a^2}{4}+\frac{b^2}{4}-c$$

Ponendo $\alpha = -\frac{a}{2}$ e $\beta=-\frac{b}{2}$ e $r^2=\frac{a^2}{4}+\frac{b^2}{4}-c>0$, si ottiene

$$(x-\alpha)^2+(y-\beta)^2=r^2$$

che è l'equazione cartesiana (*) di una circonferenza.

In conclusione, se l'equazione di 2° grado (**) rappresenta l'equazione canonica di una circonferenza dovrà aversi:

1) Centro $C\left(-\frac{a}{2},-\frac{b}{2}\right)$

2) Raggio $r=\sqrt{\frac{a^2}{4}+\frac{b^2}{4}-c}$

Casi particolari di circonferenza in funzione dei coefficienti *a, b* e *c*
In funzione dei valori assunti dai coefficienti *a, b* e *c* nell'equazione (**) possiamo avere circonferenze con particolari caratteristiche:

Caso 1
$c = 0 \Rightarrow$ la circonferenza passa per l'origine degli assi $\Rightarrow x^2 + y^2 + ax + by = 0$.

Caso 2
$a = 0 \Rightarrow$ la circonferenza ha il centro sull'asse $y \Rightarrow x^2 + y^2 + by + c = 0$.

Caso 3
$b = 0 \Rightarrow$ la circonferenza ha il centro sull'asse $x \Rightarrow x^2 + y^2 + ax + c = 0$.

Caso 4
$a = b = 0 \Rightarrow$ la circonferenza con il centro nell'origine degli assi $\Rightarrow x^2 + y^2 + c = 0$.

Caso 5
$a = c = 0 \Rightarrow$ la circonferenza tangente all'asse x e centro sull'asse $y \Rightarrow x^2 + y^2 + by = 0$.

Caso 6
$b = c = 0 \Rightarrow$ la circonferenza tangente all'asse y e centro sull'asse $x \Rightarrow x^2 + y^2 + ax = 0$.

Di seguito sono rappresentati i **sei casi** graficamente:

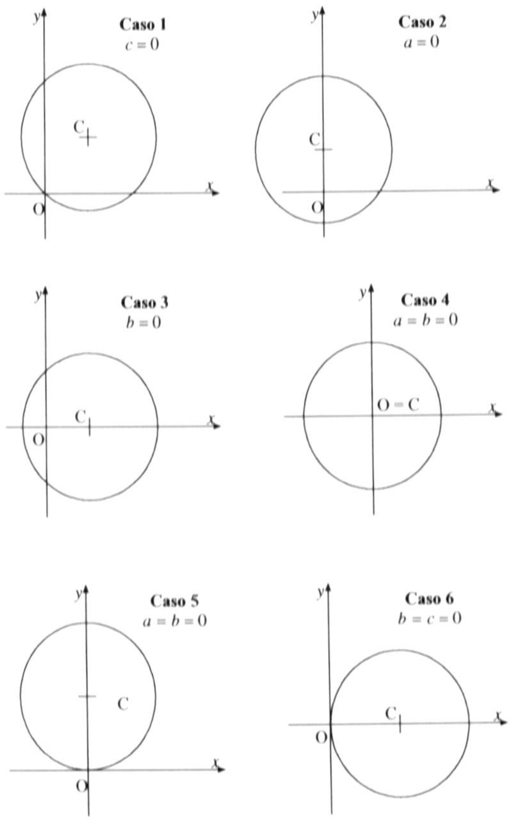

11.8.1 Fascio di circonferenze

Consideriamo due circonferenze non concentriche di equazioni

$$a: x^2 + y^2 + \alpha x + \beta y + y = 0 \qquad b: x^2 + y^2 + \alpha_1 x + \beta_1 y + y_1 = 0$$

e l'equazione del loro **asse radicale** (retta a cui appartengono gli eventuali punti di intersezione delle due circonferenze)

$$\text{r: } (\alpha - \alpha_1)x + (\beta - \beta_1)y + \gamma - \gamma_1 = 0$$

Scriviamo una combinazione lineare delle equazioni a e b, con k parametro reale

$$x^2 + y^2 + \alpha x + \beta y + \gamma + k(x^2 + y^2 + \alpha_1 x + \beta_1 y + \gamma_1) = 0 \qquad (1)$$

Riscriviamo l'equazione precedente nella forma

$$(1 + k)x^2 + (1 + k)y^2 + (\alpha + k\alpha_1)x + (\beta + \beta_1)y + \gamma - k\gamma_1 = 0 \qquad (2)$$

che nell'ipotesi $k \neq -1$ può a sua volta essere scritta

$$x^2 + y^2 + \frac{\alpha + k\alpha_1}{1+k}x + \frac{\beta + k\beta_1}{1+k}y + \frac{\gamma + k\gamma_1}{1+k} = 0 \qquad (3)$$

che rappresenta l'**equazione del fascio di circonferenze** generato dalle circonferenze a e b. Al variare di k, nell'ipotesi fatta, questa equazione è l'equazione di infinite circonferenze. Per $k = 1$ la (1) dà l'equazione di a **(prima generatrice)**, per $k = -1$ otteniamo l'equazione dell'asse radicale r (circonferenza del fascio che è degenere e ha raggio infinito) mentre b **(seconda generatrice)** non può essere ottenuta per alcun valore di k. Considerando gli altri valori di k si può facilmente verificare che i centri delle circonferenze del fascio appartengono tutti ad una stessa retta perpendicolare all'asse radicale r.

Se le generatrici a e b sono secanti in due punti A e B allora tutte le circonferenze del fascio passano per A e B **(punti base del fascio)** e l'asse radicale r è asse radicale anche per ogni altra coppia di circonferenze del fascio.

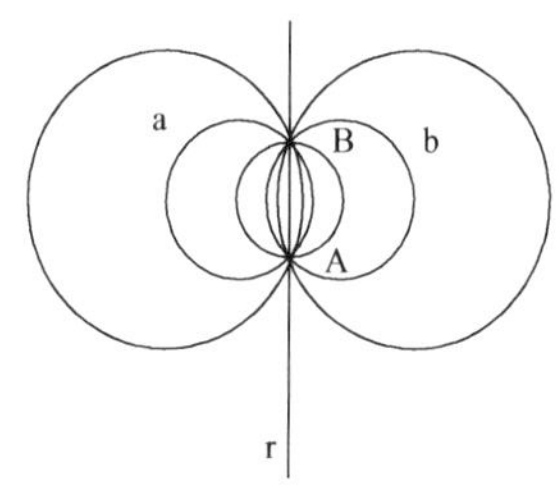

Se invece le generatrici a e b sono tangenti in T allora ogni circonferenza passerà per T **(punto base)** e sarà tangente in tale punto all'asse radicale r. In questo caso si considera appartenente al fascio anche la circonferenza degenere con centro in T e raggio nullo.

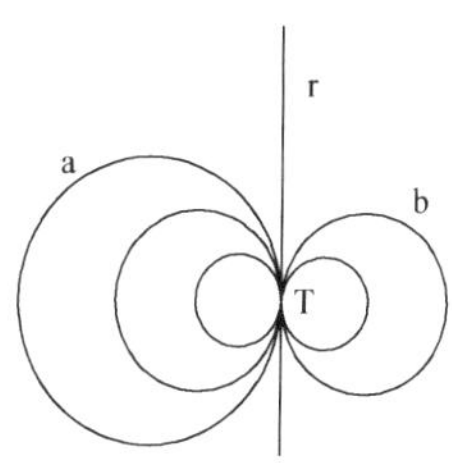

11.9 Parabola

11.9.1 Definizione

Si definisce ***parabola*** *il luogo geometrico dei punti del piano equidistanti da un punto F detto "fuoco" e da una retta d "direttrice".*

Ogni parabola è caratterizzata dalla distanza $\overline{Fd}$ del fuoco dalla direttrice, misurata da p, che costituisce il *parametro* della data parabola.

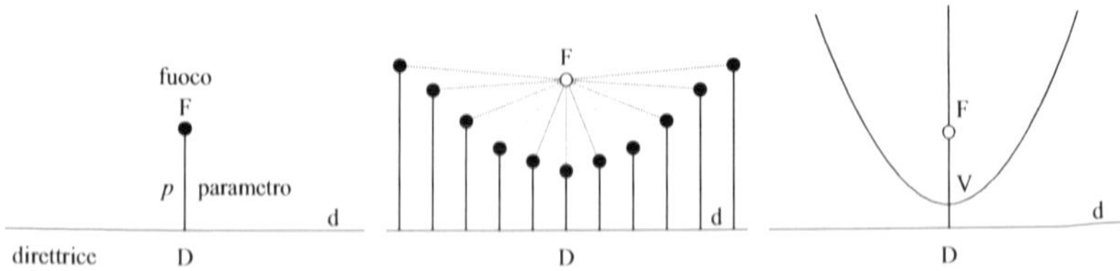

I punti di ogni parabola sono simmetrici rispetto ad una retta (detta *asse della parabola*) tale retta è perpendicolare alla direttrice d e passante per il Fuoco F della parabola considerata. Il punto V, in cui l'asse incontra la curva e che è simmetrico di se stesso, è detto *vertice della parabola*.

Se un punto M della parabola percorre la curva, le due distanze uguali da F e da d diventano minime (e uguali a $p/2$) quando M coincide con V.

Proprietà del polinomio di II grado interpretabili geometricamente nel piano cartesiano

Risolvere un'equazione di secondo grado

$$ax^2 + bx + c = 0 \qquad (1)$$

è equivalente a risolvere il sistema

$$\begin{cases} y = ax^2 + bx + c \\ y = 0 \end{cases}$$

L'interpretazione grafica di questo sistema è determinare le intersezioni tra la parabola di equazione

$$y = ax^2 + bx + c$$

e l'asse delle ascisse di equazione

$$y = 0$$

Quindi le soluzioni reali dell'equazione (1) sono le ascisse degli eventuali punti comuni alla parabola e all'asse delle x.

Considerando il **discriminante** $\Delta = b^2 - 4ac$ occorrerà allora distinguere tre casi a seconda che sia

$$\Delta < 0 \qquad \Delta = 0 \qquad \Delta > 0$$

11.9.2 Parabole di equazione: $y = ax^2$

Per determinare una equazione di una parabola di dato parametro p (essendo $p \in \mathbf{R}$) nella forma più semplice, si riferiscono i punti M di tale curva ad un sistema cartesiano xOy disposto in modo che l'origine O sia nel vertice V della parabola, per cui V(0; 0), ed il fuoco F di questa sia sul semiasse positivo delle y; allora, essendo $\overline{VF} = p/2$, si ha $x_F = 0$ e $y_F = +p/2$.
In queste condizioni l'asse della parabola coincide con Oy e quindi la direttrice d, risultando parallela ad Ox ha l'equazione $y = -p/2$.

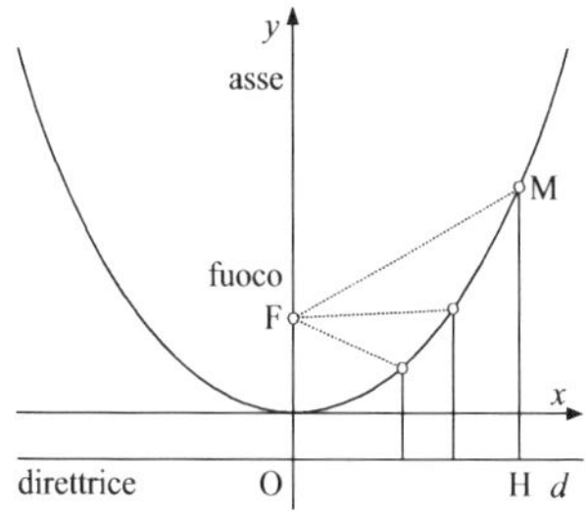

Per definizione, ogni punto M(x; y) della parabola data è equidistante da F e da d pertanto $\overline{FM} = \overline{HM}$.

Per tradurre in equazione tale uguaglianza, dopo avere osservato che

$$M(x; y) \qquad F\left(0; \frac{p}{2}\right) \qquad H\left(x; -\frac{p}{2}\right)$$

si applicano le formule delle distanze:

$$\sqrt{(x_M - x_F)^2 + (y_M - y_F)^2} = y_M - y_H$$

cioè

$$\sqrt{(x-0)^2 + \left(y - \frac{p}{2}\right)^2} = y - \left(-\frac{p}{2}\right)^2$$

da cui ricavando la variabile y dopo avere elevato i due membri al quadrato e avere ridotto i termini simili, si ha

$$x^2 + y^2 - py + \frac{p^2}{4} = y^2 + py + \frac{p^2}{4} \Rightarrow 2py = x^2 \Rightarrow y = \frac{x^2}{2p}$$

Se si pone $\frac{1}{2p} = a$ (con $a \in R^+$), risulta alla fine l'equazione $\boldsymbol{y = ax^2}$ equazione della parabola con vertice nell'origine e il fuoco F sul semiasse positivo delle y.
Se, lasciando V in O, il fuoco F è sul semiasse negativo delle y, l'equazione della direttrice diventa $y = +p/2$ e in tal caso si ha:

$$M(x; y) \qquad F\left(0; +\frac{p}{2}\right) \qquad H\left(x; +\frac{p}{2}\right)$$

e operando su $\overline{FM} = \overline{HM}$ come è stato fatto nel caso precedente si ottiene

$$y = -\frac{x^2}{2p} \text{ e ponendo } -\frac{1}{2p} = a$$

si ottiene nuovamente $y = ax^2$, equazione che ha la stessa forma della precedente, ma $a < 0$.
Quindi ogni parabola col vertice nell'origine O e l'asse su Oy è dunque il grafico di una funzione della forma $y = ax^2$ in cui $|a| = 1/2p$.
Se il fuoco è sul semiasse Oy positivo è $a > 0$ e si dice che la *parabola volge la concavità verso l'alto*; se invece F è sul semiasse Oy negativo, è $a < 0$, si dice che la *parabola volge la concavità verso il basso*.

Conclusione: *ogni parabola con il vertice nell'origine e con l'asse coincidente con quello delle ordinate è il grafico di una funzione della forma*

$$y = ax^2$$

Si osservi: il parametro p, e quindi la distanza focale $\overline{FV} = p/2$, sono inversamente proporzionali al parametro a.
Pertanto al crescere di a nella equazione $y = ax^2$ il parametro decresce, per cui il fuoco F e la direttrice d si avvicinano al vertice, facendo assumere alle corrispondenti parabole forme sempre più "acuminate".
Se la data parabola ha il vertice V nell'origine O, ma il fuoco sul semiasse positivo Ox (quindi la direttrice d parallela a Oy), operando come prima risulta l'equazione:

$$y^2 = 2px$$

in cui p rappresenta ancora la distanza di F da d (il parametro) e $p/2$, uguale all'ascissa di F, è la distanza focale.
In queste condizioni l'asse della parabola coincide con Ox e la concavità è rivolta verso il semiasse Ox positivo.

Generalizzazioni

Le conclusioni precedenti sulla funzione $y = ax^2$ e il suo grafico si possono generalizzare e ritenere valide per ogni funzione di II grado, espresse dalle equazioni

$$y = ax^2 + c \qquad y = ax^2 + bx \qquad y = ax^2 + bx + c$$

Inversamente, sapendo che il grafico della funzione $y = ax^2$ è una parabola con la direttrice parallela ad Ox e con parametro $p = 1/|2a|$, si dimostra, ricorrendo ad una conveniente trasformazione di coordinate, che la funzione di II grado più generale $y = ax^2 + bx + c$ si trasforma, rispetto al nuovo sistema XO^1Y, sulla funzione $Y = aX^2$, e si conclude pertanto che il suo grafico è una parabola con direttrice parallela a O^1X (quindi a Ox) e con parametro $p = 1/|2a|$.
La trasformazione di coordinate richiesta è la traslazione di assi, con cui si passa dal sistema cartesiano iniziale xOy al nuovo sistema XO^1Y, la cui origine O^1, rispetto al precedente ha le coordinate

$$O^1\left(-\frac{b}{2a}; \frac{4ac - b^2}{4a}\right)$$

Infatti, se $y = ax^2 + bx + c$ è la funzione data, riferita al sistema xOy, applicando le formule di trasformazione, viene modificata sulla equazione della stessa curva riferita al nuovo sistema XO^1Y, esprimendo dapprima

$$X = x - \left(-\frac{b}{2a}\right) \quad \text{da cui} \quad x = X - \frac{b}{2a}$$

$$Y = y - \frac{4ac + b^2}{4a} \quad \text{da cui} \quad y = Y + \frac{4ac - b^2}{4a}$$

Sostituendo nella data equazione x e y espresse mediante X e Y, essa viene trasformata nella equazione con lo stesso grafico, ma riferito ai nuovi assi.

11.9.3 Parabole di equazione: $y = ax^2 + c$

Ogni funzione di II grado, espressa da un'equazione della forma $y = ax^2 + c$, ha per grafico una parabola di parametro $p = 1/|2a|$, il cui asse coincide con Oy.
Essa volge la concavità verso l'alto o verso il basso a seconda che $a > 0$ oppure $a < 0$.
Il vertice V di tale parabola, intersezione della curva con l'asse Oy, è pertanto il punto V $(0; c)$.
Le intersezioni A e B con l'asse Ox (di equazione $y = 0$) si trovano ponendo

$$ax^2 + c = 0 \qquad \text{da cui} \qquad x = \pm\sqrt{-\frac{c}{a}}$$

I punti A e B esistono a condizione che sia $x \in$ R e quindi $-c/a > 0$, pertanto a e c devono essere opposti.
Se invece $-c/a < 0$ la parabola non interseca l'asse Ox che invece è esterno alla parabola.
Dalla equazione $y = ax^2 + c$ si ricavano, oltre a p, V e alle intersezioni A e B, anche la distanza $\overline{FV} = p/2$, il fuoco F e l'equazione della direttrice d:

$$\overline{FV} = \frac{p}{2} = \frac{1}{|4a|} \qquad F\left(0; c + \frac{1}{4a}\right) \qquad y = c - \frac{1}{4a}$$

➤ I grafici delle funzioni $y = x^2 - 4$ e $y = \frac{1}{2}x^2 + 1$ sono le parabole p_1 e p_2 le cui distanze focali sono rispettivamente $\frac{1}{4}$ e $\frac{1}{2}$.

La parabola p_1 interseca l'asse Ox nei punti di ascisse uguali a 2 e -2 (si pone $x^2 - 4 = 0$).
La parabola p_2 non interseca l'asse Ox e interseca l'asse Oy nel vertice V(0; 1).

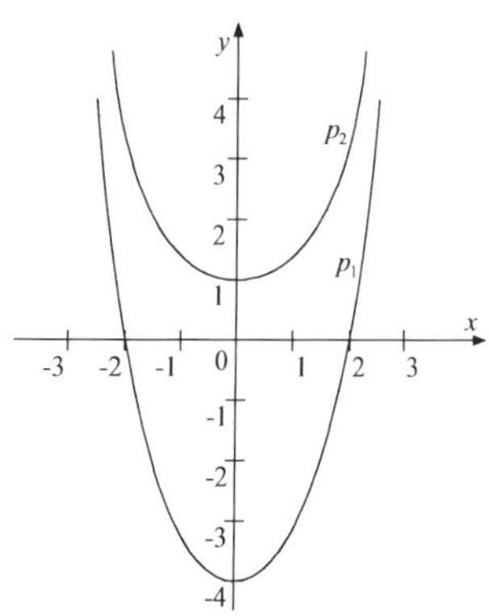

11.9.4 Parabole di equazione: $y = ax^2 + bx$

Ogni funzione di II grado espressa da una equazione della forma

$$y = ax^2 + bx$$

ha per grafico una parabola di parametro $p = 1/|2a|$ con la direttrice d parallela a Ox e quindi con l'asse parallelo a Oy, che volge la concavità verso l'alto o il basso a seconda che $a > 0$ o $a < 0$.
La parabola $y = ax^2 + bx$ interseca Ox (di equazione $y = 0$) in due punti le cui ascisse si trovano risolvendo l'equazione $ax^2 + bx = 0$ e sono pertanto

$$x_1 = 0 \qquad x_2 = -\frac{b}{a}$$

Perciò una intersezione coincide con l'origine O e l'altra è il punto A di ascissa $-b/a$. L'asse Ox è dunque una secante della parabola nei punti O(0, 0) e A($-b/a$, 0).
I punti O e A, trovandosi su Ox parallelo a d, sono simmetrici rispetto all'asse della parabola. Tale asse passa per il punto medio M di OA, di ascissa $-b/2a$ che è anche l'ascissa di F, V e tutti i punti dell'asse della parabola.

Pertanto l'equazione dell'asse è:

$$x = -\frac{b}{2a}$$

Il vertice V, il fuoco F della parabola $y = ax^2 + bx$ e l'equazione della direttrice sono rispettivamente:

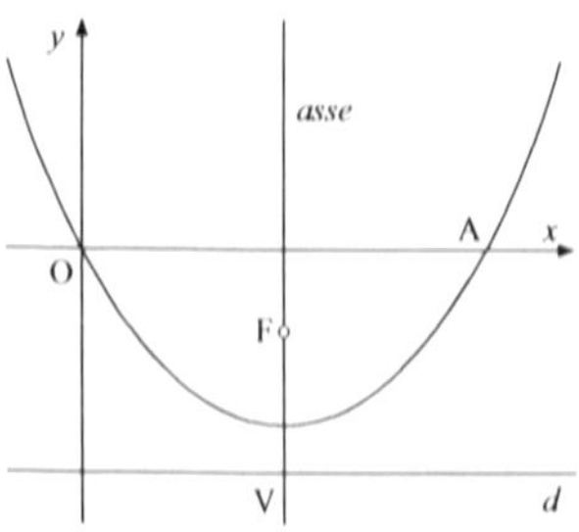

$$V\left(-\frac{b}{2a}; -\frac{\Delta}{4a}\right) \quad F\left(-\frac{b}{2a}; \frac{1-\Delta}{4a}\right) \quad y = -\frac{1+\Delta}{4a}$$

dove $\Delta = b^2 - 4ac$.

11.9.5 Parabole di equazione: $y = ax^2 + bx + c$

Ogni funzione di II grado espressa da un'equazione della forma

$$y = ax^2 + bx + c$$

ha per grafico una parabola di parametro $p = 1 / | 2a |$ con l'asse parallelo a Oy e con la concavità rivolta verso l'alto o il basso a seconda che $a > 0$ o $a < 0$.
La parabola interseca l'asse Oy (di equazione $x = 0$) in un punto C la cui ordinata è $f(y) = c$ si ha dunque: C(0; c).
Le intersezioni A e B con l'asse Ox (di equazione $Y = 0$) hanno le ascisse uguali alle radici dell'equazione di II grado completa

$$ax^2 + bx + c = 0$$

I punti A e B esistono quando le radici x_A e x_B sono reali, cioè quando

$$\Delta = b^2 - 4ac \geq 0$$

In tali ipotesi si ha

$$A\left(\frac{-b+\sqrt{\Delta}}{2a}; 0\right) \quad B\left(\frac{-b-\Delta}{2a}; 0\right)$$

Il discriminante Δ della equazione precedente può dar luogo ai seguenti 3 casi.

Caso 1

$\Delta > 0$. Allora x_A e x_B risultano reali e distinte: l'asse Ox è *secante* in A e B della parabola.

Caso 2

$\Delta = 0$. Allora x_A e x_B risultano reali e uguali ($x_A = x_B = -b/2a$) l'asse Ox ha in comune con la parabola 2 punti coincidenti, per cui è *tangente* alla parabola (in V).

Caso 3

$\Delta < 0$. Allora l'asse Ox non interseca la parabola: è una retta *esterna*.
I punti A e B, sull'asse Ox, sono simmetrici rispetto all'asse della parabola; questo incontra allora Ox nel punto medio M di AB, la cui ascissa è la semisomma delle radici x_A e x_B, cioè $-b/2a$.
Il vertice V, il fuoco F e l'equazione della direttrice d sono dunque rispettivamente:

$$V\left(-\frac{b}{2a}; \frac{4ac-b^2}{4a}\right) \qquad F\left(-\frac{b}{2a}; \frac{4ac-b^2+1}{4a}\right) \qquad y = \frac{4ac-b^2-1}{4a}$$

11.10 Ellisse (equazione canonica)

*Si definisce **ellisse** il luogo geometrico dei punti del piano per i quali è costante la somma delle distanze da due punti fissi F_1 e F_2 detti fuochi.*

Poniamo dunque:
- $P(x,y)$ generico punto dell'ellisse;
- $F_1(c,0)$ fuoco dell'ellisse;
- $F_2(-c,0)$ fuoco dell'ellisse.

In riferimento alla figura sia:
- $2a$ = la somma (*costante*) della distanza di P dai due fuochi F_1 e F_2;
- $2c$ = la distanza tra i fuochi F_1 e F_2.

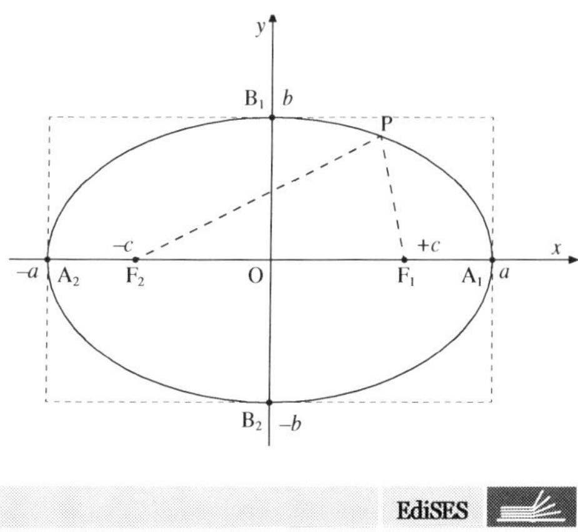

In base alla definizione di ellisse avremo che:

$$P(x,\ y) \in \text{ellisse} \Leftrightarrow \overline{PF_1} + \overline{PF_2} = 2a$$

Nel riferimento (O,x,y) avremo che:

$$\overline{PF_1} = \sqrt{(x-c)^2 + y^2} \text{ e } \overline{PF_2} = \sqrt{(x+c)^2 + y^2}$$

Pertanto:

$$\sqrt{(x-c)^2 + y^2} + \sqrt{(x+c)^2 + y^2} = 2a$$

Trasformiamo la forma irrazionale in razionale (eliminando le radici)

$$\sqrt{(x-c)^2 + y^2} = 2a - \sqrt{(x+c)^2 + y^2}$$

per cui eleviamo al quadrato ambo i membri

$$(x-c)^2 + y^2 = 4a^2 + (x+c)^2 + y^2 - 4a\sqrt{(x+c)^2 + y^2}$$

$$x^2 + c^2 - 2xc + y^2 = 4a^2 + x^2 + 2cx + c^2 + y^2 - 4a\sqrt{x^2 + c^2 + 2cx + y^2}$$

$$4a\sqrt{x^2 + c^2 + 2cx + y^2} = 4a^2 + 4cx$$

Dividiamo ambo i membri per 4

$$a\sqrt{x^2 + c^2 + 2cx + y^2} = a^2 + cx$$

eleviamo nuovamente al quadrato ambo i membri per togliere la radice

$$a^2(x^2 + c^2 + 2cx + y^2) = a^4 + c^2x^2 + 2a^2cx$$
$$a^2x^2 + a^2c^2 + 2a^2cx + a^2y^2 = a^4 + c^2x^2 + 2a^2cx$$
$$a^2x^2 + a^2c^2 + a^2y^2 = a^4 + c^2x^2$$
$$x^2(a^2 - c^2) + a^2y^2 = a^2(a^2 - c^2) \ (*)$$

Adesso si deve porre necessariamente $2a > 2c$ poiché deve aversi $a > c$.
Infatti la somma della distanza di P dai fuochi deve essere maggiore della distanza tra i due fuochi (nel triangolo F_1PF_2 il lato F_1F_2 deve essere minore della somma degli altri due lati!).
Ne consegue dunque che

$$a^2 - c^2 > 0$$

posto $a^2 - c^2 = b^2 \Rightarrow b$ è reale e positivo.
L'equazione (*) diventa:

$$x^2b^2 + a^2y^2 = a^2b^2$$

dividendo ambo i membri per a^2b^2 si ottiene

$$\frac{x^2}{a^2} + \frac{y^2}{b^2} = 1 \qquad \textbf{Equazione canonica dell'ellisse}$$

Andiamo ora ad esplicitare la x e la y nell'equazione della ellisse appena definita:

$$x = \pm\frac{a}{b}\sqrt{b^2 - y^2} \qquad y = \pm\frac{b}{a}\sqrt{a^2 - x^2}$$

Risulta evidente che la realtà dei valori di x e y è garantita solo negli intervalli definiti da:

$$b^2 - y^2 \geq 0 \text{ e } a^2 - x^2 \geq 0 \qquad \text{ovvero negli intervalli:}$$

$$-b \leq y \leq b \qquad -a \leq x \leq a$$

Da ciò si evince che la figura ellittica è definita solo all'interno di un rettangolo di lati $2b$ e $2a$; tali misure riguardano due segmenti, detti *asse minore* e *asse maggiore*, rispettivamente. Inoltre, l'asse maggiore corrisponde alla somma delle distanze che separano ogni punto della ellisse dai due fuochi F_1 e F_2.
Definiamo *vertici* della ellisse i punti di intersezione con le rette dei suoi assi; nel caso analizzato, coincidono con gli assi coordinati e le intersezioni sono le soluzioni dei sistemi:

$$\begin{cases} b^2x^2 + a^2y^2 = a^2b^2 \\ x = 0 \end{cases} \qquad \begin{cases} b^2x^2 + a^2y^2 = a^2b^2 \\ y = 0 \end{cases}$$

Le soluzioni dei sistemi, con riferimento alla figura, sono:

$$A_1 \equiv (a; 0) \qquad A_2 \equiv (-a; 0) \qquad B_1 \equiv (0; b) \qquad B_2 \equiv (0; -b)$$

11.11 Iperbole (equazione canonica)

*Si definisce **iperbole** il luogo geometrico dei punti del piano per i quali è costante la differenza delle distanze da due punti fissi F_1 e F_2 detti fuochi.*

Poniamo dunque
- $P(x,y)$ generico punto dell'iperbole;
- $F_1(c,0)$ fuoco dell'iperbole;
- $F_2(-c,0)$ fuoco dell'iperbole.

In riferimento alla figura sia:
- $2a$ = la differenza (*costante*) della distanza di P dai due fuochi F_1 e F_2;
- $2c$ = la distanza tra i fuochi F_1 e F_2.

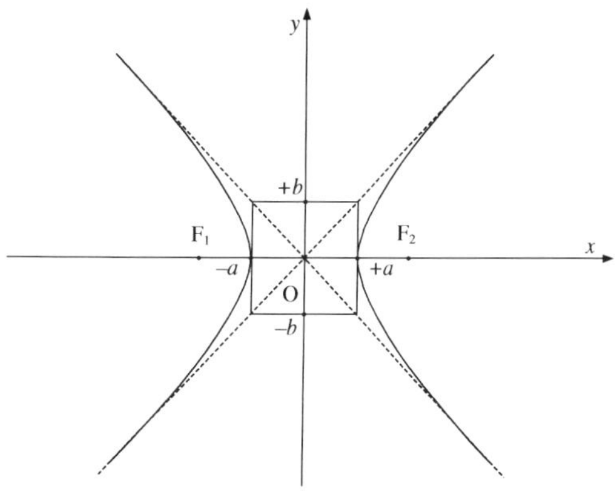

In base alla definizione di iperbole avremo che:

$$P(x,y) \in \text{ iperbole } \Leftrightarrow \begin{cases} \overline{PF_1} - \overline{PF_2} = 2a \\ \text{e/o} \\ \overline{PF_2} - \overline{PF_1} = 2a \end{cases}$$

a seconda che sia $\overline{PF_1} > \overline{PF_2}$ e viceversa.
Se $P(x,y)$ è un punto dell'iperbole, supposto $\overline{PF_1} > \overline{PF_2}$ avremo:

$$\sqrt{(x-c)^2 + y^2} - \sqrt{(x+c)^2 + y^2} = 2a$$

Trasformiamo la forma irrazionale in razionale (eliminando le radici)

$$\sqrt{(x-c)^2 + y^2} = 2a + \sqrt{(x+c)^2 + y^2}$$

per cui eleviamo al quadrato ambo i membri

$$(x-c)^2 + y^2 = 4a^2 + (x+c)^2 + y^2 + 4a\sqrt{(x+c)^2 + y^2}$$

$$x^2 + c^2 - 2cx + y^2 = 4a^2 + x^2 + c^2 + 2cx + y^2 + 4a\sqrt{x^2 + c^2 + 2cx + y^2}$$

$$-4a\sqrt{x^2 + c^2 + 2cx + y^2} = 4cx + 4a^2$$

Dividiamo ambo i membri per 4

$$-a\sqrt{x^2 + c^2 + 2cx + y^2} = cx + a^2$$

eleviamo nuovamente al quadrato ambo i membri per togliere la radice

$$a^2\left(x^2 + c^2 + 2cx + y^2\right) = c^2x^2 + a^4 + 2a^2cx$$

$$a^2x^2 + a^2c^2 + 2a^2cx + a^2y^2 = c^2x^2 + a^4 + 2a^2cx$$

$$a^2x^2 + a^2c^2 + a^2y^2 = c^2x^2 + a^4$$

$$x^2\left(c^2 - a^2\right) - a^2y^2 = a^2\left(c^2 - a^2\right)$$

È evidente che $2c > 2a$ (per il discorso del triangolo come fatto per l'ellisse), quindi:

$$c^2 > a^2 \Rightarrow c^2 - a^2 > 0$$

e posto

$$c^2 - a^2 = b^2$$

si ottiene

$$b^2x^2 - a^2y^2 = a^2b^2$$

Dividendo ambo i membri per a^2b^2

$$\frac{x^2}{a^2} - \frac{y^2}{b^2} = 1$$ **Equazione canonica dell'iperbole**

Tra le proprietà particolari della conica iperbole si deve considerare che essa, all'infinito, tende verso due rette particolari dette **asintoti**, che sono quelle tratteggiate nella figura.

Gli asintoti dell'iperbole s'intersecano nell'origine degli assi ed hanno le seguenti equazioni:

$$y = \frac{b}{a}x \quad \text{e} \quad y = -\frac{b}{a}x$$

Definiamo *vertici* della iperbole i punti di intersezione con la retta dell'asse focale che, nel nostro caso, coincide con l'asse delle ascisse; al riguardo basta risolvere il sistema:

$$\begin{cases} b^2x^2 - a^2y^2 = a^2b^2 \\ y = 0 \end{cases}$$

I due vertici hanno coordinate $A_1 \equiv (-a; 0)$ e $A_2 \equiv (a; 0)$. Il segmento $\overline{A_1A_2}$ è definito *asse trasverso* e misura $2a$, mentre $\overline{F_1F_2}$ è definito *asse focale* e misura $2c$. Per definire il significato geometrico di b possiamo osservare, nelle equazioni degli asintoti, che tale parametro è il valore della ordinata di tali rette quando l'ascissa vale $\pm a$. La misura $2b$ è la dimensione del così detto *asse non trasverso*. Si viene così a definire un rettangolo che lascia la curva tutta al suo esterno e con le sue dimensioni $2a$ e $2b$ ne individua in qualche modo l'apertura. In realtà, si preferisce descrivere tale caratteristica attraverso l'eccentricità $e = c/a$ che per l'iperbole è sempre maggiore di 1.

11.11.1 Caso particolare $a = b \Rightarrow$ *iperbole equilatera*

In questo caso l'equazione canonica:

$$\frac{x^2}{a^2} - \frac{y^2}{a^2} = 1$$

diventa

$$x^2 - y^2 = a^2 \qquad \textbf{Equazione dell'iperbole equilatera}$$

Caratteristica: gli asintoti sono inclinati di 45° sia rispetto all'asse delle ascisse che a quello delle ordinate.
Nel paragrafo seguente esamineremo nel dettaglio l'iperbole equilatera.

11.11.1.1 La funzione $y = a/x$: l'iperbole equilatera

Ogni funzione espressa da una equazione della forma $y = \frac{a}{x}$ oppure $xy = a$ ha per grafico una curva detta ***iperbole equilatera***.

Il campo di esistenza della funzione (ossia il massimo dominio di definizione) è **R**. Allora escludendo il valore zero per la x e non potendo evidentemente assumere valore zero neppure la y, consegue che *la curva non ha punti in comune con gli assi*.

I punti della curva, avendo coordinate x e y tali che $xy = a$, se:

- $a > 0$ appartengono al I e III quadrante, perché le loro coordinate x e y hanno segni concordi;
- $a < 0$ appartengono al II e IV quadrante, perché le loro coordinate x e y hanno segni discordi.

La curva, essendo priva di punti in comune con gli assi, è necessariamente formata da due "rami" situati nei quadranti opposti; i suoi punti, allontanandosi illimitatamente da un asse, tendono "asintoticamente" all'altro, cioè si avvicinano indefinitamente senza mai toccarlo.

Infatti se si attribuiscono a x valori crescenti in valore assoluto, fino a superare numeri positivi arbitrariamente grandi, y assume valori decrescenti in valore assoluto fino a diventare minori di qualunque numero positivo e comunque piccolo (prossimo a zero) e viceversa. *Se una variabile tende all'infinito, l'altra tende a zero e viceversa.*

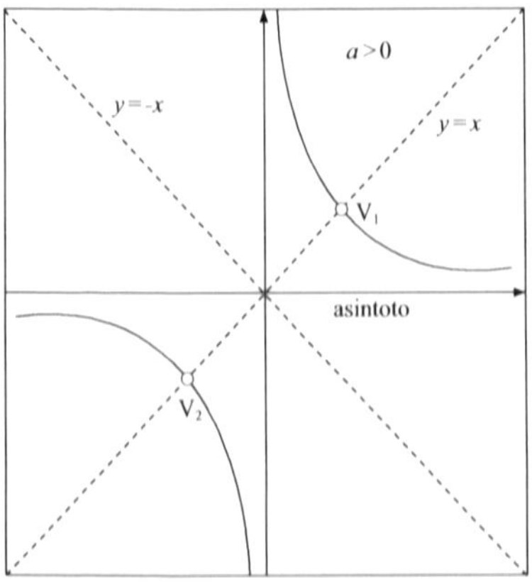

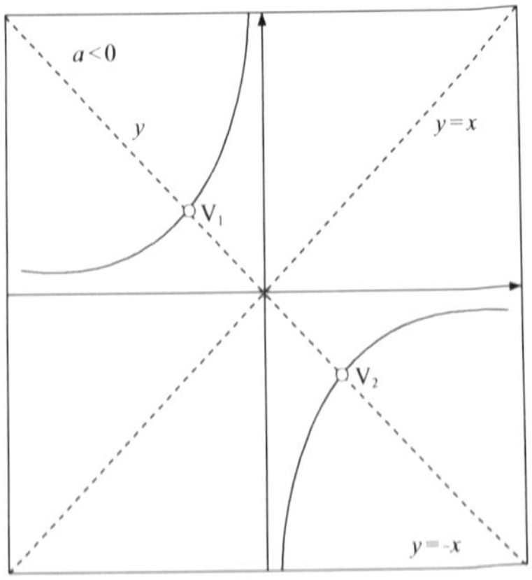

La curva di equazione $xy = a$ ha due *assi di simmetria*, costituiti dalla I e II bisettrice (rette di equazione $y = x$ e $y = -x$); di conseguenza ha un *centro di simmetria* nel loro punto d'incontro (l'origine O). Uno degli assi di simmetria dell'iperbole $xy = a$ viene intersecato da questa in due punti detti *vertici* dell'iperbole. Nel caso in cui $a > 0$ i due vertici V_1 e V_2 sono sulla I bisettrice $y = x$ e le loro coordinate sono le soluzioni dell'equazione $x^2 = a$ per cui

$$V_1\left(\sqrt{a};\sqrt{a}\right);\ V_2\left(-\sqrt{a};-\sqrt{a}\right)$$

Ad ogni valore di a (diverso da zero) corrisponde un'iperbole equilatera determinata, i cui vertici V_1 e V_2 si allontanano da O al crescere di $|a|$. Pertanto *per ciascun punto del piano xOy passa una sola iperbole equilatera.*

➤ Trovare l'equazione dell'iperbole equilatera riferita agli asintoti e passante per il punto M(2; 6). Calcolare inoltre le coordinate dei suoi vertici.

L'equazione da trovare è della forma $xy = a$; poiché M(2; 6) appartiene alla curva si ha $2 \cdot 6 = a$; $a = 12$ l'equazione è $xy = 12$.
Il suo grafico è formato da un ramo d'iperbole nel I quadrante e l'altro nel III e pertanto il suo asse che l'interseca è la retta $y = x$. Allora le coordinate dei due vertici sono le soluzioni del sistema:

$$\begin{cases} y = x \\ xy = 12 \end{cases} \Rightarrow x^2 = 12 \Rightarrow x = \pm\sqrt{12} \Rightarrow x = \pm 2\sqrt{3}$$

$$V_1\left(2\sqrt{3};2\sqrt{3}\right) \qquad V_2\left(-2\sqrt{3};-2\sqrt{3}\right)$$

Capitolo 12
Equazioni e disequazioni: con termini in valore assoluto e parametriche

12.1 Valore assoluto

Il simbolo $|x|$ nell'insieme dei numeri reali è rappresentabile come:

$|x| = x$ se $x \geq 0$

$|x| = -x$ se $x \leq 0$ vale lo stesso per le espressioni algebriche

$|f(x)| = f(x)$ negli intervalli di x dove $f(x) \geq 0$

$|f(x)| = -f(x)$ negli intervalli di x dove $f(x) \leq 0$ (1)

➤ $|2x - 4| = 2x - 4$ se $x \geq 2$
$|2x - 4| = 4 - 2x$ se $x \leq 2$

12.2 Equazioni e disequazioni in valore assoluto

Analizziamo esempi di equazioni e di disequazioni con termini in valore assoluto.

Rappresentare e risolvere la seguente equazione:

$$|x| + |x - 2| + |x + 4| - 7 = 0$$

Se andiamo a rappresentare, sull'asse dei numeri reali, le variazioni di segno delle singole funzioni che compaiono nella equazione, possiamo distinguere quattro intervalli all'interno dei quali andremo ad applicare le (1); l'equazione che ne risulta e l'intervallo stesso ci forniscono il sistema misto per la soluzione nell'intervallo in esame.

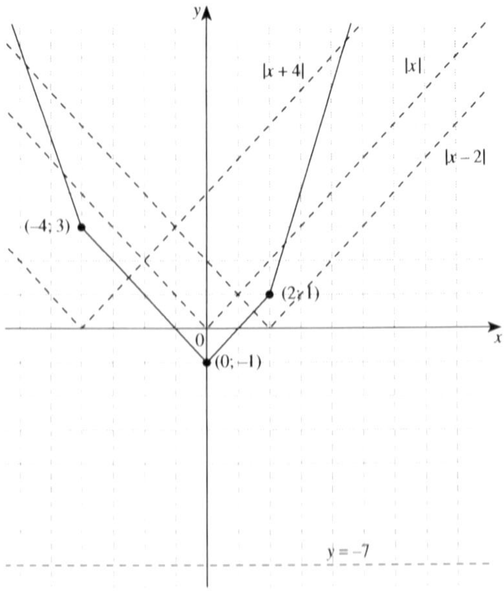

Nello schema che segue gli intervalli dove le funzioni sono positive sono rappresentati a tratto doppio e lo 0 con *.

	–4 –3 –2 –1 0 1 2 3
$y = x$	- - - - - - - - - - - - - - - - - * ==========
$y = x - 2$	- *===
$y = x + 4$	- - - -*=========================
$y = -7$	- -

1° intervallo $(-\infty; -4)$: tutte le singole funzioni sono negative, quindi:

$(-x) + (-x + 2) + (-x - 4) - 7 = 0$

da cui il sistema misto:

$\begin{cases} -3x - 9 = 0 \\ x < -4 \end{cases}$ $\begin{cases} x = -3 \\ x < -4 \end{cases}$ il sistema non ha soluzione

2° intervallo $(-4; 0)$: in questo intervallo il segno delle funzioni fornisce l'equazione seguente:

$(-x) + (-x + 2) + (x + 4) - 7 = 0$

da cui il sistema misto:

$\begin{cases} -x - 1 = 0 \\ -4 \le x < 0 \end{cases}$ $\begin{cases} x = -1 \\ -4 \le x < 0 \end{cases}$ il sistema ammette la soluzione $x = -1$

3° intervallo (0; 2): in questo intervallo l'equazione è:
$x + (-x + 2) + (x + 4) - 7 = 0$
da cui il sistema misto:

$\begin{cases} x - 1 = 0 \\ 0 \le x < 2 \end{cases}$ $\begin{cases} x = 1 \\ 0 \le x < 2 \end{cases}$ il sistema ammette la soluzione $x = 1$

4° intervallo (2; ∞): l'equazione che segue è:
$x + (x + 2) + (x + 4) - 7 = 0$
il sistema misto è:

$\begin{cases} 3x - 5 = 0 \\ x \ge 2 \end{cases}$ $\begin{cases} x = -5/3 \\ x \ge 2 \end{cases}$ il sistema non ha soluzione

Le soluzioni della equazione sono $x = -1$ e $x = 1$.

Esercizio
Rappresentare e risolvere la seguente disequazione:

$$|x^2 - 1| + |x - 2| - 3 < 0$$

Studio dei segni delle singole funzioni:

```
                2      –1        0       1        2     3
y = x² – 1      ======*- - - - - - - - - -*=============
y = x –2         - - - - - - - - - - - - - - - - - *======
y = –3          - - - - - - - - - - - - - - - - - - - - -
```

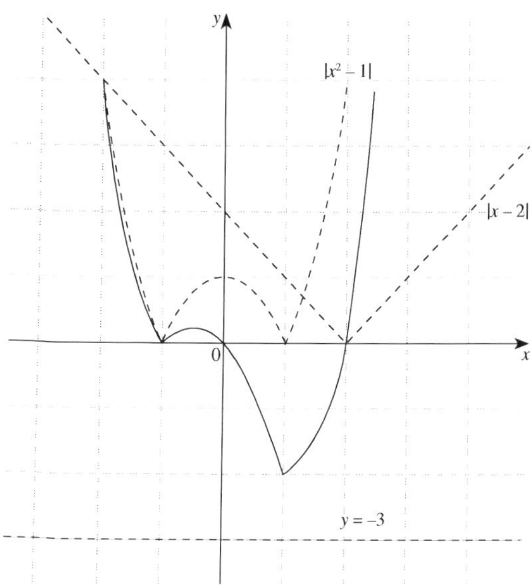

Nel caso delle disequazioni, per ogni singolo intervallo, si va a risolvere un sistema di disequazioni, in cui una disequazione è quella data, calcolata con i segni delle singole funzioni all'interno dell'intervallo stesso e l'altra è l'intervallo stesso.

1° intervallo $(-\infty; -1)$:

$\begin{cases} (x^2 - 1) + (-x + 2) - 3 < 0 \\ x < -1 \end{cases}$ $\begin{cases} -1 < x < 2 \\ x < -1 \end{cases}$

il sistema non ha soluzione perché la soluzione della disequazione data è esterna all'intervallo

2° intervallo $(-1; 1)$:

$\begin{cases} (-x^2 + 1) + (-x + 2) - 3 < 0 \\ -1 \leq x < 1 \end{cases}$ $\begin{cases} x < -1 \cup x > 0 \\ -1 \leq x < 1 \end{cases}$ il sistema ha soluzione in $0 < x < 1$

3° intervallo $(1; 2)$:

$\begin{cases} (x^2 - 1) + (-x + 2) - 3 < 0 \\ 1 \leq x < 2 \end{cases}$ $\begin{cases} -1 < x < 2 \\ 1 \leq x < 2 \end{cases}$ il sistema ha soluzione in $1 \leq x < 2$

4° intervallo $(2; \infty)$:

$\begin{cases} (x^2 - 1) + (x - 2) - 3 < 0 \\ x \geq 2 \end{cases}$ $\begin{cases} -3 < x < 2 \\ x \geq 2 \end{cases}$ il sistema non ha soluzione

La soluzione della disequazione è fornita dalla unione degli intervalli risolutivi così determinati, ovvero: $0 < x < 2$.

12.3 Equazioni parametriche

La ricerca delle soluzioni delle equazioni e disequazioni parametriche consiste nel trovare il valore dei parametri che compaiono nelle funzioni proposte; ciò può avvenire utilizzando le proprietà delle funzioni stesse al variare dei loro parametri caratteristici.
Proponiamo di seguito alcuni esempi esplicativi.

12.3.1 Equazioni parametriche di primo grado

$$y - 2 = m(x - 1)$$

Determinare il valore di m affinché l'equazione proposta rappresenti una retta che passa per l'origine degli assi oppure sia parallela all'asse x.
L'equazione rappresenta un fascio di rette centrato in $(1; 2)$ e può essere riscritta come:

$$y = mx + 2 - m$$

Imporre il passaggio per l'origine significa imporre un termine noto $q = 2 - m$ nullo, ovvero $m = 2$, da cui:

$$y = 2x$$

Imporre il parallelismo con l'asse x significa imporre $m = 0$, da cui:

$$y = 2$$

12.3.2 Equazioni parametriche di secondo grado

$$2x^2 - 2(k-1)x - 2k = 0$$

Nella equazione del fascio di parabole proposto, determinare k affinché:
1) $x_1 = 0$
2) $x_1 = -x_2$
3) $x_1 = x_2$

Si ha:
1) $x_1 = 0$
   una parabola passa per l'origine degli assi se il parametro $c = 2k$ è nullo, da cui $k = 0$ e l'equazione diviene: $2x(x+1) = 0$
2) $x_1 = -x_2$
   una parabola ha radici simmetriche rispetto all'origine degli assi se $b = -2(k-1) = 0$, da cui $k = 1$ e l'equazione diviene: $2(x^2 - 1) = 0$
3) $x_1 = x_2$
   una parabola ha radici coincidenti se $\Delta = b^2 - 4ac = 0$ ovvero: $(k-1)^2 + 4k = 0$, da cui $k = -1$ e l'equazione diviene: $2(x+1)^2 = 0$

12.4 Disequazioni parametriche

12.4.1 Disequazioni parametriche di primo grado

Determinare i valori del parametro m affinché

$$y = -2 + m(x-4) \leq 0 \qquad (*)$$

sia soddisfatta per $x \leq 2$ (**)

dalla (*)	$x \leq 2\,[(1+2m)/m]$
e per la (**)	$2\,[(1+2m)/m] \leq 2$
da cui	$m \leq -1$

In una disequazione di primo grado del tipo $y(x) = mx + q \leq 0$ una soluzione del tipo $x \leq x_0$ (con x_0 radice dell'equazione associata) implica valori del coefficiente angolare m positivi, pertanto il sistema:

$$\begin{cases} m > 0 \\ m \leq -1 \end{cases}$$

non ammette soluzioni.

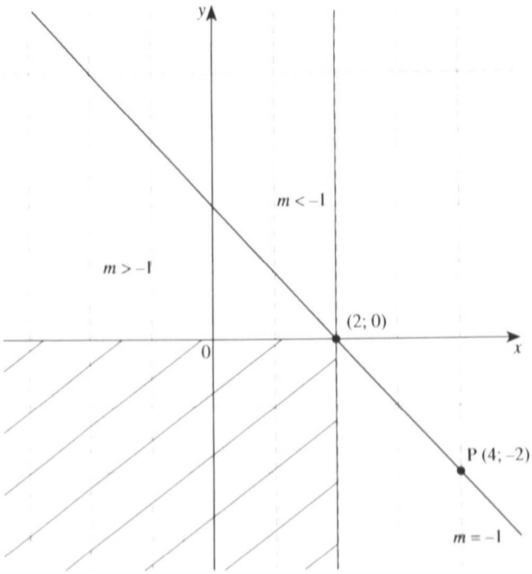

Tale conclusione risulta evidente osservando che la (*) descrive un fascio di rette con centro nel punto di coordinate (4; –2) e quelle che dovrebbero soddisfare la domanda [$y(x) \leq 0$ per $x \leq 2$] dovendo passare per punti di ascissa minore o uguale a 2 ed ordinata nulla avrebbero necessariamente pendenza negativa col risultato di rendere $y(x) \geq 0$ nell'intervallo $x \leq 2$.

12.4.2 Disequazioni parametriche di secondo grado

In generale una disequazione parametrica di secondo grado con coefficienti che dipendono da un parametro si può discutere studiando la dipendenza dal parametro:

a) del segno del discriminante della equazione associata;
b) del segno del coefficiente di x^2;
c) dell'ordine con il quale le radici, x_1 e x_2, della equazione associata si susseguono.

➤ Studiare le soluzioni, al variare del parametro k, di:

$$x^2 - x - k^2 - 3k - 2 > 0$$

Osserviamo che:

$a > 0 \quad \forall k \in R \quad (*)$

$\Delta \geq 0 \quad \forall k \in R \quad (*) \quad$ essendo $\Delta = (2k + 3)^2$

$x_1 = [1 - (2k + 3)]/2 = -k - 1$ e $x_2 = [1 + (2k + 3)]/2 = k + 2$

da cui:

$x_1 < x_2$ per $k > -3/2$

$x_1 = x_2$ per $k = -3/2$ in corrispondenza si ha $\Delta = 0$

$x_1 > x_2$ per $k < -3/2$

Se consideriamo che per le (*) sia a sia Δ sono sempre positive al variare di k, le soluzioni della disequazione sono sempre esterne all'intervallo avente per estremi le soluzioni, x_1 e x_2, della equazione associata, ovvero:

per $k < -3/2$ $\quad x < k + 2 \cup x > -k - 1$

per $k = -3/2$ $\quad \forall x \in R - \{-3/2\}$

per $k > -3/2$ $\quad x < -k - 1 \cup x > k + 2$

➤ Studiare le soluzioni, al variare del parametro k, di:

$$kx^2 + (k - 1)x - 2(2 + 1) < 0$$

Osserviamo che se fosse $k = 0$ la disequazione data diverrebbe di primo grado, ovvero $x + 2 > 0$ con soluzione $x > -2$; diversamente con $k \neq 0$ si hanno i seguenti casi:

- $k < 0$: la concavità è rivolta verso il basso e le soluzioni sono esterne all'intervallo avente per estremi le soluzioni x_1 e x_2;
- $k > 0$: la concavità è rivolta verso l'alto e le soluzioni sono interne all'intervallo avente per estremi le soluzioni x_1 e x_2

$\Delta = (3k + 1)^2$ $\quad \Delta = 0$ per $k = -1/3$ $\quad$ e $\quad \Delta > 0\ \forall k \in R \neq -1/3$

$x_1 = -2$

$x_2 = (1 + k)/k$

Per le soluzioni avremo:

$x_1 < x_2$ per $-1/3 < k < 0 \cup k > 0$

$x_1 = x_2$ per $k = -1/3$ $\quad$ in corrispondenza si ha $\Delta = 0$

$x_1 > x_2$ per $k < -1/3$

Quanto sopra descritto è riportato nello schema seguente:

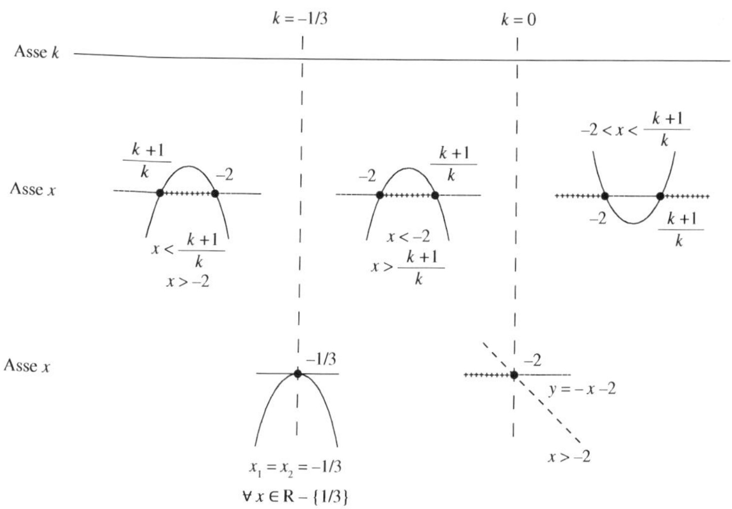

12.5 Sistemi parametrici (studio grafico)

I sistemi parametrici sono sistemi in cui almeno una equazione dipende da un parametro k; generalmente sono di tipo misto dove la o le disequazioni esprimono limitazioni del campo di esistenza delle funzioni a sistema. L'approccio risolutivo dei suddetti sistemi è solitamente limitato a studiare il numero di intersezioni tra i grafici rappresentanti le funzioni di sistema all'interno dei limiti delle variabili in gioco espressi con le disequazioni; ciò al variare del parametro k. Lo studio è eseguito con l'ausilio delle rappresentazioni grafiche nel piano cartesiano.

➤ **Studiare il seguente sistema parametrico misto:**

$$\begin{cases} \sqrt{25-5x} = kx - 2 - 8k \\ -1 \le x \le 5 \end{cases}$$

L'equazione a sistema si può considerare come la risolvente delle equazioni:

$$\begin{cases} y = \sqrt{25-5x} \\ y = kx - 2 - 8k \\ -1 \le x \le 5 \end{cases}$$

Razionalizzando la prima ed elaborando la seconda:

$$\begin{cases} x = -y^2/5 + 5 \\ y + 2 = k\,(x - 8) \\ -1 \le x \le 5 \\ y \ge 0 \end{cases}$$

La condizione $y \ge 0$ deriva dalla razionalizzazione della prima equazione.

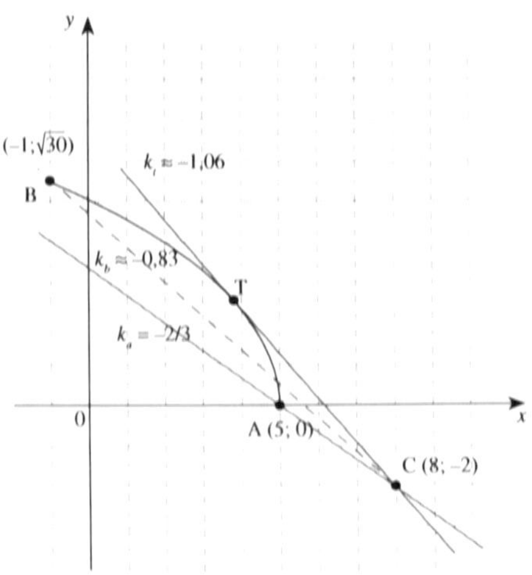

La prima equazione rappresenta un arco di parabola ad asse orizzontale considerata nell'intervallo $-1 \le x \le 5$ e $y \ge 0$; agli estremi di tale intervallo assume i valori (5; 0) nel punto A e $(-1;\sqrt{30})$

nel punto B. La seconda equazione è un fascio di rette con centro C ≡ (8; –2) e coefficiente angolare k. Come si vede dalla figura esiste un primo valore di k che denominiamo k_a che rappresenta un valore limite sopra il quale non si verificano intersezioni tra rette del fascio ed arco di parabola. k_a è ottenibile imponendo il passaggio per il punto A delle rette del fascio: $k_a = -2/3$. Al diminuire di k le rette del fascio ruotano in senso orario intorno al punto C fino ad incontrare la parabola in B da dove l'intersezione inizia a divenire duplice. k_b si ottiene imponendo il passaggio per B. $k_b = -(2 + \sqrt{30})/9 \approx -0{,}83$. Muovendo ancora in senso orario le rette si arriva al punto T ed il relativo k che denomineremo k_t è ottenibile imponendo la condizione di tangenza fra fascio di rette e parabola (Δ della risolvente il sistema nullo):

$\Delta = 12k^2 + 8k - 5 = 0$	
$k_1 = -(2 + \sqrt{19})/6 \approx -1{,}06$	
$k_2 = -(2 - \sqrt{19})/6 \approx 0{,}39$	non accettabile perché fornisce un punto di tangenza nel IV quadrante

Riassumendo, per valori di:

$k < -(2 - \sqrt{19})/6 \approx -1{,}06$	nessuna intersezione
$k = -(2 - \sqrt{19})/6$	2 punti coincidenti (tangenza)
$-(2 - \sqrt{19})/6 \leq k \leq -(2 + \sqrt{30})/9$	2 punti distinti di intersezione
$-(2 + \sqrt{30})/9 < k \leq -2/3$	1 punto di intersezione
$k > -2/3$	nessuna intersezione

Esercizio

Impostare e risolvere il seguente problema

Consideriamo una circonferenza c con centro in C ≡ (2; 1) di un sistema di riferimento cartesiano e raggio $r = 3$. Sull'arco relativo al primo quadrante si muove un punto P ≡ (x; y) individuando il triangolo MNP di figura a con M ≡ (1; 0) e N ≡ (0; 1).
Determinare le coordinate di P in modo che l'area del triangolo sia $a \geq 0$.

Le limitazioni nel problema, applicando concetti di geometria euclidea, sono:

$0 \leq x \leq 5$ e $0 \leq y \leq 4$	variabili nel 1° quadrante
$a \geq 0$	area del triangolo MNP

Le equazioni del problema, applicando concetti di geometria analitica, sono:

$x^2 + y^2 - 4x - 2y - 4 = 0$ equazione della circonferenza c di centro C ≡ (2; 1) e raggio r = 3

Il triangolo MNP può considerarsi composto dai triangoli OMP e ONP diminuiti di OMN, pertanto:

1) $a_1 = 0{,}5 \cdot 1 \cdot y = y/2$	area di OMP di base unitaria ed altezza y
2) $a_2 = 0{,}5 \cdot 1 \cdot x = x/2$	area di ONP di base unitaria ed altezza x
3) $a_3 = 0{,}5 \cdot 1 \cdot 1 = 1/2$	area di OMN di base e altezza unitarie

Dalla 1), 2) e 3), segue che l'area di MNP è:

$a = x/2 + y/2 - 1/2$	o anche:
$y = -x + 2a + 1$	l'equazione individua un fascio di rette improprio che lega a alle coordinate di P

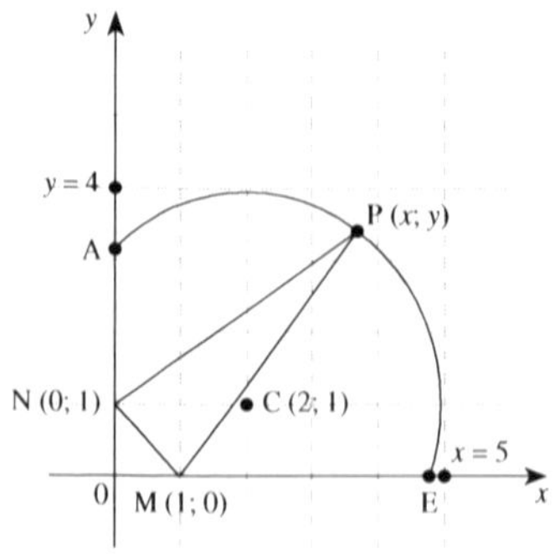

(*a*)

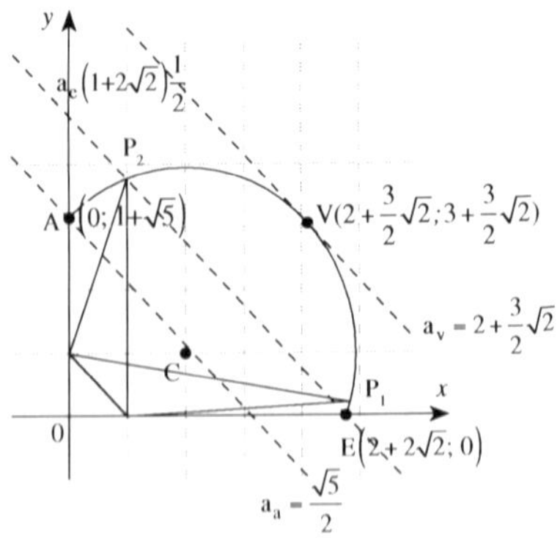

(*b*)

Il sistema misto che descrive il problema è:

$$\begin{cases} x^2 + y^2 - 4x - 2y - 4 = 0 \\ y = -x + 2a + 1 \\ 0 \le x \le 5 \\ 0 \le y \le 4 \\ a \ge 0 \end{cases}$$

In figura *b* sono identificabili i tre punti base A, E e V le cui coordinate sono date da:
$A \equiv (0; 1 + \sqrt{5})$ punto di intersezione della circonferenza con l'asse y ($x = 0$)
$E \equiv (2 + 2\sqrt{2}; 0)$ punto di intersezione della circonferenza con l'asse x ($y = 0$)
$V \equiv (2 + 3\sqrt{2}/2; 3 + 3\sqrt{2}/2)$
V è il punto di tangenza tra retta e circonferenza che deriva dall'annullamento del determinante della risolvente del sistema di equazioni della circonferenza e del fascio:
$\Delta = 2a^2 - 4a - 7 = 0$
da cui il valore del parametro a e della relativa retta:

$a_{1v} = 2 + 3\sqrt{2}/2$	$\approx 4{,}12$	$y = -x + 5 + 3\sqrt{2}$
$a_{2v} = 2 - 3\sqrt{2}/2$	< 0	da scartare per la condizione $a \ge 0$

Imponendo il passaggio delle rette del fascio per i punti A ed E calcoliamo i valori del corrispettivo parametro a e le equazioni delle rette ad essi relative:

$a_a = \sqrt{5}/2$	$\approx 1{,}12$	$y = -x + 1 + \sqrt{5}$
$a_e = (1 + 2\sqrt{2})/2$	$\approx 1{,}91$	$y = -x + 2 + 2\sqrt{2}$

Dal sistema misto o più semplicemente osservando la figura *b* possiamo riassumere come di seguito, per valori della superficie del triangolo:

$a < a_a$	non esistono triangoli
$a_a \le a \le a_e$	esiste un unico triangolo che ha vertice P sulla circonferenza
$a_e < a < a_{1v}$	esistono due triangoli distinti che hanno il vertice P sulla circonferenza
$a = a_{1v}$	esistono due triangoli coincidenti che hanno il vertice P sulla circonferenza

In figura *b* sono rappresentati i due triangoli di area $a = 2$.
Il calcolo delle coordinate dei relativi vertici P_1 e P_2 è lasciato per esercizio al lettore.

12.6 Equazioni di luoghi geometrici

Un luogo geometrico è l'insieme di tutti e soli punti P (del piano o dello spazio) che godono di una ben determinata proprietà $\Re$ definendo così una figura geometrica F.
È questo un concetto che connette, per ogni punto P, la proprietà geometrica "appartiene alla figura F" alla proprietà algebrica "soddisfa la relazione $\Re$".

➤ La relazione: $x^2 + y^2 - 9 = 0$
definisce una circonferenza con centro nell'origine che è il luogo di tutti e solo i punti la cui distanza da C ≡ (0; 0) è r = 3.

È possibile descrivere i luoghi geometrici mediante:
- rappresentazioni cartesiane implicite $F(x, y) = 0$ o esplicite $y = f(x)$ quando possibile; x ed y rappresentano le coordinate cartesiane di P;
- un sistema di equazioni parametriche dove un parametro reale è definito all'interno di un intervallo dalle proprietà dei punti del luogo; eliminando il parametro si ricostruisce la rappresentazione cartesiana.

Per definire la relazione $\Re$, ovvero l'equazione che descrive il luogo, è opportuno:
a) definire un adeguato sistema di riferimento che semplifichi le relazioni finali;
b) utilizzare le coordinate x e y esclusivamente per individuare il punto P;
c) tradurre in equazioni e disequazioni se necessario le condizioni descrittive del luogo (vincoli o proprietà geometriche, intervalli di definizione, ecc.) ricorrendo se conveniente a parametri transitori eventualmente eliminabili.

Esempi molto noti, costruiti attraverso l'applicazione della formula della distanza tra due punti nel piano cartesiano, sono l'asse di un segmento, la bisettrice di un angolo, le coniche nel piano, ecc.

Esercizio
Definire l'equazione del luogo individuato dai centri delle circonferenze tangenti alla retta $y = 2$ e passanti per il punto P ≡ (2; 0).

La generica circonferenza $F(x; y) = 0$ dovrà soddisfare le condizioni di tangenza con la retta data e di appartenenza del punto P; avremo pertanto due relazioni e tre parametri incogniti a, b, c.
$$\begin{cases} x^2 + y^2 + ax + by + c = 0 \\ y = 2 \end{cases}$$
da cui la risolvente del sistema:
$x^2 + 4 + ax + 2b + c = 0$
il cui discriminante Δ uguagliato a zero (condizione di tangenza) ci fornisce una prima equazione che lega i tre parametri:
$a - 4(4 + 2b + c) = 0$
La seconda equazione perviene dalla applicazione della condizione di appartenenza di P alla circonferenza $F(2; 0) = 0$, ovvero $a - 4(4 + 2b + c) = 1$
che unitamente alla precedente ci fornisce un sistema di due equazioni e tre incognite a, b, c; tra queste ne fisseremo una come parametro (ad es. b) ed esprimeremo le altre due in funzione di questa.
$$\begin{cases} x^2 + y^2 + ax + by + c = 0 \\ 4 + 2a + c = 0 \end{cases}$$

da cui:

$$\begin{cases} a = -4 \pm 2\sqrt{4 + 2b} \\ c = +4 \pm 4\sqrt{4 + 2b} \end{cases}$$

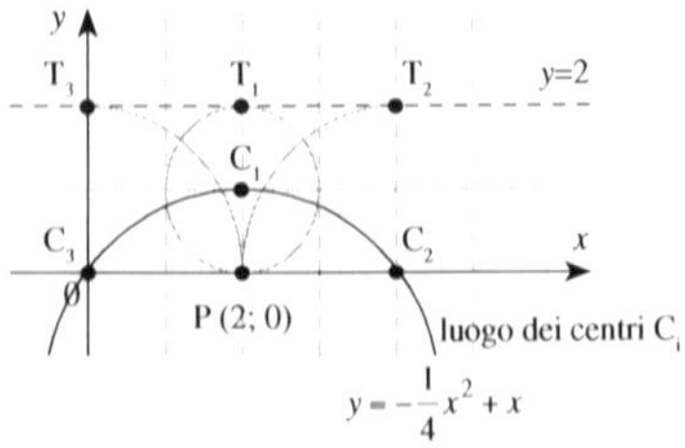

Con tali assunzioni le equazioni delle circonferenze divengono:

$x^2 + y^2 + [-4 \pm 2\sqrt{4 + 2b}\,]x + by + 4 \pm 4\sqrt{4 + 2b} = 0$

da cui le coordinate del centro $C \equiv (\alpha; \beta)$ con $\alpha = -a/2$ e $\beta = -b/2$:

$$\begin{cases} \alpha = 2 \pm \sqrt{4 + 2b} \\ \beta = -b/2 \end{cases}$$

andiamo ora ad eliminare il parametro b mediante semplice sostituzione ed otteniamo con semplici calcoli:

$\beta = -(1/4)\alpha^2 + \alpha$

che descrive il luogo dei punti cercato e rappresenta una parabola.

Alla stessa conclusione saremmo giunti considerando che il centro di tali circonferenze deve necessariamente:

a) trovarsi su una retta perpendicolare a quella data (raggio nel punto di tangenza T)
b) trovarsi su una retta passante per P (raggio su P)
c) essere equidistante dalla retta e dal punto dati (raggi di cui ai punti precedenti).

Dette allora:

x e y	le coordinate di C
$d_1 = \lvert y - 2\rvert$	la distanza di C dalla retta data sulla perpendicolare a)
$d_2 = \sqrt{(x-2)^2 + (y-0)^2}$	la distanza di C da P
$\sqrt{(x-2)^2 + (y-0)^2} = \lvert y - 2\rvert$	condizione c) che dopo razionalizzazione:
$y = -(1/4)x^2 + x$	

Si lascia al lettore il compito di individuare nell'esercizio la definizione di una nota conica.

Esercizio

Determinare l'equazione del luogo descritto dai punti equidistanti da due rette generiche nel caso in cui siano incidenti e nel caso siano parallele.

Per semplificare la soluzione del problema posto conviene considerare una delle rette coincidenti con un asse (asse x per esempio); la seconda retta allora avrà equazione $y = mx + q$ ed il nostro generico punto di coordinate $(x_0; y_0)$ si troverà sempre nel semipiano definito da

$y < mx + q$ (limitando lo studio alle ascisse $x > -q/m$); ciò premesso andiamo a definire e ad imporre l'uguaglianza delle distanze come da definizione del luogo:

$$d_1 = \frac{|y - mx - q|}{\sqrt{1+m^2}} = \frac{-y + mx + q}{\sqrt{1+m^2}} \geq 0$$

$$d_2 = |y - 0| = y \geq 0$$

Imponendo $d_1 = d_2$ avremo:

$$y = \frac{-y + mx + q}{\sqrt{1+m^2}}$$ eseguendo i calcoli

$$y = \frac{m}{1+\sqrt{1+m^2}}x + \frac{q}{1+\sqrt{1+m^2}}$$

L'equazione rappresenta il luogo anche per $x > -q/m$.
Nel caso di rette parallele è sufficiente porre $m = 0$ nella precedente equazione per avere:

$$y = q/2$$

Capitolo 13
Goniometria

13.1 Introduzione

La **goniometria** è quella branca della matematica che studia gli angoli; la trigonometria, invece, si occupa delle soluzioni esistenti tra i valori dei lati e degli angoli di un triangolo.
Facciamo un piccolo passo indietro e ricordiamo che se tracciamo due rette perpendicolari tra loro otteniamo un piano; chiamiamo le due rette **assi cartesiani ortogonali** e il piano nel quale le due rette (x e y) si incontrano solo nel punto di origine O, avente coordinate (0; 0), **piano cartesiano**.

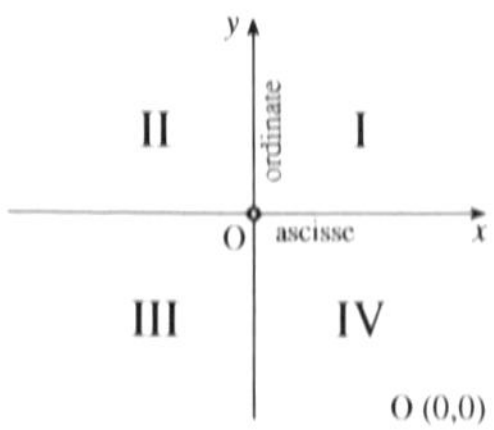

fig. 1

I due assi, quello orizzontale e quello verticale, prendono il nome, rispettivamente, di *asse delle ascisse* (o asse x) e *asse delle ordinate* (o asse y).
I due assi dividono il piano cartesiano in 4 regioni (o quadranti) secondo l'ordine mostrato in fig. 1.

NOTA. *L'ordine dei quadranti è* ***antiorario***.

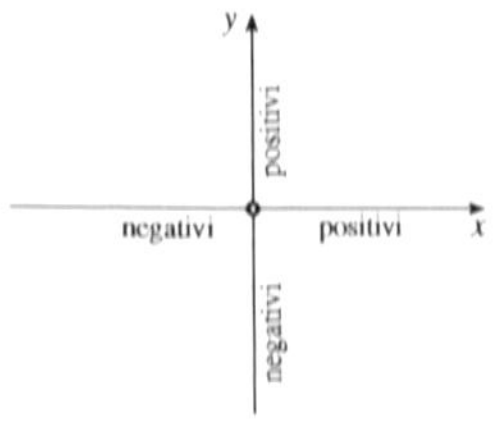

fig. 2

Dalla fig. 2 si evincono i segni delle coordinate (x e y).
Nel I quadrante le coordinate sono entrambe positive.
Nel II quadrante le ordinate sono positive mentre le ascisse sono negative.
Nel III quadrante le coordinate sono entrambe negative.
Nel IV quadrante le ordinate sono negative mentre le ascisse sono positive.

Preso un punto P qualsiasi del piano, possiamo individuare le sue coordinate tracciando due segmenti, l'uno che dal punto sia parallelo all'asse delle ascisse ed incontri le ordinate, l'altro che sia parallelo all'asse delle ordinate e incontri le ascisse (fig. 3); in questo esempio le coordinate del punto P sono (3; 1).
I due segmenti, infatti, individuano l'ascissa e l'ordinata del punto.

Questo conduce alla conclusione che *ad ogni punto del piano corrisponde una ed una sola coppia di numeri reali, dei quali il primo è l'ascissa ed il secondo è l'ordinata.* Viceversa *ad ogni coppia di numeri reali corrisponde uno ed un solo punto del piano.*

Notiamo inoltre che, essendo l'origine O (0; 0), ogni punto dell'asse delle x ha ordinata nulla (cioè zero), ed ogni punto dell'asse delle y ha ascissa nulla.

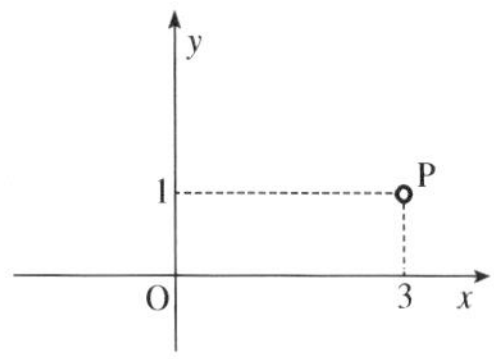

fig. 3

13.1.1 Definizione di angolo

In un piano, date due semirette a e b di origine O, chiameremo angolo di vertice O e di lati a e b, le due parti del piano delimitate dalle semirette (fig. 4).

Infatti, l'angolo può pensarsi generato dalla rotazione, intorno ad O, di una delle due semirette, della primo lato, fino al sovrapporti con l'altra. Nel nostro caso, considerando come primo lato a, se la rotazione avviene in senso antiorario (positivo) si ottiene l'angolo $\widehat{ab}$, se invece la rotazione avviene in senso orario (negativo) si ottiene l'angolo $\widehat{ba}$.

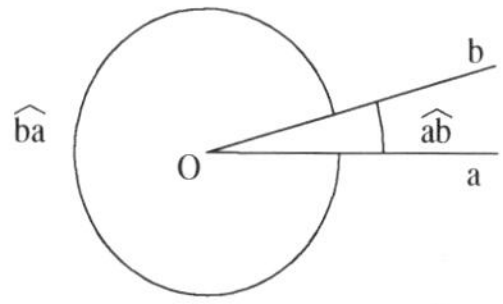

fig. 4

Osservando la figura 5 ci accorgiamo che gli angoli $\widehat{ab}$ e $\widehat{ba}$, se considerati entrambi positivi, sono esplementari, cioè la loro somma è un angolo giro (circonferenza).

Se, dato un angolo, disegniamo tante circonferenze tutte con il centro nel vertice dell'angolo, ma con raggi diversi, otteniamo tanti archi $\widehat{AB}$, $\widehat{A'B'}$, $\widehat{A''B''}$, ecc. la cui ampiezza coincide con l'ampiezza dell'angolo $\widehat{ab}$ (fig. 5).

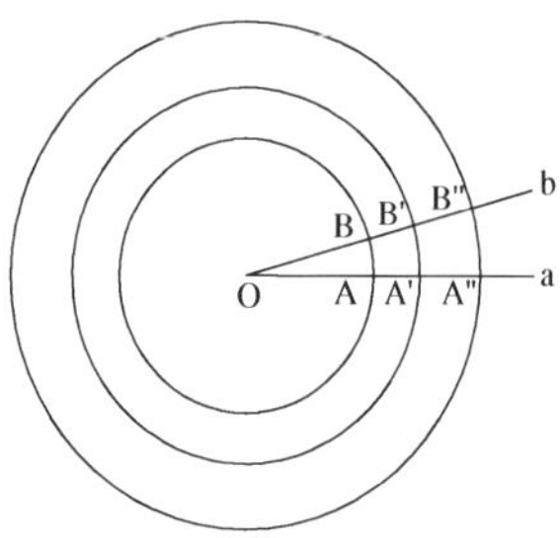

fig. 5

Possiamo allora concludere che i diversi sistemi di misura per l'ampiezza degli archi valgono anche per la misura degli angoli.

La considerazione che ogni arco ed il suo corrispondente angolo al centro hanno, in un determinato sistema, la stessa misura, sia in valore assoluto che in segno (cioè positivo o negativo), ci permetterà in seguito di usare indifferentemente i termini arco o angolo.

Quando parliamo di archi e di angoli orientati, dobbiamo ricordarci, però, che la misura della loro ampiezza è una misura relativa, cioè con segno positivo o negativo.

13.1.2 Riduzione di un arco o di un angolo al primo giro

Alcune volte ci troviamo di fronte ad angoli o ad archi di misura più grande dell'angolo giro (circonferenza).

Ad esempio, nel sistema sessagesimale, dove l'angolo giro è 360°, potremmo trovare un angolo (arco) di 410°; oppure se stiamo ragionando in radianti, dove l'angolo giro misura 2π, potremmo avere un angolo di 3π radianti.

In tal caso, per sapere a quale angolo (arco) del primo giro (0° – 360°) corrisponde il nostro angolo (arco), basta trovare il resto della divisione tra la misura del nostro angolo (arco) e l'angolo giro (circonferenza); ovviamente le due misure devono essere espresse nello stesso sistema.

- Se avessimo un angolo (arco) di 410°, eseguiremmo 410 : 360 = 1 con resto di 50, allora il nostro angolo (arco), ridotto al primo giro, corrisponde a 50°.

- Se avessimo un angolo (arco) di 3π radianti, eseguiremmo $3\pi : 2\pi = 1$ con resto di 1, allora il nostro angolo (arco), ridotto al primo giro, corrisponde a π radianti.

13.2 Misura degli archi e degli angoli circolari

13.2.1 Definizione di arco

Fissiamo ora la nostra attenzione su una circonferenza, che per semplicità considereremo collocata con il centro nell'origine del piano cartesiano.
Sappiamo che, se tracciamo un segmento dal centro ad un punto *P* generico della circonferenza, otteniamo il raggio r della circonferenza stessa.
La circonferenza può essere percorsa dal punto P in due versi opposti verso sinistra o verso destra; per convenzione *si considera positivo il verso antiorario e negativo quello orario* (fig. 6).
Fissati due punti P_1 e P_2 sulla circonferenza, diremo che la distanza da P_1 a P_2 percorribile sulla circonferenza è detta **arco**.

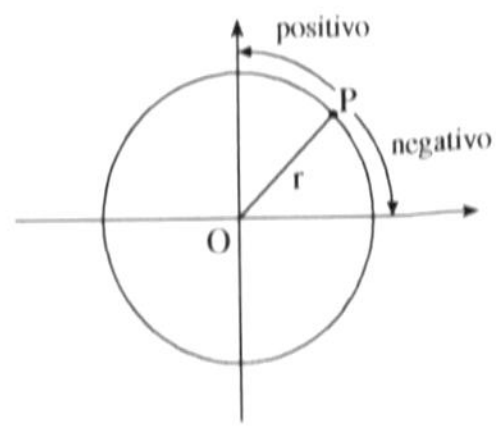

fig. 6

13.2.2 Archi orientati

Assumiamo il punto P_1 come origine dell'arco, allora il punto P_2 si dirà estremo dell'arco.
Ovviamente, l'arco che va da P_1 a P_2 può essere descritto in senso positivo (antiorario), ma anche in senso negativo (orario) (fig. 7).

La notazione matematica di un arco è, nel nostro caso, $\widehat{P_1P_2}$, cioè l'arco da P_1 a P_2.

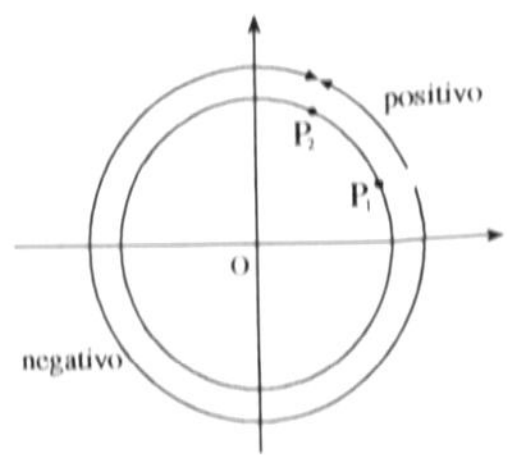

fig. 7

13.2.3 Misura degli archi

Benché, in teoria, si potrebbe scegliere una qualsiasi unità di misura per la misurazione degli archi, in pratica si sceglie come unità il raggio *r* della circonferenza, e cioè si considera la circonferenza suddivisa in tanti archi, lunghi quanto il raggio *r*. Questo arco unitario, cioè l'arco di lunghezza *r*, è detto **arco radiante**.
Quindi, se misuriamo un arco con questa unità, diremo che la misurazione è fatta in **radianti**.
Pertanto, ricordando che la lunghezza della circonferenza è $2\pi r$ e che r = arco radiante, possiamo affermare che *un arco pari ad una intera circonferenza misura 2π radianti.*

Vi sono molti altri modi per misurare un arco ed uno di questi è la misurazione sessagesimale, cioè quella basata sul grado sessagesimale, o comunemente solo grado.
Il **grado** è un arco ottenuto suddividendo una circonferenza in 360 parti uguali, ha due sottomultipli, il primo che è la sua 60ª parte, ed il secondo che è la 60ª parte del primo.

13.2.4 Passaggio da un sistema di misura ad un altro

Se abbiamo la misura di un arco espressa in radianti, è possibile convertirla in gradi e viceversa.

➤ Si vuole trovare la misura in radianti di un arco di 90° (gradi). Sapendo che la lunghezza di una circonferenza è 2π radianti, ma anche 360°, possiamo scrivere la seguente proporzione:

$$90 : 360 = \alpha : 2\pi$$

da ciò si ottiene:

$$\alpha = \frac{90 \cdot 2\pi}{360} = \frac{2\pi}{4} = \frac{\pi}{2}$$

Quindi possiamo dire che $\pi/2$ radianti corrisponde a 90°.

13.3 Funzioni goniometriche

13.3.1 Circonferenza goniometrica

Prende il nome di *circonferenza goniometrica* la circonferenza avente il centro nell'origine degli assi cartesiani e il raggio unitario (cioè $r = 1$).
Inoltre il punto A, di intersezione della circonferenza con il semiasse positivo delle x (ascisse), è detto *origine degli archi*, orientati positivamente nel verso antiorario (fig. 8).
La lunghezza della circonferenza avente il raggio unitario è uguale a 2π.

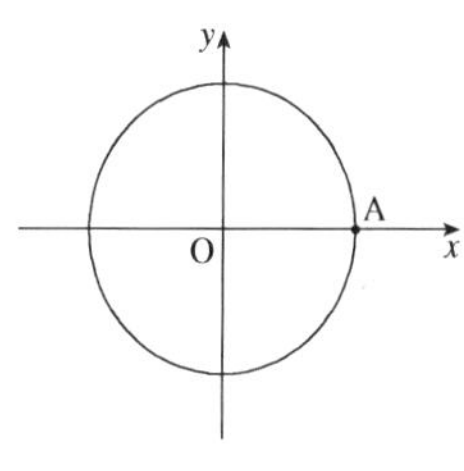

fig. 8

13.3.2 Funzioni goniometriche

Prendiamo un punto P della circonferenza e consideriamo l'arco $\widehat{AP}$, lungo α, questo ha un corrispondente angolo all'origine, che chiameremo $\widehat{AP}$ (fig. 9).

13.3.2.1 Seno

Si definisce ***seno*** *di* α *(sen*α*) l'ordinata di P*, ma dal momento che α individua l'angolo $\widehat{AOP}$, possiamo affermare che senα è il seno dell'angolo $\widehat{AOP}$.

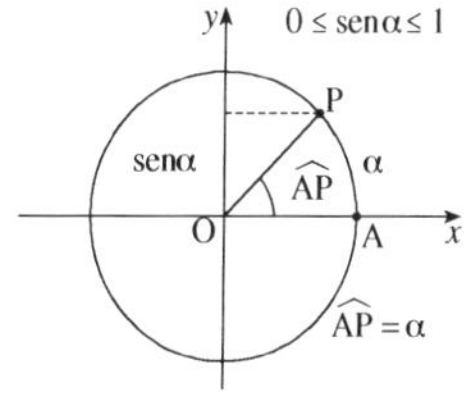

fig. 9

Come è evidente, essendo $r = 1$ si ha che

$$-1 \leq \text{sen}\alpha \leq 1$$

Vediamo degli esempi di seno negli altri 3 quadranti:

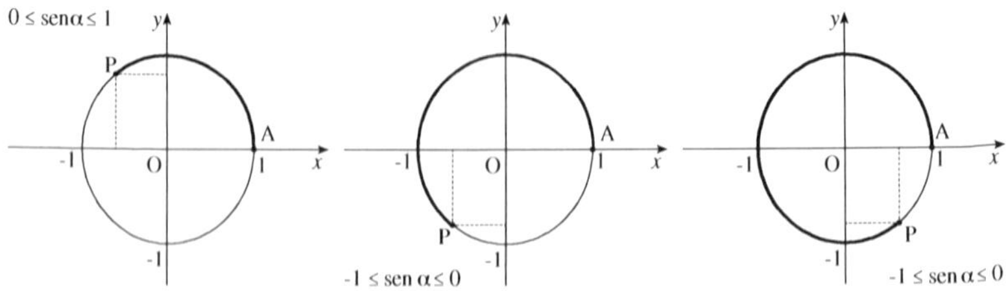

fig. 10

> **NOTA.** Il seno è quindi la proiezione ortogonale del punto P sull'asse delle ordinate (asse *y*) e si legge sull'asse *y*.

➤ Fissiamo la nostra attenzione sul triangolo OHP, che è rettangolo in H ed ha l'angolo $H\widehat{O}P$ di 30° (infatti l'arco $\widehat{AP}$ è uguale a $\pi/6$ che corrisponde a 30°). Notiamo che il cateto $\overline{PH}$ corrisponde a quello P_1O, che non è altro che il seno di $\pi/6$, cioè del nostro angolo (arco).

Poiché $\overline{OP} = 1 \cdot \overline{PH} = \frac{1}{2}$ per definizione allora $\text{sen}\frac{\pi}{6} = \frac{1}{2}$.

La funzione seno, quindi, fa corrispondere ad ogni numero reale α (considerato lunghezza dell'arco $\widehat{AP}$), il numero reale $\text{sen}\alpha \in [-1, 1]$, ordinata del punto P della circonferenza goniometrica ed estremo dell'arco $\widehat{AP}$, appunto, di lunghezza α:

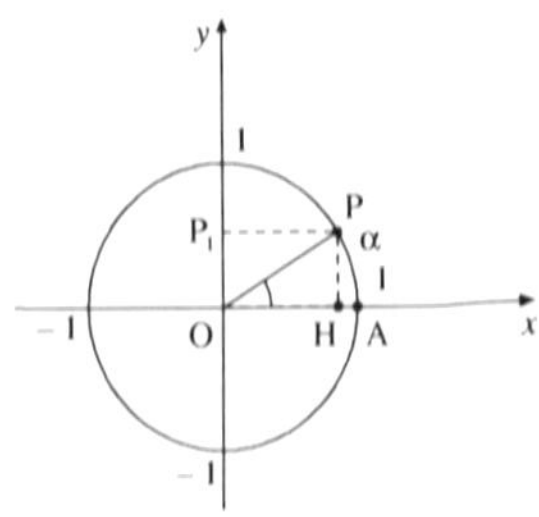

fig. 11

$$f : \alpha \in R \rightarrow \text{sen}\alpha \in [-1, 1]$$

Come abbiamo visto, però, ci possiamo trovare davanti ad un angolo che non appartenga al primo giro cioè $[0, \pi]$; per definire il seno di quell'angolo basta ridurre il nostro angolo al primo giro, e trovare il seno dell'angolo ridotto, questo seno sarà anche il seno del nostro angolo.

➤ Immaginiamo di avere un angolo di 390° che, ridotto al primo giro è un angolo di 30°; ci accorgiamo dalla figura che sen30° = sen390°, quindi possiamo affermare con certezza che *il seno di un angolo è uguale al seno del corrispondente angolo ridotto al primo giro.*

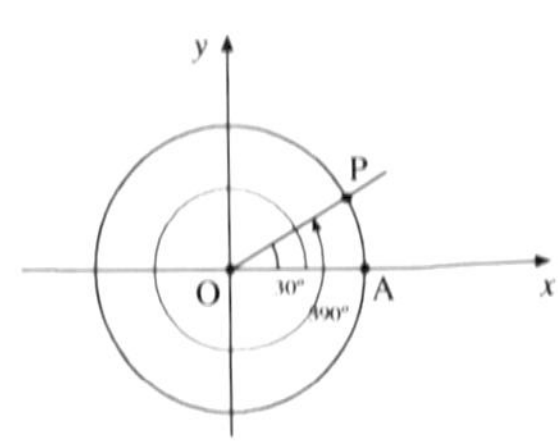

fig. 12

Da quanto visto nell'esempio notiamo che il seno, negli intervalli $[2\pi, 4\pi]$, $[4\pi, 6\pi]$, oppure $[-2\pi, 0]$, $[-4\pi, -2\pi]$ (e così per tutti gli altri intervalli reali di questo tipo), assume gli stessi valori attribuiti all'intervallo $[0, 2\pi]$ cioè al primo giro; dato un qualsiasi angolo, appartenente ad uno degli intervalli (giri) sopra citati, questo avrà il seno come il suo corrispondente angolo al primo giro cioè $\text{sen}\alpha = \text{sen}(\alpha + 2\pi)$ o più genericamente $\text{sen}\alpha = \text{sen}(\alpha + 2k\pi)$ con $k \in Z$, dove $k + 1$ è il numero del giro a cui appartiene l'angolo.
Infatti se $k = 1$ si ottiene $\text{sen}\alpha = \text{sen}(\alpha + 2\pi)$ dove $\alpha + 2\pi$ appartiene al 2° giro, se $k = 2$ otteniamo $\alpha + 4\pi$ e cioè il nostro angolo appartiene al 3° giro cioè quello che va da $[4\pi, 6\pi]$.
Dunque *il seno è una funzione periodica di periodo 2π.*
Inoltre possiamo affermare che il seno è una funzione definita in tutto R (insieme dei numeri reali) e ha valori compresi tra -1 e 1, cioè $\text{sen}\alpha \in [-1, 1] \quad \forall \alpha \in R$.
Riepilogando:
- Il dominio (insieme di definizione o campo di esistenza) è R.
- Il codominio è $[-1, 1]$.

Da ciò otteniamo il grafico della funzione seno, detto anche sinusoide (fig. 13).

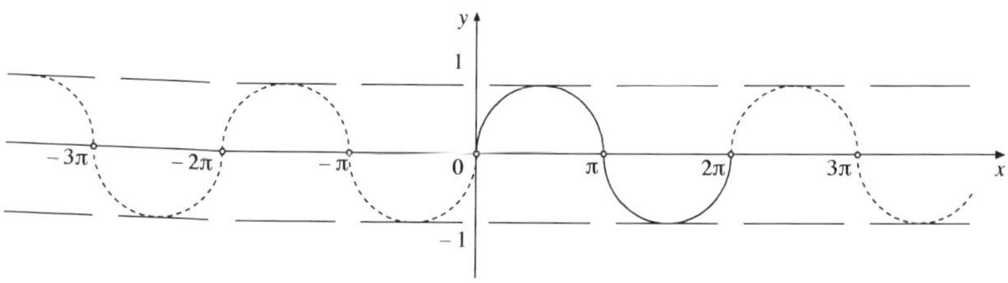

fig. 13

La periodicità non conferisce biiettività alla funzione sen$x$ sull'intero suo dominio e quindi non la rende invertibile. Limitando però il dominio all'intervallo $[-\pi/2; \pi/2]$, dove il codominio assume valori biunivocamente compresi nell'intervallo $[-1; 1]$, la stessa funzione $\text{sen}\alpha$ risulta invertibile definendo così la sua funzione inversa ***arcoseno***, ossia:

$\alpha = \text{arcsen}x$
(*)

come l'angolo α compreso in $[-\pi/2; \pi/2]$ tale che $\text{sen}\alpha$ è proprio x compreso in $[-1; 1]$. La fig. 13a descrive il grafico della (*).

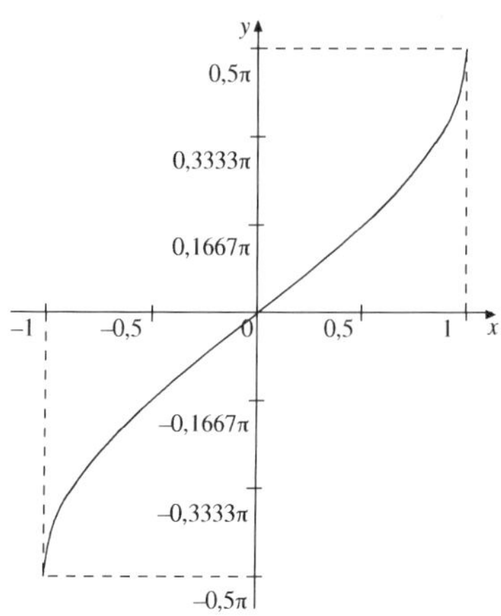

fig. 13a – Funzione Arcoseno

13.3.2.2 Coseno

Se prendiamo nuovamente il punto P della circonferenza goniometrica, *si definisce* ***coseno*** *di* α *(nostro arco* $\widehat{AP}$*) l'ascissa di P*, e dal momento che α individua l'angolo $\widehat{AOP}$, possiamo affermare che $\cos\alpha$ è il coseno dell'angolo $\widehat{AOP}$.
È evidente che, come per il seno, anche per il coseno si ha:

$$-1 \leq \cos\alpha \leq 1$$

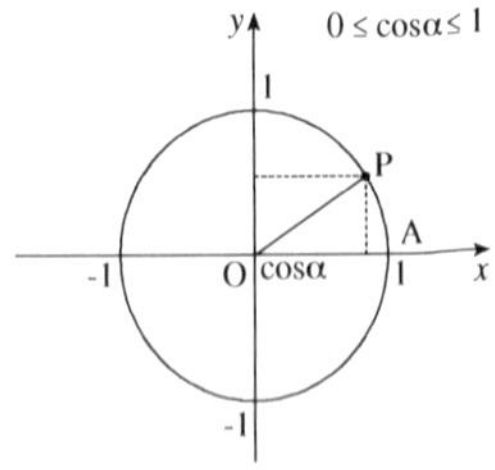

fig. 14

Vediamo il coseno negli altri 3 quadranti:

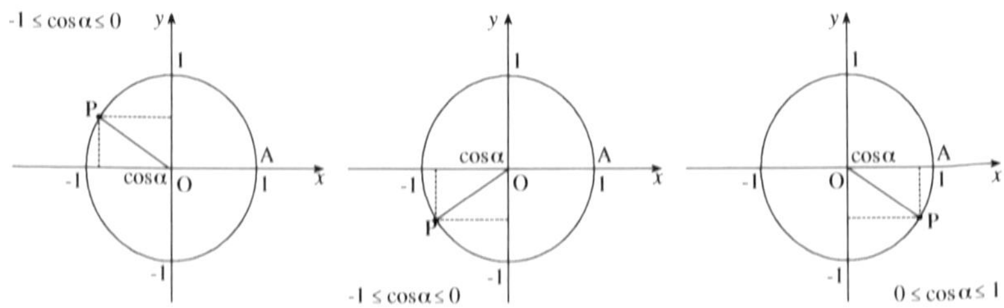

fig. 15

> **NOTA.** Il coseno è la proiezione ortogonale del punto P sull'asse delle ascisse (asse x).

Come abbiamo visto precedentemente per il seno, il coseno di un angolo superiore a 2π si trova riducendo l'angolo al primo giro, e cioè $\cos\alpha = \cos(\alpha + 2k\pi)$ con $k \in Z$.
Anche la funzione coseno è periodica di periodo 2π.
Inoltre anche il coseno è una funzione definita in tutto R e con valori compresi tra -1 e 1, cioè $\cos\alpha \in [-1,1] \quad \forall\alpha \in R$.

Il grafico della funzione coseno è detto cosinusoide:

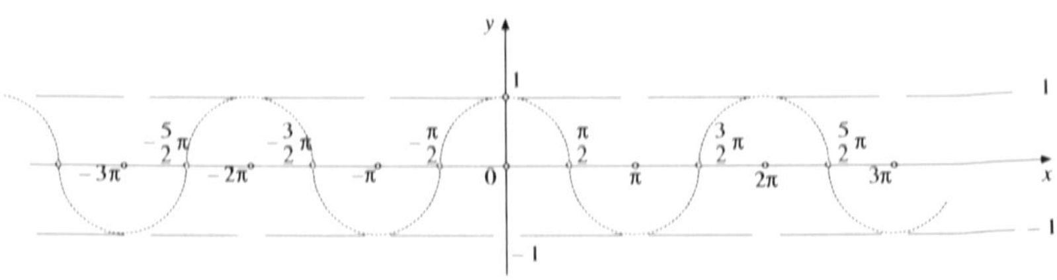

fig. 16

Anche per la inversione della funzione cosα valgono le osservazioni fatte per senα; in questo caso il dominio è limitato all'intervallo [0; π] dove il coseno assume biunivocamente i valori x compresi in [–1; 1] risultando così invertibile e definendo la funzione inversa ***arcocoseno***, ossia:

$$\alpha = \arccos x$$

come l'angolo α compreso in [0; π] tale che cosα è proprio x compreso in [1; –1] (vedi fig. 16a).

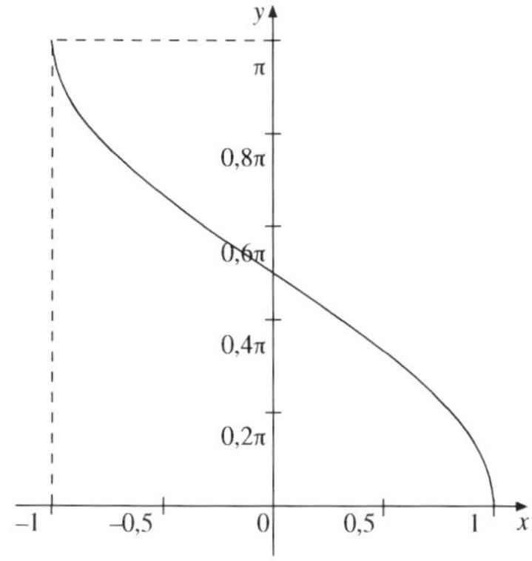

fig. 16a – Funzione Arcocoseno

APPROFONDIMENTO!

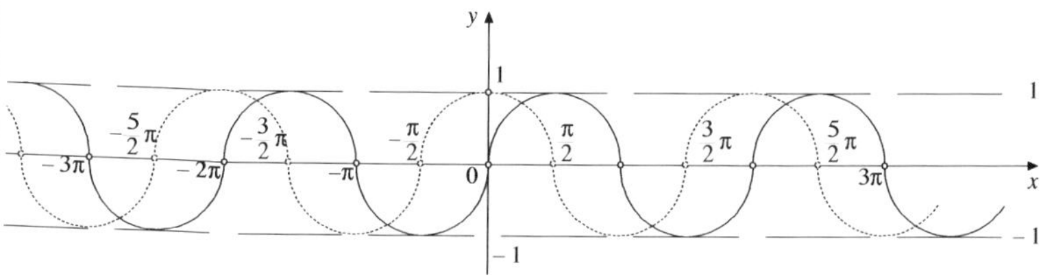

fig. 17

Dal grafico si evince che le funzioni sen$x$ e cos$x$ sono sovrapponibili, mediante traslazione lungo l'asse x di una lunghezza pari a π/2 (fig. 17).
Possiamo dimostrare quanto detto in un modo molto semplice:

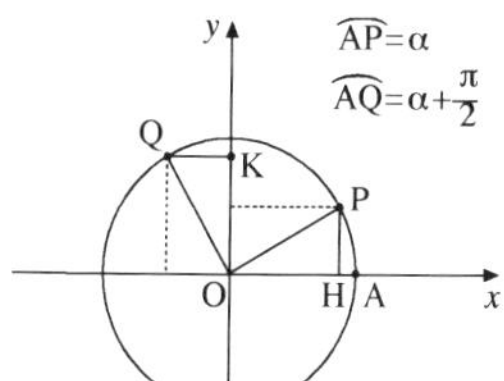

$\widehat{AP}=\alpha$ $\quad \widehat{AQ}=\alpha+\frac{\pi}{2}$

fig. 18

Osservando la fig. 18, notiamo che essendo $\widehat{AP} = \alpha$ e $\widehat{AQ} = \alpha + \pi/2$ i due triangoli rettangoli OHP e OKQ sono uguali, quindi $\overline{OK} = \overline{OH} = \cos\alpha$, ma $\overline{OK} = \text{sen}\,(\alpha + \pi/2)$, risulterà cioè sen (α + π/2) = cosα.
Abbiamo così dimostrato che il seno è uguale al coseno, traslato però di π/2:

$$\text{sen}\left(\alpha+\frac{\pi}{2}\right)=\cos\alpha$$

13.3.2.3 Tangente

Dato il punto P, tracciata una retta t parallela all'asse y passante per il punto A, diremo ***tangente*** di x (nostro angolo o arco), *l'ordinata del punto di intersezione tra la retta t ed il prolungamento della retta r (raggio), passante per P* (fig. 19).
Simbolicamente, la tangente di α si indica con tgα.
Nella figura tg$\alpha = \overline{AT}$.
È ovvio che la retta r interseca t *solo se non è verticale*, cioè non deve coincidere con l'asse y, il che avviene se $P = \pi/2$ (punto B), oppure $3/2\ \pi$ (punto D).

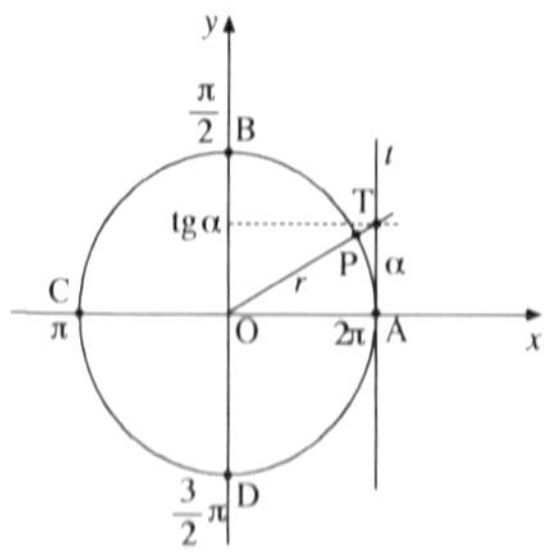

fig. 19

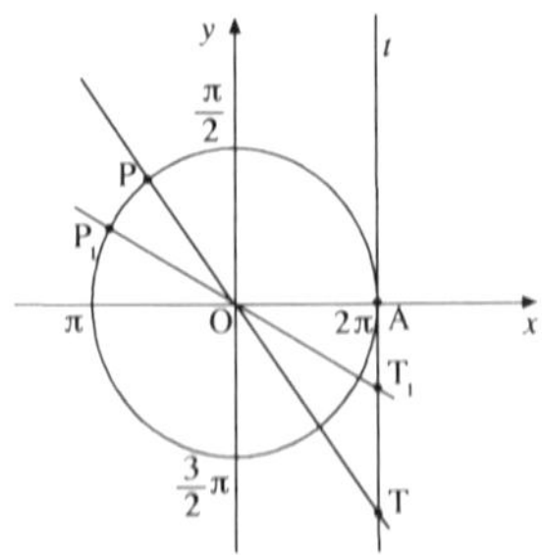

fig. 20

Osserviamo come variano i valori della tangente:

1) Se $\alpha = 0$, T coincide con A, ma A(1; 0) quindi tg0 = 0 (fig. 20).
2) Se $0 < \alpha < \pi/2$, allora tg$\alpha > 0$ poiché T appartiene al primo quadrante dove l'ordinata è positiva, ed è crescente (fig. 20).
3) Se $\pi/2 < \alpha < \pi$, allora tg$\alpha < 0$ poiché la T viene individuata nel 4° quadrante, quindi negativa e crescente perché passa da valori negativi molto grandi, a valori via via vicini allo zero (fig. 20).

   Si nota che T_1 è più grande di T e quindi tgα cresce.
4) Se $\alpha = \pi$, T coincide con A e quindi tgπ = 0 (fig. 20).
5) Se $\pi < \alpha < 3/2\pi$ si ha tg$\alpha > 0$, poiché la T si viene a trovare nel 1° quadrante, ed è via via crescente perché passa da valori vicini allo zero a valori positivi sempre più grandi (fig. 21). Nel caso in esame si vede chiaramente che tgα è crescente.
6) Se $3/2\pi < \alpha < 2\pi$, allora tg$\alpha < 0$ perché T appartiene di nuovo al 4° quadrante, ed è crescente perché, come prima, passa da valori negativi molto grandi a valori negativi vicini allo zero (fig. 22). Si nota che T_1 è più grande di T (fig. 22).
7) Se $\alpha = 2\pi$, T coincide nuovamente con A e tgα = 0 (fig. 22).

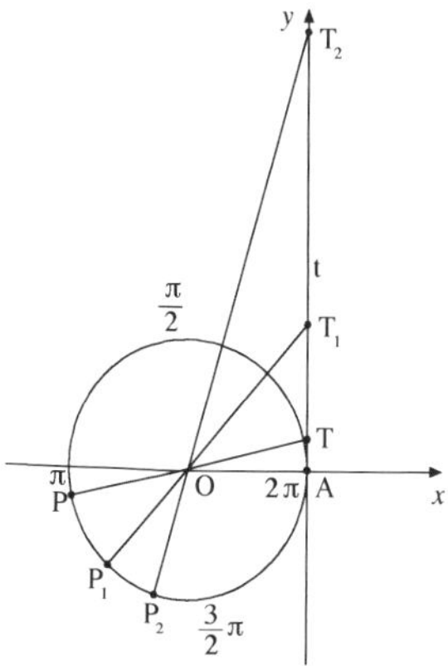

fig. 21

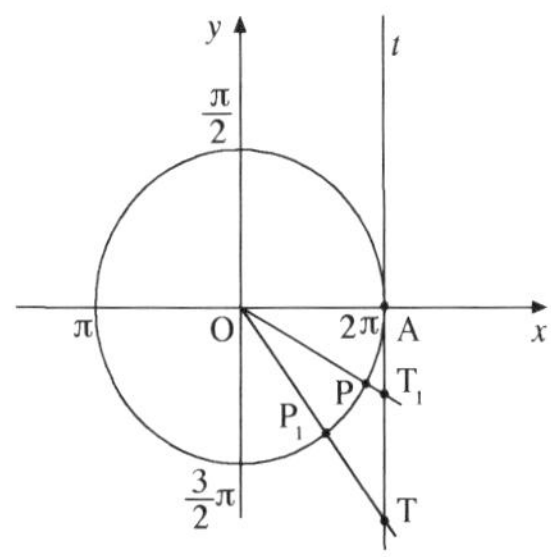

fig. 22

Come abbiamo visto per le funzioni seno e coseno, anche la tangente è definita al di fuori dell'intervallo $[0, 2\pi]$, e quindi anche per questa possiamo scrivere $\text{tg}\alpha = \text{tg}(\alpha + 2k\pi)$.
Bisogna tener presente che, come la tangente non è definita per $\alpha = \pi/2$ *e* $\alpha = 3/2\pi$, *non sarà definita per* $\alpha = \pi/2 + 2k\pi$ *e* $\alpha = 3/2\pi + 2k\pi$ *e cioè* $\alpha = \pi/2 + k\pi$, *con* $k \in Z$. Esaminando la tangente ci accorgiamo che i valori da essa assunti nell'intervallo $[0, \pi]$ sono gli stessi assunti nell'intervallo $[\pi, 2\pi]$.
Per questo possiamo dire che $\text{tg}\alpha = \text{tg}(\alpha + \pi)$.

In generale, quindi, la funzione tangente *è periodica di periodo* $k\pi$ e cioè:

$$\text{tg}\alpha = \text{tg}(\alpha + k\pi) \text{ con } k \in Z$$

In precedenza si era detto che per i valori $\pi/2$ e $3/2\pi$, la tangente non era definita, in quanto se P corrispondesse ad esempio a $\pi/2$ la retta *r* e la retta *t* sarebbero parallele, quindi si incontrerebbero solo all'infinito.
Allora proviamo a definire il limite di questa tangente avvicinandoci a $\pi/2$.
Tale accostamento a $\pi/2$ può avvenire sia da destra che da sinistra; se partiamo da A e andiamo verso $\pi/2$ (in senso antiorario), i valori della tangente crescono e vanno verso $+\infty$; se partiamo da π e andiamo verso $\pi/2$ (in senso orario), i valori della tangente decrescono e vanno verso $-\infty$.

Disegniamo quindi il grafico della funzione tangente.

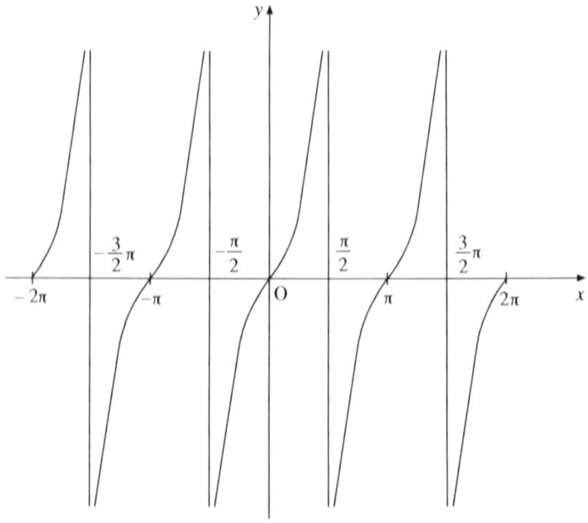

fig. 23

La funzione $y = \text{tg}x$ ha infiniti *asintoti verticali* di equazione $x = \pi/2 + k\pi$ con $k \in Z$, ed inoltre è sempre crescente in ogni intervallo di ampiezza π.

NOTA. Gli asintoti sono rette tangenti alla curva all'infinito.

Anche la funzione tangente ammette la funzione inversa limitando il dominio all'intervallo aperto $[-\pi/2; \pi/2]$. Dato un numero $x \in R$, definiamo ***arcotangente*** di x l'angolo unico α compreso nell'intervallo $[-\pi/2; \pi/2]$ tale che $\text{tg}\alpha = x$ (fig. 23a).

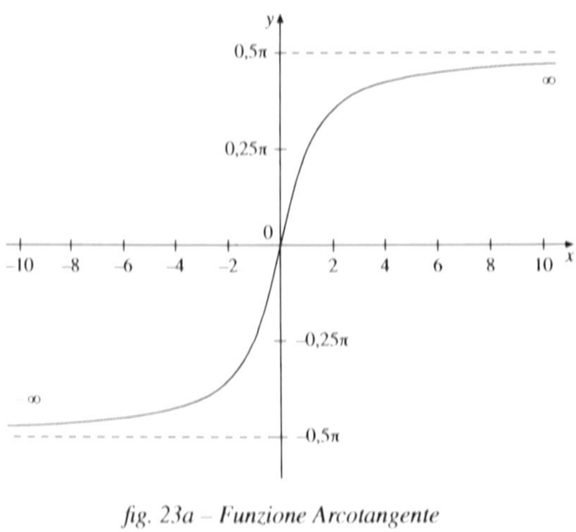

fig. 23a – Funzione Arcotangente

13.3.2.4 Cotangente

Riprendiamo il punto P, tracciata una retta n parallela all'asse delle x (asse delle ascisse) passante per il punto B, di coordinate (0; 1) (in pratica $\pi/2$), diremo ***cotangente*** di α (nostro arco o angolo) l'ascissa del punto di intersezione tra la retta n ed il prolungamento della retta r (raggio) passante per P (fig. 24).

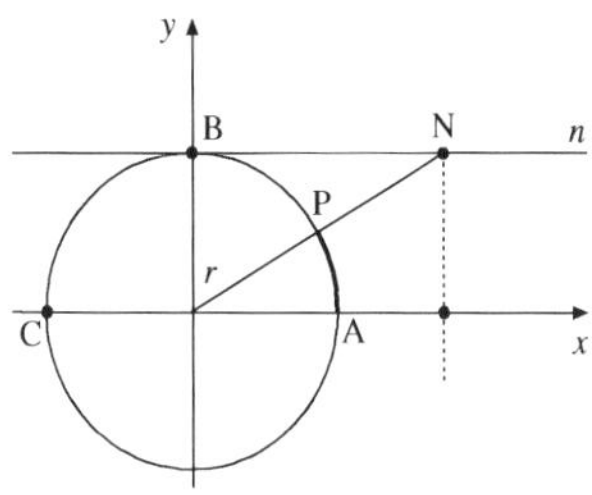

fig. 24

La cotangente di α si indica con ctgα.

Dalla definizione data risulta: ctg$\alpha = \overline{BN}$.

È evidente che la retta r interseca la retta n solo se non è anch'essa orizzontale, il che avviene quando P coincide o con A o con π (punto C), o meglio quando P = 0 o P = π o P = 2π.

Osserviamo ora il comportamento della cotangente:

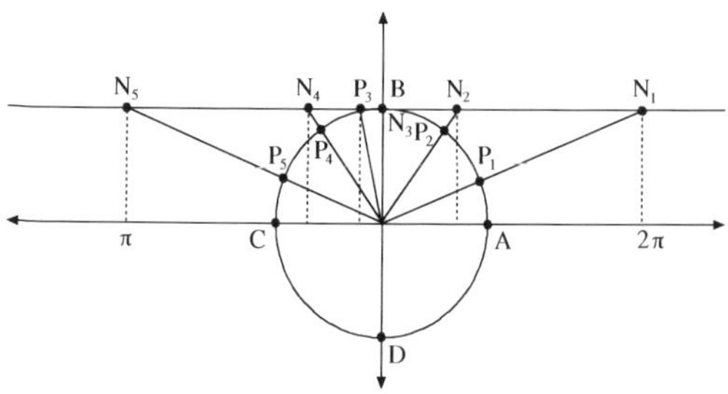

fig. 25

Dalla fig. 25 si evince che se $0 < \alpha < \pi/2$ la cotangente decresce sempre passando per zero, infatti nel punto P = B e N = B l'ascissa di N = 0.

Anche tra $\pi < \alpha < 2\pi$ la cotangente decresce, partendo da numeri positivi molto grandi, arrivando allo zero in P = $3/2\pi$, e continuando a decrescere andando verso valori negativi sempre più grandi (fig. 26).

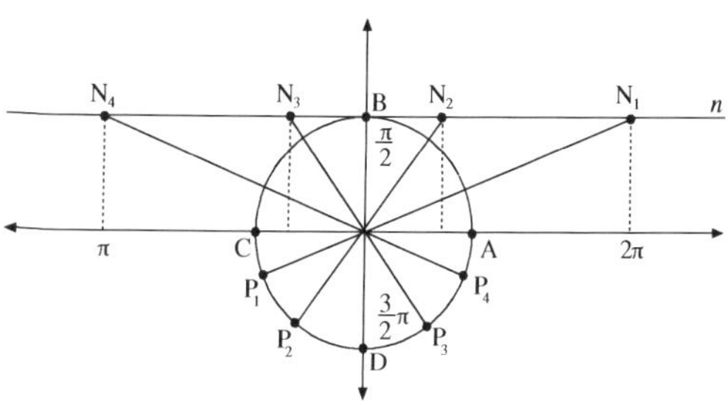

fig. 26

La cotangente, pertanto, è anch'essa una funzione periodica di periodo π, quindi viene definita anche al di fuori dell'intervallo $[0, 2\pi]$, ovviamente in maniera periodica rispettando l'uguaglianza:

$$\text{ctg}\alpha = \text{ctg}\,(\alpha + 2k\pi)$$

In generale, come per la tangente, i valori della cotangente nell'intervallo $]0, \pi[$ si ritrovano nell'intervallo $]\pi, 2\pi[$, quindi si ha:

$$\text{ctg}\alpha = \text{ctg}\,(\alpha + k\pi) \text{ con } k \in Z$$

Ricordiamo, però, che se P = A oppure P = C la retta r è parallela alla retta n, le due rette si incontrano solo all'infinito, quindi i punti $k\pi$ sono asintoti della funzione.

Da quanto detto prima otteniamo il seguente grafico della funzione cotangente.

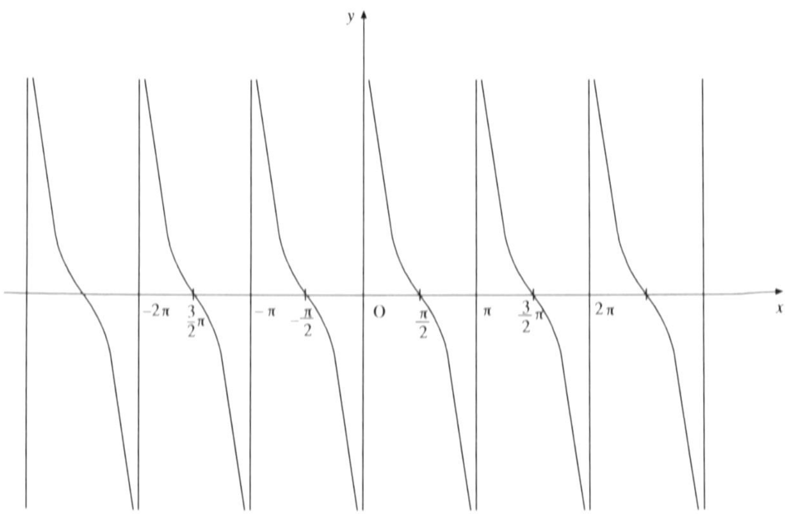

fig. 27

Come abbiamo visto per la tangente, la funzione $y = \text{ctg}x$ ha infiniti asintoti verticali di equazione $x = k\pi$ con $k \in Z$, ed inoltre è sempre decrescente in ogni intervallo di ampiezza π.

Anche la funzione cotangente ammette la funzione inversa limitando il dominio all'intervallo aperto $[-\pi/2; \pi/2]$. Dato un numero $x \in R$, definiamo ***arcocotangente*** di x l'angolo unico α compreso nell'intervallo $[0; \pi]$ tale che $\text{cotg}\alpha = x$ (fig. 27a).

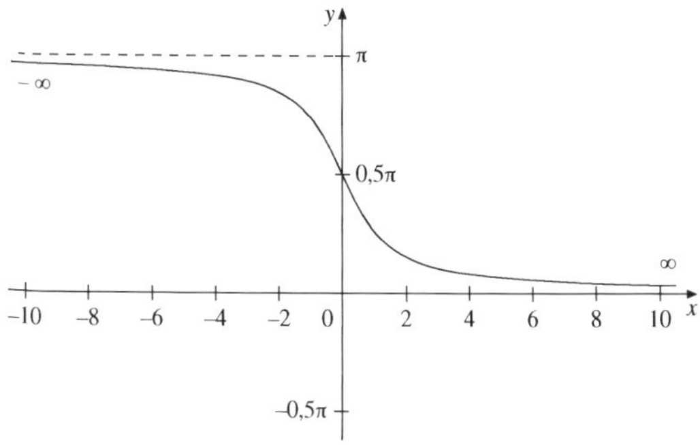

fig. 27a – Funzione Arcocotangente

13.3.3 Relazioni tra le funzioni goniometriche

Relazione fra seno e coseno

Teorema fondamentale

La somma dei quadrati del seno e del coseno dello stesso arco è uguale ad 1.

$$\text{sen}^2\alpha + \cos^2\alpha = 1$$

Tangente

La tangente di un arco può essere espressa anche come rapporto tra seno e coseno:

$$\text{tg}\alpha = \frac{\text{sen}\alpha}{\cos\alpha} \qquad \forall x \neq k\pi \qquad k \in Z$$

Con riferimento alla fig. 28, i due triangoli rettangoli in Q ed A, OQP e OAT rispettivamente, sono simili per avere in comune l'angolo α, pertanto possiamo scrivere:
$\overline{QP} : \overline{OQ} = \overline{AT} : \overline{OA}$
Se dividiamo tutti i segmenti della relazione per $\overline{OA}$ ($\overline{OA} = \overline{OP}$ è il raggio della circonferenza che, quando la consideriamo goniometrica, risulta di lunghezza unitaria) otteniamo:

$$\frac{\overline{QP}}{\overline{OA}} : \frac{\overline{OQ}}{\overline{OA}} = \frac{\overline{AT}}{\overline{OA}} : \frac{\overline{OA}}{\overline{OA}}$$

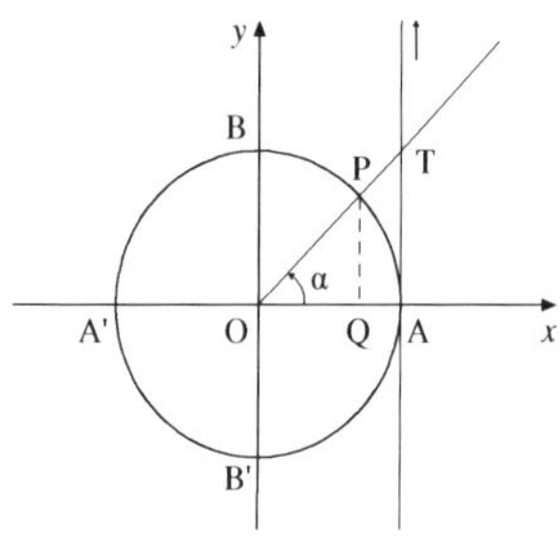

fig. 28

Ricordando le definizioni di seno e coseno, la relazione di cui sopra diviene:

$$\text{sen}\alpha : \cos\alpha = \text{tg}\alpha : 1$$

da cui:

$$\text{tg}\alpha = \frac{\text{sen}\alpha}{\cos\alpha}$$

Se ricordiamo i grafici del seno e del coseno con i loro zeri, la definizione di tangente sopra data ci spiega gli zeri e gli asintoti verticali della funzione tangente già descritta.

Cotangente

La cotangente di un arco può essere espressa anche come il reciproco della tangente:

$$\text{ctg}\alpha = \frac{1}{\text{tg}\alpha} \quad \text{e quindi} \quad \text{tg}\alpha = \frac{1}{\text{ctg}\alpha}$$

e inoltre:

$$\text{ctg}\,\alpha = \frac{\cos\alpha}{\text{sen}\alpha} \qquad \forall x \neq k\frac{\pi}{2} \qquad k \in Z$$

Queste relazioni costituiscono le relazioni fondamentali della goniometria.

➤ $x = \frac{\pi}{6}$ $(30°)$

$$\text{tg}\frac{\pi}{6} = \frac{\text{sen}\frac{\pi}{6}}{\cos\frac{\pi}{6}} = \frac{\frac{1}{2}}{\frac{\sqrt{3}}{2}} = \frac{1}{\sqrt{3}} \qquad \text{razionalizziamo} \qquad \frac{1}{\sqrt{3}}\cdot\frac{\sqrt{3}}{\sqrt{3}} = \frac{\sqrt{3}}{3}$$

$$\text{ctg}\frac{\pi}{6} = \frac{\cos\frac{\pi}{6}}{\text{sen}\frac{\pi}{6}} = \frac{\frac{\sqrt{3}}{2}}{\frac{1}{2}} = \sqrt{3}$$

Si nota che sono l'una il reciproco dell'altra.

si-

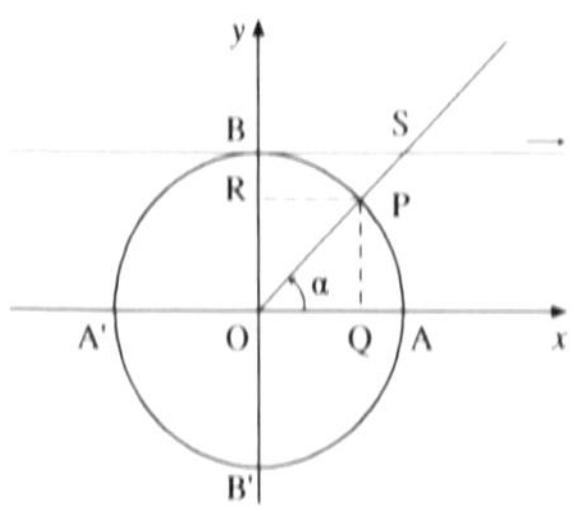

fig. 29

Con riferimento alla fig. 29 i due triangoli rettangoli in R e B, ORP ed OBS rispettivamente, sono mili per avere in comune l'angolo $\widehat{POB}$ pertanto possiamo scrivere:

$$\overline{RP} : \overline{OR} = \overline{BS} : \overline{OB}$$

essendo però:

$$\overline{RP} = \overline{OQ}$$
$$\overline{OR} = \overline{QP}$$
$$\overline{OB} = \overline{OA}$$

possiamo riscrivere la precedente relazione come:

$$\overline{OQ} : \overline{QP} = \overline{BS} : \overline{OA}$$

dividiamo ora per $\overline{OA}$:

$$\frac{\overline{OQ}}{\overline{OA}} : \frac{\overline{QP}}{\overline{OA}} = \frac{\overline{BS}}{\overline{OA}} : \frac{\overline{OA}}{\overline{OA}}$$

Ricordando le definizioni di seno e coseno, la relazione diviene:

$$\cos\alpha : \operatorname{sen}\alpha = \operatorname{ctg}\alpha : 1$$

da cui:

$$\operatorname{ctg}\alpha = \frac{\cos\alpha}{\operatorname{sen}\alpha}$$

Se ricordiamo i grafici del seno e del coseno con i loro zeri, la definizione di cotangente sopra data ci spiega gli zeri e gli asintoti verticali della funzione cotangente già descritta.

13.3.4 Relazione tra le funzioni goniometriche di uno stesso arco, valori particolari (18°, 30°, 45°, 60°, 90°, 180°, 270° e 360°)

Arco di 18°

Se consideriamo che il nostro angolo $A\hat{O}P$ è di 18° l'angolo $Q\hat{O}P$ sarà di 36° (fig. 30), allora il segmento $\overline{QP}$ non è altro che il lato del decagono regolare inscritto nella circonferenza e pertanto uguale alla ***sezione aurea*** del raggio r, cioè $\overline{QP} = \frac{r\left(\sqrt{5}-1\right)}{2}$.

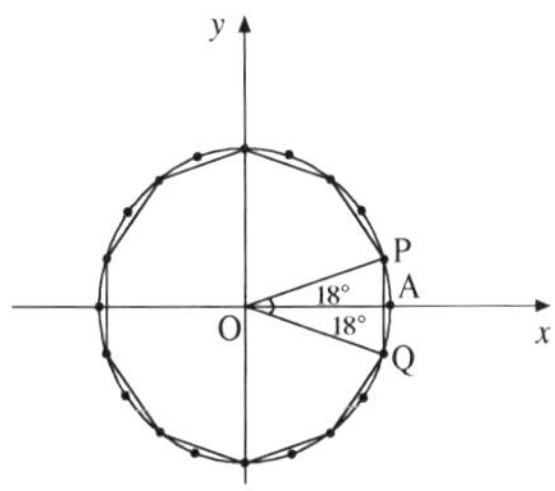

fig. 30

Da ciò ne deriva che $\overline{PP_1} = \frac{r}{4}\left(\sqrt{5}-1\right)$, da cui si ottiene che:

$$\operatorname{sen}18° = \frac{\sqrt{5}-1}{4}$$

A questo punto, conoscendo il seno, possiamo trovare le altre funzioni goniometriche.

$$\cos18° = \sqrt{1-\operatorname{sen}^2 18°} = \sqrt{1-\frac{\left(\sqrt{5}-1\right)^2}{16}} =$$

$$= \sqrt{\frac{16-\left(5+1-2\sqrt{5}\right)}{16}} = \sqrt{\frac{10+2\sqrt{5}}{16}} = \frac{1}{4}\sqrt{10+2\sqrt{5}}$$

$$\operatorname{tg}18° = \frac{\operatorname{sen}18°}{\cos18°} = \frac{\frac{1}{4}\left(\sqrt{5}-1\right)}{\frac{1}{4}\sqrt{10+2\sqrt{5}}} =$$

$$= \frac{\sqrt{5}-1}{\sqrt{10+2\sqrt{5}}} = \sqrt{\frac{\left(\sqrt{5}-1\right)^2}{10+2\sqrt{5}}} = \sqrt{\frac{6-2\sqrt{5}}{10+2\sqrt{5}}} = \sqrt{\frac{3-\sqrt{5}}{5+\sqrt{5}}} =$$

se poi razionalizziamo il denominatore otteniamo:

$$=\sqrt{\frac{3-\sqrt{5}}{5+\sqrt{5}}}=\sqrt{\frac{3-\sqrt{5}}{5+\sqrt{5}}}\cdot\sqrt{\frac{5-\sqrt{5}}{5-\sqrt{5}}}=\sqrt{\frac{\left(3-\sqrt{5}\right)\cdot\left(5-\sqrt{5}\right)}{25-5}}=$$

$$=\sqrt{\frac{20-8\sqrt{5}}{20}}=\sqrt{1-\frac{2}{5}\sqrt{5}}$$

$$\text{ctg}\,18^\circ=\frac{1}{\text{tg}\,18^\circ}=\frac{1}{\sqrt{1-\frac{2}{5}\sqrt{5}}}$$ che razionalizzando diventa:

$$\sqrt{\frac{1+\frac{2}{5}\sqrt{5}}{1+\frac{4}{25}\cdot 5}}=\sqrt{\frac{1+\frac{2}{5}\cdot\sqrt{5}}{1-\frac{4}{5}}}=\sqrt{\frac{1+\frac{2}{5}\cdot\sqrt{5}}{\frac{1}{5}}}=$$

$$=\sqrt{5\left(1+\frac{2}{5}\sqrt{5}\right)}=\sqrt{5+2\sqrt{5}}$$

Arco di 30°

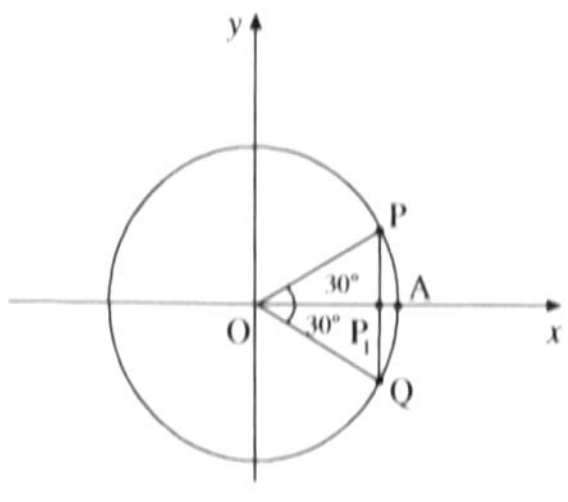

fig. 31

Disegniamo un angolo di 30° inscritto nella nostra circonferenza (fig. 31).

Osservando attentamente la figura ci accorgiamo che $\overline{PP_1}$ = 1/2 $\overline{PQ}$, ma ci accorgiamo che il triangolo OPQ ha l'angolo $P\hat{O}Q$ di 60°, ma anche gli altri due misurano 60°, in quanto i due triangoli rettangoli da cui è formato hanno in $O\hat{P}P_1$ e in $O\hat{Q}P_1$ l'angolo di 60°.
Ma allora se il triangolo OPQ ha 3 angoli di 60° è un triangolo equilatero, cioè con tre lati uguali, e dal momento che $\overline{OP}$ e $\overline{OQ}$ sono uguali a r e cioè 1, anche $\overline{PQ}$ è uguale a 1; dal momento che:

$$\overline{PP_1}=\frac{1}{2}\overline{PQ},\ \overline{PP_1}\quad \text{e cioè}\quad \text{sen}\,30^\circ=\frac{1}{2}$$

Dalle formule viste in precedenza si ha poi:

$$\cos 30^\circ=\sqrt{1-\text{sen}^2\,30^\circ}=\sqrt{1-\frac{1}{4}}=\sqrt{\frac{3}{4}}=\frac{\sqrt{3}}{2}$$

A questo punto possiamo scrivere:

$$\text{tg}30° = \frac{\text{sen}30°}{\cos30°} = \frac{\frac{1}{2}}{\frac{\sqrt{3}}{2}} = \frac{1}{\sqrt{3}} = \frac{\sqrt{3}}{3}$$

$$\text{ctg}30° = \frac{\cos30°}{\text{sen}30°} = \frac{\frac{\sqrt{3}}{2}}{\frac{1}{2}} = \sqrt{3}$$

Arco di 45°

Osservando la fig. 32 si nota che PP_1 e PP_2 sono uguali e quindi sen 45° = cos 45°.

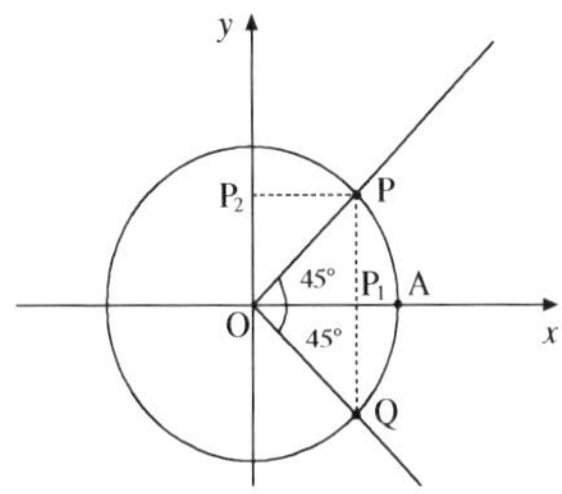

fig. 32

L'angolo $P\hat{O}Q$ è di 90° e, essendo sia $\overline{OP}$ che $\overline{OQ}$ uguali a r e cioè 1, applicando il teorema di Pitagora si ha: $\overline{PQ} = \sqrt{1+1} = \sqrt{2}$ ma il seno di 45° è uguale a $\overline{PP_1}$ cioè $\frac{\overline{PQ}}{2}$, e quindi

$$\text{sen } 45° = \frac{\sqrt{2}}{2}$$

$$\cos 45° = \frac{\sqrt{2}}{2}$$

$$\text{tg} = \frac{\text{sen}45°}{\cos45°} = 1$$

$$\text{ctg} = 1$$

Arco di 60°

Se osserviamo la fig. 33 ci accorgiamo che il seno di 60° è uguale al coseno di 30°, e il coseno di 60° è uguale al seno di 30°. Infatti il seno di 60°, e cioè $\overline{OP_1}$, è il coseno di 30°, e il coseno di 60° e cioè $\overline{OP_2}$ è il seno di 30°.

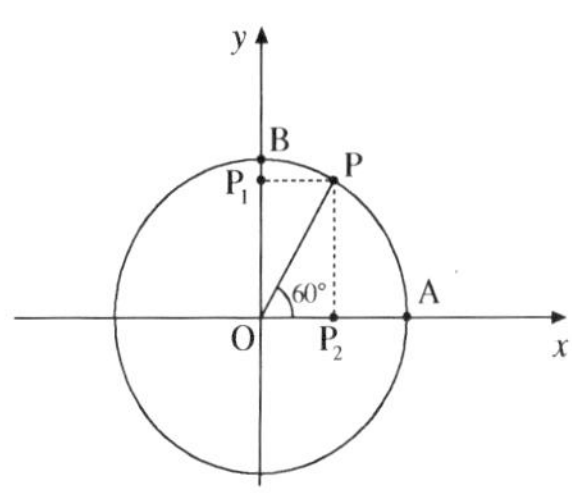

fig. 33

Quindi:

$$\text{sen } 60° = \cos 30° = \frac{\sqrt{3}}{2}$$

$$\cos 60° = \text{sen } 30° = \frac{1}{2}$$

$$\text{tg } 60° = \text{ctg } 30° = \sqrt{3}$$

$$\text{ctg } 60° = \text{tg } 30° = \frac{\sqrt{3}}{3}$$

Archi di 90°, 180°, 270° e 360°

Facendo riferimento alla circonferenza goniometrica, anche se banale, è bene ricordare i *valori notevoli* che le funzioni goniometriche assumono sugli assi delle ascisse e delle ordinate.

In particolare essi sono riferiti sia in gradi che in radianti:

$$\begin{cases} \operatorname{sen} 90° = 1 \\ \cos 90° = 0 \\ \operatorname{tg} 90° = \text{non esiste} \\ \operatorname{ctg} 90° = 0 \end{cases} \Leftrightarrow \begin{cases} \operatorname{sen}\frac{\pi}{2} = 1 \\ \cos\frac{\pi}{2} = 0 \\ \operatorname{tg}\frac{\pi}{2} = \text{non esiste} \\ \operatorname{ctg}\frac{\pi}{2} = 0 \end{cases}$$

$$\begin{cases} \operatorname{sen} 180° = 0 \\ \cos 180° = -1 \\ \operatorname{tg} 180° = 0 \\ \operatorname{ctg} 180° = \text{non esiste} \end{cases} \Leftrightarrow \begin{cases} \operatorname{sen}\pi = 0 \\ \cos\pi = -1 \\ \operatorname{tg}\pi = 0 \\ \operatorname{ctg}\pi = \text{non esiste} \end{cases}$$

$$\begin{cases} \operatorname{sen} 270° = -1 \\ \cos 270° = 0 \\ \operatorname{tg} 270° = \text{non esiste} \\ \operatorname{ctg} 270° = 0 \end{cases} \Leftrightarrow \begin{cases} \operatorname{sen}\frac{3\pi}{2} = -1 \\ \cos\frac{3\pi}{2} = 0 \\ \operatorname{tg}\frac{3\pi}{2} = \text{non esiste} \\ \operatorname{ctg}\frac{3\pi}{2} = 0 \end{cases}$$

$$\begin{cases} \operatorname{sen} 360° = \operatorname{sen} 0° = 0 \\ \cos 360° = \cos 0° = 1 \\ \operatorname{tg} 360° = \operatorname{tg} 0° = 0 \\ \operatorname{ctg} 360° = \operatorname{ctg} 0° = \text{non esiste} \end{cases} \Leftrightarrow \begin{cases} \operatorname{sen} 2\pi = \operatorname{sen} 0° = 0 \\ \cos 2\pi = \cos 0° = 1 \\ \operatorname{tg} 2\pi = \operatorname{tg} 0° = 0 \\ \operatorname{ctg} 2\pi = \operatorname{ctg} 0° = \text{non esiste} \end{cases}$$

Tabella riepilogativa

In chiusura di questo paragrafo è bene riproporre, a scopo conclusivo, una tabella riepilogativa con i valori delle funzioni goniometriche fino ad ora viste al fine di poterla utilizzare come specchietto per la risoluzione degli esercizi di goniometria oppure per un eventuale ripasso.

ANGOLO		FUNZIONE GONIOMETRICA			
GRADI	RADIANTI	SENO	COSENO	TANGENTE	COTANGENTE
0°	0	0	1	0	non esiste

(segue)

ANGOLO		FUNZIONE GONIOMETRICA			
18°	$\frac{\pi}{10}$	$\frac{\sqrt{5}-1}{4}$	$\frac{\sqrt{10+2\sqrt{5}}}{4}$	$\frac{\sqrt{25-10\sqrt{5}}}{5}$	$\sqrt{5+2\sqrt{5}}$
30°	$\frac{\pi}{6}$	$\frac{1}{2}$	$\frac{\sqrt{3}}{2}$	$\frac{\sqrt{3}}{3}$	$\sqrt{3}$
45°	$\frac{\pi}{4}$	$\frac{\sqrt{2}}{2}$	$\frac{\sqrt{2}}{2}$	1	1
60°	$\frac{\pi}{3}$	$\frac{\sqrt{3}}{2}$	$\frac{1}{2}$	$\sqrt{3}$	$\frac{\sqrt{3}}{3}$
90°	$\frac{\pi}{2}$	1	0	non esiste	0
180°	π	0	–1	0	non esiste
270°	$\frac{3}{2}\pi$	–1	0	non esiste	0
360°	2π	0	1	0	non esiste

Uso della calcolatrice in goniometria

Quando le funzioni goniometriche di uno stesso arco non sono note e non è semplice determinarle, si ricorre all'uso della calcolatrice.
Prima di utilizzare le funzioni goniometriche dirette ed inverse occorre SEMPRE accertarsi che la calcolatrice stia lavorando con la corretta unità di misura degli angoli, che può essere visualizzata sul quadrante: DEG oppure D per i gradi sessagesimali, RAD oppure R per i radianti, GRAD per i gradienti (da non confondere assolutamente con i gradi sessagesimali). Si può cambiare unità con un tasto del tipo DRG oppure in altri modi, a seconda della calcolatrice.

Funzioni goniometriche
I tasti della calcolatrice per determinare le funzioni goniometriche sono i seguenti:

sin: calcola il seno di un angolo.
cos: calcola il coseno di un angolo.
tan: calcola la tangente di un angolo.

Funzioni goniometriche inverse
I tasti della calcolatrice per determinare le funzioni goniometriche inverse sono i seguenti:
sin^{-1} (arcoseno): determina un angolo in base al valore seno.

cos^{-1} (arcocoseno): determina un angolo in base al valore coseno.

tan^{-1} (arcotangente): determina un angolo in base al valore tangente.
Prima di premere i tasti delle funzioni goniometriche inverse bisogna premere il tasto **2ndF** o **SHIFT**.

13.3.5 Relazione tra le funzioni goniometriche di archi superiori a 360°, di archi supplementari, complementari, esplementari, opposti e di archi che differiscono di 90°, 180°, 270°

Abbiamo già visto che le funzioni goniometriche, essendo periodiche, si ripetono, cioè assumono lo stesso valore ad intervalli regolari di 2π radianti (360°), pertanto fissato un generico $k \in Z$ possiamo affermare, sia in termini di radianti che in termini di gradi, che:

$$\begin{cases} \operatorname{sen}(\alpha + k \cdot 2\pi) = \operatorname{sen}\alpha \\ \cos(\alpha + k \cdot 2\pi) = \cos\alpha \\ \operatorname{tg}(\alpha + k \cdot 2\pi) = \operatorname{tg}\alpha \\ \operatorname{ctg}(\alpha + k \cdot 2\pi) = \operatorname{ctg}\alpha \end{cases} \Leftrightarrow \begin{cases} \operatorname{sen}(\alpha + k \cdot 360°) = \operatorname{sen}\alpha \\ \cos(\alpha + k \cdot 360°) = \cos\alpha \\ \operatorname{tg}(\alpha + k \cdot 360°) = \operatorname{tg}\alpha \\ \operatorname{ctg}(\alpha + k \cdot 360°) = \operatorname{ctg}\alpha \end{cases}$$

In base alla suddetta definizione, acquista senso parlare di seno, coseno, tangente e cotangente di angoli orientati superiori ad un angolo giro.

Osservazione sugli insiemi di definizione

Poiché α varia in R, possiamo parlare di seno e coseno di un numero reale.

Un discorso a parte riguarda la *tangente* e la *cotangente*.

Come visto la tangente perde di significato per:

$$\alpha = \frac{\pi}{2} + k\pi \Leftrightarrow \alpha = 90° + k \cdot 180°$$

mentre la cotangente perde significato per:

$$\alpha = k\pi \Leftrightarrow \alpha = k \cdot 180°$$

Allora possiamo riassumere affermando che:

Insiemi di definizione delle funzioni goniometriche
$$\begin{cases} \operatorname{sen}\alpha \Rightarrow \forall\alpha \in R \\ \cos\alpha \Rightarrow \forall\alpha \in R \\ \operatorname{tg}\alpha \Rightarrow \forall\alpha \in R - \left\{\frac{\pi}{2} + k\pi\right\} \quad k \in Z \\ \operatorname{ctg}\alpha \Rightarrow \forall\alpha \in R - \{k\pi\} \quad k \in Z \end{cases}$$

Angoli associati

Dalla geometria definiamo:

- **angoli supplementari** – angoli la cui somma è π radianti (180°);
- **angoli complementari** – angoli la cui somma è $\pi/2$ radianti (90°);
- **angoli opposti** – angoli la cui somma è 0;
- **angoli esplementari** – angoli la cui somma è 2π radianti (360°).

Nella goniometria, assegnato un angolo α orientato, definiamo *angoli associati* all'angolo α, tutti quegli angoli le cui funzioni goniometriche, in valore assoluto, sono uguali a quelle dell'angolo α.

Consideriamo la fig. 34.
Essa rappresenta una circonferenza goniometrica di centro O e raggio unitario, sulla quale abbiamo indicato dei punti notevoli caratterizzati dal fatto che ad ogni punto corrisponde un preciso angolo sulla circonferenza stessa, in particolare:

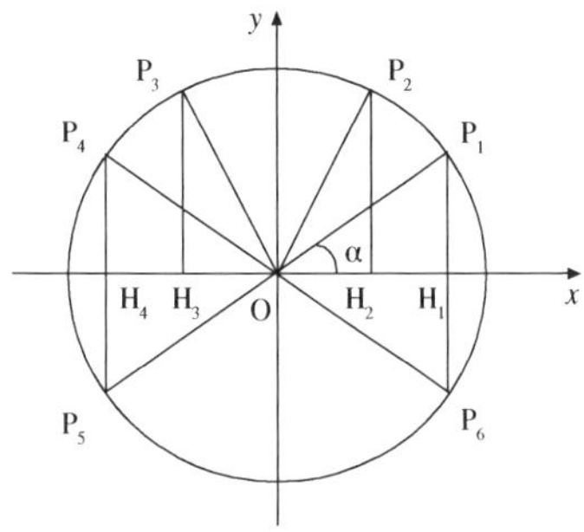

fig. 34

$$P_1 \Rightarrow \alpha$$

$$P_2 \Rightarrow \frac{\pi}{2} - \alpha \Leftrightarrow 90° - \alpha$$

$$P_3 \Rightarrow \frac{\pi}{2} + \alpha \Leftrightarrow 90° + \alpha$$

$$P_4 \Rightarrow \pi - \alpha \Leftrightarrow 180° - \alpha$$

$$P_5 \Rightarrow \pi + \alpha \Leftrightarrow 180° + \alpha$$

$$P_6 \Rightarrow -\alpha \text{ o } (2\pi - \alpha) \Leftrightarrow -\alpha \text{ o } (360° - \alpha)$$

dove α è l'angolo indicato in figura (acuto e positivo).

Indicate, quindi, con H_1, H_2, H_3 e H_4 le proiezioni sull'asse delle ascisse, rispettivamente, di P_1 (e P_6), P_2, P_3, P_4 (e P_5), notiamo che i triangoli rettangoli OH_1P_1, OH_2P_2, OH_3P_3, OH_4P_4, OH_5P_5 e OH_6P_6 sono tutti uguali poiché hanno la stessa ipotenusa ed uno degli angoli acuti pari ad α.
In particolare i cateti di questi triangoli ci forniscono proprio le **formule degli angoli associati**, cioè i valori delle funzioni goniometriche relativi agli angoli associati in oggetto.
Gli angoli associati di seguito sono espressi sia in gradi che in radianti, in maniera tale da poter tenere presente continuamente la relazione che intercorre tra le due scale.

Consideriamo caso per caso:

- *Angoli complementari*

$$\begin{cases} \text{sen}\left(\frac{\pi}{2} - \alpha\right) = \text{sen}(90° - \alpha) = \cos\alpha \Rightarrow \text{ essendo } \overline{H_2P_2} = \overline{OH_1} \\ \cos\left(\frac{\pi}{2} - \alpha\right) = \cos(90° - \alpha) = \text{sen}\alpha \Rightarrow \text{ essendo } \overline{OH_2} = \overline{P_1H_1} \\ \text{tg}\left(\frac{\pi}{2} - \alpha\right) = \text{tg}(90° - \alpha) = \text{ctg}\alpha \Rightarrow \text{dividendo membro a membro i suddetti} \end{cases}$$

- *Angoli che differiscono di un angolo retto*

$$\begin{cases} \text{sen}\left(\frac{\pi}{2} + \alpha\right) = \text{sen}(90° + \alpha) = \cos\alpha \Rightarrow \text{ essendo } \overline{H_3P_3} = \overline{OH_1} \\ \cos\left(\frac{\pi}{2} + \alpha\right) = \cos(90° + \alpha) = -\text{sen}\alpha \Rightarrow \text{ essendo } \overline{OH_3} = -\overline{P_1H_1} \\ \text{tg}\left(\frac{\pi}{2} + \alpha\right) = \text{tg}(90° + \alpha) = -\text{ctg}\alpha \Rightarrow \text{dividendo membro a membro i suddetti} \end{cases}$$

– *Angoli supplementari*

$$\begin{cases} \operatorname{sen}(\pi-\alpha)=\operatorname{sen}(180^\circ-\alpha)=\operatorname{sen}\alpha \Rightarrow \text{ essendo } \overline{H_4P_4}=\overline{H_1P_1} \\ \cos(\pi-\alpha)=\cos(180^\circ-\alpha)=-\cos\alpha \Rightarrow \text{ essendo } \overline{OH_4}=-\overline{OH_1} \\ \operatorname{tg}(\pi-\alpha)=\operatorname{tg}(180^\circ-\alpha)=-\operatorname{tg}\alpha \Rightarrow \text{dividendo membro a membro i suddetti} \end{cases}$$

– *Angoli che differiscono di un angolo piatto*

$$\begin{cases} \operatorname{sen}(\pi+\alpha)=\operatorname{sen}(180^\circ+\alpha)=-\operatorname{sen}\alpha \Rightarrow \text{ essendo } \overline{H_4P_5}=-\overline{H_1P_1} \\ \cos(\pi+\alpha)=\cos(180^\circ+\alpha)=-\cos\alpha \Rightarrow \text{ essendo } \overline{OH_4}=-\overline{OH_1} \\ \operatorname{tg}(\pi+\alpha)=\operatorname{tg}(180^\circ+\alpha)=\operatorname{tg}\alpha \Rightarrow \text{dividendo membro a membro i suddetti} \end{cases}$$

– *Angoli opposti ed esplementari*

$$\begin{cases} \operatorname{sen}(-\alpha)=\operatorname{sen}(2\pi-\alpha)=\operatorname{sen}(360^\circ-\alpha)=-\operatorname{sen}\alpha \Rightarrow \text{ essendo } \overline{H_1P_6}=-\overline{H_1P_1} \\ \cos(-\alpha)=\cos(2\pi-\alpha)=\cos(360^\circ-\alpha)=\cos\alpha \Rightarrow \text{ essendo } \overline{OH_1}=\overline{OH_1} \\ \operatorname{tg}(-\alpha)=\operatorname{tg}(2\pi-\alpha)=\operatorname{tg}(360^\circ-\alpha)=-\operatorname{tg}\alpha \Rightarrow \text{dividendo membro a membro i suddetti} \end{cases}$$

Osservazione: siamo partiti dall'ipotesi che α fosse acuto ed orientato positivamente, tuttavia le stesse formule valgono se ipotizziamo α ottuso e positivo, oppure negativo.

➤ *Angoli complementari*

Ipotizziamo di voler calcolare seno, coseno e tangente di un angolo $\beta = 30°$, utilizzando le formule degli angoli associati nel caso di angoli complementari.
In tal caso dobbiamo tenere contro del fatto che:

$$\beta = 90^\circ - \alpha = 30^\circ \Rightarrow \alpha = 60^\circ$$

Quindi avremo, in base alle formule relative agli angoli associati complementari e tenendo presente quanto detto a proposito dei valori delle funzioni goniometriche di un angolo di 60°, che:

$$\begin{cases} \operatorname{sen}30^\circ = \operatorname{sen}(90^\circ-\alpha) = \cos\alpha = \cos 60^\circ = \dfrac{1}{2} \\ \cos 30^\circ = \cos(90^\circ-\alpha) = \operatorname{sen}\alpha = \operatorname{sen}60^\circ = \dfrac{\sqrt{3}}{2} \\ \operatorname{tg}30^\circ = \operatorname{tg}(90^\circ-\alpha) = \operatorname{ctg}\alpha = \operatorname{ctg}60^\circ = \dfrac{\sqrt{3}}{3} \end{cases}$$

➤ *Angoli che differiscono di un angolo retto*

La relazione che lega gli angoli che differiscono di un angolo retto è:

$$\beta = 90^\circ + \alpha \quad \Leftrightarrow \quad \beta = \frac{\pi}{2} + \alpha$$

sulla base della suddetta ecco alcuni esempi:

$$\begin{cases} \text{sen}135° = \text{sen}(90° + \alpha) = \text{sen}(90° + 45°) = \cos 45° = \dfrac{\sqrt{2}}{2} \\ \cos 120° = \cos(90° + \alpha) = \cos(90° + 30°) = -\text{sen}30° = -\dfrac{1}{2} \\ \text{tg}150° = \text{tg}(90° + \alpha) = \text{tg}(90° + 60°) = -\text{ctg}60° = -\dfrac{\sqrt{3}}{3} \end{cases}$$

- *Angoli supplementari*

La relazione che lega gli angoli supplementari è:

$$\beta = 180° - \alpha \quad \Leftrightarrow \quad \beta = \pi - \alpha$$

Sulla base della suddetta relazione, ecco gli esempi proposti nel caso precedente, però risolti considerando gli angoli supplementari:

$$\begin{cases} \text{sen}135° = \text{sen}(180° - \alpha) = \text{sen}(180° - 45°) = \text{sen}45° = \dfrac{\sqrt{2}}{2} \\ \cos 120° = \cos(180° - \alpha) = \cos(180° - 60°) = -\cos 60° = -\dfrac{1}{2} \\ \text{tg}150° = \text{tg}(180° - \alpha) = \text{tg}(180° - 30°) = -\text{tg}30° = -\dfrac{\sqrt{3}}{3} \end{cases}$$

- *Angoli che differiscono di un angolo piatto*

La relazione che lega gli angoli che differiscono di un angolo piatto è:

$$\beta = 180° + \alpha \quad \Leftrightarrow \quad \beta = \pi + \alpha$$

Sulla base della suddetta relazione, ecco alcuni esempi:

$$\begin{cases} \text{sen}225° = \text{sen}(180° + \alpha) = \text{sen}(180° + 45°) = -\text{sen}45° = -\dfrac{\sqrt{2}}{2} \\ \cos 240° = \cos(180° + \alpha) = \cos(180° + 60°) = -\cos 60° = -\dfrac{1}{2} \\ \text{tg}240° = \text{tg}(180° + \alpha) = \text{tg}(180° + 60°) = \text{tg}60° = \sqrt{3} \end{cases}$$

- *Angoli opposti ed esplementari*

La relazione che lega gli angoli opposti e/o esplementari è:

$$\beta = 360° - \alpha = -\alpha \quad \Leftrightarrow \quad \beta = 2\pi - \alpha = -\alpha$$

sulla base della suddetta relazione, ecco alcuni esempi:

$$\begin{cases} \text{sen}315° = \text{sen}\left(-45°\right) = \text{sen}\left(-\alpha\right) = \text{sen}\left(360° - 45°\right) = -\text{sen}45° = -\dfrac{\sqrt{2}}{2} \\ \cos 300° = \cos\left(-60°\right) = \cos\left(-\alpha\right) = \cos\left(360° - 60°\right) = \cos 60° = \dfrac{1}{2} \\ \text{tg}330° = \text{tg}\left(-30°\right) = \text{tg}\left(-\alpha\right) = \text{tg}\left(360° - 30°\right) = -\text{tg}30° = -\dfrac{\sqrt{3}}{3} \end{cases}$$

Esercizio. Gli esercizi proposti come esempi sono stati fatti considerando le ampiezze degli angoli in gradi. Un utile esercizio potrebbe essere la risoluzione degli stessi esempi proposti però indicando le ampiezze degli angoli in radianti.

13.4 Formule di addizione e sottrazione degli angoli

Definiamo formule di addizione e sottrazione degli angoli quelle formule che consentono di esprimere le funzioni goniometriche della somma o della differenza di due o più angoli attraverso le funzioni goniometriche degli angoli stessi.
Per la definizione delle suddette formule seguiremo un procedimento dovuto a Cauchy che utilizza la formula della distanza tra due punti, note le loro coordinate.

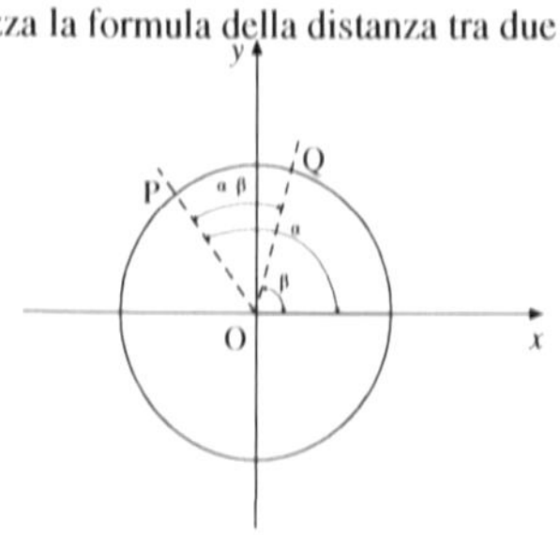

fig. 35a

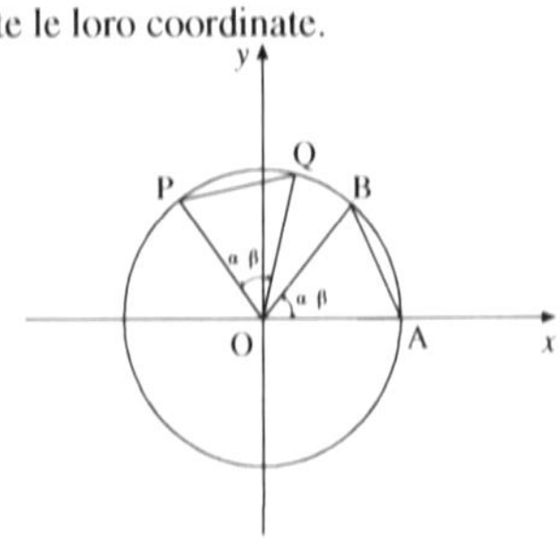

fig. 35b

Con riferimento alle fig. 35a e 35b ci proponiamo di determinare $\cos(\alpha - \beta)$. Nella figura 35a è rappresentata la circonferenza goniometrica e i due angoli α e β; nella figura 35b è rappresentato il triangolo isoscele POQ il cui angolo al vertice O è proprio la differenza $\alpha - \beta$. Sulla stessa circonferenza rappresentiamo un triangolo congruente con quello di cui sopra di vertici AOB (ottenuto per rotazione di POQ di un angolo β fino a far coincidere il lato $\overline{OQ}$ con $\overline{OA}$ sull'asse x) che ha un lato coincidente con l'asse x. Nella figura 35b le coordinate dei punti elencati sono:

- $O \equiv (0; 0)$
- $P \equiv (\cos\alpha; \text{sen}\,\alpha)$
- $Q \equiv (\cos\beta; \text{sen}\,\beta)$
- $A \equiv (1; 0)$
- $B \equiv (\cos(\alpha - \beta); \text{sen}(\alpha - \beta))$

Con tali coordinate andiamo ad esprimere le due lunghezze $\overline{PQ}$ e $\overline{AB}$ che poi uguaglieremo, vista la congruenza dei due triangoli.

$$\sqrt{(\cos\alpha - \cos\beta)^2 + (\operatorname{sen}\alpha - \operatorname{sen}\beta)^2} = \sqrt{(\cos(\alpha - \beta) - 1)^2 + \operatorname{sen}^2(\alpha - \beta)}$$

Sviluppando i calcoli e ricordando che $\cos^2\alpha + \operatorname{sen}^2\alpha = 1$ perveniamo alla prima delle formule cercate:

$$\cos(\alpha - \beta) = \cos\alpha \cos\beta + \operatorname{sen}\alpha \operatorname{sen}\beta$$

Se in tale formula sostituiamo a β il suo opposto $(-\beta)$ e considerando che due angoli opposti conservano il seno ed hanno coseni opposti:

$$\cos(\alpha + \beta) = \cos\alpha \cos\beta - \operatorname{sen}\alpha \operatorname{sen}\beta$$

Se nella prima formula sostituiamo ad α $(90° - \alpha)$ e consideriamo che gli angoli complementari hanno le funzioni seno e coseno scambiate tra loro:

$$\operatorname{sen}(\alpha + \beta) = \operatorname{sen}\alpha \cos\beta + \cos\alpha \operatorname{sen}\beta$$

sostituiamo ora in tale formula β con $-\beta$:

$$\operatorname{sen}(\alpha - \beta) = \operatorname{sen}\alpha \cos\beta - \cos\alpha \operatorname{sen}\beta$$

Per ricavare le analoghe formule per tangenti e cotangenti basta applicare le definizioni, ovvero:

$$\operatorname{tg}(\alpha+\beta) = \frac{\operatorname{sen}(\alpha+\beta)}{\cos(\alpha+\beta)} = \frac{\operatorname{sen}\alpha \cos\beta + \cos\alpha \operatorname{sen}\beta}{\cos\alpha \cos\beta - \operatorname{sen}\alpha \operatorname{sen}\beta}$$

Dividendo numeratore e denominatore per $\cos\alpha \cos\beta$ supposti diversi da zero:

$$\operatorname{tg}(\alpha + \beta) = \frac{\operatorname{tg}\alpha + \operatorname{tg}\beta}{1 - \operatorname{tg}\alpha \operatorname{tg}\beta}$$

se in tale formula andiamo a sostituire β con $-\beta$ e ricordiamo che $\operatorname{tg}(-\beta) = -\operatorname{tg}\beta$:

$$\operatorname{tg}(\alpha - \beta) = \frac{\operatorname{tg}\alpha - \operatorname{tg}\beta}{1 + \operatorname{tg}\alpha \operatorname{tg}\beta}$$

Un procedimento analogo ci consente di definire le formule per la cotangente (il divisore comune ora è il prodotto $\operatorname{sen}\alpha \operatorname{sen}\beta$ supposto diverso da zero):

$$\operatorname{ctg}(\alpha+\beta) = \frac{\operatorname{ctg}\alpha \operatorname{ctg}\beta - 1}{\operatorname{ctg}\alpha + \operatorname{ctg}\beta}$$

$$\operatorname{ctg}(\alpha-\beta) = \frac{\operatorname{ctg}\alpha \operatorname{ctg}\beta + 1}{\operatorname{ctg}\beta - \operatorname{ctg}\alpha}$$

13.5 Formule di duplicazione

Dalle formule del paragrafo precedente, ponendo $\beta = \alpha$ otteniamo le formule che consentono di ricavare i valori delle funzioni goniometriche dell'angolo 2α noti quelli dell'angolo α:

$$\text{sen}2\alpha = 2\,\text{sen}\alpha\,\cos\alpha \qquad \cos 2\alpha = \cos^2\alpha - \text{sen}^2\alpha$$

$$\text{tg}2\alpha = \frac{2\text{tg}\alpha}{1-\text{tg}^2\alpha} \qquad \text{ctg}2\alpha = \frac{\text{ctg}^2\alpha - 1}{2\text{ctg}\alpha}$$

Le prime due formule possono essere espresse in funzione della tangente dividendo le espressioni a secondo membro per $\cos^2\alpha + \text{sen}^2\alpha$ di valore unitario:

$$\text{sen}2\alpha = \frac{2\text{sen}\alpha\,\cos\alpha}{\text{sen}^2\alpha + \cos^2\alpha}$$ dividiamo ora denominatore e numeratore per $\cos^2\alpha$

$$\text{sen}2\alpha = \frac{\dfrac{2\text{sen}\alpha\,\cos\alpha}{\cos^2\alpha}}{\dfrac{\text{sen}^2\alpha + \cos^2\alpha}{\cos^2\alpha}} = \frac{2\text{tg}\alpha}{1+\text{tg}^2\alpha}$$ analogamente per $\cos2\alpha$

$$\cos2\alpha = \frac{1-\text{tg}^2\alpha}{1+\text{tg}^2\alpha}$$

Se sostituiamo nelle precedenti formule α con $\alpha/2$ e poniamo $\text{tg}\frac{\alpha}{2} = t$ otteniamo le così dette formule parametriche:

$$\text{sen}\alpha = \frac{2t}{1+t^2} \qquad \cos\alpha = \frac{1-t^2}{1+t^2} \qquad \text{tg}\alpha = \frac{2t}{1-t^2}$$

13.6 Formule di bisezione

Le formule di bisezione esprimono le funzioni goniometriche della metà di un angolo in termini di funzioni goniometriche dell'angolo stesso.
Consideriamo il sistema seguente:

$$\begin{cases} \cos^2\alpha - \text{sen}^2\alpha = \cos 2\alpha \\ \text{sen}^2\alpha + \cos^2\alpha = 1 \end{cases}$$

sommando e sottraendo otteniamo:

$$\cos^2\alpha = \frac{1+\cos2\alpha}{2}$$

$$\text{sen}^2\alpha = \frac{1-\cos2\alpha}{2}$$

sostituendo α con $\alpha/2$ ed estraendo la radice:

$$\cos\frac{\alpha}{2} = \pm\sqrt{\frac{1+\cos\alpha}{2}} \qquad \operatorname{sen}\frac{\alpha}{2} = \pm\sqrt{\frac{1-\cos\alpha}{2}}$$

dividendo le precedenti membro a membro

$$\operatorname{tg}\frac{\alpha}{2} = \pm\frac{\sqrt{1-\cos\alpha}}{\sqrt{1+\cos\alpha}} \qquad \operatorname{ctg}\frac{\alpha}{2} = \pm\frac{\sqrt{1+\cos\alpha}}{\sqrt{1-\cos\alpha}}$$

l'ambiguità di segno è eliminabile solo attraverso la conoscenza del quadrante di appartenenza di $\alpha/2$. Per razionalizzazione dei denominatori o dei numeratori nelle precedenti formule otteniamo ulteriori formule di bisezione per tangente e cotangente

$$\operatorname{tg}\frac{\alpha}{2} = \frac{\operatorname{sen}\alpha}{1+\cos\alpha} \qquad \operatorname{ctg}\frac{\alpha}{2} = \frac{1+\cos\alpha}{\operatorname{sen}\alpha}$$

$$\operatorname{tg}\frac{\alpha}{2} = \frac{1-\cos\alpha}{\operatorname{sen}\alpha} \qquad \operatorname{ctg}\frac{\alpha}{2} = \frac{\operatorname{sen}\alpha}{1-\cos\alpha}$$

13.7 Formule di Prostaferesi

Le formule di Prostaferesi sono utilizzate per trasformare espressioni nelle quali figurano somme e sottrazioni di funzioni goniometriche in espressioni dove figurano prodotti o divisioni delle stesse.
Per ricavarle consideriamo le formule di addizione e sottrazione per il seno che andremo a sommare e sottrarre membro a membro e separatamente quelle per il coseno per lo stesso procedimento.

Dalle formule:

$$\begin{cases} \operatorname{sen}(a+b) = \operatorname{sen}a\cos b + \cos a\operatorname{sen}b \\ \operatorname{sen}(a-b) = \operatorname{sen}a\cos b - \cos a\operatorname{sen}b \\ \cos(a-b) = \cos a\cos b + \operatorname{sen}a\operatorname{sen}b \\ \cos(a+b) = \cos a\cos b - \operatorname{sen}a\operatorname{sen}b \end{cases} \qquad (1)$$

sommando e sottraendo:

$$\begin{cases} \cos(a+b) + \cos(a-b) = 2\cos a\cos b \\ \cos(a+b) - \cos(a-b) = -2\operatorname{sen}a\operatorname{sen}b \\ \operatorname{sen}(a+b) + \operatorname{sen}(a-b) = 2\operatorname{sen}a\cos b \\ \operatorname{sen}(a+b) - \operatorname{sen}(a-b) = 2\cos a\operatorname{sen}b \end{cases} \qquad (2)$$

ponendo $a+b=\alpha$ e $a-b=\beta$, avremo: $a = \frac{\alpha+\beta}{2}$ e $b = \frac{\alpha-\beta}{2}$.

Da cui, le (2) divengono:

$$\operatorname{sen}\alpha + \operatorname{sen}\beta = 2\operatorname{sen}\frac{1}{2}(\alpha+\beta)\cos\frac{1}{2}(\alpha-\beta)$$

$$\operatorname{sen}\alpha - \operatorname{sen}\beta = 2\cos\frac{1}{2}(\alpha+\beta)\operatorname{sen}\frac{1}{2}(\alpha-\beta)$$

$$\cos\alpha + \cos\beta = 2\cos\frac{1}{2}(\alpha+\beta)\cos\frac{1}{2}(\alpha-\beta)$$

$$\cos\alpha - \cos\beta = -2\operatorname{sen}\frac{1}{2}(\alpha+\beta)\operatorname{sen}\frac{1}{2}(\alpha-\beta)$$

c.v.d.

Le formule di Prostaferesi per tangente e cotangente si possono ricavare partendo dalla definizione delle due funzioni:

$$\operatorname{tg}\alpha \pm \operatorname{tg}\beta = \frac{\operatorname{sen}\alpha}{\cos\alpha} \pm \frac{\operatorname{sen}\beta}{\cos\beta} \qquad \operatorname{ctg}\alpha \pm \operatorname{ctg}\beta = \frac{\cos\alpha}{\operatorname{sen}\alpha} \pm \frac{\cos\alpha}{\operatorname{sen}\alpha}$$

eseguendo i calcoli:

$$\operatorname{tg}\alpha \pm \operatorname{tg}\beta = \frac{\operatorname{sen}(\alpha \pm \beta)}{\cos\alpha\,\cos\beta} \qquad \operatorname{ctg}\alpha \pm \operatorname{ctg}\beta = \frac{\operatorname{sen}(\beta \pm \alpha)}{\operatorname{sen}\alpha\,\operatorname{sen}\beta}$$

Una applicazione delle formule appena ricavate per seno e coseno è nelle così dette **formule di Nepero** che consentono di ricavare una formula breve per rapporti tra somme e sottrazioni di seni e coseni come nella espressione:

$$\frac{\operatorname{sen}\alpha + \operatorname{sen}\beta}{\cos\alpha + \cos\beta} = \frac{2\operatorname{sen}\frac{\alpha+\beta}{2}\cos\frac{\alpha-\beta}{2}}{2\cos\frac{\alpha+\beta}{2}\cos\frac{\alpha-\beta}{2}} = \operatorname{tg}\frac{\alpha+\beta}{2}$$

$$\frac{\operatorname{sen}\alpha + \operatorname{sen}\beta}{\cos\alpha - \cos\beta} = \frac{2\operatorname{sen}\frac{\alpha+\beta}{2}\cos\frac{\alpha-\beta}{2}}{-2\operatorname{sen}\frac{\alpha+\beta}{2}\operatorname{sen}\frac{\alpha-\beta}{2}} = -\operatorname{ctg}\frac{\alpha-\beta}{2}$$

Analogamente per tutte le altre possibili combinazioni.

13.8 Formule di Werner

Le formule di Werner possono essere considerate formule di inversione delle formule di Prostaferesi e consentono di trasformare prodotti di funzioni goniometriche di due angoli in somme e differenze di funzioni goniometriche. Sono ottenibili dalle formule di addizione e sottrazione come si evince dal secondo termine delle formule stesse:

$$\operatorname{sen}\alpha\cos\beta = \frac{1}{2}[\operatorname{sen}(\alpha+\beta)+\operatorname{sen}(\alpha-\beta)]$$

$$\cos\alpha\operatorname{sen}\beta = \frac{1}{2}[\operatorname{sen}(\alpha+\beta)-\operatorname{sen}(\alpha-\beta)]$$

$$\cos\alpha\cos\beta = \frac{1}{2}[\cos(\alpha+\beta)+\cos(\alpha-\beta)]$$

$$\operatorname{sen}\alpha\operatorname{sen}\beta = \frac{1}{2}[\cos(\alpha-\beta)-\cos(\alpha+\beta)]$$

13.9 Identità goniometriche

***Definizione**: si dice **identità goniometrica** ogni uguaglianza fra due espressioni contenenti funzioni goniometriche di uno o più angoli, che sia verificata per qualunque valore attribuito agli angoli, tranne quei valori per i quali l'espressione perde significato.*

Nei paragrafi precedenti ne abbiamo incontrate diverse come:

1) $\operatorname{sen}^2\alpha + \cos^2\alpha = 1$ valida $\forall\alpha \in R$;

2) $\operatorname{tg}\alpha = \dfrac{\operatorname{sen}\alpha}{\cos\alpha}$ valida $\forall\alpha \neq \dfrac{\pi}{2} + k\pi \quad k\in Z$

3) $\operatorname{ctg}\alpha = \dfrac{\cos\alpha}{\operatorname{sen}\alpha}$ valida $\forall\alpha \neq k\pi \quad k\in Z$

4) $\operatorname{ctg}\alpha = \dfrac{1}{\operatorname{tg}\alpha}$ valida $\forall\alpha \neq k\pi \quad k\in Z$

Per verificare nuove identità, cioè per verificare se due espressioni goniometriche sono tra loro identiche, si cerca, attraverso opportune trasformazioni, di ricondursi a identità già note.
Facciamo due esempi:

➤ *Verificare la seguente identità*:

$$\cos^3 x + \operatorname{sen}^2 x \cos x + 3\cos x = 4\cos x$$

Ricordando che:

$$\cos^2 x + \operatorname{sen}^2 x = 1$$

possiamo quindi scrivere:

$$\cos x\,(\cos^2 x + \operatorname{sen}^2 x) + 3\cos x = 4\cos x$$

sostituendo si ha:

$$\cos x\,(1) + 3\cos x = 4\cos x$$
$$\cos x + 3\cos x = 4\cos x$$
$$4\cos x = 4\cos x$$

L'identità è perciò verificata.

➤ *Verificare la seguente identità:*

$$\operatorname{sen}^2\alpha + 2\cos^2\alpha + \cos\alpha - 1 = \cos\alpha(1 + \cos\alpha)$$

Ricordando che:

$$\operatorname{sen}^2\alpha + \cos^2\alpha = 1$$

otteniamo:

$$1 + \cos^2\alpha + \cos\alpha - 1 = \cos\alpha + \cos^2\alpha$$
$$\cos^2\alpha + \cos\alpha = \cos\alpha + \cos^2\alpha$$

L'identità è verificata.

13.10 Equazioni goniometriche

*Si dice **equazione goniometrica** ogni uguaglianza fra due espressioni contenenti funzioni goniometriche di uno o più angoli, che sia verificata solo per particolari valori attribuiti agli angoli.*

Per la risoluzione delle equazioni goniometriche valgono proprietà analoghe a quelle delle equazioni algebriche. È detta *soluzione* dell'equazione goniometrica ogni valore che sostituito all'incognita rende uguali i due membri dell'equazione.
L'equazione goniometrica si dice ad una incognita se in essa compare una sola variabile, come nell'equazione $\cos x + \operatorname{sen} x = 1$, oppure a due o più incognite, se in essa compaiono due o più variabili, ad esempio $\cos x + \cos y = 1$.
Infine, un'equazione si dice *impossibile* se non ha soluzioni, come ad esempio $\cos x = 2$, infatti sappiamo che $-1 \le \cos x \le 1$.

Equazioni elementari
Sono elementari le seguenti equazioni:
1) $\operatorname{sen} x = m$ 2) $\cos x = m_1$ 3) $\operatorname{tg} x = m_2$ 4) $\operatorname{ctg} x = m_3$

Esaminiamole singolarmente.

13.10.1 Equazioni elementari con il seno

L'equazione $\operatorname{sen} x = m$ ammette soluzioni solo se $-1 \le m \le 1$, e cioè $|m| \le 1$; se questa condizione su m è soddisfatta, esisterà certamente almeno un angolo α che sia soluzione dell'equazione, ma allora anche l'angolo $\pi - \alpha$ è soluzione dell'equazione, essendo $\operatorname{sen}(\pi - \alpha) = \operatorname{sen}\alpha$. Allora saranno soluzioni tutti gli angoli multipli di α e $\pi - \alpha$, e cioè:

$$x = \alpha + 2k\pi \quad \text{e} \quad x = (\pi - \alpha) + 2k\pi \quad \forall k \in Z$$

In termini di gradi, gli angoli che soddisfano l'equazione $\operatorname{sen} x = m$ sono:

$$\begin{cases} x = \alpha + k \cdot 360° \\ x = (180° - \alpha) + k360° \end{cases}$$

Queste soluzioni possono essere ottenute graficamente intersecando la circonferenza goniometrica con la retta $y = m$. Se $|m| < 1$, la retta interseca la circonferenza in due punti P_1 e P_2, che sono rispettivamente gli estremi degli archi di ampiezza α e $\pi - \alpha$ (fig. 36).

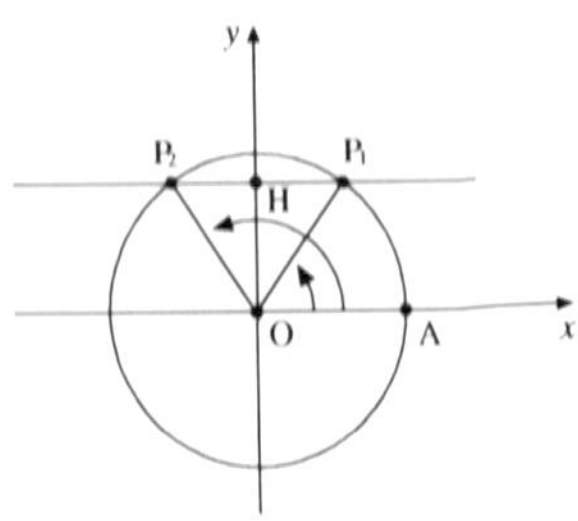

fig. 36

➤ Risolvere l'equazione: $\text{sen}^2 x = \dfrac{\sqrt{2}}{2}$.

Dal momento che $\text{sen}\dfrac{\pi}{4} = \dfrac{\sqrt{2}}{2}$

possiamo affermare che:

$$2x = \frac{\pi}{4} + 2k\pi \quad \text{e} \quad 2x = \pi - \frac{\pi}{4} + 2k\pi = \frac{3}{4}\pi + 2k\pi$$

da cui:

$$x = \frac{\pi}{8} + k\pi \qquad \text{e} \qquad x = \frac{3}{8}\pi + k\pi \qquad (k \in Z)$$

➤ Risolvere l'equazione: sen $5x$ = sen $3x$.
Ricordiamo che sen $hx = m$ con $h \in R$ e detta α una soluzione, si ha sen $\alpha = m$. Quindi le soluzioni si ottengono dall'uguaglianza:
$hx = \alpha + 2k\pi$

Il tutto è analogo per un'equazione del tipo sen hx = sen tx, le cui soluzioni sono:

$$hx = tx + 2k\pi$$

Allora deve essere:

$$5x = 3x + 2k\pi$$

oppure:

$$5x = (\pi - 3x) + 2k\pi$$

da cui:

$$5x - 3x = 2k\pi \quad \text{e} \quad 5x + 3x = \pi + 2k\pi$$

cioè:

$$2x = 2k\pi \quad \text{e} \quad 8x = \pi + 2k\pi$$

e quindi:

$$x = \frac{2k\pi}{2} = k\pi \qquad \text{e} \qquad x = \frac{\pi + 2k\pi}{8} = \frac{\pi}{8} + k\frac{\pi}{4} \qquad (k \in Z)$$

13.10.2 Equazioni elementari con il coseno

L'equazione $\cos x = m_1$ ammette soluzioni solo se $-1 \leq m_1 \leq 1$ e cioè $|m| \leq 1$; se questa condizione su m_1 è soddisfatta esisterà certamente almeno un angolo α che sia soluzione dell'equazione, ma allora anche l'angolo $-\alpha$ è soluzione essendo $\cos(-\alpha) = \cos\alpha$.

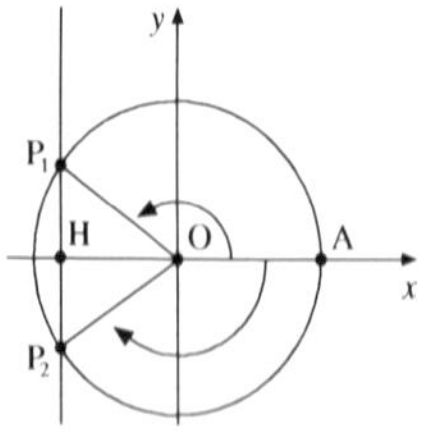

fig. 37

Allora saranno soluzioni tutti gli angoli multipli di α e $-\alpha$, e cioè:

$$x = \alpha + 2k\pi \quad \text{e} \quad x = -\alpha + 2k\pi \ (k \in Z)$$

Queste soluzioni possono essere ottenute graficamente intersecando la circonferenza goniometrica con la retta $x = m_1$.
I punti P_1 e P_2 sono rispettivamente gli estremi degli archi $x = \alpha + 2k\pi$ e $x = -\alpha + 2k\pi$ (fig. 37).

➤ Risolvere l'equazione: $\cos\frac{x}{2} = -\frac{1}{2}$.

Essendo $\cos\frac{2}{3}\pi = -\frac{1}{2}$, si ha:

$\frac{x}{2} = \frac{2}{3}\pi + 2k\pi$ e $\frac{x}{2} = -\frac{2}{3}\pi + 2k\pi$

da cui: $x = \frac{4}{3}\pi + 4k\pi$ e $x = -\frac{4}{3}\pi + 4k\pi$

➤ Risolvere l'equazione: $\cos 7x = \cos\frac{x}{3}$.

Riprendendo il metodo già visto nell'esempio precedente, deve essere:

$7x = \frac{x}{3} + 2k\pi$ oppure $7x = -\frac{x}{3} + 2k\pi$.

Allora:

$7x - \frac{x}{3} = 2k\pi$ e $7x + \frac{x}{3} = 2k\pi$

Cioè: $\frac{20}{3}x = 2k\pi$ e $\frac{22}{3}x = 2k\pi$

quindi: $x = \frac{3}{\cancel{20}_{10}} \cdot \cancel{2}^1 k\pi = k\frac{3}{10}\pi$ e $x = \frac{3}{\cancel{22}_{11}} \cancel{2}^1 k\pi = k\frac{3}{11}\pi$

➤ Risolvere l'equazione: $\cos\left(2x - \frac{\pi}{6}\right) = \cos\left(x + \frac{\pi}{4}\right)$.

Si deve avere: $2x - \frac{\pi}{6} = x + \frac{\pi}{4} + 2k\pi$ oppure $2x - \frac{\pi}{6} = -x - \frac{\pi}{4} + 2k\pi$

da cui: $2x - x = \frac{\pi}{4} + \frac{\pi}{6} + 2k\pi$ oppure $2x + x = \frac{\pi}{6} - \frac{\pi}{4} + 2k\pi$

e cioè:

$x = \frac{5}{12}\pi + 2k\pi$ e $3x = -\frac{1}{12}\pi + 2k\pi \Rightarrow x = -\frac{\pi}{36}\pi + \frac{2}{3}k\pi$

13.10.3 Equazioni elementari con la tangente

L'equazione tg $x = m_2$ ammette soluzioni qualunque sia m_2, poiché la funzione tangente assume tutti i valori reali. Allora detta α una soluzione tale che tg $\alpha = m_2$, le soluzioni sono tutte le: $x = \alpha + k\pi$ ($k \in Z$).

Queste soluzioni si ottengono graficamente, intersecando la circonferenza goniometrica con la retta $y = m_2x$ passante per il punto T (1, m_2). I punti P_1 e P_2 sono gli estremi degli archi:

$$x = \alpha + k\pi \quad \text{e} \quad x = \pi - \alpha + k\pi \quad \text{(fig. 38)}$$

In termini di gradi gli angoli che soddisfano l'equazione tg $x = m_2$ sono: $x = \alpha + k \cdot 180°$.

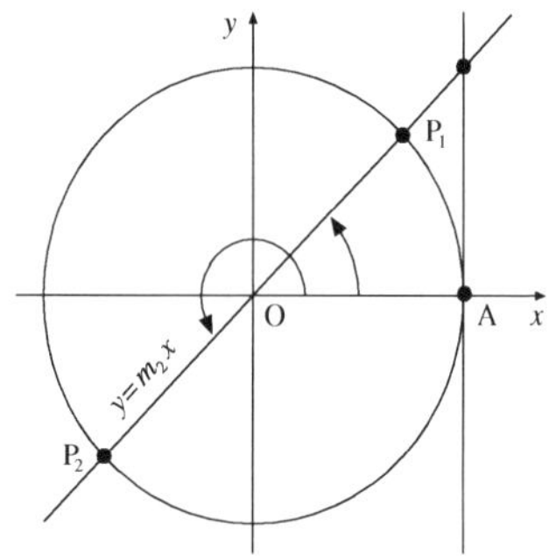

fig. 38

➤ Risolvere l'equazione: $\text{tg}x = -\sqrt{3}$.

Essendo $\text{tg}\frac{2}{3}\pi = -\sqrt{3}$, si ha:

$$x = \frac{2}{3}\pi + k\pi$$

➤ Risolvere l'equazione: $\text{tg}4x = -1$.

Dato che $\text{tg}\frac{3}{4}\pi = -1$, ne segue, come già visto per seno e coseno, che $4x = \frac{3}{4}\pi + k\pi$, da cui:

$$x = \frac{3}{16}\pi + k\frac{\pi}{4}$$

13.10.4 Equazioni elementari con la cotangente

L'equazione ctg $x = m_3$, ammette soluzioni qualunque sia m_3, poiché la funzione cotangente può assumere qualunque valore reale, e detta α una soluzione tale che ctg $\alpha = m_3$ si ha che le soluzioni sono:

$$x = \alpha + k\pi \ (k \in Z)$$

Graficamente, è possibile determinarle intersecando la circonferenza goniometrica con la retta $x = m_3y$ passante per il punto S(m_3; 1). I punti P_1 e P_2 sono gli estremi degli archi $\alpha + 2k\pi$ e $\pi + \alpha + 2k\pi$ (fig. 39).

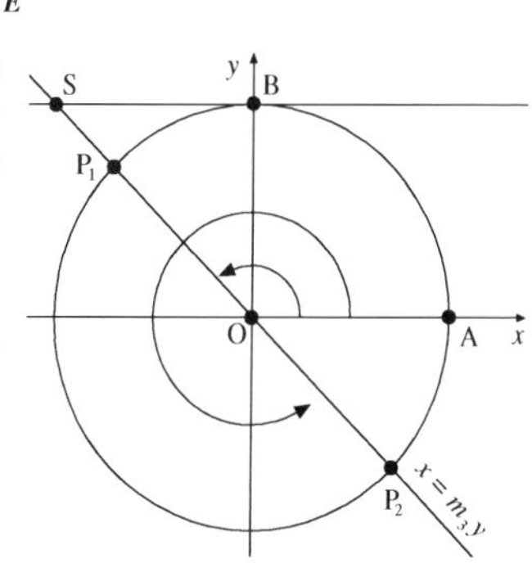

fig. 39

➤ Risolvere l'equzione: ctg $x = 1$.

Poiché $\text{ctg}\ \frac{\pi}{4} = 1$, le soluzioni sono: $x = \frac{\pi}{4} + k\pi$.

13.11 Equazioni riducibili a equazioni elementari

Il metodo generale per risolvere un'equazione goniometrica riducibile a equazione elementare consiste nell'esprimere tutte le funzioni goniometriche mediante una sola funzione e nel prendere questa funzione come incognita ausiliaria; si trasforma, in questo modo, l'equazione goniometrica in un'equazione algebrica.

➤ Risolvere l'equazione:

$$8\cos^2 x - 2\text{sen}x = 5 \qquad (1)$$

Per la prima relazione fondamentale della gioniometria $\cos^2 x + \text{sen}^2 x = 1$, da cui $\cos^2 x = 1 - \text{sen}^2 x$, quindi sostituendo nella (1) otteniamo le seguenti equazioni equivalenti:

$$8 - 8\text{sen}^2 x - 2\ \text{sen}x - 5 = 0 \quad \rightarrow \quad 8\ \text{sen}^2 x + 2\text{sen}x - 3 = 0$$

Quest'ultima è di 2° grado in sen$x$; quindi determiniamo le due soluzioni

$$\text{sen}\,x = \frac{-1 \pm \sqrt{1+24}}{8}$$

Da $\text{sen}\,x = \frac{1}{2} \quad \rightarrow \quad x = \frac{\pi}{6} + 2k\pi \vee x = \frac{5}{6}\pi + 2k\pi,\ k \in Z.$

Da $\text{sen}\,x = -\frac{3}{4} \quad \rightarrow \quad x = -\arcsen\frac{3}{4} + 2k\pi \vee x = \pi + \arcsen\frac{3}{4} + 2k\pi,\ k \in Z.$

Vediamo ora un esempio di equazione riconducibile a un'equazione elementare mediante la legge di annullamento del prodotto.

➤ Risolvere l'equazione:

$$\text{cotg}x + 2 = \text{cosec}x + 2\cos x \qquad (2)$$

Scriviamo l'equazione (2) nella forma:

$$\frac{\cos x}{\text{sen}\,x} + 2 = \frac{1}{\text{sen}\,x} + 2\cos x$$

e, ponendo sen$x \neq 0$, cioè $x \neq k\pi$ otteniamo

$$\cos x + 2\text{sen}x - 1 - 2\cos x\,\text{sen}x = 0 \quad \rightarrow \quad \cos x - 1 - 2\text{sen}x(\cos x - 1) = 0$$

raccogliendo $\cos x - 1$

$$(\cos x - 1)(1 - 2\text{sen}x) = 0 \quad \rightarrow \quad \cos x = 1 \vee \text{sen}x = \frac{1}{2}$$

Da $\cos x = 1 \quad \rightarrow \quad x = 2k\pi,\ k \in Z$, che però non sono soluzioni in quanto $x \neq k\pi$.

Da $\text{sen}\,x = \frac{1}{2} \quad \rightarrow \quad x = \frac{\pi}{6} + 2k\pi \vee x = \frac{5}{6}\pi + 2k\pi,\ k \in Z.$

Se gli argomenti delle funzioni goniometriche presenti nell'equazione non sono tutti uguali, per prima cosa si cercherà di renderli uguali, applicando opportunamente le note formule, e poi si procederà come nei casi precedenti, esprimendo le diverse funzioni goniometriche mediante una sola di esse.

➤ Risolvere l'equazione:

$$\text{sen}x + \text{sen}\frac{x}{2} = 0$$

Rendiamo gli argomenti uguali trasformando sen$x$ in funzione di $\frac{x}{2}$ con le formule di duplicazione.
Si avrà

$$2\,\text{sen}\frac{x}{2}\cos\frac{x}{2} + \text{sen}\frac{x}{2} = 0 \quad \rightarrow \quad \text{sen}\frac{x}{2}\left(2\cos\frac{x}{2} + 1\right) = 0$$

che per la legge di annullamento del prodotto

– da $\text{sen}\frac{x}{2} = 0 \quad \rightarrow \quad \frac{x}{2} = k\pi \quad \rightarrow \quad x = 2k\pi,\ k \in Z;$

– da $2\cos\frac{x}{2} + 1 = 0 \rightarrow \cos\frac{x}{2} = -\frac{1}{2} \rightarrow \frac{x}{2} = 2k\pi \pm \frac{2}{3}\pi \rightarrow x = 4k\pi \pm \frac{4}{3}\pi,\ k \in Z.$

13.11.1 Equazioni lineari in seno e coseno

Un'equazione lineare in seno e coseno è un'equazione del tipo

$$a\text{sen}x + b\cos x + c = 0 \qquad (3)$$

Vediamo ora due metodi per risolvere questa equazione.

Primo metodo: formule parametriche

Si possono esprimere sen$x$ e cos$x$ in funzione di $\text{tg}\frac{x}{2}$ mediante le formule parametriche.
Posto $\text{tg}\frac{x}{2} = t$ l'equazione (3) diventa

$$a\frac{2t}{1+t^2} + b\frac{1-t^2}{1+t^2} + c = 0$$

che risulta equivalente alla (3) solo se $\frac{x}{2} \neq k\pi + \frac{\pi}{2} \rightarrow x \neq 2k\pi + \pi$ cioè se è $x \neq (2k+1)\pi$, $k \in Z$.

➤ Risolvere l'equazione:

$$2\text{sen}x - 3\cos x = 3 \qquad (4)$$

Esprimendo sen$x$ e cos$x$ mediante le formule parametriche si ottiene:

$$\frac{4t}{1+t^2} - 3\frac{1-t^2}{1+t^2} = 3 \qquad (5)$$

Questa equazione sarà equivalente a quella data, solo se questa non ammette per soluzione

$\frac{x}{2}=\frac{\pi}{2}+k\pi$, cioè se è $x \neq (2k+1)\pi$.

In realtà, l'equazione (4) ammette come soluzione $x = (2k + 1)\pi$ aggiunta a quelle della (5).

Si ha così $4t - 3 + 3t^2 = 3 + 3t^2 \quad \rightarrow \quad 4t = 6 \quad \rightarrow \quad t = \frac{3}{2}$

cioè $\operatorname{tg}\frac{x}{2}=\frac{3}{2} \quad \rightarrow \quad \frac{x}{2}=\operatorname{arctg}\frac{3}{2}+k\pi$ da cui $x=2\operatorname{arctg}\frac{3}{2}+2k\pi,\ k\in Z$.

Secondo metodo: metodo grafico

Risolviamo l'equazione (3) risolvendo il sistema

$$\begin{cases} a\,\text{sen}\,x + b\cos x + c = 0 \\ \cos^2 x + \text{sen}^2 x = 1 \end{cases}$$

Poniamo $X = \cos x$ e $Y = \text{sen}x$ e otteniamo il seguente sistema algebrico

$$\begin{cases} aY + bX + c = 0 \\ X^2 + Y^2 = 1 \end{cases}$$

che graficamente, con l'ausilio della geometria analitica, rappresenta le intersezioni tra la circonferenza goniometrica e la retta di equazione $aY + bX + c = 0$.

➤ Risolvere l'equazione:

$$\text{sen}x - \sqrt{3}\cos x = \sqrt{3}$$

L'equazione data equivale al sistema

$$\begin{cases} Y - \sqrt{3}X - \sqrt{3} = 0 \\ X^2 + Y^2 = 1 \end{cases}$$

Risolvendo si ha

$$\begin{cases} X = -1 \\ Y = 0 \end{cases} \vee \begin{cases} X = -\frac{1}{2} \\ Y = \frac{\sqrt{3}}{2} \end{cases} \quad \rightarrow \quad \begin{cases} \cos x = -1 \\ \text{sen}\,x = 0 \end{cases} \vee \begin{cases} \cos x = -\frac{1}{2} \\ \text{sen}\,x = \frac{\sqrt{3}}{2} \end{cases}$$

da cui $x=(2k+1)\pi \vee x=\frac{2}{3}\pi+2k\pi,\ k\in Z$.

13.11.2 Equazioni omogenee di 2° grado in seno e coseno

Un'equazione omogenea di 2° grado in seno e coseno è un'equazione del tipo

$$a\text{sen}^2x + b\text{sen}x\cos x + c\cos^2 x = 0 \tag{6}$$

in cui tutti i suoi termini sono di 2° grado.

Per risolvere questa equazione si possono dividere i due membri per $\cos^2 x$, e ottenere un'equazione di 2° grado in tg$x$.

L'equazione che si ottiene è equivalente alla (6) solo se $\cos x \neq 0$ cioè se $x \neq \frac{\pi}{2} + k\pi$.

Occorrerà perciò stabilire se $\cos x = 0$ è una soluzione dell'equazione data (solo se $a = 0$), e in tal caso alle soluzioni ottenute si devono aggiungere le soluzioni $x = \frac{\pi}{2} + k\pi$.

➤ Risolvere l'equazione:

$$\text{sen}^2 x - (1 + \sqrt{3})\text{sen}x\cos x + \sqrt{3}\cos^2 x = 0$$

Dopo aver osservato che $a = 1 \neq 0$ dividiamo per $\cos^2 x$; otteniamo

$$\text{tg}^2 x - (1 + \sqrt{3})\text{tg}x + \sqrt{3} = 0$$

che risolta dà

$$\text{tg}x = 1 \vee \text{tg}x = \sqrt{3}$$

soddisfatte rispettivamente per $x = \frac{\pi}{4} + k\pi \vee x = \frac{\pi}{3} + k\pi,\ k \in Z.$

Equazioni di 2°grado in seno e coseno, riducibili a omogenee

L'equazione del tipo

$$a\text{sen}^2 x + b\text{sen}x\cos x + c\cos^2 x = d$$

si può rendere omogenea, osservando che

$$d = d(\cos^2 x + \text{sen}^2 x)$$

➤ Risolvere l'equazione:

$$4\text{sen}^2 x - \sqrt{3}\text{sen}x\cos x + \cos^2 x = 1$$

Questa equazione si trasforma nella seguente equazione equivalente

$$4\text{sen}^2 x - \sqrt{3}\ \text{sen}x\cos x + \cos^2 x = 1(\cos^2 x + \text{sen}^2 x)$$

quindi

$$3\text{sen}^2 x - \sqrt{3}\text{sen}x\cos x = 0$$

Dividiamo per $\cos^2 x$

$$3\text{tg}^2 x - \sqrt{3}\text{tg}x = 0$$

che risolta dà

$$\text{tg}\,x = 0 \vee \text{tg}\,x = \frac{\sqrt{3}}{3}$$

soddisfatte rispettivamente per $x = k\pi \vee x = \frac{\pi}{6} + k\pi,\ k \in Z.$

13.11.3 Equazioni simmetriche rispetto a senx e cosx

Le equazioni simmetriche rispetto a sen$x$ e a cos$x$ sono equazioni del tipo

$$a(\text{sen}x + \cos x) + b\text{sen}x\cos x = c$$

$$a(\text{sen}^3 x + \cos^3 x) = b$$

e si possono risolvere ponendo $x = 45° + z$; con tale sostituzione si riducono ad equazioni di 2° grado in cos$z$.

➤ Risolvere l'equazione:

$$\text{sen}x + \cos x + \text{sen}x\cos x = 1 \tag{7}$$

Ponendo $x = 45° + z$, avremo

$$\text{sen}\, x = \frac{\sqrt{2}}{2}(\cos z + \text{sen}\, z) \quad \text{e} \quad \cos x = \frac{\sqrt{2}}{2}(\cos z - \text{sen}\, z)$$

quindi

$$\text{sen}x + \cos x = \sqrt{2}\cos z \qquad \text{e} \qquad \text{sen}x\cos x = \frac{1}{2}(2\cos^2 z - 1)$$

L'equazione (7) si trasforma nell'equazione

$$\sqrt{2}\cos z + \frac{1}{2}(2\cos^2 z - 1) = 1$$

ossia

$$2\cos^2 z + 2\sqrt{2}\cos z - 3 = 0$$

che risolta dà

$$\cos z = \frac{\sqrt{2}}{2} \vee \cos z = -\frac{3}{2}\sqrt{2} \text{ (impossibile)}$$

$$z = k360° \pm 45° \qquad \text{e} \qquad x = 45° + z = 45° + k360° \pm 45°$$

da cui

$$x = k360° + 90° \vee x = k360°,\ k \in Z$$

13.12 Sistemi di equazioni goniometriche

È pressoché impossibile dare regole generali per la soluzione di sistemi di equazioni goniometriche; ci limiteremo pertanto a fornire esempi per illustrare alcuni casi di approccio risolutivo. Come vedremo i metodi risolutivi non possono che fondarsi sulla conoscenza delle regole goniometriche ed algebriche.

➤ **Risolvere il seguente sistema:**

$$\begin{cases} \cos(x + y) = 0 \\ \text{sen}\, x + \text{sen}\, y = \sqrt{2} \end{cases}$$

Dalla prima equazione si evince che

$x + y = \pi/2 + 2k\pi$ ovvero $y = \pi/2 + 2k\pi - x$ (1)

che sostituita nella seconda equazione:

$$\begin{cases} \cos(x + y) = 0 \\ \text{sen}x + \text{sen}(\pi/2 - x) = \sqrt{2} \end{cases}$$ considerando che $\text{sen}(\pi/2 - x) = \cos x$:

$$\begin{cases} \cos(x + y) = 0 \\ \text{sen}x + \cos x = \sqrt{2} \end{cases}$$ considerando che $\cos x = \pm\sqrt{1 - \text{sen}^2 x}$:

$$\begin{cases} \cos(x + y) = 0 \\ \text{sen}x \pm \sqrt{1 - \text{sen}^2 x} = \sqrt{2} \end{cases}$$

La seconda equazione, isolando il radicale ed elevando al quadrato, diviene:

$$\begin{cases} \cos(x+y) = 0 \\ (\sqrt{2}\operatorname{sen}x - 1)^2 = 0 \end{cases}$$

da cui $\operatorname{sen}x = 1/\sqrt{2}$ ovvero:

$x_1 = 1/4\pi + 2h\pi$ e $x_2 = 3/4\pi + 2h\pi$

a tali x corrisponderanno per la (1):

$y_1 = 1/4\pi + 2(k-h)\pi$ $\quad y_2 = -1/4\pi + 2(k-h)\pi$

Lo stesso sistema possiamo risolverlo utilizzando le formule parametriche per sen$x$ e cos$x$ nella seconda equazione già scritta in funzione della sola x che diviene:

$$\frac{2t}{1+t^2} + \frac{1-t^2}{1+t^2} = \sqrt{2} \qquad \text{con } t = \operatorname{tg}\frac{x}{2} \qquad \text{ovvero:}$$

$$(1+\sqrt{2})t^2 - 2t - 1 + \sqrt{2} = 0 \qquad \text{da cui:} \qquad t_1 = t_2 = \sqrt{2} - 1 \qquad \text{essendo:}$$

$$\operatorname{sen}x = \frac{2t}{1+t^2} = \frac{2(\sqrt{2}-1)}{1+(\sqrt{2}-1)^2} = \frac{\sqrt{2}}{2}$$

$$\cos x = \frac{1-t^2}{1+t^2} = \frac{1-(\sqrt{2}-1)^2}{1+(\sqrt{2}-1)^2} = \frac{\sqrt{2}}{2}$$

da cui le soluzioni già date.

➤ **Risolvere il seguente sistema:**

$$\begin{cases} \operatorname{sen}x \operatorname{sen}y = \sqrt{2}/4 \\ \cos x \cos y = \sqrt{2}/4 \end{cases}$$

Tale sistema potremo ridurlo convenientemente attraverso le formule di addizione e sottrazione alle quali possiamo giungere se sommiamo e sottraiamo membro a membro le due equazioni date:

$$\begin{cases} \operatorname{sen}x \operatorname{sen}y + \cos x \cos y = \sqrt{2}/2 \\ \cos x \cos y - \operatorname{sen}x \operatorname{sen}y = 0 \end{cases} \qquad \text{o anche:}$$

$$\begin{cases} \cos(x-y) = \sqrt{2}/2 \\ \cos(x-y) = 0 \end{cases} \qquad \text{da cui:}$$

$$\begin{cases} x - y = \pm\pi/4 + 2k\pi \\ x + y = \pm\pi/2 + 2h\pi \end{cases}$$

Con il metodo di addizione e sottrazione il sistema lineare di arrivo fornisce le soluzioni cercate:

$$x = \pm 3/8\,\pi + (h+k)\pi \qquad y = \pm 1/8\,\pi + (h-k)\pi$$

➤ **Risolvere il seguente sistema:**

$$\begin{cases} \cos x + \cos y = \dfrac{1-\sqrt{3}}{2} \\ \cos x \cos y = -\sqrt{3}/2 \end{cases}$$

Con cambio variabili $u = \cos x$ e $v = \cos y$ approdiamo al sistema simmetrico:

$$\begin{cases} u+v=\dfrac{1-\sqrt{3}}{2} \\ uv=\sqrt{3}/2 \end{cases}$$

la cui risolvente è: $t^2 - \dfrac{1-\sqrt{3}}{2}t - \dfrac{\sqrt{3}}{2} = 0$.

Ricordando le sostituzioni, le soluzioni da leggere in modo simmetrico sono:

$u = \cos x = 1/2 \qquad x = \pm 60° + k360°$

$v = \cos y = -\sqrt{3}/2 \qquad y = \pm 30° + k360°$

➤ **Risolvere il seguente sistema:**

$$\begin{cases} \operatorname{sen}x - \sqrt{2}\cos y = 0 \\ \operatorname{sen}x + \sqrt{2}\cos y = 2 \end{cases}$$

Si può risolvere per sostituzione o come di seguito illustrato per somma e sottrazione; infatti sommando e sottraendo le due equazioni otteniamo:

$$\begin{cases} \operatorname{sen}x = 1 & \Rightarrow & x = \pi/2 + 2k\pi \\ \cos y = 1/\sqrt{2} & \Rightarrow & y = \pm\pi/4 + 2k\pi \end{cases}$$

➤ **Risolvere il seguente sistema:**

$$\begin{cases} \sqrt{2}\operatorname{sen}x = \sqrt{3}\operatorname{sen}y \\ \sqrt{2}\cos x = \cos y \end{cases}$$

Eleviamo al quadrato le due equazioni e poniamo $\operatorname{sen}^2\alpha = 1 - \cos^2\alpha$; si ha:

$$\begin{cases} 2\operatorname{sen}^2 x = 3\operatorname{sen}^2 y \\ 2\cos^2 x = \cos^2 y \end{cases} \Rightarrow \begin{cases} 2(1-\cos^2 x) = 3(1-\cos^2 y) \\ 2\cos^2 x = \cos^2 y \end{cases}$$

Sostituendo la seconda equazione nella prima:

$2(1 - \cos^2 x) = 3(1 - 2\cos^2 x) \quad \Rightarrow \quad \cos x = \pm 1/2 \quad \Rightarrow \quad x = \pm\pi/3 + 2k\pi$

Sostituendo nella seconda equazione otteniamo:

$\cos y = \pm\sqrt{2}/2 \quad \Rightarrow \quad y = \pm\pi/4 + 2k\pi$

13.13 Disequazioni goniometriche

Per disequazioni goniometriche si intendono diseguaglianze dove l'incognita compare nell'argomento di funzioni goniometriche in modo diretto o attraverso sue funzioni.

L'approccio risolutivo in generale consiste nel ridurre le disequazioni date a forme elementari, ovvero a diseguaglianze fra due espressioni goniometriche elementari verificate per un ben determinato intervallo di valori compreso nell'insieme dei numeri reali; ad esempio sono del tipo:

$\operatorname{sen}x > 0$

$\cos x < 0$

$\operatorname{tg}x \geq 0$

...

13.13.1 Disequazioni elementari

Analogamente a quanto già visto per le equazioni è possibile individuare nel piano *xy*, dove andiamo a descrivere la circonferenza goniometrica, gli archi aventi per estremo l'ordinata o l'ascissa che risolve l'equazione associata alla disequazione elementare data; tale arco fornisce la soluzione della disequazione.

➤ $\text{sen}\, x \geq \sqrt{2}/2$

le soluzioni della equazione associata sono: $x_1 = 45° + k360°$ $x_2 = 135° + k360°$ come illustrato in fig. 40 la soluzione della disequazione data è l'arco definito all'interno dell'intervallo:

$$x_1 \leq x \leq x_2$$

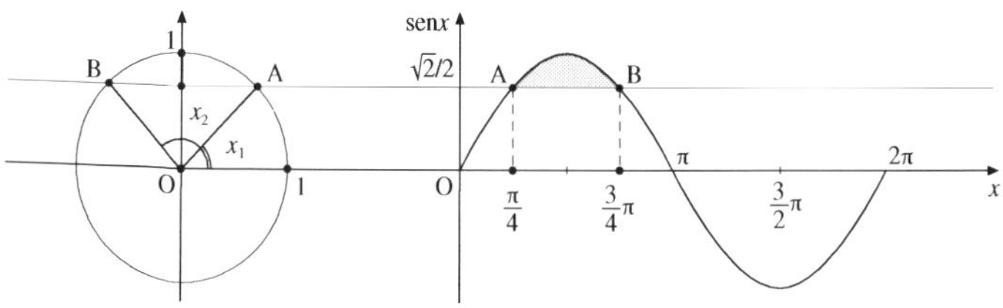

fig. 40

Nella stessa fig. 40 è anche riportata la rappresentazione della disequazione data nel piano *xy* attraverso il grafico della funzione $y = \text{sen}\, x$ e della retta $y = \sqrt{2}/2$; su tale rappresentazione gli intervalli risolutivi sono periodicamente compresi negli intervalli $x_1(k)$, $x_2(k)$ al veriare di *k*. Identiche considerazioni possono essere fatte per le altre funzioni goniometriche.

Disequazioni riconducibili a disequazioni elementari

Sono quelle disequazioni che attraverso semplificazioni possono essere ridotte alle forme elementari (1) attraverso l'uso delle formule goniometriche note.

➤ $2\text{sen}^2 x + \cos x - 1 \leq 0$ l'equazione associata ha soluzioni:

$\cos x_1 = 1 \quad \Rightarrow \quad x_1 = 0° + k360°$

$\cos x_2 = -1/2 \quad \Rightarrow \quad x_2 = \pm 120° + k360°$

In fig. 41 rappresentiamo sulla circonferenza goniometrica gli angoli soluzione della equazione associata e a tratto spesso, su due diverse circonferenze concentriche, gli intervalli soluzione della disequazione data ottenibile attraverso le seguenti considerazioni:

- l'equazione associata è riconducibile a una equazione di secondo grado in $t = \cos x$ avente le radici t_1 e t_2 sopra fornite; tale equazione rappresenta una parabola negativa per valori della variabile esterni all'intervallo $[-1/2; +1]$:

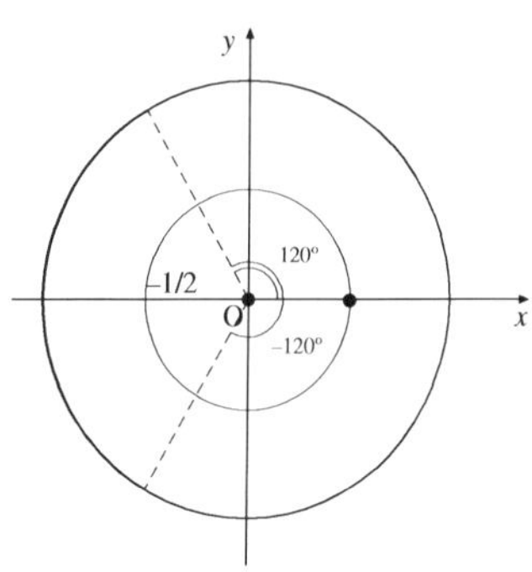

fig. 41

– considerati i valori di t_1 e t_2, gli intervalli angolari di soluzione, a questi corrispondenti in (0; 360°), sono rispettivamente:
per $\cos x \geq +1$ $\Rightarrow \alpha_1 = 0°$ (intervallo costituito dal valore unico per $\cos x = 1$)
per $\cos x \leq -1/2$ $\Rightarrow 120° \leq \alpha_2 \leq -120°$

L'unione dei due intervalli fornisce la soluzione cercata.

➤ $\operatorname{sen} x + 2\cos x + 1 \geq 0$ (fig. 42)
L'equazione associata ha soluzioni:
$\operatorname{tg}(x_1/2) = -1 \Rightarrow x_1 \cong 143{,}2° + k180°$
$\operatorname{tg}(x_2/2) = 3 \Rightarrow x_2 \cong -90° + k180°$

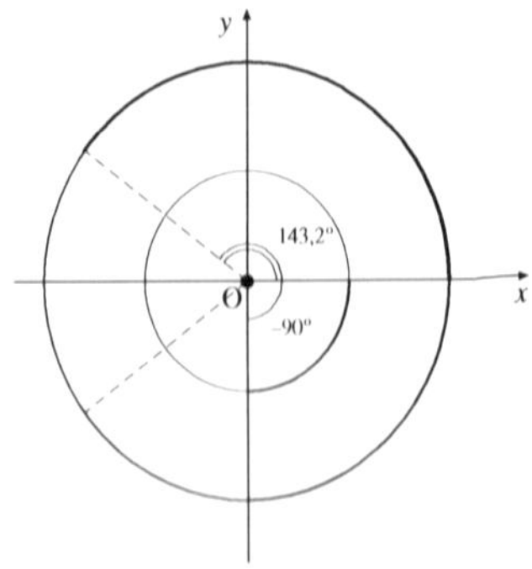

fig. 42

Anche questi valori sono radici di una equazione di 2° grado (in $t = \operatorname{tg} x/2$) che rappresenta una parabola positiva internamente all'intervallo delle radici:
$\operatorname{tg}(x_1/2) \leq \operatorname{tg}(x/2) \leq \operatorname{tg}(x_2/2)$
Considerati i valori di x_1 e x_2, gli intervalli angolari di soluzione in (0; 360°) sono rispettivamente:
per $\operatorname{tg}(x/2) \leq \operatorname{tg}(x_2/2) \Rightarrow \alpha \leq 143{,}2°$
per $\operatorname{tg}(x/2) \geq \operatorname{tg}(x_1/2) \Rightarrow \alpha \geq -90°$
L'unione dei due intervalli rappresentati su due diverse circonferenze fornisce la soluzione cercata.

Metodo grafico

Per disequazioni del tipo sopra esaminato il metodo grafico rende particolarmente agevole la ricerca della soluzione; il metodo consiste nel considerare il sistema misto costituito dalla disequazione data dove è stato operato il cambio di variabili $\cos x = X$ e $\operatorname{sen} x = Y$ e dalla equazione della circonferenza goniometrica. Per gli esempi di cui sopra avremo i seguenti sistemi misti:

$$\begin{cases} 2Y^2 + X - 1 \leq 0 \\ X^2 + Y^2 = 1 \end{cases} \qquad \begin{cases} 2X + Y + 1 \geq 0 \\ X^2 + Y^2 = 1 \end{cases}$$

Le intersezioni tra le curve a sistema sono i seguenti punti nel piano:
$P_1 \equiv (1; 0)$ $P_1 \equiv (-4/5; 3/5)$
$P_2 \equiv (-1/2; \sqrt{3}/2)$ $P_2 \equiv (0; -1)$
$P_3 \equiv (-1/2; -\sqrt{3}/2)$

Andiamo ora a rappresentare le curve:
– nel primo caso la disequazione rappresenta i punti del piano interni alla concavità rivolta verso sinistra di una parabola ad asse orizzontale ($x = -2y^2 + 1$) e vertice $V \equiv (1; 0)$; pertanto l'insieme che risulta essere soluzione del sistema è quello rappresentato in fig. 43 con tratto marcato unitamente al punto (1; 0);
– nel secondo caso la disequazione rappresenta i punti del semipiano superiore alla retta $y = -2x - 1$; l'insieme soluzione è quello rimarcato in fig. 44.

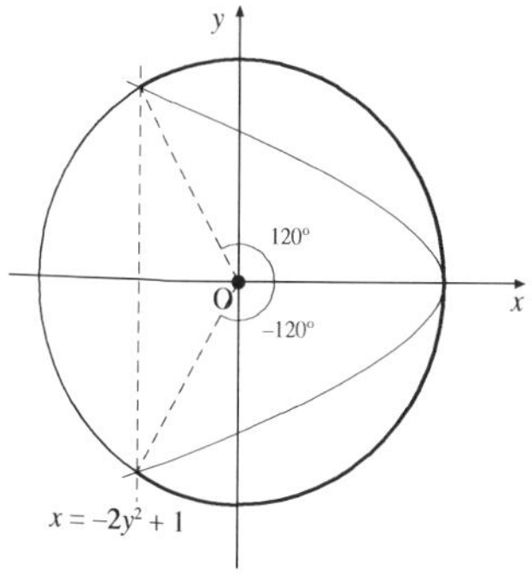

fig. 43

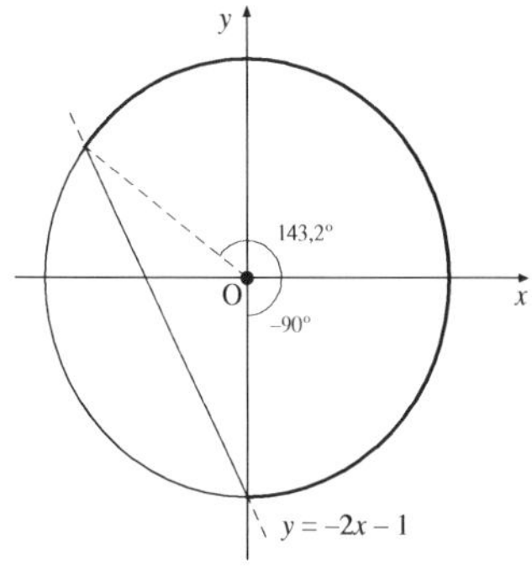

fig. 44

$$\frac{1-\cos x}{\operatorname{sen}x(1-\operatorname{sen}x)}-\frac{1+\cos x}{\operatorname{sen}x(1+\operatorname{sen}x)}\leq 0$$

Con semplici calcoli la disequazione fratta diviene:

$$\frac{\operatorname{sen}x-\cos x}{\operatorname{sen}x\ \cos^2 x}\leq 0 \qquad \text{con sen } x \neq \{0\}\cup\{\pm 1\}$$

Con il cambio di variabili $X = \cos x$ e $Y = \operatorname{sen} x$ avremo per il numeratore ed il denominatore presi singolarmente e posti a sistema con l'equazione della circonferenza trigonometrica i seguenti sistemi che esprimono la necessaria discordanza di segno tra numeratore e denominatore per avere la frazione negativa:

$$\begin{cases} Y-X\leq 0 \\ YX^2\geq 0 \\ X^2+Y^2=1 \end{cases} \qquad \begin{cases} Y-X\geq 0 \\ YX^2\leq 0 \\ X^2+Y^2=1 \end{cases}$$

Le soluzioni in [0°; 360°] delle equazioni associate alle disequazioni sono:

$X = Y = \pm\dfrac{\sqrt{2}}{2} \quad \Rightarrow \quad x_1 = 45°$

e $x_2 = 225°$ per il numeratore

$X = Y = 0 \quad \Rightarrow \quad x_1 = 0°$

e $x_2 = 180°$ per il denominatore

Andiamo ora a rappresentare sul piano (fig. 45) i segni delle relazioni descritte nei sistemi; sulla circonferenza interna rappresentiamo $X^2 + Y^2 = 1$, a seguire verso l'esterno il segno positivo del numeratore e del denominatore.

Il segno della frazione, ovvero la soluzione in [0°; 360°], è nei seguenti intervalli:

$0 \leq x \leq 45° \cup 180° \leq x \leq 225°$

evidenziati sulla circonferenza più esterna.

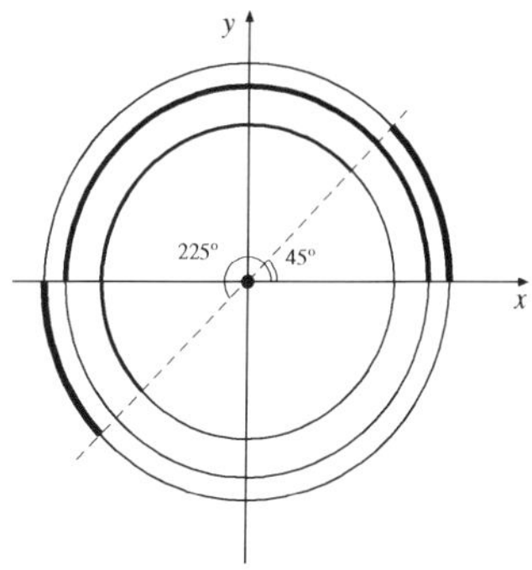

fig. 45

➤ $4\cos^3 x + 2(\sqrt{2}+3)\text{sen}^2 x + (3\sqrt{2}+2)\cos x - 3\sqrt{2} - 6 \geq 0$

La disequazione data può essere trasformata in una equivalente attraverso la relazione fondamentale $\text{sen}^2 x = 1 - \cos^2 x$ ottenendo:

$4\cos^3 x - 2(\sqrt{2}+3)\cos^2 x + (3\sqrt{2}+2)\cos x - \sqrt{2} \geq 0$ ponendo $t = \cos x$ (2)

$4t^3 - 2(\sqrt{2}+3)t^2 + (3\sqrt{2}+2)t - \sqrt{2} \geq 0$

L'equazione associata è di 3° grado e con Ruffini otteniamo:

$$2(t-1)(t-\frac{1}{2})(t-\frac{\sqrt{2}}{2}) \geq 0$$

Sulla circonferenza goniometrica, considerando l'assunzione (2), possiamo ora analizzare il segno dei tre seguenti fattori:

$\cos x - 1$ ⇒ è positivo o nullo per $x = 0°$ (circonferenza 1)

$\cos x - \frac{1}{2}$ ⇒ è positivo o nullo per $60° \leq x \leq 0° \cup -60° \leq x \leq 0°$ (circonferenza 2)

$\cos x - \frac{\sqrt{2}}{2}$ ⇒ è positivo o nullo per $45° \leq x \leq 0° \cup -45° \leq x \leq 0°$ (circonferenza 3)

La disequazione sarà soddisfatta negli intervalli dove si verificheranno tre fattori positivi o due negativi contemporaneamente; tale situazione è illustrata in fig. 46.

La soluzione all'interno dell'intervallo (0°; 360°) è data dall'unione degli intervalli:

$45° \leq x \leq 60° \cup -60° \leq x \leq -45° \cup x = 0°$

evidenziati sulla porzione di circonferenza più esterna.

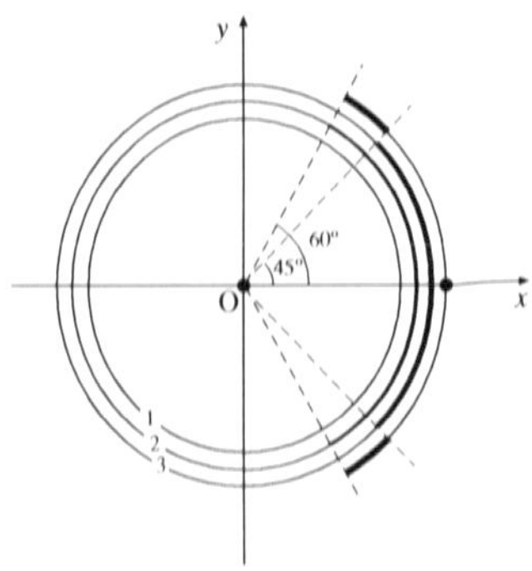

fig. 46

Capitolo 14
Trigonometria

14.1 Definizione

Per **trigonometria** intendiamo quell'insieme di regole e formule che consentono di determinare alcuni degli elementi (angoli e/o lati) di un triangolo qualsiasi, noti gli altri.
Dai criteri di congruenza dei triangoli sappiamo che è possibile replicare un triangolo rispetto ad un altro se sono noti tre elementi su sei di questo; nei triangoli esistono quindi relazioni tra le misure degli angoli e dei lati che consentono di calcolare gli elementi incogniti a partire da quelli noti ed i relativi procedimenti prendono il nome di **risoluzione dei triangoli**.
Per individuare in modo univoco un triangolo distinguiamo tre diversi casi a seconda degli elementi noti:

- risoluzione a partire dalla conoscenza di due lati e l'angolo compreso (dal 1° criterio di congruenza);
- risoluzione a partire dalla conoscenza di un lato e degli angoli ad esso adiacenti (2° criterio);
- risoluzione a partire dalla conoscenza dei tre lati (3° criterio).

Nei triangoli rettangoli la misura di un angolo è nota a priori; sono quindi sufficienti due soli elementi noti:

- due cateti;
- un cateto e l'ipotenusa;
- l'ipotenusa ed un angolo acuto;
- un cateto ed un angolo acuto.

14.2 Relazioni tra gli elementi di un triangolo rettangolo

Alla luce di quanto visto a proposito delle funzioni goniometriche consideriamo la porzione di circonferenza goniometrica racchiusa nel primo quadrante (fig. 1).

Indicato con ABC un triangolo rettangolo in C, siano a, b e c le misure dei lati rispettivamente opposti ai vertici A, B e C.
Siano inoltre α e β gli angoli relativi ai vertici A e B del triangolo ABC.
Abbiamo visto che le definizioni delle funzioni goniometriche di un angolo orientato non dipendono dal raggio della circonferenza goniometrica.

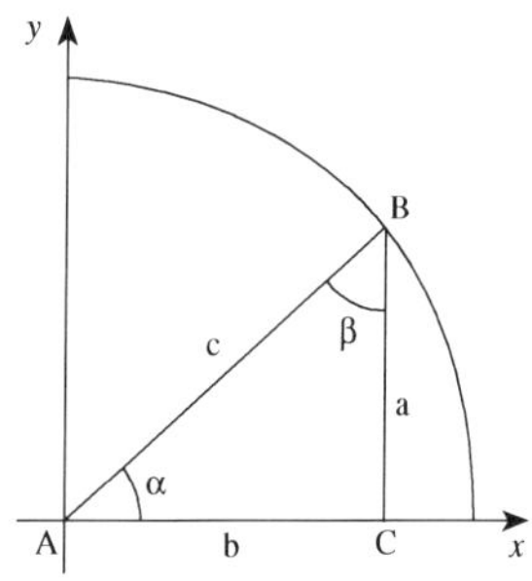

fig. 1

Pertanto assunto come raggio della circonferenza l'ipotenusa $\overline{AB}$ del triangolo, dalle definizioni di seno, coseno e tangente, ricaviamo:

$$\begin{cases} \text{sen}\alpha = \dfrac{a}{c} \\ \cos\alpha = \dfrac{b}{c} \\ \text{tg}\alpha = \dfrac{a}{b} \end{cases}$$

Da tali definizioni si possono ricavare agevolmente i cateti del triangolo in funzione dell'angolo α e dell'ipotenusa, poiché:

$$\begin{cases} a = c\,\text{sen}\alpha \\ b = c\cos\alpha \\ a = b\,\text{tg}\alpha \end{cases} \qquad (*)$$

Inoltre, essendo la somma degli angoli interni di un triangolo 180°, ne consegue che β è il complementare di α, essendo ABC rettangolo, cioè:

$$\beta = 90° - \alpha$$

ricordando pertanto le formule degli angoli associati abbiamo:

$$\begin{cases} \text{sen}\alpha = \text{sen}(90° - \beta) = \cos\beta \\ \cos\alpha = \cos(90° - \beta) = \text{sen}\beta \\ \text{tg}\alpha = \text{tg}(90° - \beta) = \text{ctg}\beta \end{cases}$$

e sostituendo nelle (*) otteniamo le espressioni dei cateti del triangolo rettangolo ABC in funzione dell'angolo β:

$$\begin{cases} a = c\cos\beta \\ b = c\,\text{sen}\beta \\ a = b\,\text{ctg}\beta \Leftrightarrow b = a\,\text{tg}\beta \end{cases} \qquad (**)$$

Queste relazioni ci permettono di risolvere i triangoli rettangoli come vedremo nei paragrafi successivi quando affronteremo i problemi della trigonometria.

14.3 Risoluzione dei triangoli rettangoli

Per la risoluzione di un triangolo rettangolo dobbiamo fare riferimento a quanto detto a proposito delle relazioni tra i suoi elementi.
La risoluzione del triangolo rettangolo in trigonometria prevede quattro casi che andremo a schematizzare tenendo conto della figura 2.

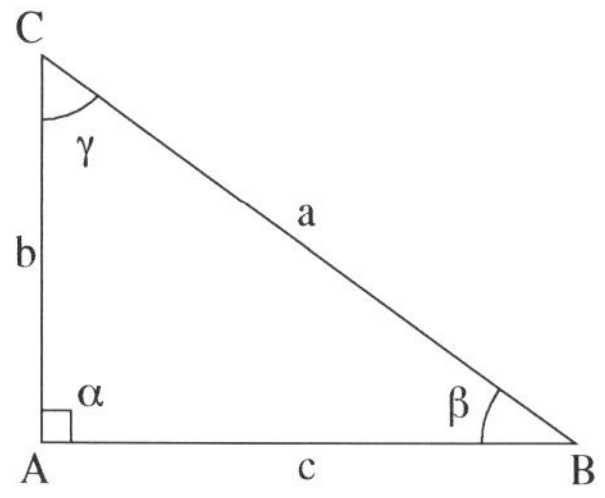

fig. 2

I quattro casi sono:

CASO	ELEMENTI NOTI	ELEMENTI INCOGNITI
I	cateti b e c	ipotenusa a ed angoli β e γ
II	ipotenusa a e cateto b	cateto c ed angoli β e γ
III	cateto b ed angolo β	ipotenusa a, cateto c ed angolo γ
IV	ipotenusa a ed angolo β	cateti b e c ed angolo γ

I Caso

Ricordiamo che nel triangolo rettangolo $tg\beta = \frac{b}{c}$; da ciò ricaviamo immediatamente l'angolo β attraverso la formula inversa $\beta = \text{arctg}\left(\frac{b}{c}\right)$.

Adesso γ lo ricaviamo tenendo conto che la somma degli angoli interni di un triangolo è 180°; essendo $\alpha = 90°$:

$$\gamma = 180° - \alpha - \beta = 180° - 90° - \beta = 90° - \beta$$

Per avere infine il valore dell'ipotenusa a, ricordiamo che $b = a\ \text{sen}\beta$ e quindi: $a = b / \text{sen}\beta$.

II Caso

Dalla formula $b = a\ \text{sen}\beta$, otteniamo $\text{sen}\beta = \frac{b}{a}$ e quindi $\beta = \text{arcsen}\left(\frac{b}{a}\right)$.

L'angolo γ si ricava in modo analogo al I caso cioè $\gamma = 90° - \beta$.

Infine, per avere il cateto c ricordiamo la formula: $c = a\ \text{sen}\gamma$.

III Caso

L'angolo γ si ricava in modo analogo al I caso cioè $\gamma = 90° - \beta$; inoltre, essendo $\text{tg}\beta = \frac{b}{c}$, risulta $c = \frac{b}{\text{tg}\beta}$.

Infine, sapendo che $b = a\ \text{sen}\beta$, si ricava agevolmente: $a = \frac{b}{\text{sen}\beta}$.

IV Caso

L'angolo γ si ricava in modo analogo al I caso cioè $\gamma = 90° - \beta$, inoltre $b = a\ \text{sen}\beta$ ed infine $c = a\ \cos\beta$.

14.4 Relazioni tra gli elementi di un triangolo qualunque

Teorema dei seni

In un triangolo qualunque i lati sono proporzionali ai seni degli angoli ad essi opposti.

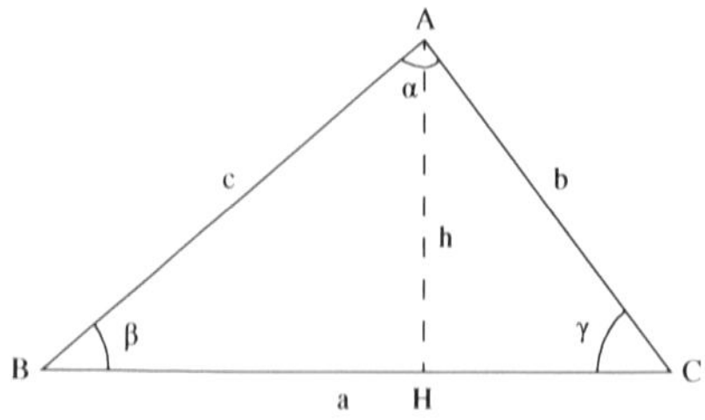

fig. 3

Nel triangolo acutangolo di vertici ABC di figura 3, l'altezza $\overline{AH}$, relativa al lato $\overline{BC}$, individua su $\overline{BC}$ il piede H, dividendo il triangolo in due triangoli rettangoli, AHB e AHC.

Se indichiamo con h il segmento $\overline{AH}$, per tali triangoli potremo scrivere le relazioni seguenti:

per il triangolo AHB $\quad h = c\,\text{sen}\beta$

per il triangolo AHC $\quad h = b\,\text{sen}\gamma$

per la proprietà transitiva sarà: $\quad c\,\text{sen}\,\beta = b\,\text{sen}\,\gamma$

ovvero: $\dfrac{c}{\text{sen}\gamma} = \dfrac{b}{\text{sen}\beta}$.

È possibile ripetere lo stesso procedimento con gli altri vertici, ad esempio con il vertice B per il quale avremo:

$c\,\text{sen}\alpha = a\,\text{sen}\gamma$ da cui: $\dfrac{c}{\text{sen}\gamma} = \dfrac{a}{\text{sen}\alpha}$

di nuovo per la transitività delle uguaglianze avremo:

$$\frac{c}{\text{sen}\gamma} = \frac{b}{\text{sen}\beta} = \frac{a}{\text{sen}\alpha}$$

Anche se avessimo considerato un triangolo ottusangolo saremmo giunti alle stesse identiche conclusioni potendo scrivere per gli stessi triangoli rettangoli AHB ed AHC (vedi fig. 4):

per il triangolo AHB $\quad h = c\,\text{sen}\beta$

per il triangolo AHC $\quad h = b\,\text{sen}(\pi - \gamma) = b\,\text{sen}\gamma$

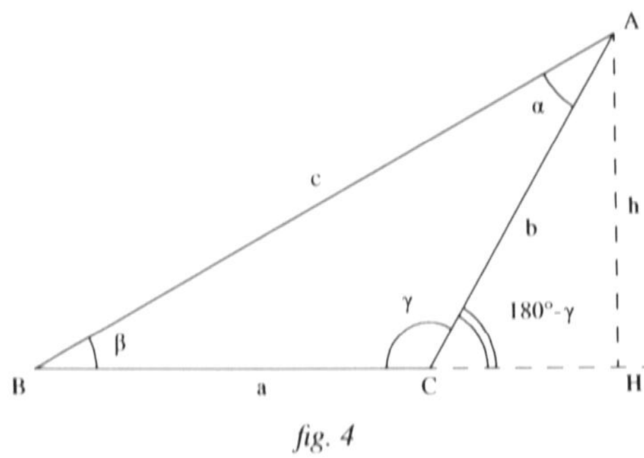

fig. 4

Proprietà: in un triangolo il rapporto tra ogni lato ed il seno dell'angolo ad esso opposto è costante ed è uguale al diametro della circonferenza circoscritta al triangolo stesso.

Come da fig. 5 consideriamo il triangolo di vertici ABC inscritto nella circonferenza di diametro 2r dove andiamo ad inscrivere anche un triangolo di vertici ADC che condivide quindi con ABC i due vertici A e C ed ha un lato coincidente con il diametro $\overline{AD} = 2r$ della circonferenza. Tale triangolo è necessariamente rettangolo in C ed ha l'angolo in D congruente con l'angolo in B del triangolo dato perché gli angoli alla circonferenza $\hat{B}$ e $\hat{D}$ insistono sulla stessa corda $\overline{AC} \equiv b$; per il triangolo rettangolo il teorema dei seni fornisce la seguente relazione:

$\overline{AC} = \overline{AD}\,\text{sen}\beta$ ovvero: $\dfrac{b}{\text{sen}\beta} = 2r$

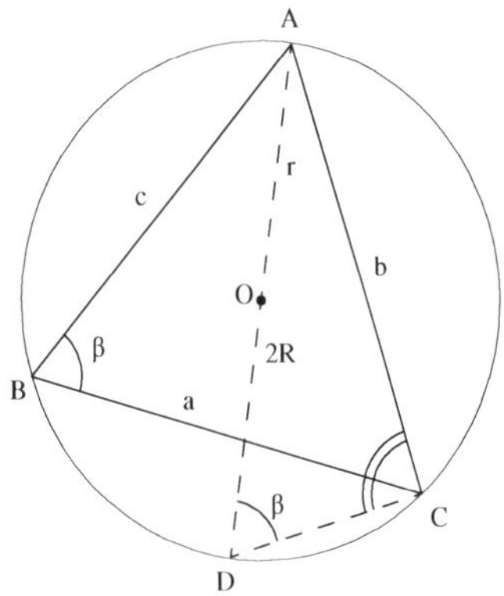

fig. 5

Definizione: dato un angolo, definiamo proiezione di uno dei lati sul secondo lato dell'angolo il prodotto della misura dei lati per il coseno dell'angolo stesso.

Il teorema delle proiezioni ed il teorema di Carnot o del coseno

In un triangolo qualunque, ogni lato è uguale alla somma delle proiezioni degli altri due lati su di esso.

Con riferimento ai triangoli rettangoli AHB ed AHC di fig. 3 ed alla definizione di coseno di un angolo possiamo scrivere:

$\cos\beta = \overline{BH}/\overline{BA}$

$\cos\gamma = \overline{CH}/\overline{CA}$ da cui:

$$\overline{BH} = c\cos\beta \quad \text{e} \quad \overline{CH} = b\cos\gamma$$

Essendo: $\overline{BC} = \overline{BH} + \overline{CH}$ (1) tramite sostituzione:

$$a = c\cos\beta + b\cos\gamma$$

Con riferimento alla fig. 4 possiamo dimostrare che la relazione vale anche nel caso di triangoli ottusangoli, dovendo essere:

$$\overline{BC} = \overline{BH} - \overline{CH} \quad (2)$$

e:

$$\overline{CH} = b\cos(\pi - \gamma) = -b\cos\gamma$$

Per sostituzione nella precedente, la (1) è confermata come anche per tutti gli altri lati, potendo quindi scrivere:

$a = c\cos\beta + b\cos\gamma$

$b = c\cos\alpha + a\cos\gamma$

$c = a\cos\beta + b\cos\alpha$

Se andiamo ora a moltiplicare la prima relazione per a, la seconda per b e la terza per c, otteniamo:

$a^2 = ac \cos\beta + ab \cos\gamma$

$b^2 = bc \cos\alpha + ba \cos\gamma$

$c^2 = ac \cos\beta + bc \cos\alpha$

sottraiamo da ogni relazione le altre due:

$a^2 - b^2 - c^2 = -2bc \cos\alpha$ da cui: $a^2 = b^2 + c^2 - 2bc \cos\alpha$

$b^2 - c^2 - a^2 = -2ac \cos\beta$ $b^2 = c^2 + a^2 - 2ac \cos\beta$

$c^2 - a^2 - b^2 = -2ab \cos\gamma$ $c^2 = a^2 + b^2 - 2ab \cos\gamma$

Le relazioni esprimono il **teorema di Carnot o del coseno**: in un triangolo qualunque, il quadrato della misura di un lato è uguale alla somma dei quadrati degli altri due, diminuita del doppio prodotto della misura di questi ultimi per il coseno dell'angolo tra essi compreso.

A fronte di un angolo compreso di tipo retto il coseno si annulla e le formule replicano il teorema di Pitagora; più in generale il teorema del coseno traduce in forma algebrica un teorema sull'equivalenza, ovvero: in un triangolo, il quadrato costruito su di un lato è equivalente alla somma dei quadrati costruiti sugli altri due lati "diminuita" del doppio del rettangolo avente per lati il secondo lato del triangolo e la proiezione del terzo lato sul secondo stesso. Il virgolettato sta ad indicare che trattasi di sottrazione quando l'angolo compreso tra il secondo e terzo lato è acuto, diversamente parleremmo di somma.

Formule di Briggs

Queste formule consentono di calcolare gli angoli di un triangolo partendo dalla conoscenza dei lati; dalle formule che descrivono il teorema di Carnot possiamo ricavare il coseno degli angoli di un triangolo qualunque:

$$\cos\alpha = \frac{b^2 + c^2 - a^2}{2bc} \qquad \cos\beta = \frac{c^2 + a^2 - b^2}{2ac} \qquad \cos\gamma = \frac{a^2 + b^2 - c^2}{2ab}$$

Consideriamo ora le formule di bisezione per coseno e seno:

$$\cos\frac{\alpha}{2} = \frac{\sqrt{1 + \cos\alpha}}{\sqrt{2}} \qquad \operatorname{sen}\frac{\alpha}{2} = \frac{\sqrt{1 - \cos\alpha}}{\sqrt{2}}$$

In tali formule andiamo a sostituire l'espressione di cos α in funzione dei lati del triangolo ed otterremo dopo rapidi passaggi:

$$\cos\frac{\alpha}{2} = \frac{\sqrt{(b + c + a)(b + c - a)}}{2\sqrt{bc}} \qquad \operatorname{sen}\frac{\alpha}{2} = \frac{\sqrt{(a + b - c)(a - b + c)}}{2\sqrt{bc}}$$

Può tornare comodo esprimere le suddette formule in funzione del semiperimetro p ($2p = a + b + c$):

$$\cos\frac{\alpha}{2} = \frac{\sqrt{p(p - a)}}{\sqrt{bc}} \qquad \operatorname{sen}\frac{\alpha}{2} = \frac{\sqrt{(p - b)(p - c)}}{\sqrt{bc}}$$

La tangente è facilmente ottenibile dalle precedenti come rapporto tra seno e coseno; di seguito riportiamo anche le formule del coseno e del seno per β e γ:

$$\cos\frac{\beta}{2}=\frac{\sqrt{p(p-b)}}{\sqrt{ac}} \qquad \operatorname{sen}\frac{\beta}{2}=\frac{\sqrt{(p-a)(p-c)}}{\sqrt{ac}}$$

$$\cos\frac{\gamma}{2}=\frac{\sqrt{p(p-c)}}{\sqrt{ab}} \qquad \operatorname{sen}\frac{\gamma}{2}=\frac{\sqrt{(p-a)(p-b)}}{\sqrt{ab}}$$

Il segno delle formule illustrate è sempre positivo perchè tutte le metà angolo di un triangolo sono sempre minori o al più uguali a 90°.

Teorema di Nepero o delle tangenti

Dati due qualsiasi lati di un triangolo, queste formule stabiliscono una relazione tra la somma e la differenza di questi. Con riferimento alla fig. 3 e dal teorema dei seni:

$a : \operatorname{sen}\alpha = b : \operatorname{sen}\beta$ componendo e scomponendo la proporzione si ha:

$(a+b) : (\operatorname{sen}\alpha + \operatorname{sen}\beta) = a : \operatorname{sen}\alpha$

$(a-b) : (\operatorname{sen}\alpha - \operatorname{sen}\beta) = a : \operatorname{sen}\alpha$

Per transitività i primi membri delle due relazioni debbono essere uguali, pertanto:

$(a+b) : (\operatorname{sen}\alpha + \operatorname{sen}\beta) = (a-b) : (\operatorname{sen}\alpha - \operatorname{sen}\beta)$ da cui:

$$\frac{a+b}{a-b}=\frac{\operatorname{sen}\alpha+\operatorname{sen}\beta}{\operatorname{sen}\alpha-\operatorname{sen}\beta}$$

Se definiamo con σ la semisomma degli angoli opposti ai lati considerate nella formula e con δ la loro semidifferenza, possiamo trasformare la formula data attraverso l'uso delle formule di Prostaferesi:

$$\frac{a+b}{a-b}=\frac{\operatorname{sen}\alpha+\operatorname{sen}\beta}{\operatorname{sen}\alpha-\operatorname{sen}\beta}=\frac{\operatorname{tg}\sigma}{\operatorname{tg}\delta} \quad \text{con} \quad \sigma=\frac{\alpha+\beta}{2} \quad \text{e} \quad \delta=\frac{\alpha-\beta}{2}$$

Analogamente per le altre:

$$\frac{a+c}{a-c}=\frac{\operatorname{sen}\alpha+\operatorname{sen}\gamma}{\operatorname{sen}\alpha-\operatorname{sen}\gamma}=\frac{\operatorname{tg}\sigma}{\operatorname{tg}\delta} \quad \text{con} \quad \sigma=\frac{\alpha+\gamma}{2} \quad \text{e} \quad \delta=\frac{\alpha-\gamma}{2}$$

$$\frac{c+b}{c-b}=\frac{\operatorname{sen}\gamma+\operatorname{sen}\beta}{\operatorname{sen}\gamma-\operatorname{sen}\beta}=\frac{\operatorname{tg}\sigma}{\operatorname{tg}\delta} \quad \text{con} \quad \sigma=\frac{\gamma+\beta}{2} \quad \text{e} \quad \delta=\frac{\gamma-\beta}{2}$$

Da quanto sopra le formule di Nepero affermano che in un triangolo la somma di due lati sta alla loro differenza come la tangente della semisomma degli angoli opposti ad essi sta alla tangente della loro semidifferenza.

Formule di Delambre

Dal teorema dei seni:

$$a : \text{sen}\alpha = b : \text{sen}\beta \qquad a : \text{sen}\alpha = c : \text{sen}\gamma$$

da cui:

$$\frac{b}{a} = \frac{\text{sen}\beta}{\text{sen}\alpha} \qquad \frac{c}{a} = \frac{\text{sen}\gamma}{\text{sen}\alpha}$$

sommando e sottraendo membro a membro:

$$\frac{b+c}{a} = \frac{\text{sen}\gamma + \text{sen}\beta}{\text{sen}\alpha} \qquad \frac{b-c}{a} = \frac{\text{sen}\beta - \text{sen}\gamma}{\text{sen}\alpha}$$

Analogamente, per le altre combinazioni di lati.

Le formule precedenti possono essere trasformate attraverso le formule di Prostaferesi nelle formule seguenti:

$$\frac{b+c}{a} = \frac{\cos\left(\frac{\beta-\gamma}{2}\right)}{\text{sen}\frac{\alpha}{2}} \qquad \frac{b-c}{a} = \frac{\text{sen}\left(\frac{\beta-\gamma}{2}\right)}{\cos\frac{\alpha}{2}}$$

Pertanto, in un triangolo qualsiasi:

- il rapporto tra la somma delle misure di due lati e la misura del terzo lato è uguale al rapporto tra il coseno della semidifferenza degli angoli opposti ai due lati e il seno della metà dell'angolo opposto al terzo lato;
- il rapporto tra la differenza delle misure di due lati e la misura del terzo lato è uguale al rapporto tra il seno della semidifferenza degli angoli opposti ai due lati e il coseno della metà dell'angolo apposto al terzo lato.

14.5 Risoluzione di un triangolo qualunque

Facciamo riferimento alla fig. 6 e consideriamo i diversi casi che si possono presentare.

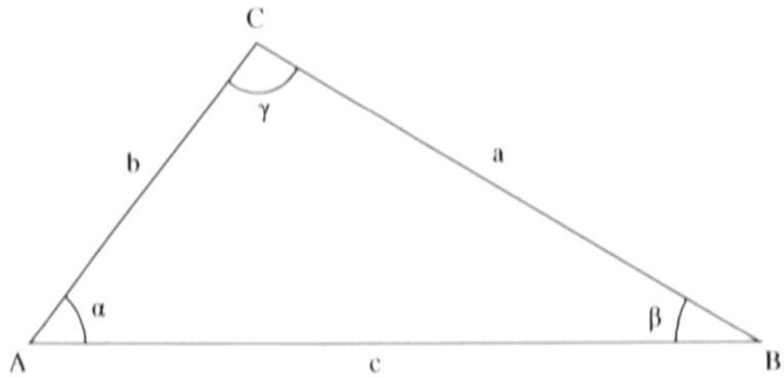

fig. 6

I caso

Risolvere un triangolo conoscendo due lati e l'angolo compreso (i lati a, b e l'angolo γ di fig. 6)

Attraverso il teorema di Carnot possiamo calcolare il terzo lato:

$$c=\sqrt{b^2+a^2-2ab\cos\gamma}$$

Ora sono noti tutti i lati ed un angolo ed il teorema dei seni ci consente di calcolare agevolmente i rimanenti angoli:

$$\text{sen}\beta=\frac{b\,\text{sen}\gamma}{c} \qquad \text{sen}\alpha=\frac{a\,\text{sen}\gamma}{c}$$

II caso

Risolvere un triangolo conoscendo un lato e gli angoli ad esso adiacenti (a, β e γ di fig. 6).
È facilmente calcolabile il terzo angolo α:

$$\alpha = 180° - \beta - \gamma$$

Il teorema dei seni ci consente di calcolare i rimanenti lati:

$$b=\frac{a\,\text{sen}\beta}{\text{sen}\alpha} \qquad c=\frac{a\,\text{sen}\beta}{\text{sen}\gamma}$$

III caso

Risolvere un triangolo conoscendo i tre lati.
Le formule di Briggs ci consentono di risolvere il problema.
La condizione affinché tre segmenti costituiscano i lati di uno ed un solo triangolo consiste nelle seguenti diseguaglianze:

$$a < b + c; \quad b < a + c; \quad c < a + b$$

Ogni lato deve essere minore della somma degli altri due. È interessante notare che le diseguaglianze citate sono le condizioni di realtà per i radicandi delle formule di Briggs.
Possiamo considerare anche un quarto caso che non ammette, però, necessariamente una soluzione o una soluzione univoca.

IV caso

Risolvere un triangolo conoscendo due lati ed un angolo opposto ad uno dei lati (a, b e α di fig. 6).
Dal teorema dei seni possiamo ricavare l'angolo β opposto all'altro lato conosciuto:

$$\text{sen}\beta=\frac{b\,\text{sen}\alpha}{a} \qquad \text{da cui:} \qquad \gamma=180°-\alpha-\beta$$

Nuovamente per il teorema dei seni:

$$c=\frac{a\,\text{sen}\gamma}{\text{sen}\alpha}$$

Dalla formula di senβ osserviamo che il calcolo è condizionato dal valore di bsen α rispetto ad a dovendo essere sen $\beta \le 1$; possono verificarsi i seguenti casi al variare di a, b, α:

- $b\,\text{sen}\,\alpha > a$ il problema non ammette soluzione
- $b\,\text{sen}\,\alpha = a$ il problema ammette una soluzione con $\beta = 90°$ se $\alpha < 90°$ (acuto; fig. 7)
- $b\,\text{sen}\,\alpha < a$ debbono distinguersi diversi casi:

- α acuto: se $a < b$ il problema ammette due soluzioni β_1 e $\beta_2 = 180° - \beta_1$ (con i corrispondenti γ_1 e γ_2) per un triangolo acuto ed uno ottuso aventi entrambi i lati a, b e l'angolo α (fig. 8); se $a \geq b$ una soluzione (isoscele se $a = b$);
- α retto: il problema ammette una soluzione (rettangolo);
- α ottuso: il problema ammette una soluzione se $a > b$ (fig. 9).

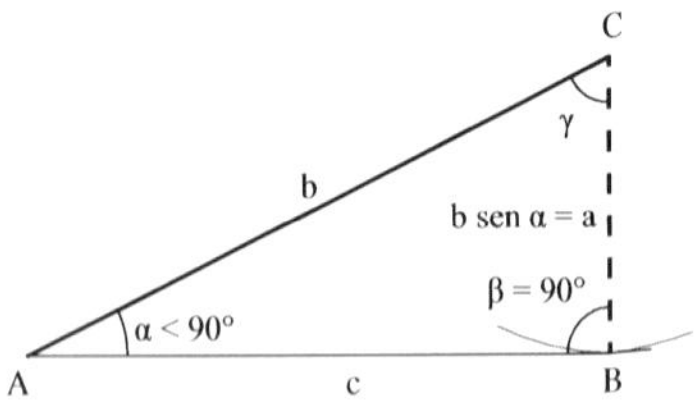

fig. 7

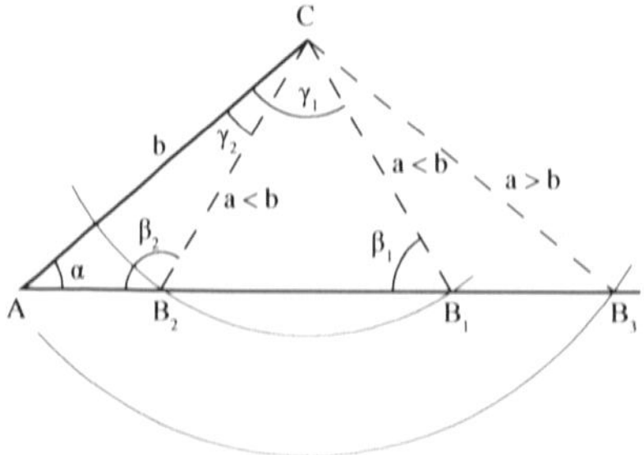

fig. 8

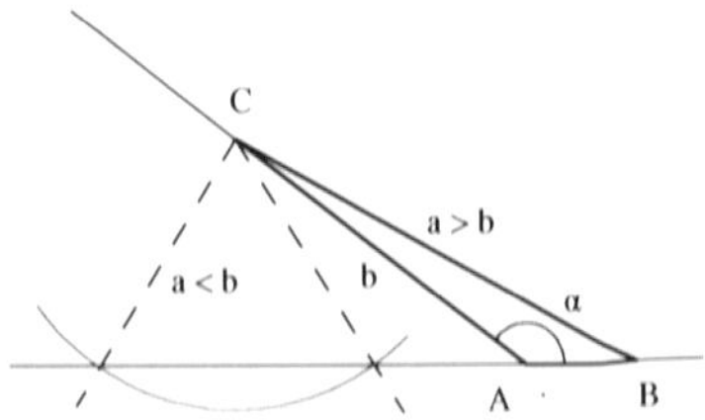

fig. 9

14.6 Altre formule

Area di un triangolo

Dalla fig. 3 possiamo scrivere:

$$A = \frac{ah}{2} = \frac{ac}{2}\,\text{sen}\beta \qquad (1)$$

da cui:

l'area di un triangolo è data dal prodotto di due lati per il seno dell'angolo compreso; attraverso le formule di Briggs per il seno ed il coseno di $\alpha/2$ e la formula di duplicazione del seno possiamo scrivere:

$$\text{sen}\beta = 2\text{sen}\frac{\beta}{2}\cos\frac{\beta}{2} = \frac{\sqrt{p(p-a)(p-b)(p-c)}}{ca}\cdot 2$$

che sostituita nella formula (1) per A otteniamo:

$$A = \sqrt{p(p-a)(p-b)(p-c)}$$

che è la formula di Erone per il calcolo dell'area di un triangolo che ora è stata ottenuta partendo da considerazioni trigonometriche.

Raggio delle circonferenze circoscritte ed inscritte

Abbiamo già verificato con il teorema dei seni che il raggio della circonferenza circoscritta ad un triangolo è ottenibile come semiprodotto di un lato per il seno dell'angolo opposto.

Per il raggio della circonferenza inscritta possiamo pensare di dividere un qualsiasi triangolo in tre parti congiungendo l'incentro (centro della circonferenza inscritta e punto comune delle bisettrici) con i vertici del triangolo. Ognuno dei subtriangoli ha per base un lato ed altezza il raggio cercato (fig. 10), pertanto l'area dell'intero triangolo è esprimibile come somma delle tre subaree:

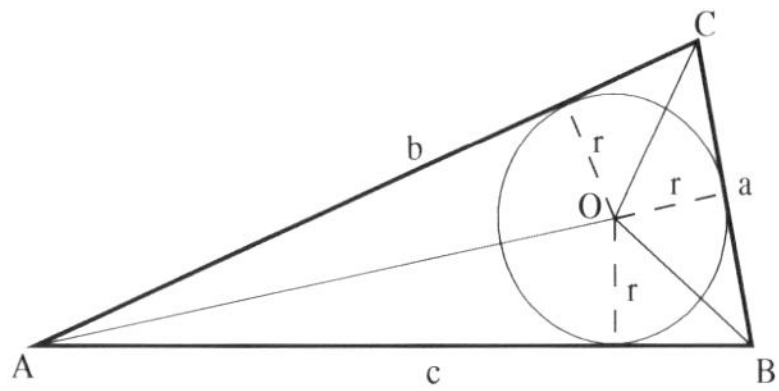

fig. 10

$$A = (a + b + c)\frac{r}{2} \qquad \text{da cui:} \qquad r = \frac{A}{p} \quad (2) \qquad \text{dove p è il semiperimetro}$$

La (2), attraverso le formule di Briggs e quella di Erone, si presta ad una riscritttura che utilizza le grandezze goniometriche degli angoli del triangolo come ad esempio:

$$r = (p - a)\left(tg\frac{\alpha}{2}\right) = (p - b)\left(tg\frac{\beta}{2}\right) = (p - c)\left(tg\frac{\gamma}{2}\right)$$

14.7 Applicazioni geodetiche e topografiche

Calcolo dell'altezza di una torre (o vetta) la cui sommità risulta visibile ma inaccessibile

Nel caso in cui il punto di rilievo R ed il piede della torre P sono su una retta orizzontale (fig. 11), detti:

- h l'altezza incognita
- d la distanza $\overline{RP}$ misurabile tra punto di rilievo, scelto a piacere o secondo necessità, e piede della torre
- α l'angolo sotto il quale la cima C è osservabile dal punto di rilievo R

$$h = d\, tg\alpha$$

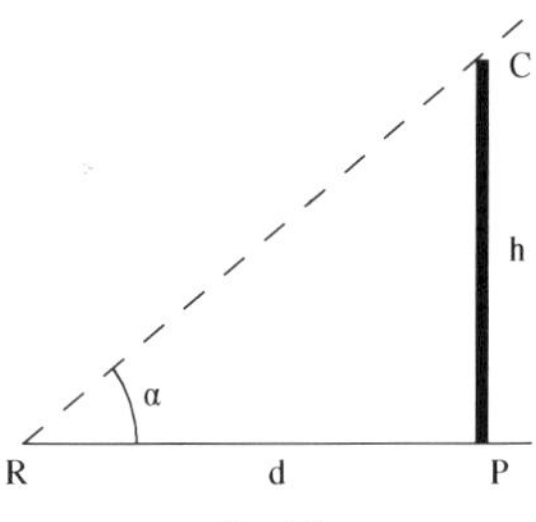

fig. 11

Nel caso in cui R e P non si trovano su di una retta orizzontale deve poter essere misurato l'angolo β tra l'orizzontale e la congiungente $\overline{RP}$ (fig. 12); β sarà considerato positivo nel verso orario rispetto alla orizzontale di figura. Il teorema dei seni applicato al triangolo RPC fornisce:

$$\frac{h_i}{sen(\alpha + \beta_i)} = \frac{d}{sen\gamma}$$

Essendo γ complementare di α avremo sen γ = cosα, pertanto:

$$h_i = \frac{d\, sen(\alpha + \beta_i)}{cos\alpha}$$

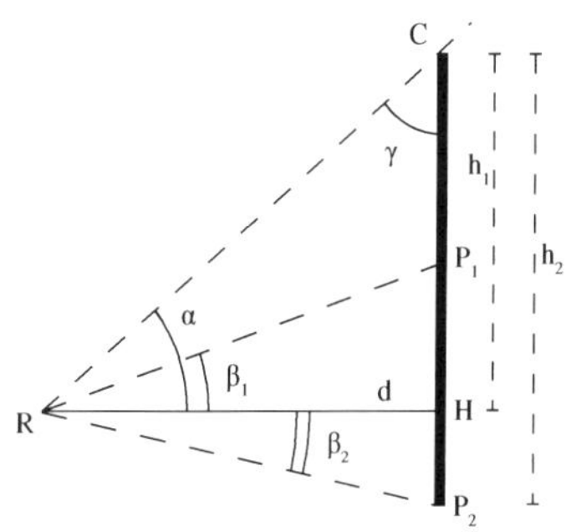

fig. 12

Calcolo della distanza di un punto da un altro visibile ma non accessibile

Nel caso si debba misurare la distanza di un punto P, visibile ma non accessibile, da un punto di rilievo R possiamo individuare un punto di riferimento S accessibile da R ed in visibilità con P e misurare la distanza $d = \overline{RS}$ e gli angoli α e β di fig. 13. Per il teorema dei seni possiamo scrivere per la distanza incognita x:

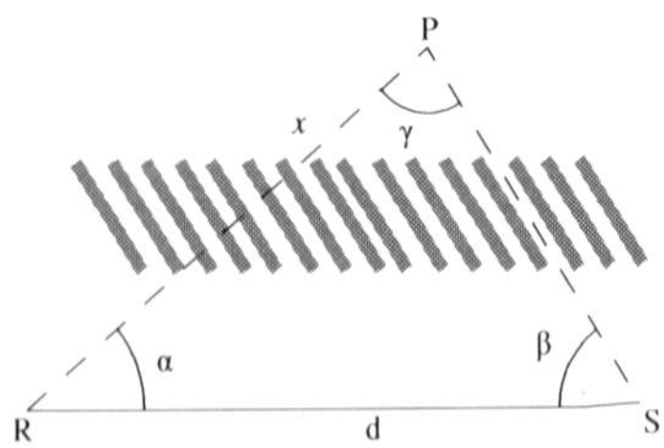

fig. 13

$$\frac{x}{\text{sen}\beta} = \frac{d}{\text{sen}\gamma}$$

Essendo γ supplementare di $\alpha + \beta$, si ha sen γ = sen $(\alpha + \beta)$, pertanto:

$$x = \frac{d\ \text{sen}\beta}{\text{sen}(\alpha+\beta)}$$

Calcolo della distanza tra due punti visibili ma non accessibili

Siano A e B due punti visibili ma non accessibili da un punto di rilievo R ed S un punto di riferimento scelto a piacere o secondo possibilità, accessibile e visibile da R. Come da fig. 14 diciamo:

- α e β gli angoli sotto i quali osserviamo da R i punti A e B rispetto ad S
- γ e δ gli angoli sotto i quali osserviamo A e B da S rispetto ad R
- $\varphi = \alpha - \beta$
- d la distanza misurata RS ed x la distanza incognita
- a la distanza $\overline{AR}$
- b la distanza $\overline{BR}$

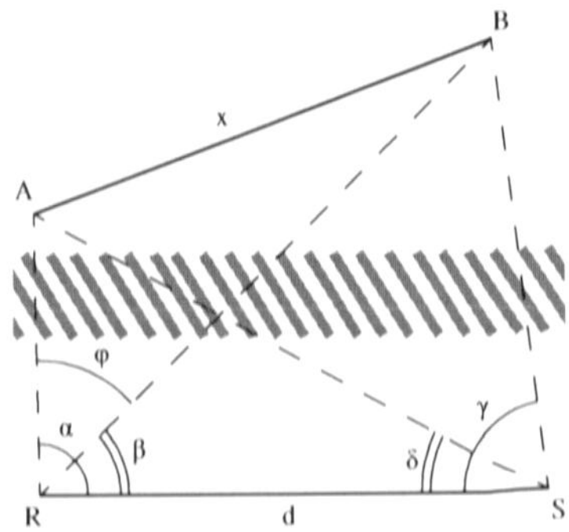

fig. 14

Attraverso il teorema dei seni applicato ai triangoli ARS e BRS rispettivamente, avremo:

$$\frac{a}{\text{sen}\delta} = \frac{d}{\text{sen}(\alpha+\delta)} \qquad \text{essendo } \omega_1 = 180° - \alpha - \delta \text{ (fig. 14)}$$

$$\frac{b}{\text{sen}\gamma} = \frac{d}{\text{sen}(\beta+\gamma)} \qquad \text{essendo } \omega_2 = 180° - \beta - \gamma \text{ (fig. 14)}$$

Calcolati a e b, dal triangolo ARB attraverso il teorema di Carnot, possiamo calcolare x:

$$x = \sqrt{b^2 + a^2 - 2ab\cos\varphi}$$

14.8 Esercizi svolti

In una circonferenza, due corde di lunghezza $\sqrt{16}$ e $\sqrt{8}$ sono sottese a due archi complementari; calcolare la lunghezza dei relativi archi.

Rappresentiamo i dati dell'esercizio in fig. 15 dove risulta evidente che i raggi della circonferenza danno luogo a due triangoli OBC e OCD isosceli. Attraverso il teorema di Carnot applicato ai lati costituiti dai raggi costruiamo due relazioni per gli angoli al centro γ e δ, complementari tra loro.

$$16 = r^2 + r^2 - 2r^2 \cos\gamma = 2r^2 (1 - \cos \gamma)$$

$$8 = r^2 + r^2 - 2r^2 \cos\delta = 2r^2 (1 - \cos \delta)$$

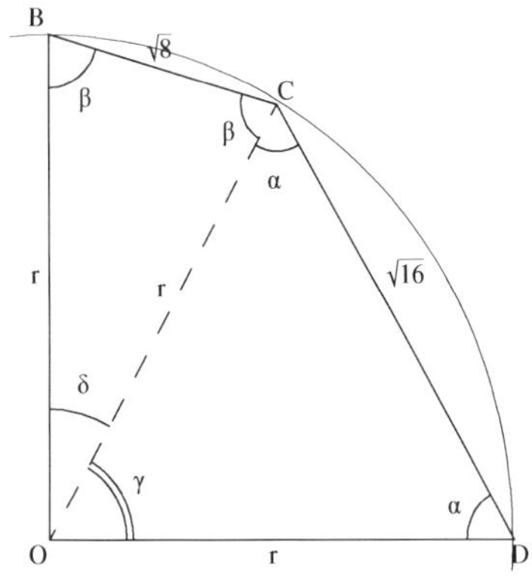

fig. 15

Dividiamo membro a membro e consideriamo che: $\gamma + \delta = 90°$, per cui $\cos\delta = \operatorname{sen}\gamma$

$$2 = \frac{1-\cos\gamma}{1-\cos\delta} = \frac{1-\cos\gamma}{1-\operatorname{sen}\gamma}$$ sviluppando avremo:

$$2 \operatorname{sen} \gamma - \cos \gamma - 1 = 0$$

Attraverso le formule parametriche l'equazione diviene:

$$4t - 2 = 0 \qquad \text{da cui:} \qquad t = \operatorname{tg}\gamma/2 = 1/2 \qquad \text{ovvero:}$$

$$\gamma = 53{,}13° \qquad \text{e} \qquad \delta = 90° - 53{,}13° = 36{,}87°$$

Gli angoli alla base dei due triangoli isosceli valgono:

$$\alpha = (180° - 53{,}13°)/2 = 63{,}435°$$

$$\beta = (180° - 36{,}87°)/2 = 71{,}565°$$

ora è possibile calcolare il raggio della circonferenza attraverso il teorema dei seni applicato ad uno qualsiasi dei triangoli:

$$\frac{\sqrt{16}}{\operatorname{sen} 53{,}13°} = \frac{r}{\operatorname{sen} 63{,}435°} \qquad \Rightarrow \qquad r = \frac{\sqrt{16}\ \operatorname{sen} 63{,}435°}{\operatorname{sen} 53{,}13°} = 4{,}472$$

lo stesso valore per r lo si ottiene anche applicando il teorema dei seni all'altro triangolo.
La lunghezza degli archi sottesi agli angoli al centro è data dalla seguente proporzione:

$$L(\omega) : 2\pi r = \omega : 360°$$

eseguendo i calcoli per $\omega = \gamma$, $\omega = \delta$, ed $r = 4{,}472$:

$$L(\gamma) = 4{,}15$$

$$L(\delta) = 2{,}86$$

Risolvere un triangolo conoscendo due angoli ed il perimetro; $\alpha \cong 53{,}13°$ $\beta \cong 50{,}24°$ P $\cong 21{,}21$

$\gamma = 180° - 53{,}13° - 50{,}24° = 76{,}6°$

Dal teorema dei seni:
$$\frac{c}{\text{sen}\gamma} = \frac{b}{\text{sen}\beta} = \frac{a}{\text{sen}\alpha}$$

Applichiamo la proprietà del comporre:
$$\frac{c}{\text{sen}\gamma} = \frac{b}{\text{sen}\beta} = \frac{a}{\text{sen}\alpha} = \frac{a+b+c}{\text{sen}\alpha + \text{sen}\beta + \text{sen}\gamma}$$

Avremo ad esempio:

$$\frac{a}{\text{sen } 53{,}13°} = \frac{21{,}21}{\text{sen } 53{,}13° + \text{sen } 50{,}24° + \text{sen } 76{,}6°} \cong \frac{21{,}21}{0{,}8 + 0{,}77 + 0{,}97} \cong 8{,}35$$

da cui replicando per tutti i lati:

$a \cong 8{,}35 \text{ sen } 53{,}13° \cong 6{,}68$

$b \cong 8{,}35 \text{ sen } 50{,}24° \cong 6{,}43$

$c \cong 8{,}35 \text{ sen } 76{,}6° \cong 8{,}1$

In un triangolo rettangolo avente ipotenusa di 10 cm è inscritto un cerchio di raggio 2 cm; calcolare i cateti e gli angoli acuti del triangolo.

Chiamiamo a e b i due cateti, α e β gli angoli a questi opposti, A l'area e p il semiperimetro del triangolo. Si ha:
$$r = \frac{A}{p} = \frac{ab}{a+b+10}$$

Il raggio della circonferenza inscritta e il teorema di Pitagora formano un sistema nelle incognite a e b:

$$\begin{cases} 2 = \dfrac{ab}{a+b+10} \\ a^2 + b^2 = 10^2 \end{cases} \Rightarrow \begin{cases} ab = 2(a+b) + 20 \\ (a+b)^2 - 2ab = 100 \end{cases} \qquad (1)$$

ovvero sostituendo:
$$(a+b)^2 - 4(a+b) - 40 = 100 \qquad \Rightarrow \qquad (a+b)^2 - 4(a+b) - 140 = 0$$

Abbiamo una equazione di 2° grado in (a + b), da cui, scartando la soluzione negativa, si ottiene il sistema:

$$\begin{cases} a + b = 14 \text{ cm} \\ ab = 48 \end{cases}$$

di soluzioni: $a = 6$ cm e $b = 8$ cm

Dal teorema dei seni:
$$\frac{10}{\text{sen } 90°} = \frac{8}{\text{sen}\beta} = \frac{6}{\text{sen}\alpha}$$

si ha:
$$\alpha = \text{arcsen } 0{,}6 = 36{,}87° \qquad e \qquad \beta = \text{arcsen } 0{,}8 = 53{,}13°$$

Appendice degli argomenti delle tesi

Guida alla ricerca dei contenuti didattici per tesi

*Gli argomenti delle tesi sono contenuti nella **Sezione II della Parte Quarta**. Pertanto, i riferimenti ai capitoli sono relativi a tale parte del volume.*

Appendice per l'ammissione all'Accademia dell'Esercito Italiano

TESI DI MATEMATICA – ALGEBRA, GEOMETRIA E TRIGONOMETRIA		
N.	**TITOLO TESI**	**RIFERIMENTO DIDATTICO**
ALGEBRA		
TESI 1		
1	Gli insiemi numerici (naturali, interi, relativi, razionali, irrazionali e reali): proprietà e rappresentazione sulla retta	Cap. 1 Cap. 2 – par. 2.1
2	Proprietà fondamentali delle potenze e applicazione	Cap. 2 – parr. 2.2, 2.3, 2.4 Cap. 4 – parr. 4.4
3	Espressioni numeriche e algebriche: espressioni tra monomi e polinomi anche con i prodotti notevoli (quadrato del binomio, prodotto di una somma per una differenza e cubo del binomio)	Cap. 2 – parr. 2.6, 2.6.1, 2.6.2, 2.6.3, 2.7 Cap. 3 – da par.3.1 a par. 3.7 incluso
4	Radicali aritmetici e algebrici: condizioni di esistenza, proprietà fondamentali e operazioni, principali metodi di razionalizzazioni del denominatore di una frazione	Cap. 2 – par. 2.5 Cap. 4 – parr. 4.1, 4.2, 4.3, 4.5, 4.6
5	Scomposizione di un polinomio in fattori (raccoglimento a fattor comune totale e parziale, i metodi derivati dai prodotti notevoli, trinomi caratteristici di secondo grado, regola di Ruffini)	Cap. 3 – parr. 3.8, 3.9, 3.10, 3.11, 3.12
6	Le frazioni algebriche e le operazioni fra esse	Cap. 3 – par. 3.13
TESI 2		
1	Equazioni di primo grado e secondo grado a una incognita (sia intere che frazionarie) ed equazioni riducibili a esse	Cap. 5 – parr. 5.1, 5.2, 5.3, 5.4, 5.6, 5.7, 5.10, 5.12, 5.14
2	Semplici equazioni irrazionali	Cap. 5 – par. 5.15

(segue)

TESI DI MATEMATICA – ALGEBRA, GEOMETRIA E TRIGONOMETRIA		
N.	**TITOLO TESI**	**RIFERIMENTO DIDATTICO**
	ALGEBRA	
	TESI 2	
3	Discussioni delle radici, regola di Cartesio, relazioni fra radici e coefficienti di una equazione di secondo grado in una incognita anche attraverso lo studio di equazioni parametriche	Cap. 5 – parr. 5.8-5.9
4	Sistemi di equazioni di primo e secondo grado con due o più incognite	Cap. 5 - parr. 5.5, 5.11
	TESI 3	
1	Disequazioni di primo grado e di secondo grado e disequazioni riducibili a esse	Cap. 6 – parr. 6.1, 6.2, 6.3, 6.4
2	Sistemi di disequazioni a una incognita	Cap. 6 – par. 6.5
3	Disequazioni frazionarie	Cap. 6 – par. 6.6
4	Disequazioni irrazionali, risoluzione anche mediante la geometria analitica	Cap. 6 – par. 6.7
	TESI 4	
1	Funzioni esponenziale e logaritmica e loro grafici, logaritmi e loro proprietà	Cap. 7 – parr. 7.1, 7.2, 7.3, 7.4, 7.5
2	Equazioni logaritmiche ed esponenziali risolvibili mediante le proprietà e mediante l'utilizzo di una variabile ausiliaria	Cap. 7 – parr. 7.6, 7.7
3	Semplici disequazioni elementari, sia logaritmiche che esponenziali	Cap. 7 – parr. 7.8, 7.9
	GEOMETRIA	
	TESI 1	
1	Coordinate cartesiane nel piano. Distanza tra due punti e punto medio di un segmento (esercizi e dimostrazioni)	Cap. 11 – parr. 11.1, 11.2
2	Il concetto di relazione e funzione; dominio e codominio; funzione lineare e funzione quadratica	Cap. 1 – parr. 1.11, 1.12
3	Retta: equazione della retta, forma implicita ed esplicita, coefficiente angolare e intercetta all'origine; equazioni di rette particolari	Cap. 11 – parr. 11.3.1, 11.3.2, 11.4, 11.6
4	Condizione di ortogonalità e parallelismo fra rette anche con gli assi cartesiani	Cap. 11 – parr. 11.5.1, 11.5.2
5	Retta passante per due punti e retta passante per un punto con coefficiente angolare noto	Cap. 11 – parr. 11.3.4, 11.3.5
6	Distanza di un punto da una retta	Cap. 11 – par. 11.3.3
7	Punto di intersezione fra due rette	Cap. 11 – par. 11.5.3
8	Fasci propri e impropri. Problemi vari	Cap. 11 – par. 11.3.6

(segue)

TESI DI MATEMATICA – ALGEBRA, GEOMETRIA E TRIGONOMETRIA		
N.	TITOLO TESI	RIFERIMENTO DIDATTICO
	GEOMETRIA	
	TESI 1	
9	Parabola con asse di simmetria parallelo all'asse x: equazione, asse di simmetria, coordinate del vertice e del fuoco. Posizione reciproca tra retta e parabola. Retta tangente in un punto della parabola o condotta da un punto esterno. Principali metodi per determinare l'equazione di una parabola (parabola per tre punti, parabola noto il vertice e un punto, parabola noto il vertice e il fuoco)	Cap. 11 – par.11.9
	TESI 2	
1	Uguaglianza e congruenza fra figure piane (dimostrazione dei tre criteri di congruenza dei triangoli)	Cap. 9 – parr. 9.5.1, 9.5.2, 9.5.3, 9.5.4
2	Punti notevoli del triangolo	Cap. 9 – parr.9.11
3	La circonferenza e il cerchio	Cap. 9 – parr. 9.9.1, 9.9.2, 9.9.3, 9.9.4, 9.9.5, 9.9.6, 9.10.1, 9.10.2, 9.10.3
4	Equivalenze fra figure piane	Cap. 9 – par. 9.7
5	Teorema di Pitagora ed Euclide: dimostrazioni e applicazioni mediante problemi risolvibili per via aritmetica o algebrica attraverso equazioni di I o II grado a una o più incognite	Cap. 9 – par. 9.8
6	Facili problemi su lunghezza di archi di una circonferenza	Cap. 9 – par.9.9.7
7	Aree di poligoni (triangoli, parallelogrammi, poligoni regolari, cerchio e sue parti) risolvibili sia per via aritmetica che per via algebrica attraverso equazioni di I o II grado a una o più incognite	Cap. 9 – par. 9.4
	TESI 3	
1	Teorema di Talete: dimostrazione, applicazioni e conseguenze. Similitudini nel piano: definizioni principali, dimostrazioni dei tre criteri di similitudine per i triangoli, relazioni tra lati, perimetri e aree dei poligoni simili. Applicazione delle similitudini a problemi di geometria piana di 1° grado e di 2° grado a una o più incognite	Cap. 9 – par. 9.6
	TESI 4	
1	Rette e piani nello spazio: ortogonalità e parallelismo tra piani e tra rette	Cap. 10 – par. 10.1
2	Diedri e triedri. Angoloidi	Cap. 10 – parr. 10.2, 10.3, 10.4

(segue)

TESI DI MATEMATICA – ALGEBRA, GEOMETRIA E TRIGONOMETRIA		
N.	**TITOLO TESI**	**RIFERIMENTO DIDATTICO**
	GEOMETRIA	
	TESI 4	
3	Calcolo di aree e volumi di figure solide elementari (prisma, cubo, parallelepipedo, cilindro, piramide e cono, tronco di piramide e di cono, sfera e sue parti), problemi risolvibili sia per via aritmetica che per via algebrica attraverso equazioni di I o II grado a una o più incognite	Cap. 10 – da par. 10.5 a par. 10.8 incluso
	TRIGONOMETRIA	
	TESI 1	
1	Misura degli archi e degli angoli; definizione di radiante	Cap. 13 – parr. 13.1, 13.2
2	Circonferenza goniometrica	Cap. 13 – par. 13.3.1
3	Definizione delle funzioni goniometriche (seno, coseno e tangente), loro variazione e rappresentazione grafica	Cap. 13 – par. 13.3.2
4	Prima relazione fondamentale della goniometria e dimostrazione	Cap. 13 – par. 13.3.3
5	Angoli associati: relazione tra le funzioni goniometriche di archi supplementari, complementari, esplementari, opposti e di archi che differiscono di 90 gradi, 180 gradi e 270 gradi. Relazione tra le funzioni goniometriche di uno stesso arco. Valori delle funzioni goniometriche di archi particolari (18, 30, 45, 60, 90, 180, 270 gradi) e loro dimostrazioni. Espressioni con il calcolo delle funzioni goniometriche di angoli noti e riduzione al I quadrante. Calcolo delle funzioni goniometriche di un angolo nota una di esse	Cap. 13 – parr. 13.3.4, 13.3.5
	TESI 2	
1	Formule di addizione, di sottrazione, di duplicazione, di bisezione delle funzioni seno, coseno e tangente	Cap. 13 – parr. 13.4, 13.5, 13.6, 13.7, 13.8
2	Verifica di identità trigonometriche e risoluzione di equazioni goniometriche (equazioni elementari o ad esse riconducibili)	Cap. 13 – parr. 13.10, 13.11
3	Equazioni lineari e di secondo grado in seno e coseno, omogenee e non) risoluzione di semplici sistemi di equazioni goniometriche	Cap. 13 – parr. 13.11.1, 13.11.2, 13.11.3, 13.12
4	Risoluzione di disequazioni goniometriche elementari	Cap. 13 – par. 13.13

(segue)

TESI DI MATEMATICA – ALGEBRA, GEOMETRIA E TRIGONOMETRIA		
N.	**TITOLO TESI**	**RIFERIMENTO DIDATTICO**
	GEOMETRIA	
	TESI 3	
1	Teoremi sul triangolo rettangolo (dimostrazioni e applicazioni relative)	Cap. 14 – parr. 14.1, 14.2, 14.3
2	Teoremi relativi a triangoli qualsiasi: teorema dei seni, di Carnot, della corda e calcolo dell'area con relative dimostrazioni e applicazioni per la risoluzione di triangoli qualsiasi	Cap. 14 – parr. 14.4, 14.5, 14.6
3	Applicazioni elementari della trigonometria: alla geometria elementare (area, altezze, mediane e bisettrici di un triangolo) Applicazioni elementari della trigonometria: alla topografia (misura dell'altezza di una torre e di una montagna, misura di distanze)	Cap. 14 – parr. 14.7, 14.8

Appendice per l'ammissione all'Accademia dell'Aeronautica Militare
Ruoli naviganti normale dell'Arma Aeronautica, specialità pilota, delle Armi dell'Arma Aeronautica e del Corpo del Genio Aeronautico

TESI DI MATEMATICA – ALGEBRA, GEOMETRIA E TRIGONOMETRIA		
N.	**TITOLO TESI**	**RIFERIMENTO DIDATTICO**
1	Angoloidi e relative proprietà	Cap. 10 – parr. 10.3, 10.4
2	Calcolo delle funzioni goniometriche degli archi di 18, 30, 45, 60 gradi	Cap. 13 – par. 13.3.4
3	Circonferenza: definizione ed equazione canonica	Cap. 11 – par. 11.8
4	Condizione di parallelismo e perpendicolarità tra rette	Cap. 11 – parr. 11.5.1, 11.5.2
5	Diedri, piani perpendicolari	Cap. 10 – par. 10.2
6	Diedri, piani perpendicolari, rette sghembe	Cap. 10 – parr. 10.1.2, 10.2
7	Disequazioni algebriche intere e fratte	Cap. 6 – parr. 6.1, 6.2.1, 6.2.2, 6.3, 6.4, 6.6
8	Distanza di due punti; distanza di un punto da una retta	Cap. 11 – parr. 11.2.2, 11.3.3
9	Ellisse: definizione ed equazione canonica	Cap. 11 – par. 11.10
10	Equazioni biquadratiche, trinomie, reciproche	Cap. 5 – parr. 5.12.2, 5.12.3, 5.14
11	Equazione della retta, coefficiente angolare, fasci di rette	Cap. 11 – parr. 11.3, 11.4
12	Equazioni e disequazioni irrazionali	Cap. 5 - parr. 5.15, 6.7

(segue)

TESI DI MATEMATICA – ALGEBRA, GEOMETRIA E TRIGONOMETRIA		
N.	**TITOLO TESI**	**RIFERIMENTO DIDATTICO**
13	Equazioni e sistemi di equazioni goniometriche	Cap. 13 – parr. 13.10, 13.11, 13.12
14	Equazione segmentaria della retta	Cap. 9 – par. 9.2.2
15	Equivalenza tra solidi: principio di Cavalieri	Cap. 10 – par. 10.7.5
16	Figure rotonde: cilindro, cono, sfera	Cap. 10 – par. 10.8.1
17	Formule di Briggs	Cap. 14 – par. 14.4
18	Formule di duplicazione e bisezione degli archi	Cap. 13 – parr. 13.5, 13.6
19	Formule di prostaferesi	Cap. 13 – par. 13.7
20	Formule di sottrazione, addizione, duplicazione degli archi	Cap. 13 – parr. 13.4, 13.5
21	Funzioni trigonometriche e di angoli complementari, supplementari, esplementari	Cap. 13 – par. 13.3.5
22	Grandezze proporzionali; teorema di Talete e sue conseguenze	Cap. 9 – parr. 9.3.6, 9.6.1, 9.6.2, 9.6.3, 9.6.4
23	Identità, equazioni e disequazioni goniometriche	Cap. 13 – parr. 13.9, 13.10, 13.11, 13.12
24	Iperbole: definizione ed equazione canonica	Cap. 11 – par. 11.11
25	Logaritmi: definizioni, proprietà; equazioni e disequazioni logaritmiche	Cap. 7 – parr. 7.2, 7.3, 7.4, 7.5, 7.7, 7.8
26	Lunghezza della circonferenza e area del cerchio	Cap. 9 – parr. 9.9.6, 9.9.7
27	Luoghi geometrici; punti notevoli del triangolo	Cap. 9 – parr. 9.2.9, 9.11.1, 9.11.2, 9.11.3, 9.11.4
28	Parabola: definizione ed equazione canonica	Cap. 11 – par. 11.9
29	Poliedri, prismi, piramidi, poliedri regolari	Cap. 10 – parr. 10.5, 10.6, 10.7, 10.7.1, 10.7.2, 10.7.3
30	Potenza con esponente reale; equazioni e disequazioni esponenziali	Cap. 7 – parr. 7.1, 7.6, 7.9
31	Progressioni aritmetiche: definizioni e proprietà	Cap. 8 – par. 8.2
32	Progressioni geometriche: definizioni e proprietà	Cap. 8 – par. 8.3
33	Proiezione di una retta sopra un piano non perpendicolare a essa; angolo di una retta con un piano	Cap. 10 – par. 10.1.1
34	Rette e piano perpendicolari; rette e piano paralleli	Cap. 10 – parr. 10.1.1, 10.1.2, 10.1.3
35	Rette parallele; rette e piano paralleli; piani paralleli	Cap. 10 - parr. 10.1.2, 10.1.3

(segue)

TESI DI MATEMATICA - ALGEBRA, GEOMETRIA E TRIGONOMETRIA		
N.	TITOLO TESI	RIFERIMENTO DIDATTICO
36	Rette parallele intersecate da una trasversale	Appendice di geometria - AG1
37	Risoluzione di un triangolo qualunque	Cap. 14 – parr. 14.5, 14.6
38	Sezione aurea di un segmento; lato di un decagono regolare	Cap. 9 – parr. 9.10.4, 9.10.5
39	Similitudini tra figure piane e applicazioni (teoremi di Euclide, corde e secanti a una circonferenza)	Cap. 9 – parr. 9.6.1, 9.8.1, 9.8.4, 9.10.1, 9.10.2, 9.10.3
40	Sistemi algebrici di secondo grado	Cap. 5 – par. 5.11
41	Sistemi di equazioni di grado superiore al primo	Cap. 5 – par. 5.11
42	Somma degli angoli di un triangolo e di un poligono	Cap. 9 – par. 9.4.2
43	Teorema del coseno (Carnot) e delle tangenti	Cap. 14 – par. 14.4
44	Teoremi di Euclide e di Pitagora	Cap. 9 – par. 9.8
45	Teorema dei seni e delle proiezioni	Cap. 14 – par. 14.4
46	Trapezi e parallelogrammi	Cap. 9 – par. 9.4.4

Appendice per l'ammissione all'Accademia della Marina Militare

TESI DI MATEMATICA - ALGEBRA, GEOMETRIA E TRIGONOMETRIA		
N.	TITOLO TESI	RIFERIMENTO DIDATTICO
1	Numeri interi e loro proprietà	Cap. 1
2	Potenze di un numero reale	Cap. 2 – parr. 2.1, 2.2, 2.3, 2.4 Cap. 4 – par. 4.4
3	Identità, equazioni e principi di equivalenza	Cap. 5 – parr. 5.1, 5.2, 5.3, 5.4, 5.6, 5.7, 5.8, 5.9, 5.10 Cap. 12 – par. 12.3.1
4	Divisibilità e decomposizione di polinomi	Cap. 3
5	Radicali e loro trasformazione	Cap. 4 – parr. 4.1, 4.2, 4.3, 4.5, 4.6
6	La funzione logaritmo	Cap. 7 – par. 7.5
7	La funzione esponenziale	Cap. 7 – par. 7.1
8	Equazioni razionali e irrazionali	Cap. 5 – parr. 5.13, 5.15
9	Valore assoluto e disequazioni razionali	Cap. 6 – par. 6.6 Cap.12 – parr. 12.1, 12.2
10	Potenze e disequazioni irrazionali	Cap. 2 – parr. 2.1, 2.2, 2.3, 2.4 Cap. 4 – par. 4.4 Cap. 6 – par. 6.7

(segue)

TESI DI MATEMATICA – ALGEBRA, GEOMETRIA E TRIGONOMETRIA		
N.	**TITOLO TESI**	**RIFERIMENTO DIDATTICO**
11	Equazioni logaritmiche e disequazioni parametriche	Cap. 7 – parr. 7.7, 7.8
12	Equazioni esponenziali e disequazioni parametriche	Cap. 7 – parr. 7.6, 7.9
13	Sistemi di equazioni e di disequazioni	Cap. 5 – parr. 5.5, 5.11 Cap. 6 – par. 6.5
14	Coordinate cartesiane ortogonali nel piano; posizione reciproca di due rette	Cap. 11 – parr. 11.1, 11.2, 11.3, 11.4, 11.5, 11.6
15	Ellisse, iperbole, parabola come luoghi geometrici: equazioni canoniche e loro trasformazione tramite traslazione degli assi cartesiani	Cap. 11 – parr. 11.7, 11.9, 11.10, 11.11
16	Equazioni di circonferenze e fasci di circonferenze	Cap. 11 – par. 11.8
17	Proprietà del polinomio di 2° grado, interpretabili geometricamente nel piano cartesiano	Cap. 5 – parr. 5.10, 5.11, 5.14 Cap. 11 – par. 11.9 Cap. 12 – par. 12.6
18	Risoluzione di sistemi di equazioni e disequazioni, dipendenti da un parametro, tramite interpretazione geometrica	Cap. 12 – parr. 12.4, 12.5
19	Equazioni di luoghi geometrici nel piano cartesiano	Cap. 11 – par. 11.6, 11.8, 11.9.1, 11.10, 11.11
20	Misura degli angoli e degli archi circolari. Funzioni trigonometriche, relazioni fondamentali	Cap. 13 – parr. 13.1, 13.2, 13.3
21	Formule trigonometriche di addizione e moltiplicazione e loro conseguenze	Cap. 13 – parr. 13.4, 13.5, 13.6, 13.7, 13.8
22	Equazioni e disequazioni trigonometriche	Cap. 13 – parr. 13.9, 13.10, 13.11, 13.12, 13.13
23	Risoluzione di triangoli	Cap. 14 – parr. 14.1, 14.2, 14.3, 14.4, 14.5, 14.6
24	Luoghi geometrici nel piano	Cap. 9 – par. 9.2.9
25	Congruenza di poligoni	Cap. 9 – par. 9.5
26	Parallelogrammi e trapezi	Cap. 9 – par. 9.4.4
27	Circonferenza e sue proprietà	Cap. 9 – parr. 9.9.1, 9.9.2, 9.9.3, 9.9.4, 9.9.6, 9.9.7, 9.10.1, 9.10.2, 9.10.3
28	Poligoni inscritti e circoscritti ad una circonferenza: poligoni regolari	Cap. 9 – par. 9.9.5
29	Equivalenza e similitudine tra figure piane	Cap. 9 – parr. 9.6, 9.7, 9.8.1, 9.8.2, 9.8.3, 9.8.4, 9.8.5

Printed in Poland
by Amazon Fulfillment
Poland Sp. z o.o., Wrocław

59439085R00396